Schicksale deutscher Baudenkmale im zweiten Weltkrieg

Eine Dokumentation der Schäden und Totalverluste auf dem Gebiet der neuen Bundesländer

Band 1
Berlin, Bezirke Rostock, Schwerin, Neubrandenburg, Potsdam, Frankfurt/Oder, Cottbus, Magdeburg

Herausgegeben
und redaktionell bearbeitet
von Götz Eckardt

Geleitwort
von Ludwig Deiters

Bearbeitet von:

Horst Drescher
Berlin
Bezirk Potsdam
Bezirk Frankfurt/Oder

Peter Findeisen
Bezirk Cottbus
Bezirk Leipzig
(außer Stadtkreis Leipzig)

Maria Heidenreich
Stadtkreis Leipzig

Arno Krause
Bezirk Rostock
Bezirk Schwerin
Bezirk Neubrandenburg

Renate Kroll
Bezirk Magdeburg
Bezirk Halle

Fritz Löffler
Stadtkreis Dresden

Heinrich Magirius
Bezirk Dresden
(außer Stadtkreis Dresden)
Bezirk Karl-Marx-Stadt (Chemnitz)

Rudolf Zießler
Bezirk Erfurt
Bezirk Gera
Bezirk Suhl

Henschel Verlag
in der
Dornier Medienholding
GmbH, Berlin

Genehmigte Lizenzausgabe
Panorama Verlag, Wiesbaden

ISBN 3- 926642- 24- 6

Umschlagentwurf: Günter Seidel, Wiesbaden

Inhaltsverzeichnis

Geleitwort Die Werke der Architektur sind ein besonders aufschlußreicher Teil unseres kulturellen Erbes. Ihre Stellung in der von Menschen bewohnten und gestalteten Landschaft, ihre Anordnung und ihr Zusammenwirken in Dörfern und Städten, ihre technische und räumliche Struktur und nicht zuletzt ihre baukünstlerische Gestalt bieten zusammen mit anderen Eigenheiten eine vielseitige Aussage zu historischen Zuständen und Zusammenhängen. Da sie Raum und Rahmen des gesellschaftlichen Lebens in der Vergangenheit bildeten, oft Zeugen überlieferter historischer Ereignisse waren, tragen sie darüber hinaus in besonderem Maße zur bildlichen Vorstellung von geschichtlichen Entwicklungsetappen bei.

Über Jahrhunderte hinweg gilt unsere Anerkennung den schöpferischen Menschen, die dem gesellschaftlichen Auftrag entsprechend die Bauten zweckmäßig und mit künstlerischer Meisterschaft gestalteten. Sie vollbrachten Werke, die wir mit Freude noch heute studieren, um uns die angehäuften Erfahrungen zu eigen zu machen.

Darum betrachten wir mit Gewinn jedes der historisch aussagefähigen und künstlerisch wirksamen Baudenkmale, das uns im Bild unserer Städte und Dörfer erhalten und täglich vor Augen geblieben ist. Hiervon angeregt, sind wir bestrebt, uns Geschichtskenntnisse in größerer Breite und damit im Zusammenhang auch ein möglichst vollständiges Bild der Bau- und Kunstgeschichte durch die Zeiten bis in die Gegenwart zu erarbeiten.

Bei diesem Beginnen stoßen wir auf schmerzliche Lücken. Neben rücksichtslosen Umbauten, Feuersbrünsten und Naturkatastrophen haben vor allem die furchtbaren Zerstörungen der Kriege den Bestand an Baudenkmalen dezimiert. Besonders der letzte, der Zweite Weltkrieg, brachte furchtbare Opfer an Menschenleben und große Verwüstungen in vielen Ländern, auch auf deutschem Boden.

Zu den zerstörten Wohnhäusern, Gesellschaftsbauten und Produktionsstätten gehörten viele kulturhistorisch bedeutende Bauten.

Aus dem Erlebnis der ungeheuren menschlichen Leiden, der Verluste an materiellen und kulturellen Gütern erwuchs unter allen friedliebenden Menschen der Welt der Wille, alles zu tun, um künftig Kriege zu verhindern, um aus den Trümmern eine neue Welt des Friedens aufzubauen.

Weltweit sind inzwischen die Gedanken über den Wert der Denkmale, über die Verpflichtung der Völker, dieses Gut vor Zerstörungen durch Kriege und Katastrophen zu schützen, verbreitet. Diesem Ziel dient besonders auch die Haager Konvention von 1954 zum Schutz des Kulturgutes.

In Deutschland wurden bereits in den ersten Aufbaujahren große Anstrengungen zur Wiederherstellung kriegszerstörter Denkmale unternommen. Unverzüglich begann die Restaurierung so bekannter historischer Bauten wie der schwergetroffenen Dome in Magdeburg und Halberstadt. Damals sind der Zwinger in Dresden und die Staatsoper in Berlin wiederaufgebaut worden. In zahlreichen anderen

Städten und Dörfern organisierten die staatlichen und gesellschaftlichen Leitungen gemeinsam mit der Bevölkerung die Sicherung, Wiederherstellung und Neuerschließung von Rathäusern, Kirchen, Bürgerhäusern und anderen kulturhistorisch wertvollen Bauten. Aus dem Abstand eines halben Menschenalters blicken wir mit Hochachtung auf diese denkmalpflegerischen Leistungen zurück, die in einer Zeit vollbracht wurden, in der so viel Not zu überwinden, in der so vieles neu zu ordnen und aufzubauen war. Diese zielstrebige Arbeit, die damals begonnen wurde, war nur möglich, weil die Pflege und lebendige Erschließung des kulturellen Erbes von Anfang an ein wesentlicher Bestandteil der Kulturpolitik war.

Das Ausmaß der Kriegszerstörungen war so unermeßlich groß, daß die Arbeiten zur Wiedergewinnung von schwergetroffenen Baudenkmalen zum Teil noch immer fortgeführt werden müssen. Erst kürzlich fielen die Gerüste von dem nun wieder gesicherten und restaurierten Ostgiebel der im Kriege ausgebrannten Marienkirche in Prenzlau. Erst in einigen Jahren wird der begonnene Ausbau des ehemaligen Schauspielhauses in Berlin und der Oper in Dresden abgeschlossen werden können. Der Wiederaufbau bzw. der Neuausbau einiger anderer Kriegsruinen, wie zum Beispiel der des Dresdner Schlosses, ist erst in Vorbereitung.

In einer leider nicht geringen Anzahl von Fällen müssen wir uns damit abfinden, daß der Verlust der physischen Existenz historischer Bauwerke endgültig und unaufhebbar ist. Als Bestandteil unseres geistigen Erbes wollen wir sie trotzdem nicht missen.

Es ist uns ein Anliegen, die Erinnerung an die Bauten, die zur Geschichte und zum Bild unserer Städte und Dörfer gehören, wachzuhalten. Wir wollen uns die historischen Handlungen und die künstlerischen Leistungen, die mit den verlorengegangenen Werken der Architektur verbunden waren, immer wieder vergegenwärtigen können. Wir müssen deshalb Nachrichten, Beschreibungen und Abbildungen über sie sammeln und diese zugänglich machen. Darum schulden wir den Autoren und dem Verlag Dank für die Erarbeitung und die Herausgabe der vorliegenden Dokumentation zu den im zweiten Weltkrieg zerstörten Baudenkmalen.

Wir sind dankbar, weil sich aus der Publikation entnehmen läßt, wie groß die Anstrengungen zur Wiederherstellung eines guten Teils des Verlorengeglaubten waren, und wir sind tief betroffen vom Ausmaß des Unwiederbringlichen.

Möge das Vermittelte aber auch als ein unverlierbarer Teil eines großen humanistischen Erbes aufgenommen werden, dessen Breite und Vielfalt wir uns erschließen wollen.

Ludwig Deiters, Generalkonservator des Instituts für Denkmalpflege

Berlin

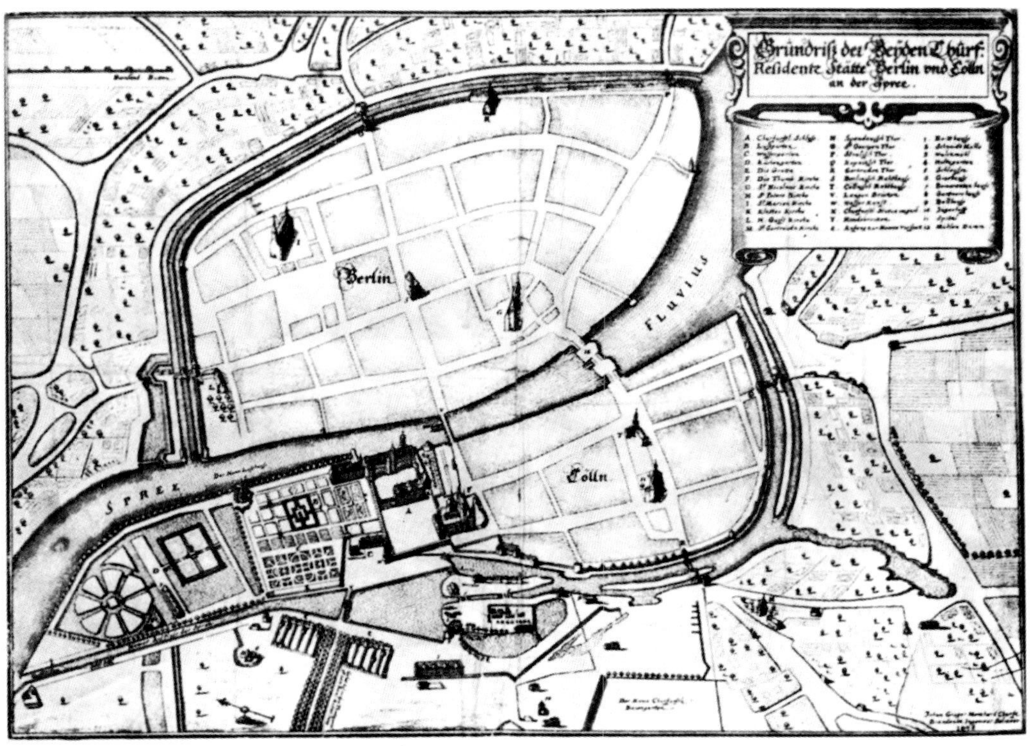

An günstiger Spreefurt zwischen den Hochflächen von Teltow und Barnim um 1230 gegründet als Doppelstadt beiderseits des Flusses: rechtsseitig Berlin, planmäßig angelegte Marktsiedlung mit Nikolaikirche und Franziskanerkloster, seit Ende des 13. Jh. nördlich durch die Neustadt um Neuen Markt und Marienkirche erweitert; linksseitig des Hauptarmes der Spree Kölln auf einer Insel, Marktsiedlung in Rippenform mit Petrikirche und Dominikanerkloster. 1251 als civitas genannt, die Doppelstadt schon Ende des 13. Jh. mit Mauern befestigt, durch Lange Brücke und Mühlendamm verbunden, auf ersterer seit Anfang des 14. Jh. ein gemeinsames Rathaus. Infolge zentraler Verkehrslage zwischen Elbe, Oder und Ostsee rasche Entwicklung als bedeutendste mittelalterliche Handelsstadt der Mark Brandenburg, ab Mitte des 14. Jh. Mitglied der Hanse. 1432 Berlin und Kölln zu einer Gesamtstadt vereinigt. Nach Unterwerfung durch die Hohenzollern seit 1443 auf der Nordspitze der Insel Kölln die markgräfliche Burg (später Stadtschloß) angelegt, von 1470 an ständige Residenz der Kurfürsten von Brandenburg. Nach dem Dreißigjährigen Krieg unter Kurfürst Friedrich Wilhelm 1658–1683 Ausbau zur Festung in niederländischer Art unter Einschluß des westlich vorgelagerten Friedrichswerder. Gleichzeitig großzügige barocke Erweiterungen: 1662 Friedrichswerder, 1674 längs der »Linden« Dorotheenstadt, 1688 Anlage der Friedrichstadt, die beiden letzteren als kurfürstliche Gründungen nach geometrischem Plan mit Plätzen, Kirchen und regelmäßigem Straßengitter unter Friedrich Wilhelm I. erweitert; im Südosten Luisenstadt. Sämtliche Teile 1709 vereinigt unter Einschluß der Vorstädte. Seit dem letzten Viertel des 17. Jh. prächtige Ausgestaltung als Barockresidenz, insbesondere unter Friedrich I. im Zusammenhang mit der Erhebung Preußens zum Königtum (1701) sowie unter Friedrich II. (1740–1786). Damals Beseitigung der Festungswerke. Nach den Befreiungskriegen in der ersten Hälfte des 19. Jh. kulturelle Glanzzeit und Umgestaltung zur modernen preußischen Landeshauptstadt. Bedeutender Aufschwung in der zweiten Jahrhunderthälfte, seit der Reichsgründung 1871 Hauptstadt des deutschen Kaiserreichs. Vitale Entwicklung zur größten Industrie- und Gewerbestadt Deutschlands vom Rang einer europäischen Metropole; Zentrum von Wissenschaft, Künsten und Bildung. Ab 1860 Erweiterung des Stadtgebiets durch Eingemeindung umliegender Orte, 1920 Bildung einer neuen Verwaltungseinheit Groß-Berlin durch Zusammenschluß von 94 Städten, Landgemeinden und Gutsbezirken mit über vier Millionen Einwohnern. Das Erscheinungsbild der Innenstadt mit zahlreichen historischen Bauten vom Mittelalter bis zum 19. Jh. künstlerisch geprägt durch Baumeister wie J. G. Memhard, J. A. Nering, A. Schlüter, G. W. v. Knobelsdorff, C. v. Gontard, K. G. Langhans, K. F. Schinkel und die bedeutendsten Architekten der neueren Zeit; die City im wesentlichen durch Bebauung des späten 19. und 20. Jh. bestimmt.
Das Gebiet der ehemaligen Reichshauptstadt er-

Links: Plan der Doppelstadt Berlin-Cölln (Kupferstich von Johann Gregor Memhard, 1648)
Rechts: Die Innenstadt nach einem Tagesangriff

litt zwischen dem 7./8. Juni 1940 und 20./21. April 1945 310 Fliegerangriffe, darunter 40 schwere und 29 Großangriffe. Damit gehörte Berlin zu den am häufigsten heimgesuchten und meistzerstörten Städten Deutschlands. 45 517 Tonnen Bomben wurden während dieses Zeitraumes von knapp fünf Jahren durch alliierte Flugverbände über dem Stadtgebiet abgeworfen und 28,5 Quadratkilometer bebauter Fläche in eine Ruinenlandschaft verwandelt, seit 1943 und gegen Kriegsende mit steigender Intensität. 30 000 Wohnhäuser (rund zwei Drittel) sowie die meisten öffentlichen Gebäude und wertvollen Baudenkmale fielen dabei der Vernichtung anheim. Besonders schwer betroffen war der Bezirk Mitte mit der alten Innenstadt, wo ganze Straßenzüge in Schutt und Asche versanken. Die wenigen, von Bomben verschonten Gebäude wurden dann in den letzten Apriltagen während der schweren Bodenkämpfe in der zur »Festung« erklärten Stadt bis zur Einnahme durch die Rote Armee am 2. Mai 1945 infolge von Artilleriebeschuß und Kampfeinwirkungen vollends zerstört. Bei Kriegsende 70 Millionen Kubikmeter Trümmerschutt.

Wiederaufbau im Bereich der Innenstadt nur teilweise in Anlehnung an das alte Straßennetz. Inzwischen zahlreiche beschädigte Bauten unter Aufwendung bedeutender staatlicher Mittel wiederhergestellt, so Marienkirche, Zeughaus, Alte Bibliothek, Staatsbibliothek, Staatsoper, Altes Museum und National-Galerie, Kronprinzen-, Prinzessinnen- und ehemaliges Kaiser-Wilhelm-Palais, Rotes Rathaus, Neue Wache, Brandenburger Tor. Weitere Gebäude befinden sich gegenwärtig noch in Restaurierung. (Diese Objekte, sofern bemerkenswerte Verluste an historischer Bausubstanz bzw. an der Innenausstattung nicht bestehen, bleiben im folgenden Verzeichnis unberücksichtigt.)

Borrmann. Berlin und seine Bauten. M. Osborn: Berlin, Leipzig 1926. W. Hegemann: Das steinerne Berlin, Berlin 1930 (Neuaufl. Berlin 1963). K. Baedecker: Berlin und Umgebung, 21. Aufl. 1936 (23. Aufl. 1964). Deutsches Städtebuch, Band I, Nordostdeutschland, Stuttgart 1939, S. 484 ff. Dehio/Nordostdeutschland, S. 23 ff. E. Gall: Berichte und Verzeichnisse über Kunstzerstörungen in Deutschland, Berlin und Umgebung, in: Die Kunstpflege, 1. Folge, Dt. Kunstverlag Berlin o. J. (1947). Engel/Schlott-Kotschote, S. 234 ff. P. O. Rave und O. Hagemann: Berlin vor der Zerstörung aufgenommen, 2. Aufl. Berlin 1949. P. O. Rave und O. Hagemann: Berlin (Deutsche Lande, Deutsche Kunst), München–Berlin 1960. W. Girbig: Im Anflug auf die Reichshauptstadt, Stuttgart 1970. Handbuch der Historischen Stätten Deutschlands, 10. Band, Berlin und Brandenburg, hrsg. von G. Heinrich, Stuttgart 1973, S. 20 ff.

Stadtbezirk Mitte

Kirchen

St. Andreaskirche (Stralauer Platz). Erbaut 1852 bis 1856 von J. H. Strack im Rundbogenstil der Schinkelnachfolge. Die nüchterne dreischiffige Backsteinbasilika mit eingezogener Ostapsis und umgangartig darumgeführter Sakristei, über der querschiffartig gestalteten Eingangsfront ein schlanker Turm. Im durch Rundbogenarkaden geteilten Inneren Emporen in den Seitenschiffen. Am 8. Mai 1944 durch Spreng- und Brandbomben zerstört, die Ruine 1949 beseitigt.

Berlin und seine Bauten II, S. 164. O. Bitthorn: Die ersten fünfzig Jahre der Gemeinde der St. Andreaskirche zu Berlin, Berlin 1906, m. Abb. Lütkemann, S. 39 ff. (Ältere Fotos im Archiv der Kirchengemeinde St. Andreas – St. Markus)

Bethlehems- oder **Böhmische Kirche** (Mauerstraße). Geistliches Zentrum der in der Friedrichstadt angesiedelten Böhmischen Gemeinde. Entstanden 1735–1737 nach Plänen von F. W. Diterichs in Anlehnung an L. C. Sturms Theorien über protestantische Sakralarchitektur. Barocker Zentralbau in Gestalt einer Kreuzkuppelkirche auf kreisförmigem Grundriß mit vier Kreuzarmen und hölzerner laternenbekrönter Tambourkuppel. Die Hauptachse durch Vorhalle und Chorapsis betont, der Außenbau mit hohen Rundbo-

Oben: Blick vom Turm des Stadthauses auf Nikolaikirche, Stadtschloß und Domkirche nach der Zerstörung
Mitte unten: St. Andreaskirche (Ansicht von 1856)
Rechts: Bethlehems- oder Böhmische Kirche, Äußeres, Inneres und Ruine

genfenstern und Putzpilastergliederung, die Eingangsfront in Form einer dorischen Giebelfassade. Das Innere konzentrisch von doppelten Emporen umgeben, an der Chorwand ein reicher barocker Kanzelaltar, gegenüber auf der oberen Empore die Orgel. Sakristeianbau und Vorbauten wohl von 1854.
Am 3. Februar 1945 durch Bomben getroffen und mit der gesamten Ausstattung ausgebrannt. Die Ruine 1963 beseitigt. Eine gerettete Glocke im Gemeindehaus der reformierten Bethlehems-Gemeinde, Westberlin-Neukölln, Richardstraße.

Borrmann, S. 154. Berlin und seine Bauten II, S. 155. Boeck/Richartz, S. 80, Abb. S. 81. Petras, S. 37 ff., m. Abb. Engel/Schlott-Kotschote, S. 234. W. Bartsch: Zum Bautyp der Böhmischen Kirche in Berlin, in: Zeitschr. d. deutschen Vereins f. Kunstwiss. 26, 1972, S. 63 ff., m. Abb. (Zeitgenössische Pläne in der Schlösserverwaltung Westberlin, Schloß Charlottenburg)

Domkirche (Am Lustgarten). Ehemalige Hof- und Grabkirche der Hohenzollern. Aufgeführt 1894 bis 1905 nach Entwurf von J. Raschdorff anstelle eines 1747–1750 von J. Boumann d. Ä. nach Knobelsdorffs Plänen erbauten und 1817–1822 von K. F. Schinkel umgestalteten Gebäudes. Kolossaler Zentralbau im Stil des italienischen Barock, kirchliches Hauptwerk der spätgründerzeitlichen Architektur in Deutschland. Bestehend aus einer mittleren, von vier Türmen umgebenen Kuppelkirche mit zum Lustgarten gerichteter großer Vorhalle, einer nördlich angefügten Denkmals- und Gruftkirche sowie einer Tauf- und Traukirche an der Südseite. An der inneren und äußeren Ausgestaltung die bekanntesten Künstler der wilhelminischen Ära beteiligt. In der pompös dekorierten Fest- und Predigtkirche aus dem Vorgängerbau u. a. der teilweise veränderte Hauptaltar mit Apostelgalerie und die Kandelaber nach Entwürfen Schinkels. In der Gruftkirche über 90 Särge von Mitgliedern des Hauses Hohenzollern aus drei Jahrhunderten.
Am 28. Mai 1944 von Bomben getroffen, brannte die Kuppel aus, die Laterne stürzte in die Kirche, wobei der Boden bis in den Keller durchbrach und ein Teil der Särge in der Hohenzollerngruft vernichtet wurde (u. a. Kurfürstin Luise Henriette, König Friedrich Wilhelm II., Königinnen Sophie Dorothea und Elisabeth Christine, Prinzessin Anna Amalia). Auch in der Folgezeit schwere Schäden am Außenbau durch Bomben und Beschuß. Das Innere der Hauptkirche stark zerstört. Altar, Apostelwand und Kandelaber beschädigt, die vermauerte Marmortaufe von C. D. Rauch unversehrt. In der Unterkirche blieben erhalten u. a. das Renaissancegrabmal Kurfürst Johann Ciceros von H. Vischer (1530), ferner die barocken Paradesarkophage Kurfürst Friedrich Wilhelms (Großer Kurfürst) und seiner Gemahlin Dorothea von M. Döbel sowie die Prunksarkophage König Friedrichs I. und seiner Gemahlin Sophie Charlotte von A. Schlüter. Teile der ehemaligen Domsammlung (Architekturmodelle) ebenfalls noch vorhanden.
Die Sicherung des Gebäudes begann 1945 mit dem Ausbau der Gruftkirche als Gottesdienstraum. 1951 erhielt die Kuppel eine Notabdekkung, eine Anzahl von Räumen in den Nachkriegsjahren für Institute der Theologischen Fakultät der Humboldt-Universität ausgebaut. Die Tauf- und Traukapelle 1967–1971 unter Einbau einer Empore instand gesetzt. Wiederherstellung des Äußeren bis 1980 beabsichtigt, über die Restaurierung des Inneren liegen noch keine endgültigen Pläne vor.

Borrmann, S. 159 ff., Taf. 1–4. Berlin und seine Bauten II, S. 200 ff., Abb. 206–210. E. Bieber und J. Kritzinger: Der königliche Dom zu Berlin, Album, Berlin 1911. Schinkelwerk/Berlin I, S. 203 ff., Abb. 105–136. Engel/Schlott-Kotschote, S. 234. D. Brozat: Die Berliner Domkirche gestern und heute, in: Der Bär von Berlin, 16. Folge 1967, S. 99 ff., m. Abb. H.-J. Giersberg: Studien zur Architektur des 18. Jahrhunderts in Berlin und Potsdam, Berlin, Humboldt-Universität, Phil. Diss. 1975, S. 137 ff.

Domkirche
Hauptfront zum Lustgarten; Brand der Kuppel

Ehemaliges Domkandidatenstift (Oranienburger Straße). Klosterähnliche Ziegelbaugruppe, entstanden seit 1854 nach Entwürfen von A. Stüler im Stil oberitalienischer romanischer Bauten. Bestehend aus Wohngebäude, Kapelle und Glockenturm, ausgeführt in mehreren Phasen; Kapelle und Turm vollendet 1873/74 von Stüve. An das trikline, um einen kleinen Hof gelagerte und von einem Ehrenhof eingeleitete dreigeschossige Wohngebäude in axialer Anordnung östlich anschließend die dreischiffige Kapelle über quadratischer Grundrißform mit oktogonaler, außen viereckig ummantelter Kuppel und dreiseitigen Emporen im Inneren. An der Straße, im Winkel zwischen Kapelle und Wohngebäude, der Glockenturm. Das malerische Äußere reich verziert mit Lisenen, Rundbogenfriesen und Zwerchgalerien. Vor dem straßenseitigen Turmeingang eine offene Arkadenvorhalle.
Die Gebäudegruppe am 19. Mai 1944 von Bomben getroffen, am 1. Mai 1945 ausgebrannt. Gebäudereste 1972 beseitigt. Reste der Altargeräte im Predigerseminar Wittenberg sowie in der Pfarrkirche Beeskow.

Berlin und seine Bauten II, S. 163. Das königliche Domkandidatenstift 1854–1904, Festschrift zum fünfzigjährigen Stiftsjubiläum, Berlin 1904, m. Abb. Lütkemann, S. 10 f., Abb. S. 11. D. B. Doehring: Das Domkandidatenstift zu Berlin. Ein geschichtlicher Rückblick zur Hundertjahrfeier, Berlin 1954

Links: Domkirche, Blick in die Kuppel und Inneres mit Orgelempore
Rechts: Ehemaliges Domkandidatenstift, Front zur Oranienburger Straße und Inneres der Kapelle

Dorotheenstädtische Kirche (Dorotheenstraße, jetzige Clara-Zetkin-Straße). Pfarrkirche der 1674 von Kurfürst Friedrich Wilhelm gegründeten Dorotheenstadt. Erbaut 1861–1863 von Habelt anstelle eines 1678–1687 errichteten Vorgängerbaus. Kreuzförmige Backstein-Pseudobasilika im italienisierenden Stil der Stülerschule mit 5/8-Chor, Nebenapsiden und hohem Turm sowie äußeren Bogenhallen. In dem 1902/03 von A. Geyer umgestalteten Inneren hatte sich eine Reihe berühmter Grabmäler erhalten, so das des Grafen Alexander von der Mark, ausgeführt 1790 von G. Schadow, ferner die Grabstätten namhafter Berliner Künstler und Persönlichkeiten wie der Architekten R. v. Langerfeld, M. M. Smids, A. Nering und der Malerin A. D. Therbusch.
In der Nacht vom 22. zum 23. November 1943 von Bomben getroffen und bis auf die Umfassungsmauern ausgebrannt. Die Ruine 1965 abgebrochen. Das während des Krieges ausgebaute und auf der Museumsinsel geborgene Grabmal des Grafen von der Mark seit 1951 in der Nationalgalerie Berlin ausgestellt. Die Epitaphien für den Anatomen J. F. Meckel, A. D. Therbusch u. a. seit Abbruch der Kirche in den Staatl. Museen Berlin, das Epitaph des R. v. Langerfeld in der Schloßkapelle Köpenick, die Grabplatte von M. M. Smids noch verschollen.

R. Stechow: Geschichte der Dorotheenstädtischen Kirche und Gemeinde, Berlin 1887, m. Abb. Borrmann, S. 168 ff., Taf. 5. Berlin und seine Bauten II, S. 149 f. Brandenburgia, 19. Jg. 1910/11, S. 49 ff., m. Abb. H. Mackowsky: Die Bildwerke Gottfried Schadows, Berlin 1951, Nr. 17. Engel/Schlott-Kotschote, S. 234

Dreifaltigkeitskirche (Mauerstraße). Erbaut 1737 bis 1739 in Zusammenhang mit der 1732 erfolgten Erweiterung der Friedrichstadt wohl nach Plänen von T. Favre in Anlehnung an das Vorbild der nahegelegenen Böhmischen oder Bethlehemskirche. Kreisrunder barocker Zentralbau mit hoher laternenbekrönter Holzkuppel und vier kurzen, die Form eines griechischen Kreuzes andeutenden Risaliten in den Hauptachsen. Das überkuppelte Innere war allseits von ehemals dreigeschossigen Emporen umgeben und auf den Kanzelaltar an der Ostseite mit darüber angeordneter Orgel von 1776 orientiert. Taufstein von 1839. Der Raum 1864 von Lohse durch Beseitigung der oberen Empore verändert, das Äußere 1885/86 unter Leitung von F. Schulze durch Anbau einer neubarocken Vorhalle mit flankierender Sakristei und Taufkapelle umgebaut.
Am 23. November 1943 bei einem Bombenangriff ausgebrannt, die Ruine während des Krieges als Luftschutzbunker ausgebaut. Bei den Kampfhandlungen in der Innenstadt Ende April/Anfang Mai 1945 durch Beschuß und Brand vollends zerstört. Die Umfassungsmauern 1947 gesprengt und danach abgetragen. Von der Ausstattung erhalten der Taufstein, eine Büste Schleiermachers von F. Schaper und zwei Pastorenbilder, jetzt im Evangelischen Pfarramt Friedrichswerder.

Borrmann, S. 170 f. Berlin und seine Bauten II, S. 155, Abb. 132. Boeck/Richartz, S. 82, Abb. 83. Petras, S. 41 ff., m. Abb. Engel/Schlott-Kotschote, S. 234

Elisabethkirche (Invalidenstraße). Ehemals vor dem Rosenthaler Tor. Erbaut 1832–1834 von K. F. Schinkel in Zusammenhang mit einer Reihe 1828 projektierter Pfarrkirchen für die nördlichen Vororte Berlins. Einschiffiger rechteckiger Putzbau mit eingezogener Chorapsis und Sakristeianbauten; vor der vergiebelten Fassade eine pfeilergetragene Vorhalle in Form eines offenen Giebelportikus. Der im »antikischen Stil« gehaltene Bau im Inneren an beiden Langseiten von durchlaufenden doppelgeschossigen Holzemporen umgeben. In der durch Malereien künstlerisch hervorgehobenen Apsis eine schlichte Altarmensa, die Kanzel seitlich vor dem Apsisbogen, gegenüber die Orgelempore mit einem Werk von C. A. Buchholz. Die klassizistische Ausgestaltung nach Angaben Schinkels, im Apsisgewölbe ein Reigen schwebender Engel, ausgeführt von C. Scheel. Der Taufständer und die von A. Kiss modellierte Altargarnitur aus der Berliner Eisengießerei.

Links: Dorotheenstädtische Kirche von Nordosten und Inneres zum Chor
Mitte: Dreifaltigkeitskirche von Süden und nach der Zerstörung
Rechts oben: Dreifaltigkeitskirche, Inneres (Aquarell von E. Gaertner, 1847)
Rechts unten: Elisabethkirche, Hauptfassade

Bei dem schweren Bombenangriff am 18. März 1945 durch Phosphorbomben bis auf die Umfassungsmauern ausgebrannt. Taufe, Altargarnitur, Paramente, Kirchenbücher u. a. gerettet. Über einen Wiederaufbau der Ruine ist noch nicht entschieden.

Berlin und seine Bauten II, S. 157, Abb. 133. E. Bethke: Hundert Jahre St. Elisabeth Berlin, Berlin 1935, m. Abb. Schinkelwerk/Berlin I, S. 301 ff., Abb. 186, 211, 217 f., 220, 221. Engel/Schlott-Kotschote, S. 234

Franziskaner Klosterkirche (Klosterstraße). Anstelle einer älteren Feldsteinkirche erbaut um 1250–1265 unter dem Einfluß einer im zweiten Viertel des 13. Jh. am Brandenburger Dom arbeitenden Bauhütte, das Chorhaupt wohl erst Ende 13. Jh. Ältestes, in seiner ursprünglichen Gestalt erhaltenes Bauwerk des ehemaligen Berlin, eines der hervorragendsten Denkmale märkischer Backsteinarchitektur. Dreischiffige gotische Basilika von vier Jochen mit abgesetztem zweijochigem Chor in Breite des Mittelschiffs sowie 7/10-Schluß in Art der Brandenburger und Stettiner Franziskanerkirchen. Die schlichte Westfassade mit zweiteiligem Portal und hohem Fenster im 19. Jh. teilweise verändert. Im Inneren Kreuzgewölbe, die hohen weiten Arkaden mit frühgotisch-naturalistischem Pflanzenornament aus gebranntem Ton. Die Kirche mehrfach wiederhergestellt; Veränderungen des 19. Jh., vor allem von 1842–1845, sind bei der letzten Restaurierung 1926–1936 größtenteils beseitigt worden. Von der alten Ausstattung besonders bemerkenswert ein spätgotisches Chorgestühl mit figürlichen und ornamentalen Darstellungen aus der Zeit um 1500, ferner zahlreiche spätgotische Altarschreine und Holzbildwerke, eine Triumphkreuzgruppe mit Maria, Johannes und vier betenden Engeln an den Kreuzesenden, eine prächtige Barockkanzel von 1672 sowie zahlreiche Votivbilder, Epitaphien und Grabsteine, so der des Bürgermeisters C. v. Beelitz († 1308), das älteste derartige Stück in Berlin.
Nördlich der Kirche das ehemalige Kloster, ein im Kern mittelalterlicher, zuletzt im 19. Jh. umgestalteter Komplex, in dem sich seit 1574 das

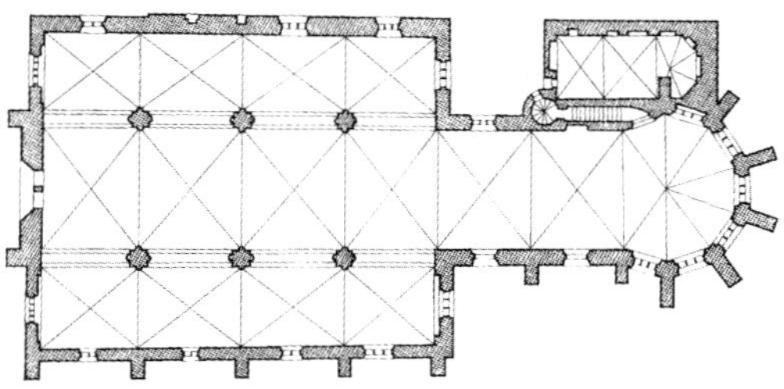

Gymnasium zum Grauen Kloster befand. Vom mittelalterlichen Bestand hatten sich u. a. der Kapitelsaal und der darüber gelegene sogenannte Säulensaal erhalten, beides zweischiffige Hallen mit Rundpfeilern, erbaut 1471–1474 von einem Meister Bernhard.
Anfang April 1945 die Klosterkirche von einer Luftmine getroffen und bis auf Teile der Umfassungsmauern zerstört, die ehemaligen Klostergebäude schwer beschädigt. Die Ruine 1963 gesichert und in eine kleine Parkanlage einbezogen, ebenso die Reste des Kapitelsaals von 1474, die jedoch später im Zusammenhang mit dem Neuaufbau des Stadtzentrums beseitigt werden mußten. Vom alten Inventar das Chorgestühl verloren, die übrigen beweglichen Stücke zum großen Teil erhalten und als Leihgaben in die Marienkirche sowie in die Dorfkirchen Berlin-Bukkow, Dahlem, Schöneberg und Zehlendorf gelangt; die spätgotische Triumphkreuzgruppe in der Johanniskirche Berlin-Moabit, der Grabstein des C. v. Beelitz jetzt im Märkischen Museum Berlin, die Totentafel des Grafen v. Hohenlohe († 1412) in der Dorfkirche Berlin-Buckow. Reste von Bibliothek und Archiv des ehemaligen Gymnasiums in der Berliner Stadtbibliothek, die Kunstsammlungen als Leihgabe in der Gemäldegalerie der Staatlichen Museen Westberlin, Teile auch im Besitz der Berliner Stadtbibliothek und des Evangelischen Gymnasiums zum Grauen Kloster in Westberlin.

Borrmann, S. 188 ff., Fig. 10–13, Taf. 6. J. Kurth: Die Altertümer der Nicolai-, St. Marien- und Klosterkirche in Berlin, Berlin 1911. J. Bronisch: Die Franziskanerkirche in Berlin, Phil. Diss. Leipzig 1933, veröff. in: MVGB Jg. 50, 1933, S. 89 ff., m. 51 Abb. Boeck/Richartz, S. 24 ff., Abb. 25–29. G. Leh: Das Franziskanerkloster in Berlin, in: Berliner Heimat, Jb. f. d. Gesch. Berlins, Berlin 1958, Nr. 3, S. 128 ff. Engel/Schlott-Kotschote, S. 234. J. Schmoll, gen. Eisenwerth: Das Kloster Chorin und die askanische Architektur, Berlin 1961, S. 72 ff. (Zum erhaltenen Inventar: Pomplun 1967; P. Rohrlach: Die Sammlungen des Grauen Klosters in Berlin, in: Jahrbuch f. brandenb. Landesgesch. 1961, S. 29 ff.)

Französische Kirche auf dem Gendarmenmarkt (Platz der Akademie). Angelegt für die in der Friedrichstadt angesiedelten französischen Refugiés. Pendant zur Deutschen oder Neuen Kirche. Begonnen 1701 von L. Cayard nach dem Vorbild der 1685 zerstörten Hugenotten-Hauptkirche in Charenton, vollendet 1705 von A. Quesney. Queroblonger Saalbau mit halbrunden Konchen an den Schmalseiten. Vor der Ostseite ein später zugefügter Kuppelturm in Gestalt eines Zentralbaus mit drei Tempelportici und hoher säulenumstandener Tambourkuppel, aufgeführt 1780–1785 von C. v. Gontard in den Formen des Spätbarocken Klassizismus. Berliner Hauptwerk des Baumeisters, mit dem Pendant der Deutschen Kirche städtebauliches Glanzstück der Friedrichstadt. Der Skulpturenschmuck des Turmes nach Entwürfen von D. Chodowiecki. 1905 Umbau des Kirchenschiffs durch O. March,

Links oben: Elisabethkirche, Inneres zum Chor
Mitte und links unten: Franziskaner-Klosterkirche, Grundriß und Inneres nach Osten
Rechts: Franziskanerkloster, Säulensaal und Saal im Primanerhaus; Franziskaner-Klosterkirche, Ruine des nördlichen Seitenschiffs

wobei der ursprüngliche Baubestand und das Innere weitgehend verändert wurden; lediglich der prächtige Orgelprospekt noch von 1753. Der Turm 1929/30 innen ausgebaut, darin seit 1931 die Sammlungen des Hugenotten-Museums.
Das Kirchenschiff am 7. Mai 1944 bei einem Bombenangriff durch Volltreffer bis auf die Umfassungsmauern zerstört, der obere Teil des Turmes am 24. Mai 1944 ausgebrannt, die unteren Turmgeschosse blieben infolge der 1930 eingezogenen Betondecke relativ unversehrt. Die mittlere Rotunde als Kirchensaal ausgebaut, die beschädigten Teile des Turmes gesichert, das Kirchenschiff Ruine, Wiederaufbau ist vorgesehen. Die geretteten Sammlungen des Hugenotten-Museums im Obergeschoß des Turmes ausgestellt, die wertvolle Bibliothek erhalten.

Borrmann, S. 173 ff. Berlin und seine Bauten II, S. 150 ff., Abb. 125. G. Krecker: Instandsetzung der Gendarmentürme in Berlin, in: Die Denkmalpflege, 1931, S. 129 ff. Boeck/Richartz, S. 62, Abb. 63. Engel/Schlott-Kotschote, S. 234. W. Girbig: Im Anflug auf die Reichshauptstadt, Stuttgart 1970, S. 177, Abb. vor 237

Friedrichstädtische oder **Deutsche Kirche** auf dem Gendarmenmarkt (Platz der Akademie). Pentagonaler Zentralbau in Art einer Fünfkonchenanlage, ausgeführt 1701–1708 nach Entwurf von M. Grünberg durch G. Simonetti. Weiterbildung des Grundrißtyps der Berliner Parochialkirche. Vor der Ostfront der 1780–1785 von C. v. Gontard aufgeführte Kuppelturm in gleichen Formen wie sein Gegenstück an der Französischen Kirche, der Skulpturenschmuck nach Entwürfen von B. Rode. 1881/82 wurde die Kirche durch H. v. d. Hude und J. Hennicke außen und innen derartig umgestaltet, daß vom barocken Bau lediglich Grundriß und Raumgefüge zu erkennen waren. Im Gruftgewölbe unter der Kirche ruhten die Gebeine des Baumeisters G. W. v. Knobelsdorff und des Hofmalers A. Pesne. Im Turm waren Geschäftsstelle, Bibliothek und Archiv des Vereins für die Geschichte Berlins etabliert.
Am 23. November 1943 bei einem Luftangriff auf die Innenstadt schwer beschädigt und teilweise ausgebrannt, wobei auch die Sammlungen des Vereins für die Geschichte Berlins schweren Schaden erlitten. Am 29./30. Januar 1945 abermals durch Bomben getroffen, brannten Kirche und Kuppelturm völlig aus, lediglich die Umfassungsmauern blieben erhalten. Die in der Substanz schwer beschädigte Ruine ist gesichert und soll wiederaufgebaut werden. Reste der Sammlungen des Vereins für die Geschichte Berlins in der Berliner Stadtbibliothek.

Borrmann, S. 155 ff., Abb. 7, 8. Berlin und seine Bauten II, S. 151 ff., Abb. 137, 138. Lütkemann, S. 113 ff. Boeck/Richartz, S. 60, Abb. 61. Schinkelwerk/Berlin I, S. 232 ff., 363 ff., Abb. 136, 137, 231. Schiedlausky, S. 70 f., Abb. 20, 21. Engel/Schlott-Kotschote, S. 234. R. Danke: Hundert Jahre Verein für die Geschichte Berlins, in: Der Bär von Berlin, 14. Folge 1965, S. 389 f. Reuther, S. 113 f., 124, Abb. 19, 44

Friedrichswerdersche Kirche (Werderscher Markt). Anstelle eines barocken Vorgängerbaus aufgeführt 1824–1830 nach Entwürfen von K. F. Schinkel im Charakter englischer College-Chapels. Als erster neogotischer Backsteinbau neuerer Zeit in Berlin von hervorragender Bedeutung. Das einschiffige Langhaus von fünf Jochen mit fünfseitigem Schluß und Doppelturmfassade. Innen Sterngewölbe, zwischen den einwärts gezogenen Strebepfeilern ein Emporenumgang, an der Turmseite die Orgelempore. Die zurückhaltende neogotische Ausstattung meist nach Entwürfen Schinkels. Im Chor ein wandartiger Retabelaufbau mit den Bildern der Auferstehung, umgeben von den vier Evangelisten, gemalt von K. Begas und W. Schadow. In den Chorfenstern figürliche Glasmalereien nach K. F. Schinkel von

Französische Kirche
Front zum Gendarmenmarkt und Brand der Kuppel

H. Müller. An der Brüstung der Orgelempore die von W. Wach gemalten christlichen Tugenden. Der Taufstein nach Entwurf von C. D. Rauch, die Türen des Hauptportals aus der Berliner Eisengießerei mit Reliefs von F. Tieck. Glasfenster 1914–1916 erneuert.
Im Kriege mehrfach getroffen, erlitt der Bau am 29. April 1945 durch Artilleriebeschuß schwere Schäden, vor allem an der Turmfassade und im Inneren. Infolge von Witterungseinflüssen weiterer Zerfall. Die Westempore mit den Malereien von Wach sowie große Teile der Ausstattung vernichtet bis auf den Rahmen des Altarretabels, die Kanzel und die Eisentüren des Hauptportals. Die Schinkelschen Glasfenster und das Mittelbild des Altars von Begas in der Verlagerung verschollen, die übrigen Altargemälde im Pfarramt. Die Ruine gesichert, Wiederherstellung vorgesehen.

Borrmann, S. 256. Berlin und seine Bauten II, S. 157, Abb. 130, 131. Boeck/Richartz, S. 66, Abb. 67. Schinkelwerk/Berlin I, S. 254 ff., Abb. 153–185. Schiedlausky, S. 56 ff., Abb. 19. Engel/Schlott-Kotschote, S. 235

Garnisonkirche (Neue Friedrichstraße). Anstelle eines 1701–1703 von M. Grünberg errichteten und 1720 zerstörten Vorgängerbaus aufgeführt 1720–1722 von P. Gerlach. Querrechteckiger barocker Saalbau von 11 : 5 Achsen unter hohem Walmdach ohne Turm. Die geputzten Fassaden mit hohen Rundbogenfenstern, die mittleren drei Achsen risalitartig vorgezogen unter Dreieckgiebel. Das querorientierte und durch Pfeiler in drei Schiffe geteilte Innere allseits von Emporen umgeben, an der nördlichen Langseite der Kanzelaltar, gegenüber Hofloge. 1816/17 durch F. Rabe völlige Umgestaltung des Inneren in klassizistisch antikisierenden Stilformen mit dorischen Säulen. Nach einem Brand 1908, bei dem die Reste der alten Barockausstattung, u. a. die 1724/25 von J. Wagner errichtete Orgel, zugrunde gingen, wurde der Bau außen und innen im »alten Charakter« wiederhergestellt. Noch vorhanden waren eine Reihe von B. Rode gemalter Ehrendenkmale preußischer Heerführer und die Gruft unter der Kirche mit den Särgen preußischer Militärs.
Im Kriege bis auf die Umfassungsmauern ausgebrannt, die Gruft im wesentlichen erhalten. Die Ruine 1960/61 abgetragen. Etwa 190 Leichname preußischer Militärs aus der Gruft wurden 1949 auf dem Friedhof in Stahnsdorf beigesetzt. Der Taufstein aus dem Anfang des 18. Jh. jetzt in der Skulpturensammlung der Staatlichen Museen Berlin, eine silberne Oblatendose von 1722 in der St. Petri-Gemeinde.

Borrmann, S. 174 ff. Berlin und seine Bauten II, S. 154. Abb. 135, 136. Boeck/Richartz, S. 68 ff., Abb. 69, 71. Schiedlausky, S. 77 ff., Abb. 22, 23

St. Georgenkirche (Georgenkirchplatz). Ehemalige Hospitalkirche vor dem Königstor. Anstelle eines mittelalterlichen, mehrfach veränderten und 1779/80 erneuerten Vorgängerbaus errichtet 1894–1898 von J. Otzen. Asymmetrische, dreijochige Langhausanlage aus farbig glasierten Backsteinen in historisierenden Formen des romanisch-gotischen Übergangsstils mit nördlichem Seitenschiff, von Türmchen begleitetem 5/8-Chorschluß, Vorhalle, Sakristeianbauten sowie einem steilen Turm. Im sterngewölbten und allseits von Emporen umgebenen Inneren reiche Ausstattung, plastischer und malerischer Schmuck

aus der Erbauungszeit sowie einige aus dem älteren Vorgängerbau übernommene Werke.
Am 3. Februar, 18. März und vor allem am 27. März 1945 wiederholt von Bomben getroffen, wurde die Kirche mit Ausnahme des Turmes zerstört. Die Ruine 1950 beseitigt. Von der älteren Ausstattung erhalten der Taufstein von 1806 sowie vier Epitaphien des 18. Jh., jetzt sämtlich auf dem St. Georgenfriedhof am Königstor, ferner das Grabmal des J. Lysius († 1716) mit Ausnahme des der Schlüterschule nahestehenden, vermutlich in der Werkstatt von J. Jacobi gegossenen Bronzereliefs. Ein Altarbild »Petrus nach der Verleugnung«, 1780 von B. Rode, und das Porträt des Pastors Wilke (1689–1701) gelangten in die Parochialkirche, eine Kopie der Rubensschen Kreuzabnahme, geschenkt 1705 von Döhler, z. Z. in St. Marien.

Borrmann, S. 180 f. Berlin und seine Bauten II, S. 156, 175, 176, Abb. 171. Zur Geschichte der St. Georgenkirche, in: Der Bär, 24. Jg. Nr. 20, 1898, S. 234 ff., m. Abb. O. Z. in: Berliner Architekturwelt, Jg. 1, 1899, S. 229, Abb. 269–273. W. Boeck: Ein wiedergefundenes Grabrelief aus der alten St. Georgenkirche zu Berlin, in: Deutsche Kunst und Denkmalpflege 1937, S. 213 f., Abb. 210

St. Hedwigskirche (Opernplatz, jetziger August-Bebel-Platz). Kathedrale des Bistums Berlin. Erbaut 1747–1778 in Anlehnung an das Pantheon in Rom nach Angaben König Friedrichs II. und Plänen G. W. v. Knobelsdorffs durch J. Boumann d. Ä. Kreisrunder barocker Zentralbau unter hoher Holzkuppel mit giebelbekröntem Säulenportikus an der Eingangsfront und einem ebenfalls überkuppelten Sakristeianbau in der hinteren Gebäudeachse. Von M. Hasak 1884–1887 im Sinne des ursprünglichen Entwurfs vervollständigt und verändert, das Giebelrelief der Vorhalle 1898 von N. Geiger. Das Innere des mächtigen Kuppelraumes ehemals von einer korinthischen Säulenordnung umstanden. Anläßlich der Erhebung zur Kathedrale Neugestaltung 1930–1932 durch C. Holzmeister. Aus friderizia-

Links oben: Friedrichswerdersche Kirche, Inneres zum Chor
Links unten und Mitte: Garnisonkirche, Front zur Neuen Friedrichstraße und Inneres nach der Zerstörung
Rechts: St. Georgenkirche

nischer Zeit waren lediglich die Marmorgruppe Noli me tangere des ehem. Hochaltars, 1750 von G. Merchiori, und die überlebensgroßen Terrakotten der zwölf Apostel von G. F. Ebenhech erhalten. Unter der Kirche ehemals eine geräumige Krypta mit den Grabstätten von Klerikern und Berliner Persönlichkeiten.
Bei einem Fliegerangriff am 2. März 1943 von Bomben getroffen, brannte die Kirche mit der gesamten Ausstattung bis auf die Umfassungsmauern aus, die Kuppel wurde vernichtet, die Gewölbe der Krypta teilweise eingeschlagen. 1945 durch Beschuß weitere Schäden an Mauerwerk und Portikus. Wiederaufbau 1952–1963 in mehreren Etappen mit veränderter Stahlbetonkuppel. Der Ausbau des Inneren erfolgte in modernen Formen unter räumlicher Einbeziehung der Krypta als Unterkirche nach Entwurf von H. Schwippert. Eine Silberstatuette der St. Hedwig, 1513 von A. Heidecker in Breslau, sowie

die barocke Strahlenmonstranz erhalten. Die Marmorgruppe von Merchiori stark beschädigt auf dem St. Hedwigs Friedhof Berlin-Hohenschönhausen.

Borrmann, S. 183 ff. Berlin und seine Bauten II, S. 155 ff. M. Hasak: Die Hedwigskirche in Berlin und ihr Erbauer Friedrich II., Berlin 1932. Engel/Schlott-Kotschote, S. 234. H. Endres: Die St. Hedwigskathedrale in Berlin, Leipzig 1963, m. zahlr. Abb. B. Flierl: Wiederaufbau der St. Hedwigskathedrale Berlin, in: Deutsche Architektur, 13. Jg. 1964, S. 208 ff. m. 12 Abb. Reuther, S. 125 f., Abb. 47. H.-J. Giersberg: Studien zur Architektur des 18. Jahrhunderts in Berlin und Potsdam, Berlin, Humboldt-Universität, Phil. Diss. 1975, S. 154 ff.

Luisenstädtische oder **Sebastianskirche** (Alte Jacobstraße). In der ehemaligen Luisenstadt vor dem Köpenicker Tor. Anstelle eines barocken Fachwerk-Vorgängerbaus entstanden 1751–1753; 1841/42 unter Leitung von W. Berger durchgreifend wiederhergestellt, der Turm 1845 nach Entwurf des Oberbaudepartements unter Beteiligung von A. Stüler und Berger zu Ende geführt. Bescheidener rechteckiger Saalbau mit hohen Rundbogenfenstern, einem Turm vor der nördlichen Langseite sowie einem südlichen Sakristeianbau. Das ehemals querorientierte, von doppelgeschossigen Emporen umgebene Innere in seiner letzten Gestalt vom Umbau des 19. Jh. Der Kanzelaltar in der Hauptachse der Schmalseite. Von der Ausstattung des 18. Jh. die Ölbilder des Barmherzigen Samariters und der Fußwaschung von B. Rode.
Bei dem schweren Angriff am 3. Februar 1945 durch Brand- und Sprengbomben mit dem größten Teil des Inventars bis auf die Umfassungsmauern ausgebrannt. Die Ruine 1964 abgetragen. Eine Glocke geborgen. Der Barmherzige Samariter von Rode gegenwärtig im Evangelischen Konsistorium Berlin-Brandenburg.

Borrmann, S. 203 f. Berlin und seine Bauten II, S. 156. Boeck/Richartz, S. 56, Abb. 57. Schinkelwerk/Berlin I, S. 373 f., Abb. 235. Schiedlausky, S. 37 ff., Abb. 9, 10. Engel/Schlott-Kotschote, S. 235

Markuskirche (Weberstraße). Im Osten der Altstadt. Aufgeführt 1848–1850 als Backsteinbau nach Entwürfen A. Stülers von G. Erbkam und G. L. Runge im Rundbogenstil eines an lombardische Vorbilder des 15. Jh. erinnernden Eklektizismus. Bedeutendes Werk der Berliner romantischen Schule. Oktogonaler Zentralbau von basilikalem Querschnitt mit von Anräumen begleiteter Ostapsis und schlankem Westturm. Um den auf acht Arkaden ruhenden Mittelbau unter hoher Tambourkuppel der Umgang in Art eines Seitenschiffs mit eingebauter Holzempore. Die Ausstattung 1900 teilweise verändert. In der Apsis figürliche Malereien von A. Kaselowsky, K. Stürmer und J. Schrader, der Terrakottaaufstein nach Entwurf A. Stülers.
Am 7. und 19. Mai 1944 durch Spreng- und Brandbomben mit der gesamten Ausstattung zerstört. Die Ruine 1957 abgetragen.

J. Hentschel: Geschichte der St. Markus Gemeinde, Berlin 1875. Berlin und seine Bauten II, S. 161, Abb. 140, 145. Engel/Schlott-Kotschote, S. 235. Möller, S. 72, Abb. 28

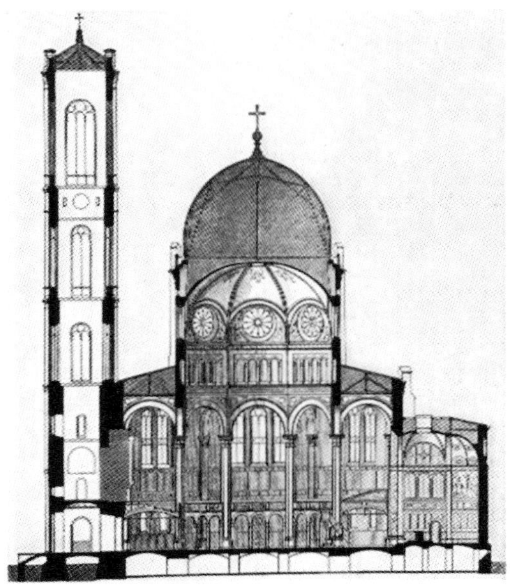

Oben: St. Hedwigskirche, Ruine und Inneres nach der Umgestaltung von 1932
Links unten und Mitte: Luisenstädtische oder Sebastianskirche, Turmfront und Ruine
Rechts unten: Markuskirche, Querschnitt

St. Michaelkirche (Michaelkirchplatz). Katholische Garnisonkirche, geplant im Zusammenhang mit der Luisenstadterweiterung von 1840 als städtebaulicher Akzent am 1848–1852 angelegten ehemaligen Luisenstädtischen Kanal. Erbaut 1851–1861 von A. Soller im Rundbogenstil oberitalienischer Renaissance-Bauten, eines der bezeichnendsten Werke für den Historismus der Schinkelschule in Berlin. Kreuzförmige dreischiffige Hallenkirche aus mehrfarbigem Backstein mit Querschiff, kurzem dreiapsidialem Chor und hoher Tambourkuppel sowie einer turmlosen Eingangsfassade. Das Mittelschiff des Langhauses und die Kreuzarme von Flachkuppeln überwölbt, die Seitenschiffe mit quergestellten Halbkreistonnen. An der Eingangsseite die Orgelempore. Von der bis zum ersten Weltkrieg ständig bereicherten Ausstattung bemerkenswert das Hochaltargemälde, der Kampf Michaels mit Luzifer zwischen Petrus und Paulus, ein Werk der Düsseldorfer Malerschule sowie die Kreuzwegstationen von 1865.

Am 24. November 1944 leicht beschädigt, wurde der Bau bei dem schweren Fliegerangriff am 3. Februar 1945 von mehreren Spreng- und Brandbomben getroffen, wobei das Langhaus zusammenstürzte, Querschiff, Kuppel und Apsiden schwere Beschädigungen erlitten und sämtliche Gewölbe einfielen. Sicherungsarbeiten an der Ruine seit 1948, das ehemalige Querschiff und der Chor 1952/53 nach Entwurf von J. Weber als moderner Gottesdienstraum hergerichtet, 1960 der Glockenturm wiederhergestellt. Das Langhaus gegenwärtig noch Ruine.

Berlin und seine Bauten II, S. 163 f., Abb. 143, 146, 147. Möller, S. 71, Abb. 27. 100 Jahre St. Michael, Festschrift, zusammengestellt von B. Motter, Berlin 1961. B. Stasiewski: Hundert Jahre St. Michael, in: Wichmann: Jahrbuch für Kirchengeschichte im Bistum Berlin, Jg. 17/18, 1963/64, S. 100 ff. G. Grundmann: August Soller (Studien z. Kunst d. 19. Jh., Bd. 18), München 1973, S. 154 ff., Abb. 110–119 (Besprechung von E. Börsch-Supan in: Zeitschr. f. Kunstgeschichte 1975, H. 1)

St. Nikolaikirche (Nikolaikirchplatz). Pfarrkirche der nach 1230 entstandenen Altstadt Berlin. Spätgotische dreischiffige Backsteinhalle mit Umgangschor und Kapellenkranz, erbaut zwischen 1380 und 1470 anstelle einer dreischiffigen kreuzförmigen Feldsteinbasilika aus dem ersten Drittel des 13. Jh., wovon sich der Unterbau der Türme erhielt. Der Chor dreiseitig geschlossen mit siebenseitigem Umgang und Randkapellen zwischen den Strebepfeilern. Im Inneren Kreuzgewölbe auf Bündelpfeilern, lediglich ein Joch des Mittelschiffs sterngewölbt. An der Südwestecke Anbau der zweigeschossigen Liebfrauenkapelle mit Staffelgiebeln, gestiftet 1452. 1878 das Innere ausgebaut, aus der gleichen Zeit das neogotische Turmpaar. Von der wertvollen Ausstattung besonders hervorzuheben der Altar von 1715 mit einem späteren Altarblatt von B. Rode, eine reich geschnitzte Kanzel von 1680 und ein Taufkessel, gegossen 1563 von S. Lichtenhagen. Zahlreiche Grabmale Berliner Staatsmänner und Bürger, so das 1610 im Erdgeschoß der Liebfrauenkapelle eingerichtete Erbbegräbnis J. Kötteritzsch, das des Hofgoldschmieds D. Männlich, 1700 von A. Schlüter, ferner das 1725 in eine Kapelle des nördlichen Turmes eingebaute Grabmal des Ministers A. Kraut mit dem Denkmal des Verstorbenen von J. G. Glume d. Ä.

Bei einem Bombenangriff am 16. Juni 1944 brannten die Türme ab, das Schiff bei den Kämpfen um Berlin im April 1945 durch Feuer zerstört. Infolge der Brand- und Witterungseinflüsse stürzten 1949 die Gewölbe und die nördlichen Schiffspfeiler ein. In der Ruine 1956–1958

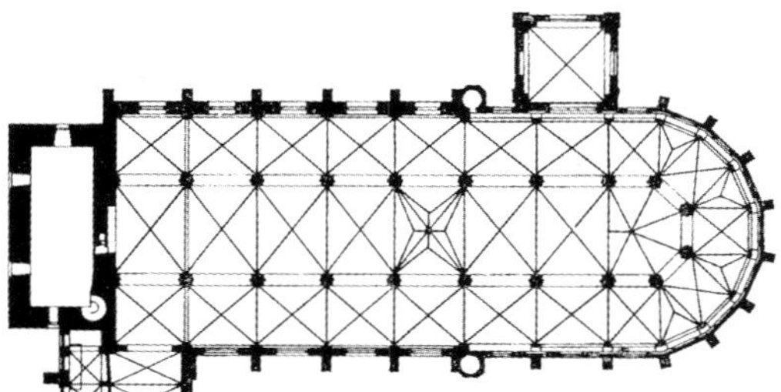

Ausgrabungen durch das Institut für Vor- und Frühgeschichte der Deutschen Akademie der Wissenschaften zu Berlin, wobei Fundamente von zwei Vorgängerbauten gefunden wurden. Seit 1946 Projekte für den Wiederaufbau erarbeitet, über den Ausbau und die Wiederverwendung der Ruine noch nicht entschieden. Von den zahlreichen geretteten Inventarstücken gelangten das Schlütersche Grabmal Männlich und die Glumeschen Plastiken aus der Krautschen Kapelle in die Skulpturen-Sammlung der Staatlichen Museen Berlin; sechzehn Gemälde aus spätgotischer bis barocker Zeit, darunter das Votivbild aus der Kötteritzschen Kapelle (1616), jetzt in der Marienkirche; das von G. Lisiewsky gemalte Porträtmedaillon vom Epitaph C. G. Schrader († 1726) im Märkischen Museum Berlin. Die Bibliothek im Sprachen-Konvikt der Evangelischen Kirche, das Archiv in der Marienkirche, dort auch der romanische Kelch.

Borrmann, S. 221 ff., Fig. 20–27, Taf. 10–15. M. Osborn: Berlin, 2. Aufl. Leipzig 1926, S. 8 ff., m. Abb. Boeck/Richartz, S. 12 ff., Abb. S. 13, 15, 17. Dehio/Nordostdeutschl., S. 23 f. Engel/Schlott-Kotschote, S. 234. G. Leh: Die Nikolaikirche zu Berlin, Berlin 1961. E. Reinbacher: Die älteste Baugeschichte der Nikolaikirche in Alt-Berlin, Berlin 1973. Berckenhagen, mehrere Abb. (dort unter dem jetzigen Standort Marienkirche). G. Schade: St. Nikolai in Berlin, in: Jahrb. f. brandenb. Landesgesch. 17, 1966, S. 52 ff.

Links oben: St. Michaelkirche
Mitte: St. Nikolaikirche, Grundriß
Unten und rechts oben: St. Nikolaikirche, Inneres nach Nordwesten und nach der Zerstörung

St. Nikolaikirche, Inneres zum Chor

Parochialkirche (Klosterstraße). Erbaut 1695 bis 1703 von M. Grünberg nach einem Entwurf J. A. Nerings, die Vorhalle 1705 ebenfalls von Grünberg, der Turm 1713/14 nach Entwurf von J. de Bodt von P. Gerlach. Stattlicher barocker Zentralbau in Form einer Vierkonchenanlage mit straßenseitiger Vorhalle und durch Säulenstellungen plastisch bewegter Turmfassade. Das ursprünglich konzentrisch von Emporen umgebene Innere mit Holzgewölben ist 1837–1839 und vor allem 1884/85 weitgehend verändert worden. Von der alten Ausstattung blieben lediglich die Kanzel von J. C. Döbel und die Orgel von 1731 erhalten. Im Turm ein 1717 von A. de Grave aus Amsterdam geliefertes Glockenspiel.

Am 24. Mai 1944 brannte die Kirche mit dem gesamten Inventar bis auf die Umfassungsmauern aus, wobei die oberen Teile des Turmes einstürzten und auch das Glockenspiel zugrunde ging. Der Turmstumpf 1946 mit einem Notdach versehen und der im wesentlichen erhaltene Turmsaal über der Vorhalle als Gottesdienstraum eingerichtet. 1950/51 erhielt die Kirche ein dem ursprünglichen Zustand entsprechendes Schieferdach, für die Ausgestaltung des Inneren und die Rekonstruktion des Turmobergeschosses sind 1969 Pläne erarbeitet worden, die den

Charakter des ehemaligen Baues bewahren. Erhalten blieben die Grabgewölbe der Kirche mit Sarkophagen des 18. Jh., einige Epitaphien Berliner Persönlichkeiten in der Vorhalle sowie eine Reihe von Pastorenbildern des 18. und 19. Jh. im Turmsaal.

Borrmann, S. 241 ff., Abb. 28, 29. Berlin und seine Bauten II, S. 150. R. Herz: Philipp Gerlach und seine Bauten, Berlin TH Diss. 1924, S. 69 ff. Boeck/Richartz, S. 54, Abb. 55. Schiedlausky, S. 41 ff., Abb. 11–18. Engel/Schlott-Kotschote, S. 235. D. Joseph: Die Parochialkirche zu Berlin, Berlin 1964. Reuther, S. 113, Abb. 18

St. Petrikirche (Petriplatz). Ehemalige Pfarrkirche von Kölln, der Schwesterstadt Berlins. Anstelle zweier mittelalterlicher und eines barokken Vorgängerbaues errichtet 1846–1853 von J. H. Strack. Neogotischer Backsteinbau in Form einer einschiffigen Kreuzkirche mit 5/8-Chorschluß und hohem, das Stadtbild beherrschendem Turm. Die kurzschenkligen Kreuzarme als Giebelfassaden mit flankierenden Türmchen gebildet. Im sterngewölbten, 1896 neu ausgemalten Inneren Bündelpfeiler und Emporen in den Kreuzarmen. Reiche neogotische Ausstattung aus der Erbauungszeit, bestehend aus Altarretabel, Kanzel und stattlicher Orgel von C. A. Buchholz.

Bei dem schweren Bombenangriff am 3. Februar 1945 nur leicht getroffen, erlitt die während der Straßenschlachten in der Innenstadt hart umkämpfte Kirche wahrscheinlich am 28. April 1945 durch Beschuß und Brand schwerste Zerstörungen. Reste 1960–1964 abgetragen.

H. Strack: Die Petrikirche, in: Zeitschr. f. Bauwesen 2, 1852, S. 542. W. Lübke: Zwei neue Kirchen in Berlin, in: Deutsche Kunstblätter 4, 1853, S. 101 ff. Borrmann. S. 247 ff., Fig. 30–32. Berlin und seine Bauten II, S. 157 f., Abb. 141. Boeck/Richartz. S. 32 ff. Schinkelwerk/Berlin I, S. 167 ff., Abb. 78–90. K. Koziol: Kleine Chronik der St. Petri-Kirche zu Berlin, Berlin 1965, m. Abb. G. Grundmann: August Soller (Studien z. Kunst d. 19. Jh., Bd. 18), München 1973, S. 153 f.

Neue Synagoge (Oranienburger Straße). Erbaut seit 1859 nach Entwurf von E. Knoblauch im maurischen Stil, bis 1866 unter Leitung von A. Stüler durch Hähnel zu Ende geführt. Hauptwerk der orientalisierenden Richtung in der romantischen Berliner Architektur, bedeutend in der Mischung pittoresker Stilelemente mit moderner Eisenkonstruktion. Mehrgliedrige Anlage von asymmetrischer Grundrißordnung. Die prächtige Kuppelfassade aus farbig glasierten Ziegelsteinen mit minarettartig flankierenden Seitentürmchen. Hinter einer Reihe von Vorräumen der dreischiffige, durch Ausbauten erweiterte große Tempelraum mit seitlichen Emporen und großer Mittelapsis, überspannt von einer auf schlanken Stützen ruhenden eisernen Dachkonstruktion aus Quertonnen und Zwickelkuppeln mit gläsernen Oberlichtern. Das Ganze durch farbenprächtige Ornamentik reich verziert. Der Thora-Schrein vor der Apsis unter säulengetragenem Tabernakelaufbau.

In der »Kristallnacht« vom 9. zum 10. November 1938 ausgebrannt und am 23. Februar 1943 durch Bomben schwer beschädigt. Der Wiederaufbau der Fassade beabsichtigt. Reste der Bauornamentik im Märkischen Museum Berlin.

Berlin und seine Bauten II, S. 167 f., Abb. 149–151

Links: Parochialkirche, Turmfront
Mitte: St. Petrikirche von der Brüderstraße und Inneres zum Chor
Rechts: Neue Synagoge (zeitgenössischer Holzstich)

Neue Synagoge, Front zur Oranienburger Straße

Schlösser und Palais

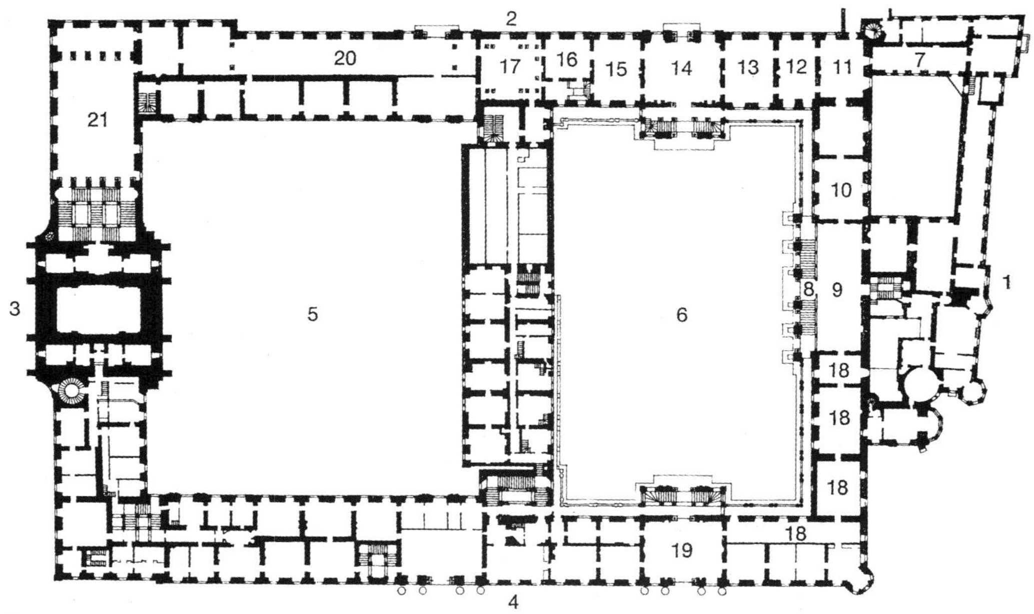

Stadtschloß Die ehemalige Residenz der Hohenzollern, Markgrafen und Kurfürsten von Brandenburg, Könige von Preußen und deutschen Kaiser. Monumentaler, um mehrere Höfe gruppierter Baukomplex, Hauptwerk des norddeutschen Barock. Begonnen 1443–1451 unter Kurfürst Friedrich II. als Ziegelbau auf der Nordspitze der Insel Kölln am Spreeufer unter Einbeziehung eines mittelalterlichen Rundturms der Stadtbefestigung, des sogenannten Grünen Huts. Seit 1538 unter Kurfürst Joachim II. die Anlage durch K. Theiß in einen stattlichen Renaissancebau nach Vorbild sächsischer Schlösser umgestaltet. In der Folgezeit, besonders unter Kurfürst Friedrich Wilhelm, durch J. A. Nering und J. G. Memhard noch mehrfach verändert und erweitert, bestand das Schloß Ende des 17. Jh. aus einem uneinheitlichen Nebeneinander von stilistisch unterschiedlichen, um zwei große Höfe gruppierten Baulichkeiten sowie einem nordwestlich anschließenden ausgedehnten Lustgarten. Um die Wende vom 17. zum 18. Jh. erhielt der weitläufige Komplex dann seine wesentliche Gestalt, als Kurfürst Friedrich III., der spätere erste König von Preußen, seit 1698 den Umbau zu einer einheitlichen Barockanlage befahl. Künstlerischer Oberleiter dieser Arbeiten 1698 bis 1706 war A. Schlüter, auf den die nordöstlichen, um den inneren Schloßhof gelagerten Trakte zurückgehen. Sein Nachfolger von 1706 bis 1713 J. F. Eosander, der die von Schlüter geplante Anlage um das Doppelte erweiterte. 1713 bis 1716 der Umbau unter Friedrich Wilhelm I. durch M. H. Böhme vollendet. In der Folgezeit erfuhr das Äußere nur noch geringe Veränderungen. 1845–1853 ließ Friedrich Wilhelm IV. durch A. Stüler unter Verwendung eines Entwurfs von K. F. Schinkel die Kuppel der Schloßkapelle über dem Eosanderportal an der ehemaligen Schloßfreiheit hinzufügen und legte 1842–1845 die Terrassen vor der Lustgartenfront an. Fertigstellung der Terrassen vor den übrigen Schloßfronten erst während der Regierungsperiode Kaiser Wilhelms II., der auch Anfang des 20. Jh. eine hofseitige Verbreiterung des Flügels an der Schloßfreiheit durch E. v. Ihne beginnen ließ.
Das stilistisch außerordentlich reiche und mannigfaltige Schloßinnere veranschaulichte die Entwicklung der Raumkunst und Dekoration von der Renaissance bis zum historisierenden Eklektizismus des späten 19. Jh. Vom Renaissancebau des K. Theiß war die Erasmuskapelle mit dem durch reich verschlungenes Rippenwerk verzierten Gewölbe erhalten, aus der Bauperiode des Großen Kurfürsten stammten einige Räume mit frühbarocken Dekorationen. Die unter Friedrich I. ausgestatteten Wohn- und Festräume des zweiten Obergeschosses zählten zu den hervorragendsten Schöpfungen barocker deutscher Innendekoration der Zeit um 1700. Von ihnen gingen auf Schlüter zurück das großartige Treppenhaus und die anschließenden Paradekammern mit dem Rittersaal an der Lustgartenseite sowie die Elisabethwohnung an der Schloßplatzseite, auf Eosander vor allem die prunkvolle Bildergalerie. Aus der Zeit Friedrichs II. hatte sich das Schreibkabinett des Königs von J. A. Nahl, ein Hauptwerk des friderizianischen Rokoko, erhalten. Aus der Regierungsphase Friedrich Wilhelms II. stammten die 1787–1790 von C. v. Gontard und F. W. v. Erdmannsdorff ausgestalteten Königskammern im ersten Obergeschoß der Lustgartenfront, glänzende Zeugnisse des Spätbarocken Klassizismus, sowie eine 1791 von K. G. Langhans d. Ä. ausgestattete Raumfolge am Schloßplatz mit dem sogenannten Pfeilersaal. Besonders bemerkenswert war auch die 1825 von K. F. Schinkel eingerichtete Wohnung des Kronprinzen Friedrich Wilhelm IV. mit dem köstlichen Teesalon und dem Sternensaal. Dem 19. Jh. gehörte ferner der Ausbau jener repräsentativen Raumfolge im Flügel an der Schloßfreiheit an, dessen Vollendung im 18. Jh. nicht hatte realisiert werden können: das dem Eosanderportal zugeordnete große Treppenhaus, der Weiße Saal und die Schloßkapelle. Diese Räume 1844–1857 unter maßgeblicher Beteiligung Friedrich Wilhelms IV. von A. Stüler in einem für die Schinkelnachfolge bezeichnenden historisierenden Stil ausgestaltet und Anfang des 20. Jh. durch E. v. Ihne verändert.

Stadtschloß
Oben: Grundriß des 2. Obergeschosses, 1 Spreeflügel, 2 Lustgartenflügel, 3 Flügel zur Schloßfreiheit mit Eosanderportal, 4 Schloßplatzflügel, 5 Erster Schloßhof, 6 Zweiter Schloßhof (Schlüterhof), 7 Wohnung Friedrichs I. mit Braunschweigischer Galerie, 8 Haupttreppenhaus (Schlütertreppe), 9 Schweizer Saal, 10–17 Paradekammern: 10 Paradevorkammern, 11 Königszimmer, 12 Drap d'or Kammer, 13 Rote Adlerkammer, 14 Rittersaal, 15 Schwarze Adlerkammer, 16 Rote Samtkammer, 17 Alte Kapelle (Kapitelsaal), 18–19 Elisabethwohnung (darunter Wohnung Friedrich Wilhelms IV. und Bibliothek Friedrichs II.), 19 Elisabethsaal, 20 Bildergalerie (darunter Königskammern Friedrich Wilhelms II.), 21 Weißer Saal und Weiße-Saal-Treppe
Mitte: Luftaufnahme der Gesamtanlage
Unten: Spreeflügel

Stadtschloß
Links oben: Portal IV an der Lustgartenfront
Rechts oben: Blick über die Schloßbrücke auf Lustgarten- und Schloßfreiheitflügel
Unten: Front zur Schloßfreiheit mit Eosanderportal sowie Schloßplatzflügel

Nach der Verstaatlichung des Schlosses wurden seit 1921 in den Schlüterräumen des zweiten Obergeschosses, in den Königskammern und anderen Zimmerfluchten die Sammlungen des Kunstgewerbemuseums der Staatlichen Museen zu Berlin (Schloßmuseum) gezeigt. Die den Staatlichen Schlössern und Gärten unterstehenden historischen Wohnräume im ersten Geschoß des Spree- und Schloßplatzflügels waren ebenfalls der Besichtigung zugänglich.

Nach dem schweren Luftangriff am 3. Februar 1945 brannte das Schloß zu großen Teilen aus, wobei die überwiegende Mehrzahl der Prunkräume verlorenging. Nach anfänglichen Plänen für die Wiederherstellung des Äußeren wurde die Ruine 1950/51 beseitigt. An ihrer Stelle 1973 bis 1976 Neubau des Palastes der Republik. Das im Eosanderschen Erweiterungstrakt zum Lustgarten gelegene Schloßportal IV (»Liebknechtportal«) 1963 in die Fassade des Staatsratsgebäudes am Marx-Engels-Platz eingefügt. Reste der Architekturplastik, vornehmlich von Schlüter und seiner Werkstatt, in der Skulpturensammlung der Staatlichen Museen zu Berlin und im Berliner Märkischen Museum, Abgüsse von Stukkaturen im Zeughaus. Die Bronzegruppen der »Rossebändiger« von P. v. Clodt, ehemals auf der Lustgartenterrasse vor dem Schloß, jetzt vor dem Kontrollratsgebäude am Kleistpark in Westberlin-Schöneberg; das Bronzedenkmal des

Stadtschloß, Eosanderportal

Stadtschloß
Links oben: Schlüterhof, Risalit zum Portal V der Lustgartenfront
Rechts oben: Schlüterhof nach Nordosten
Links unten: Erster Schloßhof, Risalit an der südlichen Front
Rechts unten: Portal II an der Schloßplatzfront

Stadtschloß
Links oben: Haupttreppenhaus, Stuckdekoration unter der Decke
Rechts oben: Haupttreppenhaus, Blick zur Decke
Links Mitte: Schweizer Saal
Links unten: Eosanderkapelle
Rechts unten: Brandenburgische Galerie (Porzellangalerie), Detail der Decke

Stadtschloß, Haupttreppenhaus (Schlütertreppe)

Stadtschloß, Rittersaal
Sängerempore und Raumansicht

St. Georg mit dem Drachen, 1855 von A. Kiß, ehemals im ersten Schloßhof, jetzt im Volkspark Friedrichshain; der Neptunbrunnen von R. Begas, 1891 auf dem Schloßplatz aufgestellt, seit 1969 auf dem Rathausplatz. Die während des Krieges verlagerten Sammlungen des Kunstgewerbemuseums teils im Schloß Köpenick, teils im Kunstgewerbemuseum Westberlin; größere Teile des älteren Schloßinventars (Gemälde, Skulpturen, Möbel, Bibliotheks- und Plankammerbestände usw.) auf die Schlösserverwaltungen in Potsdam-Sanssouci und Westberlin, Schloß Charlottenburg verteilt; Reste der Schloßbibliothek in der Deutschen Staatsbibliothek Berlin, die Sammlung von Handzeichnungen Friedrich Wilhelms IV. im Kupferstichkabinett und den Sammlungen der Zeichnungen der Staatlichen Museen zu Berlin.

Stadtschloß
Links oben: Alte Kapelle (Kapitelsaal)
Links unten: Rote Samtkammer
Rechts oben und Mitte: Schwarze Adlerkammer, Details der Deckenvoute
Rechts unten: Elisabethsaal

R. Dohme: Das Königliche Schloß in Berlin, Leipzig 1876. Borrmann, S. 258 ff., m. Abb. Führer durch die Staatlichen Museen zu Berlin, Das Schloßmuseum, Berlin 1921. M. Osborn: Berlin, 2. Aufl. Leipzig 1926, S. 114 ff., m. Abb. A. Geyer: Die historischen Wohnräume im Berliner Schloß, Berlin 1926. Die historischen Wohnräume im Berliner Schloß (Amtl. Führer), Berlin 1935, m. Abb. H. Ladendorf: Der Bildhauer und Baumeister A. Schlüter, Berlin 1935, S. 67 ff. A. Geyer: Geschichte des Schlosses zu Berlin, 1. Bd. Die kurfürstliche Zeit bis zum Jahre 1698, Berlin 1936 (Text- und Bildband). H. Ladendorf: A. Schlüter, Berlin 1937. S. 48 ff., Abb. 61–116. Dehio/Nordostdeutschl., S. 29 ff. E. Redslob: Barock und Rokoko in den Schlössern von Berlin und Potsdam, Berlin 1954, S. 12 ff., Farbtaf. 9–26. Engel/Schlott-Kotschote, S. 235. H.-U. Engel: Schlösser und Herrensitze in Brandenburg und Berlin, Frankfurt a. M. 1959, S. 28 ff. R. Biederstedt: J. F. Eosander, Stockholm 1961. E. Cyran: Das Schloß an der Spree, Berlin 1962. E. Hubala: Das Berliner Schloß und A. Schlüter, in: Festschrift Ernst Gall, Berlin–München 1965, S. 311 ff. Reuther, S. 17 ff., 118 ff., m. zahlr. Abb. u. Farbtaf. F. Wendland: Der Lustgarten am Berliner Schloß, in: Jahrb. f. brandenb. Landesgesch., Bd. 20, 1969, S. 94 ff., m. Abb.

Stadtschloß
Oben: Eosandergalerie, Detail der Stuckdekoration über einer Schmalseite und Raumansicht
Unten: Schreibkabinett Friedrichs II., Blick zur Decke und Raumansicht

Stadtschloß
Konzertsaal in den Königskammern Friedrich Wilhelms II.

Stadtschloß
Oben: Pfeilersaal des Schloßplatzflügels und Speisesaal in den Königskammern Friedrich Wilhelms II.
Links Mitte: Thronsaal in den Königskammern Friedrich Wilhelms II.
Links und rechts unten: Sternsaal und Teesalon der Wohnung Friedrich Wilhelms IV.

Stadtschloß
Oben: Weißer Saal
Links unten: Schloßkapelle über dem Eosanderportal
Rechts unten: Weiße-Saal-Treppe

Schloß Monbijou (Monbijouplatz). Ausgedehnte barocke Anlage am Ufer der Spree mit betontem Mittelbau und anschließenden, durch Pavillons und Risalite aufgelockerten eingeschossigen Galerietrakten. Entstanden in mehreren Bauperioden. Ursprünglich ein 1703 von J. F. Eosander für den Grafen Wartenberg erbautes Sommerschlößchen von annähernd quadratischem Grundriß mit oktogonalem Mittelsaal, dieses um 1738–1742 durch G. W. v. Knobelsdorff für Königin Sophie Dorothea, Mutter Friedrichs II., beiderseits durch Orangerie- bzw. Galerietrakte erweitert. 1789–1800 für Königin Friederike Luise, Gemahlin Friedrich Wilhelms II., weitere Veränderungen; damals das Torgebäude nach Plänen von G. C. Unger entstanden, zwei Pavillons mit

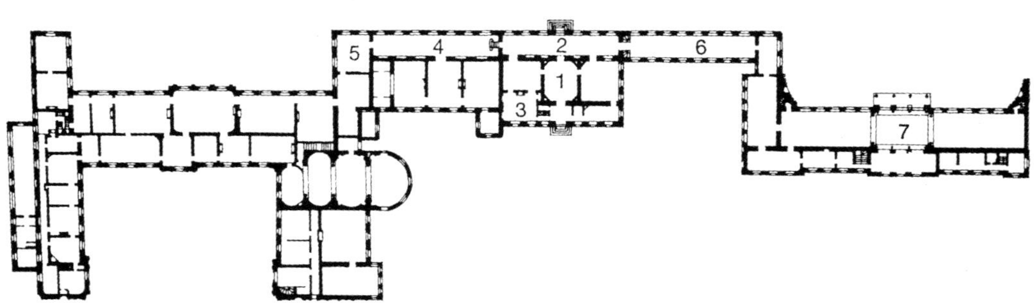

Schloß Monbijou
Links oben: Torgebäude
Rechts oben: Hauptgebäude, Parkseite
Rechts Mitte: Flügelgebäude (ehemalige Orangerie), Parkseite
Links Mitte: Zedernholzzimmer
Links unten: Porzellangalerie
Rechts unten: Grundriß, 1 Mittelsaal, 2 Galerie, 3 Chinesisches Kabinett, 4 Porzellangalerie, 5 Porzellankabinett, 6 Westliche Galerie, 7 Tanzsaal (ehemalige Orangerie)

verbindender Säulenkolonnade, ein charakteristisches Beispiel der Gontardschule. Im Inneren hatte sich eine Reihe wertvoller Dekorationen erhalten, so der Mittelsaal des Eosanderschen Baues in Régenceformen der Zeit um 1725, ein Chinesisches Kabinett von 1730, die Porzellangalerie im Rokokostil nach Entwürfen von J. M. Hoppenhaupt d. Ä. sowie frühklassizistische Räume aus der Zeit von 1790. Seit 1877 waren in Monbijou die Sammlungen des Hohenzollernmuseums ausgestellt. Der ursprünglich barocke Park an der Spree später als Landschaftsgarten umgestaltet.

Bei dem Großangriff am 2./3. Dezember 1943 von Bomben getroffen und mit Teilen der Sammlungen bis auf die Umfassungsmauern ausgebrannt. Die Ruine der Spreetrakte 1957, die Reste der Ungerschen Torgebäude 1960 beseitigt. Teile der Architekturplastik (Köpfe, Vasen) im Märkischen Museum Berlin. Die noch erhaltenen Sammlungsstücke des Hohenzollern-Museums in den Schlösserverwaltungen Potsdam-Sanssouci und Westberlin, Charlottenburg; Teile der Porzellansammlung, so die friderizianischen Tafelservices, im Kunstgewerbemuseum Schloß Köpenick.

Borrmann, S. 314 ff. P. Seidel: Führer durch das Hohenzollernmuseum in Schloß Monbijou, Berlin 1914. Schloß Monbijou — Hohenzollernmuseum, Amtlicher Führer, bearbeitet von A. Hildebrand, 2. Aufl. Berlin 1930. P. O. Rave: Verzeichnis der alten Gärten und ländlichen Parke in der Mark, in: Brandenburgische Jahrbücher, Jg. 14/15, 1939, S. 146. Engel, S. 29 ff. Engel/Schlott-Kotschote, S. 235

Schloß Monbijou, Mittelsaal

Kronprinzenpalais (Unter den Linden 3). 1663 als schlichtes Privathaus errichtet. 1732 von P. Gerlach für Kronprinz Friedrich II. in ein zweigeschossiges Barockpalais mit reich dekoriertem Mittelrisalit und Auffahrtsrampe umgebaut. In der Folgezeit als Stadtpalais der preußischen Kronprinzen sowie König Friedrich Wilhelms III. genutzt. 1856/57 für den späteren Kaiser Friedrich III. durchgreifende historisierende Veränderung nach Plänen von J. H. Strack durch Aufstokkung eines Attikageschosses, Anbau einer Säulenvorhalle vor dem Hauptportal, einer östlichen Pergola und durch Seitentrakte. Im Inneren hatte sich mit Ausnahme des von Strack ausgestalteten Vestibüls und Treppenhauses, des Festsaales sowie den Resten einer 1826 von K. F. Schinkel ausgestalteten Kapelle wenig von der ursprünglichen Ausstattung erhalten. Im östlichen Seitenflügel befand sich eine Flucht von gründerzeitlichen Festräumen, darunter der 1883 im Stil Schlüters eingerichtete Speisesaal und der Tanzsaal. 1919–1937 beherbergte das Palais die Neuere Abteilung der Berliner National-Galerie, später die Sammlung der Handzeichnungen.

Im Kriege bis auf die Umfassungsmauern ausgebrannt und 1961 abgetragen. 1968/69 nach Entwurf des Kollektivs R. Paulick und W. Prendel in seiner durch Strack geprägten äußeren Gestalt als repräsentatives Gästehaus der Stadt Berlin rekonstruiert (Palais Unter den Linden) und das Innere modern ausgebaut.

Borrmann, S. 311 ff. Berlin und seine Bauten II, S. 15 f. P. Seidel: Zur Geschichte des Kronprinzenpalais, in: Hohenzollern-Jahrbuch 11, 1907, S. 206 ff., m. zahlr. Abb. R. Herz: Berliner Barock, Berlin 1928, S. 30 f., Abb. 28. Engel/Schlott-Kotschote, S. 235. Reuther, S. 127, Abb. 52

Palais Kaiser Wilhelms I. (Unter den Linden 9, jetzt 37). Ursprünglich ein zweigeschossiges Wohnhaus mit Nebengebäuden aus dem Ende des 17. Jh., später mehrfach umgebaut und vergrößert. 1829 gelangte das Haus in den Besitz des Prinzen Wilhelm, nachmaligen Kaiser Wilhelm I., für den es K. F. Schinkel 1828/29 im Inneren neu einrichtete. 1834 wurde der Bau abgetragen und bis 1837 als Stadtpalais des Prinzen nach Plänen von K. F. Langhans d. J. neu aufgeführt (die Umbaupläne Schinkels blieben unberücksichtigt). Asymmetrischer Komplex mit ausgedehnten Hintergebäuden, die zu den Lin-

Oben: Kronprinzenpalais, Festsaal und Treppenhaus-Obergeschoß
Unten: Palais Kaiser Wilhelms I., Treppenhaus und Tanzsaal

den gerichtete dreigeschossige Hauptfassade durch breiten Säulenvorbau und Auffahrtsrampe vor dem Hauptportal akzentuiert. Einer der bedeutendsten Palaisbauten der Berliner Schinkelschule. Im Inneren neben Wohnräumen eine Reihe prunkvoller Repräsentations- und Festsäle; hervorzuheben Vestibül, Rundes Treppenhaus und Waffenhalle im Erdgeschoß, in der oberen Etage die an der westlichen Gebäudefront verlaufende Flucht von mehreren Sälen mit dem Kleinen Speisesaal, dem Runden oder Tanzsaal, dem Gelben und dem Adlersaal. Die 1854 durch J. H. Strack teilweise veränderten, ummöblierten und neu eingerichteten Räume waren neben denen in Schloß Babelsberg ein Hauptbeispiel für die Entwicklung des historisierenden Eklektizismus in der Berliner Innenraumkunst.

Am 23. November 1943 bei einem Fliegerangriff bis auf die Umfassungsmauern ausgebrannt, die Innenausstattung vernichtet. 1963/64 mit Ausnahme der Pergola an der Ostseite wiederhergestellt. Das modern ausgebaute Innere als Institutsgebäude der Humboldt-Universität genutzt.

Borrmann, S. 323 f. K. Jagow und J. Sievers: Das Palais Kaiser Wilhelms I. in Berlin, Berlin 1936 (Amtl. Führer), m. zahlr. Abb. Schinkelwerk/Prinz Wilhelm, S. 31 ff., Abb. 21–124. Engel/Schlott-Kotschote, S. 235. Reuther, S. 127, Abb. 51

Palais Kaiser Wilhelms I., Adlersaal

Prinzessinnenpalais (Oberwallstraße 1–2). Errichtet 1733 von F. W. Diterichs. Langgestreckter zweigeschossiger Barockbau mit Putzgliederungen. Die Gebäudemitte durch einen reich dekorierten dreiachsigen Risalit mit doppelarmiger Treppe und Balkon betont. Die den Linden zugekehrte Schmalseite 1811 mittels eines klassizistischen Kopfbaus von H. Gentz mit dem benachbarten Kronprinzenpalais verbunden. Im Inneren hatte sich von der ursprünglichen Ausstattung wenig erhalten. Seit 1929 wurden die Räume von der National-Galerie zeitweilig als Schinkelmuseum und für wechselnde Ausstellungen genutzt.
Im Kriege bis auf die Umfassungsmauern ausgebrannt. Nach Abbruch der alten Substanz 1962 bis 1964 durch R. Paulick und K. Kroll in der ursprünglichen Form unter Hinzufügung einer Terrasse rekonstruiert und als Operncafé genutzt. Das Innere modern ausgebaut.

Borrmann, S. 321 ff., Fig. 44. Berlin und seine Bauten II, S. 16. P. O. Rave: Nationalgalerie, Das Schinkelmuseum und die Kunstsammlungen Beuths, Berlin 1931. A. Hentzen: Die Baugeschichte des Kopfbaus Unter den Linden am ehem. Prinzessinnen-Palais, in: Jahrbuch der Preußischen Kunstsammlungen 56, 1935, S. 100 ff., m. 17 Abb. Engel/Schlott-Kotschote, S. 235. Deutsche Architektur, Jg. 13, 1964, S. 201 ff., m. Abb

Niederländisches Palais (Unter den Linden 11). Dreigeschossiger Putzbau von neun Fensterachsen mit später erweiterten, um zwei Binnenhöfe gelagerten Hintergebäuden. Als Privathaus errichtet 1752 nach Entwurf von F. W. Diterichs durch A. Krüger. Um 1777 und besonders 1787 bis 1794 im Auftrage Friedrich Wilhelms II. unter M. P. Boumann erweitert und umgebaut, möglicherweise unter Beteiligung von K. G. Langhans d. Ä. Seit 1803 im Besitz des Hauses Oranien, wonach der Bau seinen Namen erhielt. 1873 von F. Koch restauriert. 1882 von Wilhelm I. erworben und mit dessen benachbartem Palais verbunden. Der hintere Teil des Gebäudes 1908 abgebrochen. An der stark modernisierten Fassade der Mittelrisalit mit säulengetragenem Balkon aus der Zeit um 1777 in den Formen der spätfriderizianischen Architektur des Gontardkreises. Im Inneren Vestibül, Treppenhaus und einige Wohnräume in späten Rokokoformen. Hervorragend der zweigeschossige Speisesaal im östlichen Seitenflügel in Art der ovalen Säulensäle K. G. Langhans' d. Ä. mit frühklassizistischem Dekor und Malereien von B. Rode, eines der frühesten und bemerkenswertesten Beispiele dieses Typs in Berlin.
Im Kriege ausgebrannt und bis auf Teile des Erdgeschosses und den schwer beschädigten Portikus zerstört. Anstelle der 1963 abgebrochenen Ruine ein modifizierter Nachbau der ehemaligen Kommandantur (Gouverneurshaus) in der Rathausstraße 19 (erbaut 1721 von M. H. Böhme und F. W. Diterichs) aufgeführt.

Borrmann, S. 319 ff., Fig. 43. Berlin und seine Bauten II, S. 17. H. Schmitz: Berliner Baumeister vom Ausgang des 18. Jahrhunderts, Berlin 1914, S. 337, Abb. S. 118, 144–147. Petras, S. 66, 67, Abb. S. 67 (und S. 54, 55, Abb. S. 54). Engel/Schlott-Kotschote, S. 235. Berckenhagen, Abb. 340

Reichspräsidentenpalais vormaliges Palais Schwerin (Wilhelmstraße 73, jetzige Otto-Grotewohl-Straße). Für den Landjägermeister v. Schwerin erbaut 1734–1737 von dem Diterichs-Schüler C. Wisend im Typ französischer Barockhotels. Der bedeutendste Palastbau des nachschlüterschen Barock in Berlin. Stattliche Dreiflügelanlage mit Corps de Logis und zwei einen Ehrenhof begrenzenden Seitenflügeln. Die in reichen Barockformen gehaltenen Fronten mit einem durch plastischen Schmuck ausgezeichneten Hauptrisalit. Das Innere um 1778/79 neu

Niederländisches Palais
Straßenfront, Speisesaal und Bibliothekssaal

ausgestaltet. Die mittlere Raumgruppe des Corps de Logis bestehend aus Vestibül, Gartensalon und darübergelegenem Festsaal, das vierläufige Treppenhaus seitlich angeordnet. Der prächtige Hauptsaal in frühklassizistischen Formen mit Malereien von B. Rode. Seit 1845 im Besitz der Krone, diente das Palais als Ministerwohnung und später als Amtssitz des Reichspräsidenten. 1940 durchgreifender Umbau zur Wohnung des Reichsaußenministers, wobei an der Gartenseite zwei Flügel angefügt und das Innere, mit Ausnahme des Festsaals, dem Zeitgeschmack angepaßt wurden.
1945 bis auf die Umfassungsmauern ausgebrannt, die Reste 1961 beseitigt. Das Balkongitter am Haus Bahnhofstraße 4 in Berlin-Köpenick wiederverwendet, die Löwen vom Portal und einige Vasen im Tierpark Berlin-Friedrichsfelde.

Borrmann, S. 335 f. Berlin und seine Bauten II, S. 25. Petras, S. 61, 62, m. Abb. Schinkelwerk/Prinz Wilhelm, S. 19 f., Abb. 11, 12. Engel/Schlott-Kotschote, S. 235. Berckenhagen, Abb. 330–335. Reuther, S. 128, Abb. 54

Reichspräsidentenpalais
Ehrenhof und Decke im Hauptsaal

Auswärtiges Amt vormaliges Deckersches Haus (Wilhelmstraße 75, jetzige Otto-Grotewohl-Straße). Erbaut 1735 von J. K. Stolze. Zweigeschossiger barocker Putzbau von siebzehn Achsen mit Lisenengliederung und durch Portale betonten Mittel- und Seitenrisaliten. Seit 1794 im Besitz der Hofbuchdruckerfamilie Decker. Zusammen mit dem südlich angrenzenden Haus Wilhelmstraße 76 (1735 errichtet, 1815 durch P. L. Simon klassizistisch verändert) gehörte es seit 1819 zum Auswärtigen Amt und war ein Beispiel der vornehm zurückhaltenden Baukunst des Berliner 18. Jh. Im Inneren schönes Treppenhaus mit dekorativen Türen und Oberlichtkuppel. Ende des 19. Jh. beide Häuser an der Gartenseite durch Anbauten erweitert.
1945 während der Bombenangriffe und Beschießung Berlins ausgebrannt, die Fassaden beseitigt.

Schinkelwerk/Prinzen August, Friedrich und Albrecht, S. 242 ff., Abb. 213–215. P. O. Rave: Berlin vor der Zerstörung, 2. Aufl. Berlin 1949, S. 25 f., Abb. 51. 53

Reichskanzlerpalais vormaliges Palais Schulenburg bzw. Radziwill (Wilhelmstraße 77, jetzige Otto-Grotewohl-Straße). 1736–1739 nach Entwurf von C. F. Richter als Palais für General Graf von der Schulenburg erbaut. Zweigeschossige, um einen Ehrenhof gruppierte Dreiflügelanlage mit einem durch Pilasterstellungen und Dreieckgiebel gegliederten, die Seitenflügel überragenden Mittelbau. Seit 1795 im Besitz der Fürsten Radziwill, das Innere um 1820 durch K. F. Schinkel umgebaut. Ab 1875 Wohn- und Amtssitz des deutschen Reichskanzlers; im Inneren 1875–1877 entscheidende Umbauten für O. v. Bismarck im Renaissancegeschmack der Gründerzeit. Während der Kanzlerschaft des Fürsten Bülow (1900–1910) durch E. v. Ihne im italienischen Renaissancestil erneut verändert, wobei von der älteren Ausstattung nichts erhalten blieb.
1944/45 durch Bomben schwer beschädigt, die Ruine 1961 beseitigt.

Borrmann, S. 369. Zur Geschichte des Reichskanzlerpalais und der Reichskanzlei, hrsg. vom Staatssekretär der Reichskanzlei (Dr. Pünder), Berlin 1928, m. Abb. Schinkelwerk/Prinzen August, Friedrich und Albrecht, S. 228 ff., Abb. 202–209. Engel/Schlott-Kotschote, S. 235

Palais des Prinzen Karl vormaliges Johanniter- oder Ordenspalais (Wilhelmplatz 8–9, jetziger Thälmannplatz). Um 1736 von einem Architekten der Schlüternachfolge für Graf Truchseß zu Waldburg erbaut, bald darauf dem Johanniter-Orden übereignet. 1827/28 für Prinz Karl von Preußen

Oben: Auswärtiges Amt Wilhelmstraße 76 und 75
Links Mitte: Auswärtiges Amt, Treppenhausobergeschoß
Rechts Mitte: Reichskanzlerpalais (Stich von Horst und Ringlin, um 1740)
Unten: Palais des Prinzen Karl

durch K. F. Schinkel weitgehend umgestaltet. Aus dieser Zeit die zum Wilhelmplatz gelegene zweigeschossige Hauptfassade mit dreiachsigem vergiebeltem Mittelrisalit, vorgelegter Säulenhalle und breiter Auffahrtsrampe. An der Wilhelmstraße langgestreckter Seitenflügel. Im Inneren von Schinkel ausgestattete Wohn- und Festräume mit wertvollem Inventar. Besonders bemerkenswert Vestibül und Treppenhaus, der Pompejanische oder Gartensaal, der Tanzsaal im Obergeschoß sowie der galerieähnliche, durch reiche Wandbemalung ausgezeichnete Große Speisesaal, eines der schönsten Zeugnisse reifer Schinkelscher Dekorationskunst. Am 29. April 1945 infolge Beschuß zerstört und mit dem gesamten Inventar ausgebrannt. Die Ruine 1949 beseitigt.

J. Sievers: Das Palais des Prinzen Karl von Preußen, Berlin 1928, m. Abb. Schinkelwerk/Prinz Karl, S. 169 ff., Abb. 4, 161–238. H. Adlon: Hotel Adlon, München 1955, S. 417. Engel/Schlott-Kotschote, S. 235. Reuther, S. 126

Palais des Prinzen Karl
Oben: Großer Speisesaal (Galerie)
Links unten: Wandfeld im Großen Speisesaal
Rechts: Tanzsaal und Bibliothek

Reichsjustizministerium vormaliges Palais Prinz August (Wilhelmstraße 65, jetzige Otto-Grotewohl-Straße). Errichtet 1735, von D. Gilly 1807 verändert. 1865–1872 nach Entwurf von G. Möller durchgreifender Umbau zum Preußischen Justizministerium. Im Inneren des dreigeschossigen Gebäudes mit spätklassizistischer Fassade blieb eine Reihe der von K. F. Schinkel 1816/17 für Prinz August von Preußen eingerichteten Wohn- und Festräume erhalten, desgleichen die

1834 ebenfalls von Schinkel ausgestaltete sogenannte Waldenburgische Wohnung. Besonders erwähnenswert das Treppenhaus, das Rote oder Staatszimmer, der Kleine und der Große Speisesaal sowie der Tanzsaal. Mit den farbenfrohen Dekorationen und vornehmen Einrichtungsgegenständen stellten diese Räume ein wertvolles Denkmal aus der Frühzeit des Schinkelschen Dekorationsstils dar. Im Garten des Palais ein barocker Pavillon der Zeit um 1735 und ein Denkmal für K. G. Svaretz aus dem Jahre 1812. Anfang Dezember 1944 von Fliegerbomben getroffen und bis auf die Umfassungsmauern ausgebrannt. Die Ruine nach 1950 abgetragen, der Gartenpavillon später beseitigt.

Schinkelwerk/Prinzen August, Friedrich und Albrecht, S. 6 ff., Abb. 4–55. Engel/Schlott-Kotschote, S. 235

Reichsjustizministerium
Links: Straßenfront, Großer Speisesaal und Gesellschaftszimmer der Waldenburgischen Wohnung
Rechts: Oberer Treppenflur, Tanzsaal und Gartenpavillon

Borrmann, S. 370 f. Berlin und seine Bauten II, S. 112 f., Abb. 231 (Neue Ausgabe 1966, III, S. 122). B. Krieger: Berlin im Wandel der Zeiten, Berlin 1923, S. 197 ff., Abb. 199. Petras, S. 65. M. Kühn in: Antoine Pesne, Berlin 1958, S. 74 ff., Abb. 30, 31. Kat. Nr. 507 1, m. Engel/Schlott-Kotschote, S. 235. Berckenhagen, Abb. 314. Reuther, S. 127, Abb. 50

Russische Botschaft vormaliges Palais der Prinzessin Amalie (Unter den Linden 7, jetzt 63). Im 18. Jh. zeitweilig Palais der Prinzessin Amalie von Preußen, seit 1832 russische Botschaft. Ausgedehnter Komplex mit rückwärtigen, um zwei Höfe gelagerten Seitenflügeln. Im Kern ein Barockbau von 1750 nach Plänen von F. W. Diterichs, 1767 durch M. P. Boumann d. J. und 1840/1841 durch E. Knoblauch vollständig umgestaltet. Von letzterem die vornehme dreigeschossige Putzfassade von dreizehn Achsen mit mittlerem Balkonrisalit im Stil der Schinkelschule. Im Inneren eine Anzahl größerer Fest- und Gesellschaftssäle, darunter vom Palais des 18. Jh. ein prächtiger Rokokosaal, wahrscheinlich aus der Zeit des Boumannschen Umbaus, mit älteren Wandbildern von A. Pesne, G. W. v. Knobelsdorff und C. S. Dubois.

Im November 1943 durch Bomben zerstört und ausgebrannt. 1948–1953 an dieser Stelle Neubau der sowjetischen Botschaft durch Strijewsky und Lebedinsky. Die im Kriege verlagerten vier Wandbilder des Rokokosaals jetzt im Schloß Charlottenburg, Westberlin.

Palais des Prinzen Friedrich nachmaliges Reichsministerium für Ernährung und Landwirtschaft (Wilhelmstraße 72, jetzige Otto-Grotewohl-Straße). 1735/36 von P. Gerlach für den Vizepräsidenten v. Goerne erbaut. Seit 1816 im Besitz des Prinzen Friedrich von Preußen, 1817 unter Leitung K. F. Schinkels umgestaltet. Die dreigeschossige Fassade in den Formen der Schinkelschule mit einem durch Balkon betonten Mittelrisalit und Auffahrtsrampe von einer weiteren Veränderung durch A. Hahnemann 1852. Das einst reich mit Kunstsammlungen ausgestattete Innere war bis auf spärliche Immobilien nur verstümmelt erhalten, nachdem das Palais seit Anfang des 19. Jh. Verwaltungszwecken diente. Im Park ein um 1800 errichtetes Borkenhäuschen.

Im Februar 1945 bis auf die Umfassungsmauern ausgebrannt, die Ruine später abgetragen. Teile vom Gitter der Rampe im Märkischen Museum Berlin.

R. Herz: Berliner Barock, Berlin 1928, S. 106 f. Schinkelwerk/Prinzen August, Friedrich und Albrecht, S. 94 ff., Abb. 77–99. Engel/Schlott-Kotschote, S. 235

Rechts oben: Russische Botschaft, vor und nach der Zerstörung
Links oben: Russische Botschaft, Festsaal
Unten: Palais des Prinzen Friedrich, vor und nach der Zerstörung

Villa Kamecke (Dorotheenstraße 21, jetzige Clara-Zetkin-Straße). Erbaut 1711/12 von A. Schlüter für Minister E. B. v. Kamecke als Landhaus in der Dorotheenstadt. Des Meisters letztes Architekturwerk in Berlin, zugleich eine seiner köstlichsten Schöpfungen. Kleiner eingeschossiger Bau mit überhöhtem Mittelpavillon und kurzen, an den Ecken risalitartig betonten Seitenflügeln, der Mittelbau rhythmisch geschwungen, vor dem Risalit der Gartenseite eine rampenartige Treppe. An den Fronten reicher Skulpturenschmuck von Schlüter: auf dem Mittelpavillon prachtvolle Figuren, an den Eckrisaliten Reliefs, Meisterwerke des späten norddeutschen Hochbarock. Das Innere mit Vestibül und oktogonalem Gartensalon im Mittelbau sowie ein paar kleinen Zimmern in den Seitenflügeln war nicht in seiner ursprünglichen Gestalt erhalten, ausgenommen die Decke im Salon mit plastischen Gruppen der vier Weltteile, verwandt den Schlüterschen Darstellungen im Rittersaal des Berliner Stadtschlosses. Seit 1780 gehörte die Villa der Großloge Royal York und war danach mehrfach verändert worden. 1797 ein östlicher Erweiterungsbau angefügt und 1880–1883 ein ausgedehnter westlicher Trakt mit Arbeitsräumen, Speise- und Festsaal nach Plänen von H. Ende und W. Böckmann, wodurch der Bau viel von seiner ursprünglichen Schönheit verlor.

Im November 1943 bis auf die Umfassungsmauern ausgebrannt, die Reste 1950 beseitigt. Ein Teil des Figurenschmucks in der Skulpturen-Sammlung der Staatlichen Museen sowie im Märkischen Museum Berlin, daselbst auch zwei Vasen.

Borrmann, S. 344 ff., Fig. 46. Berlin und seine Bauten III, S. 279 ff., Abb. 719, 720. H. Ladendorf: Der Bildhauer und Baumeister A. Schlüter, Berlin 1935, S. 101 ff. H. Ladendorf: A. Schlüter, Berlin 1937, S. 131 ff., Abb. 159–172. Engel/Schlott-Kotschote, S. 236. H.-U. Engel: Schlösser und Herrensitze in Brandenburg und Berlin, Frankfurt a. M. 1959, S. 36 f., Abb. S. 136. B. Hallström in: Konsthistorisk Tidskrift 30, 1961, S. 95 ff.

Palais Borsig (Voßstraße 1, Ecke Wilhelmstraße). Erbaut 1875–1878 auf Grund eines Wettbewerbes nach Entwürfen von R. Lucae als Stadthaus der Familie Borsig. Doppelgeschossiger Rechteckbau im Stil der italienischen Spätrenaissance, bezeichnendes Beispiel gründerzeitlicher Palastarchitektur in Berlin. Die Fassaden mit vergiebelten Fenstern und Figurennischen zwischen den Öffnungen des Obergeschosses von kräftiger Plastizität. Die Statuen (um die Entwicklung der Technik verdiente Persönlichkeiten von der Antike bis zum 19. Jh.) von R. Begas, E. Encke, E. Hundrieser und O. Lessing. Der Hauptfront an der Voßstraße seitlich ein Wintergarten über der Einfahrt angefügt. Im Erdgeschoß Repräsentations- und Festräume. Beim Tode des Bauherrn unvollendet, später von Behörden genutzt. 1928 bis 1930 von E. J. Siedler in die Reichskanzlei einbezogen, 1938/39 beim Bau der Neuen Reichskanzlei weitgehend umgestaltet.

Im Kriege mehrfach zerstört, die Reste mit der Neuen Reichskanzlei beseitigt.

Berlin und seine Bauten III, S. 119 f., Abb. 245, 246. M. Osborn: Berlin, Leipzig 1926, S. 244, Abb. 139. K. Pierson: Borsig, ein Name geht um die Welt, Geschichte des Hauses Borsig und seiner Lokomotiven, Berlin 1973, S. 80 f., Abb. 33

Französische Botschaft (Pariser Platz 5). Reizvoller Palaisbau des 18. Jh. Um 1860 in den Besitz des französischen Staates gelangt und umgebaut. Die zweigeschossige Putzfassade von vierzehn Achsen mit skulpturenbekröntem Mittelrisalit und Auffahrtsrampe um 1930 verändert.

In der Nacht vom 22. zum 23. November 1943 ausgebrannt, die Ruine 1960 beseitigt.

M. Osborn: Berlin, Leipzig 1926, S. 318

Oben: Villa Kamecke
Mitte: Französische Botschaft, nach der Zerstörung
Links unten: Palais Borsig, vor 1928

Regierungs- und Verwaltungsgebäude

Polizeipräsidium (Alexanderstraße). Erbaut 1886 bis 1890 nach Plänen von H. Blankenstein. Ausgedehnter, um acht Höfe gelagerter Komplex auf asymmetrischem Grundriß in eklektizistischen Formen der oberitalienischen Renaissance. Die viergeschossigen Backsteinfassaden in Nachfolge des Waesemannschen Roten Rathauses durch Haupt- und Nebenrisalite gegliedert mit Rundbogenfenstern und kräftigem Konsolgesims. Am kuppelbekrönten Eckturm zum Alexanderplatz in Nischen Bronzestandbilder preußischer Herrscher nach Modellen von E. A. Lürssen, M. Wolff und A. Calandrelli.
Im Kriege zerstört, die Ruine nach 1955 beseitigt.
Berlin und seine Bauten II, S. 125 ff., Abb. 102, 103

Reichsschatzamt (Wilhelmplatz 1, Ecke Wilhelmstraße). 1874–1877 nach Entwurf von Mörner durch R. Wolffenstein aufgeführt. Dreigeschossiger Hausteinbau auf asymmetrischem Grundriß. Die rustizierten Fassaden im eklektizistischen Stil der italienischen Renaissance durch kräftige Eckrisalite gefaßt, im Hauptgeschoß Rundbogenfenster und Balkonvorlagen, das kräftige Abschlußgesims mit Balustraden durch Skulpturengruppen von H. Pohlmann bekrönt.
Im Kriege ausgebrannt, die Ruine abgetragen.
Berlin und seine Bauten II, S. 79 f., Abb. 58, Taf. nach S. 78

Universitäten, Akademien, Schulen

Universität Friedrich-Wilhelm-, jetzige Humboldt-Universität (Unter den Linden 6). Unter Verwendung von Entwürfen G. W. v. Knobelsdorffs für eine Residenz Friedrichs II. erbaut 1748–1753 durch J. Boumann d. Ä. als Stadtresidenz des Prinzen Heinrich. Ursprünglich Dreiflügelanlage mit großem Ehrenhof und säulengegliedertem Mittelbau. Seit 1809 Universität, in der Folgezeit mehrfach umgestaltet. 1913–1920 durch rückwärtige Flügelanbauten von L. Hoffmann beträchtlich erweitert. Im Corps de Logis der noch aus der Erbauungszeit stammende, durch zwei Geschosse geführte prächtige Festsaal, möglicherweise ein Frühwerk von K. G. Langhans d. Ä., mit Dekorationen im Stil des Spätbarocken Klassizismus und einem 1764 datierten Deckengemälde von G. Guglielmi, die Apotheose des Prinzen Heinrich darstellend.
Im Kriege mehrfach schwer beschädigt und teilweise ausgebrannt. Seit Kriegsende als Hauptgebäude der Humboldt-Universität wiederhergestellt, dabei der zerstörte Festsaal modern ausgestaltet. Einige der vernichteten Attikafiguren von J. P. Benckert und J. G. Heymüller durch Skulpturen vom Mittelbau des Potsdamer Stadtschlosses ersetzt (siehe dort).
Borrmann, S. 375 f., Fig. 54, Taf. 23. Berlin und seine Bauten II, S. 258 ff. F. Jahn in: Baugilde 16, 1934, S. 203 ff.; Zentralblatt der Bauverwaltung Jg. 57, 1937, Heft 33, S. 829 ff., Abb. S. 836. K. E. Müller, J. P. Benckert und J. G. Heymüller, Bildhauer am Hofe Friedrichs des Großen, Berlin, Phil. Diss. 1940, S. 107 ff. Engel/Schlott-Kotschote, S. 236. Berckenhagen, Nr. 299. Reuther, S. 129 f., Abb. 57

Alte Bibliothek später Aulagebäude der Universität (Opernplatz, jetzt Bebelplatz). Erbaut 1775 bis 1784 nach Plänen von G. C. Unger unter Zugrundelegung eines Entwurfs von J. B. Fischer von Erlach d. J. für den Michaelertrakt der Wiener Hofburg, die Ausführung durch G. F. Boumann d. J. Einer der bemerkenswertesten Bibliotheksbauten seiner Zeit in Europa. Die geschweifte Fassade über dem Sockel durch säulengegliederte Mittel- und Eckrisalite wirkungsvoll akzentuiert, auf dem Gebälk plastische Aufsätze und Figurenschmuck von W. C. Meyer d. Ä. Das Innere ehemals mit rückwärtigem Treppenhaus und einem großen Bibliothekssaal von C. v. Gontard im Obergeschoß, 1912 nach Errichtung der Staatsbibliothek für Zwecke der Universität umgestaltet. Im Hauptgeschoß die Aula mit monumentalem Wandgemälde, 1913/14 von A. Kampf. Vor dem Gebäude Denkmäler der Rektoren J. G. Fichte und K. v. Savigny, 1923 von H. Lederer.
1945 bis auf die Umfassungsmauern ausgebrannt, der südliche Eckrisalit weitgehend zerstört. Der Außenbau 1965–1969 wiederhergestellt, das Innere modern ausgebaut und als Institutsgebäude der Humboldt-Universität genutzt. Die Rektorendenkmäler von Lederer magaziniert.
Borrmann, S. 229 ff., Fig. 45. Berlin und seine Bauten II, S. 239 f. Zentralblatt der Bauverwaltung Jg. 30, 1910, S. 526 ff. Dehio/Nordostdeutschl., S. 35. Engel/Schlott-Kotschote, S. 236

Oben: Universität, Festsaal
Unten: Alte Bibliothek, Aula

Kriegsakademie (Dorotheenstraße 58–59). Ursprünglich die 1822 nach K. F. Schinkels Entwurf von H. Bürde Unter den Linden errichtete Artillerie- und Ingenieurschule, ein dreigeschossiges klassizistisches Gebäude von dreizehn Achsen; über dem Sockelgeschoß die oberen Stockwerke durch eine kolossale Pilasterordnung mit strengem Horizontalgebälk zusammengefaßt. Der Bau 1879–1883 rückseitig bis zur Dorotheenstraße erweitert, dort das Lehrgebäude nach Plänen von P. Schwechten, ein repräsentativer, zweigeschossiger Backsteinbau im Stil der oberitalienischen Renaissance. Sein Hauptrisalit zur Dorotheenstraße mit dreiteiligem Eingang und hohen Bogenfenstern im Obergeschoß durch reiche Bauornamentik ausgezeichnet. Im Inneren Aula, Hörsäle, Sammlungsräume und die Bibliothek sowie ein großer Speisesaal, teilweise mit reicher historistischer Renaissanceausstattung.
Das Gebäude der ehem. Artillerie- und Ingenieurschule (nach dem ersten Weltkrieg Preußisches Innenministerium) 1945 völlig zerstört, die Trümmer abgetragen. Die Trakte an der Dorotheenstraße im Krieg ausgebrannt, um 1960 beseitigt.

Atlas zur Zeitschr. f. Bauwesen, Jg. 35, 1885, Bl. 37 bis 39. Berlin und seine Bauten II, S. 410 ff., Abb. 425, 426. Schinkelwerk/Berlin III, S. 175 ff., Abb. 173–176

Bauakademie (Schinkelplatz 6). Errichtet 1832 bis 1836 von K. F. Schinkel als Bauschule und Amtssitz der Oberbaudeputation, Hauptwerk aus der Spätzeit des Architekten. Quadratischer viergeschossiger Backsteinbau von 8:8 Achsen unter flachem Dach mit Innenhof. Beeinflußt von früher englischer Industriearchitektur, in der tektonischen Zweckmäßigkeit und dem völligen Verzicht auf historische Stilformen von zukunftweisender Bedeutung. Die ziegelverblendeten Fassaden mit Streifen violetter Glasursteine, gegliedert durch ein rasterartiges Gerüst aus tragenden Wandpfeilern und horizontalen Stockwerkgesimsen, zurückhaltend belebt durch figürlichen und ornamentalen Terrakottaschmuck von Bildhauern der Rauch-Schule. Die Reliefs der Portaleinfassungen von F. Tieck und A. Kiss, von letzterem auch die ehernen Türflügel. Das Innere mit segmentkappenartig gewölbten Geschoßdecken auf Säulenstützen 1874/75 durch R. Lucae verändert und zugleich der ehemalige Lichthof in ein Treppenhaus verwandelt. Im Obergeschoß die einstigen Wohn- und Arbeitsräume Schinkels, wo der Meister 1841 verstarb. Vor dem Kriege enthielt das Gebäude u. a. die Bildnissammlung der National-Galerie und seit 1933 das Schinkel-Museum.
Am 3. Februar 1945 von Bomben getroffen und weitgehend ausgebrannt. Die Ruine 1962 beseitigt. Einige Architekturglieder in der National-Galerie und im Märkischen Museum Berlin geborgen, das Hauptportal und Teile der Bauplastik 1969–1972 am Restaurant »Schinkelklause« (Oberwallstraße) wiederverwendet.

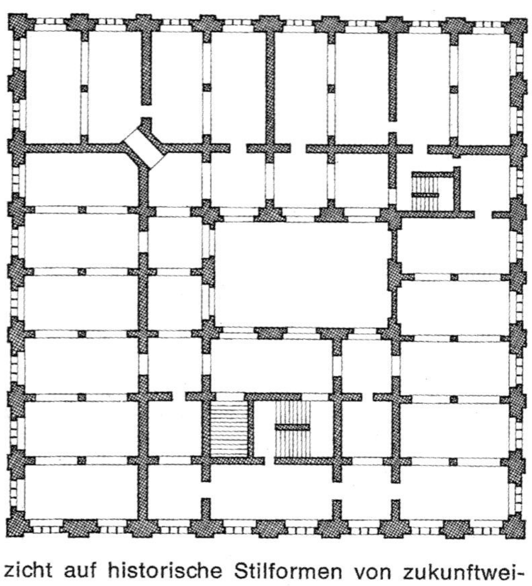

Berlin und seine Bauten II, S. 285 ff., Abb. 275–277. Engel/Schlott-Kotschote, S. 236. G. Peschken: Schinkels Bauakademie in Berlin, Berlin 1961. Schinkelwerk/Berlin III, S. 38 ff., Abb. 31–56. G. Peschken: Technologische Ästhetik in Schinkels Architektur, in: Zeitschr. d. deutschen Vereins f. Kunstwiss. Bd. XII, 1968, S. 45 ff.

Dorotheenstädtisches Gymnasium (Dorotheenstraße 12). 1871–1875 von H. Blankenstein als regelmäßiger Komplex zwischen Dorotheen-, Charlotten- und Georgenstraße ursprünglich für das Friedrichswerdersche und das Dorotheenstädtische Gymnasium errichtet: zwei gleichgebildete Schulen, seitlich durch Wohntrakt und Turnhalle zu einer symmetrischen Vierflügelanlage verbunden. Die viergeschossigen Hauptgebäude an der Charlotten- und Georgenstraße jeweils über triklinem Grundriß mit vortretenden Seitenflügeln und zart reliefierten Backsteinfronten in einem italienischen Frührenaissanceformen der Schinkelnachfolge angepaßten Historismus. Über dem sockelartigen Unterbau die beiden Obergeschosse durch große rundbogige Blendarkaden im Mittelteil beziehungsweise Fenster in den vergiebelten Seitenteilen geglie-

Links oben: Kriegsakademie, Front des Traktes Unter den Linden
Rechts oben: Kriegsakademie, Hauptgebäude an der Dorotheenstraße
Mitte: Bauakademie
Unten: Bauakademie, Grundriß und Treppenhaus

Im Kriege zerstört, die Ruine in den ersten Nachkriegsjahren beseitigt. Auf dem Gelände jetzt Parkplatz.

Berlin und seine Bauten II, S. 302 f., Abb. 293–295. 250 Jahre Friedrichs Werdersches Gymnasium zu Berlin, Festschrift, Berlin 1931, Abb. 6, 7. Die Dorotheenstadt und ihr Realgymnasium, Festschrift zur Hundertjahrfeier des Dorotheenstädtischen Realgymnasiums, hrsg. von Karl Schmidt, Berlin 1936, Abb. 19, 36, 40

dert; der Haupteingang jeweils in Form eines aedikulaartigen Vorbaus mit Skulpturengruppen. Reicher Terrakottaschmuck von Augustin und March. In den durch zwei Geschosse geführten Aulen in der Dorotheenstraße mythologische Malereien aus der Nibelungensage, in der Georgenstraße allegorische Darstellungen der Unterrichtszweige, jeweils von C. Becker. Das Dorotheenstädtische Gymnasium seit 1910 im Gebäude an der Dorotheenstraße.

Akademie der Künste vormaliges Palais Arnim (Pariser Platz 4). Anstelle eines aus dem 18. Jh. stammenden Gebäudes errichtet gegen Mitte des 19. Jh. von E. Knoblauch für den Grafen Arnim. Der dreigeschossige klassizistische Putzbau von elf Fensterachsen 1906/07 durch E. v. Ihne unter Hinzufügung eines rückwärtigen Ausstellungstraktes für die Akademie der Künste umgebaut. Im ursprünglichen Zustand verblieb lediglich die schlichte Fassade mit Balkon und Vasenattika in den drei mittleren Achsen, ein hervorragendes Beispiel für die gediegene Formensprache der Schinkelschule.
In den letzten Kriegstagen Ende April 1945 mit Ausnahme eines Nebentraktes durch Beschuß schwer beschädigt und ausgebrannt, die Reste 1958 größtenteils abgebrochen. In einem ehemaligen Nebentrakt Ateliers der Akademie der Künste der DDR. Die bedeutende Sammlung von Werken der Akademiemitglieder seit dem 18. Jh. teilweise erhalten in der Akademie der Künste Westberlin sowie als Leihgabe in den Staatlichen Museen zu Berlin.

Zentralblatt der Bauverwaltung, 17. Jg., 1907, Nr. 71, S. 465 ff., m. Abb.

Links oben: Bauakademie, Portal
Rechts oben: Dorotheenstädtisches Gymnasium
Unten: Pariser Platz, Südseite mit Akademie der Künste

Theater, Konzertsäle

Staatsoper (Unter den Linden 7). Erbaut 1740 bis 1743 von G. W. v. Knobelsdorff als Opern- und Festhaus im Zusammenhang mit einer geplanten großartigen Residenzanlage für Friedrich II. Durch K. G. Langhans d. Ä. 1788 modernisiert. 1843/44 nach Brand wiederaufgebaut von K. F. Langhans d. J. unter Wahrung der äußeren Gestalt. Das repräsentative Innere in spätklassizistischen Formen mit prachtvollem vierrangi-

Staatsoper
Oben: Decke im Zuschauerraum
Unten: Brand des Gebäudes am 10. April 1941 und Apollosaal

gem Zuschauerraum und davorgelegenem Apollosaal, letzterer im Kern auf Knobelsdorff zurückgehend. Die Deckengemälde größtenteils von A. v. Kloeber. Der Zustand des Langhansschen Wiederaufbaus war bis 1941 im wesentlichen erhalten, lediglich das Bühnenhaus hatte 1926 bis 1928 einen durchgreifenden Umbau erfahren.
In der Nacht vom 9. zum 10. April 1941 zum ersten Mal ausgebombt. Wiederherstellung bis 1942, dabei das Innere mit Ausnahme des Zuschauerraumes im Rokokogeschmack umgestaltet und den Anforderungen der Zeit entsprechend verändert. Bei dem schweren Luftangriff am 3. Februar 1945 erneute Zerstörung des Hauses, der Zuschauerraum ausgebrannt, das Bühnenhaus durch drei Volltreffer zerstört. Seit 1951 Enttrümmerung und Sicherung der Ruine, 1952 bis 1955 Wiederaufbau unter weitgehender Erhaltung des Äußeren, der Aufsatz des Bühnenhauses und das Innere mit dreirangigem Zuschauerraum und Apollosaal in historisierenden Rokokoformen der Knobelsdorffzeit nach Entwurf von R. Paulick. Die Sammlungen der ehemals Preußischen Staatstheater erhalten.

Borrmann, S. 355 ff., Fig. 50, 51. Berlin und seine Bauten II, S. 489 ff., Abb. 516–518. J. Knapp: 200 Jahre Staatsoper im Bild, Berlin 1942. Das Haus der Staatsoper und seine neue Gestaltung, Berlin 1944. Deutsche Staatsoper Berlin, Berlin 1955. Reuther, S. 123, Abb. 42. Engel/Schlott-Kotschote, S. 236

Schauspielhaus auf dem Gendarmenmarkt (Schillerplatz, jetziger Platz der Akademie). In der Platzmitte, axial auf die Kuppeltürme der Deutschen und Französischen Kirche ausgerichtet. Erbaut 1819–1821 nach Plänen K. F. Schinkels unter Benutzung älterer Mauern eines 1817 abgebrannten Theaters von K. G. Langhans d. Ä. Eines der Schinkelschen Hauptwerke. Das im Grundriß queroblonge, von einem längsaxialen Mittelbau durchdrungene Gebäude entsprechend seiner inneren Disposition reich gruppiert, die Hauptfront mit Säulenportikus und hoher Treppe, überragt von dem durch Dreieckgiebel abgeschlossenen Bühnenhaus. Die Fassaden ehemals verputzt, 1883/84 in Sandstein verblendet. Im glänzend ausgestatteten Inneren befanden sich im Mittelbau der dreirangige Zuschauerraum und das Bühnenhaus, nach Süden seitlich ein prächtiger zweigeschossiger Konzertsaal mit Anräumen und nördlich gegenüber die Garderoben und Funktionsräume. Reiche Bauplastik von F. Tieck und C. D. Rauch, teils nach Angaben Schinkels, die Malereien im Inneren von W. Wach, W. Schadow, A. v. Kloeber und anderen Künstlern der Berliner Malerschule. 1888/89 das Bühnenhaus modernisiert, 1904/05 der Zuschauerraum unter völliger Beseitigung des ursprünglichen Zustandes in wilhelminischem Prunk erneuert, lediglich der Konzertsaal mit Vestibül und Vorsaal blieben aus der Schinkelzeit erhalten. 1935 verständnisvoll restauriert, wobei auch der Zuschauerraum eine Neugestaltung in klassizisierenden Formen erfuhr.
1943 brannte der durch Bomben getroffene süd-

Oben: Staatsoper, Blick in den Zuschauerraum
Links unten: Schauspielhaus, Zuschauerraum nach der Umgestaltung von 1935
Rechts: Schauspielhaus, Festsaal und Vorsaal des Konzertsaals

liche Flügel mit dem Konzertsaal aus. Der 1944 und späterhin in Mitleidenschaft gezogene, bis Kriegsende aber nur leicht beschädigte übrige Bau in den letzten Kriegstagen durch SS angezündet und ausgebrannt. Inzwischen haben Sicherungsarbeiten und die Wiederherstellung des Äußeren begonnen, ein Ausbau als Konzerthaus ist geplant.

Borrmann, S. 371 f. Berlin und seine Bauten II, S. 493 ff., Abb. 519. F. Genzmer: Der Umbau des königlichen Schauspielhauses 1904–05, Berlin 1926. H. Grube: Der Um- und Erweiterungsbau des Staatl. Schauspielhauses Berlin, in: Zentralblatt der Bauverwaltung, 55. Jg. 1935, H. 49, S. 966 ff., m. Abb. Schinkelwerk/ Berlin I, S. 88 ff., Abb. 36–62. Engel/Schlott-Kotschote, S. 236. A. Mühr: Rund um den Gendarmenmarkt, Oldenburg 1965

Volksbühne (Bülowplatz 2–3, jetziger Luxemburgplatz). Erbaut 1913/14 nach Entwürfen von O. Kaufmann für den Verein »Freie Volksbühne«. Langgestreckte Anlage mit monumentaler Eingangsfront, hohem Bühnenaufbau und rückwärtigen Funktionstrakten in den Formen der Stilkunst. Der elegante dreirangige Zuschauerraum und die vornehmen Foyers teilweise holzgetäfelt. Der bildhauerische Schmuck von G. Siehring und F. Metzner.

1943 vollständig ausgebombt. Wiederaufbau 1952 bis 1954 nach Entwurf von H. Richter. Am leicht veränderten Außenbau der figürliche Schmuck beseitigt, das Innere in historisierenden Formen neu gestaltet.

J. Bab: Die Volksbühne in Berlin, Wesen und Geschichte, Berlin 1919. O. Bie: Der Architekt Oskar Kaufmann, Berlin 1928, S. 33. S. Nestriepke: Geschichte der Volksbühne Berlin, Berlin 1930. H. Richter: Die Innenausstattung der Volksbühne Berlin, in: Deutsche Architektur IV, 1955, S. 122 ff., m. Abb.

Komische Oper (Friedrichstraße 104). Aufgeführt 1904/05 unter künstlerischer Mitwirkung von A. Breitenfeld durch L. Lachmann und Zauber. Asymmetrisch geschwungener Eckbau in barockisierenden Jugendstilformen. Die pilastergegliederte Fassade unter lebhaft geschweiftem Giebel, der gediegen dekorierte dreirangige Zuschauerraum parabelförmig gewölbt.
1945 gegen Kriegsende bei einem Bombenangriff völlig ausgebrannt, die Ruine 1952 beseitigt.

Berliner Architekturwelt 8, 1906, S. 406 f., Abb. S. 408–412

Lessing-Theater (Friedrich-Karl-Ufer 1, jetziges Kapelle-Ufer). Errichtet 1887/88 durch H. v. d. Hude und J. Hennicke als Privattheater. Das Ge-

Oben: Schauspielhaus, Konzertsaal
Unten: Komische Oper, Hauptfront

bäude über gestrecktem Grundriß in historistischen Renaissanceformen mit einer von Türmen flankierten Eingangsfassade sowie Säulenportikus, der Bühnenaufbau von Kuppel bekrönt. Der zweirangige Zuschauerraum reich ausgestaltet im Stil der Spätrenaissance.
Im Kriege zerstört, die Ruine in den fünfziger Jahren beseitigt.

Berlin und seine Bauten II, S. 499 ff., Abb. 523–525

Singakademie (jetziges Maxim Gorki Theater, Am Festungsgraben 2). Der älteste Konzertsaalbau Berlins. Errichtet 1825–1827 von K. T. Ottmer unter Benutzung Schinkelscher Ideen. Tempelähnlicher klassizistischer Rechteckbau mit pilastergegliederter Giebelfassade. Im oberen Hauptgeschoß ursprünglich der Konzertsaal mit großem Sängerpodium, dem anschließenden Caeciliensaal und einem Balkon an der Eingangsseite. 1865 durch M. Gropius Erweiterungen im Inneren. 1874 und besonders 1888, nach Zuschüttung des benachbarten Operngrabens, von K. Reimer und F. Körte seitlich Treppenhäuser angefügt und der Hauptsaal durch Einbeziehung des Caeciliensaals sowie den Einbau einer Orgel der Gebr. Dinse verändert. Von der alten Ausstattung blieben u. a. einige Kronleuchter im Schinkelschen Stil erhalten.
Am 22. November 1943 durch Bomben beschädigt. 1945 wiederhergestellt und bis 1952 als Maxim Gorki Theater ausgebaut. Dabei die äußere Gestalt unter Beseitigung der späteren Anbauten dem ursprünglichen Zustand entsprechend erhalten, Foyers und Zuschauerraum modern gestaltet.

Berlin und seine Bauten II, S. 516 f., Abb. 540. Schinkelwerk/Berlin I, S. 145 ff., Abb. 64–73. G. Schünemann, Die Singakademie zu Berlin, Regensburg 1941. Die Singakademie zu Berlin, Festschrift zum 175jährigen Bestehen, hrsg. von W. Bollert, Berlin 1966

Museen

Altes Museum (Am Lustgarten, jetziger Marx-Engels-Platz). Erbaut 1824–1828 von K. F. Schinkel. Einer der bedeutendsten Museumsbauten des 19. Jh. in Deutschland. Querrechteckige Vierflügelanlage, die zum Lustgarten gewendete Hauptfront mit monumentaler Säulenhalle und breiter Freitreppe. Im Inneren in der Mittelachse, mit der Vorhalle räumlich verschmelzend, das großartige Treppenhaus, dahinter als dominierende Mitte eine überkuppelte Rotunde in Art des römischen Pantheons, eine der eindrucksvollsten Raumschöpfungen Schinkels. In den beiden Hauptgeschossen die Sammlungssäle, die des unteren ehemals durch doppelte Säulenstellungen in drei Schiffe geteilt, die oberen durch Schauwände räumlich aufgegliedert. Der Bau mit einem vielgestaltigen Programm malerischen und plastischen Schmucks nach Entwürfen Schinkels ausgestaltet: in der Vorhalle und im Treppenhaus Wandgemälde, Interpretationen der Bildungsgeschichte der Menschheit, ausgeführt 1841–1848 von P. Cornelius und dessen

Links oben: Lessing-Theater
Links unten: Singakademie, Konzertsaal vor der Umgestaltung von 1888
Rechts oben: Altes Museum, Nordsaal im Erdgeschoß mit Treppe zum Neuen Museum
Rechts unten: Altes Museum, Säulensaal der Antikenabteilung

Schülern; die Skulpturen des Außenbaus nach Modellen von F. Tieck und anderen Künstlern der Berliner Bildhauerschule bis 1861 vollendet. Das Innere hatte sich nur z. T. in der ursprünglichen Schinkelschen Anordnung erhalten. Die Nordseite war 1844 beim Bau des Neuen Museums mit diesem durch einen Straßenübergang und den Einbau eines Treppenhauses nach Entwurf von A. Stüler verändert und das Obergeschoß 1876–1884 durchgreifend umgestaltet worden.
Bereits 1941 und 1943 von Sprengbomben getroffen, brannte der Bau am 8. Mai 1945 infolge der Detonation eines am Hause abgestellten Munitionswagens vollständig aus. 1951 begann der Wiederaufbau mit Sicherungsmaßnahmen, 1966 die Wiederherstellung abgeschlossen. Dabei konnten das Äußere, das Haupttreppenhaus und die Rotunde in der ursprünglichen Form wiederhergestellt werden, die Ausstellungssäle unter Beseitigung der Schinkelschen Säulengliederungen den Erfordernissen moderner Ausstellungstechnik entsprechend neu gestaltet. Im Erdgeschoß Räume des Kupferstichkabinetts. Der Stülersche Übergang zum Neuen Museum beseitigt, desgleichen die geringen Reste der Fresken in Vorhalle und Treppenhaus. Der Skulpturenschmuck des Äußeren erhalten und restauriert.

Berlin und seine Bauten II, S. 213 ff., Abb. 219, 220. Schinkelwerk/Berlin I, S. 25 ff., Abb. 8–30. Engel/Schlott-Kotschote, S. 236. H. Kauffmann: Zweckbau und Monument, Zu Friedrich Schinkels Museum am Berliner Lustgarten, in: Eine Freundesgabe der Wissenschaft für E. H. Vits, Frankfurt/Main 1963, S. 135 ff. Das Alte Museum 1823–1966, Festschrift zur Wiedereröffnung 1966, mit Beiträgen von G. Riemann und F. Seiler, Staatliche Museen Berlin 1966

Neues Museum (Bodestraße 4). Erbaut 1843 bis 1857 von A. Stüler als Teil einer großartig geplanten Museumserweiterung an der Spree, durch Übergänge mit Altem und Pergamonmuseum verbunden. Hauptwerk des Architekten

Neues Museum, Treppenhaus

und größte bauliche Schöpfung Friedrich Wilhelms IV. in Berlin. Rechteckiger, um zwei Binnenhöfe gelagerter Komplex mit mittlerem Treppenhaustrakt. Die dreigeschossige Hauptfassade im Stil der Schinkelschule an den Gebäudeecken durch überkuppelte Pavillons betont, der leicht überhöhte Mittelbau mit Dreieckgiebel. Vor dem Erdgeschoß in ganzer Breite eine dorische Säulenkolonnade. Im glänzend ausgestatteten Inneren das dreiläufige Treppenhaus im Mittelbau mit offener Deckenkonstruktion in Art von Schinkels Königssaal auf der Akropolis sowie sechs kolossalen Wandgemälden von W. Kaulbach aus den Jahren 1847–1866, eine der imposantesten Raumleistungen des 19. Jh. in Deutschland. Im Erdgeschoß das Ägyptische Museum mit dem von Stüler ausgestalteten Säulenhof in Art eines ägyptischen Tempels, im Obergeschoß die Räumlichkeiten des Kupferstichkabinetts. Zahlreiche Säle mit Wandgemälden von Künstlern der spätromantischen Berliner Malerschule. 1885 Ausbau des Dachgeschosses und Erhöhung des Gebäudes um ein Obergeschoß an den Innenhöfen.

Im Februar 1945 ausgebrannt und durch Bombentreffer verwüstet. Das Treppenhaus mit den Gemälden von Kaulbach völlig vernichtet, die übrigen Räume größtenteils in schwer beschädigtem Zustand erhalten. Die Ruine ist gesichert, der Wiederaufbau beabsichtigt.

F. Adler: Das Neue Museum in Berlin, in: Zeitschr. f. Bauwesen, Jg. 3, 1853, S. 23 ff., 571 ff. A. Stüler: Das Neue Museum in Berlin, Berlin 1862, m. 24 Taf. Berlin und seine Bauten II, S. 216 ff., Abb. 221–223. (Ältere Fotos im Institut für Denkmalpflege Berlin)

Bauten der Wirtschaft und des Handels

Börse (Burgstraße 25). Erbaut 1859–1864 nach Plänen von F. Hitzig, Hauptwerk des Architekten. Das erste in Werkstein hergestellte Gebäude des Historismus in Berlin. Palastartiger Komplex im Stil der Spätrenaissance. Die zur Spree gerichtete dreigeschossige Hauptfassade mit vorgezogenen Eckrisaliten und kolossalen Säulenordnungen über dem sockelartigen Untergeschoß von starker Plastizität, auf dem kräftigen Gebälk Skulpturengruppen von R. Begas. Im Inneren hinter der Eingangshalle in symmetrischer Anordnung zwei prächtige, von doppelten Säulenhallen umgebene Börsensäle mit eiserner Deckenkonstruktion. Dahinter an der Rückfront der offene Hof der Sommerbörse. 1880–1883 durch Hitzig nach Süden um einen dritten Börsensaal und zahlreiche Nebenräume beträchtlich erweitert.

Am 24. Mai 1944 ausgebrannt, die Ruine 1957/58 beseitigt.

F. Hitzig: Die Börse in Berlin, in: Zeitschr. f. Bauwesen, Jg. 16, 1866, S. 145 ff., Atlas, Blatt 19–30. Deutsche Bauzeitung 18, 1884, Nr. 48, S. 281 f. Borrmann, S. 332 f. Berlin und seine Bauten II, S. 350 ff., Abb. 365, 366. G. Buss: Berliner Börse von 1685–1913, Berlin 1913

Alte Reichsbank (Jägerstraße 34). Erbaut 1869 bis 1876 von F. Hitzig in Renaissanceformen. Asymmetrischer, um mehrere Lichthöfe gelagerter Komplex. Die zur Jägerstraße gerichtete prunkvolle Hauptfassade von neunzehn Achsen aus mehrfarbigen Materialien; der risalitartig vorgezogene Mittelteil im Obergeschoß durch freistehende Säulen plastisch gegliedert mit aufwendigem Attikaaufsatz. Im Inneren großes Treppenhaus und eine Reihe reich ausgestalteter Säle. Der Bau 1892–1894 durch J. Emmerich und M. Hasak zum Hausvogteiplatz hin beträchtlich erweitert unter geschickter Anpassung an die älteren Teile. (1934–1939 Neubau einer moder-

Oben: Neues Museum, Säulenhof des Ägyptischen Museums
Mitte: Alte Reichsbank
Unten: Börse, Hauptfront; Großer Börsensaal nach der Zerstörung

nen Bankgebäudes auf dem Friedrichswerder.) Im Kriege bis auf die Umfassungsmauern ausgebrannt, die Ruine um 1960 in mehreren Phasen beseitigt.

Zeitschr. f. Bauwesen 30, 1880, S. 355 ff., Atlas, Blatt 10–16. Berlin und seine Bauten II, S. 352 ff., Abb. 367–372. Berliner Architekturwelt I, 1899, S. 351 ff., Abb. 454–462

Warenhaus Wertheim (Leipziger Straße 126 bis 137). Ausgedehnte, um mehrere Lichthöfe gelagerte Gebäudegruppe zwischen Leipziger und Voßstraße. Errichtet 1896–1906 von A. Messel in mehreren Bauphasen. Hauptwerk des Architekten, der Anfang des modernen Warenhaustyps in Beton. Die 180 m lange pfeilergegliederte Front an der Leipziger Straße durch Risalite belebt, die Sockelzone zu einer breiten Flucht von

Schaufenstern ausgebildet, der Eckbau am Leipziger Platz mit offener Halle im Erdgeschoß. An sämtlichen Fassaden reicher figürlicher und ornamentaler Schmuck von den Bildhauern G. Wrba, A. Vogel, J. Taschner, J. Rauch (Eckbau) u. a. Im Inneren großzügig ausgestaltete Lichthöfe und Verkaufssäle, darunter Wintergarten und Onyxsaal, teilweise in den Formen der Stilkunst um 1900. 1926/27 weitläufiger Erweiterungsbau an der Nordseite des Leipziger Platzes von E. Schmohl.
Im Kriege schwer beschädigt und teilweise ausgebrannt. Die unteren Geschosse z. T. nach Kriegsende ausgebaut und genutzt. Die Ruine zwischen 1953 und 1957 in mehreren Etappen beseitigt.

Zeitschr. f. Bauwesen 56, 1906, S. 66 ff., 442 ff., m. zahlr. Abb., Atlas, Blatt 7–9. Deutsche Bauzeitung 61, 1927, S. 217 ff., m. Abb.

Warenhaus Tietz (Leipziger Straße 46–49). Ausgedehnter Komplex am Dönhoffplatz zwischen Leipziger und Krausenstraße. Erbaut 1898–1900 nach Plänen von B. Sehring und L. Lachmann. Viergeschossiges Gebäude aus Eisen, Glas und Sandstein. Die zur Leipziger Straße gerichtete Hauptfassade durch drei einachsige reich deko-

rierte Risalite in barockisierenden Jugendstilformen gegliedert. Im reich dekorierten Inneren großer Lichthof in Art eines Pfeilerbaus mit Mitteltreppe und Balustraden in den einzelnen Stockwerken.
Im Kriege ausgebrannt. Das Erdgeschoß anfangs als Warenhaus ausgebaut, die Ruine um 1960 beseitigt.

Brandenburgia 9, 1900/01, S. 275 ff. H. G. Sperlich in: Jugendstil, Der Weg ins 20. Jahrhundert, hrsg. von H. Seling, Heidelberg–München 1959, S. 46, Abb. 32

Bahnhöfe

Potsdamer Bahnhof (Potsdamer Platz). Kopfbahnhof der 1837/38 erbauten Berlin–Potsdamer Eisenbahn. Das Empfangsgebäude 1868–1872 anstelle älterer Anlagen nach Entwurf von Sillich als Backsteinbau im italienischen Renaissancestil aufgeführt. Die zum Platz gekehrte Fassade des Kopfbaus mit fünfachsigem risalitartigem Mittelteil aus zweigeschossigen Bogenhallen und großer, zum Vestibül führender Freitreppe. Zu seiten der glasüberdeckten Bahnsteighalle langgestreckte Trakte, u. a. mit Empfangsräumen für den preußischen Hof und Wartesälen. Bei einem Bombenangriff am 8. September 1941 ausgebrannt und stark verwüstet, die Ruine 1959 beseitigt.

Zeitschr. f. Bauwesen 21, 1871, S. 163 ff.; 27, 1877, S. 18 ff., Atlas, Blatt 8–15. Berlin und seine Bauten I, S. 256 ff., Abb. 350–354. H. Müller: Bahnhofsarchitektur, Zur baukünstlerischen Entwicklung von Empfangsgebäuden in Deutschland, Berlin, Phil. Diss. an der Humboldt-Universität 1963, S. 91 ff., Abb. 68–70

Stettiner Bahnhof (Invalidenstraße). Kopfbahnhof der 1842 begonnenen Berlin–Stettiner Eisenbahn und der 1870 gegründeten Nordbahn. Das monumentale Empfangsgebäude ein Backsteinbau von 1875–1877, ausgeführt nach Entwürfen von T. Stein unter Mitwirkung von K. Busse und Bruhn. Die von Türmchen flankierte Hauptfassade durch drei hohe Rundbogenarkaden aufgelöst, seitlich begleitet von niedrigen Nebenflügeln. Die hochgelegene Bahnsteighalle unter Glasdach. In der Folgezeit mehrfach, besonders 1900–1903 durch Seitenhallen von F. Klingholz umgebaut und vergrößert, der S-Bahnhof 1936 angefügt.
Bei Großangriffen am 22./23. November 1943 und am 20. Mai 1944 schwer beschädigt, die Ruine Anfang der sechziger Jahre beseitigt.

Berlin und seine Bauten I, S. 269 ff., Abb. 368–371. Zeitschr. f. Bauwesen 54, 1904, S. 213 ff., m. zahlr. Abb. Zentralblatt der Bauverwaltung 57, 1937, H. 32, S. 805 ff., m. Abb.

Hotels

Hotel Adlon (Unter den Linden 1). Anstelle des 1829/30 von K. F. Schinkel umgebauten Palais Redern entstanden 1905–1907 nach Entwurf von C. Gause und R. Leibnitz. Asymmetrische, um einen großen Innenhof gelagerte Anlage mit rückwärtigen Nebentrakten. Das fünfgeschossige Hauptgebäude mit lisenengegliederter Fassade von 10:9 Achsen an der Ecke Unter den Linden/Pariser Platz. In dem nach Entwürfen von W.

Links oben: Alte Reichsbank, Kassenhalle
Links unten und Mitte: Warenhaus Wertheim, Teil der Front zum Leipziger Platz, Teppichsaal im ersten Geschoß und Lichthof an der Leipziger Straße
Rechts unten: Hotel Adlon, Herrenschreibzimmer

Kimbel und H. Pössenbacher verschwenderisch ausgestatteten Inneren um die weiträumige Halle im Erdgeschoß elegante Restaurations- und Gesellschaftsräume gruppiert, in den oberen Geschossen die Gastzimmer. An der Ausstattung, größtenteils in historisierend dekorativistischen Stilformen der Jahrhundertwende, die Bildhauer W. Schott, G. Riegelmann und K. Anderson, der Maler O. Vittali u. a. beteiligt.
Anfang Mai 1945 bis auf die Umfassungsmauern ausgebrannt, die Ruine 1952 abgebrochen. Ein Hintertrakt erhalten und als Hotel genutzt.

Deutsche Bauzeitung 41, 1907, S. 693 ff., m. zahlr. Abb. Zentralblatt der Bauverwaltung 29, 1908, S. 414 ff., Abb. 1–11. Berliner Architekturwelt 11, 1909, S. 96 ff., m. Abb. H. Adlon: Hotel Adlon, München 1955. Schinkelwerk/Berlin III, S. 226 ff., Abb. 229–238

Hotel Kaiserhof (Mohrenstraße 1–5). Erbaut 1873–1875 von H. v. d. Hude und J. Hennicke. Der erste großstädtische Hotelbau Berlins. Ausgedehnter rechteckiger Komplex von fünf Geschossen mit mehreren Lichthöfen. Das elegant und prachtvoll ausgestaltete Innere Anfang des 20. Jh. durchgreifend umgestaltet.
1943 ausgebrannt, die Reste später beseitigt. Seit 1973 durch Botschaftsgebäude ersetzt.

Berlin und seine Bauten III, S. 24, Abb. 27–29. M. Osborn: Berlin in Bildern 1810–1910, Abb. S. 44

Militärbauten

Zeughaus (Unter den Linden). Ursprünglich Waffenarsenal und Kriegsmagazin. Neben dem Stadtschloß der bedeutendste Barockbau Berlins. 1695 von J. A. Nering begonnen, angeblich unter Verwendung eines Entwurfs von F. Blondel, dann von M. Grünberg und 1698/99 von A. Schlüter fortgeführt, vollendet bis 1706 durch J. de Bodt. Monumentales, doppelgeschossiges Gebäude über quadratischem Grundriß um Binnenhof. Die streng gegliederten Fronten in der Mitte durch Giebelrisalite betont. Der Bau reich mit plastischem Schmuck versehen. Hervorzuheben die Schlußsteine des Erdgeschosses, insbesondere die Köpfe sterbender Krieger im Hof, Meisterwerke Schlüters, ausgeführt nach seinen Modellen von G. F. Weyhenmeyer u. a., der Schmuck der Giebelrisalite und der Dachbalustraden nach Entwürfen de Bodts von G. Hulot. Das bis 1730 vollendete Innere ursprünglich nur im Erdgeschoß gewölbt, 1877–1880 durch F. Hitzig zum Waffenmuseum mit Ruhmeshalle der brandenburgisch-preußischen Armee umgebaut. Dabei der Hof mit einer doppelarmigen Freitreppe versehen und mittels Glasdach überdeckt. Die Ruhmeshalle im Obergeschoß des Nordflügels durch Wandgemälde historischer Ereignisse sowie mit Statuen preußischer Herrscher und Feldherrn von den bekanntesten Künstlern der Zeit ausgestattet.
1945 durch Bomben und Granateinschläge schwer beschädigt. Die Fassaden mehrfach durch Einschüsse aufgebrochen, im Inneren die Gewölbe stark erschüttert. Die während des Krieges gesicherten Schlütermasken im Hof blieben relativ unversehrt, der übrige Skulpturenschmuck zu 60 % beschädigt. 1949–1967 Wiederaufbau unter Beseitigung der Veränderungen von 1877 bis 1880 und Rückführung des Hofes auf die ursprüngliche Gestalt. Die Attikaplastiken teilweise

Oben: Hotel Adlon, Haupthalle im Erdgeschoß und Front zum Pariser Platz
Mitte: Hotel Kaiserhof
Unten: Zeughaus, Teil der Westfassade nach der Zerstörung; Gewölbezierat im Erdgeschoßsaal

nach älteren Vorlagen rekonstruiert. Das Innere mit modernen Deckenkonstruktionen neugestaltet als Museum für Deutsche Geschichte.

Borrmann, S. 377 ff. Berlin und seine Bauten II, S. 233 ff., Abb. 233–235. Das königliche Zeughaus (Amtl. Führer), Berlin 1914. Das Zeughaus, Die Baugeschichte und die Gedächtnishalle (Amtl. Führer), Berlin 1930. H. Ladendorf: Der Bildhauer und Baumeister Andreas Schlüter, Berlin 1935, S. 13 f., 33 ff. H. Ladendorf: Andreas Schlüter, Berlin 1937, S. 12 ff., Abb. 4–45. Dehio/Nordostdeutschl., S. 33 f. Schiedlausky, S. 84 ff. Das Zeughaus, Die Ruhmeshalle (Amtl. Führer), Berlin 1943. Engel/Schlott-Kotschote, S. 236. H. Quinger: Das Museum für Deutsche Geschichte in Berlin, Leipzig 1975

Neue Wache (Unter den Linden). Entstanden 1816–1818 nach Entwürfen von K. F. Schinkel am Kastanienwäldchen zwischen Zeughaus und Universität, das erste seiner Berliner Meisterwerke. Kubischer Baukörper in Gestalt eines römischen Kastells mit vier Ecktürmen und vortretendem dorischem Säulenportikus. Am Gebälk Viktorien, Zinkgüsse nach Entwurf von G. Schadow. Das figurenreiche Giebelfeld, ebenfalls in Zink gegossen, nach Entwurf Schinkels ausgeführt seit 1842 von A. Kiss, eingesetzt erst 1846. Das Innere 1930 durch H. Tessenow als Ehrenmal für die Gefallenen des ersten Weltkrieges umgestaltet. Den Bau beiderseits flankierende Marmordenkmäler der Feldherren Scharnhorst und Bülow, 1819 bis 1822 von C. D. Rauch.
1945 schwer beschädigt und ausgebrannt. Die Ruine 1951 gesichert, bis 1957 einschließlich der Bauplastik wiederhergestellt. Das Innere 1960 als Mahnmal für die Opfer des Faschismus und Militarismus neugestaltet. Das Denkmal Scharnhorsts auf der anderen Straßenseite aufgestellt, das Bülows in den Staatl. Museen Berlin.

Berlin und seine Bauten II, S. 400 f., Abb. 399. Zentralblatt der Bauverwaltung 50, 1930, S. 513 ff.; 52, 1932, S. 553 ff. Dehio/Nordostdeutschl., S. 43. P. O. Rave: K. F. Schinkel, München–Berlin 1953, S. 21 ff., Abb. 15–17. Engel/Schlott-Kotschote, S. 236. P. O. Rave: Berlin in der Geschichte seiner Bauten, Berlin 1960, S. 52, Abb. 49. Schinkelwerk/Berlin III, S. 142 ff., Abb. 137–170

Oben: Zeughaus, Front zu den Linden
Links unten: Zeughaus, Ausstellungssaal im Erdgeschoß
Rechts unten: Neue Wache, Säulenportikus nach der Zerstörung

Infanteriekaserne (Friedrichstraße 107). Ehemalige Kaserne des 2. Garderegiments zu Fuß. 1764 von J. Boumann d. Ä. errichtet. Ausgedehnter Vierflügelbau mit Innenhof. Die schlichte viergeschossige Hauptfront von 31 Achsen in der Mitte durch einen fünfachsigen Risalit mit Pilastergliederung und Dreieckgiebel betont.
Im Kriege zerstört, die Ruine beseitigt.

F. Jahn: Alte Berliner Kasernen 1735–1835, in: Zentralblatt der Bauverwaltung 59, 1939, S. 383 ff., Abb. 8–10

Infanteriekaserne (Schumannstraße 6–8). Ehemalige Kaserne des Füsilier-Bataillons des 2. Garderegiments zu Fuß. Erbaut 1833–1835 nach Entwurf von Hampel unter maßgeblichem Einfluß K. F. Schinkels. Langgestreckte Dreiflügelanlage mit Ehrenhof. Die dreigeschossigen Fassaden im Stil der Schinkelschule mit Dreieckgiebeln über Mittelrisalit und Seitenflügeln.
Im Kriege völlig zerstört, die Reste beseitigt. Auf dem ehemaligen Standort vor dem Deutschen Theater zwischen Reinhardt- und Schumannstraße jetzt Neubau eines Mensagebäudes.

F. Jahn: Alte Berliner Kasernen 1735–1835, in: Zentralblatt der Bauverwaltung 59, 1939, S. 383 ff., Abb. 1, 20–27. Schinkelwerk/Berlin III, S. 186 f., Abb. 184, 185

Exerzierhaus (Karlstraße 12, jetzige Reinhardtstraße). Ehemaliges Exerzierhaus für das 2. Garderegiment zu Fuß. Erbaut 1827/28 durch Hampel unter Benutzung eines von K. F. Schinkel angegebenen Fassadenentwurfs. Langgestreckter eingeschossiger Saalbau mit geputzter Pilastergliederung. An den Schmalseiten drei Portale, die Mitte der straßenseitigen Langfront durch einen dreiachsigen Risalit mit adlerbekrönter Attika hervorgehoben. Die flache Kassettendecke über dem Innenraum von einem doppelten Hängewerk getragen. Nach dem ersten Weltkrieg als Turnhalle der Schutzpolizei ausgebaut.
Im zweiten Weltkrieg bis auf die Umfassungsmauern ausgebrannt. Die Ruine gegenwärtig durch das Berliner Ensemble genutzt.

Berlin und seine Bauten II, S. 389. F. Jahn: Alte Berliner Kasernen 1735–1835, in: Zentralblatt der Bauverwaltung 59, 1939, S. 383 ff., Abb. 28, 29. Engel/Schlott-Kotschote, S. 236. Schinkelwerk/Berlin III, S. 191 f., Abb. 191, 192

Oben: Neue Wache
Links Mitte: Infanteriekaserne Friedrichstraße, Mittelrisalit der Hauptfront
Links unten: Infanteriekaserne Schumannstraße, Hofseite
Rechts unten: Exerzierhaus

Brücken und Tore

Schloßbrücke (jetzige Marx-Engels-Brücke). Erbaut 1822–1824 nach Entwürfen K. F. Schinkels als dreibogiges Brückenwerk mit gußeiserner Brüstung und skulpturengeschmückten Pfeilern. Die 1845–1857 plazierten überlebensgroßen Marmorgruppen zur Erinnerung an die Freiheitskriege von F. Drake, G. Bläser, A. Wolff und anderen Künstlern der Berliner Rauchschule stellten Pallas Athene, Nike und Iris, Kriegern beistehend, dar.
Das im Kriege stark beschädigte Brückenwerk wiederhergestellt. Die 1943 geborgenen und gegenwärtig im Magazin des Landeskonservators in Westberlin befindlichen Bildwerke harren noch der Wiederaufstellung.

Schinkelwerk/Berlin II, S. 63 ff., Abb. 37–48. Engel/Schlott-Kotschote, S. 236

Spittelkolonnaden (Leipziger Straße). Als Überbrückung des die Leipziger Straße kreuzenden ehemaligen Festungsgrabens 1776 von C. v. Gontard erbaut in den Stilformen des Spätbarokken Klassizismus. Die Anlage bestehend aus zwei gegenüberstehenden, halbkreisförmig hinter die Bauflucht zurückspringenden ionischen Säulenhallen und rückwärtigen Verkaufsläden; Mitte und Seiten durch Pavillons mit architektonischen Aufsätzen und plastischem Schmuck betont. Infolge Errichtung moderner Geschäftsbauten der südliche Kolonnadenteil bereits 1929 beseitigt.
Im Kriege schwer beschädigt und ausgebrannt. Die Ruine der nördlichen Kolonnade 1960 abgetragen und geborgen. Wiederaufbau im Zuge der Neugestaltung der Leipziger Straße beabsichtigt.

P. Wallé: Leben und Wirken Carl v. Gontards, Berlin 1891, S. 20. Borrmann, S. 395. Berlin und seine Bauten II, S. 138 ff. Denkmalpflege und Heimatschutz 30, 1928, S. 57, m. Abb.

Brandenburger Tor (Unter den Linden). Erbaut 1788–1791 von K. G. Langhans, d. Ä., dessen Hauptwerk. Monumentale, von zwei Flügelbauten eingefaßte Toranlage dorischer Ordnung mit fünf Durchfahrten und waagerechtem Attikagebälk, angeregt durch die Propyläen in Athen. Der Bau von einer kupfergetriebenen Viktoria auf Viergespann bekrönt, nach Modellen von G. Schadow ausgeführt von G. Jury; der reiche Bauschmuck ebenfalls unter Schadows Leitung von Berliner und Potsdamer Bildhauern, zum Teil nach Entwürfen von B. Rode. Die seitlichen Flügelbauten 1868 von J. H. Strack umgebaut.
Im Kriege schwere Bomben- und Granatschäden, bei Kriegsende die Wachgebäude ausgebrannt. Die Quadriga bei den Kämpfen während der letzten Kriegstage weitgehend zerstört, der Bauschmuck schwer beschädigt. Nach ersten Siche-

Oben: Brandenburger Tor, Lindenseite
Links Mitte: Brandenburger Tor, nach der Zerstörung
Links unten: Spittelkolonnaden
Rechts unten: Potsdamer Tor (Kupferstich um 1830)

rungsmaßnahmen 1946 und 1951/52 das Tor 1956 bis 1958 wiederhergestellt, die Torhäuser innen modern ausgebaut. Die Quadriga nach dem Gipsmodell und Fotovorlagen rekonstruiert durch die Firma H. Noack, Westberlin-Friedenau.

Borrmann, S. 151. Berlin und seine Bauten II, S. 138, Abb. 113. W. Th. Hinrichs: C. G. Langhans, ein schlesischer Baumeister, Straßburg 1909, S. 64 ff., Taf. 24. Dehio/Nordostdeutschl., S. 42. H. Mackowski: Die Bildwerke Gottfried Schadows, Berlin 1951, Kat. Nr. 32–33. H. Kindler: Berlin – Brandenburger Tor, Brennpunkt deutscher Geschichte, München 1956. H. Büttner: Das Brandenburger Tor, Berlin 1958. K. Bauch: Das Brandenburger Tor, Köln 1966

Potsdamer Tor Erbaut 1823 nach Entwürfen K. F. Schinkels anstelle älterer Torbauten. Ursprünglich in die Stadtmauer eingebunden an der Grenze zwischen oktogonalem Leipziger und rundem Potsdamer Platz. Zwei rechteckige Wachhäuser im klassischen Prostylostyp mit viersäuliger dorischer Vorhalle zu seiten der Straße, die Giebelfassaden einander zugewendet. Infolge des ständig wachsenden Verkehrs war die Durchfahrt schon 1845 und 1864 verändert worden, seit Abbruch der Stadtmauer die Häuser freistehend.
Im Kriege durch Bomben und Beschuß schwer getroffen, das nördliche Torhaus vernichtet, das südliche schwer beschädigt. Ruinenreste 1957/58 beseitigt.

Schinkelwerk/Berlin II, S. 88 ff., Abb. 56–65. Engel/Schlott-Kotschote, S. 236

Neues Tor In Verbindung mit der Stadtmauer am nördlichen Ausgang der Luisenstraße den Luisenplatz begrenzend. Erbaut 1835/36 nach Entwürfen K. F. Schinkels im Rundbogenstil. Bestehend aus zwei symmetrisch aufeinander ausgerichteten Torhäusern in Ziegelrohbau mit dreibogigen Hallen an den straßenseitigen Schmalseiten.
Im Kriege beschädigt und ausgebrannt, die Ruinen später beseitigt.

Schinkelwerk/Berlin II, S. 95 ff., Abb. 66–76

Bürgerhäuser

Behrenstraße 66 1792/93 nach Plänen von F. W. Titel aufgeführt. Wichtiger Bau des Berliner Frühklassizismus. Ursprünglich Wohnhaus, später Generalstabsgebäude und Militärkabinett, seit 1931 nach innerer Wiederherstellung durch C. Holzmeister Sitz des Katholischen Bischofs von Berlin. Dreigeschossiger Putzbau von dreizehn Achsen. Die vornehme Fassade durch Haupt- und Eckrisalite akzentuiert, in dem pilastergegliederten und vergiebelten Mittelrisalit über dem Hauptportal eine durch beide Obergeschosse reichende halbrunde Kuppelnische mit Balkon.
In der Nacht vom 21. zum 22. November 1943 von Brandbomben getroffen, konnte das Feuer gelöscht werden. In der darauffolgenden Nacht durch Spreng- und Brandbomben völlig zerstört, die Reste 1950 beseitigt. In jüngster Zeit auf dem Grundstück ein Verwaltungsneubau aufgeführt.

Borrmann, S. 351, Fig. 48. Pudor, S. 144, Abb. S. 143. Gut, S. 134, Taf. VII, Abb. 145. Schinkelwerk/Berlin III, S. 138 f., Abb. 135

Charlottenstraße 49 (Ecke Französische Straße). Ehemaliges Weinhaus Lutter und Wegner. Erbaut um 1780 durch C. v. Gontard in den Stilformen des Spätbarocken Klassizismus. Dreigeschossiger Putzbau von 11:4 Achsen. Die palastartige Fassade mit rustizierten Ecken über dem Sockelgeschoß, Attikagebälk und reich verdachten Fenstern; in der Mitte über dem Portal ein von Säulen getragener Balkon. Das Attikageschoß später ausgebaut.
Im Kriege durch Bomben getroffen und ausgebrannt, der berühmte Weinkeller in den ersten Nachkriegsjahren wieder benutzt, 1960 abgebrochen.

Borrmann, S. 420. Pudor, S. 143

Gertraudenstraße 16 (Schicklersches Haus). Erbaut 1734/35 von P. Gerlach. Dreigeschossiger Putzbau von zwölf Fassadenachsen mit malerischen Hof- und Hintergebäuden. Die Hauptachse durch einen Risalit mit geschmücktem Giebelfeld akzentuiert. Im Inneren schöne Holztreppe und 1910 angebrachte klassizistische französische Wandtapeten mit antiken Szenen. Die Hintergebäude 1918 teilweise verändert.
Im Kriege zerstört, die Reste beseitigt. Das Balkongitter vom Gartenhaus im Märkischen Museum Berlin.

R. Herz: Berliner Barock, Berlin 1928, S. 93 ff., Abb. 54–57. F. Lederer: Schönes altes Berlin, Berlin 1930, S. 52 ff. E. Schachinger: Alte Wohnhäuser in Berlin, Berlin 1969, S. 33

Rechts oben: Behrenstraße 66
Links: Charlottenstraße 49 und Gertraudenstraße 16

Friedrichsgracht 48 (vormalige 58). Errichtet 1686 wohl von M. M. Smidts, um 1765 im Inneren umgestaltet. Neben dem Ermelerhaus das bedeutendste Berliner Bürgerhaus. Zweigeschossiger Bau von sechs Achsen mit Hof- und Hintergebäuden. Die später leicht veränderte Fassade mit vierachsigem, von korinthischen Kolossalpilastern gegliedertem Mittelteil. Treppenhaus und Festsaal mit Dekorationen teils aus der Zeit um 1700 in Formen des Schlüterkreises, teils im Rokokostil. Im Saal 1765 entstandene architektonische Wandbilder von C. F. Fechhelm. Die reiche Ausstattung mit auserlesenen Möbeln französischer und deutscher Ebenisten sowie Berliner und Meißener Porzellan entsprechend dem Charakter der Erbauungszeit. 1944 durch Luftangriff zerstört, die Reste 1950 abgetragen. Die gußeisernen Radabweiser jetzt im Märkischen Museum Berlin.

Gut, S. 43, Abb. 36. Die Denkmalpflege 31, 19, S. 192 ff., Abb. 247–250. Berckenhagen, Nr. 318–320. M. Rudolph: Friedrichsgracht Nr. 58, in: Jahrb. f. brandenb. Landesgesch. Bd. 15, 1964, S. 98 ff.; Bd. 16, 1965, S. 111 ff.

Oben: Friedrichsgracht 33–37
Unten: Friedrichsgracht 48, Fassade und Decke im Saal

Friedrichsgracht 48, Saal

Markgrafenstraße 47 (jetzige 39). Erbaut 1780/81 nach Plänen C. v. Gontards in Zusammenhang mit der Neugestaltung des Gendarmenmarktes. Das bemerkenswerteste Wohnhaus aus der Spätphase der friderizianischen Architektur in Berlin. Ursprünglich Privathaus, seit 1791 Königliche Lotteriedirektion. Prächtiger dreigeschossiger Putzbau von 13:9 Achsen. Das rustizierte Erdgeschoß als Unterbau behandelt, die Mitte der Hauptfront durch einen dreiachsigen, gequaderten Risalit mit Säulenbalkon und Dreifenstergruppe in Art eines Palladio-Bogens betont.
Im Kriege völlig zerstört. Wiederaufbau geplant.

Borrmann, S. 354 f., Fig. 49. Pudor, S. 143, Abb. S. 142. Gut, Taf. 5

Mauerstraße 35–36 Erbaut 1792–1794 von G. C. Unger in den Formen des Spätbarocken Klassizismus. Berühmt als Wohnhaus Varnhagen von Enses im 19. Jh. Stattlicher dreigeschossiger Putzbau von dreizehn Achsen, die äußeren durch Risalite mit kolossalen ionischen Säulen über dem Sockel und verkröpftem Gebälk betont, darauf Figurengruppen. Das Innere um 1860/70 umgebaut und mit großem Treppenhaus nach einem Danziger Vorbild versehen.
Im Kriege zur Ruine geworden, die Reste später abgetragen.

Pudor, S. 145, Abb. S. 144. Gut, S. 134. H. Mackowsky: Häuser und Menschen im alten Berlin, Berlin 1923, S. 75 ff., m. Abb. H. Ladendorf: Artikel Unger, in Thieme-Becker, Künstlerlexikon 33, 1939, S. 571 f.

Pariser Platz 7 Im Kern barock, 1844 nach Plänen von A. Stüler im Stil eines italienischen Palazzo umgestaltet. Dreigeschossiger Putzbau von elf Achsen in doppelfrontaler Lage zwischen Pariser Platz und Tiergarten. An der betont hori-

Links: Friedrichsgracht 48, Treppenhaus und zwei Wohnräume
Rechts oben: Markgrafenstraße 47
Rechts unten: Mauerstraße 35–36

zontal gegliederten Fassade über dem Hauptportal ein Balkon. Wohn- und Sterbehaus Max Liebermanns, für diesen 1898/99 durch H. Grisebach im Obergeschoß ein Atelier eingebaut.
Bei den schweren Bombenangriffen auf die Berliner Innenstadt 1943–1945 mehrfach getroffen und fast völlig vernichtet. Die Reste im Zuge der Freilegung des Brandenburger Tores 1950 beseitigt.

H. Kindler: Berlin – Brandenburger Tor, Brennpunkt deutscher Geschichte, München 1956, Abb. S. 35. R. Danke: In diesem Haus wohnte Max Liebermann, in: Der Bär von Berlin, 15. Folge, 1966, S. 99 ff. (Aufmaße des Hauses im Amt für Denkmalpflege des Magistrats von Berlin.)

Schützenstraße 26 (Ecke Jerusalemer Straße). Erbaut um 1785 wohl nach Plänen C. v. Gontards. Ursprünglich Wohnhaus, seit dem 19. Jh. Konsistorialgebäude. Dreigeschossiger Putzbau von 7:9 Achsen. Die beiden oberen Etagen der palastartigen Front durch Putzpilaster zusammengefaßt, die mittleren drei Achsen der Hauptfassade als Risalit mit Balkon und Dreieckgiebel ausgebildet. Im Inneren in der Gebäudemitte Treppenhaus und Saal.
Im Kriege völlig zerstört.

Borrmann, S. 372. Zeitschr. f. Bauwesen 54, 1904, S. 38 ff., Abb. 1–3, Atlas, Blatt 10, 11. Gut, S. 106, Abb. 110

Stadtbezirk Lichtenberg

Pfarrkirche in Lichtenberg Rechteckiger frühgotischer Feldsteinbau der zweiten Hälfte des 13. Jh. mit geradem Ostschluß und barockem Westturm, die Laterne von 1729. Das Innere 1846 verändert. Vor der Kirche ein Renaissancetaufstein von 1618, auf dem Friedhof Epitaph der Mutter des Bildhauers G. Schadow, von diesem gearbeitet 1797 in Form einer Grabsäule mit Urne.
Am 20. Februar 1945 durch Bomben bis auf die Umfassungsmauern ausgebrannt. 1950–1954 wiederaufgebaut, der Turm 1965/66 mit spitzem Helm anstelle des barocken Turmabschlusses. Taufe und Schadowsches Grabmal in der Verlagerung verschollen.

Bergau, S. 491 f. H. Mackowsky: Die Bildwerke Gottfried Schadows, Berlin 1951, Nr. 58. Engel/Schlott-Kotschote, S. 257. Pomplun, S. 52 f., Abb. 15

Kirche in Friedrichsfelde Neoromanischer Ziegelbau von 1890 mit dreiapsidialem Ostschluß und Westturm.
1945 zerstört, 1951 unter Verwendung der Langhauswände durch Neubau ersetzt.

Pomplun, S. 38 f.

Oben: Pariser Platz mit Brandenburger Tor und Wohnhaus Nr. 7
Unten: Schützenstraße 26
Rechts: Pfarrkirche in Lichtenberg

Stadtbezirk Pankow

Schloßkirche in Buch Erbaut 1731–1736 von F. W. Diterichs. Vorzügliches Beispiel barocker Landkirchen in der Mark Brandenburg. Zentralbau von kreuzförmigem Grundriß mit turmartigem Aufbau über der Vierung. Der Außenbau durch reiche Säulen- und Pilasterordnungen plastisch gegliedert, die Eingangsfront als Giebelportikus gebildet. Im reich dekorierten Inneren Fresken und Stuckdekorationen in der Kuppel, ferner ein prachtvoller Kanzelaltar, ihm gegenüber die 1789 aus der Schloßkapelle Oranienburg übertragene Orgel von J. Wagner, in den Seitenarmen Emporen, ihre Brüstungen reich dekoriert im Stil des Kanzelaltars. Über der Familiengruft an der Ostwand das figurenreiche Marmorepitaph des Bauherrn, Staatsminister A. O. v. Viereck († 1758), letztes Werk von J. G. Glume d. Ä.

Die Kirche am 18. November 1943 von Brandbomben getroffen und völlig ausgebrannt. Die Dekorationen in der Innenkuppel sowie die Einbauten, soweit sie nicht gesichert waren, zerstört. 1950–1953 Wiederherstellung des Baues mit Ausnahme des Turmes. Anstelle der vernichteten Orgel 1955 ein barocker Prospekt von 1743 aus der Heiliggeist-Hospitalkapelle in Prenzlau eingebaut. Der während des Krieges verlagerte Kanzelaltar erhalten, jedoch reduziert aufgestellt; vorhanden auch das Epitaph v. Viereck.

Fontane/Spreeland, S. 165 ff. Bergau, S. 288 ff., Fig. 86–88. Reallexikon zur Deutschen Kunstgeschichte 1, 1937, Sp. 433, Abb. 5. Petras, S. 42 ff., m. Abb. Engel/Schlott-Kotschote, S. 239. Pomplun, S. 28 ff. Reuther, S. 124, Abb. 45

Schloß in Buch Um 1724 von F. W. Diterichs aus einer älteren Anlage umgebaut. Zweigeschossiger barocker Putzbau von elf Achsen in Art einer Dreiflügelanlage mit pavillonartigen, den Ehrenhof flankierenden Seitentrakten. Die Mittelachse an der Hofseite risalitartig hervorgehoben. Die ursprünglich eingeschossigen Seitenflügel 1881 aufgestockt und mit historisierenden Giebeln versehen, aus der gleichen Zeit der Aufsatz über dem Mittelrisalit. Das Innere vielfach verändert. In der Mittelachse Vestibül und Gartensalon, daneben die Treppe. Das Schloß umgeben von einem 64 Morgen großen, von der Panke durchflossenen Park; darin das Denkmal der Julie v. Voß († 1789).
Infolge kriegsbedingter Schäden zugrunde gegangen. Reste 1964 beseitigt. Das Denkmal der J. v. Voß 1960 stark beschädigt, ein Rest im Märkischen Museum Berlin. Der Park gut erhalten.

Fontane/Spreeland, S. 165 ff. Brandenburgia VII, 1889–1899, S. 233 ff., m. Abb. P. O. Rave: Verzeichnis der alten Gärten und ländlichen Parke in der Mark, in: Brandenburgische Jahrbücher, Jg. 14/15, 1939, S. 148. Petras, S. 55 ff., m. Abb. Engel/Schlott-Kotschote, S. 239

Stadtbezirk Weißensee

Dorfkirche in Falkenberg Einschiffiger Feldsteinbau mit eingezogenem Chor, im Kern mittelalterlich, in der Folgezeit mehrfach verändert. Der Turm in frühklassizistischen Formen 1795 durch die Mutter der Brüder A. und W. v. Humboldt von P. L. Simon aufgeführt; das reliefgeschmückte Untergeschoß wurde als Erbbegräbnis eingerichtet.
Am 21. April 1945 von der Waffen-SS vor dem Einmarsch der Sowjetarmee durch Sprengung bis auf Reste der Grundmauern völlig zerstört. Über dem Gruftgewölbe der Humboldts 1969/70 eine Gedenktafel errichtet, die ehemaligen Grabtafeln im Archiv des Pfarramtes Berlin-Malchow erhalten. Gerettet das Abendmahlsgerät von 1826.

Fontane/Havelland, S. 164; Spreeland, S. 187. Bergau, S. 336, Fig. 107. Engel/Schlott-Kotschote, S. 243. Pomplun, S. 37 f., Abb. S. 38. (Ältere Fotos im Pfarramt Berlin-Malchow)

Dorfkirche in Malchow Spätromanischer einschiffiger Feldsteinbau des 13. Jh. mit quergelagertem Westturm, der dreiseitige Polygonschluß von 1683 bzw. 1691. Das Innere 1874 ausgebaut, der Turm 1882 erhöht nach Entwurf von W. Köhne. Bemerkenswert ein barocker Taufengel von D. K. Schau aus der Zeit um 1650.
Am 21. April 1945 von der Waffen-SS vor dem Einmarsch der Sowjetarmee gesprengt. Die Grundmauern in Resten vorhanden und gesichert. Der Taufengel im Märkischen Museum Berlin, das Abendmahlsgerät und eine Wetterfahne von 1688 gerettet. Die Glocke, 1552 von M. Keßler aus Stuttgart, verloren.

Fontane/Spreeland, S. 231 ff. Bergau, S. 516 f. Engel/Schlott-Kotschote, S. 259. Pomplun, S. 60 f. (Ältere Fotos im Pfarramt Berlin-Malchow)

Dorfkirche in Wartenberg Einschiffiger spätromanischer Feldsteinbau des 13. Jh. mit eingezogenem Chorquadrat und gewölbter Halbkreisapsis, einem 1848 veränderten barocken Turmaufsatz sowie einem spätmittelalterlichen Sakristeianbau an der Südseite. In Schiff und Chor reiche flachbogige Netzgewölbe vom Anfang des 16. Jh. mit figürlichen Kragsteinen unter den Rippenanfängen (u. a. Anna Selbdritt und bärtige Heilige). Das Innere 1884 ausgebaut. Der ehemalige spätgotische Schnitzaltar aus der Zeit um 1450 seit 1924 in der Dorfkirche Berlin-Hohenschönhausen.
Am 21. April 1945 vor dem Einmarsch der Sowjetarmee von der Waffen-SS durch Sprengung bis auf geringe Mauerreste zerstört. Der Schnitzaltar in Hohenschönhausen erhalten, gerettet zwei der figürlichen Kragsteine und das Abendmahlsgerät.

Bergau, S. 769 f., Fig. 288. Dehio/Nordwestdeutschl., S. 502 f, C. Türck: Die Dorfkirchen von Berlin, Berlin 1950, S. 33, 48 f., m. Abb. Engel/Schlott-Kotschote, S. 277. Pomplun, S. 89 f., m. Abb. (Ältere Fotos im Pfarramt Berlin-Malchow)

Oben: Schloßkirche in Buch, Aufriß der Westfront
Unten: Dorfkirchen in Falkenberg, Malchow und Wartenberg

Bezirk Rostock

Behrenhoff (Kreis Greifswald)

Schloß Errichtet wohl gegen Mitte des 19. Jh. und weiter in spätklassizistischem Stil 1865–1875 sowie um 1900 und 1917/18 ausgebaut und umgestaltet. Langgestreckter zweigeschossiger Putzbau von 17 Achsen. Schlichte Fassadengestaltung mit pilastergegliederten dreiachsigen Mittel- und Seitenrisaliten; im Erdgeschoß unterschiedliche Fensterverdachungen. Säulengetragene Verandavorbauten vor den Mittelrisaliten der Hof- und Gartenfront. Seitenrisalite mit abgewalmten Dachflächen von großen Rundbogenfenstern durchbrochen. Der großflächige englische Landschaftspark aus dem ersten Viertel des 19. Jh. mit Lindenallee (als Rest der ursprünglich barocken Anlage) zu den schönsten Gartenanlagen um Greifswald zählend; ehemals zwei Bronzeplastiken von O. Weißmüller.

Anfang Mai 1945 bis auf die Grundmauern ausgebrannt, die Ruine später abgebrochen. Der Parkeingang wiederhergestellt.

Greifswald und seine Umgebung, Berlin 1968, S. 144

Brandshagen, Ortsteil Niederhof (Kreis Grimmen)

Schloß Um 1761 für den Begründer der Stralsunder Fayencemanufaktur Ulrich Giese errichtet. Zweigeschossiger, fünfachsiger Putzbau von bescheidenen Ausmaßen mit ausgebautem Mansarddach. An der lisenengegliederten Fassade einachsiger Mittelrisalit mit Pilasterrahmung, steilem Dreieckgiebel und zurückhaltendem Stuckdekor; die Form der Fenster geschoßweise wechselnd. Der Festsaal im Obergeschoß durch ionische Pilaster gegliedert, ferner Blumengehänge, skulptierte Kaminvorlagen und gerahmte Spiegel; die Stuckdecke mit qualitätvollen, angeblich von italienischen Meistern gearbeiteten figürlichen und vegetabilischen Rokokodekorationen (u. a. Darstellung der vier Jahreszeiten). Gestaltung der Diele im Erdgeschoß von zweckmäßiger Zurückhaltung. Kleine Parkanlage aus der zweiten Hälfte des 18. Jh.

Gegen Kriegsende 1945 durch unsachgemäße Nutzung in Mitleidenschaft gezogen, 1946 durch Brand bis auf die Grundmauern zerstört.

F. Adler: Westpommern, Neuvorpommern und Rügen, Berlin 1927, S. 22, 28. O. Schmitt: Kunstdenkmäler des Kreises Grimmen, in: Unsere Heimat, Grimmen 1931, S. 26

Doberan, Bad (Kreis Doberan)

Pferderennbahn (an der Chaussee von Bad Doberan nach Heiligendamm). 1822/23 als eine der ersten Einrichtungen dieser Art auf dem europäischen Kontinent geschaffen; nach dem ersten Weltkrieg erweitert. Gesamtanlage bestehend aus Grasbahngeläuf mit drei Auffahrten, Alleen, vier über massiven Sockelgeschossen errichteten Fachwerk-Tribünen mit Türmchen, flachen Satteldächern und Holzschnitzverzierungen sowie verschiedenen Nutzbauten.

Gebäude 1945 beschädigt und in der unmittelbaren Nachkriegszeit beseitigt.

Mecklenburgische Monatshefte 5, 1929, S. 356 ff.

Rostock (Stadtkreis Rostock)

In Anlehnung an eine östlich der Warnow gelegene, ursprünglich slawische Burgsiedlung entwickelte sich auf einer Anhöhe des linken Warnowufers seit dem Ende des 12. Jh. die 1218 mit lübischem Recht ausgestattete Altstadt Rostock. Diese wurde bereits wenig später durch zwei weitere, westlich anschließende selbständige städtische Gründungen (bis 1232 die Mittelstadt, bis 1252 die Neustadt) mit jeweils eigenem Marktplatz, Rathaus und Pfarrkirchenbau sowie planmäßig angelegtem Straßensystem erweitert. Mit der Vereinigung sämtlicher Stadtteile zwischen 1262 und 1265 erreichte das städtische Territorium seine größte mittelalterliche Ausdehnung und erhielt sogleich eine gemeinsame Stadtbefestigungsanlage. Die rasche Entwicklung des Hafen- und Handelsplatzes bezeugt seine verkehrsgeographisch günstige Lage am Schnittpunkt wichtiger Handelsstraßen

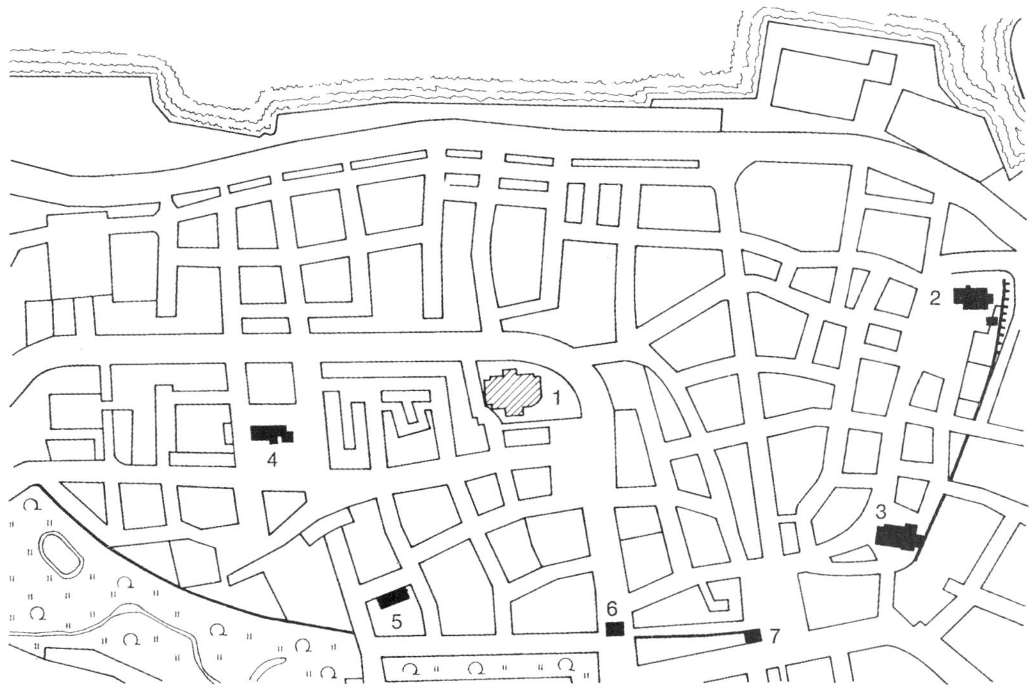

Oben: Behrenhoff, Hoffront des Schlosses; Bad Doberan, Tribünen der Pferderennbahn
Unten: Rostock, Stadtgrundriß
1 Marienkirche, 2 Petrikirche, 3 Nikolaikirche, 4 Jakobikirche, 5 Michaeliskirche, 6 Steintor, 7 Kuhtor

und in nur 12 km Entfernung zum Meer. Als eines der ältesten und bedeutendsten Mitglieder des hansischen Städtebundes, dem Rostock annähernd 400 Jahre angehörte, erlangte die Stadt auf der Grundlage des zunehmenden nordeuropäischen Schiffs- und Handelsverkehrs bald wirtschaftlichen Wohlstand, der im 14. und 15. Jh. seinen Höhepunkt erreichte und sich in hervorragenden Backsteinbauwerken manifestiert. 1419 wurde Rostock mit der Gründung der Universität, der ältesten Nordeuropas, außerdem zu einem weiteren Zentrum des geistig-kulturellen Lebens an der Ostsee. Trotz der äußerlich günstigen Bedingungen der hansestädtischen Bürgergemeinschaft löste die Vormachtstellung der patrizischen Ratsoligarchie mehrfach (1312–1314, 1408–1416, 1427–1439 und besonders 1487 bis 1491) soziale Auseinandersetzungen innerhalb der Stadtmauern aus. Die mit dem Niedergang der Hanse und dem Ausbruch des Dreißigjährigen Krieges verknüpften Auswirkungen führten zum wirtschaftlichen Verfall der einst reichen Handelsstadt. Ein Großbrand zerstörte 1677 zudem etwa ein Drittel der Bausubstanz, vor allem die stolzen Bürgerhäuser der Alt- und Mittelstadt. Nach schwacher wirtschaftlicher Besserung gegen Ende des 18. Jh. begann um die Mitte des 19. Jh. im Zusammenhang mit der einsetzenden Industrialisierung ein erneuter zeitweiser ökonomischer Aufschwung (Aufbau einer starken Rostocker Segelschiff-Handelsflotte; Bau der ersten eisernen Schraubendampfer usw.). Ab 1830 und verstärkt seit 1870 wuchs Rostock durch die Anlage von vier Vorstädten (Steintor-,

Kröpeliner-Tor-, Petritor- und Mühlentor-Vorstadt) erstmals über den mittelalterlichen Mauerring hinaus. 1933–1945 wurde das wirtschaftliche Potential der Stadt von den faschistischen Machthabern zum Ausbau der Rüstungsindustrie (Kriegsschiff- und Flugzeugbau) herangezogen.
Den mehrfachen Bombenangriffen von 1942 bis 1944 fielen umfangreiche Teile der Rostocker Innenstadt zum Opfer. Besonders schwere Verwüstungen richteten Luftangriffe in den aufeinanderfolgenden Nächten des 23.–28. April 1942 an, die hauptsächlich die Wohngebiete der ehemaligen Alt- und Mittelstadt verheerten. Vernichtende Flächenbrände durch Spreng- und Stabbrandbomben sowie Phosphorkanister. Neben den monumentalen Sakralbauten und Teilen der Platz- und Befestigungsanlagen wurden vor allem die für das Rostocker Stadtbild charakteristischen mittelalterlichen und barocken Giebelhäuser betroffen. Insgesamt verlor die Stadt 14 900 Wohnungen, das heißt 40 % des vorhandenen Wohnraums, so daß die Einwohnerzahl von etwa 135 000 (1942) auf etwa 68 000 (Mai 1945) zurückging. Weiterhin sanken sechs Schulen, zwei Krankenhäuser, das Stadttheater und verschiedene kommunale Einrichtungen in Trümmer. Die Pfarrkirche der ehemaligen Mittelstadt und städtische Hauptpfarrkirche St. Marien wurde in den Bombennächten 1942 nur dadurch vor der Zerstörung bewahrt, daß die den Dachstuhl bedrohenden Brandbomben rechtzeitig gelöscht werden konnten. Während die Sakralbauten mit Ausnahme der Jakobikirche gerettet werden konnten, ging die Mehrzahl der denkmalgeschützten Bürgerhäuser für immer verloren. Ebenso mußte der beschädigte Mauerzug vom Kröpeliner Tor bis zur Fischerbastion aufgegeben werden, womit eines der ältesten Zeugnisse der städtischen Befestigungsanlage aus der zweiten Hälfte des 13. Jh. verschwand. Der 1847 hinzugefügte neogotische Vorbau des Kröpeliner Tores auf Grund seiner Kriegsschäden beseitigt, der Torturm selbst nach Gesamtinstandsetzung und Innenausbau seit 1968 museal genutzt.
Die Bautätigkeit der Nachkriegsjahre konzentrierte sich nach der Enttrümmerung zunächst auf die Instandsetzung von Wohn- und Wirtschaftsgebäuden. Dennoch konnten bereits 1949 bis 1952 über 2000 neue Wohnungen, hauptsächlich in den ehemals zerstörten Straßenzügen des Stadtkerns, übergeben werden. Nach Erhebung Rostocks zur Bezirksstadt 1952 begann der großzügig geplante Wiederaufbau des Stadtzentrums (z. B. 1953 Beginn des Aufbaus der Langen Straße als repräsentative Magistrale in Anlehnung an die traditionellen Stilelemente mittelalterlicher Backsteinbauweise sowie Baumaßnahmen zur Wiedergewinnung des jetzigen Ernst-Thälmann-Platzes als zentralen Platzraum der Stadt), der Bau völlig neuer Wohngebiete in der Stadtperipherie (Reutershagen I und II, Südstadt, Lütten Klein, Evershagen und Lichtenhagen) sowie der verstärkte Ausbau bedeutender Handels- und Wirtschaftszentren (u. a. Warnowwerft seit 1948, Überseehafen seit 1957) und zahlreicher Institutionen der Universität. Gegenwärtig nimmt Rostock mit rund 207 000 Einwohnern (Stand von Ende 1973) den siebenten Platz unter den Großstädten der DDR ein.

Floerke. F. Crull: Sehenswürdigkeiten der Stadt Rostock, Rostock 1885. T. Rogge: Rostocks Profanbauten im Mittelalter, in: Zeitschrift für bildende Kunst 22, Leipzig 1887, S. 261 ff., 303 ff., 337 ff. T. Rogge: Mittelalterliche Wohngebäude in Rostock, in: Allgemeine Bauzeitung 54, 1889. Beiträge zur Geschichte der Stadt Rostock, hrsg. von K. Koppmann im Auftrag des Vereins für Rostocker Altertümer, Jg. 1–22, Rostock 1895–1941. W. Behrend: Zwei Ostseestädte, Rostock und Wismar (Stätten der Kultur 21),

Rostock
Links oben: Stadtansicht mit Marienkirche und den Türmen der Petri- und Nikolaikirche
Links unten: Blick von der Marienkirche auf die zerstörte Altstadt mit Ruine der Petrikirche
Rechts: Umgebung der Jakobikirche mit Blick auf Marienkirche sowie Teil der Altstadt mit Krämerstraße nach dem Luftangriff 1942

Leipzig 1912. Lorenz 1914. L. Krause: Bilder aus Alt-Rostock, in: Mecklenburg 13, 1918, Nr. 2, S. 37 ff. Deutschlands Städtebau – Rostock, Berlin-Halensee 1922. J. F. Pries: Die Baumeister Mecklenburgs und ihre Werke, in: Mecklenburg 19, 1924, Nr. 1, S. 1 ff. Bruhns. A. F. Lorenz: Das Haus des Rostocker Bürgers in alter Zeit, in: Mecklenburgische Monatshefte 2, 1926, S. 542 ff. Deutschlands Städtebau – Rostock. Berlin-Halensee 1927 (intus: O. Gehrig, Alte und neue Baukunst in Rostock, S. 9 ff.; G. W. Berringer, Die öffentliche Bautätigkeit in Rostock in neuerer Zeit, S. 23 ff.). Schliemann. Lorenz 1935. Lorenz 1937. R. Sedlmaier: Das Stadtbild des hansischen Rostock, in: Mecklbg. Monatshefte 15, 1939, S. 281 ff. Deutsches Städtebuch, Bd. I Nordostdeutschland, Berlin-Stuttgart 1939, S. 322 ff. H. A. Gräbke: Rostock, ein altes Stadtbild, in: Hansische Geschichtsblätter 67, 1942, S. 260 ff. Sedlmaier. H. A. Gräbke: Rostock, Marienkirche und Neuer Markt (Führer zu großen Baudenkmälern 54), Berlin 1944. Das zerstörte Rostock während des zweiten Weltkrieges 1939/45, zusammengestellt von R. Vietzens, 2 Bde., Rostock 1946 (Masch.-Schrift im Stadtarchiv Rostock). Vierring: Was blieb? Bestandsaufnahme unserer Kunst- und Kulturstätten, in: Demokratische Erneuerung 2, 1947, S. 12 ff. A. F. Lorenz: Denkmalpflegerische Aufgaben in Rostock, in: Der Bauhelfer 4, 1949, Heft 2, S. 34 ff. Denkmalpflege in Mecklenburg, S. 29 ff. A. F. Lorenz: Nachmittelalterlicher Ziegelbau in Rostock, in: Von Domen, Mühlen und goldenen Reitern, Dresden 1955, S. 116 ff. K. H. Clasen: Die Baukunst an der Ostseeküste zwischen Elbe und Oder, Deutsche Bauakademie, Schriften des Forschungsinstituts für Theorie und Geschichte der Baukunst, Dresden 1955. Bernitt. G. Stübe und A. Unzner: Rostock, eine deutsche Seestadt, Dresden 1957. Mecklenburg (Merian, Das Monatsheft der Städte und Landschaften 11, Heft 9), Hamburg 1958. K. Klatt: Vom Bauschaffen der evang.-luth. Landeskirche Mecklenburg, in: Kunst und Kirche 21, Darmstadt 1958, Heft 4, S. 183 ff. J. Lachs und F. K. Raif, Aufnahmen W. Eschenburg: Rostock, Rostock 1965 (3. Aufl. 1967). K. F. Olechnowitz: Rostock von der Stadtrechtsbestätigung im Jahre 1218 bis zur bürgerlich-demokratischen Revolution von 1848/49 (Beiträge zur Geschichte der Stadt Rostock I), Rostock 1968. M. Polzin und H. Witt: Rostock von der bürgerlich-demokratischen Revolution 1848/49 bis 1945 (Beiträge zur Geschichte der Stadt Rostock II), Rostock 1974. H.-G. Rackow, M. Heyne und O. Kleinpeter: Rostock 1945 bis zur Gegenwart (Beiträge zur Geschichte der Stadt Rostock III), Rostock 1969. Die städtebauliche Entwicklung der Stadt Rostock bis zur Gegenwart, Rostock 1968. Aufstellung der im 2. Weltkrieg zerstörten Baudenkmale Rostocks, zusammengestellt von H. J. Lorenzen, Rostock 1969 (Masch.-Schr. im Stadtarchiv Rostock). Ohle. Brockhaus-Reisehandbuch Ostseeküste, mit Rostock, Stralsund, Greifswald, Wismar . . ., Leipzig 1970, S. 346 ff. Witt 1973. H. Witt und F. K. Raif: Rostock, Rostock 1974

Kirchen

Jakobikirche Stadtpfarrkirche der ehemaligen Neustadt, ab 1419 Universitätskirche, vorübergehend (1487–1571) Domstiftskirche. Neubau Ende des 13. Jh. mit dem Chor begonnen, Langhaus um die Mitte des 14. Jh. weitgehend vollendet. Querschifflose, kreuzrippengewölbte, dreischiffige Backsteinbasilika von sechs Jochen mit einschiffigem dreieinhalbjochigem Rechteckchor, fünfseitig gebrochenen Nebenchören und quadratischem Westturm. Das durchlaufende Satteldach über Hochschiff und Chor weist auf den einheitlich langgestreckten Raumzug hin. Obergadenfenster durch Seitenschiff-Pultdächer teilweise verdeckt; weitere Überschneidungen durch die in spätgotischer Zeit nachträglich angefügten südlichen Kapellenanbauten. Wuchtiger, fries- und blendengeschmückter Turmkörper der ersten Hälfte des 15. Jh. mit geschwungenem, laternenbekröntem Achteckhelm (1588/89, 1768 erneuert). Von besonderer Eigenart der von Strebepfeilern und schlanken Spitzbogenfenstern gegliederte, vertikal aufstrebende Chorbau mit östlicher Dreifenstergruppe in gleicher Scheitelhöhe. Die Dreiteilung der geraden Ostwand durch Strebepfeiler zwischen Ecklisenen akzentuiert; der gerade Schluß im Chorinneren durch polygonal angeordnete Gewölbeteilung mit Rippendreistrahlanwendung in den ausgesparten Ecken verschleiert. Auf Grund dieser aus der Kathedralchorentwicklung entlehnten Besonderheiten wird der platt schließende Hauptchor den polygonalen Nebenchören angeglichen und zu einer mehrteiligen

Rostock, Jakobikirche
Links: Blick von Südosten
Rechts: Blick von Nordwesten und Inneres nach der Zerstörung

Rostock, Jakobikirche, Inneres nach Osten

Baugruppe vereint. Schlanker Wandaufriß der Ostpartie über niedriger, aufgenischter Sockelzone mit darüberliegendem Laufgang, der auch in den Langhausseitenschiffen wiederholt wird. Das dreizonig gegliederte Hauptschiff durch reichverziertes Blendtriforium, gehäufte Arkadenprofile und vielteilig gebündelte Arkadenpfeiler ausgezeichnet, deren stark variierte Grundform im paarweisen Rhythmus (»dekorativer Stützenwechsel«) die Vielgliedrigkeit des Innenraums noch unterstreicht. Das betont feingliedrige Liniensystem der Wanddienste, die kleinteilige Vielfalt des Wandaufrisses sowie der gestreckte Raumzug des Langhauses lassen eine enge Berührung mit der englischen Kathedralbaukunst vermuten, die hier jedoch zu eigenschöpferischer Leistung der bodenständigen Backsteingotik umgesetzt wurde. Instandsetzung des Kirchenbaus 1848–1850 und 1901–1904. Von der Innenausstattung bemerkenswert: reicher barocker Altaraufbau von Schadelock mit Gemälden von B. Rode (1781/82); Renaissancekanzel von R. Stockmann (1582) mit Alabasterreliefs und hölzernem Schalldeckel (1719); Kruzifixus (15. Jh.); Renaissance-Schnitzwerk unterhalb der Orgel (16. Jh.); Orgelprospekt (Ende 18. Jh.); Ratsstuhl (Ende 18. Jh.); mehrere Epitaphien, u. a. für H. Reuter (um 1583), M. Neukrantz (1668), G. v. Döring (um 1700) und G. Radow (vor 1720); mehrere Grabsteine mit Ritzzeichnungen, so für B. Jenderick (1509) und für B. Möller (1530); einige Gemälde von E. Block.

Am 26. April 1942 durch Brandbomben schwer beschädigt: Dachkonstruktion und Turmhelm vernichtet, Turmmassiv völlig ausgebrannt, Hochschiffsgewölbe teilweise gerissen, Anker von 1904 zerstört, einzelne Gewölbefelder in Turmnähe (wie das Gewölbe der nördlichen Turmkapelle und das westlichste Gewölbejoch des nördlichen Seitenschiffs) beschädigt und eingestürzt, Teile der Pfeilerprofile sowie der Gurt- und Diagonalrippen abgeplatzt; die Innenausstattung größtenteils verloren. Im Mai 1947 brach nach Sprengung eines unmittelbar neben der Kirche gelegenen Großbunkers das Hochschiff nebst Freipfeilern und Gewölben in sich zusammen, ebenso wurden die südlichen Kapellenanbauten sowie große Teile der Seitenschiffsmauern stark in Mitleidenschaft gezogen; Turmmassiv und Chorpartie blieben trotz erheblicher Erschütterungen im wesentlichen stehen. Witterungsschäden der Folgezeit verstärkten den Grad der Verwüstungen, so daß die Ruine schließlich zur permanenten Gefahrenquelle für die Bewohner der inzwischen errichteten Neubauten der Langen Straße wurde. Daher 1957/58 die Seitenschiffsreste abgetragen, zugleich die Mauerzungen der Nebenchöre bloßgelegt. Der Abbruch des Chorkomplexes begann im Mai 1958 mit dem südlichen Nebenchor, 1960 folgte als letzter Bauteil die Abtragung des Turmes. (Als Ersatzbau 1949/50 die kleine Johanniskirche nach O. Bartnings Typenentwurf nahe der Barnstorfer Anlagen errichtet.)

Floerke, S. 108 ff. Inventar I, S. 71 ff. Bruhns, S. 6 f. Schmaltz, S. 46. Schliemann, S. 112 ff. D. Stern: Rudolf Stockmann aus Antwerpen, ein Renaissance-Bildhauer in Rostock, in: Mecklenburgische Monatshefte 7, 1931, S. 507 ff. Dehio/Nordostdeutschl., S. 413. R. Sedlmaier: St. Jacobi zu Rostock und die Kathedralgotik Englands, in: Beiträge zur Geschichte der Stadt Rostock 22, 1940/41, S. 71 ff. H. A. Gräbke: Die St.-Jacobi-Kirche zu Rostock (Studienfahrten des Vereins f. Rostocker Altertümer am 19. Juni 1940), Rostock 1940. Gehrig, S. 60 ff. Sedlmaier, S. 21 ff. Wilde, S. 110 f. Zaske 1961, S. 51, 53 f. Dehio 1968, S. 327. Zaske 1968, S. 177 ff. Ohle, S. 91 ff. (Akten im Institut für Denkmalpflege Schwerin)

Petrikirche Stadtpfarrkirche der ehemaligen Altstadt. Vorgängerbau unbekannter Gestalt seit 1252 urkundlich erwähnt. Neubau des 14. Jh. in starker Anlehnung an die Rostocker Jakobikirche nach einheitlichem Planentwurf innerhalb dieses Jahrhunderts von Ost nach West errichtet; Hauptbauzeit vermutlich im zweiten Viertel des 14. Jh. Dreischiffige, querschifflose, vierjochige Backsteinbasilika mit kurzem fünfseitigem, von Wendeltreppentürmchen flankiertem Chorpolygon und quadratischem Westturm. Der Außenbau von der Schlankheit des Chor- und Hochschiffskörpers bestimmt, in der Aufgipfelung des Turmbaus von dominierender Wirkung. Sonst schlichte architektonische Durchbildung: Strebepfeiler, schmale Spitzbogenfenster und profilierte Portalanlagen. Dreigeschossiges Turmmassiv (ab Ende des 14. Jh.) durch Blenden und Friesstreifen aufgelockert. Im nördlichen Turmwinkel nachträglicher Kapellenanbau mit hoher, reich profilierter Portalnische, Glasurschmuck und Pultdach. Der hochstrebende, das Stadtbild weithin beherrschende 126 m hohe Spitzhelm von 1575–1578 war unter allen Rostocker Turmbauten der einzig erhaltene dieser Art und eines der Wahrzeichen der Stadt. Das Wandsystem des weiträumigen und kreuzrippengewölbten Innenraumes folgt mit seinen feinlinigen Diensten, den Laufgangmotiven in Chor, Seitenschiffen (über paarweisen Wandsockelnischen) und Obergaden sowie der vielgliedrigen Arkaden- und Pfeilerbildung in vereinfachter Form teilweise dem Vorbild der Jakobikirche; an Stelle des dortigen Blendtriforiums hier ein Maßwerk-Friesstreifen unterhalb der Obergadenfenster. Die Instandsetzungsarbeiten von 1863/64 fügten dem Bauwerk mancherlei Schaden zu (u. a. Friese und Portalkapitelle abgeschlagen). Bemerkenswerte Ausstattungsstücke: barocker Altaraufbau mit Gemälden von J. Hohenschild (1717–1722); Renaissancekanzel von R.

Rostock
Links: Jakobikirche, Inneres nach Westen
Rechts: Blick auf den Turm der Petrikirche

Stockmann (1588); Orgelprospekt (1730–1735); Epitaph für H. Bröcker (1571).
Am 26. April 1942 durch Brandbomben bis auf die Turmnordkapelle ausgebrannt. Turmhelm, Dachkonstruktion und Einbauten vernichtet, desgleichen fast vollständig die Innenausstattung (gerettet Bronzefünte von A. Ribe, 1512, und Kreuzwegrelief Christus vor Pilatus). Chor und Hochschiffsgewölbe mit Ausnahme eines stark beschädigten Mittelschiffsgewölbes eingestürzt, Seitenschiffsgewölbe zunächst im wesentlichen erhalten. Aufgebrachte Notdächer um 1947/48 durch Sturm abgedeckt, infolgedessen weiterer Einsturz von Gewölberesten im Mittel- und südlichen Seitenschiff. Die Gewölbe des nördlichen Seitenschiffs blieben größtenteils unversehrt. Tragfähigkeit des Turmmassivs intakt. Umfangreiche Wiederherstellungsarbeiten unter vorläufiger Zurückstellung des Turmes seit 1953: 1953/54 Ausbau und Einrichtung des nördlichen Seitenschiffs als Notkirche bei gleichzeitiger Schließung der Arkadenöffnungen. Ebenso das südliche Seitenschiff 1956–1958 vom Hauptraum getrennt und durch Einziehen einer Zwischendecke unterteilt. Bis 1963 Wiederherstellung des Mittelschiffs und Aufbringung eines neuen Dachstuhls (1960/61), damit der Außenbau größtenteils instand gesetzt. Die zerstörten Gewölbe durch hölzerne Flachdecke (Mittelschiff) bzw. Betondecken mit Eisenträgern (südliches Seitenschiff) ersetzt, wodurch der ursprüngliche Raumeindruck nicht wieder erreicht, aber der Fortbestand des Baudenkmals gewährleistet wurde. Chorfenster 1963 mit Glasgemälden von L. Mannewitz versehen. Der Turm 1963–1967 durch Einziehen von Zwischendecken und Instandsetzung der Mauerkronen gesichert sowie für die Wiederaufbringung der vormaligen Helmspitze (als Betonkonstruktion konzipiert) vorbereitet. Die Sicherung der Gesamtanlage damit weitgehend abgeschlossen.

Floerke, S. 38 ff. Inventar I, S. 103 ff. Bruhns, S. 7. Schmaltz, S. 46. Schliemann, S. 110 ff. Dehio/Nordostdeutschl., S. 413. Gehrig, S. 51 ff. Sedlmaier, S. 23 f. Wilde, S. 158. Wiederaufbau der Kirchen in der DDR, S. 54, 189, 219. Zaske 1968, S. 114. Dehio 1968, S. 327 f. Ohle, S. 88 ff. G. Gloede: Kirchen im Küstenwind, Berlin 1970, S. 110 f. (Akten im Institut für Denkmalpflege Schwerin)

Rostock, Petrikirche
Links oben: Südseite, Zustand 1956
Rechts oben: Blick von Nordosten mit Petritor
Links unten: Inneres nach Osten
Rechts unten: Inneres nach Westen, nach der Zerstörung

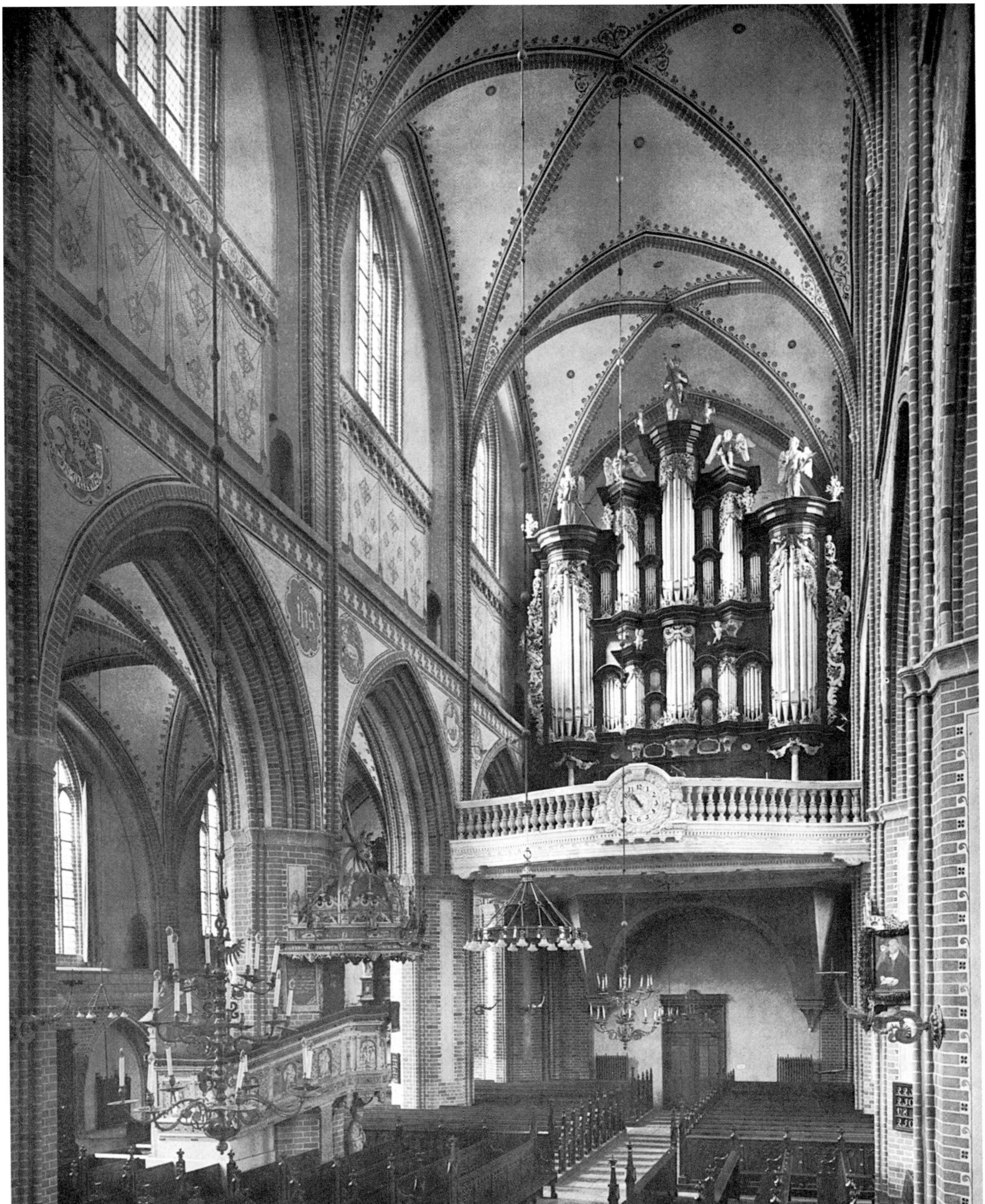

Rostock, Petrikirche, Inneres nach Westen

Nikolaikirche Stadtpfarrkirche im Süden des ehemaligen Altstadtkerns. Dreischiffige, fünfjochige Backstein-Hallenkirche mit eingezogenem, zweijochigem Rechteckchor und halb eingebundenem, quadratischem Westturm. Der um 1250/60 begonnene und 1312 geweihte Ursprungsbau unter Verarbeitung westfälisch-hessischen Formenguts konzipiert als vierjochige, chorlose Hallenanlage über quadratisch-gedrungenem Grundriß mit fast gleichbreiten Schiffen und schmalerem Ostjoch. Der volkstümliche sakrale Hallenbaugedanke erlebte mit der Verwirklichung dieses stadtbürgerlichen Einheitsraumes mit flachem Ostschluß und großflächigem Satteldach seine ausgeprägteste Form. Umfassungsmauern, insbesondere im Osten und Norden, durch schlanke Spitzbogenfenster zwischen lisenenartigen Strebepfeilern mit gewirtelten Halbrund-Vorlagen gegliedert; im Süden außerdem Strebepfeiler und profiliertes Spitzbogenportal. Am östlichen Giebeldreieck sechs gestaffelte Spitzbogenblenden und steigender Spitzbogenfries. Der weite und lichte Innenraum durch Kreuzrippengewölbe über starken Rundpfeilern mit Dreiviertel-Rundstäben sowie mehrgliedrigen Wandvorlagen mit gewirtelten Halbrund-Diensten geschlossen. Die sparsamen Gliederungs- und Schmuckelemente dokumentieren den vollzogenen Wandel zur frühgotischen Formenwelt. Der frühgotische Hallenraum im ersten Viertel des 15. Jh. durch ein fünftes Joch nebst eingebundenem Westturm sowie durch den mittelschiffbreiten Choranbau erweitert und somit zu einer achsial betonten Anlage umgestaltet. Ebenfalls aus spätgotischer Zeit die nördlichen Anbauten des Langhauses: sogenannte Gerberkapelle bzw. Sakristei im Nordosten und das ehemals vor der mittleren Querachse liegende, im Zuge der einschneidenden Instandsetzungsarbeiten von 1888–1893 abgebrochene »Oktogon«. Das durch eingeschobene Radialrippen bereicherte östliche Chorgewölbe zeigt die Tendenz polygonalen Raumabschlusses; in den westlichsten Jochkompartimenten des Langhauses sternförmige Gewölbe. Die einzelnen Geschosse des starkwandigen, fünfgeschossigen Turmes von je drei Blenden aufgelokkert. Barocke zeltartige Turmbekrönung mit geviertförmigem Aufsatz und kleinteilig geschwungenem Umriß von 1704. Über dem östlichen Langhausgiebel schlanker Dachreiter. An Einbauten und Ausstattungsstücken bemerkenswert: spätgotische Schnitzaltäre; hölzerne Barockkanzel (1755–1758); »Moltkescher Stuhl« (1741); Taufkessel (Zinn, 14. Jh.) mit hölzernem Renaissancegehäuse (um 1600); Renaissancegestühl; Orgelprospekt (Anfang 18. Jh.); mittelalterliche Grabsteine.

Am 24./25. April 1942 durch Brandbomben verwüstet und mit Ausnahme des Chores völlig ausgebrannt, dabei Einbauten und Innenausstattung weitgehend verloren (der ausgelagerte Hauptaltar aus der zweiten Hälfte des 15. Jh. in den letzten Kriegsjahren und seit 1957 teilweise restauriert, gegenwärtig ohne die Außenflügel in der Rostocker Marienkirche; die gleichfalls erhaltene Holzfigur des bekleideten Christus am Kreuz von etwa 1300 jetzt im Museum Rostock). Dachkonstruktion über Langhaus und Turm vernichtet. Die sechs östlichen Gewölbefelder und das anschließende Mittelschiffsgewölbe des Kirchenraumes eingestürzt und beide östlichen Giebelfelder größtenteils weggebrochen. Die verbliebenen westlichen Langhausgewölbe gerissen. Starke Rissebildung im Turmmauerwerk. Chorgewölbe im wesentlichen unversehrt, Gewölbe der Gerberkapelle verloren. Aufgebrachte Notdächer wiederholt zerstört oder beschädigt, u. a. bei den Fliegerangriffen im April 1944. Ständige Vergrößerung der Gewölbeschäden gegen Kriegsende. Freiliegende Gurtbögen sowie einzelne Freipfeiler durch horizontalen Gewölbeschub verzogen: Schubrisse insbesondere an der südlichen Pfeilerreihe. Wandmalereien des 15. Jh. durch Hitzeeinwirkung und Witterungseinflüsse stark in Mitleidenschaft gezogen. – Sicherung und Wiederaufbau im Juli 1945 beschlossen. Erste Wiederherstellungsphase 1945–1948: Chor als Notkirche ausgebaut, aus Trümmermaterial neu verglast und vom Kirchenschiff abgetrennt; Ostgiebel wiederhergestellt und Chordach neu gedeckt. Gleichzeitig Gesamtreparatur des Notdaches und Sicherungsarbeiten am Turmmassiv. Turm in der

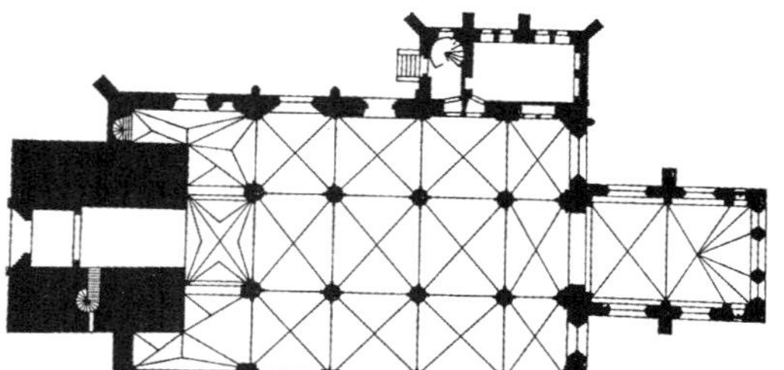

Rostock, Nikolaikirche
Links oben: Inneres nach Osten
Unten: Grundriß und Ansicht von Südosten

Folgezeit mit Zeltdachabdeckung (1951) sowie neuem Glockenspiel (Geläut von 1963) versehen und durch Einziehen von Stahlbetondecken gesichert. Seit 1955 schrittweise Neueinwölbung des Langhauses und Sicherung der Freipfeiler durch Stahldrahteinlagen (um 1966/67). Abschließende Wiederherstellungsarbeiten vorgesehen. Renovierung des Chores 1970/71.

Floerke, S. 13 ff. Inventar I, S. 129 ff. Bruhns, S. 3 f. Schmaltz, S. 29 f. Schliemann, S. 107 ff. Dehio/Nordostdeutschl., S. 413 f. Gehrig, S. 54 ff. Sedlmaier, S. 20. F. Mühlen: Die westfälischen Hallenkirchen der romanisch-frühgotischen Übergangszeit in ihrer Entwicklung und in ihrer Auswirkung auf den ostdeutschen Raum, Phil. Diss. Münster 1943, S. 232 ff. O. Franke: St. Nikolai zu Rostock, die erste chorlose Hallenkirche in Mecklenburg, in: Marburger Jahrbuch für Kunstwiss. 14, 1949, S. 94 ff. G. Baier: Die mittelalterlichen Wand- und Gewölbemalereien in Mecklenburg, Phil. Diss. Leipzig 1958, S. 133 ff. Zaske 1961, S. 88 ff. Wilde, S. 126. Wiederaufbau der Kirchen in der DDR, S. 54, 219. Dehio 1968, S. 328 ff. Zaske 1968, S. 60 ff. Hahn, S. 293 (Katalog). Ohle, S. 69 ff. Baier, S. 391. G. Gloede: Kirchen im Küstenwind, Berlin 1970, S. 111 f. (Akten im Institut für Denkmalpflege Schwerin)

Michaeliskirche (Altbettelmönchstraße / Rungestraße). Ursprünglich Fraterhaus der Brüder vom Gemeinsamen Leben, einer in den Niederlanden begründeten vorreformatorischen, halbgeistlichen Kongregation, die in Rostock u. a. die Kunst des Buchdrucks betrieb. Als Beispiel für die Kombination verschiedenartigster Nutzungsfunktionen durch eine spätmittelalterliche Bruderschaft von besonderem Interesse: der 1480–1488 von B. Wardenberg errichtete Chorteil sakralen Zwecken vorbehalten; in dem erst 1502 vollendeten Westtrakt Wohn- und Werkstätten der Vereinigung. Nach Brand von 1594 und 1619 zu einem Zeug- und Kornhaus, 1839 zu einem Wollmagazin, Anfang des 20. Jh. zu einer Nebenstation des Elektrizitätswerks umgewandelt. Chorbau 1904 instand gesetzt. Der extrem langgestreckte Backsteinbau bestehend aus einschiffigem Langhaus, leicht eingezogener dreijochiger Chorpartie mit polygonalem Dreiseitschluß und ehemals nördlichem Glockenturm an der Nahtstelle zwischen Langhaus und Chor. Die Umfassungsmauern von Strebepfeilern umgeben, die ebenso wie die teilweise erhaltenen Wandkonsolen auf frühere Wölbung deuten. Am Chorbau schwarzglasiertes Kaffgesims, Treppenfries und schlanke Spitzbogenfenster, die später in übereinanderliegende Rechtecköffnungen zur Beleuchtung der nachträglich eingezogenen Zwischengeschosse unterteilt wurden. Ebenfalls durch Einbau mehrgeschossiger Speicherböden verändert der zuletzt fünfgeschossige, neunjochige Westtrakt mit überkommenen Spitzbogenöffnungen in der unteren Mauerzone und darüberliegenden schlichten Fensterreihen. Zu den Umänderungen des beginnenden 17. Jh. auch die Westfassade mit Rundbogenluken, Dreieckgiebel und rundem Treppenturm an der Nordwestecke gehörend.
Im April 1942 ausgebrannt, Mauerkronen des Langhauses zerstört, Dachkonstruktion und Teile der Flachdecken vernichtet, Westgiebel und Turmbekrönungen weggebrochen. Sicherungs- und Wiederherstellungsarbeiten seit 1951. Steildach des Chores 1954 neu aufgebracht. Ausbau des Chorteils 1956 abgeschlossen und seither wieder als religiöses Gemeindezentrum genutzt. Sockelgeschoß durch Einziehen einer Betondecke vom 14 m hohen Hauptraum getrennt. Östliches Langhausjoch ebenfalls abgesondert und als Treppenhaus eingerichtet. Der profanen Zwecken dienende Westtrakt durch flaches Notdach geschützt.

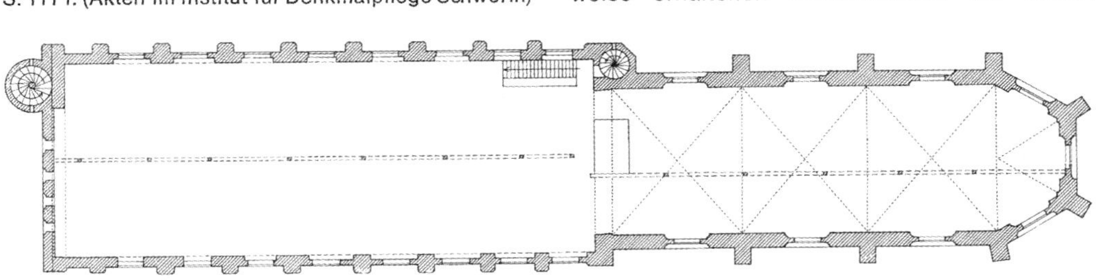

Rostock
Links oben: Nikolaikirche, Inneres nach Südwesten
Rechts oben: Nikolaikirche, Inneres nach der Zerstörung
Unten: Michaeliskirche, Grundriß und Blick von Nordwesten

Inventar I, S. 247 ff. G. Dehn: Das Wollmagazin zu Rostock, in: Rostocker Anzeiger 1909 Nr. 186. Lorenz 1914, S. 24. Schmaltz, S. 66. Straub, S. 67 ff. Dehio/Nordostdeutschl., S. 414. Gehrig, S. 64 f. Sedlmaier, S. 25. Bernitt, S. 92 ff. A. F. Lorenz: Wiederherstellung einer profanierten, schwerbeschädigten Kirche in Rostock, in: Deutsche Architektur 6, 1957, Heft 11, S. 652. Dehio 1968, S. 332. Wiederaufbau der Kirchen in der DDR, S. 219. Ohle, S. 102 ff.

Christuskirche (Schröderplatz). 1908/09 für die katholische Gemeinde von G. L. Möckel in den Formen der norddeutschen Backsteingotik erbaut.
Nach schweren Bombenschäden 1947 wiederhergestellt. 1971 aus verkehrstechnischen Gründen (Ausbau der Nord-Süd-Magistrale) abgetragen. Ersatzbau in modernem Stil 1971 geweiht.

Die Christus-Kirche zu Rostock und ihre Einweihung am 24. Oktober 1909, in: Rostocker Anzeiger 1909 Nr. 249, 250. Schmaltz, S. 92. G. W. Berringer: Die öffentliche Bautätigkeit in Rostock in neuerer Zeit, in: Deutschlands Städtebau – Rostock, Berlin-Halensee 1927, S. 27. Witt 1973, S. 94

Tortürme

Petritor (am Petridamm östlich des Stadtkerns). Frühgotischer zweigeschossiger Backsteinbau aus dem dritten Viertel des 13. Jh. über quadratischem Grundriß. Gedrückt spitzbogige, ursprünglich tonnengewölbte Durchfahrt. Äußere Wandflächen durch schlichte Spitzbogenblenden, Putzbänder und den Resten eines Rundbogenfrieses spärlich gegliedert. Die in der Spätgotik vorgenommene Erhöhung 1721 wieder beseitigt und durch Zeltdach ersetzt. 1936 instand gesetzt und von grauem Zementputz befreit.
Im April 1942 bis auf die Umfassungsmauern ausgebrannt und zerstört, Reste später abgetragen.

Inventar I, S. 268. Lorenz 1935, S. 40. Lorenz 1937, S. 259 ff. Gehrig, S. 48 ff. H. Trost: Norddeutsche Stadttore zwischen Elbe und Oder, Berlin 1959, S. 20 f., 120. Ohle, S. 36

Kuhtor (Kleine bzw. Große Wasserstraße südlich des Stadtkerns). Kubisch geschlossener, dem verlorenen Petritor ähnelnder frühgotischer Backsteinbau aus dem dritten Viertel des 13. Jh. über quadratischem Grundriß. Zuletzt dreieinhalbgeschossig ausgebaut und mit Walmdach. Spitzbogige Durchfahrt mit Flachschicht. Oberbau der Stadtseite von Spitzbogenblenden, an der Feldseite von dreieckförmig geschlossenen Zwillingsblenden über doppeltem Deutschem Band belebt. Geschoßeinteilung des Inneren beim Umbau zum Gefangenenturm (1608) bzw. zum Wohnhaus (1824) stark verändert. Weitgehende Instandsetzung und Rekonstruktion unter Erneuerung der Stadtseite 1936/37.
Im April 1942 völlig ausgebrannt und Dachstuhl vernichtet. In der äußeren Form 1962 wiederhergestellt.

Inventar I, S. 270. Lorenz 1935, S. 32 ff. Lorenz 1937, S. 261 ff. H. Trost: Norddeutsche Stadttore zwischen Elbe und Oder, Berlin 1959, S. 23, 119 f. Dehio 1968, S. 336. Ohle, S. 36. Baier, S. 391

Steintor (Steinstraße südlich des Stadtkerns). Mittelalterlicher Vorgängerbau auf Forderung der mecklenburgischen Herzöge 1566 abgetragen. 1572–1577 durch A. Wahrholt in den Stilformen der Renaissance wiedererrichtet. Würfelförmiger dreigeschossiger Backsteinbau mit Walmdach und reich geschwungener helmartiger Bekrönung. Die Feldseite außer Geschützschießscharten, Allianzwappen und hakenförmigen Granitsteinen zur Führung des Fallgitters schmucklos. Die Stadtseite demgegenüber als Schauseite plastisch durchgebildet: architektonische Umrahmung der Rundbogendurchfahrt auf Doppelpilastern ruhend und durch Sandsteinwappen geschmückt. Am Dachansatz ferner drei geschweifte Ziergiebel (1937 verändert). Die beiderseits der Durchfahrt Ende des 19. Jh. eingebrochenen Fußgängerpforten während der Generalinstandsetzung 1937 wieder geschlossen, Mauerflächen größtenteils vom entstellenden Verputz befreit und die Innenräume zur Aufnahme einer Gaststätte eingerichtet.
Im April 1942 bis auf die Umfassungsmauern ausgebrannt und Turmhelm zerstört. 1950–1956 in ursprünglicher Form wiederhergestellt.

Rostock
Links oben: Michaeliskirche, Westseite, Zustand 1966
Rechts oben: Kuhtor mit Stadtmauer, Stadtseite, nach der Instandsetzung 1936/37
Mitte: Kuhtor, Stadtseite, nach der Zerstörung
Rechts unten: Steintor, Stadtseite, nach der Zerstörung

Inventar I, S. 268 ff. K. Koppmann: Zur Geschichte des Steinthors, in: Beiträge zur Geschichte der Stadt Rostock 2, 1899, Heft 1, S. 69 ff. Lorenz 1914, S. 23. Lorenz 1935, S. 57 ff. Lorenz 1937, S. 266 ff. Dehio/Nordostdeutschl., S. 414. Gehrig, S. 68 f. Denkmalpflege in Mecklenburg, S. 30. Bernitt, S. 39. H. Trost: Norddeutsche Stadttore zwischen Elbe und Oder, Berlin 1959, S. 120. Dehio 1968, S. 336. Ohle, S. 40 f. Baier, S. 391

Platzanlagen

Neuer Markt (jetzt Ernst-Thälmann-Platz). 1232 erwähnter Marktplatz der ehemaligen Mittelstadt, seit 1265 Entwicklung zum öffentlichen Zentrum des gesamten Stadtorganismus. Der etwa 80 mal 90 m große, von Giebelhäusern umgebene Marktplatz zählt trotz uneinheitlicher architektonischer Durchbildung zu den bedeutendsten Platzgestaltungen Norddeutschlands. Die Mehrzahl der vorwiegend mittelalterlichen und barocken, später häufig überarbeiteten und 1936–1938 teilweise instand gesetzten Gebäude wurde am 26. April 1942 vernichtet. Das Rathaus sowie einzelne Gebäude der Westseite blieben verschont. Ruinenreste der zerstörten Giebelhäuser 1943 sowie 1946–1951 abgetragen. Die der verbliebenen historischen Bausubstanz angeglichenen Neubauten, darunter Giebelhäuser unter teilweiser Anlehnung an das ursprüngliche Platzbild, haben die Anlage mit Ausnahme der Nordseite wieder geschlossen.

Ratsstubenanbau (an der nördlichen Längsfront des Rathauses). Schmales zweiachsiges Giebelhaus über flachbogig gewölbtem Durchgang zum Straßenzug »An der Hege« als Überbauung des mittelalterlichen Brotscharrens und als Erweiterungsbau des Rathauskomplexes. Offenbar unter Einbeziehung älterer mittelalterlicher Bausubstanz entstanden wohl Anfang des 16. Jh., aus dieser Zeit auch die abgetreppten Giebelfelder. Der Vordergiebel beim nochmaligen Umbau 1735 durch geschwungenen Volutengiebel ersetzt. Im ersten Obergeschoß Ratsarchiv und Ratsstube mit einigen Resten spätmittelalterlicher Wandmalereien sowie sandsteinerner Türumrahmung und den reichen Renaissance-Vertäfelungen von 1605.
Im April 1942 bis auf die Fassadenfront zerstört, Restbestand 1951 abgetragen.

Inventar I, S. 256. K. Koppmann: Die Gebäude des Rathhauses und die Räumlichkeiten des Rathsweinkellers, in: Beiträge zur Geschichte der Stadt Rostock 2, 1899, Heft 4, S. 1 ff. K. Koppmann: Der Rathaus-Vorbau von 1727–1729 und die Veränderungen des Rathauses von 1733–1735, in: Beiträge zur Geschichte der Stadt Rostock 3, 1903, S. 1 ff. L. Krause: Bilder aus Alt-Rostock, in: Mecklenburg 13, 1918, Nr. 2, S. 39 G. Dehn: Das Rathaus zu Rostock, Rostock 1926, S. 12, 20 ff. Dehio/Nordostdeutschl., S. 414. H. A. Gräbke: Rostock, Marienkirche und Neuer Markt (Führer zu großen Baudenkmälern 54), Berlin 1944, S. 14, 16. Dehio 1968, S. 332. Ohle, S. 50

Rostock
Links oben: Steintor, Feldseite, nach der Wiederherstellung 1950–1956
Rechts oben: Neuer Markt, Süd- und Nordseite
Unten: Neuer Markt vom Turm der Marienkirche, vor und nach der Zerstörung

An der Platzsüdseite:

Neuer Markt 1 Verändertes viergeschossiges Giebelhaus von drei Achsen mit ursprünglich zweistöckigem Wohnbereich, vier Speicherböden und Renaissanceportal. Im Kern Ende des 16. Jh. erbaut. Enggetreppter Stufengiebel der Hoffront durch drei rundbogig geschlossene Lukenreihen aufgelockert. Ehemaliger Vordergiebel um 1800 durch geschwungenen Giebelumriß mit halbrundem Abschluß ersetzt. Wohnräume ehemals mit Leinwandbespannung geschmückt.
Im April 1942 zerstört. Reste 1949 beseitigt.
Inventar I, S. 265. Lorenz 1914, S. 24, 28, 32. Straub, S. 81. Suhr, S. 34

Neuer Markt 2 (Ecke Steinstraße). »Haus Sonne«. Errichtet Ende des 18. Jh. Platzbeherrschendes dreigeschossiges Giebelhaus von sieben Achsen mit ehemals reicher spätbarocker Fassadengestaltung. Am geschwungenen Giebelfeld vormals Mäandervoluten, die Gebäudekanten von Eckquaderlisenen eingefaßt. Weiterer Flächenschmuck, hauptsächlich Festons und ornamentierte Spiegelfelder, durch Eingriffe von 1919 stark dezimiert und bei den Instandsetzungsarbeiten 1935/36 nur teilweise erneuert. Am ursprünglich vasenbekrönten Giebelabschluß gleichzeitig eine vergoldete schmiedeeiserne Sonne angebracht. Im Inneren repräsentativer Konzertsaal (mit mehreren Rängen) aus neuerer Zeit, der als »Apollosaal« und Versammlungsraum der bürgerlich-demokratischen Kräfte während der Revolutionsjahre 1848/49 bekannt wurde; später zu einem Filmtheater umgewandelt.
Im April 1942 völlig zerstört. Der an historischem Standort errichtete Neubau gleichen Namens mit staffelförmiger Giebelfront, schmiedeeisernem Volutenschmuck und vergoldeter Sonnenbekrönung 1970 der gesellschaftlichen Nutzung (Wohnheim der Hochseeschiffahrt) übergeben.
Parow-Souchon, S. 27. Bernitt, S. 220. Witt 1973, S. 69

Neuer Markt 3 Ehemaliges Kaufmannshaus der Familie Mann mit vormaligem Familienwappen über dem Haupteingang. Kernbau des 17. Jh. mit mittelalterlicher Bausubstanz, 1767–1786 durchgreifend umgestaltet. Das dreigeschossige Eckgiebelhaus von drei Achsen mit schlicht gegliederten Putzfassaden, ursprünglich zweistöckigem Wohnbereich und viergeschossiger Giebelfront zum Markt. Geschwungener Volutengiebel mit halbkreisförmiger Bekrönung. Wandflächen durch einfache und gequaderte Lisenenbänder vertikal zerlegt. Seitenfront zur Steinstraße bei Änderungsarbeiten um 1921 und 1934–1936 aus verkehrstechnischen Gründen in Erdgeschoßhöhe abgefangen. Bemerkenswerte barocke Stuckdecke im ersten Obergeschoß.
Im April 1942 zerstört. Auf den Grundstücken 3 bis 7 dieser südlichen Platzwand das 1953–1956 erbaute Hauptpostamt mit seiner in sechs nebeneinanderliegende Giebelfronten aufgegliederten Fassade.
Inventar I, S. 267. Lorenz 1914, S. 25. G. W. Berringer: Zum Umbau des Hauses Neuer Markt 3, in: Beiträge zur Geschichte der Stadt Rostock 12, 1924, S. 62 f. E. Fabian: Die Manns in Mecklenburg, in: Heute und Morgen 1950, Heft 3, S. 133 ff.

Neuer Markt 4 Gasthaus »Mond und Sterne«. Zweigeschossiges, dreiachsiges Giebelhaus des 17./Anfang 18. Jh. unter Benutzung mittelalterlicher Bausubstanz. Im enggetreppten, viergeschossigen Stufengiebel rundbogig geschlossene, gestaffelte Lukenreihen. Barocktür.
Im April 1942 weitgehend zerstört.
Lorenz 1914, S. 31

Neuer Markt 5 Dreigeschossiger, um 1830 errichteter klassizistischer Putzbau von fünf Achsen. Leicht vorgezogener, streng gegliederter dreiachsiger Mittelrisalit mit Flachgiebelschluß. Ornamentierte Spiegelflächen zwischen den Geschossen. Die gesamte Dachzone wurde 1906 bis 1911 durch den Einbau verglaster Atelierräume verunstaltet.
Im April 1942 weitgehend zerstört.
Lorenz 1914, S. 25

Neuer Markt 6/7 Zweigeschossiges Doppelgiebelhaus von je drei Achsen aus der Zeit um 1780. Schlicht gegliederte Fassade mit Eckquaderlisenen über rustiziertem Erdgeschoß. Geschwungene Giebelfelder mit Halbrundbekrönungen durch Lisenenbänder und Putzspiegel belebt.
Im April 1942 stark beschädigt und ausgebrannt, Fassadenreste später beseitigt.

An der Platzwestseite:

Neuer Markt 9/10 Ehemals Gasthaus. Errichtet Ende des 18. Jh. Stattliches dreigeschossiges Giebelhaus von vier Achsen mit geschwungenem Giebelfeld über Mäandervoluten und ursprünglich reicher spätbarocker Fassadengestaltung. Vasenbekrönter Giebelabschluß von Stuckornamenten belebt. Giebel- und beide Obergeschosse durch Lisenen- bzw. Pilasterstellungen zusammengezogen. Rustiziertes Erdgeschoß 1934 durch Ladeneinbauten verändert. – Das einganglose, etwas später erbaute dreigeschossige, dreiachsige Nebenhaus (Nr. 10) mit Dreieckgiebelschluß in ganzer Frontbreite und ornamentierten Putzspiegeln unter den Fenstern des Hauptgeschosses. Beide Obergeschosse von Kolossalpilastern gerahmt.

Rostock, Neuer Markt
Süd- und Westseite, Zustand um 1860

Beide Gebäude im April 1942 weitgehend zerstört. Giebelhaus-Neubauten in Anlehnung an die ehemalige Umrißform.

Lorenz 1914, S. 32. Parow-Souchon, S. 26 f.

Neuer Markt 16 Um 1600 erbaut. Zweigeschossiges, später zweieinhalbgeschossig ausgebautes Renaissance-Giebelhaus von drei Achsen mit reichgeschmücktem, staffelförmigem Ziergiebel. Klare Geschoßeinteilung im Giebelbereich durch horizontale Simsbänder und rundbogig geschlossene Lukenreihen. Giebelumriß von detailliertem Renaissance-Schmuckwerk aus Haustein umsäumt. Schmiedeeiserne Ankerverzierungen. Löwenfigur als Giebelbekrönung. Rundbogenportal im 1937 überarbeiteten Erdgeschoß.
Im April 1942 Dach und Giebelfeld zerstört. 1964/1965 unter vereinfachter Rekonstruktion des Renaissancegiebels aus Betonteilen wiederhergestellt. (Das ehemals zu Nr. 16 gehörende, nach Abbruch von 1878 durch Neubau ersetzte Eckgebäude Neuer Markt 15 ebenfalls 1942 schwer beschädigt und bei seiner Instandsetzung um ein Geschoß reduziert sowie mit neuem geschwungenem Giebelfeld versehen.)

Inventar I, S. 265. Lorenz 1914, S. 28. Ohle, S. 61. Denkmale der Geschichte und Kultur, S. 262 (Baier)

Neuer Markt 17 und 18 Dreigeschossige barocke Giebelhäuser von je drei Achsen mit geschwungenen Giebelfeldern und segment- bzw. dreieckförmigen Giebelbekrönungen.
Im April 1942 bis auf die Giebelfronten zerstört, diese 1946–1948 abgebrochen. Doppelgiebel-Neubau von 1965 mit veränderter Geschoßeinteilung in Anlehnung an die ehemalige Umrißform.

An der Platznordseite:

Neuer Markt 19 Dreigeschossiges Giebelhaus von drei Achsen aus der Zeit um 1790. Geschwungenes Giebelfeld mit Dreieckschluß von Mäandervoluten geschmückt. Wandflächen ehemals durch Pilaster, Lisenen und Eckquaderungen gegliedert. Erdgeschoß Ende des 19. Jh. verändert.
Im April 1942 leicht beschädigt, bei Aufgabe der nördlichen Platzfront abgetragen.

Neuer Markt 20/21 Erbaut um 1825 unter Verwendung von Motiven des Berliner Klassizismus. Viergeschossiges Doppelgiebelhaus von je drei Achsen mit flachen Satteldächern und strenger Fassadengestaltung. Die Mittelachsen jeweils leicht eingetieft. Kräftiges Dachgesims mit Konsolfries. Horizontale Fensterverdachungen im ersten, Spiegelfelder im dritten Obergeschoß. Die flachen Giebeldreiecke von großen Fensterlünetten durchbrochen. Erdgeschoß Ende des 19. Jh. durch Ladeneinbauten verändert.
Im April 1942 teilweise (Nr. 21) schwer beschädigt, bei Aufgabe der Platzfront abgetragen.

Parow-Souchon, S. 30 f.

Neuer Markt 22–26 Zwei- und dreigeschossige Giebelhäuser von jeweils drei Achsen. Vorwiegend aus mittelalterlichen Wohngebäuden hervorgegangen (besonders Nr. 23 und 25), dann barock verändert (Nr. 22, 25, 26) oder klassizistisch umgestaltet (Nr. 22 gegen 1870, Nr. 24 gegen 1840 umgebaut), ferner Anfang des 20. Jh. (Nr. 26) und um 1936 (Nr. 24 und 25) nochmals eingreifend verändert bzw. teilweise dem ehemaligen Zustand angeglichen (z. B. Nr. 23).
Im April 1942 stark zerstört und vollkommen ausgebrannt. Restsubstanz der nur teilweise erhaltenen Giebelfassaden vor und nach 1945 beseitigt.

Neuer Markt 27 und 28 Nr. 27 ein um 1790 erbautes dreigeschossiges Giebelhaus von drei Achsen mit leicht geschwungenem Giebelfeld und gesprengter Giebelbekrönung. Barockfassade durch Pilaster- und Lisenenstellungen gegliedert. Veränderungen des Unterbaus (um 1905) um 1936 weitgehend rückgängig gemacht. Das Nebenhaus Nr. 28 anstelle einer ehemals zum Haus Nr. 27 gehörigen Bude um 1825 als schmales zweiachsiges Giebelhaus mit flachem, attikaartigem Giebelabschluß neu aufgeführt. Die strenge Fassadengestaltung durch Reliefspiegel aufgelockert.
Im April 1942 größtenteils zerstört, Reste später beseitigt.

An der Platzostseite:

Neuer Markt 29/30 Um 1795 errichtet. Palaisartiges, in seiner Monumentalität platzbeherrschendes dreigeschossiges Doppelhaus von insgesamt acht Achsen mit dreiachsig vorgeblendeten Giebelfassaden. Mächtiges Bohlendach mit zwei Lukarnenreihen. Die beiden Obergeschosse durch kraftvolle Kolossalpilaster zusammengezogen. Rechteckige Spiegelfelder über den Fenstern. Zwischen Architrav und Dachansatz ein Mezzaningeschoß eingeschoben. Giebeldreiecke mit Zahnschnittfriesen und Stuckornamenten.
Im April 1942 weitgehend zerstört. Ruine später beseitigt.

Lorenz 1914, S. 30. Parow-Souchon, S. 14 f.

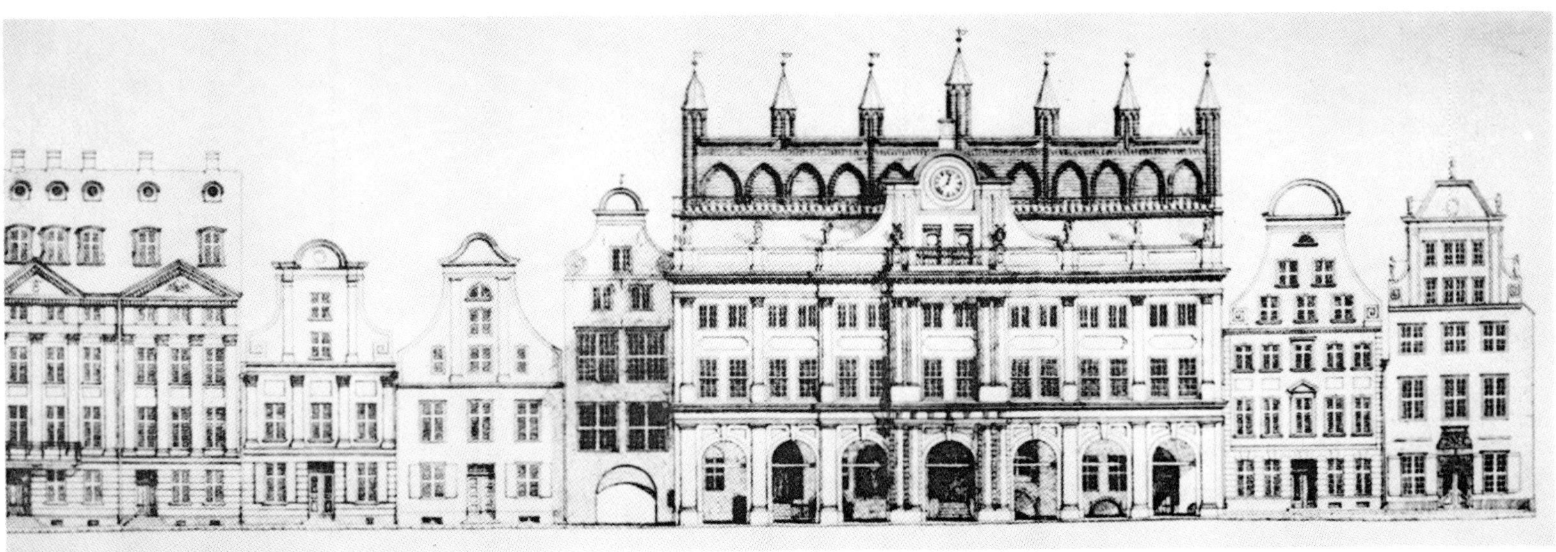

Rostock, Neuer Markt
Nord- und Ostseite, Zustand um 1860

Neuer Markt 31 Zweigeschossiges Giebelhaus von drei Achsen. Die Barockfassade vom Ende des 18. Jh. zu Anfang des 20. Jh. verändert und 1938 instand gesetzt. Geschwungenes Giebelfeld durch Pilaster mit verkröpftem Architrav sowie Mäandervoluten, das Hauptgeschoß von Halbsäulen mit Kapitellen gegliedert.
Im April 1942 zerstört.

Neuer Markt 32 Das zweigeschossige Giebelhaus des 18. Jh. durch mehrfache Umbauten im 19. Jh. (um 1820, 1860, 1880) zu einem viergeschossigen klassizistischen Putzbau umgestaltet. Die beiden obersten Geschosse von 1880 mit akroteriengeschmücktem Dreieckgiebelschluß von vier Kolossalpilastern zusammengezogen.
Im April 1942 bis auf die Giebelfassade zerstört, diese später beseitigt.

Parow-Souchon, S. 28 f.

Neuer Markt 35 Schlichtes dreigeschossiges barockes Giebelhaus von drei Achsen. Das geschwungene Giebelfeld mit Halbrundschluß.

Am Schild Unmittelbar nordöstlich des Hauptmarktes gelegene und mit diesem durch eine kleine Gasse (Ortsund) verbundene dreieckförmige Platzanlage, deren Bebauung im April 1942 völlig vernichtet wurde:

Am Schild 1 und 2 (an der Südseite des Platzes). Zwei spätgotische, gegen Ende des 15. Jh. errichtete Backstein-Giebelhäuser von je drei Achsen mit reich durchgebildeten, an binnenländische Giebellösungen erinnernden Pfeilergiebeln; unter allen gotischen Giebeln der Stadt die reichsten ihrer Art. Beide dreigeschossige Giebelfelder durch stabwerkverzierte Pfeilervorlagen fünfteilig zerlegt. Zwischen ihnen gestaffelte, kleeblattförmig schließende Doppelluken mit krabbenbesetzten Wimpergen und Maßwerkrosetten eingespannt. Die einzelnen Giebelstaffeln von ähnlich gestalteten Ziergiebeln abgeschlossen. Der außergewöhnlich dekorative Aufwand der Giebelfläche ursprünglich durch schwarze bis dunkelgrüne Glasuren noch verstärkt. Am zweigeschossigen Unterbau jeweils drei unter dem Giebelansatz endende Spitzbogenblenden. Flächenhafte Dreieckgiebel der Rückfront lediglich durch Spitzbogenblenden aufgelockert. Ehemalige Raumaufteilung in Diele, Wohn- und Speichergeschosse später mehrfach verändert. Das gesamte Baudenkmal 1935 vom Putz befreit und instand gesetzt, dabei auch die durch Spitzbogenblenden gegliederte Seitenfront zum Ortsund freigelegt.

T. Rogge: Rostocks Profanbauten im Mittelalter, in: Zeitschrift für bildende Kunst 22, Leipzig 1887, S. 309. T. Rogge: Architektonisches aus Rostock II, in: Deutsche Bauzeitung 22, 1888, S. 238 ff. Inventar I, S. 259. Straub, S. 86. T. Wolff: Mittelalterliche Backsteingiebel der Mark Brandenburg und ihre Ausstrahlungsgebiete, Phil. Diss. Rostock 1933, S. 76. Suhr, S. 40, 45. A. F. Lorenz: Die Giebelhäuser Am Schilde in Rostock, in: Deutsche Kunst und Denkmalpflege 10, 1936, Heft 4, S. 89 ff. Dehio/Nordostdeutschl., S. 415. Gehrig, S. 66. Ohle, S. 58

Alter Markt Marktplatz der ehemaligen Altstadt, dessen Bebauung insbesondere im nordöstlichen und südwestlichen Bereich 1942 erhebliche Einbußen erlitt:

Alter Markt 18 (an der Westseite des Platzes). Vermutlich Mitte des 15. Jh. erbaut und um 1700 erneuert. Schlichtes zweigeschossiges Giebelhaus von drei Achsen mit veränderter Geschoßeinteilung, schmucklosen Dreieckgiebeln und zugehörigem Budenanbau. Reste mittelalterlicher Wandstruktur mit Spitzbogenblenden im Erdgeschoßinneren. Ausgestaltung der Diele mit schlichtem Hausbaum, schmaler Wendeltreppe und umlaufender Galerie wohl gegen 1700.

Lorenz 1914, S. 32. (Akten im Institut für Denkmalpflege Schwerin)

Alter Markt 26 (an der Ostseite des Platzes). 1799 als »Theatrum Anatomicum« nach Plänen von J. C. H. v. Seydewitz erbaut. Zweigeschossiger Putzbau von sieben Achsen mit dreiachsig erhöhtem, frontispizartigem Volutengiebel in der Mittelachse des Querhauses. Korbbogenportal des Hauptgeschosses durch doppelläufige Treppenanlage zugänglich. Portal und Gebäudekanten von Quaderlisenen eingefaßt. Der ursprüngliche Schmuckreichtum der Fassade später vereinfacht, desgleichen der ehemals geschwungene Giebelabschluß durch einfaches Dreieckfeld ersetzt.

Rostock
Oben: Alter Markt 18 und 26
Unten: Alter Markt 27

Inventar I, S. 267. Lorenz 1914, S. 26. A. F. Lorenz: Die Universitätsgebäude zu Rostock und ihre Geschichte, Rostock 1919, S. 18 f. Ohle, S. 122 f.

Alter Markt 27 (an der Ostseite des Platzes). Fachwerkspeicher des 18. Jh. über massiv verändertem Unterbau. Fünffach gestufte Dachzone mit Lukenbändern und Lagerböden. Die Mittelachse von schmalem fünfgeschossigem Giebelaufbau mit Lade- und Windeluken beherrscht.

Hopfenmarkt Marktplatz der ehemaligen Neustadt (jetzt Kröpeliner Straße):

Hopfenmarkt 9 (an der südlichen Straßenfront). Leicht verändertes dreigeschossiges Eckgebäude von 4:9 Achsen mit aufwendigem Mansarddach und klassizistischer Fassadengestaltung aus der Zeit um 1800. Vorderfront von einem Dreieckgiebel in ganzer Hausbreite bekrönt. Wandflächen u. a. durch Eckquaderung und Quaderlisenen sowie zurückhaltende Ornamente belebt.
Anstelle des 1942 zerstörten Bauwerks ein Giebelhaus-Neubau von 1969/70 in moderner Gestaltung.

Lorenz 1914, S. 29. Parow-Souchon, S. 20

Hopfenmarkt 28 (jetzt Kröpeliner Straße 82, an der nördlichen Straßenfront). Pfarrhaus des 1818 abgebrochenen Heiliggeistspitals. Das spätgotische Backsteinhaus vom Ende des 15./Anfang des 16. Jh. mit blendengegliedertem, zweigeschossigem und dreiachsigem Unterbau sowie durch Terrakottafriese reich geschmücktem Staffelgiebel. Zinnenbekrönter Giebelumriß von dekoriertem Friesband aus Löwen- und Rosetten-Formsteinen begleitet. Im Giebelfeld staffelartig ansteigende Spitzbogenblenden mit kleeblattförmig schließenden Lukenpaaren. Figürliche Kreisblenden mit Passionsszenen in den Bogenzwickeln. Der dekorative Reichtum der Fassade durch schwarze bis dunkelgrüne Glasuren verstärkt. In den 1930er Jahren restauriert.
1945 ausgebrannt, Umfassungsmauern und Fassade erhalten. Giebel anschließend gesichert. Wiederherstellung und moderner Innenausbau als Stadt- und Bezirksbibliothek um 1950/51.

T. Rogge: Rostocks Profanbauten im Mittelalter, in: Zeitschrift für bildende Kunst 22, Leipzig 1887, S. 305 ff. T. Rogge: Mittelalterliche Wohngebäude in Rostock, in: Allgemeine Bauzeitung 54, 1889, S. 70 f.

A. Hofmeister: Aus Rostock, in: Blätter für Architektur und Kunsthandwerk 10, 1897, S. 14 f. Inventar I, S. 257. R. Borrmann: Backsteinbau des baltischen Küstengebietes, in: Die Keramik in der Baukunst, Teil 1, Band 4, Leipzig 1908, S. 142 f. Straub, S. 82 f. Suhr, S. 32. Dehio/Nordostdeutschl., S. 415. O. Gehrig: Der Giebel des Spitalpfarrhauses Rostock, in: Deutsche Kunst 9, 1943/5. Bernitt, S. 90 f. Dehio 1968, S. 334. Ohle, S. 54 ff. Baier, S. 292 f.

Hopfenmarkt 29 (an der Nordseite). Dreigeschossiges Giebelhaus von fünf Achsen mit barocker Lisenengliederung im Unterbau und reichem Renaissance-Giebelschmuck. Die Detailformen des dreigeschossigen Giebelfeldes mit halbkreisförmig bekröntem Aufsatz von einem um 1600 errichteten und im 19. Jh. abgebrochenen Wohngebäude der Steinstraße übernommen.
1945 ausgebrannt.

Des weiteren erlitten die übrigen, zumeist in der Umgebung der Sakralbauten liegenden Platzräume 1942 Teilverluste:

Rostock
Rechts: Hopfenmarkt 28 und 29
Links: Hopfenmarkt 9

Am Wendländer Schild mit **Altstädter Born** (am Fuße des Nikolaikirchturms). Reizvoller zwölfeckiger Putzbau mit zwiebelförmig geschwungener Haube. Oberhalb des Rundbogeneingangs ornamentierte Kartusche mit Inschrift »Altstädter Born 1755«.
1942 beschädigt, 1947 beseitigt. Damit die letzte der vier ehemals zur Wasserversorgung der Stadt dienenden Anlagen verschwunden.
Inventar I, S. 271

Bei der Nikolaikirche und **Am Schwibbogen** (nördlich bzw. südöstlich der Nikolaikirche). An beiden Platzfronten gingen hauptsächlich mehrgeschossige schlichte Traufenhäuser verloren.

Bei der Marienkirche mit der ehemaligen **Hirschapotheke** (Nr. 18/19, an der östlichen Platzfront). Im Kern wohl 1604 erbaut, die Fassaden barock verändert. Zweigeschossiges verputztes Doppelgiebelhaus von je drei Achsen. Bemerkenswert die beiden Hofgiebel mit gepaarten Rundbogenluken und getreppter Firststaffel; Wandflächen zwischen den Lukenreihen durch Putzfriese und Deutsche Bänder belebt. Vorderfronten vom Ende des 18. Jh. durch Eckquaderlisenen und Gesimsbänder gegliedert und durch Putzspiegel unter den Obergeschoßfenstern belebt. Gemeinsame Rundbogentür im rustizierten Erdgeschoß. Geschwungene Giebel mit segmentbogenförmigem Abschluß von Mäandervoluten geschmückt.
Im April 1942 schwer beschädigt. Giebel und Unterbau 1946 wegen Einsturzgefahr abgetragen.
Lorenz 1914, S. 28. Parow-Souchon, S. 26. Straub, S. 71. J. Ohage: Fermente, Peptone und Lezithine, in: Mecklenburgische Monatshefte 7, 1931, S. 479 ff. Suhr, 46

Blücherplatz (jetzt Universitätsplatz). Die nördliche Platzfront 1942 weitgehend verloren, darunter die Giebelhäuser Nr. 6 und 7, deren Wiederaufbau ohne Anlehnung vorgesehen ist.

Jakobikirchhäuser (neben der Jakobikirche). Typ einer städtebaulich bemerkenswerten zweigeschossigen Reihenhausanlage des 17. Jh.; später verändert. Ankerinschrift und Jahreszahl 1623 am östlichen dreigeschossigen Treppengiebel mit Firststaffel und enggetreppter Umrißstaffelung; die horizontale Giebelgestaltung mit rundbogig und flachbogig geschlossenen Lukenreihen durch Simsausbildungen und Deutsche Bänder verstärkt.
1942 völlig ausgebrannt, Ruine später beseitigt.
Lorenz 1914, S. 27. Mühlke: Alte Reihenhäuser der Wasserkante, in: Zentralblatt der Bauverwaltung 1918, S. 173 ff. Burmeister, S. 58. Straub, S. 81 f. Suhr, S. 34. Gehrig, S. 72 f.

Einzelne Profangebäude

An der Viergelindenbrücke 1 »Die Laterne«. Verändertes dreiachsiges Giebelhaus vom Ende des 16./Anfang des 17. Jh. mit hoher rundbogiger Türblende und flächigem Dreieckgiebel. Giebelfeld über geputztem Friesband von gepaarten Rundbogenblenden und -luken sowie Treppenfriesen gegliedert. Giebelspitze von getreppter Firststaffel bekrönt. Das Mauerwerk um 1930 vom Verputz befreit.
Im April 1942 zerstört, desgleichen die danebenliegende altertümliche hölzerne Klappbrücke.
Lorenz 1914, S. 26. Straub, S. 69. Suhr, S. 34. Witt 1973, S. 85

Blücherstraße 22 (jetzt Rungestraße). 1824 als Logenhaus erbaut. Palaisartiger, dreigeschossiger Putzbau von sieben Achsen mit Mansarddach und strenger Fassadengestaltung. Der dreiachsige Mittelrisalit mit eingetiefter Mittelachse und flachem Giebeldreieck. Die Geschlossenheit der Wandflächen lediglich durch schlichte Gesimsausbildungen und horizontale Fensterverdachungen (Hauptgeschoß) aufgelockert.
Im April 1942 durch Brand und Bombenschäden zerstört.
Parow-Souchon, S. 35. Gehrig, S. 80

Burgwall 44 Vermutlich zweigeschossiges Traufenhaus. Unter dem Putz des Gebäudes (1925 entdeckte) reiche figürliche und vegetabile Schnitzarbeiten als Gebäudeschmuck vom Anfang des 18. Jh.
1942 mit der Zerstörung des Wohnhauses verlorengegangen.

Rostock
Links oben: Altstädter Born
Rechts oben: Blücherstraße 22
Unten: Jakobikirchhäuser

Burgwall 46/47 »Brinckman-Haus«. Aus Giebel-, Traufen- und kleineren Nebenhäusern bestehende, wohl gegen Ende des 17. Jh. errichtete Gebäudegruppe. Das dreiachsige Giebelhaus mit fünf Speichergeschossen, Rundbogenportal und geschwungenem verputztem Vordergiebel; bemerkenswerter rückwärtiger Stufengiebel, dessen Backsteinfläche durch gefaste, rundbogig geschlossene und nur in der Mittelachse gepaarte Einzelluken horizontal gegliedert ist. Ebensolche Einzelluken in den beiden Obergeschossen des Querbaus. Fragmente der Innenausstattung (z. B. Tapeten) sowie dekorierte Fenstergewände der Wohngeschosse waren teilweise erhalten.
Im April 1942 stark zerstört, der hofseitige Giebel zunächst erhalten. Ruine später abgetragen.
Lorenz 1914, S. 28. Suhr, S. 34. A. F. Lorenz: Nachmittelalterlicher Ziegelbau in Rostock, in: Von Domen, Mühlen und goldenen Reitern, Dresden 1955, S. 120. Dedow: John Brinckman – Werk und Erbe, in: Neue Mecklenburgische Monatshefte 1, 1956, Heft 4, S. 204 ff.

Fischbank 15 Zweigeschossiger barocker Putzbau (Eckgebäude) von 4:6 Achsen. Gebäudekanten von Eckquaderlisenen eingefaßt. Faschengerahmtes, korbbogig geschlossenes Hauptportal mit reich verzierter Barocktür an der vorderen, leicht veränderten Giebelfront. Geschwungener Volutengiebel durch dreieckförmige Bekrönung abgeschlossen.
Durch Bombenangriff zerstört.

Fischbank 30 Löwenapotheke. Erbaut um 1732, später mehrfach verändert. Zweigeschossiger verputzter Massiv- und Fachwerkbau von 2:8 Achsen mit Satteldach. Schlichte Fassadengliederung mittels Eckquaderlisenen, Fugenritzungen und Rechteckfenstern.
Durch Bombenangriff zerstört.
Mecklenburg 13, 1918, Nr. 1, S. 32 f. Deutschlands Städtebau – Rostock, Berlin-Halensee 1927, S. 114

Große Mönchenstraße 29 Erbaut Anfang des 19. Jh. Palaisartiger, zweieinhalbgeschossiger Putzbau von sieben Achsen mit klassizistisch strenger Fassadenausbildung (Einfluß des Berliner Klassizismus durch Vermittlung von C. T. Severin). Gliederung und Detailbildung den Bauten der Rostocker Harte Straße (z. B. Haus Nr. 27 von 1804) verwandt. Leicht vorgezogener, dreiachsiger Mittelrisalit mit rustiziertem Erdgeschoß, darüberliegender eingetiefter Mittelachse, Konsolbänken und horizontalen Fensterverdachungen, bekrönt von attikaartigem Dreieckgiebel mit Lünettenöffnung. Mäanderfries unterhalb der Konsolleiste des Traufgesimses. Weitere horizontale Ornamentbänder zwischen den Geschossen der Seitenpartien.
Durch Bombenangriff zerstört.
Lorenz 1914, S. 29. Parow-Souchon, S. 36. Dehio/Nordostdeutschl., S. 415

Große Wasserstraße 4 Wohl gegen Ende des 15. Jh. erbautes zweigeschossiges, spätgotisches Backstein-Giebelhaus von drei Achsen mit fünfteiligem Staffelgiebel. Im Erdgeschoß gefaster Stichbogeneingang und segmentbogig geschlossene Fensterblenden. Giebelfeld durch Spitzbogenblenden und rundbogig geschlossene Lukenpaare gegliedert, somit u. a. mit dem erhaltenen Giebel Badstüberstraße 36 verwandt; der Staffelumriß wie dort von geputztem Randstreifen begleitet. Das Gebäude 1938/39 vom Verputz befreit und instand gesetzt.
Durch Bombenangriff zerstört. Neuaufbau in vereinfachter Form um 1969/70.
Inventar I, S. 260. Lorenz 1914, S. 26. Straub, S. 75. Suhr, S. 32

Große Wasserstraße 17 Sogenannte Fürstenherberge, seit 1787 Tabakfabrikation und -großhandlung. Offenbar in der zweiten Hälfte des 17. Jh. neu erbaut oder vollkommen umgestaltet. Mächtiges zweigeschossiges Backstein-Giebelhaus von sechs Achsen mit fünf Speichergeschossen in behäbiger Breitenlagerung. Später verändertes, mehrteilig geschwungenes Giebelfeld mit Dreieckschluß des 19. Jh. von rundbogig geschlossenen Lukenpaaren, Voluten und glasierten Friesstreifen belebt. Im Hofgiebel schlichte rundbogige Lukenreihen über doppeltem Deutschem Band. Im Inneren Wohn-, Lager- und Fabrikationsräume. Besonders beachtenswert die weiträumige Diele mit großen Fensteröffnungen, doppelläufiger geschwungener Treppenanlage, säulenartigem Hausbaum, umlaufender Galerie, gewendelter Nebentreppe und Empire-Ausstattung. Der Hofraum von mehreren Speichern mit Rundbogenluken begrenzt. Außenbau 1938/39 instand gesetzt.
Im April 1942 zerstört. Neubau ohne Anlehnung.
Lorenz 1914, S. 28. Burmeister, S. 63

Kistenmacherstraße 12 Zweigeschossiges verputztes Eckgiebelhaus von drei Achsen in den ausgeprägten Renaissanceformen von 1601. Der gesamten Breite des Giebelunterbaus ein geschlossen durchlaufender, nur vom tief eingebetteten Hauseingang unterbrochener Erker vorgelegt, der zur straffen Horizontalgliederung des Giebelfeldes überleitet. Die durch Gesimsbänder doppelt abgesetzten vier Speichergeschosse von reichem diamantiertem Band- und Volutenwerk mit Masken und Fruchtgehängen umsäumt. Barocktür in rundbogigem Renaissance-Rahmenwerk. Speichergiebel mit Ladeluken zur Seitenfront.
Im April 1942 völlig zerstört.
Inventar I, S. 265. Lorenz 1914, S. 28. Burmeister,

S. 58. G. Gloede: Rostocker Bürgerhaus-Türen, in: Mecklenburgische Monatshefte 13, 1937, S. 668. Gehrig, S. 70 f. Bernitt, S. 109

Kistenmacherstraße 13 Barock verändertes, spätgotisches zweigeschossiges Giebelhaus von drei Achsen mit Resten des mittelalterlichen Blenden-

Rostock
Rechts oben: Große Wasserstraße 4, Zustand 1938/39
Unten: Große Wasserstraße 17, Giebelfront und Diele

Lange Straße Größtenteils bestehend aus schlichten zwei- bis dreigeschossigen, zumeist drei- oder vierachsigen Giebel- und Traufenhäusern des 17. bis 19. Jh. sowie einzelne Repräsentationsbauten der Gründerzeit. Der gesamte Straßenzug in den Bombennächten des April 1942 fast vollständig vernichtet. Unter den verlorenen Gebäuden vor allem erwähnenswert:
Nr. 6. Überarbeitetes dreiachsiges Giebelhaus mit Treppengiebel und Rundbogeneingang (im Kern vielleicht noch mittelalterlich und 17. Jh.).
Nr. 7. Zweigeschossiger Putzbau mit schwach betontem Mittelrisalit, Fassade durch Gesimse und ornamentierte Friesstreifen aufgelockert (um 1800).
Nr. 11. Zweigeschossiges spätbarockes Giebelhaus von drei Achsen mit geschwungenem, horizontal gegliedertem Giebelfeld und halbkreisförmiger Firstbekrönung (wohl zweite Hälfte des 18. Jh.).
Nr. 12. Dreigeschossiges Giebelhaus von drei Achsen mit veränderter Geschoßeinteilung und getrepptem, dreigeschossigem Giebelfeld (wohl Ende des 17. Jh.).
Nr. 14 und 15. Dreigeschossige Traufenhäuser von je vier Achsen mit lukarnenbesetztem Satteldach, die Fassaden durch horizontale Gesimsbänder, Fensterverdachung oder ornamentierte Putzspiegel (Nr. 15) belebt (um 1800).
Nr. 16. Dreigeschossiges spätbarockes Traufenhaus mit schlichter Putzfassade und Fugenritzung, der von Eckquaderlisenen gerahmte Oberbau durch Fensterrücklagen dreiachsig gegliedert (gegen Ende des 18. Jh.).
Nr. 31. Interessanter zweigeschossiger, dreiachsiger Speicherwohnbau kleinstädtischen Charakters; Mittelachse durch schlanken Fachwerk-Giebelaufsatz mit Ladeluken betont, im Satteldach vier abgeschleppte Dachfenster (um 1626).
Nr. 65. Späteres Oberlandesgericht. 1820–1822 errichtet, 1878 durch K. Luckow umgebaut. Monumentaler dreigeschossiger Putzbau von 9:4 Achsen mit großzügiger Fassadengestaltung. Der dreiachsige Mittelrisalit mit eingetiefter Mittelachse durch flachen Dreieckgiebel abgeschlossen. Zweites Obergeschoß pilastergegliedert. An der Ostwand angebracht Sühnestein für den 1487 erschlagenen Domprobst Thomas Rode (jetzt Museum Rostock).
Nr. 74. Spätere Gewerbebank. Anfang des 19. Jh. (um 1816) erbaut. Stadtpalaisartiger dreigeschossiger Putzbau von 3:8 Achsen mit dreiachsiger Stirnfront. Diese über gequadertem Erdgeschoß durch Kolossalpilaster mit Kapitellen gegliedert und von konsolengeschmücktem Dreieckgiebel mit Lünettenblende abgeschlossen. Seitenfront mit abgesondertem Treppenhaus durch leicht vorgezogenen Mittelrisalit akzentuiert. Gro-

giebels. Stichbogiger Mitteleingang beiderseits durch nachträglich vorgelegte, zweigeschossige Erkervorbauten (Utluchten) eingeengt. Giebelfeld mit leicht geschwungenen Schrägen und flacher Dreieckgiebelbekrönung ursprünglich wohl fünfteilig gegliedert. Fragmente spitz- und stichbogig schließender Blenden mit Lukenpaaren. Über Tür und Erdgeschoß Familienwappen und Haussprüche. Dielenraum im Inneren.
Im April 1942 völlig zerstört.
Lorenz 1914, S. 28

Kleine Wasserstraße 17 Dreigeschossiger Putzbau des 18. Jh. Schlichte Fassadengliederung im Rhythmus von 2:3:2 Achsen durch flache Quaderlisenen und Gurtbänder. Mittelachse anstelle eines Giebels durch Schleppdachfenster betont.
Im April 1942 zerstört.

Krämerstraße 19 Seit 1834 »Alte Post«. Aufgeführt nach 1800 unter Einfluß der Berliner bzw. Doberaner klassizistischen Bauschule. Palaisartiger Putzbau von blockhaft monumentaler Wirkung und großzügiger Fassadengestaltung. Zweigeschossig mit Mezzaningeschoß. Die drei Mittelachsen des siebenachsigen Baukörpers ähnlich dem von C. T. Severin 1806–1809 errichteten Doberaner Palais am Kamp als große Rechtecknische mit vier eingestellten ionischen Säulen über hohen Postamenten ausgebildet. Seitenpartien durch strenge Fensterrücklagen gegliedert. Zwischen Erd- und Obergeschoß Simsbänder, Rosetten und Reliefspiegel mit Groteskenschmuck. Über dem Obergeschoß durchlaufender Ornamentfries, der mit dem Zahnschnittfries des schweren Dachgesimses korrespondiert.
Im April 1942 stark beschädigt und ausgebrannt; Fassadenreste später beseitigt. Neubebauung ohne Anlehnung.
Lorenz 1914, S. 29. Parow-Souchon, S. 23 f. Gehrig, S. 78 f. Ohle, S. 139

Rostock
Links: Kistenmacherstraße 12
Rechts: Krämerstraße 19

teskenschmuck zwischen den Fensterreihen der Obergeschosse.
Nr. 79. Zweigeschossiges, ursprünglich dreiachsiges Giebelhaus mit einachsiger Erweiterung sowie schräg zulaufendem Giebelfeld mit dreieckiger Firstbekrönung.
Nach Beseitigung der Ruinenreste in der Langen Straße am 30. Januar 1953 Grundsteinlegung für den Wiederaufbau des Straßenraumes als repräsentative Magistrale der Stadt.
Lorenz 1914, S. 30 (Nr. 11–16). Parow-Souchon, S. 21 f., 30, 33 (Nr. 7, 15, 74). Suhr, S. 45 (Nr. 79). Schlesinger: Die mecklenburgisch-schwerinschen Landesgerichte im Wandel der Zeiten, zum 50jährigen Bestehen des Oberlandesgerichtes Rostock (1879 bis 1929), in: Mecklenburgische Monatshefte 5, 1929, S. 567 f. Dehio/Nordostdeutschl., S. 415. H. Witt und F. K. Raif: Rostock, Rostock 1974, S. 67 (Nr. 65)

Mühlenstraße 18 Einer der wenigen bis zum Kriege erhaltenen malerischen Fachwerkbauten Rostocks. Nachträglich verputztes Eckgebäude mit drei Speichergeschossen, Satteldach und frontispizartigem Dachgiebel in der Mittelachse der Vorderfront. Obergeschosse der Giebelfronten leicht vorgekragt. Die drei Mittelachsen der Längsfront durch niedrige erkerartige Vorlagen in Erdgeschoßhöhe eingeengt. Profilierte Schwellen und Balkenköpfe anläßlich der Instandsetzung von 1932 stark beschädigt vorgefunden und daher wieder verputzt.
Im April 1942 zerstört.
Lorenz 1914, S. 29

Schmiedestraße 8 Stark verändertes, später zweigeschossig ausgebautes spätgotisches Backstein-Giebelhaus des 15. Jh. von drei Achsen mit beachtlichen Resten mittelalterlicher Giebelgestaltung. Am Vordergiebel ursprünglich zweiteilige Spitzbogenblenden mit gepaarten Rundbogenluken; am Hofgiebel sieben einfache Spitzbogenblenden mit Rund- und Flachbogenluken. Giebelumriß später stark verändert und verstümmelt. Innen schlichter Dielenraum mit umlaufender Galerie.
Im April 1942 zerstört.
Lorenz 1914, S. 32

Schnickmannstraße 9 Zweigeschossiges, vierachsiges Backstein-Giebelhaus des 17. Jh. Charakteristischer enggetreppter Stufengiebel; das Giebelfeld durch Horizontalgesimse sowie in gleichen Abständen aneinandergereihte Einzelluken gegliedert. Beiderseits des Rundbogeneingangs zweiachsige Erkervorbauten (Utluchten) in Erdgeschoßhöhe. Fassade 1938 vom Verputz befreit und instand gesetzt.
Im April 1942 bis auf Umfassungsmauern und Giebel zerstört und ausgebrannt. Obere Giebelteile trotz Absteifung 1946 eingestürzt. Ruine 1949 beseitigt.
Lorenz 1914, S. 27. Suhr, S. 34

Schnickmannstraße 19 Schmaler dreigeschossiger, dreiachsiger Putzbau mit äußerst strenger Fassadengliederung der ersten Hälfte des 19. Jh. Architektonisches Grundgerüst aus pfeilerartigen Wandfeldern und geschoßtrennenden Gurtbändern bestehend. Innerhalb der Fensterrücklagen ornamental geschmückte, brüstungartige Friesstreifen. Anstelle eines Giebelfeldes achsenbetonende Lukarne.
Im April 1942 zerstört.
Parow-Souchon, S. 33

Schnickmannstraße 21 Errichtet 1526. Stark verändertes, später zweigeschossig ausgebautes spätgotisches Backstein-Giebelhaus von drei Achsen mit Staffelgiebel und fünf dahinterliegenden Speichergeschossen. Im Erdgeschoß rundbogige Tür- bzw. Fensterblenden und stichbogige Eingangsöffnung. Die einzelnen Giebelgeschosse durch aneinandergereihte, rundbogig geschlossene Einzelluken gegliedert und durch horizontale Putzbänder, die ursprünglich auch als Randstreifen die Staffeln begleiteten, voneinander getrennt. Die gotische Vertikaltendenz älterer Giebelgestaltungen somit aufgehoben. Fassade 1936 vom Verputz befreit und wiederhergestellt.
Im April 1942 zerstört.
Lorenz 1914, S. 27. Suhr, S. 34. A. F. Lorenz: Nachmittelalterlicher Ziegelbau in Rostock, in: Von Domen, Mühlen und goldenen Reitern, Dresden 1955, S. 116, 120. (Akten im Institut für Denkmalpflege Schwerin)

Vogelsang 5 Zweigeschossiges spätgotisches Backstein-Giebelhaus von drei Achsen mit verändertem Giebelfeld und fünf Speichergeschossen. Kernbau des 16. und 17. Jh. später verstümmelt. Im Erdgeschoß Reste ursprünglicher Blendengliederung. Stichbogige Eingangsöffnung mit Barocktür in Rundbogenblende. Vor der linken Fensterblende eingeschossiger Erkervorbau. In den beiden Untergeschossen des ehemals fünfteiligen Giebelfeldes Reste von Pfeilervorlagen mit gekoppelten Rundbogenluken; im dreieckförmig veränderten Giebelabschluß lediglich horizontal angeordnete Einzelluken. Fassade um 1938 vom Verputz befreit und instand gesetzt, Giebelspitze und Erker neu aufgemauert.
Im April 1942 zerstört.
Lorenz 1914, S. 26. (Akten im Institut für Denkmalpflege Schwerin)

Weißgerberstraße 8 Erbaut um 1790. Zweigeschossiges Traufenhaus von sieben Achsen mit dreiachsigem Mittelrisalit in ausgewogenen Proportionen. Erdgeschoß und Ecklisenen durch Putzritzungen belebt. Korbbogig geschlossene Toreinfahrt mit Pilasterrahmung und Gebälk. Oberes Risalitgeschoß von doppelten Pilasterstellungen gegliedert. Zarter Stuckdekor im dreieckigen Giebelfeld. Um 1933 instand gesetzt.
Im April 1942 zerstört.
Lorenz 1914, S. 30. Parow-Souchon, S. 17

Weißgerberstraße 9 Erbaut in der zweiten Hälfte des 18. Jh. Kubischer dreigeschossiger Putzbau (Eckgebäude) von 4:5 Achsen mit Mansarddach. Erdgeschoß mit Fugenritzung als Sockelgeschoß behandelt. Die beiden Obergeschosse durch Eckquaderlisenen zusammengezogen. Fenster des Hauptgeschosses durch waagerechte Verdachungen und rechteckige Spiegelflächen bereichert.
Im April 1942 zerstört.

Unter den zerstörten **Wohngebäuden** der Stadt sind außerdem zahlreiche weitere erwähnenswert, vorwiegend dreiachsige Giebelhäuser von teilweise mittelalterlichem Ursprung, die vor allem in barocker Zeit verändert wurden:
Beginenberg 9, 10, 13, 14, 15; Große Mönchenstraße 1; Große Wasserstraße 25 und 26; Koßfelder Straße 1 und 2; Lagerstraße 4 und 6; Lange Straße 71 und 81; Mühlenstraße 7; Schmiedestraße 9 und 10; Vogelsang 4 und 6.

Von den **öffentlichen Gebäuden** aus neuerer Zeit wurden während der Bombenangriffe des Jahres 1942 zahlreiche beschädigt oder vernichtet. Als Beispiele seien genannt:
Hauptpostamt, neogotischer Bau von 1879–1881.
Medizinische Institutsgebäude. Erbaut 1876–1878 in Neorenaissanceformen nach Entwurf von K. Luckow, später mehrfach erweitert, in den 1950er Jahren wiederhergestellt.
Stadttheater. Erbaut 1895 durch H. Seeling als monumentaler neobarocker Putzbau mit mehreren Rängen im Zuschauerraum; 1938 durch F. Lipp und W. Roth umgestaltet. Anstelle des zerstörten Theaters seit 1965 der Neubaukomplex des »Ostsee-Druck«.
Ehemalige Friedrich-Franz-Schule (am Rosengarten). Schlichter klassizistischer Bau von 1844.
Schulbauten in der Lindenstraße. Das eine Gebäude 1899–1901 in den Formen der Neorenaissance errichtet, das andere 1912.
Ehemalige Borwin-Schule (am Kabutzinerhof). Errichtet 1912–1916 nach Entwurf von Zoeltsch.

Rostock
Links: Mühlenstraße 18
Rechts: Vogelsang 5, Zustand nach 1938

Stralsund (Stadtkreis Stralsund)

Anstelle eines slawischen Fähr- und Fischerortes am Strelasund und am Treffpunkt mehrerer binnenländischer Handelsstraßen gegenüber der Insel Rügen zu Anfang des 13. Jh. auf kleiner diluvialer Erhebung brückenkopfartig angelegt. Der durch sumpfige Niederungen geschützten und für den Seehandelsverkehr bestimmten Siedlung wurde 1234 durch Fürst Witzlaw I. von Rügen urkundlich das lübische Stadtrecht zuerkannt. Ein im Jahre 1249 seitens der Stadt Lübeck unternommener Versuch, die künftige Konkurrentin an der Ostsee durch einen Überfall zu zerstören, sowie ein Stadtbrand von 1271 vermochten die wirtschaftliche Entfaltung der neuen Stadt nicht mehr aufzuhalten. Als Keimzelle des städtischen Lebens ist der Bereich um den Alten Markt und die Nikolaikirche anzusehen. Diesem schloß sich seit der Mitte des 13. Jh. nach Südwesten und Südosten die 1256 erstmals erwähnte Neustadt mit Marien- und Jakobikirche an. Wie Rostock und Wismar führendes Mitglied der Hanse, baute Stralsund seine auf Fern- und Zwischenhandel beruhende Machtposition kontinuierlich aus, die auch durch den Übergang der Oberheit von den Fürsten zu Rügen auf die pommerschen Herzöge 1325 nicht beeinträchtigt wurde und nach dem im Stralsunder Frieden von 1370 dokumentierten Sieg der Städtehanse über Dänemark seinen Höhepunkt erreichte. Zahlreiche Baudenkmale künden noch heute vom Aufstieg Stralsunds im 14. und 15. Jh., der durch heftige soziale Auseinandersetzungen im Kampf um die Führung der Stadt gekennzeichnet war. Nach dem Einsetzen des wirtschaftlichen Verfalls geriet die Stadt durch den Allianzvertrag von 1628 in Abhängigkeit von Schweden, dem Stralsund mit dem gesamten westpommerschen Gebiet 1648 zugesprochen wurde und dort bis 1815 verblieb. Während dieses Zeitabschnitts wurde Stralsund zur Festung ausgebaut und das mittelalterliche Stadtbild nach schweren baulichen Schäden (Stadtbrand von 1680, Belagerungen von 1678 und 1711–1715) durch stattliche barocke Giebelhäuser und mehrere »schwedische« Verwaltungsgebäude bereichert. Eine weitere Ausdehnung des städtischen Territoriums erfolgte im wesentlichen erst nach endgültiger Schleifung der Festungswerke 1873, wobei die in den Anfängen bereits seit dem Spätmittelalter bestehenden drei Vorstädte (Franken-, Tribseer und Knieper Vorstadt) sich erheblich ausweiteten.
Während des Krieges fügten die Luftangriffe (Spreng- und Brandbomben) vom 6. Oktober 1944 der Frankenvorstadt und insbesondere dem historischen Altstadtkern schwere Zerstörungen zu. Insgesamt wurden annähernd 8000 Wohnungen (etwa 2000 total, 2300 schwer und 3600 leicht zerstört) in Mitleidenschaft gezogen. Von 2285 vorhandenen Gebäuden des Stadtkerns wurden 365 vollkommen vernichtet. Das Hauptschadensgebiet lag hier zwischen Semlower Straße und Langenstraße. Während Jakobi- und Johanniskirche stark zerstört wurden, kamen Nikolai- und Marienkirche mit geringeren Schäden davon. Die durch indirekte Bombeneinwirkung hervorgerufenen Schäden an Kupferdächern, Abdeckungen des Strebewerks und vor allem an der Fensterverglasung der Nikolaikirche wurden ab 1947 und in den darauffolgenden Jahren behoben; die Innenausstattung blieb im wesentlichen erhalten. Die Kriegsschäden an den Fenstern (Pfostenwerk und Verglasung) der Marienkirche ebenfalls seit 1947 größtenteils beseitigt und Teile des beschädigten südlichen Seitenschiffsdaches mit Schieferabdeckungen versehen. Der Straßenzug der Semlower Straße, dessen Baubestand erst 1939 instand gesetzt worden war, wurde fast gänzlich vernichtet. Beträchtliche Verluste bürgerlicher Wohngebäude ferner in der Baden-, Fähr- und Heilgeiststraße. Beachtenswerte Einzelgebäude weiterhin in der Bechermacher-, Franken-, Mönch-, Ossenreyer- und Langenstraße zerstört. Trümmerreste der Semlower Straße 1948 beseitigt; beschädigte Gebäude in der Folgezeit (so die beiden barocken Giebelhäuser 9 und 18) um 1960/61 wiederhergestellt und die Baulücken 1950–1955 durch Neubauten traditioneller Bauweise geschlossen. Beschädigte Giebelhäuser u. a. auch in der Ossenreyerstraße 13–15 sowie Fährstraße 22 bis 1955 instand gesetzt. Die systematische abschnittweise Sanierung und Instandsetzung der erhaltenen historischen Bausubstanz (beispielsweise 1963–1965 bzw. 1970/71 Fährstraße 26, 29, 30) wird fortgesetzt. Die Hauptbautätigkeit konzentrierte sich jedoch auf die außerhalb des historischen Kerns liegenden Stadtteile: Triebseer Vorstadt (seit 1953), »Knieper Nord« (seit 1958) und »Knieper West« (seit 1964). Wirtschaftsbestimmende Bedeutung erlangte die seit 1948 aufgebaute Volkswerft Stralsund.

Inventar/Stralsund. M. Schütte: Stralsund, Historischer und lokaler Führer für Einheimische und Fremde, Stralsund 1907. F. Adler: Stralsund, Von Kirchen und Bürgerbauten, Braunschweig 1924. E. Uhsemann: Streifzüge durch das alte Stralsund, Stralsund 1925. Führer durch Stralsund, Braunschweig 1926 und 1928. F. Adler: Stralsund (Deutsche Lande – Deutsche Kunst), Berlin 1926 (2. Aufl. 1938). Gerlach 1928. Stralsunder Lebensbilder, Festschrift der Stadt Stralsund zum 700jährigen Jubiläum, überreicht vom Rügisch-Pommerschen Geschichtsverein, Greifswald 1934. Deutsches Städtebuch, Bd. I Nordostdeutschland, Berlin–Stuttgart 1939, S. 244 ff. A. Dorn: Die Semlowerstraße in Stralsund, Entschandelung und Gestaltung, Berlin 1940. Denkmalpflege in Mecklenburg, S. 32 f. H. Ewe: Stralsund, ein Führer durch die Werftstadt, Stralsund 1953. W. Rudolph: Stralsund, die Stadt am Sund, Rostock 1955. Die Altstadt von Stralsund, Untersuchungen zum Baubestand und zur städtebaulichen Denkmalpflege, hrsg. von K. W. Leucht, Deutsche Bauakademie, Städtebau und Siedlungswesen, Heft 12/13, Berlin 1958 (intus: Ewe 1958, Rieck 1958). J. Petersohn: Stralsund als schwedische Festung, in: Baltische Studien NF 45, Hamburg 1958, S. 95 ff. J. Gerhardt: Pommern, München–Berlin 1958. N. Zaske: Die gotischen Kirchen Stralsunds und ihre Kunstwerke, Kirchliche Kunstgeschichte von 1250 bis zur Gegenwart, Berlin 1964. D. W. Prost: Die Stellwagen-Orgel in der Marienkirche zu Stralsund, in: Greifswald-Stralsunder Jahrbuch 6, 7, 8, Rostock–Weimar 1966–1968. H. Ewe: Stralsund und seine Umgebung, Ein Wegweiser, Schwerin 1969. H. Ewe: Stralsund, Schwerin 1962, Rostock 1965 und 1969. Trost 1973

Kirchen

Jakobikirche Dritte Pfarrkirche Stralsunds im Osten der Stadt. Errichtet in der ersten Hälfte des 14. Jh. als chorlose, dreischiffige, siebenjochige Hallenanlage mit geradem Ostschluß und quadratischem Westturm. Schlichter Baukörper über einer Grundrißdisposition von queroblongen Mittelschiffs- und längsoblongen Seitenschiffsjochen, gegliedert durch Strebepfeiler und dreiteilige

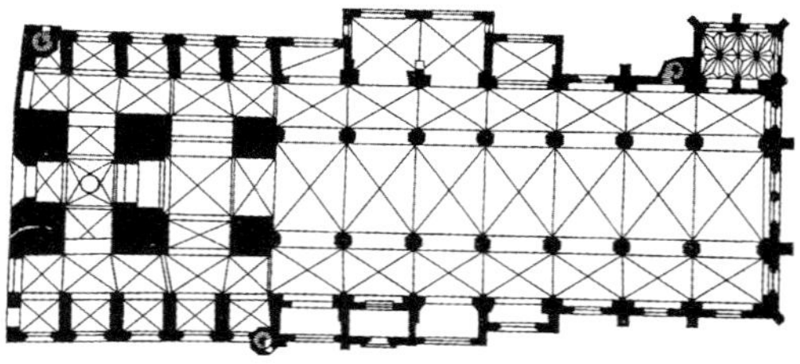

Spitzbogenfenster. Kernbau dieser Langhalle trotz spätgotischen Umbaus weitgehend erhalten. Detailformen in loser Beziehung zur Nikolaikirche, die gemeinsam mit der im Bau befindlichen Marienkirche auch den Anstoß zur spätgotischen basilikalen Umgestaltung gegeben haben mag: vom Ende des 14. bis Ende des 15. Jh. Erhöhung und Neuwölbung des Mittelschiffs, Neubau eines weiter nach Westen verschobenen Turmes bei gleichzeitiger Verlängerung und teilweiser Erweiterung der Seitenschiffe sowie Anbau einer zweigeschossigen Sakristei im Nordosten. Im Inneren den beiden Bauzuständen entsprechender zweizoniger Wandaufriß: stämmige Achteckpfeiler mit abgetreppten Arkadenbögen im Unterbau und nach innen gezogene Strebepfeiler am Obergaden. Die Kreuzrippengewölbe des Hochschiffs von Konsolen abgefangen, die der Seitenschiffe von gebündelten Diensten getragen. Am spätgotischen Außenbau vielfältige Zierformen: Maßwerkfriese und fünfteilige Spitzbogen- und Maßwerkfenster am Obergaden sowie blockhaft geschlossenen Westteil. Inmitten der Westfront mittelschiffhohe, reich profilierte Portalblende mit sechsteiligem Maßwerkfenster. Am quadratischen Turmoberbau Spitzbogenblenden mit Maßwerkrosetten. Das oberste Geschoß als oktogonaler Aufsatz mit flan-

Stralsund
Links: Blick von der Marienkirche auf den Stadtkern, 1961
Rechts: Jakobikirche, Grundriß

kierenden Ecktürmchen. Reiche Glasuren verstärken den dekorativen Charakter des Turmkörpers. Achtseitige offene Laterne über blendengeschmücktem Ostgiebel sowie geschweifte barokke Turmhaube (nach Brand von 1662). Das Bauwerk im 17. und 18. Jahrhundert mehrmals beschädigt. Instandsetzungsarbeiten um 1850 bis 1868. 1891 Wandmalereien aufgedeckt.
Am 6. Oktober 1944 durch direkte wie indirekte Bombeneinwirkung stark beschädigt. Dachkonstruktion, obere Mauerteile, Gurtbögen und Gewölbe des südlichen Seitenschiffs, mit Ausnahme der drei Ostjoche, zerstört bzw. eingestürzt. Südliche Gurtbögen des ehemaligen Hallenturmmassivs gerissen. Auf Grund der Erschütterungen traten zahlreiche weitere Schäden am übrigen Baukörper auf (offenbar auch infolge unzureichender mittelalterlicher Bauausführung oder unsachgemäßer nachmittelalterlicher Ausbesserungen nach Beschuß von 1678 und 1715). Beträchtliche Rissebildung in den Gewölben des nördlichen Seitenschiffs und Verschiebung der nördlichen Pfeilerreihe. Verschiedene Gewölbe teilweise sofort, andere später nachgestürzt. Insgesamt äußerst ernste Gefährdung des Bauwerks. 1948 Beginn der statischen Sicherung und abschnittweisen Wiederherstellung des Gebäudes. 1950/51 Instandsetzung der Sakristei, Neubedachung und Erneuerung der zerstörten Südwestecke des südlichen Seitenschiffs. Mittlere Seitenkapelle des nördlichen Seitenschiffs durch Aufmauerung eines 4,30 m tief gegründeten Strebepfeilers abgestützt. Mit der Sicherung des Turmmassivs, der Teileinwölbung des südlichen Seitenschiffs sowie der Einrichtung eines Gemeindesaals im ersten Turmobergeschoß die erste Phase der Wiederherstellungsarbeiten bis 1955 abgeschlossen. Bis 1965 weitere Gewölbe eingezogen bzw. erneuert, neue Querverankerung aller drei Schiffe mit Stahl- oder Stahlbetonankern und Umschnürung von schadhaften Freipfeilern ausgeführt sowie Wandmalereien (1959/60) freigelegt. Restaurierungsarbeiten an Innenraum und Ausstattung noch im Gange. Die wesentlichsten Ausstattungsstücke infolge Auslagerung weitgehend erhalten, doch größtenteils in stark defektem Zustand und bis auf Altar und Taufe noch nicht wieder aufgestellt. Feste Einbauten, Teile des Gestühls und des spätgotischen wie barocken Schrankenwerks verloren. Die Mehrzahl der geretteten Kunstwerke (wie spätmittelalterliche Nebenaltäre, Kanzel von H. Lucht 1635, Orgelprospekt von 1733–1738) stark restaurierungsbedürftig.

Inventar/Stralsund, S. 384 ff. F. Adler: Stralsund (Deutsche Lande – Deutsche Kunst), Berlin 1926, S. 14 f. (Neuauflage 1938). Dehio/Nordostdeutschl., S. 466. F. Schwarz: Die Wiederherstellung der Jakobikirche in Stralsund, in: Denkmalpflege in Mecklenburg, Dresden 1952, S. 135 ff. Wilde, S. 145. Zaske 1961, S. 121 ff. F. und H. Möbius: Sakrale Baukunst, Mittelalterliche Kirchen in der DDR, Berlin 1963, S. 224. Wiederaufbau der Kirchen in der DDR, S. 55, 190, 223. Zaske 1964, S. 204 ff. Dehio 1968, S. 393 ff. Zaske 1968, S. 121, 149. Hahn, S. 310 (Katalog). E. Ewe: Stralsund und seine Umgebung, Ein Wegweiser, Schwerin 1969, S. 25. Baier, S. 401. Trost 1973, S. 51 f., 69 f.

Stralsund, Jakobikirche
Oben: Blick auf die Nordseite und Inneres nach Westen
Unten: Inneres, vor und nach der Zerstörung

Ehemalige Franziskaner-Klosterkirche St. Johannis Kirche der 1254 gegründeten Klosteranlage am nordöstlichen Altstadtrand. Gesamtanlage mit Ost-, Nord- und Westflügel um rechteckigen Kreuzganghof nördlich der Kirche im letzten Viertel des 13. Jh. begonnen und im 14. Jh. vollendet. Mehrfache Um- und Erweiterungsbauten in spätgotischer Zeit, vor allem an den Klostergebäuden, insbesondere dem nördlichen Klausurflügel. Die wohl im ersten Viertel des 14. Jh. vollendete Klosterkirche ursprünglich eine dreischiffige, fünfjochige Hallenanlage mit einschiffigem, dreijochigem Chor und siebenseitigem Polygonalschluß. Der von Strebepfeilern umstellte und von drei- bis vierteiligen Spitzbogenfenstern durchbrochene kreuzrippengewölbte Chorbau langgestreckt und von klaren Verhältnissen. Umfangreiche Teile der Klausur, das Langhaus der Kirche sowie die Chorgewölbe 1624 durch Brand zerstört. Die seit der Reformation als Alters- und Armenheim der Stadt genutzten Klausurgebäude mit erhalten gebliebenen kreuzrippengewölbten Erdgeschoßräumen anschließend nur teilweise wiederhergestellt. Aus dieser Zeit auch der bekannte »Räucherboden« mit zellenartigen Wohnkammern und offenem Dachboden. 1648 bis 1651 Instandsetzung und Neueinwölbung des Chores. Das Langhaus dagegen unter teilweiser Einbeziehung der alten Umfassungsmauern in der zweiten Hälfte des 17. Jh. zu einer kreuzgangartigen, offenen Hofanlage mit gewölbten Arkadengängen umgewandelt. Unter den frühgotischen Detailformen der mittelalterlichen Innenwände Reste von dreiseitigen Wandpfeilern mit vorgelegten Rundstäben und reichen Sokkelgliedern, ferner bemerkenswert die Profilfolge des Westportals.

Am 6. Oktober 1944 Chor und Vorhof (vormaliges Langhaus) bis auf die Umfassungsmauern zerstört, Chorgewölbe eingestürzt. Hofarkaden mit Kreuz- und einzelnen Sterngewölben über Achteckstützen stark beschädigt und später beseitigt. Umfassungsmauern im wesentlichen erhalten. Chorbau gegenwärtig Ruine. Die noch vorhandenen Teile der Klostergebäude mit den seit 1963 bei umfangreichen Restaurierungsarbeiten aufgedeckten Wandmalereien des 14. und 15. Jh. sowie die westlich der Klausur gelegene malerische Fachwerk-Baugruppe des 17. bis 19. Jh. blieben beim Bombenangriff verschont.

Inventar/Stralsund, S. 405 ff. H. Mangel: Stralsunds Klöster, in: Unser Pommerland, Sonderheft Stralsund, 1923, S. 163 f. Dehio/Nordostdeutschl., S. 466. J. Fait: Die norddeutsche Bettelordensbaukunst zwischen Elbe und Oder, Phil. Diss. Greifswald 1954, S. 66 ff. N. Zaske: Die gotischen Kirchen Stralsunds und ihre Kunstwerke, Berlin 1964, S. 250 f. Dehio 1968, S. 397 f. H. Ewe: Das Bauwerk des ehemaligen Franziskanerklosters St. Johannis zu Stralsund und der Beginn seiner Restaurierung, in: Greifswald-Stralsunder Jahrbuch 8, 1968/69, S. 121 ff. Baier, S. 402. Trost 1973, S. 30, 70 f., 113 ff. Denkmale der Geschichte und Kultur, S. 272 f. (Baier)

Profanbauten

Badenstraße 17 Ehemaliges Regierungspalais. 1726–1730 erbaut von C. Loos für den schwedischen Generalgouverneur I. A. v. Meyerfeldt; später mehrfach, vor allem Anfang des 20. Jh., verändert. Stattliche zweigeschossige Dreiflügelanlage mit Mansarddach über hohem rustiziertem Sockelgeschoß. Haupttrakt von 11:4 Achsen durch leicht vorgezogenen, frontispizartig erhöhten Mittelrisalit mit Dreieckgiebel und Quaderlisenen akzentuiert. Faschengerahmte Fenster mit geschoßweise unterschiedenen Abschlüssen. Die Wandflächen ohne reicheren Schmuck. Segmentbogenportale an beiden Fronten über zweiläufige Treppenaufgänge erreichbar. Im Inneren weiträumiges Treppenhaus mit zweiläufiger Treppenanlage; mehrere größere Räume mit Stuckdekorationen. Die fünfachsigen Seitenflügel von ähnlicher Formgebung. Der Hofraum durch niedrigere Tor- und Stallgebäude umschlossen.

Am 6. Oktober 1944 durch Bomben schwer beschädigt. Wiederherstellung und Innenausbau 1955–1957 in veränderter Form.

Inventar/Stralsund, S. 547. Dehio/Nordostdeutschl., S. 467. Rieck 1958, S. 86. Ewe 1958, S. 43. Dehio 1968, S. 404. Trost 1973, S. 122

Badenstraße 18 Zweieinhalbgeschossiges, dreiachsiges Barock-Giebelhaus der zweiten Hälfte des 17. Jh. mit zweistöckigem Wohnbereich, vier Speicherböden sowie architektonisch reichem Giebelfeld. Am Unterbau Kolossalpilaster, zwischen den oberen Fensterreihen dekorative Reliefspiegel. Rundbogenportal. Der Giebel durch Pilaster, sich verkröpfende Gesimse und geschwungene Umrißlinien belebt.

Am 6. Oktober 1944 total zerstört.

Badenstraße 32 Dreigeschossiges, dreiachsiges barockes Giebelhaus der zweiten Hälfte des 17. Jh. mit stark verkröpftem Dachgesims zwischen Giebelfeld und pilastergegliedertem Unterbau. Rundbogenportal, am Hauptgeschoß Fensterverdachungen. Das außergewöhnlich plastisch belebte, volutenumsäumte Giebelfeld von reich detaillierten Pilasterstellungen und sich verkröpfenden Gesimsen geschmückt. Dreieckförmige Giebelbekrönung. (Für die historische Bedeutung des Hauses anmerkenswert, daß König Karl XII. von Schweden hier 1714/15 seinen Wohnsitz nahm.)

Am 6. Oktober 1944 zerstört.

Stralsund
Links oben: Ehemalige Franziskaner-Klosterkirche St. Johannis, vor und nach der Zerstörung
Unten: Badenstraße 17, vor der Zerstörung und während der Wiederherstellung

Badenstraße 36, 37, 38 Symmetrisch angeordnete Wohnhausgruppe des 18. Jh. Bestehend aus drei dreigeschossigen barocken Giebelhäusern von je drei Achsen mit schlichten Putzfassaden und teils abgeschrägten, teils geschwungenen Giebelumrissen. Am aufwendigsten der etwas höhere Mittelbau (Nr. 37) mit Rundbogenportal und stark geschwungenem Volutengiebel mit gesprengter Giebelbekrönung. Die gleichsam rahmenden Nebenbauten (Nr. 36 und 38) einfacher gestaltet und wahrscheinlich auch nachträglich verändert.
Am 6. Oktober 1944 weitgehend zerstört, Reste später beseitigt.

Fährstraße 8 Zweigeschossiges Giebelhaus aus der Mitte des 18. Jh. von drei Achsen mit leicht geschwungenem Giebelfeld. Schlichte Putzfassade mit Quaderlisenen. Die abgesetzte Mittelachse im zweigeschossigen Giebelfeld fortgeführt. Flachbogenportal.
Am 6. Oktober 1944 zerstört.

Fährstraße 9 Zweigeschossiges, im Kern wohl spätmittelalterliches und nachträglich verputztes Giebelhaus von drei Achsen mit barock geschwungenem Giebelfeld und fünf Speichergeschossen. Im unteren Giebeldrittel gruppenweise zusammengefaßte Flachbogenblenden. Korbbogige Portalanlage mit Kämpferleiste. Im Hofgiebel rund- und flachbogige Lukenreihen.
Am 6. Oktober 1944 völlig zerstört.
Suhr, S. 45

Fährstraße 10 Zweigeschossiges, dreiachsiges Giebelhaus aus dem dritten Viertel des 17. Jh. mit zweistöckigem Wohnbereich, fünf Speicherböden und unverputztem Backsteingiebel. Die einzelnen Speichergeschosse durch kräftige Profilgesimse voneinander geschieden und von flachbogig geschlossenen Lukenreihen gegliedert. Oberes Giebeldrittel durch Volutenumriß, Segmentbogenschluß und fialartige Aufsätze bereichert. Korbbogig geschlossene Portalnische mit Kämpferleiste. Schmiedeeiserne Anker mit Jahreszahl 1660. Dieses Datum durch Verwandtschaft mit der Fassadengestaltung der erhaltenen Giebelhäuser Fährstraße 23 (1637) und 30 (Mitte 17. Jh.) bestätigt.
Am 6. Oktober 1944 schwer beschädigt, Ruine später wegen Einsturzgefahr abgebrochen.
Ewe 1958, S. 37

Stralsund
Oben: Badenstraße 18; Badenstraße 32; Badenstraße 37 mit 38 und 36
Unten: Fährstraße 10; Fährstraße 9 und 8

Fährstraße 21 Stark überarbeitetes, dreigeschossiges barockes Giebelhaus von drei Achsen mit drei Speicherböden. Leicht geschwungenes Giebelfeld über Konsolgesims durch Eckvoluten, faschenumrahmte Flachbogenluken und Dreieckgiebelbekrönung belebt. Am später veränderten Unterbau Korbbogenportal sowie der nach Entwürfen des Bildhauers Holbein 1859 von March-Charlottenburg aus Ton gebrannte Kopf Schills eingelassen.
Am 6. Oktober 1944 zerstört, 1955 durch Neubau ersetzt.
Inventar/Stralsund, S. 556

Fährstraße 22 Dreigeschossiges, fünfachsiges Giebelhaus, um 1800. Strenge Fassadengliederung durch abgesetzte Mittelachse und stuckierte Reliefspiegel gekennzeichnet.
Am 6. Oktober 1944 beschädigt, bis 1955 unter Veränderung der Detailformen (Reliefspiegel) wiederhergestellt.

Heilgeiststraße 25 Zweieinhalbgeschossiges, dreiachsiges Giebelhaus des 17. Jh. mit zweistöckigem Wohnbereich, mehreren Speicherböden und einem der wenigen erhaltenen Dielenräume der Stadt. Im Inneren der hohen und weiträumigen Diele reich geschnitzter und farbig behandelter Hausbaum von 1681. Schnitzarbeiten an Stütze, Gebälk und Kopfbändern: Kinderfiguren sowie um einen Mittelstab gewundene Früchte; dazu ein (unvollständiges) Spruchband. Um 1900 restauriert.
Am 6. Oktober 1944 zerstört.
Inventar/Stralsund, S. 555. Rieck 1958, S. 85

Heilgeiststraße 26 Ratsapotheke. Zweieinhalbgeschossiges, dreiachsiges Giebelhaus des 17. Jh. mit zweistöckigem Wohnbereich und drei Speicherböden. Das stark geschwungene, volutenumsäumte Giebelfeld durch Pilasterstellungen und reiche Gesimsausbildung gegliedert. Fassadenzone über dem Erdgeschoß durch kapitellgeschmückte und ankerverzierte Pilaster zusammengefaßt. Über der Tür des stark veränderten Erdgeschosses Relief eines Elefanten.
Am 6. Oktober 1944 bis auf die vordere Giebelwand zerstört, diese später wegen Einsturzgefahr beseitigt.
Rieck 1958, S. 85

Stralsund
Oben: Fährstraße 21 mit 22; Fährstraße 22, Zustand 1958; Heilgeiststraße 26, nach der Zerstörung
Unten: Heilgeiststraße 29; Heilgeiststraße 26 mit 25, nach der Zerstörung

Heilgeiststraße 29 Zweieinhalbgeschossiges barockes Giebelhaus von drei Achsen mit zweistökkigem Wohnteil, drei Speicherböden und geschwungenem Volutengiebel. Die leicht vorgezogene Mittelachse im Giebel fortgesetzt und mit gesprengter Giebelbekrönung abgeschlossen. Wandflächen durch Eckquaderlisenen und dekorierte Pilaster gegliedert. Am Giebelansatz weitere, 1906 hinzugefügte Ziergiebel. Rundbogenportal mit Kämpferbetonung.
Am 6. Oktober 1944 stark beschädigt, später vom Schwamm befallen und 1951 abgebrochen.

Heilgeiststraße 37 Ehemaliges Palais Wrangel. Errichtet 1660–1664 durch N. I. Eosander für den schwedischen Generalgouverneur Carl Gustav Wrangel als Stadtpalais mit Seitenflügeln und Hofgebäuden. Die fünfachsige Hauptfassade vermutlich in Anlehnung an böhmische Barockvorlagen; mit dem erhaltenen Wohngebäude Ossenreyerstraße 1 verwandt. An der Vorderfront sechs Kolossalpilaster mit hohen Postamenten und Triglyphen-Kapitellen. Rundbogenportal mit wappengeschmücktem Giebelfeld (Wappen der Fürsten von Putbus) von korinthischen Pilastern gerahmt. Fensteröffnungen von Segment- und Dreieckgiebelverdachungen bekrönt und durch Putzfaschen mit Ohren sowie akanthusverzierte Relieffelder bereichert. Im Inneren quadratisches Treppenhaus mit zweiläufiger Treppenanlage, ferner der Festsaal im ersten Obergeschoß sowie Reste wertvoller Stuckdecken bemerkenswert.
Am 6. Oktober 1944 zerstört.
Inventar/Stralsund, S. 543. R. Josephon: Tessin in Deutschland, in: Baltische Studien NF 30, 1928, S. 30 f. Gerlach 1928, S. 69. Dehio/Nordostdeutschl., S. 467. Ewe 1958, S. 43. G. Eimer: Carl Gustav Wrangel som byggherre i Pommern och Sveringe, Ett bidrag till stormaktstidens konsthistoria (= Acta Universitatis Stockholmiensis, Stockholm studies in History of Art 6), Stockholm 1961, S. 5 ff. Trost 1973, S. 120

Heilgeiststraße 61 Ehemaliges Haus des Kommandeurs v. Buschenfeldt, später Kartenfabrik Zansen Osten. Stattliches zweigeschossiges barockes Traufenhaus von fünf Achsen aus der Mitte des 18. Jh. Flächige Fassadengestaltung mit kräftiger architektonischer Detailgliederung, durch zahlreiche spätere Veränderungen beeinträchtigt. Mittelteil mit Dreieckgiebelschluß und reicher Portalanlage leicht vorgezogen. Anbau vom Ende des 19. Jh.
1944 zerstört.
Gerlach 1928, S. 72

Heilgeiststraße 76 Ehemaliges Amtshaus der Brauereikompanie. Zweigeschossiges barockes Traufenhaus von acht Achsen mit Mansarddach. Fassadengliederung durch Pilaster mit schlichten Kapitellen vermutlich vom Stadtpalais Heilgeiststraße 37 angeregt. Vorderfront in neuerer Zeit durch Verstümmelung der Pilastergliederung, Ladeneinbauten etc. stark beeinträchtigt.
1944 stark zerstört, Reste später abgetragen.
Gerlach 1928, S. 69

Heilgeiststraße 86 Zweieinhalbgeschossiges barockes Giebelhaus von drei Achsen mit zweistökkigem Wohnbereich, vier Speicherböden und geschwungenem Giebelfeld. Mittelachse im Giebel fortgeführt und mit Dreieckgiebelbekrönung abgeschlossen. Starker Vertikalzug der Fassade durch Kolossalpilaster. Vielteilig verkröpfte Gesimslagen am Oberbau.
1944 stark beschädigt, später abgetragen.

Heilgeiststraße 87 Zweieinhalbgeschossiges barockes Giebelhaus von drei Achsen mit geschwungenem Giebelfeld über kräftigem Dachgesims und leicht vorgezogener Mittelachse.
1944 stark beschädigt; zunächst notdürftig instand gesetzt. 1953–1955 wiederhergestellt, dabei der Straßengiebel im wesentlichen beibehalten, aber auf die beschädigten Reliefspiegel des 18. Jh. verzichtet.
Rieck 1958, S. 86

Langenstraße 43 Zweieinhalbgeschossiges, fünfachsiges barockes Giebelhaus mit zweistöckigem Wohnteil und drei Speicherböden. Schlichte horizontal gegliederte Putzfassade mit breitem Korbbogeneingang. Leicht geschwungener Giebelumriß mit halbkreisförmigem Abschluß. Giebelspitze 1931 durch Sturm beschädigt.
Am 6. Oktober 1944 zerstört.

Ossenreyerstraße 16/Heilgeiststraße 85 Ehemals Grundstück des Bürgermeisters D. Ike, danach im Besitz des schwedischen Generalgouverneurs Axel Graf v. Löwen, zuletzt Ressource-Gesellschaft. Um 1734 errichtete Barockanlage. Dreigeschossiger palaisartiger Hauptbau von sieben Achsen mit erweiternden Nebenflügeln an Ossenreyer- und Heilgeiststraße. Schlichte Fassadengliederung. Von reicherer Ausbildung der leicht vorgezogene, dreiachsige Mittelrisalit mit Dreieckgiebel und Lisenenrahmung; die Risalitmittelachse nochmals durch Korbbogenportal, Lisenenvorlagen und segmentbogige Fensterverdachungen hervorgehoben.
Am 6. Oktober 1944 zerstört.
Inventar/Stralsund, S. 556. Gerlach 1928, S. 70. Ewe 1958, S. 44

Stralsund
Oben: Heilgeiststraße 37
Unten: Ossenreyerstraße 16

Semlower Tor in der Semlower Straße Das letzte und aufwendigste der ursprünglich sechs Wassertore. 1278 erwähnt, 1599 umgestaltet. Geviertförmiger Backsteinbaukörper über verschobenem Grundriß, von anliegenden Wohnhäusern überschnitten. Spitzbogige Durchfahrt. Reste der vertikalen mittelalterlichen Blendengliederung an der Hafenseite erhalten. Die Stadtseite in den Stilformen der Renaissance 1599 völlig erneuert: betonte Horizontaltendenz durch geschoßtrennende Gesimse und geschweifte Schmuckbänder über den rundbogig geschlossenen Lukenreihen; abschließender Giebelaufsatz mit Segmentbogenfeld und flankierenden Fialstümpfen.
Am 6. Oktober 1944 bis auf Teile der stadtseitigen Giebelwand zerstört. Ruine 1960 beseitigt.

Inventar/Stralsund, S. 541 f. Stralsunds Tore, Stralsund 1927 (16 S.). Straub, S. 113 f. Dehio/Nordostdeutschl., S. 467. H. Trost: Norddeutsche Stadttore zwischen Elbe und Oder, Berlin 1959, S. 121. Dehio 1968, S. 405. Trost 1973, S. 100

Inventar/Stralsund, S. 554. Die Altstadt von Stralsund, Untersuchungen zum Baubestand und zur städtischen Denkmalpflege, hrsg. von K. W. Leucht, Deutsche Bauakademie – Städtebau und Siedlungswesen Heft 12/13, Berlin 1958, S. 81 f. Dehio 1968, S. 403. J. Voss: Freskoübertragung in Stralsund, in: Mitteilungen für die Vertrauensleute des Instituts für Denkmalpflege 19, Schwerin September 1970, S. 96 ff.

Semlower Straße 1 Dreigeschossiges Fachwerk-Traufenhaus des 18. Jh. von fünf Achsen mit leicht vorgekragtem Obergeschoß und Satteldach. Schwelle über Balkenköpfen durch Schiffchenkehlen und friesartiges Schnitzwerk verziert. Erdgeschoß massiv verblendet. Wie alle weiteren Gebäude des Straßenraumes 1939 instand gesetzt. 1944 zerstört.

A. Dorn: Die Semlowerstraße in Stralsund, Entschandelung und Gestaltung, Berlin 1940, S. 78

Semlower Straße 10 Dreigeschossiges, im Kern wohl mittelalterliches Giebelhaus von drei Achsen mit ehemals zweistöckigem Wohnteil. Gebäude später völlig umgestaltet. Vorderfront von Eckpilastern gerahmt. Schlichte Pilaster auch im niedrigen dreigeteilten Giebelfeld mit leicht geschwungenen Giebelschrägen.
Am 6. Oktober 1944 schwer beschädigt, um 1948 abgetragen.

Semlower Straße 11 Spätgotisches, im 17. Jh. stark verändertes zweigeschossiges Backstein-Giebelhaus von drei Achsen mit fünf Speichergeschossen hinter fünfteiligem Staffelgiebel. Die beiden Wohngeschosse durch hohe Segmentbogenblenden zusammengezogen. Im Giebelfeld gepaarte Spitzbogenblenden und rundbogige Lukenöffnungen. Die einzelnen Staffeln durch verkröpfte Abschlußgesimse und Volutenfüllungen bereichert. Mittelstaffel mit Dreieckgiebelschluß. Am Hofgebäude Wappen des 16. Jh.
Am 6. Oktober 1944 zerbombt; hierdurch wurden im Hinterhaus an der Brandmauer zum Grundstück Nr. 10 mittelalterliche Wandmalereien freigelegt, die vor Beseitigung der Ruine ins Stralsunder Franziskanerkloster umgesetzt wurden. Baulücken Nr. 10 und 11 durch Neubau eines Traufen-Doppelhauses 1950 geschlossen.

Stralsund
Oben: Semlower Tor, Stadtseite, vor und nach der Zerstörung sowie Feldseite
Links Mitte und unten: Blick in die Semlower Straße, Zustand 1948 und 1966 nach Wiederaufbau
Rechts unten: Semlower Straße 11

Semlower Straße 19 Zweieinhalbgeschossiges verputztes Traufenhaus des 18. Jh. von sieben Achsen mit Satteldach. Mittelachse und Gebäudekanten durch Quaderlisenen hervorgehoben. Die Fenster des ersten Obergeschosses von reichen Putzfaschen umrahmt. Korbbogig geschlossene Tür- und Toröffnung.
Am 6. Oktober 1944 zerstört.

Semlower Straße 33 Ehemaliges Wohnhaus der Ratsfamilie Möller. Mit seiner Breite von 14,60 m und der Höhe von etwa 24 m eines der stattlichsten Giebelhäuser Norddeutschlands. Zweigeschossiger spätgotischer Backsteinbau des 15. Jh. mit sehr reichem, siebenachsigem Staffelgiebel und sechs Speichergeschossen. Reizvolle Diskrepanz zwischen dekorativ aufgelockertem Giebelfeld und flächenhaft geschlossenem, im 19. Jh. verändertem und verputztem Unterbau (mit überkommenen spitzbogigen Tür- und flachbogigen Fensterblenden). Zwischen den gefasten Pfeilervorlagen des Giebels kleeblattförmig geschlossene Lukenpaare, umgriffen von gedrückten Spitzbögen. In den Bogenflächen Vierpaß-Maßwerkfüllung. Die dekorative Wirkung des Giebels durch dunkelgrüne Glasurschichten verstärkt. Einzelheiten des vollkommen veränderten Dielenraumes (Schnitzwerk und Familienwappen) vermutlich aus der Zeit um 1475. Verändernde Zutaten des 19. Jh. im Wohnbereich anläßlich der Restaurierung von 1939 gemildert und Fenstereinfassungen vereinfacht.
Am 6. Oktober 1944 zerstört, Reste des Unterbaus um 1948 abgetragen.
Inventar/Stralsund, S. 551. Straub, S. 111 f. F. Adler: Das Stralsunder Geschlecht der Möller, in: Stralsunder Lebensbilder, Festschrift der Stadt Stralsund zum 700jährigen Jubiläum, überreicht vom Rügisch-Pommerschen Geschichtsverein, Greifswald 1934, S. 16. Suhr, S. 28 f., 46. Dehio/Nordostdeutschl., S. 467. A. Dorn: Die Semlowerstraße in Stralsund, Entschandelung und Gestaltung, Berlin 1940, S. 32 f., 52 f.

Semlower Straße 34 Zweigeschossiges, verputztes spätgotisches Giebelhaus von drei Achsen mit veränderter Geschoßeinteilung. Im Giebelfeld Reste von drei zweiteiligen Spitzbogenblenden mit Scheitelkreis und veränderten Lukenöffnungen. Gefaste Profilsteine. Spitzbogige Türblende.
Am 6. Oktober 1944 beschädigt, 1948 abgebrochen.
Inventar/Stralsund, S. 552. Straub, S. 112

Semlower Straße 35 Zweigeschossiges, verputztes spätgotisches Giebelhaus von drei Achsen mit verstümmeltem, ehemals vierteiligem Giebelfeld und drei Speicherböden. Pfeilervorlagen der ehemaligen Blendengliederung erhalten, Unterbau völlig erneuert.
Am 6. Oktober 1944 zerstört.

Stralsund
Links: Semlower Straße 33 mit 34
Rechts: Semlower Straße 35

Semlower Straße 42 Ehemaliges Amtshaus der Schifferkompanie. Zweigeschossiges frühbarokkes Giebelhaus von drei Achsen mit geschwungenem Giebelfeld. Unterbau mit Ausnahme des Rundbogenportals verändert und durch spätklassizistische Schmuckformen bereichert. Am segmentbogig abschließenden Giebel flachbogige Lukenreihen und Horizontalgesimse.
Am 6. Oktober 1944 schwer beschädigt, Ruine 1948 beseitigt.

Bei den übrigen zerstörten **Bürgerhäusern der Semlower Straße** (u. a. 2–8, 20, 21, 28, 29, 39) handelt es sich vorwiegend um aus dem 18. Jh. stammende dreigeschossige, verputzte Traufenhäuser von drei bis vier Achsen, deren architektonische Gliederung hauptsächlich aus horizontalen Simsbändern, faschenumrahmten Rechteckfenstern und Resten von Korbbogen-Eingängen mit Oberlicht bestand; vereinzelt auch schmale Giebelhäuser (z. B. 40, 41) von zwei bis vier Achsen mit veränderten schlichten Dreieckgiebeln.

Wismar (Stadtkreis Wismar)

Der 1229 erstmals als Stadt bezeugte Hafen- und Handelsplatz südlich der Wismarer Ostseebucht gelangte in enger wirtschaftlicher Verbindung mit den übrigen Ostsee- und Hansestädten durch Fern- und Zwischenhandel während des Mittelalters zu steigendem Wohlstand. Künstlerischer Ausdruck dieser ökonomischen Entwicklung bilden neben der bereits bis zur Mitte des 13. Jh. erweiterten und ausgebauten Stadtanlage mit ovalem Gesamtumriß, annähernd netzartigem Straßensystem, einem der größten Marktplätze Norddeutschlands sowie beachtlichen Restbeständen spätmittelalterlicher Backstein-Giebelhäuser vor allem die drei riesigen Backstein-Sakralbauten der Stadt (Marien-, Nikolai- und Georgenkirche). Im ersten Drittel des 15. Jh. soziale Kämpfe um das Stadtregiment. Nach Verlagerung des Welthandels an die westeuropäische Atlantikküste und dem einsetzenden Niedergang der Hanse im 16. Jh. wurde die wirtschaftliche Fortentwicklung der Stadt insbesondere durch die Auswirkung des Dreißigjährigen Krieges entscheidend gehemmt. Im Westfälischen Frieden von 1648 gelangte Wismar gemeinsam mit der Insel Poel und Neukloster an Schweden und verblieb dort bis 1803 (Verpfändungsvertrag auf 100 Jahre) bzw. 1903.

Während des Krieges hatte die Stadt zwölf Luftangriffe zu überstehen, von denen der am 14./15. April 1945 besonders umfangreiche Verwüstungen anrichtete. Zahlreiche historische Baudenkmale, Schulen, Krankenhäuser, Industrie- und Hafenanlagen sowie 3165 Wohnungen (344 Häuser total, 391 schwer und 1025 leicht zerstört) fielen den Bomben zum Opfer. Hart betroffen wurden u. a. der Straßenzug der Altwismarstraße und die Umgebung der Marienkirche. Neben den sakralen Bauwerken (Marien- und Georgenkirche) erlitt auch der historische bürgerliche Wohnbau des 15. bis 19. Jh. beträchtliche Verluste. Die geringfügigen Kriegsschäden an der Nikolaikirche 1946–1948 im wesentlichen behoben, das Dach 1962/63 erneuert. Wirtschaftlicher Aufschwung der heutigen Werft- und Hafenstadt nach 1945; u. a. seit 1946 Aufbau der Mathias-Thesen-Werft und Ausbau der Hafenanlagen sowie seit 1949 Neubau des ersten sozialistischen Stadtteils Wendorf westlich des Altstadtkerns.

Links oben: Stralsund, Semlower Straße 42
Unten: Wismar, Blick auf die Stadt mit Nikolai-, Marien- und Georgenkirche

Mitte: Wismar, Stadtgrundriß
1 Georgenkirche, 2 Nikolaikirche, 3 Marienkirche mit Kapelle St. Maria zur Weiden und Alte Schule, 4 Heiliggeistkirche, 5 Ehemaliges Dominikanerkloster, 6 Rathaus, 7 Pfarrei der Mariengemeinde und Archidiakonat

F. Crull: Zur Geschichte der Baukunst in Wismar, in: Mecklenburgische Jahrbücher 56, 1891, S. 18 ff. C. W. Hermes: Wismar, ein Stadtbild von der Ostsee, Wismar 1898. Inventar II, S. 1 ff. G. Willgeroth: Bilder aus Wismars Vergangenheit, Gesammelte Beiträge zur Geschichte der Stadt Wismar, Wismar 1903. A. Hamann: Wismar und seine Bauten, in: Mecklenburg 6, 1911, S. 36 ff. O. Gehrig: Die bürgerliche Baukunst Wismars, Meckl. Bilderhefte 3, hrsg. vom Institut für Kunstgeschichte der Landesuniversität, Rostock 1925. O. Gehrig: Bürgerbauten zu Wismar, in: Mecklenburgische Monatshefte 1, 1925, S. 313 ff. W. Burmeister: Wismar (Deutsche Lande – Deutsche Kunst), Berlin 1926 (2. Aufl. 1938). Deutschlands Städtebau – Wismar, bearb. von Ballerstaedt, Berlin-Halensee 1927. E. Brecht: Wismar, die Stadt der Dome, Wismar 1929. F. Techen: Geschichte der Seestadt Wismar, Wismar 1929. A. F. Lorenz: Alte Giebelhäuser der Hansestadt Wismar i. M., in: Zeitschrift für Denkmalpflege 8, 1935, S. 116 ff. Deutsches Städtebuch, Bd. I Nordostdeutschland, Berlin–Stuttgart 1939, S. 344 f. H. A. Gräbke: Wismar (Große Baudenkmäler 109), Berlin 1948. Denkmalpflege in Mecklenburg, S. 34 f. Festschrift zur 725-Jahr-Feier der Stadt Wismar an der Ostsee vom 18.–22. August 1954, Wismar 1954. M. Wiegandt: Wismar, Stadt und Hafen, Schwerin 1955. A. Düsing und K. Nitsche: Wismar, Geschichte und Gesicht einer Stadt, 2. Aufl. Leipzig 1971

Kirchen

Marienkirche Ursprüngliche Rats- und Hauptpfarrkirche der ehemaligen Marktstadt. Anstelle einer frühgotischen dreischiffigen Hallenanlage von etwa 1270/80 kathedralartiger basilikaler Backsteinneubau des 14. Jh. nach dem Beispiel der Marienkirche zu Lübeck. Der dreischiffige Baukörper mit Chorumgang, Kapellenkranz und offenem Strebesystem fortlaufend von Ost nach West errichtet; unter maßgeblicher Beteiligung des Werkmeisters J. Grote (Vertrag und Inschrift 1339) mit dem Chorbau begonnen. Der Chorweihe von 1353 folgte Erneuerung des siebenjochigen Langhauses in der zweiten Hälfte des 14. Jh. Nochmalige Erweiterung Ende 14./Anfang 15. Jh. durch Anbau von querschiffartigen Seitenhallen (Rückgriff auf die Zisterzienser-Klosterkirche Doberan) sowie einer Reihe von Seitenkapellen. Unter Verzicht auf die vollständige Beseitigung der frühgotischen Turmanlage wurde diese im ersten Drittel des 15. Jh. lediglich durch einen hochragenden, quadratischen Mittelturm ergänzt. Der Turmunterbau mit seinen drei Westportalen, Kleeblattbogenfriesen und reichen Glasuren hat mit der älteren Turmsubstanz der Rostocker Marienkirche die charakteristischen (später vermauerten) Kreisöffnungen unter den Fenstern gemeinsam. Der straff gegliederte Einzelturm mit Spitzbogenöffnungen durch zwei sich überkreuzende Satteldächer zwischen reichen Schildgiebeln abgeschlossen (16. oder 17. Jh.; die bei Merian wiedergegebene schlanke Turmdachbekrönung bereits 1661 zerstört). Offene Strebebögen an Chorschluß und Obergaden lockern die geschlossenen Baumassen auf, unterstützt von den Doppelgiebeln der Querhallen und den zierlich aufgelösten Schildgiebeln der zweigeschossigen

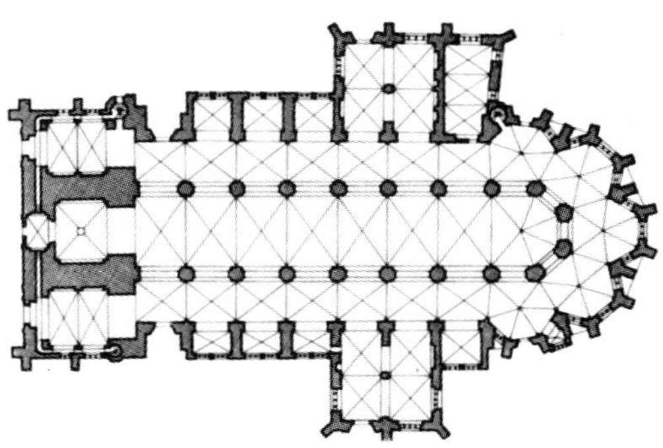

Wismar, Marienkirche
Oben: Ansicht von Nordosten
Unten: Grundriß

Sakristei im Winkel zwischen Choransatz und Nordhalle. Starke Vereinheitlichungsbestrebungen bestimmen den nach Lübecker und Doberaner Muster konzipierten Ostbau, dessen Kapellen nach außen kaum noch als selbständige Körper in Erscheinung treten und nach dem Vorbild des Schweriner Domchors unter gemeinsamem Dach zusammengefügt werden. Im Inneren Umgangs- und Kapellenkompartimente zu einer sechsrippig gewölbten Raumkette vereinheitlicht. Ansätze ähnlicher Raumverschleifung an den Nahtstellen zwischen Chor und Langhaus, lediglich die später angefügten Seitenkapellen nehmen auf Grund bescheidener Höhenentwicklung nicht am Raumverschmelzungsprozeß teil. Diese zur Spätgotik überleitenden Vereinheitlichungsbestrebungen im Kernbau allerdings durch die Anwendung des hochgotischen Strebebogensystems zurückgedrängt. Das streng gegliederte Innere vom steil aufragenden Mittelschiff beherrscht. Gedrungene Achteckpfeiler stützen die im Obergaden leichter wirkenden Wandflächen; Wanddienstsystem in Arkadenhöhe auf Konsolen endend. Einige der Kopfkonsolen des nördlichen Seitenschiffs angeblich 1575 von P. Brandin. Fast sämtliche Raumteile kreuzrippengewölbt, die vier Gewölbe der Querhallen über zentralem Mittelpfeiler angeordnet.

Am 14./15. April 1945 starke Zerstörung durch Luftminen, die den zwischen Turm und Kapellenkranz liegenden Baukörper auseinanderrissen und weitgehend sein konstruktives Grundgerüst vernichteten. Damit waren zugleich annähernd sämtliche Gewölbe zum Einsturz verdammt. Mit dem Einsturz von Strebebögen gingen weiterhin umfangreiche Wandabschnitte der Seitenschiffe, insbesondere auf der Südseite, verloren; des weiteren wurden die seitlichen Hallenanbauten bis auf geringfügige Reste völlig vernichtet. Turmanlage, Freipfeiler, Teile der Hochschiffswände und des Dachstuhls blieben vorerst erhalten, ebenso Teile der Umfassungsmauern des nördlichen Seitenschiffs und des Chorbaus. In den unmittelbaren Nachkriegsjahren Verfall der Ruine, die schließlich aus Sicherheitsgründen, mit Ausnahme des Turmes, beseitigt wurde. Der Turm um 1950 und um 1965 bis auf die Turmseitenhallen instand gesetzt, das Turmdach in ursprünglicher Form erneuert. Die bedeutendsten Ausstattungsstücke blieben erhalten (jetzt in der Wismarer Nikolaikirche). Verloren allerdings u. a. Teile der Kanzel (1735), des Hauptaltars von C. F. Beckmann (1749), des Tumbengrabes für General Wrangel (um 1647, gerettet lediglich die Holzfiguren) sowie mehrere Renaissance- und Barock-Epitaphien.

Inventar II, S. 27 ff. Burmeister, S. 11 ff. Schmaltz, S. 41 f. Straub, S. 104, 106. Dehio/Nordostdeutschl., S. 510 ff. Zaske 1961, S. 92 f., 214 ff. Dehio 1968, S. 453. Zaske 1968, S. 98 ff. Hahn, S. 318 (Katalog). N. Zaske: Ausgrabungs- und Forschungsergebnisse zum norddeutschen Backsteinbau des Mittelalters, in: Wiss. Zeitschr. der Ernst-Moritz-Arndt-Universität Greifswald, Gesellschafts- und sprachwiss. Reihe Nr. 3/4, Teil II, Jg. XVIII, 1969, S. 375. Baier, S. 411

Wismar, Marienkirche
Links oben: Ansicht der Südseite
Links unten: südliche Seitenhalle
Rechts: Blick in die nördliche Seitenhalle und Frontwand der Wrangelschen Grabkapelle

Wismar, Marienkirche, Inneres nach Osten

Georgenkirche Pfarrkirche der ehemaligen Neustadt. Spätgotische Backsteinbasilika als dritter Sakralbau an dieser Stelle; nach größtenteils erfolgtem Neubau von St. Marien und St. Nikolai als letzte der drei großen Wismarer Pfarrkirchen im 15. Jh. ebenfalls neu errichtet. Laut Inschrift 1404 im Westen begonnen, nach zeitweiliger Baustokkung verstärkt unter der Leitung der Werkmeister Hermann von Münster (1442–1449 bezeugt) und später H. Martens (gest. 1497) nach Osten fortgeführt und weitgehend eingewölbt (Anfang des 16. Jh.), jedoch nach Hochführung des westlichsten Chorjoches sowie eines zweigeschossigen Sakristeianbaus im nordöstlichen Winkel zwischen Alt- und Neubau unvollendet aufgegeben, so daß der niedrige dreischiffige, dreijochige und gerade schließende Chor des Vorgängerbaus (St. Georg II, etwa Ende 13. bis Mitte 14. Jh.) erhalten blieb. Ebenso die Westturmanlage unvollendet und Ende des 16. Jh. nur notdürftig abgeschlossen. Trotz torsohafter Verwirklichung des Gesamtplanes ist das dreischiffige, dreijochige Langhaus mit raumerweiternden Seitenkapellen und weit ausladendem Querschiff sowie einem dreiteiligen Turmmassiv mit Mittelturm und Turmseitenhallen zu einer kolossalen Anlage von kathedraler Wirkung verschmolzen. Die zentralisierende kreuzförmige Grundrißdisposition offenbar unter dem Eindruck der Marienkirche in Rostock konzipiert. Am Außenbau dominiert die Wucht der von achteckigen Treppentürmen flankierten und mit riesigen Fensterflächen versehenen Querschifffronten über den älteren Chorbau mit seinen offenen Strebebögen. Die blockhafte Geschlossenheit des auf offenes Strebewerk völlig verzichtenden Neubaus durch vereinzelte Gesimsbänder und glasierte Formsteinfriese (wie modellgepreßte Löwen-, Drachen- und Maskenreliefs) nur wenig gemildert. Glatte Wandflächen der Langhaus-Außenmauern von mächtigen Fensterpaaren durchbrochen. Von reicherer Durchbildung allein die Gewändeportale und dekorativ behandelten Querschiffsgiebel. Der über die Proportionsverhältnisse der Wismarer Marienkirche hinausgreifende und gesteigerte Höhendrang kennzeichnet auch das Innere mit seiner kargen Verwendung von Detailformen. Die Weiträumigkeit der unteren Raumzone durch weitgespannte Arkadenbögen über massigen Achteckpfeilern verstärkt. Quer- und Mittelschiff im sterngewölbten Vierungsquadrat ohne Ausgleich aufeinanderstoßend. Lediglich der räumlich ausgewogenere Chorbau steht in der herkömmlichen Tradition des norddeutschen Backsteinbaus. In-

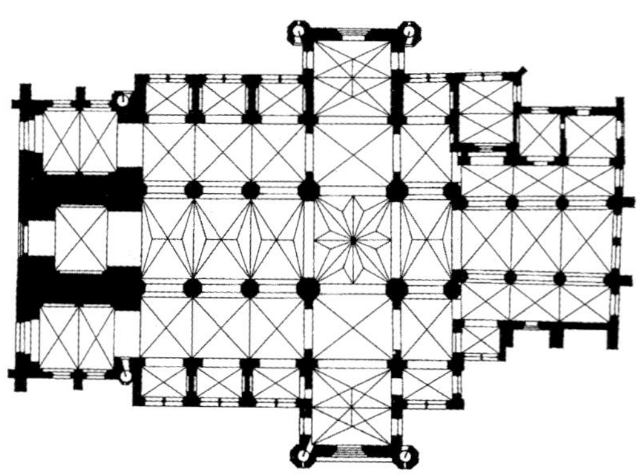

Wismar, Georgenkirche
Oben und links unten: Südseite, vor und nach der Zerstörung
Unten rechts: Grundriß

standsetzungs- und Restaurierungsarbeiten im Inneren 1887–1889, am Äußeren 1903–1913. Am 14./15. April 1945 durch zwei Luftminen-Volltreffer und Brand schwer beschädigt. Turmmassiv völlig, Kirchenraum teilweise ausgebrannt. Schäden geringeren Umfangs an Chor und nördlichen Choranbauten. Die Umfassungsmauern hielten zwar dem Luftdruck stand, doch stürzten die Gewölbe des Langhauses, Querschiffs und Turmbaus ein. Dachkonstruktionen über Turm, Langhaus und Querschiff durch Brand und Verfall verloren. Mauerwerk, Freipfeiler, Obergaden, Querschiffsgiebel und Dachreiter des Neubaus sowie der gesamte Chorkomplex blieben zunächst weitgehend erhalten. Der 1947–1949 beabsichtigte Plan, Chorraum und nördliche Choranbauten als Notkirche auszubauen, mußte aus Sicherheitsgründen fallengelassen werden. In der Folgezeit Verfallserscheinungen am nördlichen Chorseitenschiff (Gewölbe) und den nördlichen Choranbauten (Dachkonstruktion, Giebel, Gewölbe). 1961 mußten die beiden nordwestlichen Chorkapellen wegen Einsturzgefahr und Gefährdung des öffentlichen Straßenverkehrs aufgegeben und beseitigt werden. Der Verfall der bedeutenderen, im Jahre 1394 erstmalig erwähnten und durch reiche Ziergiebel ausgezeichneten nordöstlichen Choreckkapelle dagegen aufgehalten und Mitte der sechziger Jahre gesichert. Gleichzeitig Sicherungsarbeiten am Turm. Bereits 1949/50 Sicherung der erhaltenen Dachsubstanz und Neueindeckung des Chormittelschiffsdaches. Die Wiederaufrichtung eines Dachstuhls (ohne Eindekkung) über dem Langhausmittelschiff seit Anfang der fünfziger Jahre. Gegenwärtig außer den erhaltenen Chorgewölben nur noch die äußeren Gewölbefelder des östlichsten Neubaujoches vorhanden. Der 1903–1913 erneuerte Dachreiter und die Helme der Querschiff-Fassadentürmchen sowie das Dach des südlichen Chorseitenschiffs stark schadhaft. Die spätgotischen, 1887–1889 überarbeiteten Wandmalereien im Turm- und Querschiffsbereich im wesentlichen erhalten. Das neogotische östliche Giebelfeld (1903) des Hochschiffes zerstört. Wiederherstellung der Ruine für neue gesellschaftliche Nutzung vorgesehen.

Die bedeutendsten Ausstattungsstücke, obgleich teilweise stark beschädigt, sind gerettet und gegenwärtig in der Wismarer Nikolaikirche, der Heiliggeistkirche und dem ehemaligen Dominikanerkloster untergebracht. Die lebensgroße Reiterstatue des hl. Georg (16. Jh.) allerdings 1945 mutwillig zerstört. Teilverluste vor allem beim Gestühl (15.–17. Jh.) und den mittelalterlichen Grabplatten. Die Details der mittelalterlichen Nebenaltäre, der reich geschnitzten Kanzel von H. Böhle und Görries Quade (1608) sowie der Taufe (1649 bzw. 1651) konnten ebenfalls nicht vollständig geborgen werden. Auch der Orgelprospekt und Teile der westlichen Emporenbrüstung (Anf. des 17. Jh. von G. Quade bzw. S. Regenfart) fielen der Vernichtung anheim.

Inventar II, S. 69 ff. Burmeister, S. 16 ff. Schmaltz, S. 46, 62 f. G. Siedenschnur: Die St. Georgen-Kirche zu Seestadt Wismar, 2. Aufl. Wismar 1939. Dehio/Nordostdeutschl. S. 512 f. A. F. Lorenz: Die Baugeschichte der St. Georgenkirche in Wismar, in: Denkmalpflege in Mecklenburg, Dresden 1952, S. 126 ff. A. F. Lorenz: Die St. Georgenkirche zu Wismar (Das Christliche Denkmal, Heft 15), Berlin 1955. Wilde, S. 146 f. Wiederaufbau der Kirchen in der DDR, S. 226. Dehio 1968, S. 448 f. Zaske 1968, S. 120 ff. Hahn, S. 318 f. (Katalog)

Wismar, Georgenkirche
Oben rechts: Durchblick zum Langhaus
Unten links: Inneres nach Osten
Unten rechts: Blick auf Choranbauten mit nördlichem Querhaus

Kapelle St. Maria zur Weiden (neben dem Marienkirchturm). Dreijochige Backsteinkapelle des 14. und 15. Jh. über leicht verschobenem rechteckigem Grundriß. Das gesamte Äußere von dunkelgrünen Glasurschichten überspornen und durch Strebepfeiler sowie schlanke zwei- und dreiteilige Spitzbogenfenster gegliedert. Die in den Stirnfronten liegenden beiden Portale betonen Nord-Süd-Ausrichtung des Gebäudes, das ursprünglich wohl Prozessionszwecken diente. Ehemals Giebel an den Stirnfronten. Die ebenfalls seit langem verlorenen Kreuzrippengewöl-

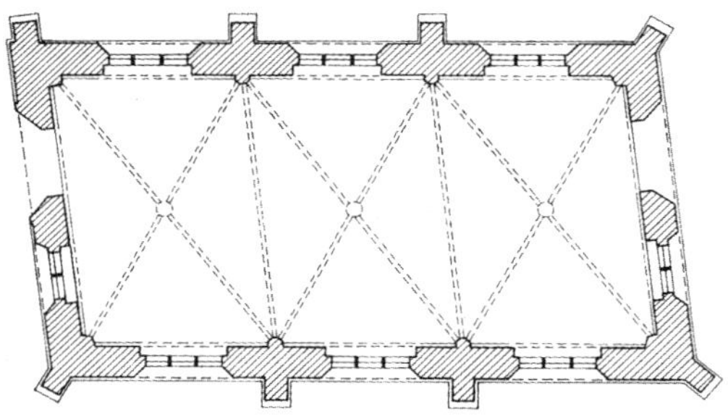

be des Inneren setzten auf Kopfkonsolen aus Kalkstuck und aus drei Rundstäben gebündelten Wanddiensten an. Reste von Dekorationsmalereien oberhalb der Gewölbeansätze 1932 übertüncht. Die späterhin profanierte, um 1900 als Geräteschuppen und Feuerwehrdepot genutzte Kapelle wurde 1932–1934 instand gesetzt, neu eingewölbt und als »Ahnenhalle« des Hitlerfaschismus mißbraucht.
Am 14./15. April 1945 bis auf die Umfassungsmauern zerstört, die Ruine gegen 1960 abgetragen.

Inventar II, S. 167 f. A. Hamann: Wismar und seine Bauten, in: Mecklenburg 6, 1911, S. 45. Burmeister, S. 16. A. F. Lorenz: Die Kapelle zur Weiden in Wismar, in: Mecklenburg 28, 1933, S. 38 ff. H. Lübeß: Die Ahnenhalle der Seestadt Wismar, Wismar 1935. Dehio/Nordostdeutschl., S. 512

Ehemaliges Dominikanerkloster (am südöstlichen Altstadtrand). Vom 1292 gegründeten Dominikanerkloster seit dem 19. Jh. im wesentlichen nur der profanierte spätgotische Chor (1381–1397) der Klosterkirche (dreischiffiges Hallenlanghaus, 1878/79 abgebrochen) sowie die Grundrißanordnung der südlichen anschließenden Klosteranlage mit Restbeständen des Refektoriums und Brauhauses erhalten. Ehemals einen zweiten Hof begrenzend das sogenannte Studentenhaus der ursprünglichen Klosterschule, ein zweigeschossiger Backsteinbau des 15. Jh. mit Unterrichtsräumen im Erdgeschoß und zellenartigen Arbeits- und Schlafräumen im Obergeschoß sowie einem kleinen südlichen Anbau, dem sogenannten Lektorenhaus. Die durch gefaste Stichbogenblenden gebildete Gliederung der Umfassungsmauern ähnlich der des Brauhauses. Im Inneren offener Dachstuhl.
Am 14./15. April 1945 das Studentenhaus durch Bomben zerstört. Die Bombenschäden an Chor und Klostergebäuden weitgehend beseitigt, auch die Wiederherstellung des Brauhauses größtenteils abgeschlossen.

Inventar II, S. 161 ff. Burmeister, S. 27. Schmaltz, S. 46 f. R. Kleiminger: Das Schwarze Kloster in der Seestadt Wismar, Ein Beitrag zur Kultur- und Baugeschichte der norddeutschen Dominikanerklöster im Mittelalter, München 1938. J. Fait: Die norddeutsche Bettelordensbaukunst zwischen Elbe und Oder, Phil. Diss. Greifswald 1954, S. 79 f. Dehio 1968, S. 454

Profanbauten

Alte Schule (südwestlich der Marienkirche). Langgestreckter zweigeschossiger spätgotischer Backsteinbau des frühen 15. Jh. von zierlichen Verhältnissen; seltenes Beispiel eines mittelalterlichen Schulgebäudes. Durch Verwendung reicher Detailformen und dunkelgrüner Glasuren eines der schmuckfreudigsten Gebäude der Stadt. Die etwa fünfzehnachsigen Längsfronten durch stichbogige Fensternischen zweizonig gegliedert; diejenigen des Obergeschosses von der Trauflinie des durchschießenden Daches unterteilt und als offene Dachgalerie mit Zinnenschmuck ausgebildet. Über den das Erdgeschoß abschließenden Zierfriesen gepaarte Spitzbogenfenster für die Räume des Dachgeschosses. Der an Rostocker Giebellösungen erinnernde dreiteilige westliche Staffelgiebel mit Zinnenbekrönung durch Maßwerkblenden geschmückt. Baukörper um 1860 leicht verkürzt und der Ostgiebel neu aufgemauert. Wiederherstellung des Äußeren und Innenausbau zwecks Einrichtung eines städtischen Altertumsmuseums 1880 durch A. Hamann.
Am 14./15. April 1945 fast gänzlich zerstört. Untergeschoß sowie Teile der westlichen Giebelfront

und der südlichen Dachgalerie zwar erhalten, doch insgesamt stark einsturzgefährdet. Ruine 1946–1948 abgetragen.

F. Crull: Zur Geschichte der Baukunst in Wismar, in: Mecklenburg. Jahrbücher 56, 1891, S. 27 f. Inventar II, S. 173 f. A. Hamann: Wismar und seine Bauten, in: Mecklenburg 6, 1911, S. 45 f. O. Gehrig: Die bürgerliche Baukunst Wismars, Rostock 1925, S. 10. Burmeister, S. 28 f. Straub 1929, S. 100 f. Suhr, S. 31. Dehio/Nordostdeutschl., S. 514

Wismar
Links: Kapelle St. Maria zur Weiden, Zustand 1957 und Grundriß
Rechts oben und unten: Alte Schule, westliche Giebelfront und Ansicht der Nordseite

Archidiakonat (südöstlich der Marienkirche). Vermutlich als Wohnhaus des Werkmeisters der Marienkirche gegen Mitte des 15. Jh. erbaut. Nachbildung der Alten Schule bei verkürzter Seitenlänge (sechs Achsen). In Gesamtstruktur und Wandaufriß mit seiner charakteristischen Diskrepanz zwischen straff gegliedertem Unterbau und dekorativ aufgelockertem Oberbau sowie der reichen Verwendung von schwarzglasierten Detailformen dem älteren Bau stark verpflichtet. Der leicht abgewandelte Staffelgiebel im Norden mit spitzbogigen Maßwerkblenden und Zinnenkranz; das südliche Giebelfeld seit langem nur in verstümmeltem Zustand erhalten. Das profilierte spitzbogige Hauptportal in der Mitte der südlichen Giebelfront von einem jüngeren Fachwerkanbau überschnitten. 1885 mit Ausnahme des Südgiebels restauriert.
Am 14./15. April 1945 die Dachkonstruktion zerstört, Teile der Dachgalerie und des nördlichen Giebelabschlusses beschädigt. 1949 Erneuerung des Dachstuhls. 1951 Beseitigung des unbedeutenden Fachwerkanbaus. Einsturz der südlichen Giebelfront und der Südwestecke des Gebäudes 1960 wahrscheinlich infolge der Abbrucharbeiten an der Ruine der Marienkirche. Gesamtrestaurierung 1962/63: Erneuerung des einsturzgefährdeten Nordgiebels, Hochführung der südlichen Giebelfront als Treppengiebel und Modernisierung des Inneren.

Inventar II, S. 174 f. K. Mühlke: Ausbauten, Utluchten und Beischläge in den Küstenländern der Nordsee und Ostsee, in: Zentralblatt der Bauverwaltung 39, 1919, S. 385. Burmeister, S. 28. Straub, S. 101 f. Suhr, S. 31. Dehio/Nordostdeutschl., S. 514. Dehio 1968, S. 455. Denkmale der Geschichte und Kultur, S. 250 (Baier). Baier, S. 409 f.

Pfarrei der Mariengemeinde (südlich der Marienkirche). Staffelförmig verschobene, zweigeschossige Gebäudegruppe. Bestehend aus dem spätgotischen Hauptbau vom Anfang des 16. Jh., zurückstehendem Renaissancegebäude von etwa 1576 und einem niedrigen jüngeren Fachwerkbau. Der längsgestreckte Hauptbau von schlichtem Äußeren. Das Satteldach zwischen einfachen Dreieckgiebeln, versehen mit Spitzbogenblenden und Kreisöffnungen. Die siebenachsigen Längsfronten durch stichbogig geschlossene Fensterblenden gegliedert. Im ursprünglich durchlaufenden Saal des Erdgeschosses Wandmalereien mit Darstellung des Totentanzes. Am Mittelbau bemerkenswerter Renaissancegiebel mit ausgewogener Pilaster- und Gesimsausbildung. Das rundbogige Hauptportal mit flachem Dreieckgiebelfeld über Gebälk und Pilastern.

Wismar
Archidiakonat, nach Zerstörung und nach Wiederaufbau

Am 14./15. April 1945 die ganze Baugruppe bis auf die Umfassungsmauern des Hauptbaus zerstört. Wandmalereien durch Witterungseinflüsse und mutwillige Beschädigung vernichtet. Ruine Mitte der fünfziger Jahre beseitigt.
Inventar II, S. 175 f. Burmeister, S. 29. Straub, S. 95. Suhr, S. 44. Dehio/Nordostdeutschl., S. 514

Gefangenenturm (Turmstraße). Einer der beiden erhaltenen Mauertürme der mittelalterlichen Stadtbefestigung. Errichtet im 14. Jh., Abschluß mit schlankem haubenartigem Zeltdach.
1944 bei einem Bombenangriff ausgebrannt, Ruine um 1965 beseitigt.
Inventar II, S. 205. Die Befestigung Wismars vor und während der Schwedenzeit, in: Festschrift zur 725-Jahr-Feier der Stadt Wismar an der Ostsee, Wismar 1954, S. 27 ff. M. Wiegandt: Wismar, Stadt und Hafen, Schwerin 1955, S. 87 f.

Rathaus (Marktplatz) Klassizistischer Neubau von 1817–1819 durch J. G. Barca unter Verwendung mittelalterlicher Bausubstanz.
Der Ostflügel 1945 durch Bombentreffer beschädigt, 1947 wiederhergestellt.
Inventar II, S. 176. Dehio 1968, S. 455

Altwismarstraße 19 (jetzt Lübsche Straße). Eingeschossiges spätgotisches Backstein-Giebelhaus von drei Achsen mit stark reliefhaft zergliedertem Giebelfeld. Der niedrige und veränderte Unterbau mit Spitzbogenportal durch Formsteinfries am Giebelansatz abgeschlossen. Im ausgewogen proportionierten und durch kräftige Pfeilervorlagen gegliederten Giebel vier Reihen Zwillingsblenden mit Lukenöffnungen in sechs verstümmelten, zweiteiligen Spitzbogenblenden. Dekorative Wirkung durch Glasurschichten und Vierpaßfriese. Die ursprünglich staffelförmige Umrißlinie später durch geschwungene Aufmauerungen ersetzt.
Am 25. August 1944 total zerstört.
Inventar II, S. 178. G. Willgeroth: Bilder aus Wismars Vergangenheit, Wismar 1903, S. 68. Straub, S. 98 f. Suhr, S. 30. Dehio/Nordostdeutschl., S. 514

Altwismarstraße 20 »Haus Waedekin«. Zweigeschossiges spätgotisches Backstein-Giebelhaus von drei Achsen mit verändertem und verputztem

Wismar
Links oben: Pfarrei der Mariengemeinde, nach der Zerstörung
Rechts oben: Altwismarstraße 19
Unten: Rathaus, Marktfront

Unterbau sowie verstümmeltem viergeschossigem Pfeilergiebel (vgl. den am erhaltenen Giebelhaus des »Alten Schweden« vom Ende des 14. Jh.), der an die reichen Giebelgestaltungen der hannoverschen und märkischen Kunsträume erinnert. Derbe, wimpergbesetzte Achteckpfeiler unterteilen den Giebel in drei durch kleeblattartig geschlossene Lukenpaare bereicherte Felder. Der ursprüngliche Giebelumriß nicht erhalten.
1945 schwer beschädigt und ausgebrannt. Ein Drittel des Giebelfeldes zerstört. Die Ruine 1947 wegen Einsturzgefahr abgetragen.

Inventar II, S. 178. O. Gehrig: Die bürgerliche Baukunst Wismars, Rostock 1925, S. 9 f. Burmeister, S. 29. Straub, S. 104. Suhr, S. 37 f. Dehio/Nordostdeutschl., S. 514

Altwismarstraße 23 Zweigeschossiges mittelalterliches, im 17. Jh. umgestaltetes, verputztes Giebelhaus von drei Achsen. Das horizontal gegliederte, viergeschossige Giebelfeld mit engliewurde um 1934 zu dreigeschossiger Gliederung genden Flachbogenluken und Jahresangabe 1665 mit Rundbogenöffnungen ausgebaut; die geschwungene Umrißlinie mit flachbogiger Giebelstaffel beibehalten. Die ehemaligen Speichergeschosse zu Wohnräumen umgewandelt.
1944/45 zerstört.

Inventar II, S. 178. G. Willgeroth: Bilder aus Wismars Vergangenheit, Wismar 1903, S. 70

Böttcherstraße 3 Imposantes verputztes Backstein-Giebelhaus von fünf Achsen mit einem im 19. Jh. erneuerten Wohngeschoß und vier Speichergeschossen. Das breite, horizontal gelagerte Giebelfeld von Gesimsbändern und flachbogigen Lukenreihen gegliedert. Staffelungen des Giebelumrisses durch geschwungene Aufmauerungen ausgefüllt. Giebelfläche mit der Jahresangabe 1660 durch spätere Hinzufügungen (Mäanderband) verändert.
Am 25. August 1944 bis auf den rückwärtigen Fachwerkgiebel weitgehend zerstört, die Ruine später beseitigt.

Böttcherstraße 7 Dreigeschossiger klassizistischer Putzbau von zehn Achsen mit Attika und Flachdach. Der einheitlich behandelte sechsachsige Mittelteil durch reliefiertes Zierband im Hauptgeschoß und zwei von Sandsteinsäulen mit geradem Gebälk umrahmte Portale hervorgehoben.
1944/45 durch Bombentreffer zur Hälfte zerstört, der übrige Teil in veränderter Form erhalten.

Großschmiedestraße 18 Zweigeschossiger, traufseitig zur Straße stehender Fachwerkspeicher des 18. Jh. mit Satteldach. Am leicht vorgekragten Obergeschoß Luken, Andreaskreuze und weitere Detailformen (Schiffchenkehlen).
1945 beschädigt, Reste des Unterbaus mit Schiffchenkehlen noch erhalten.

Hinter dem Rathaus 11 (jetzt Lübsche Straße). Bemerkenswerte Hofanlage mit halbrund vorgezogenem Treppenturm am zweigeschossigen Hofgebäude, das sich dem von Flachbogenluken geschmückten Giebel-Vorderhaus anschließt.
1945 zerstört.

Mecklenburger Straße 16 Zweigeschossiges, dreiachsiges Giebelhaus von 1680. Der geschwungene frühbarocke Volutengiebel pilastergegliedert und mit segmentbogenartiger Firstbekrönung.
1945 zerstört.

Inventar II, S. 204

Zemitz, Ortsteil Hohensee
(Kreis Wolgast)

Schloß Mehrgliedriger zweigeschossiger Bau in den Formen der Neorenaissance.
1945 durch Brand zerstört.

Links: Wismar, Altwismarstraße 20
Rechts: Zemitz, Ortsteil Hohensee, Schloß

Bezirk Schwerin

Diekhof (Kreis Güstrow)

Schloß 1732–1739 nach französischem Muster erbaute repräsentative Barockanlage. Bestehend aus zweigeschossigem Hauptbau, gesonderten eingeschossigen Hofflügeln mit beiderseits abschließenden Stirnpavillons sowie Torhäusern und mehreren Wirtschaftsgebäuden. Der Hauptbau von 15 Achsen an beiden Fronten durch dreigeschossig erhöhte Risalite mit Dreieckgiebel und Seitenrisaliten mit Segmentgiebelbekrönungen gegliedert. Die Geschosse von derben Kolossalpilastern bzw. Säulenstellungen zusammengezogen. An den Fassaden sparsame Dekorationselemente wie Putzspiegel, Triglyphenfries und Giebelreliefs. Mansarddach mit Fenstergruppen. Im Inneren des Hauptbaus streng symmetrische Raumanordnung und großzügige Raumgestaltung, deren Vollendung sich bis in die 60er Jahre hinzog. Fest- und Wohnräume mit pilastergegliederten oder getäfelten Wandflächen sowie Stuckdekorationen. Deckengemälde im Weißen Saal des Obergeschosses. Ansätze intimerer Rokokoformen an den Kaminen des Weißen und Braunen Saales (Schäferszenen) sowie in den östlichen Wohnräumen des Erdgeschosses (Stuckarbeiten laut Signatur von »G. N. MEZ« 1766). Die niedrigen Hofflügel dreizehnachsig. Von besonderem Reiz der Gegensatz zwischen den pilastergegliederten zweigeschossigen, dreiachsigen Eckpavillons und dem schlichten eingeschossigen Zwischenbau mit giebelbekröntem Mittelportal. Die Innenausstattung der dem Südpavillon des linken, östlichen Hofflügels eingebauten Schloßkapelle mit Pilastergliederung, Emporen und reichen Stuckdekorationen 1768 vollendet.
Am 4. Mai 1945 der Hauptbau bis auf die Grundmauern zerstört. Der schadhafte östliche Seitenflügel mit Ausnahme der Schloßkapelle um 1965 abgetragen; die Schloßkapelle 1950–1954 und um 1960 restauriert. Westlicher Seitenflügel und Torhäuser erhalten.

F. Wedemeier: Album mecklenburgischer Schlösser und Landgüter in Abbildungen der Residenzen, Schlösser und Rittergüter der Großherzogtümer Mecklenburg-Schwerin und Mecklenburg-Strelitz . . . Leipzig 1860/62, H. 3/4, S. 27 f. Inventar V, S. 44. Brandt, S. 16, 26. E. Jacobs: Mecklenburgische Herrenhöfe, TH Diss., Berlin 1937, S. 22, 40 f. H. A. Gräbke: Drei Kulturstätten des mecklenburgischen Barock und Rokoko, die Schlösser Diekhof, Zapkendorf und Prebberede, Studienfahrten des Vereins f. Rostocker Altertümer 20 (24. September 1938), Ro-

Diekhof, Schloß
Hoffront, Saal im Obergeschoß, Inneres der Schloßkapelle

stock 1938. Dehio/Nordostdeutschl., S. 117. K. H. Clasen: Die Baukunst an der Ostseeküste zwischen Elbe und Oder (Deutsche Bauakademie, Schriften des Forschungsinstituts für Theorie und Geschichte der Baukunst), Dresden 1955, S. 69 ff. H. Sieber: Schlösser und Herrensitze in Mecklenburg, nach alten Stichen und Vorlagen, Frankfurt am Main 1960, S. 75 f. Der Wiederaufbau der Kirchen in der DDR, hrsg. von A. Dohmann, E. Jansen und H. Müller, Berlin 1964, S. 56, 202. Dehio 1968, S. 60

Dobbin (Kreis Güstrow)

Schloß Im Kern wohl noch aus dem 18. Jahrhundert stammend, stark verändert und ausgebaut im 19. Jh. Stattlicher zweigeschossiger Putzbau von dreizehn Achsen mit Mansarddach und dreiachsigem, durch Attika abgeschlossenem Mittelrisalit. Die schlichten Fassadenfronten ohne reicheren Schmuck, lediglich die Fenster durch Faschen bereichert.
Infolge kriegsbedingter Vernachlässigung in Verfall geraten und um 1947 abgetragen.

Eldenburg (Kreis Ludwigslust)

Schloß Ehemals mittelalterliche Wehr- und Wasserburg der Familie von Quitzow. Ende des 16./Anfang des 17. Jh. stark erneuert und ausgebaut; nach mehrfachen weiteren Umbauten und vor allem nach dem Großbrand von 1881 eingreifend verändert. Das zweigeschossige Hauptgebäude mit kurzen dreigeschossigen Endflügeln und steilen Dreieckgiebeln, überragt von hohem landschaftsbeherrschendem quadratischem Turm mit waagerechter Plattform und Zinnenbekrönung. Schlichte, glatt verputzte Außenmauern von regelmäßig angeordneten und gekoppelten rechteckigen Fensteröffnungen durchbrochen. Im Inneren Reste von Renaissancekaminen. Der Hauptbau umgeben von mehreren Verwaltungs- und Wirtschaftsgebäuden.
Gegen Kriegsende 1945 ausgeplündert, beschädigt und in Verfall geraten, 1946–1948 abgetragen. Nebengebäude und gesondert stehender, zur älteren Bausubstanz der Gesamtanlage gehörender Turm mit sogenanntem Quitzowstuhl erhalten.

Kunstdenkmäler Westprignitz, S. 23. A. Krüger: Burgen der Prignitz, in: Prignitzer Heimatjahrbuch 2. 1937, S. 89 ff. Engel/Schlott-Kotschote, S. 243

Grabow (Kreis Ludwigslust)

Bürgerhäuser am Markt (neben der linken Rathausfront). Zwei 1726/27 (nach dem großen Stadtbrand von 1725) neu errichtete dreigeschossige Fachwerk-Giebelhäuser von je vier Achsen mit zweigeschossigem Wohnbereich, darüberliegenden Speicherböden und Krüppelwalmdach. Windbretter zwischen den Geschossen. Erdgeschosse verändert.
Im Mai 1945 zugleich mit dem Fachwerk-Eckgebäude Markt/Kanalstraße durch Brand zerstört.

Inventar III, S. 176 ff. G. Wolf: Die schöne deutsche Stadt, Bd. 3 Nordostdeutschland, München 1913, S. 173. O. Kurz: Der große Brand Grabows 1725 und der Wiederaufbau der Stadt, Grabower Heimathefte 1, Grabow 1931. Das Fachwerk in Grabow, in: Mecklenburgische Monatshefte 13, 1937, S. 89 f.

Oben: Diekhof, Brauner Saal im Schloß
Mitte: Dobbin, Gartenfront des Schlosses
Links unten: Eldenburg, Schloß
Rechts unten: Grabow, Bürgerhäuser am Markt

Karstädt, Ortsteil Stavenow
(Kreis Perleberg)

Schloß Ehemals mittelalterliche Wasserburg mit erhaltenem quadratischem Burgturm. Am zweigeschossigen östlichen Wohnflügel Reste eines Erkertürmchens aus der Zeit um 1500. Die Burganlage im 17. Jh. erneuert und erweitert sowie um 1935 durch P. Schultze-Naumburg nochmals umgestaltet. Im Inneren kreuzgratgewölbte und flachgedeckte Räume.
Gegen Kriegsende 1945 ausgebrannt und anschließend etwa zur Hälfte abgetragen. Der erhalten gebliebene Ostflügel und der durch Abstokkung auf gleiche Höhe gebrachte Burgturm mit neuem Walmdach eingedeckt. Restsubstanz nach modernem Innenausbau als Kultur- und Ferienobjekt eingerichtet.

Kunstdenkmäler Westprignitz, S. 288. P. O. Rave: Verzeichnis der alten Gärten und ländlichen Parke in der Mark, in: Brandenburgische Jahrbücher 14/15, 1939, S. 180. Engel/Schlott-Kotschote, S. 273

Ludwigslust (Kreis Ludwigslust)

Großer Marstall (seit 1837 Kaserne). 1816–1824 von J. G. Barca als architektonischer Abschluß der damaligen Schloßstraße (jetzt Wilhelm-Pieck-Straße) erbaut. Umfangreiche klassizistische Anlage mit zweigeschossigem, fünfachsigem Mittelbau, ebensolchen Eckpavillons und langgestreckten eingeschossigen Zwischenbauten von zwölf Achsen. Von den beiden Pavillons gingen weitere, den Hofraum umschließende Seitenflügel mit Hauptremise und Reithaus sowie rückwärtig abschließende Fachwerkgebäude aus, die jedoch mit Ausnahme der Verbindungsbauten und des Reithauses bereits im 19. Jh. in Verfall geraten waren. Der Mittelbau der Anlage mit großem halbkreisförmigem Giebelfeld über getrepptem Unterbau von auffallender Verwandtschaft mit dem gleichfalls von J. G. Barca 1814/15 errichteten Spritzenhaus in Ludwigslust. Davorgelegt ein viersäuliger dorischer Portikus mit Säulen, Gebälk und Einzelformen aus sächsischem Sandstein. Die quadratischen Eckpavillons mit Zeltdach und Dreieckgiebel von ähnlicher Fassadengestaltung. Rustizierte Wandflächen der Zwischenbauten durch monoton gereihte Fensterblenden mit lünettenartigen Öffnungen aufgelockert.
Gesamtanlage infolge kriegsbedingter Vernachlässigung in Verfall geraten und nach 1950 beseitigt.

J. P. Dobert: Bauten und Baumeister in Ludwigslust, Magdeburg 1920, S. 52 ff. Brandt, S. 28. Dehio/Nordostdeutschl., S. 307. W. Ohle: Schwerin-Ludwigslust, Leipzig 1960, S. 139 f.

Staffagearchitekturen im Schloßpark Der um die Mitte des 18. Jh. angelegte und durch P. J. Lenné in der Mitte des 19. Jh. umgestaltete Park schließt sich dem 1772–1776 errichteten Neuen Schloß im Norden und Westen an. Von den zumeist aus der zweiten Hälfte des 18. Jh. stammenden Gartenarchitekturen und Kleinkunstwerken gingen während der Kriegs- und Nachkriegszeit durch Verfall und mutwillige Beschädigung u. a. verloren der hölzerne »Affentempel« im »chinesischen« Stil mit geschweiftem Dach und bekrönender Laterne, um 1770; achtsäuliger offener Rosentempel; Arbeiterhaus am Hüttenteich; Denkmal der Herzoginnen Louise und Helene Paulowna auf dem Inselteich, 1805.

E. Saubert: Der Großherzogliche Schloßgarten zu Ludwigslust, Ludwigslust 1899. Inventar III, S. 268 f. Brandt, S. 28. G. Dettmann: Johann Joachim Busch, der Baumeister von Ludwigslust, Mecklenburgische Monographien, Rostock 1929, S. 72. v. Arnswaldt: Der Ludwigsluster Schloßpark, in: Mecklenburg 30, 1935, S. 53 ff. Dehio 1968, S. 207. H. Schüttauf: Parke und Gärten in der DDR, Kunstgeschichtliche Städtebücher, Leipzig 1969, S. 77 ff.

Neuhaus/Elbe (Kreis Hagenow)

Marienkirche Anstelle des 1820 wegen Baufälligkeit abgebrochenen Vorgängerbaus errichtet 1824–1826. Stattlicher rechteckiger Ziegelfachwerkbau mit viergeschossigem quadratischem Westturm. Geräumiges Kirchenschiff mit Lünettenfenstern, Emporeneinbauten und verputzter Bretterdecke.
In der Nacht vom 30. April zum 1. Mai 1945 durch Artilleriebeschuß stark zerstört. Innenausstattung durch Witterungseinflüsse in Mitleidenschaft gezogen; Orgel von 1826 vernichtet. Der Bau 1946 bis 1949 wiederhergestellt.

Dehio 1968, S. 245. (Unterlagen im Pfarrarchiv Neuhaus/Elbe)

Sückau (Kreis Hagenow)

Dorfkirche Anstelle eines Fachwerk-Vorgängerbaus errichtet 1861 in neogotischem Stil. Dreijochiger Ziegelrohbau mit leicht eingezogenem 5/8-Chor und quadratischem Westturm mit Pyramidenhelm.
Anfang Mai 1945 durch Artilleriebeschuß in Brand geraten und bis auf die Umfassungsmauern und

den gewölbten Chorraum zerstört; Innenausstattung vernichtet. Wiederaufbau 1955 abgeschlossen.

(Unterlagen im Pfarrarchiv Neuhaus/Elbe)

Weitendorf (Kreis Güstrow)

Schloß Die ursprüngliche Anlage in Achsenbeziehung zur Dorfkirche gemeinsam mit einem nach französischen Gestaltungsprinzipien angelegten Park um 1735 errichtet; im 19. Jh. stark umgestaltet und durch Anbauten erweitert. Zweigeschossiger Putzbau mit Mezzaningeschoß, dreiachsigem Mittelrisalit und Satteldach. Wandflächen durch horizontale Fensterverdachungen und verzierte Gurtbänder belebt. Daneben die Gutskapelle.
Im Mai 1945 in Brand geraten und bis auf die Grundmauern zerstört.

E. Jacobs: Mecklenburgische Herrenhöfe, TH Diss. Berlin 1937, S. 58

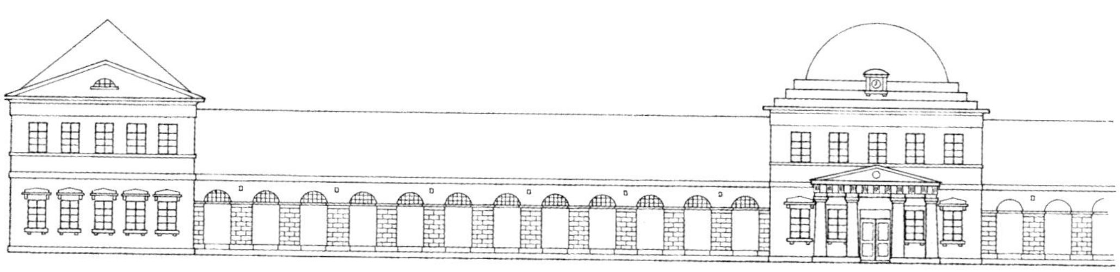

Links oben: Karstädt, Stavenow, Schloß
Rechts oben: Ludwigslust, Affentempel
Rechts Mitte: Neuhaus, Marienkirche
Links unten: Ludwigslust, Großer Marstall

Bezirk Neubrandenburg

Anklam (Kreis Anklam)

Der 1243 erstmals urkundlich genannte, an einem Flußübergang der Peene gegründete Ort um 1264 durch Herzog Barnim I. mit Stadtrecht bewidmet. Planmäßige Stadtanlage mit unregelmäßigem Gesamtumriß, gitterartigem Straßennetz und rechteckigem Marktplatz. Die Stadt seit etwa 1283 in den Binnen- und Seehandelsverkehr der Hanse einbezogen. Der damit verbundene wirtschaftliche Aufschwung des 14. und 15. Jh. fand in den Backsteinbauwerken seinen hauptsächlichen künstlerischen Niederschlag. 1376 großer Stadtbrand. 1387 erste offene soziale Kämpfe um die Führung der Stadt. Seit dem 16. Jh. zunehmende Einbuße der städtischen Unabhängigkeit und Wirtschaftskraft. 1648 fiel Anklam an Schweden, 1720 an Preußen.
Während des zweiten Weltkrieges starke Zerstörungen des Stadtkerns (66,7%) durch Luftangriffe seit dem 9. Oktober 1943 sowie durch Kampfhandlungen und Brände gegen Ende April 1945. Neben einzelnen sakralen und öffentlichen Gebäuden wurden gesamte Straßenzüge (u. a. Brüder-, Burg-, Heilgeist-, Nikolaikirch- und Peenstraße) vernichtet. Somit gingen die letzten bedeutenden Zeugen bürgerlichen Wohnhausbaues, insbesondere der bisher erhaltene Bestand an spätgotischen und Renaissance-Giebelhäusern des 16. und 17. Jh. (Peenstraße), an stattlichen Barockgebäuden des 18. Jh. sowie Fachwerkhäusern des 17./18. Jh. (Nikolaikirch- und Wollweberstraße) für immer verloren. Darüber hinaus fiel die architektonische Geschlossenheit der Marktplatzanlage mit den Resten historischer Randbebauung vollkommen der Vernichtung anheim. Die weitaus geringeren Kriegsschäden an der mittelalterlichen Befestigungsanlage der Stadt konnten bereits in den unmittelbaren Nachkriegsjahren und in der Folgezeit beseitigt werden. Der bald nach Kriegsende einsetzende Wiederaufbau der Innenstadt erfolgte unter größtmöglicher Wahrung des überkommenen Straßengitters.

Der Kreis Anklam, Magdeburg 1935. H. Scheel: Der Anklamer Marktplatz vor 100 Jahren, in: Heimatkalender der Anklam 1938, S. 66 ff. Dt. Städtebuch/Nordostdeutschl., S. 133 ff. W. Abtshagen: Geschichte der Stadt Anklam und ihres Kreises von der Wendenzeit bis zur Gegenwart I, Anklam 1941. Denkmalpflege in Mecklenburg, S. 11. Autorenkollektiv: Der Kreis Anklam in Vergangenheit, Gegenwart und Zukunft, Anklam 1959. Heimatkalender Anklam 1906–1941, 1965 ff. H. Schoeneich: Kirchen und kirchliche Häuser in Anklam, Anklam 1973 (Masch.-Schr.)

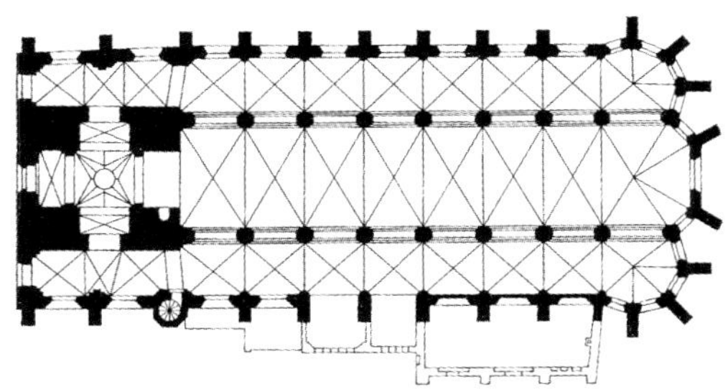

Nikolaikirche (unmittelbar nordöstlich des Marktes). Über den im Jahre 1300 urkundlich erwähnten Ursprungsbau nichts bekannt. Der nach einheitlichem Gesamtplan von Ost nach West errichtete Neubau im zweiten Viertel des 14. Jh. begonnen und im wesentlichen Anfang des 15. Jh. vollendet. Die dreischiffige, siebenjochige gotische Backstein-Hallenkirche mit dreiseitiger Hauptapsis, schräg gestellten vierseitigen Nebenapsiden und einem von Turmseitenräumen begleiteten quadratischen Westturm über gestrecktem, straff konzipiertem Grundriß erbaut. Die Anlage zählt zur Gruppe der binnenländischen Langhallen mit dreiapsidialem Chorschluß, einem in der lübischen Sakralarchitektur entwickelten Chortyp, der sich seit dem zweiten Viertel des 14. Jh. besonders in den ehemaligen märkischen wie pommerschen Klein- und Mittelstädten entfaltete. Entwicklungsgeschichtlich steht der Anklamer Bau zwar mit den giebelgeschmückten Chorlösungen der märkischen Hallenanlagen von Prenzlau und Gransee in loser Verbindung, verzichtet jedoch auf abschließenden Schmuckgiebel. Kräftige Strebepfeiler und reich profilierte Portal- und Fensteröffnungen kennzeichnen den Außenbau. Im Innenraum Kreuzrippengewölbe über schlichten Achteckpfeilern und durchlaufenden, plastisch gebündelten Wanddiensten. Reste mittelalterlicher Malereien an Pfeilern und Arkadenleibungen. Abschließende Bauarbeiten des 15. Jh. an den Oberteilen des viergeschossigen, durch reiche Blendengliederung aufgelockerten und mit Spitzhelm über vier Schildgiebeln bekrönten Turmes sowie an den nachträglich angefügten und neuzeitlich stark überarbeiteten südlichen Anbauten. Umfas-

Anklam
Links: Stadtansicht vom Hafen mit den Türmen der Nikolai-, Marien- und ehemaligen Heiliggeistkirche
Rechts: Nikolaikirche von Südosten, Zustand 1957 und Grundriß

sende Restaurierungsarbeiten 1873 und nochmals 1906–1909.
Während der Kampfhandlungen am 29. April 1945 brannte die Kirche völlig aus. Der hochragende Turmhelm mit seinen vier Schildgiebeln, die gewaltige Dachkonstruktion sowie fast sämtliche Gewölbe des Hallenraumes fielen dem Brand zum Opfer. Im wesentlichen blieben nur die Umfassungsmauern, Freipfeiler und Scheidbögen sowie die südlichen Kapellenanbauten mit Ausnahme ihrer Abdeckungen erhalten. Einige der in Turmnähe zunächst verbliebenen Gewölbereste später größtenteils nachgestürzt oder aus Sicherheitsgründen beseitigt. Nach ersten Instandsetzungsarbeiten 1949/50 wurde der südöstliche Kapellenanbau (Sakristei) als Notkirche eingerichtet, 1971 Eindeckung der westlich anstoßenden Südkapellen. Seit 1964 schrittweise Sicherung der Bausubstanz an Turm und Turmseitenhallen durch Einziehen von Stahlbetondecken. 1970/71 Turmmauerkrone mit Betonabdeckung versehen und der seit dem Verlust des Helmes offene Turmoberbau durch den über der Mauerkrone sich erhebenden Aufbau einer ummantelten Stahlkonstruktion mit Zeltdach wieder geschlossen; der über eine eiserne Turmtreppe erreichbare Umgang von einem Eisengeländer geschützt. Der Hallenraum gegenwärtig noch Ruine. – Einbauten und Innenausstattung trotz teilweiser Auslagerung nach Schwerinsburg größtenteils verlorengegangen. Erhaltener Restbestand jetzt in der Marienkirche. Vernichtet u. a.: Hauptaltar vom Anfang des 16. Jh. mit geschnitzten Darstellungen aus dem Leben Christi (erhalten die Altarflügel mit gemalten Szenen aus dem Marienleben); Kanzel von 1599; Teile des spätgotischen Gestühls (umfangreiche Teile des Chorgestühls jedoch gerettet); Logen- und Emporeneinbauten des 17./18. Jh.; Glocken von 1411 und 1462 (Apostelglocke von 1450 erhalten); von den Grabplatten noch zwei (1508 und 1602) vorhanden.

Inventar Anklam, S. 131 ff. Schmitt, S. 19. S. Thurm: Norddeutscher Backsteinbau, Gotische Backsteinhallenkirchen mit dreiapsidialem Chorschluß (Forschungen zur deutschen Kunstgeschichte 4), Berlin 1935, S. 26 ff. Dehio/Nordostdeutschl., S. 10. Zaske 1961, S. 274 ff. Wiederaufbau der Kirchen in der DDR, S. 197. Dehio 1968, S. 12. Hahn, S. 195 (Katalog). Zaske 1968, S. 131 f. Weber, S. 112

Anklam, Nikolaikirche
Oben: Ansicht von Südwesten
Unten: Inneres nach Westen und Äußeres von Nordosten

Anklam, Nikolaikirche, Inneres nach Osten

Marienkirche (westlich des Marktes). Dreischiffige Backstein-Hallenkirche mit dreiseitigem Ostschluß und quadratischem Südwestturm, entstanden in unterschiedlichen Bauphasen vom späten 13. bis frühen 16. Jh. Vom 1296 erwähnten Vorgängerbau, der sich als dreischiffige frühgotische Hallenanlage mit eingezogenem, zweijochigem Rechteckchor rekonstruieren läßt, umfangreiche Bauteile des letzten Viertels des 13. Jh. im heutigen Chorinneren erhalten. Das weiträumige, sechsjochige Hallenlanghaus mit hohem Satteldach, Strebepfeilern und Kreuzrippengewölben über kräftigen Achteckpfeilern entstammt bereits dem im letzten Viertel des 14. Jh. begonnenen (wahrscheinlich durch den Stadtbrand von 1376 verursachten) Umbau. Anschließend erfolgte Erhöhung des frühgotischen Chorbaus. Etwa gleichzeitig begonnen auch die zweitürmig geplante westliche Turmfront, von der allein der im Laufe des 15. Jh. nochmals ummantelte und durch Blendnischen und Maßwerkfriese geschmückte Turmbau im Südwesten hochgeführt wurde. An die Stelle des nicht ausgeführten Nordwestturmes trat die erstmals 1488 genannte Marienkapelle. Gegen Ende des 15. Jh. Abrundung der Gesamtanlage durch nachträgliche Chorerweiterung mittels Anfügung von spärlich gegliederten, umgangartig um den frühgotischen Chor herumgeführten niedrigen Seitenschiffen. Der Sakristeianbau südlich des erweiterten Chores wohl bereits vom Anfang des 16. Jh. Bei den Restaurierungen 1849–1851 sowie insbesondere 1936 die bedeutenden, mit jenen der Nikolaikirche zu Stralsund verwandten Wandmalereien an Pfeilern und Arkadenbögen aufgedeckt.

Am 9. Oktober 1943 wurde der (1884 durch Blitzschlag abgebrannte und 1887 über vier Schildgiebeln wiederhergestellte) Turmhelm durch Brand vernichtet, der westliche Schildgiebel einen Monat später bei Sturm eingedrückt. Weiterhin entstanden beträchtliche Bombenschäden an Dachstuhl und Fenstern sowie Gewölbeteilen des südlichen Seitenschiffs, die gegen Kriegsende noch zunahmen. Als eines der ersten Kirchengebäude 1945–1947 wiederhergestellt. Dach- und Fensterschäden bereits 1946 beseitigt, Turmoberbau 1947 mit einem zwischen Nord- und Südgiebel eingespannten Satteldach wieder geschlossen. – Wesentliche Teile der Innenausstattung am Auslagerungsort (Schloß Schwerinsburg) verlorengegangen, darunter der Hochaltar (lediglich die Marienfigur vom Ende des 15. Jh. erhalten), Teile des sogenannten Sippenaltars sowie mehrere Gestühlswangen, Epitaphien und Porträtdarstellungen. Die beschädigte Orgel (1851) 1962 durch neue Schuke-Orgel ersetzt.

Anklam, Marienkirche
Oben: Ansicht von Norden
Unten links: Langhaus nach Südosten, Zustand etwa 1937
Unten rechts: Langhaus und Chor nach Osten, Zustand etwa 1970

Inventar Anklam, S. 102 ff. J. Gerhardt: Wandmalereien des 14. Jh. in der Marienkirche zu Anklam, in: Deutsche Kunst und Denkmalpflege 1937, S. 129 ff. J. Gerhardt: Die Wandmalereien in der St. Marienkirche zu Anklam, in: Heimat-Jahrbuch für den Kreis Anklam 1939, S. 59 ff. Dehio/Nordostdeutschl., S. 9 f. A. Krause: Die Baugeschichte der St. Marienkirche zu Anklam, Dipl.-Arbeit, Greifswald 1958 (Masch.-Schr.). Wiederaufbau der Kirchen in der DDR, S. 197. Dehio 1968, S. 10 ff. Hahn, S. 194 f. (Katalog). Weber, S. 106 ff. Baier, S. 355

Ehemalige Heiliggeistkirche bzw. Hospitalkapelle zum Heiligen Geist (Ecke Burgstraße, Straße des Nationalen Aufbaus). Anstelle einer erstmals 1272 erwähnten, 1659 durch Brand schadhaft gewordenen Anlage barocker Neubau 1738 bis 1740. Stattlicher rechteckiger Putzbau von drei Geschossen und 3:7 Achsen über rustiziertem Erdgeschoß. Geschoßeinteilung durch Horizontalbänder. Der eingebundene, sich an der pilastergegliederten Giebelfront zur Burgstraße abzeichnende schlanke Turmbau mit geschweiftem Helm und Laternenbekrönung für das Stadt- und Straßenbild bedeutungsvoll. Innenraum nach zeitweiliger Nutzung auch als Garnisonkirche 1854/1855 zu Wohnungen für Hospitalangehörige ausgebaut.
Ende April 1945 bis auf die Umfassungsmauern ausgebrannt und die Turmbekrönung vernichtet. 1953/54 Wiederaufbau unter Wiederherstellung des Turmes in ursprünglicher Form. (Der unmittelbar nördlich der Kirche an der Burgstraße gelegene klassizistische Putzbau von 1834 brannte 1945 ebenfalls aus, bald darauf wiederhergestellt als städtisches Pflegeheim.)

Inventar Anklam, S. 149 ff. Dehio/Nordostdeutschl., S. 10. Dehio 1968, S. 12 f.

Ehemaliges Bezirkskommando (am Pferdemarkt nördlich der Marienkirche). Langgestreckter, 1772 errichteter dreigeschossiger Putzbau von 21:3 Achsen mit Walmdach. Die Mittel- und Seitenrisalite über rustiziertem Erdgeschoß von Quaderlisenen eingefaßt. Die schlichte spätbarocke Fassadengliederung durch Gurtbänder, Spiegelfelder und Fensterfaschen bereichert. Korbbogenöffnungen an Giebel- und Längsfronten vermitteln zu den durchlaufenden Korridoren des Inneren.
Am 9. Oktober 1943 bis auf die Umfassungsmauern ausgebrannt, Ruine um 1947 beseitigt.

Markt 13 mit Markt 12 (an der nördlichen Marktfront). Nr. 13 das bedeutendste spätgotische Giebelhaus der Stadt. Achtachsig und fünfgeschossig gegliederter Backstein-Pfeilergiebel des 16. Jh. über stark verändertem und verputztem zweigeschossigem Unterbau. Kraftvoller Vertikalzug durch doppelt gefaste derbe Pfeilervorlagen, deren mittlere von doppelter Breite das Giebelfeld in zwei symmetrische Teile zerlegt. Zwischen den Pfeilern Spitzbogenblenden mit Scheitelkreis und spitzbogige Lukenpaare. Die einzelnen Staffeln von Wimpergen bekrönt. Veränderungen des Unterbaus 1939 teilweise rückgängig gemacht. Das benachbarte schmale Giebelhaus Nr. 12 ebenfalls mit überkommenen Resten eines spätgotischen, im 19. Jh. stark verstümmelten und überputzten zweiachsigen Pfeilergiebels.
Am 9. Oktober 1943 Bombenschäden an den Dächern. Ende April 1945 beide Gebäude völlig zerstört.

Inventar Anklam, S. 167 ff. Straub, S. 129. Suhr, S. 44. Dehio/Nordostdeutschl., S. 11. Viering, S. 121

Anklam
Rechts: Ehemalige Heiliggeistkirche mit Pflegeheim, nach der Zerstörung und nach der Wiederherstellung
Links: Markt 13

Peenstraße 6 Bescheidenes zweigeschossiges, fünfachsiges Traufenhaus der zweiten Hälfte des 18. Jh. mit Mansarddach, rustiziertem Erdgeschoß, Korbbogeneingang und Festonschmuck unter den Oberfenstern.
Ende April 1945 zerstört.

Peenstraße 7 Zweigeschossiges Giebelhaus mit noch spätgotisch konzipiertem, flächenbetontem Backsteingiebel über verändertem und verputztem vierachsigem Unterbau. Das fialenbesetzte Giebelfeld mit seinen flach eingeschnittenen, schlicht gefasten Flachbogen- und darüberliegenden Kreisblenden verdeutlicht den Übergang zur renaissancehaften Formgestaltung. Die unteren Blendenpaare noch spitzbogig geschlossen. Reiche schmiedeeiserne Ankerverzierungen mit Datum 1672. Gebäude um 1936 renoviert.
Ende April 1945 zerstört.

Inventar Anklam, S. 170 f. Straub, S. 132. Suhr, S. 47 f. Viering, S. 121

Markt 21 und 22 mit Keilstraße 2 (westliche Marktfront, Ecke Keilstraße). Aufwendiger dreigeschossiger Gebäudekomplex von 1742. In seiner Zusammensetzung aus mansard- und satteldachüberdeckten Traufen- und Giebelhausteilen eines der vorzüglichsten Barockensembles der Stadt. Ausgewogene detaillierte Fassadengestaltung mit gequaderten Ecklisenen, horizontalen Putzbändern, ornamentierten Spiegelfeldern und reichen Fensterfaschen. Die zum Marktplatz weisende siebenachsige Traufenseite des Hauptgebäudes durch einachsigen Mittelrisalit mit dekorierter Segmentgiebelbekrönung akzentuiert. Entsprechende Risalitandeutung mit Volutenschmuck an der zur Keilstraße gerichteten Giebelfront. Die in der Keilstraße anschließenden Gebäudepartien nach einem sechsachsigen Zwischentrakt von weiterem Giebelpendant abgeschlossen. Das den Hauptbau marktseitig begrenzende dreiachsige Barock-Giebelhaus dagegen von strengerer Fassadengliederung.
Am 9. Oktober 1943 Bombenschäden am Dachstuhl. Gesamtensemble Ende April 1945 zerstört. Ruinen um 1947 abgetragen.

Inventar Anklam, S. 166, 170. Viering, S. 121

Brüderstraße 7 Superintendentur bzw. Pastorat der Nikolaigemeinde. Zweigeschossiger Barockbau von 1775–1777 nach einem Entwurf von F. Kreyser.
Am 9. Oktober 1943 durch Bomben zerstört.

H. Schoeneich: Kirchen und kirchliche Häuser in Anklam, Anklam 1973, S. 18

Nikolaikirchstraße 16 und 17 Zweigeschossige Fachwerkgebäude des 17. Jh. mit geschnitzten Detailformen sowie profilierten Füllhölzern und Balkenköpfen am vorgekragten Obergeschoß. Die Innenräume verändert.
Nr. 16 am 9. Oktober 1943, Nr. 17 Ende April 1945 zerstört.

Inventar Anklam, S. 170

Anklam
Oben und links: Markt, Nordseite, Südwestecke und Ostseite, Zustand um 1890
Rechts: Peenstraße 7

Peenstraße 8 Geburtshaus Otto Lilienthals. Dreigeschossiger, fünfachsiger barocker Putzbau der zweiten Hälfte des 18. Jh. mit Mansarddach. Über rustiziertem Erdgeschoß streng gegliederte Wandflächen mit Ecklisenen und betonter Mittelachse. Die faschengerahmten Fenster der Rücklagen paarweise gruppiert.
Ende April 1945 zerstört.

Peenstraße 9 »Dinniessches Haus«. Barockensemble von 1742 mit umfangreichem Komplex von Speichern und Lagerhäusern in schlichter einheitlicher Ausführung.
Gesamtkomplex 1943 und 1945 zerstört.
Inventar Anklam, S. 178 ff.

Peenstraße 17 Zweigeschossiges, verputztes Renaissance-Giebelhaus mit breit gelagertem, achtteiligem Giebelfeld und zweigeschossigem Erker-Vorbau (Utlucht). Stark geschwungene Giebelfläche mit Dreieckgiebelschluß durch Pilaster und verkröpfte Gesimse geschmückt. Die Öffnungen rechteckig eingeschnitten.
Am 9. Oktober 1943 durch Bomben zerstört.
Inventar Anklam, S. 171 ff.

Peenstraße 32 Zweigeschossiges, verputztes Renaissance-Giebelhaus mit dreigeschossigem Giebelfeld und dreiseitigem Erker-Vorbau in Erdgeschoßhöhe. Volutenbegrenzte Giebelfläche durch horizontale Gesimsbänder sowie Flachbogenluken mit Kämpfer- und Scheitelausbildung belebt. Schmiedeeiserne Ankerverzierungen mit Jahresangabe 1662.
Ende April 1945 zerstört.
Inventar Anklam, S. 174

Peenstraße 50 Zweigeschossiges spätgotisches Giebelhaus mit dreigeschossigem Backstein-Pfeilergiebel über verändertem Unterbau. Das von doppelt gefasten kräftigen Pfeilervorlagen fünfachsig gegliederte Giebelfeld durch Spitzbogenblenden mit Scheitelkreis, Flachbogenluken und Wimpergbekrönungen belebt. Schmiedeeiserne Anker mit Jahresangabe 1617.
Am 9. Oktober 1943 Bombenschäden am Dachstuhl; völlige Zerstörung Ende April 1945.
Inventar Anklam, S. 175. Straub, S. 130. Suhr, S. 44

Peenstraße 51 Seit 1876 Eleonorenstift. Stattlicher dreigeschossiger Barockbau (wohl 1751) von 5:7 Achsen mit Mansarddach und Eckquaderung. Der einachsige Mittelrisalit mit ornamentierter Dreieckgiebelbekrönung gleichfalls von Quaderlisenen gerahmt. Zwischen den Geschossen horizontale Gurtgesimse. Oberhalb der Hauptgeschoßfenster sowie in den Spiegelflächen zwischen den Fensterreihen Stuckdekorationen. Fassadenerneuerung um 1939.
Ende April 1945 zerstört.
Inventar Anklam, S. 175. (Unterlagen im Institut für Denkmalpflege Schwerin)

Peenstraße 52 Zweigeschossiges Giebelhaus mit ursprünglich achtachsigem Backstein-Pfeilergiebel; dieser zwischen den quadratischen Pfeilern durch rundbogige und unregelmäßig geschlossene zweiteilige Blenden gegliedert. Schmiedeeiserne Ankerverzierung. Giebel um 1934/35 instand gesetzt.
Ende April 1945 zerstört.
Inventar Anklam, S. 175 ff. Straub, S. 131 f.

Steinstraße 24 Löwenapotheke. Spätestgotisches zweigeschossiges Giebelhaus mit vierteiligem Backstein-Pfeilergiebel über verändertem sechsachsigem Unterbau. Das schlichte Giebelfeld durch einfache Rundbogenblenden zwischen fünf kräftig entwickelten und doppelt gefasten Pfeilern aufgelockert. Schmiedeeiserne Ankerverzierung.
Ende April 1945 zerstört.
Inventar Anklam, S. 178. Straub, S. 131. Suhr, S. 44

Basedow (Kreis Malchin)

Schloß Umfangreiche mehrflügelige Anlage mit bemerkenswerter Bausubstanz des 16. und 17. Jh. Stark umgebaut und erweitert im 19. Jh. unter Leitung von A. Stüler und nochmals nach Großbrand 1891 durch R. Haupt.
Die durch Brand verursachten Zerstörungen von 1945 im wesentlichen auf die Bauteile des 19. Jh. beschränkt. Das den Hofraum südlich begrenzende dreigeschossige Torhaus aus der ersten Hälfte des 19. Jh. mit Ausnahme weniger Reste des Erdgeschosses vernichtet.
Wedemeyer, Heft 1/2, S. 1 ff. Inventar M.-Schwerin V, S. 130 ff. R. Hamann: Streifzüge durch das Land Malchin, in: Mecklenburg. Monatshefte 12, 1936, S. 361 ff. Dehio/Nordostdeutschl., S. 17. W. Ohle: Ehemalige Guts- und Herrenhäuser in Mecklenburg, in: Denkmalpflege in Mecklenburg, S. 111, Sieber, S. 95 ff. Dehio 1968, S. 20

Battin (Kreis Pasewalk)

Dorfkirche Der ehemals mittelalterliche Feldstein-Saalbau mit gleichfluchtendem Westturm gegen Mitte des 18. Jh. durchgreifend barock verändert und verputzt (Wetterfahne von 1743). Baukörper durch flache Lisenenbänder und faschenumrahmte Korbbogenfenster belebt. Der massive Turmunterbau von Fachwerkaufsatz bekrönt. Im Inneren flache Putzdecke und schlichte Ausstattung. Kirchenbau um 1800 instand gesetzt.
Während der Kampfhandlungen Ende April 1945 durch Artilleriebeschuß bis auf die Umfassungsmauern zerstört, seitdem Ruine. Das nördliche Friedhofsportal nur leicht beschädigt.
Inventar Prenzlau, S. 6 f.

Burg Stargard (Kreis Neubrandenburg)

Rathaus Errichtet 1831–1833 nach Plänen von F. W. Buttel. Zweigeschossiger Putzbau von 9:3 Achsen. Baukörper durch Erdgeschoßrustizierung, dreiachsigen Mittelrisalit, viersäulige Balkonanlage und zweiteilige Freitreppe bereichert.

Mit einigen umliegenden Wohnhäusern am 28./29. April 1945 durch Brand und Explosion der im Gebäude gelagerten Munition zerstört. Ruine später beseitigt.
Inventar M.-Strelitz III, S. 112, 126. F. Schröder: Aus der Vergangenheit der Stadt Burg Stargard, in: Uns' Heimat 1957, Heft 4, S. 32

Damerow (Kreis Pasewalk)

Schloß Unter Benutzung von Resten eines Vorgängerbaus errichtet 1838. Mehrteiliger zweigeschossiger Baukomplex in gotisierenden Formen. 1935/36 durchgreifend erneuert.
Gegen Kriegsende 1945 in Brand gesetzt und zerstört.
Duncker V, Nr. 269. Inventar Prenzlau, S. 30 f. Rave, S. 150. Engel/Schlott-Kotschote, S. 241

Links: Anklam, Peenstraße 50
Mitte: Anklam, Steinstraße 24
Rechts: Burg Stargard, Rathaus

Dargun (Kreis Malchin)

Bauensemble mit Klosterkirche und Schloß

Ehemalige Zisterzienser-Klosterkirche St. Marien
Das Kloster 1172 als Filia des Klosters Esrom gegründet und nach Abwanderung des Konvents nach Eldena bei Greifswald 1209 durch das Zisterzienserkloster Doberan neu besetzt. Der Backsteinbau der Klosterkirche in zwei Hauptbauperioden etwa 1225 bis um 1270 (Langhaus) und 1464 bis 1479 (Chor und Querschiff) entstanden. Vom Ursprungsbau des 13. Jh., einer gewölbten kreuzförmigen Pfeilerbasilika des gebundenen Systems über spätromanisch empfundener Grundrißkonzeption, das Langhausmittelschiff mit drei quadratischen Jochen sowie Teile des nördlichen Seitenschiffs erhalten. Architektonische Durchbildung in den schweren Formen der Übergangszeit von der Spätromanik zur Frühgotik. Arkaden- und Pfeilersystem der Innenraumgestaltung an die stark dänisch beeinflußten Ostteile der Zisterzienser-Klosterkirche zu Kolbatz (Kołbacz) erinnernd. Gedrückte Spitzbogenarkaden über kreuzförmig entwikkelten Haupt- und Nebenpfeilern mit Halbsäulenvorlagen, reich profilierten und eckblattgeschmückten Basen sowie trapezförmigen Kapitellen mit Halsringen. Von ähnlich spätromanischer Grundhaltung der Außenbau mit Lisenen-

Dargun
Oben: Klosterkirche mit Schloß von Norden, Zustand um 1900
Links: Klosterkirche von Südosten
Rechts Mitte: Klosterkirche, Schiff nach Südwesten, nach der Zerstörung
Rechts unten: Klosterkirche, Blick vom Chor ins Langhaus nach Westen

Dargun, Klosterkirche, Inneres nach Osten

gliederung, Rundbogenfriesen, paarweise gruppierten Obergadenfenstern, Deutschem Band und opus spicatum am blendenverzierten Westgiebel. Fundamente des ursprünglichen Chores mit gerader Ostwand und ebensolchen Nebenkapellen 1956/57 ergraben. Der großzügig angelegte spätgotische Umbau des 15. Jh. gedieh nur bis zur vierschiffig geplanten, aber unvollständig ausgeführten Querhausanlage; dabei Anregungen der Ordenskirchen zu Doberan und Pelplin verarbeitet. Eklektizistische Züge des maßlos gesteigerten Ostbaus kennzeichnen ihn als Spätstil. Elemente der Kathedralchorentwicklung mit denen des Hallenraumgedankens zu einer pseudobasilikalen Raumordnung ohne direkte Obergadenbeleuchtung und einem auf drei Kapellen reduzierten Umgangschor vermischt. Am Äußeren durch flächenhafte Geschlossenheit der Umfassungswände und einheitlich über alle Chorteile gezogenes mächtiges Dach charakterisiert. Der nüchtern wirkende Innenraum von gewaltigen Dimensionen mit Sterngewölben über Achteckpfeilern geschlossen. Oberhalb der Pfeilerbasen blattverzierte Terrakottafriese. Schwarzglasierte Schmuckfriese und Rosetten dienen zur Auflockerung des Äußeren. Über der Vierung achtseitiger Dachreiter mit geschwungener barocker Haube. Seit dem 17. Jh. Verfall der Seitenschiffe und Einsturz der Gewölbe durch Vernachlässigung des älteren Langhauses; die östlichen Raumteile unter Mitwirkung von Ch. Ph. Dieussart dagegen neu gestaltet. Mitte des 19. Jh. wurden umfangreiche Wiederherstellungsarbeiten durchgeführt, ferner erfolgte die Einbringung von hölzernen Langhausgewölben nach Plänen G. A. Demmlers.

Schloß Hervorgegangen aus dem Umbau der nördlich der Klosterkirche gelegenen ehemaligen Klausur. Baugeschichte im einzelnen ungeklärt. Die in der Nachfolge des Schlosses zu Güstrow stehende Anlage neben Schwerin und Güstrow einer der bedeutendsten norddeutschen Renaissancebauten. Trotz unterschiedlicher, baugeschichtlich bedingter Stilmittel zu einer künstlerisch geschlossenen Baugruppe zusammengewachsen, deren Wirkung im Zusammenklang mit der benachbarten Sakralarchitektur des Mittelalters noch gesteigert wird. Die Umwandlung der ehemaligen Klausurgebäude zur fürstlichen Interimsresidenz des Hauses Mecklenburg-Güstrow unter Hinzuziehung einzelner am Güstrower Schloßbau tätiger Künstler in mehreren Bauperioden vollzogen. Ende des 16. Jh. mit dem Ausbau des westlichen Klosterflügels begonnen und im ersten Viertel des 17. Jh. auf die übrigen Klausurteile, insbesondere die stuckierte Innenräume enthaltenden Nord- und Ostflügel ausgedehnt. Die dem Ost- und Westflügel vorgelegten Spätrenaissance-Hofarkaden nur unvollständig erhalten. Formverwandtschaft (Buckelquaderung, Säulenwechsel usw.) mit Teilen des Güstrower Schlosses unverkennbar. Baumeister M. Falk und Stukkateur D. Anckermann am Bau beteiligt. Nach Verwüstung des Schlosses 1637 frühbarocke Wiederherstellung unter Mitwirkung Ch. Ph. Dieussarts in der zweiten Hälfte des 17. Jh. Vor allem die reizvolle Innenhofanlage durch Übernahme des älteren Arkadengedankens für Nord- und Südflügel vervollständigt und der Westflügel mit langgestreckter repräsentativer Schaufassade nordfranzösisch-niederländischen Geschmacks versehen. Innenausbau bis ins 18. Jh. fortgeführt. – Der Schloßkomplex als dreigeschossige Vierflügelanlage unter teilweiser Einbeziehung der südlich gelegenen Klosterkirche konzipiert. Der verputzte Backsteinbau mit Werksteinteilen und Werksteinimitationen durch Ecktürme und asymmetrisch vorgelegte Torrisalite (Ost- wie Westflügel) akzentuiert sowie von hofseitigen dreigeschossigen Arkadengalerien bereichert (am Westflügel fragmentarisch erhalten). Den Hauptschmuck der Gesamtanlage bilden die gewölbten, flachbogigen Arkadengänge des Ostflügels. Diese im Erdgeschoß von dorischen und im zweiten Geschoß von ionischen Sandsteinsäulen getragen, im flachgedeckten Obergeschoß jedoch in Holzstützen ausklingend. Die sich entsprechenden, pilastergegliederten Hoffassaden des Nord- und Südflügels mit stark abgesetztem, geschlossenem Obergeschoß werden in den beiden unteren Stockwerken durch Rundbogenarkaden in schwerer frühbarocker Formgebung aufgelockert sowie durch flach vorgeblendete zweigeschossige, dreiachsige Mittelrisalite mit Portal und flachem Dreieckgiebel bereichert. Die streng gegliederte westliche Eingangsfront von 19 Achsen durch klare Stockwerksteilung ausgezeichnet, von schweren Rundtürmen flankiert und durch vorgezogenen Mittelrisalit mit Segmentgiebelfeld betont. – Im Inneren unregelmäßige Raumdistribution auf Grund der vorgefundenen Bausubstanz (u. a. Reste mittelalterlicher Granitquadermauern) sowie der zahlreichen Änderungen. Reste älterer, u. a. von D. Anckermann etwa 1620/25 geschaffener Stuckarbeiten in Ost- und Nordflügel (Redoutensaal) mit Güstrower Detailbildungen verwandt. Ebenso qualitätvoll die reichen

Dargun, Schloß, Hofseite des Ostflügels

Schloß- und Kirchenanlage gegen Kriegsende durch Großbrand weitgehend zerstört, seitdem Ruine. Die Klosterkirche verlor außer ihrem Dachstuhl sämtliche Lang- und Querhausgewölbe; gerissene Gewölbeteile des Chorumganges 1946 nachgestürzt. Umfassungsmauern, Arkadenpfeiler, Binnenchorschluß und Vierungsbögen blieben erhalten, desgleichen Teile der West- und Querschiffsgiebel. Der Westgiebel um 1950 gesichert. Mittelalterliche Teile der verhältnismäßig unbedeutenden Innenausstattung geborgen, darunter zwei Glasgemälde sowie zwei Terrakottareliefs des 15. Jh. Von den ehemals zahlreich vorhandenen Grabplatten sechs in der örtlichen

Stuckdekorationen (Decken, Supraporten, Kaminvorlagen usw.) im ersten Obergeschoß des Westflügels, wo offenbar neben einheimischen (J. Taschenberg) vor allem französisch geschulte oder französische Kräfte arbeiteten, so beispielsweise an der um 1720 erfolgten Ausgestaltung des pilastergegliederten Weißen Saales. Innenausstattung des Schlosses 1884 größtenteils nach Schwerin sowie zum Jagdschloß Gelbensande (Kreis Rostock-Land) verbracht.

Dargun, Schloß
Links oben: Hof nach Südosten
Rechts oben: Ostflügel mit Blick auf den nördlichen Querhausgiebel der Klosterkirche, nach der Zerstörung

Unten: Hof nach Nordwesten, vor und nach der Zerstörung
Rechts Mitte: Hof nach Südosten nach der Zerstörung

Pfarrkirche untergebracht; drei Grabplatten des 14./15. Jh. in der Ruine verblieben.
Das Schloß bis auf die Umfassungsmauern ausgebrannt, Bausubstanz durch Folgeschäden weiter dezimiert. 1946 Einsturz des nordwestlichen Eckturms. Nachdem 1948 die zunächst angebrachten Notdächer über den Hofarkaden einstürzten, gingen die beschädigten Renaissancegalerien sowie die ohne Verband vorgelegten Risalite des Ostflügels größtenteils verloren. Ungeschützter Restbestand des Stuckzierats der Innenräume größtenteils zerstört oder beschädigt; einige wichtige Detailproben geborgen. Torhaus und Gartenpavillon der Schloßanlage blieben unversehrt, desgleichen die erhaltenen Nebengebäude des vormaligen Klosterbereiches. Wiederherstellung der Gesamtanlage für neue gesellschaftliche Nutzung vorgesehen.

A. Glöckler: Das Schloß und die Kirche zu Dargun, in: Jahresberichte des Vereins für mecklenburgische Geschichte und Altertumskunde 3, 1838, S. 169 ff. G. C. F. Lisch: Das Schloß und die Kirche zu Dargun, in: Jahresberichte des Vereins für mecklenburgische Geschichte und Altertumskunde 6, 1841, S. 89 ff. J. Kornerup: Die Verbindung des Klosters Esrom mit den wendischen Ländern und deren architektonische Spuren, in: Baltische Studien 33, 1883, S. 65 ff. F. Wigger: J. Kornerups Forschungen über den ältesten Theil der Darguner Klosterkirche, in: Mecklenburgische Jahrbücher 49, 1884, S. 29 ff. Inventar M.-Schwerin I, S. 548 ff. H. Reifferscheid: Der Kirchenbau in Mecklenburg und Neuvorpommern zur Zeit der deutschen Kolonisation, Greifswald 1910, S. 12 ff. H. Ulrich: Dargun, Germanenburg, Zisterzienserkloster und Herzogsschloß, Dargun 1922. Brandt, S. 9 ff., 26. Schmaltz, S. 24 ff., 67. K. Grantze: Schloß und Kloster Dargun, in: Mecklenburg. Monatshefte 7, 1931, S. 107 ff. Dehio/Nordostdeutschl., S. 114. Denkmalpflege in Mecklenburg, S. 14 f. Clasen, S. 45 ff. H.-W. Benkendorf: Kloster und Schloß Dargun, ein Beitrag zur Baugeschichte des 13. Jh., Dipl.-Arbeit Rostock 1957 (Masch.-Schr.). Wilde, S. 63 f., 148. W. Ohle und W. Kerk: Über den Bau des Modells des Schlosses und der Kirche Dargun, in: Mitteilungen an die ehrenamtlichen Vertrauensleute des Instituts für Denkmalpflege, Schwerin 1960, 2. Quartal Nr. 8, S. 1 ff. Zaske 1961, S. 230 f. G. Lüpke: Dome, Kirchen und Klöster in Mecklenburg, nach alten Vorlagen, Frankfurt am Main 1962, S. 131 ff. Dehio 1968, S. 53 f. (Unterlagen im Institut für Denkmalpflege Schwerin)

Dedelow (Kreis Prenzlau)

Herrenhaus Mehrteilige Gebäudegruppe des 19. Jh. mit Resten eines älteren, später veränderten Gutshauses aus dem 17. Jh. Der Haupttrakt nach Plänen von Cantian im dritten Viertel des 19. Jh. als kubischer zweigeschossiger, sechsachsiger Putzbau mit Flachdach und hochragendem Eckturm ausgeführt. Straffe Fassadengliederung durch kannelierte korinthische Kolossalpilaster mit abschließender Balustrade. Wandflächen rustiziert, die Fensteröffnungen des Hauptgeschosses mit Dreieckgiebel-Verdachungen.
Alt- und Neubau Ende April 1945 bis auf die Umfassungsmauern ausgebrannt. Ruine im Laufe des Jahres 1946 abgetragen, die erhaltenen Kellerräume 1971 ausgeräumt und für die Errichtung eines kombinierten Gaststättenkomplexes vorbereitet.

Duncker XII, Nr. 673. Inventar Prenzlau, S. 38. Die Uckermark, ein Heimatbuch, Prenzlau 1926, S. 347 f. Rave, S. 150. Engel/Schlott-Kotschote, S. 241

Demmin (Kreis Demmin)

Frühgeschichtlicher Burgort. Die im Schutz der Burg sich entwickelnde Ackerbürger- und Handelsstadt durch ihre verkehrsgeographische Lage am Zusammenfluß von Peene, Tollense und Trebel begünstigt und gegen Mitte des 13. Jh. mit lübischem Recht ausgestattet. Stadtanlage mit rechteckigem Marktplatz inmitten des gitterförmigen Straßensystems und des langgestreckten ovalen Gesamtumrisses. Seit etwa 1283 Mitglied des sich entwickelnden Hansebundes. Wirtschaftlicher Aufstieg im 14. und 15. Jh. Mehrere Stadtbrände im 17. Jh. veränderten grundlegend das ehemals mittelalterliche Stadtbild.
Anfang Mai 1945 wurde fast der gesamte Stadtkern mit seiner geschlossenen Marktplatzumbauung zu 65% durch Brand vernichtet. Die umfangreichsten Schäden erlitten die Wohngebiete westlich der Stadtpfarrkirche zwischen Baustraße (jetzt Karl-Köthen-Straße), Apollonienmarkt und südlichem Mauerabschnitt sowie östlich der Kirchenanlage zwischen Bau-, Turm- und Frauen-

Links oben: Dargun, Schloß, Hauptfront des Westflügels
Rechts oben: Dargun, Schloß, Westflügel mit Anschluß an die Klosterkirche, nach der Zerstörung
Mitte: Dargun, Schloß, Räume im Westflügel
Links unten: Dedelow, Herrenhaus

straße. Neben einigen öffentlichen Gebäuden gingen zahlreiche Bürgerhäuser des 18. und 19. Jh. sowie der spärliche Restbestand bisher erhaltener, doch stark veränderter Giebelhäuser (so Luisenstraße 17 und 24), etliche Fachwerk-Traufenhäuser des 18. Jh. mit vorgekragtem Obergeschoß (besonders in der Kahlden- und Heilgeiststraße) und einzelne Speichergebäude im Westen der Altstadt verloren. Die verhältnismäßig geringen Schäden an Bartholomäuskirche, Marienkapelle und Befestigungsanlage der Stadt (z. B. Bedachung des Pulverturms) konnten bald nach Kriegsende größtenteils beseitigt werden. Der Wiederaufbau der Innenstadt erfolgte unter leichter Veränderung des ursprünglichen Straßennetzes.

Rückschauende Betrachtungen eines alten Demminers, 1. Baudenkmäler, in: Demminer Tageblatt 70, 1901, Nr. 179. F. Müller: Beiträge zur Kulturgeschichte der Stadt Demmin, Demmin 1902. K. Goetze: Geschichte der Stadt Demmin auf Grund des Demminer Ratsarchivs, der Stolleschen Chronik und anderer Quellen, Demmin 1903. Führer durch Demmin, Demmin 1922. A. Müller: Ein Rundgang durch das heutige Demmin, in: Unser Pommerland 12, 1927 (Sonderheft Demmin, Heft 4/5), S. 127 ff. Deutschlands Städtebilder – Demmin, hrsg. mit Unterstützung des Magistrats Demmin, bearb. von Müller, Ulm a. d. D. 1930. Festschrift zur 700-Jahrfeier der Stadt Demmin 1936, Demmin 1936. Dt. Städtebuch/Nordostdeutschl., S. 153 f. Denkmalpflege in Mecklenburg, S. 16

Ehemalige Heiliggeistkirche bzw. Hospitalkapelle zum Hl. Geist (Heilgeiststraße 5). Als St.-Spiritus-Hospital erstmals 1269 erwähnt. Kapellenbau ursprünglich als kreuzrippengewölbte, dreischiffige und dreijochige spätgotische Backsteinhalle über nahezu quadratischem Grundriß mit leicht richtungsbetonter Ost-West-Achse errichtet. Die Umfassungswände jochweise durch dreiluchtige Spitzbogenfenster geöffnet, außerdem zwei reicher profilierte und vom Kaffgesims rechteckig umzogene Spitzbogeneingänge. Gebäude im 17. Jh. verfallen und nach Verlust der Gewölbe und Freipfeiler für profane Zwecke umgestaltet. Der seitdem flachgedeckte, saalartige Innenraum durch Holzstützen und Zwischendecken völlig verbaut. Reste von Gewölbeanfängern sowie kleeblattförmigen Eck- und Wanddiensten; weiterhin Spuren grüner Glasuren an Diensten, Portal- und Fensterleibungen und am Kaffgesims. Flaches Notsatteldach aus späterer Zeit. Die geplante Generalinstandsetzung durch den Ausbruch des zweiten Weltkrieges verhindert.
Anfang Mai 1945 durch Brand zerstört, die Ruine um 1949 beseitigt.

Inventar Demmin, S. 15. K. Goetze: Geschichte der Stadt Demmin . . ., Demmin 1903, S. 132 ff. Viering, S. 124. (Unterlagen im Institut für Denkmalpflege Schwerin)

Rathaus (inmitten des Marktplatzes). Barocker Neubau aus dem letzten Viertel des 18. Jh. 1886 durch Umbau nach Entwürfen von Havestadt und Contag architektonisch entstellt. Zweigeschossiger, völlig unterkellerter Putzbau von 9:5 Achsen mit Mansarddach und Dachreiter. Leicht vorgezogener, dreiachsiger Mittelrisalit mit aufwendigem Giebelabschluß. Schlichtere einachsige Risalitausbildung an den Schmalfronten. Gebäudekanten und Mittelrisalit von Eckquaderlisenen eingefaßt; horizontale Sockel-, Gurt- und Traufgesimse. Bemerkenswerte zweiflügelige barocke Türanlage. Sämtliche Fensteröffnungen rechteckig eingeschnitten.
Anfang Mai 1945 vollkommen ausgebrannt, Ruine anschließend abgetragen.

K. Goetze: Geschichte der Stadt Demmin . . ., Demmin 1903, S. 55. Deutschlands Städtebilder – Demmin . . ., Ulm a. d. D. 1930, S. 17. Dehio 1968, S. 57

Markt 20 (Ecke Menzerstraße). Seit 1842 Stadtsparkasse. Repräsentativer zweigeschossiger Putzbau des 18. Jh. von 5:7 Achsen mit großflächigem Mansarddach (Dachgeschoß wohl um 1930 ausgebaut). Schlichte barocke Fassadengestaltung mit Resten spärlichen, zumeist erneuerten Stuckdekors. Die Mittelachse durch einachsige Risalitausbildung mit Hauptzugang und dekoriertem Segmentgiebelfeld hervorgehoben. Straffe Gliederung durch Eckquaderlisenen, kräftiges Traufgesims und Spiegelfelder unter den Fensteröffnungen.
Anfang Mai 1945 bis auf die Umfassungsmauern durch Brand zerstört. Ruine 1955 abgetragen.

Rats-, spätere Adlerapotheke (Luisenstraße 29, jetzt Rudolf-Breitscheid-Straße, Ecke Pferdestraße am Markt). Schlichter zweigeschossiger barocker Putzbau (1762) von 7:11 Achsen mit Mansarddach. Flach vorgelegter dreiachsiger Mittelrisalit mit Giebeldreieck. An der Fassade ferner teilgequaderte Lisenen, Putzspiegel, Gurtband und Fensterfaschen. Dachaufzug für Speicherräume an der Front zur Pferdestraße.
Anfang Mai 1945 vollkommen zerstört.

Apollonienmarkt 2 Zweigeschossiger barocker Putzbau des 18. Jh. von fünf Achsen mit Mansarddach und reich gegliederter Fassade. Einachsiger Mittelrisalit mit Korbbogenportal in rustizierter Vorlage. Lisenenbänder in Erdgeschoßhöhe gequadert, im Obergeschoß durch eingetiefte Spiegel belebt. Unter den faschengerahmten Fenstern Putzspiegel.
Anfang Mai 1945 zerstört.

Demmin
Links: Ehemalige Heiliggeistkirche von Südwesten
Rechts oben: Rathaus
Links unten: Ratsapotheke, Front zur Pferdestraße
Rechts unten: Apollonienmarkt 2

Apollonienmarkt 3 Zweigeschossiger, siebenachsiger Putzbau des späten 19. Jh. mit Satteldach und horizontal gelagerter, reich detaillierter Fassadengestaltung. Mittelachsen durch renaissancehaft gegliederten Zwerchgiebel betont.
Anfang Mai 1945 zerstört.

Apollonienmarkt 4 (Ecke Heilgeiststraße). Zweigeschossiger Fachwerkspeicher über massivem Unterbau. Errichtet wohl im 17. Jh. (seit 1679 Zeughaus) und später erneuert. Mittelachse der fünfachsigen Giebelfront mit drei übereinanderliegenden Luken und oberem Lastenaufzug versehen. Im Satteldach Fledermausluken.
Anfang Mai 1945 zerstört.
K. Goetze: Geschichte der Stadt Demmin ..., Demmin 1903, S. 56

Apollonienmarkt 5 (Ecke Baustraße). »Herberge zur Heimat«. Stattlicher zweigeschossiger Putzbau des 18. Jh. mit Mansarddach und segmentgiebelartiger Achsenbetonung.
Anfang Mai 1945 zerstört.

Frauenstraße 2 Seit 1886 Landwirtschaftsschule. Zweigeschossiger, neunachsiger Putzbau des frühen 19. Jh. mit Mansarddach und einachsigem Mittelrisalit. Klare Fassadengliederung durch Mäander-Schmuckfriese und Putzspiegel.
Anfang Mai 1945 zerstört.

Kahldenstraße 35 (Ecke Schneller Lauf). »Altes Finanzamt«. Ehemaliges Brauhaus von 1685 und somit einer der ältesten Profanbauten der Stadt. Langgestreckter stattlicher zweigeschossiger Massivbau (Eckgebäude) mit Mansarddach und schlicht gegliederten Straßenfronten.
Anfang Mai 1945 bis auf die Umfassungsmauern zerstört, Ruine um 1953 beseitigt.

Kahldenstraße 46 (Ecke Heilgeiststraße). 1824 errichteter klassizistischer zweigeschossiger Putzbau mit Mansarddach. Durchlaufende kannelierte Kolossalpilaster mit Volutenkapitellen in schwerer rhythmischer Folge. Mittelachse durch Rücklage mit reliefiertem Spiegelfeld (Merkur) zwischen Segmentbogeneingang und Oberfenster akzentuiert. Hohe Rechteckfenster über derben Sohlbänken. Reich geschmückte doppelflügelige Haustür.
Anfang Mai 1945 zerstört.
Müller 1927, S. 132

Kirchplatz 7 (Ecke Schulstraße, südlich der Bartholomäuskirche). Superintendentur. Stattlicher zweigeschossiger Fachwerkbau von sieben Achsen mit Walmdach von 1728. Schlichtes Windbrett zwischen beiden Geschossen.
Anfang Mai 1945 zerstört. (Die anschließende Reihe kleinerer Fachwerkhäuser blieb erhalten.)
Müller 1927, S. 129

Drense (Kreis Prenzlau)

Dorfkirche Eine der in diesem Gebiet seltenen mittelalterlichen Backstein-Dorfkirchen des 15. Jh. Flachgedeckter spätgotischer Saalbau über hohem Feldsteinsockel. Westliche Portalvorhalle und südöstliche Leichenhalle aus neuerer Zeit. Portal- und Fensteröffnungen teilweise verändert. Am ursprünglichsten die östliche Giebelfront mit drei schlanken Spitzbogenblenden im Giebelfeld und in breiter Spitzbogenblende liegender Dreifenstergruppe in der Ostwand. Über dem Westgiebel verbretterter Dachreiter mit Pyramidendach und Laternenbekrönung von 1734 und 1912. Deckenbemalung und Innenausstattung von 1912/13.

Links oben: Demmin, Apollonienmarkt 4
Rechts oben: Demmin, Kahldenstraße 46
Links unten: Demmin, Frauenstraße 2
Rechts Mitte: Demmin, Kirchplatz 7
Rechts unten: Drense, Dorfkirche, nach der Zerstörung

Ende April 1945 während der Kampfhandlungen in Brand geraten und bis auf Umfassungsmauern und Giebelfelder zerstört. Ruine 1960 bis 1965 ausgebaut und mit sparsamer Ausstattung versehen. Neuer Glockenstuhl auf dem Friedhof.

Inventar Prenzlau, S. 39 f. Engel/Schlott-Kotschote, S. 242

Falkenwalde (Kreis Prenzlau)

Dorfkirche Flachgedeckter Feldsteinbau der zweiten Hälfte des 13. Jh. mit eingezogenem Rechteckchor. Der querrechteckige Westturm mit Satteldach zwischen blendengeschmückten Giebeln.
Die mittelschweren Kriegsschäden bald nach Kriegsende behoben.

Inventar Prenzlau, S. 51 ff. Engel/Schlott-Kotschote, S. 243. Dehio 1968, S. 81

Flieth (Kreis Templin)

Dorfkirche Langgestreckter, später verputzter Feldstein-Saalbau der zweiten Hälfte des 13. Jh. mit querrechteckigem Westturm und nachträglich angefügtem dreiseitigem Chor. 1713/14 grundlegend verändert und 1862/63 nochmals umgestaltet. Spuren mittelalterlicher Spitzbogenportale im Westen und Süden nachweisbar. Turmkörper durch Eckquaderung und kräftige Gesimsausbildung ausgezeichnet, eingezogener Oberbau mit verbrettertem Aufsatz und bekrönender Laterne von 1713/14. Im Inneren reichgeschnitzter Renaissance-Altar mit entsprechenden Schranken von 1601.
Gegen Kriegsende 1945 bis auf die Umfassungsmauern ausgebrannt, Inneneinrichtung vernichtet. Gegenwärtig Ruine.

Inventar Templin, S. 77 f. Dehio/Nordostdeutschl., S. 135. Engel/Schlott-Kotschote, S. 243

Flieth, Ortsteil Suckow (Kreis Templin)

Herrenhaus Schlichte zweigeschossige Barockanlage von 1734, leicht verändert in der zweiten Hälfte des 19. Jh. Dreizehnachsiger Hauptbau mit Mansarddach und kurzen, niedrigeren Seitenflügeln; rechtwinklig zum Hauptbau gesonderte Nebengebäude. An Hof- und Gartenfront dreiachsiger Mittelrisalit mit flachem Dreieckgiebel. Die lisenengerahmten Putzflächen der Fassaden durch Gesimsbänder, Quaderfugen, Spiegelfelder und rechteckig eingeschnittene Fenster gegliedert. Die Öffnungen der Risalite rundbogig variiert. Ornament- und Wappenschmuck an den Giebelflächen. Die ursprüngliche Raumdisposition sowie Reste der ehemaligen Innenraumgestaltung bis 1945 erhalten: Eingangshalle mit geschnitztem Treppengeländer und Gartensaal mit harmonisch gegliederten, lisenengerahmten und leistenverzierten Wandfeldern. Mehrere, durch Muschelwerk dekorierte Kaminanlagen aus Stuckmarmor.
Gegen Kriegsende 1945 mit Ausnahme des nördlichen Nebengebäudes (Brauerei) durch Brand zerstört. Das ebenfalls vernichtete, ursprünglich als Orangerie und Bibliothek genutzte südliche Nebengebäude war bereits nach einem Brand vor Ausbruch des zweiten Weltkrieges neu errichtet worden.

Duncker IV, Nr. 200. R. Schmidt: Vor 70 Jahren im Kreis Templin, in: Templiner Kreiskalender 1928, S. 17 ff. M. Henning: Eine Wanderfahrt im Templiner Kreise, in: Templiner Kreiskalender 1934, S. 87 f. Inventar Templin, S. 145. Rave, S. 181. Engel/Schlott-Kotschote, S. 274

Friedland (Kreis Neubrandenburg)

Eine vorstädtische, angerdorfartige Siedlung im Bereich der späteren Nikolaikirche nachweisbar. Die 1244 von den Markgrafen Johann I. und Otto III. von Brandenburg in verkehrsgünstiger Lage gegründete Stadt ursprünglich zum Schutz der Landesgrenze gegen Pommern bestimmt. Ellipsenförmige Gesamtanlage mit gitterförmigem Straßensystem, rechteckigem Marktplatz und bemerkenswerter Befestigungsanlage (seit 1304). Mehrere große Stadtbrände im 15. und 17. Jh. sowie besonders 1703, wobei etwa 265 Bürgerhäuser verlorengingen.
In den letzten Kriegstagen 1945 wurde die Innenstadt zu etwa 80% durch Brand zerstört. Insgesamt verbrannten innerhalb des Mauerzuges 435 Wohngebäude, womit der aus dem Zeitraum des Wiederaufbaus nach 1703 stammende historische Wohnhausbau starke Einbußen erlitt. Vor allem wurden der Restbestand der nach 1703 nochmals wiedererstandenen Giebelhäuser sowie die hauptsächlich aus zweigeschossigen und drei- bis vierachsigen Traufenhäusern des 18. und 19. Jh. bestehenden Straßenzüge der Kaiserstraße (jetzt Max-Rothhand-Straße), der Königstraße (jetzt Rudolf-Breitscheid-Straße) und große Teile der Wollweberstraße (jetzt Max-Leistner-Straße) zerstört. Aus der Vielzahl der vernichteten und mit Ausnahme der Haustüren zumeist wenig schmuckreichen Bauten seien besonders genannt: Kaiserstraße 17 (Anfang 18. Jh.), 74 (Ende 18. Jh.), 95 (erste Hälfte 19. Jh.); Königstraße 10 (erste Hälfte 19. Jh.), 80 (Ende 18. Jh.) und 89 (zweite Hälfte 18. Jh.). Die geringfügigen Kriegsschäden an Marienkirche und Stadtbefestigung wurden bald nach Kriegsende, zusammen mit dem Wiederaufbau der Stadt, behoben. Die verbreiterte und von Neubauten flankierte Hauptverkehrsstraße 1965 dem Verkehr übergeben.

Chronik der Stadt Friedland von 1244–1890, in: A. Mayer, Geschichte des Großherzogtums Mecklenburg-Strelitz, Neustrelitz 1890, S. 53 ff. Inventar M.-Strelitz II, S. 317 ff. Dt. Städtebuch/Nordostdeutschl., S. 285. Denkmalpflege in Mecklenburg, S. 18. E. Brückner: Vom Bauen und von den Bauwerken im Kreis Neubrandenburg, in: Uns' Heimat 1957, H. 5, S. 12 ff.; H. 6, S. 13 ff. 725 Jahre Stadt Friedland, gestern – heute – morgen, hrsg. vom Rat der Stadt Friedland, Anklam 1969

Friedland
Oben: Stadtansicht von Westen mit Marienkirche
Unten: Luftbild mit Marktplatz und Marienkirche

Nikolaikirche (auf angerartigem Platz im Nordosten der Innenstadt). Entwicklungsgeschichtlich bemerkenswerter Feldsteinquaderbau aus dem dritten Viertel des 13. Jh. über offensichtlich westfälisch beeinflußter Grundrißdisposition. Gedrungenes quadratisches Schiff mit eingezogenem, gestrecktem Rechteckchor und quadratischem Westturm. Die ursprüngliche Innenraumgestaltung (im Schiff vermutlich zweimal zweijochige Gewölbekompartimente über Mittelstütze oder zweimal dreijochige Gewölbekompartimente über einem Stützenpaar) nach Brand von 1703 aufgegeben. Backsteinverwendung an Fenstergewänden und dem Turmoberbau. Spuren der ehemals stumpfspitzbogig geschlossenen Granitportale sowie der Zwei- und Dreifenstergruppen, die am Chor teilweise von Rundbogenblenden zusammengefaßt und schwarz glasiert waren. Der starkwandige, viergeschossige Turmbau durch spitzbogige, teilweise überwölbte Fenster- und Blendnischen aufgelockert und mit laternenbekröntem Zeltdach abgeschlossen. Nach dem vernichtenden Brand von 1703 barocke Umgestaltung des gesamten Kirchenbaus 1752 bis 1754, der Turm bereits 1721–1726 instand gesetzt. Außenbau, insbesondere die Portalöffnungen, durch barocke Putzarchitektur bereichert. Inneres von hölzernem Spiegelgewölbe mit Dekkenmalereien von J. G. Lehmann (1752) überdeckt. Im Schiff Emporeneinbauten über korinthischen Säulen. Hölzerner Altaraufbau mit Schnitzfiguren und Rokokozierat von 1772. Kanzel ebenfalls spätbarock. Orgelprospekt von 1806. Holz- und Sandstein-Grabplatten aus der zweiten Hälfte des 18. Jh.

Ende 1945 bis auf die Umfassungsmauern völlig ausgebrannt. Innenausstattung vernichtet. Das Baudenkmal als Ruine erhalten.

Inventar M.-Strelitz II, S. 353 ff. Schmaltz, S. 34, 86. Dehio/Nordostdeutschl., S. 142. Dehio 1968, S. 86. Hahn, S. 225 (Katalog)

Ehemalige Heiliggeist-Hospitalkapelle (am Neubrandenburger Tor). Rechteckiger frühgotischer Feldsteinbau mit Satteldach zwischen blendengeschmückten Backsteingiebeln. Reste von Spitzbogenblenden an der östlichen Längsfront sowie einer spitzbogigen Dreifenstergruppe in der nördlichen Giebelfront. Verstümmeltes nördliches Giebelfeld mit den Ansätzen von fünf abgetreppten, zweiteiligen Spitzbogenblenden. Im fialenbesetzten Südgiebel acht paarweise angeordnete und gestaffelte einfache Spitzbogenblenden. Außenbau später verputzt und Innenräume hauptsächlich 1864 zu Wohnungen ausgebaut.

Ende April 1945 bis auf die Umfassungswände ausgebrannt. Ruine später abgetragen.

Inventar M.-Strelitz II, S. 262 f. Dehio/Nordostdeutschl., S. 142. Denkmalpflege in Mecklenburg 1952, S. 19. Dehio 1968, S. 86

Rathaus (inmitten des Marktplatzes). Vorgängerbau 1703 vernichtet. Barocker Neubau von 1708 als schlicht gegliederter, zweigeschossiger Baukörper von 9:5 Achsen mit Mansarddach, Frontispiz und Dachreiter. Das frontispizartige Giebelfeld über den drei Mittelachsen ursprünglich segmentbogig gestaltet und 1803 durch flachen Dreieckgiebelschluß ersetzt. Putzflächen durch reiche Fensterfaschen belebt und Gebäudekanten von Quaderlisenen eingefaßt. Gedrungener achtseitiger Dachreiter mit Laternenbekrönung 1851 erneuert. Mittelachse des Gebäudes gegen 1900 durch Hinzufügung einer viersäuligen Balkonanlage betont. Im Obergeschoß des Mittelbaus durchgehender, leicht erhöhter Saal. Barockes Treppengeländer im Flur. – Von den um das Rathaus gruppierten weiteren Gebäuden die Ratsapotheke, ein zweigeschossiger Putzbau, von Belang.

Ende April 1945 wurde die in Verbindung mit der

Friedland
Oben: Nikolaikirche von Südwesten und Norden
Links Mitte: Nikolaikirche von Süden, Zustand 1961
Links unten: Nikolaikirche, Inneres nach Osten
Rechts Mitte: Ehemalige Heiliggeist-Hospitalkapelle, Aufriß der östlichen Längsfront

benachbarten Marienkirche städtebaulich bemerkenswerte Baugruppe zusammen mit der übrigen geschlossenen Marktplatzumbauung vernichtet.

A. Mayer: Geschichte des Großherzogtums Mecklenburg-Strelitz, Neustrelitz 1890, S. 93. Inventar M.-Strelitz II, S. 363 f. W. Burmeister: Mecklenburg (Deutsche Lande – Deutsche Kunst), Berlin 1926, S. 62

Markt 1 (Ecke Turmstraße). Um 1850 nach Entwurf von F. W. Buttel als Wohngebäude errichtet. Reich dekorierter zweigeschossiger Putzbau mit Satteldach in neogotischen Formen. Außenbau mit Zinnenbekrönungen sowie historisierenden Schmuckelementen durch fialenartig erhöhte Pfeilergliederungen mehrachsig zerlegt. Ursprünglich dreieckförmige Fensterschlüsse mit Maßwerk.
Ende April 1945 zerstört.

Göhren (Kreis Strasburg)

Schloß Um 1855 von F. Hitzig erbaut, 1913 von A. Hamann erweitert. Ein mehrteilig gegliederter, aufwendiger Ziegelputzbau von etwa 18 Achsen in neogotischen Formen. Zweigeschossige fünfachsige Flügel im Wechsel mit einem fünfseitig vorgezogenen Mittelbau und turmartig aufgipfelnden dreigeschossigen Eckbauten. Gesamtanlage durch Erker- und Terrassenvorbauten, Pfeilervorlagen, Bogengänge sowie Fial- und Zinnenbekrönungen bereichert.
Gegen Kriegsende 1945 völlig zerstört. Reste später beseitigt.

Wedemeyer, Heft 10–12. Inventar M.-Strelitz II, S. 229 f. Sieber, S. 126 f.

Gollmitz (Kreis Prenzlau)

Dorfkirche Turmloser, flachgedeckter frühgotischer Feldsteinbau des 13. Jh. mit eingezogenem Rechteckchor und nördlichem Sakristeianbau. Blendengeschmückter Ostgiebel. Schlanke Spitzbogenfenster, größtenteils barock verändert. Im Inneren Reste mittelalterlicher Wandmalereien. Außenbau 1883 neu verputzt.
Ende April 1945 infolge von Sprenggeschossen starke Schäden an Umfassungsmauern, Dachstuhl und Flachdecke. Wenig später Einsturz des gerissenen Westgiebels. Seit 1954 Wiederherstellungsarbeiten. Die ehemals reiche Innenausstattung des 18. Jh. (vor allem Altaraufsatz, Kanzel und Emporenfüllungen) nur noch in spärlichen Resten erhalten und zur Wiederverwendung geborgen.

Inventar Prenzlau, S. 61 ff. Dehio 1968, S. 105

Grabowhöfe, Ortsteil Sophienhof (Kreis Waren)

Herrenhaus Bauzeit und Baugestalt unbekannt. Seit Ende 1944 einer der Auslagerungsorte für die Kunstsammlungen der Berliner Museen, die Bestände des Heimatmuseums Waren und Kulturgüter der umliegenden Orte.
Gebäude in den letzten Kriegstagen 1945 durch SS-Einheiten gesprengt. Dadurch unersetzbares Kunst- und Kulturgut des Pergamon-Museums Berlin, fast die gesamten Bestände des Warener Heimatmuseums und verschiedene Kostbarkeiten des umliegenden Kirchenbesitzes (u. a. Altarschrein von Alt-Schönau) vernichtet.

E. Hobusch: Die Müritzlandschaft – Naturschutz- und Erholungsgebiet, in: Neues Mecklenburg, Schwerin 1959, S. 107 f.

Grambow, Ortsteil Ladenthin (Kreis Pasewalk)

Dorfkirche Spätgotischer, mit Feldstein untermischter Backsteinbau des frühen 16. Jh. Einschiffiger flachgedeckter Baukörper mit dreiseitigem Chorschluß und querachsig vorgelegten, tieferliegenden und vierseitig schließenden Polygonalkapellen. Flache Strebepfeiler am Äußeren und spitzbogige Schildbögen im Inneren deuten auf ursprüngliche Einwölbungsabsichten. Spitzbogig geschlossene Fensteröffnungen. Über dem Westgiebel schlanker Dachreiter des 18. Jh. mit geschweiftem Spitzhelm. In der zweiten Hälfte des 19. Jh. erneuert und verputzt.
Am 20. April 1945 durch Kriegseinwirkung (Tieffliegerbeschuß) in Brand geraten und bis auf die Umfassungswände zerstört. Ruine 1953–1955 ohne Dachreiter wiederhergestellt.

Inventar Randow, S. 67. Dehio/Nordostdeutschl., S. 254. Dehio 1968, S. 191

Grambow, Ortsteil Schwennenz (Kreis Pasewalk)

Dorfkirche Spätgotischer Feldstein-Saalbau mit halbrundem Ostschluß aus der Mitte des 16. Jh. Im Westen quadratischer barocker Fachwerk-Turmaufsatz mit kupfergedecktem Helm und offener achtseitiger Laterne. Gebäude 1897, Turmhelm nach Blitzschlag 1930 erneuert.
Barockturm am 22. April 1945 durch Beschuß erheblich beschädigt. 1948 Schäden beseitigt.

Inventar Randow, S. 127 f. Weber, S. 136

Grünberg (Kreis Pasewalk)

Herrenhaus Eingeschossige Dreiflügelanlage des späten 18. Jh. mit Mansarddach, flankiert von zwei freistehenden Kavaliershäusern. In der Hauptachse der Anlage ein zweigeschossiger, später veränderter Mittelrisalit mit Giebeldrei-

Oben: Friedland, Rathaus
Unten: Göhren, Schloß, Zustand um 1900

eck. Von den spärlichen Detailformen nur die durch Pilaster und dreieckförmige Giebelverdachungen bereicherten Mansardfenster der Stirnfronten bemerkenswert.
Während der Kampfhandlungen Ende April 1945 der Nordflügel durch Artillerievolltreffer zerstört. Die ursprüngliche Symmetrie der Gesamtanlage somit wesentlich beeinträchtigt.

Inventar Prenzlau, S. 67. Helmigk, S. 91, 144, 157. Rave, S. 160. Engel/Schlott-Kotschote, S. 249. Dehio 1968, S. 135

Grünow (Kreis Prenzlau)

Dorfkirche Geräumiger, flachgedeckter frühgotischer Feldstein-Saalbau der zweiten Hälfte des 13. Jh. mit querrechteckigem Westturm; letzterer mit dem Kirchenraum ehemals durch eine Spitzbogenöffnung verbunden. Schlicht abgestufte Spitzbogenportale im Westen und Norden. Die Spitzbogenfenster teils nach unten verlängert, teils vermauert. In der Ostwand ehemalige Dreifenstergruppe. Quadratischer Fachwerk-Turmaufsatz des 18. Jh. (Wetterfahne von 1778) mit Pyramidendach und Laternenbekrönung. Einheitliche Innenausstattung: Altaraufsatz mit Renaissancemalereien (um 1600); verwandte Gemäldedarstellungen an Kanzel und Westempore.
Am 24. April 1945 während der Kampfhandlungen (Tiefflieger) in Brand geraten und bis auf die Umfassungsmauern ausgebrannt. Die Inneneinrichtung vernichtet. Wiederherstellung des Schiffes bei moderner Neuausstattung 1955 bis 1960. Turmstumpf vorläufig als Ruine belassen. Erhaltene Glocke von 1606 im eisernen Glockenstuhl nördlich des Turms untergebracht.

Inventar Prenzlau, S. 68 ff. Dehio 1968, S. 135

Iven (Kreis Anklam)

Gutshaus Schlichter eingeschossiger Ziegel-Fachwerkbau des 18. Jh.
Gegen Kriegsende 1945 durch Beschuß zerstört.

Klinkow (Kreis Prenzlau)

Dorfkirche Sorgfältig bearbeiteter, flachgedeckter frühgotischer Feldstein-Saalbau der zweiten Hälfte des 13. Jh. Sockelfase, Traufgesims, Spitzbogenportale, Dreifenstergruppe und Blendengliederung der östlichen Giebelfront erhalten. Fensteröffnungen der Längsfronten größtenteils verändert. Über dem Westgiebel verbretterter quadratischer Turmaufsatz des 18. Jh. mit Spitzhelm. Westliche Backstein-Vorhalle von 1869. Flügelaltar mit Schnitzfiguren von 1522, Spätrenaissance-Kanzel sowie frühbarocker Pastorenstuhl.
Am 27. April 1945 bis auf die Umfassungsmauern und Giebel ausgebrannt und die gesamte Innenausstattung vernichtet. Wiederherstellung bei veränderter Turmlösung 1952 abgeschlossen.

Inventar Prenzlau, S. 89 ff. Dehio/Nordostdeutschl., S. 229. Wiederaufbau der Kirchen in der DDR, S. 185, 211. Engel/Schlott-Kotschote, S. 254. Dehio 1968, S. 176

Krackow (Kreis Pasewalk)

Dorfkirche Sorgfältig bearbeiteter frühgotischer Feldstein-Saalbau der zweiten Hälfte des 13. Jh. mit spätmittelalterlichem quadratischem Westturm. Außenbau in der zweiten Hälfte des 19. Jh. grundlegend umgestaltet und durch Ziegelbauteile (Apsis und Turmoberbau) erweitert. Inneneinrichtung neogotisch.
Die durch Artilleriebeschuß gegen Kriegsende 1945 verursachten zahlreichen Schäden an Ostgiebel, Turmoberbau und Umfassungswänden teilweise behoben. Beseitigung der restlichen Schäden im Zuge der 1972 begonnenen Renovierung im Gange.

Inventar Randow, S. 61 f.

Krackow, Ortsteil Hohenholz (Kreis Pasewalk)

Dorfkirche Frühgotischer Feldstein-Saalbau der zweiten Hälfte des 13. Jh. Am Außenbau Sockelfase, Spitzbogenportale, schlanke östliche Dreifenstergruppe und blendengeschmückter Ostgiebel bemerkenswert. Im Westen quadratischer, ins Achteck übergeführter und laternenbekrönter Fachwerk-Turmaufsatz vom Ende des 17. Jh. Der Innenraum 1881 umgestaltet.
Turmaufsatz während der Kampfhandlungen gegen Kriegsende 1945 durch Beschuß zerstört und das Kirchendach beschädigt. Der Turmabschluß 1949–1951 wiederhergestellt und 1963–1965 neu mit Schiefer verkleidet; gleichzeitig das Turminnere ausgebaut. Renovierung des neueingedeckten Kirchenschiffes 1970 begonnen.

Inventar Randow, S. 52 f. Dehio/Nordostdeutschl., S. 205. Wiederaufbau der Kirchen in der DDR, S. 57. Dehio 1968, S. 182. Weber, S. 135

Krumbeck (Kreis Neustrelitz)

Herrenhaus Ende des 18. Jh. errichteter Putzbau mit Mansarddach, 1905 zweigeschossig erweitert. Gedrungener Turm am Zusammenschluß zwischen Alt- und Neubau.
Gegen Kriegsende 1945 mit ausgelagerten Kunstgegenständen der Schweriner Museen (Gemälde, Porzellan, Steingut) zerstört.

Wedemeyer, H. 13–15. Inventar M.-Strelitz II, S. 178. E. Schuldt: Verlorene Kunstschätze Mecklenburgs, in: Heute und Morgen 2, 1948, S. 83 ff.

Lützlow (Kreis Prenzlau)

Dorfkirche Stattlicher flachgedeckter Feldsteinbau des 13. Jh. mit eingezogenem Rechteckchor und etwas breiterem, querrechteckigem Westturm. Dieser in Backstein neuzeitlich erhöht und das Satteldach durch Walmdach ersetzt. Raumteile des Inneren durch spitzbogigen Triumphbogen und ehemalige Bogenöffnung zwischen Turm und Schiff untereinander verbunden. Bemerkenswerte Granitportale; die Schlitzfenster später vergrößert. Tonnengewölbter, als Patronatsgruft genutzter Sakristeianbau im Norden des Chores bereits 1943 beseitigt.
Während der Kampfhandlungen am 25./26. April 1945 durch Artilleriebeschuß stark beschädigt. Granateinschläge insbesondere am Turmoberbau und Dachstuhl. Nach ersten Instandsetzungsarbeiten 1947 Wiederherstellung des Turmoberbaus 1950. Schiff und Chor 1957 mit neuem Ziegeldach versehen. Abschließende Renovierung des Innenraumes 1958.

Inventar Angermünde, S. 325 f. Dehio 1968, S. 215

Oben: Grünberg, Herrenhaus
Unten: Klinkow, Dorfkirche, nach der Zerstörung und nach dem Wiederaufbau

Lychen (Kreis Templin)

In günstiger, von mehreren Seen umgebener Verkehrs- und Verteidigungslage 1248 durch Markgraf Johann I. von Brandenburg gegründet. Halbkreisförmiger Stadtgrundriß hauptsächlich von zwei parallelen Straßen durchzogen. Bescheidene wirtschaftliche Entwicklung als ehemalige Ackerbürgerstadt. Großer Stadtbrand von 1732.
Bei dem Großbrand gegen Kriegsende 1945 wurde die Wohnbebauung des Stadtkerns, besonders südwestlich und nordöstlich des Rathauses, zu etwa 60% zerstört. Dabei verlor auch die nach 1732 neugestaltete Marktplatzanlage ihr Aussehen. Unter den weiterhin vernichteten und ohnehin nur spärlich vertretenen älteren Bürgerhäusern des 18. Jh. das bald nach 1832 errichtete zweigeschossige Traufenhaus Vogelsang 179 von Belang. Baulücken nach 1945 größtenteils durch Neubauten geschlossen.

J. E. Siedler: Mittelalterlicher und friderizianischer Städtebau in der Mark Brandenburg, in: Zeitschrift des Verbandes des Deutschen Architekten- und Ingenieurvereins 6, 1917, S. 64. G. Metscher: Chronik der Stadt Lychen, Prenzlau 1924. Der Kreis Templin, Berlin-Spandau 1932, S. 41 ff. Inventar Templin, S. 117 ff. F. Röhnisch und F. Wendtlandt: Templin – Lychen – Prenzlau – Uckerseen (Brockhaus-Wanderheft 135), Leipzig 1973, S. 57 ff.

Rathaus (Marktplatzmitte). 1747/48 unter Beteiligung des Stadtbaumeisters A. Schnepmüller errichtet. Freistehender, zweigeschossiger barocker Putzbau von 5:7 Achsen mit Mansarddach. Ausbildung einer nördlichen Hauptfront durch einachsigen pilasterbetonten Mittelrisalit mit Korbbogenportal und Segmentbogenschluß. Deutliche architektonische Abgrenzung zwischen Erd- und Obergeschoß. Erdgeschoß von stichbogigen Rücklagen rhythmisch gegliedert; im Obergeschoß wechseln rechteckige Putzspiegel mit ebensolchen Fenstern. Der zierliche pilastergeschmückte Dachreiter in ähnlicher Ausführung wie am Rathaus des benachbarten Templin.
Gegen Kriegsende 1945 völlig ausgebrannt. 1955 bis 1958 unter Aufgabe des Dachreiters und Veränderung des Daches (Walmdach) wiederhergestellt.

R. Schmidt: Lychener Merkwürdigkeiten, in: Templiner Kreiskalender 1932, S. 28 ff. Inventar Templin, S. 122. Dehio/Nordostdeutschl., S. 309. Müther, S. 122. Engel/Schlott-Kotschote, S. 259. Dehio 1968, S. 217

Malchin (Kreis Malchin)

Der Ort um 1236 auf Veranlassung des damaligen Fürstenhauses von Werle mit Schweriner Recht bewidmet. Planmäßige Stadtanlage mit kreisförmigem Gesamtumriß, gitterartigem Straßensystem und rechteckigem Marktplatz. 1663 Stadtbrand.
Infolge der Kampfhandlungen gegen Kriegsende 1945 wurde die Innenstadt zu etwa 70% durch Brand zerstört. 478 Wohnhäuser fielen den Flammen zum Opfer. Damit ging zugleich die bescheidene historische Restsubstanz älterer Bürgerhäuser, zumeist zweigeschossige Traufenhäuser mit einzelnen schmuckreichen Haustüren aus der Zeit von 1750 bis 1850, verloren: u. a. die an der Nordseite des Marktes gelegenen, später für Hotelzwecke überarbeiteten oder verputzten zweigeschossigen Fachwerkbauten von etwa acht bis zwölf Achsen, das stattliche dreigeschossige, neunachsige Fachwerkgebäude Kalensche-, Ecke Wargentiner Straße sowie einige zweigeschossige, dreiachsige Giebelhäuser mit Krüppelwalmdach in der Achterstraße. Geringfügige Einschußschäden am Turm der Stadtkirche 1950 behoben. Die freien Flächen des Stadtkerns wurden im Verlauf des Wiederaufbaus größtenteils wieder geschlossen.

Leo: Ein historisch-kunstgeschichtlicher Spaziergang durch Malchin, in: Mecklenburg. Monatshefte 5, 1929, S. 240 ff. Dt. Städtebuch/Nordostdeutschl., S. 304 ff.

Ehemalige Heiliggeist-Kapelle Das Heiliggeiststift wohl Ende des 13., Anfang des 14. Jh. gegründet. Kapelle vermutlich in spätgotischer Zeit erneuert; nach jahrzehntelangem Verfall 1577 instand gesetzt. Rechteckiger Saalbau mit Krüppelwalmdach. Der Unterbau in Backstein erhalten, die oberen Teile in Fachwerk ausgebaut. Spätestens seit Mitte des 19. Jh. für profane städtische Zwecke genutzt.
Gegen Kriegsende 1945 als letzte der ehemaligen mittelalterlichen Kapellenbauten der Stadt durch Brand zerstört. Reste 1949/50 beseitigt.

Die Kunst- und Geschichtsdenkmäler des Großherzogthums Mecklenburg-Schwerin, bearb. von F. Schlie, V Die Amtsgerichtsbezirke Teterow, Malchin, Stavenhagen, Penzlin, Waren, Malchow, Röbel, 2. Aufl. Schwerin 1902, S. 106

Giebelhaus (Mühlenstraße). Haus Sense. 1693 erbautes zweigeschossiges Fachwerk-Giebelhaus mit Satteldach und zuletzt sieben Achsen. Rechts vom rundbogig gestalteten Hauseingang ein zweiachsig vorgelegter Erker-Vorbau mit gesondertem Satteldach. Toreinfahrt in der wohl später verbreiterten, linksseitigen Giebelfront. Am Fuß des Giebelfeldes Andreaskreuze.
Gegen Kriegsende 1945 durch Brand zerstört.

Mecklenburg. Monatshefte 12, 1936, S. 349

Mirow (Kreis Neustrelitz)

1227 Gründung einer Johanniter-Komturei südöstlich des Mirower Sees, an die eine sich langsam entwickelnde Ortsbildung anschloß (diese 1919 zur Stadt erhoben). Die ehemaligen Gebäude der Komturei 1742 fast gänzlich durch Brand vernichtet. Das Barockschloß 1749–1760 als Nebenresidenz der mecklenburgischen Herzöge errichtet.
Die Stadt überstand den Krieg ohne wesentliche Schäden, nur die Kirche der Johanniter-Komturei und das Barockschloß wurden in Mitleidenschaft gezogen. Letzteres war kurz vor Kriegsende als militärische Dienststelle genutzt worden; die damit verbundenen zahlreichen Beschädigungen der wertvollen Innenraumdekoration anläßlich der Gesamtrestaurierung 1949–1952 beseitigt.

Inventar M.-Strelitz I, S. 167 ff. Mirow, Festschrift 1227–1927, hrsg. von H. Witte, Mirow 1927. E. Brückner: Schloß Mirow wird Landesaltersheim, in: Denkmalpflege in Mecklenburg, S. 144 ff. A. Wagner: Heimatkundliche Wanderungen (Schriftenreihe des Karbe-Wagner-Archivs, H. 3), Neustrelitz 1968, S. 24 ff.

Stadtkirche Ehemalige Kirche der Johanniter-Komturei. Gotischer Backsteinbau der ersten Hälfte des 14. Jh. mit schlankem einschiffigem und vierjochigem Langhaus sowie einem leicht eingezogenen, fünfseitig schließenden und dreijochigen Polygonalchor. Nach Brand von 1742 barocker Ausbau bis 1744 (Chor und Schiff) bzw. bis 1747 (Turmbau). Chor und Schiff von Strebe-

Oben: Lychen, Luftaufnahme der Stadt
Links unten: Lychen, Rathaus, nach der Wiederherstellung
Rechts unten: Mirow, Stadtkirche, Inneres nach Osten, Zustand 1952

pfeilern umstellt, dazwischen schlanke zweiteilige Spitzbogenfenster und korbbogige Portalöffnungen. Gewölbe nicht erhalten. Barocker quadratischer Turm mit achtseitigem Glockengeschoß von reich gegliederter, laternenbekrönter Haube abgeschlossen. Gesamter Außenbau nachträglich überputzt. Der fünfteilig überwölbte Gruftanbau der nördlichen Längsfront enthält Mauersubstanzen vorangegangener Anbauten. Die einheitliche barocke Innenraumgestaltung aus der Mitte des 18. Jh. mit Voutendecke und Doppelemporen über verputzten hölzernen Säulen. Barocke Altararchitektur; Kanzel in reich geschnitzten Barockformen und herzoglicher Stuhl mit Lambrequinschmuck; barockes Kirchengestühl; Orgelprospekt in Empireformen (1821).
Gegen Kriegsende 1945 bis auf die massiven Mauerteile vollkommen ausgebrannt und die gesamte Innenausstattung vernichtet. Gruftgewölbe erhalten. Wiederaufbau 1948–1951 nach Plänen von Zühlke unter Aufgabe des ursprünglichen Turmabschlusses, statt dessen flaches Notdach. Der moderne Innenraumausbau mit hölzernen Flachdecken.

Inventar M.-Strelitz I, S. 175 ff. Brandt, S. 28. K. Hustaedt: Kirche, Fürstengruft und Schlösser in Mirow, in: Mecklenburg-Strelitzer Heimatblätter 3, 1927, S. 19 ff. Schmaltz, S. 56 f. Dehio/Nordostdeutschl., S. 323. W. Wendland: Kirchenbau in dieser Zeit, Bilder, Berichte und Gedanken zum Neubau und Wiederaufbau, Berlin 1957, S. 18. Wiederaufbau der Kirchen in der DDR, S. 56, 187. Dehio 1968, S. 227. Baier, S. 379

Neubrandenburg
(Stadtkreis Neubrandenburg)

Der an Schnittpunkten frühgeschichtlicher Handelswege und zwischen Tollense- und Datze-Tal gelegene Ort 1248 durch Markgraf Johann von Brandenburg mit dem Stadtrecht von (Alt-)Brandenburg/Havel ausgestattet. Das für planmäßige Neugründungen dieser Art charakteristische gitterförmige Straßennetz mit sich rechtwinklig kreuzenden Straßenzügen, ausgesparter Marktplatzanlage als Mittelpunkt sowie annähernd kreisförmigem Gesamtumriß hier besonders stark ausgeprägt und von seltener Regelmäßigkeit. Die anfänglich nur aus Palisaden, Wällen und Gräben bestehende Verteidigungsanlage etwa ab 1300 durch einen sieben Meter hohen massiven Mauerring mit 53 Wiekhäusern und vier Tortürmen verstärkt. 1292 ging die Stadt mit dem gesamten damaligen Land Stargard in den Besitz der Herzöge von Mecklenburg über. Im 14. und 15. Jh. erster wirtschaftlicher Aufschwung Neubrandenburgs, begünstigt durch Handelsprivilegien und weitreichende Verkehrsverbindungen und bezeugt durch repräsentative baukünstlerische Leistungen (Marienkirche, Stadttore). Im 15. und 16. Jh. wie vielerorts Auseinandersetzungen zwischen Handwerkern und Patriziat um das Mitbestimmungsrecht im Rat. Mehrere große Stadtbrände, insbesondere 1676 und 1732, führten zur beträchtlichen Veränderung des vormaligen Stadtbildes und zum fast gänzlichen Verlust des älteren bürgerlichen Wohnhausbaus. Erst nach Anschluß an das Eisenbahnnetz 1864 wuchs die Stadt langsam über den mittelalterlichen Mauerring hinaus.

Der gitterförmig angelegte historische Stadtkern ging bei den Kämpfen um die Stadt am 29./30. April 1945 mit fast allen Straßenzügen und ihrer geschlossenen Reihenhausbebauung (ausgenommen Große Wollweber- und Pfaffenstraße sowie Teile der Kleinen Wollweber- und Neutorstraße) durch Artilleriebeschuß und Brand verloren. Damit wurden 84% der Bausubstanz, d. h. etwa 600 Gebäude, vernichtet. Die architektonische Anlage des quadratischen Marktplatzes mit Rathaus und Palais wurde vollkommen zerstört, ebenso die Mehrzahl der bis 1945 noch vertretenen Giebelhäuser der Stadt, u. a. in der Darrenstraße, Friedländer Straße (jetzt Straße der DSF), Neutorstraße (Nordseite), Stargarder Straße (jetzt Ernst-Thälmann-Straße) und besonders häufig in der Badstüber- und Turmstraße. Die überwiegende Mehrzahl der verputzten Massiv- bzw. Fachwerk-Wohngebäude bestand jedoch aus zweigeschossigen Traufenhäusern des 18. und 19. Jh. Unter den zerstörten Bürgerhäusern auch die Putzbauten Treptower Straße 7 (Mitte 18. Jh.), Mönchenstraße 7 (zweite Hälfte 18. Jh.) und Krämerstraße 23 (zweite Hälfte 18. Jh.) besonders erwähnenswert. Die Beseitigung der verhältnismäßig geringen unmittelbaren Kriegsschäden am mittelalterlichen Befestigungswerk, die sich hauptsächlich auf den Mauerring und das Stargarder Tor nebst Torwächterhaus beschränkten, bereits in den fünfziger Jahren in Angriff genommen; allerdings waren die meisten der 32 bis Kriegsende erhalten gebliebenen und seit etwa 1595 zu Wohnungen ausgebauten Wiekhäuser 1945 ausgebrannt. Enttrümmerung der Stadt etwa 1950 abgeschlossen. Nachdem Neubrandenburg 1952 Bezirksstadt geworden war, begann gleichzeitig der 1951 beschlossene großzügige Wiederaufbau der Innenstadt unter größtmöglicher Wahrung des überlieferten Stadtgrundrisses und unter teilweiser Anlehnung an historisch-traditionelle Bauformen. 1957 wurde der Neubau der vor dem Stargarder Tor gelegenen Südstadt und 1970 der Neubau des Wohngebietes Neubrandenburg-Ost begonnen. Als architektonische Dominante und Wahrzeichen der heutigen Bezirksstadt erhebt sich auf dem ehemaligen Markt-, jetzigen Karl-Marx-Platz das 1963–1965 errichtete sechzehngeschossige Haus der Kultur und Bildung. Umfangreiche

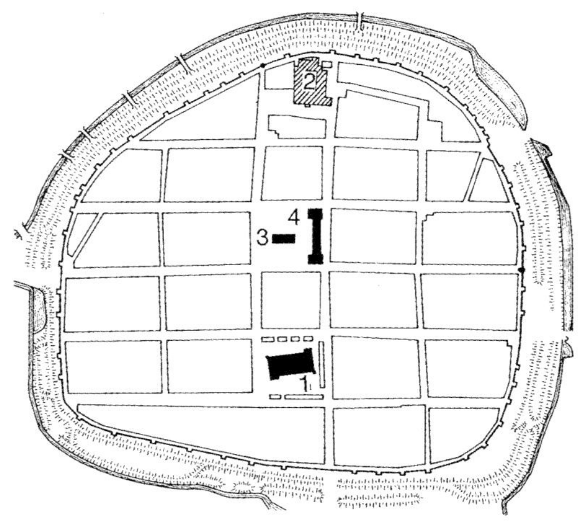

und aufwendige Sicherungs-, Instandsetzungs- und Restaurierungsmaßnahmen wurden 1963 für die gesamte Stadtbefestigungsanlage verstärkt eingeleitet und zum gegenwärtigen Zeitpunkt teilweise abgeschlossen (Neues, Stargarder und Friedländer Tor). Gleichzeitig begann 1963 die abschnittweise Instandsetzung des z. T. schadhaften Mauerzuges, wobei drei Wiekhäuser bisher völlig erneuert und einer neuen gesellschaftlichen Nutzung (Neubrandenburg-Information, Abgeordnetenkabinett des Rates der Stadt, Arbeitskabinett des Schriftstellerverbandes in der DDR) zugeführt werden konnten. Mit diesem bereits teilweise realisierten Gesamtvorhaben ist der Fortbestand der eindrucksvollsten und am vollständigsten erhaltenen mittelalterlichen Stadtbefestigungsanlage im Norden der DDR gewährleistet.

F. Boll: Chronik der Vorderstadt Neubrandenburg, Neubrandenburg 1875. W. Ahlers: Historisch-topographische Skizzen aus der Vorzeit der Vorderstadt Neubrandenburg, Neubrandenburg 1876. K. Wendt: Geschichte der Vorderstadt Neubrandenburg in Einzeldarstellungen, Neubrandenburg 1922. Inventar M.-Strelitz III, S. 6 ff. Dt. Städtebuch/Nordostdeutschl., S. 308 f. H. A. Gräbke: Neubrandenburg (Führer zu großen Baudenkmälern 79), Berlin 1945. Denkmalpflege in Mecklenburg, S. 25. Deutsche Architektur 4, 1955, S. 293 ff. A. Luckow: Neubrandenburg und seine Umgebung, Schwerin 1956. K. Weitsch: Von der Architektur Neubrandenburgs, in: Neue Mecklenburgische Monatshefte 1, 1956, S. 188 ff. (Autorenkollektiv:) Die Stadt Neubrandenburg, Neubrandenburg 1965. R. Lidschun: Neubrandenburg (Kleine Städtereihe), Leipzig 1968. Denkmale der Geschichte und Kultur 1974, S. 245 f. (Autorenkollektiv:) Zu Fragen der neuen gesellschaftlichen Nutzung monumentaler Baudenkmale, Schmalkalden 1974, S. 25 ff.

Links oben: Mirow, Stadtkirche von Süden, nach dem Wiederaufbau
Rechts: Neubrandenburg, Grundriß des Stadtkerns (nach dem Stadtplan von 1860), 1 Marienkirche, 2 Franziskanerkloster, 3 Rathaus, 4 Palais
Links unten: Neubrandenburg, Teil der zerstörten Stadt nach Nordwesten

Marienkirche Hauptpfarrkirche der Stadt. Von einem um 1270 erwähnten kleineren Vorgängerbau, auf dessen Ausbau sich vermutlich eine Weihenachricht von 1298 bezieht, noch Feldsteinmauerreste der ehemaligen Westfront im jetzigen Turmunterbau erhalten. Der großzügig und einheitlich konzipierte Backsteinneubau des 14. Jh. von kathedralhafter Längsdehnung und Richtungsbetonung, abschließend mit gerader Ostwand. Er gehört zur Gruppe der binnenländischen Langhallen und verarbeitet Anregungen hochgotischer Hausteinbauwerke; Detailformen u. a. auch mit den gotischen Bauteilen des Havelberger Domes (zwischen 1280–1330) sowie den Ostteilen der Marienkirche zu Prenzlau (zweites Viertel des 14. Jh.) in Zusammenhang stehend. Die äußerst gestreckte dreischiffige Hallenanlage von neun Jochen in zwei technisch bedingten Arbeitsvorgängen von Ost nach West entstanden und im wesentlichen um die Mitte des 14. Jh. vollendet. Abschließende Arbeiten am später mehrmals veränderten quadratischen, dreigeschossigen Mittelturm der Westfront sowie am östlichen, die innere Raumteilung widerspiegelnden Schmuckgiebel. Dieser ähnlich dem Ostgiebel der Prenzlauer Marienkirche zweischichtig vor die Ostwand gelegt und plastisch reich aufgelöst: zwischen luftigen, staffelförmig aufgipfelnden Fialen mit eingestelltem Pfostenwerk vierteilig gegliederte, spitz- und rundbogig geschlossene Blendengruppen mit durchbrochenen Maßwerkrosetten und Wimpergabschlüssen. Einzelformen des Ziergiebels an den kraftvoll profilierten, teilweise doppelpfortigen Portalanlagen und schlanken vierteiligen Maßwerkfenstern der von Strebepfeilern umstellten Umfassungsmauer vorbereitet und von verschiedenen Toren der Stadt (Stargarder und Treptower Vortor) aufgegriffen. Der kreuzrippengewölbte Innenraum durch enggestellte kreuzförmige Bündelpfeiler in schmale queroblonge Mittelschiffs- und quadratische Seitenschiffsjoche zerlegt. Die Wandstruktur der zweizonig gestalteten Innenwände durch ein bemerkenswertes Laufgangsystem aufgelockert (vgl. Prenzlau). Sockelzone unterhalb des Laufgangs je Joch von breiten Spitzbogennischen mit (später vermauerten) Rundfenstern gegliedert. 1676 (Stadtbrand) Einsturz der Turmbekrönung und Zerstörung der Mittelschiffsgewölbe. Der gotisierende achtseitige Turmaufsatz mit Spitzhelm sowie die ihn begleitenden vier Eckfialen der Turmgalerie aus der Zeit der Wiederherstellung des Gesamtbaus durch F. W. Buttel 1832–1841.

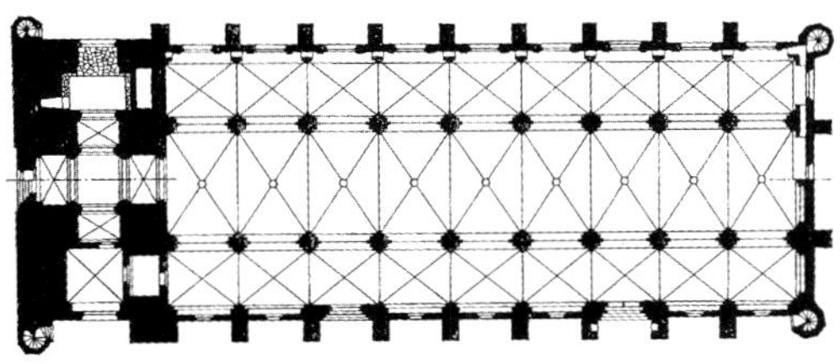

Gesamtanlage während der Kampfhandlungen am 29./30. April 1945 bis auf das massive Gehäuse durch Brand zerstört und die Innenausstattung (hauptsächlich 19. Jh.) völlig vernichtet. Am 29. April wurde zunächst der Turmhelm durch Artillerietreffer entzündet, so daß der gesamte Turmkomplex ausbrannte und die Glocken herabstürzten. Das Feuer griff anschließend auf den Hallenraum über und setzte das dort lagernde Sanitätsmaterial in Brand, womit Ausstattung und Dachstuhl verlorengingen. Die durch den Brand und herabfallende Dachteile beeinträchtigten Gewölbe und Freipfeiler stürzten bei einem Sturm Ende 1945 größtenteils ein, während die vorerst stehengebliebenen beiden östlichen

Neubrandenburg, Marienkirche
Links: Grundriß
Rechts oben: Ostgiebel
Rechts unten: Inneres nach Osten und Äußeres von Südosten, Zustand 1956

Pfeilerpaare mit den entsprechenden Gewölberesten ebenso wie die Reste des Daches bei neuerlichem Sturm 1948 nachstürzten. Der außerordentlich wertvolle Schaugiebel blieb mit Ausnahme der 1945 zerschossenen und 1948 herabgefallenen mittleren Fialenbekrönung bis heute erhalten.
Enttrümmerung des Geländes 1945–1950. Die seit 1950/51 erfolgten Sicherungsarbeiten beschränkten sich im wesentlichen auf die statische Absicherung des Ostgiebels sowie auf den helmlosen Turmstumpf, der um 1967 ein flaches Kupferdach erhielt. Restbestand der spätgotischen Wandmalereien (Jüngstes Gericht) 1952 mit einem Schutzdach versehen. Wiederherstellung für neue gesellschaftliche Nutzung vorgesehen.

Schmaltz, S. 53 ff. Inventar M.-Strelitz III, S. 17 ff. Wolff, S. 24 f. S. Thurm: Norddeutscher Backsteinbau, Gotische Hallenkirchen mit dreiapsidialem Chorschluß (Forschungen zur deutschen Kunstgeschichte 4), Berlin 1935, S. 16 ff. Dehio/Nordostdeutschl., S. 333 f. H. A. Gräbke: Neubrandenburg (Führer zu großen Baudenkmälern 79), Berlin 1945, S. 12 ff. Clasen, S. 50, 57. E. Brückner: Die St. Marienkirche zu Neubrandenburg (Das Christliche Denkmal 11), Berlin 1957. E. Unger: Chorgestaltung und Ostgiebel der Hauptkirchen von Gransee, Prenzlau, Wittstock und Neubrandenburg, in: Jahrbuch für brandenburgische Landesgeschichte 8, Berlin 1957, S. 35 ff. N. Zaske: Hinrich Brunsberg, ein ordenspreußischer Baumeister der Spätgotik, in: Baltische Studien NF 44, Hamburg 1957, S. 64 ff. N. Zaske: Die St. Marienkirche zu Greifswald und der märkische Einfluß im nördlichen Quartier der Hanse, in: Baltische Studien: NF 45, Hamburg 1958, S. 86 ff. Wilde, S. 238 ff. Zaske 1961, S. 97 ff. E. Lehmann: Bemerkungen zu den beiden Vorgängerbauten der spätgotischen Nikolaikirche zu Berlin, in: Die älteste Baugeschichte der Nikolaikirche in Alt-Berlin. Berlin 1963, S. 89 ff. Wiederaufbau der Kirchen in der DDR, S. 215. Dehio 1968, S. 235 ff. Hahn, S. 270 (Katalog). Zaske 1968, S. 70 ff. Baier, S. 379 f.

Rathaus (inmitten des quadratischen Marktplatzes). Errichtet zwischen 1737 und 1747 als Erneuerungsbau eines 1676 und 1737 durch Brände zerstörten Renaissancegebäudes von 1585–1588 mit Bauresten des mittelalterlichen Rathauses aus der ersten Hälfte des 14. Jh. Wiederaufbau u. a. nach Entwürfen von J. Löwe. Anspruchsloser dreigeschossiger Putzbau von 9:3 Achsen. Inmitten des Mansarddaches schlanker Dachreiter mit geschwungener Haube und Laternenbekrönung. Die Wandgliederung später vereinfacht. Schlichte Fensteröffnungen in unregelmäßigen Achsengruppierungen. Im Inneren der zweischiffigen, über vier Säulen kreuzgratgewölbten mittleren Eingangshalle Reste von Wandgliederungen aus Backstein und Terrakotta in den Formen der Frührenaissance: viergliedrige Pilasterstellung mit korinthisierenden Akanthuskapitellen sowie reich durchgebildete Portalanlage mit Sitznischen und profiliertem Rundbogenschluß. Unter den Tonnen- und Kreuzgratgewölben des Kellergeschosses mittelalterliche Gewölbereste. Die übrigen Räumlichkeiten flachgedeckt und mit Ausnahme einer Stuckdecke im Erdgeschoß größtenteils schmucklos bzw. seit 1865 überarbeitet.
Am 29./30. April 1945 bis auf Umfassungsmauern und Renaissanceteile der mittleren Eingangshalle zerstört. Ruine später beseitigt.

K. Wendt: Neubrandenburger Rathaus, ein Beitrag zu seiner Baugeschichte, in: Mecklenburg. Landeszeitung 1928, Nr. 254, 258, 264. Inventar M.-Strelitz III, S. 77 ff. Dehio/Nordostdeutschl., S. 334

Neubrandenburg
Links: Marienkirche, nördliche Pfeilerreihe mit Blick in das südliche Seitenschiff
Rechts oben: Marienkirche, Inneres nach Westen
Unten: Rathaus mit Palais

Ehemaliges Herzogliches Palais Nach 1918 Verwaltungsgebäude und Fritz-Reuter-Museum. Als architektonischer Abschluß der Marktplatzostseite in zwei Bauabschnitten 1775–1786 und 1788/89 (Erweiterungsbau durch H. Ch. Wier) errichtet. Nüchterne Dreiflügelanlage mit langgestrecktem dreiundzwanzigachsigem Haupttrakt und kurzen Seitenflügeln als zweigeschossiger verputzter Fachwerkbau mit Mansarddach aufgeführt. Ingenieur S. Heine und Bildhauer S. Gehle vermutlich am Bau beteiligt. Klassizistischer Umbau Anfang des 19. Jh. unter Mitarbeit von Ch. Ph. Wolff. Die ursprüngliche Fassadengestaltung vereinfacht. Erhöhter dreiachsiger Mittelrisalit sowie frontispizartige Stirn- und Seitenfronten der Endflügel durch flache klassizistische Dreieckgiebel abgeschlossen. Vor dem von Oval- und Rundbogenöffnungen durchbrochenen Mittelrisalit klassizistische Balkonanlage über vier dorischen Säulen. Das nördliche Giebelfeld um 1914 in ursprünglicher Form als Segmentbogengiebel wiederhergestellt. Im Inneren zwei durch einen Mittelkorridor getrennte Raumfluchten an Markt- und Straßenfront. Die zur Marktseite gerichteten Repräsentationsräume durch Flügeltüren untereinander verbunden. Treppenanlagen beiderseits des Vestibüls sowie in den Seitenflügeln. Im Obergeschoß des Mittelrisalits hoher, geräumiger Festsaal mit pilastergegliederten Wandflächen. Daneben intime Gemächer, so das Blaue Audienzzimmer oder Silberzimmer (Gelbes Zimmer): Wandflächen zwischen vasenbekrönten kannelierten Pilastern mit Goldbrokat und Gitterwerk geschmückt. Die Mehrzahl der Räumlichkeiten im 19. Jh. und besonders nach 1918 umgestaltet, so daß der einheitliche Charakter weitgehend verlorenging; auch die ehemalige Schloßkapelle war bereits vor 1945 beseitigt.
Am 29./30. April 1945 durch Brand völlig zerstört. Bestände des Fritz-Reuter-Museums größtenteils verloren.

Brandt, S. 21, 29. H. K. P.: Das Neubrandenburger Palais einst und jetzt, in: Mecklenburg. Landeszeitung 1926, Nr. 2. Inventar M.-Strelitz III, S. 115 ff.

Altes Belvedere (Beguinenstraße). Seit 1815 Logenhaus. Erbaut 1775 als herzogliches Sommerhaus am Brodaer See, um 1794 in die Beguinenstraße versetzt. Eingeschossiger Fachwerkbau von neun Achsen mit Sockelzone und Satteldach. Dreiachsiger Mittelrisalit von Dreieckgiebel abgeschlossen. Zweiflügelige Haustür im Louis-Seize-Stil. Das Innere später verändert.
Ende April 1945 zerstört.

Inventar M.- Strelitz III, S. 120 ff.

Bürgermeister-Brückner-Haus auch Hahnsches Palais (Kleine Wollweberstraße 3). Später städtisches Verwaltungsgebäude und Polizeidirektion. Errichtet 1798 im Auftrage des Bürgermeisters Hans Christian Toll. Monumentaler zweigeschossiger klassizistischer Putzbau von elf Achsen mit Drempelgeschoß und Bohlendach. Die Vorderfront massiv, alles übrige sowie der erhaltene rechtsseitige Hofflügel in verputztem Fachwerk ausgeführt. Die kraftvoll gegliederte Hauptfront mit leicht vorgezogenen, dreiachsigen Mittel- und einachsigen Seitenrisaliten. Wandflächen

Neubrandenburg
Oben: Blick vom Marienkirchturm auf Marktplatz mit Rathaus und Palais
Links: Ehemaliges Herzogliches Palais, Vestibül und Audienzzimmer
Rechts: Ehemaliges Herzogliches Palais, Silberzimmer und Festsaal

durch horizontale Fensterverdachungen, Rundmedaillons sowie Reliefstreifen mit figürlichen Darstellungen belebt. Über dem Mittelrisalit flaches attikaartiges Giebeldreieck. Innerhalb des Mittelrisalits Vestibül und Treppenhaus mit dreiläufiger Treppenanlage. In den Räumen des Obergeschosses Tapeten sowie Wand- und Deckenmalereien im Direktoirestil.
Ende April 1945 zerstört.
Brandt, S. 21, 29. Inventar M.-Strelitz III, S. 124 ff.

Gymnasium (Große Wollweber- bzw. Schulstraße). Errichtet 1826. Zweigeschossiger klassizistischer Putzbau von elf Achsen mit flachem Walmdach. Als Hauptakzent die fünfachsig vorgelegte Tempelfront mit Architrav und Dreieckgiebel über sechs Pilastern römischer Ordnung; an den Gebäudekanten in Eckpilastern ausklingend. Die horizontale Lagerung der Fassade durch reich entwickelte Trauf- und Gurtgesimse betont.
Ende April 1945 bis auf die Umfassungsmauern zerstört. Ruine später beseitigt.
Inventar M.-Strelitz III, S. 122 f.

Marienkirchplatz 4 und 5 Zwei nebeneinanderstehende verputzte Fachwerkgebäude als Beispiele älterer Giebelhausgestaltung vom Ende des 17. Jh. Zwei- bzw. dreigeschossige Giebelhäuser von drei bis vier Achsen mit zweiachsigen Erkervorbauten (Utluchten). Alle Bauteile durch gesonderte Satteldächer gedeckt. Oberstes Geschoß des Hauses Nr. 4 leicht vorgekragt. Schmale durchgehende Dielenräume im Erdgeschoß beider Gebäude.
Ende April 1945 zerstört.
Inventar M.-Strelitz III, S. 128 f.

Treptower Straße 8 »Rokokohaus«. Zweigeschossiger, elfachsiger Putzbau der zweiten Hälfte des 18. Jh. mit Mansarddach. Frontispizartig erhöhter, dreiachsiger Mittelrisalit von Volutengiebel mit geschwungener Umrißlinie bekrönt. Erdgeschoß durch Lagerfugen belebt. Am Obergeschoß Quaderlisenen und Putzspiegel unter faschenumrahmten Fensteröffnungen. Differenziertere Detailbildungen der Fassade teilweise beseitigt oder erneuert. Im Inneren zweiläufige Treppenanlage mit Balustergeländer sowie im Obergeschoß ein vierfenstriger Saal mit Deckendekorationen bemerkenswert.
Ende April 1945 zerstört.
Inventar M.-Strelitz III, S. 123 f. K. Weitsch: Von der Architektur Neubrandenburgs, in: Neue Mecklenburg. Monatshefte 1, 1956, S. 190

Turmstraße 7 Um 1800 errichtetes Bürgerhaus von ähnlich schweren klassizistischen Formen wie das Bürgermeister-Brückner-Haus. Elfachsiger, von Eckrisaliten begrenzter Putzbau mit Mansarddach. Fensteröffnungen des Erdgeschosses durch derbe Sohlbänke auf Konsolen und rosettengeschmückte Lünettenblenden eingefaßt. Das Traufgesims von paarweise gruppierten Konsolen getragen.
Ende April 1945 zerstört.
Inventar M.-Strelitz III, S. 127

Neubrandenburg
Oben: Bürgermeister-Brückner-Haus, Festsaal und Hauptfront
Links unten: Gymnasium
Rechts unten: Marienkirchplatz 5 und 4

Neustrelitz
mit Stadtteil (Alt-)Strelitz
(Kreis Neustrelitz)

Die ursprüngliche dörfliche Siedlung Strelitz 1349 zur Stadt erhoben. Die bescheidene ökonomische Entwicklung zur kleinen Ackerbürgerstadt mehrmals, so 1575 und 1619, durch Brände gestört. 1701 wurde der Ort Sitz der Herzöge von Mecklenburg-Strelitz, gleichzeitig die südöstlich der Stadtanlage befindliche, ehemals mittelalterliche Wasserburg Strelitz zu einem Residenzschloß umgestaltet. Das 1712 mit sämtlichen Nebengebäuden niedergebrannte Schloß konnte in der Folgezeit nicht wiederhergestellt werden. Daher ab 1726 Aufbau einer neuen Residenz im benachbarten Glieneke, wo seit 1733 zugleich die von Chr. J. Löwe nach barocken Grundprinzipien konzipierte regelmäßige Stadtanlage mit zentralisierendem, achtstrahligem Straßensystem und einheitlicher Wohnbebauung entstand, die den Namen Neustrelitz erhielt. Die wirtschaftlichen Entwicklungsmöglichkeiten der landesherrlichen Neugründung blieben infolge zahlreicher administrativer Eingriffe des Fürstenhauses beschränkt. Erst ab 1880 Erweiterung der Stadtanlage in nordöstlicher und südöstlicher Richtung. 1932 wurde die bis dahin selbständige Stadt (Alt-) Strelitz mit Neustrelitz zusammengelegt.
Der rechteckig umrissene Stadtkern von (Alt-) Strelitz wurde mitsamt der Marienkirche, dem Rathaus, den vorherrschend zweigeschossigen Traufenwohnhäusern sowie einzelnen bemerkenswerten Gebäuden nordöstlich der Stadtanlage Ende April 1945 (bis auf geringe Teile der Randbebauung) zu etwa 85% zerstört. Damit ging die nach dem Totalbrand von 1619 gestaltete Grundstruktur der Innenstadt weitgehend verloren. Demgegenüber büßte Neustrelitz selbst außer der Schloßanlage nur einzelne Repräsentativbauten in unmittelbarer Nähe des Schlosses ein. Geringere Kriegsschäden an Schloßkirche und Orangerie wurden in den fünfziger Jahren behoben.

K. Ch. A. H. Kamptz: Versuch einer Topographie der Herzoglichen Residenzstadt Neustrelitz, Neubrandenburg 1792 (Neuausgabe Neustrelitz 1833). Inventar M.-Strelitz I, S. 53, 115 ff. Wagner 1938. Dt. Städtebuch/ Nordostdeutschl., S. 313 f., 335 f. Denkmalpflege in Mecklenburg, S. 27. H. Mansfeld: Gherd Evert Piloot, ein Baumeister der Spätrenaissance in Mecklenburg, in: Denkmalpflege in Mecklenburg, S. 56 ff. A. Wagner: Neustrelitzer Stadtführer, Neustrelitz 1965. A. Wagner: Aus dem alten Neustrelitz (Schriftenreihe des Karbe-Wagner-Archivs, H. 2), 2. Aufl. Neustrelitz 1968

Stadtteil (Alt-)Strelitz

Marienkirche (auf dem ehemaligen Marktplatz). 1724–1730 von Ch. J. Löwe über Fundamenten des mittelalterlichen Vorgängerbaus errichtet. Dreischiffiger, verputzter Ziegel-Fachwerkbau von sieben Jochen mit polygonalem Chorschluß und querrechteckigem Westturm in Breite des Mittelschiffs. In der Querachse des Gebäudes je ein Treppenhaus mit Giebeldreieck und Satteldach vorgelagert. Über dem Kirchenmittelschiff großflächiges Satteldach; über den schmalen Seitenschiffen Pultdächer. Der ursprünglich quadratische Turm 1798 rechteckig und massiv ummantelt. Der Turmaufsatz von geschwungener Haube und offener achteckiger Laterne bekrönt. Im Inneren Seitenschiffe mit Emporeneinbauten, durch sieben Rundbogenarkaden über geviertförmigen Stützen mit Pilastervorlagen und korinthischen Kapitellen zum Hauptraum geöffnet. Westempore von stuckierten Karyatiden gestützt. Hölzernes überputztes Spiegelgewölbe im Mittelschiff; die sich unterordnenden Seitenschiffe dagegen flachgedeckt. Außen- und Innenbau 1868 bis 1870 restauriert. An Einbauten bemerkenswert: Altarschranken von 1724–1730, Orgelgehäuse von 1728 und Altaraufbau von 1772.
Am 30. April 1945 mitsamt der Inneneinrichtung vernichtet.

Inventar M.-Strelitz I, S. 122 ff. Schmaltz, S. 80 f. Dehio/Nordostdeutschl., S. 8

Rathaus Zweigeschossiger, siebenachsiger Putzbau des 19. Jh. mit Krüppelwalmdach und giebelbekrönter Portalvorlage.
Am 30. April 1945 zerstört.

Inventar M.-Strelitz I, S. 133

Brandenburger Tor Zweigeschossiger, verputzter Fachwerkbau des 18. Jh. mit Frontispiz über rechteckiger Durchfahrt.
Am 30. April 1945 als letztes der ursprünglich drei Stadttore vernichtet.

Inventar M.-Strelitz I, S. 133

Rotes Haus auch Sanderssches Haus (Fürstenberger Straße 23). Errichtet 1713 als Prinzessinnenhaus; im 19. Jh. Wohnhaus des Sprachwissenschaftlers Daniel Sanders. Zweigeschossiger, verputzter Fachwerkbau. Im Inneren dreifenstriger Saal mit stuckierter Decke und Kaminvorlage.
Am 30. April 1945 zerstört.

Inventar M.-Strelitz I, S. 133

Weißes Haus auch Landrostei-Haus (auf der ehemaligen Amtsfreiheit). Errichtet 1716 als Beamtenwohnhaus. Zweigeschossiger Putzbau mit Eckquaderlisenen, dreiachsigem Mittelrisalit und nachträglichen seitlichen Anbauten. Reich dekorierte architektonische Portalumrahmung, Fensterfaschen und Spiegelflächen betonen die Mittelachsen. Im Inneren mehrere barocke Stuckdecken mit Wappenschilden und figürlichen wie vegetabilischen Darstellungen.
Am 30. April 1945 zerstört.

Inventar M.-Strelitz I, S. 131 f.

Stadtteil Neustrelitz

Schloßkomplex Ab 1920 Landesarchiv, Landesbibliothek und Landesmuseum. Umfangreiche, mehrteilige Gebäudegruppe des 18. bis 20. Jh. Hervorgegangen aus dem 1710/11 in Fachwerk errichteten herzoglichen Jagdhaus Glieneke und beschleunigt ausgebaut nach Brand des vormaligen Residenzschlosses zu Strelitz (1712). Der zweigeschossige Fachwerkbau vor allem 1726 bis 1731 von Ch. J. Löwe und Borchmann zum Sitz der Herzöge von Mecklenburg-Strelitz erweitert und etwa 1755–1776 unter Erneuerung der Innenraumstruktur zu einem dreigeschossigen Massivbau umgestaltet. Weitere Veränderung des Außen- und Innenbaus seit 1817 durch Ch. Ph. Wolff und F. W. Buttel. 1865 grundlegender Umbau des östlichen Schloßflügels durch F. W. Buttel und A. Stüler (Entwurf).
Der im 19. Jh. stark veränderte spätbarocke Altbau des 18. Jh. als dreigeschossige Dreiflügelanlage mit Cour d'honneur und sich unterordnenden, symmetrisch ausgerichteten Nebengebäuden auf dem Schloßvorplatz ausgeführt. Das dreizehnachsige Corps de Logis enthält in der Hauptachse die charakteristische Raumdistribution aus Vestibül mit seitlichen Treppenhäusern, dahinterliegendem Gartensaal und darüberliegendem Festsaal. Zur Hoffront ein vorgezogener,

Neustrelitz
Oben: Marienkirche, Inneres nach Westen mit Orgel
Unten: Schloßkomplex, Luftaufnahme

pilastergegliederter und attikabekrönter Mittelrisalit mit gerundeten Ecken sowie einem über den drei Mittelachsen liegenden Dreieckgiebelschluß. In Erdgeschoßhöhe ein der gesamten Front vorgelagerter offener klassizistischer Säulengang. Die Mittelachse der Gartenfront lediglich durch wappengeschmückten Dreieckgiebel und im 19. Jh. vorgesetzten viersäuligen Portikus betont. In Dachmitte ein klassizistischer Turmaufsatz in Monopterosform. Die langgestreckten, vierzehnachsigen Seitenflügel an den Stirnfronten in pavillonartigen Baukompartimenten endend, aufnehmend im Osten eine Schloßkapelle (um 1865 beseitigt), im Westen einen Konzertsaal. Das Erdgeschoß der Anlage durch Putzquaderung belebt, die beiden Obergeschosse in gleichmäßigem zweiachsigem Rhythmus von Doppelpilastern dorischer und ionischer Ordnung straff gegliedert. Demgegenüber an dem 1865 umgestalteten Ostflügel im Obergeschoß kannelierte ionische Halbsäulen und Balustradenabschluß, an dem um ein viertes Geschoß erhöhten Stirnpavillon Hermengliederung. Die Innenraumgestaltung des 18. Jh. mehrfach geändert, so u. a. 1791–1793 unter Leitung H. Ch. Wiers, 1802–1805, um 1817, 1825/26, 1840–1850 und schließlich 1905–1909. Am Innenausbau des 18. Jh. beteiligt M. Kambly, S. Gehle, J. Luchner sowie später J. W. Niedlich (Deckengemälde), G. Schadow (Kamin) und Ch. Ph. Wolff (Bildhauerarbeiten). Reste repräsentativ-barocker Raumkunst blieben im Königszimmer (holzgeschnitzter vergoldeter Rokokozierat der Decke) sowie in dem durch zwei Geschosse reichenden, 1905 bis 1909 umgestalteten Konzertsaal (korinthische Pilaster und Waffenembleme) erhalten. Die Mehrzahl der Räumlichkeiten jedoch seit 1790 und besonders seit 1817 im klassizistischen Geschmack eingerichtet. Verschiedene Räume des Ostflügels offenbar von englischen Kunsthandwerkern mit eingelegten Fußböden, Marmorkaminen sowie Wand- und Deckendekorationen in Anlehnung an antikisierende Vorbilder und Motive englischer Gotik ausgestaltet. – Westlich des Altbaus der um einen Binnenhof gruppierte großzügige Erweiterungsbau, ausgeführt 1905–1909 nach Plänen A. Geyers unter Einbeziehung des alten Westflügels. Die dreigeschossige neobarocke Anlage an der Parkseite mit einem Turmbau nach dem Vorbild der Schloßkuppel zu Charlottenburg. Die Innenräume vorwiegend im prunkhaften Stil der Jahrhundertwende.

Die beiden Pavillons südlich des Schlosses als selbständige, symmetrisch angeordnete Nebengebäude den Schloßvorplatz flankierend. Die 1720–1731 von Ch. J. Löwe errichteten eingeschossigen, siebzehnachsigen Putzbauten 1828 bis 1834 durch F. W. Buttel um ein Geschoß erhöht und klassizistisch umgestaltet. Die Fassaden von stark vorgezogenem, dreiachsigem Mittelrisalit unterbrochen; im Obergeschoß als ionischer Säulenportikus ausgebildet. Die kannelierten Säulen mit Terrakotta-Kapitellen nach dem Vorbild des Tempels der Minerva Pollias zu Priene. Im Inneren des östlichen Pavillons Wand- und Deckenmalereien im pompejanischen Stil.

Die Parkanlagen mit der Mittelachse auf den Schloßbau bezogen: im Süden der Tiergarten von 1721, im Norden der von Ch. J. Löwe angelegte, ursprünglich barocke, seit 1790 im eng-

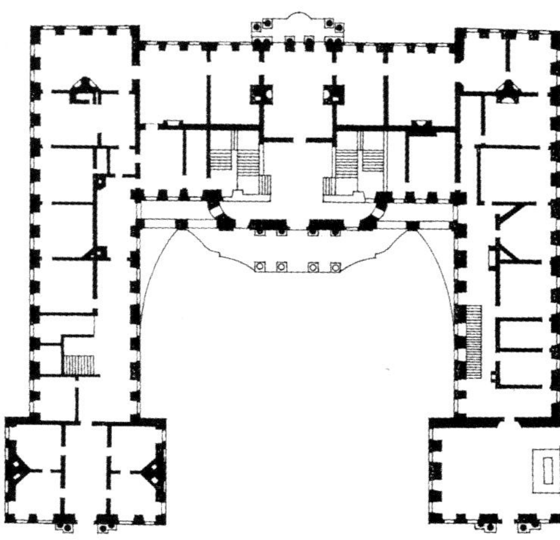

lischen Geschmack veränderte Schloßpark. Anfang des 19. Jh. die sogenannte Schloßkoppel in den Landschaftspark einbezogen.

Der Schloßkomplex am 24. März 1945 durch Sprengbomben beschädigt und am 30. April 1945 total ausgebrannt. Ruine 1947–1950 beseitigt. Der östliche Pavillon am 30. April 1945 zerstört (der andere erhalten, desgleichen von den zum Schloßbezirk gehörenden Gebäuden u. a. »Weißes Herrenhaus«, Marstall und Orangerie). Mehrere Gartenarchitekturen und -plastiken 1945 beschädigt oder zerstört, so im Schloßpark die Marmornachbildung der Ildefonsogruppe sowie eine seitlich stehende korinthische Marmorsäule;

Neustrelitz, Schloß
Links oben: Teil des Neubaus von Westen
Rechts oben: Stadtseite des Ostflügels mit Blick auf Gartenfront und Schloßturm

Rechts unten: Grundriß des Altbaus, Zustand zweite Hälfte des 18. Jh.
Links Mitte: Thronsaal des Herzogs Georg und Schlafzimmer des Herzogs Carl
Links unten: Pavillon am Schloß

in der Schloßkoppel der sogenannte Hobebrunnen (ein dem Schöpfer dieses Landschaftsbezirkes Eugen von Hobe gewidmetes und vermutlich von Ch. Ph. Wolff um 1813 gearbeitetes Sandstein-Denkmal in Form einer abgestumpften Pyramide) vernichtet, im Tiergarten der 1811 von Ch. Ph. Wolff errichtete Pulverturm durch Brand beschädigt (Kuppelabschluß).

K. Ch. A. H. Kamptz: Versuch einer Topographie der Herzoglichen Residenzstadt Neustrelitz, Neubrandenburg 1792. K. Hustaedt: Bauliches aus Neustrelitz, in: Mecklenburg 10, 1915, S. 51 ff. Inventar M.-Strelitz I, S. 32 ff. Brandt, S. 14, 29. K. Hustaedt: Baugeschichte des Schlosses zu Neustrelitz, in: Mecklenburg-Strelitzer Heimatblätter 9, H. 1, 1933, S. 1 ff. K. Hustaedt: Aus der Neustrelitzer Schloßkoppel, in: Mecklenburg-Strelitzer Heimatblätter 9, H. 2, 1933, S. 34 ff. Wagner 1938, S. 9 ff. Dehio/Nordostdeutschl., S. 342. Sieber, S. 115 f. Dehio 1968, S. 252 f.

Altes Palais (östlich der Schloßanlage). Zuletzt Gesundheitsamt. In der zweiten Hälfte des 18. Jh. errichtetes zweigeschossiges, verputztes Fachwerkgebäude von vierzehn Achsen. Im Obergeschoß zopfiger Kamin-, Wand- und Deckenzierat. Ebenso schlicht der von Ebel 1798 hinzugefügte elfachsige Gebäudetrakt der Schloßstraße (jetzt Gutenbergstraße). Vorderfront durch Attika mit Blindfenstern erhöht. Innenraumgestaltung im 19. Jh. stark verändert.
Am 30. April 1945 zerstört.

Inventar M.-Strelitz I, S. 50. Wagner 1938, S. 31

Kollegiengebäude (östlich der Schloßanlage). Seit 1933 Landratsamt. 1810 als Palais der Prinzessin Friederike von Solms-Braunfels begonnen und um 1818–1820 durch Ch. Ph. Wolff für die Regierungskollegien vollendet. Zweigeschossiger, siebzehnachsiger klassizistischer Putzbau von ausgewogenen Proportionen mit einer doppelstöckig vorgelegten, fünfachsigen Säulenvorhalle römisch-dorischer Ordnung. Stockwerkbetonende Fassadengliederung durch Triglyphenfries unter dem Ansatz des Walmdaches und Putzbänder zwischen beiden Fensterreihen. Säulen, Architrav und wappengeschmücktes Giebelfeld der Vorhalle aus sächsischem Sandstein. Im Inneren klassizistische Wand- und Deckendekorationen aus Stuck.
Am 30. April 1945 bis auf die Säulenvorhalle und Teile der Vorderfront zerstört. Reste 1951 abgetragen.

Inventar M.-Strelitz I, S. 51. K. Hustaedt: Christian Philipp Wolff, ein Mecklenburg-Strelitzer Hofbaumeister und Bildhauer, in: Mecklenburg-Strelitzer Heimatblätter 7, H. 4, 1931, S. 53 ff. Wagner 1938, S. 32

Landestheater (westlich der Schloßanlage). Jetzt Friedrich-Wolf-Theater. Das aus einem barocken Reithaus von 1755–1759 hervorgegangene und 1775 zum Hoftheater umgestaltete Gebäude erneut 1822/23 durch F. W. Buttel im Inneren grundlegend verändert. Nach vernichtendem Großbrand 1924 Theaterneubau 1925 bis 1928 nach Plänen von M. Littmann. Der großzügige, aus kubischen Einzelkompartimenten bestehende Außenbau zu wirkungsvoller, vom Bühnenhaus leicht überlagerter kompakter Baumasse zusammengefügt, die in ihrer Geschlossenheit lediglich durch den säulengetragenen Portikus der Eingangsfront unterbrochen wird. Übersichtliche, zurückhaltende Innenraumgestaltung mit einrangigem Zuschauerraum und Wandelhalle.
1945 vollkommen ausgebrannt. 1952/54 nach Entwürfen von G. Böckler, E. Conell und F. Torka unter größtmöglicher Beibehaltung des Äußeren wiederaufgebaut. 1954 Wiedereröffnung des Hauses. Auch das 1945 zerstörte benachbarte Proben- und Werkstattgebäude des Theaters wiedererrichtet.

Inventar M.-Strelitz I, S. 48 f. F. Eiselen: Das Landestheater in Neustrelitz i. M., in: Deutsche Bauzeitung 62, 1928, S. 457 ff. A. Wagner: Beiträge zur Theatergeschichte von Neustrelitz 1726–1848 (Schriftenreihe des Karbe-Wagner-Archivs Neustrelitz, H. 4–5), Neustrelitz 1969

Von Schevesches Haus (Schloßstraße 7, jetzt Gutenbergstraße). Errichtet in der zweiten Hälfte des 18. Jh., umgestaltet 1905. Zweigeschossiger Putzbau von neun Achsen mit giebelbekröntem dreiachsigem Mittelrisalit. Fassade durch Ecklisenen und Putzband gegliedert; in Erdgeschoßhöhe gequadert. Korbbogiger Haupteingang des Mittelrisalits 1905 an die Hoffront verlegt.
1945 zerstört.

Inventar M.-Strelitz I, S. 61

Friedhofskapelle (auf dem Alten Friedhof an der Strelitzer Straße). Kleiner Fachwerk-Zentralbau von 1785 mit Laternenbekrönung.
1945 beschädigt und beseitigt. Auf der Friedhofsanlage von 1769 ferner große Verluste unter den Grabdenkmälern vom Ende des 18. bis Anfang des 19. Jh. Das Gelände anschließend bebaut.

K. Hustaedt: Der alte Friedhof in Neustrelitz, in: Neustrelitzer Zeitung 1911, Nr. 193 ff. K. Hustaedt: Grabmalkunst auf dem alten Friedhof in Neustrelitz, in: Mecklenburg 2, 1916, S. 23 ff. Inventar M.-Strelitz I, S. 61 f.

Ehemalige Fasanerie spätere Gastwirtschaft (an der Strelitzer Straße). Schlichter eingeschossiger barocker Putzbau mit giebelbekröntem zweigeschossigem Mittelrisalit. Im Oberbau durchgehender Saal.
1945 im Ober- und Dachgeschoß durch Brand stark beschädigt, Reste beseitigt.

Inventar M.-Strelitz I, S. 51. Dehio 1968, S. 253

Neustrelitz
Oben: Kollegiengebäude
Links unten: Friedhofskapelle
Rechts unten: Von Schevesches Haus mit Altem Palais, Zustand um 1900

Pasewalk (Kreis Pasewalk)

Entwicklung zur Stadt gegen Mitte des 13. Jh. mit der Verleihung des Magdeburger Rechts abgeschlossen. Ellipsenförmige Gesamtanlage mit gitterförmig gegliedertem Straßensystem und rechteckigem Marktplatz. Als Mitglied der Hanse über die schiffbare Uecker am Waren- und Handelsverkehr beteiligt, blieb Pasewalk dennoch vorwiegend Handwerker- und Ackerbürgerstadt. Soziale Kämpfe zwischen Rat und Bürgerschaft um 1530. Starke Zerstörungen während des Dreißigjährigen Krieges. 1648 fiel die Stadt an Schweden, 1720 an Brandenburg-Preußen.

Der Stadtkern wurde durch Bombentreffer 1944/1945 und ausgedehnte Brände bei den Kämpfen Ende April 1945 zu etwa 80% zerstört. Wie das historische Rathaus ging auch die vorwiegend aus schlichten zweigeschossigen Traufenhäusern sowie Resten von später veränderten, zweigeschossigen Giebelhäusern bestehende architektonische Randumbauung des geviertförmigen Marktplatzes (jetzt Ernst-Thälmann-Platz) weitgehend verloren. Als Beispiele erwähnenswert das vierachsige Giebelhaus Markt 7 mit Krüppelwalmdach, mittelachsigem Korbbogeneingang und rechtsseitigem Erker-Vorbau sowie das siebenachsige barocke Traufenhaus Markt 17 mit Walmdach, Freitreppe und reich gegliederter Putzfassade. Neben vielen weiteren Bürgerhäusern des 17. bis 19. Jh., darunter einige beachtenswerte zweigeschossige Fachwerkbauten, vernichtete der Brand auch die Alte Zollwache, ein eingeschossiger Fachwerkbau mit überstehendem Walmdach an der vierachsigen Vorderfront. Die Kriegsschäden an der (unvollständig erhaltenen) Stadtmauer größtenteils gegen 1952 behoben; ein Teil des nordöstlichen Mauerzugs beseitigt. Die am 24. April 1945 durch Bombensplitter und Beschuß verursachten Schäden an der Marienkirche beschränkten sich im wesentlichen auf Detailformen des Turmabschlusses sowie auf die Strebepfeilerköpfe, Dachdeckung und Fensterverglasung des Hallenlanghauses; erste Instandsetzungsarbeiten 1963 abgeschlossen, seit 1971 folgte Restaurierung der Strebepfeiler und Umfassungswände. (Die 1834 errichtete Synagoge wurde bereits in der Kristallnacht 1938 in Brand gesetzt und zerstört.) Wiederaufbau der Innenstadt nach 1945 unter teilweiser Veränderung des ursprünglichen Straßennetzes und Verbreiterung der Hauptstraßen.

E. Hückstädt: Geschichte der Stadt Pasewalk von der älteren bis auf die neueste Zeit, Pasewalk 1883. K. H. Schäfer: Alt-Pasewalk, ein Beitrag zur Kulturgeschichte der Stadt Pasewalk, Pasewalk 1934. Kreis Ückermünde, Das Heimatbuch des Kreises, Magdeburg 1935. 700 Jahre Pasewalk, Greifswald 1951. Denkmalpflege in Mecklenburg, S. 27. Pasewalker Heimathefte 1956/57, H. 1, 2. Weber, S. 123

Nikolaikirche Pfarrkirche der ehemaligen Unterstadt. Der gegen Mitte des 13. Jh. errichtete, ursprünglich schmalrechteckige und flachgedeckte Feldstein-Saalbau mit quadratischem Westturm und wohl nachträglich angefügten kreuzflügelartigen Seitenkapellen während des spätgotischen Umbaus Anfang des 16. Jh. zur dreischiffig und vierjochig gegliederten Hallenanlage mit Stern- und Kreuzgewölben umgewandelt. Gesamtanlage später nochmals barock verändert und 1824–1826 verunklärend instand gesetzt. Der schmucklose quadratische Turmkörper aus Feldstein durch ein blendengeschmücktes spätgotisches Backstein-Obergeschoß abgeschlossen und von einem eingezogenen, achteckigen Turmaufsatz mit barocken Detailformen und hoher Helmspitze bekrönt.

Am 24. April 1945 durch Luftangriff stark beschädigt: Zerstörung des Turmaufsatzes sowie Dach- und Gewölbeschäden durch Absturz von Turmteilen. 1947–1951 Wiederherstellung unter Aufgabe des ehemaligen Turmabschlusses; mittelalterlicher Turmunterbau seitdem durch Zeltdach geschlossen. 1971/72 Instandsetzung des Ostgiebels und des Daches sowie Freilegung des Baudenkmals.

Inventar Ueckermünde, S. 279 ff. Schmitt, S. 17 f. Dehio/Nordostdeutschl., S. 360. Wiederaufbau der Kirchen in der DDR, S. 217. Dehio 1968, S. 265. Hahn, S. 279 (Katalog)

Heiliggeist-Hospital Jetzt Altersheim. Der Vorgängerbau Anfang des 16. Jh. durch einen rechteckigen, zweigeschossigen Backsteinbau von etwa 3:9 Achsen mit Satteldach ersetzt. Unregelmäßig verteilte Fensteröffnungen verschiedenster Art und Größe. Reich gegliederte südliche Giebelfront mit abgestuftem, gedrückt spitzbogig schließendem Hauptportal in hoher verputzter Spitzbogennische. Darüber eingetieftes Friesband und rundbogig gestaltete Blendenreihe mit Spuren ehemaliger Freskenmalereien. Am Giebelfuß Reste des ursprünglichen Blendengiebels; die Giebelspitze später in Fachwerk ergänzt. Der rückwärtige Nordgiebel ehemals von ähnlicher, doch bescheidenerer Durchbildung. Innere Raumstruktur später mehrgeschossig ausgebaut. In der Südwestecke des Gebäudes ein gewölbter quadratischer Raum mit hochliegendem Kreuzrippengewölbe aus der Erbauungszeit. Innenwände von breiten Stichbogennischen aufgelockert.

1944 durch Bombentreffer und gegen Kriegsende 1945 durch Beschuß stark beschädigt; Dachstuhl, Flachdecken und südwestliche Mauerteile zerstört. 1951–1953 unter gründlichem Innenausbau und massiver Wiederherstellung der Giebelspitzen restauriert. Kreuzrippengewölbter Raum instand gesetzt. Fassadenmalereien rekonstruiert.

Inventar Ueckermünde, S. 298. Denkmalpflege in Mecklenburg, S. 27 f. Wiederaufbau der Kirchen in der DDR, S. 188, 217. Dehio 1968, S. 265 f. Baier, S. 385

Rathaus (an der Nordfront des Marktes). 1726/27 nach Entwurf des Majors du Pré unter Mitwirkung des Baumeisters Leporin errichtet. Zweigeschossiger barocker Putzbau von 6:8 Achsen mit Mansarddach und quadratischem, dachreiterartigem Mitteltturm. Fassaden durch gequaderte Ecklisenen und Gesimsbänder proportioniert.

Pasewalk
Oben: Nikolaikirche von Nordosten und Inneres nach Osten
Unten: Heiliggeist-Hospital, Südgiebel, vor der Beschädigung und nach der Wiederherstellung

Zweiachsige Mittelrisalite an beiden Freifronten. Rustiziertes Erdgeschoß ehemals durch flachbogigen Laubengang nach außen geöffnet. Der (1938 instand gesetzte) Turmoberbau mit dem darunterliegenden Risalit durch Putzbalustrade verbunden und von geschweifter Haube mit offener Laterne bekrönt.
Ende April 1945 bis auf Außenmauern und Turmreste vernichtet. Ruine später abgetragen.

Inventar Ueckermünde, S. 312 f. Schmitt, S. 13, 25. Dehio/Nordostdeutschl., S. 360. Clasen, S. 74 f.

Penzlin (Kreis Waren)

Ursprünglich slawische Siedlung. Entwicklung zur Stadt nach Schweriner Recht im Schutz einer Burg.
Die Stadt geriet gegen Kriegsende 1945 in Brand. Außer dem Rathaus gingen etwa 69 zumeist schlichte zweigeschossige Bürgerhäuser (darunter das Elternhaus von Johann Heinrich Voß) mit insgesamt 158 Wohnungen und 79 Gewerberäumen verloren. In die überlieferte geschlossene Bebauung des Stadtkerns wurden somit erhebliche Lücken gerissen.

E. Danneil: Chronik der Burg und Stadt Penzlin von den ältesten Zeiten bis zum Jahre 1874, Penzlin 1873. Dt. Städtebuch/Nordostdeutschl., S. 316 f.

Rathaus Schlichter zweigeschossiger, siebenachsiger Putzbau von 1808/09 mit Walmdach. Dreiachsig vorgelegter hoher Mittelrisalit mit einachsiger Rücklage über der Türöffnung und abschließendem Dreieckgiebel über Lünettenöffnungen. Rechteckfenster des Erdgeschosses durch Horizontalverdachungen bereichert.
Das zuletzt als faschistisches Waffenlager genutzte Gebäude am 3. Mai 1945 ausgebrannt. Ruine unter Vergrößerung des Marktplatzes anschließend beseitigt.

E. Danneil: Chronik der Burg und Stadt Penzlin, Penzlin 1873, S. 32, 111

Potzlow, Ortsteil Strehlow (Kreis Prenzlau)

Dorfkirche Sorgfältig ausgeführter Feldsteinbau der zweiten Hälfte des 13. Jh. mit rechteckigem Schiff, breitrechteckigem Westturm und nördlicher Sakristei. Das Äußere durch Sockelfase, spitzbogige Schlitzfenster und großes abgetrepptes Westportal ausgezeichnet. Hölzerner verbretterter Turmoberbau mit geschweifter Haube aus der Mitte des 18. Jh. (Wetterfahne von 1747). Flachgedeckter Kirchenraum und Turmvorhalle ursprünglich durch Spitzbogenöffnung miteinander verbunden. Sakristeianbau tonnengewölbt.
In den letzten Kriegstagen 1945 bis auf Umfassungswände, Ostgiebel und Sakristeigewölbe durch Brand zerstört. Innenausstattung (darunter Kanzelaltar des 18. Jh. und Epitaph von etwa 1700) vernichtet.

Inventar Templin, S. 143 ff. Engel/Schlott-Kotschote, S. 274. Dehio 1968, S. 278

Prenzlau (Kreis Prenzlau)

Die Existenz eines vorstädtischen Siedlungskerns, der sich als sogenanntes Suburbium mit Markt und Krug an eine den strategisch wichtigen Ueckerübergang beherrschende Burg der pommerschen Herzöge anlehnte und wahrscheinlich im Bereich der ehemaligen Nikolaikirche zu suchen ist, erstmals 1187/88 urkundlich belegt. Nach der Verleihung des Magdeburger Rechts 1234 durch Pommernherzog Barnim I. erweiterte sich die Ansiedlung in nordöstlicher Richtung und verschmolz zu einem einheitlichen Stadtorganismus mit Hauptmarkt und Hauptpfarrkirche an der Verbindungsstelle zwischen älterem und jüngerem Siedlungsgebiet sowie einer gemeinsamen Befestigungsanlage (landesherrliche Genehmigung zur festen Umwehrung 1287). Eine 1250 erwähnte nochmalige Stadterweiterung in westlicher Richtung, die sogenannte Neustadt, erlangte keinen selbständigen städtischen Charakter mehr. Trotz langandauernder Kämpfe um den Besitz der Uckermark zwischen den Herzögen von Pommern und den Markgrafen von Brandenburg entwickelte sich Prenzlau zum wirtschaftlichen und kulturellen Zentrum der ehemaligen Uckermark und war längere Zeit Mitglied der Städtehanse (1368 bezeugt). Einen erheblichen Rückschlag brachten die verheerende Feuersbrunst von 1483 und der gegen Ende des 15. Jh. einsetzende Rückgang des Handelsverkehrs auf der schiffbaren Uecker. Während des Dreißigjährigen Krieges verminderte sich die Zahl der genannten Feuerstellen von 787 auf 107 (1643). Die teilweise wirtschaftliche Neuerschließung des Prenzlauer Umlandes begann erst wieder gegen Ende des 18. Jh. und vor allem im 19. Jh. durch den Chausseebau ab 1834 sowie den Anschluß an das Eisenbahnnetz 1861–1863. Der in den beiden letzten Jahrhunderten geprägte Charakter Prenzlaus als Ackerbürger-, Beamten- und Garnisonstadt blieb allerdings bis 1945 weitgehend erhalten.

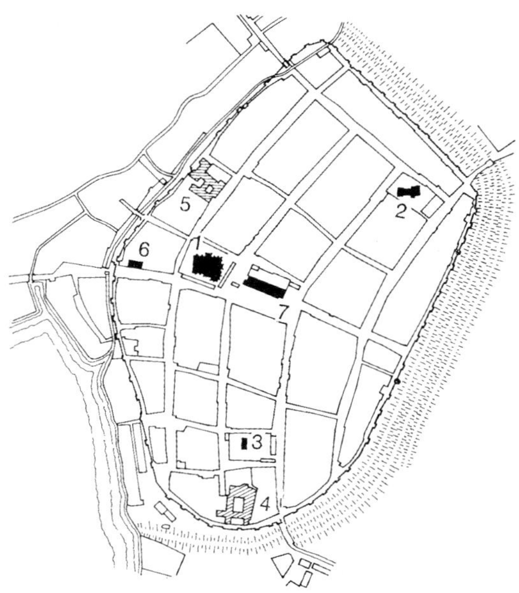

Oben: Pasewalk, Rathaus
Links unten: Potzlow, Ortsteil Strehlow, Dorfkirche von Südwesten, nach der Zerstörung
Rechts unten: Prenzlau, Stadtplan von 1722, 1 Marienkirche, 2 Jakobikirche, 3 Ehemalige Nikolaikirche, 4 Dominikanerkloster, 5 Franziskanerkloster, 6 Ehemalige Heiliggeist-Hospitalkapelle, 7 Rathaus

Die von vier breiten Längs- und sieben schmaleren Querstraßen durchzogene Innenstadt wurde während der Kampfhandlungen vom 26. bis 28. April 1945 fast völlig, d. h. zu 85% zerstört; ausgenommen ein geschlossener Teilabschnitt des südlichen Altstadtrandes zwischen Steinstraße (jetzt Straße der Republik), Kleine Kasernenstraße (jetzt Richard-Steinweg-Straße), Hospitalstraße, Rodingergasse und Uckerwiek. Somit gingen neben sakralen und öffentlichen Gebäuden fast sämtliche künstlerisch bedeutenderen Privatbauten bzw. Bürgerhäuser verloren. Diese ältere, einheitliche städtische Bausubstanz vom Ende des 17. bis zum ersten Drittel des 18. Jh., die vorwiegend aus zweigeschossigen Massiv- und Fachwerk-Traufenhäusern sowie einzelnen Giebelhäusern bestand, hatte trotz eingreifender Veränderungen und zahlreicher Neubauten das Stadtbild bis 1945 bestimmt. Ebenfalls zerstört wurde das städtebauliche Rückgrat und zugleich der kulturelle Mittelpunkt der gesamten Stadtanlage: der neben der Marienkirche gelegene rechteckige Marktplatz mit Rathaus in der Mitte und geschlossener Randbebauung aus vornehmlich älteren zwei- bzw. jüngeren dreigeschossigen Traufenwohnhäusern sowie einigen repräsentativen Einzelgebäuden des 18. Jh. Zu den 1945 vollkommen ausgebrannten sakralen Baudenkmälern der Stadt (Marienkirche, Jakobikirche, Heiliggeistkapelle) zählt auch die seit 1769 nur rudimentär erhaltene Anlage der alten Nikolaikirche, eine ehemalige Feldsteinbau-Basilika aus der Mitte des 13. Jh. mit spätgotischen Backsteinteilen, deren architekturgeschichtlich bedeutender Westbau überdauerte und Ende April 1945 Dächer und Glocken verlor. Das 1945 ebenfalls ausgebrannte ehemalige Gymnasium in der Lindenstraße, ein klassizistischer Putzbau von 1838–1841, wurde 1950–1953 in leicht veränderter Form wiederhergestellt. Unter den kriegsbeschädigten neueren Gebäuden sind zu nennen: Hauptbahnhof von 1863 (1948–1951 wiederaufgebaut), neogotisches Postamt von 1885/86 (1953 wiederaufgebaut) und das 1885–1888 von Doflein erbaute und nach Brand 1924/25 durch O. Kuhlmann veränderte sogenannte Neue Land- bzw. Kreishaus (1951 wiederhergestellt). Ein kleiner barocker Gartenpavillon von 1735 im Kurgarten infolge kriegs- bzw. nachkriegsbedingter Vernachlässigung verfallen und in den sechziger Jahren beseitigt. Der in den fünfziger Jahren verstärkt einsetzende Wiederaufbau der Innenstadt vollzog sich unter weitgehender Berücksichtigung des überlieferten netzartigen Straßensystems. Zu den bedeutendsten Vorhaben der Denkmalpflege in der DDR gehört der 1970 begonnene Wiederaufbau der weithin berühmten Prenzlauer Marienkirche.

J. Ziegler: Prenzlau, die ehemalige Hauptstadt der Uckermark, Prenzlau 1886. Arnoldt: Geschichte des Gymnasiums zu Prenzlau von 1543–1893, Prenzlau 1893. E. Dobbert: Prenzlau, die Hauptstadt der Uckermark, Prenzlau 1913. E. Dobbert: Geschichte der uckermärkischen Hauptstadt Prenzlau, Prenzlau 1914. Inventar Prenzlau, S. 138 ff. Das Buch der uckermärkischen Hauptstadt Prenzlau, Berlin-Spandau 1931. Schwartz, S. 113 ff. Dt. Städtebuch/Nordostdeutschl., S. 619 ff. E. Müller-Mertens: Untersuchungen zur Geschichte der brandenburgischen Städte im Mittelalter, in: Wiss. Zeitschrift der Humboldt-Universität Berlin, Gesellschafts- und sprachwiss. Reihe 5, 1955/56, H. 4, S. 207 ff. Engel/Schlott-Kotschote, S. 266. H. Schmandra und F. Wendtlandt: Prenzlau, die Stadt am Uckersee, Wegweiser durch Prenzlau, Prenzlau 1963. (Autorenkollektiv:) Aus der Geschichte der Stadt Prenzlau, Prenzlau 1970

Prenzlau, Marienkirche
Gesamtansicht von Norden

dekorativ bereichert werden. Unter den Anbauten des 14. und frühen 15. Jh. die dem Brunsbergkreis entstammende Nordvorhalle mit reichem Giebelfeld bemerkenswert. Die Helme der beiden sich frei entwickelnden Turmgeschosse mehrmals zerstört und zuletzt durch Satteldächer zwischen Ost- und Westgiebel notdürftig ersetzt. Giebelfelder des Nordturmes durch Renaissanceformen bereichert. Schadhafte Detailbildungen des Kirchenbaus bei Instandsetzungsarbeiten des Inneren (1844–1847) und Äußeren (1878 bis 1887) erneuert und teilweise abgeändert.

Marienkirche Hauptpfarrkirche der Stadt. Eine der bedeutendsten Schöpfungen norddeutscher Backsteinarchitektur. Im Typ die binnenländisch-märkische Langhalle vertretend und durch einen aus der Kathedralchorentwicklung hervorgegangenen Dreiapsidialabschluß ausgezeichnet. Die nur wenig vortretenden Apsiden verleihen der Ostfront allerdings im Verein mit der gewaltigen Fläche des Schmuckgiebels eine dem geraden Chorschluß angeglichene Wirkung. Die enge Verbindung beider Bauteile technisch durch Überbrückungsbögen gelöst. Reste des im zweiten Viertel des 13. Jh. aus Feld- und Backstein errichteten gewölbten Vorgängerbaus (einer 1959 ergrabenen dreischiffigen, zweijochigen Hallenkirche mit Querschiff und zweijochigem Rechteckchor) im zweitürmig angefügten Feldsteinunterbau (zweite Hälfte des 13. Jh.) der jetzigen Westfront nachweisbar. Im Mittelbau des lisenengegliederten Turmblocks ein fünffach abgetrepptes, profiliertes Granitportal mit darüberliegendem Rundfenster. Der dreischiffige, siebenjochige Backstein-Neubau in zwei technisch bedingten Bauabschnitten vermutlich gegen Ende des ersten Viertels des 14. Jh. mit dem Chorbau begonnen und nach kurzer Bauunterbrechung unter Einbeziehung der älteren Turmfront im dritten Viertel des 14. Jh., wohl einschließlich der in Backstein aufgestockten oberen Turmgeschosse, vollendet. Im Inneren Kreuzrippengewölbe über kreuzförmigen Bündelpfeilern. Besondere Beachtung verdient das Gliederungssystem der Innenwände mit dem ursprünglich von der lübischen Baukunst ins Backsteingebiet eingeführten und von mehreren küsten- wie binnenländischen Hallenbauten (u. a. Nikolaikirchen zu Stralsund und Berlin, Marienkirchen zu Neubrandenburg und Pasewalk) weiter verbreiteten Laufgangmotiv. Die schwere Sockelzone mit dem darüberliegenden Laufgang durch zwei Spitzbogennischen je Joch erleichtert und um die gesamten Umfassungswände herumgeführt. Die doppelt so hohe und leichtwandige Fensterzone von schlanken vierteiligen Maßwerkfensteröffnungen durchbrochen. Am Äußeren abgestufte Strebepfeiler, reich profilierte Portale, Maßwerk- bzw. Plattenfriese unterhalb des Traufgesimses sowie eine abschließende, aus Wimperg- und Fialgliedern bestehende Dachgalerie über den Traufseiten. Der Schmuckreichtum am östlichen Prachtgiebel zu besonderer Wirksamkeit gesteigert: zwischen Fialpfeilern teppichhaft ein filigranartig aufgelöstes, mehrgliedriges Wimpergsystem mit differenzierten Stab- und sphärischen Maßwerkformen gespannt, deren Struktivglieder, ähnlich dem Ostgiebel der Marienkirche zu Neubrandenburg, auf Anregungen hochgotischer Hausteinschöpfungen fußen und durch schwarze Glasuren

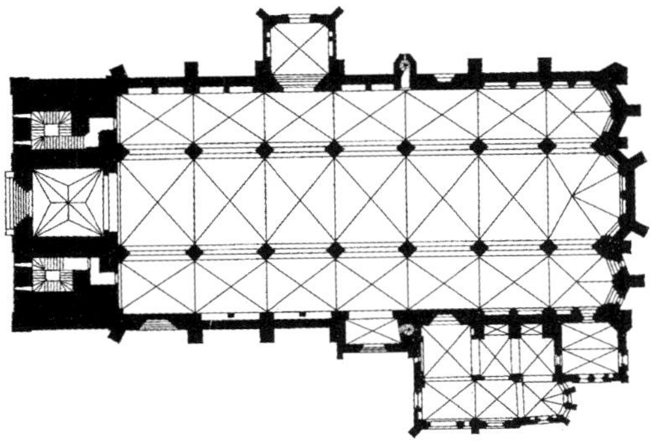

Prenzlau, Marienkirche
Links oben: Äußeres von Nordosten, nach der Zerstörung
Rechts oben: Blick von den Türmen auf das zerstörte Langhaus
Links unten: Grundriß
Rechts unten: Gesamtansicht von Südwesten

Am 27./28. April 1945 bis auf die Umfassungsmauern, Freipfeiler und den imposanten Turmkomplex durch Brand zerstört. Turmdächer sowie der gewaltige Dachstuhl des Hallenbaus verbrannt. Sämtliche Gewölbe des Kirchenraumes eingestürzt, Nord- und Südvorhalle beschädigt. Der östliche Ziergiebel, die Freipfeiler des Innenraumes sowie die südöstlichen Kapellenanbauten im wesentlichen unversehrt. Die Giebel des Nordturms durch Sturm 1947 zum Einsturz gebracht. Der Ostgiebel 1949/50 u. a. durch Stützpfeiler gegen Winddruck gesichert. Die Innenausstattung des 19. Jh. (Kanzel, Orgel, Gestühl) sowie die wenigen Grabsteine und Epitaphien vom Ende des 16. bis zum 18. Jh. beschädigt bzw. verbrannt. Die spätgotische Taufe sowie die Schnitzfiguren des 1512 gearbeiteten Hauptaltars gerettet, restauriert und in der Dominikaner-Klosterkirche zu Prenzlau untergebracht. Altarschrein und Gemälde der Flügel dagegen gänzlich verloren, Predella und Gesprenge nur teilweise erhalten. Von den verlorenen Gemälden »Die Auferweckung des Lazarus« von B. Rode erwähnenswert. Die Wiederherstellung des Baudenkmals für neue gesellschaftliche Nutzung seit 1970 im Gange; vorgesehen ist die Einrichtung eines Museums norddeutscher Kunst sowie der Stadt Prenzlau und der ehemaligen Uckermark. Bis Ende 1975 Dachstuhl und Eindeckung fertiggestellt, ferner Giebel und Teile der Längsfassaden rekonstruiert. Gesamtabschluß mit Einwölbung des Kirchenschiffs bis 1984.

Adler, S. 83 ff. Inventar Prenzlau, S. 168 ff. Wolff, S. 19 f., 25 f., 35 f. E. Foerster: Die Prenzlauer Marienkirche, in: Brandenburg 5, 1927, H. 19, S. 307 ff. S. Thurm: Norddeutscher Backsteinbau, Gotische Backsteinhallenkirchen mit dreiapsidialem Chorschluß (Forschungen zur deutschen Kunstgeschichte 4), Berlin 1935, S. 15 ff. Dehio/Nordostdeutschl., S. 384 f. E. Ziemendorf: St. Marien in Prenzlau und der Plan ihrer Freilegung, in: Heimatkalender für den Kreis Prenzlau 16, 1941, S. 49 ff. H. Müther: Die Marienkirche zu Prenzlau (Das Christliche Denkmal 14), Berlin 1954. Müther, S. 62 f. Clasen, S. 57. E. Schwartz: Geschichte der St. Marienkirche zu Prenzlau, Celle 1957 (besonders S. 194 f.: »Das Schicksal der Marienkirche im Jahre 1945«). E. Unger: Chorgestaltung und Ostgiebel der Hauptkirchen von Gransee, Prenzlau, Wittstock und Neubrandenburg, in: Jahrbuch für brandenburgische Landesgeschichte 8, Berlin 1957, S. 31 ff. N. Zaske: Hinrich Brunsberg, ein ordenspreußischer Baumeister der Spätgotik, in: Baltische Studien NF 44, Hamburg 1957, S. 63 ff. N. Zaske: Die St. Marienkirche zu Greifswald und der märkische Einfluß im nördlichen Quartier der Hanse, in: Baltische Studien NF 45, Hamburg 1958, S. 86 ff. Wilde, S. 238 ff. J. Fait: Die erste Marienkirche in Prenzlau, ein Ausgrabungs- und Rekonstruktionsbericht, in: Wiss. Zeitschrift der Ernst-Moritz-Arndt-Universität Greifswald, Jg. IX 1959/60, Gesellschafts- und sprachwiss. Reihe Nr. 4/5, S. 399 ff. Zaske 1961, S. 254 ff. Wiederaufbau der Kirchen in der DDR, S. 218. Zaske 1968, S. 128 ff. H. H. Möller: Dome, Kirchen und Klöster in Brandenburg und Berlin, nach älteren Vorlagen, Frankfurt am Main 1961, S. 174 ff. Hahn, S. 283 (Katalog). Dehio 1968, S. 280 ff. Baier, S. 385 f. Zu Fragen der neuen gesellschaftlichen Nutzung monumentaler Baudenkmale, Schmalkalden 1974, S. 21 ff.

Prenzlau, Marienkirche
Links oben: Östliche Gewölbefelder
Rechts oben: Inneres nach Westen
Links Mitte: Durchblick nach Nordosten
Links unten: Blick aus dem Mittelschiff nach Norden, nach der Zerstörung

Jakobikirche Als frühgotischer Feldsteinbau um die Mitte des 13. Jh. errichtet. Einschiffiges Langhaus mit eingezogenem Rechteckchor und breitem, querrechteckigem Westturm. Anbauten aus Backstein: im Norden des Chores zweijochige Marienkapelle (Ende 13. Jh.) und benachbarte zweijochige Sakristei (15. Jh.), im Süden quadratische Portalvorhalle (Anfang 16. Jh.). Abgetreppte spitzbogige Granitportale. Dreiteilige Fenstergruppen in profilierter Spitzbogenblende aus Backstein in spätgotischer Zeit zu fünfteiligen Maßwerkfenstern umgestaltet. Chorostgiebel blendengeschmückt. Der zum Kirchenraum offene Turmunterbau durch Brüstungsgalerie von 1878 abgeschlossen. Stark eingezogener, pilastergegliederter quadratischer Turmaufsatz von 1757 mit hölzerner Laterne und geschweifter Haube. Innenräume bis auf Nordanbauten und Turmhalle flachgedeckt. Die Marienkapelle durch Kreuzrippengewölbe über vegetabil geschmückten Wandkonsolen, dreiteilige Fensteröffnungen mit Sandstein-Maßwerk und reich profiliertes Portal ausgezeichnet. Instandsetzungsarbeiten am Kirchenbau während der zweiten Hälfte des 19. Jh. und 1937.

Am 27./28. April 1945 bis auf Umfassungsmauern und Giebel zerstört und vollkommen ausgebrannt. Turmbekrönung und Innenausstattung vernichtet. Sicherungs- und Wiederherstellungsarbeiten seit 1953. Nach Instandsetzung der nördlichen Anbauten Schiff und Chor (Flachdekken und Dächer) bis 1960 wiederhergestellt sowie die Turmhalle zum Altarraum umgewandelt. Der Wiederaufbau des Turmabschlusses steht noch aus.

Adler, S. 85. Inventar Prenzlau, S. 203 ff. Dehio/Nordostdeutschl., S. 385. K. Nagel: Die Wiederherstellung der St. Jacobikirche zu Prenzlau, in: Heimatkalender für den Kreis Prenzlau 1940, S. 117 ff. J. A. Schmoll gen. Eisenwerth: Das Kloster Chorin und die askanische Architektur in der Mark Brandenburg 1260 bis 1320 (Veröffentlichungen der Berliner Historischen Gesellschaft 2), Berlin 1961, S. 206 f. Wiederaufbau der Kirchen in der DDR, S. 218. Dehio 1968, S. 282

Ehemalige Heiliggeist-Hospitalkapelle (am Mitteltor). Seit 1899 Uckermärkisches Museum. Im 14. Jh. in zwei Bauabschnitten errichteter gotischer, flachgedeckter Feldstein-Saalbau mit sechseckigem Backsteintürmchen über dem Westgiebel. Zwei ältere Granitportale der Nordseite erhalten. Detailbildungen wie kleeblattförmige Blendarkatur, zweiteilige Maßwerkfenster, profilierte Spitzbogenportale der Südseite sowie die blendengeschmückten Giebelfelder aus Backstein. Reich gegliedertes zweigeschossiges Türmchen des 15. Jh. mit glasierter Helmspitze von zweiteiligen Spitzbogenblenden belebt.
Am 27./28. April 1945 bis auf Umfassungsmauern, Giebelfelder und Westtürmchen ausgebrannt. Innenausstattung (Altar und Kanzel vom Anfang des 17. Jh., Orgel 1744) und Teile der Museumsbestände vernichtet. Bauwerk zur Zeit noch Ruine. Wiederherstellung im Zusammenhang mit der Instandsetzung der Marienkirche vorgesehen.

Adler, S. 88. Inventar Prenzlau, S. 247 f. Dehio/Nordostdeutschl., S. 386. Dehio 1968, S. 286

Marktplatz (jetzt Ernst-Thälmann-Platz)

Rathaus mit Hauptwache (Marktplatzmitte). Vom langgestreckten mittelalterlichen Rathaus-Vorgängerbau aus der zweiten Hälfte des 14. Jh. die östlichen Baukompartimente mit Teilen des Keller-, Erd- und Obergeschosses erhalten geblieben: im Erdgeschoß ehemalige dreijochige, kreuzrippengewölbte Gerichtslaube mit profiliertem Spitzbogenportal sowie fünfjochig gewölbter Rats- und Schöffensaal mit Resten eines Wandgemäldes (Jüngstes Gericht) im Obergeschoß. Dieser Backsteinbau des Mittelalters Anfang des 18. Jh. baufällig und um 1720 größtenteils beseitigt. Seit 1718 Neuprojektierung durch Bätcke und P. Gerlach, 1724/25 barocker Neubau durch Euchler unter Oberbauleitung Gerlachs. Der zweigeschossige Putzbau von 9:5 Achsen mit symmetrischer Fassadengliederung und betonter Mittelachse. Leicht vorgezogener dreiachsiger Mittelrisalit mit Freitreppe, Eckquaderung und Dreieckgiebel sowie durch Putzquaderlisenen abgesetzte einachsige Seitenrisalite. Horizontalgliederung mittels Simsbändern. Ein von J. Hansen 1602 errichteter, 1704 in alter Form wiederhergestellter und 1724/25 von Gerlach überarbeiteter seitlicher Turmbau 1771 beseitigt und 1772 durch einen Dachreiter mit Doppelpilastern und geschweifter Haube in der Mitte des Mansarddaches ersetzt. Im Inneren trotz älterer Bauteile symmetrische Raumdisposition ange-

Prenzlau
Rechts oben: Jakobikirche, Gesamtansicht von Nordwesten
Links oben: Jakobikirche, Inneres nach Osten
Links unten: Marienkirche und Rathaus, nach der Zerstörung
Rechts unten: Ehemalige Heiliggeist-Hospitalkapelle von Südosten

strebt. Der geräumige Mittelflur später verengt. Barocker Ratssaal im Obergeschoß mit reicher Stuckdecke; 1939/40 instand gesetzt. Im übrigen schlichte Raumgestaltung.

Die Hauptwache (um 1900 Polizeidienstgebäude) neben dem Rathaus ebenfalls nach Entwürfen P. Gerlachs um 1724/25 auf dem Geländeabschnitt des 1720 abgebrochenen mittelalterlichen Rathauses aufgeführt und im 19. Jh. mehrfach umgestaltet. Bescheidener, sich dem Rathaus unterordnender zweigeschossiger Putzbau von ursprünglich dreizehn Achsen mit Mansarddach und dem Rathausbau angeglichener Flächengestaltung.

Rathaus und Hauptwache am 27./28. April 1945 zerstört; ersteres bis auf Teile der Umfassungsmauern sowie die mittelalterlichen östlichen Bauteile, letzteres fast völlig vernichtet. Ruine des Rathauskomplexes 1960 abgetragen.

E. Dobbert: Die Erbauung des Rathauses zu Prenzlau, in: Mitteilungen des Uckermärkischen Museums- und Geschichts-Vereins 2, 1904, S. 141 ff. Inventar Prenzlau, S. 266 ff. R. Herz: Philipp Gerlach und seine Bauten, ein Beitrag zur Baugeschichte des Preuß. Staates, Diss. TH Berlin 1924 (Auszug in: Denkmalpflege und Heimatschutz 27, 1925, S. 97 ff.). Petry: Die Rathäuser in den Städten des Kreises Prenzlau, 1 Das Prenzlauer Rathaus, in: Heimatkalender für den Kreis Prenzlau 2, 1927, S. 142 ff. R. Herz: Berliner Barock, Berlin 1928, S. 47 ff. M. Rudolph: Die Prenzlauer Marktbuden und ihre städtebauliche Bedeutung, in: Mitteilungen des Uckermärkischen Museums- und Geschichts-Vereins 9, 1935, S. 21 ff. Dehio/Nordostdeutschl., S. 386. L. Riewald: Der Marktplatz in Prenzlau, in: Heimatkalender für den Kreis Prenzlau 17, 1942, S. 166 ff. W. Brack: Der große Ratssaal im Prenzlauer Rathaus, in: Heimatkalender für den Kreis Prenzlau 17, 1942, S. 156 ff. Müther, S. 118 ff. A. Hinrichs: Zeichnung vom Rathaus zu Prenzlau aus dem Jahre 1725 nach Vollendung des Gebäudes, in: Heimatkalender für den Kreis Prenzlau, 1958, S. 80. Dehio 1968, S. 280

Die bedeutendsten der Ende April 1945 zerstörten Gebäude am Markt:

Am Markt 469 (Marktsüdseite). Sogenannte Burgfreiheit, erbaut wohl als Posthaus, 1716 abgabefreies Lehen, in neuerer Zeit Apotheke. Errichtet etwa Anfang des 18. Jh. Zweigeschossiger Putzbau von acht Achsen mit niedrigem Sokkelgeschoß, zweiachsigem Mittelrisalit und Mansarddach. Frontispizartiges Giebelfeld des von ionischen Pilastern gerahmten Risalits durch flachen Dreieckgiebel abgeschlossen. Vielteiliges, sich mit den Pilasterstellungen verkröpfendes Traufgesims. Gurtband zwischen beiden Geschossen. Eckquaderung an Risalit und Gebäudekanten. Im Oberlicht des Korbbogenportals Akanthusschmuck. Erdgeschoß durch spätere Türeinbrüche entstellt. Stuckdecken in den Räumen des Obergeschosses, die des Erdgeschosses waren nur rudimentär erhalten.

Inventar Prenzlau, S. 277 f.

Am Markt 470/471 (Marktsüdseite). Langgestreckter, zweigeschossiger Barock-Putzbau von zehn Achsen mit Mansarddach. Die äußeren Achsen jeweils als pilastergerahmte Seitenrisalite ausgebildet. Gurtband zwischen rustiziertem Erd- und Obergeschoß. Im linken Seitenrisalit korbbogige Toreinfahrt.

E. Dobbert: Prenzlau, die Hauptstadt der Uckermark, Prenzlau 1913, S. 53

Am Markt 472 (Marktsüdseite). Einer der ältesten Wohnbauten der Stadt. Errichtet vermutlich im 16. Jh., der spätmittelalterliche Kernbau aber durch architektonische Eingriffe und Verputz stark verändert. Zweigeschossiges Backstein-Giebelhaus von drei Achsen mit blendenverziertem Dreieckgiebel. Im Giebelfeld drei Spitzbogen- und zwei Kreisblenden, teilweise durch kleeblattförmiges Maßwerk geschmückt. Giebelkanten von Fialen und Krabben besetzt. Stichbogenöffnungen der beiden Untergeschosse im Erdgeschoß durch moderne Ladenfenster ersetzt. Innenraumgestaltung wie beim Außenbau später verunklärt.

Inventar Prenzlau, S. 276. Wolff, S. 20, 50. Schwartz, S. 113 ff.

Scharrenstraße 190 (Marktnordseite). Zweigeschossiges, um 1700 erbautes Giebelhaus von sechs Achsen mit zweigeschossigem Volutengiebel. Architektonisch reiche Fassadengestaltung aus stark gegliederten, sich verkröpfenden Gebälk- und Gesimslagen über toskanischen, korinthischen und Komposit-Pilastern. Einzelformen in Putz. Hauptmotiv der Giebelfront der hochstrebende, zweiachsige Mittelrisalit mit Segmentgiebelbekrönung und korbbogig geschlossenem Haupteingang. Stark bewegter Giebelumriß von Voluten verziert. Öffnungen von Faschen mit Ohren umrahmt. Dreiteilige Grundrißkonzeption: Mittelflur mit ehemaliger Wendeltreppe zum Kellergeschoß; rechts flachgedeckte, links kreuzgratgewölbte Räume. Am rückwärtigen Giebel Stube und Küche. Kellerräume tonnengewölbt. Räumlichkeiten der Dachzone umgebaut.

Inventar Prenzlau, S. 276 f. Schwartz, S. 120 ff.

Häusergruppe der Marktostseite Für die architektonische Wirkung der Marktplatzanlage außerdem die den Platz östlich begrenzende Häusergruppe der Steinstraße (jetzt Straße der Re-

Prenzlau
Oben: Am Markt 469
Links unten: Am Markt 472
Rechts unten: Am Markt 470/471

publik) von Belang. Unter den 1945 zerstörten Gebäuden ein älteres barockes Giebelhaus von drei Achsen mit später erneuertem geschwungenem Giebelfeld (Nr. 403) sowie das benachbarte, zweigeschossige barocke Traufenhaus von fünf Achsen mit Mansarddach.

Weitere 1945 zerstörte Gebäude des Altstadtgebietes von Interesse:

Baustraße 388 (jetzt G.-Littmann-Straße). »Altes Landeshaus«. 1893–1897 Kaserne, seit 1901 Schule. Zweigeschossiger, langgestreckter Fachwerkbau des 18. Jh. von zwölf Achsen.
Ende April 1945 vollkommen ausgebrannt und eingestürzt.
Inventar Prenzlau, S. 273 f. Fürstenau und O. Kuhlmann: Die Verwaltungsgebäude des Kreises Prenzlau, in: Heimatkalender für den Kreis Prenzlau 1, 1926, S. 63 ff.

Friedrichstraße 261 (jetzt Straße der Republik). Ehemals Sitz des Uckermärkischen Obergerichts. Um 1720 über niedrigem Sockelgeschoß aufgeführter zweigeschossiger Putzbau von sieben Achsen mit Mansarddach. Fassade von gleichmäßig gereihten, beide Geschosse zusammenfassenden Pilastern toskanischer Ordnung gegliedert und durch einachsigen Mittelrisalit mit Korbbogenportal betont. Putzspiegel zwischen beiden Fensterreihen. Am Gebälk des Mittelrisalits die Jahresangabe MDCCXX. Durch rigorose Mauerdurchbrüche im Erdgeschoß, zwei Dachfenster und modernen Balkon über der Tür der Rhythmus der Fassade empfindlich gestört.
Ende April 1945 ausgebrannt und eingestürzt.
Inventar Prenzlau, S. 273

Ehemaliges Logengebäude (Klosterstraße 28, jetzt Straße der Jugend). Um 1785 als stattliches Wohnhaus mit zwei Seitenflügeln in der Nordecke des Franziskanerkloster-Grundstücks erbaut und später zur Loge »Zu den drei Weltkugeln« eingerichtet.
Ende April 1945 zerstört.
Inventar Prenzlau, S. 278

Ehemaliges »Palais des Prinzen von Braunschweig-Oels« (Klosterstraße 27). 1827–1840 Postamt, seit 1854 Stadtschule. Um 1795 an Stelle des Ostflügels des Franziskanerklosters errichtet. Langgestreckter, zweigeschossiger Baukomplex mit Mansarddach und stehenden Dachfenstern. Äußerst nüchterne Fassadengestaltung mit betont horizontaler Lagerung. Die Gesamtansicht der Straßenfront durch siebenachsigen Haupttrakt mit Mitteleingang und sechsachsige Seitentrakte mit seitlichen Toreinfahrten dreigeteilt. Simsbänder zwischen beiden Geschossen. Schlichte faschenumrahmte Fensteröffnungen. Ursprüngliche Raumanordnung später weitgehend verändert. Die Treppenanlage des nördlichen Vestibüls noch aus der Erbauungszeit.
Ende April 1945 ausgebrannt. Erhaltene Reste der Bausubstanz völlig verändert.
Primislav: Das Prinzen-Palais und die Dreifaltigkeitskirche in Prenzlau, in: Mitteilungen des Uckermärkischen Museums- und Geschichts-Vereins zu Prenzlau 4, 1910, S. 155 ff. Inventar Prenzlau, S. 273

Höhere Töchterschule (Klosterstraße 26). 1833 auf dem ehemaligen Friedhof des Franziskanerklosters errichtet. Zweigeschossiger, fünfachsiger Putzbau mit Krüppelwalmdach in einfachen Empireformen. Einachsiger Mittelrisalit mit angedeuteter, flacher Dreieckgiebelbekrönung. Wandflächen durch Putzquaderung belebt. Die schlicht eingeschnittenen breiten Fensteröffnungen dreiteilig untergliedert. Vor dem ähnlich konzipierten Haupteingang schmiedeeiserne Seitengeländer mit Mäanderschmuck und Kandelaberbekrönung.
Ende April 1945 vollkommen ausgebrannt.
Inventar Prenzlau, S. 274

Ehemaliges Komödienhaus (Komödienstraße Nr. 824a). Stark verändertes einfaches Gebäude mit Walmdach. Der ursprüngliche Reitstall um 1777 vermutlich von J. F. Mlotki de Trzebiatowski zum Schauspielhaus ausgebaut und 1831/32 durch Kusch umgestaltet. Seit 1852 u. a. als Turnsaal genutzt. Das ehemalige Bühnenhaus war trotz späteren Wohnungseinbaus noch erkennbar.
Ende April 1945 ausgebrannt, Reste später beseitigt.
Inventar Prenzlau, S. 274. F. Richter: Das Prenzlauer »Komödienhaus«, in: Heimatkalender für den Kreis Prenzlau 1930, S. 142 ff.

Königstraße 171 (jetzt Straße des Friedens). Im ersten Drittel des 18. Jh. errichteter dreigeschossiger Putzbau in schweren Barockformen. Die Geschosse durch Komposit- und toskanische Pilaster gegliedert.
Ende April 1945 zerstört.
Inventar Prenzlau, S. 277

Prinzenstraße 542 (jetzt Geschwister-Scholl-Straße). Um 1800 errichteter Putzbau mit Mansarddach und pilastergegliederter Vorderfront.
Ende April 1945 zerstört.
Inventar Prenzlau, S. 278

Prinzenstraße 544 1804–1817 Posthaus. Zweigeschossiges, im 19. Jh. verputztes Fachwerk-Traufenhaus aus dem ersten Drittel des 18. Jh. Grundrißdisposition entsprechend den Wohnansprüchen eines wohlhabenden Ackerbürgers: links des durchgehenden schmalen Flures mit Resten einer barocken Treppenanlage Wohnstube, Kabinett, Küche und Schlafstube; rechts zwei Soldatenzimmer. Im Obergeschoß kleiner dreifenstriger Saal für Festlichkeiten. Im Hof querliegendes, zweigeschossiges Wirtschaftsgebäude mit Wagenremise, Pferdestall, Waschküche und Brunnenhaus; im Obergeschoß Kutscherwohnung und Mädchenkammern.
Ende April 1945 zerstört.
Schwartz, S. 117 f. E. Schwartz: Im Prenzlauer Posthaus zur Franzosenzeit 1806–1815, in: Jahrbuch für brandenburgische Landesgeschichte 9, 1958, S. 53 ff.

Prenzlau
Rechts oben: Scharrenstraße 190
Rechts unten: Baustraße 388
Links unten: Friedrichstraße 261

Ramin, Ortsteil Retzin
(Kreis Pasewalk)

Dorfkirche Flachgedeckter Feldstein-Saalbau des 13. Jh. Am Äußeren Sockelfase und abgestufte Spitzbogenportale. Im Osten Dreifenstergruppe sowie drei einfache Spitzbogenblenden im Giebelfeld, die übrigen Fenster größtenteils verändert. Der neogotische Backstein-Westturm von 1878.
Ende April 1945 während der Kampfhandlungen beschädigt. Der schiefergedeckte Turmhelm und die südliche Hälfte der Glockenstube zerstört, gleichzeitig brachen Teile des Kirchendaches sowie der Innendecke ein. Bei der Wiederherstellung 1950–1953 der ursprüngliche Turmabschluß oberhalb der Glockenstube durch schlichtes Zeltdach ersetzt.

Inventar Randow, S. 115 f. Dehio 1968, S. 298. Weber, S. 133

Rechlin, Ortsteil Vietzen
(Kreis Neustrelitz)

Dorfkirche Einfacher rechteckiger Fachwerk-Saalbau aus dem letzten Viertel des 17. Jh. mit südlicher Vorhalle. Der verbretterte quadratische Westturm wohl nachträglich vorgelegt. Fenster 1895 verändert. Die Balkendecke des Innenraums von einer Mittelsäule gestützt. Renaissancealtar und -kanzel aus der Erbauungszeit.
Gegen Kriegsende 1945 bis auf die Fundamente zerstört. Diese bei Errichtung einer neuen Kirchenbaracke nach 1945 wieder benutzt.

Inventar M.-Strelitz I, S. 207 ff.

Remplin (Kreis Malchin)

Sternwarte Der im Schloßpark gelegene Rundbau laut Überlieferung um 1793 als erste Sternwarte Mecklenburgs erbaut. Mehrgeschossiger Ziegel-Putzbau über kreisrundem Grundriß. Der zweigeschossige Unterbau durch kräftiges Konsolgesims abgeschlossen und von einem stark eingezogenen, zweigeschossigen Kuppelbau mit teilweise offenem Säulenumgang bekrönt. Der schachtartige runde Innenraum in Höhe des ersten Obergeschosses nochmals durch ein Kuppelgewölbe geschlossen. Die starken Innenwände durch Korbbogennischen und Stuckgliederungen aufgelockert. Das Obergeschoß zur Vorbereitung für den bekrönenden Kuppelbau zweischalig untergliedert. Das Umgangsgeschoß über eine gußeiserne Außentreppe erreichbar, davor Pergola.
Oberbau durch Artilleriebeschuß am 30. April 1945 zerstört. Pergola und Außentreppe stark beschädigt. Zur Zeit Ruine. (Die Dreiflügelanlage des Schlosses Remplin bereits 1940 bis auf den nördlichen Seitenflügel durch Brand vernichtet.)

Wedemeyer, H. 1/2, S. 4. C. B. Th. Bartholdi: Remplin und Basedow, in: Der Nachbar 39, 1887, Nr. 25 ff. R. Fritz: Denkmäler gräflich Hahn'scher Kultur in Remplin, Bristow und Basedow, in: Mecklenburg. Monatshefte 5, 1929, S. 249 ff. Mielert: Durch Mecklenburg . . ., Leipzig 1920, S. 68. Sieber, S. 97

Ringenwalde (Kreis Templin)

Schloß Die 1740–1742 errichtete barocke Dreiflügelanlage 1829/30 ausgebrannt. 1854 leicht veränderter und erweiterter Wiederaufbau. Eingeschossiger Putzbau von schlichter architektonischer Durchbildung. Reste ehemaliger Pilastergliederung und später ausgebautes Mansarddach. Dem Corps de Logis an Hof- wie Gartenfront jeweils ein dreiachsiger Mittelrisalit mit Dreieckgiebelschluß vorgelegt. Gartenrisalit durch rundbogige Blendengliederung über gequaderten Pilastern bereichert. Die tieferliegenden Seitenflügel ohne besonderen Schmuck.
Gegen Kriegsende 1945 als Lazarett genutzt und Ende April 1945 von Angehörigen der SS gesprengt; dabei die Innenausstattung vernichtet. Ruinenreste 1946 beseitigt. Die von P. J. Lenné umgestaltete Parkanlage mit einem um 1900 erbauten neogotischen Erbbegräbnis erhalten.

Duncker IV, Nr. 185. R. Schmidt: Vor 70 Jahren im Kreise Templin, in: Templiner Kreiskalender 1, 1928, S. 17 ff. Inventar Templin, S. 136. R. Schmidt: Ringenwalde und seine Geschichte, in: Templiner Kreiskalender 11, 1938, S. 38 ff. Rave, S. 176. Engel/Schlott-Kotschote, S. 269

Rödlin (Kreis Neustrelitz)

Dorfkirche 1808–1813 nach Entwürfen von D. Gilly errichtet. Reich gegliederter, rechteckiger klassizistischer Putzbau mit Walmdach. Zweigeschossiger quadratischer Turm mit gedrungenem achtseitigem Kuppeldach in der Mitte der Längsfront. Das ehemalige Muldengewölbe des Inneren 1823 durch Flachdecke ersetzt.
Die gegen Ende des Krieges 1945 eingetretenen Schäden, insbesondere am Turmoberbau, um 1970 behoben.

Inventar M.-Strelitz I, S. 152 ff. Dehio 1968, S. 315. G. Piltz: Kunstführer durch die DDR, Leipzig–Jena–Berlin 1969, S. 91

Roggenhagen (Kreis Neubrandenburg)

Herrenhaus Erbaut 1728 und nach Brand um die Mitte des 18. Jh. umgestaltet. Langgestreckter, eingeschossiger barocker Putzbau von etwa dreizehn Achsen mit Sockelgeschoß und Mansarddach. Schlichte Fassadengliederung mit flachen Mittel- und Seitenrisaliten zwischen flankierenden, Sockel- und Hauptgeschoß zusammenziehenden Quaderlisenen. Über dem Traufgesims gleichförmig gereihte stehende Dachfenster. Korbbogiger Haupteingang über zweiläufige Freitreppe mit durchbrochener Sandsteinbrüstung erreichbar. Sandsteindraperie über der Türöffnung mit Inschrift, Wappen und Jahresangabe (1728). Mittelachse des Gebäudes von Diele und dahinterliegendem Gartensaal (Hauptgeschoß) bzw. durchgehendem Festsaal (Mansardgeschoß) eingenommen. Die Festräume vorwiegend in Eichenholz getäfelt; die übrigen Räume durch Rokokodekorationen mit Supraportengemälden und Darstellungen der vier Jahreszeiten ausgezeichnet. Sockelgeschoß mit mehrteiligen Kreuzgratgewölben.
Am 28. April 1945 durch Kriegseinwirkung zerstört. Ruinenfläche 1946 beräumt.

Inventar M.-Strelitz III, S. 49 ff.

Rothenklempenow (Kreis Pasewalk)

Herrenhaus Fachwerk-Gebäudegruppe der zweiten Hälfte des 18. Jh. über E-förmigem Grundriß. Der zweigeschossige Mittelbau durch schmale, niedrige Zwischentrakte mit zwei quergestellten Seitenpavillons verbunden.
Der westliche Pavillon der ehemals symmetrischen Anlage gegen Kriegsende 1945 beschädigt und bis auf die Grundmauern beseitigt. Dachflächen der erhaltenen Teile in den sechziger Jahren stark vereinfacht.

Schwerinsburg (Kreis Anklam)

Schloß Zwischen 1723 und 1733 errichtete Dreiflügelanlage. Dem zweigeschossigen, dreizehnachsigen Corps de Logis mit niedrigeren Verbindungsgalerien folgen geviertförmige Eckpavillons, von denen rechtwinklig Seitenflügel abzweigen und einen Ehrenhof einfassen. Dieser an der nichtumbauten Seite durch Hofmauer und Gitter abgeschlossen (um 1900 erneuert). Mansarddächer über Hauptbau und Pavillons. Dominierender Hauptakzent der Gesamtanlage die dreiachsigen Mittelrisalite an Hof- und Gartenfront des Corps de Logis, deren Pilastergliederung nochmals in den äußeren Achsen des Hauptbaus aufgegriffen wird, während die übrigen Fassadenflächen in ihrem rhythmischen Wechsel von schmalen Lisenen- und Spiegelflächen zurückhaltender bleiben. Fensteröffnungen des Erdgeschosses durch Horizontal- und Dreieckgiebelverdachungen, diejenigen des Obergeschosses durch konsolengetragene Sohlbänke bereichert. Risalite von Stich- und Rundbogenöffnungen durchbrochen und durch Attika-Balustrade mit Kartuschenschmuck abgeschlossen. Die architektonische Durchbildung der Eckpavillons, Zwischentrakte und Flügelbauten zumeist nur von Lisenen und Spiegelfeldern belebt. Die barocke Raumdisposition zwar im wesentlichen erhalten, die ursprüngliche Innenraumgestaltung als Folge mehrerer Erneuerungen (so um 1800 und nach 1870) dagegen stark verändert. In der Mitte Vestibül und Gartensaal, darüber der um 1870 stark veränderte Festsaal (Himmelsaal) mit Stuckzierat. Reste älterer Dekkengemälde (wohl vom Ende des 18. Jh.) im Flora- und Pompejanischen Zimmer. Wandbespannungen mehrerer Wohnräume später durch Tapeten ersetzt. Die im westlichen Hofflügel liegende, durch beide Geschosse reichende und weiß-gold gehaltene Schloßkapelle wahrscheinlich erst 1735 fertiggestellt (das Schloßtheater des östlichen Hofflügels bereits im 19. Jh. zu Wirtschaftsräumen umgestaltet). Im Schloßhof Sandstein-Denkmal des Bauherrn Curt Christoph von Schwerin, 1790 von H. Bettkober. Die barocke Parkanlage Mitte des 19. Jh. umgestaltet.

Remplin, Sternwarte, nach der Zerstörung

Die gesamte Schloßanlage gegen Kriegsende 1945 mit ihrer Innenausstattung, darunter mehreren Gemälden von A. Pesne, sowie Teilen des eingelagerten Kunstgutes der Stadt Anklam durch Brand vernichtet. Somit ging eines der bedeutendsten und schönsten Schlösser Norddeutschlands verloren. Die 1956 restaurierte Plastik von Bettkober jetzt im Besitz der Stadt Greifswald, im Museumsgarten aufgestellt.

Duncker I, Nr. 59. Inventar Anklam, S. 239 ff. Schmitt, S. 26. H. Bethe: Schloß Schwerinsburg und Burg Spantekow, in: Monatsblätter der Gesellsch. f. pommersche Geschichte und Altertumskunde 53, 1939, S. 139 ff. Dehio/Nordostdeutschl., S. 441. Clasen, S. 70. Viering, S. 139. Sieber, S. 63 ff.

Seelübbe (Kreis Prenzlau)

Friedhofsportal Toranlage des 17. Jh. aus verputztem Mischmauerwerk (Feld- und Backstein) mit rundbogiger Tor- und Fußgänger-Öffnung. Über der horizontalen Abdeckung zwei der Breite der Öffnungen entsprechende, geschwungene Renaissance-Ziergiebel mit Volutenschmuck.
Am 25. April 1945 durch Bombenvolltreffer zerstört.

W. Thalmann: Ländliche Einfriedigungen und Friedhofsmauern in der Provinz Brandenburg, in: Die Denkmalpflege 13, 1911, S. 54 ff. Inventar Prenzlau, S. 330

Serrahn (Kreis Neustrelitz)

Schweizerhaus 1833 als Jagdhaus errichtet. Mehrgeschossiger Fachwerkbau im »Schweizerstil« mit Satteldach, Balkonvorbauten und reichen Schnitzarbeiten.
Im April 1945 durch Brand vernichtet.

Inventar M.-Strelitz I, S. 141 f.

Stavenhagen, Reuterstadt (Kreis Malchin)

Apotheke (am Markt). Erbaut um 1780. Mit der fünfachsigen Giebelfront zum Markt weisendes, verputztes zweigeschossiges Eckgebäude. Wandflächen durch Eckquaderung und Putzbänder gegliedert. Ebenso die Fenster von Putzfaschen mit teilweise geschwungener Linienführung umrahmt. Die beiden rundbogig geschlossenen Portalanlagen von seltener Schmuckfreudigkeit mit reichem Rokokoschnitzwerk; ihre hölzerne, aus Pilastern, verkröpftem Gebälk, Voluten- und Rankenwerk bestehende architektonische Rahmengliederung bis in Traufhöhe emporsteigend und das darüberliegende Fenster mit einbeziehend.
Am 2. Mai 1945 durch Brand zerstört.

A. F. Lorenz: Baugeschichtliches aus Stavenhagen im 18. Jh. und zu Reuters Kindheit, in: Mecklenburg 12, 1917, S. 73 f. R. Sack: Die Fritz-Reuter-Apotheke, in: Die Reuterstadt Stavenhagen in Vergangenheit und Gegenwart 1264–1964, Stavenhagen 1964, S. 109 ff.

Stegelitz (Kreis Templin)

Gutshaus Schlichter Fachwerkbau des 18. Jh. 1945 durch Brand zerstört.

Inventar Templin, S. 142

Storkow (Kreis Pasewalk)

Dorfkirche Mittelalterlicher, flachgedeckter verputzter Feldsteinbau. Der abgestufte Fachwerkturm mit verbrettertem Oberbau, geschlossener vierseitiger Laterne und abschließender Schieferhaube Ende des 17. Jh. dem Westgiebel vorgelegt.
Ende April 1945 durch Detonationseinwirkung beschädigt. Teile des Dachstuhls sowie der Balkendecke in der Folgezeit eingestürzt und 1948/1949 unzulänglich wiederhergestellt. Emporen des Innenraums durch Schwammbefall zerstört. Turmbau infolge Fundamentsenkung nach Westen geneigt. Um 1970 gründliche Instandsetzungsarbeiten.

Inventar Randow, S. 138 f. Dehio 1968, S. 376

Strasburg (Kreis Strasburg)

Entwicklung zur Stadt gegen Mitte des 13. Jh. Regelmäßiger Stadtgrundriß mit gitterartigem Straßennetz und zentral gelegenem, geviertförmigem Marktplatz. 1681 großer Stadtbrand.
Der Altstadtkern wurde in den letzten Kriegstagen 1945 zu 55% durch Brand zerstört, der das gesamte westliche Wohngebiet zwischen Lange Straße, Letzte Straße (jetzt Heinrich-Heine-Straße), Baustraße und Markt einäscherte. Mit der Vernichtung ganzer Baublöcke ging auch die Restsubstanz von zweigeschossigen Fachwerk-Traufenhäusern des 18. Jh. mit vorgekragtem Obergeschoß, verzierten Balkenköpfen und profilierten Balkenlagen verloren. Darüber hinaus wurde die Platzgestaltung des quadratischen Marktes mit Ausnahme der östlichen Häuserfront zerstört. Nach 1945 Wiederaufbau der Innenstadt durch moderne Wohnbaublöcke.

W. Lippert: Geschichte der Stadt Strasburg in der Uckermark im Rahmen der uckermärkischen Geschichte (Arbeiten des Uckermärkischen Museums- und Geschichts-Vereins zu Prenzlau 6 und 6a), Prenzlau 1920. Inventar Prenzlau, S. 349. 700-Jahr-Feier der Stadt Strasburg/Uckermark, Greifswald 1950. O. Rühle: Der Kreis Strasburg – gestern, heute und morgen, in: Wiss. Zeitschrift der Karl-Marx-Universität Leipzig, Ges. u. sprachwiss. Reihe 6, 1956/57, S. 81 ff.

Rathaus (Nordwestecke des Marktplatzes). Der 1599 von J. Jodoker errichtete Renaissancebau 1681 durch Brand zerstört. Barocker Wiederaufbau um 1715 abgeschlossen. Erneuerungsarbeiten 1722, 1754 und 1849. Langgestreckter zweigeschossiger Putzbau von acht Achsen. Inmitten des Walmdaches reich gestalteter, pilastergegliederter Dachreiter mit geschweifter Haube und offener Laterne. Die breit gelagerten Fassadenfronten lediglich von zarten Putzbändern horizontal gegliedert. Schlicht eingeschnittene Rechteckfenster. Vom Vorgängerbau Jodokers eine gewölbte Erdgeschoßhalle sowie Reste von Renaissanceformen am Südportal beim Wiederaufbau übernommen. Eine auf den Renaissancebau bezogene lateinische Inschrift an der Südfront angebracht.
Gegen Kriegsende 1945 durch Brand zerstört.

W. Lippert: Geschichte der Stadt Strasburg, Prenzlau 1920, S. 49. Inventar Prenzlau, S. 347 ff. Stallmann: Das Rathaus in Strasburg/Um., in: Heimatkalender für den Kreis Prenzlau 2, 1927, S. 144 f. Engel/Schlott-Kotschote, S. 274

Oben: Schwerinsburg, Schloß, Gartenfront (nach Duncker 1857)
Links unten: Stavenhagen, Hauptportal der Apotheke
Rechts unten: Strasburg, Rathaus

Strasburg, Ortsteil Schwarzensee (Kreis Strasburg)

Dorfkirche Barocker Fachwerkbau von 1740/41 über längsoktogonalem Grundriß. An der nördlichen Langseite rechteckige Vorhalle mit darüberliegendem verbrettertem, quadratischem Turmaufsatz, der als geschlossene vierseitige Laterne endet. Korbbogig gestaltetes Turmportal von schlichten Pilastern mit Gebälk umrahmt. Bretterdecke des Kirchenraums in der Form eines Muldengewölbes ausgebildet.
Gegen Kriegsende 1945 stark beschädigt. 1968/69 durch kleinen, massiven Neubau ersetzt.

Inventar Prenzlau, S. 326. R. Billerbeck: Malerische Dorfkirchen aus dem Kreise Prenzlau, in: Brandenburg 6, 1928, S. 50 ff. Dehio 1968, S. 354

Templin (Kreis Templin)

Der urkundlich erstmals 1270 erwähnte Ort in verkehrsgünstiger und von Seen umgebener, landschaftlich reizvoller Lage wahrscheinlich bereits gegen 1240 durch die Markgrafen von Brandenburg zur Stadt erhoben. Ovaler Stadtgrundriß mit regelmäßigem, rechtwinklig geführtem Straßennetz von starker Feldsteinmauer des 13. Jh. umgeben. Das mittelalterliche Stadtbild durch mehrere Großbrände, zuletzt 1735, weitgehend vernichtet. Anschließender Wiederaufbau als geschlossene Karrees mit zweigeschossigen Fachwerk-Traufenhäusern.
Die Innenstadt hauptsächlich durch den angloamerikanischen Bombenangriff vom 6. März 1944 sowie einzelne Brände gegen Kriegsende 1945 zu etwa 60% zerstört. Besonders hart wurden die nordwestlich des Marktplatzes gelegenen Wohngebiete betroffen, wo ganze Baublöcke und Straßenzüge mit zumeist schlichten zweigeschossigen Fachwerk-Traufenhäusern des 18. Jh. zugrunde gingen. Der mittelalterliche Befestigungsring blieb bis auf geringfügige Kriegsschäden erhalten. Die Innenstadt durch neuerrichtete Wohnblöcke größtenteils wieder geschlossen.

J. E. Siedler: Mittelalterlicher und friderizianischer Städtebau in der Mark Brandenburg, in: Zeitschrift des Verbandes des Deutschen Architekten- und Ingenieurvereins 6, 1917, S. 61 ff. Templin, ein Führer durch Stadt und Landschaft, Templin 1925. Templiner Kreiskalender, 1928 ff. Der Kreis Templin, hrsg. vom Kreisausschuß des Kreises Templin, Berlin-Spandau 1932. Inventar Templin, S. 150, 155 (mit weiterer Literatur). R. Schmidt: Das Gesicht der Straßen der Stadt Templin, in Templiner Kreiskalender 15, 1942, S. 22 ff. Urlaubsidyll Kreis Templin, hrsg. vom Rat der Stadt Templin, Templin 1968

Rathaus (am nordwestlichen Marktplatzrand). 1746–1751 errichtet nach Plänen (1737 und 1743) von K. S. Schmidt. Dreigeschossiger Putzbau von 7:5 Achsen in der kühlen Formensprache des norddeutschen Barock. Erdgeschoß mit Korbbogenöffnungen als Sockelzone ausgebildet. Die einheitlich behandelten Obergeschosse mit abschließendem Triglyphenfries durch pilastergegliederte, dreiachsige Mittelrisalite akzentuiert. Über dem Risalit der zur Straße weisenden Nordwest-Front Dreieckgiebelschluß. Inmitten des Walmdaches reich gegliederter, quadratischer Dachreiter mit geschweifter Haube und bekrönendem brandenburgischem Adler.
Am 6. März 1944 durch Bombentreffer zu einem Drittel (zwei Bauachsen) zerstört. Wiederhergestellt 1963–1966.

H. Philipp: Die Geschichte der Stadt Templin, Templin 1925, S. 192. Inventar Templin, S. 155. Dehio/Nordostdeutschl., S. 477. Müther, S. 122. Engel/Schlott-Kotschote, S. 275. Dehio 1968, S. 412. Baier, S. 404

Als Beispiel der zahlreichen vernichteten Bürgerhäuser:

Kirsteinstraße 9 (jetzt Kantstraße). Zweigeschossiges Fachwerk-Traufenhaus des 18. Jh. von vier Achsen mit Satteldach. Reich gestaltete Eingangstür mit Pilastereinfassung. Neben der linksseitigen Durchfahrt im Erdgeschoß Flur und Stube, dahinter Alkoven, Küche und Kammer. An der Rückfront vorgelegter Erweiterungsbau (Stube).

Inventar Templin, S. 155

Waren/Müritz (Kreis Waren)

Die Stadt blieb von Kriegszerstörungen fast völlig verschont. Lediglich die südliche Häuserfront des Alten Marktes mit Traufenhäusern des 18./19. Jh. wurde in den letzten Kriegstagen 1945 durch Brand zerstört, so daß der Blickwinkel heute bis zur Binnenmüritz reicht.

K. Schreiner: Müritzgebiet (Brockhaus-Wanderheft 130), 1970, S. 28

Woddow (Kreis Pasewalk)

Dorfkirche Frühgotischer flachgedeckter Feldstein-Saalbau der zweiten Hälfte des 13. Jh. mit nördlichem Sakristeianbau. Der westlich vorgelegte Fachwerkturm von 1709 (Wetterfahne) über Feldsteinsockel; schieferverkleideter Oberbau durch Pyramidendach abgeschlossen. Am Außenbau weiterhin Sockelfase, Spitzbogenfenster und abgestuftes Südportal.
Während der Kampfhandlungen Ende April 1945 durch Artilleriebeschuß schwer beschädigt. Fachwerkturm bis auf die massiven Grundmauern

Templin, Rathaus, nach der Zerstörung, beim Wiederaufbau und nach der Wiederherstellung

zerstört; Sakristeianbau, obere Hälfte des Ostgiebels sowie Teile des Dachstuhls und der Innendecke eingestürzt. Bei der Wiederherstellung 1960–1966 eingeschossiger verputzter Vorbau auf den erhaltenen Fundamenten des zerstörten Turmes zur provisorischen Unterbringung der beiden zurückgeführten Glocken von 1509 und 1540 neu errichtet. Kirchenschiff und Vorbau durch flache Satteldächer geschlossen. Barock veränderte Renaissancekanzel verloren, Kanzelträger und zwei Evangelistenfiguren erhalten und in ein modernes Stehpult eingefügt. Spätgotischer Altarschrein gerettet.

Inventar Prenzlau, S. 370 f. Engel/Schlott-Kotschote, S. 278 f. Dehio 1968, S. 460

Woldegk (Kreis Strasburg)

In Anlehnung an eine ehemalige Burg zwischen 1236 und 1250 von den brandenburgischen Markgrafen gegründet. Stadtanlage mit regelmäßigem, rechtwinkligem Straßensystem und zentral gelegenem Marktplatz. Große Stadtbrände von 1442 und 1719.

Der Altstadtkern Ende April 1945 zu etwa 70% durch Brand vernichtet. Die vornehmlich aus zweigeschossigen Fachwerk-Traufenhäusern des 18./19. Jh. mit vereinzelt vorgekragtem und verziertem Obergeschoß bestehenden Straßenzüge bis auf geringe Restbestände damit völlig eingeäschert. Wiederaufbau der Innenstadt bald nach Kriegsende begonnen.

Inventar M.-Strelitz II, S. 193 ff., 214. Dt. Städtebuch/Nordostdeutschl., S. 348 f.

Petrikirche (am südöstlichen Stadtrand). Dreischiffige, vierjochige Hallenkirche aus Feld- und Backstein mit eingezogenem, gerade geschlossenem Rechteckchor, breitrechteckigem Westturm und tonnengewölbter Sakristei im Süden des Chores. Turmoberbau in Fachwerk ins Achteck übergehend und von achtseitigem Helm bekrönt. Vom ursprünglichen Feldsteinbau des dritten Viertels des 13. Jh. Chor, Sakristei und querrechteckiger Turmunterbau überkommen. Nach dem Stadtbrand von 1442 Langhaus-Neubau aus Backstein gegen Ende des 15. Jh., die Einwölbung 1556 abgeschlossen. Turmoberbau 1775 erneuert. Chor ehemals flachgedeckt und bei der Generalrestaurierung des Baudenkmals 1901/02 mit dreijochigem Kreuzrippengewölbe überwölbt. Im Langhaus spätgotische Stern- und Kreuzgewölbe über Achteckpfeilern.

Am 29. April 1945 vollständig ausgebrannt. Fast sämtliche Gewölbe und Arkadenbögen sowie ein Freipfeiler eingestürzt. Turmoberbau und die gesamte Innenausstattung vernichtet. Bei der Wiederherstellung 1954–1957 Chorraum mit hölzernem Tonnengewölbe, Langhaus und Turmhalle mit Flachdecken geschlossen. Turmstumpf durch Satteldach abgedeckt.

Inventar M.-Strelitz II, S. 201 ff. Schmaltz, S. 58. Dehio/Nordostdeutschl., S. 518. Denkmalpflege in Mecklenburg, S. 34. Wiederaufbau der Kirchen in der DDR, S. 56, 226. Dehio 1968, S. 461. Hahn, S. 321 f.

Rathaus (auf dem Marktplatz). 1763–1765 errichteter zweigeschossiger Putzbau von 7:3 Achsen in schlichten Barockformen. Gebäudekanten und risalitartige Portalachsen von zum Teil gequaderten Lisenenbändern eingefaßt. Außenbau weiterhin durch Putzspiegel unter den Fenstern sowie ein Gurtband zwischen beiden Geschossen belebt. Korbbogig geschlossenes Hauptportal. Inmitten des Mansarddaches achtseitiger Dachreiter. Die schlichten Innenräume flachgedeckt, lediglich im Kellergeschoß Tonnen- und Kreuzgratgewölbe.

Ende April 1945 völlig ausgebrannt. Ruine infolge starker Rissebildung später abgetragen.

Inventar M.-Strelitz II, S. 212 f. H. Schüßler: Alt-Woldegk, das Rathaus, in: Mecklenburg-Strelitzer Heimatblätter 1, 1925, S. 22 ff.

Unter den zerstörten Bürgerhäusern besonders erwähnenswert:

Petersilienstraße 275 (jetzt Kronenstraße). Erbaut wohl erst Anfang des 18. Jh., somit zu den spätesten der wenigen erhaltenen Giebelhäuser zählend. Zweigeschossiges Fachwerkhaus von drei Achsen mit durchlaufenden Ständern. Neben dem Flur zweifenstrige Stube mit Alkoven, dahinter Küche und Speisekammer. Im Obergeschoß lediglich Bodenräume. Rückwärtige Giebelfront durch späteren Anbau erweitert.

Inventar M.-Strelitz II, S. 214

Woldegk, Ortsteil Canzow (Kreis Strasburg)

Herrenhaus Errichtet in der Mitte des 18. Jh. Zweigeschossiger, neunachsiger Putzbau mit Mansarddach und leicht angedeuteten Mittel- und Seitenrisaliten. Die drei Mittelachsen später durch Segmentgiebelbekrönung hervorgehoben. Zusammen mit Fachwerk-Torhaus (Wetterfahne von 1753) und weiteren Nebengebäuden zu einer Baugruppe zusammengeschlossen.

Gutshaus und Wirtschaftsgebäude gegen Kriegsende 1945 durch Brand zerstört. Das Torhaus nachträglich abgebrochen.

Inventar M.-Strelitz II, S. 226

Wolfshagen (Kreis Strasburg)

Schloß Errichtet 1734–1738 am Südufer des Haussees. Zweigeschossiger Putzbau von etwa 17 Achsen mit Mansarddach und Fledermausgaupen. Die Barockanlage mit abgesetzten Mittel- und Seitenrisaliten laut Überlieferung 1838 durch Anfügen kurzer Endflügel unter gleichzeitiger Überarbeitung der gesamten Außenarchitektur erweitert. Der achsenbetonende ein- bzw. dreiachsige Mittelrisalit von Eckquaderlisenen gerahmt und durch wappengeschmückten Dreieckgiebel abgeschlossen. Hauptgeschoß durch eine aus rundbogigen Fensterrücklagen und schlichten Pilastern bestehende Wandgliederung hervorgehoben. Ursprüngliche Innenraumgestaltung bis auf einen salonartigen Raum mit Supra-

Links: Woldegk, Petrikirche, Inneres und Westfront, nach der Zerstörung
Rechts oben: Woldegk, Ortsteil Canzow, Herrenhaus
Rechts unten: Wolfshagen, Schloß, Hoffront

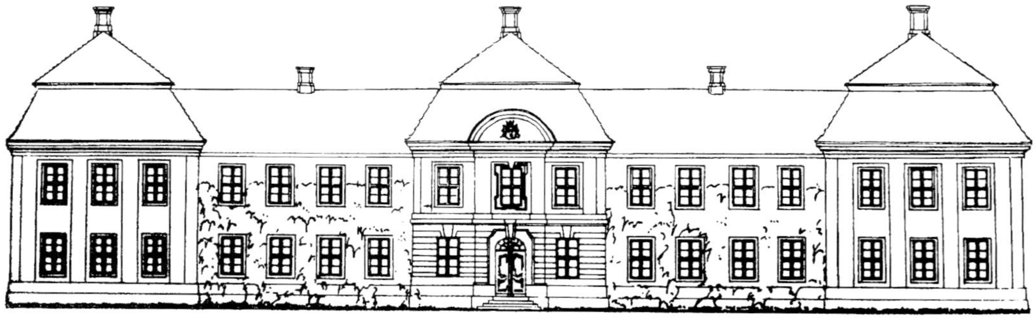

Zettemin, Ortsteil Rottmannshagen, Schloß, Fassadenaufriß

porten-Reliefs, Konsolgesims und Kaminanlage im 19. Jh. weitgehend verändert. Im östlichen Flügelbau ein durch beide Geschosse reichender Saal mit Pilastergliederung erwähnenswert. Die ehemals französische Parkanlage im 19. Jh. nach Entwürfen P. J. Lennés umgestaltet.
Ende April 1945 völlig ausgebrannt und mitsamt der Innenausstattung vernichtet. Ruinenreste anschließend beseitigt. Klassizistisches Orangeriegebäude mit ionischem Säulenportikus gleichfalls verlorengegangen. Wirtschafts- und Verwaltungsgebäude größtenteils erhalten.

Duncker VIII, Nr. 431. Inventar Prenzlau, S. 377 ff. K. Nagel: Im Park von Wolfshagen, in: Heimatkalender für den Kreis Prenzlau 1, 1926, S. 101 ff. K. Blankenfeld: Burg und Schloß Wolfshagen, in: Brandenburg 1927, H. 9, S. 134 ff. Helmigk, S. 149. Rave, S. 186. Engel/Schlott-Kotschote, S. 279. Dehio 1968, S. 461

Wollschow, Ortsteil Menkin
(Kreis Pasewalk)

Herrenhaus Schlichter, modern überarbeiteter, langgestreckter zweigeschossiger Putzbau von 1740. Das Krüppelwalmdach an der Hoffront beiderseits eines vierachsig vorgelegten Mittelrisalits mit schlichtem Dreieckgiebel bis zum Erdgeschoß herabgezogen. Rechteckfenster mit Putzfaschen. Das Erdgeschoß der Gartenfront mit Putzquaderung und einfachem Rundbogenportal. Dachflächen durch Fensteraufbauten und Fledermausluken belebt. Als Kernbau der Gesamtanlage wohl ein ursprünglich eingeschossiger Fachwerkbau anzunehmen, der durch Ausbau seine spätere Gestalt erhielt und 1909 durch einen Anbau erweitert wurde. Zurückhaltende Innenraumgestaltung mit Empire- und Biedermeiereinrichtung. Treppenhaus mit schlichter hölzerner Treppenanlage.
Hauptgebäude während der Kampfhandlungen Ende April 1945 durch Tieffliegerbeschuß in Brand geraten und zerstört. Ein ebenfalls dem 18. Jh. entstammendes südliches Fachwerk-Seitengebäude (Wohnräume und Bibliothek) mit Tordurchfahrt ging etwas später durch Brand verloren. Zwei die Hauptanlage flankierende Geflügelhäuser sowie ein zweigeschossiges Teehaus mit Säulenportikus (wohl 19. Jh.) blieben erhalten. Auf den Fundamenten des Herrenhauses ein kleineres Kulturhaus errichtet.

Inventar Prenzlau, S. 113 ff. Helmigk, S. 117, 156. Rave, S. 170. Engel/Schlott-Kotschote, S. 260. A. Stenbock-Fermor: Der rote Graf, Berlin 1973, S. 251 f.

Zettemin, Ortsteil Rottmannshagen
(Kreis Malchin)

Schloß Errichtet 1728–1732. Großzügige Barockanlage über annähernd E-förmiger Grundrißdisposition. Zweigeschossiger Ziegelputzbau von insgesamt 17 Achsen mit dreiachsigem Mittelrisalit und stark vorgezogenen, dreiachsigen Endflügeln. Bewegter Dachumriß durch pavillonartige, erhöhte Mansarddächer über den dreiachsigen Baukompartimenten. Die Mittelachse des Mittelrisalits nochmals abgesetzt und durch Korbbogenportal, Fensterfasche sowie wappengeschmückte Segmentgiebelbekrönung betont. Die kurzen pavillonartigen Flügelbauten in ihrer Wandgliederung den benachbarten freistehenden Kavaliershäusern verwandt. Der symmetrischen Fassadengestaltung entsprechend die innere Raumdistribution nach dem Prinzip des Appartement double. Im Erdgeschoß des Mittelrisalits Diele und Gartensaal mit seitlichen Treppenhäusern; im Obergeschoß durchgehender Festsaal.
Gegen Kriegsende 1945 vollkommen ausgebrannt. Ruine bis 1950 abgetragen. Reste des Kellergeschosses noch vorhanden. Kavaliershäuser, Wirtschaftsgebäude sowie die den Hof abschließende barocke Backsteinmauer blieben erhalten.

Duncker IX, Nr. 507. E. Brendemühl: Die preußische Enklave bei Stavenhagen, in: Unser Pommerland 12, 1927, H. 4/5, S. 201 ff. E. Jacobs: Mecklenburgische Herrenhöfe, Diss. TH Berlin 1937, S. 30, 60. Sieber, S. 57 f. Dehio 1968, S. 473

Züsedom (Kreis Pasewalk)

Dorfkirche Rechteckiger Feldstein-Saalbau des 13. Jh. mit querrechteckigem Westturm von gleicher Breite. Außenbau durch Sockelfase, Blendengliederung und profiliertes Westportal mit Kämpferbildung ausgezeichnet. Barocker quadratischer Turmoberbau in Fachwerk von geschweifter Haube und achteckiger Laterne bekrönt.
Während der Kampfhandlungen Ende April 1945 durch Beschuß stark beschädigt und der Turmaufsatz zerstört. Letzterer bei der Instandsetzung um 1966 durch niedrigen verbretterten Dachreiter mit Zeltdach ersetzt.

Inventar Prenzlau, S. 396 f. Dehio 1968, S. 477

Bezirk Potsdam

Bärwalde (Kreis Jüterbog)

Schloß (auf einer Anhöhe südwestlich des Ortes). Anstelle einer frühdeutschen Burg errichtet. Unregelmäßige, von einem Graben umgebene Anlage. Im Kern mittelalterlich mit gotischem Turm aus Raseneisenstein. Später mehrfach, vornehmlich im 17./18. Jh., umgebaut. Ein hoher, nach Osten dreiseitig polygonal gebrochener Flügel war möglicherweise früher die Schloßkapelle. Vor dem Westgiebel ein Denkmal von 1734. (Kopien zweier 1787 datierter Ansichten des Gebäudes in den Supraporten des oberen Salons von Schloß Wiepersdorf, Kreis Jüterbog.)
Nach kriegsbedingten Beschädigungen 1945 abgebrochen, erhalten lediglich die Ruine des gotischen Turmes und der tonnengewölbte Keller eines Schloßflügels.

Engel/Schlott-Kotschote, S. 233. Handbuch Hist. Stätten, S. 11. (Fotos im Institut für Denkmalpflege Berlin)

Barnewitz (Kreis Rathenow)

Kirche Einschiffiger Putzbau des 18. Jh. mit aufgesetztem Fachwerkturm und offener Laterne von 1744, im Kern vorbarock. An der Südseite Sonnenuhr von 1599. Im Inneren Kanzelaltar in Rokokoformen, Westempore von 1794 sowie Barockorgel aus Brandenburg von Wagner.
Bei einem Bombenangriff am 2. April 1944 mit dem gesamten Inventar bis auf die Umfassungsmauern ausgebrannt. Wiederaufbau in veränderter Form seit 1958.

Kunstdenkmäler/Westhavelland, S. 7

Blankenfelde (Kreis Zossen)

Gutshaus Zweigeschossiger Bau von ursprünglich neun Achsen mit Lisenengliederung und Walmdach von 1824, im Kern ältere Teile des 18. Jh. Ende 19. Jh. stark erweitert und im Stil der Neorenaissance verändert.
Im Krieg durch Bombentreffer zerstört, die Reste 1946/47 abgebrochen.

Rave, S. 147. Kunstdenkmäler/Teltow, S. 62, Abb. 218. Engel/Schlott-Kotschote, S. 237

Blumenow (Kreis Gransee)

Schloß Erbaut um 1742. Zweigeschossiger barocker Putzbau von 9:5 Achsen unter hohem Mansarddach. Die drei mittleren Achsen der Langseiten durch Pilastergliederung risalitartig betont, das Hauptportal kartuschenbekrönt. Im regelmäßig disponierten Inneren in der Mittelachse Vestibül mit dreiläufiger Treppe und Gartensaal, davor Terrasse. Das Gebäude dem Gutshof symmetrisch zugeordnet und teilweise von Wassergräben eines älteren Schlosses umgeben. Der ursprünglich barocke Park im 19. Jh. verändert.
Durch Kriegseinwirkungen beschädigt, Ende 1945 abgebrannt, die Reste später beseitigt.

Kunst- und Geschichtsdenkmäler des Freistaates Mecklenburg-Strelitz, I Das Land Stargard, bearbeitet von G. Krüger, Neubrandenburg 1925, S. 49 ff. m. Abb.

Brandenburg/Havel
(Stadtkreis Brandenburg/Havel)

Hauptfeste der slawischen Heveller auf einer Insel im Sumpfland zwischen Havelseen. 928/29 von Heinrich I. erobert, 948 durch Otto I. zum Bischofssitz erhoben, 983 im Slawenaufstand verloren und später mehrfach umkämpft, 1157 durch Albrecht den Bären endgültig erworben. 1161 bis 1565 Bischofssitz im ehemaligen Burgbezirk. Die Stadt aus drei Siedlungen zusammengewachsen: Im Schutze der Burg auf der späteren Dominsel entstand westlich (zu Füßen des Harlunger Ber-

Oben: Bärwalde, Schloß, Kapellenflügel
Links unten: Blankenfelde, Gutshaus
Rechts unten: Blumenow, Schloß

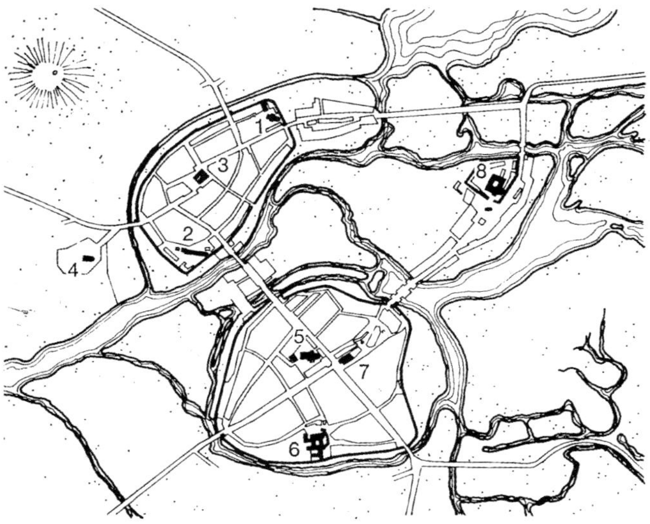

ges, eines alten slawischen Heiligtums) um 1160 die Ackerbausiedlung der Altstadt und bald nach 1170 südlich die Neustadt als Kaufmanns- und Marktsiedlung; beide 1715 vereinigt. Lange Zeit Hauptstadt der Mark und bis 1470 Mitglied der Hanse, erlebte Brandenburg vom 13. bis 15. Jh. seine größte Blüte, wovon der Dom, zahlreiche bedeutende Kirchen, Klöster und Kapellen mit reichen Kunstschätzen, zwei Rathäuser, Stadtmauern, Tortürme und Bürgerbauten zeugen. In nachmittelalterlicher Zeit Verlust der politischen Bedeutung, seit Mitte des 19. Jh. Aufschwung als Industriestadt. Das Straßenbild vorwiegend durch ältere Bürgerhäuser des 16.–18. sowie des späten 19. und des 20. Jh. geprägt.
Zwei anglo-amerikanische Fliegerangriffe am 31. März und 20. April 1945 verursachten in der bis dahin verschont gebliebenen Stadt beträchtliche Zerstörungen. Zu den betroffenen Baudenkmalen gehören St. Johannis und die inzwischen wiederhergestellte Nikolaikirche in der Altstadt. Weitere Verluste entstanden gegen Kriegsende während siebentägiger Kämpfe, besonders um den 24. und 25. April im Gebiet der Neustadt um Paulikirche und Neustädtischen Markt. Die Zerstörungen an Bausubstanz werden auf etwa 15 bis 20 % geschätzt. Wiederaufbau im wesentlichen im Anschluß an das alte Straßennetz.

Bergau, S. 186 ff. Kunstdenkmäler/Stadt und Dom Brandenburg. Dt. Städtebuch/Nordostdeutschl., S. 510 ff. Dehio/Nordostdeutschl., S. 55 ff. Hdb. Hist. Stätten, S. 135 ff.

St. Johanniskirche des Mitte des 13. Jh. gestifteten Franziskanerklosters in der Altstadt. Eine der entwicklungsgeschichtlich besonders wichtigen Bettelordenskirchen in der Mark Brandenburg. Im Kern einschiffiger frühgotischer Backstein-Saalbau von sechs Jochen mit nördlichem Sakristeianbau. Begonnen um 1250/60, gegen 1300 erhöht und gewölbt. Im Osten 7/10-Chor aus der ersten Hälfte des 15. Jh. in Art der Berliner und Stettiner Franziskanerkirchen sowie ein Glockentürmchen an der Südseite. Das Langhaus im Norden durch Anbau des 15. Jh. seitenschiffartig erweitert und mit reichem zweiteiligem Portal und bekrönender Fensterrosette aus Ziegelformsteinen im Stil des Brunsberg-Umkreises geschmückt, die strenge Westfassade durch dreiteiliges Fenster mit Maßwerk und Blendgiebel aufgelockert. Das Innere war mit Kreuzgewölben gedeckt, diese nach der wahrscheinlich zu Beginn des 19. Jh. erfolgten Zerstörung 1849–1851 durch Holzkonstruktionen ersetzt. Im schmucklosen Inneren neogotische Kanzel und Emporeneinbauten aus der Mitte des 19. Jh. (Das südlich der Kirche gelegene Kloster schon im 19. Jh. verschwunden.)
Am 31. März 1945 durch eine Luftmine getroffen, wobei die Westfassade und das anschließende Langhausjoch bis auf die Grundmauern zusammenstürzten. Die östlichen Teile der Kirche und 4/5 der Holzgewölbe blieben im wesentlichen erhalten, die Ausstattung des 19. Jh. ging während der ersten Nachkriegsjahre verloren. An den Langhauswänden kamen unter dem Putz Reste mittelalterlicher Wandmalereien zutage. Sicherung der Ruine 1945–1950, wobei Chor und Langhaus mit behelfsmäßigen Dächern versehen wurden. 1951 Ausbau der nördlichen Anbauten für gottesdienstliche Zwecke. Wiederaufbau der Ruine ist beabsichtigt.

Bergau, S. 253 f. Kunstdenkmäler/Stadt und Dom Brandenburg, S. 34 ff., Abb. 23–28, Taf. 12. Dehio/Nordostdeutschl., S. 57. Reallexikon zur deutschen Kunstgeschichte II, 1948, Sp. 396, Abb. 2 und 20. J. Fait: Die norddeutsche Bettelordensbaukunst zwischen Elbe und Oder, Greifswald, Phil. Diss. 1954, S. 27 f., 103 ff. Engel/Schlott-Kotschote, S. 239

St. Paulikirche des 1286 gestifteten Dominikanerklosters in der Neustadt. Eines der Hauptwerke märkischer Bettelordensarchitektur. Dreischiffige gotische Backsteinhalle von sechs Jochen mit dreijochigem Chor in Mittelschiffsbreite und mit 5/8-Schluß. Die Ostteile nach 1286 begonnen, die Halle zwischen 1311 und 1330/40 zu Ende geführt. Einheitliche Anlage von guten Verhältnissen, die Durchbildung des Maßwerks und der Einzelformen von großer Qualität. An der Südwand des Chores schlanker Glockenturm von 1469 mit barocker Haube. Im schlichten Inneren schmalrechteckige Kreuzgewölbe auf Achteckpfeilern. Südlich der Kirche das nahezu vollständig erhaltene mittelalterliche Kloster mit zweigeschossigem Kreuzgang und einer Reihe von Nebengebäuden. Bemerkenswert im Westen der Kirche der einst zweigeschossige Rechteckbau einer 1497 entstandenen Marienkapelle, letztere durch einen Gang über das Klostertor hinweg mit dem Kreuzgang verbunden. Im 1868–1870 wiederhergestellten Kircheninneren in den Chorfenstern Reste eines dreiteiligen Armenbibelfensters aus der Zeit um 1340, im Langhaus Kanzel von 1718, Kalksteintaufe von 1565 und Gedächtnistafel von 1571 mit Reliefmedaillon Markgraf Joachims II. Im Kloster die Eichenholzreliefs von elf Aposteln, vorzügliche Werke des »weichen Stils« aus dem ersten Viertel des 15. Jh., ferner eine gute spätgotische Marienfigur sowie ein Kruzifix und ein Schmerzensmann aus der zweiten Hälfte des 15. Jh.
Während der Kampfhandlungen in der Stadt am 26./27. April 1945 griff Feuer aus der Nachbarschaft auf das Paulikloster über und erfaßte später auch Turm und Kirche, die bis zum 29. April mit großen Teilen des Inventars bis auf die Umfassungsmauern ausbrannte. Pfeiler und Schiffsgewölbe waren erhalten, als jedoch die südliche Pfeilerreihe 1958 einstürzte, mußten die restli-

Brandenburg
Oben: Stadtgrundriß, 1 St. Gotthardkirche, 2 St. Johanniskirche, 3 Altstädtisches Rathaus, 4 Nikolaikirche, 5 St. Katharinenkirche, 6 St. Paulikirche, 7 Neustädtisches Rathaus, 8 Dom

Unten links und Mitte: St. Johanniskirche von Westen und Inneres nach Osten;
Unten rechts: St. Paulikirche, Südgiebel des östlichen Klosterflügels (»Pauliwinkel«)

chen Gewölbe aus Sicherungsgründen abgetragen werden. Sicherung der Ruine seit 1958. Restaurierung begonnen, Ausbau des Klosters für kulturelle Nutzung vorgesehen. Die Marienkapelle im Westen der Kirche 1957 wiederhergestellt. Von der ehemaligen Ausstattung erhalten die mittelalterlichen Glasmalereien (in die Katharinenkirche versetzt), ferner das spätgotische Kruzifix (in der Marienkapelle), die Marienfigur (im Heimatmuseum), einige Epitaphien (im Kreuzgang) sowie wenige Reste der Taufe (in der Chorruine). Die Apostelreliefs verschollen.

Bergau, S. 266 ff. Kunstdenkmäler/Stadt und Dom Brandenburg, S. 96 ff., Abb. 57–75, Taf. 25–30. R. Nissen: Die Plastik in Brandenburg a. d. Havel von ca. 1350 bis ca. 1450, in: Jb. f. Kunstwiss. 1929, S. 61 ff., Taf. 3, 4, 6. Dehio/Nordostdeutschl., S. 59. Reallexikon zur deutschen Kunstgeschichte II, 1948, Sp. 419; IV, 1958, Sp. 135. W. Pinder: Die Kunst der ersten Bürgerzeit, Frankfurt am Main 1952, S. 333, Tafelband Abb. 31. J. Fait: Die norddeutsche Bettelordensbaukunst zwischen Elbe und Oder, Greifswald, Phil. Diss. 1954, S. 55 ff. Engel/Schlott-Kotschote, S. 239

Nikolaikirche des ehemaligen Dorfes Luckenberg vor dem Plauer Tor westlich der Altstadt. Spätromanische dreischiffige Backstein-Pfeilerbasilika ohne Querschiff mit vorgezogenem apsidialem Hauptchor und gleichfalls apsidialen Nebenchören. Seit den siebziger Jahren des 12. Jh. erbaut und bis um 1220 nach Westen fortschreitend in den Formen des frühgotischen Übergangsstils weitergeführt. Die Ostteile mit kuppelförmigen Kreuzgratgewölben, das Langhaus flachgedeckt. Anfang 15. Jh. verwüstet. Wiederherstellung um 1467; aus dieser Zeit ein spätgotisches Zwillingstürmchen über dem Westgiebel, ausgeführt unter Leitung von S. Boxthude. 1895 purifizierende Wiederherstellung. Im Inneren spätgotisches Triumphkreuz sowie einige Grabmäler des 18. und 19. Jh.
Beim Fliegerangriff am 31. März 1945 durch Sprengbomben stark beschädigt. Die Gewölbe der Ostteile im wesentlichen erhalten, der Westgiebel einschließlich der Turmanlage vernichtet. Wiederaufbau 1953–1956, die Westfront mit Turmaufsatz abweichend vom ursprünglichen Zu-

stand nach Entwurf von M. Weslau. Das beschädigte Triumphkreuz restauriert.

Kunstdenkmäler/Stadt und Dom Brandenburg, S. 82 ff., Abb. 49–56. G. Scheja: Die romanische Baukunst in der Mark Brandenburg, Berlin, Phil. Diss. 1939, S. 52 ff. Dehio/Nordostdeutschl., S. 59. Fait-Bayer, S. 326

Brandenburg
Oben: St. Paulikirche, Inneres nach Osten
Links unten: St. Paulikirche von Nordosten mit Dominikanerkloster
Rechts unten: Nikolaikirche, Westfront

Neustädtisches Rathaus Im Kern gestreckter rechteckiger Ziegelbau des 15. Jh. von zwei Geschossen. Mitte 16. Jh. und besonders 1715, nach Vereinigung von Alt- und Neustadt, umgebaut. Vom mittelalterlichen Bestand blieb die rückwärtige Ostfront mit reichem, von Fialen durchschossenem Backsteingiebel erhalten. Die zur Hauptstraße gerichtete Eingangsfront mit altem zweiteiligem Spitzbogenportal und der vorgestellten, etwa sechs Meter hohen Sandsteinfigur eines Roland von 1474; die Eingangsfront 1715 verputzt und durch einen Turmaufsatz mit barocker Laterne bekrönt. An der Südseite Anbauten des 16. und 17. Jh. mit zwei schlichten Giebeln. Im mehrfach umgestalteten Inneren eine Reihe alter Gemälde, insbesondere Stadtansichten und Porträts sowie die reichen Bestände des Stadtarchivs. Während der Kampfhandlungen am 24./25. April 1945 bis auf die Umfassungsmauern ausgebrannt. Die Ruine später beseitigt. Von den Akten des Stadtarchivs rund 90 % verbrannt. Der Roland seit 1946 vor dem Altstädtischen Rathaus. Die Stadtansichten und Porträts zum größten Teil verloren.

Bergau, S. 276 ff. Kunstdenkmäler/Stadt und Dom Brandenburg, S. 153 ff., Abb. 91–97, Taf. 32. Fricke, S. 9. Dehio/Nordostdeutschl., S. 59 f. Engel/Schlott-Kotschote, S. 239

Kurfürstenhaus (an der Südseite der Katharinenkirche, Ecke Stein- und Hauptstraße gegenüber dem Neustädtischen Rathaus). Mitte 16. Jh. entstandener stattlicher Putzbau von zwei Geschossen mit hohem Giebeldach und um einen Hof gelagerten Hintergebäuden. Das bedeutendste Patrizierhaus der Stadt. An der zur Steinstraße gerichteten Schmalseite ein reicher, durch Lise-

Brandenburg
Oben: Neustädtisches Rathaus, Gesamtansicht und Giebelfront im Hof
Links unten: Neustädtisches Rathaus, Giebelfront des Hofes, nach der Zerstörung
Rechts unten: Kurfürstenhaus

nengliederungen, Fialen und filigranartiges Fischblasenmaßwerk verzierter Frührenaissancegiebel. An der Langseite ein 1543 datiertes, üppig ornamentiertes Renaissanceportal, daran das kurfürstlich-brandenburgische Wappen, wonach das Haus seinen Namen erhielt. Im Inneren neben der Diele einige Räume mit Stern- und Netzgewölben, verziert durch Wappenschilde.
Am 24./25. April 1945 zerstört, die Ruine später beseitigt und durch modernen Neubau ersetzt.

Bergau, S. 282 ff., Fig. 84, 85. Kunstdenkmäler/Stadt und Dom Brandenburg, S. 188 ff., Abb. 113–117. Dehio/Nordostdeutschl., S. 60. Engel/Schlott-Kotschote, S. 239

Katharinenkirchplatz 12–13 Kleiner rechteckiger Backsteinbau aus der Mitte des 13. Jh., im zweiten Viertel des 15. Jh. erweitert. Im Erdgeschoß ein Wohnraum, darüber vermutlich der Speicher. Die zum Katharinenkirchplatz gerichtete zweigeteilte Nordfront des 15. Jh. durch acht Blendenpaare und stichbogige Fenster gegliedert. Die 1911 im Erdgeschoß freigelegten Reste von Putzritzzeichnungen aus der Mitte des 13. Jh., ähnlich denen des Magdeburger Domkreuzgangs, wurden später abgegossen und ins Heimatmuseum gebracht.
Während der Kampfhandlungen am 24./25. April 1945 zerstört und später abgerissen. Die Abgüsse der Putzritzzeichnungen im Heimatmuseum Brandenburg erhalten.

Kunstdenkmäler/Stadt und Dom Brandenburg, S. 183 ff., Abb. 105–107

Riedelsches Haus (Hauptstraße 90, neben dem Kurfürstenhaus). Barocker zweigeschossiger Putzbau mit hohem Mansarddach und schmalem giebelverziertem Mittelrisalit.
Während der Kampfhandlungen am 24./25. April 1945 zerstört, die Ruine später beseitigt.

Kunstdenkmäler/Stadt und Dom Brandenburg, S. 188, 199 ff., Abb. 113, 127–128

Rochowsches Haus (Annenstraße 12). Erbaut 1789. Dreigeschossiges Eckhaus von 8:8 Achsen mit hohem Mansarddach. Die Hauptfront durch Putzgliederungen und zwei flache Risalite belebt, letztere mittels Ecklisenen sowie über das Traufgesims emporgeführte Dreieckgiebel hervorgehoben.
Während der Kampfhandlungen am 24./25. April 1945 zerstört, die Reste später beseitigt.

Kunstdenkmäler/Stadt und Dom Brandenburg, S. 204, Abb. 129

Bredow (Kreis Nauen)

Gutshaus Langgestreckter Putzbau aus der Zeit um 1800 in den Formen der preußischen Landbauschule. Bestehend aus einem zweigeschossigen Mitteltrakt und anschließenden eingeschossigen Nebenflügeln, sämtlich unter Krüppelwalmdächern. Der neunachsige Mittelbau mit Lisenengliederung, Säulenportal und Auffahrtsrampe an der Schauseite, von einem hölzernen Belvedere bekrönt. Die siebenachsigen Nebenflügel durch Dachfenster aus der zweiten Hälfte des 19. Jh. verändert.
Der Mittelbau 1945 vernichtet, die jetzt freistehenden Nebenflügel erhalten.

Hdb. Hist. Stätten, S. 146

Mausoleum (in der Nähe der Kirche). Barocker Putzbau mit rechteckigem Unterteil und durch Pilaster gegliedertem Aufsatz mit geschweifter Haube.
Nach Beschädigung während der Kriegsjahre beseitigt.

Engel/Schlott-Kotschote, S. 239. Hdb. Hist. Stätten, S. 146. (Fotos im Institut für Denkmalpflege Berlin)

Links oben: Brandenburg, Kurfürstenhaus, nach der Zerstörung
Links unten: Brandenburg, Rochowsches Haus
Rechts oben: Brandenburg, Riedelsches Haus und Katharinenkirchplatz 12–13
Rechts unten: Bredow, Mausoleum und Gutshaus

Falkensee (Kreis Nauen)

Gutshaus Seegefeld Im Kern barocker, vor Mitte des 19. Jh. leicht veränderter eingeschossiger Rechteckbau von 11:3 Achsen mit hohem Mansarddach. Die drei mittleren Achsen als zweigeschossiges Risalit in die Dachzone übergreifend, davor an der Gartenseite eine zweiläufige Freitreppe.
Infolge kriegsbedingter Schäden 1959/60 abgetragen.

Hdb. Hist. Stätten, S. 171

Felgentreu (Kreis Luckenwalde)

Kirche Um 1800 entstanden. Schlichter rechteckiger Putzbau mit westlich eingebautem Turm und Sakristei im Osten. In dem an drei Seiten von Emporen umgebenen Inneren der 1727 von P. Wollschläger gelieferte barocke Kanzelaltar, ferner Holztaufe des 18. Jh. und Orgelprospekt von 1821, die Glocke datiert 1525.
Infolge von Kriegseinwirkungen 1945 zerstört.

E. Sturtevant: Chronik der märkischen Dörfer Felgentreu und Mehlsdorf, Jüterbog o. J. (1939), S. 29 ff. (Fotos im Institut für Denkmalpflege Berlin)

Friesack (Kreis Nauen)

Kirche 1844 im Rundbogenstil der Schinkelschule errichtet. Rechteckiger Putzbau mit eingezogener Halbkreisapsis und quadratischem Westturm. Im Inneren an beiden Langseiten durchlaufende Emporen auf schlanken, bis zur Holzdecke durchgeführten Stützen. Ausstattung und Ausmalung aus der Erbauungszeit.
Beim Bombenangriff am 28. April 1945 mit dem gesamten Inventar bis auf die Umfassungsmauern ausgebrannt, ein Teil des Mauerwerks eingestürzt. Der Turm 1951 mit neuem Zeltdach wiederhergestellt, das Kirchenschiff 1952–1955 im Inneren abweichend vom ehemaligen Zustand modern ausgebaut.

Kunstdenkmäler/Westhavelland, S. 34 f. (Fotos im Pfarramt Friesack)

Herrenhaus Von der geschichtlich bedeutsamen mittelalterlichen Burganlage der Bredows bzw. Quitzows am Rhin hatten sich nach vielfachen Zerstörungen und Bränden keinerlei Reste erhalten. Vorhanden im ehemaligen Burggebiet lediglich ein 1774 erbautes großes rechteckiges Fachwerkgebäude (Herrenhaus) von zwei Geschossen und 11:4 Achsen unter Walmdach.
Nach Kriegsbeschädigungen 1956 abgebrochen.

Kunstdenkmäler/Westhavelland, S. 28 ff. Engel/Schlott-Kotschote, S. 245. Hdb. Hist. Stätten, S. 191 f. (Fotos im Institut für Denkmalpflege Berlin)

Golzow (Kreis Brandenburg)

Schloß Erbaut 1685–1690 und 1748 anstelle einer im Dreißigjährigen Krieg verfallenen Wasserburg der Familie v. Rochow. Stattlicher zweigeschossiger Putzbau von 13 Fassadenachsen unter Mansarddach. Die Gebäudemitte durch einen dreigeschossigen, in die Dachzone übergreifenden Mittelbau von drei Achsen mit Pilastergliederung und Balkon hervorgehoben. Im regelmäßig disponierten Inneren Treppenhaus und Säle. Um das Schloß ein 60 Morgen großer Park, umgestaltet Ende 18. Jh., möglicherweise von Schoch aus Wörlitz; darin einige ältere Barockfiguren.
Ende April 1945 bis auf die Umfassungsmauern ausgebrannt, die Reste seit 1947 beseitigt. Verloren gingen große Teile des Inventars, das Archiv sowie das dorthin verlagerte Kunstgut. Eine Reihe guter Porträts aus dem Schloßbestand jetzt im Domstift Brandenburg.

Fontane/Fünf Schlösser, S. 53. Rave, S. 157, Abb. 156 (Litho nach Duncker 1862). Engel/Schlott-Kotschote, S. 247. H.-U. Engel: Schlösser und Herrensitze in Brandenburg und Berlin, Frankfurt am Main 1959, S. 73, Abb. 159. Hdb. Hist. Stätten, S. 200

Gottow (Kreis Luckenwalde)

Hammergebäude Ehemaliges Hüttenwerk, bestehend aus Hammergebäuden, Amtshaus (Faktorei) und Wohnhäusern, gegründet 1752/53 von Friedrich II. von Preußen. (Technisches Kulturdenkmal)
Der Komplex während der schweren Kämpfe am 21. April 1945 zerstört, das Amtshaus und ein Wohngebäude erhalten. Reste der technischen Einrichtung im Heimatmuseum Luckenwalde.

F. W. A. Bratring: Statistisch-topographische Beschreibung der gesamten Mark Brandenburg, Bd. 1, Berlin 1804, S. 142 f.

Gräfendorf (Kreis Jüterbog)

Schloß Stattlicher barocker Putzbau von zwei Geschossen und 9:5 Achsen unter Mansarddach. Umgeben von einer Gartenanlage der Mitte des 19. Jh.
Nach kriegsbedingten Beschädigungen 1947 abgerissen.

Rave, S. 158. Engel/Schlott-Kotschote, S. 247

Großbeeren, Ortsteil Kleinbeeren (Kreis Zossen)

Gutshaus Um 1600 errichtet. Zweigeschossiger verputzter Fachwerkbau von unregelmäßigem Grundriß. Durch Lisenen und verkröpfte Gesimse geteilte Renaissancegiebel. Am Nordende des Hauptflügels kleiner Kapellenanbau mit neogotischen Fenstern.
Im Kriege durch Luftdruckschäden stark in Mitleidenschaft gezogen, 1958/59 abgerissen.

Kunstdenkmäler/Teltow, S. 108, Abb. 58, 59, 333. Engel/Schlott-Kotschote, S. 253. (Fotos im Institut für Denkmalpflege Berlin)

Links oben: Falkensee, Gutshaus Seegefeld
Links Mitte: Felgentreu, Kirche
Links unten: Friesack, Kirche, Inneres nach Osten
Mitte oben: Friesack, Herrenhaus
Mitte unten: Golzow, Schloß (nach Duncker)
Rechts: Großbeeren, Ortsteil Kleinbeeren, Gutshaus

Groß Behnitz (Kreis Nauen)

Schloß Aus einem älteren Schloß der Zeit um 1800 durchgreifend umgestaltet 1869/70 von Gansow für A. J. A. Borsig. Imposanter Putzbau im historisierenden Stil der italienischen Renaissance. Im prachtvollen Inneren bemerkenswerte Kunstsammlungen. Auf den Torpfeilern der Haupteinfahrt zum Schloßpark Trophäen von dem 1788 von C. v. Gontard erbauten und 1867/68 abgebrochenen Oranienburger Tor in Berlin.
1945 ausgebrannt, später größtenteils abgetragen, gegenwärtig vereinfachter Wiederaufbau. Das Parkportal mit den Bildwerken erhalten.

Kunstdenkmäler/Westhavelland, S. 10. Rave, S. 158 m. Abb. des Schlosses vor der Umgestaltung (nach Duncker 1862). Engel/Schlott-Kotschote, S. 248. H.-U. Engel: Schlösser und Herrensitze in Brandenburg und Berlin, Frankfurt am Main 1959, S. 69 f., Abb. 155. Hdb. Hist. Stätten, S. 205 f. K. Pierson: Borsig – ein Name geht um die Welt, Berlin 1973, S. 80, Abb. 32

Hohenahlsdorf (Kreis Jüterbog)

Gartenhaus (im Gutspark). Gegen Ende des 18. Jh. errichteter zweigeschossiger quadratischer Fachwerkbau mit Mansarddach.
Infolge kriegsbedingter Beschädigungen nach 1945 abgebrochen. Das Schloß erhalten.

Engel/Schlott-Kotschote, S. 251

Johannestal bei Hohenbruch (Kreis Oranienburg)

Gutshaus Erbaut 1710, wahrscheinlich um 1800 verändert. Eingeschossiger Bau in Traufenstellung unter hohem Mansarddach mit liegenden Gauben. Die schlichten Putzfassaden im Stil der preußischen Landbauschule.
Gegen Kriegsende beschädigt, 1947 abgebrannt, die Reste beseitigt.

Engel/Schlott-Kotschote, S. 252

Kerzendorf (Kreis Zossen)

Gutshaus Gegen Mitte des 18. Jh. im Stil der Knobelsdorffschule errichtet, 1872 und 1939 außen und innen umgestaltet, in den vierziger Jahren des 20. Jh. restauriert. Eingeschossiger Putzbau von neun Achsen. In der Mittelachse ein zur Gartenseite ausgerundeter Salon, darin ein qualitätvoller Marmorkamin in der Art Potsdamer Arbeiten des friderizianischen Rokoko. Die reiche Ausstattung mit alten Möbeln und Gemälden nicht die ursprüngliche. Park im Kern 18. Jh., darin eine Villa (Cottage) der Zeit um 1900 sowie später erworbene Vasen und Figuren des 18. Jh.
Durch Bombeneinschlag am 5. September 1943 ausgebrannt, die Villa im Park schwer beschädigt. Die Ruinen 1946–1950 abgetragen. Der Park wird gegenwärtig wiederhergerichtet.

Rave, S. 164. Kunstdenkmäler/Teltow, S. 103, Abb. 321, 322. H. G. v. Studnitz: Als Berlin brannte, 2. Aufl. Stuttgart 1963, S. 107 ff.

Kleinmachnow (Kreis Potsdam)

Neues Gutshaus Erbaut zwischen 1796 und 1803 von D. Gilly d. Ä. in den Formen der preußischen Landbauschule. Zweigeschossiger Putzbau von 11:4 Achsen. An der Parkseite ein später veränderter Vorbau. Das regelmäßig disponierte Innere mit ovalem Vestibül und Gartensaal in der Mittelachse. Eine Anzahl von Wohn- und Festräumen mit wertvollen Wand- und Deckenmalereien sowie gemalten Tapeten aus der Zeit um 1800, die zu den besten Leistungen des frühen Klassizismus in der Mark Brandenburg zählen.
Bei einem Bombenangriff 1943 mit dem gesamten Inventar ausgebrannt, die Ruine später abgetragen. Der angrenzende Park im Bestand erhalten.

Fontane/Spreeland, S. 282 ff. Bergau, S. 516. H. Schmitz: Berliner Baumeister vom Ausgang des 18. Jahrhunderts, 2. Aufl. Berlin 1925, Abb. S. 218 bis 222, Anm. S. 330. H. J. Helmigk: Märkische Herrenhäuser aus alter Zeit, Berlin 1929, S. 104, Abb. S. 105. Rave, S. 164. Kunstdenkmäler/Teltow, S. 116 ff., Abb. 66, 67, 348–355. Engel/Schlott-Kotschote, S. 254. H. Müller: Naturillusion in der Innenraumkunst des späteren 18. Jahrhunderts, Göttingen, Phil. Diss. 1961. M. Lammert: David Gilly, Berlin 1964, S. 112 ff., Abb. 68–75. Hdb. Hist. Stätten, S. 237 f.

Altes Burghaus Um 1600 errichtet. Zweigeschossiger, annähernd quadratischer Putzbau mit Renaissancegiebel und Treppenturm unter geschweifter Haube. 1907 wiederhergestellt. Im Erdgeschoß ein gewölbter Saal mit schwerem Mittelpfeiler, der Raum darüber flachgedeckt. Stuckverzierungen im Treppenturm.
Bei einem Bombenangriff 1943 ausgebrannt, die Ruine 1953 beseitigt.

Fontane/Spreeland, S. 282 ff. Bergau, S. 516. Kunstdenkmäler/Teltow, S. 116, Abb. 65, 335. Engel/Schlott-Kotschote, S. 254. Hdb. Hist. Stätten, S. 237 f. (Fotos im Institut für Denkmalpflege Berlin)

Kotzen (Kreis Rathenow)

Gutshaus Schlichter Barockbau. Im Inneren wertvolle Kunstgegenstände, u. a. Bildnisse von A. Pesne, A. Graff, A. Kauffmann und F. Krüger.
Nach Kriegsbeschädigungen 1946 abgebrochen, die Kunstsammlungen verschollen.

Kunstdenkmäler/Westhavelland, S. 84. Engel/Schlott-Kotschote, S. 255. (Fotos von Inventarstücken im Institut für Denkmalpflege Berlin)

Kützkow (Kreis Rathenow)

Gutshaus Wohl Ende des 19. Jh. umgestalteter asymmetrischer Bau im Gründerstil mit Türmen und Anbauten. Im Inneren eine Anzahl alter Möbel und Kunstgegenstände.
1945 mit dem gesamten Inventar abgebrannt, die Reste später beseitigt.

Landin (Kreis Rathenow)

Gutshaus Regelmäßige Barockanlage, bestehend aus dem Herrenhaus und einer axial gegenüber angeordneten Orangerie. Das Anfang des 18. Jh. errichtete Hauptgebäude ein zweigeschossiger rechteckiger Putzbau von 11:4 Achsen mit Mittelrisaliten unter Dreieckgiebeln. Im Inneren gartenseitig ehemals ein repräsentatives Treppenhaus, im Obergeschoß ein Saal mit Stuckdecken und stuckierten Kaminen, die Dekorationen in den achtziger Jahren des 19. Jh. z. T. verändert. Ein Zimmer mit auf Leinwand gemalten tropischen Landschaften vom Ende des 18. Jh. tapeziert.
In den letzten Kriegstagen Anfang Mai 1945 bis auf die Umfassungsmauern ausgebrannt, die Ruine später abgetragen. Das Orangeriegebäude erhalten.

Kunstdenkmäler/Westhavelland, S. 92 f., Abb. 80. Rave, S. 166. Engel/Schlott-Kotschote, S. 256. (Fotos im Institut für Denkmalpflege Berlin)

Mitte: Kleinmachnow, Altes Burghaus
Rechts oben: Kleinmachnow, Neues Gutshaus, Ansicht der Gartenfront und Saal
Rechts unten: Landin, Gutshaus

Luckenwalde (Kreis Luckenwalde)

Ehemalige Katholische Kirche (Zinnaer Straße Nr. 50). In der zweiten Hälfte des 19. Jh. errichtet. Schlichter rechteckiger Putzbau im Rundbogenstil mit Türmchen über der Eingangsfront. Im Inneren die Sammlungen des Heimatmuseums.
Durch Bombentreffer am 20. April 1945 vernichtet, die Ruine 1947 beseitigt. Die Museumsbestände bis auf geringe Reste verloren.

H. Hahn: Illustrierter Führer durch das Heimatmuseum Luckenwalde, Luckenwalde 1925 m. Abb. Fricke, S. 19. Hdb. Hist. Stätten, S. 271 f.

Neuruppin (Kreis Neuruppin)

Bürgerhaus Am Gericht 4 Zwischen 1788 und 1794 nach Entwurf von B. M. Brasch in den Formen des Spätbarocken Klassizismus errichtet. Zweigeschossiger Bau von fünf Achsen, die Fassade mit Putzgliederungen und risalitartig betonter Portalachse sowie zopfigem Dekor.
Bei einem Fliegerangriff am 14. April 1945 bis auf die Grundmauern durch Bomben zerstört, die Reste später beseitigt.

Kunstdenkmäler/Ruppin, S. 324. M. Neumann: Das Neuruppiner Bürgerhaus und die Tätigkeit des kgl. Bauinspektors B. M. Brasch, Neuruppin 1935, S. 28 f., Abb. 16a, b. Hdb. Hist. Stätten, S. 293 ff.

Neustadt/Dosse (Kreis Kyritz)

Teehäuschen (im Garten des ehemaligen Vorwerks Spiegelberg). Ansehnlicher barocker Putzbau mit Pilastergliederung und gewalmtem Mansarddach; ursprünglich zusammen mit einem schon früher verschwundenen Pendant das Parterre vor dem Gutshaus flankierend. Die Wandflächen im Inneren des Pavillons mit etwa 2000 wertvollen holländischen Fliesen aus der zweiten Hälfte des 17. Jh. dekoriert.
Durch Kriegseinwirkungen beschädigt und später beseitigt. Zwei barocke gußeiserne Ofenplatten am Gutshaus erhalten.

Kunstdenkmäler/Ruppin, S. 177, Abb. 157, 163–165. Engel/Schlott-Kotschote, S. 273. Hdb. Hist. Stätten, S. 295 f.

Oranienburg (Kreis Oranienburg)

Im Mittelalter Askanierburg Bötzow zum Schutz eines wichtigen Havelübergangs. 1652 nach dem von Kurfürstin Luise Henriette geborene Prinzessin von Nassau-Oranien erbauten Schloß in Oranienburg umbenannt. Südwestlich an Burg und Schloß anschließend die Stadt, bestehend aus angerartigem Hauptstraßenzug und Kirche. Das mittelalterliche Ortsbild seit dem 17. Jh. durch den Ausbau als barocke Residenz und zahlreiche Brände verändert. Im 19. Jh. Ausdehnung der Stadt vor allem auf das östliche Havelufer, dort Industrie und Eisenbahnanlagen.
Bombenangriffe Ende März 1944 sowie am 15. März und 20. April 1945 galten der kriegswichtigen Industrie. Der Angriff am 15. März traf auch die Altstadt, wobei an Schloß und Waisenhaus schwere Schäden entstanden. Weitere Zerstörungen durch Kriegshandlungen in der zweiten Aprilhälfte. Das ursprüngliche Stadtbild weitgehend erhalten, die Schäden größtenteils beseitigt, Kirche und Schloß wiederaufgebaut.

Kunstdenkmäler/Niederbarnim, S. 161 ff., Abb. 127 bis 134, 472–520. Dt. Städtebuch/Nordostdeutschl., S. 608 ff. Hdb. Hist. Stätten, S. 303 ff.

Pfarrkirche St. Nikolai Erbaut 1864–1866 von A. Stüler nach Angaben Friedrich Wilhelms IV. im historisierenden Stil venezianischer Romanik. Dreischiffige Basilika aus gelbem Backstein mit halbrunder Apsis, reich gegliedertem Westturm und offener Pfeilerhalle vor der Eingangsfront. Das flachgedeckte Mittelschiff geöffnet in hohen Arkaden zu den Abseiten, diese durch Emporen geteilt. Die Ausstattung einheitlich aus der Erbauungszeit. In der Apsis Ziborienaltar.
Am 25. April 1945 ausgebrannt. 1951/52 verändert wiederaufgebaut unter Beibehaltung der Stülerschen Umfassungsmauern und des Turmes. Das Innere modern gestaltet.

Kunstdenkmäler/Niederbarnim, S. 163 f., Abb. 519. (Fotos im Institut für Denkmalpflege Berlin)

Schloß Anstelle einer mittelalterlichen Burg seit 1651 barocker Neubau auf Veranlassung der Kurfürstin Luise Henriette durch J. G. Memhard und M. M. Smidts im Stil holländischer Schloßanlagen. Unter Kurfürst Friedrich III. 1688 bis ins erste Jahrzehnt des 18. Jh. zu einer im Grundriß H-förmigen Residenzanlage mit italianisierendem Mittelbau, gartenseitiger Arkadengalerie und einem ausgedehnten Lustgarten vergrößert. Be-

teiligte Architekten: J. A. Nering, M. Grünberg und J. F. Eosander; unter Leitung des Letztgenannten vor allem Ausbau des Inneren. Mitte 18. Jh. von Prinz August Wilhelm, Bruder Friedrichs II., bewohnt, verfiel das Schloß nach dessen Tod und wurde zeitweilig als Fabrikgebäude genutzt. Seit der Wiederherstellung 1845 diente es öffentlichen Instituten als Domizil. Von dem einst verschwenderisch ausgestatteten Inneren hatten sich nach der Profanierung lediglich das Porzellankabinett annähernd in der ursprünglichen Form sowie einige Stuckdecken, Plafondmalereien und spärliches dekoratives Detail erhalten. Der geometrische Barockgarten schon im 18. Jh. verwildert.
Beim Bombenangriff am 15. März und durch Sprengung der Havelbrücken am 21. April 1945 schwer in Mitleidenschaft gezogen. Dabei sämtliche vorhandenen Stuckdecken, mit Ausnahme

Links: Neuruppin, Bürgerhaus Am Gericht 4
Rechts oben: Oranienburg, Pfarrkirche St. Nikolai, Inneres nach Osten
Unten: Oranienburg, Schloß, Porzellankabinett

der im ehemaligen Porzellankabinett, vernichtet. Kriegsschäden inzwischen beseitigt, im modern gestalteten Porzellankabinett die Decke wiederhergestellt.

W. Boeck: Oranienburg, Geschichte eines preußischen Königsschlosses, Berlin 1938. Kunstdenkmäler/Niederbarnim, S. 169 ff., Abb. 132–134, 472–516. Rave, S. 172. Dehio/Nordostdeutschl., S. 354

Rathaus Erbaut 1711 in städtebaulich exponierter Lage gegenüber dem Schloß. Zweigeschossiges Kopfhaus von 7:4 Achsen mit hohem Mansarddach und Uhrentürmchen. Im mehrfach umgebauten Inneren blieb die alte, um zwei Holzsäulen geführte Wendeltreppe erhalten.
Auf Grund kriegsbedingter Erschütterungsschäden der Bausubstanz 1963 abgebrochen und 1970 durch einen modernen Neubau ersetzt.

P. Mebes: Um 1800, Bd. 1, München 1908, Abb. 62. Kunstdenkmäler/Niederbarnim, S. 167, Abb. 515. Engel/Schlott-Kotschote, S. 263

Waisenhaus (Breite Straße 1). Entstanden 1675 in holländischer Manier als Ziegelbau mit Hausteingliederungen; eines der frühesten erhaltenen Beispiele dieser Art in Brandenburg. Zweigeschossiger Breitbau von neun Achsen mit Walmdach, die Mittelachse mit wappengeschmücktem Portal risalitartig hervorgehoben.
Beim Luftangriff am 15. März 1945 schwer beschädigt, die westlichen vier Achsen bis auf die Sokkelpartie zerstört. Das übrige Gebäude wurde 1965 gesichert, der Gesamtwiederaufbau ist beabsichtigt.

P. Mebes: Um 1800, Bd. 1, München 1908, Abb. 70, 71. Kunstdenkmäler/Niederbarnim, S. 166, Abb. 128

Osdorf, Ortsteil Heinersdorf
(Kreis Zossen)

Kirche Einschiffiger Feldsteinbau des 13. Jh. mit rechteckigem eingezogenem Chor und quergelagertem Westturm. Im flachgedeckten Inneren Altarkreuz des 18. Jh. und klassizistisches Epitaph des 1783 verstorbenen G. F. W. v. Haake.
Bei einem Bombenangriff am 21. Juni 1944 durch Volltreffer schwer beschädigt, Ausstattung zerstört, die Ruine 1956 beseitigt.

Bergau, S. 413 ff., Fig. 139. Kunstdenkmäler/Teltow, S. 100 f., Abb. 54, 313, 314, 316, 318. Engel/Schlott-Kotschote, S. 250. (Fotos im Institut für Denkmalpflege Berlin)

Paretz (Kreis Nauen)

Schloß und Gut Entstanden 1796/97 nach Entwürfen von D. Gilly d. Ä. als Sommersitz für König Friedrich Wilhelm III. von Preußen und Königin Luise. Hauptwerk D. Gillys d. Ä. Einheitliche Anlage, bestehend aus Gutshaus und den Vorhof flankierenden Nebengebäuden mit beiderseits rückseitig anschließenden Wirtschaftshöfen. Das Schloß ein langgestreckter rechteckiger Putzbau von zwei Geschossen unter flachem Walmdach im Stil der preußischen Landbauschule; das Obergeschoß in Art eines Mezzanin von geringerer Höhe. Die Gebäudemitte beiderseits risalitartig durch Putzgliederungen mit von Fenstern begleiteter Tür und segmentbogigem Oberlicht akzentuiert, die seitlichen Achsen als zarte Vor-

Links oben: Oranienburg, Mittelrisalit des Schlosses, nach der Zerstörung
Rechts oben: Oranienburg, Schloßplatz mit Rathaus
Links unten: Paretz, Tapeten im Großen Saal des Schlosses
Rechts unten: Paretz, Schloß (nach Duncker)

sprünge behandelt. Im Inneren zu seiten der aus hofseitigem Vestibül und gartenseitigem Speisesaal bestehenden mittleren Raumgruppe eine Reihe von Sälen und Zimmern mit wertvollen gemalten Tapeten, kostbaren Möbeln, Bildern und kunstgewerblichen Gegenständen, die zu den hervorragendsten Beispielen des frühen Berliner Klassizismus um 1800 zählten.
Die zugehörigen Wirtschaftsbauten des Schloß- und Gutskomplexes, die weiteren Dorfgebäude und der Park mit zahlreichen Gartenstaffagen entstanden bis 1803, zumeist ebenfalls nach Plänen D. Gillys d. Ä. In dem vom Hofgärtner Garmatter angelegten, auch Dorf, Kirche und Umgebung einbeziehenden Park hervorzuheben: das 1799 nach Entwurf F. Gillys d. J. über einem Eiskeller errichtete Rohrhaus, das Japanische Haus auf dem Grottenberg mit reich dekorierter Grotte sowie ein Belvedereturm in neogotischen Formen, beide nach Angaben Gillys d. Ä. An den Entwürfen zur Luisenpforte von F. Rabe, einem Berliner Eisenkunstguß von 1811, war u. a. auch K. F. Schinkel beteiligt.
Das Schloß und die Nebengebäude infolge kriegsbedingter Ereignisse außen und innen durch Umbauten während der ersten Nachkriegsjahre derart stark verändert, daß ihr Denkmalwert verloren ist. Ein Teil der ursprünglichen Ausstattung, einschließlich der wertvollen Tapeten, jetzt im Besitz der Staatl. Schlösser und Gärten Potsdam-Sanssouci (seit 1957 teilweise im Pavillon am See bei den Römischen Bädern und im Chinesischen Teehaus). Die Guts- und Dorfgebäude nur teilweise erhalten. Völlig vernichtet Pferdestall, Gärtnerhaus, Planteurhaus, Reitpferdestall und Taubenhaus, desgleichen die Parkbauten; die Anlage am Grottenberg in geringen Resten vorhanden, die Luisenpforte beseitigt.

Fontane/Havelland, S. 341 ff. Bergau, S. 552 ff. H. Schmitz: Schloß Paretz, ein königlicher Landsitz um das Jahr 1800, Berlin o. J. (1919) m. Abb. H. Schmitz: Berliner Baumeister vom Ausgang des 18. Jahrhunderts, 2. Aufl. Berlin 1925, Abb. S. 190–205, Anm. S. 329 f. Engel/Schlott-Kotschote, S. 263. H.-U. Engel: Schlösser und Herrensitze in Brandenburg und Berlin, Frankfurt am Main 1959, S. 63 ff., Abb. S. 149. Schinkelwerk/Mark Brandenburg, S. 70 ff., Abb. 78. M. Lammert: David Gilly, Berlin 1964, S. 72 ff., Abb. 30–62. Hdb. Hist. Stätten, S. 305 f.

Potsdam (Stadtkreis Potsdam)

Auf dem Gelände einer slawischen Burg und Siedlung an der Havel entstanden, erstmals 1345 als civitas bezeichnet. Seit 1660 als zweite Residenz und Garnisonstadt der brandenburgischen Kurfürsten und preußischen Könige neben Berlin besonders gefördert und bis ins 19. Jh. ständig ausgebaut und verschönert. Durch Friedrich Wilhelm I. 1715–1720 nördlich von Havel, Schloß und Altstadt fast völlig neu angelegt, bis 1742 mehrfach erweitert und mit gitterförmigem Straßennetz, ausgedehnten Plätzen, einem grachtartigen Kanal, Zollmauer und Toren großzügig ausgestattet. Unter König Friedrich II. der Ausbau als barocke Residenz im wesentlichen vollendet. Während des späten 18. und des 19. Jh. vornehmlich durch Einzelbauten sowie Schloß- und Parkanlagen in den Vorstädten und der Umgebung planmäßig bereichert und abgerundet. Von den bedeutendsten preußischen Baumeistern wie Schlüter, Knobelsdorff, Gontard, Langhans, Schinkel und dem Gartenarchitekten Lenné künstlerisch geprägt, zählte Potsdam mit der umgebenden Havellandschaft zu den reizvollsten Städten Norddeutschlands.
Die bis zur Endphase des zweiten Weltkrieges von direkten Angriffen verschont gebliebene Stadt wurde in den späten Abendstunden des 14. April 1945 durch einen schweren Luftangriff zu großen Teilen in Trümmer gelegt. Die Zerstörungen konzentrierten sich vor allem auf den Be-

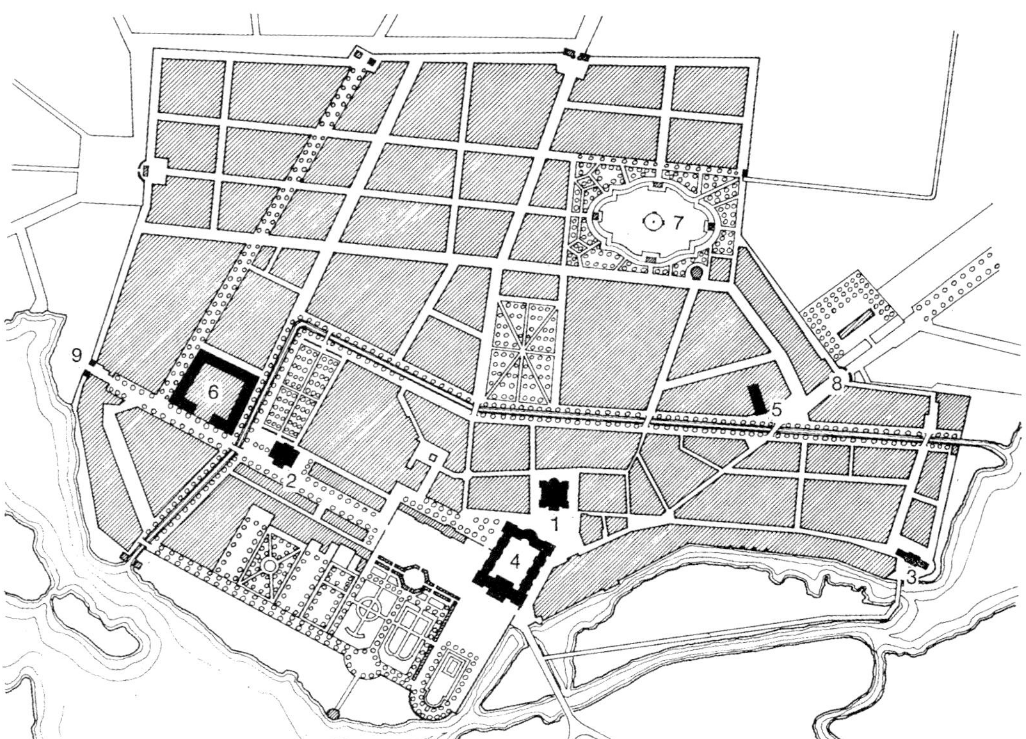

Oben: Paretz, Tapete im Speisesaal des Stallgebäudes und Vestibül im Schloß
Unten: Potsdam, Stadtgrundriß, 1 Nikolaikirche, 2 Hof- und Garnisonkirche, 3 Heiligengeist Kirche, 4 Stadtschloß, 5 Schauspielhaus, 6 Militärwaisenhaus, 7 Bassinplatz mit Gloriette, 8 Berliner Tor, 9 Neustädter Tor

reich der Altstadt um Alten Markt und Stadtschloß, wo durch Flächenbrände unersetzliche Verluste an Baudenkmalen, architektonischen Ensembles und ganzen Straßenzügen des 18. und 19. Jh. entstanden. Weitere schwere Schäden verursachte die Verteidigung der Stadt in den letzten Apriltagen. Im ganzen wurden 856 Gebäude vollständig und 248 teilweise zerstört, die historische Bausubstanz zu 47 % vernichtet. Die Vorstädte und die außerhalb der Innenstadt gelegenen Schloßanlagen wie Sanssouci, Neuer Garten und Babelsberg blieben weitgehend verschont. Der Wiederaufbau erfolgt im wesentlichen im Anschluß an das alte Straßennetz; der Stadtkanal ist zugeschüttet worden. Am ehemaligen Altmarkt entsteht ein neues sozialistisches Stadtzentrum. Eine Reihe beschädigter Bauten wurde in den vergangenen Jahren wiederhergestellt. Unter anderem befinden sich die Nikolaikirche und der Marstall noch im Wiederaufbau sowie zahlreiche Bürgerhäuser.

Nicolai, S. 1104 ff. Manger. Häberlin. Zieler. H. Kania: Potsdamer Baukunst, Potsdam 1926. G. Poensgen: Die Bauten Friedrich Wilhelms IV. in Potsdam, Berlin 1930. B. Meier: Potsdam (Deutsche Lande – Deutsche Kunst), 5. Aufl. Berlin 1937. Schinkelwerk/Potsdam. Dt. Städtebuch/Nordostdeutschl., S. 615 ff. L. Dehio: Friedrich Wilhelm IV., Ein Baukünstler der Romantik, 1961. Knitter. H. Drescher, in: Potsdam und seine Umgebung (Werte der deutschen Heimat), Berlin 1969, S. 76 ff. Hdb. Hist. Stätten, S. 319 ff.

Nikolaikirche (an der Nordseite des Alten Marktes). Die Hauptkirche der Stadt. Anstelle eines mittelalterlichen, barock erneuerten Vorgängerbaus entstanden seit 1830 nach teils abgeänderten Entwürfen von K. F. Schinkel; eines der kirchlichen Hauptwerke des Architekten. Ausgeführt in zwei Bauphasen: der Unterbau 1830–1835 unter Leitung von L. Persius, die Kuppel 1843–1849 durch Persius und A. Stüler. Bedeutender klassizistischer Zentralbau in Gestalt eines würfelförmigen Kubus mit halbrunder Chorapsis, vortretendem Säulenportikus an der Eingangsfront und hoher, die Landschaft beherrschender Tambourkuppel. Die Gebäudeecken durch vier Glockentürmchen verstärkt. Das weiträumige Innere in Form eines regelmäßigen griechischen Kreuzes mit vier Treppenhäusern in den Ecken und Emporen in den Abseiten. Die endgültige Ausgestaltung 1849 in freier Anlehnung an die Schinkelschen Entwürfe. Die Ausmalung im Inneren unter Leitung von P. Cornelius, der Skulpturenschmuck von Bildhauern der Rauchschule. Der Ziborienaltar von 1850 mit Marmorkreuz von F. Tieck, die Kanzel 1836/37 nach Schinkel von A. Kiss.
In der Bombennacht des 14./15. April 1945 und während der darauffolgenden Kampfhandlungen erlitt die Kirche vor allem an der Kuppel und am äußeren Mauerwerk schwerste Beschädigungen, der Säulenportikus durch Beschuß völlig vernichtet. Die Innenausstattung mit Ausnahme von Altar und Kanzel weitgehend zerstört, die Orgelempore ausgebrannt, die Malereien, vornehmlich die der Apsis, zum großen Teil vernichtet. Die Wiederherstellung der Kirche in mehreren Perioden: 1947 Beginn der Sicherungsarbeiten, seit Mitte der fünfziger Jahre Wiederaufbau der Kuppel, seit 1968 Wiederherstellung des Äußeren im Rahmen der Rekonstruktion und Neugestaltung des Potsdamer Stadtzentrums. Der Ausbau des Inneren unter Beibehaltung der noch vorhandenen Substanz.

Häberlin, S. 47, 238 ff. A. Griesebach: C. F. Schinkel, Leipzig 1924, S. 154 ff., Abb. 95. Schinkelwerk/Potsdam, S. 3 ff., Abb. 2–39. Müller, S. 144 ff. Dehio/Nordostdeutschl., S. 375. L. Dehio: Friedrich Wilhelm IV., Ein Baukünstler der Romantik, 1961, S. 42 ff. H. Drescher, in: Potsdam und seine Umgebung (Werte der deutschen Heimat), Berlin 1969, S. 54 ff., Abb. 13. Fait-Bayer, S. 345

Potsdam
Links: Nikolaikirche, Blick zum Altar
Rechts oben: Nikolaikirche, Marktfront
Rechts unten: Blick von der Nikolaikirche auf die zerstörte Stadt

Hof- und Garnisonkirche »Zum Heiligen Kreuz« Anstelle eines 1722 vollendeten Fachwerkvorgängerbaus errichtet 1731–1735 nach Entwurf von P. Gerlach. Der bedeutendste Sakralbau des preußischen Barock, eines der architektonischen Hauptwerke der Schlüternachfolge. Querorientierter Saalbau unter hohem Walmdach im Typ protestantischer Predigtkirchen der Berliner Schule. Vor seiner Südfront in Schiffsbreite vorgelegte Turmfassade mit hochaufragendem, seitlich von Treppenhäusern begleitetem Glokkenturm; dieser typologisch von Schlüters Berliner Münzturm beeinflußt. Das in den Hauptachsen durch flache Giebelrisalite betonte und durch hohe Rundbogenfenster belichtete Schiff innen allseits von zweigeschossigen, auf schlanke Pfeiler gestützten Emporen umgeben. Vor der Turmwand das »Königliche Monument«, die Gruft Friedrich Wilhelms I. und Friedrichs II. von Preußen; der kleine kapellenartige Raum einbezogen in die barock bewegte Architektur eines Kanzelaufbaus mit darüber angeordneter Orgel, errichtet 1735 nach einem Entwurf Ch. F. Feldmanns unter Mitarbeit von J. C. Koch (Marmorkanzel) und J. G. Glume d. Ä. (Skulpturen), die Orgel

Potsdam, Hof- und Garnisonkirche
Links: Ansicht von Westen
Rechts: Inneres (nach Aquarell um 1850) und nach der Zerstörung

1731/32 von J. Wagner. Gegenüber dem »Königlichen Monument« die ehemalige Hofloge. Taufstein von B. Thorwaldsen. Das Innere seit 1818 mehrfach verändert, zuletzt 1898 durch F. Laske. Im Turm ein Glockenspiel von A. de Grave in Amsterdam von etwa 1722.
In der Bombennacht des 14./15. April 1945 mit dem unbeweglichen Inventar bis auf die Umfassungsmauern ausgebrannt und am 29. April durch Artilleriebeschuß getroffen. Die Reste 1968 beseitigt. Die vor 1945 verlagerten Sarkophage Friedrich Wilhelms I. und Friedrichs II. auf Burg Hohenzollern in Württemberg. Teile der Ausstattung im Besitz der Heilig-Kreuz-Gemeinde, einige Gemälde in der Schlösserverwaltung Potsdam-Sanssouci.

Nicolai, S. 1164 f. R. Ostmann: Die königliche Hof- und Garnisonkirche zu Potsdam, Berlin 1862. Bergau, S. 577 ff. R. Herz: Berliner Barock, Berlin 1928, S. 53 f., Abb. 45–47. E. Thiele: Die Baugeschichte der Hof- und Garnisonkirche zu Potsdam, Berlin 1932. Dehio/Nordostdeutschl., S. 375. Engel/Schlott-Kotschote, S. 264

Heiligengeist Kirche Das Langhaus 1726 von P. v. Gayette, der Turm 1727 von J. F. Graël erbaut. Stattlicher rechteckiger Saalbau im Typ protestantischer Kirchen der Berliner Barock-Bauschule mit einem vor der westlichen Schmalseite hoch aufragenden, reich gegliederten Glockenturm. Das Innere ähnlich der Garnisonkirche ursprünglich als Querraum angelegt, wobei sich allseitig zweigeschossige Holzemporen um den vor der südlichen Langseite angeordneten Kanzelaltar gruppierten. 1810 das Schiff zu einer nach Osten ausgerichteten Langhausanlage umorientiert. Die 1730 von J. Wagner erbaute Orgel 1866 mit einem neuen Werk versehen; der Kanzelaltar 1907/08 durch eine barockisierende Scheinarchitektur ergänzt. Von der Ausstattung des 18. Jh. hatte sich ein hölzerner Taufengel erhalten.
In der Bombennacht des 14./15. April 1945 nur leicht beschädigt, brannte die Kirche infolge von Kampfhandlungen am 26. April 1945 mit dem gesamten Inventar aus. Lediglich die Umfassungsmauern und der Turm bis zum Kranzgesims waren als Ruine erhalten. Die Reste später beseitigt.

Häberlin, S. 47, 62, 238 ff. H. Wagener in MVGP 1, 1864, XXVI, S. 1 ff. Bergau, S. 580 f. Zieler, Abb. 27 bis 30. R. Herz: Berliner Barock, Berlin 1928, S. 89, Abb. 52, 53. 200 Jahre Heiligengeist Kirche und -gemeinde, Eine Festschrift, Potsdam 1930. Engel/Schlott-Kotschote, S. 264. Knitter, S. 195 ff., Abb. 19

Potsdam
Links oben: Hof- und Garnisonkirche, Portalrisalit des Turmes
Rechts oben: Heiligengeist Kirche von Westen
Unten: Heiligengeist Kirche, Brand des Turmes 1945; Inneres nach Westen

Stadtschloß Weitläufige Anlage mit zugehörigen Nebengebäuden und Lustgarten, zeitweilig Winterresidenz der preußischen Herrscher. Eines der Hauptwerke des preußischen Barock. Entstanden in mehreren Bauperioden. Auf den Grundmauern einer mittelalterlichen, im 15. und 16. Jh. veränderten Burg am Havelübergang Neubau unter Kurfürst Friedrich Wilhelm 1664–1670 wohl durch Ph. de Chieze: eine um einen rechteckigen Hof gruppierte, ursprünglich von Wassergräben umgebene Vierflügelanlage im Stil holländischer Barockschlösser inmitten eines ausgedehnten Lustgartens am Havelufer. Erweiterungen der Seitenflügel sowie Umbauten, besonders um 1680 durch J. G. Memhard, M. M. Smidts und J. A. Nering, gaben dem Bau in der Folgezeit seine endgültige Ausdehnung. Unter König Friedrich I. Schloß und Garten seit den neunziger Jahren des 17. Jh. zu einer repräsentativen, von französischen Vorbildern beeinflußten Dreiflügelanlage umgestaltet. Das den Ehrenhof an der Stadtseite abschließende Fortunaportal 1701 durch J. de Bodt hinzugefügt; zwischen 1694 und 1706 Dekoration des Hauptsaales im Schloßinneren durch A. Schlüter. Mit Bestimmung Potsdams zur ständigen Residenz durch Friedrich II. 1744–1752 umfassender Um- und Ausbau des Schlosses und der Nebenanlagen unter der künstlerischen Oberleitung G. W. v. Knobelsdorffs. Die mit der Umformung und architektonischen Rahmung des Lustgartens begonnenen Arbeiten erstreckten sich vor allem auf die Neugestaltung der Schloßfassaden und den Innenausbau. In der endgültigen Gestalt symmetrische Dreiflügelanlage von drei Geschossen, der Mittelbau und die Gebäudeecken durch Pavillons markiert, vor dem gartenseitigen Mittelrisalit große Auffahrtsrampe. Die Fassaden über dem als Sockel behandelten Erdgeschoß durch kolossale Säulen bzw. Pilaster unter kräftigem Horizontalgebälk zusammengefaßt. Die zum Markt gekehrten Fronten der Seitenflügel als klassische Tempelfassaden gestaltet, dazwischen der Ehrenhof bogenförmig geschlossen mit dem Fortunaportal in der Mittelachse. Im glanzvoll ausgestalteten Inneren die zentrale, aus Treppenhaus, Galerie und Marmorsaal zusammengesetzte Raumgruppe des Mittelbaus; beiderseits anschließend im Corps de Logis und in den Flü-

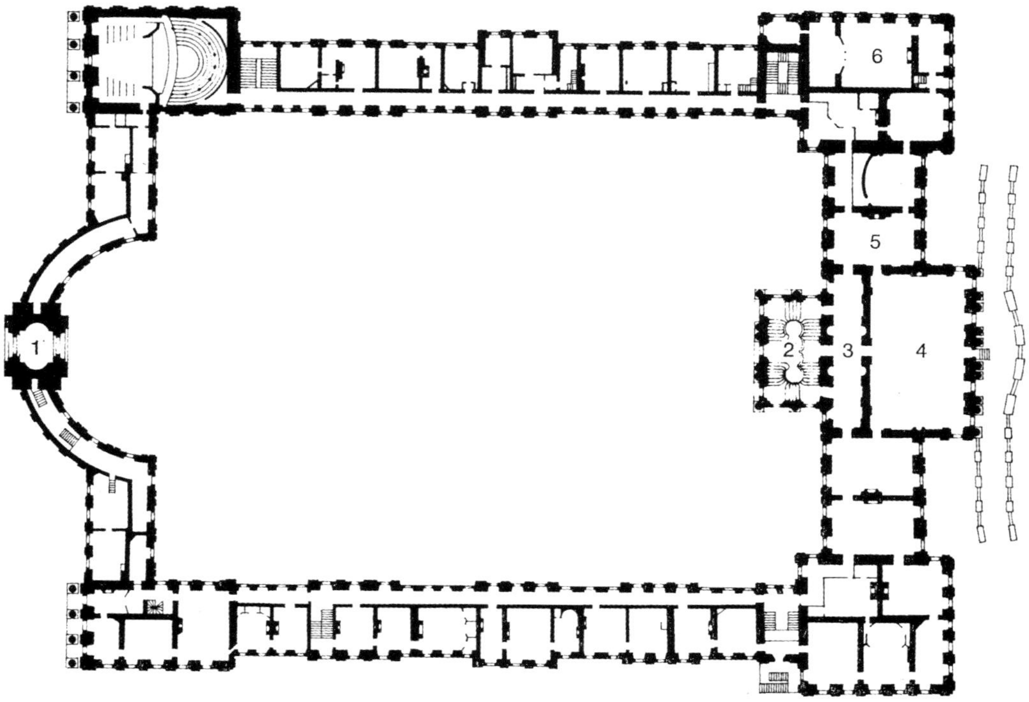

Potsdam, Stadtschloß
Oben und links unten: Gesamtansicht vom Lustgarten mit Turm der Nikolaikirche, vor und nach der Zerstörung
Rechts Mitte: Grundriß, 1 Fortunaportal, 2 Treppenhaus, 3 Marmorgalerie, 4 Marmorsaal, 5 Konzertzimmer, 6 Schlafzimmer Friedrichs II.
Rechts unten: Luftaufnahme der Gesamtanlage

Potsdam, Stadtschloß
Oben: Ehrenhof mit Fortunaportal, dahinter Nikolaikirche und (rechts) Rathaus
Links unten: Blick über den Neptunteich zur Lustgartenfront
Rechts unten: Fortunaportal und Nikolaikirche, nach der Zerstörung; Figurengruppe im Neptunteich

geln Wohnappartements. An der kostbaren Dekoration der Räume, einem Höhepunkt des friderizianischen Rokoko, waren neben Knobelsdorff besonders J. A. Nahl und J. C. Hoppenhaupt d. J. beteiligt. Die Deckengemälde von A. Pesne und C. A. Vanloo d. J. Die Skulpturen von F. C. Glume d. J., J. P. Benckert, J. G. Heymüller und G. F. Ebenhech. Mit Ausnahme einiger klassizistischer Umbauten im Inneren – sogenannte Staatszimmer Friedrich Wilhelms III. 1799–1804 von A. D. Schadow und die Wohnung der Königin Luise 1800–1802 – blieb das Schloß in der von Knobelsdorff geprägten Gestalt im wesentlichen unverändert, lediglich der Lustgarten war 1818 durch P. J. Lenné in einen Landschaftspark umgestaltet worden.
In der Bombennacht des 14./15. April 1945 bis auf die Umfassungsmauern ausgebrannt. Die Ruine 1960/61 abgetragen. Als einziger Teil des Komplexes blieb der ehemalige Stall der königlichen Reitpferde erhalten, ein 1685 von Nering als Orangerie des Lustgartens errichteter und 1746 von Knobelsdorff umgestalteter Bau. Die sogenannte Reitstallkolonnade 1970 unter Verwendung alter Reste in Havelnähe am Interhotel verkürzt wiederaufgebaut. Dort auch das Giebelrelief des Kapellenflügels von J. P. Benckert sowie weitere Skulpturen. Die Attikafiguren von den Schloßmittelrisaliten teils am Kulturhaus »Hans Marchwitza« (ehemaliges Altes Rathaus), teils über den Seitenrisaliten der den »Linden« zugekehrten Front der Berliner Humboldt-Universität wiederverwendet. Von den sechs Bronzereliefs des Haupttreppenhauses fünf im Vestibül des Kulturhauses eingefügt. Bedeutende Teile des beweglichen Inventars in den Schlösserverwaltungen Potsdam-Sanssouci und Westberlin-Charlottenburg erhalten.

Potsdam, Stadtschloß
Oben: Lustgartenfront mit Havelkolonnade
Links Mitte: Lustgartenfront, nach der Zerstörung
Rechts Mitte: Markt- und Westfront, nach der Zerstörung
Links unten: Blick durch die Havelkolonnade auf die Lustgartenfront
Rechts unten: Marmorsaal

Potsdam, Stadtschloß
Schlafzimmer und Musikzimmer Friedrichs II.

Bergau, S. 585 ff., Fig. 218, 219. P. Seidel: Das Potsdamer Stadtschloß, in: Hohenzollern-Jahrbuch 8, 1904, S. 143 ff. A. Streichhan: Knobelsdorff und das friderizianische Rokoko, Burg bei Magdeburg 1932, S. 45 ff. H. Huth: Das Stadtschloß in Potsdam, Berlin 1933. E. Köllmann: Friedrich Christian Glume, Leipzig 1936, S. 44 ff., 68 ff., 71 ff. Müller, S. 97 ff., 122 ff. H. Huth: Die Wohnungen Friedrichs des Großen, in: Phoebus 2, 1949. E. Redslob: Barock und Rokoko in den Schlössern von Berlin und Potsdam, Berlin 1954, Farbtaf. 53–85. M. Kühn, in: Antoine Pesne, Berlin 1958, S. 61 f., ibid. E. Berckenhagen, Werkkatalog Nr. 169–172, 532. Engel/Schlott-Kotschote, S. 264. H.-J. Giersberg: Studien zur Architektur des 18. Jahrhunderts in Berlin und Potsdam, Berlin, Humboldt-Universität, Phil. Diss. 1975, S. 23 ff. (Architekturmodell in der Schlösserverwaltung Potsdam-Sanssouci)

Altes Rathaus Anstelle mehrerer Vorgängerbauten errichtet im Zusammenhang mit der Ausgestaltung des Alten Marktes unter Friedrich II. 1753–1755 von J. Boumann d. Ä. und C. L. Hildebrant nach einem nicht ausgeführten Entwurf A. Palladios für den Palazzo Angarano in Vicenza. Dreigeschossiger Putzbau von sieben Achsen mit korinthischer Kolossalordnung und hoher Attika, von einem Turmaufbau in Art einer Tambourkuppel bekrönt. Auf der Attika mittlerer Kartuschenaufsatz, flankiert von Tugenddarstellungen und Allegorien, 1753 von J. G. Heymüller; auf der Kuppel Atlas, 1754 von B. Giese, erneuert 1777 von J. C. Wohler d. Ä. und F. Jury. Das Innere später verändert.

Am 14./15. April 1945 bis auf die Umfassungsmauern ausgebrannt, die Bauplastik teilweise schwer beschädigt. Seit 1956 Sicherungsmaßnahmen, bis 1966 schrittweise Wiederherstellung des Gebäudes zum »Kulturhaus Hans Marchwitza« nach Plänen von E. Pfrogner und H. Görl. Dabei das Eckhaus Alter Markt, Brauerstraße 10 (1750 von G. W. v. Knobelsdorff, Dachfiguren Kopien nach den 1750 entstandenen Originalen von J. P. Benckert) in den Komplex einbezogen und anstelle eines ebenfalls zerstörten Bürgerhauses von 1735 durch modernen Zwischenbau verbunden. Die Attikaplastik durch Kopien ersetzt, die Atlasfigur restauriert. Das Innere modern ausgebaut mit Restaurants, Klubräumen, Ausstellungsfoyer und Theater. Eine der Attikafiguren (die »Kaufmannschaft«, 1754 von J. G. Heymüller) im Treppenhaus; im Foyer fünf Bronzereliefs aus dem Treppenhaus des Stadtschlosses, 1748 von B. Giese.

Potsdam
Oben: Stadtschloß, Deckendetails im Marmorsaal
Links unten: Stadtschloß, Treppenhaus
Rechts unten: Blick von der Nikolaikirche auf das zerstörte Rathaus

J. Haeckel: Geschichte des Potsdamer Rathauses, in: MVGP, Heft 8, 1913, S. 37 ff. Müller, S. 128 ff., 140 f. H.-J. Giersberg und H. Knitter: Brockhaus Stadtführer Potsdam, Leipzig 1972, S. 62 f. Mielke, S. 369, Abb. 227, Taf. 11 a. Denkmale der Geschichte und Kultur, 2. Aufl. Berlin 1974, S. 253, Abb. 118

Palais Barberini (Humboldtstraße 5–6, Am Alten Markt gegenüber von Stadtschloß und Nikolaikirche). Erbaut als Mietshaus 1771/72 von C. v. Gontard nach dem Vorbild von C. Madernas Palazzo Barberini (1627–1632) in Rom. Dreigeschossiger Putzbau von 13 Achsen mit rückwärtigen Flügelanbauten, die fünf mittleren Fassadenachsen als kräftiger Risalit hervorgehoben. 1845 bis 1849 auf Veranlassung Friedrich Wilhelms IV. nach Plänen von L. Persius durch L. F. Hesse und Prüfer als Gesellschaftshaus für die künstlerischen und wissenschaftlichen Vereinigungen der Potsdamer Bürgerschaft umgebaut; aus dieser Periode: Hoffassade mit Seitenflügeln und Tordurchfahrt, großer Vortragssaal sowie prächtiger Konzertsaal für Festlichkeiten in den Obergeschossen. Das Gebäude beherbergte zeitweilig die Sammlungen des Potsdamer Heimatmuseums.

Am 14./15. April 1945 bis auf die Umfassungsmauern ausgebrannt. Die Ruine im Zuge der allgemeinen Enttrümmerung abgetragen.

Häberlin, S. 59. Bergau, S. 593. Zieler, Abb. S. 19, k, 37, 127. H. Kania, in: MVGP, NF VI/3, 1929, S. 216 ff. G. Poensgen, Die Bauten Friedrich Wilhelms IV. in Potsdam, Berlin 1930, S. 32. Fricke, S. 31

Schauspielhaus 1793–1796 auf Veranlassung Friedrich Wilhelms II. von M. P. Boumann d. J. erbaut. In einer ersten Bauperiode 1793–1795 Errichtung des Theaters mit Zuschauerraum und Bühnenhaus. 1796 Erweiterung durch Anbau an der Rückseite mit einem die gesamte Frontbreite der ersten Etage einnehmenden Konzertsaal, gleichzeitig ein Wohngebäude (in der jetzigen Posthofstraße) für das künstlerische Personal. An der in städtebaulich günstiger Lage auf den Kanal und die Berliner Straße gerichteten frühklassizistischen Säulenfassade der Eingangsfront neben Büsten von K. J. Sartori ein Relieffries, Apoll mit Musen und Grazien, von den Gebrüdern Wohler nach Entwurf von G. Schadow. Der Zuschauerraum ein unter dem Eindruck der Theaterbauten des K. G. Langhans disponiertes und im frühklassizistischen Stil dekoriertes Rangtheater für etwa 700 Personen; unter Friedrich Wilhelm IV. teilweise erneuert. Um 1850 im Konzertsaal neues Deckengemälde von Schubert.
Infolge der Kampfhandlungen um den 26.–28. April 1945 bis auf die Umfassungsmauern ausgebrannt. Abriß der Ruine 1966. Der Schadowsche Relieffries im Vestibül des Berliner »Palais Unter den Linden« (ehemaliges Kronprinzenpalais) eingefügt.

Bergau, S. 585. H. Kania, in: MVGP, NF VI/3, 1929, S. 177ff. Engel/Schlott-Kotschote, S. 265

Potsdam
Links oben: Altes Rathaus mit Knobelsdorffhaus, nach dem Wiederaufbau
Rechts oben: Palais Barberini (aus einer Zeichnung von A. L. Krüger)
Links unten: Palais Barberini, Durchfahrt
Rechts unten: Schauspielhaus, Straßenfront

Zivilkasino (Waisenstraße 19–23). 1818 von K. F. Schinkel konzipiert, ausgeführt 1822/23 nach dessen Entwürfen als Gesellschaftshaus für die Potsdamer Kasinogesellschaft. Der erste bedeutende Bau des Architekten in Potsdam. Dreigeschossiger Putzbau von 19 Achsen, die noble Fassade mit leicht betontem Mittelteil und wenig vorgezogenen giebelverdachten Seitenflügeln. Auf unregelmäßigem Grundriß um einen repräsentativen Tanzsaal gruppiert der Speisesaal und einige kleine Gesellschaftsräume sowie ein Treppenhaus, Meisterleistungen Schinkelscher Innenraumgestaltung.
Anfang März 1945 schwer beschädigt, die Ruine während der ersten Hälfte der fünfziger Jahre beseitigt.

Bergau, S. 585. Schinkelwerk/Potsdam, S. 70 ff., Abb. 46–55. Engel/Schlott-Kotschote, S. 265

Militärwaisenhaus (zwischen der ehemaligen Linden-, Breite-, Waisen- und Spornstraße). Anstelle eines 1722 und 1739–1742 errichteten Fachwerkgebäudes als massiver Neubau 1771–1778 nach Plänen C. v. Gontards in mehreren Bauphasen aufgeführt. Eines der Hauptwerke des Architekten. Der ausgedehnte, nahezu quadratische Gebäudekomplex mit monumentalen, meist viergeschossigen Fronten, streng gegliederten Giebelrisaliten in den Stilformen des Spätbarokken Klassizismus sowie einem monopteral bekrönten Kuppelturm, dessen in einer Raumspirale angeordnetes Treppenhaus zu den bemerkenswertesten Leistungen Gontards gehört.
Am 14. April 1945 schwer beschädigt und größtenteils ausgebrannt. In den Nachkriegsjahren teilweise wiederaufgebaut, so die Flügel am Kanal und in der Otto-Nuschke-Straße (Lindenstraße), letzterer ohne den Kuppelaufbau über dem Treppenturm, dessen Rekonstruktion vorgesehen ist. Die Fassaden der Trakte in der ehemaligen Breite- und Spornstraße abgebrochen.

Bergau, S. 584 f. Zieler, Abb. 17, 116–123. H. Kania: Der Baumeister des Waisenhauses, in: Potsdamer Großes Waisenhaus, Festschrift, Potsdam 1924. Engel/Schlott-Kotschote, S. 265. H. Drescher, in: Potsdam und seine Umgebung (Werte der deutschen Heimat), Berlin 1969, S. 53. Fait-Bayer, S. 245

Exerzierhaus (»Langer Stall«). Errichtet 1734 auf Befehl Friedrich Wilhelms I. durch P. v. Gayette an der Ostseite der Plantage als Reit- und Exerzierhaus für die winterlichen Übungen der Potsdamer Garnison. Langgezogener eingeschossiger Fachwerkbau, dessen freitragende Dachkonstruktion als technische Meisterleistung galt.

Potsdam, Zivilkasino
Oben: Treppenhaus und Tanzsaal
Unten: Straßenfront

1781 verblendete G. C. Unger die zur Garnisonkirche gerichtete südliche Schmalseite durch eine zweigeschossige massive Fassade mit Säulengliederung und Giebelportikus; die reiche figürliche und ornamentale Plastik von J. C. Wohler d. Ä. und K. J. Sartori.
Am 14. April 1945 ausgebrannt, als Ruine erhalten lediglich die Front des Ungerschen Kopfbaus.

Bergau, S. 583 f. Zieler, Abb. 11, 12. Engel/Schlott-Kotschote, S. 265. W. Goetz: Deutsche Marställe des Barock, Deutscher Kunstverlag 1964, S. 60, Abb. 81. Fait-Bayer, S. 344

Potsdam
Links oben: Militärwaisenhaus, Kuppelaufsatz der Front an der Lindenstraße
Links unten: Militärwaisenhaus, Hauptrisalit am Kanal
Rechts oben: Militärwaisenhaus, Treppenhäuser
Rechts unten: Exerzierhaus, südliche Schmalfront

Ehemalige Gewehrfabrik (Hoffbauerstraße, zwischen Burgstraße und Am Wall). Erbaut 1776 bis 1780 von G. C. Unger als Gewehrfabrik anstelle älterer Fachwerkgebäude, seit 1879 Kaserne. Weitläufiger dreiflügeliger Gebäudekomplex mit Hauptfront zum Kanal. Die über einem Souterrain dreigeschossige Hauptfassade im Stil der Gontardschule durch einen fünfachsigen Mittelrisalit mit Putzgliederungen und durch Eckrisalite betont. Die drei mittleren Achsen des Hauptrisalits von Dreieckgiebel und attikaähnlichem Aufbau bekrönt, darauf die plastische Gruppe der Schmiede des Vulkan, flankiert von Mars und Minerva.
Die Hauptfassade am 14./15. April 1945 bis auf die Umfassungsmauern ausgebrannt, später beseitigt und durch moderne Wohnbauten ersetzt. Die übrigen Trakte im wesentlichen erhalten.
Manger, S. 641. Bergau, S. 583. Zieler, Abb. 144

Direktionsgebäude der ehemaligen Gewehrfabrik (Hoffbauerstraße 1). Errichtet 1755/56 von J. G. Büring im Stil der Knobelsdorffnachfolge. Dreigeschossiger Putzbau von 7:5 Achsen. In der mittleren Achse der zum Kanal gerichteten Hauptfront ein portikusähnlicher Risalit aus gekuppelten toskanischen Säulen mit einem von Widderköpfen geschmückten Gebälk, auf der Attika plastische Gruppen von J. P. Benckert.
Am 14./15. April 1945 vernichtet, die Ruine durch einen Neubau ersetzt.
Manger, S. 642. Zieler, Abb. 110. H. Kania, in: MVGP, NF VII/5, 1939, S. 275. Müller, S. 149 ff.

Gloriette (auf dem Bassinplatz). Erbaut 1737 als Lusthaus für Friedrich Wilhelm I. auf einer Insel inmitten eines später zugeschütteten Teiches, des sogenannten Bassin. Der reizvolle quadratische Bau aus Ziegeln mit Sandsteingliederungen

Potsdam
Oben: Ehemalige Gewehrfabrik
Unten: Gloriette auf dem Bassinplatz

und geschweiftem, in ein schlankes Türmchen auslaufendem Dach. Im Inneren schlicht stuckierter Saal.
1945 beschädigt, 1952 abgetragen.

Bergau, S. 593. Zieler, Abb. 52. Engel/Schlott-Kotschote, S. 264

Berliner Tor 1752 von J. Boumann d. Ä. und C. L. Hildebrant als repräsentativer Stadteingang an der Berliner Straße errichtet in Form eines einachsigen Triumphbogens. Beiderseits anschließend zirkelförmige Seitenteile mit Nebenportalen. Das von korinthischen Säulenpaaren flankierte große Mittelportal mit reich verkröpftem Gebälk. Auf der Attika vier Figuren römischer Krieger von J. G. Heymüller. Der Torbau 1901 stadteinwärts versetzt und vor allem die seitlichen Anbauten umgestaltet.
Beim Bombenangriff am 14. April 1945 schwer beschädigt, 1952 abgebrochen.

Bergau, S. 582. Müller, S. 139 f. Engel/Schlott-Kotschote, S. 265. W. E. Stopfel: Triumphbogen in der Architektur des Barock in Frankreich und Deutschland, Freiburg, Phil. Diss. 1964, S. 119, Abb. 138a. H.-J. Giersberg: Studien zur Architektur des 18. Jahrhunderts in Berlin und Potsdam, Berlin, Humboldt-Universität, Phil. Diss. 1975, S. 116 ff.

Neustädter Tor Erbaut 1753 nach Entwurf von G. W. v. Knobelsdorff als Abschluß der Breiten Straße. Bestehend aus zwei die Durchfahrt flankierenden Obelisken mit reichem Hieroglyphenschmuck sowie beiderseits anschließenden Wachgebäuden, letztere mit Vasen auf dem Gebälk.

Die Skulpturen von M. Kambly, M. Müller und B. Giese.
Beim Bombenangriff am 14. April 1945 die Wachgebäude und einer der Obelisken völlig zerstört, die Reste 1969 abgetragen.

Bergau, S. 582. Zieler, Abb. 19. Schinkelwerk/Potsdam, Abb. 60. Engel/Schlott-Kotschote, S. 265. H.-J. Giersberg: Studien zur Architektur des 18. Jahrhunderts in Berlin und Potsdam, Berlin, Humboldt-Universität, Phil. Diss. 1975, S. 94 ff.

Wachgebäude am Kellertor Erbaut 1786 von A. L. Krüger. Rechteckiger Putzbau in den Formen des Spätbarocken Klassizismus der Gontardschule mit offener toskanischer Säulenhalle in der Mitte und trophäengeschmückter Attika.
Beim Bombenangriff am 14. April 1945 ausgebrannt, die Fassadenreste später beseitigt.

Bergau, S. 582. Zieler, Abb. 156, 157

Potsdam
Oben: Direktionsgebäude der ehemaligen Gewehrfabrik
Links unten: Neustädter Tor
Rechts unten: Berliner Tor

Wachgebäude am Teltower Tor (am Südende der Langen Brücke). Entstanden 1825 in Anlehnung an das Bockenheimer Tor in Frankfurt am Main nach Entwurf von K. F. Schinkel im Zusammenhang mit dem 1822–1825 erneuerten Brückenbau. Ursprünglich zwei symmetrische, den Brückenzugang flankierende rechteckige Steuerhäuser in dorischer Ordnung, die offenen Säulenhallen der Langseiten einander zugeordnet. 1887/88 bei Verlegung der Brücke das östliche Haus abgetragen.
Beim Bombenangriff am 14./15. April 1945 schwer beschädigt, die Reste später beseitigt.

F. Netto und F. Backschat: Die Lange Brücke zu Potsdam, Berlin und Potsdam 1901. Schinkelwerk/Potsdam, S. 117 ff., Abb. 84

Belvedere auf dem Brauhausberg Errichtet 1803 auf Befehl Friedrich Wilhelms III. von A. L. Krüger als Staffage und Aussichtspunkt in Form einer gotischen Turmruine mit angefügtem Treppenhaus.
1945 schwer beschädigt, später abgetragen.

Potsdam
Oben: Blick durch die Schwertfegerstraße („Acht Ecken") auf die Kuppel der Nikolaikirche
Unten: Schwertfegerstraße mit Turm der Hof- und Garnisonkirche

Bürgerhäuser

Während des Bombenangriffs in der Nacht vom 14. zum 15. April 1945 fielen im östlichen Gebiet der Altstadt durch Flächenbrände ganze Straßenzüge und Plätze mit bedeutenden städtebaulichen Ensembles der Vernichtung anheim. Am Alten Markt, Am Kanal, Bassinplatz, Brauerstraße, Französische Straße (jetzt Joliot-Curie-Straße), Grünstraße, Heilige-Geist-Straße, Hohe-Weg-Straße, Hoditzstraße (jetzt Wilhelm-Staab-Straße), Humboldtstraße, Kaiserstraße (jetzt Otto-von-Guericke-Straße), Kirchstraße, Kriewitzstraße (jetzt Walter-Junker-Straße), Kupferschmiedgasse, Scharrenstraße, Schützenstraße, Schwertfegerstraße (mit Straßenkreuzung der »Acht Ekken«), Wilhelmplatz (jetzt Platz der Einheit) und Yorkstraße wurden völlig zerstört bzw. erlitten bis auf wenige Gebäude schwerste Verluste. Zahlreiche andere Straßenzüge hatten einen hohen Prozentsatz an Beschädigungen und Zerstörungen aufzuweisen. Die meisten der Ruinen wurden während der Nachkriegsjahre im Zuge der allgemeinen Enttrümmerung beseitigt. Die Wilhelm-Staab-Straße (ehem. Hoditzstraße) und einige angrenzende Häuser am Kanal (Yorkstraße) sind 1955–1958 im Äußeren größtenteils in der alten Form wieder aufgebaut worden.

Knitter. Mielke

Von den untergegangenen Bürgerhäusern waren die bedeutendsten:

Predigerhaus der Nikolaikirche (Am Alten Markt 4). Erbaut 1752 von G. W. v. Knobelsdorff als Prediger- und Schulhaus der Nikolaigemeinde. Auf Anweisung Friedrichs II. in Nachahmung von F. Fugas Palazzo della Consulta (1734) in Rom. Viergeschossiger Putzbau von neun Achsen unter flachem Dach, das zweite und oberste Geschoß als Mezzanin behandelt. Die Fassade durch kräftiges Gurtgesims in Sockel und Oberbau geschieden und durch Putzlisenen gegliedert. Die Gebäudemitte durch einen dreigeschossigen Risalit mit skulpturenbekröntem Hauptportal, oberer Pilastergliederung und kartuschenartigem Figurenaufsatz über der Attika hervorgehoben. Die Bildhauerarbeit von B. Giese.
Am 14./15. April 1945 total zerstört, die Trümmer später beseitigt.

Manger, S. 137. H. Kania, in: MVGP, NF V/2, 1909, S. 16. Zieler, Abb. 103. Mielke, S. 308, Abb. 185, 186, Taf. 10

Am Alten Markt 17 (Ecke Schloßstraße). Erbaut 1750 von J. Boumann d. Ä. im Stil der Knobelsdorffschule, nach Brand 1795 leicht verändert. Dreigeschossiger Putzbau von 5:3 Achsen mit oberem Mezzanin. Über dem gefugten, durch spätere Ladeneinbauten entstellten Untergeschoß die oberen Etagen durch korinthische Ordnung kannelierter Pilaster mit strengem Attikagebälk gegliedert, die mittlere Achse der Marktseite unter Dreieckgiebel risalitartig vorgezogen. Attikaplastiken von B. Giese, der ornamentale Schmuck von B. Sartori.
Beim Bombenangriff am 14./15. April 1945 total vernichtet, die Trümmer später beseitigt.

Manger, S. 117. H. Kania, in: MVGP, NF V/2, 1909, S. 15. Zieler, Abb. 100. Mielke, Taf. 12a

Am Bassin 45–47 (Charlottenstraße). Erbaut 1773 von G. C. Unger in den Formen des Spätbarocken Klassizismus der Gontardschule. Dreigeschossiger Putzbau von 13 Achsen, drei Grundstücke hinter einheitlicher Palastfassade vereinigend. Über dem Sockelgeschoß die beiden oberen Etagen durch Kompositpilaster unter hohem Ba-

Potsdam
Oben: Predigerhaus der Nikolaikirche
Unten: Am Alten Markt 17

lustradengebälk zusammengefaßt, die drei mittleren Achsen mit Dreieckgiebelverdachung und Attikagruppen der Gebrüder Räntz risalitartig hervorgehoben.
Am 14./15. April 1945 bis auf die Umfassungsmauern ausgebrannt, die Ruine im Zuge der allgemeinen Enttrümmerung beseitigt.

Manger, S. 39. Zieler, Abb. 80

Am Bassin 52–54 (Charlottenstraße). Erbaut 1775 von C. v. Gontard nach dem durch Friedrich II. bestimmten Vorbild der 1662 von C. Rainaldi entworfenen und später von G. B. Piranesi radierten Academia di Francia (Palazzo Salviati) in Rom. Charakteristisches Beispiel für den Spätstil der friderizianischen Architektur im Potsdamer Bürgerhausbau. Repräsentativer viergeschossiger Putzbau von elf Achsen, drei Grundstücke hinter einheitlicher Fassade vereinend. Die in den Formen des römischen Spätbarock gehaltene Fassade mit Flachdach und reich skulptiertem Kranzgesims mittels kräftiger Putzlisenen dreigeteilt, die beiden oberen Geschosse jeweils durch Gurtgesimse voneinander abgesetzt. Vor den drei mittleren Achsen des Erdgeschosses, das Hauptportal akzentuierend, ein von toskanischen Säulen getragener Balkon. Über den Türen der Seitenteile gleichfalls Balkonausbauten auf kräftigen Konsolen. Die Fenster der Hauptgeschosse mit Verdachungen. Der bildhauerische Dekor aus der Werkstatt der Gebrüder Räntz.
Am 14./15. April 1945 ausgebrannt, die Ruine im Rahmen der Enttrümmerung beseitigt.

Nicolai, S. 1180. Manger, S. 404. H. Kania, in: MVGP, NF V/2, 1909, S. 27; NF VII/1, 1933, S. 29. Zieler, Abb. 79

Am Kanal 41 Entstanden 1756 unter Leitung von H. L. Manger angeblich nach Angaben Friedrichs II. als Musterbau im Zusammenhang mit der gleichzeitigen Planung des Potsdamer Neuen Palais. Dreigeschossiger Bau von fünf Achsen in »Holländischer Art« aus steinsichtigen Ziegeln mit Hausteingliederungen. Die drei mittleren Achsen mit korinthischen Kolossalpilastern unter kräftigem Konsolgebälk und Dreieckgiebel risalitartig vorgezogen. Auf der Attika Sandsteinfiguren von J. P. Benckert, der übrige Schmuck von N. Eppen und P. G. Jenner. Die Fassade später durch Ladeneinbauten im Erdgeschoß und einen Balkonausbau in der Mittelachse des Hauptgeschosses verändert. Anstelle der oberen Fenster ursprünglich Ovalöffnungen.
Am 14./15. April 1945 vollständig zerstört, die Reste beseitigt.

Manger, S. 215. Zieler, Abb. 13. H. Kania, in: MVGP, NF V/2, 1909, S. 20; NF VII/4, 1937, S. 275, 286. Müller, S. 150 f. H. Drescher: Zum Spätstil der friderizianischen Architektur. Die Tätigkeit Carl von Gontards für König Friedrich II. von Preußen am Neuen Palais in Potsdam, Phil. Diss. Halle 1969, S. 9 f. Mielke, S. 312 ff., Taf. 22a

Berliner Straße 4–5 Erbaut 1772 von C. v. Gontard. Dreigeschossiger Putzbau von 19:4 Achsen, bestehend aus zwei Bürgerhäusern hinter einheitlicher Fassade. Über dem von Quaderstreifen durchschossenen Untergeschoß die beiden oberen Etagen durch rustizierte Pilaster zusammengefaßt, die fünf mittleren Achsen durch toskanische Pilasterordnung mit Triglyphengebälk und vasengeschmückter Attika als Risalit hervorgehoben. Die Fenster mit schönem Stuckdekor. Das Erdgeschoß durch Ladeneinbauten später verändert.
Am 14./15. April 1945 bis auf die Umfassungsmauern ausgebrannt, die Ruine später abgebrochen.

Manger, S. 383. Zieler, Abb. 81. H. Kania, in: MVGP, NF VII/1, 1933, S. 22

Potsdam
Oben: Am Bassin 45-47
Unten: Am Bassin 52-54

Breite Straße 6–7 Erbaut 1754 von C. L. Hildebrant in Anlehnung an das Wohnhaus des Bramante (um 1515) in Rom. Viergeschossiger Putzbau von fünf Achsen mit zwei Mezzaninen. Der Unterbau mit dem 1817 veränderten Portal in der Mittelachse durch gequaderte Lisenen gegliedert, die oberen Geschosse durch eine Ordnung gekuppelter toskanischer Säulen unter Horizontalgebälk zusammengefaßt. Der bildhauerische Schmuck der Metopen von N. Eppen.
Am 14./15. April 1945 beschädigt, Reste später beseitigt.

Manger, S. 187, 629. Zieler, Abb. 102. H. Kania, in: MVGP, NF V/8, 1913, S. 39; NF VII/1, 1933, S. 51

Potsdam
Oben: Berliner Straße 4-5
Links unten: Breite Straße 6-7
Rechts unten: Am Kanal 41

Humboldtstraße 3 Erbaut 1754 von C. L. Hildebrant nach dem von Friedrich II. angegebenen Vorbild des Palazzo Pompei von M. Sanmichele (um 1530) in Verona. Ursprünglich zweigeschossiger Putzbau von sieben Achsen mit später ausgebauter Attika. Das gequaderte Sockelgeschoß mit großem Rundbogenportal und Bogenfenstern, das Obergeschoß durch toskanische Dreiviertelsäulen unter reichem Triglyphengebälk gegliedert, dazwischen Kämpferbogenfenster mit figürlichen Schlußsteinen. Auf der Attika Vasen. Der plastische Schmuck von Heyne.
Am 14./15. April 1945 vollständig zerstört.

Manger, S. 158, 629. H. Kania, in: MVGP, NF V/2, 1909. S. 18. Zieler, Abb. 106. H. Kania: Potsdamer Baukunst, Potsdam 1915, S. 30 f. Mielke, S. 322 f., Abb. 196, Taf. 75a

Humboldtstraße 4 Erbaut 1777 von C. v. Gontard. Eine der besten Schöpfungen Gontardscher Bürgerhausbauten; der italianisierende Stil der palastartigen Fassade zwischen Palazzo Barberini und dem Nachbarhaus vermittelnd. Dreigeschossiger Putzbau von fünf Achsen mit später eingefügtem Mezzanin. Vor dem Erdgeschoß in ganzer Frontbreite ein Balkon auf toskanischen Säulen mit (später veränderter) vasengeschmückter Balustrade. Die oberen Geschosse durch reich dekorierte Fenster und abschließendes Konsolgesims mit figurenbekrönter Balusterattika plastisch akzentuiert. Der Skulpturenschmuck von R. Kaplunger, J. C. Wohler und J. Eckstein.
Am 14./15. April 1945 durch Brand vernichtet, die Reste später beseitigt.

Nicolai, S. 1130. Manger, S. 423. H. Kania, in: MVGP, NF V/2, 1909, S. 30. Zieler, S. 21, Abb. m

Nauener Straße 26–27 (an der Westseite des ehemaligen Wilhelmplatzes, jetzt Platz der Einheit). Erbaut 1768 von C. v. Gontard nach dem von Friedrich II. bestimmten Vorbild des 145 entstandenen und 1695 von C. Fontana ausgebauten Hadrianeum (sogenannte Dogana di Terra) in Rom. Dreigeschossiger Massivbau von elf Ach-

Potsdam
Links oben: Humboldtstraße 4
Rechts oben: Humboldtstraße 3
Unten: Nauener Straße 26-27

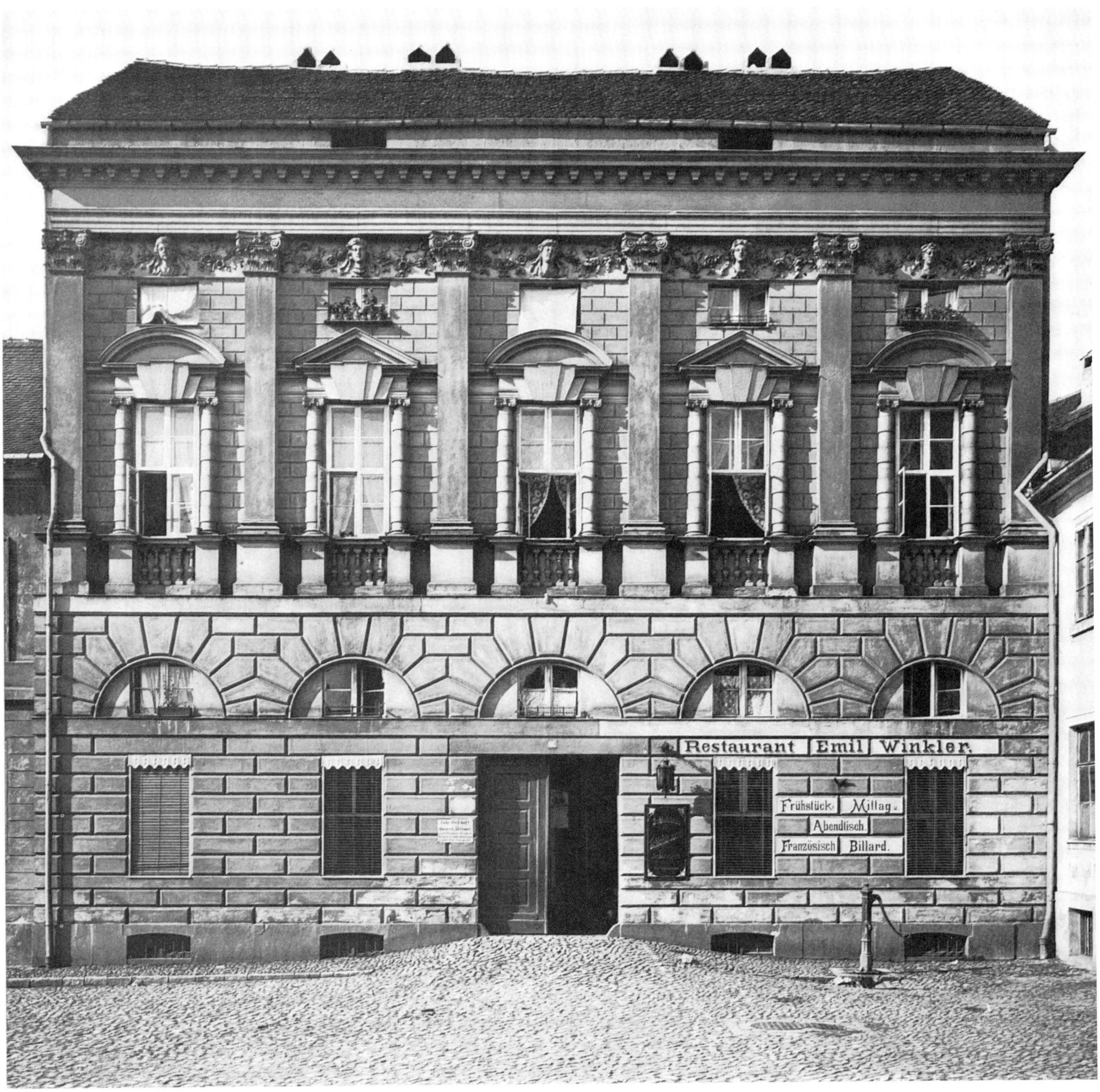

sen, zwei Grundstücke hinter einheitlicher Front zusammengefaßt. Die Fassade durch eine kolossale Ordnung korinthischer Dreiviertelsäulen mit hohem Attikagebälk gegliedert. Der plastische Dekor von K. J. Sartori und Löffler. Beeinträchtigung der Fassade durch spätere Veränderungen. Im Inneren von Nr. 26 eine reiche Treppe.
Am 14./15. April 1945 bis auf die Umfassungsmauern ausgebrannt, die Ruine 1958 abgetragen und durch Neubauten ersetzt.

Manger, S. 317. H. Kania, in: MVGP, NF V/2, 1909, S. 27; NF VII/1, 1933, S. 37. Zieler, Abb. 107. Mielke, S. 326 ff., Taf. 97

Am Neuen Markt 5 Anstelle eines älteren Wohnhauses erbaut 1755 von J. G. Büring nach Motiven von A. Palladios Palazzo Marcantonio Tiene (1556) in Vicenza. Viergeschossiger Putzbau von fünf Achsen, das zweite und oberste Geschoß als Mezzanin behandelt. Die beiden rustizierten unteren Etagen als Sockel betont, die durch korinthische Pilaster zusammengefaßten Obergeschosse mit reich gerahmten und vergiebelten Fenstern von starker Plastizität. Der Skulpturenschmuck mit Köpfen und Girlanden unter dem Gebälk von N. Eppen.
Beim Bombenangriff am 14./15 April 1945 vollständig vernichtet.

Manger, S. 203. H. Kania, in: MVGP, NF V/2, 1909, S. 18. Zieler, Abb. 108

Potsdam
Am Neuen Markt 5

Schloßstraße 7 (Ecke Hohe-Weg-Straße). Ehemals »Plögerscher Gasthof«, später Kommandantur. Erbaut 1754 von C. L. Hildebrant nach dem Vorbild von A. Palladios Palazzo Valmarana (1566) in Vicenza. Dreigeschossiger Putzbau von 9:6 Achsen auf Kellersockel und mit Attikageschoß. Die Fronten durch komposite Kolossalpilaster mit stark verkröpftem Gebälk und Attika gegliedert, in der Mittelachse hohes Rundbogentor. Reiche Fassadendekoration durch Stuckreliefs zwischen den Hauptgeschossen sowie Attikaplastiken von J. P. Benckert und J. G. Heymüller. Der Balkonausbau über dem Hauptportal eine Zutat von 1888.

Am 14./15. April 1945 bis auf die Umfassungsmauern ausgebrannt, die Ruine 1958 abgebrochen. Die acht Attikafiguren seit 1959 in einem Rondell der Hauptallee von Sanssouci aufgestellt.

Manger, S. 185, 629. Bergau, S. 583. H. Kania, in: MVGP, NF V/2, 1909, S. 17; NF VII/4, 1937, S. 276. Zieler, Abb. 104, 105. Müller, S. 146 ff. G. Eckardt: Verzeichnis der Bauten und Plastiken im Park von Sanssouci, 4. Aufl. Potsdam-Sanssouci 1973, Nr. V, 1a–h. Mielke, S. 328, Abb. 199, Taf. 105

Wilhelmplatz 15–20 (jetziger Platz der Einheit). Als städtebaulich wirkungsvoller Abschluß der Nordseite des Wilhelmplatzes erbaut 1767 von C. v. Gontard nach einem Vorbild in R. Pitrous 1756 erschienener »Recueil de différents projets d'architecture«. Repräsentative dreigeschossige Anlage von 33 : 5 Achsen, bestehend aus sechs Bürgerhäusern hinter langgestreckter einheitlicher Fassade. Diese durch einen fünfachsigen Mittelrisalit mit Dreieckgiebel und ebenso breite Seitenrisalite gruppiert. Das Sockelgeschoß durch pfeilerartige Wandvorlagen gegliedert, die beiden Obergeschosse von ionischer Pilasterordnung mit kräftigem Gebälk und Balusterattika zusammengefaßt. Auf den Attiken der Risalite Plastiken von J. C. Wohler. Beeinträchtigung der Fassade durch Ladeneinbauten und Balkons von 1898 und 1907.

Am 14./15. April 1945 ausgebrannt, die Ruinenreste später beseitigt.

Manger, S. 308. H. Kania, in: MVGP, NF V/2, 1909, S. 28; NF VII/1, 1933, S. 36. Zieler, Abb. 112. Mielke, S. 330, Abb. 314, Taf. 128a

Villa Persius (Kaiser-Wilhelm-Straße 29, jetzige Hegelallee). 1837/38 als Landhaus des Baumeisters L. Persius nach dessen Entwürfen am Rande des Parkes Sanssouci errichtet. Die im Geiste Schinkels disponierte unregelmäßige Anlage inmitten eines Gartens bestehend aus dem zweigeschossigen würfelförmigen Wohngebäude unter italianisierendem Flachdach und einem seitlich versetzten Nebentrakt sowie asymmetrisch angeordneten Altan- und Laubenanbauten. Der Aussichtsturm erst 1853 durch L. F. Hesse hinzugefügt. Das 1838 publizierte Gebäude wurde zum Prototyp des Potsdamer bürgerlichen Vorstadthauses und hat den Villenstil der Schinkelnachfolge bis in die achtziger Jahre des 19. Jh. wesentlich beeinflußt.

Am 14./15. April 1945 zerstört, die Reste beseitigt.

J. Heckel: Die Villa Persius–Keller, in: MVGP, NF VII/3, 1937, S. 211 ff. Schinkelwerk/Potsdam, S. 100 ff., Abb. 70–72

Potsdam-Babelsberg

Ehemalige Seidenweberei Michels (auf dem Gelände der jetzigen »Märkischen Volksstimme«). Erbaut 1912 von H. Muthesius. Einheitliche Anlage, konzipiert als Flachbau mit zentraler glasgedeckter Webehalle und flankierenden Flügeln. Die strengen Backsteinfronten an Potsdamer Bautraditionen anschließend. Hervorragendes Beispiel für die Anpassung und Eingliederung industrieller Anlagen in ihre Umgebung.

1945 zerstört, die Reste abgetragen.

Die Kunst in Industrie und Handel, Jahrbuch des Deutschen Werkbundes 1913, Jena 1913, Abb. 21–23. W. Müller-Wulckow: Bauten der Arbeit und des Verkehrs aus deutscher Gegenwart (Blaue Bücher), Königstein i. Taunus 1926, m. Abb.

Oben: Potsdam, Schloßstraße 7
Mitte: Potsdam, Villa Persius
Unten: Potsdam-Babelsberg, Ehemalige Seidenweberei Michels

Potsdam · Schlösser und Gärten
(außer Stadtschloß)

Sanssouci

Holländische Windmühle Anstelle der »historischen« Bockwindmühle von 1739 errichtet 1790 als Landschaftsstaffage in unmittelbarer Nähe von Schloß Sanssouci. Stattliche hölzerne Windmühle holländischen Typs auf hohem massivem Unterbau. 1847 hatte das Hügelplateau durch L. F. Hesse eine architektonische Fassung im Zusammenhang mit der von Friedrich Wilhelm IV. geplanten Höhenstraße erfahren; aus dieser Zeit die Substruktionen und das zugehörige Müllerhaus mit Gästeappartements.
Bei Kämpfen um Potsdam zwischen dem 26. und 28. April 1945 in Brand geraten und bis auf die Umfassungsmauern des Unterbaus vollständig abgebrannt. Rekonstruktion beabsichtigt, das Müllerhaus erhalten.

G. Poensgen: Die Bauten Friedrich Wilhelms IV. in Potsdam, Berlin 1930, S. 27. B. Meier: Potsdam (Deutsche Lande – Deutsche Kunst), 5. Aufl. Berlin 1937, Abb. 21, 38, 41. Engel/Schlott-Kotschote, S. 265. G. Eckardt: Verzeichnis der Bauten und Plastiken im Park von Sanssouci, 4. Aufl. Potsdam-Sanssouci 1973, Nr. III/9

Schweizerhaus Neben der Historischen Mühle am östlichen Hügelplateau. Vermutlich Umbau eines älteren Stallgebäudes um 1845 durch F. v. Arnim im Zusammenhang mit den Projekten Friedrich Wilhelms IV. für die Höhenstraße in Sanssouci. Langgestreckter zweigeschossiger Rechteckbau, das überkragende Obergeschoß aus Fachwerk mit Gästezimmern und loggiaartigem Balkon an der straßenseitigen Giebelfront, später reduziert.
Zwischen dem 26. und 28. April 1945 mit der Historischen Mühle abgebrannt, Reste beseitigt.

G. Eckardt, Die Bildergalerie in Sanssouci, Halle/Saale, Phil. Diss. 1974, S. 204, Anm. 307. (Pläne in der Schlösserverwaltung Potsdam-Sanssouci)

Belvedere auf dem Klausberg Erbaut 1770–1772 von G. C. Unger als Aussichtspunkt und Gartenstaffage im Zuge der gärtnerischen Ausgestaltung der Umgebung des Neuen Palais von Sanssouci. Als Vorbild diente F. Bianchinis Rekonstruktion des neronischen Marcellums in Rom. Zweigeschossiger barocker Rundbau auf elliptischem Grundriß, umgeben von offenen Säulenhallen, mit Flachkuppel und rückwärtiger Freitreppe. Im Inneren zwei übereinanderliegende Säle mit kostbaren Dekorationen aus jaspisartigem schlesischem Marmor.
Während der Kampfhandlungen um Potsdam zwischen dem 26. und 28. April 1945 infolge von Artilleriebeschuß bis auf die Umfassungsmauern ausgebrannt. Wiederaufbau der Ruine beabsichtigt.

H. Kania, in: MVGP, NF VI/2, 1928, S. 103 ff. Engel/Schlott-Kotschote, S. 265. W. Kurth: Sanssouci, Ein Beitrag zur Kunst des deutschen Rokoko, Berlin 1962, S. 86 f., Abb. 63, Taf. 57. G. Eckardt: Verzeichnis der Bauten und Plastiken im Park von Sanssouci, 4. Aufl. Potsdam-Sanssouci 1973, Nr. VI/18

Neuer Garten

Marmorpalais Sommerresidenz König Friedrich Wilhelms II. von Preußen. Errichtet am Heiligen See 1787–1791 nach Plänen C. v. Gontards, die Innenausstattung unter Leitung von K. G. Langhans d. Ä. Eines der besten Beispiele des Berliner Frühklassizismus. 1793 zur Dreiflügelanlage erweitert, mit historisierenden Dekorationen von 1843–1845.
Gegen Kriegsende Beschädigungen am Außenbau sowie durch Brand in einigen Innenräumen; im Landschaftszimmer die Gemälde römischer Ansichten von P. L. Lütke verloren. Der Bau in den Nachkriegsjahren restauriert, jetzt als Armeemuseum Potsdam genutzt. Die Innendekorationen zumeist verkleidet, die Ausstattung größtenteils in der Schlösserverwaltung Potsdam-Sanssouci erhalten.

Gartenanlagen mit Staffagebauten Der weiträumige Park 1787–1797 von J. A. Eyserbeck d. J. nach Vorbildern des Dessau-Wörlitzer

Oben: Potsdam, Park Sanssouci, Belvedere auf dem Klausberg (aus einer Radierung von A. L. Krüger) und Holländische Windmühle mit Schweizerhaus
Links unten: Potsdam, Neuer Garten, Inneres der Grotte
Rechts unten: Potsdam, Neuer Garten, Landschaftszimmer im Marmorpalais

Kunstkreises als früher Landschaftsgarten angelegt mit zahlreichen empfindsamen Architekturen und Denkmälern als Gartenstaffage. 1817–1825 Veränderungen durch P. J. Lenné im Sinne klassischer Landschaftsgartengestaltung. Der Anlage 1913–1917 Schloß Cecilienhof von P. Schultze-Naumburg hinzugefügt.
Der Park blieb relativ unversehrt (in Schloß Cecilienhof tagte vom 17. Juli bis 2. August 1945 die »Potsdamer Konferenz«). Die nachfolgend aufgeführten Gartenarchitekturen wurden gegen Kriegsende stark in Mitleidenschaft gezogen. Bibliothek (an der Südspitze des Heiligen Sees), 1792–1794 von K. G. Langhans d. Ä., ein belvedereartiger Turmpavillon in neogotischen Formen mit zwei übereinanderliegenden reich gewölbten Kabinetten, das obere ausgemalt von B. Verona. Muschelgrotte (am Jungfernsee), 1792 von A. L. Krüger, das reichgrottierte dreiteilige Innere mit Deckenmalereien von B. Verona; nur im Außenbau erhalten. Nahebei als Dépendance kleine Küche in Form einer Einsiedelei: strohgedeckter Rundpavillon mit blechgetriebenem Uhu als Bekrönung; der Bau später abgetragen. Eremitage (am Jungfernsee), errichtet um 1796 von Langhans und Brendel, hinter Verkleidung aus Borkenrinde ovaler Kuppelraum mit opäonartigem Oberlicht und kostbaren Boiserien, an der von J. C. Frisch gemalten Decke der Planetenkreis versinnbildlicht, Fußboden mit den inkrustierten Kreisen der Weltkarte von M. Kambly, in Wandnischen Gipsabgüsse von Figuren der sogen. Lycomedes-Gruppe (ehemals im Antikentempel von Sanssouci) von C. P. Sartori d. J.; der Pavillon 1964 beseitigt, Teile der Vertäfelung in der Schlösserverwaltung Potsdam-Sanssouci sichergestellt. Meierei (nördlicher Parkbezirk am Jungfernsee), ursprünglich ein ländlicher Wirtschaftshof von 1791 in gotisierenden Formen nach Entwurf von K. G. Langhans d. Ä., 1844 durch L. Persius zu einer burgartigen Anlage im normannischen Stil umgestaltet mit einem Pumpwerk für die Gartenbewässerung; das Hauptgebäude 1945 ausgebrannt, teilweise noch Ruine. An Gartenplastiken gingen verloren die Themistokles-Herme vom Ende des 18. Jh. (im nordöstlichen Gartenbezirk), eine ägyptisierende Kanope (unweit der Pyramide), das 1812 aufgestellte Denkmal Friedrich Wilhelms II., 1798 von M. C. Wohler d. J., sowie eine Statue von Friedrich Wilhelms II. Hund Ajax (am südlichen Seeufer).

P. Seidel: Das Marmorpalais im Neuen Garten, in: Hohenzollern-Jahrbuch 10, 1906, S. 33 ff. mit Abb. G. Poensgen: Das Marmorpalais und der Neue Garten zu Potsdam, Berlin 1937. H. Drescher, in: Potsdam und seine Umgebung (Werte der deutschen Heimat), Berlin 1969, S. 67 ff.

Pfingstberganlage

Belvedere Fragment eines von Friedrich Wilhelm IV. geplanten Lustschlosses im eklektizistisch-italianisierenden Stil der Spätromantik, zugleich Aussichtspunkt und Verkleidung eines Wasserreservoirs für die Fontänen des Neuen Gartens. Geplant seit 1844 nach Entwürfen von L. Persius, A. Stüler und L. Hesse. Ausgeführt 1849–1863 in zwei Bauphasen lediglich die Teile um den oberen Hof mit Wasserbassin und hochaufragender Doppelturmfassade, in deren Innerem ein römisches und maurisches Kabinett. Die nähere Umgebung 1849 von P. J. Lenné mit unregelmäßigen Anlagen sowie im klassischen Landschaftsstil gestaltet.
Gegen Kriegsende stark in Mitleidenschaft gezogen, Wiederherstellung ist vorgesehen.

Potsdam, Neuer Garten
Oben: Inneres der Grotte
Unten: Inneres der Eremitage

Pomonatempel In einem ehemaligen Weinberg errichtet 1800 von K. F. Schinkel als frühester ausgeführter Bau des Architekten. Kleiner Gartenpavillon in Form eines viersäuligen Prostylos mit rückwärtiger Wendeltreppe zur Aussichtsplattform. Der südöstlich am Bergabhang in der Hauptachse des Belvedereschlosses gelegene Tempel wurde 1849 in die Anlage einbezogen.
Gegen Kriegsende in Verfall geraten, nur noch Reste vorhanden.

Häberlin, S. 129, 223 ff. G. Poensgen: Die Bauten Friedrich Wilhelms IV. in Potsdam, Berlin 1930, S. 30 f. F. Schreiber: Der Pfingstberg und seine italienischen Vorbilder, in: Festschrift W. Waetzold, Berlin 1941. L. Dehio: Friedrich Wilhelm IV., Ein Baukünstler der Romantik, 1961, S. 90 ff. m. Abb. Schinkelwerk/Potsdam, S. 90 ff., Abb. 61–62

Park Babelsberg

Schloß Sommersitz des Prinzen, späteren Kaisers Wilhelm I. am Abhang des Babelsberges über der Havel. Entworfen 1833 von K. F. Schinkel im romantisch-neogotischen Stil englischer Landsitze, entstanden 1834–1849 in zwei Bauphasen. Eine der ersten größeren Schloßanlagen dieser Richtung in Deutschland. Der ursprüngliche Entwurf einer vielgliedrig gestaffelten Anlage über asymmetrischem Grundriß mit Türmen und Terrassen nur teilweise verwirklicht: ausgeführt 1834/35 unter der Oberleitung von L. Persius lediglich die östlichen Trakte, ihre Innenausstattung nach Schinkels Entwürfen. Weiterbau nach modifizierten Entwürfen von Persius und J. H. Strack 1844–1849, dabei die älteren Teile durch gewichtige, asymmetrisch versetzte Anbauten in ein mittelalterliches Prachtschloß umgewandelt. In diesem Zusammenhang auch das Gebäudeinnere, einschließlich der älteren Teile, in gotisierenden Formen neu eingerichtet und ummöbliert; neben dem Stadtpalais Wilhelms I. in Berlin ein Hauptbeispiel für den prunkvollen Dekorationsstil der Spätromantik in Preußen. Im Schinkeltrakt Vestibüle, Treppe und die z. T. gewölbten Wohnungen für das Kaiserpaar, im Erweiterungsbau eine Reihe prächtiger Repräsentations- und Festräume; hervorzuheben der zweigeschossige oktogonale Tanzsaal mit Sterngewölbe von Strack, ferner der in Anlehnung an die großen Repräsentationsräume im Windsor Castle bei London gestaltete Speisesaal im Tudorstil mit Holzbalkendecke, konsolengestützter Galerie und hohem Marmorkamin, letzterer nach einem 1840 datierten Entwurf des russischen Architekten H. J. Bosse.
Gegen Kriegsende teilweise in Verfall geraten und später verändert. Annähernd erhalten in ihrer architektonischen Struktur Vestibüle, Treppe und einige gewölbte Räume im Schinkeltrakt, ferner der Tanzsaal. Der Speisesaal durch Einbau einer Zwischendecke und Verlust des Kamins weitgehend zerstört. Seit 1963 Museum für Vor- und Frühgeschichte. Reste der alten Ausstattung in der Schlösserverwaltung Potsdam-Sanssouci.

Park und Parkbauten Das Gelände des Babelsberges seit 1833 durch P. J. Lenné landschaftsgärtnerisch gestaltet, seit 1843 Fortsetzung der Arbeiten unter Leitung von H. Fürst v. Pückler-Muskau. Der Park seit 1841 mit einer großzügigen, aus Fontänen, Seen und Wasserfällen bestehenden Bewässerungsanlage versehen und durch historisierende Gartenarchitekturen und Plastiken belebt.
Die Gartenanlagen blieben von unmittelbaren Kriegseinwirkungen relativ unberührt; gegenwärtig wird der durch Veränderungen und Errichtung moderner Zweckbauten teilweise beeinträchtigte Park rekonstruiert. Einige Gartenarchitekturen wurden durch kriegsbedingte Vernachlässigung z. T. stark in Mitleidenschaft gezogen. Hervorzuheben der Flatowturm, 1853–1856 auf der Höhe des Berges bastionartig angelegt inmitten eines Wasserreservoirs als Gästewohnung und Aussichtspunkt, dem spätgotischen Eschenheimer Tor in Frankfurt am Main nachgebildet; die innere Ausstattung im historisierenden Stil der 50/60er Jahre des 19. Jh. größtenteils verloren, Wiedereinrichtung beabsichtigt. Das östlich vorgelagerte Turmwärterhaus abgetragen. Torhaus am westlichen Parkeingang, 1880 von R. Persius d. J., kriegszerstört. Verloren auch einige Staffagen (u. a. Vogelhaus, Bildstöckel, Borkenhäuschen, Schanze) und Gartenplastik (u. a. Badende von L. Wichmann). Die sogenannte Feldherrnbank stark beschädigt.

G. Poensgen: Schloß Babelsberg, Berlin 1929. Schinkelwerk, J. Sievers: Die Arbeiten für Prinz Wilhelm, Berlin 1955, S. 157 ff., Abb. 128–205

Rathenow (Kreis Rathenow)

Wichtigster Havelübergang von der Altmark zur Mittelmark. Entstanden um 1200 anstelle alter slawischer Burg und einer wendischen Fischersiedlung mit der Kirche auf dem höchsten Punkt des Stadtbereichs. Bis 1288 nach Osten durch die Marktsiedlung erweitert. Die von dem ältesten Kern durch die Hauptstraße geschiedene Marktsiedlung planmäßig angelegt mit wenigen rechtwinklig kreuzenden Straßenzügen, großem viereckigem Markt, Stadtmauern, Toren und umgebenden Wasserläufen, die Rathenow zur Insel machten. Seit 1733 Erweiterung auf Befehl König Friedrich Wilhelms I. östlich durch die barocke Neustadt in planmäßiger Gitterform mit breiten Straßen, Markt und Paradeplatz. Das Straßenbild bestimmt durch einige barocke Wohnhäuser in der Neustadt und überwiegend Bauten des späten 19. und des 20. Jh.

Die Stadt mit strategisch wichtigen Brücken wurde kurz vor Kriegsende zwischen 25. April und 6. Mai 1945 hart umkämpft und anfangs durch Fernbeschuß, später bei Straßenkämpfen zu etwa 60 % zerstört. Altstadt und Neustadt wiesen mit 80–90 % einen besonders hohen Zerstörungsgrad auf. Fast sämtliche Bau- und Kunstdenkmäler fielen der Vernichtung anheim, so auch die wenigen Bürgerhäuser des 18. und 19. Jh. bis auf einige Reste in der Neustadt am Schleusenplatz (ehemaliger Paradeplatz); dort erhalten das Denkmal Kurfürst Friedrich Wilhelms von J. G. Glume d. Ä. Wiederaufbau im wesentlichen im Anschluß an das alte Straßennetz.

Bergau, S. 343 ff. Kunstdenkmäler/Westhavelland, S. 153 ff. Dt. Städtebuch/Nordostdeutschl., S. 626 ff. Rathenow, Stadt der Optik, Festschrift, Rathenow 1967. Hdb. Hist. Stätten, S. 333 f.

Oben: Potsdam, Pomonatempel der Pfingstberganlage
Unten: Potsdam, Schloß Babelsberg, Speisesaal mit Kamin

Pfarrkirche St. Maria und Andreas Dreischiffige spätgotische Backsteinhalle von vier Jochen mit abgesetztem Hallenumgangschor, Kapellenanbauten und hohem Westturm. Seit dem 15. Jh. neu aufgeführt anstelle einer dreischiffigen spätromanischen Basilika aus dem ersten Viertel des 13. Jh., von der die Ostenden der beiden Kreuzarme mit halbkreisförmigen Nebenapsiden zwischen Langhaus und Chor erhalten blieben. Im Hallenumgangschor aus der ersten Hälfte des 15. Jh. (oder um 1360?) auf Achteckpfeilern ruhende Kreuz- und Sterngewölbe; im Mittelschiff des Langhauses rosettenartige Gewölbefigurationen. Der neogotische Westturm ein Neubau von 1825–1828 nach Entwürfen von Ziller anstelle des damals beseitigten spätromantischen Westbaus, wofür auch K. F. Schinkel 1821 einen nicht ausgeführten Entwurf anfertigte.

Die durch Brandgranaten getroffene Kirche brannte am 27. April 1945 mit großen Teilen des Inventars bis auf die Umfassungsmauern aus; der Turm erlitt durch Artilleriebeschuß starke Beschädigungen. Die Gewölbe des Mittelschiffs, des Chores und der Marienkapelle zerstört. Das Langhaus 1950–1959 unter Einziehung einer Flachdecke über dem Mittelschiff behelfsmäßig ausgebaut und durch eine Wand vom Chor abgetrennt, die Gewölbe der Seitenschiffe blieben bis auf die westlichen – jetzt abweichend vom ursprünglichen Zustand kreuzgewölbten – Joche erhalten. Chor, Marienkapelle und Turm liegen noch in Trümmern, Wiederaufbau vorgesehen. Von der alten Ausstattung gingen u. a. der Altar des 19. Jh. (mit Ausnahme des älteren Altarblattes von B. Rode), die Barockkanzel von 1709, der Orgelprospekt von 1778 in Rokokoformen sowie die Renaissanceemporen verloren; erhalten blieben der gotische Flügelaltar von etwa 1370–1380, zwei Epitaphien von 1570 und 1704, der romanische Kelch von 1270–1280 und das übrige Gerät.

Bergau, S. 622 f. Kunstdenkmäler/Westhavelland, S. 170 ff., Abb. 138–159, Taf. 23, 24. Dehio/Nordostdeutschl., S. 395. Engel/Schlott-Kotschote, S. 267. G. Schade: Der Hallenumgangschor als bestimmende Raumform der bürgerlichen Pfarrarchitektur in den brandenburgischen Städten von 1355 bis zum Ende des 15. Jh. Halle/Saale, Phil. Diss. 1962, S. 93 ff. Schinkelwerk/Mark Brandenburg, S. 145 ff., Abb. 150–152. Fait-Bayer, S. 350. (Fotos im Institut für Denkmalpflege Berlin)

Altstädtisches Rathaus (Markt 21). Zweigeschossiger rechteckiger Ziegelbau von 1564, das Äußere 1856 neogotisch verändert. Die Längsfront dem Markt zugewendet. Im mehrfach umgebauten Inneren hatten sich zwei sterngewölbte Räume erhalten. Das Rathaus beherbergte das Stadtarchiv und die Sammlungen des Heimatmuseums.
Während der Kämpfe um die Innenstadt in der Nacht zum 1. Mai 1945 mit Ausnahme der gewölbten Teile infolge von Beschuß mit Brandgranaten bis auf die Umfassungsmauern ausgebrannt, die Ruine 1948 abgebrochen. Die Sammlungen des Heimatmuseums vollständig vernichtet, die Bestände des Stadtarchivs außer einigen wertvollen Drucken größtenteils erhalten.

Kunstdenkmäler/Westhavelland, S. 195, 205, Abb. 162. Fricke, S. 33. Engel/Schlott-Kotschote, S. 267

Neustädtisches Rathaus (Berliner, Ecke Schleusenstraße). 1735 bei Gründung der Neustadt nach einem Riß von Materne am ehemaligen Paradeplatz als Gasthaus errichtet, seit 1849 Stadthaus. Zweigeschossiger Putzbau, die Fassade durch Pilaster gegliedert, die Mittelachse mit qualitätvollem Sandsteinportal. Im Inneren eine Reihe beachtlicher Bildnisse des 18. Jh., u. a. aus dem Umkreis A. Pesnes, sowie K. F. Schinkels Entwurf von 1821 zum Rathenower Kirchturm.
Während der Kämpfe um die Stadt in den ersten Maitagen 1945 mit der gesamten Ausstattung ausgebrannt, die Reste 1948 abgebrochen.

Kunstdenkmäler/Westhavelland, S. 195 f., Abb. 173

Haveltor (im Westen der Stadt, am Ende der Havelstraße zur Langen Brücke führend). Anstelle eines mittelalterlichen, 1733 abgebrochenen Turmes, seit 1807 durch zwei hohe schlichte Pfeiler mit Vasenaufsätzen markiert.
Nach kriegsbedingten Beschädigungen später abgebrochen.

Kunstdenkmäler/Westhavelland, S. 194

Rheinsberg/Mark (Kreis Neuruppin)

Schloßtheater Das sogenannte Schauspielhaus seit 1774 von dem Architekten K. W. Hennert und dem Theatermaler B. Verona für Prinz Heinrich von Preußen eingerichtet in dem nördlich von Schloß Rheinsberg gelegenen Kavalierhaus, einem 1738 von G. W. v. Knobelsdorff begonnenen und 1774 klassizistisch umgestalteten Dépendancegebäude von trikliner Gestalt. Das hinter der dorischen Tempelfront des Westflügels befindliche Theater, bestehend aus einem kleinen, rund 300 Personen fassenden Logenhaus mit zwei Rängen aus Fachwerk und bemalter Leinwand sowie einer verhältnismäßig geräumigen Bühne. Mit seinem reizvollen frühklassizistischen

Dekor gehörte der Raum zu den wichtigsten Beispielen klassizistischer Innendekoration in Preußen.
Während der letzten Kriegstage Ende April 1945 infolge von Artilleriebeschuß beschädigt und später durch Witterungseinflüsse vernichtet; vom Westflügel des Kavalierhauses z. Z. lediglich die Umfassungsmauern erhalten. Das übrige Gebäude blieb unbeschädigt.

K. W. Hennert: Beschreibung des Lustschlosses und Gartens zu Rheinsberg, Berlin 1778, S. 37 f., m. Abb. Fontane/Grafschaft Ruppin, S. 259 ff. Bergau, S. 635. Kunstdenkmäler Ruppin, S. 250, Abb. 226, 227. H. Schmitz: Berliner Baumeister vom Ausgang des 18. Jahrhunderts, 2. Aufl. Berlin 1925, Abb. S. 110, Anm. S. 325. H. A. Frenzel: Brandenburgisch-preußische Schloßtheater (Schriften der Gesellschaft für Theatergeschichte Bd. 59), Berlin 1959, S. 90 ff., Abb. 28–34. H. G. Kupsch: Rheinsberg, Leipzig 1960, Abb. 49. E. Berckenhagen: Die Malerei in Berlin vom 13. bis zum ausgehenden 18. Jahrhundert, Tafelband, Berlin 1964, Abb. 341

Links oben: Rathenow, Pfarrkirche St. Maria und Andreas, Inneres nach Osten
Links unten: Rathenow, Neustädtisches Rathaus
Rechts: Rheinsberg, Schloßtheater, Decke

Rheinsberg, Schloßtheater
Blick von der Bühne in den Zuschauerraum

Schönfließ (Kreis Oranienburg)

Gutshaus Ursprünglich eingeschossiger Bau des 18. Jh. von neun Achsen über Halbgeschoß mit Putzfeld- bzw. Pilastergliederung und Walmdach. Ende 19. Jh. vollständig umgebaut und vergrößert. Im Inneren eine Anzahl guter Familienbildnisse des 18. und 19. Jh., u. a. von A. Pesne, P. Lisiewska und Tischbein. Bemerkenswertes Archiv. Beim Schloß eine Parkanlage des 18. Jh., gegen 1875 im Landschaftsstil umgewandelt.
Nach kriegsbedingten Beschädigungen Ende der vierziger Jahre abgebrochen, die Gemälde verschollen. Das Archiv im Staatsarchiv Potsdam erhalten.

Kunstdenkmäler/Niederbarnim, S. 213 f., Abb. 605, 610, 611. Rave, S. 178. Engel/Schlott-Kotschote, S. 271. Hdb. Hist. Stätten, S. 350. (Fotos von Gemälden im Institut für Denkmalpflege Berlin)

Schönwalde (Kreis Nauen)

Schloß Im Kern ein Bau des 17./18. Jh., um 1830 verändert. Eingeschossiger geputzter Breitbau von elf Achsen auf hohem Sockel mit zweigeschossigem, übergiebeltem Mittelrisalit an Hof- und Gartenseite sowie Walmdach. Vor dem Mittelbau zweiläufige Treppe. Im Inneren die alte Grundrißeinteilung teilweise verändert, an der Hofseite Treppenflur, anschließend Gartensaal mit frühbarocker Stuckdecke, darüber im Dachgeschoß Theatersaal. An das Hauptgebäude rechtwinklig anschließend ein eingeschossiger Wirtschaftsflügel vom Ende des 18. Jh. im Stil der preußischen Landbauschule. Am Schloß ein Landschaftspark.
Im Krieg zerstört. Vom Hauptgebäude lediglich die Umfassungsmauern erhalten, der Wirtschaftsflügel unversehrt.

H. J. Helmigk: Märkische Herrenhäuser aus alter Zeit, Berlin 1929, S. 57, Abb. 28a–d. Rave, S. 178. Engel/Schlott-Kotschote, S. 271. (Fotos im Institut für Denkmalpflege Berlin)

Seeburg (Kreis Potsdam)

Kirche Mittelalterlicher einschiffiger Feldsteinbau mit eingezogenem Rechteckchor und Rundapsis, westlichem Turmaufsatz sowie nördlich angebauter Sakristei. Die Ostteile im 16. Jh. verändert und mit Netzgewölben versehen.
In den letzten Kriegstagen Anfang Mai 1945 infolge von Beschuß bis auf die Umfassungsmauern ausgebrannt. Chor mit Gewölben in der Nachkriegszeit wiederhergestellt, die Ruine des Schiffes gesichert, im Westteil ein behelfsmäßiger Gemeinderaum eingebaut.

Dehio/Nordostdeutschl., S. 442 f. Engel/Schlott-Kotschote, S. 271. Hdb. Hist. Stätten, S. 354 ff.

Selbelang (Kreis Nauen)

Altes Herrenhaus Angeblich erbaut im 16. Jh., in der Folgezeit mehrfach verändert. 1873 Erweiterung der Anlage durch Hinzufügung eines neuen Schlosses. Die Baugruppe umgeben von einem um 1870 erweiterten Park.
Das alte Haus 1945 ausgebrannt, die Reste später beseitigt; das neue Haus erhalten.

Rave, S. 178. Engel/Schlott-Kotschote, S. 272

Stangenhagen (Kreis Luckenwalde)

Gutshaus In seiner letzten Gestalt aus dem Anfang des 19. Jh. stammend. Schlichter eingeschossiger Putzbau von elf Fassadenachsen mit Mansarddach. An der Giebelseite der später vermauerte ursprüngliche Eingang mit zwei toskanischen Säulen. Vorbau an der Hoffront aus neuerer Zeit. Das Innere mehrfach umgestaltet.
Durch Kriegsereignisse 1945 zerstört.

Stölln (Kreis Rathenow)

Gutshaus Schlichter Bau von 1778 unter hohem Mansarddach. Im Inneren barocker Kaminaufsatz sowie einige Pastellbildnisse des 18. Jh. Bemerkenswertes Archiv.
Der Mittelbau nach kriegsbedingten Beschädigungen 1949 abgerissen. Archiv vernichtet, die Sammlungen verschollen.

Kunstdenkmäler/Westhavelland, S. 238. Engel/Schlott-Kotschote, S. 274. Hdb. Hist. Stätten, S. 365

Wagenitz (Kreis Nauen)

Schloß Im Kern Renaissancebau von 1587, 1731 erneuert und 1849–1853 durchgreifend umgestaltet. Stattliche Anlage auf unregelmäßigem Grundriß, bestehend vornehmlich aus einem dreigeschossigen Hauptgebäude in historisierenden Barockformen mit segmentbogig vorspringendem Mittelbau sowie einem niedrigeren Seitentrakt von zwei Geschossen und dazwischen aufragendem Turm in den Formen der Schinkelnachfolge. Vor der Gartenfront weitläufige Terrasse mit Freitreppen und Figurengruppen von 1907/08. Im prunkvollen Inneren hinter einer hofseitigen Eingangshalle runder Gartensaal mit Pilastergliederung und dekorativem Deckenbild, darüber im Obergeschoß ein Theater, sämtlich aus der Mitte des 19. Jh. Vom barocken Vorgängerbau hatten sich in einigen Sälen bemerkenswerte Stuckdecken und im Rittersaal ein reicher Kaminaufbau erhalten. Wertvolle Sammlungen an Gemälden, Ahnenbildern, Möbeln und kunstgewerblichen Gegenständen, beachtlich auch ein naturwissenschaftliches Museum und das reichhaltige Archiv der Familie v. Bredow. Der Schloßkomplex von einem 130 Morgen großen Landschaftspark umgeben, darin eine Grotte des 18. Jh.
Das Schloß 1945 mit sämtlichen Sammlungen bis auf die Umfassungsmauern ausgebrannt, die

Reste später beseitigt. Erhalten einzig der »Schwedenturm« des alten Renaissanceschlosses, ursprünglich ein freistehender Küchenbau mit hoher dachförmiger Esse, sowie ein anschließender Fachwerktrakt, das sogenannte Bedientenwohnhaus.

Kunstdenkmäler/Westhavelland, S. 251 ff., Abb. 230 bis 240, Taf. 38. Rave, S. 184 m. Abb. (nach Duncker 1861). Engel/Schlott-Kotschote, S. 277. H. U. Engel: Schlösser und Herrensitze in Brandenburg und Berlin, Frankfurt am Main 1959, S. 66, Abb. S. 152. (Fotos von Ausstattungsstücken im Institut für Denkmalpflege Berlin)

Zernitz, Ortsteil Neuendorf (Kreis Kyritz)

Gutshaus Errichtet um 1775, um 1800 umgebaut. Der gegen 1720 angelegte Park ebenfalls gegen 1800 umgestaltet.
1945 zerstört, die Mauerreste 1947/48 abgebrochen. Die ehemalige Gutskapelle und zwei Wirtschaftsgebäude erhalten.

Rave, S. 171. Engel/Schlott-Kotschote, S. 261

Links oben: Seeburg, Kirche von Nordosten
Links unten: Schönwalde, Schloß
Rechts: Wagenitz, Stuckdecke im Schloß

Bezirk Frankfurt/Oder

Alt Tucheband (Kreis Seelow)

Kirche Neogotischer Backsteinbau von 1862. 1945 zerstört, die Ruine später abgetragen.

Kunstdenkmäler/Lebus, S. 287

Alt Zeschdorf, Ortsteil Hohenjesar (Kreis Seelow)

Kirche Errichtet 1721–1723. Einschiffiger barokker Backsteinbau mit dreiseitig polygonalem Ostschluß, Westturm und nördlich angefügter Patronatsloge. Die Außenfassaden mittels schlichter Blendarkaden geteilt. Die Wände des flachgedeckten Inneren durch eine Bogenstellung aus Wandpfeilern mit korinthisierenden Kapitellen und verkröpftem Gesims gegliedert, über letzterem in den Arkadenbögen halbrunde Fenster. Die aus Kanzel, Orgel und Gestühl bestehende Ausstattung aus der Erbauungszeit, teilweise 1845 erneuert. Das Epitaph des F. v. Burgsdorff von 1653.

Im Februar/März 1945 durch Beschuß zerstört, die Ausstattung verloren. Das Langhaus jetzt Ruine. Der landschaftsbeherrschende Turm mit barock geschweifter Haube 1965 in alter Form rekonstruiert.

Kunstdenkmäler/Lebus, S. 151 ff., Abb. 148–150. Engel/Schlott-Kotschote, S. 251

Schloß Um 1700 erbaut für E. L. v. Burgsdorff. Einfacher zweigeschossiger Rechteckbau von sieben Achsen, an der Eingangsfront mit Mittelrisalit und zentralem Treppenhaus. Im Inneren wertvolle ornamental und figürlich verzierte Stuckdekken mit Malereien sowie reich ornamentierte Kamine aus der Erbauungszeit; besonders bemerkenswert der Ahnensaal und das Jagdzimmer. Aus der gleichen Zeit zwei Wirtschaftsgebäude westlich vom Hauptbau. Seitwärts des Schlosses ausgedehnter Park am Ufer eines Sees.

Bei der Vernichtung von Akten durch deutsches Militär im April 1945 ausgebrannt. 1950 Beseitigung der Ruine bis auf Reste der Schloßterrasse.

Kunstdenkmäler/Lebus, S. 157, Abb. 151–154. H. J. Helmigk: Märkische Herrenhäuser aus alter Zeit, Berlin 1929, S. 62, 168, Abb. 30. Rave, S. 261. Engel/Schlott-Kotschote, S. 251. Engel, S. 101 f.

Beeskow (Kreis Beeskow)

Ursprünglich alte Burg und wendischer Fischerkietz an wichtigem Spreeübergang. Eine in der ersten Hälfte des 13. Jh. entstandene kleine gewerbliche Siedlung um 1260 nach kolonialem Schema zur Stadt erweitert. Der viereckige Grundriß besteht aus dem um die Kirche gedrängten ältesten Kern vor dem Brückenübergang, umschlossen an drei Seiten von der Marktstadt mit gitterförmigem Straßennetz und rechteckigem Markt zwischen Hauptstraße und Kirchsiedlung. Außerhalb der mittelalterlichen Stadtmauer im 18. Jh. angelegte Vorstädte. Von alters her vorwiegend Gewerbestadt mit einigen älteren Fachwerkhäusern und meist zweigeschossigen massiven Putzbauten des 18. und 19. Jh.

Nach Fliegerangriffen am 23. und 24. April 1945 erlitt die zur Verteidigung bestimmte Stadt im Verlauf der Kämpfe südöstlich Berlins am 25. April durch Beschuß erhebliche Schäden, vor allem um Markt und Marienkirche. Auch Rathaus und Ostteil der spätgotischen Burg lagen in Trümmern. Von 804 Wohnhäusern insgesamt 120 total zerstört und 56 schwer beschädigt. Wiederaufbau in Anlehnung an das alte Straßennetz.

Bergau, S. 153 ff. Dt. Städtebuch/Nordostdeutschl., S. 480 ff. Hdb. Hist. Stätten, S. 15 ff.

Pfarrkirche St. Marien Im wesentlichen im 14. und 15. Jh. entstanden. Spätgotische dreischiffige Hallenkirche von bedeutenden Abmessungen mit Umgangschor, Westturm und Kapellenanbauten. Der Binnenchor in drei Seiten, der

Oben: Alt Zeschdorf, Ortsteil Hohenjesar, Kamin im Ahnensaal des Schlosses
Unten: Beeskow, Luftaufnahme der Stadt mit Pfarrkirche St. Marien

Umgang siebenseitig polygonal geschlossen. Das weiträumige Innere von schlanken Proportionen mit Achteckpfeilern; im Mittelschiff und Chor Sterngewölbe, in den Seitenschiffen Kreuzgewölbe. Vor der Nordseite ein zweigeschossiger Sakristeianbau, an der Südseite ein später vorgelegtes zweites Seitenschiff und eine gewölbte Vorhalle. Der queroblonge, oben achteckige Westturm in den Baukörper eingebunden, sein Oberteil mit Zinnenkranz und oktogonaler Pyramidenspitze in Art märkischer mittelalterlicher Turmabschlüsse. 1834–1836 Wiederherstellung der Kirche unter Beteiligung K. F. Schinkels. Von den bedeutenden Ausstattungsstücken besonders hervorzuheben: hoher Altaraufbau von 1585 in Renaissanceformen mit eingefügtem spätgotischem Flügelaltar, darin im Mittelschrein die Anbetung der Könige, auf den gemalten Flügeln Szenen aus dem Marienleben und der Passion Christi; spätgotische Triumphkreuzgruppe mit Maria, Johannes und den beiden Schächern; Kanzel von 1635 in Spätrenaissanceformen; gotischer Sakristeischrank; eine Reihe von Epitaphien des 17. Jh.
Am 25. April 1945 infolge von Beschuß mit der gesamten Innenausstattung bis auf die Umfassungsmauern ausgebrannt, wobei große Teile des Gewölbes und später die Chorpfeiler einstürzten. Das südliche Seitenschiff der Ruine 1951/52 für gottesdienstliche Zwecke ausgebaut, der Turm 1954 gesichert.

Bergau, S. 153 ff., Fig. 10–12. C. Petersen: Geschichte des Kreises Beeskow-Storkow, Beeskow 1922, Abb. 4–14. Reimann: Entdeckungen in der Marienkirche zu Beeskow, in: Kreiskalender Beeskow-Storkow 1935, S. 35 ff., m. Abb. Neumann: Die Kreuzigungsgruppe in der Marienkirche zu Beeskow, in: Kreiskalender Beeskow-Storkow 1933, S. 30 f., m. Abb. Dehio/Nordostdeutschl., S. 19. Engel/Schlott-Kotschote, S. 234. Schinkelwerk/Mark Brandenburg, S. 267 f., Abb. 251. Möller, S. 201, Abb. 83. Schade 1962, S. 54 ff. (Fotos im Institut für Denkmalpflege Berlin)

Blumberg (Kreis Bernau)

Gutshaus Anstelle eines Vorgängerbaus aus dem 18. Jh. von A. Stüler für Graf Arnim Mitte 19. Jh. neu erbaut. 1912/13 und 1934/35 grundlegend verändert. Der regelmäßige Garten des 18. Jh. um 1800 im Landschaftsstil erweitert und später von P. J. Lenné umgestaltet.
1945 zerstört, der Park im Bestand nur teilweise erhalten.

Bergau, S. 179. Fontane/Spreeland, S. 189. Kunstdenkmäler/Niederbarnim, S. 102. Rave, S. 147. Engel/Schlott-Kotschote, S. 238. Hdb. Hist. Stätten, S. 130

Bollersdorf (Kreis Strausberg)

Kirche Im Kern rechteckiger mittelalterlicher Feldsteinbau mit halbrundem Chorschluß und quadratischem Westturm, 1862 durchgreifend verändert. Die Apsis mit Sterngewölbe gedeckt. Guter spätgotischer Flügelaltar und reich illustrierte Wittenberger Bibel von 1618.
Nach dem 14. Mai 1945 bis auf die Umfassungsmauern ausgebrannt. 1951 vollständig erneuert und modern ausgebaut. Der Flügelaltar vernichtet, die Bibel erhalten.

Fontane/Oderland, S. 109. Bergau, S. 182. O. Blumberg: Überreste alter gotischer Schnitzaltäre in den Kirchen des Kreises Oberbarnim, in: Brandenburgia 17, 1908/09, S. 312 ff., m. Abb. H. Kornrumpf: Bemerkenswerte kirchliche Altertümer in Oberbarnim, in: Oberbarnimer Kreiskalender 1932, S. 39 ff., m. Abb. Engel/Schlott-Kotschote, S. 238

Buckow (Kreis Strausberg)

Kirche Im Kern aus vorreformatorischer Zeit, nach Bränden 1665 und 1688 umgebaut Anfang des 18. Jh. Der barocke Saalbau mit vierseitig polygonalem Schluß und südlichem Sakristeianbau. Weitere Veränderungen Anfang 19. Jh. Der Westturm in neogotischen Formen von 1890/1891. Von der wertvollen Innenausstattung des 18. Jh. bemerkenswert: reich geschnitzter Kanzelaltar mit figürlichem Schmuck und üppigem Akanthuswerk von 1737, barocker Taufengel, reich ornamentierte Patronatsloge und barockes Totenschild des 1672 verstorbenen G. A. v. Pfuel.
Am 1. Mai 1945 bis auf die Umfassungsmauern ausgebrannt, die Ausstattung mit Ausnahme einer Figur des Kanzelaltares vernichtet. Das Äußere 1950 in der alten Form wiederhergestellt, der Turm mit neuer Haube versehen. Das Innere modern erneuert.

Bergau, S. 293. Kunstdenkmäler/Lebus, S. 22 ff., Abb 23–27. Engel/Schlott-Kotschote, S. 240

Links oben: Beeskow, Pfarrkirche St. Marien, Inneres nach Osten
Links unten: Blumberg, Gutshaus (nach Duncker)
Rechts: Buckow, Kanzelaltar der Kirche

Schloß Im Kern von 1663, danach mehrfach umgebaut. Zuletzt 1802 von K. F. Schinkel für A. B. v. Flemming durchgreifend verändert; der bedeutendste Schloßbau aus Schinkels Frühzeit. Zweigeschossiger klassizistischer Rechteckbau mit Walmdach und zwei den Ehrenhof flankierenden Wirtschaftsgebäuden. Die Hauptfronten durch kräftig vortretende Mittelrisalite mit Dreieckgiebeln gegliedert, an der Hofseite vor dem großen Bogenportal eine Auffahrtsrampe. Die Gebäudeecken durch gefugte Pilaster gefaßt, die Geschosse an der Eingangsfront durch ein Gesims geschieden. Im Inneren hinter dem Vestibül mit beiderseits anschließenden Treppenräumen ein Grottensaal, darüber im Hauptgeschoß der Rittersaal, beide mit hölzernen Gewölbedecken. In einigen Wohnräumen prächtige Stuckdecken aus der ersten Hälfte des 18. Jh. sowie eine große Anzahl wertvoller Ausstattungsstücke. Reichhaltiges Archiv. Zum Schloß gehörig ein 40 Morgen großer, ehemals barock angelegter Park, im 19. Jh. umgestaltet von P. J. Lenné. Das Angelhäuschen im gotischen Stil am Griepensee angeblich 1805 ebenfalls nach Entwurf Schinkels.
Im Frühjahr 1945 durch Brand zerstört, die Ruine später beseitigt. Der Park im wesentlichen unzerstört, das Angelhäuschen nicht erhalten. Gutsarchiv im Staatsarchiv Potsdam.

Fontane/Oderland, S. 100 ff., 498 ff. Bergau, S. 293 f. Kunstdenkmäler/Lebus, S. 27 ff., Abb. 28, 29, Taf. 3–5. Rave, S. 148 f. Fricke, S. 22. Engel/Schlott-Kotschote, S. 240. Schinkelwerk/Mark Brandenburg, S. 19 ff., Abb. 16–19. (Fotos im Institut für Denkmalpflege Berlin)

Dolgelin (Kreis Seelow)

Kirche Einschiffiger Granitquaderbau des 13. Jh. mit eingezogenem, gerade geschlossenem Chor und Backsteinturm aus den sechziger Jahren des 19. Jh. Vor der nördlichen Chorwand tonnengewölbter Sakristeianbau aus der Mitte des 16. Jh. Barocker Kanzelträger in Gestalt Mosis mit den Gesetzestafeln.
Während der Kämpfe an der Oder, wahrscheinlich am 16. April 1945, durch Beschuß bis auf die Umfassungsmauern ausgebrannt, der Turm völlig zerstört, das Inventar vernichtet.

Kunstdenkmäler/Lebus, S. 40 ff.

Eisenhüttenstadt, Ortsteil Fürstenberg/Oder (Stadtkreis Eisenhüttenstadt)

Pfarrkirche Stattliche dreischiffige Backsteinhalle der Zeit um 1400 mit Chorumgang und 5/8-Schluß. Das Innere mit Achteckpfeilern und Sterngewölben. Im Westen quadratischer Turmvorbau von 1565. An der Nordseite Anbauten einer zweigeschossigen Sakristei sowie einer offenen Vorhalle. Im Inneren Kanzel und Taufe des 17. Jh., zweigeschossige barocke Orgelempore, ferner spätmittelalterliche Triumphkreuzgruppe und bemerkenswertes Epitaph des 1703 verstorbenen C. Jänich.
Zwischen dem 20. und 25. April 1945 durch abziehende SS angezündet und mit dem gesamten Inventar bis auf die Umfassungsmauern ausgebrannt. 1952–1963 Außenbau und Turm wiederhergestellt, letzterer mit Zinnenkranz und Pyramidenspitze in Art märkischer mittelalterlicher Turmabschlüsse. Einwölbung und Innenausbau vorgesehen.

Bergau, S. 364. Dehio/Nordostdeutschl., S. 144. Engel/Schlott-Kotschote, S. 245. (Fotos im Institut für Denkmalpflege Berlin)

Falkenberg (Kreis Fürstenwalde)

Herrenhaus Erbaut wohl Ende des 17. oder Anfang des 18. Jh. Im Inneren u. a. zwei Säle, darin ein Kamin aus Delfter Fliesen.
Bei Kriegsende beschädigt und teils abgebrochen, die Reste 1966/67 modern umgebaut.

Fontane/Oderland, S. 51 ff. Kunstdenkmäler/Lebus, S. 44. Engel/Schlott-Kotschote, S. 243

Links: Buckow, Schloß, Grottensaal und Decke im Schlafzimmer
Rechts oben: Buckow, Schloß, Hof- und Gartenfront
Rechts unten: Eisenhüttenstadt, Ortsteil Fürstenberg/Oder, Inneres der Pfarrkirche nach Westen

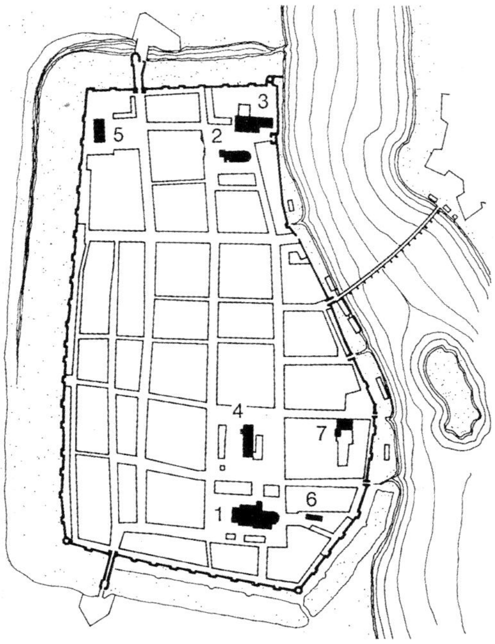

Frankfurt/Oder
(Stadtkreis Frankfurt/Oder)

Um 1226 als Marktsiedlung an altem Oderübergang und der Kreuzung wichtiger Handelsstraßen wahrscheinlich von Schlesien aus gegründet. Nach Besitznahme durch Brandenburg großzügig nach Süden erweitert und mit Berliner Stadtrecht begabt. Gehörte neben Berlin und Brandenburg zu den führenden märkischen Städten, Mitglied der Hanse, seit 1506 Sitz der (1811 nach Breslau verlegten) Universität Viadrina. Regelmäßige rechteckige Anlage parallel zur Oder mit gitterförmigem Straßennetz im Kolonialschema. Die ältere Stammsiedlung der Unterstadt um die Nikolaikirche von der jüngeren Oberstadt mit rechteckigem Markt und Marienkirchplatz durch den straßenförmigen ehemaligen Fisch- und Kornmarkt (Breite Straße) geschieden. Starke Befestigung mit Brückenkopf am jenseitigen Oderufer zum Schutz der wohl schon im 13. Jh. bestehenden Brücke. Außerhalb der Mauern drei alte Vorstädte, die Lebuser, Gubener und Dammvorstadt, letztere erst im 18. Jh. ausgebildet. Wirtschaftlicher und politischer Höhepunkt als Handelsstadt im Mittelalter, wovon die stattlichen Kirchen, Klöster, Hospitäler, das Rathaus und Bürgerbauten Zeugnis ablegen. Später allmählicher Verlust der Handelsbedeutung und vornehmlich Universitäts-, Garnison-, Behörden- und Beamtenstadt mit Gewerben und Messen. Seit dem 19. Jh. Aufblühen der Industrie und rasche Ausdehnung auf die Uferhöhen. Das Straßenbild der älteren Stadtteile durch eine stattliche Reihe von Bürgerhäusern aus Gotik, Renaissance und Barock bestimmt.
Im Januar 1945 war Frankfurt zur Festung erklärt und die Bevölkerung seit Anfang Februar evakuiert worden. Nach einem Bombenangriff am 22. April und Kämpfen bei Einnahme durch die Rote Armee am darauffolgenden Tage wurde der Ort zu rund 70 % zerstört, wobei die ehemalige Altstadt bis auf wenige Bauten um die Nikolaikirche nahezu vollständig in Schutt und Asche sank. Erhalten blieben die Nikolaikirche (Friedenskirche), Franziskaner-Klosterkirche (bis 1970 zur Konzerthalle ausgebaut) und die Vorstadtkirchen. Das Rathaus 1951–1965 wiederhergestellt. Der Wiederaufbau nur teilweise im Anschluß an das alte Straßennetz.

Kunstdenkmäler/Stadt Frankfurt. Dt. Städtebuch/Nordostdeutschl., S. 533 ff. E. Schirrmacher: Frankfurt an der Oder, in: Märkische Heimat, 5. Jg. 1961, H. 4, S. 230 ff. Hdb. Hist. Stätten, S. 177 ff.

Frankfurt/Oder
Links oben: Stadtgrundriß, 1 Oberkirche St. Marien, 2 St. Nikolai, 3 Franziskaner-Klosterkirche (Konzerthalle), 4 Rathaus, 5 Ehemalige Universität, 6 Oderstraße 28, 7 Junkerstraße 8

Rechts oben: Luftbild der Altstadt mit Rathaus und Oberkirche St. Marien
Links unten: Rathaus von Südwesten
Rechts Mitte: Marktplatz mit Rathaus, nach der Zerstörung
Rechts unten: Blick in die zerstörte Innenstadt

Oberkirche St. Marien Spätgotische fünfschiffige Hallenkirche von bedeutenden Abmessungen mit einschiffigem Querhaus und dreischiffigem Hallenumgangschor, einem doppeltürmigen Baukörper vor der Westfront sowie Kapellenanbauten an der Nord- und Südseite. Der wichtigste mittelalterliche Backsteinbau des mittleren Odergebietes, entstanden in mehreren Bauphasen. Im Kern eine frühgotische dreischiffige Hallenanlage mit Querschiff und breit vorgelagertem doppeltürmigem Westteil aus der zweiten Hälfte des 13. Jh., erbaut wahrscheinlich unmittelbar im Anschluß an die um 1253 erfolgte Stadterweiterung. Um die Mitte des 14. Jh. hinzugefügt auf der Nordseite ein viertes Schiff und der polygonale Kapellenbau vor dem nördlichen Querschiffsflügel mit reich skulptiertem Portal aus der Zeit um 1376. Etwa gleichzeitig, zwischen 1360 und 1380, Baubeginn des dreischiffigen siebenseitigen Umgangschores. Zwischen Ende des 15. Jh. und den ersten Jahrzehnten des 16. Jh. entstanden an der Südseite des Langhauses ein fünftes Schiff sowie vor der Südfront des Chores ein zweigeschossiger Anbau mit der Sakristei und dem darübergelegenen Märtyrerchor (1522). In der weiträumigen Halle des Langhauses Kreuzgewölbe auf Bündelpfeilern, im Chor achteckige Stützen, das nördliche Seitenschiff sowie Sakristei und Märtyrerchor mit Stern- und Netzgewölben. Nach dem Einsturz des Südturmes 1826 das Innere 1828–1830 unter Leitung K. F. Schinkels durchgreifend umgestaltet, wobei der ursprüngliche Bestand teilweise Veränderun-

Frankfurt/Oder, Oberkirche St. Marien
Links oben und rechts unten: Teil der Nordfront, vor und nach der Zerstörung
Rechts oben: Ansicht von Südwesten
Links unten: Ansicht des Chores mit nördlichem Kapellenbau

gen erfuhr. An Ausstattungsstücken aus älterer Zeit bemerkenswert der große Flügelaltar schlesischer Provenienz von etwa 1489, ferner der 1376 von Meister Arnold gegossene Taufkessel sowie der zugehörige siebendornige Bronzeleuchter, beide mit reichem figürlichem Schmuck. In den mittleren Chorfenstern Glasmalereien aus der Zeit um 1370/80, etwa 100 Scheiben von drei Bildfenstern mit der Genesis, dem Leben Christi und dem Antichrist. Außerdem zahlreiche Gemälde, Grabsteine und Epitaphien. Vom Schinkelschen Umbau die Kanzel, das Gestühl und der Orgelchor mit der 1834 von Buchholz in Berlin gefertigten Orgel.

Durch den Bombenangriff am 22. April 1945 leicht beschädigt, am 24. April in Brand geraten, dabei die Dächer zerstört und im Inneren das Schiff bis zum Querhaus ausgebrannt; Ostteile und Märtyrerchor mit Hauptstücken der Ausstattung blieben relativ unversehrt. Die Wölbungen der drei mittleren Schiffe und ein Teil der Langhauspfeiler stürzten 1946 ein, die des Chores 1949, die Gewölbe der Nordkapelle 1951. 1966 fielen die Giebelwand und Gewölbe des nördlichen Seitenschiffs einem Sturm zum Opfer. Gegenwärtig vorhanden in der Ruine die Wölbungen des nördlichen Chorseitenschiffs, einige Gewölbe der Querschiffsflügel und des südlichen Seitenschiffs. Sakristei und Märtyrerchor 1957 wiederhergestellt. Erhalten die Bauplastik, desgleichen das spätgotische Sakramentshaus (in der Nordkapelle), der inzwischen restaurierte Hauptaltar (im Märtyrerchor), der beschädigte Taufkessel (im Pfarrhaus) und der Bronzeleuchter (in der Friedenskirche, ehemals Nikolaikirche). Die im Kriege verlagerten Glasgemälde sind verschollen; von den in den »Kunstdenkmälern« (S. 70 ff.) aufgeführten Bildern und Epitaphien fehlen die Nummern 2, 6, 8, 11 sowie das Luther-Bildnis. Die im nördlichen Turmbau untergebrachte ca. 5000 Bände umfassende Präsidialbibliothek der Marienkirche bis auf einen Restbestand vernichtet. Das Frankfurter Stadtarchiv, eines der reichsten in der Mark Brandenburg, dessen Bestände sich im Südturm der Kirche befanden, erlitt beim Brand am 24. April empfindliche Verluste. – Für die nächsten Jahre ist die denkmalpflegerische Sicherung der Ruine geplant, um sie der Öffentlichkeit zugänglich zu machen.

Bergau, S. 344 ff. Kunstdenkmäler/Stadt Frankfurt, S. 45 ff., Abb. 31–57. Fricke, S. 16. Dehio/Nordostdeutschl., S. 136 ff. H. Wentzel: Meisterwerke der Glasmalerei, Berlin 1951, S. 44, 94, Abb. 151, 152. Engel/Schlott-Kotschote, S. 243 f. Schinkelwerk/Mark Brandenburg, S. 253 ff., Abb. 241–244. N. Zaske: Gotische Backsteinbauten Norddeutschlands, Beiträge zur Architektur und Sozialgeschichte der Haupttypen dreischiffiger Choranlagen von 1200–1500, Greifswald, Phil. Habil.-Schrift 1960. Möller, S. 195 ff. Schade 1962, S. 17 ff., 33 ff. Ders.: Zur Baugeschichte der Frankfurter Marienkirche, in: Jb. für brandenburgische Landesgeschichte, 15. Bd., Berlin 1964, S. 7 ff., m. Abb. Fait-Bayer, S. 331 ff.

Frankfurt/Oder, Oberkirche St. Marien
Oben: Inneres zum Chor
Links: Schrägblick durch das Langhaus zum Chor und Inneres nach Westen
Rechts unten: Inneres der Ruine

Frankfurt/Oder, Oberkirche St. Marien
Blick durch das nördliche Seitenschiff

Synagoge (Tuchmacherstraße 6). Schlichter klassizistischer Rechteckbau von 1822. Im Inneren giebelverdachter Säulenaufbau über dem Thoraschrein sowie Emporen.
In der »Kristallnacht« am 9. November 1938 ausgebrannt, die Ruine später beseitigt.
Kunstdenkmäler/Stadt Frankfurt, S. 93, Abb. 69

Jakobihospital (Oderstraße). 1454 in unmittelbarer Nähe des Franziskanerklosters für die von Osten über die Oderbrücke Ankommenden gestiftet, die Anlage Mitte des 16. Jh. erweitert und 1804 durchgreifend umgestaltet; aus dieser Zeit der dreigeschossige Rechteckbau in seiner endgültigen Gestalt. Die zur Oderstraße gelegene frühklassizistische Hauptfassade von elf Achsen mit Putzgliederungen; der risalitartig vorgezogene Mittelteil mit vergiebeltem Hauptportal.
Im April 1945 zerstört, die Ruine im Zuge der allgemeinen Enttrümmerung während der ersten Nachkriegsjahre beseitigt.
Kunstdenkmäler/Stadt Frankfurt, S. 99 f., Abb. 73

Kruzifixhäuschen (am Georgen- oder Marien-Magdalenen-Hospital vor dem Lebuser Tor). Kleine rechteckige Kapelle in spätbarocken Formen von 1798. Im Inneren hinter einer Korbbogenöffnung barockes Kruzifix, flankiert von den Figuren der Maria und Magdalena.
1945 beschädigt, um 1960 abgebrochen. Wiederaufbau an anderer Stelle beabsichtigt.
Kunstdenkmäler/Stadt Frankfurt, S. 38 ff., Abb. 25, 26

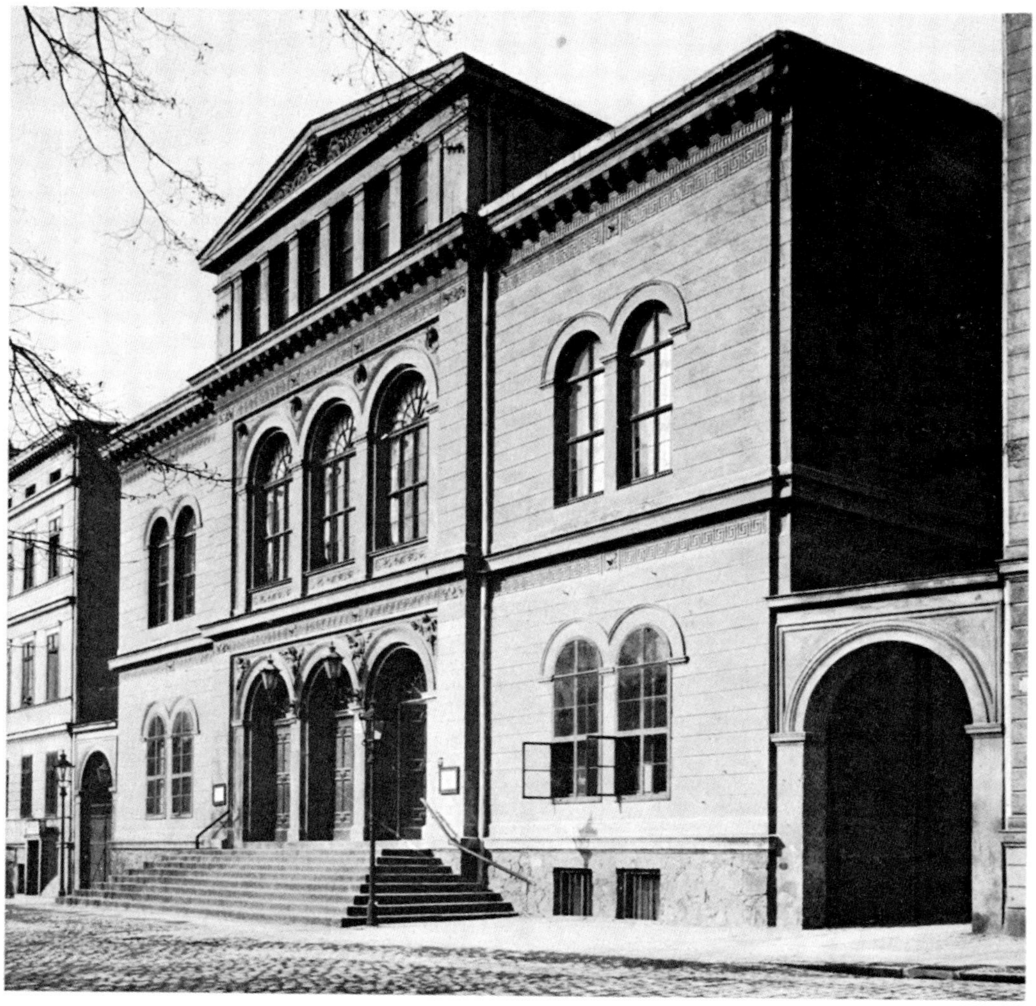

Frankfurt/Oder
Links oben: Synagoge, Inneres mit Blick zum Thoraschrein
Links Mitte: Jakobihospital
Links unten: Kruzifixhäuschen
Rechts oben: Gebäude der ehemaligen Universität
Rechts unten: Stadttheater

Gebäude der ehemaligen Universität 1693/94 anstelle eines älteren Vorgängerbaus der 1506 eröffneten Viadrina. Dreigeschossiger Rechteckbau von 11:4 Achsen mit dreiachsigem übergiebeltem Mittelrisalit; Giebelfeld und Portal mit reichem ornamentalem und figürlichem Skulpturenschmuck. Im Inneren aus der Erbauungszeit das zentrale Treppenhaus mit geschwungener dreiläufiger Stiege. Auf der Nordseite des Kollegiengrundstückes ein ebenfalls Ende des 17. Jh. entstandener langgestreckter zweigeschossiger Fachwerktrakt.
Im April 1945 schwer beschädigt, die Ruine später beseitigt.

Kunstdenkmäler/Stadt Frankfurt, S. 134 ff., Abb. 101 bis 106. Engel/Schlott-Kotschote, S. 244

Stadttheater (an der Westseite des ehemaligen Wilhelmsplatzes). 1840–1842 unter Verwendung von Entwürfen K. F. Schinkels ausgeführt durch E. K. A. Flaminius. Rechteckbau mit aufragendem Bühnenhaus. Die von der ursprünglichen Schinkelschen Konzeption erheblich abweichende Eingangsfront durch einen dreiachsigen Risalit mit hohen Rundbogenöffnungen, aufgesetztem Halbgeschoß und Dreieckgiebelverdachung betont; der Skulpturenschmuck vom Berliner Bildhauer F. W. Holbein. Im Inneren hinter der Eingangshalle und dem darübergelegenen Foyer, dem sogenannten Börsensaal, ein dreirangiger Zuschauerraum für etwa 600 bis 700 Personen.
Während der Kampfhandlungen im April 1945 ausgebrannt, die Ruine später beseitigt.

Kunstdenkmäler/Stadt Frankfurt, S. 129 ff., Abb. 96 bis 100. Engel/Schlott-Kotschote, S. 244. Schinkelwerk/Mark Brandenburg, S. 103 ff., Abb. 104–107

Bürgerhäuser Von den bedeutenden Bürgerbauten des späten Mittelalters, der Renaissance und des Barock wurden die in den »Kunstdenkmälern« (S. 141 ff.) aufgeführten Objekte in der ehemaligen Altstadt bis auf wenige Reste im April 1945 vernichtet. Allein in der Innenstadt sind 746 Häuser völlig zerstört und die Ruinen im Zuge der allgemeinen Enttrümmerung während der ersten Nachkriegsjahre beseitigt worden. Erhalten blieben lediglich in der jetzigen Philipp-Emanuel-Bach-Straße (Junkerstraße) das Junker- oder alte Zollhaus (jetzt Bezirksheimatmuseum), in der Bischofstraße die ehemalige Garnison- oder Leopoldschule (jetzt Kleist-Gedenk- und Forschungsstätte), in der Oderstraße das Gebäude der Löwenapotheke mit drei benachbarten Häusern in der Forststraße und die Pfarrhäuser der ehemaligen Franziskaner-Klosterkirche (jetzt Konzerthalle).

Kunstdenkmäler/Stadt Frankfurt, S. 141 ff. E. Schirrmacher: Frankfurt an der Oder, in: Märkische Heimat, 5. Jg. 1961, H. 4, S. 218 ff. Hdb. Hist. Stätten, S. 184

Von den zerstörten Bürgerhäusern waren besonders bemerkenswert:

Bischofstraße 10 Dreigeschossiger Barockbau um 1700 von fünf Achsen mit Putzgliederungen, risalitartig betonter Mittelachse und Mansarddach.
Im April 1945 zerstört, die Ruine später abgetragen.

Kunstdenkmäler/Stadt Frankfurt, S. 177 ff., Abb. 139

Große Scharrnstraße 34 (Pohlmanns Hof). Dreiachsiges Renaissancehaus von 1558 mit hohem Staffelgiebel, letzterer durch Lisenengliederungen mit verkröpften Gesimsen und Voluten geteilt. Rückwärtig ein Meßhof mit Galerien aus späterer Zeit, im 19. Jh. durch Glasdach überdeckt.
Im April 1945 ausgebrannt, die Ruine später beseitigt.

Kunstdenkmäler/Stadt Frankfurt, S. 217 f., Abb. 187, 188

Junkerstraße 8 (Johanniterordenshaus). Der 1538 vom Johanniterorden als Absteigequartier erworbene Bau erhielt 1696 seine frühbarocke Gestalt. Die dreigeschossige Putzfassade von sechs Achsen im Stil preußischer Anlagen des vorschlüterschen Barock. Der risalitartig vorgezogene Mittelteil mit Segmentgiebelverdachung und einer elegant geschwungenen doppelarmigen Freitreppe vor dem Hauptportal. Im Inneren hatten sich das Vestibül mit der ursprünglich dreiarmigen Holztreppe und eine Reihe reich verzierter Stuckdekken und Kaminaufbauten aus dem Ende des 17. Jh. erhalten.
Im April 1945 ausgebrannt, die Ruine später beseitigt.

Kunstdenkmäler/Stadt Frankfurt, S. 149 ff., Abb. 113 bis 124, Taf. 23

Frankfurt/Oder
Oben: Bischofstraße 10
Unten: Junkerstraße 8, Stuckdecke

Logenstraße 8 (Ehemalige Generalkommission). Bedeutendes Barockhaus aus dem letzten Viertel des 18. Jh., wahrscheinlich von M. F. Knoblauch. Schlichte Straßenfront; die zweigeschossige Putzfassade der Gartenseite durch Pilaster gegliedert, ihr Hauptteil mit gerundeten Ecken risalitartig vorgezogen. Im Inneren die Sammlungen des Landeskulturamtes (ehemalige Generalkommission) mit bedeutenden Kataster-, Archiv- und Bibliotheksbeständen.
Im April 1945 mit sämtlichen Sammlungen bis auf die Grundmauern ausgebrannt, die Ruine später beseitigt.

Kunstdenkmäler/Stadt Frankfurt, S. 299, Abb. 199

Häuserblock am Marktplatz (»Sieben Raben«). Die westlich vom Rathaus gelegene Reihe von sieben Häusern in ihrer letzten Gestalt aus barocker Zeit unter Verwendung von Resten älterer Bauten. Mit ihrer malerischen Dachgruppierung gaben die Häuser dem Markt einen städtebaulichen Akzent von hohem Reiz.
Im April 1945 vernichtet.

Kunstdenkmäler/Stadt Frankfurt, S. 196, Abb. 162

Oderstraße 15 (Lienauhaus). Errichtet 1778 von K. F. Bohne als Handelshaus in den Formen des Spätbarock. Zweigeschossiger Putzbau von acht Achsen auf Sockelgeschoß mit verziertem Portal in der Mittelachse und vorgelegter zweiarmiger Freitreppe. In der geräumigen Diele eine schön geschwungene Holztreppe. In den Räumen des Erd- und Obergeschosses waren die Sammlungen des Oderland-Museums untergebracht.
Im April 1945 durch Bombeneinschlag zerstört, die Ruine später abgetragen. Die Sammlungen des Oderland-Museums verloren, die Bibliotheken des Historischen, Kunst- und Naturwissenschaftlichen Vereins zum größten Teil im Frankfurter Stadtarchiv erhalten.

Kunstdenkmäler/Stadt Frankfurt, S. 170 ff., Abb. 134 bis 137. Fricke, S. 16 f., 51. Engel/Schlott-Kotschote, S. 244

Frankfurt/Oder
Oben: Häuserblock am Marktplatz (»Sieben Raben«)
Links unten: Logenstraße 8
Rechts unten: Oderstraße 15, Diele

Oderstraße 26 (Kleisthaus). Im Kern spätmittelalterlich, ein seitlicher Backsteingiebel mit Spitzbogenblenden. Im 18. Jh. durchgreifend umgebaut, aus dieser Zeit die dreigeschossige Barockfassade von sieben Achsen mit Putzgliederungen und Mansarddach. Als Geburtshaus H. v. Kleists hatte der Bau vorwiegend memoriale Bedeutung, enthielt zeitweilig ein Kleist-Museum und die bedeutende Bibliothek der 1920 gegründeten Kleist-Gesellschaft.
Im April 1945 vernichtet. Die erhalten gebliebene Bibliothek der Kleist-Gesellschaft mit einigen Erinnerungsstücken jetzt in der Kleist-Gedenk- und -Forschungsstätte im Gebäude der ehemaligen Garnisonschule Faberstraße (ehemalige Bischofstraße).

Kunstdenkmäler/Stadt Frankfurt, S. 199 ff., Abb. 166, 167. Fricke, S. 51. Engel/Schlott-Kotschote, S. 244. E. Schirrmacher: H. v. Kleist und die Stadt Frankfurt an der Oder, in: Märkische Heimat, 5. Jg. 1961, H. 6, S. 368 ff., Abb. 373

Oderstraße 28 (Bischofs- oder Manegenhof). Im Kern gotisch, später mehrfach verändert. Das 1354 erstmals erwähnte Gebäude ursprünglich Absteigequartier der Bischöfe von Lebus, nach der Reformation verschiedensten Zwecken dienend. Schlichter dreistöckiger Backsteinbau mit hohen Giebeln.
Im April 1945 ausgebrannt, die Ruine später beseitigt.

Kunstdenkmäler/Stadt Frankfurt, S. 143 f., Abb. 109

Oderstraße 31 Stattlicher Renaissancebau vom Ende des 16. Jh. Die zum Markt gerichtete dreigeschossige Fassade durch hohen Staffelgiebel mit Volutenverzierung bekrönt. Die Pilastergliederung der beiden Obergeschosse von einem barocken Umbau des frühen 18. Jh.
Im April 1945 zerstört und später abgetragen.

Kunstdenkmäler/Stadt Frankfurt, S. 202 f., Abb. 110

Oderstraße 31 a (Bolfrashaus). Stattlicher dreigeschossiger Renaissancebau mit ornamentiertem Runderker an der Ecke zum Markt, umgebaut für den Universitätssyndikus und Kanzler der Ordensballei Sonnenburg M. Bolfras. Nach Brand 1889 teilweise verändert.
Am 22. April 1945 durch Bomben getroffen und ausgebrannt, die Ruine später beseitigt.

Bergau, S. 352, Fig. 111. Kunstdenkmäler/Stadt Frankfurt, S. 145 f., Abb. 110, 111

Bad Freienwalde
(Kreis Bad Freienwalde)

Schloß (auf einem Hang am Tal der alten Oder). Erbaut 1798/99 von D. Gilly als Witwensitz der Königin Friederike Luise, Gemahlin Friedrich Wilhelms II. von Preußen. Zweigeschossiger klassizistischer Putzbau von 5:4 Achsen. Im Inneren eine Reihe kostbarer, um Vestibül und Treppenhaus gruppierter Räume; die handgemalten Tapeten aus der Erbauungszeit zählten

Frankfurt/Oder
Oben: Oderstraße 31a
Unten: Oderstraße 15

zu den bedeutendsten Leistungen frühklassizistischer Innendekoration in Preußen. 1909 für W. Rathenau verständnisvoll restauriert und mit gediegenen Kunstschätzen im Stil der Erbauungszeit ausgestattet. Um das Palais ein Park aus der Zeit um 1800, nach 1820 von P. J. Lenné im Landschaftsstil umgestaltet.

Der Außenbau hat den Krieg überstanden und ist restauriert (jetzt Kreiskulturhaus). Die Innenausstattung ging bei Kriegsende bis auf geringe Reste (Stuckreliefs im Treppenaufgang; einige Möbel, Keramik und Bilder im Oderland-Museum Bad Freienwalde) verloren. Die zuletzt hier befindliche ehemalige Friedländische Bibliothek aus Schloß Kunersdorf infolge von Kriegseinwirkungen und Verlagerungen von 10 000 auf 3850 Bände reduziert; der Restbestand in das Bezirksmuseum Viadrina in Frankfurt an der Oder übergeführt. Der Schloßpark jetzt Volkspark, neuerdings durch Straßenbau reduziert, das Teehäuschen von 1795 (ehemaliges Kleines Schauspielhaus) erhalten.

Fontane/Oderland, S. 43 ff. W. Schmitz: Berliner Baumeister vom Ausgang des 18. Jahrhunderts, 1. Aufl. Berlin 1914, Anm. S. 339 f., Abb. 198–209. W. Schmitz: Schloß Freienwalde, Berlin 1927. R. Schmidt-Eberswalde: Schloß Freienwalde, in: Oberbarnimer Kreiskalender 1928, S. 88 ff., Abb. 1–14. Rave, S. 153. Engel/Schlott-Kotschote, S. 244. M. Lammert: David Gilly, Ein Baumeister des deutschen Klassizismus, Berlin 1964, S. 119 ff., Abb. 76–80

Saalbau des Bades Unregelmäßige Baugruppe, bestehend aus verschiedenen Gebäudetrakten der Zeit Friedrich Wilhelms I. (»Altköniglicher Flügel«, 1722), Friedrichs II. (»Neuköniglicher Flü-

gel«, 1777) und dem 1817/18 nach Entwürfen K. F. Schinkels zugefügten Saalanbau. Die mit Loggien und Pilasterordnungen gegliederten Flügel dienten als Gesellschaftshaus für die Kurgäste und enthielten im Inneren Säle und Vorzimmer.

Der in Verfall geratene Komplex Anfang der sechziger Jahre abgebrochen, Kurhaus erhalten.

Engel/Schlott-Kotschote, S. 244. Schinkelwerk/Mark Brandenburg, S. 97 f., Abb. 100

Friedersdorf (Kreis Seelow)

Kirche Einschiffiger Granitquaderbau des 13. Jh. mit abgesetztem, im Osten gerade geschlossenem Chor und eingezogenem Westturm. Seit 1702 umgebaut; aus dieser Zeit der Turmaufsatz und eine an der Nordseite angebaute Patronatsloge mit Familiengruft v. d. Marwitz. Vor der südlichen Chorwand Sakristeianbau von 1854.

Während der Kämpfe an der Oder, wahrscheinlich am 16. April 1945, durch Beschuß schwer beschädigt; die Ostteile (Altarraum, Patronatsloge und Sakristei) bis auf die Grundmauern zerstört. Schiff und Chor unter Schließung des Chorbogens notdürftig wiederhergestellt, der Chor in

Bad Freienwalde
Links: Schloß, Räume mit Tapeten
Rechts: Saalbau des Bades (Stich von etwa 1830)

ruinösem Zustand. Von der ehemals reichen Ausstattung vernichtet das Altarretabel in Spätrenaissanceformen aus der Zeit um 1617 (mit Ausnahme des Altarblattes) sowie der barocke Taufengel. Die Kanzel von 1617, Empore mit Orgelprospekt und Patronatschor vom Anfang des 18. Jh. sowie einige Epitaphien des 17. und 18. Jh. schwer beschädigt, z. T. nur in Resten erhalten.

Fontane/Oderland, S. 217 ff. Bergau, S. 360 f. Kunstdenkmäler/Lebus, S. 53 ff., Abb. 55–63, Taf. 8, 9. Engel/Schlott-Kotschote, S. 245. Hdb. Hist. Stätten, S. 188

Schloß Erbaut 1605–1608, verändert Anfang 18. Jh. 1827/28 nach Plänen K. F. Schinkels für F. A. L. v. d. Marwitz durchgreifend umgestaltet. Zweigeschossiger neogotischer Bau von 9:4 Achsen mit gartenseitig aufragendem Giebelrisalit und aus der Mitte der Hofseite hervortretendem Ausbau. Vom älteren Gutshaus blieben im Erdgeschoß frühbarocke Stuckdecken erhalten. Aus der Zeit des Schinkelschen Umbaus das vornehme Bibliothekszimmer im Obergeschoß mit Teilen der Bücherei des Oberst Guichard (genannt Quintus Icilius) aus der Kriegsbeute von Schloß Hubertusburg sowie einer kostbaren Kupferstichsammlung. An das Schloß angrenzend der auch Kirche und Begräbnisplatz von 1853 umschließende Park.
Zwischen dem 18. und 24. April 1945 abgebrannt, die Mauerreste 1947 beseitigt. Die verlagerte Bücherei des Oberst Guichard jetzt in der Deutschen Staatsbibliothek Berlin, das Familienarchiv größtenteils im Staatsarchiv Potsdam.

Fontane/Oderland, S. 217 ff. Kunstdenkmäler/Lebus, S. 63 f., Abb. 64, 65. Rave, S. 154, m. Abb. Engel/Schlott-Kotschote, S. 244. Engel, S. 13. Schinkelwerk/Mark Brandenburg, S. 51 ff., Abb. 49–65. U. v. Alvensleben: Besuche vor dem Untergang, Berlin 1968, S. 90 ff. m. Abb. Hdb. Hist. Stätten, S. 188

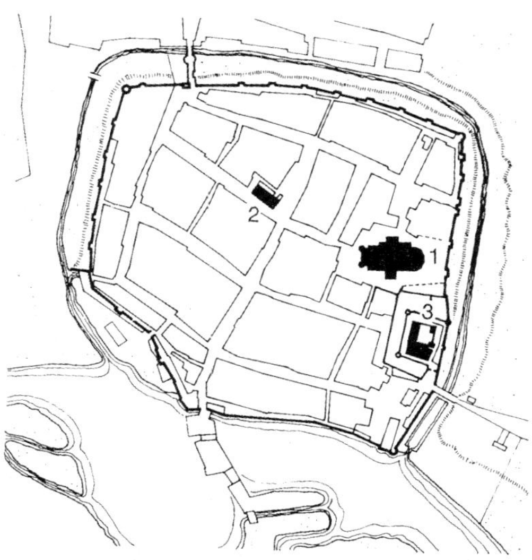

Fürstenwalde/Spree
(Kreis Fürstenwalde)

Ehemals wichtiger Umschlagplatz an der Spree für den Handel nach Frankfurt/Oder. Zwischen 1252 und 1258 als planmäßige Marktsiedlung angelegt, 1272 erstmalig erwähnt. 1373–1555 Residenz der Bischöfe von Lebus. Annähernd viereckiger Stadtgrundriß mit gitterförmigem Straßennetz im Kolonialschema. Der Markt nördlich gelegen als Erweiterung des Hauptstraßenzuges, am Ostrand Kirche und Schloß, die spätere bischöfliche Residenz (1576 ausgebrannt und seit dem 18. Jh. verschwunden). Die von Mauern und Gräben umgebene Stadt mit Hospitälern, Rathaus und 3 Toren seit dem 16. Jh. durch Vorstädte erweitert. Mehrere Zerstörungen und Brände, besonders 1432 durch die Hussiten und 1633 im Dreißigjährigen Krieg. Das Straßenbild erhielt durch Bürgerhäuser des 18. und vorwiegend des späten 19. und 20. Jh. sein Gepräge.
Der Stadtkern infolge mehrerer Luftangriffe, Brandstiftung durch deutsche Truppen und Beschuß während der Kämpfe vom 16. bis 21. April 1945 stark zerstört. Außer Dom und Rathaus wurden an Wohnhäusern 13,8 % völlig zerstört, 40,8 % schwer und 43,3 % leicht beschädigt. Unter den Verlusten befinden sich u. a. die Häuser Junkerstraße 13, 27, 28 und 29, sämtlich Putzbauten des 18. Jh., die Kronenapotheke aus dem Jahre 1761 und Haus Mühlenstraße 1. Wiederaufbau im wesentlichen im Anschluß an das alte Straßennetz.

Bergau, S. 364 ff. Kunstdenkmäler/Lebus, S. 65 ff., Taf. 10, 87–89. Dt. Städtebuch/Nordostdeutschl., S. 544 ff. Engel/Schlott-Kotschote, S. 245. Hdb. Hist. Stätten, S. 193 f.

Domkirche St. Marien des ehemaligen Bistums Lebus. Anstelle eines durch die Hussiten zerstörten Vorgängerbaus begonnen 1446. Spätgotische dreischiffige Backsteinhalle von fünf Jochen mit dreiseitigem Binnenchor und siebenseitigem Chorumgang. An der Nord- und Südseite spätmittelalterliche Anbauten, der südliche von 1475. Das Innere nach einem Brand 1766 durch J. Boumann 1769–1771 durchgreifend verändert; dabei die Gewölbe durch flache Stuckdecken ersetzt und das Schiff durch Einbau zweigeschossiger Emporen sowie eines Kanzelaltars querorientiert. Gleichzeitig der von zwei Seitentürmen flankierte Westturm durch gekuppelte Pilasterordnungen und eine geschweifte Haube dem Zeitgeschmack entsprechend verändert. Von den Umgestaltungen unberührt lediglich ein zweigeschossiger Anbau auf der Nordseite. 1910 Beseitigung des spätbarocken Zustandes im Inneren und Wiederherstellung der gotischen Sterngewölbe. Von der

Links oben: Friedersdorf, Kirche, Blick zum Chor
Rechts oben: Friedersdorf, Schloß
Links unten: Friedersdorf, Bibliothekszimmer im Schloß
Mitte: Fürstenwalde/Spree, Stadtgrundriß, 1 Domkirche St. Marien, 2 Rathaus, 3 Residenzschloß

wertvollen Ausstattung aus spätmittelalterlicher Zeit hervorzuheben: das reiche Sakramentshäuschen von 1517 aus Kalkstein, eine Bronzetaufe aus der zweiten Hälfte des 15. Jh., ein siebenarmiger Leuchter von 1538, das Wandepitaph des Bischofs Dietrich v. Bülow († 1523) sowie weitere bedeutende Grabplatten und Epitaphien. Ferner erwähnenswert das 1576 datierte Renaissanceretabel des ehemaligen Hauptaltars im Chor, der Kanzelaltar im Schiff in Form eines prunkvollen Säulenaufbaus von J. H. Martini 1754 nach Zeichnung von Ch. F. Feldmann geschaffen und der 1772 von A. Labadie gefertigte Orgelprospekt.
Am 19. und 20. April 1945 infolge von Luftangriffen bis auf die Umfassungsmauern ausgebrannt; der Turm schon am 17. April in Brand geraten. Seit 1949 Wiederaufbau, beginnend mit dem Ausbau der nördlichen und südlichen Anbauten. Der Turm 1953–1956 in leicht veränderter Form wiederhergestellt und 1965 neu verputzt, das Dach über Schiff und Chor 1965/66 aufgebracht. Der Ausbau des Inneren für die nächsten Jahre vorgesehen. Von der alten Ausstattung blieben erhalten das eingemauerte Sakramentshäuschen und der siebenarmige Leuchter mit Ausnahme der Löwenfiguren am Fuß. Eingemauert noch das Sandsteinepitaph des Bischofs D. v. Bülow, die Bronzegrabplatte des Bischofs J. v. Deher († 1455) sowie die Grabsteine des Bischofs Chr. v. Rotenhan († 1436) und des Domherrn H. v. Coppen († 1544).

Bergau, S. 365 ff., Fig. 120–129. Kunstdenkmäler/Lebus, S. 74 ff., Abb. 66–84, Taf. 11–13. R. Frohloff: Die Fürstenwalder Domkirche, in: Kreiskalender des Kreises Lebus 1912, S. 32 ff., m. Abb. Dehio/Nordostdeutschl., S. 144. Engel/Schlott-Kotschote, S. 245. Schade 1962, S. 140 ff.

Fürstenwalde/Spree, Domkirche St. Marien
Oben: Blick zur Turmfront und Inneres zum Chor
Links unten: Kanzelaltar
Rechts unten: Inneres nach Westen, nach der Zerstörung

Rathaus Im Kern spätmittelalterlich, wohl noch 15. Jh. Langgestreckter verputzter Ziegelbau von zwei Geschossen. Im 16. Jh. durch zweigeschossigen Anbau mit im Erdgeschoß sterngewölbter Halle nach Osten erweitert. Der Westgiebel mit kielbogigem Maßwerk. An der Ostseite ein Turm von 1624, aus gleicher Zeit der Ostgiebel mit Renaissancegliederung. Später mehrfach verändert. 1906/07 historisierende Wiederherstellung des Zustandes von 1624.
Im April 1945 bis auf die Umfassungsmauern zerstört. Seit 1961 Wiederherstellung des Äußeren in der ursprünglichen Gestalt; lediglich das Turmdach eine Neuschöpfung von 1966–1968 in Form einer viergiebligen Kupferhaube.

Bergau, S. 374, Fig. 130. Kunstdenkmäler/Lebus, S. 92 ff., Abb. 87–91. Engel/Schlott-Kotschote, S. 245. Denkmale der Geschichte und Kultur, Berlin 1969, S. 190, Abb. 68. Fait-Bayer, S. 333

Gartz/Oder (Kreis Angermünde)

Anstelle einer slawischen Burg Marktsiedlung des 13. Jh. in Ellipsenform mit quadratischem Marktplatz, gitterförmigem Straßennetz im Kolonialtyp, Stadtmauer und Türmen sowie mittelalterlichen Kirchen, Klöstern und Kapellen. Stadtrecht 1249. Wichtige Rolle als Handelsstadt und pommersche Grenzfeste gegen Brandenburg. Nach Kriegen und mehrfacher Zerstörung im 17. Jh. Verlust der Handelsbedeutung, seitdem Ackerbürgerstadt, vornehmlich mit ein- und zweigeschossigen Häusern des 19. Jh.
Im Zuge der Kämpfe um den Oderübergang Beschießung der Stadt seit dem 20. April 1945, die anschließenden Kampfhandlungen dauerten bis zum 23. April. Da die Bevölkerung evakuiert war, konnte sich das Feuer von den durch Beschuß in Brand geratenen Gebäuden ungehindert verbreiten, so daß ganze Straßenzüge dem Feuer zum Opfer fielen. Mit der St. Stephanskirche wurden innerhalb der alten Stadtmauern 80 % der rund 400 Häuser zerstört. Heiliggeistkapelle und Stadtmauer mit Türmen erhalten, die Siedlungen außerhalb des Stadtkerns nahezu unversehrt. Teilaufbau unter Wahrung des ursprünglichen Straßennetzes.

Kunstdenkmäler Pommern/Randow, S. 22 ff., Fig. 15 bis 33. Dt. Städtebuch/Nordostdeutschl., S. 167 f.

Pfarrkirche St. Stephani Spätgotische dreischiffige Backsteinhalle von vier Jochen aus der zweiten Hälfte des 14. Jh. Der abgesetzte 5/10-Chor mit Einsatzkapellen zwischen den Strebepfeilern von Hinrich Brunsberg Anfang 15. Jh. In den Ostteilen des Langhauses Reste vom Querschiff einer älteren Anlage aus dem 13. Jh. Das weiträumige Langhaus mit Achteckpfeilern, im Mittelschiff quadratische Sterngewölbe, die oblongen Abseiten kreuzgewölbt. Der durch einen Triumphbogen abgesetzte Chor ebenfalls mit reichen Sterngewölben, seine tief nach innen gezogenen Streben außen als zweiteilige, nischenverzierte Lisenen gebildet. Am südlichen Seitenschiff kielbogiges Portal mit reichem Schmuck aus Formsteinen. Der mächtige Westturm in den unteren Teilen mittelalterlich, oben mit barockem Aufbau vom Ende des 18. Jh. Die schlichte Ausstattung der wiederholt ausgeplünderten und ausgebrannten Kirche vornehmlich aus dem 19. Jh.
Um den 20.–23. April 1945 bis auf die Umfassungsmauern ausgebrannt, die Schiffspfeiler eingestürzt. Turm und Langhaus noch Ruine, diese gesichert. Der Chor mit den erhaltenen Gewölben 1947–1952 im wesentlichen wiederhergestellt.

Kunstdenkmäler Pommern/Randow, S. 26 ff., Fig. 18 bis 28. O. Schmitt: Mittelpommern (Deutsche Lande – Deutsche Kunst), Berlin 1927, S. 18, Abb. 17, 20. N. Zaske: Herkunft und Bedeutung der Architektur Heinrich Brunsbergs, Greifswald, Phil. Diss. 1953. N. Zaske: Hinrich Brunsberg: Ein ordens-preußischer Baumeister der Spätgotik, in: Baltische Studien NF 44, 1957, S. 49 ff. J. Gerhardt: Pommern, 1958, S. 61, Abb. 59, 60

Rechts oben: Fürstenwalde/Spree, Rathaus
Rechts Mitte: Gartz/Oder, Gesamtansicht der Stadt nach Süden
Unten: Gartz/Oder, Pfarrkirche St. Stephani, Inneres mit Blick vom Chor ins Langhaus und Ruine von Süden

Garzin (Kreis Strausberg)

Gutshaus Schlichter Bau der Zeit um 1800.
1945 durch Kriegseinwirkungen in Mitleidenschaft gezogen, später abgebrochen.

Fontane/Oderland, S. 497. Kunstdenkmäler/Lebus, S. 103. Engel/Schlott-Kotschote, S. 246

Görlsdorf (Kreis Angermünde)

Schloß Im Kern ein Bau vom Ende des 18. Jh. 1843 von E. Knoblauch neu gebaut. 1883 durch Schorbach aus Hannover für Fürst Lynar-Redern im Renaissancestil umgestaltet und 1911 durch einen Um- und Erweiterungsbau durchgreifend verändert. Im Inneren bemerkenswertes holzgetäfeltes Treppenhaus aus der Zeit von 1883 und ein entsprechend ausgestatteter Speisesaal. Bedeutende Möbelsammlung und Kunstgegenstände. Der 1829 nach einem Plan von P. J. Lenné angelegte Park mit mehreren Bauten und Gartenstaffagen.
Im Mai 1945 abgebrannt, die Ruine später beseitigt. Die wertvolle Ausstattung, die Bibliothek (ca. 6000 Bände) und zahlreiche Gemälde bis auf wenige Stücke verloren. Der Park mit Teehaus, Orangerie und Denkmal des Grafen v. Redern (1805) im wesentlichen erhalten.

Kunstdenkmäler/Angermünde, S. 134 ff. Rave, S. 157, m. Abb. Engel/Schlott-Kotschote, S. 246. Engel, S. 110 f., Abb. S. 213. (Fotos im Institut für Denkmalpflege Berlin)

Golzow (Kreis Seelow)

Kirche Im Kern einschiffiger Ziegelputzbau des 18. Jh. 1845 durch Hinzufügen von Anbauten zur Kreuzform umgestaltet.
1945 zerstört, die Ruinenreste später abgetragen.

Kunstdenkmäler/Lebus, S. 108

Gorgast (Kreis Seelow)

Kirche Erbaut 1888. Neogotischer kreuzförmiger Backsteinbau mit Westturm.
Im Frühjahr 1945 zerstört, Ruine später abgetragen. Anstelle der alten Kirche 1959 ein kleiner turmloser Neubau errichtet.

Kunstdenkmäler/Lebus, S. 108 f. Engel/Schlott-Kotschote, S. 247

Herrenhaus der ehemaligen Johanniterkommende 1840 errichtet, 1874 umgebaut. Der an einem toten Oderarm 1830 durch P. J. Lenné angelegte 60 Morgen große Park 1881 erweitert.
Im Frühjahr 1945 zerstört, die Reste später beseitigt. Der Park 1947 infolge einer Oderüberschwemmung schwer in Mitleidenschaft gezogen.

Rave, S. 157. Engel/Schlott-Kotschote, S. 247

Gusow (Kreis Seelow)

Kirche Im Kern mittelalterlich. 1666–1670 für Feldmarschall v. Derfflinger umgebaut und in den östlichen Teilen erweitert. Langgestreckter Saalbau mit Westturm unter barocker Haube sowie einem südwestlichen Vorbau für die Patronatsloge. Von der reichen Ausstattung aus der Zeit des Umbaus besonders bemerkenswert das barocke Altarretabel und die Kanzel mit reichem figürlichem und ornamentalem Schmuck, ferner ein Taufengel und das prächtige Epitaph des Feldmarschalls v. Derfflinger († 1695) mit der Alabasterbüste des Verstorbenen, ein Werk der Schlüterschule, sowie Emporeneinbauten und ein Chorgestühl des 16. Jh.
Um den 16./17. April 1945 infolge von Kampfhandlungen mit dem gesamten Inventar bis auf die Umfassungsmauern zerstört. Das Derfflinger-Epitaph beschädigt erhalten, 1975 in die Kirche der ehemaligen Johanniterkomturei Lietzen (Lietzen Nord) versetzt und restauriert.

Bergau, S. 403. Kunstdenkmäler/Lebus, S. 110 ff., Abb. 103–106, Taf. 14, 15. Engel/Schlott-Kotschote, S. 250. Hdb. Hist. Stätten, S. 215

Haselberg (Kreis Bad Freienwalde)

Schloß und Wirtschaftsgebäude Barocke Anlage von 1695. Ursprünglich bestehend aus einem zweigeschossigen Mittelbau von neun Achsen mit betontem Mittelrisalit sowie eingeschossigen Seitenflügeln von je vier Achsen. 1779 durch Flügelanbauten erweitert. Umgestaltungen nach Brand 1826 sowie Mitte der fünfziger Jahre des 19. Jh. Bemerkenswert das Wirtschaftsgebäude des Gutes (sogenannte Scheune), ein Frühwerk K. F. Schinkels aus der Zeit bald nach 1800. Der zweigeschossige Bau von sieben Achsen mit großer Bogeneinfahrt in der Mitte und mächtigem Ziegeldach sowie seitlichem Krüppelwalm in der Art des Landbaustils von D. Gilly. In dem 1779 vergrößerten und 1881 landschaftsgärtnerisch umgestalteten Park mehrere Lustbauten und Gartenstaffagen.
1945 Schloß und Wirtschaftsgebäude vernichtet. Der Park mit einigen Staffagen in der Grundform erhalten.

R. Schmidt: Die Herrschaft Eckardtstein, Band II, Freienwalde 1926, S. 153 ff. R. Schmidt: Schinkelbauten in Freienwalde, Haselberg und Herzhorn, in: Oberbarnimer Kreiskalender 1929, S. 144 ff. Schloß Haselberg, in: Oberbarnimer Kreiskalender 1929, S. 62, m. Abb. Rave, S. 160. Engel/Schlott-Kotschote, S. 250. Schinkelwerk/Mark Brandenburg, S. 12, Abb. 8

Heinersdorf, Ortsteil Behlendorf (Kreis Fürstenwalde)

Kirche Erbaut 1687. Kleiner verputzter Backsteinsaal mit dreiseitig polygonal geschlossenem Chor. Das im Westen aufgesetzte Türmchen 1823 unter Beteiligung K. F. Schinkels umgestaltet. Im flachgedeckten Inneren Retabelaltar von 1688.
Während des Krieges beschädigt, die Reste später abgetragen.

Bergau, S. 157. Kunstdenkmäler/Lebus, S. 8 ff., Abb. 12 bis 14, Taf. 1. Schinkelwerk/Mark Brandenburg, S. 163, Abb. 161

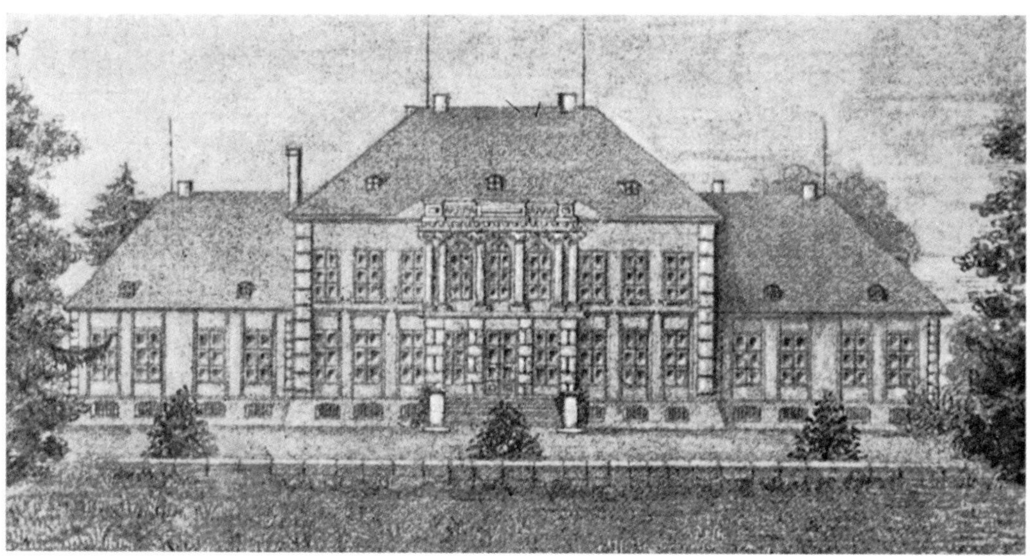

Links oben: Gusow, Kirche
Rechts oben: Heinersdorf, Ortsteil Behlendorf, Kirche
Unten: Haselberg, Wirtschaftsgebäude und Schloß (Ansicht um 1861)

Hirschfelde (Kreis Bernau)

Kirche Frühgotischer Feldsteinsaal des 13. Jh. mit eingezogenem Rechteckchor und quergestelltem Westturm. In späterer Zeit, vor allem im 19. Jh., teilweise verändert.
Der Turm im April 1945 durch Beschuß schwer beschädigt, das Schiff in der Folgezeit bis auf die Umfassungsmauern verfallen. Ausstattung mit Ausnahme einiger Altargeräte verloren. Ausbau des Turmes 1967/68. Wiederherstellung des Chores 1971 beendet. Die Ruine des Kirchenschiffs gesichert.

Engel/Schlott-Kotschote, S. 251. Hdb. Hist. Stätten, S. 224

Hohenfinow (Kreis Eberswalde)

Schloß Anstelle älterer Vorgängerbauten entstanden 1680–1685 nach Entwurf von C. Ryckwaert. Dreigeschossiger Barockbau von sieben Achsen mit dreiachsigem vergiebeltem Mittelrisalit und zwei den Ehrenhof flankierenden quadratischen Kavalierhäusern. 1889 für v. Bethmann-Hollweg im historisierenden Stil stark verändert. Im Inneren in der Mittelachse ein großartiges, den Bau in zwei symmetrische Teile gliederndes Treppenhaus; im 19. Jh. völlig umgestaltet. In den Haupträumen des ersten Obergeschosses Stuckdekorationen vom Ende des 17. Jh., ausgeführt von den am Schwedter Schloß beschäftigten Stukkateuren J. Belon, G. B. Tornielli, G. Simonetti u. a. Die Zimmer ansonsten 1889 umgewandelt. Bedeutendes Archiv und Bibliothek. Ein großer, ursprünglich im französischen Stil angelegter Park später nach landschaftsgärtnerischen Gesichtspunkten verändert.
Der bei Kriegsende beschädigte und später verfallene Bau nach 1961 abgetragen. Die Kavalierhäuser erhalten, desgleichen der Park im Grundbestand. Das Archiv verloren.

S. Passow: Ein märkischer Herrensitz, 2 Bde., Eberswalde 1907. R. Schmidt: 600 Jahre Hohenfinow, in: Oberbarnimer Kreiskalender 1934, S. 95. Abb. 4–7. Rave, S. 161. L. Böer, in: Schwedter Heimatblätter, Beilage zum Schwedter Tageblatt, 15. Jg. 1943, Nr. 9, S. 35, Nr. 10, S. 38. Engel/Schlott-Kotschote, S. 251. U. v. Alvensleben: Besuche vor dem Untergang, Berlin 1968, S. 95. Hdb. Hist. Stätten, S. 224 f.

Hohenfinow, Schloß
Außenansicht und Innenräume

Kunersdorf (Kreis Bad Freienwalde)

Kirche Einschiffiger Barockbau von 1781 mit schlichten Putzgliederungen, Westturm und geschweifter Haube. Das Innere querorientierter Emporensaal mit Kanzelaltar und Orgel.
1945 zerstört, 1955 durch schlichten Neubau ersetzt. Der Friedhof mit der vermutlich von K. G. Langhans d. Ä. angelegten Kolonnade und Grabmälern von Schadow, Rauch, Tieck und Schinkel erhalten.

Fontane/Oderland, S. 170 ff. Oberbarnimer Kreiskalender 1928, Abb. 15. Engel/Schlott-Kotschote, S. 256. Schinkelwerk/Mark Brandenburg, S. 82 f. Hdb. Hist. Stätten, S. 248

Schloß Aus Altem und Neuem Schloß bestehender Komplex. Das »alte Barfushaus« vom Anfang des 18. Jh. ein zweigeschossiges Wohngebäude von sieben Achsen mit Mansarddach, Außentreppe und betonter Mitteltür. Ihm gegenüber das von Dornstein 1773 erbaute Neue Schloß, ein stattliches rechteckiges Gebäude von 13 Achsen mit hohem Mansarddach und siebenachsigem Mittelrisalit unter Dreieckgiebel. Im Inneren des Neuen Schlosses mehrere Räume mit Ausstattungen aus der Erbauungszeit, darunter ein Treppenhaus mit schön geschwungener Stiege und das mit Landschaftstapeten von C. F. Fechhelm d. Ä. verzierte Eßzimmer sowie bemerkenswerte Sammlungen. 1845 Veränderungen, so die Ausgestaltung der Schloßrampe durch C. Cantian. Der kleine regelmäßige Lustgarten aus der Erbauungszeit umgestaltet 1821 von P. J. Lenné.

Altes und Neues Schloß 1945 durch Kriegseinwirkungen zerstört, die Ruinen später abgetragen. Zu der Friedländischen Bibliothek s. Angaben bei Schloß Freienwalde. Der Park 1947 durch Hochwasser vernichtet.

Fontane/Oderland. S. 170 ff. Bergau, S. 308. R. Schmidt: Erinnerungen aus Schloß Cunersdorf, in: Oberbarnimer Kreiskalender 1928, S. 47 ff., Abb. 2 bis 17. H. J. Helmigk: Märkische Herrenhäuser aus alter Zeit, Berlin 1929, Abb. 57a, b, 73, 74. Rave, S. 150. Engel/Schlott-Kotschote, S. 256. Hdb. Hist. Stätten, S. 248

Lebus (Kreis Seelow)

Vorgeschichtliche, seit dem 10. Jh. polnische Feste auf dem Steilufer der Oder. Von früher Slawenzeit an politischer und kultureller Mittelpunkt des sogenannten Landes Lebus. Am Fuß der Burg auf schmalem Uferstreifen um 1225 neben slawischem Kiez Gründung einer deutschen Stadt durch die schlesischen Piasten. Im

Jacobsdorf (Kreis Fürstenwalde)

Kirche Im Kern mittelalterlich, Anfang 20. Jh. weitgehend umgebaut. Schlichter Feldsteinsaal mit blendengegliedertem Ostgiebel und hölzernem Turmaufsatz.
Im Kriege zerstört, 1949 unter Verwendung des alten Mauerwerks wiederaufgebaut. Die mittelalterlichen Glocken erhalten.

Kunstdenkmäler/Lebus, S. 143 f., Abb. 139

Links oben: Kunersdorf, Kirche, Außenansicht und Inneres nach Westen
Rechts oben: Kunersdorf, Schloß (Altes Barfushaus)

Rechts Mitte und unten: Kunersdorf, Schloß, Hoffront sowie Treppenhaus und Zimmer mit Wandmalereien
Links unten: Lebus, Ansicht des Ortes mit Stadtpfarrkirche St. Marien

Mittelalter zeitweilig Residenz der Bischöfe von Lebus mit zahlreichen kirchlichen Bauten. Nach Zerstörung durch die Hussiten und Bränden im 16. und 17. Jh. das Schloß nicht wiederhergestellt (bereits Anfang des 19. Jh. verschwunden). Das in Ober- und Unterstadt gegliederte Anwesen von dörflichem Gepräge lediglich mit Kirchplatz, ohne Markt, Mauern und Tore.
Am Ende des Krieges begann der Angriff der Roten Armee auf Berlin mit dem Übergang über die Oder bei Lebus. Besetzung der Stadt am 6. Februar 1945, bis Ende April Kampfgebiet, wobei der Ort mehrfach den Besitzer wechselte. Fast alle Gebäude wurden nahezu völlig zerstört.

Kunstdenkmäler/Lebus, S. 163 ff. Dt. Städtebuch/Nordostdeutschl., S. 576 f. Hdb. Hist. Stätten, S. 250 ff., 253 ff.

Stadtpfarrkirche St. Marien Anstelle eines 1803 abgebrannten Vorgängerbaus errichtet 1810. Klassizistischer kreuzförmiger Putzbau, bestehend aus Langhaus, Querschiff mit 7/10-Apsis und eingezogenem Westturm sowie Sakristeianbau an der Nordostecke. Im Inneren Kanzelaltar, Gestühl und Emporen aus der Erbauungszeit.
Im Februar 1945 durch Beschuß und Brand mit dem gesamten Inventar bis auf die Umfassungsmauern zerstört. 1965 begrenzte Wiederherstellung von Turm und Langhaus, letzteres von den Ostteilen abgetrennt und nach Westen umorientiert. Querschiff und Chor noch Ruine.

Bergau, S. 479 f. Kunstdenkmäler/Lebus, S. 165 ff., Abb. 162, 163. Engel/Schlott-Kotschote, S. 257. Möller, S. 197

Letschin (Kreis Seelow)

Kirche Unter Verwendung von Umfassungsmauern eines aus den dreißiger Jahren des 18. Jh. stammenden und 1809 abgebrannten Vorgängerbaus errichtet 1812. Stattlicher neogotischer Saal. Der vor der südlichen Langseite angelegte Turm mit massiver Spitze 1818/19 nach Entwurf K. F. Schinkels im Stil der märkischen Backsteingotik zugefügt. Im Osten polygonaler Sakristeianbau. Das Innere flach gedeckt, die Ausstattung einheitlich aus der Erbauungszeit.
Bei den schweren Kämpfen an der Oder im April 1945 bis auf die Umfassungsmauern ausgebrannt. Das Schiff abgetragen, der fast unversehrte Turm restauriert.

Kunstdenkmäler/Lebus, S. 168 f. Engel/Schlott-Kotschote, S. 257. Schinkelwerk/Mark Brandenburg, S. 133 ff.

Lieberose (Kreis Beeskow)

Handelsstadt an einer Burg zum Schutz alter Verkehrswege. Vermutlich in der zweiten Hälfte des 13. Jh. gegründet, 1272 urkundlich erwähnt, 1302 mit Stadtrecht begabt. Seit 1519 Standesherrschaft der Grafen v. d. Schulenburg. Der unregelmäßige Stadtgrundriß mit Mauern und drei Toren zu seiten eines T-förmigen Straßensystems. Am Schnittpunkt Platzerweiterung, darauf das Rathaus und zwei Kirchen. Das Schloß axial auf den Marktplatz ausgerichtet. Die Häuser meist ein- und zweigeschossige Putzbauten des 18. und 19. Jh.
Im Zuge der Kämpfe südöstlich Berlins erlitt die Stadt am 22. April 1945 durch einen Bombenangriff erhebliche Beschädigungen, vor allem um Markt, Stadtkirche und Schloß. Etwa 25 % der Bausubstanz wurde in Mitleidenschaft gezogen. Landkirche und Rathaus erhalten.

Bergau, S. 493 ff. Dt. Städtebuch/Nordostdeutschl., S. 581. Hdb. Hist. Stätten, S. 263 f.

Stadtkirche Spätgotische dreischiffige Halle aus der Zeit um 1500 mit höherem Mittelschiff. Der polygonale Umgangschor um 1590 in Renaissanceformen angebaut. Im Inneren Achteckpfeiler, in den drei westlichen Jochen des Mittelschiffs Sterngewölbe, in den Seitenschiffen Kreuzgewölbe, die Ostteile unter Tonnen- bzw. Kreuzgewölben mit Netzmustern. Der Westturm mit reicher Blendengliederung und der für die Landschaft charakteristischen Abdeckung durch Zinnenkranz und gemauerten Helm. An den Langseiten zwei Steinportale mit Rahmenwerk von 1688.
Am 22. April 1945 schwer beschädigt, jetzt Ruine. Der Turm erhalten und saniert. Von der Innenausstattung der reiche Renaissancealtar von 1593 in einzelnen Teilen im Pfarramt erhalten, Reste von Epitaphien im Turminneren. Der Taufstein von 1603 und das beschädigte Renaissanceepitaph des J. v. d. Schulenburg († 1594), gearbeitet von den Brüdern Grünberger aus Freiberg i. S., in die Lieberoser Landkirche umgesetzt.

Bergau, S. 494 f. Dehio/Nordostdeutschl., S. 265. Engel/Schlott-Kotschote, S. 257. Hdb. Hist. Stätten, S. 263

Schloß Im Kern 1557 von T. Paglioni als Renaissancebau errichtet, danach mehrfach, besonders um die Mitte des 18. Jh., erweitert und verändert. Stattliche barocke Vierflügelanlage mit Binnenhof und Turm über der Eingangsfront. Im Inneren reich stuckierter Rittersaal.
Am 22. April 1945 schwer beschädigt. In den Nachkriegsjahren abgetragen der Nordflügel und der nördliche Teil des Westflügels mit dem Rittersaal. Die erhalten gebliebenen Teile seit 1951 in mehreren Phasen saniert und restauriert. Die Rekonstruktion des zerstörten Nordflügels ist vorgesehen.

Bergau, S. 495. Rave, S. 167. Fricke, S. 25. Dehio/Nordostdeutschl., S. 265. Engel/Schlott-Kotschote, S. 257. U. v. Alvensleben: Besuche vor dem Untergang, Berlin 1968, S. 100 f. Denkmale der Geschichte und Kultur, Berlin 1969, S. 208 f., Abb. 98, 99. Fait-Bayer, S. 338

Mallnow (Kreis Seelow)

Kirche Einschiffiger Granitquaderbau des 13. Jh. mit abgesetztem, spätmittelalterlich eingewölbtem Chorquadrat und Westturm von 1885. Veränderungen 1793 und 1885.
Im Frühjahr 1945 bis auf die Umfassungsmauern zerstört, erhalten lediglich das Sterngewölbe des Chores und Wandmalereien des 16. Jh. an der Chornordwand. Die barocke Ausstattung bis auf geringe Reste vernichtet.

Kunstdenkmäler/Lebus, S. 192 ff. Engel/Schlott-Kotschote, S. 259

Links unten und Mitte: Letschin, Kirche, Fassadenaufriß von Schinkel und Ansicht der Ruine
Rechts oben: Mallnow, Kirche, Inneres nach Osten
Rechts unten: Lieberose, Stadtkirche, Inneres nach Osten

Markgrafpieske (Kreis Fürstenwalde)

Gutshaus Im Kern ein Bau des 18. Jh. Im 19. Jh. wohl durch K. F. Langhans d. J. umgestaltet, 1869 im historisierenden Stil zu einer asymmetrischen Anlage mit Eckpavillon und Türmchen verändert.
Nach Kriegszerstörungen 1947/48 abgebrochen.

Kreiskalender Beeskow-Storkow 1919, S. 99, m. Abb. Engel/Schlott-Kotschote, S. 232

Müncheberg (Kreis Strausberg)

Um 1225 von Zisterziensern aus Leubus in Schlesien gegründete Ackerbürgerstadt. Innerhalb des trapezförmigen Stadtgrundrisses im Osten auf einer Anhöhe die Kirche, westlich die Marktsiedlung mit viereckigem Markt und Rathaus sowie unregelmäßig geführten Längs- und Querstraßen. Seit 1310 von Mauer mit Toren und Türmen umgeben. Nach Verwüstungen und Bränden, vor allem im Dreißigjährigen Krieg, das Stadtbild vornehmlich durch zweigeschossige massive Traufenhäuser des späten 18. und des 19. Jh. geprägt.
Bei den Kampfhandlungen östlich Berlins, vor allem am 19. April 1945, zu 80 % zerstört. Die Stadtmauer und zwei Tortürme erhalten. Der Wiederaufbau erfolgt im Anschluß an das alte Straßennetz.

Bergau, S. 533 ff. Kunstdenkmäler/Lebus, S. 205 ff., Taf. 25, Abb. 202–209. Hdb. Hist. Stätten, S. 284 f.

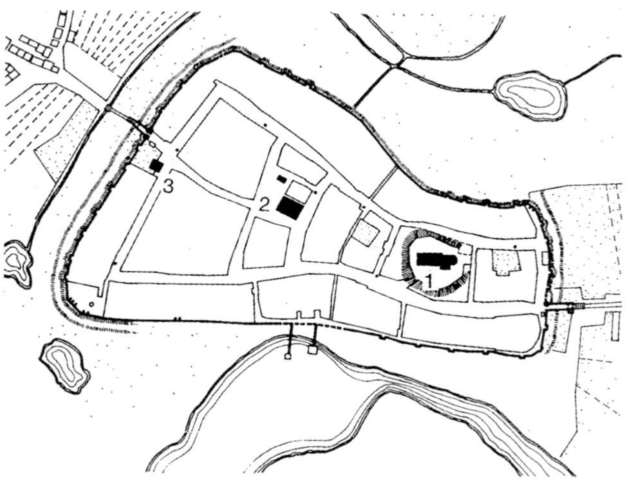

Stadtpfarrkirche St. Marien Unter Verwendung von älteren Teilen des 13. Jh. erbaut im letzten Drittel des 14. Jh. Zweischiffige gotische Backsteinhalle mit eingezogenem einschiffigem Chor und 7/12-Schluß. Im Inneren Sterngewölbe, die der Halle auf zwei oktogonalen Bündelpfeilern. Im Westen hoher neogotischer Backsteinturm, aufgeführt 1826–1829 nach Plänen von K. F. Schinkel anstelle eines baufällig gewordenen mittelalterlichen Turmes. Der Schinkelsche Neubau mit dem Baukörper durch eine schwibbogenartige Konstruktion als Widerlager verbunden. Die Ausstattung des Inneren vornehmlich aus dem 19. Jh., die dreiseitige Langhausempore und die Orgel von 1822 in den Formen der

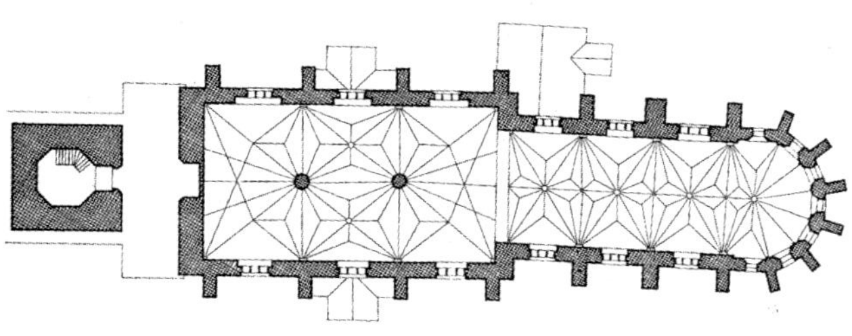

Schinkelschule, der stattliche neogotische Retabelaltar von etwa 1868. Von der mittelalterlichen Ausstattung waren zwei Flügelbilder eines gotischen Altars erhalten geblieben, bemerkenswert auch der Grabstein des Blasius Bethinius von 1605.
Am 19. April 1945 infolge von Beschuß mit dem gesamten Inventar bis auf die Umfassungsmauern ausgebrannt, dabei Einsturz von Dach und Gewölben. Der Schinkelsche Turm unversehrt erhalten. Turm und Ruine gesichert. Wiederaufbau von Chor und Schiff in veränderter Form beabsichtigt.

Bergau, S. 534. Kunstdenkmäler/Lebus, S. 209 ff., Abb. 202–205. Engel/Schlott-Kotschote, S. 260. Schinkelwerk/Mark Brandenburg, S. 171 ff., Abb. 169–172. Möller, S. 198 f.

Rathaus Schlichter Putzbau mit Resten des 17. Jh., mehrfach verändert. Im Inneren völlig umgestaltet, darin das Stadtarchiv. Wetterfahne von 1692.
Am 19. April 1945 durch Brand zerstört, die Reste später beseitigt.

Bergau, S. 534 f. Kunstdenkmäler/Lebus, S. 213. Fricke, S. 23

Neulewin (Kreis Bad Freienwalde)

Kirche Anstelle eines 1764 entstandenen und 1831 baufällig gewordenen Fachwerk-Vorgängerbaus errichtet 1840/41 unter Beteiligung K. F. Schinkels. Schlichter einschiffiger Fachwerkbau ohne Turm im Schema der Schinkelschen Normalkirche. Im Inneren Kanzelaltar in Art eines kathederartigen Aufbaus.
Durch Kriegsereignisse im Frühjahr 1945 völlig zerstört.

Schinkelwerk/Mark Brandenburg, S. 207 ff.

Niederjesar (Kreis Seelow)

Kirche Erbaut 1859. Einschiffiger neoromanischer Feldsteinbau von vier Achsen mit Backsteingliederungen und 5/8-Apsis.
Während der Kampfhandlungen Mitte April 1945 durch Sprengung des Turmes bis auf die Umfassungsmauern zerstört. Jetzt Ruine, das Apsisgewölbe und der neogotische Taufstein erhalten. Im Westteil des Schiffes eine Notkirche eingebaut.

Kunstdenkmäler/Lebus, S. 159

Niederlandin (Kreis Angermünde)

Schloß Ursprünglich viereckige Anlage aus der Zeit um 1600. Später reduziert und 1749 zu einem einstöckigen Putzbau von elf Achsen mit Mansarddach umgestaltet. In der zweiten Hälfte des 19. Jh. beiderseits durch Anbauten vergrößert und an der Gartenseite mit Freitreppe versehen. Aus der Erbauungszeit ein Portal von 1603 mit figürlichem und ornamentalem Schmuck in Spätrenaissanceformen und gegenüber dem Hauptflügel ein ehemals zum Renaissanceschloß gehörender Treppenturm.
1945 zerstört, später bis auf das Kellergeschoß abgetragen. Der Rundturm erhalten.

Bergau, S. 475. Kunstdenkmäler/Lebus, S. 404 ff., Abb. 405. Rave, S. 172. Engel/Schlott-Kotschote, S. 262

Links oben: Müncheberg, Stadtgrundriß,
1 Stadtpfarrkirche St. Marien, 2 Rathaus,
3 Berliner Tor
Links unten: Müncheberg, Grundriß der Stadtpfarrkirche St. Marien

Mitte: Müncheberg, Stadtpfarrkirche St. Marien, Inneres nach Osten und Chor nach der Zerstörung
Rechts unten: Niederlandin, Portal des Schlosses

Podelzig (Kreis Seelow)

Kirche Im Kern mittelalterlich, im 16. und 18. Jh. verändert. Rechteckiger Putzbau mit einem in voller Breite vorgelegten Westturm, Sakristeianbau im Nordosten und Vorbau vor dem Südportal. Dachreiter neogotisch. In dem mit hölzerner Tonne gedeckten Inneren wertvolle Barockausstattung: im 19. Jh. veränderter Kanzelaltar mit zugehörigem Holzrelief Christus in Gethsemane, reich geschnitzte Patronatsloge, Taufe und Epitaph für v. Burgsdorff (1710 bzw. 1737), ferner Teile eines Renaissance-Triumphkreuzes.
Während der Kampfhandlungen Ende Februar, Anfang März 1945 mit der gesamten Innenausstattung durch Beschuß zerstört. Jetzt Ruine. Geborgen lediglich die Taufschale und Reste des Abendmahlsgerätes.
Bergau, S. 569 f. Kunstdenkmäler/Lebus, S. 238 ff., Abb. 230–235, Taf. 28

Wohnhaus des Gutsverwalters Teil des früheren herrschaftlichen Wohnsitzes. Gewölbte Räume im Kellergeschoß, gute Stuckdecken und Kaminaufbauten in der Küche und den Wohnräumen sowie Holztreppe von der Wende des 17. Jh.
Im April 1945 vollständig zerstört.
Kunstdenkmäler/Lebus, S. 244, Abb. 236, 237

Quappendorf, Ortsteil Bärwinkel (Kreis Seelow)

Wirtschaftsgebäude des zu Neuhardenberg (jetzt Marxwalde) gehörenden Vorwerks. Entworfen von K. F. Schinkel in seiner Frühzeit 1801–1803. Ursprünglich eine regelmäßige Anlage, wobei die Scheunen und Ställe in Form eines Sechsecks um den Hof herumgeführt waren. Erhalten davon vor dem Krieg lediglich eine langgestreckte, strohgedeckte Scheune.
Das Gebäude 1945 zerstört.
Bergau, S. 149. Engel/Schlott-Kotschote, S. 261. Schinkelwerk/Mark Brandenburg, S. 15, Abb. 14

Rathstock (Kreis Seelow)

Kirche Erbaut 1770/71 in schlichten Spätbarockformen. Rechteckiger Putzbau mit hohem Westturm unter Pyramidendach. Ende des 19. Jh. durch Anbau einer Ostapsis und dreier Portalvorbauten verändert. Das Äußere mit hohen Rundbogenfenstern durch Lisenen und Putzquaderungen gegliedert. Im flachgedeckten Inneren auf der Süd- und Westseite hölzerne Emporeneinbauten. Die Ausstattung bestehend aus einem im 19. Jh. veränderten Kanzelaltar sowie Taufe und Orgel in schlichten Barockformen der Erbauungszeit; aus einem älteren Vorgängerbau Reste eines Renaissance-Flügelaltars, ein Spätrenaissance-Abendmahlsbild, ein Kruzifix des 16. Jh. sowie Epitaph und Grabsteine.
Im April 1945 mit dem gesamten Inventar durch Artilleriebeschuß bis auf die Umfassungsmauern zerstört. Die Ruinenreste später beseitigt.
Kunstdenkmäler/Lebus, S. 245 ff., Abb. 238–240

Reitwein (Kreis Seelow)

Kirche Anstelle einer älteren Granitkirche des 15. Jh. errichtet 1855–1858 nach Entwurf von A. Stüler. Einschiffiger neogotischer Backsteinbau mit Kreuzarmen und 5/8-Apsis, östlichen Kapellenanbauten sowie Westturm. Ostabschluß und Querarme mit Staffelgiebeln. Im Inneren dreiseitige Empore, die Ausstattung aus der Erbauungszeit. Noch vom Vorgängerbau das Epitaph des J. E. v. Burgsdorff († 1710) und eine Kreuzigungsszene, ehemals Mittelbild eines 1670 gestifteten Altars.
Während der Kampfhandlungen an der Oder am 4. Februar 1945 mit der gesamten Ausstattung durch Beschuß bis auf die Umfassungsmauern zerstört.
Bergau, S. 629. Kunstdenkmäler/Lebus, S. 250. Engel/Schlott-Kotschote, S. 268. Hdb. Hist. Stätten, S. 336

Schloß Errichtet Ende des 17. Jh. Zweigeschossiger Putzbau mit betontem Mittelrisalit und Giebelfeld sowie reich ornamentiertem Hauptportal. Um die Mitte des 19. Jh. durchgreifende Erweiterung, wobei im Inneren die alte Haupttreppe mit holzgeschnitzten Pfosten und der ebenerdige Festsaal mit ornamentierter barocker Stuckdecke erhalten blieben. Bemerkenswerte Kunstsammlung. Kleiner Schloßpark ebenfalls aus der Zeit um 1850.
Der während der Kriegsereignisse 1945 beschädigte und verwüstete Bau 1965 abgetragen. Auf seinem Gelände jetzt ein Ehrenfriedhof gefallener sowjetischer Soldaten. Der Park in gepflegtem Zustand.
Kunstdenkmäler/Lebus, S. 250 f., Abb. 241–243, Taf. 29. Rave, S. 176. Engel/Schlott-Kotschote, S. 268. Hdb. Hist. Stätten, S. 336

Rosow (Kreis Angermünde)

Kirche Rechteckiger Granitquaderbau des 13. Jh. mit breitem Westturm. Das Schiff 1746 barock verputzt. Über dem Turm ein Glockengeschoß aus Fachwerk mit barocker Haube von 1690. Im Inneren die elliptische Holzdecke mit aufgemaltem Wolkenhimmel. Bemerkenswerte Ausstattungsstücke: Kanzel von 1686, Altaraufsatz von 1703 und Kruzifix vom Anfang des 16. Jh.
1945, in den letzten Kriegstagen, infolge von Artilleriebeschuß mit der gesamten Innenausstattung bis auf die Umfassungsmauern ausgebrannt. Das Langhaus 1948 leicht verändert wiederhergestellt, der Westturm noch Ruine.
Kunstdenkmäler Pommern/Randow, S. 116 ff.

Schöneiche (Kreis Fürstenwalde)

Schloß Errichtet 1765. Zweigeschossiger Putzbau von 11:5 Achsen unter Walmdach. Die Gebäudemitte an der Hofseite durch einen flachen, in die Dachzone übergreifenden Mittelrisalit, die Gartenfront durch dreiseitigen Vorbau und vorgelagerte doppelläufige Treppen betont. Im Inneren die Mittelachse durch eine zentrale Raumgruppe bestimmt, bestehend aus dem Vestibül mit geschwungener Treppe und dem ovalen Gartensaal, letzterer mit Architekturmalereien an der gewölbten Decke von C. F. Fechhelm d. Ä. 1767.

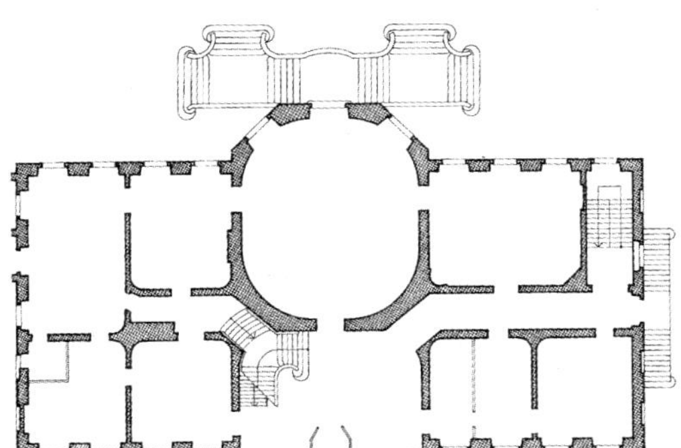

Links oben: Podelzig, Kirche, Inneres nach Osten
Links unten: Quappendorf, Ortsteil Bärwinkel, Wirtschaftsgebäude
Rechts oben: Reitwein, Schloß, Ansicht nach der Beschädigung und Schloßportal
Rechts unten: Schöneiche, Grundriß des Schlosses

Der Schloßpark von 1770 später im Landschaftsstil umgestaltet.
Nach Kriegsbeschädigungen 1949 abgebrochen, der Park teilweise abgeholzt.

Kunstdenkmäler/Niederbarnim, S. 204 ff., Abb. 149, 150, 584–601. Rave, S. 178. Engel/Schlott-Kotschote, S. 270. E. Berckenhagen: Die Malerei in Berlin vom 13. bis zum ausgehenden 18. Jahrhundert, Berlin 1964, Abb. 300. Hdb. Hist. Stätten, S. 349

Schönfeld (Kreis Bernau)

Kirche Feldsteinsaal des 13. Jh. mit eingezogenem Chor und Rundapsis sowie quergestelltem Westturm. 1884 verändert, aus dieser Zeit der Turmabschluß und die Innenausstattung.
Im April 1945 bei Kampfhandlungen durch Beschuß schwer beschädigt. Westteil des Schiffes und Turm 1966 wiederhergestellt, der Chor Ruine.

Schönfließ (Kreis Seelow)

Kirche Einschiffiger neoromanischer Backsteinbau von 1878 mit eingezogener 5/8-Apsis, querschiffartigen Annexbauten und Westturm. Die einheitliche Innenausstattung aus der Erbauungszeit.
Ende Februar 1945 der Turm von deutschen Truppen gesprengt, dabei erlitt die Kirche schwere Beschädigungen. Vom 17. bis 19. April durch Beschuß mit dem gesamten Inventar vernichtet. In die noch bestehenden Umfassungsmauern im nördlichen Anbau 1954 eine kleine Notkirche eingefügt.

Kunstdenkmäler/Lebus, S. 257 ff.

Schulzendorf (Kreis Bad Freienwalde)

Schloß Im Kern ein Bau vom Ende des 16. Jh., in seiner letzten Gestalt im wesentlichen aus dem Anfang des 19. Jh. Umgeben von Park und Gartenanlagen der Mitte des 19. Jh.
1945 ausgebrannt, die Ruine beseitigt.

Fontane/Oderland, S. 496. R. Schmidt: Aus der Pfuelen Land, Band I, S. 181. Oberbarnimer Kreiskalender 1929, S. 155; 1930, S. 35. Rave, S. 178. Engel/Schlott-Kotschote, S. 271

Schwedt/Oder
(Stadtkreis Schwedt/Oder)

Die um 1250 von den Brandenburger Markgrafen gegründete und 1265 als civitas erwähnte Stadt entstand neben einem slawischen Kietz und der den Oderübergang schützenden Burg an der Straße von Berlin nach Stettin. Nach Feuersbrunst 1681 barocke Neuanlage nach Plänen von M. M. Smids in Gestalt eines regelmäßigen Rechtecks mit gitterförmig breitem Straßennetz. An der den Oderübergang fortsetzenden Verkehrsader der quadratische Marktplatz und der Kirchplatz. Mit dem Ausbau zur Residenz der Schwedter Markgrafen seit 1670 entstand nördlich zu seiten der Altstadt ein neues Schloßviertel mit der axial auf die Residenz ausgerichteten Schloßfreiheit. Altstadt und Schloßviertel damals in regelmäßigem Rechteck durch eine Zollmauer umschlossen und von den Vorstädten abgegrenzt. In dieser barocken Gestalt war die Stadt bis zur Zerstörung im wesentlichen erhalten.

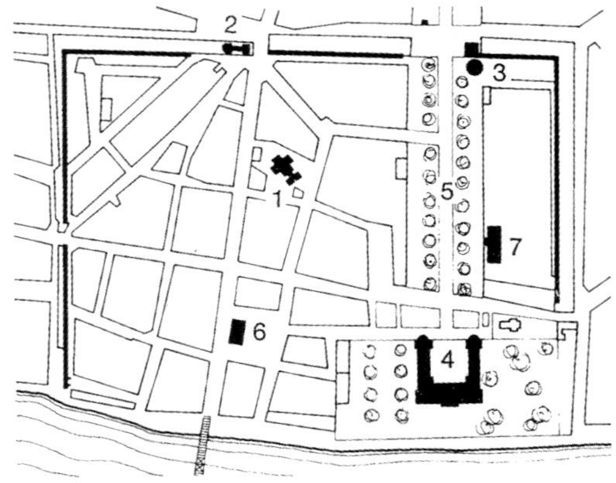

Die Beschießung der zum Festungsbereich erklärten Stadt begann am 7. Februar 1945 und steigerte sich bis gegen Mitte April. Nach Ablehnung der kampflosen Übergabe ging Schwedt am 20. April durch Artilleriefeuer und Bombenangriffe fast ganz in Flammen auf und wurde zu rund 85 % vernichtet. Wiederaufbau der Stadt zum Teil im Anschluß an das alte Straßennetz.

Bergau, S. 696 ff. Kunstdenkmäler/Angermünde, S. 199 ff., m. Abb. Böer. Dt. Städtebuch/Nordostdeutschl., S. 633 ff. Der Brückenkopf Schwedt Januar bis Mai 1945, Die Zerstörung der Stadt Schwedt am 20. 4. 1945 in drei Tagebuchaufzeichnungen, zusammengestellt und ergänzt von O. Borriess (unveröffentl. Manuskript im Stadtarchiv Schwedt). Hdb. Hist. Stätten, S. 351 ff.

Stadtkirche St. Katharinen Kreuzförmige Anlage, im Kern mittelalterlich, im 16. und 17. Jh. umgebaut. Nach Brand 1887–1889 durch L. Dihm im neogotischen Stil durchgreifend erneuert. Im damals weitgehend veränderten Inneren eine Renaissancekanzel von etwa 1580 und aus der gleichen Zeit das wohl einer Lübecker Werkstatt entstammende hölzerne Altarretabel, eine der bedeutendsten Renaissancearbeiten in der Mark Brandenburg. Ferner erwähnenswert reiche Epitaphien.
Am 18. April 1945 infolge von Beschuß und Übergreifen des Feuers von dem benachbarten »Ortmeierschen Speicher« mit der gesamten Innenausstattung ausgebrannt. 1949/50 Wiederaufbau in vereinfachter Form.

Bergau, S. 698. Kunstdenkmäler/Angermünde, S. 215 ff., Abb. 127–131, Taf. 11–14. Böer, S. 26 f., Abb. 5. Engel/Schlott-Kotschote, S. 271

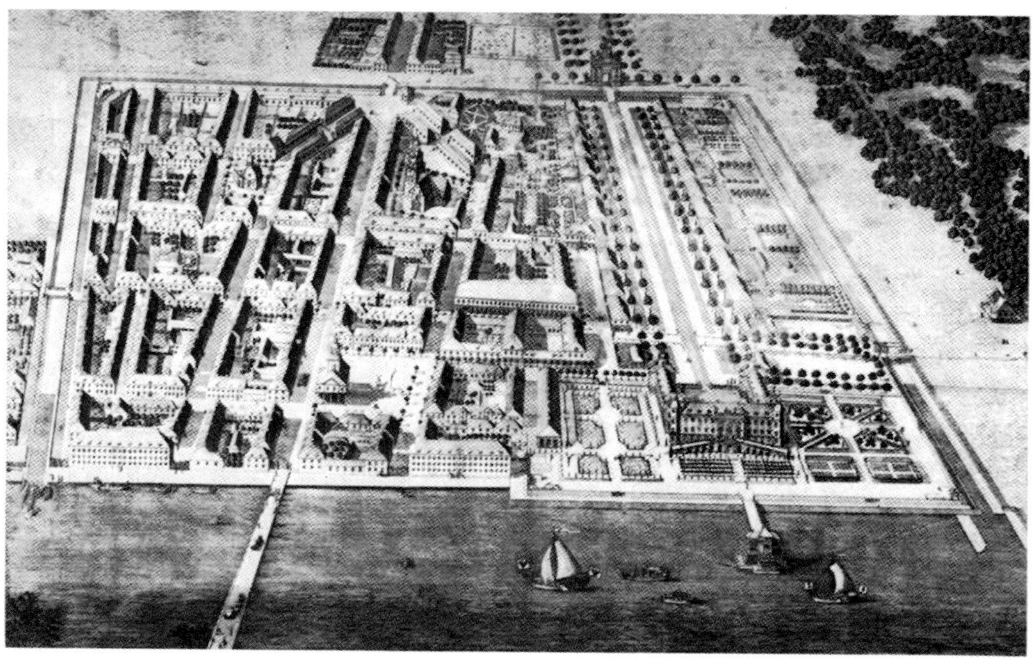

Links: Schöneiche, Schloß, Ansicht der Parkseite (nach Duncker), Treppenhaus und Deckengemälde im Gartensaal
Rechts unten: Schwedt/Oder, alte Stadtansicht aus der Vogelperspektive (Kupferstich nach D. H. Richter, 1741)

Rechts oben: Schwedt/Oder, Grundriß der Altstadt, 1 Stadtkirche St. Katharinen, 2 Katholische Kirche, 3 Französische Kirche, 4 Schloß, 5 Schloßfreiheit, 6 Altes Rathaus, 7 Neues Rathaus

Schloß Residenz der Markgrafen von Brandenburg-Schwedt am Ufer der Oder. Eines der Hauptbeispiele des nachschlüterschen Barock in Preußen. Repräsentative symmetrische Dreiflügelanlage von drei Geschossen. Anstelle der aus dem Mittelalter und der Renaissance stammenden Vorgängerbauten aufgeführt in mehreren Bauperioden: Der Mitteltrakt, das spätere Corps de Logis, entstand 1670–1688 durch C. Ryckwaert; 1701–1704 von C. v. Linger der nördliche Seitenflügel angefügt, während einer dritten Bauperiode 1719–1724 gab M. H. Böhme dem Schloß seine endgültige Gestalt durch den Bau des südlichen Seitenflügels mit der Schloßkirche sowie des nördlichen Flügelabschlusses und verlieh den Fassaden eine einheitliche Form. Das Corps de Logis mit beiderseits risalitartig vortretendem Mittelbau und Ecktürmen unter barocken Hau-

Schwedt/Oder, Schloß
Links oben: Blick in den Ehrenhof (Kupferstich nach D. H. Richter) und Luftbild der Gesamtanlage
Rechts oben: Gartenseite des Corps de Logis, nach der Zerstörung
Rechts Mitte: Spalierzimmer (»Rosenlaube«)
Unten: Rittersaal und Kaminaufsatz

Bergau, S. 698 ff., Fig. 254. W. van Kempen: Der Baumeister Cornelius Ryckwaert, in: Marburger Jb. f. Kunstwiss., 1. Bd. 1924, S. 195 ff. Kunstdenkmäler/Angermünde, S. 221 ff., Abb. 133–151, Taf. 15–19. A. Oncken: F. Gilly, Berlin 1935, S. 88 f., Taf. 71. Böer, S. 8 ff. Rave, S. 178. Fricke, S. 8 f. L. Böer: Das Schwedter Schloß, in: Schwedter Heimatblätter, Beilage zum Schwedter Tageblatt 15. Jg. 1943 Nr. 7–12; 16. Jg. 1944 Nr. 2–4, 6–8, 10, 11, m. Abb. (gründlichste Monographie über den Bau). R. Petras-Hoffmann: Friedrich Wilhelm Diterichs und die Entwicklung des nachschlüterschen Barock und Rokoko in Berlin, Berlin, Phil. Diss., in: Wiss. Zeitschr. d. Humboldt-Universität Berlin, Jg. II, 1952/53, S. 22 ff., 43, m. Abb. H. Müller: Naturillusion in der Innenraumkunst des späteren 18. Jahrhunderts, Göttingen, Phil. Diss. 1957, S. 1 ff. Engel/Schlott-Kotschote, S. 271. H. A. Frenzel: Brandenburgisch-preußische Schloßtheater, Berlin 1959, S. 122 ff., Abb. 38, 39. Engel, S. 109 f., Abb. S. 212. U. v. Alvensleben: Besuche vor dem Untergang, Berlin 1968, S. 97. (Fotos im Institut für Denkmalpflege Berlin)

Schloßfreiheit Um 1680 angelegt. Repräsentative Lindenallee in der Hauptachse des Schlosses mit bemerkenswerten Häusern des 18. und 19. Jh., vornehmlich für Beamte des markgräflichen Hofes. Hervorzuheben sind: »Hotel zum Markgrafen«, erbaut Anfang des 18. Jh. als Fürstenhaus zur Beherbergung vornehmer Gäste der Markgrafen, seit Ende des 19. Jh. Hotel; Arnimsches Palais, ein Bau der Schinkelnachfolge aus der Mitte des 19. Jh., seit 1907 Neues Rathaus; Predigerhaus der französischen Gemeinde, 1779 von G. W. Berlischky.
Die Häuser am 20. April 1945 weitgehend vernichtet. Beseitigung der Trümmer bis 1948, seit 1959 Bebauung mit modernen Großblock-Wohnbauten (Leninallee).

E. Westermann: Von Schloßfreiheit-Häusern und ihren Bewohnern, in: Schwedter Heimatblätter, Beilage zum Schwedter Tageblatt 1930 Nr. 2. Böer, S. 8 f. E. Westermann: Aus der Baugeschichte des Schwedter Neuen Rathauses, in: Schwedter Heimatblätter, Beilage zum Schwedter Tageblatt 1937 Nr. 14, 15, m. Abb.

Markgräflicher Marstall (am Paradeplatz zwischen Berliner und Schloßstraße). Erbaut 1722 bis 1724 nach Entwurf von M. H. Böhme. Die Stallgebäude um einen Hof gruppiert, eine Seite durch den Reitstall abgeschlossen; darin seit 1938 die Sammlungen des Heimatmuseums.
Am 18. April 1945 infolge von Granatbeschuß ausgebrannt und vernichtet. Die Museumsbestände verloren.

Böer, S. 10. Fricke, S. 8 f. Engel/Schlott-Kotschote, S. 271

Paradeplatz Ursprünglich ein Teil der Schloßfreiheit mit Häusern des 18. und 19. Jh. Hervorzuheben die Alte Post, ein klassizistischer Bau der Zeit um 1800 mit Innenhof des 18. Jh., ferner die 1853 anstelle eines älteren Baues entstandene Reitbahn des ehemaligen Kavallerieregiments (sowie der oben genannte Marstall).
Am 20. April 1945 vernichtet, die Ruinen später beseitigt. Der Platz modern überbaut.

Böer, S. 10. Engel/Schlott-Kotschote, S. 271

ben, die Seitenflügel gleichfalls in kuppelartigen Turmpavillons endend. Die Fassaden durch Pilasterordnungen und Putzlisenen vertikal gegliedert, vor der Wasserfront große Auffahrtsrampe von 1711. Das ursprünglich horizontale Gebälk über den Mittelrisaliten 1896 von Kavel durch Dreieckgiebel verändert. Im Inneren wertvoll ausgestattete Räume mit reichen Stukkaturen sowohl aus der Periode des vorschlüterschen Barock als auch der Schlüternachfolge. Die repräsentative Raumfolge des Mittelbaus bestehend aus dem hofseitigen Treppenhaus mit gartenseitig anschließender Sala-terrena und dem darüber gelegenen prächtigen Rittersaal, letzterer in seiner endgültigen Gestalt aus der Zeit des Umbaus von Böhme. Das Innere der Schloßkirche im südlichen Seitenflügel mit umlaufender Empore, Kanzelaltar, darüber angeordneter Orgel und Herrschaftsloge wohl von F. W. Diterichs 1733 beendet. Aus dem Jahre 1795 eine von F. Gilly ausgestaltete Raumfolge im nördlichen Corps de Logis; hervorzuheben sind das Teezimmer mit gemalter Tapete und die sogenannte Rosenlaube in der Art frühklassizistischer Lauben- und Spalierzimmer. Die mit reichen Beständen an Möbeln und Gemälden ausgestatteten historischen Räume waren museal zugänglich. Außerdem befanden sich im Schloß ein Jagdmuseum und zeitweilig das Schwedter Heimatmuseum. Um die Schloßanlage ein Lustgarten aus der Zeit des barocken Schloßumbaus, später von P. J. Lenné landschaftsgärtnerisch verändert. Darin eine 1727 wohl ebenfalls von M. H. Böhme erbaute und 1783 durch G. F. Bouman d. J. aufgestockte Orangerie.
Am 20. April 1945 brannte das von Bomben und Granaten getroffene Schloß mit dem gesamten Inventar und allen Nebengebäuden bis auf die Umfassungsmauern aus. Teile der Oderfront wurden durch Artilleriebeschuß beschädigt. Beseitigung der Ruine im Oktober/November 1961. Erhalten blieb eine 1740 datierte Sonnenuhr aus dem Schloßgarten, jetzt im Parkgelände »Heinrichslust«.

Schwedt/Oder, Schloß
Oben: Inneres der Schloßkirche
Unten: Teezimmer

Altes Rathaus (an dem mit Häusern des 18. und 19. Jh. umgebenen Marktplatz). Erbaut 1774/75 durch G. W. Berlischky in den Formen des Spätbarocken Klassizismus. Eingeschossiger Bau von 9:3 Achsen auf hohem Sockelgeschoß mit Walmdach. Die Eingangsfront durch einen Risalit mit Dreieckgiebel und breitem Treppenpodest betont, darüber ein hoher Glockenturm mit pyramidenförmig gekrönter Laterne. Das regelmäßig disponierte Innere nicht in der ursprünglichen Gestalt erhalten, sondern im 19. und 20. Jh. verändert.
Am 20. April 1945 ausgebrannt, die Ruinenreste 1946/47 im Zuge der allgemeinen Enttrümmerung beseitigt.

Kunstdenkmäler/Angermünde, S. 239 f., Abb. 152. L. Böer: G. W. Berlischky, Angermünde 1935, S. 45 ff., Abb. 1, 2. Böer, S. 24, Abb. 15. Engel/Schlott-Kotschote, S. 271

Seelow (Kreis Seelow)

Am Abfall der Lebuser Hochfläche zum Oderbruch in der ersten Hälfte des 13. Jh. als großes Dorf mit Pfarrkirche gegründet, 1278 oppidum. Die Siedlung beiderseits rechtwinklig sich kreuzender Handelsstraßen in Form eines langgezogenen Dreiecks mit Markt, einigen Längs- und Querstraßen, ohne Mauern und Tore. Mehrfach durch Brände zerstört. An älteren Bürgerhäusern im Stadtkern einige eingeschossige Fachwerkbauten vom Ende des 18. Jh., ferner schlichte zweigeschossige Putzbauten aus der Zeit nach dem Stadtbrand von 1809.
Während der Kämpfe an der Oder, vornehmlich am 16. April 1945, durch Beschuß weitgehend zerstört. Teilwiederaufbau in Anlehnung an das alte Straßennetz.

Kunstdenkmäler/Lebus, S. 259 ff., Abb. 253–260. Dt. Städtebuch/Nordostdeutschl., S. 638 f. Hdb. Hist. Stätten, S. 355 f.

Stadtpfarrkirche Anstelle einer 1820 teilweise eingestürzten mittelalterlich-gotischen Anlage erbaut 1830–1832 nach Entwürfen von Siedler unter maßgeblicher Beteiligung K. F. Schinkels; einer der reifsten Sakralbauten aus dessen Spätzeit. Langgestreckter einschiffiger Putzbau mit halbrunder Apsis und hohem Westturm. Das Innere des in »antiken« Formen gehaltenen Baues als Emporenkirche mit dreiseitigen, von dorischen Säulenstellungen getragenen zweigeschossigen Rängen angelegt; in der Apsis ein Kanzelaltar.
Am 11. April 1945 der Kirchturm aus militärischen Gründen gesprengt, wobei die Trümmer in das Kirchenschiff fielen und es erheblich beschädigten. Seit 1956 Wiederaufbau der Ruine. Dabei lediglich das Äußere mit Ausnahme des Turmes in den alten Formen wiederhergestellt, das modernisierte Kirchenschiff unter Verzicht auf die Schinkelsche Emporenstellung durch den Einbau eines Gemeindesaales im Westen stark verkürzt.

Kunstdenkmäler/Lebus, S. 263 ff., Abb. 254–259. Engel/Schlott-Kotschote, S. 271. Schinkelwerk/Mark Brandenburg, S. 199 ff., Abb. 189–191

Sommerfelde (Kreis Eberswalde)

Kirche Anstelle eines älteren Vorgängerbaus aufgeführt 1741. Einschiffiger barocker Backsteinputzbau mit eingezogenem Turm und östlicher Sakristei. Das Schiff mit schlanken Stichbogenfenstern und Schlußsteinen, an der Nordseite der Haupteingang.
1945 mit dem gesamten Inventar zerstört, die Ruine später abgebrochen.

Links oben: Schwedt/Oder, Rathaus
Rechts: Seelow, Stadtpfarrkirche, Choransicht sowie Inneres vor und nach der Zerstörung

Sophiental (Kreis Seelow)

Kirche Errichtet 1829–1834 im Typ Schinkelscher Normalkirchen. Rechteckiger turmloser Saal in Backsteinfachwerk mit Satteldach. Die schlichte Ausstattung des flachgedeckten Inneren aus der Erbauungszeit.
Im April 1945 zerstört, die Reste beseitigt.

Kunstdenkmäler/Lebus, S. 272. Schinkelwerk/Mark Brandenburg, S. 197, Abb. 188

Sternebeck-Harnekop, Ortsteil Harnekop (Kreis Bad Freienwalde)

Schloß »Monchoix« Erbaut um 1770 für den russischen Gesandten Fürst Golowkin. Barocker zweigeschossiger Putzbau von 13 Achsen mit hohem Mansarddach und durch Türen betonter Mittelachse. Nach 1919 teilweise umgebaut. Im Inneren eine breite Holztreppe aus der Erbauungszeit und ein Zeltzimmer in Art des Schinkelschen Humboldtzimmers im Potsdamer Schloß Charlottenhof. Das Schloß umgeben von einem seit 1774 angelegten weiträumigen Landschaftspark zwischen zwei Seen mit einem durch das Wasser geführten Damm als Schloßauffahrt.
1945 ausgebrannt, die Reste später abgetragen. Der Park im wesentlichen erhalten.

R. Schmidt-Eberswalde, in: Oberbarnimer Kreiskalender 1928, S. 29 ff., Abb. S. 30. R. Schmidt: Harnekoper Merkwürdigkeiten, in: Oberbarnimer Kreiskalender 14, 1925, S. 111 ff. m. Abb. O. Albrecht, in: Oberbarnimer Kreiskalender 1937, S. 30 ff., Abb. 1–5. Rave, S. 61, m. Abb. Engel/Schlott-Kotschote, S. 250. Engel, S. 105

Storkow (Kreis Beeskow)

Anstelle einer slawischen Sumpfburg dörfliche Siedlung mit Kirche und anschließender Marktsiedlung, 1209 erstmalig genannt. Der städtische Kern ohne Befestigung in Form eines Rechtecks beiderseits der Straße mit langgestrecktem Markt, Rathaus und wenigen Gassen. Am Stadtrand die Reste der Burg. Die Häuser vorwiegend schlichte Putzbauten des 19. Jh.
Die durch SS verteidigte Stadt bei einem Bombenangriff am 20. April 1945 und während der Kämpfe südöstlich Berlins zwischen dem 23. und 26. April durch Beschuß erheblich beschädigt, besonders im Zentrum um Markt und Kirche. Die Burg erhalten. Der Wiederaufbau folgt der alten Grundrißeinteilung.

Bergau, S. 739 f. Dt. Städtebuch/Nordostdeutschl., S. 650 f. Hdb. Hist. Stätten, S. 367 f.

Pfarrkirche Einschiffiger spätgotischer Backsteinsaal mit eingezogenem polygonalem Chor. 1896 umgebaut. Schiff und Chor ehemals mit Sterngewölben. Auf der Nordseite ein zweigeschossiger Sakristeianbau mit Ziergiebeln und der 1896 neugebaute Turm, an der Südseite sterngewölbte Vorhalle. Die Ausstattung des Inneren größtenteils aus der Zeit des Umbaus.
Am 25. April 1945 infolge von Beschuß bis auf die Umfassungsmauern ausgebrannt, wenig später stürzte der Westgiebel ein und zerstörte die Gewölbe. 1949–1951 Wiederaufbau in veränderter Form, dabei die Wölbungen durch flache Holzdecke ersetzt.

Bergau, S. 740. W. Schultze: Chronik der Stadt Storkow, Storkow 1897, S. 35 f. Holz: Storkow einst und jetzt, in: Kreiskalender für den Kreis Beeskow-Storkow 1939, m. Abb. Dehio/Nordostdeutschl., S. 463. Engel/Schlott-Kotschote, S. 274. Möller, S. 201 f.

Rathaus (auf dem Markt). Erbaut 1849/50 nach Entwürfen von Pasewalk in italienischen Renaissanceformen der Schinkelschule. Kubischer zweigeschossiger Putzbau von 4:3 Achsen mit einem von niedrigen Seitenflügeln begleiteten Vorhof und dahinter hoch aufragendem Turm an der Fassadenmitte.
Am 25. April 1945 durch Beschuß bis auf die Umfassungsmauern ausgebrannt, die Ruine später abgetragen. Ein Relief mit dem Stadtwappen über dem Eingang zur Burg eingefügt.

W. Schultze: Chronik der Stadt Storkow, Storkow 1897, S. 105 f.

Tempelberg (Kreis Fürstenwalde)

Gutshaus Errichtet um 1800 in den Formen des Spätbarocken Klassizismus. Zweigeschossiger verputzter Rechteckbau von 12:4 Achsen unter hohem Mansarddach. Die Hauptfassade durch Pilaster in Mittel- und Eckrisalite geteilt, die Mittelachse durch ein verdachtes Portal hinter podestartigem Treppenvorbau akzentuiert.
Bei Kampfhandlungen im April 1945 in Brand geschossen und mit dem Inventar völlig ausgebrannt. Die Reste später beseitigt.

Fontane/Oderland, S. 444. Kunstdenkmäler/Lebus, S. 278. Lebuser Kreiskalender, Jg. 1920, Abb. S. 74. Engel/Schlott-Kotschote, S. 275. Hdb. Hist. Stätten, S. 374

Trebus (Kreis Fürstenwalde)

Kirche Verputzter Feldsteinsaal, im Kern aus der zweiten Hälfte des 13. Jh. Um 1745 barock umgestaltet und mit Turmaufsatz aus Fachwerk versehen, gleichzeitig die schlichte Ausstattung.
Ende des Krieges als Militärdepot benutzt, Anfang April 1945 angesteckt und völlig ausgebrannt. 1953–1955 unter Verwendung des alten Mauerwerks wiederaufgebaut, der Turmaufsatz etwas niedriger rekonstruiert. Einbauten modern.

Kunstdenkmäler/Lebus, S. 281 ff.

Treplin (Kreis Seelow)

Kirche Erbaut 1873–1875. Einschiffiger neogotischer Backsteinbau mit abgesetzter 5/8-Apsis und Westturm sowie Sakristeianbau an der Nordseite. Die Ausstattung aus der Erbauungszeit; von einem älteren Vorgängerbau das Holzrelief einer Kreuzabnahme aus dem 17. Jh. sowie Reste einer Kanzel aus der gleichen Zeit.
Im April 1945 durch Beschuß beschädigt, jetzt Ruine. Das Relief der Kreuzabnahme im Pfarrhaus erhalten.

Kunstdenkmäler/Lebus, S. 275 f., Abb. 282, 283

Vierraden (Kreis Angermünde)

Kirche Anstelle eines abgebrannten Vorgängerbaus errichtet 1788 durch G. W. Berlischky. Massiver spätbarocker Putzbau in Saalform mit polygonalem Chorschluß und schiffsbreitem, über

Links oben: Sophiental, Kirche
Rechts: Sternebeck-Harnekop, Ortsteil Harnekop, Schloß »Monchoix«, Parkseite und Zeltzimmer
Unten: Storkow, Rathaus

dem Dach quadratisch einspringendem Westturm mit geschweifter Haube. An den Ecken Putzquaderungen, die Wände durch schlanke Stichbogenfenster gegliedert, vor den seitlichen Portalen windfangähnliche Vorbauten. Der 5/12-Ostschluß sowie die Sakristei an der Nordseite Erweiterungen aus der Zeit um 1900. Im flachgedeckten Inneren beiderseitig Emporen sowie ein Kanzelaltar aus der Erbauungszeit.
Bei den schweren Kämpfen um den Ort am 19./20. April 1945 durch Brandbomben getroffen und ausgebrannt. Jetzt Ruine.

Bergau, S. 767 ff. Ohle: Die Besiedlung der Uckermark und die Geschichte ihrer Dorfkirchen, Prenzlau 1913, S. 30, Abb. 9, 10, 13. Kunstdenkmäler/Angermünde, S. 248 ff. L. Böer: G. W. Berlischky, Angermünde 1935, S. 68 ff., Abb. 10–12. Engel/Schlott-Kotschote, S. 276. Hdb. Hist. Stätten, S. 385 f.

Wriezen (Kreis Bad Freienwalde)

An der Alten Oder und der Kreuzung wichtiger Handelsstraßen. Nach 1230 als Marktsiedlung gegründet, 1337 mit Magdeburger Stadtrecht ausgestattet. Wirtschaftlicher Hauptort des Oderbruchs. Planmäßige Anlage im Kolonialschema mit großem Markt als Mittelpunkt und gitterförmigem Straßennetz. Am Nordostrand schon früh um einen zweiten kleinen Markt und einige Straßen erweitert. 1746–1753 Verlegung des Oderbettes und Trockenlegung des Bruchs. 1766 Anlage einer friderizianischen Webersiedlung an der Südseite. Die Häuser in der Regel ein- und zweigeschossige Putzbauten des 18. und 19. Jh. (u. a. Oderstraße 1, 12 und 28).
Der im Februar 1945 zur Festung erklärte Ort am 16./17. April 1945 bei den Kämpfen an der Oder durch Beschuß und Kampfhandlungen zu 92 % vernichtet.

Bergau, S. 789 f. R. Schmidt: Wriezen als Handelsstadt, in: Oberbarnimer Kreiskalender 1927, S. 77 ff., Abb. 11–13. R. Schmidt: Wriezen, 2 Bde., Freienwalde 1931/32. Dt. Städtebuch/Nordostdeutschl., S. 76 ff. Hdb. Hist. Stätten, S. 397 f.

Stadtpfarrkirche St. Marien Anstelle eines frühgotischen Granitquaderbaus errichtet in der zweiten Hälfte des 15. Jh. (Weihe um 1500). Spätgotische Backsteinhalle von stattlichen Verhältnissen, bestehend aus dem dreischiffigen Langhaus von drei Jochen sowie einem abgesetzten niedrigen Chor von ebenfalls drei Jochen mit fünfseitigem Schluß; seine zweigeschossigen Abseiten

Wriezen, Stadtpfarrkirche St. Marien
Oben: Blick von Südosten
Unten: Inneres nach Nordwesten und Ansichten nach der Zerstörung

durch Arkaden abgetrennt. Im Inneren Sterngewölbe, die der Halle auf Achteckpfeilern. Dienste, Portal- und Fenstergewände mit gedrehten Taustäben. Der Westturm in schlichten Barockformen von 1736–1778. Im 1837/38 ausgebauten und veränderten Inneren Reste einer Kanzel von 1599, der Orgelchor im Westen mit 1729 entstandener Orgel von J. Wagner sowie Emporen in Langhaus und Chor.
Am 16./17. April 1945 während der Kämpfe um die Stadt infolge von Beschuß mit dem gesamten Inventar ausgebrannt. Schiff und Turm Ruine, Umfassungsmauern und Pfeiler erhalten, Gewölbe größtenteils eingestürzt. Im südlichen Seitenschiff 1951 Einbau einer Notkirche, die südliche Chorabseite seit 1952 als Gemeinderaum genutzt. Der Turm 1954/55 durch Einbau von vier Betondecken gesichert.

Bergau, S. 790. R. Schmidt: Zwei Turmknopfurkunden aus St. Marien zu Wriezen, in: Oberbarnimer Kreiskalender 1929, S. 63, 70, Abb. 1, 3; 1930, S. 124 ff. R. Schmidt: Wriezen, Freienwalde 1931, Bd. I, S. 159 ff. Dehio/Nordostdeutschl., S. 521. Engel/Schlott-Kotschote, S. 279. Möller, S. 186 f.

Rathaus Im Kern 14. Jh., ausgebaut im 15. Jh. Spätgotischer rechteckiger Ziegelbau mit hohen Staffelgiebeln. Nach Brand 1664 und in späterer Zeit mehrfach, zuletzt 1844, verändert. Im Inneren einige Räume mit Stern- und Kreuzgewölben aus der Erbauungszeit.
Am 16./17. April 1945 völlig zerstört.

Bergau, S. 790. Oberbarnimer Kreiskalender 1927, S. 38, Abb. 18. R. Schmidt: Wriezen, Freienwalde 1931, Bd. I, S. 69 ff. Dehio/Nordostdeutschl., S. 521. Engel/Schlott-Kotschote, S. 279

Zechin (Kreis Seelow)

Kirche Errichtet 1838/39 von Gersdorf im »Rundbogenstil« unter begutachtender Mitarbeit K. F. Schinkels. Nüchterner verputzter Backsteinbau mit Feldsteinsockel ohne Turm. Im flachgedeckten Inneren barockes Altarbild einer Kreuzigungsdarstellung.
Im Frühjahr 1945 durch Kriegseinwirkungen zerstört.

Kunstdenkmäler/Lebus, S. 303 f. Schinkelwerk/Mark Brandenburg, S. 209 f.

Wriezen, Rathaus

Bezirk Cottbus

Briesen (Kreis Cottbus)

Kirche Rechteckiger Saalbau des 15. Jh. in Backstein mit gestaffeltem Blendnischengiebel und spätgotischer Vorhalle im Süden. Das Backsteinmauerwerk ist durch schwarzglasierte Binder mit einem Rhombennetz dekoriert. Über der Westwand Dachreiter von 1804. Im Saalinneren Holztonne mit spätgotischer Malerei. Über der Südvorhalle Patronatsloge von 1673.
Kriegsbeschädigungen am Dachreiter und an der Holztonne. Die Schußlöcher in der Tonne führten zum Auswechseln von Brettern und damit zu fast gänzlichem Verlust der Deckenbemalung. Die beschädigte Patronatsloge samt ihrem Treppenhaus 1952 abgebrochen. 1954–1956 Freilegung der 1486 datierten Wandmalerei, einem umfassenden Zyklus von Passionsszenen, Heiligenfiguren und Drolerien. Ferner Umordnung der Ausstattungsstücke, Neubau von Orgel und zweigeschossiger Empore.

Bergau, S. 285 f. Inventar Cottbus, S. 50, Abb. 20–22, 143–157. Dehio/Nordostdeutschl., S. 84. P. Findeisen: Die Kirche in Briesen und ihre Wandmalereien, in: Letopis, Reihe C, 14. Jg. 1971, S. 73 ff.

Calau (Kreis Calau)

Stadtkirche Spätgotische dreischiffige Backstein-Hallenkirche mit Chorumgang und Westturm. Im Mittelschiff Rippennetzgewölbe, in den Seitenschiffen Kreuzgewölbe, im Chor Sterngewölbe. Achteckpfeiler mit einfachem Sockel, die spitzbogigen Arkaden abgetreppt. Wie bei anderen Stadt- und Dorfkirchen der Niederlausitz die unteren Chorinnenwände als Nischen ausgebildet. Die schräggestellten Strebepfeiler am Außenbau markieren eine Baunaht: ältester Bauteil die drei östlichen Langhausjoche in Feldstein-Backstein-Gemisch, jünger die beiden westlichen Joche der Halle mit dem Turm (wohl zweite Hälfte des 15. Jh.); von letzterem Bauabschnitt besonders die Blendengliederung am Giebel und das Westportal hervorzuheben. Die jetzige Sakristei im Norden wahrscheinlich Bestandteil des Vorgängerbaus. Die Südvorhalle mit dem Südportal anstelle einer älteren Sakristei. Nach dem Stadtbrand von 1635 wurde die abgebrannte Kirche von Ratsbaumeister Leibnitz wieder instand gesetzt. 1649 stürzte das oberste Geschoß des Turmes ein, ein weiterer Brand beschädigte 1658 das Dach, die Fenster und den Glockenstuhl; im Jahr darauf wurden die Glocken neu gegossen. Obwohl das achteckige Turmgeschoß der Wächterstube und die welsche Haube 1669 errichtet waren, galt der Turm bereits 1694 wieder als baufällig. Unter den Ausstattungsstücken sind der Altar von 1650 und die 1686 von A. Schmidt geschaffene Kanzel hervorzuheben.
In den letzten Kriegstagen 1945 wurden das Innere samt Ausstattung sowie die Turmhaube zerstört; die Gewölbe stürzten mit Ausnahme von drei Jochen ein. Instandsetzungsarbeiten begannen 1946 mit der Aufrichtung eines Notdaches über den stehengebliebenen Gewölben, ferner Abdeckung der Mauerkronen und Abstützung von Mauern, Pfeilern und Gurtbögen. 1947 folgte weitere Enttrümmerung, 1948 der Turm mit einem Notdach versehen. Seit 1949 Aufbauarbeiten: Zwischenpodeste und massive Treppe im Turm neu angelegt, 1950 Wiederaufbau von Pfeilern und Arkaden im Schiff, Errichtung des Dachstuhls und Eindeckung. Drei Joche wurden neu eingewölbt, so daß schließlich zwei Joche in allen drei Schiffen (Westseite) gewölbt waren, der übrige Raum mit Flachdecke abgeschlossen. Nach Abbruch des oberen oktogonalen Turmgeschosses 1962 Aufsatz eines pyramidalen Turmhelmes nach Entwurf von M. Hanke, Cottbus, das abschließende Kreuz von F. Kühn, Berlin. Verschiedene Ausstattungsstücke aus der Kapelle Vorberg übernommen.

Bergau, S. 432 f. R. Moderhack: Die ältere Geschichte der Stadt Calau in der Niederlausitz, Calau 1933. Dehio/Nordostdeutschl., S. 217. J. Helbig: Die Stadtkirche in Calau, Anmerkungen und Daten zur Baugeschichte des Turmes (Ms. im Institut für Denkmalpflege, Arbeitsstelle Dresden; dort auch Aufmaß des Zustandes vor der Zerstörung)

Cottbus (Stadtkreis Cottbus)

1156 wird Cottbus erstmals genannt, doch wird die Gründung des am westlichen Spreeufer gelegenen Ortes als deutscher Burgward für das 10. Jh. vermutet. In das 12. Jh. ist die regelmäßige Stadtanlage zu datieren; planmäßige Stadterweiterung mit Errichtung der Neustadt nach 1726. Die Fachwerkbauten der älteren Profanarchitektur durch mehrere Brände (zuletzt 1671) vernichtet. Als mittelalterliche Bauten treten im Stadtbild die Stadtbefestigung, die Oberpfarrkirche und die Kirche der vor 1300 hier ansässig gewordenen Franziskaner in Erscheinung. Wichtigstes Gewerbe war die Tuchmacherei, die besonders im 19. Jh. aufblühte. Die Stadt wuchs von etwa 2 000 Einwohnern um 1400 auf 5 500 um 1800 und auf 50 400 im Jahre 1925.
Am 17. April 1945 war die Rote Armee bis zur Spree vorgerückt. Bei den erbitterten Kämpfen um die Stadt Cottbus, die am 22. April im Sturm genommen wurde, entstanden schwere Schäden.
1952 wurde aus Teilen von vier ehemals preußischen Regierungsbezirken der heutige Bezirk Cottbus formiert: links der Neiße die Niederlausitz ohne deren Nordzipfel zwischen Lieberose und Eisenhüttenstadt, der nördliche Teil der Oberlausitz (Kreis Hoyerswerda und die nördliche Hälfte des früheren Kreises Rothenburg), nach Westen hin abgerundet durch die ostelbischen Kreise des alten Kurkreises; allein die große Enklave Cottbus-Peitz ist altes brandenburgisches Gebiet, während die übrigen Teile bis 1815 zu Sachsen gehörten, was deren nachmittelalterliche Architektur maßgeblich geprägt hat. Mit der Verwaltungsreform wurde die Grundlage für die Entwicklung zur Großstadt geschaffen.

G. Krüger: Die Geschichte der Stadt Cottbus, Cottbus 1930. Dt. Städtebuch/Nordostdeutschl., S. 517 ff. Inventar Cottbus, S. 57 ff.

Calau, Luftaufnahme der Stadt

Oberkirche St. Nikolai Das Stadtbild prägender, bedeutender Backsteinbau. Große dreischiffige Hallenkirche von acht Jochen und einem als Hallenumgangschor mit 7/12-Schluß gebildeten Ostschluß. Erbaut (nach Reißmann) einige Jahrzehnte vor der Mitte des 15. Jh. Mehrere Kapellenanbauten an den Langseiten tragen mit ihren Giebeln zur Variation des äußeren Bildes bei. Die beiden sich im vierten Joch des Langhauses gegenüberliegenden Kapellen sind als (angefügte) Querhaus-Erinnerung zu verstehen. Für die pseudobasilikale Überhöhung des Mittelschiffs und die Einwölbung in Sternen, Dreistrahlen und Parallelrippennetzen ist der Stadtbrand von 1468 als terminus postquem anzunehmen. Die mittelalterliche Ausstattung ging 1600 durch Brand verloren. Älter als der Hallenbau ist der (nach Mäkelt) um 1400 errichtete querrechteckige Turm im Westen, der im Norden um die Tiefe eines Treppenturmes einrückt und im Süden in der Flucht der Südpfeilerreihe liegt. Mit dem dritten Geschoß gereihter spitzbogiger Blenden in Rechteckrahmung verjüngt sich der Turm zum Achteck des Glockengeschosses. Der achteckige zweigeschossige Aufsatz mit welscher Haube, die Türmerwohnung von 1685. Die Erneuerungsarbeiten von 1911 gingen mit Steinauswechselungen sowie Ergänzungen der Giebel und Gesimse (Zinnenabschlüsse) sehr weit.
1945 brannte die Kirche aus, Turmhaube und Schiffsdach vernichtet, Einsturz von Pfeilern mit einem Teil der Gewölbe. An wichtigen Ausstattungsstücken gingen verloren: hölzerne Kanzel aus dem frühen 17. Jh., eine reiche Arbeit in Rollwerkformen über einem Engel als Korbträger, die Evangelisten in Nischen zwischen doppelten Säulenstellungen, der voluminöse Schalldeckel von Christus als Salvator mundi bekrönt; neogotische Einbauten von 1891/92 mit der bis zur Nordpfeilerreihe das Seitenschiff überdeckenden Nordempore, Orgel, Gestühl und späterer Orgelempore; sieben Pastorenbildnisse des 17.–19. Jh. Erhalten blieb der große Altar, ein dreigeschossiger Aufbau von Alabaster in Knorpelwerkformen, um 1600 von A. Schulze aus Torgau; 1963/64 neu gefaßt, die Wangen jedoch schon früher in den Museumsbestand übergegangen. – 1947 Beginn des Wiederaufbaus der Kirche. 1948 bis 1950 Instandsetzung der unteren Turmgeschosse, Heben und Aufstellen des abgestürzten Glockenstuhls. 1951–1960 Aufmauern der eingestürzten Schiffspfeiler, Erneuerung abgestürzter Mauerteile der Frontwände, deren Sicherung durch einen Stahlbetonringanker mit Querbalken, Wiederherstellung und Eindecken des Dachstuhls, Wiederherstellung des eingestürzten und Ausbesserung der noch vorhandenen Gewölbe. Des weiteren Innenarbeiten, dabei spätgotische Wandmalerei freigelegt mit Darstellung von Christus iudex (an einem Gewölbe) und Aposteln (an den Chorpfeilern). Seit 1955 der Chor wieder benutzbar. Rekonstruktion des Turmhelmes beschlossen, die des Dachreiters auf dem Langhausfirst dagegen nicht vorgesehen. Vervollständigung der Ausstattung durch barocken Orgelprospekt aus Hainichen (seit 1904 im dortigen Museum), Taufstein aus der Kapelle der Lichtenburg in Prettin und Kanzel der Marienkirche zu Frankfurt an der Oder.

Bergau, S. 460ff. Mäkelt: Die Oberkirche in Cottbus, in: Geschäftsbericht der brandenburgischen Provinzialkommission für Denkmalpflege und des Provinzialkonservators, 1911–1913, S. 139ff. Inventar Cottbus, S. 66ff., Abb. 29–33, 181–214. Dehio/Nordostdeutschl., S. 242

Rathaus Freistehend auf dem Marktplatz. Sowohl die Lage im Stadtgrundriß wie der zentrale rechteckige Teil mit der von Strebepfeilern gestützten Westwand bezeugen die Entstehung des Gebäudes im späten Mittelalter. Starke Veränderungen durch Umbauten von 1684–1690 (Treppenturm an der Ostseite mit offenem Glockengeschoß in Arkadenstellungen), Neubau des Ostflügels vor 1750 und Umbau des Inneren mit neuem Westgiebel von 1850/51. Den Zustand der

Cottbus
Rechts: Blick auf Rathaus und Oberkirche St. Nikolai
Links: Oberkirche St. Nikolai, Inneres nach Südosten und Osten sowie während der Wiederherstellung

Baugruppe vor dem letzten Umbau zeigt ein Aquarell von Karl Blechen (1814).
1945 zerstört, die Ruine später beseitigt.

O. Stern: Zur Baugeschichte des Cottbuser Rathauses, Cottbus 1915. Inventar Cottbus, S. 96

Ehemaliges Lyceum (nordwestlich der Oberkirche). Zuletzt Heimatmuseum. Die spätmittelalterliche Stadtschule wurde 1711 abgebrochen und 1715 durch einen Neubau an gleicher Stelle ersetzt. 1820 zum Gymnasium umgewandelt. Die Fassade des zweigeschossigen Fachwerkbaus mit fünfzehn Achsen zum Oberkirchplatz hin in drei Risalite, jeweils mit einem Portal, aufgegliedert. Über der Hauptachse ein Dachausbau, in das Mansarddach einschneidend. Der Mittelrisalit durch Stuckspiegel und Pilaster hervorgehoben. Die massive Front kann jünger sein als der übrige Bau, ähnlich der Superintendentur.
1945 zerstört, die Ruine später beseitigt. Das Heimatmuseum (Kreismuseum) jetzt in Schloß Branitz.

Inventar Cottbus, S. 96f., Abb. 250. O. Kloeppel: Heimische Bauweise in der Mark Brandenburg (hrsg. v. Architekten-Verein zu Berlin), Berlin 1910, Abb. 19, 21, 23

Die nachfolgend aufgeführten Wohnhäuser wurden 1945 zerstört und in der Folgezeit beräumt.

Altmarkt 7 Seit 1860 »Apotheke zum Goldenen Adler«. Dreigeschossiger, dreiachsiger Bau mit Walmdach. Die Mittelachse mittels Putzstreifen hervorgehoben, die Fenster des ersten Obergeschosses von waagerechtem Gebälk abgeschlossen. Das für ein Reihenhaus eigentümliche Walmdach ist kennzeichnend für die Mischung neuer klassizistischer Bauformen mit angestammten Frontbildungen. Über der Haustür in rundbogiger Nische ein Adler.

Inventar Cottbus, S. 99, Abb. 246

Altmarkt 8 Dreigeschossiges, sechsachsiges Wohnhaus von 1747 mit Walmdach. Die beiden mittleren Achsen von einem Giebel überhöht. Beim Umbau um 1900 Abnahme der Stukkatur, Anbau eines Erkers und Ladeneinbauten im Erdgeschoß.

Inventar Cottbus, S. 99

Berliner Straße 160 Zweigeschossiges, vierachsiges Giebelhaus aus der ersten Hälfte des 18. Jh. Der geschweifte Giebel von Pilastern gegliedert. Pilasterrahmung mit Gebälk auch an der Haustür; die Fensterfaschen stuckiert. Im Erdgeschoß (Flur) Kreuzgratgewölbe, ferner stuckierte Decken, teilweise mit figürlichen Reliefs.

Inventar Cottbus, S. 100

Berliner Straße 161 Einfaches zweigeschossiges Giebelhaus von 1849 in der Nachfolge der Häuser aus der ersten Hälfte des 18. Jh.

Inventar Cottbus, S. 101

Berliner Straße 162 Zweigeschossiges, dreiachsiges Giebelhaus des 18. Jh., verändert im 19. Jh.

Inventar Cottbus, S. 101

Marktstraße 5 Zweigeschossiges Eckhaus von 1734. Zur Marktstraße fünf Achsen, in der mittleren das flachbogige Einfahrtsportal. Gut erhalten die Putznutung im Erdgeschoß und die Eckquaderung. Im Walmdach großer Dachausbau.

Inventar Cottbus, S. 102, Abb. 265

Mönchsgasse 3 Zweigeschossiges Eckhaus von 1728 (?) mit flachbogigem Giebelabschluß zur Berliner Straße hin. Putzquaderung, Schlußsteine, Giebelvoluten usw. gehören zum geläufigen Bild dieses im 18. Jh. verbreiteten, noch dem 17. Jh. entstammenden Typus. Eine breite Kartusche im Giebelfeld, Akanthuslaub-Schlußsteine in den Fenstern des Giebels und ähnliche Verzierung des Ochsenauges darüber hatten den Giebel bis zum Umbau um 1930 hervorgehoben. Diese Restaurierung versuchte, durch die Rekonstruktion der Fensterschlußsteine im ersten Obergeschoß und das Gesimsband darüber das Bild der Fassade wiederherzustellen, veränderte jedoch durch die Vergrößerung der Läden im Erdgeschoß die Front empfindlich.

K. Eicke: Cottbus. Ein Beitrag zur Geschichte des deutschen Bürgerhauses, Cottbus 1917, S. 35, Abb. 35, Taf. 7. Inventar Cottbus, S. 103, Abb. 266

Spremberger Straße 13 Zweigeschossiges Traufenhaus von acht Achsen mit Satteldach, Putzquaderung und flachbogiger Tür.

Inventar Cottbus, S. 106

Spremberger Straße 34 Stattliches dreigeschossiges Wohnhaus, errichtet 1829 für Hofrat Wilke. Mit der Verwendung des Mittelrisalits noch in der Tradition der zweiten Hälfte des 18. Jh. stehend. Hervorzuheben der Festsaal im ersten Obergeschoß mit gemaltem Fries (antike Szenen) und Früchtestilleben als Supraporten.

K. Eicke: Cottbus. Ein Beitrag zur Geschichte des deutschen Bürgerhauses, Cottbus 1917, S. 57, Abb. 77, Taf. 31. Inventar Cottbus, S. 107. Dehio/Nordostdeutschl., S. 242f.

Dahme (Kreis Luckau)

Schloß Erbaut Ende des 17. Jh. als Wohnschloß der Herzöge von Sachsen-Weißenfels, im 19. Jh. als Gerichts- und Schulgebäude genutzt. Dreiflügelige Anlage, der Hauptbau dreieinhalbgeschossig, die Seitenflügel zweigeschossig. Der Hauptbau mit gequadertem Erdgeschoß, in der Mittelachse eine Durchfahrt, die Obergeschosse durch Pilaster- und Säulengliederung reich dekoriert.
Bei den Kämpfen um den 18. April 1945 zerstört.

Bergau, S. 311. Hdb. Hist. Stätten 10, S. 158 f.

Cottbus
Links oben: Rathaus
Rechts: Ehemaliges Lyceum; Marktstraße 5; Mönchsgasse 3

Forst/Lausitz (Kreis Forst)

Am Neißeübergang der Straße Cottbus – Lubsko (Sommerfeld) gelegen, wird die Stadt eine Gründung des 13. Jh. sein: schachbrettartiges Straßennetz, die Hauptstraße beiderseits von dem quadratischen Markt erweitert. Nach einem Brand im Jahre 1748 massiv wiederaufgebaut auf Veranlassung des Grafen Brühl nach einem begradigenden Plan J. Ch. Knöffels. Das um 1750 nur etwa 1500 Einwohner zählende Handwerkerstädtchen entwickelte sich im 19. Jh. zu einer Industriestadt der Tuchmacherei. Nach einer Reihe von Eingemeindungen gab es 1925 36 000 Einwohner, so daß die Stadt aus dem Kreis Sorau als eigener Stadtkreis ausschied.
Am 16./17. April 1945 überschritt die Rote Armee die Neiße, am 18. und 19. April verlief die Frontlinie nordwestlich von Forst; bei der Bombardierung der Stadt wurden die zweigeschossigen Wohnhäuser des 18. Jh. größtenteils zerstört.

J. Ch. Schneider: Chronik der Stadt und Standesherrschaft Forst, Guben 1840. Dt. Städtebuch/Nordostdeutschl., S. 531 ff. Inventar Sorau, S. 78 ff. Hdb. Hist. Stätten 10, S. 176 f.

Hauptkirche St. Nikolaus Erstmals erwähnt 1266. Dreischiffige Backstein-Hallenkirche von vier Jochen mit Umgangschor aus dem 14./15. Jh. Der Turm 1570 erbaut. Nach Brand von 1686 Einsturz der nördlichen Pfeilerreihe. Die stuckierten Flachdecken in den drei Schiffen, die Emporen von 1750–1753 und die seitlichen Treppenanbauten am Turm sind neben den rundbogigen Fenstern die wichtigsten Veränderungen des 18. Jh., ausgeführt nach Entwürfen des Dresdner Oberlandbaumeisters J. Ch. Knöffel. Neben der Lisenengliederung wirkt am Außenbau vor allem der Neuaufbau des Turmes mit fünf Geschossen und schön gegliedertem Achteckgeschoß mit Laterne. Die Öffnungen der Hauptrichtungen sind von flachen Dreieckgiebeln überfangen.
1945 brannte das Innere aus, das Achteckgeschoß des Turmes wurde mitsamt der Haube schwer beschädigt. Die nach Mitte des 18. Jh. entstandene Ausstattung wurde völlig zerstört, darunter der säulengetragene große Altaraufbau in Stuckmarmor, das Altarblatt, darstellend Joseph mit den Engeln, angeblich von A. R. Mengs; Orgelprospekt von 1755; hölzernes Lesepult vom Ende des 18. Jh.; ferner verschiedene bemerkenswerte Geräte, Kruzifixe, Bildnisse und Särge. 1950–1952 wurden der Turm gesichert, der Dachstuhl neu errichtet und im Schiff eine flache Decke eingezogen. Die Taufkapelle abgebrochen und neu errichtet. Von den bisher drei Emporen nur eine beibehalten. 1954 Neuweihe der Kirche.

Inventar Sorau, S. 84 ff., Abb. 61–63, 258–270, 274. W. Hentschel und W. May: Johann Christoph Knöffel, Der Architekt des sächsischen Rokoko, in: Abhandlungen der Sächsischen Akademie der Wissenschaften, Phil.-hist. Klasse, 64, H. 1, Berlin 1973, S. 148

Forst/Lausitz
Oben: Luftbild des Stadtkerns mit Hauptkirche St. Nikolaus
Links: Hauptkirche St. Nikolaus, nach dem Wiederaufbau; Inneres nach Westen
Rechts unten: Hauptkirche St. Nikolaus von Südosten

Landkirche (Wendische Kirche). Errichtet 1831/1832 zwischen Schloß und Neißebrücke anstelle eines 1826 abgebrochenen Vorgängerbaus. Der verputzte Backstein-Saalbau mit Walmdach und rechteckigem Chor. Dem einfachen Äußeren entsprechend die schlichte Inneneinrichtung der Erbauungszeit mit Altar, Orgel und Gestühl; erhalten ältere Altar- und Kanzelreste.
1945 mitsamt der Inneneinrichtung zerstört.
Inventar Sorau, S. 88, Abb. 64, 271–273

Jahnsches Schloß Dreigeschossiger Putzbau mit mittlerer Durchfahrt. Das Haus des 16. Jh., auf das die gewölbten Räume im Erdgeschoß hinweisen, um 1800 umgebaut. Rechtwinklig dazu die im 19. Jh. angefügten Seitenflügel.
1945 völlig zerstört.
Inventar Sorau, S. 89, Abb. 60, 64, 254

Rathaus Dem dreigeschossigen, siebenachsigen Bau von 1748/56 wurde 1845 ein Halbgeschoß mit flachem Satteldach aufgesetzt. Das Erdgeschoß von rundbogigen Fenstern und der Durchfahrt in der Mittelachse gegliedert, die beiden Obergeschosse durch eine breite Lisenengliederung zusammengefaßt. Die Auszeichnung der Mittelachse durch den Balkon über der Durchfahrt und das Wappen der Herrschaft über dem gesprengten Giebel der Fenstertür fortgesetzt. Im Zusammenhang mit dem 1748 von J. Ch. Knöffel aufgestellten Bebauungsplan der Stadt liegt seine (stilkritisch durchaus mögliche) Entwurfsarbeit für den Rathausneubau nahe.
1945 zerstört.
Inventar Sorau, S. 89, Abb. 280. W. Hentschel und W. May: Johann Christoph Knöffel, Der Architekt des sächsischen Rokoko, in: Abhandlungen der Sächsischen Akademie der Wissenschaften, Phil.-hist. Klasse, 64, H. 1, Berlin 1973, S. 150

Ehemaliges Amtshaus Zweigeschossiger, lisenengegliederter Bau des 17./18. Jh. von 7:4 Achsen mit Walmdach. Das flachbogig geschlossene Portal rustiziert umrahmt. Im Erdgeschoß zwei Räume mit Kreuzgratgewölben.
1945 Zerstörung des Daches und der gesamten Innenarchitektur. 1956–1958 Dachstuhlbau, Bedachungsarbeiten und Deckeneinzug.
Inventar Sorau, S. 89 f., Abb. 65, 66, 279

Forst, Ortsteil Eulo (Kreis Forst)

Kirche Strebepfeilerbesetzter Feldstein-Saalbau des 15. Jh. mit polygonalem Schluß. 1854 im Westen angefügt der eingezogene Turm, dessen Eckpfeiler über die Brüstungshöhe hinausragen; als Abschluß hoher pyramidaler Helm.
1945 Beschußschäden am Turmmauerwerk.
Bergau, S. 334. Inventar Sorau, S. 76 f., Abb. 58, 242 bis 250. Dehio/Nordostdeutschl., S. 130

Hoyerswerda (Kreis Hoyerswerda)

Dem 1268 als Adelssitz genannten Ort verlieh Kaiser Karl IV. 1371 das Marktrecht. Eine regelmäßige Ortsanlage war durch die Lage der Ansiedlung auf den Werdern der Schwarzen Elster erschwert. Der quadratische Marktplatz liegt seitlich der Straße Senftenberg–Bautzen. Als Kreisstadt und Bahnknotenpunkt wuchs der Ort im 19. Jh. rasch.
Neben den aufgeführten Kirchen wurden gegen Kriegsende die meist zweigeschossigen Häuser an der West- und Südseite des Marktes schwer getroffen; ihre Trümmer sind im Zuge des Wiederaufbaus beräumt worden. Mit der Gründung des Kombinats Schwarze Pumpe am 31. August 1955 wurde ein grundlegender Wandel in der Stadtstruktur eingeleitet: Nach einem Bebauungsplan R. Paulicks begann 1957 der Bau von Hoyerswerda-Neustadt (1971 61 500 Einwohner).
Dt. Städtebuch/Nordostdeutschl., S. 777 f. Hdb. Hist. Stätten 8, S. 152 ff.

Stadtkirche St. Johannis 1346 erstmals erwähnt. Spätgotische dreischiffige Hallenkirche von sechs Jochen, in gleicher Breite der Chor mit 5/10-Schluß. Fünf Pfeilerpaare tragen ein Sterngewölbe mit Ziegelrippen. Bruchsteinbau, der Westgiebel aus Ziegelmauerwerk, Ende 15. Jh. An der Westseite der eingezogene strebepfeilerbesetzte Turm von 1526 mit dreigeschossigem, oktogonalem Aufsatz, der 1850/51 mit hohem Zeltdach und Wimpergen erhöht wurde, gleichzeitig die Turmgesimse mit Rundbogenfriesen ausgezeichnet. Zuvor schloß der Turm mit einfacher welscher Haube und Laterne ab.
1945 brannte das Innere mit dem Dachstuhl aus. Die Turmhaube war verloren und auch die Ausstattung restlos zerstört: Altar mit Kreuzigung Christi von 1690, Orgel von 1607, Kanzel aus der ersten Hälfte des 18. Jh., Epitaphien des 16./17. Jh., Gemälde Christus und die Kinder, 1582, Innungsscheiben des 16./17. Jh. – Auf Grund eines Gutachtens von 1947 mußte das Oktogon des Turmes abgetragen werden; ein Bombenein-

Links oben: Hoyerswerda, Blick auf die Stadtkirche St. Johannis
Rechts oben: Hoyerswerda, Stadtkirche St. Johannis, Teil des Chores nach der Zerstörung
Links unten: Forst/Lausitz, Rathaus
Rechts unten: Forst/Lausitz, Ehemaliges Amtshaus

schlag im Winkel neben dem Turm und der Westwand des Schiffes hatte wohl die Schäden im Mauerwerk des Giebels verursacht. 1951 wurde der Turm mit einem Notdach gesichert, 1954 der Dachstuhl des Schiffes errichtet und das Dach eingedeckt. 1963 war das Innere fertiggestellt, wobei man sich auf die Errichtung einer im Mittelschiff ausschwingenden Westempore beschränkte. Die Ausstattung konnte in der Folgezeit durch den Spätrenaissancealtar aus Zabeltitz, eine neue hölzerne Kanzel in Renaissanceformen (1965) und eine Orgel (1967) ergänzt werden.
Inventar Oberlausitz, S. 783 ff.

Kreuzkirche Erbaut 1754 als Begräbniskirche auf dem Kirchhof vor dem Wittichenauer Tor. Rechteckiger Saalbau mit Walmdach und kleinem Dachreiter mit kräftig ausschwingender Haube, die Fenster korbbogig geschlossen. Im Inneren einfache umlaufende Emporen. An der Ostseite reich geschnitzter Kanzelaltar aus der Mitte des 18. Jh., dessen seitliche Akanthusschleier und die Bekrönung der Attika bereits 1937 mit Renovierungsarbeiten an der Kirche verlorengingen. Zu dieser Zeit auch Umgestaltung des Friedhofs zu einem Park.
1945 die Südostecke der Kirche durch Kriegseinwirkung stark beschädigt, auch die Ausstattung wurde betroffen. Die Beseitigung der vordringlichsten Schäden erfolgte bereits 1945/46.
Inventar Oberlausitz, S. 785

Kahren (Kreis Cottbus)

Kirche Rechteckiger Saalbau mit Westturm. Raseneisenstein und Backstein. Erbaut im 15. und 16. Jh., der polygonale Chorschlußanbau von 1706. Flache Decke mit Spiegel von 1706. Renovierung der Kirche 1938/39.
1945 durch Geschützfeuer und Bomben der Turmhelm und Zinnenkranz stark beschädigt, auch das Dach betroffen. Turmkugel und Wetterfahne (1783) zerstört, die Ausstattung leicht beschädigt. Seit 1948 neuer Anbau im Süden. 1949 nach Anheben des beschädigten Dachstuhls Eindeckung mit Schindeln, womit das wertvolle Inventar gesichert werden konnte. Statt der stuckierten Decke wurde eine verleistete Bretterdecke eingezogen. Wiederherstellung des Hauptgesimses, der Turmzinnen und -spitze sowie der Stuckdecke im Inneren vorgesehen.
Inventar Cottbus, S. 132 ff., Abb. 72–76, 321–332

Gutshaus Zweigeschossiges Wohnhaus von sieben Achsen mit Satteldach und mittlerem Erker. Ehemals die Schmalseiten mit Giebeln im ge-

schweiften Umriß wie bei den Frontgiebeln der Cottbusser Bürgerhäuser des 18. Jh.
1945 schwer beschädigt.
Inventar Cottbus, S. 136, Abb. 334

Lohsa (Kreis Hoyerswerda)

Schloß Zweigeschossiger Bau des 17./18. Jh. von neun Achsen, die Seitenflügel später hinzugefügt. Im hohen Walmdach zwei Reihen pylonenbesetzter Dachausbauten. Jenseits der Spree Wirtschaftsgebäude von etwa 1800 mit gliedernder Bogenarchitektur.
Kriegszerstörungen an den Wirtschaftsgebäuden, die Kriegsschäden am Schloß im einzelnen nicht nachweisbar. Nach 1949 abgebrochen.

Lübben/Spreewald (Kreis Lübben)

Lübben, an der Spree gelegen, wird bereits 1007 »civitas magna« genannt. Die planmäßige Anlage der Altstadt über viereckigem Grundriß läßt ihre Entstehung im 12. Jh. erkennen. Südlich der die Stadt durchquerenden Straße Leipzig–Frankfurt/Oder liegt der Markt. Vor den beiden Toren im Osten und Westen entstanden in nachmittelalterlicher Zeit Vorstädte. Das von Amtsleuten und Landvögten besetzte Schloß diente im 17. Jh. zeitweilig als Residenz der Landesherren. Von rund 3 000 Einwohnern um 1800 stieg die Bevölkerungszahl auf 13 400 bis 1971.
Bei den schweren Kämpfen um die Stadt im April 1945 wurden zahlreiche Gebäude zerstört und beschädigt.

J. W. Neumann: Geschichte der Kreisstadt Lübben, 2 Bde., 1846, 1857. W. Lippert: Urkundenbuch der Stadt Lübben, 2 Bde., 1919. Dt. Städtebuch/Nordostdeutschl., S. 586 ff. Hdb. Hist. Stätten 10, S. 273 f.

Paul-Gerhardt-Kirche (ehemalige Pfarrkirche St. Nikolai). Spätgotischer Backsteinbau. Dreischiffige Halle mit Netzgewölben aus dem 15./16. Jh., der quadratische viergeschossige Turm gleichzeitig oder wenig älter. 1666 Umbau des Umgangschores. Die welsche Haube mit doppelter Laterne auf dem achteckigen Turmaufsatz 1782 datiert. 1930/31 Umgestaltung des Inneren.
1945 wurde bei Kampfhandlungen der Turm schwer beschädigt und brannte völlig aus. Das Schiff erlitt nur Dachschäden, so daß trotz der Durchfeuchtung der Gewölbe die Ausstattung unversehrt blieb. Mit der Verbretterung der Dachschäden, dem Anlegen von Ringankern am Turm (1947) und dessen Ausbau ohne die frühere Haube (bis 1950) waren die wichtigsten Sicherungen erfolgt. In den Turm wurde 1961 ein stählerner Glockenstuhl eingebaut. Da die Zwischendecken fehlten, kam es 1967 erneut zur Rißbildung, in deren Folge die Sperrung durch die Staatliche Bauaufsicht nötig wurde. Die endgültige Sicherung des Bauwerks steht noch aus. Ausmalung des Inneren der Halle 1964.
Bergau, S. 510 f. Dehio/Nordostdeutschl., S. 275

Mitte: Kahren, Kirche
Links unten: Kahren, Gutshaus (nach Duncker)
Rechts: Lübben/Spreewald, Paul-Gerhardt-Kirche, vor der Zerstörung und Zustand 1968

Hospitalkirche Kreuzförmiger Fachwerkbau von 1702.
1945 erhebliche Beschußschäden. Der Abriß des Baues begann im September 1945. Die Ausstattung wurde der Paul-Gerhardt-Kirche in Lübben überwiesen.

Ehemaliges Oberamtsregierungsgebäude (»Schloß«). Nachdem die Markgrafschaft Niederlausitz 1657 mit dem Herzogtum Sachsen-Weißenfels verbunden worden war, wurde zu deren Verwaltung 1666 das Oberamt in Lübben geschaffen und 1684 neben dem alten Schloß »das beste Beispiel barocken Putzbaues in Norddeutschland« (Dehio) errichtet, als dessen Baumeister M. Pötzsch vermutet wird. Dreigeschossiger Bau, am zweistöckigen Ostgiebel reiche Stuckierung und Halbsäulen zwischen den Fenstern, die Giebellinie mit Voluten besetzt.
1945 wurde der Giebel durch Beschuß beschädigt; ebenfalls in Mitleidenschaft gezogen das 1915 angelegte renaissancistische Portal des aus dem 14. Jh. stammenden Turmes, wobei eine der beiden Puttengruppen auf dem Gesims zur Hälfte zerstört wurde. Auch das in der gleichen Umbauzeit entstandene Historienbild von A. Oetken, darstellend die Huldigung der Stadt Lübben beim Einzug des Markgrafen Friedrich II. 1448, wurde stark beschädigt.

O. E. Schmidt: Kursächsische Streifzüge, 2 Bde., Dresden 1926, S. 309ff. Dehio/Nordostdeutschl., S. 275. J. Fait: Deutsche Kunstdenkmäler, Ein Bildhandbuch, Bezirke Potsdam, Cottbus, Frankfurt/Oder, Leipzig 1971, S. 339, Abb. 129

Mühlrose (Kreis Weißwasser)

Jagdschloß Die ältere Anlage im 19. Jh. unter Verwendung neogotischer Formen umgebaut. Die Parkgestaltung durch Hermann Fürst Pückler-Muskau.
1945 Zinnen und Ecktürme durch Beschuß zerstört. Beseitigung der Schäden 1955.

Muskau, Bad (Kreis Weißwasser)

Die 1249 genannte kleine Stadt liegt zwischen der Neiße und deren westlichem Talhang. Die hindurchführende Straße Görlitz–Cottbus wurde von zwei Toren gesperrt, im übrigen blieb der Ort unbefestigt. Das Schloß 1361 erwähnt. Im 17./18. Jh. erhielt Muskau als Sitz der Standesherrschaft eine gewisse Bedeutung, doch erst mit dem Stadtrecht (1835) und dem zuvor einsetzenden Moor-Badebetrieb nahm die Einwohnerzahl erheblich zu (1800: 1 300, 1890: 3 000). Den älteren Denkmalbestand hatte der umfängliche Brand von 1766 stark beeinträchtigt. Europäischen Rang gewann Muskau dann mit dem seit 1815 geschaffenen Landschaftspark des Fürsten Pückler-Muskau.
Muskau lag in dem seit Februar 1945 eingerichteten Oder-Neiße-Befestigungssystem und war zu einem Verteidigungszentrum ausgebaut worden. Die Rote Armee überschritt die Neiße am 16. April, bei den Kämpfen wurde die Stadt zu 70 % zerstört.

Führer Bad Muskau. Hdb. Hist. Stätten 8, S. 239

Evangelische Stadtkirche (Deutsche Kirche). In vier Jochen kreuzgratgewölbter barocker Saalbau mit quadratischem, eingezogenem Turm im Westen und dreijochigem Chor mit langen Lanzettfenstern im Osten. Der in fünf Seiten des Achtecks geschlossene Chor außen von zweigeschossigen Logenanbauten eingefaßt. Strebepfeiler mithin nur an den Saalwänden und am Chorpolygon; der steile Saalraum im Inneren von Emporen umzogen. Die Formensprache des verputzten Backsteinbaus den nachgotischen Bauten des 17. Jh. entsprechend, nur die Portale in angeputzter Quaderarchitektur. Erbaut nach dem Stadtbrand von 1603 zwischen 1605 und 1622, vollendet durch G. Bevilaqua. 1643 teilweise ausgebrannt, wiederhergestellt 1646–1662: Chorstuckierung von Giulio Vineti und G. Comotan, als Maler sind Giov. Vineti und F. Pristin genannt.

In der Chorstuckierung die ikonographisch bemerkenswerte Reihe der zwölf Apostel mit Luther und Melanchthon; lebensgroße Stuckfiguren auf Konsolen vor den Ansätzen der Gewölbegrate, dazwischen Engel auf dem Gesims. Die Stukkatur ist mit der des Audienzsaales der Ortenburg in Bautzen im Zusammenhang zu sehen (1661 unter dem gleichen Bauherrn entstanden). 1766 brannte bei einem weiteren Stadtbrand die Kirche samt Turm aus, doch nahm der Chor keinen weiteren Schaden. Bis 1782 war der Bau wiederhergestellt; der Turm schloß über schlankem Aufsatz mit doppelter Laterne ab. Gegen Anfang des 19. Jh. Turmoberteil vereinfacht und durch flaches Zeltdach abgeschlossen.
Im Frühjahr 1945 mit Ausnahme des Chores und der Umfassungsmauern zerstört. Nach anfänglichen Bemühungen um die Sicherung der verhältnismäßig gut erhaltenen Chorfiguren mittels eines Notdaches über dem Chor wurde die Ruine im April 1959 beseitigt.

Inventar Oberlausitz, S. 770. Dehio/Nordostdeutschl., S. 329. Führer Bad Muskau, S. 111 f., 120, Abb. 28

Landkirche (früher Wendische Kirche St. Andreas). Saalbau mit schöner Louis-Seize-Fassade, ausgeführt nach Brand von 1766 seit 1781 nach Entwurf des Grafen von Callenberg, der Turm von 1872. Über dem Eingangsportal Puttengruppen.
1945 Schiff und Turm ausgebrannt, die Ruine 1946/47 abgebrochen.

Führer Bad Muskau, S. 124

Rathaus Statt des 1764 abgebrannten Vorgängerbaus errichtet 1826. Der dreigeschossige Bau von rechteckigem Turm mit schlanker Laterne bekrönt; das Mansarddach an der Schmalfront zum Markt mit einem Giebel betont. Zum

Oben: Lübben/Spreewald, Hospitalkirche
Unten: Bad Muskau, Evangelische Stadtkirche von Nordosten

Markt hin anschließend der Ratskeller, ein zweigeschossiger gestreckter Bau von acht Achsen mit Walmdach.
Beide Gebäude 1945 zerstört. Im Zuge des Wiederaufbaus der Stadt die Ruinen beseitigt und auf dem Gelände ein Steingarten angelegt, der 1962 zu einer Grünanlage umgestaltet wurde.

Führer Bad Muskau, S. 128, Abb. 2

Wohnhäuser am Markt Zwei- und dreigeschossige Bebauung aus der zweiten Hälfte des 18./Anfang des 19. Jh., die Gebäude in der Regel vier- bis sechsachsig.
Die Häuser der Nord- und Ostseite 1945 zerstört und später durch Neubauten ersetzt.

Park Der von Hermann Fürst Pückler-Muskau seit 1811 geplante, mit den Garteninspektoren J. H. Rehder und E. Petzold entworfene und zwischen 1815 und 1878 ausgeführte Landschaftspark umschließt die Stadt Muskau. Der englische Park wird in Muskau und später in Branitz, bei Cottbus, im Sinne stimmungsvoller, vor allem aber bildähnlicher und szenenhafter Wirkungen zur letzten großen Form des Landschaftsparks weitergeführt. Der von der Neiße durchflossene Muskauer Park nahm 1861 nahezu 600 ha ein (325 ha liegen heute auf dem Territorium der Volksrepublik Polen). Während nach dem Verkauf der Standesherrschaft an Prinz Friedrich der Niederlande 1845 die Garteninspektoren am Park im Sinne Pücklers arbeiten konnten, wurden nach einem erneuten Besitzwechsel 1883 Gestaltungs-, Pflege- und Verjüngungsarbeiten vernachlässigt.
Schwere Schäden nahm der Park 1945, als mit dem Bau der deutschen Verteidigungslinie Schützengräben im Park gezogen wurden. Mit den Schlössern und dem Hermannsbad wurden Parkbauten getroffen, unter den Gehölzen selbst hatte besonders der Baumbestand des Schloßparks durch Artillerie- und Granatwerferbeschuß gelitten. Eine mittelbare Kriegsfolge bestand in der vorübergehenden ackerbaulichen Nutzung von Wiesenflächen sowie der Versiedlung von 19 ha Fläche des Bergparks an die Gemeinde Krauschwitz. Die zerstörten Torpfeiler des Parkeingangs am Kirchplatz wurden 1956 wieder aufgemauert; 1967 ließ die Parkverwaltung beim Rat der Stadt Muskau Unebenheiten des Parkgeländes planieren, die von den 1945 angelegten Schützengräben stammten.

P. O. Rave: Der Park zu Muskau (Führer zu großen Baudenkmälern, H. 13), Berlin 1944. K. H. A. Kurland: Der Muskauer Park, Seine Geschichte und künstlerische Bedeutung, hrsg. vom Rat der Stadt Muskau 1975 (mit weiterführender Literatur). Berlin, Staatliche Museen, Kupferstichkabinett und Sammlung der Zeichnungen, Entwürfe Schinkels von 1831 (Mappe XXc, 215–220)

Bad Muskau
Links oben: Blick auf Rathaus und Landkirche
Links unten: Häuser am Markt
Rechts: Neues Schloß, Westseite

Neues Schloß An beherrschender Stelle im Park die große dreiflügelige Anlage mit den charakteristischen runden Ecktürmen. Die Substanz des Ziegelbaus dem 16. Jh. angehörend, aus dieser Zeit noch Kreuzgratgewölbe im Erdgeschoß. Nach einem Brand Wiederherstellung des Schlosses 1643. Um 1830 ließ Pückler einen Umbauvorschlag durch K. F. Schinkel ausarbeiten. Erst 1863–1866 wurde das Schloß von H. Strasser und H. Wentzel erfindungsreich umgebaut, offenkundig unter dem Eindruck der Restauration des Schweriner Schlosses. Die Grundfarbigkeit (helle Wandflächen zu dunkleren Sandstein-Ziergliedern) beim Neuabputz 1928 umgekehrt.
1945 brannte das Schloß bis auf einige Gewölbe im Erdgeschoß aus, erhalten blieben die Außenwände. Um 1950 erfolgte die Enttrümmerung der Ruine. Zu Wiederaufbau und neuer Nutzung liegen Studienarbeiten und Projekte vor.

Inventar Oberlausitz, S. 771. P. O. Rave: Muskau und Branitz, in: Atlantis 1935, 7. E. Meyer-Bamberger: Ausbau des Schlosses Muskau als Interhotel, Dipl.-Arbeit an der Hochschule für Industrielle Formgestaltung Halle – Burg Giebichenstein, Halle 1966 (Ms.)

Bad Muskau, Neues Schloß
Links oben: Blick über den Schloßsee zur Südseite
Links unten: Hauptfront des Schloßhofes
Rechts: Auffahrt zum Schloßhof und Innenräume

Bad Muskau, Neues Schloß, Innenräume

Hermannsbad 1822–1840 erste Gebäude. Von 1913 der gestreckte eingeschossige Anbau mit dreiachsigem Portikus, Walmdach und Dachreiter.
1945 ausgebrannt. 1965 Teilausbau für das Museum für Stadtgeschichte, dieses 1970 in das Alte Schloß verlegt, seitdem Jugendklub. Der übrige Teil durch das Moorbad ausgebaut.

Kurhaus im Badepark Um 1830 errichteter zweigeschossiger Putzbau von acht Achsen, die mittleren drei als Risalit leicht vorgerückt und im flachen Walmdach von einem Dreieckgiebel abgeschlossen.
1945 vollständig zerstört, die Reste beseitigt.

Altes Schloß (Rentamt, Amtshaus). Zwischen Schloß und Stadt gelegener rechteckiger zweigeschossiger Bau des 16. Jh., im letzten Drittel des 16. Jh. umgebaut. Durchfahrt in der mittleren der sieben Achsen; Satteldach.
1945 ausgebrannt. Wiederaufbau seit 1966: Fertigstellung des Außenbaus 1968/69, Portalrekonstruktion 1967/68 durch W. Hempel (Sandsteinarbeiten), Bau der Treppenanlage 1969/70; anschließend Innenausbau zum Städtischen Museum.

Bad Muskau
Oben: Hermannsbad, nach der Zerstörung
Links Mitte und unten: Altes Schloß, Eingangs- und Seeseite
Rechts: Altes Schloß, nach der Zerstörung

Ressen (Kreis Calau)

Kirche Fachwerkbau des 18. Jh. in Saalform. Der hölzerne Turm von 1713/14 wurde 1810 verbrettert. Zu dieser Zeit auch der Saal neu ausgefacht.
Bei der Panzerschlacht am 19./20. April 1945 wurde das Dach zerschossen, was zum Faulen des Turmes und Glockenstuhls führte. Seit 1951 Wiederherstellungsarbeiten, 1959 Dachdeckung und Innenerneuerung abgeschlossen.

Schleife (Kreis Weißwasser)

Kirche Feldsteinbau. Der Saal mit strebepfeilerbesetztem spätgotischem Chor und rechteckigem Westturm, dessen zweites Geschoß bereits im Achteck angelegt ist. Die breit geschwungene welsche Haube schließt mit zierlicher Laterne. Im Inneren zwei umlaufende Emporen. Die Ostteile 14./15. Jh., Turm und Saal von 1685.
1945 wurde das Netzgewölbe im Turm durch Kriegseinwirkungen stark beschädigt, der Altar zerstört, gleichfalls ein hölzerner Vorbau vor der Kirche, in dem sich die Geräte eines Prangers befanden. 1946/47 sichernde Reparaturen, der Chor 1961, der Saal 1963/64 restauriert.

Senftenberg (Kreis Senftenberg)

Stadtkirche St. Peter und Paul (Deutsche Kirche). Spätgotischer Backsteinbau nach 1500. Dreischiffige Halle von fünf Jochen und Umgangschor bei nach Osten durchlaufenden Arkaden. Der querrechteckige Westturm eingezogen. Im Schiff scharfgratige Netzgewölbe, in der Turmhalle ein Sterngewölbe. Gute Ausstattung mit einem Altar von 1625, darin spätgotische Tafeln, Taufe des 16. Jh., Kanzel nach 1618.
1945 völlig ausgebrannt, die Gewölbe blieben erhalten. 1946 Schiff und Turm durch Notdächer gesichert. 1951–1958 Wiederaufbauarbeiten; der Neubau des Daches unter Verminderung der Firsthöhe, Erneuerung der Fenstermaßwerke unter bewußtem Abrücken von mittelalterlichen Vorbildern.
Bergau, S. 707. Dehio/Nordostdeutschl., S. 446. Hdb. Hist. Stätten 10, S. 356 f.

Sielow (Kreis Cottbus)

Kirche Neubau von 1906 über dem Grundriß der älteren Kirche von 1752.
1945 der Turmhelm durch Geschützfeuer zerstört, die Ausstattung bis auf Altar, Kanzel und eine Glocke von 1471 verlorengegangen. Der Turm 1954 durch Notdach gesichert.
Inventar Cottbus, S. 182 f.

Sonnewalde (Kreis Finsterwalde)

Oberes (neues) Schloß (auch Hinterschloß). Vierflügelige Anlage von drei Geschossen. Den kargen Beschreibungen zufolge mögen die bemalten Balkendecken im Erdgeschoß dem 17. Jh. angehören, während ein Umbau im 18. Jh. dem Schloß zu seiner letzten Gestalt verhalf. Vom Vestibül beiderseits eine Treppenanlage abgehend, der Festsaal im Nordflügel beide Obergeschosse einnehmend.
1945 abgebrannt.
Bergau, S. 716. Dehio/Nordostdeutschl., S. 449. Hdb. Hist. Stätten 10, S. 358

Straupitz (Kreis Lübben)

Kirche Der für ein Dorf außergewöhnlich große Bau errichtet 1828/29–1832 nach Entwurf Schinkels. Der rechteckige Saal mit zweigeschossiger Emporenanlage in den Anräumen hinter den rechteckigen Pfeilern. Im Osten eingebaute Apsis. Die Westfront durch die beiden 40 m hohen rechteckigen Türme überhöht, die wie das Obergeschoß des Zwischenbaus in drei Geschossen in rundbogigen Fenstern geöffnet sind. 1907 Veränderung der Orgelempore, das Innere teilweise neu ausgemalt. Vor dem Kriege befand sich die Kirche in einem vernachlässigten Zustand.
1945 durch Beschuß an Außenmauern und Türmen in Mitleidenschaft gezogen, Dachschäden mit Nachfolgeschäden. 1958 die Türme neu gedeckt, 1963–1965 Restaurierung des Inneren.

Werben (Kreis Cottbus)

Kirche Backsteinbau des 14./15. Jh. mit zinnenbesetztem, massivem viergeschossigem Turm, der Chor von 1734. Im Schiff bemalte Balkendecke.
Im April 1945 bei Kampfhandlungen niedergebrannt bis auf die spätgotische Vorhalle im Süden des Saales; die Osthälfte des Turmes mit Helm, Zinnenkranz und Glocke stürzte in das Schiff. Die Ausstattung völlig zerstört: Altar von 1692, Kanzel 1740, Emporen 17./18. Jh., Orgel 1741, Taufengel 1695 (erhalten blieben Geräte des 17./18. Jh.). – 1946 Beginn, nach 1951 Weiterführung von Wiederaufbaumaßnahmen. Nach der Enttrümmerung 1952 standen die Umfassungsmauern bis zum Hauptgesims und die südlichen Anbauten. Der Turm noch einsturzgefährdet. Bis 1956 das Schiff im Rohbau wiederhergestellt, Einweihe 1958.
Inventar Cottbus, S. 187 ff., Abb. 131–136, 427–443. Dehio/Nordostdeutschl., S. 505

Wilhelm-Pieck-Stadt Guben (Kreis Guben)

Klosterkirche Das nach 1150 gegründete und in nachmittelalterlicher Zeit erheblich veränderte Zisterzienserinnen-Kloster wurde 1874 abgebrochen, nachdem schon 1860 eine neue Kirche errichtet worden war.
Im April 1945 starke Beschädigung am Turm. Beseitigung der Schäden nach 1950.
Dehio/Nordostdeutschl., S. 182. Hdb. Hist. Stätten 10, S. 210 ff.

Links und Mitte: Werben, Kirche von Südosten und während des Wiederaufbaus sowie Inneres nach Westen
Rechts: Wilhelm-Pieck-Stadt Guben, Klosterkirche

Bezirk Magdeburg

Calbe/Saale (Kreis Schönebeck)

Schloß Karreeförmige Anlage. An ihrer Nordostecke die Kapelle, ein quadratischer Raum mit hohem Spitzbogenfenster an der Ostseite. An der Südseite des Hofes offene, flachgedeckte Arkadenhalle. In der Südostecke des Hofes ein Wendelstein. Im dritten Geschoß des Ostflügels ein Zimmer mit getäfelter Decke. Bemerkenswert ferner ein mit zwei Lindwürmern geschmückter Kellereingang, darüber fünf Wappen. – Die ehemalige curtis in der Altstadt seit 965 im Besitz des Magdeburger Moritzklosters, Errichtung des erzbischöflichen Schlosses am Mühlgraben nordöstlich der Altstadt unter Erzbischof Dietrich (1361–1367). Unter Erzbischof Albrecht III. abgebrannt. 1511/12 unter Erzbischof Ernst (gest. 1513) wieder aufgebaut; sein Wappen mit Jahreszahl 1511 an der Vorderseite des Westflügels, mit Jahreszahl 1512 an der Hofseite. Unter Erzbischof Albrecht V. (Kardinal Albrecht) ausgebaut; zu seiten einer Tür des Westflügels Relief des hl. Mauritius und Wappen Albrechts V. mit Jahreszahl 1531. Unter Administrator Joachim Friedrich, späterer Kurfürst von Brandenburg, 1590–1593 abermalige Umbauten und Errichtung eines neuen Schloßturms westlich des Schlosses am Zugang zum Schloßhof. 1680 Schloß in brandenburgischen Besitz übergegangen, Domäne. Entfernung der Zwerchhäuser von Ost- und Südflügel 1704 und 1708 wegen Baufälligkeit.
In den letzten Kriegstagen während der Kampfhandlungen abgebrannt. Ruine 1951 beseitigt. Erhalten blieben das Relief des hl. Mauritius und das Wappen des Kardinals Albrecht, beide heute an der Südwand der katholischen St. Norbertkirche aufgestellt.

G. Hertel: Die älteste Geschichte der Stadt Calbe, in: Geschichtsblätter für Stadt und Land Magdeburg 19, 1884, S. 346 ff. Inventar/Calbe, S. 34, 41 f. F. Kelber: Calbe a. S., in: Magdeburger Familien-Kalender 5, 1912, S. 59 ff. W. O. Richter: Die Kreisstadt Calbe an der Saale, ihr Wachsen und Werden, in: Calbe a. d. Saale, ein Städtebild, Berlin-Charlottenburg 1927 (Deutsches Reichsstädtearchiv), S. 3 ff. (dort irrtümlicherweise Gleichsetzung von Burg, curtis und erzbischöflichem Schloß), Abb. S. 7. Keyser, S. 449 f. Dehio/Nordwestdeutschl., S. 234. P. Grimm: Die vor- und frühgeschichtlichen Burgwälle der Bezirke Halle und Magdeburg, Berlin 1958 (Deutsche Akademie der Wissenschaften zu Berlin, Schriften der Sektion für Vor- und Frühgeschichte 6), S. 384 (Nr. 1038, 1039). P. Grimm: Archäologische Beiträge zur Lage ottonischer Marktsiedlungen in den Bezirken Halle und Magdeburg, in: Jahresschrift für mitteldeutsche Vorgeschichte 41/42, 1958, S. 519 ff. Kultur- und Naturdenkmale, S. 26. Dehio/Bezirk Magdeburg, S. 221

Dornburg (Kreis Zerbst)

Schloß Anstelle einer 1750 abgebrannten Anlage unter Fürstin Johanna Elisabeth von Anhalt-Zerbst 1751 nach Entwurf von F. J. Stengel begonnen (von seinem umfangreichen Plan nur das Hauptgebäude ausgeführt, dessen innerer Ausbau nicht abgeschlossen wurde). Großer dreigeschossiger Putzbau von neunzehn Achsen Länge mit dreiachsigem, dreieinhalbgeschossigem Mittelrisalit und zweiachsigen Seitenrisaliten mit kurzen einachsigen Flügeln. Gliederungen und der reiche Bauschmuck Sandstein. Mittelrisalit mit Walmdach und Aussichtsterrasse, über den Abseiten Satteldächer, über den Seitenrisaliten abgewalmte Mansarddächer. Mittelrisalit ausgezeichnet durch rundbogige Fenstertüren, darü-

Oben: Calbe/Saale, Schloß, West- und Ostfront, nach der Zerstörung
Unten: Dornburg, Schloß von der Hofseite

ber Balkongitter auf Konsolen; Obergeschosse zusammengefaßt durch Kolossalpilaster, über Gebälk und Attika an den Ecken Figurenschmuck, über der Mittelachse zwei Wappen. Auf der Balustrade Vasen und Puttengruppen. Im Mittelrisalit große Säle, beiderseits davon die vom Vestibül aus zu erreichenden Treppenhäuser, deren dreiläufige Treppen einen rechteckigen Kern umziehen. Auf der Elbseite Enfilade. In den Seitenrisaliten und -flügeln Kabinette. Die Stuckdecken zumeist von J. G. Bossmann.

Im Kriege ausgebrannt, dabei alle Stukkaturen bis auf die im östlichen Treppenhaus vernichtet. 1953–1967 wiederhergestellt und als Archivdepot ausgebaut.

Büttner Pfänner zu Thal S. 479 f., Abb. S. 342, Taf. 52. Weyhe, S. 254 f. m. Abb. K. Lohmeyer: Friedrich Joachim Stengel ... 1694–1787, Düsseldorf 1911 (Mitteilungen des historischen Vereins für die Saargegend 11), S. 10, 32, 34, 36, 116 ff., Abb. 28–34, Taf. V. E. Wenzel: Das Schloß Dornburg a. d. Elbe und sein Erbauer, in: Montagsblatt 69, 1927, S. 171 ff. m. Abb. W. Giese: Das Schloß Dornburg, in: Heimatkalender für Stadt und Land Magdeburg 1928, S. 54 ff. m. Abb. Specht: Baurechnungen zum Dornburger Schloßbau, in: Alt-Zerbst 25, 1928, H. 6–10, passim. Dehio/Nordwestdeutschl., S. 99. H. Maenicke: Schloß Dornburg an der Elbe, in: Natur und Heimat 6, 1957, S. 180 m. Abb. Mrusek 1960, S. 71. H. Maenicke: Schloß Dornburg an der Elbe, in: Zerbster Heimatkalender 1960, S. 52 f. m. Abb. Van Kempen 1961, S. 133 f., Abb. S. 248. Kunstdenkmäler, S. 358 f., Abb. 30. Kunstführer, S. 192. Dehio/Bezirk Magdeburg, S. 76. Historische Stätten, S. 87 ff.

Gardelegen (Kreis Gardelegen)

Nikolaikirche Dreischiffige, vierjochige, kreuzrippengewölbte Backstein-Hallenkirche mit von den Seitenschiffen eingefaßtem Westturm. Der vierjochige Chor mit 5/8-Schluß schmaler als das Mittelschiff, an seiner Nord- und Südseite Anbauten unter gemeinsamem Dach. Der bestehende Bau unter Einbeziehung von Teilen des spätromanischen Vorgängerbaus (Westturm, Triumphbogen) nach dem Brand von 1306 begonnen. 1470 geweiht. Der zweigeschossige Anbau an der Südseite des Chores erst 1522 vollendet, darin im Obergeschoß die Bibliothek. An der Nordseite des Chores Sakristei, darüber Propsteigestühl. 1940–1943 Renovierung, dabei Freilegung von Fresken im Altarraum (St. Nikolaus und Heilige), an der Westseite des Triumphbogens (Jüngstes Gericht mit Stifterpaar), rechts und links der Orgel (Christophorus und Dominikus) und an einem Pfeiler (Ritter mit Wappen v. Itzenplitz vor Petrus kniend).

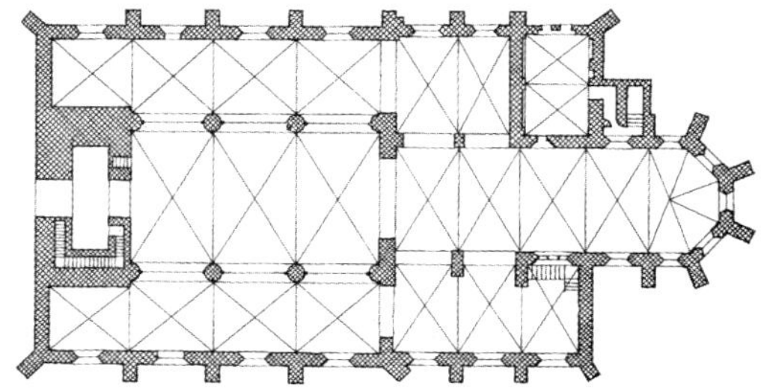

Beim Luftangriff am 15. März 1945 bis auf die Umfassungsmauern und das Gewölbe im Chorschluß zerstört. Von der Inneneinrichtung die Orgel, die 1596 gestiftete Kanzel, der St.-Nikolaus-Schrein (erhalten die Schnitzfigur des hl. Nikolaus) und die Epitaphien der Familien Niepage und Lange vernichtet, ebenso die Ausstattung der Bibliothek mit dem gotischen Lesepult. – 1947 Beginn der Aufräumungsarbeiten. Bis 1953 Ausbau des Chores, anstelle der Gewölbe Balkendecke mit gemalten Wappen Gardelegener Familien; der Südanbau nur eingeschossig erhalten. 1961 Wiederherstellung des Schreines auf dem Hochaltar. Das Langhaus gegenwärtig noch Ruine.

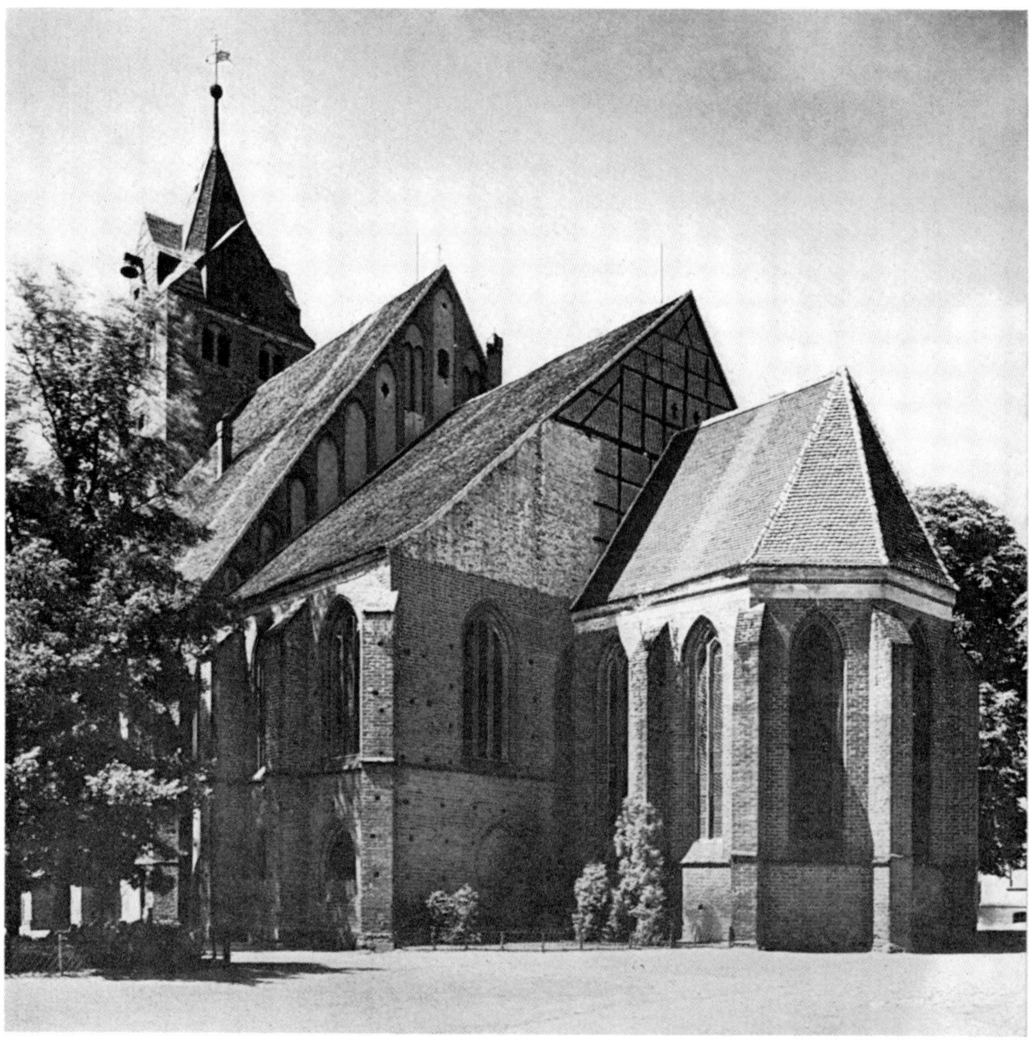

Links oben: Dornburg, Treppenhaus im Schloß, nach der Zerstörung
Rechts oben: Gardelegen, Nikolaikirche, Grundriß
Unten: Gardelegen, Nikolaikirche von Südwesten und Südosten

Inventar/Gardelegen, S. 46 ff., Fig. 9–28. O. Stiehl: Der Backsteinbau romanischer Zeit besonders in Oberitalien und Norddeutschland, Leipzig 1898, S. 70. Alberts: Aus der Heimatkirche, in: Altmärkischer Hausfreund 56, 1935, S. 114 ff. m. 2 Abb. Keyser, S. 489. Dehio/Nordwestdeutschl., S. 136. Bezirk Magdeburg, S. 83. Wiederaufbau der Kirchen in der DDR, S. 183, 205, Abb. S. 107. F. Franz: St. Nikolai zu Gardelegen, Zerstörung und Wiederaufbau, in: Lob der Heimat, Propsteibuch der Altmark, 2. Aufl. Berlin 1966, S. 84 ff. m. Abb. Kunstführer, S. 209. Dehio/Bezirk Magdeburg, S. 102 ff. Historische Stätten, S. 131

Groß Rosenburg, Ortsteil Klein Rosenburg (Kreis Schönebeck)

Rosenburg Grenzburg am östlichen Uferrand der Saale. 965 schenkte Otto I. den Königshof Rosenburg dem Moritzkloster in Magdeburg; um 1300–1659 die Grafen von Barby damit belehnt, ab 1681 brandenburgische Domäne. – Rundburg mit Trockengraben und Wall, Eingang an der Südseite. Kleine Vorburg durch Graben von der Hauptburg getrennt. An die Ringmauer angelehnt die Wohn- und Wirtschaftsgebäude, Ringmauer an der Südseite durch vorgebauten Zwinger verstärkt, hier Kornschreiberhaus und Milchkeller, an der Westseite das Küchengebäude, daran anschließend das sogenannte Residenzhaus, bestehend aus dem alten »Gräflichen Haus« und dem dreigeschossigen »Neuen Haus« mit reichen Erkern; an der Nordseite das alte und neue Brauhaus sowie Stallbauten, diese auch auf der Ostseite. Gebäude zum großen Teil Fachwerkbauten, 1798–1800 umgebaut.
1945 durch Artilleriebeschuß zerstört. Ruinen 1947 abgetragen bis auf die des quadratischen Torturms (im unteren Teil Haustein-, im oberen Backsteinbau).

Inventar/Calbe, S. 66 f. O. Wolff: Chronik von Groß-Rosenburg an der Saale sowie von Klein-Rosenburg und Breitenhagen, 2. Aufl. Barby a. Elbe 1924, S. 11 ff. H. Beholz: Rosenburg an der Saale, in: Heimatkalender für die Börde 1924, S. 63 f. H. Beholz: Aus der Geschichte des Schlosses Rosenburg, in: Heimatglocken des Kreises Calbe 5, 1929, Nr. 7, S. 28. W. Schlesinger: Burgen und Burgbezirke, Beobachtungen im mitteldeutschen Osten, in: Von Land und Kultur, hrsg. von W. Emmerich, Leipzig 1937, S. 77 ff. P. Grimm: Die vor- und frühgeschichtlichen Burgwälle der Bezirke Halle und Magdeburg, Berlin 1958 (Deutsche Akademie der Wissenschaften zu Berlin, Schriften der Sektion für Vor- und Frühgeschichte 6), S. 386 (Nr. 1053). Bezirk Magdeburg, S. 181. H. Wäscher: Feudalburgen in den Bezirken Halle und Magdeburg, 2 Bde., Berlin 1962, S. 58 f., Abb. 106 bis 109. Kultur- und Naturdenkmale, S. 36 f. Historische Stätten, S. 162

Gübs (Kreis Burg)

Dorfkirche St. Andreas 1275 erstmals erwähnte spätromanische Saalkirche (Bruchsteinbau) mit Chorquadrat und Apsis. Auf der Westwand ein Fachwerktürmchen. An der Nordseite des Chores Sakristeianbau. Alter Eingang an der Südseite des Schiffes. Im 18. Jh. Fenster vergrößert bis auf das südliche des Chores, Westeingang.
Beim Luftangriff am 2. Februar 1944 schwer beschädigt, Pfarrhaus total zerstört. Kirche wiederhergestellt.

Inventar/Jerichow, S. 107 f. Dehio/Nordwestdeutschl., S. 160. E. Hobusch und E. Lorenz: Geschützte Natur- und Kulturdenkmale im Kreis Burg, Burg 1954 (Veröffentlichungen zur Burger Geschichte 6), S. 16, Nr. 30. Werte unserer Heimat, S. 183. Dehio/Bezirk Magdeburg, S. 125

Güterglück (Kreis Zerbst)

Dorfkirche St. Benedicti Saalkirche mit Breitturm und eingezogenem polygonalem Chor. Vom spätromanischen Feldsteinbau nur der Breitturm erhalten, seine welsche Haube von 1722. 1900 Abbruch des Kirchenschiffes, an seiner Stelle vergrößerter Neubau, gleichzeitig Anlage des sandsteinernen Westportals im Turm und Erhöhung der Turmspitze.
1945 der Turm ausgebrannt. Mit einfachem Walmdach wiederhergestellt.

Inventar/Jerichow, S. 108 f. F. Nachtigal: Güterglück einst und jetzt, Zerbst 1908, S. 1 ff., 103. Dehio/Nordwestdeutschl., S. 161. Dehio/Bezirk Magdeburg, S. 126

Oben: Gardelegen, Nikolaikirche, Inneres nach Westen und Osten
Unten: Groß Rosenburg, Ortsteil Klein Rosenburg, Rosenburg, vor der Zerstörung

Halberstadt (Kreis Halberstadt)

Mittelpunkt des Harzvorlandes. Anfang des 9. Jh. Verlegung des 780/81 in »Seligenstadt« gegründeten Missionsstifts nach Halberstadt. 827 hier Bischofssitz gesichert. Bischofsburg auf dem oberen Rand der südlichen Holtemmenterrasse. Nordwestlich der Burg eine ältere Siedlung, eine zweite entwickelte sich südöstlich in deren Schutze. 1018–1020 die Bischofsburg mit dem teilweise heute noch erhaltenen Mauerring umgeben, in der Burg der Dom und das 1005 gegründete Augustiner-Chorherrenstift Unser Lieben Frauen. Ehemals befestigte Zugänge: Steiles Tor (späteres Tränketor), Peterstreppe, Drachenloch, Düsteres Tor und Burgtreppe. 1030 Gründung des Johannisklosters westlich und 1034 des Bonifatiusstifts nordöstlich der Stadt auf dem Bullerberge jenseits der Holtemme. Allmähliche Ausdehnung der Marktsiedlung nach Nordosten, 1085 hier Gründung des Paulsstifts. 1105 erste Erwähnung eines Gemeinwesens »Halberstad«. 1179 durch Heinrich den Löwen eingeäschert. 1186 erste Erwähnung der Stadtpfarrkirche St. Martini, im gleichen Jahre Gründung des Thomasklosters (späteres Burchardikloster) nordwestlich vor der Stadt. Vor 1200 auch Gründung des Jakobiklosters vor dem Breiten Tor. 1212 Handwerkersiedlung nördlich der Burg bezeugt, bei der Stadterweiterung 1208–1236 als Neustadt in die Befestigung durch palisadenbesetzten Wall mit Graben einbezogen. Dieser im 13./14. Jh. durch zweiten Graben und Mauer ergänzt. 1231 Dominikaner-Klosterkirche im Süden der Neustadt eingeweiht. 1237 Verlegung des Bonifatiusstifts an die Moritzkirche im Norden der Neustadt. 1241 Rathaus urkundlich. Die ältere Siedlung nordwestlich der Domburg mit ihren Erweiterungen 1307–1311 in den Mauerring der Stadt einbezogen, ebenso das Anfang des 13. Jh. gestiftete Heiliggeist-Hospital und das Ende des 13. Jh. auf Regensteiner Besitz gegründete Franziskanerkloster St. Andreas. 1371 bis 1488 Gesamtgebiet der Stadt einschließlich der Vogtei unter der Verwaltung des Rates. Anschluß an die Hanse 1387 (bis 1518). 1423 Auseinandersetzungen zwischen patrizischen Schichten und Innungen um die Vorherrschaft in der Stadt, Aufstand 1425 mit Hilfe der Hanse durch den Bischof niedergeschlagen. Ab 1479 das Halberstädter Bistum in Personalunion mit dem Erzbistum Magdeburg verwaltet. 1486 Macht des Rates durch die klerikale, landesherrliche Gewalt gebrochen. 1491 Weihe des heutigen Domes. Seit 1521 Ausbreitung der Reformation. Im Dreißigjährigen Krieg Wohlstand der Stadt vernichtet, 1631 Johannisvorstadt und 26 Häuser vor dem Wassertor niedergebrannt. Johanniskloster in die Stadt verlegt. 1646–1648 Errichtung der Johanniskirche im Westendorf. Beim Stadtbrand 1650 am Breiten Weg 132 Häuser vernichtet. 1650 Säkularisation des Bistums und Anschluß an Brandenburg. 1694 Stadtbrand. 1702 Anlage der Gröpervorstadt. 1752/53 Stadtwälle abgetragen und 1779 in Promenadenanlagen (Plantage) verwandelt. Halberstadt 1806 bis 1813 zum Königreich Westfalen gehörig, Aufhebung aller Klöster und Stifte zwischen 1804 und 1812. 1816 als Kreishauptstadt der preußischen Provinz Sachsen eingefügt. Im Laufe des 19. Jh. Abbruch der Stadttore bis auf den runden Turm des Wassertores. Entwicklung der Burchardivorstadt. Seit 1870 Ausdehnung der Stadt nach Süden und Osten.

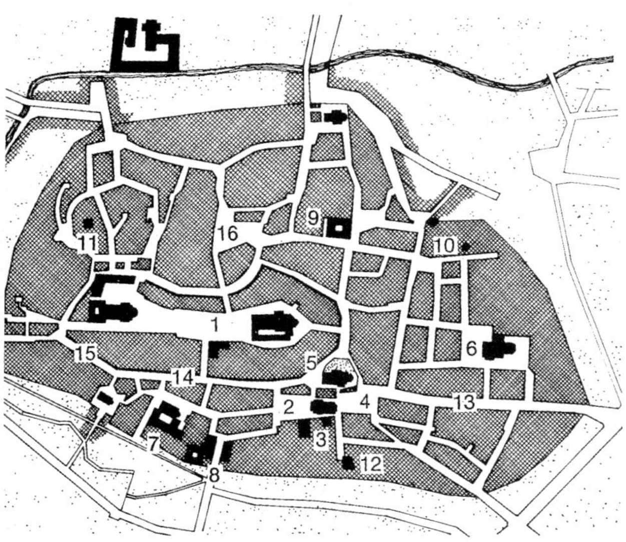

Halberstadt
Oben: Stadtansicht von Nordosten
Mitte: Blick von Westen auf Liebfrauenkirche, Dom und St. Martinikirche
Rechts unten: Blick auf die Zerstörungen um den Holzmarkt

Links unten: Stadtplan, 1 Domplatz mit Dom (rechts), Liebfrauenkirche und Dompropstei, 2 Holzmarkt mit Rathaus, 3 Kommisse und Ratskeller, 4 Fischmarkt, 5 Martiniplan mit St. Martinikirche, 6 Paulsplan mit St. Paulskirche, 7 Franziskaner-Klosterkirche St. Andreas, 8 Ehemaliges Heiliggeist-Hospital und Reithalle, 9 St. Katharinenkirche an der Dominikanerstraße, 10 Ehemalige Französisch-Reformierte Kirche, 11 Synagoge, 12 Alter Marstall, 13 Breiter Weg, 14 Schmiedestraße, 15 Westendorf, 16 Johannisbrunnen

Kirchen

Dom St. Stephanus und Sixtus Errichtet anstelle eines ottonischen Vorgängerbaus, der einen 859 geweihten, durch Erweiterung einer älteren Anlage entstandenen, 965 eingestürzten karolingischen Bau ersetzte. Beginn des bestehenden Baues im zweiten Viertel des 13. Jh. (vor 1239), vollendet nach über zweihundertfünfzigjähriger Bauzeit. Dreischiffige, achtjochige Basilika mit Querschiff und vierjochigem Umgangschor mit 5/8-Schluß und Scheitelkapelle; im Westen Doppelturmfassade. Hausteinbau (Muschelkalk). Mittelschiff, die vier westlichen Joche der Seitenschiffe und der Umgangschor kreuzrippengewölbt, in Vierung und Querschiffsarmen Sterngewölbe, in den übrigen Jochen des nördlichen Seitenschiffs Netzgewölbe, des südlichen Netz- bzw. Sterngewölbe. Auf der Südseite der Kirche die Klausurgebäude: Kreuzgang, Alter Kapitelsaal mit Stephanskapelle, Remter, Neustädter Kapelle und Neuer Kapitelsaal. – Begonnen mit der westlich des ottonischen Domes gelegenen Doppelturmfassade. Zwischen 1263 und 1317 Errichtung der drei westlichen Langhausjoche

anstelle des ottonischen Westbaus. Im zweiten Viertel des 14. Jh. Chorneubau östlich der ottonischen Anlage mit der Scheitelkapelle begonnen, Weihe des Chores 1401. Im Anschluß daran Errichtung des Langhauses, dessen nördliches Seitenschiff um die Mitte des 15. Jh., das südliche Seitenschiff um 1460 fertiggestellt, danach Querhaus, zuletzt Mittelschiff hochgeführt, bis

Die Innenstadt wurde am 8. April 1945 durch einen Luftangriff zu drei Vierteln zerstört, dabei fanden 2500 bis 3000 Menschen den Tod. Von 19000 Wohnungen waren 7200 total zerstört, 1500 schwer beschädigt. Von 5400 Häusern wurden 2200 vernichtet und weitere 800 beschädigt. Von den 1902 gezählten 721 Fachwerkhäusern aus der Zeit vom 15. bis zum Anfang des 18. Jh., die Halberstadts Ruhm als niedersächsische Fachwerkstadt ausmachten, sanken die meisten in Schutt und Asche. Nur ein kleiner Teil blieb in der Vogtei und der Neustadt erhalten. – Nach Enttrümmerungs- und Wiederherstellungsarbeiten 1956 Beginn eines planmäßigen Wohnungsbauprogramms in der Südvorstadt, seit Anfang der sechziger Jahre Bautätigkeit auch im Gebiet der Innenstadt. 1962 Baubeginn an der Südseite des Breiten Weges und der Ostseite des Hohen Weges.

Sinning, S. 11 ff. Keyser, S. 517 ff. G. Arndt: Bestand der erhaltenen Fachwerkbauten in Halberstadt, Maschinenschrift Sommer 1945 (Stadtarchiv Halberstadt). Wettbewerb gibt Halberstadt ein neues Gesicht, in: Der Bauhelfer 1, 1946, H. 3, S. 26. Halberstadt ruft, Aufbau-Ausstellung vom 6. Juni bis 4. Juli 1948. G. Ruhe: Alfurtestedt, in: Zwischen Harz und Bruch 1, 1956, S. 48 ff., 84 ff., 133 ff. P. Grimm: Archäologische Beiträge zur Lage ottonischer Marktsiedlungen in den Bezirken Halle und Magdeburg, in: Jahresschrift für mitteldeutsche Vorgeschichte 41/42, 1958, S. 531. K. Junghans: Die deutsche Stadt im Frühfeudalismus, Berlin 1959 (Deutsche Bauakademie, Schriften des Instituts für Theorie und Geschichte der Baukunst), S. 58 ff., Abb. 13, 61. Bezirk Magdeburg, S. 203. Hartmann, S. 50. Scholke 1966, S. 12. Kunstführer, S. 221, 224. Dehio/Bezirk Magdeburg, S. 137. Scholke 1974, S. 135 f., 141. Historische Stätten, S. 169 ff.

Halberstadt
Links oben: Blick vom Holzmarkt auf den Dom, nach der Zerstörung
Rechts oben: Franziskaner-Klosterkirche St. Andreas und Dom, nach der Zerstörung
Links Mitte: Blick vom Paulsplan auf die St. Martinikirche
Rechts unten: Dom St. Stephanus und Sixtus von Südosten

1486 Einwölbung. Domweihe 1491. Die Obergeschosse der Domtürme seit 1882 wegen Baufälligkeit abgetragen, ihre heutige Form bis 1896. – Ältester Teil der Klausur der aus romanischer Zeit stammende Alte Kapitelsaal am östlichen Kreuzgangflügel. Vom Neubau der Klausur um 1240/50 der vielfach veränderte, zweigeschossige kreuzgratgewölbte Kreuzgang und der Remter an seinem Westflügel. Die Stephanskapelle am Alten Kapitelsaal 1405–1417 erbaut. Im Kreuzhof am westlichen Kreuzgangflügel die 1503 vollendete Neustädter Kapelle. 1514 der Neue Kapitelsaal über dem nördlichen Kreuzgangflügel mit seinem Schlingrippengewölbe fertiggestellt, seit 1837 hier Aufstellung des Domschatzes. Nach 1856 Abbruch der Klausurgebäude am südlichen Kreuzgangflügel.

Am 8. April 1945 durch Luftangriff stark beschädigt, zwölf Bombentreffer im Dombezirk, davon sieben in der Kirche. Chordach, Querschiffsdach und Dach über dem Neuen Kapitelsaal restlos zerstört, der südwestliche Vierungspfeiler in seinem oberen Teil schwer angeschlagen, im Gewölbe des Chores Loch von ca. 80 m², Gewölbe im südlichen Seitenschiff zerstört, das Gewölbe des Neuen Kapitelsaals völlig vernichtet, Strebepfeiler und Schwibbögen an der Südseite des Langhauses weggerissen oder schwer beschädigt, die giebelbekrönende Kreuzblume des südlichen Querschiffsarms zertrümmert, im nördlichen Querschiff das Fenstermaßwerk und Teile der Dachbrüstung zerstört. Innenausstattung bis auf die Orgel erhalten. Der Südflügel des Kreuzgangs schwer beschädigt, der obere Teil seiner aus dem 19. Jh. stammenden Außenwand vernichtet. – Beginn der Aufräumungsarbeiten am 29. Oktober 1945. Richtfest für das Chordach Oktober 1947, bis Anfang 1948 der Vierungspfeiler saniert, Wiederherstellung der Seitenschiffsgewölbe 1953. Seit 1956 Dom wieder für Gottesdienste benutzt. Obergeschoß des südlichen Kreuzgangflügels schlicht wiederaufgebaut. Das Schlingrippengewölbe des Neuen Kapitelsaals durch eine flache Decke ersetzt.

Inventar/Halberstadt, S. 223 ff., Fig. 80–88. Doering 1927, S. 35 ff., Abb. 7–11, 32–60. H. Giesau: Der Dom zu Halberstadt, Burg b. Magdeburg 1929 (Deutsche Bauten 16). A. Diestelkamp: Geschichte der Dombaubruderschaft St. Stephani in Halberstadt, in: Sachsen und Anhalt 5, 1929, S. 220 ff. E. v. Niebelschütz: Die Kunst im und am Harz 40, Das Halberstädter Dommuseum, Neuer Kapitelsaal . . ., in: Montagsblatt 78, 1936, S. 389 m. Abb. v. Niebelschütz 1937, S. 20 ff. m. 19 Abb. Dehio/Nordwestdeutschl., S. 164 ff. E. v. Niebelschütz: Der Dom zu Halberstadt, Berlin 1944 (Führer zu großen Baudenkmälern 35). Sicherung der Halberstädter Baudenkmale, in: Der Bauhelfer 1, 1946, H. 10, S. 28. F. Bellmann: Kurzer Bericht über die Ergebnisse der Halberstädter Domgrabung, in: Kunstchronik 8, 1955, S. 120–124. Zehn Jahre Denkmalpflege, S. 8, 211 f., Abb. 58–63. F. Bellmann u. G. Leopold: Der Dom zu Halberstadt, in: Pfalzenexkursion des Instituts für Vor- und Frühgeschichte der Deutschen Akademie der Wissenschaften zu Berlin vom 10. bis 14. Oktober 1960, Manuskriptdruck, Berlin 1960, S. 29 ff. Mrusek 1960, S. 63, 68, Abb. 71, 72. Bezirk Magdeburg, S. 198–200. P. Hinz: Gegenwärtige Vergangenheit, Dom und Domschatz zu Halberstadt, Berlin 1962 (über Zerstörung und Wiederaufbau S. 45 ff.). Ch. Johannsen: Menschen und Städte, Berlin 1962, S. 115 ff. A. Ress: Die Tagung der Landesdenkmalpfleger in der Bundesrepublik vom 25. Juni bis 1. Juli 1962, in: Deutsche Kunst und Denkmalpflege 20, 1962, S. 145 ff., Abb. 25, 26. Möbius, S. 23, 183 ff. m. Grundriß, Abb. S. 115, 118, 119. H.-J. Mrusek: Drei deutsche Dome, Dresden 1964, S. 53 ff., Abb. 159–211. Wiederaufbau der Kirchen in der DDR, S. 33, 39, 50 f., 184, 207, Abb. S. 114, 115. Scholke, 1966, S. 20 m. Abb. R. Frenzel: Der Dom zu Halberstadt, Berlin 1968 (Das christliche Denkmal 74/75). Kunstdenkmäler, S. 364 f. m. Grundriß, Abb. 80–85. Kunstführer, S. 221 f. J. Flemming, E. Lehmann und E. Schubert: Dom und Domschatz zu Halberstadt, Berlin 1973. Dehio/Bezirk Magdeburg, S. 137 ff. m. Grundriß. Scholke 1974, S. 16 ff., 40, 135, 138, Abb. 6–20. (Drei Dokumentationsbände über den Wiederaufbau von Architekt W. Bolze im Kirchlichen Bauamt der Kirchenprovinz Sachsen, Außenstelle Halberstadt)

Halberstadt, Dom St. Stephanus und Sixtus
Oben: Front des südlichen Querschiffs
Links unten: Inneres nach Osten, nach der Wiederherstellung
Rechts unten: Teil der südlichen Chorfront

Halberstadt, Dom St. Stephanus und Sixtus,
Blick vom südlichen Querschiff in das Langhaus

Liebfrauenkirche Kirche des 1005 gegründeten Augustiner-Chorherrenstifts. Dreischiffige Pfeilerbasilika mit zwei Türmen über den östlichen Seitenschiffsjochen, Querschiff, Chorquadrat, Apsis und zwei tonnengewölbten Nebenchören in Breite der Seitenschiffe, ebenfalls mit Apsiden, der südliche Nebenchor zweigeschossig. Zweitürmiger Westbau um Mauerstärke schmaler als das Langhaus. Hausteinbau (Muschelkalk). In Chor und Querschiff Kreuzgratgewölbe. Die Pfeiler des Langhauses abwechselnd quadratisch und längsrechteckig. Vom Gründungsbau die beiden unteren Geschosse des Westriegels, Schiff und Ostteile nach 1088. Unter Bischof Rudolf (1136–1147) der Umbau zur Basilika mit Osttürmen begonnen. 1179 Brand. Im dritten Viertel des 12. Jh. Anlage der südlich an Westbau und Schiff anschließenden Taufkapelle, deren polygonaler Chor erst aus dem 14. Jh. stammen dürfte. Nach 1200 Errichtung des dritten Westbaugeschosses, des Glockenhauses und der Türme, Einwölbung von Chor und Querschiff (Langhaus eventuell erst später eingewölbt). Im 14. Jh. Verlegung des Klosters auf die Westseite der Kirche und Schaffung des Westportals. Um 1420 Entstehung der im Winkel von südlichem Seitenschiff und südlichem Querschiffsarm gelegenen zweijochigen kreuzrippengewölbten Barbarakapelle. 1604 Übertritt des Stiftes zur Reformation. 1810 Aufhebung. Bei den Instandsetzungsarbeiten 1839–1848 unter F. v. Quast Nordostturm abgetragen und neu aufgeführt, im Langhaus die gotischen Gewölbe entfernt und durch Flachdecke ersetzt.

Am 8. April 1945 durch Luftangriff stark beschädigt: Chorgewölbe, Ostgiebel und Mauerwerk der Apsis zerstört, das gesamte Kirchendach abgedeckt, die Dachkonstruktionshölzer teilweise vernichtet, der Nordwestturm schwer angeschlagen und der Zwischenbau zwischen den Westtürmen zerstört, die Orgel mit der Orgelempore vernichtet, ebenso das Chorgestühl bis auf zwei Wangen. – Sicherungsarbeiten am Nordwestturm von Februar bis Dezember 1946; bis 1952 Restaurierung des Baues, dabei die ursprüngliche Schiefereindeckung der Nebenapsiden durch massive Kalksteinkonstruktion ersetzt. Am 24. August 1952 wieder eingeweiht.

Inventar/Halberstadt, S. 305 ff., Fig. 105–141. Kunze, S. 422 ff., Abb. 13. Doering 1927, S. 14 ff., Abb. 2, 14–17, 26, 27. v. Niebelschütz 1937, S. 12 ff. m. 10 Abb. Keyser, S. 518. Dehio/Nordwestdeutschl., S. 168 ff. Sicherung der Halberstädter Baudenkmale, in: Der Bauhelfer 1, 1946, H. 10, S. 28. Liebfrauenkirche zu Halberstadt, Wiederherstellung 1946–1954 . . ., in: Kunst und Kirche 20, 1957, H. 4, S. 158 f. m. 4 Abb. Zehn Jahre Denkmalpflege, Abb. 32–35, S. 207. Mrusek 1960, S. 63 f., Abb. 73–75. Bezirk Magdeburg, S. 200 f., Abb. S. 206, 207. A. Ress: Die Tagung der Landesdenkmalpfleger in der Bundesrepublik vom 25. Juni bis 1. Juli 1962, in: Deutsche Kunst und Denkmalpflege 20, 1962, S. 141, 144 f., Abb. 23, 24, Möbius, S. 185, Abb. S. 52, 53. Wiederaufbau der Kirchen in der DDR, S. 33, 39, 49 f., 184, 208, Abb. S. 116, 117. H. Berger: Denkmalpflege an romanischen Bauten zwischen Harz und Elbe, in: Kunst des Mittelalters in Sachsen, Weimar 1967, S. 17 ff. H. L. Nickel: Die Liebfrauenkirche zu Halberstadt, Berlin 1967 (Das christliche Denkmal 69). Kunstdenkmäler, S. 365, Abb. 92 bis 97. Kunstführer, S. 223. Dehio/Bezirk Magdeburg, S. 137, 149 ff. Scholke 1974, S. 45 ff., 53, 135, 138, Abb. 33–35, 42. (Dokumentationsband über den Wiederaufbau von Architekt W. Bolze im Kirchlichen Bauamt der Kirchenprovinz Sachsen, Außenstelle Halberstadt)

Halberstadt, Liebfrauenkirche
Oben: Blick von Südosten
Unten: Blick von Nordwesten und Inneres nach Osten

St. Paulskirche Dreischiffige, flachgedeckte Pfeilerbasilika mit zweitürmigem Westbau und kreuzgratgewölbtem Querschiff mit ausgeschiedener Vierung, kreuzgratgewölbtem Chorquadrat und breiterem zweijochigem kreuzrippengewölbtem Chor mit 5/8-Schluß. Im Winkel zwischen südlichem Querschiffsarm und Chor kreuzgewölbter Raum. Am Westende des südlichen Seitenschiffs kreuzgewölbte Peterskapelle. Hauptportal im Westen, daran der anschwellende, doppelt gewölbte Bogen bemerkenswert. Auf der Nordseite des Querschiffs einfaches Portal zum ehemaligen Kreuzgang, zweites Portal im nördlichen Seitenschiff nahe den Türmen. – 1085 Gründung des Stiftes regulierter Augustiner-Chorherren durch Bischof Burchard II., der erste Bau bereits vor 1122 renoviert, beim Stadtbrand 1179 beschädigt, abermals 1246, danach Verbreiterung der Seitenschiffe bis zur Flucht des Querhauses. Die oberen Teile der Türme aus dem 13. Jh. Chorneubau ab

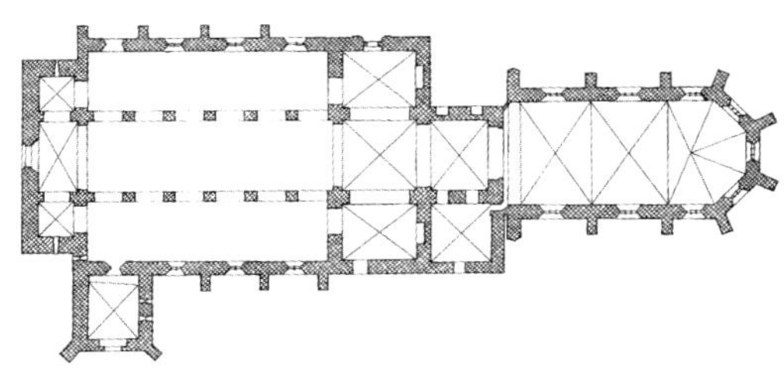

1363 anstelle der Apsis und der Nebenchöre des alten Baues, vermutlich 1408 geweiht. Die Peterskapelle im 14. Jh. angefügt. 1812 Aufhebung des Stiftes. Kirche als Lazarett und Proviantmagazin genutzt. 1906–1908 restauriert und wieder als Kirche benutzt.
Am 8. April 1945 beim Luftangriff durch Brand bis auf die Umfassungsmauern zerstört, dabei auch der aus der Liebfrauenkirche stammende barocke Orgelprospekt vernichtet. Reste 1969 abgebrochen.

C. Elis: Die romanischen Kirchen Halberstadts, in: Zeitschrift des Harz-Vereins für Geschichte und Altertumskunde 19, 1886, S. 12 ff. E. Schmidt: Die Paulskirche in Halberstadt . . ., in: Die Denkmalpflege 3, 1901, S. 9 f. m. 3 Abb. Inventar/Halberstadt, S. 356 ff., Fig. 146–151. Köhler: Die Wiederherstellung der St. Paulskirche zu Halberstadt, in: Jahrbuch der Denkmalpflege in der Provinz Sachsen 1908, S. 56 ff. Köhler: Die Wiederherstellung der Paulskirche in Halberstadt, in: Die Denkmalpflege 11, 1909, S. 125 ff. m.

Halberstadt, St. Paulskirche
Oben: Gesamtansicht von Südosten und Nordseite des Chores
Unten: Westfront und Grundriß

St. Martinikirche Dreischiffige, fünfjochige kreuzgratgewölbte Hallenkirche mit Querschiff, zweijochigem Chor mit 5/8-Schluß und kommunizierenden gerade geschlossenen Nebenchören sowie zweitürmigem Westbau. Hausteinbau. Ostpartie einer basilikalen Anlage gemäß. Querschiff mit ausgeschiedener Vierung, diese schmaler als der Chor und das Mittelschiff. Am nördlichen Nebenchor eine zweijochige kreuzgratgewölbte Sakristei. Im dritten Joch des südlichen Seitenschiffs zweiteiliges Hauptportal, vor dem gegenüberliegenden Nordportal zweijochiger gewölbter Vorbau, weitere Portale in den Querschiffsarmen. Die Stadtpfarrkirche 1186 erstmalig erwähnt. Von der Basilika des 12. Jh. nur die Vierungspfeiler erhalten. Neubau mit den Ostteilen im letzten Viertel des 13. Jh. begonnen, Westbau erstes Viertel des 14. Jh. angefangen, Langhaus zweites Viertel des 14. Jh. als Halle mit fast gleichbreiten Schiffen aufgeführt. 1521 Einführung der Reformation. Die ursprünglich einjochige Sakristei in der ersten Hälfte des 16. Jh. erweitert. 1863 Ausbesserung der Türme. 1880 Instandsetzung des Dachstuhls und Verankerung der Südwand des Schiffes. 1891 Neudeckung des Südturms mit Bleiplatten.

11 Abb. Doering 1927, S. 27 ff., Abb. 3, 4, 28. v. Niebelschütz, 1937, S. 51 f. m. 2 Abb. Keyser, S. 518. Dehio/Nordwestdeutschl., S. 170 f. Denkmalpflege in Halberstadt, in: Natur und Heimat 3, 1954, S. 160. Mrusek 1957, S. 647, 657. Hartmann, S. 51. Dehio/Bezirk Magdeburg, S. 137. Scholke 1974, S. 53 ff., 135. Historische Stätten, S. 173

Halberstadt
Links oben und Mitte: St. Paulskirche, Blick auf die Nordfront und Peterskapelle an der Südseite des Schiffes
Rechts: St. Martinikirche von Osten
Links unten: Blick auf die St. Martinikirche von Nordwesten, nach der Zerstörung

Am 8. April 1945 durch Luftangriff stark beschädigt: die Türme durch Brandbomben getroffen, wodurch die Turmhauben abbrannten und umgebende Bauten am Martiniplan sich entzündeten. Eine Sprengbombe zerschlug die Nordostecke des Südturms; die Hausmannsbrücke und das Dach des Zwischenbaus wie die dort befindlichen Glockenstühle vernichtet; Dächer von Schiff und Chor zerstört, ebenso der südliche Querschiffsgiebel, das Tympanonrelief des Südportals beschädigt, Innenausstattung erhalten. Ab 1950 Sicherungsarbeiten und Wiederherstellung der Bedachung. Am 26. September 1954 Einweihung der Kirche. 1954–1961 Aufbau der Kirchtürme in historischer Form unter Verwendung einer modernen Stahlkonstruktion. 1967 Wiedererrichtung der Glockenstühle mit den beiden erhaltenen Glocken.

Inventar Halberstadt, S. 387 ff., Fig. 159–168. Doering, 1927, S. 29 ff., Abb. 5, 30. Keyser, S. 518. Dehio/Nordwestdeutschl., S. 171. W. Gemm: Zum Bau des Südturmes der Martinikirche, in: Zwischen Harz und Bruch 1, 1956, S. 253 f. m. Abb. Denkmalpflege in Halberstadt, in: Natur und Heimat 3, 1954, S. 160. Bezirk Magdeburg, S. 203. Wiederaufbau der Kirchen in der DDR, S. 184, 208, Abb. S. 118. Hartmann, S. 45. Kunstdenkmäler, S. 366, Abb. 98–100. Kunstführer, S. 224. Dehio/Bezirk Magdeburg, S. 154 ff. Scholke 1974, S. 21, 28 f., 62 ff., 135, 138, Abb. 49–51. (Zwei Dokumentationsbände des Wiederaufbaues von Architekt Walter Bolze im Kirchlichen Bauamt der Kirchenprovinz Sachsen, Außenstelle Halberstadt)

Franziskaner-Klosterkirche St. Andreas Kloster durch Graf Heinrich d. J. von Regenstein (gest. 1314) gegründet. Die im 14. Jh. errichtete Kirche ein dreischiffiger, fünfjochiger Hallenbau aus Bruchstein mit Sandsteinverblendung. Der dreijochige Chor mit 5/8-Schluß. Seitenschiffe etwas niedriger als das Mittelschiff. Im gesamten Bau Kreuzrippengewölbe. Klostergebäude im Süden. Kloster 1547 aufgehoben, jedoch 1548 wiederhergestellt. Der Ostflügel der Klosteranlage 1628, der Südflügel 1630 erneuert. Kloster 1810 erneut aufgehoben, seit 1920 wieder im Besitz des Franziskanerordens. In einem Klosterflügel das Stadtarchiv.

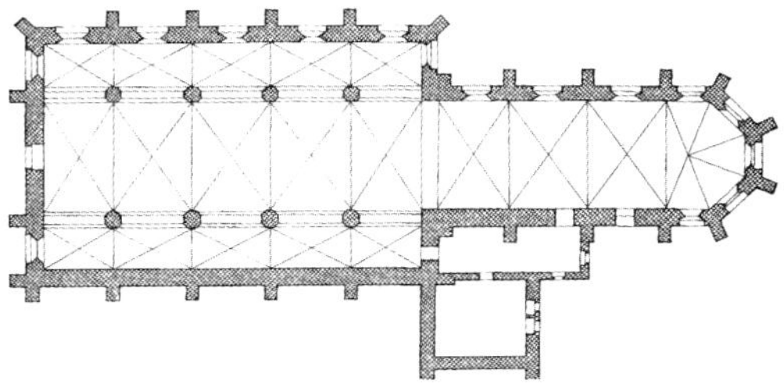

Am 8. April 1945 durch Luftangriff die Klostergebäude vernichtet und die Kirche bis auf die Umfassungsmauern ausgebrannt. Dabei u. a. vernichtet: Chorgestühl (letztes Viertel des 17. Jh.), Kanzel (18. Jh.), Orgel (aus dem Halberstädter

Dom), zwölfarmiger Kronleuchter (17. Jh.), zwei marmorne Leuchterengel (15. Jh.). Chor wiederausgebaut und durch Mauer vom Schiff abgetrennt, November 1951 geweiht, dient als Kloster- und Pfarrkirche. Klostergebäude moderner Neubau.

Inventar/Halberstadt, S. 410 ff., Fig. 169–180. Zur Geschichte des Klosters Halberstadt, in: Beiträge zur Geschichte der sächsischen Franziskanerprovinz vom hl. Kreuz 1, 1908, S. 56 ff. Arndt, S. 107. Doering 1927, S. 78 ff., Abb. 12, 74. Keyser, S. 519. Dehio/Nordwestdeutschl., S. 171 f. Zehn Jahre Denkmalpflege, Abb. 64, 65, S. 212. Wiederaufbau der Kirchen in der DDR, S. 30, 208. Hartmann, S. 47, 51. Kunstführer, S. 224. Dehio/Bezirk Magdeburg, S. 137, 156 f. Scholke 1974, S. 32, 58 f., 135, 138, Abb. 44, 47. Historische Stätten, S. 173

Halberstadt
Rechts oben: St. Martinikirche von Norden
Mitte oben: Franziskaner-Klosterkirche St. Andreas, Grundriß
Unten: Franziskaner-Klosterkirche St. Andreas, nach der Zerstörung, Inneres nach Osten sowie Gesamtanlage von Südwesten und Teil des zerstörten Klosters

St. Katharinenkirche Ehemalige Dominikaner-Klosterkirche eines um 1230 von einem Grafen von Regenstein gegründeten Klosters, jetzt katholische Pfarrkirche. Dreischiffige, fünfjochige, flachgedeckte Hallenkirche mit dreijochigem, kreuzrippengewölbtem Chor mit 5/8-Schluß. Hausteinbau mit Schieferdach, auf dem Chor ein Dachreiter. Erbaut im zweiten und dritten Viertel des 14. Jh. – Die Klostergebäude an der Nordseite 1632 von den Schweden zerstört, Wiederaufbau nach 1648. Kloster 1809 aufgehoben, Kirche ab 1812 Pfarrkirche der Katharinengemeinde, Kloster seit 1920 mit Karmeliterinnen vom hl. Herzen Jesu besetzt. Kirche 1934 renoviert.
Am 8. April 1945 beim Luftangriff Treffer im Chor, Gewölbe durchgeschlagen, Maßwerk des südöstlichen Chorfensters zerstört. Anfang der fünfziger Jahre wiederhergestellt.

Inventar/Halberstadt, S. 422 ff., Fig. 181–185. Doering 1927, S. 81 f., Abb. 13. Keyser, S. 518. Dehio/Nordwestdeutschl., S. 172. Kunstführer, S. 224. Dehio/Bezirk Magdeburg, S. 157 f. Scholke 1974, S. 32, 61 f., Abb. 48. Historische Stätten, S. 173

Ehemalige Französisch-Reformierte Kirche (Antoniusstraße, in der Achse der Kornstraße). 1713 bis 1718 errichteter gewölbter Zentralbau von oktogonalem Grundriß. Ecken rustiziert, unterhalb des Dachgesimses das Gebäude umziehender Fries; auf der Südseite zur Kornstraße vorgeblendete Portalfassade mit abgefasten Ecken. Zwischen kolossalen toskanischen Pilastern Portal mit Inschrifttafel, auf dem Gebälk von drei Vasen gekrönter giebelartiger Aufsatz. 1818 infolge der Vereinigung der französisch- und deutschreformierten Gemeinde aufgelassen, seit 1824 Warenmagazin.
Am 8. April 1945 beim Luftangriff durch Brand völlig zerstört. Ruine 1968 als Mahnmal zum Gedenken an die Zerstörung Halberstadts gestaltet.

Inventar/Halberstadt, S. 408 f. Arndt, S. 119. Doering 1927, S. 84 f., Abb. 77. Hentzen 1927, S. 35. Michaelis, S. 61. Keyser, S. 518. Dehio/Nordwestdeutschl., S. 172. Hartmann, S. 51. Dehio/Bezirk Magdeburg, S. 161. Scholke 1974, S. 100, 135, 136, Abb. 74

Synagoge (Bakenstraße 56). Nach Zerstörung der Synagoge in der Göddenstraße 1699 Neubau, 1712 vollendet. Quadratischer Bau mit Zeltdach, Außenmauern durch Blendnischen belebt, an der Ostseite kleiner Anbau für die hl. Lade. Im Inneren Kuppelraum mit zweigeschossiger Empore im Westen, hl. Lade unter auf Marmorsäulen ruhendem Baldachin. 1879 durch Ewe und Benda umgebaut und neu ausgestattet.
1938 in der »Kristallnacht« niedergebrannt. Ruine abgebrochen.

G. A. Auerbach: Geschichte der israelitischen Gemeinde in Halberstadt, o. O. 1866. K. L. Zschiesche: Halberstadt einst und jetzt . . ., Halberstadt 1895, S. 216. Inventar/Halberstadt, S. 409 f. Doering 1927, S. 85 f. Keyser, S. 526. Dehio/Nordwestdeutschl., S. 172. Scholke 1974, S. 134

Ehemaliges Heiliggeist-Hospital (Spiegelstraße 1–3, jetzige Gerhart-Hauptmann-Straße). Anfang des 13. Jh. von Wilhelm von Gent als Kranken- und Armenhaus gestiftet. Die Kirche frühgotisch mit hölzernem, 1694 erneuertem Tonnengewölbe und zweistöckigen hölzernen Emporen. Kanzelaltar und Orgelprospekt reich geschnitzt. Südwestlich der Kirche die vierflügelige Anlage des Hospitals; Außenfronten Haustein, Innenfronten Fachwerk; laut Inschrift 1733 erbaut, der Ostflügel 1741 als Arbeitshaus errichtet. Seit 1919 städtisches Polizeigefängnis.
Am 8. April 1945 beim Luftangriff bis auf die Ostfassade mit dem Portal des Arbeitshauses zerstört. Ruine in die Grünanlagen der Plantage einbezogen.

Inventar/Halberstadt, S. 436 ff., Fig. 191–193. Arndt, S. 119 f. Doering 1927, S. 85. Keyser, S. 519. Dehio/Nordwestdeutschl., S. 172. Scholke 1966, S. 57 m. Abb. Dehio/Bezirk Magdeburg, S. 137. Scholke 1974, S. 135, 136, Abb. 93

Halberstadt
Links oben: St. Katharinenkirche von Südosten
Links unten: Ehemalige Französisch-Reformierte Kirche
Mitte: Synagoge, Inneres
Rechts: Ehemaliges Heiliggeist-Hospital, nach der Zerstörung

Öffentliche Gebäude

Rathaus Zweigeschossiger, zweiflügeliger Quaderbau mit schiefergedeckten Satteldächern. Der westliche, am Holzmarkt gelegene Teil mit den Giebeln zur Straße »Hinter dem Rathaus« und zum verengten östlichen Teil des Holzmarktes 1381 bis 1398 errichtet; 1433 Aufstellung des Rolands an der Südwestecke. 1541 Anfügung des Erkers auf der Südseite mit Inschrift. Spätgotische Erweiterung nach Osten zum Fischmarkt, 1560 Vorbau an der Fischmarktfront. 1663 Anlage des Ratslaube genannten Vorbaus mit doppelläufiger Freitreppe, Ziergiebel und Inschrift auf der Südseite. Gebäude 1865 und 1880 restauriert. Ab 1930 Durchleitung des Fußgängerverkehrs durch die Südostecke vom Fisch- zum Holzmarkt, dazu Öffnung der dreischiffigen Halle des Erdgeschosses im letzten Joch und Schaffung eines rundbogigen Eingangs am Fischmarkt anstelle des südlichen Fensters. Im Zimmer des Oberbürgermeisters mit den Brustbildern von sechzehn deutschen Kaisern bemalte Holzdecke vom Ende des 16. Jh. Eine zweite bemalte Kassettendecke im Zimmer der Bauermeister.
Am 8. April 1945 beim Luftangriff total zerstört. Ruine abgebrochen. Der Roland an der Westfront der Martinikirche aufgestellt.

Inventar/Halberstadt, S. 451 ff., Fig. 203–205. O. Stiehl: Das deutsche Rathaus im Mittelalter in seiner Entwicklung geschildert, Leipzig 1905, S. 55 ff., Abb. 54 bis 56. B. Hanftmann: Vom Rathaus zu Halberstadt, in: Neudeutsche Bauzeitung 3, 1907, S. 270 f. m. 2 Abb. Arndt, S. 89 Nr. 3, 4, S. 92 Nr. 22, S. 109 Nr. 99. Peltz: Die Rathäuser in Halberstadt, Goslar, Quedlinburg und Wernigerode, in: Die Denkmalpflege 14, 1912, S. 94–99 m. 2 Abb. Hentzen 1927, S. 18. Sinning: Verkehrsdurchbruch am Rathaus zu Halberstadt, in: Die Denkmalpflege 1930, S. 76 f. m. 4 Abb. Michaelis, S. 21 f. Schönherr, S. 13 m. Abb. v. Niebelschütz 1937, S. 58 f. m. 4 Abb. C. Becker: Aus Halberstadts Werden und Dasein, in: Der Harz 40, 1937, H. 6, S. 186. Keyser, S. 518. Dehio/Nordwestdeutschl., S. 172. Scholke 1966, S. 82 f. m. Abb. Dehio/Bezirk Magdeburg, S. 137. Scholke 1974, S. 7, 21, 80 ff., 135, Abb. 60 f.

Halberstadt, Rathaus
Oben: Front zum Fischmarkt
Rechts unten: Front zum Holzmarkt
Links unten: Ratslaube an der Südseite, nach der Zerstörung

Ratskeller (Holzmarkt, Ecke Krebsscheere). Erbaut 1461. Ältester datierter Fachwerkbau der Stadt. Dreigeschossig, von elf Fach Länge und neun Fach Breite, die Obergeschosse vorgekragt, hohes schiefergedecktes Walmdach. An den Balkenköpfen zum Holzmarkt über dem Erd- und ersten Obergeschoß Köpfe. Die Konsolen größtenteils figuriert, die übrigen von gleicher Höhe und vornehmlich mit gotischem Maßwerk geziert. An der Schwelle über dem Erdgeschoß zum Holzmarkt in Füllungen mit seitlichen Viertelkreisen Köpfe und Drachen mit gotischem Blattwerk, über den Balkenköpfen Vierpaßkreise; zur Krebsscheere Dreipässe in Kreissegmenten. Am Hause eine Steinplatte mit der eingeritzten Gestalt eines betenden Ritters.
Am 8. April 1945 beim Luftangriff zugleich mit dem Rathaus total zerstört. Ruine später beseitigt.

Inventar/Halberstadt, S. 462, 466 f., 493, Fig. 208, 209, 211. Arndt, S. 82, 90. Verz. Ohle, S. 87, Abb. Taf. IV. Ohle, S. 57 f., 60. Klemm: Halberstadt und Umgebung, Ein kunstgeschichtlicher Überblick, in: Die Denkmalpflege 14, 1912, Nr. 12–13, S. 92 ff. Wege, S. 7, 16 ff., 41 ff., Abb. 25–35, 75. v. Niebelschütz 1922, S. 35. Stöwesand 1930, S. 60, Abb. S. 61. Michaelis, S. 22. Schönherr, S. 17, 22 m. Abb. C. Becker, S. 22. E. v. Niebelschütz: Meisterwerke der Kunst in Sachsen-Anhalt 59, Der Ratskeller in Halberstadt, in: Montagsblatt 76, 1934, Nr. 11, S. 85 m. Abb. v. Niebelschütz 1937, S. 61 ff., Abb. S. 62 f. -ich: Halberstädter Fachwerk, in: Der goldene Reiter 2, 1939, H. 6, S. 253 m. 2 Abb. J. Stöwesand, Bildnerische Kunst am östlichen Holzmarkt, Der Ratskeller begeht am 6. Februar 1940 seinen 479. Geburtstag, in: Hilariusblätter 4, 1940, Nr. 2, S. 5 f. m. Abb. Dehio/Nordwestdeutschl., S. 173. Scholke 1966, S. 85 m. Abb. Dehio/Bezirk Magdeburg, S. 161. Scholke 1974, S. 88, Abb. 65

Alter Marstall An der Stadtmauer; von der Ecke des Rathauses aus als Abschluß der Krebsscheere sichtbar. Zweieinhalbgeschossiges Traufenhaus mit zwei Böden, Obergeschoß vorgekragt. Datiert 1574. An Balkenköpfen und Konsolen Sternzylinder, teilweise vorn mit Rillen. An Schwellen und Füllhölzern Schiffskehlen mit Eckblättern, untere Schwelle außerdem mit Eckkügelchen; darauf auch Inschrift sowie Wappen und Namen des Bürgermeisters Hermann Wiedelaw und der Ratsherren. Auf der Bretterbrüstung achsial auf den Ständern große Sternkreise, zwischen diesen andere, teilweise verdeckte oder kleinere Sternkreise. Profilierte Fensterriegel. Ein großes und zwei kleinere rundbogige Tore mit schönen Kerbschnittsternen. Über dem Haupttor Inschriftriegel, darüber Halberstädter Wappen. Fache mit Ziegelmusterung.
Am 8. April 1945 zerstört.

Inventar/Halberstadt, S. 474, 479 f., Fig. 217, 218 und S. 495. Arndt, S. 84 f., 96. Verz. Ohle, S. 90. Ohle, S. 63. R. Sinning: Das Marstallgebäude in Halberstadt, in: Die Denkmalpflege 16, 1914, S. 13 ff. m. 5 Abb. Schönherr, S. 13. W. Baumann: Die berittenen Beamten der Stadt Halberstadt, in: Hilariusblätter 3, 1939, Nr. 8, S. 29 ff. m. 2 Abb. Stöwesand 1940, S. 46. Scholke 1974, S. 94

Reithalle (Harsleber Straße, Ecke Spiegelstraße). 1804 für Werner Heinrich Adolf Freiherr Spiegel zum Diesenberg errichtet. Klassizistischer Bau mit halbkreisförmigen Fenstern.
Am 8. April 1945 zerstört. Ruine später abgetragen.

Sinning, S. 14. Scholke 1974, S. 121

Stadttheater 1903–1905 nach Plänen B. Sehrings errichteter Putzbau. Zuschauerraum mit zwei Rängen für 900 Personen. Proszeniumsloge in Höhe des ersten Ranges, tiefliegender Orchesterraum. Außenbau und Zuschauerraum in historisierenden Formen. Zuschauerraum 1937–1940 modernisiert.
1945 zerstört.

Halberstadt in Wort und Bild, Text von Hermann Schwab, 2. Aufl. Halberstadt (1909), S. 62 f., Abb. S. 64, 65. Sinning, S. 30, Abb. S. 74. Der Harz 40, 1937, Abb. S. 193. 150 Jahre Theater Halberstadt, Festschrift, (Halberstadt 1962), Abb. S. 21. Scholke 1974, S. 131

Halberstadt
Oben: Alter Marstall
Unten: Stadttheater

Halberstadt, Ratskeller

Platzanlagen

Domplatz Mittelpunkt der Domburg. An seinem östlichen Ende der Dom, am westlichen die Liebfrauenkirche und der Peterhof, der ehemalige Bischofssitz. Südwestlich des Domes die Dompropstei.

Durch Luftangriff am 8. April 1945 das bauliche Ensemble zerstört. Dom und Liebfrauenkirche durch Bombentreffer stark beschädigt. Die Häuser Nr. 6, 10, 11, 15, 19, 21–30, 33, 37–39 vernichtet, andere schwer in Mitleidenschaft gezogen; Nr. 14, 20 und 32 wiederaufgebaut, Nr. 33 und 37 als Ruine erhalten, Nr. 40–47 auf der Nordseite des Platzes renoviert.

Nr. 14 (Ecke Unter den Zwicken): Ehemalige Dompropstei, errichtet 1592–1611 unter Bischof Heinrich Julius. Zweigeschossiger, zweiflügeliger Fachwerkbau mit schiefergedecktem Dach. Das Obergeschoß an beiden Straßenseiten auf sandsteinernen Arkaden ruhend, in ihren Bogenzwickeln Wappen der Domherren. Konsolen über dem Erdgeschoß steinern, an der Eckkonsole zu den »Zwicken« mit kauerndem nacktem Mann die Jahreszahl 1611, Konsolen am Hauptgesims hölzern. An der Ecke zu den »Zwicken« mächtiger Kopf. Bretterbrüstung ursprünglich nur mit schlichten Blendfeldern, die geschnitzten Domherrenwappen an der Nordseite entstammen dem im 19. Jh. abgerissenen Domkeller (ehemals südlich neben der Domfront). Gebäude 1901–1904 restauriert und zu Verwaltungszwecken umgestaltet. Im Obergeschoß Stadtverordnetensaal, darin Wandgemälde von G. Barlösius mit historischen Szenen aus der Stadtgeschichte.

Durch Luftangriff am 8. April 1945 stark beschädigt, dabei die Wandgemälde von Barlösius vernichtet. Gebäude bis 1960 restauriert, Obergeschoß und Dach erneuert.

Inventar/Halberstadt, S. 447 ff., Fig. 200–202. Das Dompropsteigebäude zu Halberstadt, Goslar 1906. Arndt, S. 103 f. Verz. Ohle, S. 72. Moldenhauer, S. 54 ff. Schönherr, S. 15, Abb. S. 16. v. Niebelschütz 1937, S. 55, Abb. S. 54, 55. Keyser, S. 518. Dehio/Nordwestdeutschl., S. 172. Denkmalpflege in Halberstadt, in: Natur und Heimat 3, 1954, S. 160. W. Tille: 800 Jahre Dompropstei, in: Zwischen Harz und Bruch 1, 1956, S. 104 ff. m. 4 Abb. Scholke 1966, S. 26 m. Abb. Kunstführer, S. 222. Dehio/Bezirk Magdeburg, S. 153. Scholke 1974, S. 72 f., 93, 135, 139, Abb. 58. Historische Stätten, S. 172

Weitere bemerkenswerte Gebäude am Domplatz

Nr. 23: Sehr altes, später ganz verputztes zweigeschossiges Traufenhaus von neun Fach Länge. Ziegelsatteldach, stehende Dachfenster mit Schleppdach. Die Balken über dem Obergeschoß durch die Ständer durchgezapft und durch Bolzen gesichert. Gotische Drempelkonstruktion.
Nr. 27: Wohnhaus des Dichters Clamer Eberhard Carl Schmidt, eines Freundes von Gleim.
Nr. 33: Stolbergsche Kurie. Zweigeschossiger Hausteinbau von sieben Achsen mit einachsigem Mittelrisalit.
Nr. 37: Ehemalige Kurie. Eingeschossiger Hausteinbau von neun Achsen mit dreiachsigem Mittelrisalit, darüber Zwerchhaus.
Nr. 38/39 (Ecke Tränketor): Ehemalige Kurie, dann Hôtel de Prusse, später Handwerkerhaus.

Inventar/Halberstadt, S. 493 (Nr. 23), 496 (Nr. 27). Arndt, S. 124 (Nr. 27). Verz. Ohle, S. 72 (Nr. 23). Ohle, S. 56 (Nr. 23). Wege, S. 39, 45 f., Abb. 74 (Nr. 23). A. Kühne: Kurien der Stiftsherren und ihre Geschichte, in: Hilariusblätter 2, 1938, Nr. 25, S. 97 ff. (Nr. 38/39). Hartmann, S. 46. Scholke 1974, S. 119 (Nr. 33), 135 f.

Halberstadt
Links oben: Domplatz 14 (Ehemalige Dompropstei)
Rechts: Domplatz 23 und Ruine Domplatz 37
Links unten: Holzmarkt und Dom, nach der Zerstörung

Holzmarkt Zentrum der Bürgerstadt. An seiner Nordostseite das Rathaus, an der Südseite Kommisse und Ratskeller.

Am 8. April 1945 durch Luftangriff zerstört. Die Häuser Nr. 4 und 8, das Obergeschoß der Kommisse und alle Häuser der Krebsscheere und Heinrich-Julius-Straße brannten sofort. Das Feuer griff von der Krebsscheere her auf die Südfront des Holzmarktes über, die am Nachmittag des Angriffstages niederbrannte. Ruinen abgetragen. Der beschädigte Marktbrunnen restauriert und auf den Fischmarkt versetzt.

Nr. 20: Kommisse, errichtet 1596 als Gästehaus im Auftrage des Bischofs Heinrich Julius. Dreigeschossiger Putzbau mit achtachsiger Front. Die beiden äußersten Achsen jeweils als Seitenrisalite ausgebildet, diese viergeschossig mit Hausteingiebeln. Die dreizonigen Volutengiebel gegliedert durch rustizierte Lisenen, auf den Giebelspitzen jeweils ein aufrecht stehender Löwe. Über den vier Mittelachsen zwei Dachausbauten mit Giebeln; rundbogiges Portal in rustizierter Wandvorlage über achtstufiger Treppe, flankiert von wilden Männern in Nischen, bekrönt von Dreieckgiebel, daran das bischöfliche Wappen; über den Fenstern rechts Wappen von zehn Domherren. Das 1726 renovierte Gebäude diente vor der Zerstörung als Steueramt.

Am 8. April 1945 völlig zerstört. Ruine abgetragen. Bauplastische Reste vom Portal im Städtischen Museum Halberstadt.

Inventar/Halberstadt, S. 450 f. Arndt, S. 101 f. Nr. 62. Hentzen 1927, S. 10, 11, 17 f. Moldenhauer, S. 54 m. Abb. Schönherr, S. 13. v. Niebelschütz 1937, S. 56 m. Abb. E. v. N(iebelschütz): Die Kunst in und am Harz

Halberstadt
Oben: Holzmarkt von Südwesten
Unten: Holzmarkt 20 (Kommisse)

52, Halberstadt, Holzmarkt mit Delphinbrunnen und Kommisse, in: Montagsblatt 79, 1937, S. 77. Keyser, S. 518. Dehio/Nordwestdeutschl., S. 172. Dehio/Bezirk Magdeburg, S. 137. Scholke 1974, S. 73, 135, Abb. 59

Nr. 8 (Ecke Schmiedestraße): »Stelzfuß«, 1576 datiertes dreigeschossiges Traufenhaus von sechs Fach Länge und sechs Fach Breite. Bis zum First emporgeführter Erker am Holzmarkt, Krüppelwalm zur Schmiedestraße, Obergeschosse vorgekragt, ebenso der Giebel und die Erkergeschosse. Der ursprünglich freitragende Erker auf einer Stütze ruhend. An den Balkenköpfen Masken. An der Ecke drei figurierte Konsolen. Auf der Schwelle über dem Erdgeschoß und an den Erkerschwellen lange Inschriften. Über den Balkenköpfen der anderen Geschosse Sternkreise. Auf den Brüstungen, auch am Erker, bis in den Giebel Arkaden, auf den Ständern je zwei vertiefte Füllungen. Im Giebel Windeluke. Das Gebäude 1928 renoviert.

Inventar/Halberstadt, S. 480, 484, 494. Arndt, S. 85, 97. Verz. Ohle, S. 86, Taf. IX. Ohle, S. 57, 59, 64. v. Niebelschütz 1922, S. 35 m. Abb. Moldenhauer, S. 54 m. Abb. Michaelis, S. 23 f. Schönherr, S. 19 m. Abb. E. v. N(iebelschütz): Meisterwerke der Kunst in Sachsen-Anhalt 60, Fachwerkhäuser der Renaissance in Halberstadt, 2. Hälfte 16. Jh., in: Montagsblatt 76, 1934, Nr. 12, S. 92 m. Abb. v. Niebelschütz 1937, S. 67 m. Abb. J. Stöwesand: Zwei Eckhäuser an der Nordfront unseres Holzmarktes, in: Hilariusblätter 4, 1940, Nr. 6, S. 23 f. m. Abb. Der goldene Reiter 4, 1941, H. 6, Abb. S. 173. Scholke 1966, S. 84 m. Abb. Dehio/Bezirk Magdeburg, S. 161. Scholke 1974, Abb. 66

Weitere bemerkenswerte zerstörte Fachwerkhäuser am Holzmarkt

N. 3 (Ecke Durchgang zum Martiniplan): 1552 datiertes viergeschossiges Giebelhaus von fünf Fach Breite. Erdgeschoß durch Ladeneinbau verändert.

Halberstadt
Oben: Holzmarkt mit Rathaus; Fischmarkt 1; Holzmarkt 24–22
Unten: Holzmarkt 23

Nr. 4/5: Ursprünglich ein Haus, dann in der Mitte geteilt, vor der Zerstörung wieder zusammengehörig. Dreieinhalbgeschossiges Traufenhaus von zehn Fach Länge mit zwei Dachböden. In Nr. 4 das Zwischengeschoß durch Ladeneinbau beseitigt; Dacherker mit Windeluke. Bei Nr. 5 Jahresangabe 1532.

Nr. 15 (Ecke Harsleber Straße): Dreieinhalbgeschossiges Giebelhaus des 17. Jh. von sieben Fach Breite und vierzehn Fach Länge mit zwei Böden.

Nr. 16 (Ecke Harsleber Straße): 1618 datiertes dreigeschossiges verputztes Fachwerkhaus mit Walmdach.

Nr. 22/23: Dreigeschossiges Traufenhaus von neun und zehn Fach Länge. Erdgeschoß massiv.

Inventar/Halberstadt, S. 474, 494 (Nr. 3, 4/5), 494 (Nr. 22/23), 496 (Nr. 15, 16). Arndt, S. 84, 92 f. (Nr. 3, 4/5), 106 (Nr. 16). Verz. Ohle, S. 86 f. (Nr. 3, 4/5, 15, 22/23). Ohle, S. 59 ff. (Nr. 3, 4/5, 22/23). v. Niebelschütz 1922, S. 35 (Nr. 3). Schönherr, S. 17 (Nr. 3, 4/5). A. Kühne: Vom schriftsässigen Hof zum Brauer-Gildehaus, in: Hilariusblätter 1, 1937, Nr. 25, S. 97 f. m. 2 Abb.; ders.: Das Schuhmachersche Witwen- und Waisenhaus, ebd. 2, 1938, Nr. 3, S. 9 f. m. Abb. (Nr. 22/23). J. Stöwesand: Zwei Eckhäuser an der Nordfront unseres Holzmarktes, in: Hilariusblätter 4, 1940, Nr. 6, S. 23 f. m. Abb. (Nr. 3). Stöwesand 1940, S. 45 (Nr. 3). Hartmann, S. 44 f.

Halberstadt
Links: Holzmarkt 15
Rechts: Holzmarkt 8 (»Stelzfuß«)

Fischmarkt Nordöstlich des Holzmarktes und von diesem durch das Rathaus getrennt, auf den Fischmarkt der Breite Weg mündend.
Durch Luftangriff am 8. April 1945 wurde die Fachwerkbebauung zerstört. Durch Sprengbomben beschädigt Nr. 5, die Häuser zwischen Breiter Weg und Hinter dem Richthause, ferner zwischen der Straße Hinter der Münze und dem Fischmarkt und die Gebäude auf der Platz-Nordseite. Die Häuser zwischen Martiniplan und Rathaus zunächst durch Sprengbomben beschädigt, dann durch herabstürzende Balken vom brennenden Martinisüdturm entzündet und ausgebrannt. Von Nr. 4 verbreitete sich das Feuer und vernichtete schließlich sämtliche Häuser. Die Ruinen abgetragen.
Nr. 1 (Ecke Krebsscheere): Um 1480 errichtetes viergeschossiges Haus von fünfzehn Fach Länge und sieben Fach Breite mit zwei Böden. Das schiefergedeckte Satteldach zur Krebsscheere abgewalmt. Erdgeschoß durch Ladeneinbauten verändert. An der Ecke zur Krebsscheere eine große Eckkonsole mit Simson über einem Wappen auf Löwenkopf, daneben zwei kleinere Konsolen mit kauernden Figuren, von denen die linke ein Wappen hält; in den oberen Geschossen an der Ecke St. Georg, St. Christophorus und ein Diakon. Auf der Schwelle über dem Erdgeschoß vierstufiger Treppenfries, über den Balkenköpfen Vierpaßkreise; auf der Schwelle über dem ersten Obergeschoß Dreipaßkreise, dazwischen kräftiges, rechteckig gerahmtes Profil; auf der Schwelle über dem zweiten Obergeschoß Profilumrahmung mit seitlichen Viertelkreisen, über den Balkenköpfen Kreise mit Rosetten; am Hauptgesims dreistufiger Treppenfries. Nur im dritten Obergeschoß Fensterriegel mit kräftigem Profil.

Halberstadt
Oben: Fischmarkt 1 und Rathaus
Unten: Fischmarkt 1

Nr. 2: Dreigeschossiges Traufenhaus. Das ganze Fachwerk bis auf die Balkenköpfe über dem ersten Obergeschoß erneuert.
Nr. 5 Vorderhaus (Ecke Hinter dem Richthause): »Hackerbräu«. Viergeschossiges Traufenhaus von sechzehn Fach Länge und acht Fach Breite. 1911/12 umgebaut, dabei Fachwerk der unteren Geschosse erneuert.
Nr. 5 Rückhaus (zur Straße Hinter dem Richthause): Früher Richthaus und Gefängnis. Erbaut 1664/65. Dreigeschossiges Traufenhaus mit zwei Böden. Am Gebäude Wappen des Bürgermeisters Gerhart de Hetling und seiner beiden Frauen. Auf den Brüstungen Arkaden ohne Kapitelle. Fenster im zweiten Obergeschoß mit Stäbchengittern.
Nr. 8 (Ecke Breiter Weg): Alte Ratswaage. Vermutlich 1519 errichtetes dreigeschossiges Traufenhaus. Vollkommen verputzt bis auf die Schwelle über dem Erdgeschoß zum Breiten Weg. Über den Balkenköpfen Wappen, Sonne und Mond; dazwischen zwei Vögel mit einer Maus, zwei liegende Männer mit Puffärmeln, Storch mit Frosch, zwei Drachen, zwei Fischweiber, Brustbild eines Mannes und einer Frau, zwei Drachen und Hund. In beiden Obergeschossen an der Ecke figürliche Konsolen, im ersten Obergeschoß ein Bischof, vor dem eine kleine Figur kniet, am Hauptgesims ein Mann mit Fahne.
Nr. 14: Sehr weite Ausladung, wohl älteres Haus, das später stark verändert wurde. Am linken Eckständer des ersten Obergeschosses eine hohe Konsole, die übrigen späte Form mit Karniesprofil.
Nr. 17 (Ecke Hinter dem Rathause): Giebelhaus von acht Fach Breite. Ehemals dreieinhalbgeschossig, Zwischengeschoß durch Ladeneinbau beseitigt. Kleine Reliefs bemerkenswert: an der Ecke nach Hinter dem Rathause über dem Erdgeschoß zum Fischmarkt weibliche Figur mit Krone und Kirchenmodell, zu Hinter dem Rathause Sebastian über einem Wappen, darüber im ersten Obergeschoß die hl. Anna selbdritt; an der rechten Ecke nach dem Durchgang zum Martiniplan eine weibliche Figur mit einem kleinen Manne.

Inventar/Halberstadt, S. 467 ff., 493, Fig. 211,2 (Nr. 1), S. 472, 497 (Nr. 8), 480, 494 (Nr. 17), 493 (Nr. 2), 495 f. (Nr. 5). Arndt, S. 82 (Nr. 1), 82 f., 90 (Nr. 8), 109 f., 122 (Nr. 5, Rückhaus). Verz. Ohle, S. 73 f. (Nr. 1, 2, 5, 8, 17). Ohle, S. 58, 60–62, 65 (Nr. 1, 5, 17). Sinning: Die städtebauliche Entwicklung von Alt-Halberstadt, in: Die Denkmalpflege 14, 1912, Nr. 12–13, S. 92 (Nr. 5, Vorderhaus). Wege, S. 5, 23 ff., 41 ff., Abb. 7, 8, 36–42 (Nr. 1), S. 38, 44, Abb. 72, 73 (Nr. 8). Sinning: Die Verbreiterung der Straße »Hinter dem Richthaus« . . ., in: Die Denkmalpflege 15, 1913, S. 22 f., Abb. 1–4 (Nr. 5). Eine Straßenverbreiterung in Halberstadt, in: Bauwelt 5, 1914, Nr. 8, S. 19 ff. m. 4 Abb. (Nr. 5, Vorderhaus). Sinning: Alte und neue Ecklösungen in Halberstadt, in: Städtebau 11, 1914, S. 7 f., Textabb. 3 u. Taf. 3–4 (Nr. 5, Vorderhaus). v. Niebelschütz 1922, S. 35 (Nr. 1). Stöwesand 1930, S. 60 (Nr. 1). Schönherr, S. 17, 22 (Nr. 1), 21 (Nr. 17), 27 m. Abb. (Nr. 1, 5, Vorderhaus). Michaelis, S. 59 (Nr. 5, Rückhaus). C. Becker, S. 22 (Nr. 1, 8), 24 (Nr. 5, Rückhaus). Dehio/Nordwestdeutschl., S. 173 (Nr. 1, 8). Stöwesand 1940, S. 46 (Nr. 5, Rückhaus). Hartmann, S. 44

Martiniplan Nördlich von Holz- und Fischmarkt, an der Mündung des Hohen Weges, beherrscht von der Martinikirche.
Beim Luftangriff am 8. April 1945 verbreitete sich das Feuer von den durch Brandbomben getroffenen Türmen der Martinikirche und setzte die umliegenden Gebäude in Brand, darunter die Fachwerkhäuser Nr. 6, 8, 9, 25, 28–32, 38 (1699), 39 sowie den Massivbau Nr. 16. Die Ruinen abgetragen.
Nr. 16: Im 18. Jh. errichteter dreigeschossiger, achtachsiger Hausteinbau mit Mansarddach. Fassadengliederung durch Pilaster. Die beiden Mittelachsen risalitartig hervorgehoben durch Pilaster auf Rücklagen. Anstelle der Schlußsteine im Mittelrisalit die vier Jahreszeiten versinnbildlichende Frauenbüsten sowie Girlanden, in den Blendfeldern Tuchgehänge. Im Mittelrisalit ursprünglich Portal, auf dessen Schlußstein ein Kriegerkopf. Links Durchfahrt.

Inventar/Halberstadt, S. 459 (Nr. 16), 494 ff. (Nr. 6, 8, 9, 25, 28–32, 38, 39). Arndt, S. 115 (Nr. 38). Verz. Ohle, S. 95 f. (Nr. 6, 8, 9, 25, 28–32, 38, 39). Michaelis, S. 60 (Nr. 38)

Paulsplan Nördlich des Breiten Weges, inmitten des Platzes die Paulskirche.
Am 8. April 1945 Kirche und Bürgerhäuser durch Luftangriff zerstört. Das Feuer breitete sich von Nr. 14/15 aus und vernichtete zahlreiche Gebäude, darunter die einfachen Fachwerkhäuser Nr. 13 und 15. Nach Beseitigung der Kirchenruine 1969 im Zuge der geplanten Neubebauung wurden auch die restlichen Bürgerhäuser abgerissen.

Inventar/Halberstadt, S. 484, 494 (Nr. 16), 495 (Nr. 15). Arndt, S. 116 (Nr. 16). Verz. Ohle, S. 97 (Nr. 13, 15, 16). Ohle, S. 61 (Nr. 15). R. Buchholz: Das unbekannte Halberstadt, Rund um den Paulsplan und seine alte Geschichte, in: Hilariusblätter 2, 1938, Nr. 3, S. 12 m. Abb. Hartmann, S. 47 f.

Halberstadt
Oben: Fischmarkt 8; Fischmarkt 5
Rechts Mitte: Martiniplan 16
Rechts unten: Paulsplan 16 und 15

Bürgerhäuser

Antoniusstraße Bebauung völlig vernichtet, darunter die Fachwerkhäuser Nr. 9, 14 (1707), 15, 17 und 19.

Inventar/Halberstadt, S. 495 f. Verz. Ohle, S. 68. Scholke 1974, S. 135

Bakenstraße Am 8. April 1945 entstand ein nur begrenzter Brand, dabei die Fachwerkhäuser Nr. 44 und 45 vernichtet.

Inventar/Halberstadt, S. 493 (Nr. 45), 496 (Nr. 44). Verz. Ohle, S. 69 (Nr. 45). Hartmann, S. 49

Beginenstraße Bebauung völlig vernichtet, darunter die Fachwerkhäuser Nr. 1–5, 7 (1609, auf der Saumschwelle Webergeräte), 8, 9, 13 und 14. Straße aufgegeben.

Inventar/Halberstadt, S. 495 ff. Verz. Ohle, S. 70. Scholke 1974, S. 141

Breiter Weg Hauptgeschäftsstraße der Stadt, vorwiegend mit Fachwerkhäusern des 16. und 17. Jh. Durch Luftangriff am 8. April 1945 zerstört, dabei die Häuser am Ostende der Straße durch Sprengbomben, die übrigen durch Brandbomben vernichtet, so Nr. 2, 5, 6, 8, 9, 12, 13, 18, 20, 23–25, 28, 29, 33, 34, 38, 39, 41, 48–54, 59, 61–65, 69, 70. Dem Feuer widerstanden lediglich Nr. 21 (jetzt Roland-Kaufhaus) und das Gartenhaus des Josefsheims (Nr. 55/57). Die Ruinen abgetragen, Straße modern bebaut.

Nr. 38: Ehemals dreieinhalbgeschossiges Traufenhaus von acht Fach Länge mit Mansarddach. Datiert 1559. Alle Geschosse bis auf das oberste durch Laden- und Schaufenstereinbau stark verändert, das Zwischengeschoß beseitigt. An Balkenköpfen und Konsolen Sternzylinder (Konsolen fehlten über dem ursprünglichen Zwischengeschoß). An Schwellen und Füllhölzern Schiffskehlen mit Eckblättern, deren Spitzen aufgerollt sind; auf der unteren Schwelle Inschrift, an den Seiten Wappen; auf der oberen Schwelle über den Balkenköpfen Sternkreise; die Schwelle des Hauptgesimses beseitigt. An den Brüstungen im ersten Obergeschoß auf den Ständern Reste von Fächern; im zweiten Obergeschoß auf der Bretterbrüstung Fächer, achsial auf den Ständern, in den Zwickeln kleine Sternkreise und Fächer.

Nr. 39: Dreieinhalbgeschossiges Traufenhaus von sieben Fach Länge mit zwei Böden. Datiert 1558. An Balkenköpfen und Konsolen Sternzylinder. Auf den Schwellen über dem ersten Obergeschoß (Zwischengeschoß) Schiffskehlen mit Eckblättern und Kügelchen, darüber Inschrift, seitlich Wappen; über dem zweiten Obergeschoß und am Hauptgesims Schiffskehlen mit Eckblättern, über den Balkenköpfen Sternkreise und Fächer. An den Füllhölzern Schiffskehlen mit Eckblättern, über dem Erdgeschoß die Blattspitzen aufgerollt. Auf den Bretterbrüstungen Fächer, auf den Ständern achsial, in den Zwickeln Sternkreise und kleine Fächer. Die Windeluke im obersten Geschoß zugesetzt.

Nr. 64: Dreigeschossiges Traufenhaus von vier Fach Länge. Datiert 1651. Im Erdgeschoß Ladeneinbau. An den Balkenköpfen über dem Erdgeschoß Masken, Balkenköpfe über dem ersten Obergeschoß konsolartig gerollt. An der Schwelle über dem Erdgeschoß kleiner Eierstab in einer Fase, darüber Inschrift. Über dem ersten Obergeschoß und am Hauptgesims Blüten und Blättchen in Fasen. Auch die Schwelle über den Fenstern dieses Geschosses mit Ranken geschmückt. Füllhölzer. An den Brüstungen Beschlag- und Knorpelwerk mit Köpfen.

Inventar/Halberstadt, S. 462, 484 ff., 496, Fig. 221–223 (Nr. 64), 474, 494 (Nr. 38, 39), 476, 481, 495, Fig. 211,4 (Nr. 20), 494 f. (Nr. 25, 33 Seitengebäude), 496 f. (Nr. 8, 23, 51/52, 53, 65 u. a.). Arndt, S. 85, 94 f. (Nr. 38, 39), 86, 108 (Nr. 64), 105 f. (Nr. 9), 117 (Nr. 51/52). Verz. Ohle, S. 70 f. (Nr. 8, 20, 38, 39, 51/52, 53, 64). Ohle, S. 57, 64 (Nr. 20), 61 ff. (Nr. 8, 38, 39, 51/52, 53, 64). v. Niebelschütz 1922, S. 35 (Nr. 64). Michaelis, S. 22 (Nr. 38, 39), 24 (Nr. 64), 61 (Nr. 53). Schönherr, S. 17 (Nr. 38, 39), 19 (Nr. 64). A. Kühne: Potts Brauhaus »Die Goldene Sonne« genannt, in: Hilariusblätter 3, 1939, Nr. 10, S. 37 ff. m. 3 Abb. (Nr. 20). Hartmann, S. 46. Scholke 1974, S. 135, Abb. 92

Halberstadt
Oben: Breiter Weg 39 und 38; Breiter Weg 64
Unten: Breiter Weg 20

Burgtreppe Bebauung völlig vernichtet, darunter das Fachwerkhaus Nr. 3.

Inventar/Halberstadt, S. 495. Ohle, S. 71

Dominikanerstraße Vom Hohen Weg her abgebrannt, dabei das Fachwerkhaus Nr. 30 vernichtet, Feuer bei Nr. 27 eingedämmt, bei Nr. 7 (1710) und 8 begrenzter Brand.

Inventar/Halberstadt, S. 489, 496 (Nr. 7), 494 (Nr. 30), 496 f. (Nr. 8, 27). Arndt, S. 86, 119 (Nr. 7). Verz. Ohle, S. 71 f. (Nr. 7, 30). Ohle, S. 58, 62 (Nr. 7). Hartmann, S. 48

Franziskanerstraße Bis auf wenige Häuser bei der Straße Kleinblankenburg die Bebauung vernichtet, darunter die Fachwerkhäuser 9, 10, 12, 16–18, 20, 22, 23/24 (1544), 26, 28/29–31, 33/34, 35, 38 (1588), 41–43.

Nr. 12: Dreieinhalbgeschossiges Traufenhaus von acht Fach Länge. Datiert 1542. Erdgeschoß durch Ladeneinbau und Tordurchfahrt verändert. Auf den Balkenköpfen vier kleine Wülste, der größte an der Ecke tauartig gedreht, seitlich Sternkreise. Kräftig profilierte Konsolen vom Typ der Wappenkonsolen mit unteren Wulstringen, anstelle der Wappen Sterne und Pentagramme (im zweiten Obergeschoß verstümmelt). An Schwellen und Füllhölzern Schiffskehlen mit Eckblättern, über den Balkenköpfen aufrechte und schräg gestellte Wappen. Kräftiger Fensterriegel im obersten Geschoß. Auf den Brüstungen Fächer mit Perlrändern auf Dreieckbrettern.

Inventar/Halberstadt, S. 474, 478 f., 481, 494, Fig. 215 (Nr. 12), 474, 482, 495 (Nr. 38), 474, 494 (Nr. 23/24), 475, 494 (Nr. 9), 494 (Nr. 16–18, 26, 30, 33/34), 494, 497 (Nr. 28/29), 496 f. (Nr. 10, 20, 22, 31, 35, 41–43). Arndt, S. 84, 92 (Nr. 12, 23/24), 93 (Nr. 33/34), 100 (Nr. 38). Verz. Ohle, S. 75 f. (Nr. 12, 16–18, 23/24, 26, 28/29, 30, 33/34, 38, 41). Ohle, S. 57, 62 (Nr. 23/24), 59 (Nr. 12, 16–18). Wege, S. 39 (Nr. 41). v. Niebelschütz 1922, S. 35 (Nr. 12). Michaelis, S. 24 (Nr. 38). Schönherr, S. 17 (Nr. 23/24), 17, 23 (Nr. 12), 23 (Nr. 38). A. Kühne: Kurien, Vikarien- und Freihäuser . . ., in: Hilariusblätter 4, 1940, Nr. 2, S. 7 f. m. Abb. (Nr. 38). Dehio/ Nordwestdeutschl., S. 173 (Nr. 12). Scholke 1974, S. 135

Gerberstraße Bebauung der Südseite völlig vernichtet, auf der Nordseite der Brand bei Nr. 7 eingedämmt. Verloren gingen die Fachwerkhäuser Nr. 1, 5, 12–14 und 16 sowie der Steinbau Nr. 15.

Nr. 1 (Ecke Woort): Broyhan-Haus. Zweieinhalbgeschossiger Bau von sechs Fach Breite. Datiert 1575. Balkenköpfe mit kleinen Rillen und Wülsten. Hohe, kräftig profilierte Wappenkonsolen (zur Gerberstraße beseitigt); an der Ecke über dem ersten Obergeschoß Mann mit Bierfaß und Glas, über dem zweiten Obergeschoß Mann oder Mönch; unter beiden Eckkonsolen je zwei Wappen. An Schwellen und Füllhölzern Schiffskehlen mit Eckblättchen. Auf den nicht zusammenstoßenden Dreieckfußbrettern der Ständer des zweiten Obergeschosses schlecht gearbeitete Fächer (die Fußbretter zur Gerberstraße beseitigt). Kräftig profilierte Fensterriegel im zweiten Obergeschoß zur Woort. Die frühere schmucklose Rundbogentür zugesetzt.

Nr. 1 (Rückhaus nach der Woort): Dreigeschossiges Haus von sechs Fach Breite mit Giebel an der Woort, Obergeschosse und Giebel vorgekragt. Datiert 1614. An Balkenköpfen Sternzylinder (z. T. ganz schlicht ersetzt).

Inventar/Halberstadt, S. 459 (Nr. 15), 474, 480, 494 (Nr. 1), 480 (Nr. 1, Rückhaus), 494 (Nr. 5), 496 f. (Nr. 12–14, 16). Arndt, S. 85, 87, 96 (Nr. 1), 96, 105 (Nr. 1, Rückhaus), 109 (Nr. 12). Verz. Ohle, S. 77 f. (Nr. 1 mit Rückhaus, 5, 12, 13, 15). Ohle, S. 57 ff. (Nr. 1, 5). Michaelis, S. 23 (Nr. 1 mit Rückhaus). Schönherr, S. 26 (Nr. 1, 5). C. Becker, S. 22 (Nr. 1). Dehio/ Nordwestdeutschl., S. 173 (Nr. 15). Hartmann, S. 48. Scholke 1974, S. 135

Halberstadt
Links oben: Dominikanerstraße 7
Rechts oben: Franziskanerstraße 12
Links unten: Franziskanerstraße 38
Rechts unten: Blick in die Franziskanerstraße (links Nr. 18)

Göddenstraße Bebauung völlig vernichtet, darunter die Fachwerkhäuser Nr. 6–9, 11–13, 16–18, 22, 25 (1697), 26 (1554) und 28 (1541). Die Straße aufgegeben.
Nr. 13: Viergeschossiges Traufenhaus von zehn Fach Länge. An den Balkenköpfen fünf kleine Wülstchen, teilweise Seitendreiecke. Über dem ersten Obergeschoß links am Eckständer eine Konsole, darauf Mann mit Beutel; über dem zweiten Obergeschoß hohe Wappenkonsolen, die Wülstchen tauartig gedreht. An Schwellen und Füllhölzern über dem ersten Obergeschoß Schiffskehlen, über den Balkenköpfen Kreise mit Sternen und Dreipässen; an der Ausladung über dem zweiten Obergeschoß glatte Schiffskehlen. Im zweiten Obergeschoß auf nicht zusammenstoßenden Dreieckfußbrettern Fächer, im dritten Obergeschoß deren Reste an den Ständern. Hauptgesims verkleidet.
Nr. 16–18: Zweieinhalbgeschossige Traufenhäuser, Nr. 16 von fünf, Nr. 17 von vier Fach Länge. Erdgeschoß durch Ladeneinbau verändert. Behandelt wie ein Haus. An Balkenköpfen und Konsolen Sternzylinder mit vorderen Rillen (Konsolen meist beseitigt). An Schwellen und Füllhölzern Schiffskehlen mit Eckblättern, über den Balkenköpfen Sternkreise und kleine Fächer; im zweiten Obergeschoß auf der Bretterbrüstung Fächer, deren Ränder schleifenartig verbunden sind.
Inventar/Halberstadt, S. 474, 495 (Nr. 26, 28), 494 (Nr. 7, 9, 13, 16–18), 496 f. (Nr. 6, 11, 12, 22, 25). Arndt, S. 84, 92 (Nr. 28), 85, 94 (Nr. 26), 114 (Nr. 25). Verz. Ohle, S. 78 f. (Nr. 7, 8, 9, 13, 16–18, 22, 25, 26, 28). Ohle, S. 59 (Nr. 13), 62, 64 (Nr. 16–18). Wege, S. 9, 39 (Nr. 9). Michaelis, S. 25 (Nr. 25). Schönherr, S. 17 (Nr. 26, 28). Scholke 1974, S. 135, 141

Grudenberg 3 Altes Haus, Ausladung über dem Erdgeschoß verkleidet. An der Ecke Konsole und Christophorusfigur.
Inventar/Halberstadt, S. 480, 495. Verz. Ohle, S. 82. Hartmann, S. 49

Harsleber Straße Bebauung völlig vernichtet, darunter die Fachwerkhäuser Nr. 1, 4–10, 13, 15.
Nr. 6: Zweieinhalbgeschossiges Traufenhaus. Datiert 1589. An Balkenköpfen und Konsolen Sternzylinder mit vorderen Rillen. Schwellen und Füllhölzer an der Ausladung über dem ersten Obergeschoß mit kreuzweise wechselnden Tau- und Perltauwülsten in steilen Schiffskehlen; auf der Schwelle kleines Zahnschnittprofil, um Ständer gekröpft; über den Balkenköpfen kleine Sternkreise; am Hauptgesims nur Tauwülste. Ursprünglich vermutlich Arkadenbrüstung im obersten Geschoß. Über dem rundbogigen Tor, in dessen Zwickeln Kerbschnittsterne, Inschrift und zwei Wappen.
Nr. 8 rechts: Dreigeschossiges Traufenhaus von zwölf Fach Länge mit zwei Böden. Datiert 1503. An den Balkenköpfen Zylinder mit Rillen. Hohe flach profilierte Wappenkonsolen. Die Schwellen mit Schiffskehlen, am Hauptgesims kleine Fasen. Füllbretter. Brüstungen mit Fußstreben an den

Halberstadt
Oben: Göddenstraße 18, 17, 16; Göddenstraße 13; Blick von der Harsleber Straße zur Martinikirche, nach der Zerstörung
Unten: Harsleber Straße 8 rechts; Harsleber Straße in Richtung Holzmarkt (links Nr. 10 und 9, rechts Nr. 6–8)

Ständern. Scheitel des alten Rundbogenportals über der späteren Toreinfahrt, daneben Blattrankenstab. – Zwei Hofgebäude, linkes datiert 1565.
Nr. 8 links: Dreigeschossiges Traufenhaus von sechs Fach Länge mit zwei Böden. Erdgeschoß durch Ladeneinbau verändert. An den Balkenköpfen vier kleine Wülstchen, seitlich Dreiecke. Konsolen mit Unterkonsölchen, im Erdgeschoß bis auf zwei verschwunden, links eine weibliche Figur, rechts verhackt; im ersten Obergeschoß drei Konsolen mit Figuren sowie vier hohe, reich gotisch profilierte mit abgeschrägten Kanten; ähnliche am Hauptgesims. An den Schwellen über dem Erdgeschoß vierstufiger Treppenfries und Vierpässe, über dem ersten Obergeschoß rechteckige Füllungen und Dreipässe. Schräge Füllbretter. Fußstreben an den Ständern.
Nr. 9: Dreigeschossiges Traufenhaus von sieben Fach Länge mit Dacherker von drei Fach Breite, zweites Obergeschoß und Giebel des Dacherkers vorgekragt. Erdgeschoß durch Ladeneinbau verändert. Datiert 1604. Balkenköpfe mit Sternzylindern. An den Konsolen Kehle zwischen zwei Wülsten, Zackenplättchen. Schwellen und Füllhölzer mit Tau- und Perltauwülsten in steilen Schiffskehlen, kreuzweise wechselnd; über den Balkenköpfen Diamantfüllungen; auf der Schwelle im zweiten Obergeschoß Zahnschnittfries. An den Brüstungen im zweiten Obergeschoß und im Dacherker Arkaden. Fensterriegel mit Doppelzahnschnitt, an den Ständern gekröpft.
Nr. 10: Dreigeschossiges Traufenhaus von sechs Fach Länge. Erdgeschoß durch Ladeneinbau völlig verändert. Datiert 1618. An den Balkenköpfen Sternzylinder. Späte Form der Konsolen mit Karnies und Wulst. An Schwellen und Füllhölzern Tauwülste; auf den Schwellen kräftige Profile. An den Brüstungen in beiden Obergeschossen Arkaden, dadurch bemerkenswert, daß auf jedem Brüstungsfeld drei Arkaden angeordnet sind. Sehr kräftig profilierte Fensterriegel.
Nr. 15: Dreieinhalbgeschossiges Traufenhaus von dreizehn Fach Länge. Balkenköpfe und Konsolen mit Sternzylindern. An Schwellen und Füllhölzern Schiffskehlen mit Eckblättern und Kügelchen, über den Balkenköpfen Kreissterne. Verbretterte Brüstungen mit großen und kleinen Fächern achsial auf den Ständern und Sternkreisen. Kräftige Fensterriegel, Profil in Schiffskehlen endigend. Windeluken in den beiden obersten Geschossen und Fenster mit Stäbchengittern.

Inventar/Halberstadt, S. 469, 493, Fig. 212 (Nr. 8 links), 474, 479, 494 (Nr. 8 rechts), 477, 481, 495 (Nr. 15), 494 ff. (Nr. 1, 4–7, 9, 10, 13). Arndt, S. 82 (Nr. 8 links), 85 (Nr. 8 rechts), 101 (Nr. 6, 7), 103 (Nr. 9), 106 (Nr. 10). Verz. Ohle, S. 82 f. (Nr. 4, 6–10, 15). Ohle, S. 58 ff. (Nr. 6, 8 links), 63 (Nr. 15), 65 (Nr. 9, 10). Wege, S. 27 ff., 41 ff., Abb. 43–47 (Nr. 8 links). Michaelis, S. 24 (Nr. 9). Schönherr, S. 23 (Nr. 6, 8, 9, 10, 15). C. Becker, S. 22 f. (Nr. 6, 8 links). v. Niebelschütz 1937, S. 66 m. Abb. (Nr. 15). Stöwesand 1940, S. 45 m. Abb. (Nr. 15). Dehio/ Nordwestdeutschl., S. 173 (Nr. 8 links). Keyser, S. 519. Hartmann, S. 47. Scholke 1974, S. 135, 141

Halberstadt
Oben: Harsleber Straße 8 links; Harsleber Straße 10 und 9
Unten: Harsleber Straße 15

Hinter der Münze Bebauung völlig vernichtet, darunter die Fachwerkhäuser Nr. 4, 14, 15, 17 (1710), 18 (1659), 19.

Nr. 14 (Ecke Krebsscheere): Alte Münze. Zweieinhalbgeschossiges Traufenhaus von zwölf Fach Länge und zehn Fach Breite mit drei Böden, ziegelverkleideter Giebel mit Krüppelwalm zur Krebsscheere. An Balkenköpfen und Konsolen Sternzylinder. Die Schwellen und Füllhölzer der Ausladung über dem ersten Obergeschoß mit Tauwülsten in Schiffskehlen, auf der Schwelle Zahnschnittprofil. Am Hauptgesims Schiffskehlen mit Eckblättern und einige Tauwülste. An den Brüstungen im zweiten Obergeschoß Arkaden; Fensterriegel mit Doppelzahnschnittfries, an den Ständern gekröpft.

Nr. 19: Dreigeschossiges Traufenhaus von dreiundzwanzig Fach Länge. Erd- und erstes Obergeschoß anscheinend im 18. Jh. massiv erneuert; bemerkenswerter Hof mit Überbauten. An den Balkenköpfen fünf Wülstchen mit seitlichen Sternen. Kräftig profilierte Wappenkonsolen am Hauptgesims. An Schwelle und Füllhölzern Schiffskehlen mit Eckblättern, über den Balkenköpfen Schildchen. Im zweiten Obergeschoß profilierter Fensterriegel und an den Ständern Dreieckfußbretter mit Fächern.

Inventar/Halberstadt, S. 474, 494 (Nr. 19), 495 f. (Nr. 4, 14, 15, 18). Arndt, S. 85, 105 (Nr. 19), 85, 111 (Nr. 14), 119 (Nr. 17). Verz. Ohle, S. 96 f. (Nr. 14, 15, 17, 19). Ohle, S. 59 (Nr. 19), 65 (Nr. 14, 15). Michaelis, S. 58 f. (Nr. 18). Hartmann, S. 44

Hinter dem Rathause Bebauung völlig vernichtet, darunter das 1555 erhöhte Fachwerkhaus Nr. 1 sowie Nr. 2. Ruinen abgetragen.

Verz. Ohle, S. 99. Hartmann, S. 44

Hinter dem Richthause Bebauung völlig vernichtet, darunter die Fachwerkhäuser Nr. 1–8.

Nr. 6 (Ecke Sackplatz): Viergeschossiges Traufenhaus von zehn Fach Länge und acht Fach Breite mit zwei Böden. Erdgeschoß durch Ladeneinbauten verändert. Giebel mit Krüppelwalm zum Sackplatz. Datiert 1572 (?). Das Fachwerk der drei unteren Geschosse erneuert. Sternzylinder an Balkenköpfen und Konsolen. An Schwellen und Füllhölzern Schiffskehlen mit Eckblättern und Kügelchen, über den Balkenköpfen Sternkreise. Auf den Bretterbrüstungen im zweiten und dritten Obergeschoß große Fächer, große und kleine Sternkreise.

Inventar/Halberstadt, S. 477, 494 (Nr. 7/8), 494 ff. (Nr. 1–6). Arndt, S. 99 (Nr. 6), 115 (Nr. 2). Verz. Ohle, S. 99 f. (Nr. 1, 4–8). Ohle, S. 64 (Nr. 7/8). Michaelis, S. 24 (Nr. 6). Schönherr, S. 27 (Nr. 1, 6). W. Tille: Alte Halberstädter Handwerksbetriebe, Halberstädter Backhäuser, in: Zwischen Harz und Bruch 1, 1956, H. 2, S. 58 (Nr. 2)

Halberstadt
Oben: Hinter der Münze 19; Hinter der Münze 14
Unten links: Hinter dem Richthause 6 (Front zum Sackplatz), gegenüber (links) Rückhaus vom Fischmarkt 5
Unten rechts: Hinter dem Richthause 8–6

Hoher Weg Bebauung bis auf die Häuser in der Nähe des Katharinenklosters vernichtet, darunter Nr. 4, 5, 7, 10, 12, 13, 15 (1675), 16, 18, 19 links, 25, 28–30, 35, 38–40, 45.

Nr. 4 (Ecke Dominikanerstraße): Dreieinhalbgeschossiges Traufenhaus von acht Fach Länge und acht Fach Breite mit Mansarddach. Erdgeschoß durch Ladeneinbau völlig verändert. An den Balkenköpfen Sternzylinder. Konsolen bis auf zwei an der Dominikanerstraße beseitigt, die wohl die Köpfe von Unterzügen sind. An Schwellen und Füllhölzern Schiffskehlen mit Eckblättern; über den Balkenköpfen liegende Schilde. Im zweiten Obergeschoß am Hohen Weg auf der Bretterbrüstung Fächer, die Ständer nicht berührend. Hauptgesims verschalt.

Nr. 5: Viergeschossiges Traufenhaus von neun Fach Länge. Datiert 1532. Die beiden unteren Geschosse verputzt. An den Balkenköpfen kleine Wülstchen unter Kehle. Schwellen und Füllhölzer mit glatten Schiffskehlen; auf der Schwelle über dem ersten Obergeschoß Wappenkreise über den Balkenköpfen. Auf den Ständern der Obergeschosse die Reste von Fächern. Hauptgesims verschalt.

Nr. 13 (Ecke Lichtengraben): Dreieinhalbgeschossiges Giebelhaus von sieben Fach Breite und elf Fach Länge, zum Lichtengraben Dacherker mit Windeluke. Zweites und drittes Obergeschoß, Hausgiebel und Giebel des Dacherkers vorgekragt. Angeblich 1560. Das ehemalige erste Obergeschoß (Zwischengeschoß) durch Ladeneinbau zum größten Teil beseitigt. An Balkenköpfen und Konsolen Sternzylinder mit Rillen. An Schwellen und Füllhölzern Schiffskehlen mit Eckblättern und Kugeln; auf der Schwelle über dem Erdgeschoß Doppelbandwelle; auf den oberen Schwellen über den Balkenköpfen Sternkreise. Auf den Brüstungen der Obergeschosse, an Giebel und Dacherker befinden sich Fächer auf den Dreieckfußbrettern der Ständer, die Umrahmungen teilweise unten aufgerollt.

Nr. 16: Dreieinhalbgeschossiges Traufenhaus von fünf Fach Länge. Erdgeschoß durch Ladeneinbau völlig verändert. An den Balkenköpfen Sternzylinder. Über dem ersten Obergeschoß und an den Eckständern des zweiten Obergeschosses hohe Wappenkonsolen mit Tauwülstchen und Sternen anstelle der Wappen auf unterer Endigung. An Schwellen und Füllhölzern Schiffskehlen mit Eckblättern; über den Balkenköpfen sehr fein gekerbte Sternkreise mit Palmettchen. Im zweiten und dritten Obergeschoß auf den Ständern mit Dreieckfußbrettern Fächer, Halbkreise und ein ganzer Kreis in sehr feiner Kerbschnittarbeit (die Dreieckbretter meist beseitigt). Das Hauptgesims verschalt.

Inventar/Halberstadt, S. 474, 478, 494, Fig. 216 (Nr. 13), 474 ff., 494 (Nr. 5), 490 (Nr. 7), 494 f. (Nr. 4, 15, 16, 19, 40), 497 (Nr. 10, 12, 18, 25, 28–30, 35, 38, 39, 45). Arndt, S. 84, 92 (Nr. 5), 85, 95 (Nr. 13), 111, 124 (Nr. 15). Verz. Ohle, S. 84 f. (Nr. 4, 5, 7, 13, 15, 16, 19, 40). Ohle, S. 59 ff. (Nr. 4, 5, 7, 13, 16). Wege, S. 47 (Nr. 5). v. Niebelschütz 1922, S. 35 m. Abb. (Nr. 13). Schönherr, S. 17, 26 (Nr. 5), 26 (Nr. 4). E. v. Niebelschütz: Meisterwerke der Kunst in Sachsen-Anhalt 60, Fachwerkhäuser der Renaissance in Halberstadt, 2. Hälfte 16. Jh., in: Montagsblatt 76, 1934, Nr. 12, S. 92 m. Abb. (Nr. 13). Stöwesand 1940, S. 45 (Nr. 5). Dehio/Nordwestdeutschl., S. 173 (Nr. 5, 13). Hartmann, S. 44 f. Scholke 1974, S. 135

Halberstadt
Links oben: Hoher Weg 16
Links unten: Hoher Weg in nördlicher Richtung, nach der Zerstörung
Rechts oben: Hoher Weg 5 und 4 mit Dominikanerstraße 30
Rechts unten: Hoher Weg 13

Johannisbrunnen Das Fachwerkhaus Nr. 6 am 8. April 1945 bis auf das Erdgeschoß zerstört.
Inventar/Halberstadt, S. 497. Verz. Ohle, S. 87

Judenstraße Das Fachwerkhaus Nr. 35 am 8. April 1945 zerstört.
Inventar/Halberstadt, S. 496

Kämmekenstraße Bebauung völlig zerstört, darunter das Fachwerkhaus Nr. 8.
Inventar/Halberstadt, S. 496

Kornstraße Bebauung bis auf wenige Häuser nahe der Paulsstraße vernichtet, die restlichen Häuser im Zuge der Neubebauung des Geländes abgerissen. Bemerkenswert waren die Fachwerkhäuser Nr. 3–7, 9, 11 (1650), 12, 13, 16, 18.
Inventar/Halberstadt, S. 496 f. Arndt, S. 108 (Nr. 11), 113 (Nr. 16), 123 (Nr. 18). Verz. Ohle, S. 89 f. (Nr. 9, 11). Ohle, S. 63 (Nr. 9). Michaelis, S. 61 (Nr. 18)

Krebsscheere Bebauung völlig vernichtet, darunter Alter Marstall (s. d.), Haus Nr. 2 und das Rückgebäude der Alten Münze (1670). Ruinen beseitigt.
Nr. 2: Zweigeschossiges Traufenhaus von sieben Fach Länge, Fachwerk des Erdgeschosses erneuert, dabei Konsolen beseitigt. Zwei Balkenköpfe mit Köpfen, die übrigen mit drei kleinen Wülsten und seitlichen Dreiecken, zwei über dem Erdgeschoß erneuert. Konsolen am Hauptgesims mit reicher Profilierung, die seitlichen Kanten abgeschrägt. Schwelle mit feinen Profilen in Trapezen; über den Balkenköpfen kleine Kreise mit Maßwerk, Pentagramm, Wappen mit Halbmond. Füllbretter nur noch am Hauptgesims. Ständer mit Fußstreben.
Inventar/Halberstadt, S. 494 (Nr. 2), 496 (Rückgeb. Alte Münze). Verz. Ohle, S. 90 (Nr. 2, Rückgeb. Alte Münze). Ohle, S. 58, 60 (Nr. 2). Wege, S. 39 (Nr. 2). Hartmann, S. 44

Kühlinger Straße Bebauung völlig vernichtet, darunter die Häuser Nr. 4, 8–10, 12, 14, 17–19, 23, 28–31. Ruinen abgetragen, Straße mit modernen Wohnbauten besetzt.
Nr. 18: Zweieinhalbgeschossiges Traufenhaus von zehn Fach Länge mit zwei Böden. Datiert 1528. Balkenköpfe mit drei kleinen Wülsten. Kon-

Halberstadt
Links oben: Krebsscheere 2
Rechts oben: Kühlinger Straße 23
Unten: Kühlinger Straße 28; Kühlinger Straße 18 und 17

solen mit flachen Querwülstchen. An den Schwellen Schiffskehlen, über den Balkenköpfen Wappen in Kreisumrahmungen, dazwischen Rankenornament mit Tieren. An den Ständern des zweiten Obergeschosses Fußstreben. Vom alten Eingang noch der obere Torriegel mit Rankenornament und Köpfen. Bodenfenster mit Stäbchengitter.
Nr. 23 (Ecke Neuer Weg): Zweigeschossiges Traufenhaus von achtzehn Fach Länge und acht Fach Breite, die drei Böden mit stehenden Dachfenstern. Erdgeschoß massiv, Stabwerktür mit Sitznischen. Datiert 1518 oder 1528. Konsolen flach profiliert mit teilweise gekerbten Wülstchen, auf unten abgerundeten Ständerkonsölchen aufsitzend. Auf der Schwelle über dem Erdgeschoß flache Profile in Trapezen, über den Balkenköpfen Wappenkreise und Inschrift. Füllbretter am Hauptgesims beseitigt. Im Obergeschoß sehr dünne Fußstreben. Am Giebel zum Neuen Weg die Balkenköpfe und Konsolen über dem ersten Obergeschoß weit herausstehend, da das erneuerte Giebelfeld zurückgesetzt wurde.
Nr. 28: Dreigeschossiges Traufenhaus von neun Fach Länge mit drei Böden. Datiert 1600. An den Balkenköpfen Sternzylinder mit vorderen Rillen. An den Konsolen kräftige Kehle zwischen Wülsten mit vorderen Rillen, auf den Plättchen Zackenreihen. An Schwellen und Füllhölzern sehr steile Schiffskehlen mit kreuzweise wechselnden Tau- und Perltauwülsten; über den Balkenköpfen Diamantfüllungen. Brüstungen mit Arkaden, auf den Ständern Diamantfüllungen. Über dem noch alten Tor Inschrift.
Nr. 30: Zweieinhalbgeschossiges Traufenhaus von zwölf Fach Länge. Datiert 1599. An den Balkenköpfen Sternzylinder mit vorderen Rillen. An den Konsolen Kehle zwischen zwei Wülsten, vorn Rillen. Schwellen und Füllhölzer mit Tau- und Perltauwülsten in steilen Schiffskehlen, kreuzweise wechselnd; über den Balkenköpfen Diamantfüllungen. Die Brüstung im zweiten Obergeschoß mit Arkaden. Rundbogentor mit Inschrift, in den Zwickeln große Sternkreise. Unter den Fenstern doppelter, auf der Schwelle des zweiten Obergeschosses einfacher Zahnschnittfries.
Nr. 31 links: Dreigeschossiges Traufenhaus von sechs Fach Länge. Balkenköpfe schlicht abgerundet mit Eckaugen. Hohe gotische Konsolen, teilweise mit Zackenkerbungen, die seitlichen Kanten abgeschrägt, auf Ständerkonsölchen aufsitzend. An der Schwelle der unteren Ausladung flaches Profil, über den Balkenköpfen Kreise mit gotischem Maßwerk und Sternen; obere Ausladung mit leichter Fase. Über dem Erdgeschoß die Füllhölzer nachträglich schlicht rechteckig zurückgeführt.

Inventar/Halberstadt, S. 469, 473, 493 (Nr. 23), 473, 481, 494 (Nr. 18), 474, 495 (Nr. 29), 484, 495 (Nr. 28), 494 ff. (die anderen o. g. Gebäude außer Nr. 4). Arndt, S. 82 f., 90 (Nr. 18, 23), 85, 95 (Nr. 29), 85, 102 (Nr. 28, 30), 108 (Nr. 17). Verz. Ohle, S. 90 ff. (Nr. 4, 9, 17, 18, 23, 28–31). Ohle, S. 58 (Nr. 23, 31 links), 61 (Nr. 18, 29), 65 (Nr. 28, 30, 31 rechts). Wege, S. 7, 32 ff., 40 ff., 46, Abb. 11–13, 52–56 (Nr. 18), 30 ff., 41–45, 47, Abb. 48–51 (Nr. 23), 39 (Nr. 31 links). Michaelis, S. 24 (Nr. 30). Schönherr, S. 17 (Nr. 29), 17, 27 (Nr. 18, 23), 19, 27 (Nr. 28), 26 (Nr. 30, 31). Stöwesand 1940, S. 46 (Nr. 28). Dehio/Nordwestdeutschl., S. 173 (Nr. 28). Keyser, S. 519. Hartmann, S. 46. Scholke 1974, S. 135

Lichtwerstraße Bebauung völlig vernichtet, darunter die Fachwerkhäuser Nr. 2, 3, 5–10, 12, 21.
Nr. 7 (Ecke Michelshagen): Dreigeschossiges Traufenhaus mit Giebelfront von zwölf Fach Breite zum Michelshagen. Fachwerk teilweise erneuert. An den Balkenköpfen Sternzylinder. Konsolen in der späteren mittelhohen Form mit ein und zwei Sternkreisen, ferner einige Sternzylinder. An den Schwellen und Füllhölzern Tauwülste in Schiffskehlen, auf den Schwellen Konsölchenprofil. Arkadenbrüstungen. Fensterriegel mit Konsölchenfries. Auf einigen kurzen Ständern Reste von Fächern.

Inventar/Halberstadt, S. 495 ff. (alle o. g. Gebäude). Arndt, S. 125 (Nr. 6). Verz. Ohle, S. 94 f. (Nr. 2, 3, 6–8, 21). Hartmann, S. 47 f. Scholke 1974, S. 135

Michelshagen Bebauung völlig vernichtet, darunter die Häuser Nr. 2 (Hirtenhaus der Pauls-Nachbarschaft), 3 und 5.

Inventar/Halberstadt, S. 496. A. Kühne, Hört ihr Leut' und laßt euch sagen . . ., in: Hilariusblätter 3, 1939, Nr. 5, S. 17 f.

Paulsstraße Bebauung bis auf die Ecke am Paulsplan vernichtet, darunter die Fachwerkhäuser Nr. 6–8, 10 (1669), 11 rechts, 13–15, 16 (1687), 17.

Halberstadt
Oben: Kühlinger Straße 30–31
Unten: Lichtwerstraße 7

Inventar/Halberstadt, S. 462, 494 ff. (außer Nr. 6). Arndt, S. 85, 107 (Nr. 8), 111 (Nr. 10), 113 (Nr. 16). Verz. Ohle, S. 98 (Nr. 6, 8, 13, 14, 16, 17). Ohle, S. 62 (Nr. 16). Michaelis, S. 59 (Nr. 10, 16). Scholke 1974, S. 135

Petersilienstraße Bebauung völlig zerstört, darunter die Fachwerkhäuser Nr. 2, 3, 7–12 (1706).
Nr. 7 (Ecke Kämmekenstraße): Spätes Haus. Bemerkenswert die großen langgestreckten Konsolen der Ausladung über dem Erdgeschoß zur Kämmekenstraße.

Inventar/Halberstadt, S. 496 (Nr. 2, 3, 7–12). Arndt, S. 118 (Nr. 12). Verz. Ohle, S. 99 (Nr. 7, 12)

Pfahlgasse Bebauung völlig vernichtet.

Inventar/Halberstadt, S. 496 (Nr. 2–5, 7, 8)

Ritterstraße Bebauung völlig vernichtet, darunter die Fachwerkhäuser Nr. 1/2, 3, 6–8, 10 (Hirtenhaus der Harsleber Nachbarschaft), 11, 12/13. Straße aufgegeben.
Nr. 12/13: Stark verändertes, sehr altes Haus. Balkenköpfe mit flachen Querrillen. Konsolen hoch, kopfbandartig, nach innen sanft eingebogen, mit ganz flachen Wülstchen, aufsitzend auf unten gerade abgeschnittenen Ständerkonsölchen. Schwellen und Füllhölzer erneuert. Am Hauptgesims noch Füllbretter. Auf der Hofseite ursprünglich die Balken über dem ersten Obergeschoß durch die Ständer durchgezapft.

Inventar/Halberstadt, S. 494 ff. (Nr. 1/2, 6–8, 10–13). Verz. Ohle, S. 100 f. (Nr. 1–3, 6–8, 10–13). Ohle, S. 56, 59 (Nr. 12/13), 62 (Nr. 1/2, 6–8, 10, 11). A. Kühne, Hört ihr Leut' und laßt euch sagen . . ., in: Hilariusblätter 3, 1939, Nr. 5, S. 17 f. (Nr. 10, 11). Scholke 1974, S. 141

Rosmarinstraße Bebauung völlig vernichtet, darunter die Fachwerkhäuser Nr. 1, 4 und 5. Straße aufgegeben.

Inventar/Halberstadt, S. 494 (Nr. 4), 494, 497 (Nr. 1), 496 f. (Nr. 5). Verz. Ohle, S. 101 (Nr. 1, 4, 5). Ohle, S. 57 (Nr. 1). Wege, S. 39 (Nr. 5). Scholke 1974, S. 141

Schmiedestraße Bebauung völlig vernichtet, darunter die Häuser Nr. 1–5, 10–13, 15, 17, 18 und 36.

Nr. 13: Dreieinhalbgeschossiges Traufenhaus von fünf Fach Länge, zweites und drittes Obergeschoß vorgekragt, Erdgeschoß durch Ladeneinbau völlig verändert. Das aufgehende Fachwerk mit Ausnahme der Ständer des dritten Obergeschosses erneuert. An Balkenköpfen Sternzylinder. Konsolen beseitigt. An den Schwellen Schiffskehlen mit Eckblättern und hohen Profilumrahmungen, z. T. durch Bretter verdeckt; über den Balkenköpfen an der unteren Ausladung stehende Wappen, an der oberen Sternkreise; die Schwelle des Hauptgesimses teilweise mit großen Fasen erneuert. Die Füllhölzer beseitigt bzw. mit Brettern verkleidet.

Nr. 17/18: Offenbar früher zusammengehörig. Dreigeschossiges Traufenhaus von zehn Fach Länge mit Dacherker, Obergeschosse und Giebel des Dacherkers vorgekragt. Erdgeschoß durch Ladeneinbauten völlig verändert. Bei Nr. 17 die Ausladung über dem Erdgeschoß verkleidet. Sternzylinder an den Balkenköpfen über dem ersten Obergeschoß, am Hauptgesims und Dacherker. An Schwellen und Füllhölzern Tauwülste in Schiffskehlen. Auf der Brüstung des ersten Obergeschosses Arkaden (im zweiten Obergeschoß und am Dacherker beseitigt), im Giebel des Dacherkers drei Reihen Arkaden übereinander bis in die Spitze. Bei Nr. 18 die Ausladung über dem Erdgeschoß nicht verkleidet, nur die Konsolen beseitigt. Auf der Schwelle Wappen und Inschrift mit Jahresangabe 1584.

Inventar/Halberstadt, S. 494 f. (Nr. 13, 17/18), 497 (die übrigen o. g. Häuser). Arndt, S. 100 (Nr. 17/18). Verz. Ohle, S. 102 (Nr. 13, 17/18). Ohle, S. 65 (Nr. 17/18). Michaelis, S. 24 (Nr. 17/18). Hartmann, S. 45

Schuhstraße Bebauung völlig vernichtet, darunter die Häuser Nr. 1, 3–9, 11–13, 15, 18–22, 34, 36–39, 41, 42, 48–53.

Nr. 1: Dreigeschossiges Traufenhaus mit Mansarddach, stark verändert. Sternzylinder-Balkenköpfe mit Rillen vorn. An den drei noch erhaltenen Konsolen Kehle zwischen Wülsten, Zackenplättchen. An Schwelle und Füllhölzern über dem ersten Obergeschoß kreuzweise wechselnde Tau- und Perltauwülste in steilen Schiffskehlen. Über den Balkenköpfen liegende Diamantfüllungen. Am Hauptgesims Füllhölzer.

Nr. 3: Dreigeschossiges Traufenhaus von neun Fach Länge, zweites Obergeschoß vorgekragt. Das aufgehende Fachwerk erneuert, an der Ausladung über dem ersten Obergeschoß Sternzylinder-Balkenköpfe. An Schwelle und Füllhölzern Schiffskehlen mit Eckblättern.

Nr. 4: Dreigeschossiges Traufenhaus, ursprünglich wohl zwei Häuser. Das Fachwerk weitgehend erneuert. An den Balkenköpfen Sternzylinder mit Rillen vorn. Schwelle und Füllhölzer des Hauptgesimses mit Tauwülsten in Schiffskehlen. Über den Balkenköpfen vertiefte Felder mit Diamanten.

Nr. 7: Dreieinhalbgeschossiges Traufenhaus von zehn Fach Länge, das zweite und dritte Obergeschoß vorgekragt. Datiert 1553. An Balkenköpfen und Konsolen Sternzylinder (Konsolen über dem ersten Obergeschoß beseitigt). An Schwellen und Füllhölzern Schiffskehlen mit Eckblättern und Kügelchen; über den Balkenköpfen Wappen und Sternkreise. Bretterbrüstungen; auf den Ständern achsiale Fächer, in den Zwickeln Blätter und Sternkreise; neben den zugesetzten Windeluken die Fächer nicht achsial auf den Ständern. Alter Türriegel mit Inschrift zwischen Wappen über dem jetzigen Eingang.

Sackgasse Bebauung völlig vernichtet.

Inventar/Halberstadt, S. 496

Sackplatz Bebauung völlig vernichtet, darunter die Häuser Nr. 1–3, 5 und 8–10.

Inventar/Halberstadt, S. 496 f.

Sackstraße Bebauung völlig vernichtet, darunter die Häuser Nr. 1, 2, 4, 7–13, 15–17, 19/20, 23, 24, 27, 29, 31–35. Ruinen abgetragen, Gelände modern bebaut.

Inventar/Halberstadt, S. 476, 494 (Nr. 19/20), 494 (Nr. 2), 496 f. (die übrigen o. g. Häuser). Verz. Ohle, S. 102 (Nr. 1, 2, 19/20). Ohle, S. 61 (Nr. 19/20)

Halberstadt
Oben: Schmiedestraße 17/18
Links unten: Schmiedestraße, nach der Zerstörung
Rechts: Schuhstraße 7

Nr. 9: Dreigeschossiges Traufenhaus mit zwei Böden. Datiert 1688. Auf der Schwelle über dem Erdgeschoß zarter Eierstab zwischen zwei langen Inschriftstreifen. Unter den Balkenköpfen Profilbrett mit Konsölchen und Diamanten; die Tür der Windeluke im zweiten Obergeschoß ähnlich ornamentiert. Im ersten Obergeschoß profilierter Fensterriegel. Im zweiten Obergeschoß an den mittleren Ständern Fußstreben, in den äußeren Fächern Andreaskreuze.

Inventar/Halberstadt, S. 474, 494 (Nr. 7), 494 ff. (alle übrigen o. g. Häuser). Arndt, S. 85, 94 (Nr. 7), 111 (Nr. 15), 113 (Nr. 9), 116 f. (Nr. 37, 51). Verz. Ohle, S. 102 ff. (Nr. 1, 3, 4, 7, 9, 11–13, 15, 20, 34, 38, 42). Ohle, S 62 f. (Nr. 7, 9). Michaelis, S. 59 (Nr. 15), 61 (Nr. 37). Schönherr, S. 17 (Nr. 7). Stöwesand 1940, S. 45 (Nr. 7). Hartmann, S. 47. Scholke 1974, S. 135

Schulstraße Bebauung völlig vernichtet.

Inventar/Halberstadt, S. 496 (Nr. 2, 3)

Tränketor

Nr. 1 (Ecke Düsterngraben): Dreigeschossiges Traufenhaus von neun Fach Länge und fünf Fach Breite, Obergeschosse vorgekragt, Giebel mit Krüppelwalm zum Düsterngraben. Gotische Ausbildung der Balkenköpfe mit kleinen Wülsten und seitlichen Dreiecken. Hohe gebauchte Konsolen mit Zackenwülsten, auf spitz auslaufenden Ständerkonsölchen aufsitzend; an der Ecke je drei Konsolen am Eckständer. An der Schwelle über dem Erdgeschoß Profile und Sternkreise, über dem ersten Obergeschoß flaches durchlaufendes Profil. Füllbretter mit alter Bemalung.

Nr. 2: Dreigeschossiges Traufenhaus von sieben Fach Länge mit vorgekragten Obergeschossen. Balkenköpfe über dem Erdgeschoß mit kleinen Wülsten und Seitendreiecken, über dem ersten Obergeschoß glatt abgeschnitten. Hohe, gebauchte Konsolen mit Doppelwülsten über dem Erdgeschoß (bis auf die an den Eckständern beseitigt). Schwelle über dem Erdgeschoß mit flachen rechtwinklig endigenden Profilen und Kreisen; obere ganz schlicht. Füllbretter beseitigt.

Inventar/Halberstadt, S. 476, 494, Fig. 210 (Nr. 1), 494 (Nr. 2, 5). E. Schmidt: Alte Bemalung eines Fachwerkhauses in Halberstadt, in: Die Denkmalpflege 4, 1902, Nr. 9, S. 7 m. Abb. (Nr. 1). Arndt, S. 82 (Nr. 1). Verz. Ohle, S. 107 (Nr. 1, 2, 5). Ohle, S. 58, 62 (Nr. 1), 60 (Nr. 2). Schönherr, S. 25 (Nr. 1)

Weingarten Bebauung völlig vernichtet, darunter die Häuser Nr. 1, 8, 10, 18, 19, 21–26, 28–31. Ruinen abgetragen, Gelände mit modernen Wohnbauten besetzt.

Nr. 23: Ursprünglich zwei Häuser. Rechts datiert 1681. Links Balkenköpfe schlicht abgerundet mit vorderen Rillen. Schwelle über dem Erdgeschoß mit kleinen Tauwülsten, über dem ersten Obergeschoß mit kleinen Fasen.

Nr. 25: Typus des großen späten Hauses. Im dritten Obergeschoß altes Stäbchenwerk in den Fenstern. Brüstungen mit Andreaskreuzen und Teilungssäulen.

Nr. 28 (Ecke Sackstraße): Datiert 1697. Hübsches kleines Haus. Balkenköpfe und Füllhölzer gleichartig profiliert. Schwellen mit kleinen Fasen. Doppel-Andreaskreuze an den Seiten und an den Fensterbrüstungen; Ziegelmusterung. Inschrift auf der Schwelle über dem Erdgeschoß.

Inventar/Halberstadt, S. 476, 494 (Nr. 29), 497 (die übrigen o. g. Häuser). Arndt, S. 112 (Nr. 23), 115 (Nr. 28, dort irrig als Nr. 18). Verz. Ohle, S. 109 (Nr. 18, 23, 25, 28, 29). Ohle, S. 63 (Nr. 29), Michaelis, S. 60 (Nr. 28). Scholke 1974, S. 135

Westendorf Vernichtet einige Häuser der Südseite, östlich der Straße Klein-Blankenburg, so Nr. 28 und 32 sowie Nr. 50 an der Einmündung des Grudenberges.

Halberstadt
Oben: Schuhstraße 9; Schuhstraße 20
Unten: Tränketor 1 und 2

Nr. 28 (Ecke Schulstraße): Hofapotheke, errichtet 1702. Dreigeschossiger Ziegelbau von 7:4 Achsen mit Ziergiebel zur Schulstraße. Mittelachse durch Putzstreifen gerahmt, über dem Portal von zwei Säulen getragener Balkon.

Inventar/Halberstadt, S. 494 (Nr. 50), 497 (Nr. 32). Hartmann, S. 45, 48 f.

Woort Bebauung bis auf die Häuser Nr. 14–17 vernichtet, darunter die Fachwerkhäuser Nr. 1, 3 (1614), 4, 6, 10, 12, 13.
Nr. 1 (Ecke Am Kulke): Zweieinhalbgeschossiges Traufenhaus von 9:7 Fach mit einem Dacherker und zwei Böden. Obergeschoß, Hausgiebel und Giebel des Dacherkers vorgekragt. Krüppelwalm zu Am Kulke. Balkenköpfe und Konsolen mit Sternzylindern. An Schwellen und Füllhölzern Schiffskehlen mit Eckblättern; auf der Schwelle über dem Zwischengeschoß Sternkreise. Auf den Dreieckfußbrettern der Ständer Fächer, ebenso am Giebel zu Am Kulke. Kräftig profilierter Fensterriegel, zur Woort beseitigt. Dacherker mit Windeluke.
Nr. 4 (Ecke Schuhstraße): Großes spätes Haus mit kräftigen Ausladungen. Balkenköpfe schlicht abgerundet mit Augen an der oberen Platte. Schwellen abgefast. Dicht an der Ecke breiter Erker. Brüstungen mit gebogenen Hölzern. Doppel-Andreaskreuze.
Nr. 12: Zweieinhalbgeschossiges Traufenhaus mit zwei Böden, zweites Obergeschoß vorgekragt. Balkenköpfe schlicht abgerundet, mit Augen an der oberen Platte. Schwellen und Füllhölzer mit gedrehten Eckstäben. Brüstungen mit Andreaskreuzen.
Nr. 13: Eckhaus, wirkungsvoller Abschluß der Gerberstraße. Dreieinhalbgeschossiges Traufenhaus von elf Fach Länge und etwa zehn Fach Breite mit drei Böden, zweites und drittes Obergeschoß vorgekragt. Krüppelwalm zum verengten nördlichen Teil der Woort. Balkenköpfe und Konsolen mit Sternzylindern. An Schwellen und Füll-

Halberstadt
Oben: Woort 1
Unten: Woort 13

hölzern Schiffskehlen mit Eckblättern und Kügelchen; über den Balkenköpfen teilweise Sternkreise mit Palmettchen. Auf den Dreieckfußbrettern der Ständer Fächer. Die zur Gerberstraße gerichtete Giebelseite vom zweiten Obergeschoß an mit Dachziegeln behängt.

Inventar/Halberstadt, S. 494 f. (Nr. 1, 3, 6, 13), 497 (Nr. 3, 4, 10, 12). Arndt, S. 99 (Nr. 13). Verz. Ohle, S. 111 (Nr. 1, 4, 12, 13). Ohle, S. 55 (Nr. 4), 62 (Nr. 12). Michaelis, S. 24 (Nr. 13). Schönherr, S. 26 (Nr. 13). W. Tille: Alte Halberstädter Handwerksbetriebe, Halberstädter Backhäuser, in: Zwischen Harz und Bruch 1, 1956, S. 59 f. m. Abb. (Nr. 13)

Halberstadt-Wehrstedt

Dorfkirche St. Laurentius Saalkirche mit 5/8-Chorschluß und Breitturm, dessen Erdgeschoß tonnengewölbt. Bruchsteinbau. Im Inneren hölzerne Tonne. Im Chor Sakramentsnische mit spätgotischem Blendmaßwerk. Gebäude 1777 renoviert, 1874–1876 erneute Instandsetzung, der Westeingang 1925 geschaffen.

Am 22. Februar 1945 bei einem Luftangriff durch Bombenvolltreffer bis auf die Umfassungsmauern zerstört. Dabei auch der Kanzelaltar von 1701 und der barocke Orgelprospekt sowie die vor 1658 gestiftete hölzerne Taufe vernichtet.

Inventar/Halberstadt, S. 149 f. Dehio/Nordwestdeutschl., S. 494. W. Schröter: Inschriftensammlung von Wehrstedt, in: Hilariusblätter 2, 1938, Nr. 17, S. 65 ff. m. Abb.; Nr. 21, S. 81 f. m. Abb.; Nr. 23, S. 90 f.; 3, 1939, Nr. 7, S. 27 f.

Hohenlepte, Ortsteil Kämeritz (Kreis Zerbst)

Dorfkirche Feldsteinbau in Saalform mit hochgezogenem Westgiebel und Fachwerkdachturm. Ebenso wie die gotische Dreifenstergruppe an der Ostseite wurden die übrigen Fenster in barocker Zeit verändert. Im Inneren an der Ostwand kleine Sakramentsnische, achteckiger gotischer Taufstein, Kanzel des 17. Jh. und Altaraufsatz von 1753.
1945 durch Artilleriebeschuß bis auf die Umfassungsmauern vernichtet. Ruine erhalten.

Inventar/Jerichow, S. 118 f.

Leitzkau (Kreis Zerbst)

Schloß Die karreeförmige Anlage nach dem Vorbild der Renaissance-Schlösser an der Weser auf den Fundamenten eines Prämonstratenserklosters errichtet (nach dessen Säkularisierung 1539 kurfürstlich brandenburgischer Besitz, ab 1564 Lehnsbesitz der Freiherren v. Münchhausen). Bis Anfang des 17. Jh. Umbau zum Schloß. Im Süden die zur Schloßkirche umgestaltete Klosterkirche, nördlich im Anschluß an das Querschiff das in kurfürstlicher Zeit aufgeführte und vor 1600 umgebaute sog. Althaus. Der dreigeschossige verputzte Bruchsteinbau mit je drei bis zum First reichenden Zwerchhäusern auf der Ost- und Westseite. Die zum Hof gerichtete Fassade prächtiger gestaltet als die östliche, an letzterer jedoch ein Erker. Auf der Hofseite in der Mitte Portal. Erdgeschoßfenster mit verzierten Hausteinumrahmungen, im zweiten Geschoß durch ionische Säulen, im dritten Geschoß und in den Zwerchhäusern durch steinerne Pfosten geteilte Doppelfenster. An der Nordostecke viereckiges Türmchen und Durchfahrtbogen, der das Althaus mit dem Ende des 16. Jh. umgebauten Hobeckschloß verbindet. Der nördlichen Seite um 1580/85 die viergeschossige Loggienfassade mit achteckigem Treppenturm (datiert 1581) an der Nordwestecke vorgesetzt, die mit ihren zwei Flügeln ebenfalls Althaus und Hobeckschloß verbindet (letzteres wie die Klausurgebäude in den Schloßbau einbezogen). Im Inneren von Althaus im Erdgeschoß Korridor mit Zellengewölbe (der 1508–1512 erneuerte Ostflügel des Kreuzgangs), daran anschließend die nach dem Dreißigjährigen Krieg mit Stuckdecken ausgestatteten ehemaligen Klosterräume. Im zweiten Geschoß breiter flachgedeckter Korridor und Wohnräume, darin teilweise Balkendecken mit gemaltem Beschlagwerk. In dem nur durch den Treppenturm an der Nordwestecke des Gebäudes zugänglichen dritten Geschoß Bibliothek und Rittersaal. Die Kassettendecke der Bibliothek auf einer Mittelsäule ruhend, in den stern- und rautenförmigen Feldern gemalte Monatsdarstellungen und musizierende Putten. Der Rittersaal die ganze Breite des Gebäudes einnehmend, die mit Jagdszenen bemalte Decke von sechs achteckigen Holzsäulen getragen. In beiden Räumen Kamine, der in der Bibliothek datiert 1591. – An die Turmfront der Kirche anschließend das sog. Neuhaus, unter Verwendung des westlichen Klosterflügels errichtet seit 1564, verändert Ende des 16. Jh. Der dreigeschossige verputzte Bruchsteinbau mit steilem Satteldach und drei bis zum First reichenden Zwerchhäusern, Geschoßdecken und Innenwände hölzern, reich ornamentierte Stuckdecken. An der Ostfront ein vom Erdboden bis zum dritten Geschoß aufsteigender Erker. An der nördlichen Schmalseite runder Treppenturm und das Torhaus. Das zugleich mit dem Neuhaus errichtete und ebenfalls im späten 16. Jh. veränderte Torhaus mit fensterloser Nordwand und Volutengiebel; die Durchfahrt auf der Westseite von übereinandergestellten Pilastern, die Gebälk mit volutengeschmücktem Aufsatz tragen, gerahmt, daneben vermauerte Fußgängerpforte. Auf der Nordseite des Schloßhofs Wirtschaftsgebäude.
Althaus, Torhaus und westliches Wirtschaftsgebäude 1945 durch Artilleriebeschuß zerstört, Neuhaus und Hobeckschloß beschädigt. Ruine des Althauses abgebrochen bis auf den dem nördlichen Querschiffsarm der Kirche westlich vorgelagerten Bauteil mit zum Hof gewandtem Giebel und den achteckigen Treppenturm mit der Loggienfassade. Ruine des Torhauses ebenfalls beseitigt. Neuhaus und Hobeckschloß wiederhergestellt und als Oberschule genutzt, dabei Restaurierung der Auslucht von Neuhaus und

Links: Halberstadt-Wehrstedt, Dorfkirche St. Laurentius von Südosten und Inneres nach Osten
Rechts: Leitzkau, Schloß von Nordwesten

von Stuckdecken in diesem Gebäude sowie der Holzbalkendecke des Saales im ersten Obergeschoß von Hobeckschloß mit Bemalung aus dem 16. Jh.

F. O. Müller: Das Schloß Leitzkau, in: Geschichtsblätter für Stadt und Land Magdeburg 11, 1876, S. 1 ff. m. 5 Taf. A. Boetticher: Schloß Leitzkau, in: Wochenblatt für Architekten und Ingenieure 3, 1881, Nr. 50, S. 259 f. m. 1 Abb. Inventar/Jerichow, S. 133 f., 144 ff., Abb. 34, 36–43, 46. B. Niemeyer und A. Neukirch: Renaissanceschlösser Niedersachsens, Hannover 1914, Textbd. Fig. 45, 54, 55, 85, 95, 102, 124, 148, 150, 155, 156, 158, 166. Zur Geschichte Leitzkaus, seines Klosters und seiner Schlösser, in: Kalender für die Jerichowschen Kreise 1915, 7 S. Hentzen 1927, S. 8 f. E. v. Niebelschütz: Das Schloß in Leitzkau, in: Montagsblatt 77, 1935, S. 217 ff. m. 4 Abb. A. Neukirch, Niemeyer und Steinacker: Renaissanceschlösser Niedersachsens, Hannover 1939 (Veröffentlichung der Historischen Kommission für Hannover, Oldenburg, Braunschweig, Schaumburg-Lippe und Bremen 1). Dehio/Nordwestdeutschl., S. 305 f. Zehn Jahre Denkmalpflege, S. 214, Abb. 82, 83. Mrusek 1960, S. 71, Abb. 89–91. Bezirk Magdeburg, S. 136 f., Abb. S. 55, 138. Van Kempen 1961, S. 51 f., Abb. S. 187. Mrusek 1966, S. 89. Kunstdenkmäler, S. 372, Abb. 156, 157. Denkmale der Geschichte und Kultur, S. 207 f., Abb. 97. Kunstführer, S. 191. Dehio/Bezirk Magdeburg, S. 248 f. m. Grundriß. E. Hänze: Denkmalpflege in Leitzkau, in: Zerbster Heimatkalender 16, 1975, S. 71 ff. m. Abb. Historische Stätten, S. 274

Ehemalige Prämonstratenser-Klosterkirche St. Marien Das Kloster um 1145 an diese Stelle verlegt, 1155 die Ostteile der Kirche geweiht. Ursprünglich eine flachgedeckte dreischiffige, neunjochige Basilika mit Stützenwechsel (im Osten zwei Pfeiler), Querhaus, Chorquadrat und Apsis sowie Nebenapsiden. Unter Vierung und Chor ehemals Krypta. Der rechteckige Westturm in Mittelschiffsbreite flankiert von quadratischen Treppentürmen, im Untergeschoß des Turmhauses eine zum Mittelschiff mit einem großen Rundbogen geöffnete kreuzgratgewölbte Vorhalle, darüber Emporenraum mit zwei Öffnungen zum Mittelschiff. Nach Aufhebung des Klosters 1534 und Übernahme des Klosterbesitzes durch Hilmar v. Münchhausen 1564 zur Schloßkirche umgestaltet, dabei Chor und Nebenapsiden abgebrochen, ebenso die Seitenschiffe und der obere Teil des Nordturms und des Turmhauses, das Querhaus als Speicher benutzt und vom Mittelschiff abgetrennt. Schloßkirche im 18. Jh. nochmals umgebaut.

1945 durch Artilleriebeschuß stark beschädigt. Ruine beräumt, anschließend mit einem Dach aus Stahlbindern überdeckt. Rekonstruktion des romanischen Baues. Die erhaltenen Arkaden freigelegt und die durch Umbauten im 16. und 18. Jh. zerstörten Arkaden rekonstruiert; Vermauerung der Bogenöffnungen im Westen zu Vorhalle und Empore entfernt; Absenkung des barocken Fußbodens auf das ursprüngliche Niveau; auf der Südseite Aufbau einer neuen Seitenschiffsmauer im alten Fundamentgraben; Renaissancekanzel in die Liebfrauenkirche zu Magdeburg überführt. Ruine als Pausenhalle der Polytechnischen Oberschule benutzt.

Riedel: Klöster und Klosterruinen in der Churmark Brandenburg außerhalb der Altmark, Bruchstück aus einem Reisetagebuch, in: Märkische Forschungen 1, 1841, S. 177 f. F. Winter: Die Prämonstratenser des 12. Jahrhunderts und ihre Bedeutung für das nordöstliche Deutschland, Berlin 1865, S. 121 ff., 309 f., 347 ff. F. Adler: Mittelalterliche Backstein-Bauwerke des Preußischen Staates, Bd. 2, Berlin 1898, S. 23 ff. Inventar/Jerichow, S. 138 ff., Abb. 34 f. Zur Geschichte Leitzkaus, seines Klosters und seiner Schlösser, in: Kalender für die Jerichowschen Kreise 1915, 7 S. Kunze, S. 447 ff. Peters: Schloß Leitzkau, in: Montagsblatt 69, 1927, Nr. 12, S. 89 ff. G. Reischel: Wüstungskunde der Kreise Jerichow I und Jerichow II, Magdeburg 1930 (Geschichtsquellen der Provinz Sachsen und des Freistaates Anhalt. N. R. 9), S. 367 f. G. Scheja: Die romanische Baukunst in der Mark Brandenburg, Berlin Phil. Diss. 1939, Gütersloh 1939, S. 24 ff., 30, 33 f. Dehio/Nordwestdeutschl., S. 305. Bezirk Magdeburg, S. 136. Mrusek 1966, S. 28. Denkmale der Geschichte und Kultur, S. 208. Kunstführer, S. 191 f. Dehio/Bezirk Magdeburg, S. 246 ff. Historische Stätten, S. 273 f.

Leitzkau, Schloß und ehemalige Prämonstratenser-Klosterkirche St. Marien
Links oben: Gesamtanlage von Süden
Links Mitte: Althaus von Südosten
Links unten: Althaus, nach der Zerstörung
Rechts oben: Kirche und Neuhaus von Nordosten, nach der Wiederherstellung

Magdeburg (Kreis Magdeburg)

Am Mittellauf der Elbe auf dem Rand der Bördehochfläche gegenüber einer von mehreren Flußarmen durchzogenen Niederung. Erwähnung 805 als karolingisches palatium. Im 10. Jh. königliche Pfalz im Bereich des jetzigen Domplatzes. 937 stiftete König Otto I. in der Pfalz ein Benediktinerkloster zu Ehren des hl. Mauritius, 955 Anordnung zum Umbau der Klosterkirche in eine Kathedrale. 968 Gründung des Erzbistums. 1015 Gründung des Kollegiatsstifts St. Sebastian westlich der Domburg und 1017/18 des Stiftes Unser Lieben Frauen nördlich von ihr. Das 965 genannte suburbium die unmittelbar südlich der Pfalz gelegene Sudenburg (Pfarrkirche St. Ambrosius 1012). Im Gebiet um den heutigen Alten Markt Entstehung einer Marktsiedlung im 10. Jh. (941 ecclesia plebeia), 961 urbs. Im 11. Jh. Ausdehnung der Siedlung nach Westen (Entstehung der St.-Ulrichs-Pfarrei). 1108 Gründung des Kollegiatsstifts St. Nikolai bei der ehemaligen Taufkirche des Domes. Unter Erzbischof Wichmann (1152 bis 1192) Zusammenfassung aller Siedlungskerne zu einem einheitlichen Stadtgebiet durch eine Mauer, die sowohl Domburg, Sebastiansstift und Liebfrauenkloster als auch die Marktsiedlung und das Gebiet der St.-Ulrichs-Pfarrei umschloß. Gemeindeverwaltung in Händen des Erzbischofs. Gestaltung des Alten Marktes. Um 1188 gültiges Stadtrecht aufgezeichnet. Stadtbrände 1188 und 1207, letzterer vernichtete den Dom bis auf die Umfassungsmauern, 1209 Beginn des Neubaus. Im gleichen Jahr erste Erwähnung der Neustadt. 1213 Frose, die Neustadt und die Sudenburg in den Kämpfen zwischen Erzbischof und Kaiser zerstört, danach das Gebiet Froses (Pfarrei St. Petri), der Neustadt (Pfarreien St. Jakobi und St. Katharinen) sowie das Knochenhauerufer in die Stadtbefestigung einbezogen. Nördlich der neuen Stadtmauer Wiederaufbau der Neustadt, die um 1230 Stadtrecht erhielt, sowie des Fleckens Frose mit Pfarrkirche St. Martini (1253). 1225 erste Erwähnung des Breiten Weges. 1372 Einbeziehung des Fleckens Frose in die Neustadt. 1524 Einführung der Reformation in der Stadt, 1531 Beitritt zum Schmalkaldischen Bund, deswegen 1550/51 von Kurfürst Moritz von Sachsen erfolglos belagert, dabei Neustadt mit Nikolaikirche und Agneskloster sowie die Sudenburg zerstört. 1563 Einführung der Reformation im Dom. 1613 Stadtbrand. Im Zuge der Stadtbefestigung 1626 Teile der Neustadt mit der Nikolaikirche abgerissen. 1630 Anschluß an die Schweden, 1631 Erstürmung der Stadt durch die Truppen Tillys und Pappenheims, mit Ausnahme des Südostteils um das Kloster Unser Lieben Frauen und den Dom die Stadt fast restlos zerstört, ebenso der 1626 verschonte Teil der Neustadt und die Sudenburg. Nach 1631 Wiederaufbau von Neustadt und Sudenburg. Infolge des Klosterbergischen Vergleiches 1666 Stadt brandenburgisch, Ausbau zur Festung. Der Modernisierung der Stadtumwallung bis 1713 fielen abermals Teile der Neustadt und Sudenburg zum Opfer; Anlage der Sternschanze 1721–1723 durch G. C. v. Walrave und Befestigung der Friedrichstadt bis 1740. Unter Gouverneur Fürst Leopold von Anhalt-Dessau (1702–1745) planmäßiger Wiederaufbau als barocke Stadt mit typisierten Bauten, Domplatz und Breiter Weg Hauptzentren. 1807 Stadt dem Königreich Westfalen einverleibt, 1808 das Stadtfeld, die spätere Wilhelmstadt, zur Altstadt gezogen. Zu Verteidigungszwecken völliger Abriß der Sudenburg, die Einwohner in die 1812–1814 angelegte sogenannte Katharinenstadt umgesiedelt, für die sich jedoch der Name Sudenburg durchsetzte. 1812/13 Abriß von zwei Dritteln der Neustadt, die Einwohner weiter nordwärts in die sogenannte Hieronymusstadt umgesiedelt, diese seitdem Neue Neustadt genannt, der Rest der Neustadt im Gegensatz dazu Alte Neustadt. 1815 Rückgliederung in das Königreich Preußen als Hauptstadt der damals gebildeten Provinz Sachsen. Im Süden und Norden der Stadt Entstehung von Industriebetrieben. 1867 die Sudenburg, 1886 die Neustadt und 1887 Buckau eingemeindet. Ab 1890 Schleifung der Festungswerke. 1908 Rothensee, 1910 Cracau, Fermersleben, Lemsdorf, Prester, Salbke und Westerhüsen eingemeindet. 1912 Sternschanze niedergelegt. Nach dem ersten Weltkrieg Abbruch der Zitadelle. 1925 Diesdorf eingemeindet.

Mehrere anglo-amerikanische Bombenangriffe, deren schwerster der vom 16. Januar 1945 war, vernichteten 90 Prozent der Altstadt und 30 Prozent der Vorstädte. Dabei wurden 23 Schulen, 37 Festhallen und Säle, 15 Kirchen, 3 Theater, 3 Museen und 14 Krankenhäuser bzw. Kliniken zerstört. Von 106 733 Wohnungen wurden ca. 41 000 total zerstört, über 9000 schwer beschädigt und weitere 25 000 leicht beschädigt. 1951 Beginn des planmäßigen Neuaufbaus am ehemaligen Breiten Weg, der heutigen Karl-Marx-Straße.

K. Scheffer: Mittheilungen aus der Geschichte der Neustadt bei Magdeburg, Magdeburg 1866. A. Lübeck: Geschichte der Wilhelmstadt-Magdeburg, Magdeburg 1894. P. J. Meier: Die Anfänge der Stadt Magdeburg und der deutsche Marktort des frühen Mittelalters, in: Geschichtsblätter für Stadt und Land Magdeburg 55, 1920, S. 60 ff. W. Möllenberg: Aus der Frühzeit der Geschichte Magdeburgs, ebd., S. 1 ff. M. Maenicke: Magdeburg, eine Großstadtuntersuchung auf geographischer Grundlage, Diss. Hannover 1926. E. Neubauer: Das kirchliche Stadtbild Magdeburgs im Mittelalter, in: Heimatjahrbuch für den Regierungsbezirk Magdeburg 4, 1927, S. 33 ff. Plan der Magdeburger Altstadt bearb. im Städtischen Liegenschaftsamt,

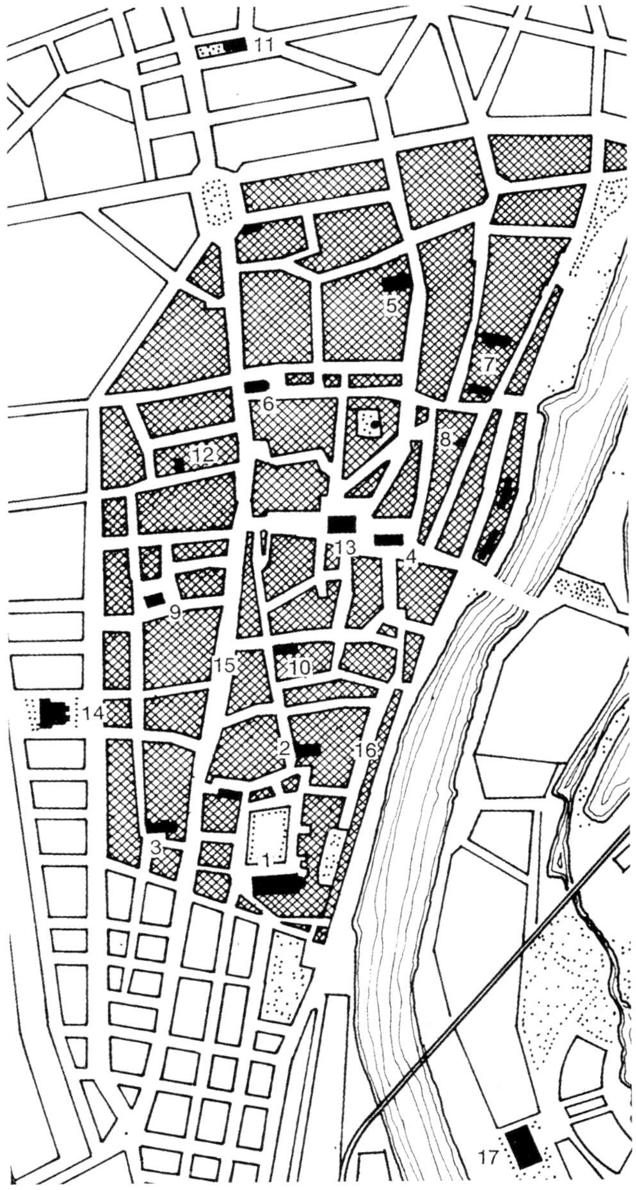

Magdeburg
Oben: Stadtplan, 1 Domplatz mit Dom, 2 Prämonstratenserkloster Unser Lieben Frauen, 3 St. Sebastianskirche, 4 St. Johanniskirche, 5 St. Jakobikirche, 6 St. Katharinenkirche, 7 Wallonisch-Reformierte Kirche und St. Petrikirche, 8 Magdalenenkapelle, 9 St. Ulrichskirche, 10 Heilige-Geist-Kirche und Annenkapelle an der Berliner Straße, 11 Deutsch-Reformierte Kirche (Alte Neustadt), 12 Synagoge, 13 Alter Markt mit Rathaus, 14 Stadttheater, 15 Breiter Weg, 16 Fürstenwallstraße, 17 Stadthalle auf dem Rotehorn
Unten: Innenstadt nach der Zerstörung

Magdeburg 1926 (Neudruck 1929), (Deutsche Staatsbibliothek, Kartenabteilung X 29 243). W. Möllenberg: Magdeburg um 800, Magdeburg (1936) (Magdeburger Kultur- und Wirtschaftsleben 7). A. Brackmann: Magdeburg als Hauptstadt des deutschen Ostens im frühen Mittelalter, Leipzig 1937. F. Tilger: Beiträge zur Geschichte der Sudenburg I, in: Geschichtsblätter für Stadt und Land Magdeburg 72/73, 1937/38, S. 25 ff.; II, 74/75, 1939/41, S. 41 ff. Keyser, S. 592 ff. Magdeburger Innenstadt, in: Der Bauhelfer 1, 1946, H. 3, S. 29. C. Cramer: Aufbauplan für die zerstörte Altstadt Magdeburg – Die drei preisgekrönten Arbeiten zum Magdeburger Wettbewerb, in: Der Bauhelfer 2, 1947, H. 2, S. 1 ff. m. 9 Abb. Wegweiser durch Verwaltung, Kultur, Wirtschaft und Verkehr in der Stadt Magdeburg, 2. Aufl., Magdeburg 1948, S. 5. Magdeburg, in: Neue Bauwelt 4, 1949, S. 93, 426. Wedepohl: Wettbewerb Magdeburger Innenstadt, in: Der Bauhelfer 5, 1950, S. 267 ff. m. 13 Abb. E. Wedepohl: Bemerkungen zum Wettbewerb Magdeburger Innenstadt, in: Baumeister 47, 1950, S. 422 ff. m. 9 Abb. Z.: Der Wettbewerb um Magdeburgs Innenstadt, in: Neue Bauwelt 5, 1950, S. 153 ff. m. 6 Abb. F. Rörig: Magdeburgs Entstehung und die ältere Handelsgeschichte, Berlin 1952 (Deutsche Akademie der Wissenschaften zu Berlin, Vorträge und Schriften 49). E. Collein: Städtebauliche Probleme beim Neuaufbau Magdeburgs, in: Deutsche Architektur 3, 1954, H. 4, S. 154 ff. m. 15 Abb. H. Hopp: Kritische Anmerkungen zum Preisgericht im Magdeburger Wettbewerb, in: Deutsche Architektur 3, 1954, H. 4, S. 161 ff. m. 4 Abb. H.-J. Mrusek: Zur städtebaulichen Entwicklung Magdeburgs im hohen Mittelalter, in: Wissenschaftliche Zeitschrift der Martin-Luther-Universität Halle-Wittenberg, Ges.-sprachwiss. R. 5, 1955/56, S. 1219 ff. E. Nickel: Zur Frühgeschichte Magdeburgs, in: Pfalzenexkursion des Instituts für Vor- und Frühgeschichte der Deutschen Akademie der Wissenschaften zu Berlin vom 10. bis 14. Oktober 1960, Manuskriptdruck, Berlin 1960, S. 14 ff. Chr. Johannsen: Menschen und Städte, Berlin 1962, S. 124–135. E. Nickel: Der »Alte Markt« in Magdeburg, Berlin 1964 (Deutsche Akademie der Wissenschaften zu Berlin, Schriften der Sektion für Vor- und Frühgeschichte 18). W. Priegnitz: Der Markt der Frühzeit und die Gründung Ottos I. 965 in Magdeburg, Magdeburg 1965. Kunstführer, S. 185. Werte unserer Heimat, S. 45

Kirchen

Dom St. Mauritius und Katharina Dreischiffige, fünfjochige, kreuzrippengewölbte Basilika mit Querschiff und zweijochigem beinahe quadratischem Chor mit 5/10-Schluß, begleitet von je zwei quadratischen Chorseitenschiffsjochen und fünf um das Polygon geführten trapezförmigen, kreuzgratgewölbten Jochen, daran ein Kranz von fünf Kapellen, der Chorumgang doppelgeschossig, sein Obergeschoß der sogenannte Bischofsgang. Nebenapsiden in den Ostmauern der Querschiffsarme ausgespart. Im Winkel zwischen Chorseitenschiffen und Querhaus quadratische, mit der Stirnwand des Querhauses bündige Osttürme. Im Westen Doppelturmfassade mit hohem, das Mittelschiff weit überragendem Zwischenbau. Hausteinbau. Den fünf Jochen des Mittelschiffs entsprechen ebenso viele sehr breite Seitenschiffsjoche, Mittelschiffsjoche mit je zwei Kreuzrippengewölben überdeckt, Seitenschiffsjoche mit fünfteiligen Gewölben; in jedem Mittelschiffsjoch zwei Obergadenfenster, in jedem Seitenschiffsjoch ebenfalls zwei Fenster. Dem Gewölbesystem entsprechend am Außenbau rhythmischer Wechsel von breiten und schmalen Strebepfeilern. Jedes Halbjoch der Seitenschiffe trägt einen Zwerchgiebel und ist mit einem abgewalmten Satteldach gedeckt. Über dem Ostteil des Mittelschiffs ein Dachreiter. Am nördlichen Querschiffsarm Portalvorhalle, sogenanntes Paradies. Südlich des Domes die Klausur.
937 Gründung des Benediktinerklosters St. Mauritius durch Otto I. in der königlichen Pfalz, seit 955 Ausbau zur Kathedrale. 968 Gründung des Erzbistums. 1049 Weihe einer Krypta durch Erzbischof Hunfried. 1207 ottonischer Dom durch Brand vernichtet, Ruine abgetragen, erhalten nur der um 1170 errichtete Südflügel der Klausur. 1209 Neubau unter Erzbischof Albrecht II. begonnen. Achse gegenüber dem ottonischen Dom verschoben durch Ausrichtung auf das Grab Ottos I. Nach französischem Plan sollte ein Umgangschor mit Kapellenkranz entstehen; nachdem die Fundamente, Außenmauern und Arkadenpfeiler des Polygons ausgeführt waren, um 1218 Planwechsel zugunsten eines geräumigeren Chores, wie die verbreiterten östlichen Chorquadratpfeiler zeigen. Anlage des Querschiffs in den Maßen des verbreiterten Chorquadrates, denen auch das im gebundenen System begonnene Langhaus folgte. Beim Tode von Erzbischof Albrecht II. (1232) die untere Zone des Chores mit Umgang und Kapellenkranz vollendet sowie Osttürme und Querhaus bis zum Kaffgesims hochgeführt. Zisterzienser Bauleute setzten nach kurzer Unterbrechung den Bau fort mit der Errichtung des Bischofsganges. In traditionsbewußter Haltung Einbau von Spolien aus dem ottonischen Dom im Chor und von Albrecht II. in Auftrag gegebener Portalplastik. In erneuter Planänderung wurde noch in den 1230er Jahren die Verbreiterung der Seitenschiffe mit drei Jochen des nördlichen und einem Joch des südlichen Seitenschiffs angefangen. Vollendung des Chores in den vierziger Jahren, gleichzeitig entstanden die oberen Teile der Querhauswände, anschließend Einwölbung, 1266 Erzbischof Ruprecht im Südarm des Querhauses bestattet. Um die Mitte des 13. Jh. Fundamente der Westtürme gelegt und in den sechziger bis achtziger Jahren bis zum Hauptgesims des ersten Geschosses hochgezogen. Bis 1311 auch die drei östlichen Langhausjoche samt Wölbung fertiggestellt, wie die Stiftung des Katharinenaltars durch Erzbischof Burchard von Schraplau im genannten Jahre anzeigt. Aus dem letzten Viertel des 13. Jh. auch die Sakristei (Cyther oder Mauritiuskapelle) an der Südseite des Langhauses. 1310 Schaffung der Baufreiheit für den Mittelteil der Westfassade. Zwischen 1310 und 1363 das zweite und dritte Turmgeschoß sowie Erd- und Emporengeschoß des Zwischenbaus geschaffen, ferner das dritte Zwischenbaugeschoß begonnen und die beiden westlichen Langhausjoche vollendet. Am 22. Oktober 1363 Schlußweihe. Osttürme und Westfassade noch unvollendet. Um 1320 das spätromanische Nordportal des Querhauses durch ein größeres ersetzt, davor Anlage des Paradieses, zugleich hochgotische Veränderung des Fenstermaßwerks und des Giebels der nördlichen Querhausfassade. Erst 1477–1520 Ausbau der Westfassade, aus dieser Bauperiode das dritte Geschoß und der Giebel des Zwischenbaus sowie das vierte quadratische Turmgeschoß und das achteckige Turmgeschoß mit den krabbenbesetzten Pyramidenhelmen. Giebel des Zwischenbaus und letztes Turmgeschoß mit Bekrönung von Bastian Binder. 1494 Stiftung der Grabkapelle Erzbischofs Ernst von Wettin in der Turmhalle, dadurch das Westportal als Haupteingang blockiert. Neuer Laieneingang im westlichen Joch des nördlichen Seitenschiffs. – Der Ostflügel der Klausur im frühen 13. Jh. errichtet, wahrscheinlich gleich nach dem Brand von 1207, daher noch auf die Achslage des ottonischen Domes bezogen. Der östliche Teil des Nordtraktes im 13., der westliche im 14. Jh. entstanden, der Westflügel vor 1363 vollendet, ebenso der Remter am Ostflügel, an dessen Ostseite (an die Marienkapelle angelehnt) die 1504 gestiftete Redekinkapelle. 1449 vernichtete ein Brand Dormitorium und Bibliothek am Ostflügel des Kreuzgangs, vermutlich auch die Marienkapelle in Mitleidenschaft gezogen, diese daher 1450–1455 erneuert, 1456/57 Reparaturen am östlichen Kreuzgangflügel, dieser vermutlich erst damals gewölbt. Die Sebastianskapelle im Winkel zwischen Chor, Südostturm und den zwei östlichen Jochen des nördlichen Kreuzgangflügels spätgotisch. 1565

Magdeburg, Dom St. Mauritius und Katharina, Ansicht von Norden

erste evangelische Predigt im Dom, anläßlich der Umgestaltung für den evangelischen Gottesdienst Renovierung. 1826–1834 Instandsetzung des Außenbaus unter Anteilnahme Schinkels. Anfang des zwanzigsten Jahrhunderts und 1927 bis 1930 Sicherung und Ausbesserung der Westfassade.
Bei Luftangriffen 1944 und 1945 durch sieben Bombentreffer schwer beschädigt: Treffer in Nordturm und Mittelbau, im zweiten Langhausjoch die Gewölbe beider Seitenschiffe durchgeschlagen; weitere Treffer im nördlichen Querschiff neben der Paradiespforte und im westlichen Teil des Kreuzgangsüdflügels. Giebelchen des südlichen Seitenschiffs zum Teil beschädigt. Im Bischofsgang Artillerietreffer. In der Westfront ein 32 m^2 großes Loch, 300 m^2 Gewölbe, 460 m^2 Mauerwerk, 2300 m^2 Fensterfläche und 5600 m^2 Dachfläche zerstört. Schwere Schäden an der nachmittelalterlichen Ausstattung, die Orgel völlig zerstört. Wiederherstellung bereits 1946 begonnen, im wesentlichen 1957 abgeschlossen.

Harms: Vom Wiederherstellungsbau des Magdeburger Domes 1826 bis 1834, in: Denkmalpflege 6, 1904, Nr. 12, S. 96 ff. m. 3 Abb.; Nr. 13, S. 106 f. m. 3 Abb. H. Giesau: Städtebauliche Fragen um den Magdeburger Dom, in: Jahrbuch der Denkmalpflege in der Provinz Sachsen und in Anhalt 1932, S. 117 ff. m. Abb. 114–121. Dehio/Nordwestdeutschl., S. 324 ff. S. Oertwig: Welche staatlichen Zuwendungen erhielten die Kirchen?, in: Glaube und Gewissen 5, 1959, S. 197. Zehn Jahre Denkmalpflege, Taf. 50–53, S. 210. A. Bach: Kirche und Staat in der DDR, in: DDR-Revue 5, 1960, S. 14 f. Mrusek 1960, S. 63, Abb. 64–66. A. Ress: Die Tagung der Landesdenkmalpfleger in der Bundesrepublik vom 25. Juni bis 1. Juli 1962, in: Deutsche Kunst und Denkmalpflege 20, 1962, S. 140, Abb. 14–17. Wiederaufbau der Kirchen in der DDR, S. 33, 39, 44 ff. 186, 213, Abb. S. 134–137. Denkmale der Geschichte und Kultur, S. 209 f., Abb. S. 100, 103. E. Schubert: Der Magdeburger Dom, Berlin 1974 (mit ausführlichem Literaturverzeichnis zur Baugeschichte). Dehio/Bezirk Magdeburg, S. 263 ff. m. Grundriß

Magdeburg, Dom St. Mauritius und Katharina, Westfront und Inneres nach Osten

Prämonstratenserkloster Unser Lieben Frauen Die Klosterkirche eine dreischiffige, neunjochige Basilika mit Querschiff und über einer dreischiffigen Krypta gelegenem Chorquadrat mit Apsis, am südlichen Querschiffsarm Nebenapsis. Im Mittelschiff Triforium und sechsteiliges Rippengewölbe, in den Seitenschiffen Kreuzgratgewölbe; Querschiff, Chorquadrat und Apsis kreuzrippengewölbt. Quadratischer Westturm in Mittelschiffsbreite mit Turmhalle und Empore, flankiert von runden Treppentürmen, in der Turmhalle Bandrippengewölbe auf Ecksäulen. Natursteinbau (Bruchstein und Haustein). Nördlich der Kirche die Klausur. Am östlichen Kreuzgangflügel im Hof das Brunnenhaus (Tonsur), zwischen Kreuzgangsüdflügel und Kirche das tonnengewölbte Pönitentiarium; am Westflügel des Kreuzgangs das zweischiffige, fünfjochige Sommerrefektorium mit Kreuzgratgewölben auf drei Marmorsäulen, die vierte Stütze aus Sandstein; am Nordflügel die ehemalige Klosterküche und das weit nach Osten vortretende sogenannte Alte Refektorium. Von Erzbischof Gero 1017 bis 1018 als Kollegiatsstift gegründet. Unter Erzbischof Werner (1064–1078) jetziger Kirchenbau südwestlich des Vorgängerbaus als Säulenbasilika begonnen, im späten 11. Jh. langsamer Fortgang der Arbeiten, Fertigstellung ohne den Westbau wahrscheinlich im frühen 12. Jh. Nach Umwandlung des Stiftes in ein Prämonstratenserkloster unter Erzbischof Norbert 1129–1160 Errichtung von Kreuzgang und Klausurgebäuden sowie des Westteils der Kirche, ferner Erweiterung des Chores durch Verlängerung der Krypta bis in die Vierung, Errichtung der Sakristei anstelle der nördlichen Nebenapsis. Nach dem Stadtbrande von 1188 Umbau der Kirche zur spätromanischen Pfeilerbasilika, dabei Höherlegung des Fußbodens, Einwölbung der Sakristei mit Kreuzgratgewölben. Zwischen 1220 und 1240 Einwölbung der Kirche, dabei nördlicher und südlicher Vierungsbogen spitzbogig erneuert, Errichtung der Kapelle am südlichen Seitenschiff. Um 1500 Erneuerung der Chorgewölbe, dabei wohl Einfügung der spitzbogigen Fenster in der Apsis. 1547–1591 Kirche geschlossen. Erste evangelische Predigt 1591. 1628–1632 wieder katholisches Kloster. Ab 1638 mit evangelischen Konventualen unter einem Propst besetzt. 1696–1700 Erneuerungsarbeiten in der Apsis. Ab 1701 Einrichtung einer Klosterschule. 1720 Erweiterung der Rundbogenfenster in Seitenschiffen und südlichem Querhaus, um 1730 Vermauerung des Südportals und Einfügung des jetzigen Westportals, Ausbau des Pönitentiariums sowie Rückverlegung des Chores. Kirche 1816–1878 katholische Pfarrkirche. Kloster 1834 säkularisiert, 1848–1852 zu Schulzwecken umgebaut von L'Hermet: West- und Nordflügel des Kreuzgangs aufgestockt im Anschluß an den Neubau des Alumnates. Kirche seit 1891 wieder evangelisch, zuvor 1890/91 durchgreifende Restaurierung, dabei Umbau des Altarraums und der Kryptenzugänge, Tieferlegung des Fußbodens. 1907 Einbau einer Orgelempore.

Beim Luftangriff 1945 Chor, südliche Seitenkapelle und Sommerrefektorium mit einem Teil des westlichen Kreuzgangflügels sowie sämtliche Dächer zerstört. Vollständige Vernichtung der umgebenden Bebauung, dadurch die Turmfront freigelegt, die vordem in die Straßenflucht der Regierungsstraße eingebunden war. 1946–1950 Wiederherstellung der Dächer, Aufmauerung der zerstörten Choraußenwände, Verzicht auf Rekonstruktion der Chorgewölbe, an ihrer Stelle 1949 flache Balkendecke. 1950–1953 Instandsetzung des Innenraums, dabei Abbruch der Orgelempore von 1907 und anderer historisierender Einbauten, Öffnung der alten Westempore, Neuausmalung; der im 19. Jh. aufgestockte Westflügel der Klausur zweigeschossig rekonstruiert, die verlorengegangenen Gewölbe des Sommerrefektoriums durch moderne Flachdecke ersetzt. Im Nordflügel der Klausur Abbruch der im 19. Jh. aufgesetzten Aula, dadurch Reduktion auf zwei Geschosse. Neue gesellschaftliche Nutzung der Gesamtanlage als geistig-kulturelles Zentrum Magdeburgs: seit 1974/75 durch das Kulturhistorische Museum im Untergeschoß des Klosters Ausstellung von Plastik, im Obergeschoß Malerei; die Kirche ist als Konzerthalle vorgesehen.

F. Winter: Die Prämonstratenser des 12. Jahrhunderts und ihre Bedeutung für das nordöstliche Deutschland, Berlin 1865, S. 116 ff. J. Kohte: Das Kloster und die Kirche Unserer Lieben Frauen in Magdeburg, in: Zeitschrift für Bauwesen 45, 1895, Sp. 25 ff., 339, 12 Abb., Taf. 4–6 im Abbildungsband. M. Modde: Unser Lieben Frauenkloster in Magdeburg, Magdeburg 1911. Hasak: Die Liebfrauenkirche zu Magdeburg, in: Geschichtsblätter für Stadt und Land Magdeburg 49/50, 1914/15, S. 371 ff. Das Kloster Unser Lieben Frauen zu Magdeburg in Vergangenheit und Gegenwart, Magdeburg 1920 (darin u. a.: K. Weidel: Die Marienkirche und die anderen Baudenkmäler des Klosters, S. 212 ff.; Neubauer: Bibliographie zur Geschichte des Klosters, S. 266 ff.). W. Möllenberg: Aus der Geschichte des Klosters Unser Lieben Frauen zu Magdeburg, in: Geschichtsblätter für Stadt und Land Magdeburg 56/59, 1921/24, S. 116 ff. Kunze, S. 436 ff., Abb. 19, 20. K. Weidel und H. Kunze: Das Kloster Unser Lieben Frauen in Magdeburg, Augsburg 1925. Magdeburg, Kloster Unser Lieben Frauen, in: Deutsche Kunst und Denkmalpflege 1935, S. 246. G. Scheja: Die romanische Baukunst in der Mark Brandenburg, Berlin Phil. Diss. 1939, Gütersloh 1939, S. 26 ff. G. Schulze: Unser Lieben Frauen zu Magdeburg, in: Der goldene Reiter 2, 1939, S. 73 ff. m. 5 Abb. (dabei das Sommerrefektorium). Dehio/Nordwestdeutschl., S. 333 f. Mrusek 1957, S. 645 f. Wendland, S. 16 f. Zehn Jahre Denkmalpflege, S. 205, Taf. 23, 24. Mrusek 1960, S. 63, Abb. 67–70. A. Ress: Die Tagung der Landesdenkmalpfleger in der Bundesrepublik vom 25. Juni bis 1. Juli 1962, in: Deutsche Kunst und Denkmalpflege 20, 1962, S. 140, Abb. 13. Möbius, S. 194 ff. m. Grundriß, Abb. S. 67. Wiederaufbau der Kirchen in der DDR, S. 44, 47, 186, 213, Abb. S. 138. Mrusek 1966, S. 27, 29 ff., 132,

Magdeburg
Prämonstratenserkloster Unser Lieben Frauen
Oben: Ansicht von Südosten
Unten: Blick auf die Westfront

136, Abb. 9, 10, 11, 13–16. Denkmale der Geschichte und Kultur, S. 211, Abb. 101. H. Möbius: Das Liebfrauenkloster in Magdeburg, Berlin 1972 (Das christliche Denkmal 84). Dehio/Bezirk Magdeburg, S. 279 bis 284 mit Grundriß

St. Sebastianskirche Dreischiffige, vierjochige Hallenkirche mit Querschiff und breiterem dreijochigem Chor mit 5/8-Schluß und zweijochigem, nördlichem Seitenschiff. Auf der Nordseite des nördlichen Querschiffs zweijochiger Sakristeianbau. Zweitürmiger Westbau. Bruchsteinbau. Kirche eines von Erzbischof Gero 1015 gegründeten Kollegiatsstifts, beim Stadtbrand 1188 zerstört bis auf den unteren Teil des Westbaus. Wiederaufbau als flachgedeckte, dreischiffige Basilika mit Querschiff, von dieser Reste im bestehenden Bau erhalten, der Westbaurest des Vorgängerbaus im frühen 13. Jh. erhöht. Im dritten Viertel des 14. Jh. Neubau des Chores. Im 15. Jh. Umbau der Basilika zur gotischen Hallenkirche, 1489 geweiht. Stift seit 1573 evangelisch. 1631 Kirche ausgebrannt, die eingestürzten Gewölbe im Chor 1663 durch Holzkonstruktion ersetzt, zweigeschossiger Sakristeianbau 1709 wiederhergestellt. 1810 säkularisiert, später als Wollmagazin genutzt. Im Zuge der Wiederherstellung als katholische Pfarrkirche 1876–1878 neu eingewölbt und Westeingang geschaffen.
Beim Luftangriff am 16. Januar 1945 die welschen Hauben der Türme abgebrannt, das Dach stark beschädigt, Maßwerk der Fenster zerstört, im Inneren Splitterschäden. Restaurierung 1953 bis 1958, Innenausstattung vollständig erneuert.

F. O. Müller: Die Baugeschichte der Sebastianskirche zu Magdeburg, in: Geschichtsblätter für Stadt und Land Magdeburg 14, 1879, S. 421 ff., 21 Fig. Peters 1902, S. 75, 78 ff. mit Abb. Th. v. Krzesinski: Geschichte der Kirche und des Kapitels von St. Sebastian in Magdeburg, Paderborn 1903. Th. v. Krzesinski: Geschichte der Kirche und des Kapitels von St. Sebastian in Magdeburg, Baugeschichte der St. Sebastianskirche, in: Krzesinski: Kunsthistorische Skizzen, Königsberg i. Pr. 1909, S. 31 ff. E. v. Niebelschütz: Die Sebastianskirche zu Magdeburg, in: Montagsblatt 74, 1932, Nr. 16, S. 123 ff. mit 2 Abb. Dehio/Nordwestdeutschl., S. 334 f. Mrusek 1957, S. 646, 650. Hoberg: Magdeburg St. Sebastian Propstei- und Bischofskirche, in: Das Münster 11, 1958, S. 3 ff. mit 3 Abb. und Grundriß. Mrusek 1960, S. 65. Wiederaufbau der Kirchen in der DDR, S. 30, 44, 213. Mrusek 1966, S. 35 ff., 81, 132, 136, Abb. 17–19, 64. Kunstführer, S. 188 f. Werte unserer Heimat, S. 21, 66, Abb. 16. Dehio/Bezirk Magdeburg, S. 262, 284 f.

Magdeburg
Links: Prämonstratenserkloster Unser Lieben Frauen, Nord- und Ostflügel der Klausur; Sommerrefektorium; Inneres nach Osten
Rechts: St. Sebastianskirche, Blick auf die Westfront und Inneres nach Osten

St. Johanniskirche Dreischiffige, sechsjochige, kreuzrippengewölbte Hallenkirche mit eingezogenem Chor über fünf Seiten eines Achtecks und schmalerer Doppelturmfassade im Westen. Im Winkel zwischen Chor und nördlichem Seitenschiff achteckiger Zentralbau mit Rippengewölbe (Sakristei). Treppenturm an der Nordostecke des Langhauses. Im Westen Vorhalle. Bruchsteinbau. – Älteste Pfarrkirche der Stadt. Anstelle eines ottonischen Vorgängerbaus im 12. Jh., vielleicht auch erst nach dem Brande von 1207, als dreischiffige, kreuzförmige Basilika mit drei quadratischen Langhausjochen und westlicher Doppelturmfassade errichtet. Mitte des 14. Jh. Bau der achteckigen Kapelle. Im 15. Jh., möglicherweise nach dem Brand von 1451, Umgestaltung zur Hallenkirche, Beibehaltung der Westtürme, Anfügung einer Vorhalle. Kirche 1631 zerstört. Wiederherstellung 1663–1670 von H. Harder, 1672–1675 Aufsetzen der welschen Hauben (Südturm Holz, Nordturm Stein), 1687 Errichtung des Treppenturms. Mehrfache Renovierung des Inneren, zuletzt 1935.

Beim Luftangriff am 16. Januar 1945 bis auf die Umfassungsmauern zerstört, südliche Pfeilerreihe eingestürzt, die Innenausstattung völlig vernichtet, darunter Altar von 1670 mit Altarbild von Chr. Fensterer; Alabasterkanzel von T. Wilhelmi 1674 bis 1676; Orgel von Arp Schnittker 1689–1695, Prospekt nach dem Entwurf von T. Wilhelmi. Ruine erhalten. Vorhalle 1953 instand gesetzt und zusammen mit der Turmhalle als gottesdienstlicher Raum eingerichtet. Turmfront restauriert, die Haube des Südturms jedoch noch nicht wieder aufgebaut. Die Turmfront bildet mit Rathaus und Reiterdenkmal ein bedeutendes städtebauliches Ensemble.

Peters: Die St. Johanniskirche in Magdeburg, in: Die Denkmalpflege 1, 1899, Nr. 13, S. 101 ff. m. 3 Abb. Peters: Nochmals von St. Johannis zu Magdeburg, in: Blätter für Handel, Gewerbe und sociales Leben 51, 1899, S. 132 ff. m. 2 Abb. Peters 1902, S. 75 f., 78, 83 ff., 4 Abb. Danneil, S. 19 ff., Abb. S. 139. Penner, S. 6 ff. A. Frantz: St. Johannis, die Hauptpfarr- und Ratskirche der Stadt Magdeburg, Magdeburg 1931. E. v. Niebelschütz: Die St. Johanniskirche in Magdeburg, in: Montagsblatt 77, 1935, S. 307 ff. m. 5 Abb. Dehio/Nordwestdeutschl., S. 335. E. Nickel: Die Freilegung des Chores der Johanniskirche in Magdeburg, in: Ausgrabungen und Funde 1, 1956, S. 235 ff. Mrusek 1957, S. 646, 650. Zehn Jahre Denkmalpflege, S. 205. Wiederaufbau der Kirchen in der DDR, S. 48, 213. Mrusek 1966, S. 37 f., 83 f., 99, 132, 136, Abb. 64. Dehio/Bezirk Magdeburg, S. 262. Historische Stätten, S. 293

St. Jakobikirche Dreischiffige, siebenjochige, kreuzrippengewölbte Hallenkirche mit eingezogenem Chor über sieben Seiten eines Zwölfecks. An den Chorecken Strebepfeiler mit Baldachinen

Magdeburg, St. Johanniskirche
Links oben: Westfront
Rechts oben: Ansicht von Westen, nach der Zerstörung
Unten: Äußeres und Inneres, nach der Zerstörung

und Konsolen für Figuren, an den meisten Strebepfeilern von Chor und Schiff Wasserspeier. Bruchsteinbau. Auf der Nord- und Südseite Backsteinvorhallen. Schmalerer Westbau mit zwei Türmen, über welschen Hauben achteckige Laternen. – Anstelle eines Vorgängerbaus aus dem 13. Jh., von dem nur die unteren Teile des Westbaus erhalten blieben, Langhaus 1381 begonnen, Chor um 1400, Gewölbe 1438, südliche Backsteinvorhalle im 15. Jh. Der 1495–1497 vollendete Nordturm 1550/51 bei der Belagerung Magdeburgs zerschossen und eingestürzt, das Gewölbe des Schiffes beschädigt; bis 1565 Gewölbe und Südturm wiederhergestellt, Nordturm erst 1581 bis 1583 aufgebaut. 1631 Kirche ausgebrannt, 1652–1659 wiederhergestellt, das Gewölbe erst 1681 wieder eingezogen. Nach Blitzschlag die Türme bis 1713 neu erbaut. 1844/45 Renovierung des Inneren und Errichtung der nördlichen Vorhalle sowie der neuen Sakristei. Abermalige Restaurierung Ende des 19. Jh.
Beim Luftangriff am 16. Januar 1945 bis auf die Umfassungsmauern zerstört. Die nach Entwurf von T. Wilhelmi geschaffene sandsteinerne Kanzel von 1662 vernichtet, ebenso der barocke Orgelprospekt. Ruine 1959 beseitigt.

H. Hoppe: Die Jacobikirche in Magdeburg, Magdeburg 1881. Peters 1902, S. 35, 76, 89 ff., Abb. S. 35. H. Naumann: Altes und Neues aus der Geschichte der Kirche und Gemeinde von St. Jacobi in Magdeburg, o. O. u. J. (1919). Danneil, S. 81 ff. m. Abb. Penner, S. 19 ff. Stietzel: Aus der Vergangenheit der St. Jacobikirche in Magdeburg, in: Montagsblatt 69, 1927, Nr. 12, S. 93 f. K. Haupt: Der Juliushut von Magdeburg, in: Montagsblatt 70, 1928, Nr. 13, S. 101 f. Dehio/Nordwestdeutschl., S. 335. Mrusek 1957, S. 646, 650. Mrusek 1966, S. 85, 99, 132. Dehio/Bezirk Magdeburg, S. 262. Historische Stätten, S. 300

St. Katharinenkirche Dreischiffige, sechsjochige, kreuzrippengewölbte Hallenkirche mit eingezogenem 5/8-Chor. Hoher Westbau, die zwei Türme mit welschen Hauben und achteckigen Laternen. Chorgewölbe von Runddiensten mit Kelchkapitellen getragen, Birnstabrippen; Langhausgewölbe gekehlte Backsteinrippen. An der Südseite zwei spätgotische Portale. Treppenturm an der Nordostecke des Langhauses. – Errichtung der Hallenkirche im 15. Jh. unter Einbeziehung der Westfassade eines Vorgängerbaus. 1631 zerstört. Türme nach teilweiser Wiederherstellung 1653 bzw. 1656 eingestürzt; 1691–1695 unter Wahrung der spätromanischen Grundgestalt wiederaufgebaut. Einweihung des unter E. Lindner wiederhergestellten Kirchengebäudes 1679; das frühbarocke Westportal mit Statue der hl. Katharina von T. Wilhelmi 1668. Außenbau 1935/36 restauriert.
Beim Luftangriff am 16. Januar 1945 bis auf die Umfassungsmauern und die Südarkaden zerstört, dabei auch die Kanzel und der barocke Altar vernichtet. Ruine später beseitigt.

Müller Jg. 8, S. 288. Peters 1902, S. 76 f., 92, 94, Abb. S. 92. Danneil, S. 73 ff. m. Abb. Penner, S. 28 ff. Stietzel: Die St. Katharinenkirche in Magdeburg, in: Montagsblatt 68, 1926, Nr. 3, S. 18 ff.; Nr. 5, S. 36 f. K. Haupt: St. Katharinen 1230–1930, Magdeburg 1930. K. Haupt: Die Türme von St. Katharinen zu Magdeburg, in: Montagsblatt 77, 1935, S. 331. Dehio/Nordwestdeutschl., S. 335 (danach 1889 neugotisch ausgebaut). Mrusek 1957, S. 646. Bezirk Magdeburg, S. 148. Mrusek 1966, S. 85, 99, 132, 136, 144. Dehio/Bezirk Magdeburg, S. 262. Historische Stätten, S. 300

Magdeburg
Oben: St. Jakobikirche, nach der Zerstörung
Rechts Mitte: St. Katharinenkirche, Blick durch das zerstörte Westportal
Unten: St. Katharinenkirche, Westfront; Inneres nach der Zerstörung

St. Petrikirche Dreischiffige, fünfjochige, kreuzrippengewölbte Hallenkirche, einjochiger Chor mit 5/10-Schluß. Bruchsteinbau, Chor Sandstein. Der wesentlich schmalere Westturm vor dem nördlichen Seiten- und dem halben Mittelschiff. Backsteinerne Vorhalle mit Staffelgiebel am südlichen Seitenschiff. – Im 12. Jh. als Kirche des Dorfes Frose errichtet, erst um 1230 in die Stadtbefestigung einbezogen, seit etwa 1380 schrittweise von Osten durch Neubau ersetzt unter Verwendung der nördlichen Schiffswand und des Westturms des Vorgängerbaus. Strebepfeiler des Chores reicher gegliedert als die des Langhauses. Unter böhmischem Einfluß Fensternische des Ostfensters im Chorpolygon mit frei herabhängendem Maßwerk. Im 15. Jh. Errichtung der Vorhalle, Ende des 15. Jh. Einwölbung der Kirche. 1631 ausgebrannt und Gewölbe bis auf die im Chor und in den östlichen Seitenschiffsjochen zerstört. Bis 1689 Wiederherstellung und Einwölbung durch T. Wilhelmi. 1712 Mansarddach aufgesetzt. 1895 und 1934 restauriert.
1945 bis auf die Umfassungsmauern zerstört, dabei die barocke Inneneinrichtung vernichtet: Kanzel von T. Wilhelmi vor 1685, Taufstein aus dem ersten Drittel des 18. Jh., Altar und Orgel. Ab 1962 Rekonstruktion des mittelalterlichen Daches mit Zwerchhäusern über den Seitenschiffen und Satteldach über Mittelschiff und Chor, anstelle der zerstörten Gewölbe Stahlkonstruktion in Verbindung mit Kanthölzern und Dielungsbrettern, Fenster Rautenverglasung. Seit Dezember 1970 als katholische Pfarrkirche genutzt.

Peters 1902, S. 95 ff. m. 2 Abb. und Abb. S. 36, 37. Danneil, S. 103 ff. m. Abb. H. Kunze: Die St. Petrikirche in Magdeburg, in: Heimatkalender für Stadt und Land Magdeburg 1924, S. 38 ff. (dass. in: Heimatjahrbuch für den Regierungsbezirk Magdeburg 1924, S. 38 ff.). Penner, S. 24 ff. E. v. Niebelschütz: Die Petrikirche in Magdeburg, in: Montagsblatt 76, 1934, Nr. 34, S. 268 ff. m. 4 Abb. Dehio/Nordwestdeutschl., S. 335 f. Mrusek 1957, S. 646. Bezirk Magdeburg, S. 148. Wiederaufbau der Kirchen in der DDR, S. 48. Mrusek 1966, S. 37, 39, 83 f., 99, 132, Abb. 64, 65. Denkmale der Geschichte und Kultur, S. 212. Kunstführer, S. 189. Werte unserer Heimat, S. 66, Abb. 16. Dehio/Bezirk Magdeburg, S. 286 f. Historische Stätten, S. 300

St. Ulrichskirche Dreischiffige, sechsjochige Hallenkirche mit eingezogenem 5/8-Chor, zweitürmiger Westbau. Bruchsteinbau. Zweitälteste Pfarrkirche der Stadt. Anstelle eines Vorgängerbaus, von dem der untere Teil des Westbaus erhalten blieb, ab 1452 Errichtung der Hallenkirche. 1631 zerstört. 1648–1656 Wiederaufbau. Vollendung der Türme mit Zwiebelhauben erst 1662. 1673 Bau des Wredowschen Grabgewölbes. 1861 durch Blitzschlag Dachreiter und Zwiebeltürme abgebrannt, bis 1866 Wiederherstellung, Türme mit neogotischen Helmen, 1898/99 Renovierung.
1945 bis auf die Umfassungsmauern zerstört, dabei auch die Kanzel, der Orgelprospekt der Orgel von A. Schnittker von 1699 sowie die geschnitzten Emporen von 1704 und 1708 vernichtet. 1955 Ruine beseitigt.

Die Kirche von St. Ulrich und Levin, in: Blätter für Handel, Gewerbe und sociales Leben 14, 1862, S. 89 f. Flottwell, Taf. 24 (Wredowsches Grabgewölbe). Peters

Magdeburg
Links oben: St. Petrikirche, vor und nach der Zerstörung
Rechts oben: St. Petrikirche, nach der Wiederherstellung
Links unten: St. Petrikirche, Inneres nach Osten, vor der Zerstörung und nach dem Wiederaufbau
Rechts unten: St. Ulrichskirche von Südosten

1902, S. 78, 92 ff., 166 f., Abb. S. 93. Danneil, S. 36 ff. m. Abb. Penner, S. 14 ff. H. Kunze: Die Pfarrkirchen Magdeburgs und ihre Grabdenkmäler, in: Heimat-Kalender für Stadt und Land Magdeburg 3, 1926, S. 54 ff. Dehio/Nordwestdeutschl., S. 336. Mrusek 1966, S. 85, 132. Dehio/Bezirk Magdeburg, S. 262. Historische Stätten, S. 298

Ehemalige Nikolaikirche Bis 1363 an der Nordwestecke des Domplatzes errichtete dreischiffige, neunjochige Hallenkirche mit drei großen Ostfenstern. Bruchsteinbau. 1540 Brand. 1631 schwer beschädigt, Einsturz der Gewölbe. 1677–1692 wiederhergestellt. Kreuzgang 1724 abgebrochen. 1806/07 als Kaserne, 1812–1918 als Zeughaus benutzt, danach Geschäftshaus und Speicher, 1937/38 als Zeughausmuseum wiederhergestellt, als Haupteingang das sogenannte Sterntor der Sternschanze in die Grundstücksmauer südlich der Kirche eingebaut.
Beim Luftangriff am 16. Januar 1945 bis auf die Umfassungsmauern zerstört. Ruine 1956 abgetragen.

Peters 1902, S. 117 f. Wolfrom 1936, S. 24, 42, Abb. nach S. 20. A. Rudhard: Umbau der ehemaligen Nikolaikirche in Magdeburg zum Zeughaus, in: Deutsche Kunst und Denkmalpflege 1940/41, S. 30 ff., Abb. 43 bis 45. Dehio/Nordwestdeutschl., S. 336, 339. Piltz, Abb. 70, 76. Mrusek 1966, S. 85. Dehio/Bezirk Magdeburg, S. 261 f. Historische Stätten, S. 297

Wallonisch-Reformierte Kirche ehemalige Augustiner-Klosterkirche. Dreischiffige, siebenjochige Hallenkirche mit einschiffigem, vierjochigem, über fünf Seiten eines Achtecks geschlossenem Chor. Schiff strebepfeilerlos, Innenwände durch große, die Fenster umspannende Bögen ver-

stärkt, am Chor Strebepfeiler, Treppenturm zwischen Chor und südlichem Seitenschiff. Bruchsteinbau. Vor der dreifenstrigen strebepfeilergestützten Westfront gewölbte backsteinerne Eingangshalle. An der Südseite des Chores zweigeschossiger Kapellenanbau (Sakristei). – 1285 Gründung des Klosters der Augustiner-Eremiten. 1366 Weihe der Kirche. Treppenturm aus der zweiten Hälfte des 15. Jh. 1524 Kloster aufgehoben, die südlich der Kirche gelegenen Klostergebäude profaniert und in der Folgezeit verschiedenen Zwecken dienend. 1631 Kirche schwer beschädigt, Ruine 1690 den wallonischen Exulanten übergeben, seit 1694 flache Decke über Chor und Langhaus, Mansarddach. 1851–1853 Renovierung.
1944 völlig ausgebrannt, dabei auch der barocke Orgelprospekt vernichtet. Erste Sicherungsarbeiten bald nach Kriegsende an Treppenturm und Chormauer. Seit 1966 Wiederherstellungsarbeiten, u. a. Aufbringung eines Stahlbetonringankers auf die Mauerkrone, Senkung des Fußbodenniveaus auf die ursprüngliche Höhe, Auswechselung und Ergänzung von Sandsteinbaugliedern an Fenstern, Arkaden und Strebepfeilern, Satteldach über Stahldachstuhl, raumschließende Holzbalkendecke. Beseitigung der backsteinernen Eingangshalle.

Peters 1902, S. 78, 97 ff. m. 4 Abb. Danneil, S. 171 ff. m. Abb. E. v. Niebelschütz: Die Walloner- (Augustiner-) Kirche zu Magdeburg, in: Montagsblatt 74, 1932, Nr. 40, S. 315 ff. m. Grundriß und Abb. J. Maresch: Die Wallonisch-Reformierte Kirche zu Magdeburg, Magdeburg 1938. Dehio/Nordwestdeutschl., S. 336. Bezirk Magdeburg, S. 148. Wiederaufbau der Kirchen in der DDR, S. 48, 213. Mrusek 1966, S. 80, 85 f., Abb. 64. Denkmale der Geschichte und Kultur, S. 212. Kunstführer, S. 189 f. Werte unserer Heimat, S. 66 f., Abb. 16. Dehio/Bezirk Magdeburg, S. 287

Heilige-Geist-Kirche und Annenkapelle Dreischiffige Hallenkirche mit vier Mittelschiffs- und sieben Seitenschiffsjochen sowie 5/8-Chor. Im Mittelschiff und im Chor Sterngewölbe. Der mit der Nordwand fluchtende niedrige Westturm mit barocker Haube. An der Südseite der Kirche die Annenkapelle, ein dreijochiger, kreuzgratgewölbter Saal mit 3/8-Schluß. – Heilige-Geist-Kirche ursprünglich Kapelle eines 1214 von der Gewandschneiderinnung gestifteten Hospitals, nach 1524 Pfarrkirche. Annenkapelle 1288 gestiftet. Heilige-Geist-Kirche und Annenkapelle 1631 ausgebrannt, 1650/51 notdürftig wieder hergerichtet mit hölzernen Gewölben, 1688/93 Erweiterung der Heilige-Geist-Kirche durch Hinzuziehung eines Teiles der Annenkapelle und Einfügung des Sterngewölbes, zugleich Wiederherstellung des ehemaligen Chores der Annenkapelle als Sakralraum. Zwischen 1902 und 1909 Renovierung der Kapelle und Einziehung von Gewölben, dabei neuer Zugang mit Treppenaufgang zur Empore geschaffen.
1945 Heilige-Geist-Kapelle und Annenkapelle bis auf die Umfassungsmauern zerstört, dabei auch der Taufstein von 1696 und der Orgelprospekt von 1738 vernichtet. Nach anfänglichen Wiederherstellungsarbeiten 1959 abgetragen.

Kindscher: Zur Geschichte des Heiligen-Geist-Hospitals und der Capelle Sanct Annen zu Magdeburg, in: Geschichtsblätter für Stadt und Land Magdeburg 14, 1879, S. 223 ff. G. Sello: Hl. Geist- und S. Annen-Hospital in Magdeburg, in: Geschichtsblätter für Stadt und Land Magdeburg 27, 1892, S. 348 ff. Peters 1902, S. 75, 88 f., Abb. S. 89 (Heilig Geist), S. 106 f. (Annen). Peters: Die St. Annen-Kapelle zu Magdeburg, in: Montagsblatt 61, 1909, S. 95 f. m. Abb. Danneil, S. 52 ff. m. Abb. Penner, S. 8 f., 10 f. Dehio/Nordwestdeutschl., S. 336 f. Piltz, Abb. 56. Wendland, S. 17. Mrusek 1966, S. 83, 86, 132. Dehio/Bezirk Magdeburg, S. 262. Historische Stätten, S. 300

Magdalenenkapelle 1315 errichtete Fronleichnamskapelle auf dem Gelände des um 1230 gegründeten Magdalenenklosters (das Kloster seit 1687 Stift für arme Frauen). Quadratischer, zweigeschossiger strebepfeilerloser Bruchsteinbau mit 5/8-Schluß und Mansarddach mit Dachreiter. Im Untergeschoß Tonnengewölbe, im Obergeschoß Kreuzgratgewölbe. Mansarddach bei der Wiederherstellung nach dem Dreißigjährigen Krieg aufgesetzt. 1846–1848 Renovierung, dabei Wiederherstellung der 1631 zerstörten Gewölbe, im Obergeschoß Einfügung einer Orgelempore, Schaffung des Südzugangs, Bau des Treppenturms an der Nordwestecke.
Bei einem Luftangriff 1944 stark beschädigt. 1966–1968 wiederhergestellt in ursprünglicher Form mit Satteldach und Dachreiter.

Peters 1902, S. 104 ff. m. 2 Abb. H. Kunze: Die Fronleichnamskapelle in Magdeburg, in: Heimatkalender für Stadt und Land Magdeburg 2, 1925, S. 39 f., Abb. S. 41 (dass. in: Heimatjahrbuch für den Regierungsbezirk Magdeburg 2, 1925, S. 71 f., Abb. S. 73). Dehio/Nordwestdeutschl., S. 337. Bezirk Magdeburg, S. 148. Wiederaufbau der Kirchen in der DDR, S. 48. Mrusek 1966, S. 87, Abb. 66. Denkmale der Geschichte und Kultur, S. 212. Kunstführer, S. 189. Werte unserer Heimat, S. 67. Dehio/Bezirk Magdeburg, S. 287

Magdeburg
Links: Wallonisch-Reformierte Kirche von Südwesten, nach der Zerstörung
Rechts oben: Heilige-Geist-Kirche von Südosten, nach der Zerstörung
Rechts Mitte: Magdalenenkapelle
Rechts unten: Magdalenenkapelle, St. Petrikirche und Wallonisch-Reformierte Kirche, nach dem Wiederaufbau

Französisch-Reformierte Kirche (Große Marktstraße). 1705–1710 nach Entwurf von E. l'Etang errichteter achteckiger Putzbau mit Laterne. Die beiden Eingänge einander gegenüberliegend. Unter der Kirche Gruft. 1804 abgebrannt, bis 1806 in vereinfachter Form wiederaufgebaut.
Beim Luftangriff am 16. Januar 1945 bis auf die Umfassungsmauern zerstört. Ruine 1959 beseitigt.

H. Tollin: Der Bau der französischen Kirche in Magdeburg, in: Geschichtsblätter für Stadt und Land Magdeburg 24, 1889, S. 284 f. Danneil, S. 177 ff. m. Abb. Hentzen 1927, S. 34 f. Schulze 1938a, S. 28. Keyser, S. 593

Martinskirche (Alte Neustadt). 1898–1902 nach Entwurf von F. Adler durch Schütze errichtete neugotische Backstein-Hallenkirche mit Westturm.
Beim Luftangriff am 16. Januar 1945 zerstört. Ruine abgetragen.

Zur Vorgeschichte der Martinskirche in der Neustadt, in: Blätter für Handel, Gewerbe und sociales Leben 50, 1898, S. 357 f. Danneil, S. 201 ff. m. Abb. Penner, S. 39 ff.

Deutsch-Reformierte Kirche (Alte Neustadt). 1896 bis 1898 nach Plänen von L. von Abbema errichteter Zentralbau. Grundriß in Form eines griechischen Kreuzes, aus dem östlichen Arm die polygonal geschlossene Sakristei herausragend, im Westen Turm, begleitet von kleineren Treppentürmen.
Beim Luftangriff am 16. Januar 1945 bis auf die Umfassungsmauern zerstört. Ruine abgetragen.

Deutsche Konkurrenzen hrsg. von Neumeister und Häberle, Bd. 4, H. 10 »Deutsch-reformierte Kirche in Magdeburg« vom 15. Juni 1895. R. Meyer: Die Geschichte der Deutsch-Reformierten Gemeinde zu Magdeburg von den Anfängen bis auf die Gegenwart, Bd. 2, Magdeburg 1914, S. 594 ff. Danneil, S. 167 ff. m. Abb.

Nikolaikirche (Neue Neustadt). Statt des 1813 auf Befehl Napoleons gesprengten Vorgängerbaus nach Plänen K. F. Schinkels errichtet 1821 bis 1824. Städtebauliche Dominante in der ab 1812 planmäßig angelegten Neuen Neustadt. Dreischiffiger Putzbau in Saalform mit Satteldach, zwei Osttürmen und Apsis. Tonnengewölbe des Mittelschiffs auf Pfeilern ruhend, die Seitenschiffe von zweigeschossigen Emporen eingenommen. 1845 Türme erhöht, 1858 und 1894–1897 renoviert.
Bei einem Luftangriff 1944 schwer beschädigt: Südturm, Dach und Tonnengewölbe zerstört, ebenso die Fenster, Apsisgewölbe und Stuck oberhalb des letzten Emporengeschosses beschädigt. 1948–1954 wiederhergestellt.

K. Scheffer: Die drei Kirchen der Neustadt bei Magdeburg: St. Nicolai, St. Lorenz und St. Martini, Neustadt-Magdeburg 1875. G. Hertel: Zur Geschichte der Kirche St. Nicolai in der Neustadt, in: Geschichtsblätter für Stadt und Land Magdeburg 27, 1892, H. 2, S. 333 ff. Danneil, S. 108 ff. m. Abb. (G.) Hoepel: 100 Jahre Nikolai-Kirche Magdeburg – Neue Neustadt 1824/1924, Magdeburg (1924). Penner, S. 30 ff. G. Reimann: Verzeichnis der wichtigsten Schinkelbauten in der DDR und in Berlin, in: Über Karl Friedrich Schinkel, Berlin 1952, S. 72. Wendland, S. 17. Bezirk Magdeburg, S. 150. Wiederaufbau der Kirchen in der DDR, S. 66, 187, 213, Abb. S. 139. Mrusek 1966, S. 109, 111, Abb. 82, 83. Kunstdenkmäler, S. 376, Abb. 185. Kunstführer, S. 190. Werte unserer Heimat, S. 87. Dehio/Bezirk Magdeburg, S. 287 f. Historische Stätten, S. 312

Synagoge (Große Schulstraße 2c). Errichtet 1850/51. 1897/98 Neubau des Schulhauses, gleichzeitig bauliche Erneuerung der Synagoge im maurischen Stil durch Alf Hurum.
In der »Kristallnacht« zerstört.

Magdeburgische Zeitung Nr. 494 vom 29. Sept. 1897. M. Spanier: Geschichte der Juden in Magdeburg, Magdeburg 1923, S. 27 ff., 36. Germar, S. 74. Keyser, S. 602

Öffentliche Gebäude

Rathaus (Alter Markt 15). Aus mehreren Trakten bestehende Anlage. Der als Schauseite zum Alten Markt ausgebildete Westflügel ein zweigeschossiger Putzbau von elf Achsen mit dreiachsigem Mittelrisalit, einachsigen flachen Seitenrisaliten sowie hohem Walmdach mit Balustrade und Dachreiter. Am Mittelrisalit Säulenvorhalle, darüber Balkon; Obergeschoß gegliedert durch Pilaster, Abschluß durch figurengeschmückten Segmentbogengiebel. Im südlichen Seitenrisalit rundbogiger Durchgang zur Johannisbergstraße, in den Rücklagen je drei Arkaden mit Schlußsteinköpfen in den Bogenscheiteln; im Obergeschoß Pilastergliederung, in den Seitenrisaliten Blendarkaden, in den Rücklagen arkadenartige, unten durch Balustraden abgeschlossene Loggien. – Das unter Erzbischof Wichmann um 1170/80 aus der Kaufhalle der Kürschner oder Gewandschneider entstandene Rathaus beim Stadtbrand 1207 bis auf die Umfassungsmauern vernichtet. Im Zuge des Wiederaufbaus bis um 1240 Einwölbung der ursprünglich flachgedeckten Halle mit zwei Längstonnen auf zehn Pfeilern und des nördlich anschließenden Spitztonnenkellers. Auf der Westseite des alten Baues im rechten Winkel um 1240/50 Errichtung des Amtshauses. 1293 beim dritten Stadtbrand Rathaus abermals zerstört. Der Westflügel bis 1294 wiederhergestellt, der Nordflügel erst allmählich ausgebaut. In der ersten Hälfte des 14. Jh. erhielt der Westflügel drei Türme an der Marktseite und mittig einen Wendelstein; auf der Ostseite Anfügung des Kaufhauses der Kürschner. Nach 1310 Ratsstubenbau am östlichen Teil der Nordflügelsüdfront. 1330 die Laube des Ratsstubenbaus zur Matthäuskapelle umgestaltet, dabei der Treppenturm als Glockenturm benutzt. Im 16. Jh. Ausbau der rippengewölbten Räume der Nordflügelsüdseite, Erweiterung des Nordtraktes nach Osten um das Spritzenhaus und Abriß des nördlichen Eckturmes der Westfassade. 1631 Rathaus erneut abgebrannt. Die Ruine des Westflügels bis auf die Ostwand abgerissen, im Nordflügel die östlichen Partien einschließlich der Ratsstube zerstört, letztere wiederaufgebaut, der übrige Teil als Lichthof hergerichtet. 1651 Anfügung des Erkers mit den Wappen der regierenden Bürgermeister an der Südostecke des Ratsstubenbaus. 1691–1698 Neubau des Westflügels nach Entwurf von H. Schmutze in Anlehnung an den zerstörten Vorgängerbau, das Innere erst 1713 vollendet. 1693 Ratsschenke in die zweischiffige Halle des Nordflügels, den heutigen Ratskeller, verlegt. 1706 Stuckarbeiten von P. Rosso in der Ratsstube. 1864–1867 Rathauserweiterung durch Errichtung des Süd- und Ostflügels, gleichzeitig Erhöhung des Ratsstubenerkers um ein Geschoß und Wiederholung desselben an der Nordostecke des Südflügels. Ab 1889 Umbau des Nordflügels und Gestaltung seiner Fassade, anstelle des Lichthofs Treppenhaus, Instandsetzung der mittelalterlichen Räume; um 1900 Umbau im West- und Südflügel. 1922 Äußeres farblich erneuert.

Magdeburg, Nikolaikirche
Äußeres von Südosten und Inneres nach Osten, nach der Wiederherstellung

Beim Luftangriff am 16. Januar 1945 schwer beschädigt, Süd- und Ostflügel total zerstört, Nord- und Westflügel hatten die Dächer eingebüßt, die Mauersubstanz ihrer Obergeschosse stark beschädigt. Von den oberen Räumen behielt nur der mittlere an der Südseite des Nordflügels seine beiden gotischen Gewölbe. Erdgeschoß und Keller beider Flügel unversehrt. Seit 1950 Sicherungsmaßnahmen, Aufbringen von Notdächern auf beide Flügel und Wiederherstellung der Lauben. 1954 der Nordtrakt des nördlichen Flügels in beiden Geschossen bis auf die ehemalige Schreiberei über dem Spritzenhaus restauriert, die zerstörten Kreuzrippengewölbe im Obergeschoß wiedereingezogen. Ab 1965 Wiederaufbau des Westflügels in ursprünglicher Gestalt. Hinter dem Westflügel auf der Nordseite unter Benutzung der alten Bauteile Errichtung eines dreiteiligen Neubaus, auf der Südseite moderner Trakt.

Müller Jg. 9, S. 352 ff. Flottwell, Taf. 39. Aus der Geschichte des Magdeburger Rathauses, in: Blätter für Handel, Gewerbe und sociales Leben 48, 1896, S. 399. Peters 1902, S. 133 ff. m. 6 Abb., S. 166 f., 169, 173 ff., 218, Abb. S. 214–216. Magdeburg 1912, S. 56, 58. Magdeburg 1922, S. 28, Abb. S. 31 und nach S. 48. v. Niebelschütz 1924, S. 42 f. Germar, S. 23. Hentzen 1927, S. 21 ff., 80. v. Niebelschütz 1929, S. 77 m. Abb. Neubauer, S. 292. Wolfrom 1936, S. 23, 29, 43. U. v. Alvensleben: Die braunschweigischen Schlösser der Barockzeit und ihr Baumeister Hermann Korb, Berlin 1937 (Kunstwiss. Studien 21), S. 104. Schulze 1938a, S. 13, 15 ff. Keyser, S. 593. Dehio/Nordwestdeutschl., S. 337. Piltz, S. 60, Abb. 63. Bezirk Magdeburg, S. 149 f. Mrusek 1966, S. 42, 80, 103, 120, 132, Abb. 75. W. Korf: Das Rathaus von Magdeburg im Mittelalter, ein Beitrag zu seiner Baugeschichte und Geschichte, Phil. Diplomarbeit, Humboldt-Universität Berlin, Fachrichtung Kunstgeschichte, 1966. Korf. Kunstführer, S. 189. Werte unserer Heimat, S. 69, Bild 1. Dehio/Bezirk Magdeburg, S. 288. Historische Stätten, S. 309

Alter Packhof (Werftstraße 40). Städtebaulich wichtiger Akzent der Elbfront, nördliches Gegengewicht zum Königlichen Palais am Domplatz. Errichtet 1729–1731 von Ingenieurhauptmann Preusser. Zweieinhalbgeschossiger Putzbau von 31 Achsen. Die rhythmisch gegliederte Fassade mit risalitartigen Vorlagen, Erdgeschoß als Sockel behandelt. Fünfachsige Eckbauten mit flacher Mittelvorlage, diese jeweils bekrönt durch einstöckiges Zwerchhaus mit Segmentbogen. Der siebenachsige Zwischenbau mit einachsiger Mittelvorlage, darin weite Einfahrt, flankiert von pilasterverkleideten Eckpfeilern mit Aufsatz; in den Zwickeln zwischen den Fenstern von Mezzanin- und Hauptgeschoß Reliefs fliegender Gestalten. Am Mittelbau dreiachsige Mittelvorlage, darüber Zwerchhaus mit gebrochenem Giebel, darauf drei Standfiguren (Reichtum, Hoffnung, Vorsicht) von Hennicke. 1744/45 der rechteckige, von einstöckigen Schuppen umgebene Hof erweitert, später häufig verändert.
1945 zerstört, Ruine abgetragen.

Peters 1890, S. 86 f. Peters 1902, S. 167, 187. Magdeburg 1912, S. 64. Magdeburg 1922, S. 26, Abb. S. 10 (Palast des »Alten Dessauers«). Sahm: Zur Geschichte des Alten und des Neuen Packhofes in Magdeburg, in: Montagsblatt 63, 1911, S. 355. v. Niebelschütz 1924, S. 45. Hentzen 1926b. Germar, S. 25, Abb. S. 24. Hentzen 1927, S. 58 ff. Wolfrom 1936, S. 47 m. 2 Abb. Schulze 1938a, S. 29. Wolfrom 1939, S. 57. Keyser, S. 593. Dehio/Nordwestdeutschl., S. 338. Piltz, S. 60. Mrusek 1966, S. 108. Dehio/Bezirk Magdeburg, S. 263. Historische Stätten, S. 311

Neuer Packhof (Werftstraße 39, an der Strombrücke). Erbaut 1832–1836 von Ratszimmermeister Schwarzlose. Dreieinhalbgeschossiger Putzbau mit Satteldach.
1945 zerstört. Ruine abgetragen.

Peters 1902, S. 168. Sahm: Zur Geschichte des Alten und des Neuen Packhofes in Magdeburg, in: Montagsblatt 63, 1911, S. 355 f. Magdeburg 1922, S. 26. Hentzen 1927, S. 71 f., 86. v. Niebelschütz 1929, S. 83 m. Abb. Mrusek 1966, S. 110 f. Dehio/Bezirk Magdeburg, S. 263. Historische Stätten, S. 313

Sterntor Nordtor der 1721–1723 von G. C. von Walrave zur Verstärkung der Festung Magdeburg angelegten Sternschanze. Das rundbogige Portal mit skulptierter Scheitelkartusche in rustiziertem Risalit, flankiert von doppelten Wandvorlagen. Auf dem Gesims Aufbau aus Trophäen und zwei sitzenden Sklaven, an den oberen Wandvorlagen Trophäengehänge. Ab 1904 Abbruch der Sternschanze, Tor noch bis 1905 freistehend an alter Stelle. 1937/38 Aufstellung an der Nordwestecke des Domplatzes im Zuge einer Mauer, die Domplatz 10 und das Zeughaus abschloß, als Hauptzugang zu der als Zeughausmuseum umgestalteten Nikolaikirche.
Beim Luftangriff am 16. Januar 1945 zerstört.

Lange, S. 3 f. m. Abb. Magdeburg 1912, S. 80. Hentzen 1927, S. 25. Wolfrom 1936, S. 35, 54 m. Abb. A. Rudhard: Der Wiederaufbau des Sterntores in Magdeburg, in: Deutsche Kunst und Denkmalpflege 1939, S. 133 f., Abb. 101, 138–140. Der goldene Reiter 3, 1940, H. 1, S. 14 f., 2 Abb. Mrusek 1966, S. 101 f., Abb. 76. Dehio/Bezirk Magdeburg, S. 262

Magdeburg
Links oben: Rathaus, nach der Wiederherstellung
Rechts oben: Sterntor
Unten: Alter Packhof

Kaiser-Friedrich-Museum jetzt Kulturhistorisches Museum. Erbaut von F. Ohmann in Formen der Neorenaissance für das 1892 gegründete Städtische Museum, 1906 eingeweiht.
Im Kriege Nordwestecke mit Turm und Südteil des Komplexes schwer beschädigt. 1952–1961 Wiederaufbau, bei der Nordwestecke Verzicht auf den Turm, an seiner Stelle kurzer Querflügel mit Ziergiebel zur Otto-von-Guericke-Straße.

Magdeburg 1912, S. 105 ff. m. Abb. S. 107, 109, 111. Magdeburg 1922, S.18 ff. m. Abb. S. 18. Germar, Abb. S. 58. Schulze 1938b, S. 29. 25 Jahre Neuerwerbungen, Katalog des Kulturhistorischen Museums Magdeburg, 1970, Geleitwort von G. Eiz m. 3 Abb. Werte unserer Heimat, S. 72 f. Dehio/Bezirk Magdeburg, S. 291. Historische Stätten, S. 312

Ehemaliges Nationaltheater (Dreiengelstraße 28). Nach Entwurf von F. W. v. Erdmannsdorff 1794 bis 1796 anstelle des Gasthofes »Zu den Drei Engeln« errichtet; Bühneneinrichtung nach Angaben des Bernburgischen Baukommissars J. A. Breysig. Zweigeschossiger Putzbau von 7 : 3 Achsen. Im Untergeschoß Putzrustika, glatt eingeschnittene rundbogige Fenstertüren. Im Obergeschoß Fenster in Blendfeldern, die durch breite Rustikabänder voneinander getrennt sind, verdacht durch konsolengetragene Dreieckgiebel, unterhalb der Fenster Blendfelder. Bau nach oben durch gebälkartiges Gesims abgeschlossen, in der Frieszone in den Achsen kleine achteckige Fenster des Drempelgeschosses. Der halbkreisförmige Zuschauerraum mit Logen in zwei Rängen, zweiter Rang getragen von zwölf dorischen Säulen, die Galerie darüber von ebenso vielen ionischen Säulen, die Saaldecke gestützt von zwölf Hermen. Saaldecke kuppelartig bemalt mit Rosetten. Das Parterre für dreihundert Personen. Bis 1876 als Theater genutzt, zuletzt Turnhalle. Beim Luftangriff 1945 zerstört. Ruine später abgetragen.

E. P. Riesenfeld: Erdmannsdorff, der Baumeister des Herzogs Leopold Friedrich Franz von Anhalt-Dessau, Berlin 1913, S. 99 f. Germar, S. 52. E. Neubauer: Ein Gang durch Alt-Magdeburg, in: Montagsblatt 69, 1927, Nr. 38, S. 318 f., 325 f. Neubauer, S. 107. Schulze 1938b, S. 32. Keyser, S. 602 f. R. Kabel: Das Magdeburger Nationaltheater 1796–1805, in: Mitteldeutsches Land 1, 1957, H. 4, S. 245 ff., Abb. S. 248. H. Harksen: Friedrich Wilhelm von Erdmannsdorff, der Baumeister Dessaus, in: Zwischen Wörlitz und Mosigkau, H. 3, Dessau 1970, S. 11 ff. Historische Stätten, S. 312

Stadttheater (Otto-von-Guericke-Straße). 1872 bis 1876 nach Plänen von K. Lucaes unter Leitung von Sturmhöfel errichtet. Zweigeschossiger, siebenachsiger Putzbau mit einachsigen Eckrisaliten und rundem Bühnenhausaufbau. Im Erdgeschoß Putzstreifengliederung, in den Eckrisaliten rundbogige, von konsolengetragenen Dreieckgiebeln bedachte Portale. Die rundbogigen Fenster im Obergeschoß zwischen Pilastern. Eckrisalite abgeschlossen durch Attika mit Figurenschmuck an den Ecken. 1075 Sitzplätze und 350 Stehplätze. Bühne später vergrößert. Im Foyer Fresken von E. Wodick.
Am 16. Januar 1945 beim Luftangriff bis auf die Umfassungsmauern zerstört. Ruine abgetragen.

Magdeburg 1912, S. 74, Abb. S. 77. G.: Vom Stadttheater, in: Magdeburger Amtsblatt 3, 1926, S. 585 f. m. Abb. Germar, S. 53 f., Abb. S. 52. Schulze 1938b, S. 29. Keyser, S. 603. Werte unserer Heimat, S. 74. Historische Stätten, S. 314

Magdeburg
Oben: Kaiser-Friedrich-Museum (Kulturhistorisches Museum), vor dem Kriege, nach Zerstörung und Wiederaufbau
Unten: Stadttheater, nach und vor der Zerstörung

Zentraltheater jetzt Maxim-Gorki-Theater. 1906/1907 errichtet von K. Bernhard (Konstruktion) unter Mitarbeit von J. A. Duvigneau, F. Stapff und W. Fischer. Eisenhochbau. In Parkett und zwei freitragenden Rängen 1800 Plätze.
1945 zerstört. Bis 1951 Ruine wieder ausgebaut, Inneneinrichtung erneuert, jetzt 1100 Plätze.

K. Bernhard: Vom Bau des Zentraltheaters in Magdeburg, in: Deutsche Bauzeitung 41, 1907, S. 523 f. m. 5 Abb., 535 ff. m. 5. Abb. und Abb. S. 539. J. A. Duvigneau: Das Zentral-Theater in Magdeburg 1906–07 entworfen und erbaut von der Magdeburger Bau- und Credit-Bank, (Magdeburg 1907). O. Leitholf: Zentraltheater in Magdeburg, in: Deutsche Bauzeitung 41, 1907, S. 552. K. Bernhard: Zentraltheater in Magdeburg, in: Deutsche Bauzeitung 41, 1907, S. 580. Germar, S. 54 m. Abb. Werte unserer Heimat, S. 74

Gesellschaftshaus am Kloster-Berge-Garten jetzt Pionierhaus »Hermann Matern« (Straße der Deutsch-Sowjetischen Freundschaft). 1825–1829 nach einem modifizierten Entwurf K. F. Schinkels errichtet von Wolff auf dem Gelände des ehemaligen Benediktinerklosters Berge, Ende des 19. Jh. Erweiterungsbau an der Südseite. Dreigeschossiger Putzbau mit zweigeschossigen kurzen Abseiten. Am siebenachsigen Mittelbau über fünf Achsen reichende Säulengänge in beiden Obergeschossen.
Beim Luftangriff 1945 nördliche Abseite beschädigt, nach 1952 über dem Erdgeschoß mit Pultdach abgedeckt.

Magdeburg 1912, S. 91. Magdeburg 1922, S. 37. v. Niebelschütz 1929, Abb. S. 15 (Gemälde von C. Hasenpflug 1831). Dehio/Nordwestdeutschl., S. 338. G. Reimann: Verzeichnis der wichtigsten Schinkel Bauten in der DDR und in Berlin, in: Über Karl Friedrich Schinkel, Berlin 1952, S. 72. Kunstführer, S. 190 (dort irrtümlich Steubenallee). Werte unserer Heimat, S. 83. Dehio/Bezirk Magdeburg, S. 292. Historische Stätten, S. 312

Gesellschaftshaus im Herrenkrug-Park Errichtet 1843/44 durch Wolff in der Achse der Herrenkrug-Chaussee. Eingeschossiger Putzbau mit dreiachsigen Abseiten. Der fünfachsige Mittelbau mit Arkaden, dahinterliegenden großen Rundbogenfenstern und bekrönendem Dreieckgiebel. Vor den drei Mittelachsen Freitreppe.
Nach Kriegsbeschädigungen abgetragen.

Magdeburg 1912, S. 89. Kleiner Führer durch Magdeburg, hrsg. vom Verkehrsverein, 1919/20, Abb. S. 25. Magdeburg 1922, S. 36 f. Werte unserer Heimat, S. 122. Dehio/Bezirk Magdeburg, S. 292. Historische Stätten, S. 312

Ausstellungsbauten auf dem Rotehorn 1873 bis 1921 in verschiedenen Abschnitten Anlage des Stadtparks auf der Rotehorn-Insel. Erweiterung der »Tauben Elbe« zum Adolf-Mittag-See. Am Ufer des Sees die nach Entwürfen von Albinmüller 1921–1926 errichteten Ausstellungsbauten mit Aussichtsturm und Pferdetor. An der Elbseite die Anlage abschließend die Stadthalle. Dieser die monumentale Wasserfront des Ausstellungsgeländes bildende Komplex zur Theater-Ausstellung 1927 nach Plänen von J. Göderitz 1926/27 errichtet. Der dynamisch gruppierte kubische Baukörper ein Eisenskelettbau auf Betonsockel, ausgemauert mit dunkelvioletten Bockshorner Eisenklinkern, bedeutsam für den Theater- und Festhallenbau. Im Obergeschoß des Mittelbaus der große Festsaal mit freitragenden Emporen an drei Seiten und zweiter Empore an der Schmalseite, Sitzplätze für 3500 Personen. An den Längsseiten Baukörper mit breiten Wandelgängen zu seiten der Garderobe und des Saales sowie je fünf Treppenanlagen und sechs Ausgängen. An der südlichen Schmalseite Eingangs- und Kassenhalle, darüber Podium mit Orgel; Treppenanlagen zu den Emporen und dem Raum unter der Orgel, ferner zu den in den seitlichen Baukörpern befindlichen Räumen. An der Nordseite zwei hohe Bauteile.
Stadthalle beim Luftangriff 1945 schwer beschädigt und ausgebrannt, die Ausstellungshallen total zerstört. Aussichtsturm und Pferdetor erhalten. Stadthalle 1957–1966 wiederaufgebaut.

Magdeburgs Stadthalle, das Projekt des Städtischen Hochbauamtes, in: Magdeburger Amtsblatt 3, 1926, S. 538 ff. m. 3 Abb. Magdeburger Ausstellungsbauten, in: Deutsche Bauhütte 31, 1927, S. 214 f. m. 8 Abb. Die Bauten der Deutschen Theater-Ausstellung, Magdeburg 1927, in: Deutsche Bauzeitung 61, 1927, S. 230 f. m. Abb. Germar, S. 30, 47 m. 15 Abb. E. Feldhaus: Die Stadthalle zu Magdeburg, ihre Erscheinung und ihre Einrichtungen, (Magdeburg 1929) m. zahlr. Abb. W. C. Behrend: Die neue Stadthalle in Magdeburg, in: Zentralblatt der Bauverwaltung 49, 1929, S. 397 ff. m. zahlr. Abb. H. Wittig: Der konstruktive Aufbau der Stadthalle in Magdeburg, in: Zentralblatt der Bauverwaltung 49, 1929, S. 403 ff. m. 8 Abb. A. Wedemeyer: Die Stadthalle in Magdeburg, in: Deutsche Bauzeitung 63, 1929, S. 121 ff. m. 16 Abb. A. Wedemeyer: Konstruktion und Ausführung der Stadthalle in Magdeburg, in: Deutsche Bauzeitung, Beil. Konstruktion und Bauausführung 63, 1929, S. 13 ff. m. 9 Abb. v. Niebelschütz 1929, S. 92 m. Abb. Bezirk Magdeburg, S. 150 f. Mrusek 1966, S. 131, Abb. 95. Kunstführer, S. 190. Werte unserer Heimat, S. 121. Dehio/Bezirk Magdeburg, S. 292 f. Historische Stätten, S. 315

Magdeburg
Oben: Gesellschaftshaus am Kloster-Berge-Garten, Gartenseite
Links: Aussichtsturm auf dem Rotehorn
Rechts unten: Stadthalle auf dem Rotehorn, Ostseite

Bürgerhäuser

Sofern nicht anders vermerkt, wurden die nachfolgend aufgeführten Gebäude im Krieg zerstört, vornehmlich bei Luftangriffen 1945, und die Ruinen später beseitigt.

Alter Markt Mittelpunkt der Bürgerstadt mit dem von der Johanniskirche überragten Rathaus, dem Magdeburger Reiter sowie dem Gewandschneider- und Seidenkramer-Innungshaus.

Hentzen 1927, S. 71 f., 79 f. Neubauer, S. 282 ff.

Nr. 5 (Ecke Schwibbogen): Ehemaliges Seidenkramer-Innungshaus, später Börse und Handelskammer. Errichtet ab 1666 unter Leitung von Maurermeister H. Zöttel und Zimmermeister Chr. Burchard, Steinmetz- und Bildhauerarbeiten von M. Lentz; Umbauten 1838/39, 1871/72 und 1904 bis 1906. Zweigeschossiger, dreiachsiger Putzbau (Giebelhaus). In der Mittelachse Portal, flankiert von später zugefügten figurentragenden Säulen, darüber in flachbogiger Nische die Reiterfigur des hl. Georg; zu seiten des Portals ehemals Warengewölbe. Starke Gesimse teilen die drei Giebelgeschosse, deren Mittelöffnungen als rundbogige Windeluken mit Knorpelwerk gebildet. Das Zwerchhaus an der Westfront vom Umbau 1904–1906.
Beim Luftangriff 1945 bis zum ersten Obergeschoß zerstört. Im Zuge der Enttrümmerung abgetragen. Figur des hl. Georg jetzt im Theater des Friedens (Lichtspieltheater) Alter Markt.

Müller Jg. 8, S. 291, 293; Jg. 9, S. 363 ff. Flottwell, Taf. 37. Peters: Zur Frage der Erhaltung unserer alten Städtebilder, in: Die Denkmalpflege 3, 1901, Nr. 7, S. 51 f. m. Abb. Peters 1902, S. 166 ff., 184 f., 196, 198, 200, Abb. S. 181, 182. J. A. Duvigneau: Das Haus der Handelskammer zu Magdeburg (Seidenkramer-Innungshaus) und seine Geschichte, Magdeburg 1906. F. Ebel: Die Magdeburger Innungshäuser, in: Die Denkmalpflege 8, 1906, S. 81 ff. Architektonische Rundschau 24, 1908, H. 6, 2. Beil. m. 3 Abb. Magdeburg 1912, S. 61 f., Abb. S. 57. Magdeburg 1922, S. 28, Abb. S. 51. v. Niebelschütz 1924, S. 42. Neubauer: Magdeburger Innungshäuser, in: Montagsblatt 68, 1926, Nr. 31, S. 241 ff. Germar, S. 23, Abb. 153, 154, 156. Hansen: Melchior Lentz . . ., in: Geschichtsblätter für Stadt und Land Magdeburg 62, 1927, S. 151 ff. Hentzen 1927, S. 17 f., 79. v. Niebelschütz 1929, S. 76 m. Abb. Neubauer, S. 286. Wolfrom 1936, S. 45, 48 m. Abb. Schulze 1938a, S. 17 f. Dehio/Nordwestdeutschl., S. 339. Nickel, S. 6, Taf. 6. Mrusek 1966, S. 103, Abb. 77. Korf, S. 23. Dehio/Bezirk Magdeburg, S. 262. Historische Stätten, S. 306

Nr. 11 (Ecke Fettehennenstraße): Errichtet 1719 von Preusser für Johann Andreas Scheller, 1905 renoviert. Dreigeschossiger, siebenachsiger Putzbau, das zweigeschossige Zwerchhaus mit gesprengtem Segmentbogengiebel, darauf drei Figuren. Die mittleren drei Achsen risalitartig betont durch reichere Fensterverdachungen. Seitenteile durch Lisenen zusammengefaßt. In der Mittelachse korbbogiges Portal, flankiert von Pilastern mit giebelartiger Bekrönung, darin Wappen.

Flottwell, Taf. 16, 17. Peters 1902, S. 167, 187, 202, 211 f., Abb. S. 211. Hentzen 1926b, S. 625. Hentzen 1927, S. 42 f., 61. Neubauer, S. 288 f. Wolfrom 1936, S. 48. Schulze 1938a, S. 18 f. Wolfrom 1939, S. 57. Dehio/Nordwestdeutschl., S. 338. Korf, S. 24. (Modell im Maßstab 1:50 im Kulturhistorischen Museum)

Nr. 14 (Ecke Hartstraße): Gewandschneider-Innungshaus. Nach dem Brand von 1631 wiedererrichtet bis 1651, Anfang des 18. Jh. umgebaut (1701 noch zwei Fachwerkgiebel vorhanden); im 19. oder 20. Jh. Ladeneinbau. Zweigeschossiger, fünfachsiger verputzter Fachwerkbau mit Zwerchhaus. An den Gebäudeecken Pilaster. Die drei mittleren Achsen durch Putzvorlage risalitartig zusammengefaßt, darüber Zwerchhaus. Giebelfeld beiderseits von zwei übereinanderliegenden ionischen Pilastern gefaßt, die den Segmentbogen tragen, auf diesem Vase, an den Seiten Voluten.

Müller Jg. 9, S. 362 f. Hentzen 1927, S. 11, 29, 80, 85. Neubauer, S. 290 f. Schulze 1938a, S. 19. Korf, S. 24

Domplatz Nördlich des Domes, Zentrum des Domviertels, eines im Mittelalter selbständigen Stadtteils. Seine charakteristische Bebauung mit barocken Palästen ab 1700, die nördliche Platzfront einheitlich entworfen. 1763/64 mit einem Ring von Bäumen bepflanzt, der Fahrstraße und Platz sondert.
Beim Luftangriff 1945 die Paläste der Ost- und Nordseite stark beschädigt, die Bebauung an der Westseite total zerstört. Die Häuserzeile der Nordseite restauriert und um ein Gebäude nach Osten verlängert. Durch Schaffung von Hintergebäuden Wegfall der Kreuzgangstraße und des Durchgangs zu ihr zwischen Domplatz 6 und 7 (die heutige Kreuzgangstraße verbindet Dom-

Magdeburg
Oben: Alter Markt 5, Fassade und Portal
Links unten: Alter Markt 11
Rechts unten: Alter Markt 14

platz und neu geführte Gouvernementstraße). Die Häuser der Ostseite teilweise noch Ruinen. Die Westseite modern bebaut.

Peters 1902, S. 201. G. Hertel: Geschichte des Domplatzes in Magdeburg, in: Geschichtsblätter für Stadt und Land Magdeburg 38, 1903, S. 209 ff. Magdeburg 1912, S. 58, 64. Germar, S. 25 m. Abb. (Nordseite). Hentzen 1927, S. 46, 49, 72, 81, 83 f. Neubauer, S. 97. A. Hartwig: Der Magdeburger Dom-Platz, in: Die Baugilde 16, 1934, S. 193 ff. m. 24 Abb. Wolfrom 1936, S. 46. Gringmuth-Dallmer, S. 26 ff. Bezirk Magdeburg, S. 150. Abb. S. 149 (Nordseite). Mrusek 1966, S. 104, Abb. 101. Dehio/Bezirk Magdeburg, S. 290

Nr. 3: 1700–1702 auf den Trümmern des erzbischöflichen Palais als Königliches Palais unter Leitung von G. Simonetti erbaut, dabei die erzbischöfliche Kapelle St. Gangolf in den Bau einbezogen (1906 Schiff abgebrochen). Ab 1714 Sitz der Regierung, dann Kriegs- und Domänenkammer. 1880 aufgestockt (ehemals zweieinhalbgeschossig) und Fassade bereichert. Dreigeschossiger, fünfzehnachsiger Putzbau mit Mansarddach. Obergeschosse durch Eckpilaster zusammengefaßt. Die mittleren drei Achsen durch Lisenen hervorgehoben und bekrönt durch skulptierten Dreieckgiebel (vom Umbau 1880); im Erdgeschoß zwischen Pilastern drei rundbogige Portale, davor Auffahrtsrampe mit einem von vier Säulen getragenen Dach mit Balustrade; im zweiten Geschoß Mittelfenster mit konsolengetragener Segmentbogenverdachung, bekrönt von Kartusche und flankiert von sitzenden Gestalten.
Beim Luftangriff am 16. Januar 1945 teilweise zerstört. Die rechten sechs Achsen erhalten.

R. Meyer: Die Kapelle des Hl. Gangolf und die Deutschreformierte Gemeinde zu Magdeburg, in: Montagsblatt 57, 1905, S. 261 f., 270 f., 275 f., 283 ff. Harms: Die St. Gangolfskapelle in Magdeburg, in: Die Denkmalpflege 8, 1906, Nr. 13, S. 106 f. m. 10 Abb. v. Niebelschütz 1924, S. 44 f. Germar, S. 25. Hentzen 1927, S. 30 ff. Wolfrom 1936, S. 43 f., Abb. nach S. 50. Wolfrom 1939, S. 57. H. Krieg: Das Kollegiatstift S. Gangolphi zu Magdeburg, in: Zeitschrift des Vereins für Kirchengeschichte der Provinz Sachsen und des Freistaates Anhalt 37/38, 1940, S. 85 ff. Keyser, S. 594. Piltz, S. 60, Abb. 69. Gringmuth-Dallmer, S. 32 ff. Mrusek 1966, S. 86, 104. Kunstführer, S. 188. Werte unserer Heimat, S. 70. Dehio/Bezirk Magdeburg, S. 290. Historische Stätten, S. 311

Nr. 5 (Ecke Gouvernementstraße): Ehemalige Domdechanei, seit 1895 Städtisches Museum für Naturkunde und Vorgeschichte. Errichtet im 16. Jh., umgebaut 1728–1731 von G. Simonetti. Zweieinhalbgeschossiger, elfachsiger Putzbau mit Mansarddach. Die drei mittleren und die beiden jeweils äußeren Achsen risalitartig vorgezogen. Am Mittelrisalit im Erdgeschoß Putzrustika, in den Obergeschossen vier rustizierte Kolossalpilaster und skulptierter Dreieckgiebel. In den Seitenrisaliten kolossale Pilaster und Dreieckgiebel. Die Auffahrtsrampe, der von Säulen getragene Balkon, der Giebelschmuck von 1866.
Am 16. Januar 1945 zerstört. Ruine erhalten.

v. Niebelschütz 1924, S. 44 f. Germar, S. 25, Abb. S. 65. Hentzen 1927, S. 56 f. Gringmuth-Dallmer, S. 36 ff. Mrusek 1966, S. 105. Kunstführer, S. 188. Werte unserer Heimat, S. 70 (1854). Dehio/Bezirk Magdeburg, S. 290

Nr. 6: »Möllendorfsche Kurie«, im 19. Jh. Landgericht, nach Erbauung des Justizpalastes Provinzialschulkollegium. Errichtet 1559–1575, 1668 und Mitte des 19. Jh. umgebaut. Dreigeschossiger, elfachsiger Ziegelbau mit Walmdach. Geschosse durch Gesimse geteilt, Fenster rundbogig.

Gringmuth-Dallmer, S. 38 f.

Magdeburg
Oben: Domplatz-Nordseite, nach der Wiederherstellung
Rechts Mitte: Domplatz, Luftaufnahme von Nordosten
Links unten: Domplatz 6 und 7
Rechts unten: Domplatz 5

Nr. 7: Brunnersches Haus. Erbaut von G. C. v. Walrave, vollendet 1728. 1867 durch Brand beschädigt. Dreigeschossiger, neunachsiger Putzbau mit Mansarddach. Die mittleren drei Achsen risalitartig vorgezogen, ihre Obergeschosse durch gedoppelter Kolossalpilaster an den Ecken zusammengefaßt, mit Dreieckgiebel bekrönt, auf dessen Spitze ein Putto, auf den Schrägen liegende Figuren, an den Ecken Vasen. Das Portal in der Mittelachse beiderseits flankiert von zwei Säulen, darüber Balkon, der überdacht wird von einem auf zwei Säulen ruhenden gebrochenen Segmentbogengiebel. Über den Fenstern des dritten Geschosses jeweils ein plastischer Kopf. Die Mittelachse der Abseiten durch Dachausbauten mit Segmentbogenbekrönung im Mansarddach betont.
Im Krieg beschädigt. 1957 restauriert.

Peters 1890, S. 86. Flottwell, Taf. 20. Peters 1902, S. 167, 180, 203. Peters: Aus Magdeburg, in: Blätter für Architektur und Kunsthandwerk 17, 1904, S. 43, Taf. 59. v. Niebelschütz 1924, S. 44 f. Hentzen 1926a, S. 396. Hentzen 1927, S. 47 f. Dehio/Nordwestdeutschl., S. 339. Gringmuth-Dallmer, S. 39 f. Mrusek 1966, S. 105, Abb. 78. Kunstführer, S. 188. Werte unserer Heimat, S. 70, Bild 5a. Dehio/Bezirk Magdeburg, S. 290

Nr. 8: Errichtet 1724–1726 von J. G. Reinicke oder G. C. v. Walrave. Dreigeschossiger, achtachsiger Putzbau mit Mansarddach. Die beiden mittleren und die äußeren Achsen risalitartig vorgezogen und durch flache Lisenen begrenzt. Über dem Mittelrisalit eingeschossiges Zwerchhaus mit bizarrem Giebel. In den Risaliten reiche Fensterverdachungen, in den Rücklagen gerade Stürze. Beiderseits über den zwei äußeren Achsen Dachausbauten. Im Inneren bemerkenswertes hölzernes Treppenhaus.
Im Krieg beschädigt. 1957 restauriert.

Peters 1890, S. 86. Flottwell, Taf. 21. Peters 1902, S. 167, 180, 185, 216. Peters: Aus Magdeburg, in: Blätter für Architektur und Kunsthandwerk 17, 1904, S. 43, Taf. 60. v. Niebelschütz 1924, S. 44 f. Hentzen 1926a, S. 396. Hentzen 1927, S. 47. Dehio/Nordwestdeutschl., S. 339. Gringmuth-Dallmer, S. 40. Mrusek 1966, S. 105. Kunstführer, S. 188. Werte unserer Heimat, S. 70. Dehio/Bezirk Magdeburg, S. 290 (1728)

Nr. 9: Das 1723–1725 von G. C. v. Walrave errichtete Gebäude 1911 wegen Baufälligkeit abgebrochen und durch genaue Kopie ersetzt. Dreigeschossiger, zwölfachsiger Putzbau mit Mansarddach. Die mittleren vier Achsen risalitartig vorgezogen und mit Dreieckgiebel bekrönt, die beiden Obergeschosse durch Lisenen zusammengefaßt. Portal mit säulengetragenem Balkon. Hof von Bogenhallen umzogen. Im Inneren Treppenhaus mit reich geschnitzter Treppe von Charton.
Im Krieg beschädigt. 1957 restauriert.

Peters 1890, S. 86. Flottwell, Taf. 22. Peters 1902, S. 167, 180, 216 f. Peters: Aus Magdeburg, in: Blätter für Architektur und Kunsthandwerk 17, 1904, S. 43, Taf. 60. Hiecke: Wiederaufbau des Hauses Domplatz 9 in Magdeburg, in: Jahrbuch der Denkmalpflege in der Provinz Sachsen 1912, S. 53 f., Taf. 16–18. Ihnken: Zur Baugeschichte des Hauses Domplatz 9 zu Magdeburg, in: Montagsblatt 65, 1913, Nr. 13, S. 97–99. Hentzen 1926a, S. 396. Hentzen 1927, S. 46. Wolfrom 1936, S. 46 f. m. Abb. Wolfrom 1939, S. 57. Dehio/Nordwestdeutschl., S. 339. Gringmuth-Dallmer, S. 40 f. Mrusek 1966, S. 105. Kunstführer, S. 188. Werte unserer Heimat, S. 70. Dehio/Bezirk Magdeburg, S. 290

Magdeburg
Oben und unten: Domplatz 7, vor und nach der Zerstörung sowie nach dem Wiederaufbau
Rechts Mitte: Domplatz 8

Nr. 10: Ehemalige Dompropstei. Errichtet 1706 bis 1713 unter Dompropst Heinrich von Sachsen-Barby anstelle der unter Dompropst Magnus, Fürst von Anhalt (1516–1524), erbauten alten Propstei, begonnen von C. Gerlach, ab 1708 von G. Simonetti weitergeführt. Zweigeschossiger, im 19. Jh. aufgestockter, elfachsiger Putzbau. Die drei Mittelachsen risalitartig durch breite vasengeschmückte Attika betont. An den Ecken des Erdgeschosses genutete Lisenen, an denen des Hauptgeschosses Pilaster. Mittelportal unter Vorhalle auf zwei ionischen Säulen. Gebäude 1806 als Lazarett eingerichtet, nach 1835 Anbau eines Seitenflügels, 1846 im Inneren durchgreifender Umbau und Errichtung des Flügels am Breiten Weg.

Hentzen 1927, S. 33 f. E. Stegmann: Die Magdeburger Dompropstei, in: Geschichtsblätter für Stadt und Land Magdeburg 68/69, 1933/34, S. 67 ff. Gringmuth-Dallmer, S. 41 ff. Mrusek 1966, S. 104. Dehio/Bezirk Magdeburg, S. 262. Historische Stätten, S. 311

Nr. 11: Ehemalige Artilleriekaserne. Erbaut 1820 auf den Trümmern des 1707–1713 errichteten, 1812 abgebrannten Zeughauses. 1846 umgebaut und aufgestockt.

Magdeburg 1922, S. 26. Hentzen 1927, S. 34, 71 u. 86. Gringmuth-Dallmer, S. 44

Breiter Weg Hauptverkehrsstraße der Stadt in Nord-Süd-Richtung, optisch begrenzt durch die Doppelturmfassade der Katharinenkirche im Norden und das barocke Eckhaus an der Steinstraße im Süden. Nach dem Fall der Befestigung wurde der Breite Weg bis zum Hasselbachplatz verlängert. Der barocke Charakter der Straße war am besten auf dem Abschnitt zwischen Alter Ulrichstraße und Himmelreichstraße gewahrt. Die Bebauung des Breiten Weges wurde im Krieg fast völlig zerstört, von den Barockhäusern konnten nur Nr. 178 und 179 wieder aufgebaut werden.

Magdeburg 1912, S. 58, 64 f. m. Abb. Magdeburg 1922, S. 26. Germar, S. 23 ff. Hentzen 1927, S. 72 ff., 84. Neubauer, S. 28 f. Wolfrom 1936, S. 45 f. Piltz, S. 60, 73. Mrusek 1966, S. 106

Nr. 12 (Ecke Steinstraße): 1725–1728 für den Kaufmann Valentin Haeseler errichtet, 1887 aufgestockt. Viergeschossiger, elfachsiger Putzbau mit Zwerchhaus. Die beiden jeweils äußeren und die mittleren Achsen risalitartig vorgezogen und im Erdgeschoß mit Putzstreifengliederung versehen. Gebäudeecken durch Kolossalpilaster betont. Mittelrisalit ausgezeichnet durch flachbogiges, von Figurenschmuck tragenden Pfeilern flankiertes Portal mit darüberliegendem Balkon. Über dem Mittelrisalit zweigeschossiges Zwerchhaus mit gesprengtem Giebel und bekrönendem Figurenschmuck, seitlich sandsteinerne Voluten. Das 1927/28 umgestaltete Innere mit barocker Treppe.

Flottwell, Taf. 1–3. Peters 1902, S. 167, 184, 186, 202 ff., 210 f., 216, Abb. 186, 204, 205. O. Peters, in: Blätter für Architektur und Kunsthandwerk 16, 1903, S. 91. Magdeburg 1922, S. 26, Abb. S. 15. v. Niebelschütz 1924, S. 44. Hentzen 1926a, S. 396. Hentzen 1926b, S. 628. Germar, S. 24. Hentzen 1927, S. 52 f., 84 f. Das Alte stürzt?, in: Magdeburger Amtsblatt 5, 1928, S. 583. v. Niebelschütz 1929, S. 79 m. Abb. Neubauer, S. 30 f. Schulze 1938b, S. 17 f. Wolfrom 1939, S. 57. Dehio/Nordwestdeutschl., S. 339. Mrusek 1966, S. 107, Abb. 79. Dehio/Bezirk Magdeburg, S. 262. (Modell des Hauses im Zustand vor der Aufstockung 1887 im Kulturhistorischen Museum)

Nr. 20 (Ecke Schildergasse): »Zum Türmchen« oder »Zur Zinne«. 1657 errichtet in Anlehnung an das Gewandhaus in Braunschweig, Anfang des 18. Jh. Veränderungen an der Fassade, Ende des 19. Jh. Erdgeschoß umgebaut, dabei Portal beseitigt und Anfügung eines Erkers. Dreigeschossiges, fünfachsiges Giebelhaus. Der dreigeschossige Volutengiebel mit vertikaler Gliederung durch hermenartige Vorlagen, Pinienzapfenschmuck auf den Absätzen.

Müller Jg. 8, S. 284 ff., 291 ff.; Jg. 9, S. 335 ff. Flottwell, Taf. 4. Peters 1902, S. 167, 169, 172, 196 ff., Abb. S. 196. Lange, S. 18 f. Hentzen 1926a, S. 396. Hentzen 1927, S. 16, 79. Neubauer, S. 33 f. Schulze 1938b, S. 18. Dehio/Nordwestdeutschl., S. 338

Nr. 26: Erbaut nach 1748, im 19. Jh. um ein Geschoß erhöht. Viergeschossiges, wie zwei Einzelhäuser behandeltes Doppelhaus von sieben Achsen. Die Obergeschosse durch korinthische Eckpilaster zusammengefaßt, die mittleren Achsen risalitartig vorgezogen, darauf Zwerchhaus. Erdgeschoß durch Ladeneinbauten verändert.

Hentzen 1927, S. 67 f. Neubauer, S. 36

Nr. 29 (Ecke Judengasse): Errichtet um 1765 von Bildhauer Bosmann aus Zerbst, 1888 umgebaut. Dreigeschossiger, fünfachsiger Putzbau mit Mansarddach. Auf den Ecken der Balustrade Figuren. Kolossalpilaster in den Obergeschossen an den Ecken und neben der Mittelachse, diese durch einen zwerchhausartigen Dachausbau hervorgehoben; über dessen rundbogigem, von Pilastern

Magdeburg
Oben: Breiter Weg 12
Unten: Breiter Weg 20, 26, 29

flankiertem Fenster Gebälk mit segmentbogenartig aufgebogenem Gesims und Attika mit sitzenden allegorischen Figuren, zu seiten des Dachausbaus vasenbekrönte Mansardenfenster.

Flottwell, Taf. 5. Peters 1902, S. 167, 187, 212, Abb. S. 210. v. Niebelschütz 1924, S. 44. Hentzen 1927, S. 68 f., 84. Neubauer, S. 36 f. Schulze 1938b, S. 17. Dehio/Nordwestdeutschl., S. 339. Mrusek 1966, S. 108, Abb. 80. Korf, S. 24

Nr. 30 (Ecke Judengasse): »Zum güldenen Kreuz«, Schloßcafé. Errichtet 1745 von Maurermeister P. Chr. Böse für den Kaufmann Johann Christoph Bruder; mehrfache Umbauten im 19. Jh., 1909 Fassade dem ursprünglichen Zustand wieder angenähert, 1913 Einbruch von Bogenfenstern im Erdgeschoß und Balkongitter über dem Portal. Dreigeschossiger, fünfachsiger Putzbau mit figurenbesetzter Balustrade und Mansarddach mit Dachgeschoß. Kolossalpilaster wie bei Nr. 29 die beiden Obergeschosse an den Ecken zusammenfassend, fortgesetzt nach unten durch Lisenen. Zwei weitere Kolossalpilaster flankieren die Mittelachse, darüber auf der Balustrade Figuren und von Voluten flankierte runde Dachfenster. In der Portallaibung Atlanten, das Portal in Anlehnung an Domplatz 4, flankiert von freistehenden ionischen Säulen mit Figurenschmuck.

Flottwell, Taf. 6. Peters 1902, S. 167, 202 f., 212 f., Abb. S. 207. Magdeburg 1912, S. 64, Abb. S. 59. v. Niebelschütz 1924, S. 44. Hentzen 1926a, S. 396 f. m. Abb. Hentzen 1927, S. 65 ff., 84. v. Niebelschütz 1929, S. 80 m. Abb. Neubauer, S. 37. Wolfrom 1936, S. 48 m. Abb. Schulze 1938b, S. 18. Dehio/Nordwestdeutschl., S. 339. Mrusek 1966, S. 107, Abb. 80. Dehio/Bezirk Magdeburg, S. 262

Nr. 57: Brauhaus »Zur güldenen Rose«. Errichtet 1676, Umbau im ersten Drittel des 18. Jh., dabei das drei Achsen breite Zwerchhaus aufgesetzt.

Müller Jg. 9, S. 346. Hentzen 1927, S. 43. Neubauer, S. 46

Nr. 156 (Ecke Weinfaßstraße): Errichtet Anfang des 18. Jh., umgebaut 1866 und 1888/89. Dreigeschossiger, dreiachsiger Putzbau mit Zwerchhaus in ganzer Breite. Mittelachse risalitartig gestaltet, durchbricht das Hauptgesims, bis in das Zwerchhaus durchlaufend. Portal seitlich angeordnet. An den Fenstern Ohrenrahmen mit Keilstein.

Hentzen 1927, S. 30. Neubauer, S. 79. Schulze 1938b, S. 21

Nr. 165 (Ecke Alte Ulrichstraße): Erbaut zwischen 1750 und 1755. Dreigeschossiger, vierachsiger Putzbau mit Mansarddach und Zwerchhaus. Am

Magdeburg
Oben: Breiter Weg 30, 57, 165
Links Mitte und unten: Breiter Weg 30, Karyatiden am Eingang und Stuckdecke im Inneren
Rechts unten: Breiter Weg 166

Erdgeschoß Putzrustika mit Ecklisenen, Obergeschosse durch kolossale Eckpilaster zusammengefaßt. Die beiden mittleren Fensterachsen in einer Vorlage zusammengenommen, darüber zweistöckiges, einachsiges Zwerchhaus.

Flottwell, Taf. 38. Peters 1902, S. 167, 187. Hentzen 1926a, S. 396. Hentzen 1927, S. 65. Neubauer, S. 81 f. Schulze 1938b, S. 17. Wolfrom 1939, S. 57. (Modell im Maßstab 1:50 im Kulturhistorischen Museum)

Nr. 166: Erbaut nach 1742, wahrscheinlich zwischen 1750 und 1755. Dreigeschossiger, fünfachsiger Putzbau mit Dachgeschoß und Zwerchhaus. Mittelachse von Pilastern flankiert. Das giebelartige Zwerchhaus mit Aufbau von drei halbrunden Nischen und seitlichen Voluten. Im 18. Jh. die oberste Giebelstube und anstoßende Dachkammern als Privatkapelle eingerichtet und mit bemalten Holztafeln verkleidet. Umbau des Inneren und Veränderung des Erdgeschosses 1895.

Geschichtsblätter für Stadt und Land Magdeburg 6, 1871, S. 239. Peters 1902, S. 218. Hentzen 1926a, S. 396. Hentzen 1927, S. 64 f. Neubauer, S. 82

Nr. 167: Erbaut nach 1739, wahrscheinlich zwischen 1750 und 1755. Doppelhaus, behandelt wie zwei Einzelhäuser, auf der Rückfront gemeinsamer Hof. Rechter Teil: dreigeschossiger, fünfachsiger Putzbau; Mittelachse risalitartig vorgezogen, darüber von Pilasterpaaren flankiertes einstöckiges Zwerchhaus, seitlich Blütengehänge. Linker Teil: dreigeschossiger, dreiachsiger Putzbau mit figurenbekröntem und von Figuren flankiertem Zwerchhaus.

Hentzen 1926a, S. 396. Hentzen 1927, S. 63 f. Neubauer, S. 82 f. Wolfrom 1936, Abb. nach S. 46

Nr. 173: Viergeschossiger, siebenachsiger Putzbau. Die mittleren drei Achsen risalitartig vorgezogen. Fassadengliederung durch Lisenen. Die beiden obersten Geschosse durch kolossale korinthische Pilaster zusammengefaßt. An den Gebäudeecken auf der Attika Vasen. Über der Mittelachse stehendes Dachfenster.

Hentzen 1927, S. 71. Neubauer, S. 84 f. Wolfrom 1936, Abb. nach S. 44

Nr. 174: Franziskaner. Errichtet um 1730, umgebaut 1877. Dreigeschossiger, vierachsiger Putzbau mit Attika. Das zweigeschossige Zwerchhaus mit seitlichen Voluten, bekrönt durch weibliche Gestalt.

Flottwell, Taf. 10. Peters 1902, S. 167, 184 ff., Abb. S. 183 und 187. Peters 1903, S. 90 f., Taf. 120. Magdeburg 1912, S. 64 m. Abb. v. Niebelschütz 1924, S. 44. Hentzen 1926b, S. 628. Hentzen 1927, S. 51 f., 79, 84 f. v. Niebelschütz 1929, S. 78 m. Abb. Neubauer, S. 85. Schulze 1938b, S. 17. Wolfrom 1939, S. 57 m. Abb. Dehio/Nordwestdeutschl., S. 339. (Modell im Maßstab 1:50 im Kulturhistorischen Museum, Zustand vor 1877)

Magdeburg
Oben: Breiter Weg 174–178, vor dem Umbau 1907
Unten: Breiter Weg 175

Nr. 175: Errichtet nach 1730. 1907 umgebaut. Ehemals dreigeschossiger, fünfachsiger Putzbau mit Attika. Mittelachse mit Portal als Rücklage ausgebildet. Die beiden Obergeschosse durch kolossale Pilaster an den Ecken zusammengefaßt. Das zweigeschossige Zwerchhaus mit seitlichen Voluten durch drei weibliche Figuren bekrönt.

Flottwell, Taf. 10. Peters 1902, S. 167, 181, 184 ff., Abb. S. 183 und 187. Peters 1903, S. 90 f., Taf. 120. Magdeburg 1912, S. 64 m. Abb. v. Niebelschütz 1924, S. 44. Hentzen 1926a, S. 396. Hentzen 1926b, S. 628. Hentzen 1927, S. 51 f., 79, 84 f. Neubauer, S. 85. Wolfrom 1936, S. 48, Abb. nach S. 44. Schulze 1938b, S. 17. Wolfrom 1939, S. 57 m. Abb. Dehio/Nordwestdeutschl., S. 339. (Modell im Maßstab 1:50 im Kulturhistorischen Museum)

Nr. 177: Errichtet 1728; 1907 gemeinsam mit Nr. 176 und 175 umgebaut, dabei Vertauschung des Zwerchhauses mit Nr. 175. Ehemals dreigeschossiger, fünfachsiger Putzbau mit zweigeschossigem, figurenbekröntem Zwerchhaus mit seitlichen Voluten. Jede Achse in einer anderen Fläche. Fenster der Außenachsen durch reichere Verzierungen betont.

Flottwell, Taf. 11. Peters 1902, S. 167, 184 f., 186, 201. Peters 1903, S. 90 f., Taf. 119. Hentzen 1926a, S. 396. Hentzen 1926b, S. 628. Hentzen 1927, S. 51, 52, 79, 84. v. Niebelschütz 1929, S. 78 m. Abb. Neubauer, S. 85 f. Wolfrom 1936, S. 48 m. Abb. Schulze 1938b, S. 17. Wolfrom 1939, S. 57 m. Abb. Dehio/Nordwestdeutschl., S. 339. (Modell im Maßstab 1:50 im Kulturhistorischen Museum)

Nr. 198: Errichtet um 1750. Dreigeschossiger, achtachsiger Putzbau mit figurenbesetzter Balustrade und Mansarddach. Kolossale Pilaster fassen die beiden Obergeschosse zusammen und heben die beiden mittleren Achsen hervor. Die vorletzten Achsen durch eine Figur auf der Balustrade betont.

Flottwell, Taf. 12. Peters 1902, S. 167, 212. v. Niebelschütz 1924, S. 44. Hentzen 1926a, S. 396. Hentzen 1927, S. 68. Schulze 1938b, S. 18. Dehio/Nordwestdeutschl., S. 339. Gringmuth-Dallmer, S. 10 f.

Berliner Straße 14 (Ecke Pfeifersberg). Errichtet nach 1728. Zweigeschossiger, elfachsiger Putzbau mit volutengeziertem Zwerchhaus. Die drei mittleren und die beiden äußeren Achsen als Rücklagen behandelt.

Hentzen 1927, S. 53. Neubauer, S. 11

Fürstenwallstraße 1719–1721 Anlage der Fürstenwallstraße, 1722/23 anstelle alter Stadtmauerreste Bau des Fürstenwalles durch Preusser.

Hentzen 1927, S. 81. Neubauer, S. 145 f. Wolfrom 1936, S. 35 f. Gringmuth-Dallmer, S. 56

Nr. 8: Errichtet 1721 von J. G. Reinicke. Zweigeschossiger, siebenachsiger Putzbau mit Zwerchhaus über der Mittelachse.

Hentzen 1927, S. 45, 91, Anm. 31. Gringmuth-Dallmer, S. 59

Nr. 19: Wahrscheinlich von Preusser errichtet. Ehemals zweigeschossiger Putzbau mit Zwerchhaus über den risalitartig behandelten mittleren

Magdeburg
Links oben: Breiter Weg, Blick von der Himmelreichstraße nach Norden, nach der Zerstörung
Rechts oben: Breiter Weg 174–180
Links unten: Breiter Weg 179 und 178, nach der Wiederherstellung
Mitte unten: Berliner Straße 14
Rechts unten: Fürstenwallstraße 8

Achsen. Gebäude später aufgestockt. Portal mit schräggestellten Pilastern.

Hentzen 1926b, S. 625. Hentzen 1927, S. 45, 53, 61. Gringmuth-Dallmer, S. 63 f.

Gouvernementstraße 4 (Ecke Klosterkirchhof). Dompredigerhaus. Errichtet 1768–1770 von Maurermeister A. D. Wilhelm. Fassade in der Gouvernementstraße durch flache horizontale und vertikale Bänder geteilt.

Hentzen 1927, S. 70. Gringmuth-Dallmer, S. 69 f.

Große Klosterstraße Angelegt auf dem Gelände des Weinbergs des Klosters Unser Lieben Frauen und ab 1722 mit Bürgerhäusern nach dem Entwurf von Preusser bebaut.

K. Weidel und H. Kunze: Das Kloster Unser Lieben Frauen in Magdeburg, Augsburg 1925, S. 35. Hentzen 1927, S. 81 f. Neubauer, S. 234. Wolfrom 1936, Abb. nach S. 42. Wolfrom 1939, S. 57. Gringmuth-Dallmer, S. 78

Große Marktstraße 8 »Zur Arche«. Errichtet 1757. Ehemals zweigeschossiger, später aufgestockter achtachsiger Putzbau. Kolossalpilaster fassen die Mittelfenster mit dem Zwerchhaus zusammen, Stuckverzierung auf den risalitartigen Mittelteil beschränkt (eng verwandt mit dem Haus Judenstraße 16 in Halberstadt).

Peters 1890, S. 87. Flottwell, Taf. 14. Peters 1902, S. 167. Hentzen 1927, S. 70. Neubauer, S. 302 f. Dehio/Nordwestdeutschl., S. 339

Große Münzstraße

Nr. 5: Erker von 1694 in Neubau übernommen.

Müller Jg. 9, S. 387. Flottwell, Taf. 36. Peters 1902, S. 166 f., 218. Neubauer, S. 319. Dehio/Nordwestdeutschl., S. 338

Nr. 7: Hof der Familie v. Saldern. Vor dem Bau der Stadtmauer Erzbischof Wichmanns entstandene Eigenbefestigung. Ehemals ein von Wirtschaftsgebäuden umgebener Hof mit Vorderhaus, dieses hat 2 m dicke Mauern mit schachtartigen Lichtschlitzen zur Straße und tonnengewölbten Kellern. Auf der Hofseite mächtiger Wohnturm über quadratischem Grundriß, Quarzitmauern, Kellergeschoß mit über Verschalung gewölbter Rundbogentonne und Pforte in der Südmauer zum tonnengewölbten Keller des Vorderhauses. Ursprünglicher Eingang an der Südwand vermauert, spätmittelalterliches Kreuzrippengewölbe, Obergeschosse mit starken Mauern aus Grauwacke und Ziegelresten spätmittelalterlich. 1637–1656 vom Magistrat als Rathaus benutzt, darin ab 1682 die kurfürstliche, spätere königliche Münze bis 1767, danach das Gebäude der 1768 hier eingerichteten königlichen Bank überwiesen, die es bis 1872 besaß.
Beim Luftangriff am 16. Januar 1945 zerstört. Turmruine 1953 zusammengestürzt und abgetragen.

F. W. Hoffmann: Etliche Worte über einige historisch merkwürdige Häuser in Magdeburg, in: Blätter für Handel, Gewerbe und sociales Leben 18, 1866, S. 410 ff. Neubauer, S. 321 f. Mrusek 1953, S. 67, 77 ff., 115, 117, Abb. 113, 121, 122 g, h. H.-J. Mrusek: Zur städtebaulichen Entwicklung Magdeburgs im hohen Mittelalter, in: Wissenschaftliche Zeitschrift der Martin-Luther-Universität Halle-Wittenberg, Ges.-sprachwiss. R. 5, 1955/56, S. 1244, 1247 f., Abb. 35. H.-J. Mrusek: Gestalt und Funktion der Eigenbefestigung im Mittelalter, Halle Phil. Habilitationsschrift 1958, S. 6. Mrusek 1966, S. 40 f.

Nr. 13 (Ecke Kutscherstraße): »Zum freundlichen Gesicht«. Errichtet 1722–1724 (möglicherweise von J. Chr. Memhard) für August v. Haeseler. Zweigeschossiger Putzbau von 7:3 Achsen. Mittelachse und Außenachsen risalitartig durch rustizierte Lisenen hervorgehoben. Geschosse durch Gurtgesims geteilt. Im Mittelrisalit Putzstreifengliederung und rundbogiges Portal mit Oberlicht, flankiert von Pilastern, die Gebälkstücke tragen, darauf auf Voluten ruhendes Gesimsstück. Unter den Obergeschoßfenstern der Rücklagen Blendfelder mit lambrequinartigen Auflagen. Drei stehende Dachfenster mit Segmentbogenabschluß über Mittelrisalit und Rücklagen. Im Inneren Treppenhaus mit geschnitztem Geländer sowie Saal mit stuckierter Decke.

Flottwell, Taf. 23. Peters 1902, S. 167, 210, 216 f., Abb. S. 208, 209. B. Hanftmann: Magdeburgische Treppenbauten aus dem 18. Jahrh., in: Architektonische Rundschau 25, 1909, 2 Beil. zu H. 7 m. 3 Abb. Prévôt 1914, S. 65 ff., Abb. 6–9. Prévôt 1915, Sp. 184, 193 f., Textabb. 3, 10, 11, Atlas Bl. 22. v. Niebelschütz 1924, S. 45. Germar, S. 25. Hentzen 1927, S. 39 f., 94. Neubauer, S. 322 f. Wolfrom 1936, S. 44 m. Abb. Schulze 1938b, S. 31. Wolfrom 1939, S. 57. Dehio/Nordwestdeutschl., S. 338

Nr. 14: 1722–1724 für August v. Haeseler errichtet. Ehemals zweigeschossiger, vierachsiger Putzbau. Die zwei Mittelachsen risalitartig vorgezogen, darüber eingeschossiges Zwerchhaus mit flachen Stuckierungen. 1861 um ein Geschoß erhöht.

Hentzen 1927, S. 42 f. Neubauer, S. 323

Magdeburg
Links oben: Große Marktstraße 8
Links Mitte und unten: Große Münzstraße 5
Rechts oben: Große Münzstraße 13
Rechts unten: Große Münzstraße 14 und 13

Nr. 15: Für einen Nachkommen Otto v. Guerickes errichtet 1723, angeblich 1726 umgebaut. Zweigeschossiger, siebenachsiger Putzbau. Die Mittelachse und die Außenachsen risalitartig vorgezogen und durch kolossale Lisenen gerahmt. Portal in der durch einstöckiges Zwerchhaus bekrönten Mittelachse.

F. W. Hoffmann: Etliche Worte über einige historisch merkwürdige Häuser in Magdeburg, in: Blätter für Handel, Gewerbe und sociales Leben 18, 1866, S. 412. Hentzen 1927, S. 41. Neubauer, S. 323

Holzhof 6 und 7 Nach 1767 errichtete zweigeschossige, sieben- bzw. fünfachsige Putzbauten mit Mansarddächern und figurenbesetzten Balustraden. Einige Achsen risalitartig vorgezogen. Pilasterflankiertes Portal jeweils in der mittleren Rücklage mit Segmentbogenverdachung auf Konsolen, darin Wappen. Schmiedeeiserne Gitter an den Erdgeschoßfenstern. Bei Nr. 6 in der rechten Außenachse breite Durchfahrt sowie ganz mit Delfter Fliesen ausgelegter geräumiger Hausflur und architektonisch durchgestalteter Hof mit Giebel zur Bibelgasse.
Beim Luftangriff 1945 beide Häuser zerstört. Ruinen abgetragen, Portal von Nr. 7 geborgen.

Peters 1890, S. 87. Flottwell, Taf. 36 (Portal Nr. 6). Peters 1902, S. 167, 218. Prévôt 1914, S. 65 ff., Abb. 14. Prévôt 1915, Sp. 185, Textabb. 4 (Nr. 6). Hentzen 1926a, S. 396. Hentzen 1927, S. 70 ff. Neubauer, S. 182. Wolfrom 1936, 2 Abb. nach S. 48 (dort als Nr. 7–8). Schulze 1938a, S. 29. Dehio/Nordwestdeutschl., S. 339. W. Priegnitz: Alter Schmuck an neuen Portalen in Magdeburg, in: Deutsche Architektur 5, 1956, S. 587, Abb. 5

Johannisbergstraße 3 Artushof. Ehemals Eigenbefestigung. Zweigeschossiger Putzbau mit zwei

parallelen Satteldächern. Baublock aus dem ottonischen Stadtkern mit starken Gewölben, Schlitz- und Rundbogenfenstern. Barocke Innentreppe. 1631 ausgebrannt, 1667 für Oberst Schmidt v. Schmiedeseck ausgebaut, 1787 als Armen- und Waisenhaus der Deutsch-Reformierten Gemeinde umgebaut, im dritten Viertel des 19. Jh. in ein Gasthaus umgewandelt, dabei Veränderung der Front und Abriß des achteckigen Turmes an der Nordwestecke.

Müller Jg. 9, S. 374 f. Neubauer, S. 197 f. Wolfrom 1939, S. 57. Mrusek 1953, S. 62, 115, 121, Abb. 111. H.-J. Mrusek: Zur städtebaulichen Entwicklung Magdeburgs im hohen Mittelalter, in: Wissenschaftliche Zeitschrift der Martin-Luther-Universität Halle-Wittenberg, Ges.-sprachwiss. R. 5, 1955/56, S. 1243. Mrusek 1957, S. 650. H.-J. Mrusek: Gestalt und Funktion der Eigenbefestigung im Mittelalter, Halle Phil. Habilitationsschrift 1958, S. 6. E. Nickel: Zur Deutung des Magdeburger Zinnfigurenstreifens, in: Ausgrabungen und Funde 5, 1960, S. 36 ff. Nickel, S. 8, Abb. Taf. 7a. Mrusek 1966, S. 40. (Modell im Maßstab 1:50 im Kulturhistorischen Museum)

Kreuzgangstraße
Nr. 5 (Ecke Poststraße): Ehemals Kurie des Nikolaistiftes. Datiert 1506, einziges erhaltenes Fachwerkhaus aus der Zeit vor der Zerstörung von 1631 (ehemals am Domplatz gelegen, durch den Bau der Häuser Domplatz 7–9 verdeckt, wurde erst beim Durchbruch der Poststraße im 18. Jh. zum Eckhaus). Zweigeschossiges Traufenhaus von etwa fünfzehn Fach Länge mit Sandsteinportal. Obergeschoß vorgekragt, Erdgeschoß massiv. Im Obergeschoß Ständer mit Fußstreben, profilierter Fensterriegel. An der Schwelle über dem Erdgeschoß Treppenfriese, über den Balkenköpfen Maßwerkfüllungen. Wappenkonsolen mit Maßwerkschmuck in drei Zonen. Füllbretter. Beim Umbau 1899 Schmalseite gestaltet und Erker angebracht.

Müller Jg. 8, S. 348. Peters: Der letzte Fachwerkbau Magdeburgs, in: Zeitschrift für Bauwesen 46, 1896, H. 10–12, Sp. 465 ff., Abb. auf Bl. 63, 64 im Atlas. Peters 1902, S. 34, 120 ff. m. 7 Abb. Magdeburg 1912, S. 48. v. Niebelschütz 1924, S. 42. v. Niebelschütz 1929, S. 42 m. Abb. Wolfrom 1936, S. 26, Abb. nach S. 30. Schulze 1938b, S. 12 f. Dehio/Nordwestdeutschl., S. 338. Piltz, S. 27, Abb. 58. Gringmuth-Dallmer, S. 88. Mrusek 1966, S. 89

Nr. 7, 10 und 11: Errichtet von Preusser, Nr. 7 nach 1723 für Oberst v. Walrave, Nr. 10 1724. Zweigeschossige, sieben- bzw. neunachsige Putzbauten. Fassadengliederung durch Lisenen. Bei Nr. 11 Obergeschoßfenster durch plastische Schlußsteine betont, im Inneren Stuckdecken.

Prévôt 1915, Sp. 186, 194, Textabb. 6, 7, 9, Atlas Bl. 21 Abb. 2–4. Wolfrom 1936, Abb. nach S. 44 (Nr. 7, 11). Wolfrom 1939, S. 57. Dehio/Nordwestdeutschl., S. 339. Gringmuth-Dallmer, S. 89 f., 91 f.

Leiterstraße 20 (Ecke Prälatenstraße). Ehemals »Zum König von Preußen«. Errichtet 1719 für Pierre du Moulin; 1849–1873 Logenhaus der Loge Harpokrates. Zweigeschossiger, zehnachsiger Putzbau mit Attika und Mansarddach. Einige Achsen risalitartig vorgezogen und durch gequaderte Lisenen eingefaßt. In der ersten Achse rundbogige Einfahrt. Über den rustizierten Seitenrisaliten giebelartig geschmückte Dachfenster mit seitlichen Urnen. Rundbogiges Portal mit Schlußsteinkopf.

Germar, S. 144 f. m. Abb. Hentzen 1927, S. 37 f., 90. Wolfrom 1936, S. 44. Schulze 1938b, S. 30. Dehio/Nordwestdeutschl., S. 339. Gringmuth-Dallmer, S. 97 f.

Regierungsstraße 1723–1724 Bebauung der Regierungsstraße unter Einbeziehung der Turmfront der Klosterkirche Unser Lieben Frauen nach Plänen von Preusser.

Nr. 2 und 3: 1723 errichtete zweigeschossige, sechsachsige Putzbauten. Jeweils eingeschossiges Zwerchhaus mit Dreieck- bzw. Segmentbogengiebel über den beiden risalitartig behandelten Mittelachsen. Fassadengliederung durch Lisenen. Im Erdgeschoß Mitteltoreinfahrt. Bei Nr. 2 über den Abseiten je ein stehendes Dachfenster.

Peters 1902, Abb. S. 64. Prévôt 1914, S. 65 ff., Abb. 11 bis 13. Prévôt 1915, Sp. 186, 188, Textabb. 8 (Nr. 2). K. Weidel und H. Kunze: Das Kloster Unser Lieben Frauen in Magdeburg, Augsburg 1925, S. 35, Abb. 3, 12, 71. Hentzen 1927, S. 41, 82 und 84. Wolfrom 1939, S. 57. Gringmuth-Dallmer, S. 123 f.

Schwibbogen 7 (Ecke Alter Markt). »Zum güldenen Hammer«. Zwischen 1721 und 1725 für Martin Schulze errichtet. Schmalere Front als Schaufassade zum Alten Markt, zum Schwibbogen zwei

Magdeburg
Links oben: Große Münzstraße 15
Links unten: Johannisbergstraße 3
Rechts oben: Kreuzgangstraße 5
Rechts unten: Schwibbogen 7

Zwerchhäuser. Dreigeschossiger Bau mit Mansarddach. An den beiden Obergeschossen der fünfachsigen Marktfront vier Kolossalpilaster. Die risalitartig vorgezogene Mittelachse durch Dreieckgiebel bekrönt, auf seiner Spitze Standfigur, auf den Giebelschrägen Liegefiguren. Fenster der beiden Obergeschosse des Mittelrisalits unter gemeinsamem Blendbogen. Nur die Fenster des Hauptgeschosses plastisch verziert. Erdgeschoß durch Ladeneinbauten kurz nach 1900 entstellt.

Flottwell, Taf. 18. Peters 1902, S. 167, 208 (als Nr. 8). Lange, Abb. S. 12, 13. Hentzen 1926a, S. 396. Hentzen 1927, S. 54 f. Neubauer, S. 417 f. Wolfrom 1936, Abb. nach S. 44 und 48. Dehio/Nordwestdeutschl., S. 338. Nickel, Taf. 6a. Mrusek 1966, S. 107

Steinstraße 1 (Ecke Breiter Weg). »Zur Jagd«. In den sich nach Süden verengenden Breiten Weg hineinragend, bildet einen städtebaulich wichtigen Blickpunkt. Neubau kurz nach 1722 für Christoph Goßler. Dreigeschossiger Bau, asymmetrisch gegliedert mit Rücksicht auf die Ansicht vom Breiten Weg. Erdgeschoß sockelartig behandelt. Portal von Pilastern mit giebelartiger Bekrönung flankiert. Die durch stark vorspringendes Gurtgesims getrennten Obergeschosse durch Ecklisenen und vier Kolossalpilaster gegliedert, die Seitenfront am Breiten Weg durch flache Mittelvorlage.

Hentzen 1926a, S. 396. Hentzen 1927, S. 55. Neubauer, S. 427. Wolfrom 1936, Abb. nach S. 46

Stephansbrücke
Nr. 15: Zweigeschossiger, neunachsiger Putzbau des 18. Jh., das Satteldach mit Fledermausluken in drei Geschossen. Lisenen fassen an den Seiten die Geschosse zusammen. In der dritten Achse Portal mit halbrundem Oberlicht, über den flankierenden Pilastern gebrochener Bogen.

Prévôt 1915, Sp. 184, 188 f., Textabb. 1, 2, Atlas Bl. 21, Abb. 1 und Bl. 23. Neubauer, S. 441

Nr. 23 (Ecke Petersberg): Um 1760 errichteter zweigeschossiger Putzbau. Fenster in Blendfeldern übereinanderliegend, vertikal verbunden durch plastischen Schmuck in der Zwischenzone.

Hentzen 1927, S. 69 f. Neubauer, S. 442

Tischlerkrugstraße 10 Zweigeschossiger, siebenachsiger Putzbau des 18. Jh. Mittelachse durch Lisenen risalitartig hervorgehoben, darin von Pilastern flankiertes Portal mit segmentbogenbekröntem Oberlicht. Die Geschosse durch Gurtgesims getrennt, an den Abseiten Lisenen, die Obergeschoßfenster zwischen Kranzgesims und einem weiteren Gesims eingespannt. Unter den Fenstern Schmuckfelder. Der Mittelrisalit durch ein stehendes Dachfenster mit Schleppdach betont.

Prévôt 1914, S. 65 ff., Abb. 15. Prévôt 1915, Textabb. 5. Neubauer, S. 460. Wolfrom 1936, Abb. nach S. 44

Warte 3 Romanisches Wohnhaus. Qualitätvolles Mauerwerk der West- und Südwand aus lagerhaft hellen Quarzitsteinen und rötlicher Grauwacke. Rundbogenpforte mit sorgsam geschichteter Gewändeeinfassung im ersten Obergeschoß.
Beim Luftangriff 1945 beschädigt, Ruine später abgebrochen.

Neubauer, S. 492. Mrusek 1953, S. 117, 121, Abb. 122 d–f. Mrusek 1957, S. 646, 650, Abb. 7. Mrusek 1966, S. 41, Abb. 20

Weinfaßstraße 2 Dreigeschossiger, achtachsiger Putzbau von 1683 (?). Die mittleren vier Achsen risalitartig vorgezogen. Geschosse durch Gurtgesimse getrennt, die sich um die Ecklisenen kröpfen. Im Erdgeschoß in den Abseiten Putzstreifengliederung; im Mittelrisalit breite rustizierte Einfahrt mit Segmentbogenabschluß, durch Lisenen flankiert und mit konsolengetragenem Gebälk verdacht. Einige Fenster im ersten Obergeschoß durch Ohrenrahmen mit plastischem Schmuck ausgezeichnet. Über dem Mittelrisalit zweiachsiges Zwerchhaus mit seitlichen Voluten. Über den inneren Achsen der Abseiten stehende Dachfenster mit Satteldächern. Im Inneren barocke Stuckdecke.

Peters 1902, S. 217. Neubauer, S. 493. Wolfrom 1936, Abb. nach S. 44. Wolfrom 1939, S. 57. (Modell im Maßstab 1:50 im Kulturhistorischen Museum)

Magdeburg-Cracau

Dorfkirche St. Briccius Errichtet 1661, dabei ein ehemaliger Wartturm als Kirchturm benutzt. Nicht geostete Saalkirche mit 3/8-Schluß, Eingang auf der Ostseite, Fenster rundbogig. Im Inneren Balkendecke. 1817 Orgel aus dem abgerissenen Kloster Berge aufgestellt. Der rechteckige Turm im Norden in Schiffsbreite, abgeschlossen durch Walmdach; auf der Nordseite 1907 eingebrochenes Portal.
Beim Luftangriff am 16. Januar 1945 Dächer von Turm und Schiff sowie Orgel zerstört. Dächer bis 1947 wiederhergestellt, 1960 eine neue Orgel mit dem alten Biedermeier-Prospekt verblendet.

F. Wiggert: Historische Wanderungen durch Kirchen des Regierungsbezirkes Magdeburg und anstoßende Ortschaften, in: Mittheilungen aus dem Gebiet historisch-antiquarischer Forschungen 3, 1837, H. 4, S. 121 f. Inventar/Jerichow, S. 75. W. O. Riecke: Chronik Prester-Cracau, Magdeburg 1932, S. 21 ff., 38, 48, Abb. S. 21 f., 24, 39, 73. Wolfrom 1936, S. 11. Kunstführer, S. 191. Werte unserer Heimat, S. 125. Dehio/Bezirk Magdeburg, S. 295

Magdeburg-Fermersleben

Martin-Gallus-Kirche 1657 errichteter Fachwerkbau in Saalform mit 3/8-Schluß. Der eingezogene quadratische Turm verputzter Bruchsteinbau mit Backsteinkanten, abgeschlossen durch Walmdach. Kirche 1716 renoviert.

1944 bei einem Bombenangriff die Dächer zerstört und das Inventar beschädigt. Bis 1950 Dächer mit Schindeln gedeckt, im Inneren Flachdecke. Von der alten Ausstattung nur die Säulen der Westempore erhalten.

Inventar/Wanzleben, S. 70 f., Abb. 52. Werte unserer Heimat, S. 115. Dehio/Bezirk Magdeburg, S. 296

Magdeburg-Prester

Immanuelkirche 1830–1832 anstelle eines Vorgängerbaus im neogotischen Stil errichtet. Verputzter Bruchsteinbau in Saalform mit offenem Dachstuhl und polygonaler, apsisartiger Sakristei im Osten. Eingezogener quadratischer Westturm, das achteckige oberste Geschoß durch steinernen Helm bekrönt. Renoviert 1890 und 1929–1932.
1944 bei einem Luftangriff erheblich beschädigt, die Orgel von 1844 zerstört. Bis 1949 instandgesetzt, dabei der Außenputz entfernt.

W. O. Riecke: Chronik Prester-Cracau, Magdeburg 1932, S. 51 ff., Abb. S. 54, 74, 281. Werte unserer Heimat, S. 126. Dehio/Bezirk Magdeburg, S. 297

Oben: Magdeburg, Stephansbrücke 23
Links unten: Magdeburg, Ruine von Warte 3
Rechts unten: Magdeburg-Cracau, Dorfkirche St. Briccius

Magdeburg-Westerhüsen

Dorfkirche St. Stephanus Verputzter Bruchsteinbau in Saalform mit 3/8-Schluß, Westturm und Vorhalle im Süden. Turm mittelalterlich, Schiff Neubau nach dem Dreißigjährigen Krieg, 1726 durchgreifend erneuert.

Bei einem Luftangriff am 14. Februar 1945 Schiff vollständig zerstört, dabei die barocke Stuckdecke mit Engelchor sowie der Kanzelaltar von 1713 vernichtet (der Taufstein vom Ende des 12. Jh. und die Glocke von 1523 erhalten). Ruine des Schiffes abgetragen, Turm 1961–1964 wiederhergestellt.

Inventar/Wanzleben, S. 175 ff., Abb. 143. Dehio/Nordwestdeutschl., S. 505. Kunstführer, S. 191. Werte unserer Heimat, S. 118. Dehio/Bezirk Magdeburg, S. 297. (Dokumentationsband über den Wiederaufbau bei der Kirchengemeinde Magdeburg-Westerhüsen)

Menz (Kreis Burg)

Dorfkirche Errichtet 1525 unter Benutzung der Nord- und Westwand des um 1200 entstandenen Vorgängerbaus. Bruchsteinbau in Saalform mit 5/12-Chorschluß. 1730 barocke Umgestaltung: über der Westwand Fachwerktürmchen mit Zeltdach und viereckiger Laterne mit Pyramidendach, auf der Nordseite Anbau mit Gruft und Patronatsloge, Vermauerung des romanischen Nordportals, Westportal mit Wappen im Türsturz, Außenabputz und Inneneinrichtung.
Am 21. Januar 1944 durch Luftangriff bis auf die Umfassungsmauern zerstört, dabei der barocke Kanzelaltar vernichtet. 1957–1959 Wiederaufbau; statt des Türmchens Errichtung eines Turmstumpfes westlich im Anschluß an die Patronatsloge.

Inventar/Jerichow, S. 197 f., Fig. 62, 63. E. Hobusch und E. Lorenz: Geschützte Natur- und Kulturdenkmale im Kreis Burg, Burg 1954 (Veröffentlichungen zur Burger Geschichte 6), S. 18, Nr. 40. H. Lies: Der Menzer Kirchberg, in: Mitteldeutsches Land 1, 1957, Heft 2, S. 79 ff. m. Abb. Werte unserer Heimat, S. 184. Dehio/Bezirk Magdeburg, S. 301. Historische Stätten, S. 248

Möckern (Kreis Burg)

Schloß Anstelle der im Dreißigjährigen Krieg bis auf den quadratischen Wartturm zerstörten Burg in der ersten Hälfte des 18. Jh. Schloßneubau unter Christian Wilhelm v. Münchhausen. Das von einem Wassergraben umgebene Schloß 1840 bis 1863 im neogotischen Stil umgebaut unter Hinzufügung des Bibliotheksflügels, der den Barockbau mit dem Burgturm des 12./13. Jh. verbindet. Nicht in den Umbau einbezogen das aus dem 18. Jh. stammende, an den Marktplatz stoßende langgestreckte Wirtschaftsgebäude mit Eckpavillons, eine Durchfahrt zum Markt im nördlichen Pavillon, darüber Wappen und die Jahreszahl 1727.
Gegen Kriegsende das Äußere und Innere stark in Mitleidenschaft gezogen. Außenbau ohne den reichen neogotischen Dekor wiederhergestellt. Burgturm und Wirtschaftsgebäude unverändert erhalten.

Abb. bei Duncker VII, Bl. 403. Inventar/Jerichow, S. 208 f. Keyser, S. 610. H. Wäscher: Feudalburgen in den Bezirken Halle und Magdeburg, Berlin 1962, 2 Bde., S. 60 f., Abb. 115–118. Dehio/Bezirk Magdeburg, S. 304. Historische Stätten, S. 332

Nutha (Kreis Zerbst)

Dorfkirche (ehemals Blasius-, seit 1707 Trinitatiskirche). Feldsteinbau in Saalform mit eingezogenem rechteckigem Chor und hochgezogener Westwand, darüber Dachturm. Ein Fenster an der Südwand rundbogig, die übrigen spitzbogig. Der Chor 1707 angefügt, über seinem Südportal das Kalitschsche Wappen und Jahresangabe 1707.
1945 bis auf die Umfassungsmauern ausgebrannt. Um 1950 wiederhergestellt, der Dachturm in ausgemauertem Fachwerk erneuert und mit verschieferter Haube versehen. Im Inneren jetzt flache Decke mit Unterzugbalken. Inneneinrichtung modern.

Büttner-Pfänner zu Thal, S. 520 f. Weyhe, S. 401. Dehio/Bezirk Magdeburg, S. 313

Nutha, Ortsteil Niederlepte (Kreis Zerbst)

Dorfkirche Feldsteinbau in Saalform mit hochgezogener Westwand, darüber Dachturm. Im 18. Jh. die beiden spitzbogigen Ostfenster vermauert, die übrigen Fenster größtenteils erweitert. Asymmetrisch im Ostgiebel eine Luke mit Holzgewände. An der Nordseite Spitzbogenportal.
Durch Beschuß 1945 beschädigt. Wiederhergestellt, der Dachturm in Fachwerk erneuert und mit Zeltdach versehen.

Büttner-Pfänner zu Thal, S. 490. Weyhe, S. 396. Dehio/Bezirk Magdeburg, S. 313

Pechau (Kreis Schönebeck)

St. Thomaskirche 1221 erstmals urkundlich erwähnt. Bruchsteinbau in Saalform mit 5/10-Chorschluß. Fenster spitzbogig. Das barocke Portal an der Südseite flankiert von Pilastern mit Gebälk und segmentbogigem Blendgiebel. Auf der Westwand Fachwerktürmchen mit ausgemauerten Gefachen, bekrönt von achteckiger Laterne mit verschiefertem Helm.
Beim Bombenangriff am 21. Januar 1944 sowie durch Granatbeschuß am 12. und 13. April 1945 erheblich beschädigt. Ab 1947 wiederhergestellt.

Inventar/Jerichow, S. 215. Festschrift zur Tausendjahrfeier der Gemeinde Pechau vom 2. bis 4. Oktober 1948, Magdeburg 1948, S. 12 f. Kultur- und Naturdenkmale, S. 38. Werte unserer Heimat, S. 194. Dehio/Bezirk Magdeburg, S. 328 f.

Randau-Kalenberge, Ortsteil Randau (Kreis Schönebeck)

Sophienkirche Quadratisches Schiff mit Krüppelwalmdach, eingezogener Turm im Osten, Vorbau im Westen. Errichtet 1558, in der Folgezeit mehrfach umgebaut, allein im 19. Jh. viermal, dabei Turm und Schiff verputzt und Errichtung des Vorbaus. 1908 nochmaliger Umbau und nach Blitzschlag 1911 der Turm in der bestehenden Form erneuert.
Schiff im Kriege stark beschädigt. Wiederhergestellt, das Innere 1968 umgestaltet.

Inventar/Jerichow, S. 224. M. Hennige: Randau, Gut und Dorf in Vorzeit und Gegenwart, München 1913, S. 43 ff. m. 4 Abb. Kultur- und Naturdenkmale, S. 41. Dehio/Bezirk Magdeburg, S. 333. Historische Stätten, S. 108

Oben: Magdeburg-Westerhüsen, Dorfkirche St. Stephanus von Südosten und Inneres
Unten: Möckern, Schloß

Redekin (Kreis Genthin)

Schloß Errichtet 1763 von Potsdamer Künstlern für General Robert Scipio von Lentulus. Eingeschossiger, dreiflügeliger Putzbau, Mitteltrakt bekrönt durch achteckige Laterne. Im Inneren prachtvolles Rokokozimmer. Umgeben von einem englischen Garten.
Schloß in den letzten Kriegstagen zerstört, ebenso die Gartenskulpturen und die Plastiken der Schloßeinfahrt, Park verwüstet. Schloßruine später beseitigt. Der beschädigte Pavillon »Sans Chagrin« 1950 beseitigt.

Abb. bei Duncker I, Nr. 2. Inventar/Jerichow, S. 355. Van Kempen 1961, S. 40 f., Abb. S. 177. Historische Stätten, S. 385

Sandau (Kreis Havelberg)

In den letzten Kriegstagen die Innenstadt durch Artilleriebeschuß weitgehend zerstört. Dabei die Fachwerkbebauung des Marktes, der Osterburger und Havelberger Straße, der Rosen-, Breiten, Stein-, Post- und Schulstraße sowie Teile der heutigen Ernst-Thälmann-Straße vernichtet.

G. Reischel: Wüstungskunde der Kreise Jerichow I und Jerichow II, Magdeburg 1930, S. 356 ff. Keyser, S. 659 f. M. Bathe: Vom Werden einer kleinen Stadt, in: Natur und Heimat 3, 1954, Heft 2, S. 44 ff. Dehio/Bezirk Magdeburg, S. 360 f. Historische Stätten, S. 407 f.

Pfarrkirche St. Nikolaus Spätromanischer Backsteinbau unter Einfluß des Klosters Jerichow. Dreischiffige, siebenjochige flachgedeckte Pfeilerbasilika, in der südlichen Reihe zwei Rundpfeiler. Gestreckter Chor mit Hauptapsis; um 1450 mit zweijochigem Kreuzrippengewölbe versehen. Die Seitenschiffe in Nebenapsiden endend, die in der Mauer liegen. Der Breitturm mit Westportal, sein tonnengewölbtes Erdgeschoß mit den Schiffen durch je eine rundbogige Öffnung verbunden; auf dem Walmdach viereckiges Fachwerktürmchen mit achteckiger Laterne. Die noch spätromanische Sakristei an der Chor-Südseite später angefügt. Beim Stadtbrand von 1695 Kirche bis auf die Umfassungsmauern vernichtet, der Turm gerissen. Die Veränderungen des barocken Ausbaus bei der Restaurierung 1858/59 wieder beseitigt.
Turm durch Artilleriebeschuß 1945 stark beschädigt und zur Hälfte eingestürzt, als Ruine erhalten. Öffnungen zwischen Turm und Schiff vermauert. Kirche 1960 renoviert.

F. Adler: Mittelalterliche Backstein-Bauwerke des Preußischen Staates, Bd. 2, Berlin 1898, S. 9 f. (dort St. Martin). O. Stiehl: Der Backsteinbau romanischer Zeit besonders in Oberitalien und Norddeutschland, Leipzig 1898, S. 68, 80 f., 84 m. Abb. Inventar/Jerichow, S. 363 ff., Fig. 119. G. Scheja: Die romanische Baukunst in der Mark Brandenburg, Berlin Phil. Diss. 1939, Gütersloh 1939, S. 44 f., 74. Keyser, S. 659. Dehio/Nordwestdeutschl., S. 440. Wiederaufbau der Kirchen in der DDR, S. 51 f., 220 (dort fälschlich St. Laurentius). Kunstdenkmäler, S. 387, Abb. 285. Kunstführer, S. 195. Dehio/Bezirk Magdeburg, S. 361. Historische Stätten, S. 407

Schierke (Kreis Wernigerode)

Wolkenhäuschen auf dem Brocken Schutzhütte. Quadratischer Bruchsteinbau mit schindelgedecktem Zeltdach, Mauerfugen mit Moos verstopft. 1736 als erster Bau auf dem Brocken auf Veranlassung des Grafen Christian Ernst d. Ä. zu Stolberg-Wernigerode errichtet. Mehrfach abgebrannt. Goethe übernachtete hier auf seiner ersten Harzreise am 10. September 1777.
In den letzten Kriegstagen durch Bomben zerstört. 1954 wiedererrichtet, die verlorene Plakette mit Bildnis Goethes nach Fotos neugestaltet.

Der Harz, bearb. von W. Damm, 38. Aufl. Berlin 1924 (Griebens Reiseführer 2), S. 78. Der Brocken, Abhandlungen über Geschichte und Natur des Berges zusammengestellt von W. Grosse, hrsg. von R. Schade, Braunschweig (1926), S. 33, 57 f., Abb. 11. W. Hartmann: Brocken – Wolkenhäuschen wieder eröffnet, in: Natur und Heimat 4, 1955, Heft 3, S. 96. Brockhaus-Reisehandbuch: Der Harz, Leipzig, 1969, S. 61

Oben: Redekin, Schloß, Garten- und Hofseite sowie Pavillon
Unten: Sandau, Pfarrkirche St. Nikolaus, nach und vor der Zerstörung

Schönhausen/Elbe (Kreis Havelberg)

Schloß Anstelle des 1672 abgebrannten Hauptmannshauses (von diesem war nur der birnenförmige Küchenschornstein mit Jahresangabe 1563 erhalten geblieben) seit etwa 1680 Wiederaufbau des Herrenhauses (Geburtshaus des Reichskanzlers Fürst Otto von Bismarck). Dreigeschossiger Putzbau von 7 : 4 Achsen mit Walmdach sowie Seitenflügel auf der linken Hofseite. Fassadengliederung durch kolossale ionische Pilaster auf hohen Sockeln. In der Mittelachse Portal mit Allianzwappen v. Bismarck/v. Katte. Im Inneren im Erdgeschoß barocke Stuckdecken und Kamine von italienischen Künstlern, breite Eichenholztreppe, alte Bibliothek; im sogenannten Mittelzimmer chinesische Seidentapete aus dem ehemaligen Auswärtigen Amt in Berlin.
Bei den Kämpfen um den Brückenkopf Tangermünde beschädigt. Nach 1955 bis auf einen Mauerrest des Seitenflügels abgerissen.

G. Schmidt: Schönhausen und die Familie von Bismarck, Berlin 1897, Abb. S. 92–96. Inventar/Jerichow, S. 378. A. E. Graf v. Bismarck: Schloß Schönhausen, in: Sport und Bild 39, 1933, Nr. 21, S. 926 ff., 962 f. m. Abb. Dehio/Nordwestdeutschl., S. 445. Van Kempen 1961, S. 38 f., Abb. S. 175. Historische Stätten, S. 424 ff.

Stendal (Kreis Stendal)

Dom St. Nikolaus Dreischiffige, vierjochige kreuzrippengewölbte Backsteinhalle mit Kapellen zwischen den Strebepfeilern, in den Seitenschiffen fünfteilige Gewölbe; breit ausladendes Querschiff mit zwei Kapellen am südlichen Arm, darüber Empore; dreijochiger, einschiffiger Chor mit 7/10-Schluß. Im Westen Doppelturmfassade. Hauptportal in der Nordwand des Querschiffs, zweites Portal im zweiten Joch des nördlichen Seitenschiffs, davor quadratische Vorhalle. Südlich der Kirche die Klausur. 1188 Gründung des mit Augustiner-Chorherren besetzten Kollegiatsstifts durch den askanischen Markgrafen Otto II. und seinen Bruder Heinrich von Gardelegen. Bau einer dreischiffigen, dreijochigen Basilika mit Querhaus und Doppelturmfassade im Westen, Stiftsgebäude auf den östlichen Flügel der Klausur beschränkt. Mitte des 13. Jh. Errichtung des südlichen und westlichen Kreuzgangflügels und des dritten und vierten Geschosses der Doppelturmfassade. Ab 1423 völliger Neubau der Kirche unter Einbeziehung der Turmfront und der Südmauer des Querhauses vom alten Bau, 1429 Weihe des Chores, 1467 Aufstockung des Südturms. Nach Vollendung der Kirche Erneuerung der Klausur, den Ostflügel nimmt der 1463 vollendete Kapitelsaal ein, darüber der heute Cordatus-Saal genannte Schlafsaal der Chorsänger, der Süd- und Westflügel des Kreuzgangs aufgestockt. 1551 Aufhebung des Domstifts. Bei einem Dachstuhlbrand 1660 die Kapellen am nördlichen Querschiffsarm vernichtet. Renovierungen 1843–1847 und 1887–1893, dabei die Türme in Angleichung an die Türme der Marienkirche mit den achtseitigen kupfernen Helmen versehen.

Links oben: Schönhausen/Elbe, Schloß
Rechts oben: Stendal, Dom St. Nikolaus, Blick in das südliche Querschiff
Unten: Stendal, Dom St. Nikolaus, Nordwand des südlichen Kreuzgangflügels und Kreuzgang

Beim Luftangriff am 8. April 1945 Gewölbe des südlichen Querschiffsarms durch Bombentreffer zerstört, dabei die Fresken an seiner Südwand vernichtet, Westflügel des Kreuzgangs durch Volltreffer total zerstört und die Nordwand des Südflügels mit ihren Gitterfriesen aus Formsteinen wie auch der Westgiebel mit Blendmaßwerk zerstört. Bereits 1946 Sicherung der Gewölbe und Neuwölbung, 1947/48 Aufmauerung des südlichen Querschiffsgiebels und Dacheindeckung, 1949 neuer Westabschluß des südlichen Kreuzgangflügels, der zerstörte Westflügel nicht wieder errichtet, an seiner Stelle Kreuzhof durch Mauer abgeschlossen. Instandsetzung von Innenraum und Ausstattung bis 1951.

F. v. Quast: Beschreibung des Domes zu Stendal und Bestimmung der Erbauungszeit des gegenwärtigen Gebäudes, in: Märkische Forschungen 3, 1847, S. 132 ff. F. Adler: Mittelalterliche Backstein-Bauwerke des Preußischen Staates, Bd. 1, Berlin 1862, S. 55 ff., Bl. XXXII–XXXV. L. Storbeck: Das Stendaler Domstift, in: Heimatkalender für die Altmark 1926, S. 33 ff. m. 2 Abb. H. Alberts: Stift und Dom St. Nikolaus zu Stendal, Hannover 1930 (Norddeutsche Kunstbücher 27). H. Alberts: 750 Jahre Stift und Dom St. Nikolaus in Stendal, in: Jahresbericht des Altmärkischen Vereins für vaterländische Geschichte und Industrie 52, 1938, S. 3 ff. G. Händler: Der Dom zu Stendal, in: Der goldene Reiter 3, 1940, S. 303 ff. H. Drescher: Der Dom zu Stendal, Berlin, Humboldt-Univ. Phil. Diplomarb. 1955. Wendland, S. 18. Zehn Jahre Denkmalpflege, S. 212, Abb. 68, 69. Mrusek 1960, S. 64, Abb. 76. Bezirk Magdeburg, S. 101 ff. A. Ress: Die Tagung der Landesdenkmalpfleger in der Bundesrepublik vom 25. Juni bis 1. Juli 1962, in: Deutsche Kunst und Denkmalpflege 20, 1962, S. 137 f. H. Sachs: Der Dom zu Stendal, Berlin 1962 (Das christliche Denkmal 57). Möbius, S. 221, Abb. S. 143, 144. Wiederaufbau der Kirchen in der DDR, S. 39, 52, 190, 223, Abb. S. 163. H. Sachs: Stendal, Leipzig 1967, S. 25 ff., 54 ff., Abb. 6–8, 18–27. Kunstdenkmäler, S. 389 f. m. Grundriß, Abb. S. 299 bis 301. Kunstführer, S. 199. Dehio/Bezirk Magdeburg, S. 390 ff. m. Grundriß. Historische Stätten, S. 450

Tangermünde (Kreis Stendal)

Kirchstraße 41 Nach dem Stadtbrand von 1617 errichtetes Fachwerkhaus. Dreigeschossiges Eckgebäude mit zwei vorgekragten Obergeschossen. Im Erdgeschoß Füllhölzer mit Tauwülsten, oben Rahmenholz mit Konsolen. Brüstungsfelder im dritten Geschoß mit Andreaskreuzen. Auf den Türpfosten flach eingeschnittene Urnen und Beschläge, am Eckpfosten eine Maske, an der zweiten Tür Hausmarken und Inschrift. Der Erker zur Kirchstraße später untermauert.
Im April 1945 durch Artilleriebeschuß zerstört. Ruine abgetragen.

Zahn: Merkwürdige Häuser und Haus-Inschriften in Tangermünde, in: Tangermünder Anzeiger 1898, Nr. 19, 22. K. Gühl: Tangermünde (Altmark), das norddeutsche Rothenburg, in: Die Mark 16, 1920, S. 11. Inventar/Stendal-Land, S. 252. J.-A. Kohlmann: Tangermünde, ein Besuch in der alten Elbestadt, hrsg. vom Altmärkischen Museum Stendal, 1967, S. 58

Lange Straße 27–29 Fachwerkhäuser. Nr. 29 mit Inschrift und Jahresangabe 1714. Ursprünglicher Zustand durch Schaufenstereinbauten stark verändert.
Im April 1945 durch Artilleriebeschuß zerstört. Ruinen abgetragen.

P. L. B. Kupka: Die Stadt Tangermünde, in: Heimat-Jahrbuch für den Regierungsbezirk Magdeburg 3, 1926, S. 118. Inventar/Stendal-Land, S. 250. J.-A Kohlmann: Tangermünde, ein Besuch in der alten Elbestadt, hrsg. vom Altmärkischen Museum Stendal, 1967, S. 57 f.

Tylsen (Kreis Salzwedel)

Neues Schloß (südlich des Alten Schlosses). Dreigeschossiger Putzbau mit Satteldach. 1620/21 durch Thomas II. v. d. Knesebeck errichtet, von einem Wassergraben umgeben, im Dreißigjährigen Krieg verwüstet, 1853–1856 renoviert, 1891–1894 nach Norden erweitert.
Gegen Kriegsende zerstört, später abgerissen.

W. Zahn: Die Wüstungen der Altmark, Halle 1909, S. 427. K. Mehldau: Chronik des Kirchspiels Tylsen, Salzwedel 1913, Abb. nach S. 34 und 38. A. Berg: Tylsen bei Salzwedel, ein altmärkischer Herrensitz, in: Nachrichtenblatt der Landelektrizität, Salzwedel 11, 1932, Nr. 4, S. 45 f. m. Abb. P. Grimm: Die vor- und frühgeschichtlichen Burgwälle der Bezirke Halle und Magdeburg, Berlin 1958 (Deutsche Akademie der Wissenschaften zu Berlin, Schriften der Sektion für Vor- und Frühgeschichte 6), S. 380 (Nr. 1018). Van Kempen 1961, S. 32 f., Abb. S. 169. H. Wäscher: Feudalburgen in den Bezirken Halle und Magdeburg, Berlin 1962, Bd. 1, S. 71, Bd. 2, Abb. 165. Historische Stätten, S. 472

Wernigerode (Kreis Wernigerode)

Orangerie (im ehemaligen Lustgarten am Schloßberg). Errichtet 1713–1719, 1826 Umbau zur Bibliothek. Eingeschossiger Bruchsteinbau von elf Achsen Länge mit schiefergedecktem Mansarddach und stehenden Dachfenstern in zwei Geschossen. Rundbogige Fenstertüren, auf den Schlußsteinen reliefierte Cäsarenköpfe, in der Mittelachse plastischer Frauenkopf, zu seiten Blumengirlanden und Rocaillen. Fenstertür der Mittelachse ferner betont durch darüber befindliches, von Genien gehaltenes Allianzwappen Stolberg/Leiningen-Westerburg.
Beim Luftangriff am 24. Februar 1944 durch Bombentreffer im Westteil schwer beschädigt. Außenbau in ursprünglicher Form wiederhergestellt, lediglich die Dachfenster verändert. Gebäude als Außenstelle des Staatsarchivs Magdeburg genutzt.

Inventar/Wernigerode, S. 261 f., 264 f., Abb. 180, 184, 185. Dehio/Nordwestdeutschl., S. 502. Kunstführer, S. 227. Dehio/Bezirk Magdeburg, S. 450. Historische Stätten, S. 495

Links oben: Stendal, Dom St. Nikolaus, Giebel am Südflügel des Kreuzgangs
Rechts oben: Tangermünde, Kirchstraße 41
Unten: Wernigerode, Orangerie

Breite Straße 78 (Ecke Große Schenkstraße). 1684 als Brau- und Bürgerhaus für Hans Faulbaum erbaut; 1901 Umbau des Erdgeschosses des inzwischen als Gaststätte »Zum Neustädter Bär« genutzten Hauses. Viergeschossiges Fachwerkhaus mit vorgekragten Obergeschossen. Das Dach zur Großen Schenkstraße abgewalmt, an der Front dreigeschossiger, spitz vorspringender Erker mit Haube, dessen drei Geschosse vorgekragt sind. In den meisten Fensterbrüstungen der Obergeschosse Andreaskreuze und geschwungene Streben in gitterförmiger Anordnung.
Beim Luftangriff am 24. Februar 1944 zerstört. Ruine später abgetragen. Die schwer beschädigten angrenzenden Häuser Nr. 74 und 76 in veränderter Form wiederaufgebaut.

Inventar/Grafschaft Wernigerode, S. 125, 131 ff., 171, Fig. 93. A. v. Behr: Alte Fachwerkhäuser zu Wernigerode i. Harz, in: Blätter für Architektur und Kunsthandwerk 16, 1903, Nr. 4, S. 26, Taf. 34. Inventar/Wernigerode, S. 220, Taf. 16. Dehio/Nordwestdeutschl., S. 502. M. R. Wenner: Wiederaufbau und Umbau eines Baudenkmals, in: Der Bauhelfer 3, 1948, S. 265 f., 271 ff. m. 8 Abb.

Wernigerode, Breite Straße 78

Zerbst (Kreis Zerbst)

Zwischen Elbe und Fläming am Zusammenfluß der drei Nuthen gelegen. Slawische Wasserburg mit Vorburg im Bereich des späteren Schlosses, 1007 erste Erwähnung als urbs Zirwisti. Unter Albrecht dem Bären anstelle der slawischen Burg Errichtung einer deutschen, 1196 burgwardium, östlich der Burg die Burgsiedlung mit der 1215 geweihten Bartholomäikirche und das suburbium im Bereich der heutigen Breite. Nördlich der Burgsiedlung in der zweiten Hälfte des 12. Jh. Entstehung einer Marktsiedlung mit der Pfarrkirche St. Nikolai, 1214 oppidum, Zentrum des Marktgeschehens die Gegend um Fischmarkt und Schleibank, dort auch das erste Rathaus. Um 1235 Gründung des Franziskanerklosters St. Johannes. Um 1250 Bau der ersten Stadtmauer, außerhalb dieser der Ankuhn mit dem 1213 gegründeten Armenhospital. Landesherren seit 1319 die anhaltischen Askanier. Mitte 14. Jh. bis Ende 15. Jh. schwere Kämpfe der Stadt mit dem Landesherrn um die städtischen Freiheiten. Durch den Rathausneubau um 1380 auf dem Holzmarkt Verlegung des Marktzentrums hierher, Roland 1385 und Butterjungfer 1403 urkundlich genannt. 1389 Gründung des Augustiner-Eremiten-Klosters am Plan. 1506 großer Stadtbrand. Im Verlaufe des 16. Jh. Entstehung von Vorstädten vor dem Akenschen und dem Breite-Straßen-Tor. 1522/26 Einführung der Reformation. Ab 1570 Begünstigung des reformierten Bekenntnisses. 1582 Gründung des Gymnasiums illustre als reformierte anhaltische Landesuniversität. 1603 bei der Teilung Anhalts Zerbst Residenz des Fürstentums Anhalt-Zerbst. Im Dreißigjährigen Krieg Niedergang der Stadt. Ab 1681 anstelle der ehemaligen Wasserburg Schloßbau begonnen. 1683/96 Bau der lutherischen Trinitatiskirche neben der seit 1644 reformierten Nikolaikirche. 1797 nach dem Aussterben der Fürsten von Anhalt-Zerbst im Jahre 1793 zum Fürstentum Anhalt-Dessau, seit 1863 zum vereinigten Anhalt, seit 1918 zum Freistaat Anhalt gehörig. Malerischer mittelalterlicher Stadtkern, berühmt durch zahlreiche reizvolle Bauensembles von Bauten des 15.–19. Jh.
Die Innenstadt wurde am 16. April 1945 durch einen anglo-amerikanischen Luftangriff beinahe völlig zerstört. Dabei fanden 574 Menschen den Tod. Der durch das Bombardement entfesselte Brand wütete vier Tage, unterstützt durch ständigen Artilleriebeschuß. Dabei wurden von 3485 Häusern 1433 vernichtet, ferner sieben Schulen, vier Kirchen und das Schloß mit dem Anhaltischen Landesmuseum. Von den 7110 Wohnungen der Stadt wurden 3684 total zerstört, 309 schwer, 147 mittelschwer und 407 leicht beschädigt. Nach Abschluß der dringendsten Wiederherstellungsarbeiten seit 1953 planmäßiger Wohnungsneubau.

H. Becker. B. Heese: Chronik der Stadt Zerbst, Magdeburg 1927. R. Specht: Die mittelalterlichen Siedlungsräume der Stadt Zerbst, in: Sachsen und Anhalt 16, 1940, S. 131 ff. m. 2 Pl. Keyser, S. 753 ff. Münnich: Geschichte der Stadt Zerbst 949–1949, in: Zerbster Heimatkalender 1, 1950, S. 29 ff. m. Abb. Zerbst: Wohnungsbauprogramm 1954 – Brüderstraße, Salzstraße, Rennstraße, Haselopstraße, in: Deutsche Architektur 3, 1954, H. 6, S. 265 f. m. 5 Abb. Zerbst 1945. Schilke: Die Neugestaltung des Zentrums, in: Zerbster Heimatkalender 2, 1961, S. 30 ff. m. 3 Abb. C. D. Feldmann: Das neue Zerbst entsteht, in: Zerbster Heimatkalender 9, 1968, S. 23 ff. H. Maenicke: 1000 Jahre Zerbster Geschichte, in: Zerbster Heimatkalender 11, 1970, S. 19 ff. H. Maenicke: Vor 90 Jahren, in: Zerbster Heimatkalender 12, 1971, S. 23 ff. m. 5 Abb. G. Wenzel: Zerbst verändert sein Gesicht, in: Zerbster Heimatkalender 15, 1974, S. 19 ff. m. 5 Abb. Dehio/Bezirk Magdeburg, S. 461 f. H. Maenicke: April 1945–1975, in: Zerbster Heimatkalender 16, 1975, S. 14 ff. H. Malinka: Die Zerbster Trümmerfrauen, in: Zerbster Heimatkalender 16, 1975, S. 16 ff. Historische Stätten, S. 523 ff.

St. Bartholomäikirche Dreischiffige, fünfjochige, netzgewölbte Backstein-Hallenkirche mit langgestrecktem, rechteckig geschlossenem Chor und sterngewölbter Westvorhalle. Auf dem Satteldach des Schiffes Dachreiter. Von dem 1215 geweihten romanischen Vorgängerbau, einer kreuzförmigen Feldsteinbasilika, die westliche Mittelschiffswand mit Rundfenster, die Chorwände mit zwei Südfenstern und Teile des Querschiffs mit säulengeschmücktem Stufenportal in der Nordwand sowie zwei Fenstern und einer Nische mit Fresken des 13. Jh. in der Ostwand des südlichen Armes erhalten. Anläßlich der Erhebung zur Stiftskirche im Jahre 1300 Chor nach Osten verlängert, schlanke Dreifenstergruppe in der Ostwand. Im 15. Jh. Umbau zur Hallenkirche in Breite des ehemaligen Querschiffs unter Benutzung des Feldsteinmaterials vom Vorgängerbau für die Südwand des neuen Schiffes, diese sowie alle alten Wände steinsichtig verputzt. 1517 Errichtung der westlichen Vorhalle. 1565 Chor eingewölbt und Renaissancegiebel aufgesetzt, im Anschluß daran das Langhaus eingewölbt, Gewölbe auf starken Rundpfeilern. 1598 der Treppenturm in der Ecke zwischen Vorhalle und nördlichem Seitenschiff errichtet. 1694 auf der Nordseite des Chores Anbau der Sakristei (1927 abgetragen), 1700 auf der Südseite Anfügung der Fürstengruft, gleichzeitig Portal im südlichen Querschiff von J. T. Schuchardt. Der freistehende Glockenturm nordöstlich der Kirche quadratischer Feldsteinbau, ursprünglich Bergfried des Burgbezirks oder Wohnturm eines Ministerialen an der Grenze zwischen Burgfreiheit und Markt, vermutlich in der ersten Hälfte des 15. Jh. zum Glockenturm umgestaltet, 1553 Aufsetzung der Renaissancegiebel durch Ludwig Binder.
Am 18. April 1945 die Kirche durch Artilleriebeschuß völlig ausgebrannt, ebenso der Turm, lediglich das Innere des Chores verschont, der Ostgiebel des Schiffes zusammengebrochen, die Gewölbe eingestürzt und die wertvolle Innenausstattung mit Kanzel von 1579, zinnerner Taufe von Hans Töpfer d. J. 1579, Orgel und Fürstenstuhl von Giovanni Simonetti 1698 und vier Kronleuchtern des 17. Jh. vernichtet. Auch der Giebel der Vorhalle zerstört. Chor und östlicher Teil des Langhauses (ehemaliges Querschiff) 1950 wieder ausgebaut (im Chor das Netzgewölbe erhalten); das Querschiff jetzt flach gedeckt. Auf dem Turm anstelle der Renaissancegiebel modernes Zeltdach über der Glockenstube.

Zerbst
Oben: Stadtplan, 1 Schloßfreiheit mit St. Bartholomäikirche, 2 Schleibank mit St. Nikolaikirche, 3 Fischmarkt mit Trinitatiskirche, 4 Rathaus, 5 Markt mit Neuem Haus, 6 Heide mit Heidetor, 7 Hoher Holzmarkt, 8 Am Plan, 9 Breite Straße mit Breite-Straßen-Tor, 10 Breite mit Frauentor, 11 Schloß, 12 Marstall, 13 Orangerie, 14 Marienkirche in Ankuhn
Unten: St. Bartholomäikirche von Westen

Büttner Pfänner zu Thal, S. 438 ff., Abb. 305–314, Taf. 44, 46, 48. H. Becker: Die Bartholomäikirche in Zerbst und die Reformation, in: Unser Anhaltland 2, 1902, Nr. 29, S. 338 ff. m. Abb.; Nr. 30, S. 350 ff. m. Abb.; Nr. 31, S. 361 ff. m. Abb. H. Wiemann: Der Stimmturm auf St. Bartholomäi, in: Alt-Zerbst 1, 1904, Nr. 1, 4. G. Heinicke: Kirche zu St. Bartholomäi, in: Alt-Zerbst 3, 1906, Nr. 10, 89. H. Wiemann: Geschichte der Hof- und Stifts-Kirche zu St. Bartholomäi, Zerbst 1907. Weyhe, S. 517. Wäschke: Anschlag des Bartholomäikirchturms 1602, in: Alt-Zerbst 7, 1910, Nr. 15, 103. Wäschke: Bartholomäikirchturm und Gottesacker 1602, in: Alt-Zerbst 7, 1910, Nr. 16, 108. Wäschke: Arbeiten am Bartholomäiturm 1602, in: Alt-Zerbst 7, 1910, Nr. 18, 125. W. Hoffmann: St. Bartholomäi-Turm, in: Alt-Zerbst 8, 1911, Nr. 11, 66. W. Hoffmann: Bartholomäi-Thurm, 1738, in: Alt-Zerbst 11, 1914, Nr. 4, 34. Specht: Baumeister Johann Tobias Schuchardt im Dienste des Zerbster Fürstenhofes 1700–1711, in: Alt-Zerbst 26, 1929, Nr. 5, 29. Van Kempen 1929, S. 10 ff., Textabb. II, Abb. 1–6. Grote, S. 46, 65, 84, Abb. 39–40. R. Specht: Die Wehranlagen der Stadt Zerbst, in: Sachsen und Anhalt 5, 1929, S. 101 f. Zerbst, S. 63 f., 72 ff., 94, Abb. S. 73, 74, 116. Keyser, S. 753. Dehio/Nordwestdeutschl., S. 524. Münnich, S. 56 f. Zerbst 1945, S. 41, 42, 54, 2 Abb. nach S. 16. S. Harksen: Ludwig Binder, ein mitteldeutscher Renaissancebaumeister, in: Wissenschaftliche Zeitschrift der Martin-Luther-Universität Halle-Wittenberg, Ges.-sprachwiss. R. 7, 1957/58, S. 711, 713. H.-J. Mrusek: Gestalt und Funktion der Eigenbefestigung im Mittelalter, Halle Phil. Habilitationsschrift 1958, S. 87 f. Bezirk Magdeburg, S. 136. Wiederaufbau der Kirchen in der DDR, S. 227. Dehio/Bezirk Magdeburg, S. 463 f. Historische Stätten, S. 525.

St. Nikolaikirche Dreischiffige, sechsjochige, kreuzrippengewölbte Hallenumgangskirche mit zweijochigem Chor, Chor 5/8-Schluß, Umgang 9/18-Schluß, Westbau schmaler als das Schiff, auf der Südseite mit diesem fluchtend, Außenbau Feldstein steinsichtig verputzt; der reiche Schmuck der Strebepfeiler und Fensterwandungen des Chores, dessen System dem der Marienkirche zu Bernburg ähnelt, aus Sandstein. Im Inneren Verwendung von Backstein. Auf dem Langhaus Dachreiter. – Anstelle eines romanischen Baues im 15. Jh. Neubau unter Einbezie-

Zerbst
Oben: St. Bartholomäikirche, Inneres nach Westen
Unten: St. Nikolaikirche, Chor sowie Ansicht von Nordosten

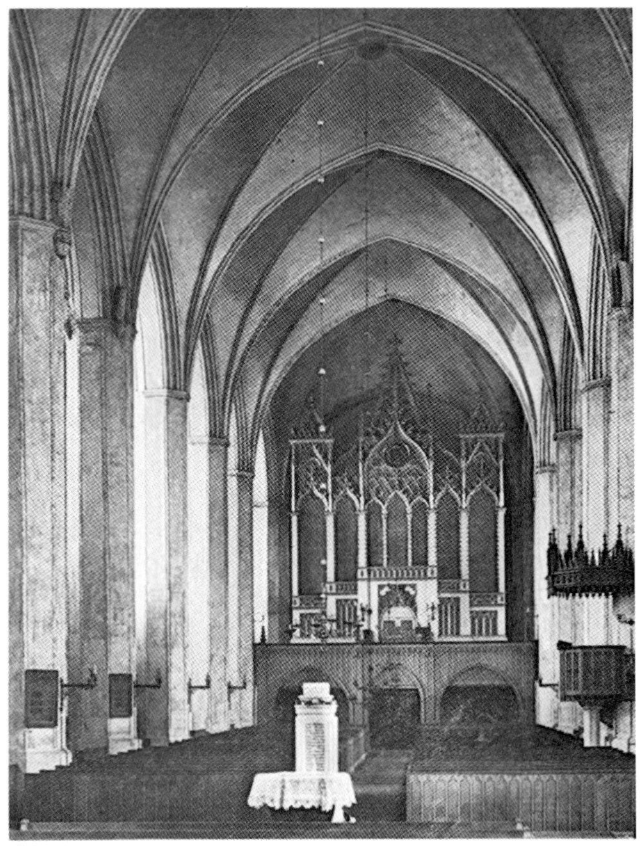

hung des alten Westbaus, der Chor bis unter die Fenster angeblich auf Kosten des 1432 verstorbenen Peter Garprader von Hans Kumoller aus Dresden erbaut, 1446 vollendet, 1447 bedacht, Langhaus von Matthias Kumoller bis 1488 errichtet, Einwölbung bis 1494 durch Hans Hobick, zwischen 1476–1494 Aufbau der Turmstube, Kegeldächer erst 1533/34 aufgesetzt. Südportal von 1660. 1823–1829 durchgreifende Renovierung unter Leitung von Pozzi, dabei Altar, Kanzel, Herzogsstuhl und Orgel (1840 eingeweiht) erneuert. Von der alten Ausstattung übernommen: Chorgestühl von 1451–1453; 1556 datiertes Epitaph des Fürsten Johann von Anhalt, die letzte nachweisbare Arbeit Ludwig Binders; die 1583 von Hans Töpfer gegossene Taufe; Epitaphien des 16. und 17. Jh. sowie das der Isabella Schmidt, Hofdame der Zarin Katharina II. (gest. 1764). Ferner bemerkenswert Marmorrelief der 1827 in Anhalt-Dessau vollzogenen Union von F. Woltreck 1841, Gipsrelief der Grablegung Christi von H. Schubert, Flügelaltar von J. H. Beck, Gemälde von Franz Schubert »Die Mannaspeisung«.
Beim Luftangriff am 16. April 1945 bis auf die Umfassungsmauern ausgebrannt. Ruine erhalten. Auf dem Nordturm des Westbaus Notdach.

W. Schubert: Über die Erbauungszeit der Kirche St. Nikolai in Zerbst, in: Neue Mittheilungen aus dem Gebiet historisch-antiquarischer Forschungen 3, H. 4, 1837, S. 123 ff. K. Müller: Die St. Nicolaikirche zu Zerbst, Zerbst (1883). M. Reichmann: Die Kirche und Gemeinde zu St. Nikolai in Zerbst, Zerbst 1894. Büttner Pfänner zu Thal, S. 430 ff., Abb. 299–304, Taf. 43, 50. F. Wiemann: Denkmäler, Inschriften, Bilder . . . an und in der St. Nikolaikirche in Zerbst, in: Unser Anhaltland 2, 1902, Nr. 37, S. 428 ff. m. Abb.; Nr. 38, S. 441 ff. m. Abb. Schulze: Die Erbauung der Nikolaikirche zu Zerbst, in Alt-Zerbst 23, 1926, Nr. 10/11, 108. Van Kempen 1929, S. 13 ff., Textabb. III, Abb. 7–12. Grote, S. 36, Abb. B, S. 40 ff., 66, Abb. 35–37, 62. R. Specht: Die Wehranlagen der Stadt Zerbst, in: Sachsen und Anhalt 5, 1929, S. 100 f. Zerbst, S. 63, 64, 66 ff., 96 f., Abb. S. 16, 21, 67, 68, 71, 106. Keyser, S. 753. Dehio/Nordwestdeutschl., S. 523 f. Münnich, S. 55 f. m. 2 Abb. W. Schadendorf: Conrad von Einbeck. Die Architektur und Plastik von St. Moritz in Halle an der Saale, Phil. Diss. Göttingen 1953, S. 55 f., 77 f., 81. Zerbst 1945, S. 22 f., 29, 54, 2 Abb. nach S. 16. Bezirk Magdeburg, S. 136. W. Gross: Mitteldeutsche Chorfassaden um 1400, in: Kunst des Mittelalters in Sachsen, Weimar 1967, S. 132, 134 f., 140 Anm. 24, Abb. 8. M.-L. Harksen: Carlo Ignazio Pozzi – Theatermaler und Architekt, in: Zwischen Wörlitz und Mosigkau, H. 5, 1971, S. 34 ff. Kunstführer, S. 192. Dehio/Bezirk Magdeburg, S. 462. Historische Stätten, S. 525

Zerbst, Nikolaikirche
Rechts oben: Westfront
Links oben und unten: Inneres nach Osten und Westen

Zerbst, Marienkirche im Ankuhn
Ansicht von Nordosten und Inneres nach Osten

Marienkirche im Ankuhn (Pfarrkirche des Ankuhn). Ehemalige Kirche eines 1213 gegründeten Armenhospitals mit Frauenkonvent, der 1298 in die Stadt verlegt wurde. Ursprünglich Feldsteinbasilika mit Stützenwechsel und rundbogigem Stufenportal im Westen, im 15. Jh. Seitenschiffe abgebrochen. 1585 Errichtung eines kreuzrippengewölbten Chores über fünf Seiten eines Achtecks mit Strebepfeilern an den Ecken anstelle der ursprünglichen Apsis, im Schlußstein Agnus dei, Maßwerkfenster, an der Südseite Pforte, an der Nordseite tonnengewölbte Sakristei. 1612 Türmchen auf der Westwand aufgesetzt, ab 1698 durch ein neues ersetzt, dessen welsche Haube von 1701. In der Nordwand des Schiffes sandsteinernes Portal, datiert 1695. Im Inneren an der West- und Nordseite zweigeschossige Emporen von 1744, Spätrenaissancekanzel mit gemaltem Bilderschmuck.
Beim Luftangriff am 16. April 1945 bis auf die Umfassungsmauern zerstört, Ruine erhalten, Notdach auf dem Chor.

Büttner Pfänner zu Thal, S. 446 ff. Weyhe, S. 514. K. Hundert: Ankuhner Kirchturm, 1698, in: Alt-Zerbst 25, 1928, Nr. 1, 4. Van Kempen 1929, S. 16. Grote, S. 46. Zerbst, S. 63, 65 f., Abb. S. 23. Keyser, S. 753. Dehio/Nordwestdeutschl., S. 524. Münnich, S. 55. Dehio/Bezirk Magdeburg, S. 464. R. Heide: Ein seltenes Baudenkmal, in: Zerbster Heimatkalender 16, 1975, S. 51 m. Abb. R. Heide: »Stadt« Ankuhn, in: Zerbster Heimatkalender 17, 1976, S. 69 ff.

Trinitatiskirche Kreuzförmiger, kreuzgratgewölbter Zentralbau mit quadratischen Anbauten in den Ecken. Die Kreuzarme als übergiebelte Risalite den kubischen Baukörper akzentuierend, den ein mächtiges Pyramidendach abschließt. Im Inneren Emporen um den westlichen, nördlichen und südlichen Arm auf je zwei korinthischen Säulen. 1683–1696 nach Plänen von C. Ryckwaert errichtet, ab 1693 unter Leitung von G. Simonetti vollendet. Skulpturenschmuck der Giebel von C. Puchaus. Innenausstattung von G. Simonetti (nach Sickel Kanzel von Puchaus, Orgelgehäuse von T. Wilhelmi, Magdeburg). Epitaphien der Fürstin Christiane Eleonore, des Kanzlers A. G. v. Koseritz (gest. 1728), der Magdalena v. Keyn (gest. 1725), der J. M. v. Brandenstein (gest. 1739) und des Obermarschalls Chr. a. d. Winkel (gest. 1752).
Beim Luftangriff am 14. April 1945 schwer beschädigt, am 16. April 1945 ausgebrannt. 1951–1967 Wiederaufbau, dabei Verzicht auf die Emporen. Von der ehemaligen Inneneinrichtung nur der Altaraufbau ohne die Gemälde erhalten.

C. Chr. Wessel: Mitteilungen über die Kirche und Gemeinde zu St. Trinitatis in Zerbst, Zerbst 1846. Büttner Pfänner zu Thal, S. 448 ff., Abb. 315–319, Taf. 45 bis 49. W. Sickel: Geschichte der St. Trinitatis-Kirche zu Zerbst, Zerbst 1896. H. Wiemann: Bau der Trinitatiskirche, in: Alt-Zerbst 2, 1905, Nr. 19, 102. Weyhe, S. 520. W. van Kempen: Die St. Trinitatiskirche in Zerbst, in: Denkmalpflege und Heimatschutz 25, 1923, S. 100 ff., Abb. 1–3. W. van Kempen: Der Baumeister Cornelis Ryckwaert, Ein Beitrag zur Kunstgeschichte Brandenburgs und Anhalts im 17. Jh., in: Marburger Jahrbuch für Kunstwissenschaft 1, 1924, S. 230 ff., Abb. 163–167. Specht: Der Kurfürstlich-Brandenburgische Baumeister Cornelius Ryckwaert und seine Bautätigkeit in Zerbst von 1675–93, in: Alt-Zerbst 25, 1928, Nr. 7, 74, S. 3 f. Van Kempen 1929, S. 16 ff., Textabb. IV, Abb. 13–18. Grote, S. 80 ff., Abb. 77, 81, 85. Zerbst, S. 65, 81 f., 98 f., Abb. S. 82, 86. Keyser, S. 753. G. Schiedlausky: Martin Grünberg, ein märkischer Baumeister aus der Wende vom 17. zum 18. Jahrhundert, Burg. b. M. 1942, S. 30, 33, 35 ff., Abb. 8. Dehio/Nordwestdeutschl., S. 524. Münnich, S. 60. Zerbst 1945, S. 12, 24, 54. Wendland, Abb. 85. Zehn Jahre Denkmalpflege, S. 215. Bezirk Magdeburg, S. 136. Wiederaufbau der Kirchen in der DDR, S. 66, 191, 227, Abb. S. 174. Kunstdenkmäler, S. 395 f., Abb. 351. Kunstführer, S. 192. Dehio/Bezirk Magdeburg, S. 464 f. Historische Stätten, S. 526

Hospital Sanct Augustini Das 1390–1394 errichtete Kloster der Augustiner-Eremiten wurde 1525 vom Rat der Stadt Zerbst erworben und darin das Hospital »Sanct Augustini« eingerichtet. 1556 abgebrannt. Wiederaufbau unter Benutzung der Umfassungsmauern und Teilen des Kreuzgangs als dreiflügelige Anlage. 1885–1887 umgebaut, dabei die Klostermauer abgerissen und die Front zum Plan modernisiert. Das anhaltische Wappen am Portal zum Hof vom abgerissenen Akenschen Tor, 18. Jh. Mitte 19. Jh. auf dem Gelände des Hospitals Neubau für die Mitglieder der Gewandschneider-Innung. 1925–1927 Errichtung eines Altersheimes an der Westseite der Anlage im rechten Winkel zum Nordflügel.
Am 16. April 1945 Hospital schwer getroffen. Die alten Gebäude bis auf einen kleinen Rest im Westen der Anlage vernichtet, das Altersheim stark beschädigt. 1950–1953 Wiederaufbau des Altersheimes und Ergänzung durch Neubau. Bis 1974 Wiederherstellung des Restes vom westli-

chen Hospitalflügel; unten ehemals ein zweischiffiger, kreuzrippengewölbter Saal von drei Jochen Länge mit zwei Mittelpfeilern, jetzt aufgeteilt in einen zweijochigen Speisesaal und zwei kleine, jeweils mit einem Kreuzgewölbe überspannte Räume, der darüber befindliche ebenfalls kreuzrippengewölbte zweischiffige Saal in ursprünglicher Länge erhalten (jetzt Kultursaal). Der ruinöse Gebäudeteil zwischen Speisesaal und 1927 errichtetem Altersheim seit 1974 durch einen Neubau ersetzt.

Büttner Pfänner zu Thal, S. 453 f. Van Kempen 1929, S. 19. Zerbst, S. 95. Keyser, S. 753. Münnich, S. 58. Zerbst 1945, S. 27, 37. Dehio/Bezirk Magdeburg, S. 465. E. Hänze: Vom Kloster zum Feierabendheim, in: Zerbster Heimatkalender 17, 1976, S. 40 ff. m. 2 Abb.

Stadtbefestigung Mauerring um 1250 in seiner heutigen Ausdehnung entstanden, ab 1430 erneuert und von Wall und Graben begleitet, die unteren zwei Drittel der Mauern Feldstein, das obere Drittel Backstein. Die Wehrgänge mit Schießscharten erst 1571 aufgesetzt.
Beim Luftangriff am 16. April 1945 durch Bomben einige Lücken in den Mauerring gerissen und der hölzerne Teil der Wehrgänge durch Brand vernichtet. Nach 1945 die Mauerlücken wieder geschlossen, der im Schloßgarten umgestürzte Mauerteil wiederaufgebaut, an der Puschkin-Promenade Errichtung von vier Stützpfeilern, Wehrgang am Breite-Straßen-Tor wiederhergestellt.

R. Specht: Die Wehranlagen der Stadt Zerbst, in: Sachsen und Anhalt 5, 1929, S. 38 ff. Zerbst, S. 58. Keyser, S. 754. Zerbster Heimatkalender 1, 1960, Abb. S. 6. Zerbst 1945, S. 31. Kunstführer, S. 192. H. Maenicke: Unsere Stadtmauer in sechs Jahrhunderten, in: Zerbster Heimatkalender 14, 1973, S. 23 ff. Dehio/Bezirk Magdeburg, S. 466

Frauentor 1470 von Meister Hans dem Steinmetzen errichteter Feldsteinturm über rechteckigem Grundriß mit rundbogiger Durchfahrt. Der achteckige Turmaufsatz bekrönt durch Fachwerk-Laterne mit welscher Haube. (Torschreiberhaus 1874 abgerissen, dadurch entstand neben dem Tor eine breite Durchfahrt.)
Laterne beim Luftangriff am 16. April 1945 zerstört. Turm jetzt mit Notdach abgedeckt.

Büttner Pfänner zu Thal, S. 457. Weyhe, S. 515. E. Neubauer: Domsteinmetzmeister Johannes Brochstedt, in: Geschichts-Blätter für Stadt und Land Magdeburg 53/54, 1918/19, S. 122 f. Hoyer, Abb. S. 299. Kunstführer, S. 192. Dehio/Bezirk Magdeburg, S. 467

Breite-Straßen-Tor Feldsteinturm über rechteckigem Grundriß mit spitzbogiger Durchfahrt. Dachgesims über dem Zifferblatt der Uhr aufgebogen, Zeltdach mit viereckiger, von einer welschen Haube bekrönter Laterne. (Torschreiberhaus 1875 abgebrochen).
Beim Luftangriff am 16. April 1945 beschädigt. Bei der Wiederherstellung einfaches Zeltdach ohne Laterne aufgebracht.

Zerbst, S. 61, 95. Kunstführer, S. 192. Dehio/Bezirk Magdeburg, S. 467

Zerbst, Trinitatiskirche
Äußeres sowie Inneres nach Westen und Osten

Schloß Dreigeschossige, dreiflügelige Anlage mit Mittelrisaliten und zum Ehrenhof hin nicht aus der Fassade tretenden Eckpavillons. Corps de logis dominierend durch seinen Turm mit zweiläufigem Stiegenhaus, das den Zugang zu den an der Hoffront durchlaufenden Korridoren vermittelt. Anstelle eines Renaissanceschlosses ab 1681 nach Plänen von C. Ryckwaert für Fürst Carl Wilhelm erbaut. Corps de Logis 1696 eingeweiht. Nach Ryckwaerts Tode 1693 Bau weitergeführt von G. Simonetti, von ihm auch die Stuckdecke des großen Saales, das Deckengemälde von Bodan. 1705–1711 Errichtung des Westflügels, darin die Schloßkapelle, die 1717–1719 von F. Minetti (Decke), Schmied (Altar, Kanzel, Orgelprospekt), Roscher (Deckengemälde) u. a. ausgestattet wurde, unter der Kapelle die Gruft der Zerbster Askanier. 1718–1722 Mittelrisalit des Corps de logis von J. Chr. Schütze zu einem Turm ausgebaut. Der Ostflügel 1744–1747 nach Entwurf G. W. v. Knobelsdorffs durch J. F. Friedel aufgeführt, die Dekoration des Audienzsaals im ersten Obergeschoß nach Entwürfen Knobelsdorffs von J. M. Hoppenhaupt, von diesem auch das Zedernkabinett, das Schlafzimmer des Fürsten und das blaue Kabinett der Fürstin, bedeutende Zeugnisse der friderizianischen Rokoko-Raumkunst. In den 80er Jahren des 19. Jh. Brand des Schloßturms und nachfolgende Wiederherstellung. Nach Erlöschen der Linie Anhalt-Zerbst im Schloß das Anhaltische Staatsarchiv, das Zerbster Stadtarchiv und das 1921 gegründete Anhaltische Landesmuseum.
Durch Luftangriff am 16. April 1945 zerstört. Ruine bis auf den Ostflügel abgetragen, dessen Wiederaufbau vorgesehen.

Büttner Pfänner zu Thal, S. 424 ff., Abb. 294–298, Taf. 42. Weyhe, S. 521. H. Wäschke: Die Schloßkapelle in Zerbst, in: Zerbster Jahrbuch 4, 1908, S. 1 ff. G. Ulrich: Schlösser und Kunstschätze Anhalts, in: Salonblatt 6, 1911, Nr. 33, S. 946 ff. m. Abb. Wäschke: Schloß und Museum zu Zerbst, Zerbst [1921]. W. van Kempen: Das Schloß in Zerbst, in: Die Denkmalpflege 23, 1921, S. 105 ff. m. 4 Abb. W. van Kempen: Vom Schlosse Zerbst in Anhalt, in: Denkmalpflege und Heimatschutz 25, 1923, S. 107. L. Grote: Fridericianische Kunst in Zerbst, in: Aus Zeit und Leben, Wochenbeilage des Anhalter Anzeigers Nr. 280 vom 2. 12. 1923. W. van Kempen: Der Baumeister Cornelis Ryckwaert, Ein Beitrag zur Kunstgeschichte Brandenburgs und Anhalts im 17. Jh., in: Marburger Jahrbuch für Kunstwissenschaft 1, 1924, S. 221 ff., Abb. 157–162. W. van Kempen: Das Reisetage- und Skizzenbuch des Architekten Christoph Pitzler, eine Quelle zur anhaltischen Kunstgeschichte des 17. und 18. Jahrhunderts, in: Mitteilungen des Vereins für Anhaltische Geschichte und Altertumskunde 14, 1923/24, H. 2, S. 93 ff. W. van Kempen: Schloß Zerbst in Anhalt, in: Der Burgwart 28, 1927, Nr. 314, S. 44 f., Abb. 31–35. Hentzen 1927, S. 20 f., 32, 88. Specht: Der Kurfürstlich-Brandenburgische Baumeister Cornelius Ryckwaert und seine Bautätigkeit in Zerbst von 1675–93, in: Alt-Zerbst 25, 1928, Nr. 7, 74. Specht: Bauinspektor Friedel im Dienste des Zerbster Fürstenhofes, 1743–48, in: Alt-Zerbst 26, 1929, Nr. 8, 65. Grote, S. 80 ff., 91 ff., Abb. 78, 80, 82, 86, 90–93. Van Kempen 1929, S. 22 ff., Abb. 21–29. A. Streichhan: Knobelsdorff und das friderizianische Rokoko, Burg b. Magdeburg 1932 (Beiträge zur Kunstgeschichte 1), S. 14, 24, 59. R. Specht:

Zerbst, Schloß
Oben: Ansicht der Hofseite von Südosten
Unten: Saal des 17. Jh., Stuckdecke von Simonetti im Corps de Logis

Zerbst, Schloß
Oben: Kabinett und Gobelinzimmer im Ostflügel
Mitte: Spiegelkabinett im Turm; Decke von Simonetti im Corps de Logis; Alkovendekoration von Hoppenhaupt im Schlafzimmer des Fürsten (Ostflügel)
Unten: Audienzsaal im Ostflügel, Detail der Decke und Raumansicht

Die Tätigkeit des Bildhauers Johann Michael Hoppenhaupt beim Zerbster Schloßbau, in: Zerbster Jahrbuch 18, 1933, S. 87 ff. L. Grote: Johann Christoph Schütze, ein mitteldeutscher Barockmeister, in: Montagsblatt 76, 1934, Nr. 47, S. 369 ff. m. Abb. L. Grote: Beiträge zur Frage: Knobelsdorff und das Fridericianische Rokoko, in: Zeitschrift für Kunstgeschichte 4, 1935, H. 1/2, S. 51 ff. m. 7 Abb. Zerbst, S. 64, 80 ff., 94, Abb. S. 42, 84, 111, 112. Keyser, S. 753. Dehio/Nordwestdeutschl., S. 524 f. Münnich, S. 59. Zerbst 1945, S. 21, 27, 32, 37, 42, 54 f. Zehn Jahre Denkmalpflege, S. 215. Van Kempen 1961, S. 131 f., Abb. S. 247. Bezirk Magdeburg, S. 56, 136. H.-J. Mrusek: Von der ottonischen Stiftskirche zum Bauhaus, Halle/Saale 1967 (Kunst- und Kulturdenkmäler im Bezirk Halle), S. 104 f. Kunstführer, S. 192. Dehio/Bezirk Magdeburg, S. 465 f. Historische Stätten, S. 527

Zerbst, Schloß, Ostflügel
Oben: Kabinett von Hoppenhaupt
Unten: Treppenhaus und Deckengemälde

Zerbst, Schloß, Zedernkabinett im Ostflügel

Zerbst, Schloß, Kapelle im Westflügel

Kämmerei (südwestlich des Schlosses). Um 1700 errichteter eingeschossiger Putzbau von elf Achsen Länge mit Mansarddach. An den Gebäudeecken Putzrustika. In der Mittelachse über fünfstufiger Treppe rundbogiges Portal mit wappengeschmücktem Dreieckblendgiebel. In der zweiten und zehnten Achse über fünfstufigen Treppen gelegene Türen mit Oberlicht. Über Mittelportal und Türen stehende Dachfenster mit Dreieckgiebeln. Die Wände zwischen den Achsen durch Blendfelder gegliedert. Im Inneren Stuckdecke von Simonetti.
Beim Luftangriff am 16. April 1945 beschädigt, später abgerissen.

W. van Kempen: Das Schloß in Zerbst, in: Die Denkmalpflege 23, 1921, S. 107. Van Kempen 1929, S. 25. Zerbst, S. 86

Marstall (westlich des Schlosses). Links dreitorige Remise und achtfenstriger Pferdestall. Der Wohntrakt rechts im Pavillonstil ein Putzbau von sechs Achsen Länge mit Mansarddach, an den Ecken Putzrustika. Die Toreinfahrt in der Mitte des Gebäudes in einem Scheinrisalit flankiert von Voluten auf Lisenen. Die Dachkante des Stalles als ziegelgedecktes Gesims über die Fassade geführt.
Beim Luftangriff am 16. April 1945 Remise und Stall zerstört, Umfassungsmauern erhalten.

Dehio/Nordwestdeutschl., S. 525. Dehio/Bezirk Magdeburg, S. 466

Orangerie (nördlich des Schlosses im Park gelegen). Vor 1714 errichtet, 1740 von J. Chr. Schütze umgebaut, dabei die ursprünglich vorhandenen Eckpavillons aufgegeben. Pavillon mit bogenförmigen Flügeln an schmaler Terrasse, zu der dreistufige Treppen führen. Die drei Achsen des mit einem gebrochenen Kuppeldach gedeckten Pavillons durch gebälktragende Pilaster getrennt; in der Mittelachse von Säulen flankiertes Portal mit einem sich verkröpfenden Segmentbogenblendgiebel, darin Wappenschmuck, darüber segmentbogenverdachtes rundes Kuppelfenster; den rundbogigen Fenstern entsprechen in der Kuppelzone auf der Attika aufsitzende Fenster mit Dreieckgiebeln. Die Mauern der Flügel an der Schauseite in Fenster aufgelöst bis auf die nischengegliederten gebrochenen Enden. Im Inneren ovaler Kuppelsaal.

Beim Luftangriff am 16. April 1945 zerstört. Ruine dient als Freilichtbühne.

Büttner Pfänner zu Thal, S. 430. Hentzen 1927, S. 88. Grote, S. 86, Abb. 89. Van Kempen 1929, S. 25, Abb. 30. Zerbst, S. 86, 95, Abb. S. 121. A. Tschira: Orangerien und Gewächshäuser, ihre geschichtliche Entwicklung in Deutschland, Berlin 1939, S. 40, Abb. 22. Bauernblume, Bürgergarten, schöne Parks, von schlichter Liebe zur Natur und kunstvoller Gartenschönheit, in: Der goldene Reiter 3, 1940, H. 11, S. 310. Dehio/Nordwestdeutschl., S. 525. Münnich, S. 59. Historische Stätten, S. 527

Schloßfreiheit 10 Für August Friedrich Brand von Lindau erbaut 1710–1713 durch J. T. Schuchardt (später Amtsgericht). Zweigeschossiger Putzbau von 11 : 4 Achsen mit Mansarddach. Die äußeren Achsen risalitartig vorgezogen und im Erdgeschoß mit Putzrustika versehen, ebenso behandelt der dreiachsige Mittelrisalit, in dessen Mittelachse Portal, darüber von dorischen Säulen getragener Balkon. Über diesem risalitartigen Teil dreiachsiges Zwerchhaus mit vasenbekröntem Rundbogengiebel. Im Inneren stuckiertes Vestibül und stuckierter Saal im ersten Obergeschoß.
Am 19. April 1945 infolge des Luftangriffs ausgebrannt. Ruine 1958–1960 ausgebaut, dabei das Äußere in alter Form wiederhergestellt.

C. Gurlitt: Geschichte des Barockstiles, des Rococo und des Klassizismus in Deutschland, Stuttgart 1889, S. 179. Büttner Pfänner zu Thal, S. 458 f. H. Becker, S. 112. Weyhe, S. 518. W. van Kempen: Der Stukkator und Baumeister Giovanni Simonetti, eine Vorstudie..., in: Anhaltische Geschichtsblätter 1, 1925, S. 84. Hentzen 1927, S. 39. Van Kempen 1929, S. 25 f., Abb. 31. Grote, S. 85, Abb. 88. Zerbst, S. 65, 86, 94, Abb. S. 43. Dehio/Nordwestdeutschl., S. 525. Zerbst 1945, S. 42, 54. Bezirk Magdeburg, Abb. S. 137. H. Maenicke: Zwei Kavalierhäuser, in: Zerbster Heimatkalender 10, 1969, S. 27 ff. Kunstführer, S. 192. Dehio/Bezirk Magdeburg, S. 466

Zerbst
Oben: Kämmerei und Orangerie
Unten: Schloßfreiheit 10, Saal und Straßenfront

Markt Zentrum der Bürgerstadt, selten geschlossene Platzanlage, beherrscht vom Rathaus und der hinter ihm aufragenden Nikolaikirche im Norden, auf der Ost- und Westseite Giebelhäuser. Auf dem Platz der Roland, Sandsteinfigur von Meister Curd 1445/46, und die Butterjungfer, ein vergoldetes Metallfigürchen auf einer Säule, seit 1403 nachweisbar (heutige Figur von 1647).
Beim Luftangriff am 16. April 1945 Ensemble vernichtet, Roland beschädigt.

Zerbst, S. 103, Abb. S. 49, 51, 104, 105. Zerbst 1945, S. 21, 36, 39, Abb. nach S. 16. R. Specht: Unser historischer Zerbster Markt, in: Zerbster Heimatkalender 2, 1961, S. 35 f. m. Abb. H. Maenicke: Vor 90 Jahren, in: Zerbster Heimatkalender 12, 1971, S. 23 ff. m. 3 Abb.

Rathaus Backsteinbau des 15. Jh. mit Gewölben im nordöstlichen Teil, 1448 begonnen, 1479 und 1481 Errichtung der Staffelgiebel im Osten und Westen durch Hans Schmidt, die farbige Behandlung von Lüdicke Papenborger. Diesem Gebäude nach Süden zu seiten eines Treppenturms 1548/49

Zerbst, Markt
Oben: Blick nach Norden zum Rathaus
Mitte und unten: Ostseite

ein einstöckiger Bau vorgelagert, der 1610 durch Meister A. Sonntag um zwei Geschosse erhöht und mit vier Zwerchhäusern versehen wurde, von 1610 auch das wappengeschmückte Spätrenaissanceportal. Renovierungen 1824 und 1889 bis 1891. Nach Brand von 1891 innerer Ausbau des Rathauses und Veränderung der Südfassade: Reduzierung der Zwerchhäuser auf drei, Verlegung des Portals in die Mitte des Baues.
Beim Luftangriff am 16. April 1945 ausgebrannt. Ruine abgetragen.

F. Kindscher: Zwei Magdeburger Backsteingiebel in Zerbst, in: Geschichts-Blätter für Stadt und Land Magdeburg 21, 1886, S. 182 ff. Büttner Pfänner zu Thal, S. 454 ff., Abb. 323, 325, 327, Taf. 51. R. Schmidt: Das Rathaus zu Zerbst, Zerbst 1896. O. Peters: Magdeburg und seine Baudenkmäler, Magdeburg 1902, S. 36 ff. m. 2 Abb. Weyhe, S. 519 f. m. Abb. F. Heine: Kontrakt zwischen dem Rat von Zerbst und Meister Schmidt betr. Erbauung des östlichen Rathausgiebels, in: Alt-Zerbst 8, 1911, Nr. 19, 128. F. Heine: Kontrakt zwischen dem Rat von Zerbst und Meister Papenborg betr. Ausmalung des östlichen Rathausgiebels. 1479 Oktober 2., in: Alt-Zerbst 8, 1911, Nr. 20, 134. Van Kempen 1929, S. 27 f., Abb. 32–34. Grote, S. 40, 74, Abb. 33, 34. Thieme-Becker 25. 1931, S. 490. Zerbst, S. 64, 79 f., 103 f., Abb. S. 32. Keyser, S. 573. Dehio/Nordwestdeutschl., S. 525. Münnich, S. 58 f. Zerbst 1945, S. 22, 54, Abb. nach S. 16. R. Specht: Unser historischer Zerbster Markt, in: Zerbster Heimatkalender 2, 1961, S. 35 f. m. Abb. Dehio/Bezirk Magdeburg, S. 466. Historische Stätten, S. 526

Neues Haus (Markt 11, Ecke Brüderstraße). 1534 bis 1545 nach Entwurf L. Binders als Kaufhaus, Schöffengericht und Ratskeller errichtet. Zweigeschossiger, mehrgiebeliger Putzbau. 1665 erneuert, 1839 zur Bürgerschule umgestaltet, dabei Abbruch der Giebel, an ihrer Stelle Zinnenkranz mit Ecktürmen. Hauptportal am Markt 1537 in Renaissanceformen, danebenliegend ein spätgotisches Portal, ebenso die drei Portale an der Brüderstraße.
Bei einem Luftangriff am 14. April 1945 Obergeschoß zerstört, in der Nacht vom 15. zum 16. April infolge Artillerietreffers ausgebrannt. Ruine 1967 abgerissen, das Hauptportal geborgen.

Büttner Pfänner zu Thal, S. 456, Abb. 324, 325, Taf. 48. Weyhe, S. 518 f. O. Wendt: Das Neue Haus in Zerbst, in: Zerbster Jahrbuch 4, 1908, S. 31 ff. Wäschke: Bauarbeiten im Neuen Hause 1690, in: Alt-Zerbst 5, 1908, Nr. 11, 53. Specht: Die Giebel auf dem Neuen Hause, in: Alt-Zerbst 25, 1928, Nr. 8, 88. Specht: Abbruch im Franziskanerkloster zum Baumaterial des Neuen Hauses auf dem Markt 1535–41, in: Alt-Zerbst 25, 1928, Nr. 9, 92. Van Kempen 1929, S. 28 f., Abb. 35. Grote, S. 65 f. Abb. 34, 61. Zerbst, S. 64, 103, Abb. S. 33. Keyser, S. 573. Dehio/Nordwestdeutschl., S. 525. Heimatkalender 1950, S. 26 m. Abb. Zerbst 1945, S. 12, 20, 54.

Zerbst
Oben: Rathaus, Westgiebel und Ostseite
Unten: Neues Haus

S. Harksen: Ludwig Binder, ein mitteldeutscher Renaissancebaumeister, in: Wissenschaftliche Zeitschrift der Martin-Luther-Universität Halle-Wittenberg, Ges.-sprachwiss. R. 7, 1957/58, S. 711, 713, Abb. 10. M. Harksen: Das ehemalige »Neue Haus«, in: Zerbster Heimatkalender 9, 1968, S. 42 ff. m. 2 Abb. Historische Stätten, S. 526

Bei den nachfolgend aufgeführten zerstörten Bürgerhäusern beschränkt sich die Auswahl auf die in der einschlägigen Literatur genannten Gebäude.

Bürgerhäuser an der Westseite des Marktes

Nr. 2 (Ecke Bäckerstraße): Dreigeschossiger Fachwerkbau von 5 : 5 Achsen mit Mansarddach. Einachsiger Mittelrisalit mit Tür über innen gelegener Treppe, Geschoßtrennung durch Gesimsbänder mit Palmettenfriesen, unter den Fenstern Felder mit Palmetten, die oberen Ecken der Fenstereinfassungen abgerundet. Haus 1788 ausgebaut.

Nr. 4: 1716 unter Benutzung des Nachbarhauses neu errichtet, umgebaut 1768. Dreieinhalbgeschossiges, achtachsiges Haus mit Drempelstock und Satteldach. Die mittleren beiden Achsen risalitartig vorgezogen und mit Dreieckgiebel bekrönt, die vorletzten Achsen durch Erker mit Balkon und Rundbogengiebel ausgezeichnet.

Nr. 30: 1457 oder 1461 errichteter Fachwerkbau in Giebelstellung mit hohem Satteldach. Über massivem Erdgeschoß Fachwerkobergeschosse von sieben Fach Breite, zweites Obergeschoß und Giebel vorgekragt. Balkenköpfe von sechzehn figürlichen Konsolen gestützt: Christus und die zwölf Apostel, die hl. Ursula und zwei Schildknappen mit dem anhaltischen Wappen (nach Wiemann), die zwölf Apostel und die Patrone des Erzbistums Magdeburg (nach van Kempen). 1927 renoviert.

Nr. 32: Zweieinhalbgeschossiges Giebelhaus von 1728, der zweigeschossige Volutengiebel mit drei Absätzen.

Büttner Pfänner zu Thal, S. 458, Abb. 326, Taf. 50 (Nr. 30). H. Wiemann: Ein merkwürdiges Haus in Zerbst, in: Unser Anhaltland 3, 1903, S. 357 ff., m. Abb. (Nr. 30). A. Knof: Bürgerhäuser, in: Alt-Zerbst 1, 1904, Nr. 32, 198 (Nr. 4), Nr. 33, 207 (Nr. 2, 4). H. Becker, S. 113 (Nr. 30). Weyhe, S. 518, m. Abb. (Nr. 30). Hentzen 1927, S. 39 (Nr. 4). Van Kempen 1929, S. 32 ff., Abb. 39, 40. Grote, S. 40, Abb. 42 (Nr. 30), Abb. 156 (Nr. 4). Zerbst, S. 103, Abb. S. 55 (Nr. 30, 32). Dehio/Nordwestdeutschl., S. 525 (Nr. 2, 4, 30). Heimatkalender 1950, S. 22, m. Abb. (Nr. 30). Zerbst 1945, S. 21 f., 54. Beiträge zur Zerbster Geschichte 3, 1955, Abb. nach S. 24 (Nr. 30). R. Specht: Unser historischer Zerbster Markt, in: Zerbster Heimatkalender 2, 1961, S. 35 f. (Nr. 30). Zerbster Heimatkalender 12, 1971, Abb. S. 24 (Nr. 2, dort als Nr. 1)

Bürgerhäuser an der Ostseite des Marktes

Nr. 3: Ratsapotheke. 1610 von A. Sonntag errichteter Fachwerkbau in Traufenstellung. Über massivem Erdgeschoß vorgekragte Obergeschosse, das zweite Obergeschoß über starkem Rundbogenfries. Dreistufiger, obeliskengeschmückter Schaugiebel zur Schleibank.

Nr. 5: Dreigeschossiger Fachwerkbau in Traufenstellung von fünf Achsen Länge mit massivem Erdgeschoß und vorgekragten Obergeschossen. Sitznischenportal.

Nr. 7: Dreigeschossiges barockes Giebelhaus von fünf Achsen mit einstufigem Giebel. Die Obergeschosse an den Ecken durch kolossale Pilaster zusammengefaßt.

Nr. 9: Dreieinhalbgeschossiges barockes Giebelhaus von sechs Achsen mit Volutengiebel.

Nr. 23: Dreigeschossiges, vierachsiges Giebelhaus von 1670 mit rustizierten Ecken und dreistufigem Volutengiebel.

Zerbst, Markt 30

Nr. 25: Dreieinhalbgeschossiges, sechsachsiges Giebelhaus mit rustizierten Ecken und dreistufigem Volutengiebel. Fassade von 1669.
Nr. 27: Gasthof »Grüner Anker«. Zweigeschossiges, sechsachsiges Giebelhaus mit überbauter Tordurchfahrt und dreistufigem Volutengiebel. Sandsteinernes Sitznischenportal mit Jahreszahl 1669.

Büttner Pfänner zu Thal, S. 459 (Nr. 3, 23, 25, 27). H. Zeidler: Zum Artikel »Bürgerhäuser«, in: Alt-Zerbst 1, 1904, Nr. 2, 7 (Nr. 23, 27). A. Knof: Bürgerhäuser, in: Alt-Zerbst 1, 1904, Nr. 11, 64 (Nr. 27). Wäschke: Bürgerhäuser, in: Alt-Zerbst 1, 1904, Nr. 11, 64 (Nr. 3, 5, 7). H. Becker, S. 112 (Nr. 3, 23). Hentzen 1927, S. 12 (Nr. 3). Van Kempen 1929, S. 33 (Nr. 3, 5, 9, 23, 27). Zerbst, S. 104 (Nr. 3), Abb. S. 104 (Nr. 21–27). Dehio/Nordwestdeutschl., S. 525 (Nr. 23). Zerbst 1945, S. 22 (Nr. 3, 9), 36 (Nr. 25)

Hoher Holzmarkt An seiner Südfront das Rathaus, an der Ostseite die Nikolaikirche, die Häuser Nr. 3–7 an der Westseite schließen den Marktplatz optisch ab. Bebauung durch zahlreiche bemerkenswerte Bürgerhäuser, so die Fachwerkgebäude in Giebelstellung Nr. 3, 5, 13, 19 und 21 (Nr. 21 mit Steinportal von 1684) und Nr. 7 (Gasthaus »Drei Linden«) mit massiver Fassade und derbem Volutengiebel.

Beim Luftangriff am 16. April 1945 vernichtet. Ruinen abgetragen.

Büttner Pfänner zu Thal, S. 459 f. (Nr. 7, 21). H. Becker, S. 112. Van Kempen 1929, S. 33 f. Zerbst 1945, S. 24 (Nr. 21)

Schleibank (östlich des Rathauses)
Nr. 8: Fachwerkbau des 18. Jh. mit handwerklicher Rokokotür, im Mittelfenster neogotisches Maßwerk.
Nr. 20: Giebelhaus mit Volutengiebel, städtebaulich bedeutsam für den Blick von der Heide zur Nikolaikirche.
Nr. 24: Klassizistisches Bürgerhaus von zwei Geschossen und fünf Achsen, die Mittelachse als Risalit behandelt.
Nr. 30: Dreigeschossiges, vierachsiges Giebelhaus mit zweistufigem Volutengiebel und Sitznischenportal.
Nr. 36: Gasthaus zu den drei Kronen. Fachwerkbau in Giebelstellung mit Sitznischenportal von 1663.
Beim Luftangriff am 16. April 1945 zerstört. Ruinen abgetragen.

Büttner Pfänner zu Thal, S. 459 (Nr. 36). H. Becker, S. 112 (Nr. 36). Van Kempen 1929, S. 32 ff. Zerbst 1945, S. 24 f., 3 Abb. nach S. 16

Zerbst
Oben: Portal von Hoher Holzmarkt 21; Markt 2; Markt 4
Rechts Mitte: Hoher Holzmarkt 1–7
Unten: Schleibank 36; Schleibank 30–24

Fischmarkt (östlich der Nikolaikirche)
Nr. 2, 11, 13: Fachwerkhäuser in Giebelstellung. Nr. 11 mit Vorhaus, holzgeschnitztem, 1668 datiertem Sitznischenportal und Tür mit Knorpelwerk, Nr. 13 mit steinernem Sitznischenportal; beide Fachwerkhäuser gaben von der Heide aus durch ihre kulissenartige Staffelung ein reizvolles Bild.
Beim Luftangriff am 16. April 1945 zerstört. Ruinen abgetragen.

Büttner Pfänner zu Thal, S. 462, Abb. 335 (Nr. 11). H. Becker, S. 112. A. Hildebrand: Sächsische Renaissanceportale und die Bedeutung der halleschen Renaissance für Sachsen, Halle a. S. 1914 (Studien zur thüringisch-sächsischen Kunstgeschichte 2), S. 48, 211 (Nr. 11). Van Kempen 1929, S. 32 f., Abb. 36. Zerbst, S. 97 f., Abb. S. 15, 98. Dehio/Nordwestdeutschl.,

S. 525. Heimatkalender 1950, S. 24 mit Abb. Zerbst 1945, S. 25. E. Albrecht: Alte Portale, in: Zerbster Heimatkalender 5, 1964, S. 71 f. mit Abb.

Alte Brücke 59 Ehemalige Hofapotheke, mit Portal von 1676.

Büttner Pfänner zu Thal, S. 458, Abb. 329. Van Kempen 1929, S. 34. Zerbst, S. 103. Dehio/Nordwestdeutschl., S. 525. Zerbst 1945, S. 22, 30

Breite
Nr. 2: Zweigeschossiger Putzbau von neun Achsen Länge, an den Gebäudeecken Putzrustika.
Nr. 4: Zweigeschossiger, fünfachsiger Putzbau des 18. Jh. mit Mansarddach und Zwerchhaus über der von Pilastern flankierten Mittelachse.
Nr. 9: Putzbau mit Mansarddach und schmalem Zwerchhaus.
Nr. 13: Giebelhaus.
Nr. 17: Im Inneren früher fälschlich Simonetti zugeschriebene Stukkaturen.
Nr. 19: Putzbau in Giebelstellung mit Krüppelwalmdach, 1706; nach der Zerstörung wiederaufgebaut, Portal jedoch ohne plastischen Schmuck.
Nr. 40: Gebäude mit Rokokotür.
Nr. 47: Fachwerkhaus in Giebelstellung.

Büttner Pfänner zu Thal, S. 460 (Nr. 19). H. Becker, S. 112 (Nr. 4). Van Kempen 1929, S. 33 f. Zerbst 1945, S. 31 (Nr. 2, 17), 37 (Nr. 47), 41 (Nr. 2, 4). Zerbster Heimatkalender 15, 1974, Abb. S. 22 (Nr. 2)

Zerbst
Oben: Fischmarkt 11 und 13
Unten: Breite 4 (rechts)

Breite Straße
Nr. 3: Klassizistisches Bürgerhaus.
Nr. 12: »Goldener Anker«, 1651. Im Treppenhaus große Stuckdecke mit Kreuzigungsdarstellung.
Nr. 35: Zweigeschossiger, fünfachsiger Putzbau von 1788 mit Mansarddach, über der Mittelachse Zwerchhaus mit Segmentbogengiebel.
Nr. 36: Zweigeschossiges, vierachsiges Giebelhaus mit Volutengiebel.
Nr. 40: Gebäude mit Rokokotür.
Nr. 41, 43, 45: Putzbauten mit Mansarddach und Zwerchhaus.

Büttner Pfänner zu Thal, S. 459 (Nr. 12). H. Becker, S. 112 (Nr. 12). Van Kempen 1929, S. 33 ff. Zerbst 1945, S. 36 (Nr. 12)

Brüderstraße
Nr. 15, 30, 44, 46, 51: Klassizistische Bürgerhäuser.
Nr. 16: Gebäude mit Barockportal.
Nr. 25: Fachwerkhaus in Giebelstellung von sieben Fach Breite, Obergeschoß und Giebel vorgekragt.
Van Kempen 1929, S. 33 ff. Zerbster Heimatkalender 16, 1975, Abb. S. 84

Zerbst
Links oben: Breite Straße 36 (links)
Rechts oben: Breite Straße 35
Rechts Mitte: Brüderstraße 30
Links unten: Breite 19 (rechts)
Rechts unten: Brüderstraße 25 (links)

Heide
Nr. 1, 5: Fachwerkhäuser in Giebelstellung.
Nr. 3: Fachwerkhaus in Traufenstellung mit massivem Erdgeschoß und vorgekragten Obergeschossen.
Nr. 6: Zweigeschossiger, vierachsiger Fachwerkbau mit Mansarddach und Zwerchhaus.
Nr. 8: Putzbau von 1769 mit Mansarddach und Zwerchhaus.
Nr. 10: Zweigeschossiger, achtachsiger Fachwerkbau mit Mansarddach.
Nr. 14: »Weißer Bär«, Putzbau in Giebelstellung mit geschwungenem Treppengiebel und Sitznischenportal.
Nr. 18: Zweigeschossiger Putzbau in Giebelstellung mit obeliskengeschmücktem Volutengiebel.
Nr. 20: Fachwerkbau in Giebelstellung mit Sitznischenportal.
Nr. 22: Putzbau in Giebelstellung mit Sitznischenportal und Rokokotür.
Büttner Pfänner zu Thal, S. 460 (Nr. 14, 18). Van Kempen 1929, S. 32 ff. Zerbst, S. 99. Hoyer, Abb. S. 301 (Nr. 18, 20). Zerbst 1945, S. 25, 29 (Nr. 14), Abb. nach S. 16

Jüdenstraße
Nr. 6: Putzbau, drittes Geschoß Fachwerk. Vortreppe und Sitznischenportal von 1609.
Nr. 7: Gebäude mit Knorpelwerktür von 1665.
Büttner Pfänner zu Thal, S. 459 (Nr. 6). Van Kempen 1929, S. 33 f. Dehio/Nordwestdeutschl., S. 525 (Nr. 6)

Marktstraße im Ankuhn 1 Fachwerkbau in Traufenstellung mit vorgekragtem Obergeschoß und 1675 datierter Mitteltoreinfahrt.
Van Kempen 1929, S. 33

Rennstraße
Nr. 2: Zweigeschossiger, fünfachsiger Barockbau, Fassadengliederung durch Pilaster, am Zwerchhaus Schnitzereien.
Nr. 4: Zweigeschossiger Putzbau des 18. Jh. mit Zwerchhaus über den mittleren Achsen.
Nr. 5: Fachwerkbau in Traufenstellung mit vorgekragtem zweitem Obergeschoß, 1592.
Nr. 20: Zweigeschossiger Bau mit Walmdach und geschnitztem Portal von 1667.
Büttner Pfänner zu Thal, S. 460 (Nr. 20). Van Kempen 1929, S. 33 f. Zerbster Heimatkalender 5, 1964, Abb. S. 73 (Nr. 20)

Schulstraße 1 Fachwerkhaus in Giebelstellung.
Dehio/Nordwestdeutschl., S. 525. Zerbst 1945, S. 29

Wegeberg 15 Fachwerkhaus in Giebelstellung mit geschnitztem Portal, 1671. Nach der Zerstörung in veränderter Form wiederaufgebaut.
G. Preitz: Hausinschrift, in: Alt-Zerbst 1, 1904, Nr. 8, 49. Van Kempen 1929, S. 33 f. Dehio/Nordwestdeutschl., S. 525

Zerbst
Links oben: Rennstraße 2 (rechts)
Mitte oben: Rennstraße 5
Rechts oben: Jüdenstraße 6
Links unten: Heide 6–26 mit Heidetor
Rechts Mitte: Wegeberg 15
Rechts unten: Rennstraße 20

Verzeichnis der abgekürzt zitierten Literatur

Berlin – Hauptstadt der DDR

Berckenhagen E. Berckenhagen: Die Malerei in Berlin vom 13. bis zum ausgehenden 18. Jahrhundert. Tafelband. Berlin 1964

Bergau R. Bergau: Inventar der Bau- und Kunstdenkmäler in der Provinz Brandenburg. Berlin 1885

Berlin und seine Bauten Berlin und seine Bauten. Bearb. und hrsg. vom Architektenverein zu Berlin und der Vereinigung Berliner Architekten. Band I–III. Berlin 1896

Boeck/Richartz W. Boeck und H. Richartz: Alte Berliner Kirchen. Berlin 1937

Borrmann R. Borrmann: Die Bau- und Kunstdenkmäler von Berlin. Berlin 1893

Dehio/Nordostdeutschl. G. Dehio: Handbuch der deutschen Kunstdenkmäler. Band II Nordostdeutschland. 5. Aufl. Berlin 1940

Engel H.-U. Engel: Schlösser und Herrensitze in Brandenburg und Berlin. Frankfurt am Main 1959

Engel/Schlott-Kotschote Fontane damals und heute. Eine Auswahl aus den »Wanderungen durch die Mark Brandenburg« . . . mit . . . einem Verzeichnis der vom Standpunkt der Denkmalspflege bedeutenden Kirchen und Herrenhäuser der ehemaligen Provinz Brandenburg und Berlins nach dem Stand vom 1. April 1958. Hrsg. von H.-U. Engel und H.-J. Schlott-Kotschote. Berlin-Zehlendorf o. J.

Fontane Th. Fontane: Wanderungen durch die Mark Brandenburg. Berlin 1862–1882 (zitiert nach der »Wohlfeilen Ausgabe«, 1906–1910)
– Teil 3 *Havelland* Die Landschaft um Spandau. Potsdam, Brandenburg
– Teil 4 *Spreeland* Beeskow-Storkow und Barnim-Teltow

Gut A. Gut: Das Berliner Wohnhaus. Berlin 1917

Lütkemann W. v. Lütkemann: Die evangelischen Kirchen in Berlin (Alte Stadt). Berlin 1926

Möller H.-H. Möller: Dome, Kirchen und Klöster in Brandenburg und Berlin. Frankfurt am Main 1961

Petras R. Petras-Hoffmann: Friedrich Wilhelm Diterichs und die Entwicklung des nachschlüterschen Barock und Rokoko in Berlin. Phil. Diss. Berlin 1950. Veröffentl. in: Wissenschaftliche Zeitschrift der Humboldt-Universität Berlin, Jg. II 1952/53 Gesellschafts- und sprachwissenschaftliche Reihe, Heft 1, S. 15–84

Pomplun K. Pomplun: Berlins alte Dorfkirchen. Berlin 1967

Pudor E. Pudor: Alte Berliner Privathäuser. In: Mitteilungen des Vereins für die Geschichte Berlins 27, 1910, S. 129–138, 141–149

Reuther H. Reuther: Barock in Berlin. Berlin 1969

Schiedlausky G. Schiedlausky: Martin Grünberg. Ein märkischer Baumeister aus der Wende vom 17. zum 18. Jahrhundert. Burg b. Magdeburg 1942

Schinkelwerk Karl Friedrich Schinkel. Lebenswerk
– *Berlin I* P. O. Rave: Bauten für die Kunst, Kirchen, Denkmalpflege. Berlin 1941
– *Berlin II* P. O. Rave: Stadtpläne, Brücken, Straßen, Tore, Plätze. Berlin 1948
– *Berlin III* P. O. Rave: Bauten für Wissenschaft, Verwaltung, Heer, Wohnbau und Denkmäler. Berlin 1962
– *Prinz Wilhelm* J. Sievers: Die Arbeiten . . . für Prinz Wilhelm, späteren König von Preußen. Berlin 1955
– *Prinzen August, Friedrich und Albrecht* J. Sievers: Bauten für die Prinzen August, Friedrich und Albrecht von Preußen. Berlin 1951
– *Karl* J. Sievers: Bauten für den Prinzen Karl von Preußen. Berlin 1942

Bezirk Rostock

Baier G. Baier (Aufnahmen K. G. Beyer): Deutsche Kunstdenkmäler. Ein Bildhandbuch. Bezirke Neubrandenburg, Rostock, Schwerin. Leipzig 1970

Bernitt H. Bernitt: Zur Geschichte der Stadt Rostock. Rostock 1956

Bruhns L. Bruhns: Die Kirchen Rostocks. Rostock 1926

Burmeister W. Burmeister (Aufnahmen Staatliche Bildstelle): Mecklenburg. Berlin 1926 (Deutsche Lande – Deutsche Kunst). W. Burmeister (Aufnahmen Staatliche Bildstelle): Wismar. Berlin 1926 (Deutsche Lande – Deutsche Kunst)

Dehio/Nordostdeutschl. G. Dehio: Handbuch der deutschen Kunstdenkmäler. Band II Nordostdeutschland. 5. Aufl. Berlin 1940

Dehio 1968 G. Dehio: Handbuch der deutschen Kunstdenkmäler. Die Bezirke Neubrandenburg, Rostock, Schwerin. Neubearbeitung durch die Arbeitsstelle für Kunstgeschichte bei der Deutschen Akademie der Wissenschaften zu Berlin. Berlin 1968

Denkmale der Geschichte und Kultur Denkmale der Geschichte und Kultur. Ihre Erhaltung und Pflege in der Deutschen Demokratischen Republik. Hrsg. vom Institut für Denkmalpflege. Berlin 1969, 2. Aufl. 1974

Denkmalpflege in Mecklenburg Denkmalpflege in Mecklenburg Jg. 1951/52. Hrsg. von H. Mansfeld. Dresden o. J. (1952). S. 11–35: Bericht über die Arbeit des Landesamtes für Denkmalpflege 1945–1952

Ewe 1958 H. Ewe: Zur Baugeschichte Stralsunds. In: Die Altstadt von Stralsund, Untersuchungen zum Baubestand und zur städtebaulichen Denkmalpflege. Hrsg. von K. W. Leucht. Deutsche Bauakademie – Städtebau und Siedlungswesen Heft 12/13, Berlin 1958, S. 9–57

Floerke G. Floerke: Die vier Parochial-Kirchen Rostocks. Ein Beitrag zur Geschichte des Backsteinbaues in der norddeutschen Tiefebene. In: Beiträge zur Geschichte Mecklenburgs vornehmlich im 13. Jahrhundert. Band I Rostock 1872

Gehrig O. Gehrig: Lübeck und Rostock. Bilddokumente. Berlin 1942

Gerlach 1928 D. Gerlach: Stralsunds Baukunst der Schwedenzeit. In: Pommern-Jahrbuch 3, 1928, S. 61–72

Hahn G. Hahn: Der kirchliche Hallenraum zwischen westlicher Ostsee und Mittelgebirge. Phil. Diss. Berlin 1968 (Masch.-Schr.)

Inventar I, II Die Kunst- und Geschichtsdenkmäler des Großherzogthums Mecklenburg-Schwerin. Bearb. von F. Schlie
– Band I Die Amtsgerichtsbezirke Rostock, Ribnitz, Sülze-Marlow, Tessin, Laage, Gnoien, Dargun, Neukalen. 2. Aufl. Schwerin 1898
– Band II Die Amtsgerichtsbezirke Wismar, Grevesmühlen, Rehna, Gadebusch, Schwerin. 2. Aufl. Schwerin 1899

Inventar/Stralsund Die Baudenkmäler der Provinz Pommern. Teil I Die Baudenkmäler des Regierungs-Bezirks Stralsund. Bearb. von E. von Haselberg. Heft 5 Der Stadtkreis Stralsund. Stettin 1902

Lorenz 1914 A. F. Lorenz: Die alte bürgerliche Baukunst in Rostock. Rostock 1914

Lorenz 1935 A. F. Lorenz: Zur Geschichte der Rostocker Stadtbefestigung. Ein Rekonstruktionsversuch. In: Beiträge zur Geschichte der Stadt Rostock 20, 1935, S. 27–78

Lorenz 1937 A. F. Lorenz: Die Mauern und Tore von Rostock. In: Deutsche Kunst und Denkmalpflege 1937, S. 258–269

Ohle W. Ohle: Rostock. Leipzig 1970 (Kunstgeschichtliche Städtebücher)

Parow-Souchon R. Parow-Souchon: Die bürgerlichen Bauten in Rostock und Güstrow in der Zeit von ca. 1750–1850. Phil. Diss. Rostock 1927

Rieck 1958 K. Rieck: Die Denkmalpflege in Stralsund und ihre nächsten Aufgaben. In: Die Altstadt von Stralsund, Untersuchungen zum Baubestand und zur städtebaulichen Denkmalpflege. Hrsg. von K. W. Leucht. Deutsche Bauakademie – Städtebau und Siedlungswesen Heft 12/13, Berlin 1958, S. 85–92

Schliemann Schliemann: Die Rostocker Kirchen. In: Das Evangelische Rostock 1531–1931. Festschrift zum Rostocker 400jährigen Reformationsjubiläum. Rostock o. J. (1931), S. 99–119

Schmaltz K. Schmaltz: Die Kirchenbauten Mecklenburgs. Schwerin i. M. 1927

Sedlmaier R. Sedlmaier (Aufnahmen Staatliche Bildstelle): Rostock. Berlin 1931, 2. Aufl. 1943 (Deutsche Lande – Deutsche Kunst)

Straub T. Straub: Mittelalterliche Backsteingiebel im Profanbau der Hansestädte des wendischen Kreises. Phil. Diss. Rostock 1929

Suhr P. Suhr: Der Backsteingiebel des norddeutschen Bürgerhauses im Mittelalter. Kunstwissenschaftliche Studien 18. Berlin 1935

Trost H. Trost: Stralsund. Leipzig 1973 (Kunstgeschichtliche Städtebücher)

Wiederaufbau der Kirchen in der DDR Der Wiederaufbau der Kirchen in der Deutschen Demokratischen Republik. Berlin 1964

Wilde L. Wilde: Die Entwicklung der Stützenformen in der mittelalterlichen Backsteinarchitektur des Ostseeraumes. Phil. Diss. Greifswald 1959 (Masch.-Schr.)

Witt H. Witt: Rostock. Leipzig 1973. (Brockhaus-Stadtführer)

Zaske 1961 N. Zaske: Gotischer Backsteinbau Norddeutschlands. Beiträge zur Architektur- und Sozialgeschichte der Haupttypen dreischiffiger Choranlagen von 1200 bis 1500. Phil. Habil.-Schr. Greifswald 1961 (Masch.-Schr.)

Zaske 1964 N. Zaske: Die gotischen Kirchen Stralsunds und ihre Kunstwerke. Kirchliche Kunstgeschichte von 1250 bis zur Gegenwart. Berlin 1964

Zaske 1968 N. Zaske: Gotische Backsteinkirchen Norddeutschlands zwischen Elbe und Oder. Leipzig 1968

Bezirk Schwerin

Brandt J. Brandt: Alt-Mecklenburgische Schlösser und Herrensitze. Berlin 1925

Dehio/Nordostdeutschl. G. Dehio: Handbuch der deutschen Kunstdenkmäler. Band II Nordostdeutschland. 5. Aufl. Berlin 1940

Dehio 1968 G. Dehio: Handbuch der deutschen Kunstdenkmäler. Die Bezirke Neubrandenburg, Rostock, Schwerin. Neubearbeitung durch die Arbeitsstelle für Kunstgeschichte bei der Deutschen Akademie der Wissenschaften zu Berlin. Berlin 1968

Engel/Schlott-Kotschote Fontane damals und heute. Eine Auswahl aus den »Wanderungen durch die Mark Brandenburg« . . . mit . . . einem Verzeichnis der vom Standpunkt der Denkmalspflege bedeutenden Kirchen und Herrenhäuser der ehemaligen Provinz Brandenburg und Berlins nach dem Stand vom 1. April 1958. Hrsg. von H.-U. Engel und H.-J. Schlott-Kotschote. Berlin-Zehlendorf o. J.

Inventar III, V Die Kunst- und Geschichtsdenkmäler des Großherzogthums Mecklenburg-Schwerin. Bearb. von F. Schlie
– Band III Die Amtsgerichtsbezirke Hagenow, Wittenburg, Boizenburg, Lübtheen, Dömitz, Grabow, Ludwigslust, Neustadt, Crivitz, Brüel, Warin, Neubukow, Kröpelin, Doberan. 2. Aufl. Schwerin 1900
– Band V Die Amtsgerichtsbezirke Teterow, Malchin, Stavenhagen, Penzlin, Waren, Malchow, Röbel. 2. Aufl. Schwerin 1902

Kunstdenkmäler Westprignitz Die Kunstdenkmäler der Provinz Brandenburg. Band I, Teil 1 Die Kunstdenkmäler des Kreises Westprignitz. Bearb. von P. Eichholz, F. Solger und W. Spatz. Berlin 1909

Bezirk Neubrandenburg

Adler F. Adler: Mittelalterliche Backsteinbauwerke des Preußischen Staates. Band II. Berlin 1898

Baier G. Baier (Aufnahmen K. G. Beyer): Deutsche Kunstdenkmäler. Ein Bildhandbuch. Bezirke Neubrandenburg, Rostock, Schwerin. Leipzig 1970

Brandt J. Brandt: Alt-Mecklenburgische Schlösser und Herrensitze. Berlin 1925

Clasen K. H. Clasen: Die Baukunst an der Ostseeküste zwischen Elbe und Oder. Dresden 1955 (Deutsche Bauakademie, Schriften des Forschungsinstituts für Theorie und Geschichte der Baukunst)

Dehio/Nordostdeutschl. G. Dehio: Handbuch der deutschen Kunstdenkmäler. Band II Nordostdeutschland. 5. Aufl. Berlin 1940

Dehio 1968 G. Dehio: Handbuch der deutschen Kunstdenkmäler. Die Bezirke Neubrandenburg, Rostock, Schwerin. Neubearbeitung durch die Arbeitsstelle für Kunstgeschichte bei der Deutschen Akademie der Wissenschaften zu Berlin. Berlin 1968

Denkmale der Geschichte und Kultur Denkmale der Geschichte und Kultur. Ihre Erhaltung und Pflege in der Deutschen Demokratischen Republik. Hrsg. vom Institut für Denkmalpflege. Berlin 1969, 2. Aufl. 1974

Denkmalpflege in Mecklenburg Denkmalpflege in Mecklenburg. Jg. 1951/52. Hrsg. von H. Mansfeld. Dresden o. J. (1952). S. 11–35: Bericht über die Arbeit des Landesamtes für Denkmalpflege 1945–1952

Dt. Städtebuch / Nordostdeutschl. Deutsches Städtebuch. Handbuch städtischer Geschichte. Band I Nordostdeutschland. Hrsg. von E. Keyser. Berlin–Stuttgart 1939

Duncker Die ländlichen Wohnsitze, Schlösser und Residenzen der Ritterschaftlichen Grundbesitzer in der preußischen Monarchie nebst den kgl. Familien-, Haus-, Fideicommiß- und Schatull-Gütern, in naturgetreuen . . . Darstellungen nebst begleitendem Text. Hrsg. von A. Duncker. Band 1–16. Berlin 1857–1883

Engel/Schlott-Kotschote Fontane damals und heute. Eine Auswahl aus den »Wanderungen durch die Mark Brandenburg« . . . mit . . . einem Verzeichnis der vom Standpunkt der Denkmalspflege bedeutenden Kirchen und Herrenhäuser der ehemaligen Provinz Brandenburg und Berlins nach dem Stand vom 1. April 1958. Hrsg. von H.-U. Engel und H.-J. Schlott-Kotschote. Berlin-Zehlendorf o. J.

Hahn G. Hahn: Der kirchliche Hallenraum zwischen westlicher Ostsee und Mittelgebirge. Phil. Diss. Berlin 1968 (Masch.-Schr.)

Helmigk H. J. Helmigk: Märkische Herrenhäuser aus alter Zeit. Berlin 1929

Inventar M.-Schwerin I, V Die Kunst- und Geschichtsdenkmäler des Großherzogthums Mecklenburg-Schwerin. Bearb. von F. Schlie
– Band I Die Amtsgerichtsbezirke Rostock, Ribnitz, Sülze-Marlow, Tessin, Laage, Gnoien, Dargun, Neukalen. 2. Aufl. Schwerin 1898
– Band V Die Amtsgerichtsbezirke Teterow, Malchin, Stavenhagen, Penzlin, Waren, Malchow, Röbel. 2. Aufl. Schwerin 1902

Inventar M.-Strelitz I, II, III Kunst- und Geschichtsdenkmäler des Freistaates Mecklenburg-Strelitz. Bearb. von G. Krüger
– Band I, Abt. I Die Amtsgerichtsbezirke Neustrelitz, Strelitz, Mirow. Neubrandenburg 1921
– Band I, Abt. II Die Amtsgerichtsbezirke Fürstenberg, Feldberg, Woldegk, Friedland. Neubrandenburg 1925
– Band I, Abt. III Die Amtsgerichtsbezirke Friedland (2. Hälfte), Stargard. Neubrandenburg 1929

Inventar Die Bau- und Kunstdenkmäler der Provinz Pommern. Teil II Die Bau- und Kunstdenkmäler des Regierungs-Bezirks Stettin. Bearb. von H. Lemcke
– Band I, Heft 2 Kreis *Anklam.* Stettin 1899
– Band I, Heft 1 Kreis *Demmin.* Stettin 1898
– Band II, Heft 5 Kreis *Randow.* Stettin 1901
– Band I, Heft 3 Kreis *Ueckermünde.* Stettin 1900

Inventar Die Kunstdenkmäler der Provinz Brandenburg
– Band III, Teil 3 Kreis *Angermünde.* Bearb. von F. Solger, O. Korn und P. Eichholz. Berlin 1934
– Band III, Teil 1 Kreis *Prenzlau.* Schriftleitung E. Blunck. Berlin 1921
– Band III, Teil 2 Kreis *Templin.* Bearb. von H. Jerchel. Berlin 1937

Müller A. Müller: Ein Rundgang durch das heutige Demmin. In: Unser Pommerland 12, 1927 (Sonderheft Demmin 4/5, S. 127–133)

Müther H. Müther: Baukunst in Brandenburg bis zum beginnenden 19. Jh. Dresden 1955 (Deutsche Bauakademie, Schriften des Instituts für Theorie und Geschichte der Baukunst)

Rave P. O. Rave: Verzeichnis der alten Gärten und ländlichen Parke in der Mark. In: Brandenburgische Jahrbücher 14/15. Potsdam und Berlin 1939, S. 143–190

Schmaltz K. Schmaltz: Die Kirchenbauten Mecklenburgs. Schwerin i. M. 1927

Schmitt O. Schmitt (Aufnahmen Staatliche Bildstelle): Mittelpommern zwischen Peene und Rega. Berlin 1927 (Deutsche Lande – Deutsche Kunst)

Schwartz E. Schwartz: Prenzlauer Wohnhäuser in alter Zeit. Ein Beitrag zur Geschichte des städtischen Wohnhausbaues. In: Heimatkalender für den Kreis Prenzlau 17, 1942, S. 113–122

Sieber H. Sieber: Schlösser und Herrensitze in Mecklenburg. Nach alten Stichen und Vorlagen. Frankfurt/M. 1960. H. Sieber: Schlösser und Herrensitze in Pommern. Nach alten Stichen und Vorlagen. Frankfurt/M. 1959

Straub T. Straub: Mittelalterliche Backsteingiebel im Profanbau der Hansestädte des wendischen Kreises. Phil. Diss. Rostock 1929

Suhr P. Suhr: Der Backsteingiebel des norddeutschen Bürgerhauses im Mittelalter. Kunstwissenschaftliche Studien 18. Berlin 1935

Viering P. Viering: Denkmalpflege in Pommern 1936–1945 (32. Bericht). In: Baltische Studien N. F. 46. Hamburg 1959, S. 119–146

Wagner 1938 A. Wagner (Hrsg.), C. A. Endler, K. Hustaedt und W. Karbe: Wanderungen durch Neustrelitz und Umgebung. Neustrelitz 1938

Weber H.-J. Weber: Zwischen Ostsee und Oder. Bilder aus der Evangelischen Landeskirche Greifswald. Berlin 1969, 2. Aufl. 1973

Wedemeyer F. Wedemeyer: Album mecklenburgischer Schlösser und Landgüter in Abbildungen der Residenzen, Schlösser und Rittergüter der Großherzogtümer Mecklenburg-Schwerin und Mecklenburg-Strelitz, begleitet von historisch-statistisch-topographisch bearbeitetem Text. Leipzig 1860–1962

Wiederaufbau der Kirchen in der DDR Der Wiederaufbau der Kirchen in der Deutschen Demokratischen Republik. Berlin 1964

Wilde L. Wilde: Die Entwicklung der Stützenformen in der mittelalterlichen Backsteinarchitektur des Ostseeraumes. Phil. Diss. Greifswald 1959 (Masch.-Schr.)

Wolff T. Wolff: Mittelalterliche Backsteingiebel der Mark Brandenburg und ihre Ausstrahlungsgebiete. Phil. Diss. Rostock 1933

Zaske 1961 N. Zaske: Gotischer Backsteinbau Norddeutschlands. Beiträge zur Architektur- und Sozialgeschichte der Haupttypen dreischiffiger Choranlagen von 1200 bis 1500. Phil. Habil.-Schr. Greifswald 1961 (Masch.-Schr.)

Zaske 1968 N. Zaske: Gotische Backsteinkirchen Norddeutschlands zwischen Elbe und Oder. Leipzig 1968

Bezirk Potsdam

Bergau R. Bergau: Inventar der Bau- und Kunstdenkmäler in der Provinz Brandenburg. Berlin 1885

Dehio/Nordostdeutschl. G. Dehio: Handbuch der deutschen Kunstdenkmäler. Band II Nordostdeutschland. 5. Aufl. Berlin 1940

Dt. Städtebuch / Nordostdeutschl. Deutsches Städtebuch. Handbuch städtischer Geschichte. Band I Nordostdeutschland. Hrsg. von E. Keyser. Berlin–Stuttgart 1939

Engel/Schlott-Kotschote Fontane damals und heute. Eine Auswahl aus den „Wanderungen durch die Mark Brandenburg" . . . mit . . . einem Verzeichnis der vom Standpunkt der Denkmalspflege bedeutenden Kirchen und Herrenhäuser der ehemaligen Provinz Brandenburg und Berlins nach dem Stand vom 1. April 1958. Hrsg. von H.-U. Engel und H.-J. Schlott-Kotschote. Berlin-Zehlendorf o. J.

Fait-Beyer J. Fait (Aufnahmen K. G. Beyer): Deutsche Kunstdenkmäler. Ein Bildhandbuch. Bezirke Cottbus, Frankfurt/Oder, Potsdam und Berlin. Leipzig 1971

Fontane Th. Fontane: Wanderungen durch die Mark Brandenburg. Berlin 1862–1882 (zitiert nach der »Wohlfeilen Ausgabe«, 1906–1910)
– Teil 1 Die *Grafschaft Ruppin*
– Teil 2 Das *Oderland.* Barnim-Lebus
– Teil 3 *Havelland.* Die Landschaft um Spandau, Potsdam, Brandenburg
– Teil 4 *Spreeland.* Beeskow-Storkow und Barnim-Teltow
– Erg. Band *Fünf Schlösser.* Altes und Neues aus Mark Brandenburg

Fricke Verzeichnis der Museen und Sammlungen, der Archive, der Geschichts- und Heimatvereine etc. ... in der Provinz Brandenburg. Im Auftrage des Landeshauptmanns der Provinz Brandenburg zusammengestellt von H. Fricke. Cottbus 1939

Häberlin C. L. Häberlin, genannt Belani: Sanssouci, Potsdam und Umgebung. Berlin und Potsdam 1855

Hdb. Hist. Stätten Handbuch der Historischen Stätten Deutschlands. Band 10 Berlin und Brandenburg. Hrsg. von G. Heinrich. Stuttgart 1973

Knitter H. Knitter: Zum Bombenangriff der Royal Air Force auf Potsdam am 14./15. April 1945. In: Beiträge zur Potsdamer Geschichte (Veröffentlichungen des Bezirksheimatmuseums Potsdam, Heft 17). Potsdam 1969, S. 173 ff. m. Abb.

Kunstdenkmäler Die Kunstdenkmäler der Provinz Brandenburg
– Band II, Teil 3 Stadt und Dom *Brandenburg*. Schriftleitung Th. Goecke. Berlin 1912
– Band III, Teil 4 Kreis *Niederbarnim*. Bearb. von H. Jerchel und J. Seeger. Berlin 1939
– Band I, Teil 3 Kreis *Ruppin*. Schriftleitung Th. Goecke. Berlin 1914
– Band IV, Teil 1 Kreis *Teltow*. Bearb. von E. Kubach und J. Seeger. Berlin 1941
– Band II, Teil 1 Kreis *Westhavelland*. Schriftleitung Th. Goecke. Berlin 1913

Manger H. L. Manger: Baugeschichte von Potsdam besonders unter der Regierung König Friedrichs II. Band 1–3. Berlin und Stettin 1789–1790

Mielke F. Mielke: Das Bürgerhaus in Potsdam (Das deutsche Bürgerhaus XV). Text- und Bildteil. Tübingen 1972

Müller K. E. Müller: Johann Peter Benckert und Johann Gottlieb Heymüller, Bildhauer am Hofe Friedrichs des Großen. Phil. Diss. Berlin 1940

MVGP Mitteilungen des Vereins für die Geschichte Potsdams. Potsdam 1864 ff.

Nicolai F. Nicolai: Beschreibung der Königlichen Residenzstädte Berlin und Potsdam ... 3. Aufl. Berlin 1786

Rave P. O. Rave: Verzeichnis der alten Gärten und ländlichen Parke in der Mark. In: Brandenburgische Jahrbücher Jg. 14/15, 1939, S. 143 ff.

Schinkelwerk Karl Friedrich Schinkel. Lebenswerk
– *Potsdam* H. Kania: Potsdam, Staats- und Bürgerbauten, Berlin 1939
– *Mark Brandenburg* H. Kania und H.-H. Möller: Mark Brandenburg, Berlin 1960

Zieler O. Zieler: Potsdam. Ein Stadtbild des 18. Jahrhunderts. Berlin 1913

Bezirk Frankfurt/Oder

Bergau R. Bergau: Inventar der Bau- und Kunstdenkmäler in der Provinz Brandenburg. Berlin 1885

Böer L. Böer: Führer durch Schwedt. Schloß, Stadt und Umgebung. Schwedt an der Oder 1937

Dehio/Nordostdeutschl. G. Dehio: Handbuch der deutschen Kunstdenkmäler. Band II Nordostdeutschland. 5. Aufl. Berlin 1940

Dt. Städtebuch / Nordostdeutschl. Deutsches Städtebuch. Handbuch städtischer Geschichte. Band I Nordostdeutschland. Hrsg. von E. Keyser. Berlin–Stuttgart 1939

Engel H.-U. Engel: Schlösser und Herrensitze in Brandenburg und Berlin. Frankfurt am Main 1959

Engel/Schlott-Kotschote Fontane damals und heute. Eine Auswahl aus den »Wanderungen durch die Mark Brandenburg« ... mit ... einem Verzeichnis der vom Standpunkt der Denkmalspflege bedeutenden Kirchen und Herrenhäuser der ehemaligen Provinz Brandenburg und Berlins nach dem Stand vom 1. April 1958. Hrsg. von H.-U. Engel und H.-J. Schlott-Kotschote. Berlin-Zehlendorf o. J.

Fait-Beyer J. Fait (Aufnahmen K. G. Beyer): Deutsche Kunstdenkmäler. Ein Bildhandbuch. Bezirke Cottbus, Frankfurt/Oder, Potsdam und Berlin. Leipzig 1971

Fontane Th. Fontane: Wanderungen durch die Mark Brandenburg. Berlin 1862–1882 (zitiert nach der »Wohlfeilen Ausgabe«, 1906–1910)
– Teil 2 Das *Oderland*. Barnim-Lebus
– Teil 4 *Spreeland*. Beeskow-Storkow und Barnim-Teltow

Fricke Verzeichnis der Museen und Sammlungen, der Archive, der Geschichts- und Heimatvereine etc. ... in der Provinz Brandenburg. Im Auftrage des Landeshauptmanns der Provinz Brandenburg zusammengestellt von H. Fricke. Cottbus 1939

Hdb. Hist. Stätten Handbuch der Historischen Stätten Deutschlands. Band 10 Berlin und Brandenburg. Hrsg. von G. Heinrich. Stuttgart 1973

Kunstdenkmäler Die Kunstdenkmäler der Provinz Brandenburg
– Band III, Teil 3 Kreis *Angermünde*. Bearb. von F. Solger, O. Korn und P. Eichholz. Berlin 1934
– Band VI, Teil 2 *Stadt Frankfurt a. O.* Schriftleitung Th. Goecke. Berlin 1912
– Band VI, Teil 1 Kreis *Lebus*. Schriftleitung Th. Goecke. Berlin 1909
– Band III, Teil 4 Kreis *Niederbarnim*. Bearb. von H. Jerchel und J. Seeger. Berlin 1939

Kunstdenkmäler Pommern Die Bau- und Kunstdenkmäler der Provinz Pommern. 2. Teil Regierungsbezirk Stettin, Heft 5 Kreis *Randow*. Bearb. von H. Lemcke. Stettin 1901

Möller H.-H. Möller: Dome, Kirchen und Klöster in Brandenburg und Berlin. Frankfurt am Main 1961

Rave P. O. Rave: Verzeichnis der alten Gärten und ländlichen Parke in der Mark. In: Brandenburgische Jahrbücher Jg. 14/15, 1939, S. 143 ff.

Schade 1962 G. Schade: Der Hallenumgangschor als bestimmende Raumform in der bürgerlichen Pfarrarchitektur in den brandenburgischen Städten von 1355 bis zum Ende des 15. Jahrhunderts. Phil. Diss. Halle 1962 (Masch.-Schr.)

Schinkelwerk/Mark Brandenburg Karl Friedrich Schinkel. Lebenswerk. H. Kania und H.-H. Möller· Mark Brandenburg. Berlin 1960

Bezirk Cottbus

Bergau R. Bergau: Inventar der Bau- und Kunstdenkmäler in der Provinz Brandenburg. Berlin 1885

Dehio/Nordostdeutschl. G. Dehio: Handbuch der deutschen Kunstdenkmäler. Band II Nordostdeutschland. 5. Aufl. Berlin 1940

Dt. Städtebuch / Nordostdeutschl. Deutsches Städtebuch. Handbuch städtischer Geschichte. Band I Nordostdeutschland. Hrsg. von E. Keyser. Berlin–Stuttgart 1939

Führer Bad Muskau Führer durch die Park- und Kurstadt Bad Muskau. Bearb. von K. H. A. Kurland, hrsg. vom Rat der Stadt Bad Muskau. 4. Ausgabe 1971

Hdb. Hist. Stätten Handbuch der Historischen Stätten Deutschlands
– Band 8 Sachsen. Hrsg. von W. Schlesinger. Stuttgart 1965
– Band 10 Berlin und Brandenburg. Hrsg. von G. Heinrich. Stuttgart 1973

Inventar Die Kunstdenkmäler der Provinz Brandenburg
– Band V, Teil 3 Stadt und Landkreis *Cottbus*. Bearb. von K. Reißmann. Berlin 1938
– Band V, Teil 6 Kreis *Sorau* und Stadt Forst. Bearb. von H. E. Kubach und J. Seeger. Berlin 1939

Inventar Oberlausitz Verzeichnis der Kunstdenkmäler der Provinz Schlesien. Band III Die Kunstdenkmäler des Regierungs-Bezirks Liegnitz. Bearb. von H. Lutsch. Lieferung IV Die Denkmäler der Markgrafschaft Oberlausitz. Breslau 1891

Bezirk Magdeburg

Arndt G. Arndt: Die äußere Entwicklung der Stadt. Halberstadt 1910 (Zur Heimatkunde von Halberstadt 1)

C. Becker C. Becker: Vom Fachwerkbau in Halberstadt. In: Halberstadt im Harzgau, in Niedersachsen in Preußen. Halberstadt 1934, S. 20–24

H. Becker H. Becker: Geschichte der Stadt Zerbst. Zerbst 1907

Bezirk Magdeburg Der Bezirk Magdeburg, Natur- und Kulturdenkmale. Hrsg. vom Kulturhistorischen Museum. Magdeburg 1961

Büttner Pfänner zu Thal Büttner Pfänner zu Thal: Anhalts Bau- und Kunst-Denkmäler. Dessau 1894

Danneil Aus unsres Herrgotts Kanzlei, Magdeburg in der Vergangenheit und Gegenwart. Hrsg. von H. Danneil. Magdeburg o. J. (1924)

Dehio/Bezirk Magdeburg G. Dehio: Handbuch der deutschen Kunstdenkmäler. Der Bezirk Magdeburg. Bearb. von der Abteilung Forschung des Instituts für Denkmalpflege. Berlin 1974

Dehio/Nordwestdeutschl. G. Dehio: Handbuch der deutschen Kunstdenkmäler. Band V Nordwestdeutschland. 3. Aufl. Berlin 1944

Denkmale der Geschichte und Kultur Denkmale der Geschichte und Kultur. Ihre Erhaltung und Pflege in der Deutschen Demokratischen Republik. Hrsg. vom Institut für Denkmalpflege. Berlin 1969

Doering 1927 O. Doering: Die Kirchen von Halberstadt. Augsburg, Köln, Wien 1927 (Deutscher Kunstführer 10)

Duncker Die ländlichen Wohnsitze, Schlösser und Residenzen der Ritterschaftlichen Grundbesitzer in der preußischen Monarchie nebst den kgl. Familien-, Haus-, Fideicommiß- und Schatullgütern in naturgetreuen ... Darstellungen nebst begleitendem Text. Hrsg. von A. Duncker. Band 1–16. Berlin 1857–1883

Flottwell E. von Flottwell: Magdeburgs Bau- und Kunstdenkmäler. Serie II Bau- und Kunstdenkmäler der Renaissance und des Barock. Berlin 1896

Germar Magdeburg. Hrsg. vom Magistrat der Stadt Magdeburg, Hauptschriftleitung H. Germar. Berlin-Halensee 1927 (Deutschlands Städtebau)

Gringmuth-Dallmer E. Neubauer: Häuserbuch der Stadt Magdeburg. Teil 2, aus dem Nachlaß von Ernst Neubauer bearb. von H. Gringmuth-Dallmer. Halle 1956 (Quellen zur Geschichte Sachsen-Anhalts 4)

Grote L. Grote (Aufnahmen Staatliche Bildstelle): Das Land Anhalt. Berlin 1929 (Deutsche Lande – Deutsche Kunst)

Hartmann W. Hartmann: Die Zerstörung Halberstadts am 8. April 1945. In: Nordharzer Jahrbuch 2, 1965/66, S. 39–54

Hentzen 1926a A. Hentzen: Ein Bauriß des Hauses Breiter Weg 30 im Kaiser-Friedrich-Museum. In: Magdeburger Amtsblatt 3, 1926, S. 396 f.

Hentzen 1926 b A. Hentzen: Der alte Packhof in Magdeburg. In: Magdeburger Amtsblatt 3, 1926, S. 625–628

Hentzen 1927 A. Hentzen: Magdeburger Barockarchitektur. Phil. Diss. Leipzig 1926. Dessau 1927

Historische Stätten Handbuch der Historischen Stätten Deutschlands. Band 11 Provinz Sachsen-Anhalt. Hrsg. von B. Schwineköper. Stuttgart 1975

Hoyer K. Hoyer: Malerische Kleinstadt, die alte Stadt Zerbst, das mitteldeutsche Rothenburg. In: Der goldene Reiter 3, 1940, Heft 11, S. 299–302

Inventar Beschreibende Darstellung der älteren Bau- und Kunstdenkmäler der Provinz Sachsen und angrenzender Gebiete
– Heft 10 Kreis *Calbe*. Bearb. von G. Sommer. Halle a. d. S. 1885
– Heft 20 Kreis *Gardelegen*. Bearb. von A. Parisius und A. Brinckmann. Halle a. d. S. 1897
– Heft 23 Kreise *Halberstadt* Land und Stadt. Bearb. von O. Doering. Halle a. d. S. 1902
– Heft 21 Kreise *Jerichow*. Bearb. von E. Wernicke. Halle a. d. S. 1898
– Heft 31 Kreis *Wanzleben*. Bearb. von H. Bergner. Halle a. d. S. 1912
– Heft 7 Grafschaft *Wernigerode*. Bearb. von G. Sommer und E. Jacobs. Halle a. d. S. 1883
– Heft 32 Kreis Grafschaft *Wernigerode*. 2. Bearb. von H. Bergner und E. Jacobs. Halle a. d. S. 1913

Inventar/Stendal-Land Die Kunstdenkmale der Provinz Sachsen. Kreis Stendal-Land. Bearb. von F. Hossfeld und E. Haetge. Burg b. M. 1933

Van Kempen 1929 W. van Kempen: Zerbst in Anhalt. Augsburg (1929) (Deutscher Kunstführer 49)

Van Kempen 1961 W. van Kempen: Schlösser und Herrensitze in der Provinz Sachsen und in Anhalt. Frankfurt/M. 1961

Keyser Deutsches Städtebuch. Handbuch städtischer Geschichte. Band 2 Mitteldeutschland. Hrsg. von E. Keyser. Berlin–Stuttgart 1941

Korf I. Korf: Der Rathausbau von Heinrich Schmutze in Magdeburg und das Œuvre dieses Architekten. Phil. Diplomarbeit Berlin, Humboldt-Universität, Fachrichtung Kunstgeschichte 1966

Kultur- und Naturdenkmale Die Kultur- und Naturdenkmale des Kreises Schönebeck. Schönebeck (Elbe) 1967 (Neue Schriftenreihe des Kreismuseums Schönebeck 1)

Kunstdenkmäler A. Dohmann: Deutsche Kunstdenkmäler. Ein Bildhandbuch. Bezirke Halle, Magdeburg. Leipzig 1968

Kunstführer G. Piltz: Kunstführer durch die DDR. 3. Aufl. Leipzig, Jena, Berlin 1972

Kunze H. Kunze: Die kirchliche Reformbewegung des 12. Jahrhunderts im Gebiet der mittleren Elbe und ihr Einfluß auf die Baukunst. In: Sachsen und Anhalt 1, 1925, S. 378–476

Lange G. Lange: Die Baukunst Magdeburgs in der Gegenwart. Magdeburg 1908

Magdeburg 1912 Magdeburg. Hrsg. von Reimarus, Sahm und Stein. Oldenburg i. Gr. 1912 (Monographien deutscher Städte 2)

Magdeburg 1922 Magdeburg. Ein Sammelwerk unter Mitwirkung des Magistrats . . . Hrsg. von E. Köhrer. Berlin-Charlottenburg 1922 (Deutsche Stadt – Deutsches Land)

Michaelis C. Michaelis: Redende Häuser in Halberstadt. In: Der Brocken 3, 1931, Heft 1, S. 21–25, Heft 2/3, S. 58–62

Möbius F. und H. Möbius: Sakrale Baukunst, mittelalterliche Kirchen in der Deutschen Demokratischen Republik. Berlin 1963

Moldenhauer F. Moldenhauer: Halberstadt am Harz und seine Sehenswürdigkeiten. In: Der Harz 33, 1930, Heft 4, S. 54–56

Mrusek 1953 H.-J. Mrusek: Beiträge zur Geschichte der städtebaulichen Entwicklung Magdeburgs im hohen Mittelalter. Phil. Diss. Halle 1953

Mrusek 1957 H.-J. Mrusek: Bautechnische Einzelheiten in der mittelalterlichen Profanbaukunst. In: Wissenschaftliche Zeitschrift der Martin-Luther-Universität Halle-Wittenberg, Ges.-sprachwiss. R. 6, 1957, S. 641–672

Mrusek 1960 H.-J. Mrusek: Zur Denkmalpflege in der Deutschen Demokratischen Republik. In: Wissenschaftliche Zeitschrift der Martin-Luther-Universität Halle-Wittenberg, Ges.-sprachwiss. R. 9, 1960, S. 59–121

Mrusek 1966 H.-J. Mrusek: Magdeburg. 2. Aufl. Leipzig 1966

Müller Müller: Die Bauwerke der deutschen Renaissance in Magdeburg. In: Geschichtsblätter für Stadt und Land Magdeburg 8, 1873, S. 279 bis 295, 347–378; 9, 1874, S. 332–393

Münnich Münnich: Die Baudenkmäler der Stadt Zerbst. In: Zerbster Heimatkalender 1950, S. 55–60

Neubauer E. Neubauer: Häuserbuch der Stadt Magdeburg 1631–1720. Teil 1. Magdeburg 1931

Nickel E. Nickel: Ergebnisse der archäologischen Stadtkernforschung in Magdeburg, Teil 2 Der »Alte Markt« in Magdeburg. Berlin 1964 (Deutsche Akademie der Wissenschaften zu Berlin. Schriften der Sektion für Vor- und Frühgeschichte 18)

v. Niebelschütz 1922 E. von Niebelschütz: Die Halberstädter Holzarchitektur. In: Der Harz 25, 1922, Heft 3, S. 33–35

v. Niebelschütz 1924 E. von Niebelschütz: Magdeburg als Barockstadt. In: Heimat-Kalender für Stadt und Land Magdeburg 1924, S. 42–45

v. Niebelschütz 1929 E. von Niebelschütz: Magdeburg. Berlin 1929 (Deutsche Lande – Deutsche Kunst)

v. Niebelschütz 1937 E. von Niebelschütz: Halberstadt. Berlin (1937) (Deutsche Lande – Deutsche Kunst)

Ohle M. Ohle: Die Halberstädter Fachwerksbauten. In: Jahrbuch der Denkmalpflege in der Provinz Sachsen 1911, S. 55–65

Penner H. Penner: Die Magdeburger Pfarrkirchen im Mittelalter. Phil. Diss. Halle 1924

Peters 1890 Peters: Die Baudenkmäler von Magdeburg. In: Pallas 11, 1890, Nr. 11, S. 83–87

Peters 1902 O. Peters: Magdeburg und seine Baudenkmäler, eine baugeschichtliche Studie, zugleich Führer zu Magdeburgs alten Bauten. Magdeburg 1902

Peters 1903 O. Peters: Aus Magdeburg, 2. und 3. Wohnhäuser Breiteweg 174–175 und 177–178. In: Blätter für Architektur und Kunsthandwerk 16, 1903, Nr. 12, S. 90 f.

Piltz G. Piltz: Magdeburg, Stadt am Strom. Dresden 1954

Prévôt 1914 C. Prévôt: Die Fassadenbildung der kleineren Bürgerhäuser der Barockzeit in Magdeburg. In: Die Denkmalpflege 16, 1914, S. 65–67

Prévôt 1915 C. Prévôt: Bürgerhäuser der Barockzeit in Magdeburg. In: Zeitschrift für Bauwesen 65, 1915, Heft 4–6, Sp. 179–194

Schönherr R. Schönherr: Halberstadt, die Bischofsstadt Karls des Großen, die Eingangspforte zum Harz, ein Führer zu seinen alten Bauwerken. Halberstadt 1933

Scholke 1966 H. Scholke: Halberstadt, ein kulturgeschichtlicher Rundgang durch die Stadt. Halberstadt 1966

Scholke 1974 H. Scholke: Halberstadt. Leipzig 1974

Schulze 1938 a R. Schulze: Der Alte Markt und seine Umgebung. Magdeburg (1938) (Beiträge zur Magdeburger Heimatkunde 1)

Schulze 1938 b R. Schulze: Das Kloster »Unser Lieben Frauen«, der Breite Weg und seine Nebenstraßen. Magdeburg (1938) (Beiträge zur Magdeburger Heimatkunde 3)

Sinning Halberstadt. Hrsg. vom Magistrat der Stadt Halberstadt. Schriftleitung Stadtbaurat Sinning. 2. Aufl. Berlin-Halensee 1926 (Deutschlands Städtebau)

Stöwesand 1930 Stöwesand: Halberstädter Fachwerkkunst. In: Der Harz 33, 1930, Heft 4, S. 60 f.

Stöwesand 1940 J. Stöwesand: Vom Schmuck der Brüstungen an unseren alten Fachwerkbauten. In: Hilariusblätter 4, 1940, Heft 12, S. 45 f.

Verz. Ohle M. Ohle: Verzeichnis der älteren Fachwerksbauten in Halberstadt. In: Jahrbuch der Denkmalpflege in der Provinz Sachsen 1911, S. 67–111

Wege G. Wege: Der gotische Fachwerkbau in Halberstadt. Ing.-Diss. Hannover 1912. Berlin 1913

Wendland W. Wendland: Kirchenbau in dieser Zeit. Berlin 1957

Werte unserer Heimat Magdeburg und seine Umgebung. Berlin 1972 (Werte unserer Heimat 19)

Weyhe E. Weyhe: Landeskunde des Herzogtums Anhalt. Band 2, Dessau 1907

Wiederaufbau der Kirchen in der DDR Der Wiederaufbau der Kirchen in der Deutschen Demokratischen Republik. Berlin 1964

Wolfrom 1936 E. Wolfrom: Die Baugeschichte der Stadt und Festung Magdeburg. Magdeburg (1936) (Magdeburger Kultur- und Wirtschaftsleben 10)

Wolfrom 1939 E. Wolfrom: Barocke Bürgerbauten. In: Der goldene Reiter 2, 1939, Heft 2, S. 56 f.

Zehn Jahre Denkmalpflege Zehn Jahre Denkmalpflege in der Deutschen Demokratischen Republik. Hrsg. von L. Achilles. Leipzig 1959

Zerbst Zerbst, ein Führer und Heimatbuch. Hrsg. vom Verkehrsverein der Stadt Zerbst. Zerbst 1936

Zerbst 1945 Zerbst im April 1945, eine Chronik nach Berichten von Augenzeugen. Zerbst 1955 (Beiträge zur Zerbster Geschichte 2)

Schicksale deutscher Baudenkmale im zweiten Weltkrieg

Eine Dokumentation der Schäden und Totalverluste auf dem Gebiet der neuen Bundesländer

Band 2
Bezirke Halle, Leipzig, Dresden, Karl-Marx-Stadt (Chemnitz), Erfurt, Gera, Suhl

Herausgegeben
und redaktionell bearbeitet
von Götz Eckardt

Geleitwort
von Ludwig Deiters

Bearbeitet von:

Horst Drescher
Berlin
Bezirk Potsdam
Bezirk Frankfurt/Oder

Peter Findeisen
Bezirk Cottbus
Bezirk Leipzig
(außer Stadtkreis Leipzig)

Maria Heidenreich
Stadtkreis Leipzig

Arno Krause
Bezirk Rostock
Bezirk Schwerin
Bezirk Neubrandenburg

Renate Kroll
Bezirk Magdeburg
Bezirk Halle

Fritz Löffler
Stadtkreis Dresden

Heinrich Magirius
Bezirk Dresden
(außer Stadtkreis Dresden)
Bezirk Karl-Marx-Stadt (Chemnitz)

Rudolf Zießler
Bezirk Erfurt
Bezirk Gera
Bezirk Suhl

Henschel Verlag
in der
Dornier Medienholding GmbH
Berlin

Genehmigte Lizenzausgabe
Panorama Verlag, Wiesbaden

ISBN 3- 926642- 24- 6

Umschlagentwurf: Günter Seidel, Wiesbaden

Inhaltsverzeichnis

Bezirk Halle

Aschersleben (Kreis Aschersleben)

Leichenhalle auf dem jüdischen Friedhof Von H. Heckner vor 1930 errichteter Rundbau mit flacher schiefergedeckter Kuppel, umzogen von einem gedeckten Wandelgang, der einen Vorraum mit dem Zugang einschließt. Auf der gegenüberliegenden Seite rechteckiger Anbau.
In der »Kristallnacht« 1938 abgebrannt, ebenso die 1852 errichtete Synagoge. Ruinen abgebrochen.
Aschersleben, hrsg. von der Stadtverwaltung, Berlin – Leipzig – Wien 1930 (Neue Stadtbaukunst), Abb. Taf. 6 (Leichenhalle). Keyser, S. 421 (Synagoge)

Braunsbedra, Ortsteil Bedra (Kreis Merseburg)

Gnadenkirche Verputzter Bruchsteinbau in Saalform aus romanischer Zeit mit dreiseitigem gotischem Schluß. Strebepfeiler an den Ecken des Chores, zwei weitere an der Südwand des Schiffes, an der Nordwand nur noch ein Pfeilerstumpf. Fenster im Chor spitzbogig, die beiden östlichen der Südwand des Schiffes rundbogig. Quadratischer Westturm mit Westeingang. An der Nordseite Patronatsloge, an der Südseite neoromanischer Vorbau. Im Inneren hölzerne Tonne. 1770 umfassende Renovierung, dabei der Turm von Grund auf erneuert.
Am 5. April 1945 durch Bombentreffer im Kirchgarten Patronatsloge zerstört, großes Loch in die Nordwand der Kirche gerissen, Dach abgedeckt und Holztonne weitgehend zerstört, Turm beschädigt. Unter Verzicht auf die Patronatsloge bis 1948 wiederhergestellt; bei Schließung der Nordwand zwei Fenster eingefügt.
Inventar/Querfurt, S. 43 f. Dehio/Bezirk Halle, S. 49

Braunsbedra, Ortsteil Benndorf (Kreis Merseburg)

Dorfkirche Romanische Saalkirche mit westlich vorgelagertem Breitturm, dieser durch zwei Bögen zum Schiff geöffnet. Gotischer Chor über drei Seiten eines Achtecks mit Strebepfeilern an den Ecken. Umbau 1664. Am Chor Patronatslogen angefügt.
1944 durch Luftangriff zerstört. Ruine als Sommerkirche hergerichtet. 1955 mit dem ganzen Ortsteil wegen des Braunkohlentagebaus abgerissen.
Inventar/Merseburg, S. 7 f. Heimatbuch Merseburg 2, S. 111

Braunsbedra, Ortsteil Geiselröhlitz (Kreis Merseburg)

Dorfkirche Romanischer Bruchsteinbau in Saalform mit dreiseitigem gotischem Schluß. Im Westen Breitturm mit Westeingang. Auf der Südseite Rundbogentür, in der Ostwand des Chores Priesterpforte. Auf der Nordseite kreuzgewölbte Sakristei. Auf Schiff und Turm Satteldächer. 1684 umfassende Renovierung. Die flachbogigen Fenster der Südseite von der Erneuerung 1730.

Rechts oben und Mitte: Braunsbedra, Ortsteil Bedra, Gnadenkirche, Äußeres und Inneres beim Wiederaufbau
Unten: Braunsbedra, Ortsteil Benndorf, Dorfkirche, Inneres nach Westen und Äußeres von Südosten

1944 durch Luftangriff zerstört, dabei barocker Kanzelaltar und Orgel eines Silbermannschülers vernichtet. 1950 unter Verwendung von Teilen der zerstörten Neumarker Kirche wiederaufgebaut. 1964 wegen des Braunkohlentagebaus abgebrochen.
Inventar/Querfurt, S. 111 f.

Gutshaus Erbaut 1684 für D. Georg Moebius, Professor an der Universität Leipzig. Bemerkenswert das flachbogige, von pyramidenbekrönten Säulen flankierte Portal, das durch einen Rundbogengiebel mit Vase abgeschlossen wird.
1944 durch Luftangriff zerstört. Ruine 1964 abgebrochen.
Inventar/Querfurt, S. 112

Braunsbedra, Ortsteil Neumark (Kreis Merseburg)

Dorfkirche Romanische Saalkirche mit Ostturm und rechteckigem gotischem Chor, der Turm zum Schiff mit Rundbogen, zum Chor mit Spitzbogen geöffnet. Fenster des Schiffes barock, ihre Form durch die doppelstöckigen Emporen bedingt. Im Schiff Holztonne, im Chor Sakramentsnische.
1944 durch Luftangriff zerstört. Ruine in den fünfziger Jahren abgetragen.
Inventar/Querfurt, S. 178 f. Dehio/Mitteldeutschl., S. 271. Heimatbuch Merseburg 2, S. 111

Braunsbedra, Ortsteil Schortau (Kreis Merseburg)

Dorfkirche Ende des 16. Jh. errichteter Bruchsteinbau in Saalform mit dreiseitigem Schluß. Der eingezogene quadratische Westturm von 1709 mit Zwiebelhaube. Im Inneren Holztonne. Barockausstattung mit Kanzelaltar. 1903 durchgreifend restauriert.
Beim Luftangriff am 20. Juli 1944 Kirche und Pfarre beschädigt, beim Angriff am 5. April 1945 Pfarrgehöft durch Bombentreffer zerstört, Kirche schwer in Mitleidenschaft gezogen: Dächer und barocker Eingang zerstört, Südwand stark beschädigt, Orgel von 1773 vernichtet. Seit 1948 Instandsetzung des Turmes und Wiederaufbau des Schiffes, dabei die Südseite mit drei Fenstern in alter Form wiederhergestellt. Barockeinrichtung mit Orgel aus der infolge des Braunkohlentagebaus abgerissenen Kirche zu Naundorf.
Inventar/Querfurt, S. 271. Dehio/Bezirk Halle, S. 49 f.

Delitz am Berge (Kreis Merseburg)

Dorfkirche Frühgotische Saalkirche des 13. Jh. mit Chorquadrat, im Westen Breitturm, dieser im Erdgeschoß zum Schiff mit spitzbogiger Pfeilerarkade geöffnet. Westliches Fenster an der Südseite des Saales spitzbogig, die übrigen barock verändert, an der Ostwand des Chores Dreifenstergruppe, das Mittelfenster durch einfaches Maßwerk ausgezeichnet.
1945 Turm durchschossen. 1951 Kirche ausgebrannt, dabei die im 17. Jh. eingezogene Holztonne vernichtet. 1953/54 Wiederaufbau mit Flachdecke.
Inventar/Merseburg, S. 32 f. Dehio/Mitteldeutschl., S. 63. Wiederaufbau der Kirchen in der DDR, S. 201. Dehio/Bezirk Halle, S. 63

Links: Braunsbedra, Ortsteil Geiselröhlitz, Dorfkirche, Äußeres von Norden sowie Inneres nach Osten und Westen
Oben Mitte: Braunsbedra, Ortsteil Neumark, Dorfkirche, Äußeres von Nordosten

Rechts oben und Mitte: Braunsbedra, Ortsteil Schortau, Dorfkirche, Äußeres von Süden und Inneres nach Osten
Rechts unten: Delitz am Berge, Dorfkirche von Südosten, nach dem Brand

Dessau (Stadtkreis Dessau)

Auf einer hochwassergeschützten Talsandplatte links der Mulde um 1180 gegründete Marktsiedlung. Zwischen 1212 und 1228 Erweiterung nach Norden. Erste Erwähnung 1213 zusammen mit der Marktkirche St. Marien. Seit 1228 Muldbrücke nachgewiesen. 1341 Schloß der Grafen von Anhalt an der Südostecke der Stadt errichtet. 1405, 1467 und 1484 große Stadtbrände. Ab 1533 Entstehung der Sandvorstadt im Süden, ab 1536 der Muldvorstadt im Osten. Seit 1603 Dessau Residenzstadt des Fürstentums Anhalt-Dessau. Im Dreißigjährigen Krieg die Stadt schwer geschädigt durch die Zerstörung der Muldbrücke und der Elbbrücke zwischen Dessau und Roßlau. Mit dem Bau der Johanniskirche 1690–1702 und der Anlage des Neumarktes Erweiterung des Stadtgebietes nach Westen. 1706 Anlage der Wasserstadt auf dem rechten Muldufer. Anstelle der 1712 geschleiften Stadtmauer aus dem 13. Jh. Errichtung einer neuen, die Vorstädte und das Gebiet des Neumarktes und der 1713 angelegten Kavalierstraße umschließenden Zollmauer. Innerhalb ihrer Grenzen im 18. Jh. Ausbau der Residenzstadt. Stadtbild bestimmt durch den Wechsel von Bürgerhäusern des 16. Jh. und Bauten des 18. Jh. von F. W. v. Erdmannsdorff. Ab 1760 Anlage der Franzstraße in Verlängerung der Kavalierstraße als neue Magistrale, an ihrem Südende das Leipziger Tor. Während der Regierungszeit des Fürsten Franz Entstehung eines Kranzes von Parkanlagen um Dessau im Zusammenwirken von Eyserbeck und Erdmannsdorff. In der zweiten Hälfte des 19. Jh. starke Ansiedlung von Industrie in Dessau, Ausdehnung der Stadt nach Süden und Westen. 1863–1918 Residenzstadt des vereinigten Herzogtums Anhalt, 1918–1945 Hauptstadt des Freistaates Anhalt. 1926–1932 Sitz des Staatlichen Bauhauses.
Im Krieg die nach Dresden meistzerstörte Stadt. Von August 1940 bis April 1945 wurden 20 Angriffe gegen Dessau geflogen. Bei den Angriffen am 28. Mai 1944 und am 7. März 1945 wurde die Innenstadt nahezu völlig vernichtet. Von 33 622 Wohnungen wurden 8 185 total zerstört, 12 933 schwer, 11 111 mittelschwer und 3 132 leicht beschädigt. Nach Beräumung der Straßen und Instandsetzung der beschädigten Wohnungen zunächst Wiederaufbau von Landestheater und Bahnhof. Ab 1950 planmäßiger Wiederaufbau.

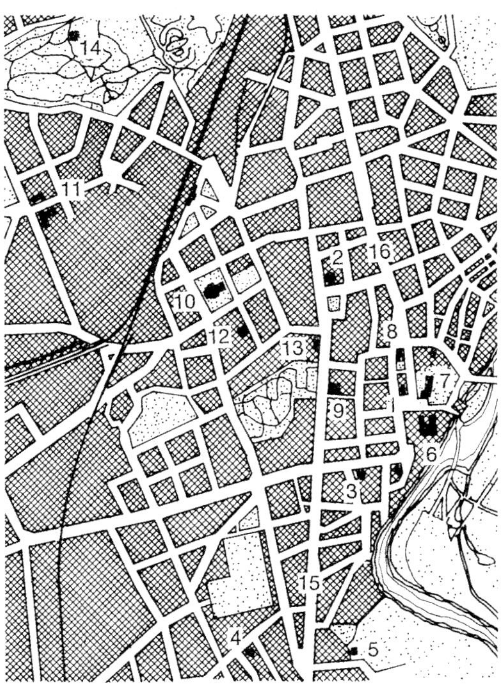

Weyhe, S. 233 ff. Keyser, S. 457 ff. Dessau nimmt Bauhaus-Tradition auf, in: Der Bauhelfer 1, 1946, H. 3, S. 26. H. Hoffmann: Eine Analyse »Der Raum Dessau«, in: Der Bauhelfer 4, 1949, S. 541 ff. Dessauer Gemäldegalerie, Kleiner Führer durch die Ausstellung, o. O. 1951 (mit Wiederaufbauplan der Stadt). W. Stamm: Gedanken über den Wiederaufbau der Stadt Dessau, in: Dessauer Kulturspiegel 1, 1954, H. 4, S. 1 ff. F. Riehl: Die städtebauliche Entwicklung und Planung des zentralen Bezirks in Dessau, in: Dessauer Kalender 2, 1958, S. 16 ff. F. Brückner: Die Anfänge der Stadt Dessau, in: Dessauer Kalender 7, 1963, S. 28 ff. K. Schlesier: 750 Jahre Baugeschichte der Stadt Dessau, in: Dessauer Kalender 7, 1963, S. 40 ff. K.-H. Schlesier: Städtebau und Architektur 1958 bis 1962 in Dessau, in: Dessauer Kalender 8, 1964, S. 37 ff. H. Harksen: Die Luftangriffe auf die Stadt Dessau 1940–45, in: Dessauer Kalender 14, 1970, S. 9 ff. G. Rudowsky: Rückblick auf das Baugeschehen in den 25 Jahren seit der Gründung der DDR und Gedanken zur weiteren Entwicklung, in: Dessauer Kalender 18, 1974, S. 9 ff. Paul, Abb. S. 3, 9. Hdb. Hist. Stätten, S. 77 ff. Dehio/Bezirk Halle, S. 63 f.

Kirchen

Schloß- und Stadtkirche St. Marien Dreischiffige, vierjochige Backstein-Hallenkirche mit Hallenumgangschor. Der Chor hat 3/8-Schluß, der Chorumgang 5/10-Schluß, letzterer an der Ostseite wesentlich breiter. Satteldach mit Dachreiter, Strebepfeiler nur bis in Fensterhöhe reichend, im westlichen Langhausjoch auf der Nord- und Südseite Stufenportale mit Sandsteingewänden. Am östlichen Langhausjoch Annexe auf quadratischem Grundriß mit Ziergiebeln, im Norden Leichenhalle, im Süden Sakristei, in der Nordwestecke zwischen südlichem Annex und Schiff zweigeschossiger Treppenturm. Der quadratische Westturm mit achteckigem Aufsatz, bedeckt von welscher Haube mit Laterne, quadratischer Teil von hölzerner Galerie abgeschlossen. In der Nordwestecke zwischen Turm und Schiff Treppenturm, dessen Spindel in das Mauerwerk des Turmes einschneidet. Gruftanlagen unter dem Mittelschiff, unter dem Altar und an der Chornordwand. – Anstelle eines Vorgängerbaus errichtet 1506–1523 von Ulrich von Schmiedeberg. 1540/41 Einwölbung unter Leitung von L. Binder: Sterngewölbe im Mittelschiff und mittleren Joch des Chorumgangs, Netzgewölbe in Seitenschiffen und Chorumgang, im nördlichen Teil desselben von einfacher Konstruktion, in den in Emporenhöhe durch Arkaden zum Schiff geöffneten Annexen achtstrahlige Sterngewölbe; Gewölbe ausgemalt von J. B. Summerstein aus Wittenberg. 1551–1554 Errichtung des Westturms und der westlichen Halbgiebel des Schiffes unter Leitung von L. Binder, 1553 Bau des Treppenturms am südlichen Annex. 1738 Anlage der Gruft unter dem Mittelschiff für die Familie des Fürsten Leopold. 1780–1784 durchgreifende Renovierung des Innenraums im neogotischen Stil unter Leitung von G. Chr. Hesekiel: umlaufende dreigeschossige hölzerne Empore anstelle der Emporen des 16. Jh., von denen 53 Gemälde aus der Werkstatt L. Cranachs d. J. übernommen wurden; an der Ostwand des Chorumgangs zweigeschossiger Fürstenstuhl angefügt. 1794 Einbau einer Gruft in der Ostwand des Turmes. Um 1850 Erdgeschoß des Turmes als Gruft für die herzogliche Familie hergerichtet, in diesem Zusammenhang zwei Spitzbogenfenster in die Westfront und ein Portal in die Nordwand gebrochen. 1856 abermalige Renovierung des Inneren. 1906 Veränderung des Ostportals und Anbau an den nördlichen Annex, Wiederfreilegung der Summersteinschen Gewölbemalereien. 1909/10 Abnahme des Außenputzes, dabei am oberen Teil des Turmes Blendnischen mit Maßwerk hinzugefügt.

Dessau
Links unten: Grundriß der Stadt, 1 Großer Markt mit St. Marien, 2 Neumarkt mit Johanniskirche, 3 St. Georg und Synagoge, 4 Pauluskirche, 5 Kapelle auf dem Jüdischen Friedhof, 6 Herzogliches Schloß, 7 Lustgarten, 8 Kleiner Markt mit Rathaus, 9 Altes Theater, 10 Landestheater, 11 Bauhaus, 12 Palais Eduard an der Kaiserstraße, 13 Palais des Prinzen Georg an der Kavalierstraße, 14 Fremdenhaus im Georgengarten, 15 Franzstraße, 16 Zerbster Straße
Rechts: Schloß- und Stadtkirche St. Marien von Norden, von Süden nach der Zerstörung und Blick aus dem nördlichen Seitenschiff nach Südosten

Durch Luftangriff am 7. März 1945 bis auf die Umfassungsmauern, die achteckigen Schiffspfeiler und die Gewölbe der Annexe zerstört; dabei auch die sandsteinerne Kanzel mit Moses als Kanzelträger von etwa 1540 und der 1533 von L. Binder gemeißelte Taufstein vernichtet. 1954 Sicherung des Turmes durch Notdach über dem achteckigen Aufsatz. Wiederaufbau der Kirche als Archivgebäude vorgesehen.

Büttner Pfänner zu Thal, S. 338 ff. Abb. 246–258. Boettger, S. 475, 503 ff., 518 m. 1 Abb. H. v. Basedow: Die Schloß- und Stadtkirche zu St. Marien in Dessau, in: Mitteilungen des Vereins für Anhaltische Geschichte und Altertumskunde 14, 1923/24, H. 2, S. 33 ff. m. 2 Grundrissen und 3 Abb. Van Kempen/Dessau, S. 9 ff., 58 f. m. 2 Abb. Führer 1928, S. 6, 17 ff. Grote, S. 56 f., 63 f., 138, Abb. 52, 72. Inventar/Dessau, S. 5 ff., Abb. 3–8, Taf. 4–27. Dehio/Nordwestdeutschl., S. 94 f. S. Harksen: Untersuchungen zur Baugeschichte von Schloß und Schloßkirche in Dessau, Dipl.-Arbeit der Martin-Luther-Universität Halle-Wittenberg, Phil. Fak., Fachrichtung Kunstgesch. 1954. Schulze-Wollgast, S. 17 m. Abb. S. Harksen: Ludwig Binder, ein mitteldeutscher Renaissancebaumeister, in: Wissenschaftliche Zeitschr. der Martin-Luther-Universität Halle-Wittenberg, Ges.-sprachwiss. R. 7, 1957/58, S. 702, 706 ff., 713, Abb. 4–8. S. Harksen: Ludwig Binder in Dessau und Salzelmen, in: Dessauer Kalender 2, 1958, S. 62 ff. m. Abb. W. Pflug: Aus dem alten und neuen Dessau, Dessau 1963 (Schriftenreihe des Museums für Naturkunde und Vorgeschichte Dessau 1), S. 8 f. Kunst- und Kulturdenkmäler, S. 85. Harksen 1970, S. 30. Kunstführer, S. 242. Paul, S. 9 f., Abb. S. 6. Dehio/Bezirk Halle, S. 64

Johanniskirche ehemals **Neustädter Kirche** (am Neumarkt). Erbaut 1690–1702 nach Entwurf von M. Grünberg, der möglicherweise einen Plan von C. Ryckwaert umarbeitete. Verputzter Backsteinbau mit Walmdach und eingezogenem quadratischem Westturm, im Grundriß kreuzförmige protestantische Predigtkirche. Saal mit niedrigerem rechteckigem, kreuzgratgewölbtem Chor, an der Nord- und Südseite des Schiffes jeweils ein breiter Anbau, darin Emporen. An der Nordwand des Chores der Fürstenstuhl mit Zugang durch Vorbau im Osten. Im Winkel zwischen Chor und Südanbau die Sakristei von 1765. Portale im Turm sowie in den Anbauten. Der 1766 teilweise erneuerte, 1833 durch Sturm zerstörte Turm 1838 erhöht und mit Zeltdach und Pyramidenhelm versehen. Kirche 1865–1868 durchgreifend renoviert unter Leitung von Bürkner: anstelle der alten hölzernen Tonne gerade verputzte Decke, Erneuerung der gesamten Innenausstattung. 1887/88 Bau des Konfirmandensaals im Winkel zwischen Nordanbau und Chor. Kirche 1904 renoviert, Inneres 1937 völlig überholt.
Beim Luftangriff am 28. Mai 1944 bis auf die Umfassungsmauern zerstört. 1951–1955 Wiederaufbau unter Verzicht auf Konfirmandenraum und Sakristei. Da der Chor durch die Anlage der Wilhelm-Pieck-Straße eine andere Lage zur Straße bekam, nicht mit abgewalmtem Dach, sondern mit Dreieckgiebel und Satteldach wiederhergestellt. Neugestaltung des Innenraums mit hölzerner Kassettendecke, Altarraum tonnengewölbt, Anbauten durch Rundbögen mit massiven Emporen vom Schiff getrennt. Von der ehemaligen Inneneinrichtung nur noch Reste des 1695 von T. Wilhelmi geschaffenen Taufsteins erhalten.

Ae. Münnich: Geschichte der St. Johannis-Kirche und Gemeinde in Dessau, Dessau 1833. L. Würdig: Chronik der St. Johanniskirche und deren Gemeinde zu Dessau, Dessau 1889. Büttner Pfänner zu Thal, S. 349 f., Abb. 259. Boettger, S. 510, Abb. S. 509, 529. Zur Jubelfeier der St. Johanniskirche zu Dessau, in: Unser Anhaltland 2, 1902, Nr. 18, S. 201 ff. m. 2 Abb. W. van Kempen: Das Reisetage- und Skizzenbuch des Architekten Christoph Pitzler, eine Quelle zur anhaltischen Kunstgeschichte des 17. und 18. Jahrhunderts, in: Mitteilungen des Vereins für Anhaltische Geschichte und Altertumskunde 14, 1923/24, H. 2, S. 95 m. Abb. W. van Kempen: Der Baumeister Cornelis Ryckwaert, ein Beitrag zur Kunstgeschichte Brandenburgs und Anhalts im 17. Jahrhundert, in: Marburger Jahrbuch für Kunstwissenschaft 1, 1924, S. 256 ff., Abb. 176. Van Kempen/Dessau, S. 30, 97. Salzmann, S. 194, Abb. 2. G. Schiedlausky: Die St. Johanniskirche in Dessau, in: Anhaltische Geschichtsblätter 12, 1936, S. 1 ff. m. 5 Abb. Inventar/Dessau, S. 50 ff., Abb. 9, Taf. 28–33 c. G. Schiedlausky: Martin Grünberg, ein märkischer Baumeister aus der Wende vom 17. zum 18. Jahrhundert, Burg b. M. 1942 (Beiträge zur Kunstgeschichte 7), S. 26 ff., 169, 171 f., 176. Dehio/Nordwestdeutschl., S. 95. Schulze-Wollgast, S. 18. W. Wendland: Kirchenbau in dieser Zeit, Berlin 1957, Abb. 81, 84. F. Müller: Entstehungsgeschichte und Wiederaufbau der St. Johanniskirche in Dessau, in: Dessauer Kulturspiegel 4, 1957, H. 1, S. 10 ff.; H. 3, S. 74 ff. m. 4 Abb. Wiederaufbau der Kirchen in der DDR, S. 66, 201. Harksen 1970, S. 16, 30. Kunstführer, S. 243. Dehio/Bezirk Halle, S. 64

Pfarrkirche St. Georg 1712–1717 anstelle der gotischen Hospitalkirche unter Verwendung ihrer Fundamente errichtet. Backstein-Putzbau mit drei Risaliten und quadratischem Westturm. Der elliptische Zentralbau 1818–1821 durch C. I. Pozzi kreuzförmig erweitert. 1887 vollständige Renovierung des Innenraums und Erneuerung der gesamten Inneneinrichtung (Altar, Kanzel mit Zugang von der Sakristei im südlichen Kreuzarm, Orgelprospekt, Emporen und Gestühl). 1915 Vergrößerung der Sakristei.
Durch Luftangriff am 7. März 1945 bis auf die Umfassungsmauern zerstört. 1961–1966 Wiederaufbau, dabei der ursprüngliche Zustand ohne die Erweiterung Pozzis (jedoch mit Amtsstube im Osten) wiederhergestellt. Die Reste der südlichen Eingangshalle aus Sicherheitsgründen schon bald nach der Zerstörung abgetragen. Verzicht auf die nördliche Vorhalle wegen der Verbreiterung der August-Bebel-Straße (ehemals Askanische Straße). Das Kircheninnere modern durch W. Wendland gestaltet.

K. Fr. Arndt: Nachrichten über die Kirche und Gemeinde zu St. Georg in der Residenzstadt Dessau, Dessau 1833. Büttner Pfänner zu Thal, S. 348 f. Boettger, S. 509 m. Abb. Van Kempen/Dessau, S. 31. Inventar/Dessau, S. 58 ff., Abb. 10, Taf. 34, 35b, c, 36. Händler 1941, S. 257. Dehio/Nordwestdeutschl., S. 95. Schulze-Wollgast, S. 18. Wiederaufbau der Kirchen in der DDR, S. 202. Brückner 1967, S. 64, Abb. S. 67. Kunstdenkmäler, S. 357, Abb. 21. Harksen 1970, S. 30. F. Brückner: August-Bebel-Straße und -Platz gestern, heute und morgen, in: Dessauer Kalender 14, 1970, S. 45. M.-L. Harksen: Carlo Ignazio Pozzi, Theater-

Dessau, Schloß- und Stadtkirche St. Marien, Inneres nach Westen

maler und Architekt, in: Zwischen Wörlitz und Mosigkau 5, 1971, S. 34ff. Kunstführer, S. 242. H. Fritsche: Der Wiederaufbau von Dessau ab 1945, Teil IV 1966 bis 1968, in: Dessauer Kalender 20, 1976, S. 11. Paul, S. 13 f. Dehio/Bezirk Halle, S. 65

Pauluskirche 1889–1892 von J. Otzen errichteter Backsteinbau in gotischen Formen. Saalkirche mit Querschiff und Turm im Norden. Der rechteckige Chor mit nach außen umgangartig wirkenden Anbauten von Sakristei, herzoglichem Kirchenstuhl und Konfirmandensaal. Das Schiff rippengewölbt, in Vierung und Chor Sterngewölbe. An der Südseite Kapelle.
Beim Luftangriff am 7. März 1945 Dachstuhl vernichtet, Fenster und Orgel zerstört. Notdach aufgebracht, die riesige Westrosette vermauert. Im Kirchenschiff seit 1970 Magazin der Stadtbibliothek.

F.: Vierte evangelische Kirche für Dessau, in: Deutsche Bauzeitung 24, 1890, S. 493 f. m. 3 Abb. und Grundriß. F. Westphal: Die St. Pauluskirche in Dessau, in: Würdigs Volkskalender, Dessau 1893. Büttner Pfänner zu Thal, S. 350. Boettger, S. 539. Die Haupt- und Residenzstadt Dessau, S. 14 m. Abb. Dessau 1914, S. 66 m. Abb. Van Kempen/Dessau, S. 120. Inventar/Dessau, S. 65. B. Heese: Baugeschichte des Stadtteiles Dessau-Süd, in: Dessauer Kalender 7, 1963, S. 62, Abb. S. 67. Dehio/Bezirk Halle, S. 65

Jakobuskirche Mit Pfarr- und Gemeindehaus eine Baugruppe bildender Backsteinbau an der Kreuzung von Schützen- und Törtener Straße. 1906–1908 nach Entwurf von Teichmüller errichtet. Kirchengrundriß sechseckig. Der von Treppentürmen flankierte Turm mit reichem Ziergiebel im Blickpunkt der Schützenstraße enthält die Eingänge zum Mittelschiff, dessen hölzerne Tonne auf vier Stützenpaaren ruht. An der Apsis Sakristei und Fürstenstuhl. In den dreieckigen Seitenschiffen Emporen. Interessante Ausstattung im Jugendstil (Altar, Kanzel, Fenster), in der Apsis 1910 angebrachtes Fresko von I. Bebber.

Beim Luftangriff am 7. März 1945 Bauensemble bis auf die Umfassungsmauern zerstört, Turmgiebel abgestürzt. Gemeindehaus an der Törtener Straße bis 1964 wiederaufgebaut.

K. Ströse: Die herzogliche Haupt- und Residenzstadt Dessau, in: Salonblatt 6, 1911, Nr. 33, S. 983 m. Abb. Die Haupt- und Residenzstadt Dessau, Abb. S. 15. Dessau 1914, S. 67. Van Kempen/Dessau, S. 122. Heese, S. 29. Inventar/Dessau, S. 65. Harksen 1970, S. 30. B. Heese: Baugeschichte des Stadtteiles Dessau-Süd, in: Dessauer Kalender 7, 1963, S. 62

Synagoge (Askanische Straße, Ecke Steinstraße). Als dritter Synagogenbau 1907/08 nach Plänen von Cremer und Wolffenstein in romanischen Formen errichtet. Ostteil Hausteinbau, sonst Putzbau. Allerheiligstes im Osten an der Steinstraße, beiderseits anschließende Arkaden, an deren äußeren Enden Treppentürmchen, im jeweils äußersten Arkadenbogen Durchfahrt über dahinterliegende Höfe zur Vorhalle der Synagoge im Westen. Rechts im Anschluß an die Arkaden Gemeindehaus, Zugang vom rechten Hof, daran auch die Wochentagssynagoge gelegen. Die Synagoge eine dreischiffige Halle mit Empore, im östlichen Teil des Mittelschiffs Sterngewölbe, darüber die äußere Kuppel, westlicher Teil zweijochig mit Kreuzgewölbe; gewölbter Chor mit dem Allerheiligsten.
In der »Kristallnacht« 1938 Synagoge und Gemeindehaus geplündert und in Brand gesteckt. Die umgebende Bebauung in der Schul-, Stein- und Askanischen Straße beim Luftangriff am 7. März 1945 zerstört. Ruinen beseitigt, das Gelände seit 1963 bebaut.

Wettbewerb um Entwürfe zu einer Synagoge in Dessau, in: Zentralblatt der Bauverwaltung 24, 1904, S. 352. Neuere Synagogen, 2. Die neue Synagoge in Dessau, in: Deutsche Bauzeitung 43, 1909, S. 617 ff. m. 6 Abb. und 1 Taf. Die Haupt- und Residenzstadt Dessau, S. 19 m. Abb. Dessau 1914, S. 67 m. Abb. Van Kempen/Dessau, S. 122. Führer 1928, S. 23. Heese, S. 22. Brückner 1967, S. 55, Abb. S. 32

Dessau
Links oben: Johanniskirche von Süden
Rechts oben: Pfarrkirche St. Georg von Nordwesten
Rechts Mitte und unten: Jakobuskirche, Äußeres und Inneres nach Osten

Herzogliche Bauten

Herzogliches Schloß Dreiflügelige, ehemals karreeförmige Anlage, deren Anfänge bis 1341 zurückreichen. Ältester erhaltener Teil der um 1530 anläßlich der Vermählung des Fürsten Johann mit Margarete von Brandenburg unter teilweiser Verwendung älterer Mauern entstandene Westflügel, der sogenannte Johannbau, ein zweigeschossiger Backstein-Putzbau mit östlich vorgelegtem fünfseitigem Treppenturm auf rechteckigem altanartigem Unterbau, zu dem zwei Freitreppen in der Fassadenflucht hinaufführen. Die Fenster des Turmes dem Treppenlauf gemäß schräg ansteigend. Dieser 1531–1533 von L. Binder errichtete Turm vorbildlich für den Treppenturm des Schlosses Hartenfels in Torgau. Zwischen 1560 und 1570 Johannbau nach Norden verlängert und mit dem nach dem Brand von 1467 entstandenen, 1708 wieder abgerissenen Nordflügel verbunden, dabei der zweistufige, mit Kreissegmenten geschlossene Nordgiebel in alter Form wiederaufgebaut. 1577–1580 Neubau von Süd- und Ostflügel anstelle der niedergelegten älteren Flügel nach Plänen von Graf Rochus zu Lynar durch P. Niuron. Aus dieser Bauphase der sogenannte Kupferturm in der Südostecke des Schloßhofes. Der 1748 begonnene umfassende Umbau dieser Flügel für Fürst Leopold Maximilian nach Plänen G. W. v. Knobelsdorffs infolge des Todes des Bauherrn nur notdürftig zum Abschluß gebracht. Viereinhalbgeschossige Trakte mit Attika: im Sockelgeschoß Putzstreifengliederung; die mit einem geraden Gebälkstück bekrönten Fenster des ersten Obergeschosses auf einem durch ein Gesims abgeschlossenen Sockel aufsitzend, die Fenster der übrigen Geschosse nur mit einfachen Faschen versehen. 1812–1816 Umbau des Westflügels, zunächst die Zwerchhäuser an den Langseiten abgetragen, die Ostseite aufgestockt, das Dach erneuert und der Treppenturm mit neogotischem Oberbau versehen, im Anschluß daran Veränderungen im Inneren. 1874 dem Südflügel ein repräsentatives Treppenhaus nach Entwürfen von Normann und Richter angefügt. Dieses dem Knobelsdorffschen Mittelrisalit vorgesetzte »Prunkstück« in Formen der Renais-

Dessau, Herzogliches Schloß
Oben: Westflügel
Links unten: Treppenturm des Westflügels
Rechts unten: Westflügel, nach der Zerstörung

sance Vorlegeschlößchen genannt. – Im Inneren bemerkenswert das 1532 von L. Binder geschaffene Portal des Rittersaales im ersten Obergeschoß des Westflügels, das vom ausgehenden 16. Jh. stammende stuckierte Kreuzgewölbe der Gipskammer im Erdgeschoß des Ostflügels, aus der Bauperiode um 1750 der Thronsaal, das sogenannte Königszimmer, ein weiteres Zimmer und ein Kabinett mit Stukkaturen im Stile der Brüder Hoppenhaupt sowie die 1767/68 für Fürst Franz von F. W. v. Erdmannsdorff ausgestatteten Räume, vor allem der Große Saal im zweiten Stock an der Südostecke und das darunterliegende Runde Kabinett im ersten Stock.

Beim Luftangriff am 7. März 1945 Ost- und Südflügel vernichtet, Westflügel bis auf die Umfassungsmauern ausgebrannt, dabei die Portale im Inneren zerstört; in der Folgezeit Altan- und Treppenbrüstung ihres plastischen Schmuckes beraubt. Ruine des Westflügels 1957 durch Aufsetzen eines Behelfsdaches gegen weiteren Verfall gesichert und als Kulissenhaus des Landestheaters genutzt. Ruinen des Ost- und Südflügels abgetragen.

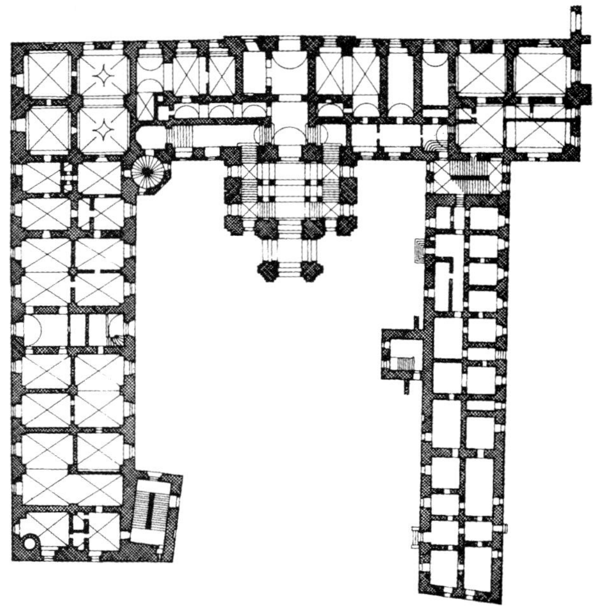

Dessau, Herzogliches Schloß
Rechts oben: Grundriß
Rechts Mitte: Westflügel, beim Wiederaufbau
Links: Thronsaal und Königszimmer
Rechts unten: Kabinett

A. Rode: Wegweiser durch die Sehenswürdigkeiten in Dessau, 1. H., Dessau 1795, S. 5 ff. Büttner Pfänner zu Thal, S. 328 ff. m. 11 Abb., Taf. 34, 35, 37, 40. Boettger, S. 476, 488 ff., 511 f., 521 f., 528, 534 ff., 9 Abb. H. Wäschke: Zur Baugeschichte des Dessauer Schlosses, in: Zerbster Jahrbuch 3, 1907, S. 48 ff. Ulrich, S. 952 m. Abb. Riesenfeld, S. 38 ff., Abb. S. 9, 11, 13. Van Kempen/Dessau, S. 6 f., 16 ff., 34, 56, 97, 3 Abb. vor Kap. 1 und nach S. 128. W. Hoffmann: Zerbster Maurer beim Schloßbau in Dessau, in: Alt-Zerbst 24, 1927, Nr. 5, S. 7 f. Grote, S. 61 ff., 67 ff., 96 f., 121, Abb. 57–59, 63, 126. A. Streichhan: Knobelsdorff und das friderizianische Rokoko, Phil. Diss. Rostock 1932, S. 8, 12, 15, 24, 58 f., 63 f., 66, 90 f., Abb. 22. L. Grote: Beiträge zur Frage: Knobelsdorff und das Friderizianische Rokoko, in: Zeitschrift für Kunstgeschichte 4, 1935, H. 1/2, S. 51 ff. Inventar/Dessau, S. 68 ff., Abb. 13 (Grundriß), Taf. 37–47. Dehio/Nordwestdeutschl., S. 95. S. Harksen: Untersuchungen zur Baugeschichte von Schloß und Schloßkirche in Dessau, Dipl.-Arbeit Martin-Luther-Univ. Halle-Wittenberg, Phil. Fak., Fachrichtung Kunstgeschichte 1954. Schulze-Wollgast, S. 17. S. Harksen: Ludwig Binder, ein mitteldeutscher Renaissancebaumeister, in: Wissenschaftliche Zeitschrift der Martin-Luther-Univ. Halle-Wittenberg, Ges.-sprachwiss. R. 7, 1957/58, S. 702 f., 713, Abb. 1. Kurze Ortschronik, in: Dessauer Kalender 2, 1958, S. 86. Van Kempen 1961, S. 125 ff., Abb. S. 243. Kunst- und Kulturdenkmäler, S. 93 ff., 105, Abb. S. 95. S. Harksen: Eine Ansicht von Schloß und Stadt Dessau, Lucas Cranach d. J. 1556, in: Dessauer Kalender 13, 1969, S. 37 ff. H. Harksen: Friedrich Wilhelm von Erdmannsdorff, der Baumeister Dessaus, in: Zwischen Wörlitz und Mosigkau 3, 1970, S. 12. Harksen 1970, S. 30. Harksen 1972, Abb. S. 41. Kunstführer, S. 242. Paul, S. 11 f., Abb. S. 6 f. Dehio/Bezirk Halle, S. 65

Dessau, Herzogliches Schloß
Oben: Großer Saal
Unten: Schlafzimmer und Rundes Kabinett

Lustgarten 1774/75 von F. Eyserbeck in Form einer antiken Rennbahn angelegt, deren Metae beschnittene Taxusbäume bilden. Als Point de vue am Nordende des Lustgartens zwei klassizistische Pavillons, dahinter die Marställe, an der westlichen Längsseite die Orangerie, an der östlichen ein taxusbepflanzter Wall. 1907 Aufstellung des von L. Manzel geschaffenen Denkmals Herzog Friedrichs I. von Anhalt.
Anlage durch Luftangriffe 1944/45 zerstört. Ruinen der Gebäude beseitigt.

Riesenfeld, S. 90, Abb. S. 117. Dessau 1914, S. 155 f., Abb. S. 157. Van Kempen/Dessau, S. 60, Abb. vor S. 33. Dehio/Nordwestdeutschl., S. 95. K. Schulze-Wollgast: Der Lustgarten gestern und morgen, in: Dessauer Kulturspiegel 1, 1954, H. 4, S. 4 ff. m. 5 Abb. W. Schmetzer: Zur Frage der Neugestaltung des Lustgartenbezirkes, in: Dessauer Kulturspiegel 1, 1954, H. 6, S. 1 ff. Schulze-Wollgast, S. 18, Abb. 4. H. Fritsche: Der Wiederaufbau von Dessau ab 1945, Teil IV 1966 bis 1968, in: Dessauer Kalender 20, 1976, S. 11

Pavillons im Lustgarten 1774–1777 durch F. W. v. Erdmannsdorff errichtet. Quadratische, eingeschossige Backstein-Putzbauten mit Zeltdächern. Die Gartenfassade gegliedert durch vorgezogenen Sandsteinsockel, darauf Eckpfeiler und zwei dorische Dreiviertelsäulen mit Triglyphengebälk. Dicht unterhalb des Gebälks im mittleren Wandfeld ein querrechteckiges Relief mit antikem Wagenlenker bzw. Kunstreiter (1777), in den seitlichen Feldern Medaillons mit Kentauren (1776), sämtlich Nachbildungen antiker Gemmen. Vor dem mittleren Wandfeld auf Felsenunterbau mit Brunnenschale am Fuß die 1783 aufgestellten liegenden Figuren der Elbe und Mulde von Ehrlich. Vor den seitlichen Wandfeldern auf Postamenten Nymphen von Ehrlich und Pfeiffer.
Durch Luftangriff am 7. März 1945 zerstört. Ruinen 1966 entfernt.

A. Rode: Wegweiser durch die Sehenswürdigkeiten in und um Dessau, 1. H., Dessau 1795, S. 38 ff. Büttner Pfänner zu Thal, S. 337. Boettger, S. 520. Riesenfeld, S. 90, Abb. S. 66, 117. H. Schmitz: Berliner Baumeister vom Ausgang des 18. Jahrhunderts, Berlin 1914, S. 336 zu Abb. S. 137. Van Kempen/Dessau, S. 56. Inventar/Dessau, S. 82, Taf. 64a, 65a, 70b. Händler 1939, S. 296. Dehio/Nordwestdeutschl., S. 95. Schulze-Wollgast 1956, S. 19; 1957, Abb. 5. Harksen 1972, Abb. S. 41

Reitbahn (später Friedrich-Theater). 1790/91 nach Entwurf von F. W. v. Erdmannsdorff errichtet. Rechteckiges Bruchsteingebäude mit tief herabreichendem Satteldach und vorgeblendeten Putzfassaden an den Schmalseiten, an der zur

Muldstraße in Form eines römischen Triumphbogens. An der dreiachsigen Muldstraßenfassade die Mittelachse risalitartig vorgezogen. Front gegliedert durch sechs auf hohen Sockeln stehende toskanische Pilaster, die ein dorisches Gebälk mit Attika tragen. Zwischen den Pilastern nischenartige Blendarkaden, die durch höhergezogenen Bogen hervorgehobene Mittelnische mit Hauptportal; in den seitlichen Nischen 1796 von F. W. E. Doell geschaffene Hochreliefs der Pferdebändiger nach den Gruppen vor dem Quirinalspalast zu Rom. An den Seitenfronten der Fassade jeweils zwei Pilaster, oberhalb des Gurtgesimses Medaillon, darin auf der Ostseite Wagenlenker auf einem Rennwagen, auf der Westseite Nike auf dem Siegeswagen. Im Inneren Fries von 22 Hochreliefs, die Geschichte der Reitkunst darstellend, nach Doells Modellen von Schultze 1792–1794 ausgeführt. 1923 Umbau der Reitbahn zum Friedrich-Theater, dabei durch Anfügung des Bühnenhauses an der Schmalseite zum Lustgarten die ursprüngliche Blendfassade zerstört. 1939/40 Umbau des Theaters durch Lübke und Reißner.

Dessau
Oben: Lustgarten mit Orangerie und Pavillons
Mitte: Pavillons im Lustgarten
Unten: Reitbahn, Fassade

Durch Luftangriff am 7. März 1945 zerstört. Ruine 1966 abgetragen.

A. Rode: Wegweiser durch die Sehenswürdigkeiten in und um Dessau, 1. H., Dessau 1795, S. 47 ff. m. Kupfertaf. Böttiger: Die neue Reitbahn in Dessau, ein Muster artistischer und historischer Dekoration, in: Journal des Luxus und der Moden 10, 1795, S. 154 ff. Büttner Pfänner zu Thal, S. 337. Boettger, S. 520. Riesenfeld, S. 91 ff., Abb. 114. H. Schmitz: Berliner Baumeister vom Ausgang des 18. Jahrhunderts, Berlin 1914, S. 336 zu Abb. S. 136. Van Kempen/Dessau, S. 57. Grote, S. 132 f. Inventar/Dessau, S. 83, Taf. 65b. Händler 1939, S. 296. U. Dietrich: Das Friedrichs-Theater, die Alte Reitbahn in Dessau als neue Unterhaltungsstätte, in: Der goldene Reiter 3, 1940, H. 3, S. 62 f. m. 3 Abb. Dehio/Nordwestdeutschl., S. 95. Harksen 1970, S. 30

Marställe 1792 entstandene Putzbauten, zusammen mit der Reitbahn und den Pavillons am Lustgarten einen dreieckigen Hof bildend. Die Ställe an der Muldstraße mit niedrigem Obergeschoß, diejenigen zu seiten der Pavillons am Lustgarten eingeschossig. Fenster mit Bandrahmung, über den Türen Dreieckgiebel auf Konsolen. Später als Markthalle und Nebenräume des Theaters genutzt.
Durch Luftangriff am 7. März 1945 zerstört. Ruinen 1966 beseitigt.

A. Rode: Wegweiser durch die Sehenswürdigkeiten in und um Dessau, 1. H., Dessau 1795, S. 101 ff. m. Lageplan. Boettger, S. 520. Riesenfeld, S. 90. Inventar/Dessau, S. 83. Händler 1939, S. 296. Dehio/Nordwestdeutschl., S. 95

Orangerie und Neue Hauptwache Zweiflügeliger, zweigeschossiger Putzbau, ein Flügel (ehemalige Alte Reitbahn) am Schloßplatz, der andere (Orangerie) am Lustgarten. 1793–1795 Anbau des Orangerieflügels an die 1755 errichtete Alte Reitbahn nach Plänen von F. W. v. Erdmannsdorff. Beiden Gebäuden eine einheitliche Scheinfassade vorgeblendet, die Fassade der Orangerie von elf, die der Hauptwache von neun Achsen Länge. Die äußersten Achsen und die Mittelachse jeweils risalitartig ausgebildet und von toskanischen Pilastern flankiert, darüber Triglyphengebälk und Attika. Mittelrisalit betont durch einen Dreieckgiebel und ein durch beide Geschosse reichendes, von Pilastern gerahmtes Rundbogenportal. 1805 hinter der Fassade der Reitbahn die Neue Hauptwache aufgeführt. 1891 beide Flügel bis auf die Fassaden durch Brand vernichtet, aber wieder ausgebaut.
Durch Luftangriff am 28. Mai 1944 der Gebäudekomplex bis auf Fassadenreste vernichtet. Ruine beseitigt.

Büttner Pfänner zu Thal, S. 337. Boettger, S. 519 f. Riesenfeld, S. 90 f., Abb. S. 50, 51. Van Kempen/Dessau, S. 56 f. Grote, S. 132 f. Inventar/Dessau, S. 84 f., Taf. 64 d, 65 a. Händler 1939, S. 296 m. Abb. Dehio/Nordwestdeutschl., S. 95. Schulze-Wollgast 1956, S. 19, Abb. 4, 5; 1957, Abb. 4, 5. Dessau vor der Zerstörung, S. 46. Brückner 1967, S. 39. Harksen 1970, S. 16, Abb. S. 18. Harksen 1972, S. 7, Abb. S. 41

Fremdenhaus im Georgengarten (im »Lustgarten« genannten Parkteil hinter Schloß Georgium). Eineinhalbgeschossiger verputzter Backsteinbau von fünf Achsen mit Mansarddach. An der nördlichen Hauptfront die mittleren drei Achsen als Risalit behandelt und durch vier ionische Pilaster gegliedert, die Gebälk und Attika tragen; darüber ein mit Vasen besetzter Dreieckgiebel. An der Südfront die drei Mittelachsen ebenfalls als Risalit mit Dreieckgiebel behandelt. Die das Gebälk tragenden Pilaster, der Bogen des dazwischenliegenden Portals und alle Fenstereinfassungen des Risalits rustiziert. Vor dem Portal dreistufige Treppe mit Sandsteinwangen. An den Abseiten Putzstreifengliederung. Erdgeschoßfenster mit Dreieckblendgiebeln bekrönt.
Durch Luftangriff bis auf die Umfassungsmauern zerstört. Ruine erhalten.

Inventar/Dessau, S. 99 f., Taf. 74 b. J. Harksen: Park und Galerie Georgium, Dessau 1972 (Zwischen Wörlitz und Mosigkau 7), S. 9. Dehio/Bezirk Halle, S. 66

Küchengebäude im Georgengarten (westlich des Schlosses). Rechteckiger, weiß gestrichener Backstein-Putzbau mit viersäuliger dorischer Tempelfassade. In der Rückwand Tür mit Segmentbogenblendgiebel, ihr zu seiten hölzerne Bänke. Die von einem Dreieckgiebel bekrönte Rückfront durch eine Rundbogennische gegliedert, darin halbbrunde Steinbank. Gebäudeecken und Nischeneinfassung rustiziert.
Durch Luftangriff zerstört.

A. Fuchs: Deßau, Wörlitz und Oranienbaum, Deßau 1843, S. 87. Inventar/Dessau, S. 99. J. Harksen: Park und Galerie Georgium, Dessau 1972 (Zwischen Wörlitz und Mosigkau 7), S. 6

Schlagbaumhaus am Promenadenwall 1793 nach Entwurf F. W. v. Erdmannsdorffs unter Leitung von W. P. Mann erbaut. Bauernhaus (»Kuhhäuschen«) mit vorgeblendeter verputzter Backsteinfassade an der zum Promenadenwall gelegenen Schmalseite. In der Fassadenmitte Blendarkade, darin in einer Nische das 1794 vollendete Relief eines Kuhhirten. Oberhalb des Gurtgesimses zwei Tierreliefs. Die Fassade abgeschlossen durch Dreieckgiebel.
Beim Luftangriff am 28. September 1944 zerstört. Ruine beseitigt.

Boettger, S. 521. Riesenfeld, S. 93, Abb. S. 5. H. Schmitz: Berliner Baumeister vom Ausgang des 18. Jahrhunderts, Berlin 1914, Abb. S. 135. Van Kempen/Dessau, S. 57. Inventar/Dessau, S. 85, Taf. 64b. Händler 1939, S. 296

Öffentliche Gebäude

Rathaus Anstelle des 1561–1563 errichteten Vorgängerbaus (von diesem noch zwei Sandsteinportale im Hof) aufgeführt 1899–1901 von H. Reinhardt und G. Süßenguth in Neorenaissanceformen. Dreigeschossiger Putzbau mit Hausteingliederungen und steilem, schiefergedecktem Dach mit Dachreiter, Turm an der Südwestecke, Erker an der Nordwestecke und Giebel zum Kleinen Markt. 1935 Anbau in der Schloßstraße. Im Inneren Oberbürgermeisterzimmer und seit 1900 von B. Pankok eingerichtetes Standesamt bemerkenswert. Das Eheschließungszimmer, ein an der Vorhalle liegendes Turmzimmer im ersten Stock, im Außenbau durch einen Erker hervorgehoben. 1910 die oberen Geschosse teilweise ausgebrannt, anschließend wiederhergestellt (das Standesamt davon nicht betroffen).
Beim Luftangriff am 7. März 1945 bis auf den Turm ausgebrannt, dabei das Standesamt vernichtet, Fassade der Nordseite schwer beschädigt. Bis 1947 Gebäude so weit wiederhergestellt, daß es erneut seiner Bestimmung übergeben werden konnte. 1950–1952 Ausbau in vereinfachten Formen mit wesentlich niedrigerem Dach unter Verzicht auf den Giebel zum Kleinen Markt. Anbau einer neuen Eingangshalle in der Zerbster Straße (jetzt Am Rathaus).

Der Entwurf zu einem neuen Rathaus in Dessau, in: Deutsche Bauzeitung 30, 1896, S. 60, 67, 316, 536. Hd.: Der Entwurf für das Neue Rathaus in Dessau, in: Zentralblatt der Bauverwaltung 18, 1898, Nr. 5, S. 54 f. m. 5 Abb. (Wettbewerb ebd. 1896, S. 43, 52, 272, 464; 1897, S. 303, 579). R. Liebisch: Die Kunst im Dessauer Rathaus, in: Anhaltland 1, 1901, S. 505 ff., 515 ff. B. Heese: Das alte und neue Rathaus zu Dessau, in: Anhaltland 1, 1901, S. 481 ff. m. 4 Abb. (H. S. Artl): Allerlei vom Rathaus zu Dessau, 1902. Y.: Das neue Rathaus in Dessau, in: Deutsche Bauzeitung 37, 1903, Nr. 59, S. 377 m. Abb.; Nr. 60, S. 385 ff. m. 3 Abb.; Nr. 70, S. 452. Neubau des Rathauses in Dessau, in: Architektur des 20. Jahrhunderts 3, 1903, S. 49 f. m. 2 Abb., Taf. 76, 77. K. Lange: Bernhard Pankok's Eheschließungszimmer in Dessau, in: Dekorative Kunst 11, 1903, S. 321 ff. m. 36 Abb. Das neue Rathaus in Dessau, in: Wiener Bauindustriezeitung 21, 1904, S. 205 ff. m. 3 Abb. Van Kempen/Dessau, S. 120 f. Grote, S. 155, Abb. 159. Inventar/Dessau, S. 89. Dehio/Nordwestdeutschl., S. 95. Heimat-Kalender 1946 für den Kreis Dessau-Köthen, S. 30. Dessau vor der Zerstörung, S.

Dessau
Mitte: Schlagbaumhaus am Promenadenwall
Unten: Neue Hauptwache, vor und nach der Zerstörung

40 m. Abb. W. Pflug: Aus dem alten und neuen Dessau, Dessau 1963 (Schriftenreihe des Museums für Naturkunde und Vorgeschichte Dessau 1), S. 4 f. Kunst- und Kulturdenkmäler, S. 114. Dessauer Kalender 13, 1969, Abb. S. 17. Harksen 1970, S. 30 m. Abb. Harksen 1972, S. 10, 29, Abb. S. 24. Kunstführer, S. 242. U. Machlitt und H. Harksen: Dessau in den 80er und 90er Jahren des vorigen Jahrhunderts, in: Dessauer Kalender 20, 1976, S. 87, Abb. vor S. 81. Brückner, S. 107. Paul, S. 25 f., Abb. S. 21, 22, 33. Dehio/Bezirk Halle, S. 65

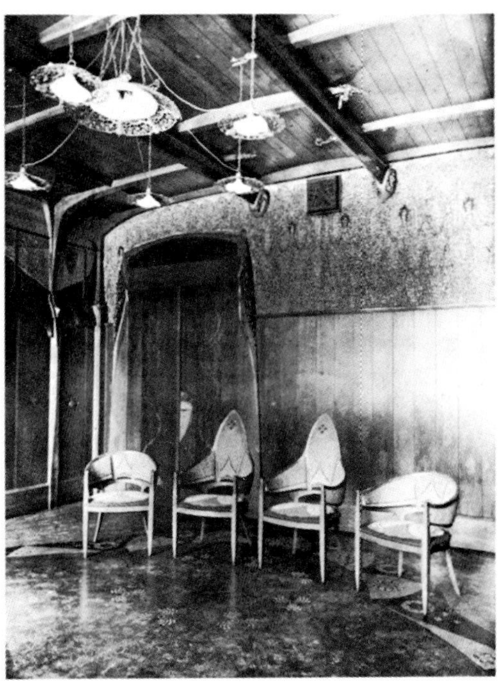

Bahnhofsgebäude 1874–1876 nach Plänen von F. Schwechten errichtet. Hellgelber Ziegelbau in Formen der italienischen Renaissance. Der vierachsige Mittelbau mit eineinhalbgeschossigen Flügeln. Dem Mittelbau an der Stadtseite um 1900 eingeschossige Vorhalle vorgelegt.
Durch Luftangriff am 7. März 1945 zerstört. Nach 1946 Wettbewerb zur Neugestaltung des Bahnhofsvorplatzes. Beim Wiederaufbau 1948–1952 Mittelbau und Vorhalle zu einem Baublock zusammengezogen, Flügel um ein Stockwerk erhöht.

Boettger, S. 533. M. Müller: Alt-Dessau in Wort und Bild, (Dessau 1912), S. 5 m. Abb. Wettbewerb, Dessau, in: Neue Bauwelt 2, 1947, S. 98, 162. H. Hoffmann: Der Wettbewerb um die Ausgestaltung des Bahnhofsvorplatzes in Dessau, in: Neue Bauwelt 2, 1947, S. 348 f. m. 8 Abb. H. Harksen: Entwicklung des Bahnhofsviertels, in: Dessauer Kalender 2, 1958, S. 26 ff. Harksen 1970, S. 30. Harksen 1972, S. 8, 10, 16

Altes Theater (Kavalierstraße, jetzige Wilhelm-Pieck-Straße). Zweieinhalbgeschossiger, neunachsiger Putzbau mit Vorhalle, diese auf sechs korinthischen Säulen mit Gebälk und bekrönendem Dreieckgiebel, das Gebälk ohne Rankendekor des Frieses am Hauptbau fortgesetzt. Die etwas zurückspringenden Außenachsen im Untergeschoß mit Putzstreifengliederung und rundbogigen Durchfahrten, in der nördlichen Durchfahrt ein Ladeneinbau. In den drei mittleren Achsen rechteckige Eingangstüren, Untergeschoß und Obergeschoß durch Gesims getrennt, unter den Fenstern des zweiten Geschosses in der Vorhalle ornamentierte Blendfelder, in den an die Vorhalle rechts und links anschließenden Achsen Rundbogennischen mit Musenstatuen von F. Hunold; unter den Fenstern des Obergeschosses Girlanden und Masken. – Theaterbau 1797–1799 nach Plänen von F. W. v. Erdmannsdorff hinter dem Olivier-Rustschen Haus an der Kavalierstraße, das im Inneren zum Theatereingang umgestaltet wurde. Errichtung einer repräsentativen Theaterfassade nach Erdmannsdorffs Tod 1818 bis 1822 durch C. I. Pozzi. Im Obergeschoß des Vorhauses pilastergegliederter Konzertsaal mit Deckenbild tanzender Horen von J. H. Beck 1821 und Voutenbildern von F. Schubert; ursprünglicher Zustand des Saales durch Renovierung 1854/55 verändert. Das Theater 1855 bis auf die Umfassungsmauern ausgebrannt, das Vorhaus erhalten. Neubau nach Plänen von F. Kretschmar unter Wiederverwendung der alten Mauern. 1922 vernichtete ein zweiter Brand auch diesen Theaterbau, das Vorhaus wiederum erhalten, dieses 1927 durch K. Elster umgebaut, der Konzertsaal mit einer kleinen Bühne versehen. Innenausstattung von H. Scheper.
Beim Luftangriff am 28. Mai 1944 zerstört.

Langhans: Das neue Theater in Dessau, in: Zeitschrift für praktische Baukunst 17, 1857, Sp. 5 f. Büttner Pfänner zu Thal, S. 353. Boettger, S. 523 f. m. Abb. H. Platzbecher: Das Herzogliche Hoftheater in Dessau, in: Salonblatt 6, 1911, S. 958 ff. m. 3 Abb. Riesenfeld, S. 102, Abb. S. 139. Van Kempen/Dessau, S. 95, Abb. vor S. 113. Salzmann, S. 195, Abb. 10. Grote, S. 131, 151, Abb. 155. W. van Kempen: Die Baukunst des Klassizismus in Anhalt nach 1800, in: Marburger Jahrbuch für Kunstwiss. 4, 1929, S. 52 ff. W. van Kempen: Denkmalpflege in Dessau, in: Denkmalpflege und Heimatschutz 31, 1929, Nr. 7, S. 60 m. Abb. Inventar/Dessau, S. 86 f., Taf. 58, 59. Händler 1941, S. 256 f. m. 2 Abb. Dehio/Nordwestdeutschl., S. 96. F. Riehl: Die städtebauliche Entwicklung und Planung des zentralen Bezirks in Dessau, in: Dessauer Kalender 2, 1958, S. 24. W. Pflug: Aus dem alten und neuen Dessau, Dessau 1963 (Schriftenreihe des Museums für Naturkunde

Dessau
Oben: Altes Theater, Fassade vor dem Umbau 1927
Unten: Rathaus, Standesamt

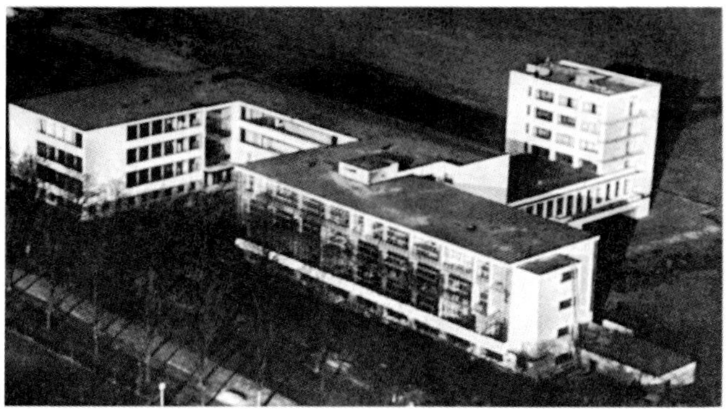

und Vorgeschichte Dessau 1), S. 16. H. Harksen: Die Dessauer Theaterbrände 1855 und 1922, in: Dessauer Kalender 12, 1968, S. 61 ff. Harksen 1970, S. 16. H. Harksen: Friedrich Wilhelm von Erdmannsdorff, der Baumeister Dessaus, in: Zwischen Wörlitz und Mosigkau 3, 1970, S. 12 f. M.-L. Harksen: Carlo Ignazio Pozzi, Theatermaler und Architekt, in: Zwischen Wörlitz und Mosigkau 5, 1971, S. 34 ff. m. Abb. Dessauer Kalender 15, 1971, Abb. S. 28. Harksen 1972, S. 8, 34. Dessauer Kalender 18, 1974, Abb. S. 69. Paul, S. 22 f., Abb. 17

Landestheater (Kaiserstraße, jetziger Friedensplatz). Erbaut 1935–1938 nach Plänen von F. Lipp und W. Roth. Hinter dem Pfeilergang zweigeschossige, elfachsige Front der Eingangshalle. Im Zuschauerraum mit einem Rang 1269 Plätze. Haupt- und fast gleich große Hinterbühne sowie zwei Seitenbühnen.
Bühnenhaus und Innenräume beim Luftangriff am 30. Mai 1944 zerstört. Ruine nach Kriegsschluß sofort wieder ausgebaut unter Leitung von O. Richter und W. Stamm. Neugestaltung des Zuschauerraums: große Kuppel durch Holzdeckentäfelung in Kassettenform ersetzt, Proszenium verkürzt und mit Holzverkleidung versehen. 1250 Plätze. Früheres Foyer in einen Festsaal verwandelt, dabei Pfeilergang geschlossen. Wiedereröffnung 1949.

Kunstchronik und Kunstmarkt 58, N. F. 34, 1923, S. 710 (Wettbewerb für ein Dessauer Theater). –: Das Dessauer Theater, in: Der goldene Reiter 1, 1938, Nr. 1, S. 19 ff. m. 8 Abb. Das neue Theater in Dessau, in: Deutsche Bauhütte 42, 1938, S. 175 m. Abb. S.: Der Neubau des Dessauer Theaters, in: Zentralblatt der Bauverwaltung 59, 1939, S. 1153 ff. m. 15 Abb. H. Thiel: Deutschlands modernstes und größtes Bühnenhaus, in: Theater der Zeit 4, 1949, H. 9, S. 12 ff. m. 8 Abb. Harksen 1970, S. 16, 21. Harksen 1972, S. 7 f. Paul, S. 8

Bauhaus Errichtet 1925/26 für das von Walter Gropius 1919 gegründete und 1925 von Weimar nach Dessau verlegte Staatliche Bauhaus. Schulneubau projektiert von W. Gropius zusammen mit C. Fieger und E. Neufert. Stahlbetonskelettbau mit Ziegelmauerwerk ausgefacht, verputzt und weiß gestrichen. Asymmetrischer Komplex aus fünf kubischen Baukörpern mit Flachdächern, im Grundriß zwei aneinandergesetzte L-Formen bildend. Zwischen dem viergeschossigen Trakt für die technischen Lehranstalten und dem viergeschossigen Werkstättenflügel überbrückt der auf vier Stützen gesetzte zweigeschossige Verwaltungsbau die Straße. Die Gestalt der Baukörper von ihrer Funktion bestimmt. Die Südseite des Fachschultraktes gegliedert durch Horizontalfensterbänder, das Treppenhaus mit großem Vertikalfenster mit quadratischer Sprossenteilung. In den drei Hauptgeschossen des Werkstättentraktes auf der Nord-, West- und Ostseite vor das Stahlbetonskelett gehängte Glasfassade. Nach der durch die Nationalsozialisten erzwungenen Auflösung des Kunstinstituts 1932 das Gebäude anderen Zwecken zugeführt.
Im Krieg bei Bombenangriffen schwer beschädigt, das Obergeschoß des Fachschultraktes und die Glasfassade am Werkstättenflügel zerstört. 1948 Aufstockung des Fachschultraktes. Das Werkstättenhaus bei der Restaurierung 1959 stark verändert, anstelle der Vorhangfassade horizontale Fensterbänder, 1976 rekonstruiert.

Das Bauhaus in Dessau, Zur Eröffnung am 4. Dezember 1926, in: Bauwelt 17, 1926 (48), S. 5 ff. m. 20 Abb. C. R. V.: Neues Bauformensuchen und Bauhauslehren, in: Deutsche Bauhütte 30, 1926, S. 341 f. m. 5 Abb. Fr. E.: Das Gropius'sche Bauhaus, in: Deutsche Bauzeitung 60, 1926, S. 256, 416. W. Grohmann: Das neue Bauhaus in Dessau, in: Das Kunstblatt 11, 1927, S. 18 ff. m. 2 Abb. E. Blunck: Das Bauhaus in Dessau . . ., in: Deutsche Bauzeitung 61, 1927, S. 153 ff. B. Ebhardt: Zum Bauhaus in Dessau, in: Deutsche Bauhütte 31, 1927, S. 69. Führer 1928, S. 32 m. Abb. W. Gropius:

Dessau
Oben: Bauhaus von Südwesten und Südosten
Unten: Schloßplatz nach Westen

Bauhausbauten Dessau, München 1930 (Bauhausbücher 12). K. Schlesier: 750 Jahre Baugeschichte der Stadt Dessau, in: Dessauer Kalender 7, 1963, S. 51 f. m. Abb. B. Heese: Entwicklung des Stadtteils Dessau-Nordwest, in: Dessauer Kalender 8, 1964, S. 65. Kunst- und Kulturdenkmäler, S. 116, 329, Abb. 217. Kunstdenkmäler, S. 353, Abb. 23. A. Behr: Das Bauhaus Dessau, Leipzig 1970 (Baudenkmale 29). Kunstführer, S. 243 m. Abb. H. Harksen: Der Wiederaufbau von Dessau ab 1945, Teil II (1956–1960), in: Dessauer Kalender 17, 1973, S. 81. Paul, S. 27, Abb. S. 24, 25. Dehio/Bezirk Halle, S. 65

Haus des Bauhausdirektors (Burgkühnauer Allee 1–6, jetzige Ebertallee). 1926 von Walter Gropius zusammen mit den anschließenden drei Doppelhäusern, den sogenannten Meisterhäusern, für die am Bauhaus tätigen Lehrer errichtet.
Durch Luftangriff zerstört, die Meisterhäuser beschädigt. Haus Gropius durch modernen Neubau ersetzt, die Meisterhäuser in veränderter Form wiederhergestellt.

Das Bauhaus in Dessau, Zur Eröffnung am 4. Dezember 1926, in: Bauwelt 17, 1926 (48), S. 5 ff. Führer 1928, S. 33. W. Gropius: Bauhausbauten Dessau, München 1930 (Bauhausbücher 12). K. Schlesier: 750 Jahre Baugeschichte der Stadt Dessau, in: Dessauer Kalender 7, 1963, S. 52. L. Lang: Dessau im Lichte der Weltbühne 1963 und 1932, in: Dessauer Kalender 8, 1964, S. 33, Abb. nach S. 6. Dessauer Kalender 10, 1966, Abb. S. 19. Kunst- und Kulturdenkmäler, S. 116, 329, Abb. 215. Harksen 1972, S. 42. Paul, S. 28, Abb. S. 26. Dehio/Bezirk Halle, S. 66

Plätze und Straßen

Schloßplatz (vor 1934 Großer Markt). Rechteckige Platzanlage aus dem 17. Jh., im Norden von den sogenannten Buden begrenzt, im Süden von der Hofkammer, im Westen an die Zerbster Straße angelehnt, im Osten rechteckig erweitert, dort im Süden das Schloß, im Norden die Hauptwache, im Osten ein Stück der Stadtmauer mit dem Lustgartentor. Vor den Buden das 1860 aufgestellte Denkmal des Fürsten Leopold, eine Wiederholung der Schadowschen Statue.
Durch Luftangriff am 7. März 1945 alle Gebäude zerstört. Die Ruinen bis auf den Westflügel des Schlosses abgetragen.

Grote, S. 80, Abb. S. 72. Inventar/Dessau, S. 77 f. Taf. 52a, 53b, 66f. Dessauer Kalender 11, 1967, Abb. S. 3, 42. Paul, S. 9

Buden 1694/95 unter Fürstin Henriette Katharina von C. Ryckwaert errichtet. Rechteckiger, zweigeschossiger Ziegelputzbau von 13:2 Jochen mit Mansardenwalmdach. An der Marktseite im Untergeschoß durch Arkaden geöffnete Wandelhalle von einem Joch Breite mit Kreuzgratgewölben. Front zum Markt im Untergeschoß gegliedert durch die Arkaden der Wandelhalle mit zwischengestellten Pilastern, im Obergeschoß durch Pilaster, in den Wandfeldern jeweils ein Fensterpaar. Arkaden durch Ellipsenbogen geschlossen, mittelste Arkade durch Rundbogen, hier Anfang des sogenannten Kirchgangs, eines gewölbten Durchgangs zur Marienkirche. Die Schmalseiten wie die Marktfront gegliedert, jedoch nur mit einer Arkadenöffnung, auf der Ostseite zwei Fenstererker auf hölzernen Konsolen.
Am 7. März 1945 zerstört. Ruine beseitigt.

Büttner Pfänner zu Thal, S. 353. Boettger, S. 507 m. Abb. W. van Kempen: Der Baumeister Cornelis Ryckwaert, in: Marburger Jahrbuch für Kunstwissenschaft 1, 1924, S. 260 ff., Abb. 179, 180. Van Kempen/Dessau, S. 29. Grote, S. 80, Abb. 72. Inventar/Dessau, S. 78, Taf. 52a. Dehio/Nordwestdeutschl., S. 96. Schulze-Wollgast 1956, S. 18, Abb. 1; 1957, Abb. 1. Dessau vor der Zerstörung, S. 38 m. Abb. Kunst- und Kulturdenkmäler, S. 104. Harksen 1970, Abb. S. 32. Paul, S. 11, Abb. S. 5

Dessau
Oben: Schloßplatz nach Norden
Mitte: Schloßplatz nach Osten
Unten: Buden

Schloßplatz 1 1708/09 als neue Kanzlei unter Fürst Leopold errichtet, ab 1875 Hofkammer. Dreigeschossiger Ziegelputzbau von neun Achsen, Walmdach mit zwei stehenden Fenstern. Mit der Nordseite des Hauses Steinstraße 68 eine Front bildend. Drei Achsen als flacher Mittelrisalit vorgezogen. Auf sockelartigem Erdgeschoß mit Putzstreifengliederung über zwei Geschosse reichende kolossale Pilasterordnung. Im Mittelrisalit rundbogiges Portal zwischen Pilastern, die ein toskanisches Gebälk tragen. Östliche Schmalseite des Hauses zweiachsig, die beiden Obergeschosse ungegliedert, das Untergeschoß durch Scheinarchitektur, die zum Westflügel des Schlosses weitergeführt ist, kaschiert.
Am 7. März 1945 zerstört. Ruine beseitigt.

Büttner Pfänner zu Thal, S. 337, 353. Boettger, S. 506. Führer 1928, S. 11, Abb. nach S. 36. Grote, S. 80. Inventar/Dessau, S. 79, Taf. 55b. Dessau vor der Zerstörung, S. 38. Brückner 1967, S. 41. Brückner, S. 59. Paul, S. 11

Neumarkt 1–2 Errichtet Ende des 18. Jh. Zweigeschossiger, elfachsiger Putzbau mit Walmdach, darin drei Fledermausluken. Einige Achsen leicht vorgezogen, die zurückliegenden Fassadenteile im Untergeschoß mit Putzstreifengliederung. Zwei rechteckige Portale, wie die Fenster in zwei Achsen mit konsolengetragenem Gebälkstück bekrönt.
Durch Luftangriff am 28. Mai 1944 zerstört. Ruine abgetragen.

Inventar/Dessau, S. 86, Taf. 66c

Franzstraße 15 Der eingeschossige Putzbau mit Attika und zweisäuliger Vorhalle 1826/27 von C. I. Pozzi als östliches der beiden Leipziger Torhäuser zu seiten der Franzstraße (jetzige Wilhelm-Pieck-Straße) errichtet, dort zwischen 1872 und 1897 abgebrochen und in den Garten des Hofmarschalls Auer v. Herrenkirchen (Franzstraße 15) versetzt. Durch Luftangriff am 7. März 1945 vernichtet, Ruine abgetragen. Westliches Torhaus erhalten.

Boettger, S. 527 m. Abb. Van Kempen/Dessau, S. 96. W. van Kempen: Die Baukunst des Klassizismus in Anhalt nach 1800, in: Marburger Jahrbuch für Kunstwiss. 4, 1928, S. 50. Inventar/Dessau, S. 89. Händler 1941, S. 257. M.-L. Harksen: Carlo Ignazio Pozzi, Theatermaler und Architekt, in: Zwischen Wörlitz und Mosigkau 5, 1971, S. 34 ff. Brückner, S. 63

Franzstraße 19 Neues Geiststift. 1794/95 errichtet von W. P. Mann im Stile F. W. v. Erdmannsdorffs. Zweigeschossiger, dreizehnachsiger Putzbau mit zwei Walmdächern über je zwei Außenachsen und Satteldach über den neun Mittelachsen. Im Untergeschoß Putzstreifengliederung, in der Mittelachse Rundbogenportal, flankiert von zwei Pilastern mit Dreieckgiebel. Geschoßtrennung durch Bandgesims. Segmentbogen- und Dreieckgiebel sowie Gebälkstücke als Fensterbekrönungen.
Durch Luftangriff zerstört. Ruine beseitigt.

Inventar/Dessau, S. 85. Schulze-Wollgast 1956, S. 19

Franzstraße 20 Ehemals Armen- und Arbeitshaus. 1766–1770 nach Entwurf von F. W. v. Erdmannsdorff im Auftrage des Fürsten Franz errichtet. Zweigeschossiger, fünfzehnachsiger Putzbau, das Mansardenwalmdach mit stehenden Fenstern. Mittelachse risalitartig vorgezogen, darin über vier Stufen das von korinthischen Pilastern flankierte Portal. Neben der Tür Sandsteintafel mit Inschrift und Jahresangabe 1768.
Durch Luftangriff bis auf die Umfassungsmauern zerstört. Ruine beseitigt.

Kretzschmar: Nachrichten von der Versorgung der Armen im Fürstenthum Anhalt-Dessau, Dessau 1798. Boettger, S. 515. Riesenfeld, S. 40, Abb. S. 19. Van Kempen/Dessau, S. 57. Inventar/Dessau, S. 80 f., Taf. 57d. Händler 1939, S. 296 m. Abb. Schulze-Wollgast 1956, S. 19. B. Heese: Baugeschichte des Stadtteiles Dessau-Süd, in: Dessauer Kalender 7, 1963, S. 58, 67 m. Abb. Brückner, S. 144

Kaiserstraße 24–25 Palais Eduard. Die Schulzesche Villa 1896 von F. Schwechten in den Formen eines Florentiner Palastes für Prinz Eduard umgebaut; seit 1922 Sitz der Anhaltischen Landesbücherei. Dreigeschossiger Bau mit Balustrade. Im dreiachsigen Mittelrisalit rundbogiges Portal, überdacht von einer von vier Säulen getragenen Loggia, darüber Balkon.
Durch Luftangriff zerstört. Ruine abgetragen.

Boettger, S. 534. Die Haupt- und Residenzstadt Dessau, Abb. S. 25. Dessau 1914, S. 65, Abb. S. 5. Van Kempen/Dessau, S. 121. Harksen 1970, S. 30. H. Harksen: Die ehemaligen Bauten am Rande des Dessauer Stadtgartens, in: Dessauer Kalender 17, 1973, S. 12. Brückner, S. 149 f. m. Abb.

Kavalierstraße 5–6 Palais des Prinzen Georg. 1822/23 von C. I. Pozzi für Prinz Georg Bernhard errichtet. Zweieinhalbgeschossiger, dreizehnachsiger Putzbau. Die drei mittleren Achsen und die jeweils äußerste Achse risalitartig gestaltet: Putzstreifengliederung am Untergeschoß, ferner Ornamentfriese und Gesimsband. Mittelrisalit ohne Mezzaningeschoß, Rundbogenportal in einer Vorhalle, deren Front durch zwei kannelierte dorische Säulen gebildet wird; unterhalb der Fenster ornamentverzierte Blendfelder; Obergeschoß um Fries und Abschlußgesims über den Dachansatz erhöht; im Dach breite Fledermausluke, auf den Risalitecken antikisierende Schalen. Das Fenster des Untergeschosses an der Giebelfront zur Friedrichstraße flankiert von je zwei Pilastern. Im Hof eingeschossige Seitengebäude, deren Fassaden durch rundbogige Blendarkaden belebt sind, am Rückgebäude Arkaden mit hölzernen dorischen Halbsäulen. Im 1824 ausgestatteten Inneren des Palais bemerkenswertes Treppenhaus, im pilastergegliederten Hauptsaal das Dekkengemälde »Triumph des Herkules« wahrscheinlich von C. I. Pozzi. Nach umfassender Restaurierung 1927 Einrichtung der Anhaltischen Gemäldegalerie.
Durch Luftangriff am 28. Mai 1944 bis auf die Fassade zerstört. Ruine beseitigt.

Büttner Pfänner zu Thal, S. 337. Boettger, S. 524. Ulrich, S. 953. Van Kempen/Dessau, S. 95. Salzmann, S. 195, Abb. 7. Gerstenberg: Die Anhaltische Gemäldegalerie in Dessau, in: Cicerone 19, 1927, S. 671 f. B. M.: Das Palais Reina in Dessau, in: Zeitschrift für Denkmalpflege 2, 1927/28, S. 24 f. Grote, S. 151, Abb. 154. W. van Kempen: Denkmalpflege in Dessau, in: Denkmalpflege und Heimatschutz 31, 1929, Nr. 7, S. 60 m. Abb. E. v. N.: Meisterwerke der Kunst in Sachsen-Anhalt, 71. Palais Prinz Georg in Dessau ..., in: Montagsblatt 76, 1934, Nr. 23, S. 18 m. Abb. Inven-

Dessau
Oben: Blick auf Schloß und Hofkammergebäude
Mitte: Portal von Franzstraße 20
Unten: Franzstraße 20 und Franzstraße 15, nach der Zerstörung

tar/Dessau, S. 88 f., Abb. 15, Taf. 60a, 61, 66e. Händler 1941, S. 257 m. Abb. Dehio/Nordwestdeutschl., S. 96. Dessau vor der Zerstörung, S. 41 m. Abb. Dessauer Kalender 10, 1966, Abb. S. 16. Harksen 1970, S. 16 m. Abb. M.-L. Harksen: Carlo Ignazio Pozzi, Theatermaler und Architekt, in: Zwischen Wörlitz und Mosigkau 5, 1971, S. 34 ff. m. 2 Abb. H. Harksen: Die ehemaligen Bauten am Rande des Dessauer Stadtgartens, in: Dessauer Kalender 17, 1973, S. 7 ff., Abb. S. 6, 13. Paul, S. 22, 2 Abb. S. 17

Kavalierstraße 33 Palais Oppenheim. 1901/02 von A. Messel für Baronin von Cohn-Oppenheim erbaut; ab 1910 Sitz des Landesmuseums, seit 1923 verschieden genutzt. Zweigeschossiges, fünfachsiges Vorderhaus mit dreigeschossigem, durch das Treppenhaus verbundenem Hinterhaus. Untergeschoß der Straßenfront rustiziert, die mittleren drei Achsen risalitartig ausgebildet, in der Mittelachse kartuschenbekröntes rundbogiges Portal mit schmiedeeisernem Oberlicht, in der südlichen Außenachse Durchfahrt. Obergeschoß des Mittelrisalits als Loggia mit sechs ionischen Säulen, die das Abschlußgesims tragen, ausgebildet, zwischen den Säulensockeln Balustergalerie. Die Obergeschoßfenster der Außenachsen flankiert von ionischen Pilastern, unterhalb der Fenster Balusterreihe, oberhalb Relief. An der Gartenfront zwischen vorspringenden Seitenteilen Loggia mit zweiarmiger Treppe zum Garten. Im reich ausgestatteten Inneren Vestibül im Mittelrisalit; im Obergeschoß: holzvertäfelter Musiksalon mit eingelassenen Ruinengemälden des Schweizers Keller (18. Jh.), Decke mit Mittelbild, Marmorkamin; im Speisesaal geschnitzte dunkle Kassettendecke mit vergoldeten Rosetten, rotgoldene Samttapete, Marmorkamin; im Empfangssalon weiße Stuckdecke mit Akanthusranken, Marmorkamin mit Spiegel, an den Wänden flämische Gobelins des 17. Jh.
Durch Luftangriff am 28. Mai 1944 bis auf die Fassade und einen Teil des Vestibüls zerstört. Ruine abgetragen.

Weyhe, S. 236. Die Haupt- und Residenzstadt Dessau, S. 87 ff. m. 3 Abb. Ulrich, S. 953 m. Abb. Dessau 1914, S. 55, 68, Abb. S. 49, 53. W. van Kempen: Wiedereinrichtung des Messelhauses in Dessau, in: Kunstchronik und Kunstmarkt 58, N. F. 34, 1922/23, S. 520. Van Kempen/Dessau, S. 122, Abb. nach S. 128. Salzmann, S. 195, Abb. 11. Grote, S. 154. Heese, S. 30, Abb. nach S. 16. Inventar/Dessau, S. 89. M.-L. Harksen: Das Messelhaus, in: Dessauer Kalender 1, 1957, S. 32 ff. m. 4 Abb. K. Hoyer: Erinnerungen an Dessau in der Zeit vom 1. März bis 1. Juli 1945, in: Dessauer Kalender 12, 1968, S. 8 ff., 25 ff. Harksen 1970, S. 16. U. Machlitt und H. Harksen: Dessau in den 80er und 90er Jahren des vorigen Jahrhunderts, in: Dessauer Kalender 20, 1976, S. 81 m. Abb. Paul, S. 25, 2 Abb. S. 20

Kreuzgasse 9 Erbaut bald nach 1580, genannt »Burg« oder »Mauer«. Zweigeschossiger Fachwerkbau mit neunachsiger Front und zwei zweiachsigen Zwerchhäusern mit steilen Giebeln über den jeweiligen drei äußeren Achsen. Obergeschoß und Zwerchhäuser vorgekragt, geschnitzte Balkenköpfe. Schwellen und Füllhölzer Schiffskehlen. 1927 neu verputzt, dabei die Balken bis auf die Schwellen verdeckt.
Durch Luftangriff am 7. März 1945 zerstört. Ruine beseitigt.

Boettger, S. 484. Ehrlich, Abb. 22. Van Kempen/Dessau, S. 20. Heese, S. 24. Inventar/Dessau, S. 74, Taf. 50a. Brückner, S. 261 m. Abb.

Dessau
Links: Kreuzgasse 9
Rechts: Kavalierstraße 5–6, Front und Großer Saal

Kreuzgasse 10 a Zweigeschossiger Fachwerkbau von 1673, oberes Stockwerk vorgekragt, auf den Schwellen Zahnschnittfries. Über der Segmentbogentür Türsturz mit geschnitzten Rosetten und Schuppenband sowie Inschrift mit Jahresangabe. Zwischen 1920 und 1930 grundlegend restauriert und als Sitz des Anhaltischen Kunstvereins eingerichtet.
Durch Luftangriff am 7. März 1945 zerstört. Ruine beseitigt.

Büttner Pfänner zu Thal, S. 352. Boettger, S. 485 m. Abb. W. Franz: Das alte Haus in der Dessauer Kreuzgasse, Eine verdienstvolle Erneuerung, in: Anhaltischer Kalender 1931, S. 58. Inventar/Dessau, S. 76 f., Taf. 51 a, 67 a. Dehio/Nordwestdeutschl., S. 95

Muldstraße 24 Ehemalige Lustgärtnerwohnung, später Stallmeistergebäude. Errichtet 1791–1794 nach Entwurf von F. W. v. Erdmannsdorff. Dreigeschossiger Backsteinbau mit verputztem Sockel und Putzpilastergliederung. An der Front Vorbau über drei Seiten eines Achtecks. Im Untergeschoß Fenster in Blendarkaden, der Mittelteil durch Rundbogen überhöht. Die beiden Obergeschosse durch Pilaster zusammengefaßt, darüber das Dachgesims mit Pfeifenfries, darin Rosetten. Das Mittelfenster im Untergeschoß des Vorbaus flankiert von ionischen Pilastern, die Gebälk mit Dreieckblendgiebel tragen. Unter dem Fenster Sandsteintafel mit Jahresangabe 1792. In der Mittelachse der östlichen Schmalseite Haustür mit rundbogigem Oberlicht. An den Seitenfronten im Osten und Westen Torbogen angesetzt.
Durch Luftangriff zerstört. Ruine beseitigt.

Büttner Pfänner zu Thal, S. 353. Riesenfeld, S. 93, Abb. 17. Inventar/Dessau, S. 83, Taf. 57 b. Händler 1939, S. 296. Schulze-Wollgast 1956, S. 19

Poststraße 11–12 1792/93 nach Entwurf von F. W. v. Erdmannsdorff errichtet. Dreiteiliger Putzbau, bestehend aus dem fünfachsigen, dreigeschossigen Mittelbau sowie zweiachsigen, zweigeschossigen Seitenteilen, der westliche mit fünf Achsen an der Langen Gasse. Fassade des Mittelbaus dreifach gestaffelt, die drei mittleren Achsen risalitartig vorgezogen, in der Mittelachse durch rustikaartige Putzstreifen gegliederter Vorsprung mit Segmentbogenportal, darüber im Mittelgeschoß von ionischen Pilastern flankierte Blendarkade, darin rundbogiges Fenster; wie unter sämtlichen Fenstern dieses Geschosses Balusterhalbsäulchen in Blendfeld. Zwischen Mittel- und Obergeschoß Gesimsband mit Kyma.
Beim Luftangriff am 7. März 1945 ausgebrannt. Trümmer beseitigt, das Gelände 1952 bebaut.

Boettger, S. 516. Riesenfeld, S. 93 f., Abb. S. 62. Van Kempen/Dessau, S. 57. Inventar/Dessau, S. 83 f., Taf. 62 a. Händler 1939, S. 297. Dehio/Nordwestdeutschl., S. 96. Schulze-Wollgast 1956, S. 19 f. H. Harksen: Friedrich Wilhelm von Erdmannsdorff, der Baumeister Dessaus, in: Zwischen Wörlitz und Mosigkau 3, 1970, S. 11 ff. Harksen 1972, S. 39. Brückner, S. 72 f., 144, Abb. S. 71, 265 unten

Schloßstraße 1 (Ecke Schloßplatz). Zweigeschossiger, modern verputzter Fachwerkbau des 16. Jh. Aus der Zeit um 1610 die beiden zweiachsigen Zwerchhäuser mit zweistufigen Volutengiebeln zur Schloßstraße. Der Ziergiebel an der Südseite des Hauses von der Fassade der im rechten Winkel anstoßenden Hauptwache verdeckt. Achsenteilung im Untergeschoß nicht ursprünglich. Unter dem Dachgesims Spitzbogenfries auf Konsolen. Sandsteinernes rundbogiges Sitznischenportal modern überarbeitet.
Durch Luftangriff am 7. März 1945 zerstört. Ruine beseitigt.

Büttner Pfänner zu Thal, S. 352. Boettger, S. 484 m. Abb. Ehrlich, S. 3, 70, Abb. 5, 59. Van Kempen/Dessau, S. 20. Grote, S. 72. Inventar/Dessau, S. 74, 75 f., Taf. 53 b. Dessau vor der Zerstörung, S. 46 m. Abb. Brückner 1967, S. 34, 38 f., Abb. S. 3

Schloßstraße 2 Haus mit rundbogigem Portal von etwa 1500, Türrahmung mit sich schneidendem Stabwerk.
Haus zerstört. Ruine beseitigt.

Büttner Pfänner zu Thal, S. 352. Boettger, S. 484. Ehrlich, S. 48, 70. Van Kempen/Dessau, S. 19. Inventar/Dessau, S. 74, Taf. 51 d. Brückner 1967, S. 39

Schloßstraße 3 1793 nach Entwurf von F. W. v. Erdmannsdorff im Auftrage des Fürsten Franz für Frau v. Beringer errichtet unter Verwendung des Wendelsteins vom Vorgängerbau; zuletzt Sitz des Stadtarchivs. Zweigeschossiger, neunachsiger Putzbau. Geschosse durch Kyma getrennt, über dem zweiten Geschoß ionisches Gebälk. Die risalitartig vorgezogenen drei Mittelachsen bekrönt durch Dreieckgiebel mit Inschrift; das Portal flankiert von Lisenen, bekrönt durch Segmentbogengiebel auf Konsolen.
Infolge des Luftangriffs vom 7. März 1945 ausgebrannt. Ruine 1946 abgerissen.

Dessau
Oben: Muldstraße 24; Kreuzgasse 10 a
Links Mitte: Poststraße 11–12
Unten: Schloßstraße 1

Schloßstraße 19 Um 1720 mit Unterstützung des Fürsten Leopold erbaut, um die Ostseite der an die Rückfront der Buden angebauten Häuser zu verdecken. Zweigeschossiger, dreiachsiger Fachwerkbau mit Zwerchhaus. Putzfassade gegliedert durch kolossale Pilasterordnung, flacher Mittelrisalit mit Tür über drei Stufen.
Durch Luftangriff am 7. März 1945 zerstört. Ruine beseitigt.
Grote, S. 80. Inventar/Dessau, S. 78. Paul, Abb. S. 5

Boettger, S. 482, 515. Riesenfeld, S. 94, Abb. S. 115. Van Kempen/Dessau, S. 57. Inventar/Dessau, S. 84, Taf. 63a. Händler 1939, S. 297 m. Abb. Schulze-Wollgast 1956, S. 20, Abb. 7; 1957, Abb. 6. H. Harksen: Friedrich Wilhelm von Erdmannsdorff, der Baumeister Dessaus, in: Zwischen Wörlitz und Mosigkau 3, 1970, S. 11 ff. Brückner, S. 144

Schloßstraße 8 Errichtet 1853 für Franz Medicus, den ersten Oberbürgermeister Dessaus. Der erste Stock zeitweilig als Sitzungssaal für den Landtag genutzt; 1923 das Gebäude von der Theaterstiftung zusammen mit dem Haus Schloßstraße 9 erworben und zu Wohnzwecken verwendet. Dreieinhalbgeschossiger, fünfachsiger Putzbau, Fassade mit Putzstreifengliederung. In der Mittelachse Portal, darüber Balkon auf Konsolen; über der von Pilastern flankierten Tür abermals Pilaster. Im Halbgeschoß Tondi mit Stuckköpfen.
Beim Luftangriff am 7. März 1945 zerstört. Ruine beseitigt.
Dessau vor der Zerstörung, S. 44 m. Abb.

Schloßstraße 9 Zweigeschossiger, neunachsiger Putzbau, die äußersten beiden Achsen und die Mittelachse risalitartig vorgezogen. In der Mittelachse über zweistufiger Treppe, auf deren Wangen Laternen stehen, durch Segmentbogengiebel bekröntes Portal. Im rechten Risalit in Blendnische Toreinfahrt.
Beim Luftangriff am 7. März 1945 ausgebrannt. Ruine 1946 abgerissen.
Schulze-Wollgast 1956, S. 20, Abb. 8; 1957, Abb. 7

Steinstraße 1 (Ecke Marktstraße). Um 1710 errichtet. Zweigeschossiger Putzbau von 8:4 Achsen mit Mansardenwalmdach. Das durch Putzrustika gegliederte Untergeschoß Ziegel, Obergeschoß Fachwerk. Front zur Steinstraße mit flachem Mittelrisalit, darin rundbogiges Portal über drei Stufen. Das reiche Dachgesims von Volutenkonsolen getragen.
Durch Luftangriff am 7. März 1945 zerstört. Ruine abgetragen.
Inventar/Dessau, S. 77

Steinstraße 65 1694–1696 errichteter dreigeschossiger, fünfachsiger Putzbau mit einachsigem Mittelrisalit. Kolossale Pilasterordnung über rustiziertem Sockel. Auf dem Dach zwei giebelbekrönte Dachfenster.
Am 7. März 1945 zerstört. Ruine beseitigt.
Inventar/Dessau, S. 79, Taf. 55b. Brückner 1967, S. 45

Dessau
Oben: Schloßstraße 3 und 9
Unten: Schloßplatz 1 und Steinstraße 68–65

Steinstraße 67 und 66 Ab 1694 errichtete dreigeschossige, fünfachsige Putzbauten. In der Fassadengestaltung eng an Steinstraße 68 angelehnt. Bei Nr. 67 Putzrustikastreifen mit Randschlag, Untergeschoß durch spätere Ladeneinbauten verändert. Bei Nr. 66 Schlußstein mit Kriegermaske am rundbogigen Portal des Mittelrisalits, hier Balkontür mit modernem Gitter.
Durch Luftangriff am 7. März 1945 zerstört. Ruinen beseitigt.

Inventar/Dessau, S. 78 f., Taf. 55b. Brückner 1967, S. 44 f., Abb. S. 42

Steinstraße 68 (Ecke Schloßplatz). 1694–1700 von G. Baguereth errichtet, genannt der »Holland«; nach 1885 zur Hofkammer gezogen (die Fassadengliederung 1708/09 für das am Schloßplatz anschließende Hofkammergebäude übernommen). Fast quadratischer, dreigeschossiger Putzbau von 5:5 Achsen mit Walmdach. An beiden Fronten über Sockel mit Putzstreifen kolossale Pilasterordnung, jeweils flacher, einachsiger Mittelrisalit, der an der Steinstraße betont durch rundbogiges Portal mit skulptiertem Schlußstein (Minervakopf), der am Schloßplatz durch weibliche Maske über dem Erdgeschoßfenster.
Durch Luftangriff am 7. März 1945 zerstört. Ruine beseitigt.

Büttner Pfänner zu Thal, S. 337. Inventar/Dessau, S. 78, Taf. 55b. Schulze-Wollgast 1956, S. 18. Brückner 1967, S. 41, 44

Wallstraße 10 1798/99 nach Plänen von F. W. v. Erdmannsdorff errichtet, Verwaltungsgebäude des Friedrich-Theaters. Zweigeschossiger Putzbau von 8:4 Achsen mit vorspringendem Walmdach und Saalanbau im Winkel von 80° zum Hauptbau. An diesem die Geschosse durch Bandgesims mit Pfeifenfries und Rosetten getrennt. An der Straßenfront zweiachsiger Mittelrisalit, dessen Fenster des Untergeschosses in Blendarkaden, die des Obergeschosses durch konsolengetragenes Gebälk bekrönt.

Durch Luftangriff bis auf die Umfassungsmauern zerstört. Ruine beseitigt.

Boettger, S. 515, 522. Riesenfeld, S. 101, Abb. S. 119. Van Kempen/Dessau, S. 57. Inventar/Dessau, S. 86, Taf. 63b. Dehio/Nordwestdeutschl., S. 96. W. Schmetzer: Wallstraße 10, ein kulturgeschichtlich wertvolles Haus, in: Dessauer Kulturspiegel 3, 1956, S. 251 ff. Schulze-Wollgast 1956, S. 21. Brückner, S. 144

Wallstraße 15 Um 1680 errichteter zweigeschossiger, fünfachsiger Fachwerkbau mit drei Dachfenstern. Obergeschoß vorgekragt, geschnitzte Balkenköpfe, gekehlte Füllhölzer, in den beiden äußeren Achsen gekuppelte Fenster.
Durch Luftangriff zerstört. Ruine beseitigt.

Boettger, S. 485. Inventar/Dessau, S. 77

Zerbster Straße 22 »Haus Oranien«. 1676–1678 errichtet, im Blickpunkt der Böhmischen Straße. Dreigeschossiger, siebenachsiger Putzbau mit Walmdach. Untergeschoß ehemals sockelartig gebildet, in der linken Achse Toreinfahrt. Obergeschosse durch toskanische Pilaster zusammengefaßt. Die mittleren drei Achsen risalitartig vorgezogen und mit Dreieckgiebel bekrönt. Im Giebelfeld seit 1728 Doppelwappen v. Schilling/v. Körbener, darüber Kartusche mit Inschrift.
Durch Luftangriff am 7. März 1945 zerstört. Ruine abgetragen, Gelände neu bebaut.

Büttner Pfänner zu Thal, S. 352 f. Boettger, S. 506 f. Van Kempen/Dessau, S. 29. Inventar/Dessau, S. 77, Taf. 53a. Dehio/Nordwestdeutschl., S. 96 (1728). Schulze-Wollgast 1956, S. 18, Abb. 2; 1957, Abb. 3. Dessau vor der Zerstörung, S. 45 m. Abb. Brückner, S. 129, 215 ff., Abb. S. 216, 218

Zerbster Straße 24 (am ehemaligen Kleinen Markt). Gasthof »Schwarzer Bär«. 1680 errichtet. Zweigeschossiger, später verputzter Fachwerkbau von vier Achsen, steiles Satteldach mit Fledermausluken in zwei Etagen. Untergeschoß durch Ladeneinbauten verändert, Segmentbogenportal. Dachgesims mit hervortretenden Balkenköpfen.
Durch Luftangriff zerstört. Ruine beseitigt.

Büttner Pfänner zu Thal, S. 352. Boettger, S. 485. M. Müller: Alt-Dessau in Wort und Bild, (Dessau 1912), S. 26, Abb. S. 23. Inventar/Dessau, S. 77. Brückner, S. 227 ff. m. 3 Abb.

Zerbster Straße 28 »Goldener Löwe«. Zweigeschossiger, neunachsiger Putzbau mit breiter rundbogiger Durchfahrt. Satteldach mit vier stehenden Dachfenstern. Das vorher kleinere Haus erhielt 1679 durch Einbeziehung eines Budenhauses seine endgültige Größe. In den zwanziger Jahren unseres Jh. und 1937/38 umgebaut.
Beim Luftangriff am 7. März 1945 zerstört. Ruine abgetragen.

Büttner Pfänner zu Thal, S. 352. Dessau vor der Zerstörung, Abb. S. 43. Harksen 1972, Abb. S. 26. Brückner, S. 253 ff., Abb. S. 255, 258 f., 264

Zerbster Straße 29 (jetzige Straße der Deutsch-Sowjetischen Freundschaft 5). »Pfeiffersches Haus«. Errichtet 1595. Dreigeschossiger verputzter Fachwerkbau von drei Achsen mit steilem Satteldach. Untergeschoß durch Ladeneinbauten verändert. In der Mittelachse Portal von 1691, flankiert von gewundenen, laubumschlungenen Säulen, die ein sich verkröpfendes Gebälk mit gesprengtem Segmentbogengiebel tragen, in den Zwickeln Engelsköpfe. In den beiden Obergeschossen gekuppelte Fenster mit Sandsteingewänden. Drei Speicherböden, deren Fenster in langgestreckten Ausbauten mit Pultdächern liegen, die Länge der Dachausbauten etagenweise abnehmend.
Durch Luftangriff am 7. März 1945 ausgebrannt.

Ruine bis 1952 wiederaufgebaut. Untergeschoß jetzt laubengangartig zur Straße geöffnet.

Büttner Pfänner zu Thal, S. 352. Boettger, S. 486 m. Abb. Van Kempen/Dessau, S. 20. Inventar/Dessau, S. 76, Taf. 50c. Dehio/Nordwestdeutschl., S. 95. W. Pflug: Aus dem alten und neuen Dessau, Dessau 1963 (Schriftenreihe des Museums für Naturkunde und Vorgeschichte Dessau 1), S. 10 f. Brückner 1967, S. 34, 38. Harksen 1972, S. 16. Brückner, S. 259 ff. m. Abb. Paul, S. 13, 30, Abb. S. 10. Dehio/Bezirk Halle, S. 65

Dessau
Links: Zerbster Straße 34
Rechts oben und Mitte: Zerbster Straße 22 und 29
Rechts unten: Wallstraße 10

Zerbster Straße 34 Um 1520 für die Kalandsbrüderschaft errichtet, 1928 umgebaut. Zweigeschossiges, fünfachsiges Gebäude mit Anbauten im Norden und Süden. Im Untergeschoß nur das rundbogige Sitznischenportal mit dem Wappen der Familie Pultz ursprünglich. Im Obergeschoß gekuppelte Fenster. Die beiden 1604 aufgesetzten Zwerchhäuser mit dreistufigen Giebeln, dazwischen Dachausbau. In Hausflur und Laden Sterngewölbe.
Durch Luftangriff am 7. März 1945 zerstört. Ruine beseitigt.

Büttner Pfänner zu Thal, S. 352. Boettger, S. 483 m. Abb. Ehrlich, S. 32, Abb. 13 und S. 59, Abb. 58. A. Hildebrand: Sächsische Renaissanceportale und die Bedeutung der hallischen Renaissance für Sachsen, Halle a. d. S. 1914 (Studien zur thüringisch-sächsischen Kunstgeschichte 2), S. 48 f. Van Kempen/Dessau, S. 19 f. Grote, S. 72, Abb. 67. Inventar/Dessau, S. 74 f., Taf. 50b, d, 51c. Dehio/Nordwestdeutschl., S. 95. Schulze-Wollgast 1956, S. 18. Brückner 1967, S. 34, 37 f. m. Abb. F. Brückner: Die Geschichte der Straße »Am Rathaus«, in: Dessauer Kalender 12, 1968, S. 55. We: Dessau aus Gips und Pappe, in: Dessauer Kalender 16, 1972, S. 44 f.

Zerbster Straße 38–39 Pfarrhaus der Marienkirche. 1760–1763 errichteter zweigeschossiger Putzbau von zehn Achsen, die Fledermausluken des Mansarddaches von 1843. Zwei Achsen risalitartig vorgezogen, im Untergeschoß gequaderte Wandvorlagen zu seiten der korbbogigen Portale mit Schlußstein, im Obergeschoß zwischen toskanischen Pilastern von gequaderten Vorlagen eingefaßte Fenster. Das schwere ionische Dachgebälk um die risalitartigen Vorsprünge herumgekröpft.
Beim Luftangriff am 7. März 1945 zerstört. Ruine beseitigt.

Boettger, S. 515. Grote, S. 99. Inventar/Dessau, S. 80, Taf. 54a. Kunst- und Kulturdenkmäler, S. 105. F. Brückner: Die Geschichte der Straße »Am Rathaus«, in: Dessauer Kalender 12, 1968, S. 56, Bild 3, 15. Brückner 1972, S. 54 (Architekt v. Erdmannsdorff)

Zerbster Straße 40 Um 1500 errichtet. Zweigeschossiger verputzter Fachwerkbau von sechs Achsen mit vorgekragtem Obergeschoß und zwei vorgekragten zweiachsigen Zwerchhäusern über den Außenachsen. Im Untergeschoß später eingebaute Läden und klassizistische Tür mit Segmentbogenlunette.
Am 7. März 1945 zerstört. Ruine beseitigt.

Büttner Pfänner zu Thal, S. 352. Boettger, S. 484 m. Abb. Van Kempen/Dessau, S. 20. Inventar/Dessau, S. 74 f., Taf. 52b. Dehio/Nordwestdeutschl., S. 95. Schulze-Wollgast 1956, S. 17, Abb. 3; 1957, Abb. 2. Brückner 1967, S. 34, 37 m. Abb.

Zerbster Straße 41 (an der Westseite des Schloßplatzes). Um 1611 errichtet, 1712–1873 Gasthof »Goldener Ring«, 1910 umgebaut, 1924 und 1930 Instandsetzungen. Zweigeschossiger verputzter Fachwerkbau von sechs Achsen. Über den äußeren Achsen zwei Zwerchhäuser mit zweistufigen Volutengiebeln.
Beim Luftangriff am 7. März 1945 zerstört. Ruine beseitigt.

Büttner Pfänner zu Thal, S. 352. Boettger, S. 483 m. Abb. Ehrlich, S. 59, Abb. 12. Van Kempen/Dessau, S. 41. Grote, S. 72, Abb. 72. Inventar/Dessau, S. 74 f., Taf. 52a, b. Schulze-Wollgast 1956, S. 17, Abb. 3; 1957, Abb. 2. Dessau vor der Zerstörung, S. 42 m. Abb. Brückner 1967, S. 34, 36 f., Abb. S. 20, 35. Paul, S. 11

Zerbster Straße 42 (an der Westseite des Schloßplatzes). Um 1556 erwarb Hans v. Heinitz das Haus des Burtz Moller auf Abbruch und ließ einen Neubau errichten, später Gasthaus »Zu den drei Kronen«. Zweigeschossiger verputzter Fachwerkbau von vier Achsen. Zwei Zwerchhäuser mit Volutengiebeln nach der Zerbster Straße und einem nach der Marktstraße. Um 1880 zwischen den Zwerchhäusern aufgestockt. Polygonaler Turm mit Wendeltreppe im Hof. Im Erdgeschoß spätgotische Rippengewölbe.
Beim Luftangriff am 7. März 1945 zerstört. Ruine beseitigt, Gelände neu bebaut.

Büttner Pfänner zu Thal, S. 352, Abb. 264. Boettger, S. 482 f. m. Abb. H. Wäschke: Die »Drei Kronen« in Dessau, Dessau 1905. Ehrlich, S. 32, Abb. 12 und S. 59. Van Kempen/Dessau, S. 20. Führer 1928, S. 16, Abb. nach S. 20. Grote, S. 71 f. Inventar/Dessau, S. 75, Taf. 52a, b. Dehio/Nordwestdeutschl., S. 95. Schulze-Wollgast 1956, S. 17, Abb. 3; 1957, Abb. 2. Dessau vor der Zerstörung, Abb. S. 39. Brückner 1967, S. 34, 36 f., Abb. S. 20, 35. Paul, S. 11, Abb. S. 8

Dessau
Oben: Zerbster Straße 38–39
Unten: Zerbster Straße 42–40

Zerbster Straße 52 (jetzige Straße der Deutsch-Sowjetischen Freundschaft 10). Errichtet 1792 bis 1795 nach Entwurf von F. W. v. Erdmannsdorff unter Leitung von W. P. Mann; 1795 Geschenk des Fürsten Franz an Joh. Franz Georg v. Waldersee. Dreigeschossiger, elfachsiger Putzbau. An den Ecken Putzrustikastreifen, Geschosse durch breite Gesimsbänder geteilt. Die mittleren drei Achsen risalitartig vorgezogen. Anstelle der beiden nördlichsten Achsen Segmentbogentor. Untergeschoß gegliedert durch Blendarkaden mit Rundbogenfenstern, das Fenster der Mittelachse betont durch rahmende toskanische Pilaster mit Dreieckblendgiebel.
Am 7. März 1945 bis auf die Umfassungsmauern ausgebrannt. 1961/62 als Stadtbibliothek wiederaufgebaut unter Einbeziehung der restaurierten und mit einem Giebel über den drei mittleren Achsen versehenen alten Fassade.

Riesenfeld, S. 94. Van Kempen/Dessau, S. 57. Inventar/Dessau, S. 84, Taf. 62b. Händler 1939, S. 297. Schulze-Wollgast 1956, S. 20. Harksen 1972, S. 16. Kunstführer, S. 242. Brückner, S. 141 ff. m. 2 Abb. Paul, S. 17, Abb. S. 13. Dehio/Bezirk Halle, S. 66

Zerbster Straße 60 1762 das Grundstück von Fürst Franz erworben, der das Gebäude errichten ließ, 1765 Geschenk an Adolph Heinrich v. Neitschütz; seit 1855 im Besitz der Familie v. Kalitsch. Zweigeschossiger, siebenachsiger Bau mit Hausteinfassade und Mansarddach. Mittelste Achse risalitartig vorgezogen, Gebäude- und Risalitkanten durch Rustikabänder betont. Geschoßtrennung durch Gesims und breiten Fries aus hochrechteckigen Blendfeldern, dazwischen Rosetten und Akanthuspalmetten, darauf die durch Gebälkstück und Kartusche bekrönten Fenster, über den Obergeschoßfenstern Fries mit Akanthusblättern. In der Mittelachse Portal und Balkon mit schmiedeeisernem Gitter, am Gebälk Doppelwappen. Das Gebäude besitzt den schönsten Hof der Altstadt.
Durch Luftangriff am 7. März 1945 zerstört. Ruine beseitigt. Die Hofgebäude erhalten.

Büttner Pfänner zu Thal, S. 353, Abb. 265. Boettger, S. 513 m. Abb. Riesenfeld, S. 40. Van Kempen/Dessau, S. 35, Abb. nach S. 16. Grote, S. 99. Inventar/Dessau, S. 80, Taf. 56a, b. Dehio/Nordwestdeutschl., S. 96. Brückner 1972, S. 54. Brückner, S. 100 f., 108 ff. m. Abb.

Zerbster Straße 61 Palais Hilda. Zweigeschossiger Putzbau von neun Achsen. Die mittleren drei Achsen risalitartig ausgebildet, in der Mittelachse über zweiarmiger Freitreppe Segmentbogenportal zwischen Rustikavorlagen, über dem Portal konsolengetragener Balkon, Treppen- und Balkongitter klassizistisch, Balkontür flankiert von je zwei ionischen Pilastern, als Schlußstein weibliche Maske, unter den Fenstern friesgeschmückte Blendfelder. Risalit bekrönt durch Attika mit musizierenden Putten. Über den Außenachsen hochovale Dachfenster mit Vasen auf den Segmentbogengiebeln. Auf der Nordseite zweiachsiger, fünfgeschossiger Turm, abgeschlossen durch flaches Dach mit durchbrochener Galerie. Im Garten ein Pavillon von 1765 mit Mansarddach. Im Hof eingebaut hölzernes Portal vom abgerissenen Haus Zerbster Straße 66 aus dem späten 17. Jh. – Grundstück 1764 von Fürst Franz erworben und Friedrich Wilhelm v. Stentzsch geschenkt, dieser ließ das zunächst siebenachsige Haus bauen. 1783 erworben von Prinz Hans Georg, der 1795 das nördlich angrenzende Gebäude ankaufte und das Palais beiderseits um eine Achse erweiterte. Über der neuen Einfahrt am Nordende des dazuerworbenen Grundstücks ein Fachwerk-

Dessau
Oben: Zerbster Straße 60
Unten: Zerbster Straße 52

turm mit mächtigem Schornstein und Aussichtsplattform errichtet. Durch Prinz Friedrich August nach 1832 im Hof ein backsteinernes Wirtschaftsgebäude aufgeführt. 1874/75 der Turm verändert und erhöht. 1900 von Prinzessin Hilda Charlotte das nördlich angrenzende kleine Nachbargrundstück angekauft und die Front jenseits des Turmes um drei Achsen erweitert. Nach 1926 Grundstück im städtischen Besitz.
Durch Luftangriff am 7. März 1945 bis auf das Wirtschaftsgebäude von 1832 zerstört. Ruine beseitigt.

Büttner Pfänner zu Thal, S. 337. Boettger, S. 486, 513 f. m. Abb. Unser Anhalt-Land 3, 1903, S. 472 f. m. Abb. Ulrich, S. 953. Riesenfeld, S. 40. Van Kempen/Dessau, S. 35. Grote, S. 99, Abb. 104. Inventar/Dessau, S. 81 f., Taf. 51b, 57a, 66a, b. Dehio/Nordwestdeutschl., S. 96. Dessauer Kalender 2, 1958, S. 42. Kunst- und Kulturdenkmäler, S. 105. Brückner, S. 49, 94 ff., 101 ff. m. zahlr. Abb.

Zerbster Straße 65 Um 1795 unter Einfluß F. W. v. Erdmannsdorffs errichtet. Zweieinhalbgeschossiger, fünfachsiger Putzbau. Die drei Mittelachsen risalitartig vorgezogen. Untergeschoß mit Putzstreifengliederung, in den äußeren Achsen Segmentbogenportale, das südliche später zugesetzt, die Fenster 1938 erweitert.
Durch Luftangriff am 7. März 1945 zerstört. Ruine abgetragen.

Inventar/Dessau, S. 84, Taf. 57c. Brückner, S. 86 ff. m. 2 Abb.

Zerbster Straße 69 (jetzige Straße der Deutsch-Sowjetischen Freundschaft 36). Palais Branconi, Gaststätte »Kristallpalast«. 1795–1797 nach Entwurf von F. W. v. Erdmannsdorff unter Leitung von W. P. Mann für Franz Anton Salvator v. Branconi im Auftrage des Fürsten Franz errichtet. Zweigeschossiger Putzbau von neun Achsen. Die drei mittleren Achsen von risalitartiger Wirkung durch die vier kolossalen kannelierten ionischen Pilaster, die ionisches Gebälk und Dreieckgiebel tragen. Fries und Zahnschnitt über die gesamte Front weitergeführt, auf den Giebelanfängen und auf dem First Postamente mit Sandsteinvasen. Beim Umbau 1924 Mittelportal und Freitreppe beseitigt, anstelle der offenen Toreinfahrt Eingangsbau angelegt.
Beim Luftangriff am 7. März 1945 bis auf die Umfassungsmauern ausgebrannt. 1964 die Vasen aus Sicherheitsgründen abgenommen, Fenster vermauert und in der Mitte der Front wieder ein Eingang geschaffen.

Boettger, S. 515. Riesenfeld, S. 94, Abb. S. 61. Van Kempen/Dessau, S. 57. Grote, S. 131. Inventar/Dessau, S. 85, Taf. 60b. Händler 1939, S. 297 m. Abb. Schulze-Wollgast 1956, S. 20 f. Kunstführer, S. 242. Brückner, S. 43 ff., 144, Abb. S. 33, 37, 40, 47. Paul, S. 17, Abb. S. 13. Dehio/Bezirk Halle, S. 66

Dessau, Ortsteil Großkühnau

Teeschlößchen 1818–1820 Anlage des Weinberges im Großkühnauer Park, das bekrönende Schlößchen durch C. I. Pozzi errichtet. Backstein-Putzbau auf hohem Sandsteinsockel in Form eines Tempelchens mit toskanischer Säulenvorhalle im Westen, zugänglich über eine siebenstufige breite Freitreppe. Flaches schiefergedecktes Satteldach. An der Nordostecke viergeschossiger, zinnenbekrönter Aussichtsturm auf quadratischem Grundriß. Im Inneren Saal mit gemaltem Weinrankendekor und reichem Stuckkamin.
Infolge der Kriegseinwirkungen Ruine. Gegenwärtig Wiederherstellung.

Büttner Pfänner zu Thal, S. 370. J. Grape: Neunhundert Jahre Anhaltischer Dorfgeschichte, Bilder aus der Vergangenheit von Großkühnau und Ziebigk, Dessau 1904, S. 174 ff. m. Abb. Van Kempen/Dessau, S. 96. W. van Kempen: Die Baukunst des Klassizismus in Anhalt nach 1800. in: Marburger Jahrbuch für Kunstwiss. 4, 1928, S. 19 m. Abb. Inventar/Dessau, S. 112 f., Abb. 21–22, Taf. 80a. W. Pflug: Aus dem alten und neuen Dessau, Dessau 1963 (Schriftenreihe des Museums für Naturkunde und Vorgeschichte Dessau 1), S. 60 f. m. Abb. M.-L. Harksen: Carlo Ignazio Pozzi, Theatermaler und Architekt, in: Zwischen Wörlitz und Mosigkau 5, 1971, S. 34 ff. Kunstführer, S. 245. Paul, S. 23 m. Abb. Dehio/Bezirk Halle, S. 67

Dessau, Ortsteil Törten

Dorfkirche Feldstein-Putzbau des späten 13. Jh. in Saalform mit Triumphbogen und Chorquadrat. Der 3/8-Chorschluß sowie die Südvorhalle aus der ersten Hälfte des 16. Jh. Der auf der West- und Südwand des Schiffes aufsitzende Dachturm in der ersten Hälfte des 18. Jh. abgeschlossen durch vierteilige welsche Haube und viereckige offene Laterne. Im Inneren Stützbogen für den Turm in der westlichen Saalhälfte. 1835/36 Renovierung, 1874/75 Veränderung der Fenster. Beim Luftangriff am 7. März 1945 Chor, Kirchendach und Innenausstattung vernichtet. Saal jetzt gerade geschlossen, der Triumphbogen an der Ostwand sichtbar. Dachstuhl und Turmbekrönung nach altem Vorbild erneuert. Innenausstattung modern.

Büttner Pfänner zu Thal, S. 400 f. Weyhe, S. 480. Inventar/Dessau, S. 125 ff., Abb. 26 (Grundriß), Taf. 83a, b. W. Pflug: Aus dem alten und neuen Dessau, Dessau 1963 (Schriftenreihe des Museums für Naturkunde und Vorgeschichte Dessau 1), S. 48. Harksen 1970, S. 30. Kunstführer, S. 244 f. Dehio/Bezirk Halle, S. 69

Oben: Dessau, Zerbster Straße 69
Links unten: Dessau, Zerbster Straße 61
Rechts unten: Dessau, Ortsteil Großkühnau, Teeschlößchen

Frankleben (Kreis Merseburg)

Dorfkirche St. Martini Verputzter Bruchsteinbau des 17. Jh., 1733–1735 durchgreifender Umbau durch Chr. und J. Chr. Trothe. Saalkirche mit abgewalmtem Mansarddach. Auf der Südseite zweigeschossiger Anbau mit Sakristei und Patronatsloge, auf der Nordseite über einer Durchfahrt gelegener Vorbau, darin unten Grabstätte v. Bose, oben Patronatsloge. Im Westen eingezogener quadratischer Turm, die beiden unteren Geschosse gotisch, von 1697 der achteckige Aufsatz und die Bekrönung durch welsche Haube und hohe Laterne; das Westportal 1733 eingefügt. Im Kircheninneren hohes Spiegelgewölbe.
Am 14. April 1945 Turm zerschossen, Helm 1948/1949 in vereinfachter Form erneuert. Renovierung des Inneren 1952/53.

Inventar/Merseburg, S. 41. Wiederaufbau der Kirchen in der DDR, S. 205. Hdb. Hist. Stätten, S. 123. Dehio/Bezirk Halle, S. 109

Herrenhaus des Oberhofes Neben dem 1570 erbauten Herrenhaus, der späteren Pächterwohnung, unter Christoph Dietrich v. Bose d. J. 1737 bis 1741 errichteter anderthalbstöckiger Bau mit Mittelrisalit und Mansarddach. Der für Gemäldesammlung und Bibliothek bestimmte Neubau erst nach der Trennung der beiden Güter Oberhof und Unterhof als Herrenhaus genutzt.
1944 durch Bomben beschädigt. Ruine um 1958 wegen des Braunkohlentagebaus beseitigt.

Inventar/Merseburg, S. 41 ff. Van Kempen 1961, S. 101 f., Abb. S. 226

Friedensdorf ehemals Kriegsdorf (Kreis Merseburg)

Dorfkirche Anstelle eines mittelalterlichen Vorgängerbaus 1738 errichtet. Verputzter Bruchsteinbau. Rechteckige Saalkirche mit eingezogenem, quadratischem Westturm, Westeingang. Auf der Nordseite des Schiffes Anbau mit Herrschaftsempore. An der Südseite Portalrisalit mit Dreieckgiebel und seitlichen Pilastern; über der Tür ehemals Wappen.
Turm 1945 durch Artilleriebeschuß beschädigt (das barocke Herrenhaus am 2. November 1944 durch Bomben zerstört, später bis auf geringe Reste abgebrochen). Verschieferte welsche Haube mit geschlossener Laterne von der wegen des Braunkohlenabbaus abgetragenen Naundorfer Kirche aufgesetzt.

Inventar/Merseburg, S. 74. Heimatbuch Merseburg 2, S. 166. Dehio/Bezirk Halle, S. 119

Geusa (Kreis Merseburg)

Dorfkirche St. Georg Romanischer Bau, im Dreißigjährigen Krieg zerstört, bis 1688 wiederaufgebaut. Saalkirche mit Breitturm, die Laterne von 1706. Auf der Nordseite zwei Strebepfeiler, östlich davon die Patronatsloge von 1714. In der Südwand romanischer Fensterrest. Im Inneren spitzbogige Verbindungstür zwischen Turm und tonnengewölbtem Schiff, gotische Fresken an der östlichen und südlichen Saalwand, das Tonnengewölbe im 17. Jh. eingezogen. Barocke Ausstattung von 1700.
Am 29. Juli 1944 durch Luftangriff Turm und Patronatsloge zerstört. Beim Wiederaufbau des Turmes 1950 Schaffung eines Einganges auf der Nordseite, Verzicht auf die Laterne, einfaches Walmdach. Die beiden Fenster der Ostwand um 1947 mit Glasmalereien von Isenhagen versehen.

Inventar/Merseburg, S. 43 ff. O. Schroeter: Geusa im Morgenrot seiner Geschichte, in: Merseburger Kreiskalender 1919, S. 73 ff. m. Abb. Kunstführer, S. 295. Dehio/Bezirk Halle, S. 130

Herrenhaus Bauruine des 18. Jh., die niemals bezugsfertig wurde. Von einem breiten hufeisenförmigen Wassergraben umgebene dreiflügelige, eingeschossige Anlage mit Mansarddach, an der Gartenseite des Mittelflügels oval aus der Fassade heraustretender zweigeschossiger Mittelrisalit, darin im Erdgeschoß über zweiläufiger geschwungener Treppe der ovale Gartensaal.
Am 29. Juli 1944 bei einem Luftangriff beschädigt, danach bis auf Keller und wenige Mauerreste abgetragen.

Inventar/Merseburg, S. 43. O. Schröter: Sagen aus Geusa, in: Mansfelder Blätter 21, 1907, S. 236. Grimm, S. 249, Nr. 321

Geusa, Ortsteil Atzendorf (Kreis Merseburg)

Dorfkirche Bau des 13. Jh., 1695 unter Benutzung älterer Teile erneuert, 1912 renoviert. Saalkirche mit Dachturm in Schiffsbreite und Vorhalle im Norden. Die Ostwand mit drei gleichhohen Spitzbogenfenstern.
Bei einem Luftangriff schwer beschädigt. Wiederhergestellt.

Inventar/Merseburg, S. 6. Dehio/Mitteldeutschl., S. 21. Dehio/Bezirk Halle, S. 130

Geusa, Ortsteil Blösien (Kreis Merseburg)

Dorfkirche Romanische Saalkirche mit quadratischem Ostturm, der breitere, dreiseitig geschlossene Chor Ende des 15. Jh. angebaut. Turm durch

Links: Frankleben, Dorfkirche St. Martini, vor der Zerstörung und nach Wiederherstellung
Mitte: Frankleben, Herrenhaus des Oberhofes
Rechts: Geusa, Dorfkirche St. Georg und Herrenhaus

Rundbögen zu Chor und Schiff geöffnet. Im Chor eine von Rankenwerk umgebene Sakramentsnische. Chor und Turmraum flach gedeckt, im Schiff hölzerne Tonne, diese sowie der Sakristeianbau mit darüber befindlicher Patronatsloge von etwa 1570/75.
Bei einem Luftangriff schwere Dach- und Fensterschäden. Wiederhergestellt.

Inventar/Merseburg, S. 13. Kunstführer, S. 295. Dehio/Bezirk Halle, S. 130 f.

Geußnitz (Kreis Zeitz)

Dorfkirche 1849 errichtete neoromanische Saalkirche. Der Ostturm vom Vorgängerbau übernommen.
Im Krieg zerstört. Wiederaufbau ohne Turm, nur dessen als Chor genutztes Erdgeschoß erhalten.

Inventar/Zeitz, S. 9. Der Kreis Zeitz, Berlin 1930 (Monographien deutscher Landkreise 5), S. 186. Dehio/Bezirk Halle, S. 131

Großkayna (Kreis Merseburg)

Dorfkirche St. Nikolai 1804 errichteter Saalbau mit romanischem Ostturm. Der kreuzrippengewölbte Chor über fünf Seiten eines Achtecks mit Strebepfeilern aus dem 14. Jh. Auf dem Turm Satteldach, Giebel nach Osten und Westen gerichtet, nach Norden und Süden dreieckige Dachaufsätze am Fuße des offenen Dachreiters mit Pyramidenhelm. Kirche Ende des 19. Jh. renoviert.
1944 bei einem Luftangriff zerstört. Ruine bis 1958 im Zusammenhang mit dem Braunkohlentagebau beseitigt.

Inventar/Weißenfels, S. 26. Heimatbuch Merseburg 2, S. 111

Halle/Saale (Stadtkreis Halle)

Marktkirche Unser Lieben Frauen Dreischiffige, zehnjochige, chorlose, netzgewölbte Halle mit Strebepfeilern zwischen Doppelturmfassaden. Je zwei Eingänge an der Nord- und Südseite. Anstelle der 1529 bis auf ihre Türme abgebrochenen Kirchen St. Gertrauden (Pfarrkirche der karolingischen Siedlung) und St. Marien (Pfarrkirche der mittelalterlichen Stadt) errichtet. Die Westtürme (»Blaue Türme«), beibehalten von der Gertraudenkirche, Bruchsteinbau, die achteckigen Aufsätze Backstein, der nördliche Turmhelm 1507, der südliche 1513 vollendet. Die Osttürme (»Hausmannstürme«), der ehemalige Westriegel der Marienkirche, um 1220/30 errichteter Hausteinbau, das fünfte Turmgeschoß, die Brücke und die verputzten achteckigen Aufsätze mit Renaissancehauben 1551 von N. Hofmann. 1831 die steinerne Brücke durch eine hölzerne ersetzt. Die Halle zwischen den Turmpaaren 1530–1539 nach Plänen von C. Kraft von Rochsburg errichtet, die Portale 1546/47 von Jacob Hans gestaltet, 1551–1554 die Emporen von N. Hofmann eingezogen. Die östlichen zwei Joche im 19. Jh. chorartig erhöht.
Am 31. März 1945 beim Luftangriff schwer beschädigt. Eine Bombe schlug zwischen nördlichem Hausmannsturm und Langschiff unter dem Dachansatz ein und riß den zweiten Pfeiler der nördlichen Reihe weg, wodurch ein Teil des Gewölbes einstürzte. Dabei die 1430 datierte Bronzefünte von Meister Ludolf beschädigt. Durch Artilleriebeschuß am 16. April 1945 an der Westfront das Maßwerkfenster hinter der Orgel herausgebrochen, Kirchendach und Hauben der Hausmannstürme erheblich beschädigt. Im Januar 1946 Beginn der Wiederherstellungsarbeiten, die bis Anfang 1948 andauerten.

Inventar/Halle und Saalkreis, S. 6 ff., 433 f., Fig. 1 (Grundriß). Schultze-Galléra Bd. 1, S. 269 ff. Dehio/Mitteldeutschl., S. 150 f. C. Horst: Die Architektur der deutschen Renaissance, Berlin 1928, S. 39, Abb. 17. Sauerlandt, S. 91, 110 ff., 206, Abb. 50. R. Hünicken: Die Marktkirche zu Halle und ihr Erbauer Caspar Kraft, in: Jahrbuch der Denkmalpflege in der Provinz Sachsen und in Anhalt 1933/34, S. 57 ff. G. Rüth: Bauliche Sicherung und Wiederherstellung alter Turmbauten, II. Bauliche Sicherung und Wiederherstellung der blauen Türme der Marktkirche in Halle a. d. Saale, in: Zentralblatt der Bauverwaltung 56, 1936, S. 413 ff. Heilmann, S. 6. F. Hasse: Die Haupt- und Oberpfarrkirche zu »Unser Lieben Frauen« auf dem Markt in Halle an der Saale, Halle 1947 (Schriftenreihe der Bauhütte Roter Turm 3). Heilmann: Die »Bauhütte Roter Turm« in den ersten zwei Jahren ihres Bestehens, in: Jahrbuch der Landeshauptstadt Halle 1948, S. 27 f. Piechocki 1955, S. 11 f. K. H. Clasen: Deutsche Gewölbe der Spätgotik, Berlin 1958, S. 86, Abb. 169. H. Volkmann: Gotik und Renaissance in der Marktkirche von Halle, in: Wissenschaftliche Zeitschrift der Martin-Luther-Universität Halle-Wittenberg, Ges.-sprachwiss. R. 8, 1958/59, S. 1277 ff. Mrusek 1960, S. 70. Möbius, S. 185 f., Abb. 133. Mrusek 1964, S. 70 f., 95 f., 149, Abb. 40–42. Wiederaufbau der Kirchen in der DDR, S. 208. S. Harksen: Die Marktkirche zu Halle, Berlin 1965 (Das christliche Denkmal 67). Kunst- und Kulturdenkmäler, S. 73, 86, 91, 95, 336, Abb. 127–130. Kunstdenkmäler, S. 367 m. Grundriß, Abb. 112–113. Dehio/Bezirk Halle, S. 160 ff.

St. Georgenkirche Anstelle der 1740 abgebrannten romanischen Saalkirche 1740–1744 als Pfarrkirche der Vorstadt Glaucha unter Leitung von J. G. Angermann errichtet. Verputzter Bruchsteinbau. Kreuzförmiger Zentralbau. Der die Glauchaer Straße beherrschende Turm über dem östlichen Arm erst 1755 vollendet, in seinem Erdgeschoß die Sakristei, in den drei übrigen Kreuzarmen doppelgeschossige hölzerne Emporen, an der Ostseite über Altar und Kanzel die Orgel. Kirche 1811, 1886 und 1927 renoviert.
Beim Bombenangriff am 6. April 1945 Einschlag

einer Sprengbombe dicht neben der Kirche, dadurch starke Risse im Mauerwerk, Fenster und Türen zerstört, Dächer von Turm und Schiff abgedeckt. Am 16. April 1945 Turm durch Artilleriebeschuß weiter in Mitleidenschaft gezogen. Instandsetzungsarbeiten 1945–1948.

Inventar/Halle und Saalkreis, S. 273 ff., 434. G. Knuth: Geschichte der Kirchengemeinde von St. Georgen zu Glaucha-Halle a. S. auf Grund urkundlicher Quellen, Halle a. S. 1891, S. 137 ff., 174, 209 f. Kemper: Die Glauchaer St. Georgenkirche in Halle a. d. Saale, in: Die Denkmalpflege 17, 1915, S. 38 f., 12 Abb. Dehio/Mitteldeutschl., S. 152. Sauerlandt, S. 182. F. Müller: Der Tag der Fünftausend, Erinnerungsschrift über die Einweihungsfeierlichkeiten der wieder instand gesetzten St. Georgenkirche zu Halle (Saale) Sonntag, den 14. November 1948, Halle 1951, S. 6 ff. Mrusek 1964, S. 118. Dehio/Bezirk Halle, S. 166

Marktplatz Bildete sich als Handelsplatz an der Fernhandelsstraße im Zentrum der an den Salzquellen liegenden Siedlungen um 1000 heraus. Nach Zusammenschluß aller Siedlungsteile durch eine Mauer im 12. Jh. erhielt der Markt seine räumliche Fiktion. Seine heutige Gestalt entstammt dem 16. Jh. Zentrum der Bürgerstadt, auf dem alle wichtigen städtischen Gebäude liegen und auf den 14 Straßen und Gassen münden, im Schnittpunkt der Hauptstraßen der Rote Turm.
1945 durch Luftangriff und Artilleriebeschuß schwere Zerstörungen: die Marktkirche beschä-

Links oben: Geusa, Ortsteil Blösien, Dorfkirche von Südosten
Links unten: Großkayna, Dorfkirche St. Nikolai, nach der Zerstörung
Rechts: Halle/Saale, Marktkirche Unser Lieben Frauen von Südosten

digt, der Rote Turm ausgebrannt, Rathaus und Ratswaage zertrümmert.

Steffen. Schultze-Galléra Bd. 1, S. 238 ff. Fr. E.: Die Umgestaltung der Umgebung der Marktkirche in Halle a. S. . . ., in: Deutsche Bauzeitung 58, 1924, S. 489 ff. S.: Fassadenumbau am Marktplatz in Halle a. S. . . ., in: Bauwelt 15, 1924, S. 375 f. Sauerlandt, S. 7 f., 89 ff., Abb. 3. Wettbewerb zur Gestaltung des alten Rathauses und der Waage in Halle a. S., in: Neue Bauwelt 2, 1947, S. 514, 562; 3, 1948, S. 2. Halle (Saale) Rathaus, Marktplatz, in: Der Bauhelfer 2, 1947, Nr. 15, S. 27, Nr. 18, S. 30; 3, 1948, S. 29 (Wettbewerb zum Wiederaufbau und Entscheidung). H. Hoffmann: Wettbewerb und Neugestaltung des Marktplatzes in Halle, in: Bauen und Wohnen 3, 1948, S. 162 ff. m. 6 Abb. E. Reißner: Rathauswettbewerb Halle/Saale, in: Der Bauhelfer 3, 1948, S. 261 ff. m. 13 Abb. Zechlin: Die Neugestaltung des Marktplatzes zu Halle a. S., in: Neue Bauwelt 3, 1948, H. 15, S. 231 ff. m. 12 Abb. und S. 258. Piechocki 1955, S. 11. Mrusek 1964, S. 93. Kunst- und Kulturdenkmäler, S. 91, 333, 336

Rathaus (an der Ostseite des Marktplatzes). Zweigeschossiger, im nördlichen Teil dreigeschossiger langgestreckter Bau mit backsteinernen Staffelgiebeln an den Schmalseiten im Norden und Süden. Etwas aus der Mitte gerückt auf der Westseite viereckiger Treppenturm; am nördlichen Fassadenende risalitartiger Vorbau mit maßwerkgeschmücktem Staffelgiebel, am Schnittpunkt von Risalitdach und Hauptdach ein Dachreiter. Zwischen Vorbau und Turm dreigeschossige Loggia. – Bau des Rathauses und der Kapelle zum Hl. Kreuz an seiner Nordseite 1312–1320, die Kapelle 1501 nach Westen verlängert, gleichzeitig dem Rathaus der Treppenturm vorgesetzt und ein Südflügel an der Leipziger Straße angefügt. Von N. Hofmann anstelle einer spätgotischen Laube 1558 Loggia zwischen Turm und Kapelle errichtet und 1568 der Treppenturm mit Haube versehen. 1702 der Flügel an der Leipziger Straße durch Neubau ersetzt, darin von dorischen Säulen flankiertes Rundbogenportal mit giebelartigem Aufsatz und seitlichen Voluten, im Inneren gute Stuckdecken. Chor der Kapelle in den sechziger Jahren des 19. Jh. beim Neubau des Polizeigebäudes abgerissen. 1883 Rathaus renoviert.

Am 31. März 1945 beim Luftangriff bis auf den Barockflügel zerstört. Ruine seit 1948 beseitigt.

Cuno u. C. Schäfer: Holzarchitektur vom 14.–18. Jahrhundert, Berlin 1883, Taf. 27 (Decke von 1570). H. E.: Das Rathaus in Halle an der Saale . . ., in: Zeitschrift für bildende Kunst, Beiblatt Kunstchronik 19, 1884, S. 303 f. Inventar/Halle und Saalkreis, S. 337 ff., 438, Fig. 132. H. v. Brauchitsch: Vom Marktplatz in Halle a. S., 3. Das alte Rathaus, in: Blätter für Architektur und Kunsthandwerk 12, 1899, Nr. 11, S. 81, Taf. 102. Steffen m. Abb. 2–5. O. Stiehl: Das deutsche Rathaus im Mittelalter in seiner Entwicklung geschildert, Leipzig 1905, S. 101 f., Abb. 107. A. Hildebrand: Sächsische Renaissanceportale und die Bedeutung der hallischen Renaissance für Sachsen, Halle a. S. 1914 (Studien zur thüringisch-sächsischen Kunstgeschichte 2). P. G.: Seiteneingang am Rathaus in Halle a. d. Saale, in: Blätter für Architektur und Kunsthandwerk 28, 1915, Nr. 4, S. 14, Taf. 38. Schultze-Galléra Bd. 1, S. 249 ff. Halle, S. 12. Dehio/Mitteldeutschl., S. 152. Sauerlandt, S. 38, 54 ff., 91, 114 f., 166 f., Abb. 20, 52, 70. C. Horst: Die Architektur der deutschen Renaissance, Berlin 1928, S. 142, 144, 213, Abb. 109. R. Hünicken: Geschichte des hallischen Rathauses, Nach den neuesten Forschungen des Stadtarchivs, in: Mitteilungen des Vereins für Heimatkunde Halle und Umgebung 9, 1934, Nr. 7 (3 S.). R. Hünicken: Halle in der mitteldeutschen Plastik und Architektur der Spätgotik und Frührenaissance 1450–1550, Halle (Saale) 1936, S. 63 ff. Heilmann, S. 7, Abb. 8. Piechocki 1955, S. 12, 31. Mrusek 1960, S. 70. Mrusek 1964, S. 96, 149 f., Abb. 23. Kunst- und Kulturdenkmäler, S. 90, 95 f., Abb. S. 87. Hdb. Hist. Stätten, S. 182 ff.

Waage (Marktplatz). Anstelle eines stadtherrlichen Vorgängerbaus 1573–1575 von Ratsmeister G. Zeise und G. Beutener als Fest- und Hochzeitshaus errichtet. Viergeschossiger, achtachsiger Bau mit Staffelgiebeln an den Schmalseiten, Satteldach mit Dachausbauten in drei Geschossen. Das rundbogige Portal von Z. Bogenkrantz (1581) flankiert von Pilastern, die Gebälk tragen, darauf Krieger und unter einem mit Dreieckgiebel bekrönten Aufsatz Wappen, in den Zwickeln je eine männliche und eine weibliche Büste. Rundbogiges Sitznischenportal. Im Inneren Wendeltreppe mit exzentrischer Spindel. Auf der Hofseite zwei Seitenflügel. Für die verschiedenen Nutzungszwecke (1694–1834 Universität, danach u. a. Bürgerschule) im 18. und 19. Jh. mehrfach umgebaut, dabei die beiden Erker an der Hauptfront beseitigt.

Halle/Saale
Links oben: Blick von der Marktkirche auf das zerstörte Rathaus
Rechts oben: Rathaus und Waage (aus Dreyhaupts Chronik von 1749)
Unten: Rathaus, Marktfront, Deckenstukkaturen und Kapelle, Blick nach Westen

1945 zerstört. Beim Abbruch der Ruine auch ein kräftiger, anderthalbstöckiger Turmrest des Vorgängerbaus, der vermutlich Amtssitz des Vogtes war, abgetragen. Das Portal von Bogenkrantz im Hof der Moritzburg sichergestellt.

Cuno u. C. Schäfer: Holzarchitektur vom 14.–18. Jahrhundert, Berlin 1883, Taf. 28. G. Schönermark, in: Deutsche Bauzeitung 18, 1884, Nr. 58, S. 343. Inventar/Halle und Saalkreis, S. 359, 361, 402 f., 439, Fig. 138, 206, 207. H. Steffen: Hausportale in Halle a. S., in: Zeitschrift für Bauwesen 36, 1886, S. 399, 2 Abb. auf Taf. 53 im Abbildungsband. H. v. Brauchitsch: Vom Marktplatz in Halle a. S., 4. Thür und Thor am Waagegebäude, in: Blätter für Architektur und Kunsthandwerk 12, 1899, Nr. 11, S. 81, Taf. 103. Steffen, m. Abb. 2, 3, 5. Halle – Das Portal der Wage, in: Leipziger Bauzeitung 1, 1905, S. 694. H. Steffen: Alte Baudenkmale und Portale in Halle a. S., in: Leipziger Bauzeitung 1, 1905, S. 841 ff. m. 4 Abb. A. Hildebrand: Sächsische Renaissanceportale und die Bedeutung der hallischen Renaissance für Sachsen, Halle a. S. 1914 (Studien zur thüringisch-sächsischen Kunstgeschichte 2), S. 42, 165 ff., 260. Schultze-Galléra Bd. 1, S. 262 ff. Halle, S. 12. Dehio/Mitteldeutschl., S. 152. Sauerlandt, S. 54, 121, Abb. 52. Weiske 1930, S. 29. E. Ruhmer: Zacharias Bogenkrantz, Ein Bildhauer der mitteldeutschen Spätrenaissance, in: Zeitschrift für Kunst 4, 1950, Nr. 2, S. 122 f. Piechocki 1955, S. 17, 31. Volkmann: Wendelsteine im alten Halle, in: Hallesches Monatsheft 3, 1956, Nr. 3, S. 112 ff. H.-J. Mrusek: Gestalt und Funktion der Eigenbefestigung im Mittelalter, Phil. Habil.-Schrift, Halle 1958, S. 18, 77. Mrusek 1964, S. 96, 100, 149 f., Abb. 23. Kunst- und Kulturdenkmäler, S. 90, 102, Abb. S. 87. Hdb. Hist. Stätten, S. 184

Roter Turm Freistehender Turm auf dem Markt im Schnittpunkt der ältesten hier zusammentreffenden Fernstraßen, Zeitglockenturm, zur 1529 abgerissenen alten Marienkirche gehörig, seit dem 17. Jh. Roter Turm genannt. Unterbau Bruchstein, sonst Haustein, Kupferhelm. Auf rechteckigem, viergeschossigem Unterbau achteckiger, zweigeschossiger Aufsatz, den Übergang vermitteln Fialen, im ersten Aufsatzgeschoß an der Nord- und Südseite je ein spitzbogiges Maßwerkfenster, an der Ost- und Westseite je zwei, im zweiten Geschoß an jeder Seite je ein Fenster bis auf Nordwest- und Südostseite. Maßwerkbüsten Meister Rodes und seiner Frau im Westfenster. Aufsatz bekrönt durch Helm mit vier Ecktürmchen und Mittelturm. – Auf romanischem Turmstumpf aus dem 12. Jh. 1418–1474 erbaut, ab 1446 J. Rode leitender Baumeister, bis 1506 der Helm aufgesetzt durch Zimmermeister H. Wulkenstein. 1553 Dachreparaturen, dabei Hinzufügung der Ecktürme durch N. Hofmann. 1825 Erdgeschoß neogotisch umbaut.
Am 16. April 1945 durch Artilleriebeschuß in Brand geraten, der 40 m hohe Turmhelm zusammengestürzt und der Turm bis auf die Umfassungsmauern ausgebrannt. Im Zuge der Enttrümmerung Entfernung der Umbauung von 1825. Als Notdach ein flaches Zeltdach aufgebracht. 1955 Instandsetzung des Hauptgesimses über dem großen Westfenster und des Maßwerkes. Nach Sanierung des Turmschaftes Rekonstruktion des Helmes in Stahlbauweise. Richtfest am 7. Oktober 1975.

G. Schönermark: Ein deutscher Campanile, in: Deutsche Bauzeitung 18, 1884, S. 342 ff., 354 ff., 3 Abb. S. 341. Inventar/Halle und Saalkreis, S. 277 ff., 434. E. v. Brauchitsch: Vom Marktplatz in Halle a. S., 1. Der »Rote Turm«, in: Blätter für Architektur und Kunsthandwerk 11, 1898, Nr. 10, S. 75, Taf. 100. Steffen, m. Abb. 1. Schultze-Galléra Bd. 1, S. 273 ff. Halle, S. 11. Dehio/Mitteldeutschl., S. 152. Sauerlandt, S. 38, 51 ff., 205 f., Abb. 19. Ragotzky: Der Rote Turm, in: Kalender für Ortsgeschichte und Heimatkunde von Halle, Saalkreis und Umgebung 1930, S. 47 ff. m. Abb. R. Hünicken: Halle in der mitteldeutschen Plastik und Architektur der Spätgotik und Frührenaissance, Halle (Saale) 1936, S. 83 ff. Heilmann, S. 4 ff., Abb. 134. E. Neuss: Die Baugeschichte des Roten Turmes, Halle 1946 (Schriftenreihe der Bauhütte Roter Turm 1). E. Neuss: Rote-Turm-Fibel, Denk- und Merkwürdigkeiten des Roten Turmes, Halle 1947 (Schriftenreihe der Bauhütte Roter Turm 2). Heilmann: Die »Bauhütte Roter Turm« in den ersten zwei Jahren ihres Bestehens, in: Jahrbuch der Landeshauptstadt Halle 1948, S. 27, Abb. S. 26, 27. Piechocki 1955, S. 11, 31. W. Piechocki: 450 Jahre Roter Turm, Zehn Jahre Aufbau = Neue Forschungen, in: Hallesches Monatsheft 3, 1956, Nr. 7, S. 281 ff. m. 10 Abb. Volkmann: Wendelsteine im alten Halle, in: Hallesches Monatsheft 3, 1956, Nr. 3, S. 112 ff. H.-J. Mrusek: Gestalt und Funktion der Eigenbefestigung im Mittelalter, Phil. Habil. Schrift Halle 1958, S. 18, 84 f. Mrusek 1960, S. 70, Abb. 93. Mrusek 1964, S. 52 ff., 149, Abb. 24, 25. Kunst- und Kulturdenkmäler, S. 85 m. Abb., S. 333, 336, Abb. 128. Hdb. Hist. Stätten, S. 182, 190. Dehio/Bezirk Halle, S. 168

Stadtgottesacker Camposanto mit 94 Grabgewölben, Vierflügelanlage mit unterschiedlich langen Seiten und Satteldächern. Außenseite der Flügel mauerhaft geschlossen, auf der Innenseite gleichmäßig hinlaufende flachbogige Arkaden; jeder Schwibbogen eine Gruft, deren oberirdischer Raum mit einer hölzernen Tonne geschlossen ist; die Bögen durch unterschiedliche Ornamentik individualisiert. Auf der Westseite ehemals zwei Tore, davon der quadratische Südturm mit vier Volutengiebeln und offener Laterne mit welscher Haube erhalten. – 1529 Einrichtung des Stadtgottesackers auf dem Martinsberg außerhalb der Stadtmauer, ab 1557 von N. Hofmann architektonisch gestaltet unter Mitwirkung vieler Steinmetzen, darunter T. Rinckler, bis 1560 Hofmann selbst an den Steinmetzarbeiten beteiligt. Vollendung bis 1594. 1563/64 Einebnung des Terrains und vollständige Ummauerung. 1590–1592 Errichtung des Südtorturmes. Im 18. Jh. Umwandlung von je einem Bogen auf der Nord- und Ostseite in Durchgänge zu den neuen Teilen des Friedhofes. 1831 das sogenannte Nordtor geschlossen.
Durch Bomben die Grüfte 1–16, 25–31 und 63–66 zerstört und das Dach beschädigt. In der Folgezeit Witterungsschäden an der Bauornamentik. Gruft 1 aus Fragmenten ergänzt, die Grüfte 2–4 und 63–66 ohne Schmuck wiederaufgeführt.

Inventar/Halle und Saalkreis, S. 422 ff., 439, Fig. 217 bis 226. A. Brinckmann: Die praktische Bedeutung der Ornamentstiche für die deutsche Frührenaissance, Straßburg 1907, Phil. Diss. Heidelberg, S. 68 f., 70 ff. G. Moritz: Vom hallischen Stadtgottesacker, in: Luginsland, Monatsblätter für Literatur und Kunst 1, 1907/1908, S. 197 ff. A. Hildebrand: Sächsische Renaissanceportale und die Bedeutung der hallischen Renaissance für Sachsen, Halle a. d. S. 1914 (Studien zur thüringisch-sächsischen Kunstgeschichte 2). Schultze-Galléra Bd. 2/2, S. 14 ff. Dehio/Mitteldeutschl., S. 152. Sauerlandt, S. 116 ff., Abb. 53–55. Heilmann, S. 7. Heilmann: Die »Bauhütte Roter Turm« in den ersten zwei Jahren ihres Bestehens, in: Jahrbuch der Landeshauptstadt Halle 1948, S. 29. E. Ruhmer: Zacharias Bogenkrantz, Ein Bildhauer der mitteldeutschen Spätrenaissance, in: Zeitschrift für Kunst 4, 1950, Nr. 2, S. 121 ff., Abb. 104, 106, 108. E. Neuß u. W. Piechocki: Halle an der Saale, Dresden 1955, S. 36. Piechocki 1955, S. 12 f., Abb. S. 29. E. Manz: Grabstätten des Stadtgottesackers, in: Hallesches Monatsheft 3, 1956, S. 471 ff. m. 3 Abb. J. Stieler: Der Stadtgottesacker zu Halle, Dipl.-Arbeit der Humboldt-Universität Berlin, Phil. Fak., Fachrichtung Kunstgeschichte 1958. Mrusek 1964, S. 97 f., 149, Abb. 56–58. Kunst- und Kulturdenkmäler, S. 95. Hdb. Hist. Stätten, S. 184. Dehio/Bezirk Halle, S. 170

Stadttheater Bau der Gründerzeit, errichtet 1883 bis 1886 von H. Seeling anstelle eines Theatergebäudes von 1836. Ziegelmauerwerk mit roten Verblendziegeln in zwei Tönen, Quaderungen und Gesimse sächsischer Sandstein. Bühnenhaus von Kuppel gekrönt. Auf der Eingangsseite Portikus mit Unterfahrt, im Giebelfeld Hochrelief von C. Bieber: die drei Nornen unter der Weltesche; auf der Giebelspitze in Kupfer getriebenes Akroterion. In den Nischen zu beiden Seiten des Portikus überlebensgroße Figuren der Poesie und Wahrheit von A. Silbernagel. Im Inneren Logen in zwei Rängen, Proszenium, Decke des Zuschauerraumes von M. Koch bemalt mit Allegorien von Lust-, Schau- und Trauerspiel sowie der Oper und musikalischen Emblemen.
Beim Luftangriff am 31. März 1945 durch Sprengbomben zerstört. 1948–1951 Wiederaufbau unter

Halle/Saale
Oben: Roter Turm (Lithographie, Ende des 19. Jh.)
Unten: Stadtgottesacker, nach und vor der Zerstörung

Leitung von K. Hemmerling. Gebäude verputzt. Verzicht auf die rundbogigen Fenster im Obergeschoß der modernisierten Eingangsfront, an ihrer Stelle rechteckige Fenstertüren. Dreieckgiebel ohne plastischen Schmuck und Giebelaufsatz. Neugestaltung des Zuschauerraumes, Beseitigung der alten, auf gußeisernen Säulen ruhenden Ränge, an ihrer Stelle zwei freischwingende Ränge, Verzicht auf Proszenium, hochfahrbarer Orchesterraum, der alte Bühnenraum durch Hinterbühne verlängert und große Seitenbühne erweitert.

Sammelmappe hervorragender Concurrenz-Entwürfe, Stadt-Theater für Halle a. d. S., Berlin 1885. 3 Bl. und 40 Taf. F.: Das neue Stadttheater in Halle a. S. . . ., in: Deutsche Bauzeitung 20, 1886, S. 573 f., 577 ff., 2 Abb., 1 Taf.; 21, 1887, S. 97 ff. m. 1 Abb. A. P.: Korrespondenz, Halle a. S., in: Zeitschrift für bildende Kunst, Beibl. Kunstchronik 22, 1887, Sp. 21 ff. Schultze-Galléra Bd. 1, S. 128. Heilmann, S. 7, Abb. 5, 6. W. Hammerschmidt: Wieder ein Theater aufgebaut, Das große Haus des Landestheaters Sachsen-Anhalt in Halle, in: Theater der Zeit 4, 1951, H. 5, S. 24 ff. m. 8 Abb. E. Mobschatz: Sachsen-Anhalt und der Formalismus, Kritische Eindrücke von der Theatereinweihung in Halle, in: Die Weltbühne 6, 1951, Nr. 18, S. 566 ff. Mrusek 1964, S. 134, 149, Abb. 87. Kunst- und Kulturdenkmäler, S. 113. Hdb. Hist. Stätten, S. 189

Die Türkei (Große Steinstraße 82). Barockes viergeschossiges Bürgerhaus von zwölf Achsen mit kolossaler Pilasterordnung in den oberen Geschossen. Über dem Portal Inschrift. 1707 errichtet für den Ratsmeister Johann Sebastian Möschel, bis 1778 im Besitz seiner Familie, 1803 erwarb es Musikdirektor Daniel Gottlob Türk (gestorben 1813), bei dem sein Schüler Carl Loewe eine Zeitlang wohnte.
1945 zerstört.

Schultze-Galléra Bd. 1, S. 109. Schäfer, S. 21 f. m. Abb. Mrusek 1964, S. 149

Parabelhaus (Brüderstraße 3). Dreigeschossiger, zehnachsiger Putzbau mit ausgebautem Dachgeschoß. Die gebogene Front des Hauses folgte dem Straßenverlauf, daher der Name »Parabelhaus«. Professorenwohnhaus. 1742 von Universitätsprofessor Joachim Lange erworben, 1796 von Friedrich August Wolf, dem Freund Goethes, gekauft. Am Hause Inschrift: Frid. Aug. Wolfius Philologus hic habitat, Goethium hospitem excipiebat.
1945 zerstört.

Schultze-Galléra Bd. 1, S. 94. Weiske 1930, S. 31. Schäfer, S. 20 f. Mrusek 1964, S. 149

Portal des Pfälzer Kolonialgerichtes (Albert-Dehne-Straße, früher Kleiner Sandberg 22). Sitznischenportal von Z. Bogenkrantz, 1601. Im Bogenscheitel Löwenkopf mit Ring, in den Bogenzwickeln Darstellung der Gestirne. Portal flankiert von Pilastern, die Hermen tragen, über ihnen sich verkröpfendes Gebälk, darauf Justitia und Temperantia, über dem Löwenkopf im Bogenscheitel Simson im Kampf mit dem Löwen. In den zwischen den Figuren an der Hauswand angebrachten Kartuschen die Inschriften: Sol iustitiae, luna temperantiae. – Gründung der Pfälzer Kolonie in Halle 1689/90, das Pfälzer Kolonialgericht ehemals Leipziger Straße 6 in einem 1601 erbauten Hause, dieses 1898 durch ein modernes Geschäftshaus ersetzt, das Portal, zu dem eine breite Freitreppe führte, in die Albert-Dehne-Straße versetzt, wo es ohne Treppe den Eingang zu einem kleinen Hinterhof bildete.
1945 zerstört.

Inventar/Halle und Saalkreis, S. 418 ff., 439. Steffen, Abb. 9 links. Sauerlandt, S. 122. Schultze-Galléra Bd. 1, S. 83. Weiske 1930, S. 30 f. Schäfer, S. 22 m. Abb. E. Ruhmer: Zacharias Bogenkrantz, Ein Bildhauer der mitteldeutschen Spätrenaissance, in: Zeitschrift für Kunst 4, 1950, Nr. 2, S. 125 f. W. Piechocki: Die Pfälzer-Kolonie in Halle an der Saale, in: Hallesches Monatsheft 4, 1957, Nr. 9, S. 416 m. Abb. Mrusek 1964, S. 101, 149

d'Altonsche Villa (Schimmelstraße 8). Dreigeschossiger Putzbau. 1835 erbaut von J. H. Strack im Auftrage von Christian Daniel Rauch für seinen Schwiegersohn d'Alton, Professor der Anatomie und Physiologie. Im Hause über 120 Porträtreliefs von Rauch und seinen Schülern, Rauchs sogenanntes Wandstammbuch.
1945 zerstört.

F. u. K. Eggers: Christian Daniel Rauch, Bd. 3, Berlin 1883, S. 35 ff. Schultze-Galléra Bd. 2/2, S. 53. E. Ruhmer: Das d'Alton'sche Haus in Halle, in: Jahrbuch der Landeshauptstadt Halle 1948, S. 55 ff. Mrusek 1964, S. 125, 149. Kunst- und Kulturdenkmäler, S. 110

Harzgerode-Alexisbad
(Kreis Quedlinburg)

Schweizerhaus 1822 nach K. F. Schinkels Entwürfen im Schweizerstil erbaut. Herzogliche Villa oberhalb des 1810/11 errichteten Badehauses des von Herzog Alexius Friedrich Christian von Anhalt-Bernburg gegründeten Stahlbades.
Durch Beschuß 1945 stark beschädigt. Ruine abgerissen.

Weyhe, S. 305 f. B. Kindscher: Alexisbad, Harzgerode (1910), S. 24 f. m. Abb. J. Kutz: Alexisbad und Mägdesprung im Wandel der Zeiten, in: Askania 25, 1927, Nr. 17, S. 66. Hdb. Hist. Stätten, S. 4

Halle/Saale
Links: Portal des Pfälzer Kolonialgerichtes
Mitte: d'Altonsche Villa, Eingangsfront, Vestibül und Treppenflur
Rechts: Harzgerode-Alexisbad, Schweizerhaus, Außenansicht und Saal

Harzgerode-Mägdesprung (Kreis Quedlinburg)

Modellhaus der Gießerei (auf dem Gelände des heutigen VEB Gas- und Heizgeräte). Aufbewahrungsort sämtlicher historischer Modelle der 1754 eingerichteten Gießerei; seit 1898 Aktiengesellschaft.
Durch Beschuß am 18. April 1945 abgebrannt.

Weyhe, S. 307. J. Kutz: Alexisbad und Mägdesprung im Wandel der Zeiten, in: Askania 25, 1927, Nr. 18, S. 71 f. E. Koehler: Harzgerode, Ballenstedt, Alexisbad, Mägdesprung, Leipzig 1974 (Brockhaus-Wanderheft 43), S. 26. Hdb. Hist. Stätten, S. 288

Haynsburg (Kreis Zeitz)

Dorfkirche Saalkirche, verputzter Bruchsteinbau. Das alte Schiff durch den 1613 eingeweihten Neubau ersetzt. Der eingezogene, kreuzrippengewölbte Chor über fünf Seiten eines Achtecks vom Ende des 15. Jh.; an dessen Ecken Strebepfeiler, daran Relief mit Schmerzensmann und ein 1493 datiertes mit Darstellung des gekreuzigten Christus, ferner Wappenreliefs und 1493 datierte Inschrifttafel. Im Westen 1697 eingeweihte Vorhalle mit Satteldach, darauf auf der Westwand aufsitzender Dachturm mit Zeltdach und achteckiger geschlossener Laterne mit welscher Haube, die restlichen Giebelschrägen der Vorhalle als Schaustücke gestaltet und mit Obelisken bekrönt. Im Inneren zweigeschossige Emporen an der Nord- und Südseite, im Osten Kanzelaltar, darüber Orgelempore, im Westen Patronatsloge.
Am 13. April 1945 Turm durch Beschuß entzündet, Kirche abgebrannt. Die gesamte Ausstattung bis auf Taufschale und Abendmahlsgerät verloren. Ruine 1956 abgebrochen.

Inventar/Zeitz, S. 11 f. Dehio/Mitteldeutschl., S. 158. Der Kreis Zeitz, Berlin 1930 (Monographien deutscher Landkreise 5), S. 185

Hedersleben (Kreis Aschersleben)

St.-Gertraudi-Kloster Das 1253 von Albert und Ludwig v. Hakeborn in ihrer Burg an der Selke gegründete, 1262 mit Zisterzienserinnen besetzte Kloster wurde im Anschluß an eine dem Kloster überwiesene spätromanische Dorfkirche errichtet. Klausur und kreuzgratgewölbter Kreuzgang Neubau von 1780. An der Südseite der Klausur das Äbtissinnenhaus, eine zweigeschossige, dreiflügelige Anlage. Mittelflügel sechsachsig, in der Gebäudemitte der rundbogige Kellereingang, die sechste Achse ein über einer Treppe gelegenes Portal, daran Inschrift mit Jahresangabe 1723 (73). Im Inneren barocke Holztreppe. Südlich des Äbtissinnenhauses der Wirtschaftshof mit Stallungen und Taubenturm. 1810 Kloster säkularisiert. Die Klosterkirche katholische Pfarrkirche, 1845/46 durch Neubau, der den spätromanischen Westturm übernahm, ersetzt.
Durch eine vor dem Westflügel des Wirtschaftshofes niedergegangene Luftmine das Äbtissinnenhaus stark beschädigt, Stallungen und Taubenturm gänzlich vernichtet. Nach 1945 Ausbau des Äbtissinnenhauses als Schulgebäude.

Dümmling: Geschichtliche Nachrichten über das Kloster und die Gemeinde Hedersleben, Hedersleben 1895. Dehio/Nordwestdeutschl., S. 184. H. Wäscher, Feudalburgen in den Bezirken Halle und Magdeburg, Berlin 1962, S. 55 f., Bild 95. F. Schrader: Reformation und katholische Klöster, Leipzig 1973 (Studien zur katholischen Bistums- und Klostergeschichte 13), S. 296. Hdb. Hist. Stätten, S. 203 f. Dehio/Bezirk Halle, S. 179 f.

Köthen (Kreis Köthen)

Synagoge (Burgstraße 15/16). 1777/78 erwarb die jüdische Gemeinde zwei Häuser in der Burgstraße und erbaute 1800–1802 in den Gärten einen Tempel. 1890/91 ersetzt durch Neubau im maurischen Stil.
1938 in der »Kristallnacht« zerstört.

Büttner Pfänner zu Thal, S. 251. Cöthen in Anhalt, Ein Städtebild, 2. Aufl. Cöthen 1909, S. 45 ff. E. Handtke: Die Kreisstadt Cöthen, in: Salonblatt 6, 1911, Nr. 33, S. 997 ff. Schulze, S. 257. Keyser, S. 571

Schloß Ehemals Wasserburg in der Ziethenniederung zum Schutz des Flußübergangs. Eventuell ursprünglich slawische Wehranlage, seit dem 10. Jh. askanische Burg. Der um 1530 errichtete Westflügel ein zweigeschossiger Bruchsteinbau; auf der Westseite am Nordende zweigeschossiges Zwerchhaus mit einem aus drei Rundbögen gebildeten Giebel, das entsprechende am Südende durch hohen erkerartigen Vorbau und das Torhaus von 1670 verbaut; der Nordgiebel ähnlich. Die bis auf den Westflügel 1547 durch einen Brand zerstörte Schloßanlage ab 1597 wiederaufgebaut: unter Fürst Johann Georg mit Verlängerung des Westflügels nach Süden durch F. Niuron begonnen, bis 1608 Errichtung des Südflügels (Langes Haus) durch F. und P. Niuron, von letzterem unter Fürst Ludwig auch der zweigeschossige Nordflügel; das Torhaus am Westflügel laut Inschrift 1670 entstanden. Im 18. Jh. oberes Stockwerk im nördlichen Teil des Westflügels zu fürstlichen Wohnräumen ausgestaltet, 1765/66 Errichtung des Marstalls durch E. L. Rothe. Ab 1820 erneute Bautätigkeit unter Leitung von Chr. G. H. Bandhauer: Erweiterung des Torhauses durch östlichen Anbau, 1821 Reithalle im rechten Winkel zum Marstall errichtet (1940 durch Brand zerstört), 1822 östlicher Teil des Nordflügels (Pagenhaus) durch Ferdinandsbau ersetzt, 1833 Remisengebäude nach Plänen Bandhauers von Chr. C. Hengst erbaut. Schloßkomplex-Ostseite im 19. Jh. durch Gefängnisbau geschlossen.

Beim Luftangriff am 20. Juli 1944 die nördliche Hälfte des Westflügels durch Bombenvolltreffer zerstört, dabei auch der östliche Anbau an das Torhaus vernichtet. Ruinen abgetragen.

Büttner Pfänner zu Thal, S. 233, 236, Taf. 26. Weyhe, S. 349 f. m. Abb. G. Salzmann: Die Baulichkeiten des Cöthener Schloßbezirkes und einige Verbesserungsvorschläge, Diss. T. H. Braunschweig 1920. Schulze, S. 193 ff. m. Abb. R. Schulze: Die Wallburgen des Köthener Landes, in: Anhaltische Geschichtsblätter 1, 1925, S. 37 ff. m. Abb. Keyser, S. 569 f. Inventar/Köthen, S. 129 ff. m. Abb., Taf. 36a–c, 48b. Dehio/Nordwestdeutschl. S. 297. J. Stieler: Die Rundgiebel der Renaissance, Semesterarbeit, Humboldt-Universität Berlin, Phil. Fak., Fachrichtung Kunstgeschichte 1957, S. 24, Abb. 39. Grimm, S. 243, Nr. 291. Van Kempen 1961, S. 122 ff., Abb. S. 241. Kunst- und Kulturdenkmäler, S. 338, Abb. S. 94. Kunstführer, S. 256. Dehio/Bezirk Halle, S. 226 f.

Links: Haynsburg, Dorfkirche, vor und nach der Zerstörung
Rechts oben und Mitte: Köthen, Südwestecke des Schloßhofes und Nordwestecke des Schlosses
Rechts unten: Hedersleben, St.-Gertraudi-Kloster

Köthen-Geuz (Kreis Köthen)

Schloß An der Rückseite des von einem Wassergraben umzogenen Karrees inmitten weiträumiger Parkanlagen errichtet Mitte des 18. Jh. anstelle einer alten Burganlage als Sommersitz der Köthener Fürsten, 1821 von Chr. G. H. Bandhauer umgebaut. Dreigeschossiger Putzbau mit dreiachsigem Mittelrisalit, Mansarddach und Laterne. Risalit an der Gartenseite und Kuppelsaal vom Umbau 1821.
Infolge kriegsbedingter Vernachlässigung verfallen. 1948 abgebrochen bis auf einen Teil des Mittelrisalits.

Büttner Pfänner zu Thal, S. 268. Weyhe, S. 278. Cöthen in Anhalt, Ein Städtebild, 2. Aufl. Cöthen 1909, S. 90. Schulze, S. 424 f., Abb. S. 421. Inventar/Köthen, S. 176 f., Taf. 35 a–c. Grimm, S. 244, Nr. 292. Dehio/Bezirk Halle, S. 231

Kreypau, Ortsteil Trebnitz (Kreis Merseburg)

Dorfkirche Bruchsteinbau. Romanische Saalkirche, Chorquadrat mit dreiseitigem Schluß gotisch. Im Barock Erweiterung der Fenster auf der Südseite bis auf das östliche des Chorquadrats. Im Westen Breitturm mit Krüppelwalm, zum Schiff mit Rundbogen geöffnet, im Erdgeschoß Kreuzgratgewölbe. Im Inneren Holztonnen in Schiff und Chor.
Bei einem Luftangriff am 6. Dezember 1944, der den Ort zu 95 % zerstörte, durch Sprengbombe auf die Nordwestecke der Turm zerstört, Dach abgedeckt, Holztonne beschädigt, Orgel vernichtet. Bis 1951 wiederhergestellt, dabei die beiden Strebepfeiler am Westende der Langseiten des Schiffes errichtet, anstelle des Turmes verbretterter Glockenstuhl über massiver Vorhalle mit Westeingang, Glockenstuhl mit Schiff unter einem Dach.

Inventar/Merseburg, S. 236. Wiederaufbau der Kirchen in der DDR, S. 224 (danach erst 1953/54 wiederhergestellt). Kunstführer, S. 294. Dehio/Bezirk Halle, S. 237

Krumpa/Geiseltal (Kreis Merseburg)

Dorfkirche 1751 Neubau unter Einbeziehung von Teilen des romanischen Vorgängerbaus. Oktogon mit vier Armen, am Ostarm drei Anbauten. Im Westen Breitturm, seine Westwand von drei riesigen Strebepfeilern gestützt, verschiefertes abgewalmtes Mansarddach mit Dachreiter, in den gekuppelten Schallarkaden Säulchen mit Würfelkapitellen, Turm mit großem Bogen zum westlichen Schiffsarm geöffnet. Im Oktogon Spiegelgewölbe, in den Armen Flachdecke.
Bei einem Luftangriff 1944 der Südarm, der eine Eingangshalle enthielt, zerstört. Bei der Wiederherstellung der Kirche auf seinen Wiederaufbau verzichtet.

Inventar/Querfurt, S. 49 ff. Dehio/Bezirk Halle, S. 238 f.

Krumpa/Geiseltal, Ortsteil Kämmeritz (Kreis Merseburg)

Dorfkirche Neubau von 1718 unter Benutzung des frühgotischen Turmes vom Vorgängerbau. Bruchsteinbau. Saalkirche mit Ostturm und barockem Westeingang. Im Inneren bemalte hölzerne Tonne, mit barocker Symbolik bemalte Emporenbrüstung, Kanzelaltar sowie Silbermann-orgel.
1944 durch Luftangriff völlig zerstört. Ruine 1945/46 abgetragen.

Inventar/Querfurt, S. 131 f. Heimatbuch Merseburg 2, S. 111

Krumpa/Geiseltal, Ortsteil Lützkendorf (Kreis Merseburg)

Dorfkirche Anstelle eines Vorgängerbaus Neubau von 1727/28. Verputzter Bruchsteinbau. Saalkirche, im Westen quadratischer Turm, der oben ins Achteck überführt ist, bedeckt von Haube mit Laterne. Die Südseite des Schiffes gegliedert durch Mittelrisalit mit Giebel, dieser bekrönt durch sitzende Christusfigur, im Giebelfeld das Breitenbauchsche Wappen. Im Mittelrisalit das Portal, auf seinem Sturz zwei Putten. Aus dem alten Bau Taufstein von 1576 und Sakramentshäuschen.
1944 durch Luftangriff zerstört. Ruine 1962 im Zusammenhang mit dem Braunkohlentagebau beseitigt.

Inventar/Querfurt, S. 150. Heimatbuch Merseburg 2, S. 111

Langendorf (Kreis Weißenfels)

Klosterkirche Hausteinbau. Flachgedeckte Saalkirche mit Satteldach. In der Ostwand Gruppe von zwei schlanken zweiteiligen Spitzbogenfenstern mit Maßwerk, darüber im Giebel zwei kleine spitzbogige Fenster. Auf der Nordseite Portal zwischen je drei Maßwerkfenstern. Auf der Südseite, an die ehemals der Kreuzgang anschloß, drei Zugänge und vier Fenster. In der Westwand ein schlankes Spitzbogenfenster über der langgestreckten, auf vier achteckigen Pfeilern ruhenden Nonnenempore, unter der Empore zweijochiger, dreischiffiger, kreuzrippengewölbter Raum, durch Schlitzfenster in der West- und Nordwand nur mäßig erhellt. – Kloster vermutlich vor 1220 gegründet, seit 1385 als Benediktinerinnenkloster bezeichnet, 1501 abgebrannt, 1539 säkularisiert und in ein Rittergut umgewandelt. Die Klosterkirche Ende des 13. Jh. errichtet. Nach dem Brand von 1501 wiederhergestellt 1505, dabei teilweise die Fenster verändert. 1653 und 1758 renoviert, 1797 Vermauerung der langen Ostfenster hinter dem Altar, 1869 wegen Baufälligkeit geschlossen, 1876–1878 gründliche Renovierung.
1945 durch Luftangriff beschädigt, ebenso das nebenliegende, 1876 errichtete Gutshaus. Kirche nach Instandsetzung des Daches von der LPG genutzt.

Inventar/Weißenfels, S. 31 f. Fritze: Kirche und Kloster Langendorf, in: Orts- und Heimat-Kalender des Stadt- und Land-Kreises Weißenfels 2, 1910, S. 63 ff. m. 3 Abb. F. Gerhardt: Kloster Langendorf, in: Thüringisch-sächsische Zeitschrift für Geschichte und Kunst 4, 1914, S. 12 f. Dehio/Mitteldeutschl., S. 209. A. Trübenbach: Beiträge zur Chronik der Orte Langendorf . . ., Langendorf 1928, S. 12 ff., 23 ff., 42 ff. P. Thieme: Weißenfels in Wort und Bild mit Führer durch Stadt und Umgebung, Weißenfels 1930–35, S. 202. Kunst- und Kulturdenkmäler, S. 82. Hdb. Hist. Stätten, S. 266 f. Dehio/Bezirk Halle, S. 245

Links oben: Köthen-Geuz, Schloß, Eingangsfront
Links unten: Kreypau, Ortsteil Trebnitz, Dorfkirche, vor und nach der Zerstörung
Mitte oben: Krumpa/Geiseltal, Ortsteil Lützkendorf, Dorfkirche, nach der Zerstörung
Mitte unten: Langendorf, Klosterkirche

Langendorf (Kreis Zeitz)

Dorfkirche Im Kern romanische Saalkirche mit quadratischem Turm über dem Chorquadrat. In spätgotischer Zeit der polygonale, kreuzrippengewölbte Chorschluß mit Strebepfeilern angefügt, zugleich Umgestaltung des Schiffes: spitzbogige Fenster, Strebepfeiler, Schaugiebel an der Westseite. An der Südseite rundbogiges Portal mit Wulstprofil und Vorhalle mit Stabwerkportal an ihrer Ostseite. Auf der Nordseite des Chorquadrats Patronatsloge von 1716, an ihrem Giebel die Wappen der Familien v. Bünau und v. Minckwitz.
Die Westseite 1944 bei einem Luftangriff, der 30 % des Ortes vernichtete, zerstört, im Turm Risse. Beim Wiederaufbau 1949/50 das Schiff um etwa 3 m verkürzt und die Südvorhalle erneuert.

Inventar/Zeitz, S. 14 f. E. Wollesen: Die beiden Wappen an der Kirche zu Langendorf, Kr. Zeitz, in: Der deutsche Herold 58, 1927, S. 40. Der Kreis Zeitz, Berlin 1930 (Monographien deutscher Landkreise 5), S. 185 f., Abb. S. 177. Dehio/Bezirk Halle, S. 246

Bad Lauchstädt, Ortsteil Kleinlauchstädt (Kreis Merseburg)

Kirche Zweigeschossiger romanischer Saal mit gotischem Chor, gerader Chorschluß mit Strebepfeilern. Der tonnengewölbte Saal erhellt durch ein Rundbogenfenster an der Südwand und das offengelassene Tympanon des vermauerten Südportals. Über dem unteren Fenster ein zweites für die obere Etage. Offener Dachstuhl.
1944 durch Luftangriff völlig zerstört. Ruine um 1956 abgetragen.

Inventar/Merseburg, S. 77 f. O. Reuschert u. F. Dietrich: Heimatkunde der Stadt und des Kreises Merseburg, Halle a. S. 1899, S. 32. G. Pretzien: Die Beschreibung der Neumarktkirche und ihre kunstgeschichtliche Bedeutung, in: Monatsblatt des Vereins für Heimatkunde (Wissenschaftliche Beilage zum Merseburger Correspondent) Nr. 17, 1913, S. 68. Dehio/Mitteldeutschl., S. 193

Leuna, Ortsteil Kröllwitz (Kreis Merseburg)

Dorfkirche Spätgotische Saalkirche des 16. Jh. mit Triumphbogen und netzgewölbtem, dreiseitig geschlossenem Chor mit Strebepfeilern und Maßwerkfenstern. Die Wände des östlichen Schiffsteiles 1790 erhöht, auf dem westlichen achteckiger hölzerner Dachturm, sein sehr steiler Helm mit einem Kranz stehender Dachfenster. An der Nordseite des Chores zweigeschossiger Anbau, Obergeschoß Fachwerk, unten kreuzgratgewölbte Sakristei. An der Südseite des Schiffes Portal aus dem 16. Jh. mit jüngerer Vorhalle.
1944 bei einem Luftangriff schwer beschädigt: Westwand stark angeschlagen, der Turm aus dem Lot, das Dach abgedeckt, das Obergeschoß der Sakristei vernichtet, ebenso die Vorhalle vor dem Südportal, Triumphbogen und Deckengewölbe gerissen, eine Rippe abgestürzt, Orgel auf der Nordempore zerstört. 1950 das Dach wiederhergestellt, 1966/67 der Dachturm in veränderter Form mit Zeltdach wiederaufgebaut, Obergeschoß der Sakristei massiv erneuert.

Inventar/Merseburg, S. 27 f. Dehio/Mitteldeutschl., S. 205. C. Cornely: Die fünf Altgemeinden des Zweckverbandes Leuna, in: Merseburger Kreiskalender 1926, S. 43 m. Abb. Heimatbuch Merseburg 2, S. 152. Dehio/Bezirk Halle, S. 255 f.

Leuna, Ortsteil Ockendorf (Kreis Merseburg)

Gnadenkirche Unter Verwendung von Teilen des romanischen, im 16. Jh. veränderten Vorgängerbaus errichtet 1710–1714 nach Plänen von Chr. Trothe. Saalkirche mit dreiseitigem Ostschluß, der quadratische, oben ins Achteck übergeführte Westturm mit welscher Haube. Im Schiff korbbogiges Tonnengewölbe. 1910 restauriert.
Nach Kriegsbeschädigungen 1946–1949 wiederhergestellt. Die barocke Inneneinrichtung erhalten.

Inventar/Merseburg, S. 79. Merseburger Kreiskalender 1926, Abb. S. 37. Kunstführer, S. 295. Dehio/Bezirk Halle, S. 256

Leuna, Ortsteil Rössen (Kreis Merseburg)

Friedenskirche 1929/30 durch A. Herberger errichtete Saalkirche mit flacher Balkendecke, im Westen Turm mit Orgelnische, umlaufende stützenlose Empore. Mosaikarbeiten und Farbglasfenster nach Entwurf von Glücker, die Christusfigur über dem Rundbogenportal nach Entwurf von K. Schilling.
Am 6. Dezember 1944 durch Luftmine weitgehend zerstört. Erhalten blieben Orgel, Altarnische mit Mosaik und Altar. Sicherungsarbeiten 1944/45, Wiederaufbau bis 1954.

Festschrift zur Weihe der Friedenskirche in Leuna-Rössen am 7. Dezember 1930 (o. O. u. J.). S. Scharfe: Zwei neue Kirchen in Leuna, in: Die Baugilde 13, 1931, S. 1022 ff. W. Zwarg: Merseburg-Leuna, Dresden 1959 (Kleine Städtereihe 4), S. 20, Abb. 50. Wiederaufbau der Kirchen in der DDR, S. 212

Links oben: Langendorf, Dorfkirche
Mitte oben: Bad Lauchstädt, Ortsteil Kleinlauchstädt, Kirche, Äußeres und Inneres nach Westen
Mitte unten: Leuna, Ortsteil Kröllwitz, Dorfkirche
Rechts unten: Leuna, Ortsteil Ockendorf, Gnadenkirche, nach der Zerstörung

Merseburg/Saale (Kreis Merseburg)

Der zwischen Geisel- und Kliamündung am linken Saaleufer sich hinziehende Altenburger Hügel seit vorgeschichtlicher Zeit besiedelt. An seinem Nordende in karolingisch-ottonischer Zeit eine Befestigungsanlage als Grenzburg zum Slawenland. Erste urkundliche Erwähnung im Hersfelder Zehntverzeichnis. Der Name »Altenburg« seit Anfang des 11. Jh. überliefert. Im Schutze der Burg die Saalefurt. Auf dem südlichen Teil des Hügels um 930 unter König Heinrich I. Errichtung einer Pfalz. Die 931 geweihte Pfalzkirche mit einem Kollegiatsstift verbunden, 968 bei Gründung des Bistums Merseburg zur Kathedrale erhoben. Als das Bistum 981 wieder aufgehoben wurde, trat anstelle des Domkapitels ein Benediktinerkonvent. 1004 durch Heinrich II. Wiedereinrichtung des Bistums. 1015 Grundsteinlegung des Domes. Zwischen der Domfreiheit mit dem Bischofssitz anstelle der Pfalz Ottos I. und der Altenburg der zur Pfalz gehörige Wirtschaftshof, der sogenannte Königshof. Im Bereich der Altenburg die 1012 erstmals urkundlich erwähnte Peterskirche und die St. Vitikirche, letztere schon in der ersten Hälfte des 12. Jh. Pfarrkirche der südwestlich der Burg liegenden Handwerkersiedlung. In der Burg das Benediktinerkloster St. Peter und Paul, dessen Kirchenneubau 1091 geweiht wurde. Im Tal an den zur Saalebrücke führenden Wegen im Zuge der Oberen Burgstraße, der Burgstraße und des Entenplanes Entwicklung einer Marktsiedlung mit der Pfarrkirche St. Maximi. 1045 Gründung der Pfarrkirche St. Sixti auf einem jenseits der Geiselmündung gelegenen Hügel. Mit kaiserlichem Privileg 1188 Ausbau des Neumarktes mit der Pfarrkirche St. Thomae am rechten Saaleufer. Ab 1216 Errichtung der Stadtmauer unter Einbeziehung der Domburg und des Sixtiviertels, ausgeschlossen blieben der Königshof und das Benediktinerkloster in der Altenburg.

Gleichzeitig mit dem Mauerbau Regulierung der Geisel im Stadtgebiet und Aufstauung zum Gotthardteich. 1323, 1387, 1400, 1444 und 1479 große Stadtbrände. Nach 1430 Verstärkung der Befestigungsanlagen. Unter Bischof Thilo von Trotha (1466–1514) Errichtung des Renaissanceschlosses anstelle der spätromanischen Bischofsresidenz. 1543 Einführung der Reformation. Bistum ab 1561 von kursächsischen Administratoren verwaltet. Nach Säkularisation des Benediktinerklosters 1562 Abbruch der Klosterkirche. Auch die seit 1327 mit einem Kollegiatsstift verbundene Sixtikirche infolge der Reformation aufgegeben und verfallen. 1581 Anlage des Stadtfriedhofes vor dem Sixtitor, 1613 Weihe der auf ihm errichteten Gottesackerkirche. 1653–1738 Merseburg Residenzstadt des Herzogtums Sachsen-Merseburg. 1661 Anlage des Schloßgartens auf dem Gelände des Königshofes nördlich vom Schloß. 1662 und 1744 Stadtbrände. Ab 1738 die Administration des Bistums wieder mit der sächsischen Kurwürde verbunden. Seit 1816 Merseburg Hauptstadt des preußischen Regierungsbezirks Merseburg der Provinz Sachsen. Erst 1832 Vereinigung von Domfreiheit, Altenburg und Neumarkt mit der Stadt. Nachdem 1906 der Kohlebergbau im Geiseltal begann und 1916 das Ammoniakwerk Merseburg, aus dem die Leunawerke hervorgingen, die Produktion aufnahm, wurde Merseburg zum Zentrum der chemischen Industrie.
Die Stadt erlitt im Krieg starke Zerstörungen, bei 23 Luftangriffen wurden 6 200 Wohnungen vernichtet oder beschädigt, die Altstadt besonders durch den Angriff am 6. Dezember 1944 verheert. Nach dem Krieg entstanden neue Wohnviertel im Süden, Westen und Norden der Altstadt. 1968 Beginn der Sanierung des Stadtkerns unter Aufgabe des alten Straßennetzes.

O. Küstermann: Urkundliche Nachrichten über Merseburger Capellen und Kirchen (o. O. u. J.). O. Rademacher: Das Kloster St. Peter in Merseburg, Merseburg 1913. O. Rademacher: Die Kirchen St. Maximi und St. Sixti in Merseburg, Merseburg 1913. G. Möbius: Neue Merseburgische Chronica 1668 nebst der Fortsetzung von G. L. Präger bis 1760, Merseburg 1914. A. Gerhardt: Die wichtigsten Merseburger Chronisten und ihre Werke, in: Das Merseburger Land 14, 1929, S. 20 ff. F. Zollinger: Merseburg, Berlin-Halensee 1929 (Deutschlands Städtebau). G. Pretzien: Im Wandel der Zeiten, Beiträge zur Merseburger Geschichte, Merseburg 1936. K. Gutbier: Zur Geschichte der Merseburger Vorstadt Altenburg und ihrer Kirche, in: Das Merseburger Land 36, 1938, S. 1 ff. K. Gutbier: Geschichte der St. Maximi-Gemeinde in Merseburg, in: Das Merseburger Land 38/39, 1939, S. 122 ff. Keyser, S. 606 ff. K. Gutbier: Die räumliche Entwicklung der Stadt Merseburg, in: Unser Merseburger Land, H. 1, 1955, S. 16 ff. H. G. Steinberg: Merseburg, ein Beitrag zur Stadtgeographie Mitteldeutschlands, Diss. Münster 1955. Grimm, S. 251, Nr. 332. P. Grimm: Archäologische Beiträge zur Lage ottonischer Marktsiedlungen in den Bezirken Halle und Magdeburg, in: Jahresschrift für mitteldeutsche Vorgeschichte 41/42, 1958, S. 519 ff. R. Günzel: Entwicklung der Stadt Merseburg bis zum Anfang des 19. Jh., in: Atlas des Saale- und mittleren Elbegebietes. 2. Aufl., Leipzig 1958, S. 172 ff. W. Zwarg und H. Leidel: Ein Gespräch um die Gestalt des Bahnhofsvorplatzes in Merseburg, in: Unser Merseburger Land 4, 1958, Nr. 9, S. 209 ff. W. Zwarg, Merseburg-Leuna, Dresden 1959 (Kleine Städtereihe 4). Mrusek 1962. W. Schlesinger: Merseburg (Versuch eines Modells künftiger Pfalzbearbeitungen), in: Deutsche Königspfalzen I, Göttingen 1963 (Veröffentlichung des Max-Planck-Instituts für Geschichte 11, 1), S. 158 ff. W. Lampe: Die archäologischen Grundlagen der Entstehung Merseburgs, in: Wissenschaftliche Beiträge der Martin-Luther-Universität Halle-Wittenberg 1966/25 (L 1). W. Saal: Die Anfänge von Pfalz, Stift und Stadt Merseburg, in: Das Heimatbuch für den Kreis Merseburg 1 (Merseburg 1968), (Merseburger Land, Sonderheft ohne Zählung), S. 94 ff. Hdb. Hist. Stätten, S. 322 ff. Dehio/Bezirk Halle, S. 273 f.

Dom St. Laurentius und Johannes Baptista Dreischiffige, netzgewölbte Hallenkirche mit Querschiff, Nebenapsiden, ausgeschiedener Vierung, Chorquadrat, Apsis und zwei Osttürmen. Unter Vierung und Chor dreischiffige Hallenkrypta. Im Westen Doppelturmfront, davor eine basilikale Vorhalle. Auf der Südseite des Domes die Klausur. Am Ostflügel des Kreuzgangs Kapellenanbauten. Bruchsteinbau, teilweise Haustein. – Die 931 Johannes dem Täufer geweihte Pfalzkirche Heinrichs I., die mit einem Kollegiatsstift verbunden war, 968 zur Kathedrale mit den Patronen Johannes d. T. und Laurentius erhoben und zwischen 974 und 977 umgebaut. Nach Wiederaufhebung des Bistums Merseburg (981) Einrichtung eines Benediktinerklosters an der Kirche. Bei Neugründung des Bistums 1004 Kirche wiederum zur Kathedrale erhoben. 1015–1021 Neubau nördlich des Vorgängerbaus unter Bischof Thietmar. Nach zweimaligem Einsturz am Chor Neubau der Ostpartie mit den Chortürmen, Weihe 1042. Unter Bischof Werner (1059–1093) Errichtung des Vierungsturms. Unter Bischof Eckehard (1215–1240) Bau der basilikalen Vorhalle, Höherlegung der Glockenstube zwischen den Türmen und Umgestaltung der obersten Westturmgeschosse. 1230–1240 Erneuerung der Hauptapsis vom Fenstergesims an, ebenso des nördlichen Querhausflügels und Veränderung der Fenster am südlichen Querhausflügel, Einwölbung von Chor und Querhaus mit Kreuzgratgewölbe, Erhöhung der Osttürme, Backsteinhelm des südlichen Mitte des 14. Jh. Um 1490 Marienkapelle unter dem südlichen Chorannexraum angelegt. 1510–1517 unter Bischof Thilo v. Trotha Neubau des Langhauses und Einwölbung durch H. Möstel. 1535–1537 Einwölbung des Mittelschiffs der Vorhalle mit Schlingrippengewölbe durch Möstel. 1536 spitzer Helm des Südwestturms aufgesetzt, Schieferhelm des Nordostturms von 1687. Restaurierungen des Innenraums 1839, 1844/45 und 1883–1886.
1944 durch Luftangriff beschädigt: die südlich an den Chor gelehnte Gewandkapelle mit Kreuzgratgewölben um 1230, die angrenzende, zur Fürstengruft gehörende Kapelle mit Schiff aus dem 13. und Chor aus dem 14. Jh. sowie die südlich benachbarte Michaelskapelle, die durch Umbau von Bauteilen des 13. Jh. entstand. In der Nordwand der Bischofskapelle (nördlicher Quer-

Merseburg/Saale
Oben: Stadtgrundriß, 1 Dom und Schloß, 2 Schloßgartensalon, 3 Herzog Christian, 4 Markt mit Neuem Rathaus
Unten: Dom St. Laurentius und Johannes Baptista, Inneres nach Osten

schiffsarm) entstand ein senkrechter Riß. Dächer beschädigt, Fenster zerstört. Infolge der Dachschäden löste sich der Putz von den Gewölben, die Ausmalung von 1883–1886 zerfiel. 1952–1955 die hauptsächlichsten Instandsetzungsarbeiten durchgeführt. Nach Reparatur der Dächer Renovierung des Innenraums: Putzausbesserungen, völlige Neuausmalung, Neuverglasung, umfangreiche Arbeiten an der Ausstattung. Ab 1964 Erneuerung der Außenhaut des Gebäudes und des gesamten Daches, Beginn bei den Osttürmen, u. a. Abdeckung von Chor, Querhaus und Vorhalle mit Kupfer, auf den Türmen neue Schieferhaut.

Inventar/Merseburg, S. 93 ff., 120. O. Rademacher: Über die zum Merseburger Dom gehörigen Kapellen, in: Neue Mitteilungen aus dem Gebiet historisch-antiquarischer Forschung 22, 1906, S. 254 ff., 329 ff. Dehio/Mitteldeutschl., S. 245 ff. H. Bergner: Naumburg und Merseburg, Leipzig 1926 (Berühmte Kunststätten 47). F. Haeseler: Der Merseburger Dom des Jahres 1015, Halle 1932 (Studien zur thüringisch-sächsischen Kunstgeschichte 3). fk: Notiz zur Wiederherstellung des Domes in Merseburg, in: Das Münster 6, 1953, S. 106. H. Moebius: Der Dom zu Merseburg, Berlin 1960 (Das christliche Denkmal 44/45), 2. Aufl. 1970. Mrusek 1960, S. 68. Mrusek 1962, S. 62 f. Moebius, S. 201 f., Abb. 44. Wiederaufbau der Kirchen in der DDR, S. 39, 214. Kunst- und Kulturdenkmäler, S. 341. H. Berger: Dom und Schloß, in: Deutsche Architektur 17, 1968, H. 12, S. 723 ff. m. 8 Abb. Heimatbuch Merseburg 1, S. 94 ff. Kunstdenkmäler, S. 377, Abb. 193–199. Denkmale der Geschichte und Kultur, S. 214 f. Heimatbuch Merseburg 2, S. 100, 102, 111. H.-J. Mrusek: Der Dom zu Merseburg und seine Kunstschätze, in: Merseburger Land, Sonderheft 8 (1969), S. 7 ff. W. Saal: Die Restaurierungsarbeiten am Merseburger Dom nach 1945, in: Merseburger Land, Sonderheft 8 (1969), S. 29 ff. Ramm 1970, S. 14 ff., Abb. 2, 4, 5. Kunstführer, S. 289 f. H.-J. Mrusek: Baukunst in Deutschland, Romanik, Leipzig 1972, S. 225 f. P. Ramm: Der Merseburger Dom, Seine Baugeschichte nach den Quellen, Phil. Diss. Halle-Wittenberg, 1974. Dehio/Bezirk Halle, S. 274 ff. m. Grundriß

Domkapitelhaus Östlich des Domkreuzgangs an einem kleinen Hof. Im Kern romanischer zweigeschossiger Bruchsteinbau mit Satteldach. Die mit einer Spitztonne gewölbte Marienkapelle im Erdgeschoß im 14. Jh. eingebaut, vom Umbau 1505–1509 unter Bischof Thilo v. Trotha Vorhangbogenfenster und Kielbogenportal. Im Erdgeschoß zwei Räume mit Wandmalereien, spätgotisches Rankenwerk mit Wappen der Kanoniker.
Durch Bombenvolltreffer 1944 stark beschädigt, die spätgotischen Malereien vernichtet. Gebäude wiederhergestellt, dabei die kleineren Räume des Obergeschosses zu einem großen tonnengewölbten Saal vereinigt.

Inventar/Merseburg, S. 122. J. Langer: Das Kapitelhaus am Dom zu Merseburg, in: Jahrbuch der Denkmalpflege in der Provinz Sachsen 1909, S. 44 ff., Taf. III. F. W. Taube: Führer durch Merseburg, Merseburg 1914, S. 41. Berger: Von der Schatzkammer des Stiftes Merseburg, in: Merseburger Kreiskalender 1930, S. 28 f., Taf. nach S. 32. H. Deckert: Dom und Schloß zu Merseburg, Burg b. M. 1935, S. 67 f., Abb. 176, 177. Pretzien, S. 20 f. Domstadt Merseburg, S. 6. Mrusek 1960, S. 68. A. Filter: Ein Gang durch Merseburg, in: Merseburger Land 8, 1962, H. 6, S. 129. Mrusek 1962, S. 63, Abb. 34. Denkmale der Geschichte und Kultur, S. 215. Heimatbuch Merseburg 2, S. 111. H.-G. Müller: Die Domstiftsbibliothek Merseburg, in: Merseburger Land, Sonderheft 8 (1969), S. 25 f. Kunstführer, S. 290. Dehio/Bezirk Halle, S. 284

Katholische Pfarrkirche St. Norbert 1866–1869 erbaute vierjochige Halle mit Seitengängen. Turm an der Nordseite mit der Westwand der Kirche fluchtend. Im Schiff Kreuzgratgewölbe mit Gurtbögen auf Konsolen. Südwestlich der Kirche das Pfarrhaus.

Am 28. Juli, 25. November und 12. Dezember 1944 Kirche stark in Mitleidenschaft gezogen, Pfarrhaus völlig zerstört. In der Nacht vom 14. zum 15. April 1945 durch Granattreffer weitere schwere Beschädigungen. Nach Kriegsende sofortiger Wiederaufbau. 1955 Erweiterungsbau nach Osten in Form eines Querschiffs mit darunter befindlicher Krypta. Moderne Innenausstattung von M. Splett u. a.

Reuschert, S. 7. Festschrift, S. 46. E. Jansen: Die künstlerische Neugestaltung der Krypta von St. Norbert, in: Meinolf Splett, Bildnis des Künstlers, Berlin 1962, S. 17. Wiederaufbau der Kirchen in der DDR, S. 214. Ramm 1965, S. 172. Ramm 1970, S. 9

Schloß Karreeförmige Anlage, deren Südseite der Dom einnimmt. Die Schloßflügel dreigeschossige Bruchsteinbauten mit Ziegel-Satteldächern und vierachsigen Zwerchhäusern mit zweistufigen Volutengiebeln. Die Dachfenster der drei Böden mit Schleppdächern. Fenster- und Türgewände sowie bauplastischer Schmuck Sand-

Merseburg/Saale
Oben: Domkapitelhaus, vorderes Zimmer im Erdgeschoß
Mitte: Domklausur, Michaelskapelle
Unten: Schloß, Dom, Domkapitelhaus und Propstei von Osten, nach der Wiederherstellung

stein. – Bischof Thilo v. Trotha (1466–1514) ließ die spätromanische Bischofsresidenz abreißen und an ihrer Stelle bis etwa 1500 das Renaissanceschloß aufführen, dessen Westflügel 1537 zur bischöflichen Kanzlei umgestaltet. Ab 1605 Umbau des Schlosses durch M. Brenner für den Administrator des Stiftes Herzog Johann Georg I. von Sachsen. Dabei Verlängerung des Ostflügels bis an den Dom, an seiner Westseite auf Kragsteinen ruhender Verbindungsgang zur Herzogsempore. Als Entsprechung zum nördlichen Domturm Errichtung des Kammerturms in der Nordostecke des Schloßhofs, dessen bildhauerischer Schmuck von S. Hoffmann. Neben dem Kammerturm Altan über dem Kellereingang, dreigeschossiger Erker. Der Nordflügel durch Hauptportal und reich geschmückten Erker ausgezeichnet. Unter Herzog Christian d. Ä. von Sachsen-Merseburg (1653–1691) Westflügel aufgestockt und alle Zwerchhausgiebel einheitlich gestaltet. Anlage des Außenportals zwischen Vorschloß und Westflügel mit dem 1665 datierten Wappen. Im 18. Jh. Stuckdecken im Ostflügel. Im 19. Jh. Umbau des Inneren des Ostflügels zu Verwaltungsräumen. Von der Restaurierung 1887 bis 1890 der Südgiebel des Westflügels und der Bau an der Nordseite des Vorhofs.
Ostflügel 1945 infolge eines Luftangriffs ausgebrannt, die Haube des Kammerturms vernichtet. 1946/47 Ostflügel beräumt und flaches Notdach über den Gewölben des Erdgeschosses errichtet. Wiederaufbau 1957–1972. Im Äußeren rekonstruiert unter Verzicht auf die Erker an der Flußseite. Im Inneren frei gestaltet; Stahlbetondecken, Dachstuhlkonstruktion aus Stahl.

Inventar/Merseburg, S. 187 ff. Dehio/Mitteldeutschl., S. 247 f. G. Pretzien: Das Merseburger Schloß, Eine kunstgeschichtliche Studie, Merseburg 1933. H. Deckert: Dom und Schloß zu Merseburg, Burg. b. M. 1935, S. 71, 73 ff., Abb. 1, 2, 192, 195, 205, 206. Pretzien, S. 21 ff. m. 2 Abb. Pretzien: Das Merseburger Schloß, in: Land der Burgen an Saale – Unstrut – Elster 3, 1941, S. 9 ff. m. 2 Abb. Nachricht, in: Neue Bauwelt 2, 1947, H. 33, S. 514. H. J. Zechlin: Der Architekt und der Konservator, Zur Neugestaltung des Merseburger Schlosses durch Architekt Werner v. Walthausen, in: Neue Bauwelt 3, 1948, H. 30, S. 470 ff. m. 4 Abb. W. v. Walthausen: Neugestaltung des Merseburger Schlosses, in: Zeitschrift für Kunst 3, 1949, H. 2, S. 143 f. m. 2 Abb. P. Forbrich: Dom und Schloß, Kurzgefaßte Beschreibung der wichtigsten Kunstwerke, 3. Aufl. Merseburg 1951, S. 21 ff. Domstadt Merseburg, S. 6, Abb. S. 12. A. Filter: Aus der Geschichte des Merseburger Schlosses, in: Unser Merseburger Land 2, 1956, Nr. 11, S. 275 ff. Mrusek 1962, S. 80 ff., 117. Kunst- und Kulturdenkmäler, S. 92 f., 101, 342, Abb. 163, 164. H. Berger: Dom und Schloß, in: Deutsche Architektur 17, 1968, H. 12, S. 723 ff. m. 8 Abb. Kunstdenkmäler, S. 378. Denkmale der Geschichte und Kultur, S. 215, Abb. 104. Heimatbuch Merseburg 2, S. 103 f., 111. Ramm 1970, S. 23 ff., Abb. 3, 14, 15. Kunstführer, S. 291. Dehio/Bezirk Halle, S. 284 ff.

Schloßgartensalon Zwischen 1727 und 1738 von J. M. Hoppenhaupt errichtet als prospektartiger Abschluß des Lustgartens nach Norden. Zweigeschossiger Putzbau von 13:2 Achsen mit abgewalmtem Mansarddach. An Gartenseite und Rückfront Seitenrisalite von drei Achsen Breite, an der Gartenseite Übergang zum Mitteltrakt durch geschweifte Seitenwände, einheitliche Gliederung. Erdgeschoß als Laube mit rustizierten Säulen gebildet. Die hinter den Säulen liegende Wand durch rundbogige Fenster, deren sandsteinerne Einfassungen mit ornamentalem Schmuck Türen ähneln, so angeordnet, daß sie von Ferne mit den Säulen eine arkadenartige Wirkung hat, nur in der Mittelachse tatsächlich eine Tür. Im Obergeschoß Arkadengliederung, zwischen den rundbogigen Fenstertüren Pilaster, die das umlaufende Gebälk tragen. Die Mittelachse der Seitenrisalite betont durch vasenbekrönte Dreieckgiebel mit gesprengter Basis, darin sächsisches Wappen und Wappen des Stiftes Merseburg. Auf der Rückseite Anbau mit Treppenhaus. Gebäude flankiert von zwei Orangenhäusern mit Walmdächern. 1934 gründlich restauriert.
Im Krieg das westliche Orangenhaus zerstört, dabei die Westseite des Schloßgartensalons in Mitleidenschaft gezogen. Umfangreiche Schäden an Dach und Fenstern, infolgedessen Schwammbildung, der alle Decken und das barocke Treppenhaus zum Opfer fielen. 1951–1953 bauliche Sanierung, dabei Einziehung von Massivdecken. 1955/56 Ausbau des Erdgeschosses als Gaststätte. Bei der Restaurierung 1967/68 im östlichen Orangenhaus Gaststätte eingerichtet, westliches Orangenhaus nicht wieder aufgebaut.

Inventar/Merseburg, S. 195. Reuschert, S. 19. Dehio/Mitteldeutschl., S. 248. Festschrift, S. 46, 65, Abb. S. 63. H. Deckert: Dom und Schloß zu Merseburg, Burg b. M. 1935, S. 76, Abb. 201. P. Forbrich: Dom und Schloß, Kurzgefaßte Beschreibung der wichtigsten Kunstwerke, 3. Aufl. Merseburg 1951, S. 25. Mrusek 1962, S. 97, Abb. 62. Ramm 1965, S. 182. Kunst- und Kulturdenkmäler, S. 101. H. Berger: Dom und Schloß, in: Deutsche Architektur 17, 1968, H. 12, S. 723 ff. m. Lageplan. Heimatbuch Merseburg 2, S. 105, 111. Ramm 1970, S. 27, Abb. 16. Kunstführer, S. 291. Hdb. Hist. Stätten, S. 326. Dehio/Bezirk Halle, S. 287

Herzog Christian Für Herzog Christian d. Ä. am Ostufer des Gotthardteiches 1688–1691 von M. Hoppenhaupt als Fischhaus errichtet, 1735 für Herzog Heinrich durch J. M. Hoppenhaupt umgebaut. Zweigeschossiger Putzbau von elf Achsen mit Mansarddach, die vierte Achse risalitartig vorgezogen, eingefaßt durch kolossale Pilaster, die Gebälk und wappengeschmückten Dreieckgiebel tragen. Über dem Portal Balkon, getragen von den das Portal flankierenden Wandvorlagen mit Konsolen, die rundbogige Balkontür plastisch gerahmt, Aufsatz bis zum Giebel reichend. Über dem Portal zwei Inschriften. Frontispiz flankiert von Dachfenstern. Abseiten durch Putzstreifen gegliedert. Gebäude 1816 in ein Kaffeehaus umgewandelt, zuletzt Heim der Jugendpflege.
1944 durch Luftangriff völlig zerstört. Ruine 1945/46 beseitigt.

Inventar/Merseburg, S. 198. Reuschert, S. 6, 18. F. W. Taube: Führer durch Merseburg, Merseburg 1914, S. 30. Jugendheim Herzog Christian in Merseburg, in: Merseburger Kreiskalender 1921, S. 41 ff. m. Abb. W. Thielsen: Zeittafeln zur Kunst der Heimat (Merseburg 1926), S. 7. A. Schwickert: Vom »Versunkenen Schlößchen« in Merseburg und seinem Erbauer Johann Michael Hoppenhaupt, in: Merseburger Kreiskalender 1931, S. 48. Festschrift, S. 47, 75. G. Pretzien: Der »Herzog Christian«, in: Merseburger Kreiskalender 1934, S. 33, 1 Taf. Pretzien, S. 35. Domstadt Merseburg, S. 6, Abb. S. 31. W. Zwarg: Merseburg-Leuna, Dresden 1959 (Kleine Städtereihe 4), S. 15. Mrusek 1962, S. 95. W. Saal: Die Merseburger Barockbauten und ihre Schöpfer, in: Unser Merseburger Land 8, 1962, Nr. 11, S. 249 ff. O. Rademacher: Der Gotthardtsteich in Merseburg, in: Merseburger Land 12, 1966, Nr. 2, S. 63. Kunst- und Kulturdenkmäler, S. 101. Heimatbuch Merseburg 2, S. 105

Hoffischerei (Karlstraße, jetzt Friedrich-Ebert-Straße). Errichtet 1661 unterhalb der Hälterbrücke an der Klia, um 1860/70 in Privatbesitz übergegangen und umgebaut. Zweigeschossiger, sechsachsiger Ziegelputzbau mit Satteldach, Zwerchhaus über den mittleren beiden Achsen. Portal in der Mitte des Hauses in jüngerer Zeit zugesetzt.
Vorderhaus durch Luftangriff am 7. Oktober 1944 in seiner nördlichen Hälfte zerstört. 1957 abgerissen.

Reuschert, S. 18. P. Kundt: Das Ende der »Hoffischerei«, in: Unser Merseburger Land 3, 1957, Nr. 11, S. 273 ff. Heimatbuch Merseburg 2, S. 105

Markt Zentrum der im Schutze des Bischofssitzes südlich von ihm an der Geisel gelegenen Stadt mit Altem und Neuem Rathaus. Bürgerhaus Markt Nr. 24 ein Sandsteinbau, seine Besitzer seit etwa 1520 bekannt.
1944 durch Luftangriff die östliche Häuserzeile und das Neue Rathaus auf der Südseite zerstört, das Alte Rathaus beschädigt.

K. Gutbier: Ein altes Bürgerhaus, Markt 24, in: Unser Merseburger Land 3, 1957, Nr. 10, S. 240 ff. A. Filter:

Merseburg/Saale
Oben links und Mitte: Schloß, Ostseite, nach der Zerstörung
Oben rechts: Herzog Christian
Unten: Schloßgartensalon

Ein Gang durch Merseburg, in: Merseburger Land 8, 1962, H. 6, S. 128; H. 8, S. 174 f. Mrusek 1962, S. 117. Ramm 1965, S. 185. Kunst- und Kulturdenkmäler, S. 340. Ramm 1970, S. 36

Neues Rathaus 1524–1528 als Gewandhaus von H. Möstel errichtet, 1720 durch Chr. Trothe zum Rathaus umgebaut. Dreigeschossiger Putzbau von je drei Achsen zu seiten des Treppenturms mit Hauptportal, dieses flankiert von Pilastern, die ein sich verkröpfendes Gebälk tragen, darauf Skulpturenschmuck: seitlich Frauenfigur und Herkules (?), in der Mitte wappenhaltende Putten. Am Schlußstein des Portals Inschrift. Über den Schmalseiten Stufengiebel, Dachausbauten in zwei Geschossen, darüber Fledermausluken.
1944 durch Luftangriff zerstört. Ruine 1958/59 abgebrochen.

Inventar/Merseburg, S. 195. Reuschert, S. 5. R.: Das alte Rathaus und der Ausbau des Gewandhauses 1719, in: Monatsblatt, Verein für Heimatkunde, Wissenschaftliche Beilage zum »Merseburger Correspondent« 19, 1913, S. 76. F. W. Taube: Führer durch Merseburg, Merseburg 1914, S. 31. W. Thielsen: Zeittafeln zur Kunst der Heimat (Merseburg 1926), S. 5, 7. Festschrift, S. 47, Abb. S. 85. Domstadt Merseburg, S. 6, Abb. S. 35. A. Filter: Merseburg verändert sich, in: Unser Merseburger Land 4, 1958, Nr. 3, S. 68 ff. W. Saal: Die Merseburger Barockbauten und ihre Schöpfer, in: Unser Merseburger Land 8, 1962, Nr. 11, S. 249 ff. Heimatbuch Merseburg 2, S. 105

Mücheln, Ortsteil Möckerling (Kreis Merseburg)

Dorfkirche Im 18. Jh. erneuerte Saalkirche mit Ostturm, dieser mit rundbogigem Triumphbogen zum Schiff geöffnet. In der Ostwand spätgotisches Vorhangbogenfenster und kielbogige Sakramentsnische mit Krabben und Kreuzblume.
1944 durch Luftangriff schwer beschädigt. Später im Zusammenhang mit dem Braunkohlentagebau beseitigt.

Inventar/Querfurt, S. 157 f.

Quedlinburg (Kreis Quedlinburg)

Stiftskirche St. Servatius Kreuzförmige Basilika mit Doppelturmfassade im Westen. Zwischen den Türmen im Untergeschoß zweijochiger, kreuzgewölbter Vorraum, darüber die zweijochige Nonnenempore. Kirche des 936 auf der ottonischen Pfalz gegründeten Damenstifts. Die jetzige Kirche entstand nach dem Brand von 1070 auf den Fundamenten des Vorgängerbaus bis 1129. Anstelle der Dreiturmgruppe wurde eine Doppelturmfront konzipiert, wegen der Lage am Steilhang jedoch nur der Nordturm ausgeführt. Das Stift 1803 aufgehoben. Die Kirche 1855 von Friedrich Wilhelm IV. von Preußen erworben und auf Grund eines Berichtes von A. Stüler 1863–1882 restauriert. 1877–1882 Vollendung der Doppelturmfront nach Plänen von Werner. Nur der untere Teil des Nordturms, der abgetragen werden mußte, und ein Teil des Mittelbaus aus dem 12. Jh. Beide Türme mit rheinischen Helmen abgeschlossen.
In den letzten Kriegstagen zerstörten Granattreffer den Helm des Nordturms und das Turmhaus. Bei der Wiederherstellung 1947–1950 die hohen Turmhelme durch die dem romanischen Bau besser entsprechenden Zeltdächer ersetzt.

Zusammenstellung der bemerkenswertesten preußischen Staatsbauten, welche im Laufe des Jahres 1877 in der Ausführung begriffen sind, in: Zeitschrift für Bauwesen 28, 1878, Sp. 470. Schlitte: Restaurationsbauten, St. Servatii – Schloßkirche in Quedlinburg, in: Zentralblatt der Bauverwaltung 1, 1881, Nr. 31, S. 270 ff. St. Servatii-Schloßkirche in Quedlinburg, in:

Zentralblatt der Bauverwaltung 1, 1881, Nr. 37, S. 347. E. Speer: Quedlinburg, 2. Aufl., Dresden 1954, S. 23 ff. G. W. Vorbrodt: Die Stiftskirche zu Quedlinburg, Berlin 1956 (Das christliche Denkmal 37), S. 6. Zehn Jahre Denkmalpflege, S. 206, Abb. 26, 27. Mrusek 1960, S. 64, Abb. 77, 78. A. Ress: Die Tagung der Landesdenkmalpfleger in der Bundesrepublik vom 23. Juni bis 1. Juli 1962, in: Deutsche Kunst und Denkmalpflege 20, 1962, S. 143, Abb. 21. Wiederaufbau der Kirchen in der DDR, S. 39, 48 f., 188, 218, Abb. S. 154. Kunstdenkmäler, S. 383 f., Abb. 246. G. Leopold: Die Stiftskirche zu Quedlinburg, Berlin 1970 (Das christliche Denkmal 37, Neubearbeitung), S. 5, 8. E. Speer: Quedlinburg und seine Kirchen, Berlin 1970, S. 16. Hdb. Hist. Stätten, S. 377. Dehio/Bezirk Halle, S. 362 ff.

Reichardtswerben (Kreis Weißenfels)

Dorfkirche 1685–1687 anstelle eines Vorgängerbaus errichtet. Bruchsteinbau in Saalform mit hölzernem Tonnengewölbe. An den Langseiten zwischen Strebepfeilern jeweils ein Portal. Im Osten 1719 angefügter quadratischer Turm mit abgeschrägten östlichen Ecken, oben ins Achteck übergeführt, darauf welsche Haube mit geschlossener Laterne, diese ebenfalls bedeckt von welscher Haube mit lang ausgezogener Spitze. Im Erdgeschoß des Turmes Stuckdecke mit achteckigem Spiegel. Kirche 1905 renoviert.
1942 Turm, auf dem Flakgeschütz installiert war, in Flammen aufgegangen, Haube auf das Dach gestürzt, dieses durchschlagend, infolgedessen der barocke Kanzelaltar beschädigt und der Deckel der Taufe vernichtet. Kirche bis 1951 wiederhergestellt unter Verzicht auf die Laterne.

Inventar/Weißenfels, S. 50. Dehio/Bezirk Halle, S. 390

Links: Reichardtswerben, Dorfkirche, vor der Zerstörung und während der Wiederherstellung
Rechts oben: Merseburg/Saale, Neues Rathaus
Unten: Quedlinburg, Stiftskirche St. Servatius, Türme nach Zerstörung und Wiederherstellung

Reuden, Ortsteil Predel (Kreis Zeitz)

Dorfkirche Saalkirche mit eingezogenem kreuzrippengewölbtem Chor über fünf Seiten eines Achtecks, der das Schiff überragt und mit einem Dachreiter bekrönt ist, an den Ecken Strebepfeiler, zweiteilige Fenster mit Maßwerk. Der Chor 1507 von H. Bainer errichtet, das Schiff zu Beginn des 19. Jh. vergrößert. An der Nordwestecke vollständig eingebauter quadratischer Turm, dieser noch romanisch, der steile Spitzhelm spätgotisch.
Bei Kriegsende vor allem der Turm durch Beschuß beschädigt. Wiederhergestellt.

Inventar/Zeitz, S. 26 f. Dehio/Mitteldeutschl., S. 306. Der Kreis Zeitz, Berlin 1930 (Monographien deutscher Landkreise 5), S. 186. Wiederaufbau der Kirchen in der DDR, S. 219. Dehio/Bezirk Halle, S. 394

Roßbach, Ortsteil Lunstädt (Kreis Merseburg)

Dorfkirche Bruchsteinbau, Turm Haustein. Saalkirche mit dreiseitig geschlossenem Chor und Westturm. Im Inneren bemalte Holztonne, Kanzelaltar. Reste spätgotischer Fresken im Westteil des Chores. Der spätgotische Bau 1659 renoviert, 1701 Umbau durch C. Kupffer aus Lunstädt, dabei der Schwibbogen im Inneren abgetragen, hölzerne Tonne eingezogen, Errichtung eines auf der Westwand aufsitzenden Turmes. 1872 Vergrößerung der Kirche, dabei der Westteil des Schiffes verändert, Entfernung des alten und Anbau eines neuen Westturms.
Im April 1945 Turm zu zwei Dritteln durch eine Panzergranate zerstört. Wiederaufbau bis 1948.

Inventar/Querfurt, S. 151 f. B. Heyne: Heimatbuch für Roßbach und Lunstedt-Nahlendorf, Mücheln 1938, S. 46 ff. m. 3 Abb. und 2 Taf. Kunstführer, S. 295. Dehio/Bezirk Halle, S. 401

Sandersleben (Kreis Hettstedt)

Synagoge 1829/30 Bau mit Hilfe des Herzogs von Anhalt-Dessau errichtet.
1938 in der »Kristallnacht« in Brand gesteckt.

Büttner Pfänner zu Thal, S. 207. Keyser, S. 662. Hdb. Hist. Stätten, S. 408

Schkortleben (Kreis Weißenfels)

Herrenhaus Um 1740 erbaut. Zweigeschossiger Putzbau von sieben Achsen mit Mansarddach.
Bei einem Luftangriff von Sprengbombe getroffen. Ruine 1948 abgebrochen.

Vockerode (Kreis Gräfenhainichen)

Lusthaus Solitude mit Küchengebäude (im Parkgelände Sieglitzer Berg). Das Lusthaus 1777 bis 1784 von F. W. v. Erdmannsdorff für Fürst Leopold Friedrich Franz von Anhalt-Dessau errichtet. Sommerhaus in Form eines griechischen Tempels auf einem Hügelrücken über den Elbwiesen. Eingangsfront: über vierstufiger Treppe mit Sandsteinwangen viersäulige Vorhalle, an deren Rückfront Putzrustika, in der Mitte Portal mit rechteckigem Rahmen, darüber von Konsolen getragener gerader Türsturz, seitlich der Tür Volutenkonsolen mit Plastiken sowie Sitzbänke; am Gebälk Inschrift »Der Besserung«. Cella: auf Sockel sandsteinerne Eckpfeiler, tragend Gebälk und Dachgesims, das Mauerwerk dazwischen mit Putzrustika, an der Rückfront in der Mitte eingezogener Vorplatz über vierstufiger Treppe mit Sandsteinwangen, zwischen Eckpfeilern Putzrustikaflächen. Im Inneren u. a. ein reich stuckierter Salon mit Deckengemälde (Diana und Endymion) und Wandbildern von J. Fischer.
Küchengebäude (»Rotunde«) errichtet 1779/80 als Backsteinbau in Hanglage. Kubischer Unterbau mit rundem, turmstumpfartigem Aufsatz. Die Außenwände durch Arkadenmuster aus dunkleren Steinen gegliedert. Tonnengewölbtes Kellergeschoß als Remise. Darüber die Küche, ein durch vier Nischen erweiterter runder Kuppelraum mit großer Mittelöffnung.
Gebäude infolge der Kriegsereignisse verwahrlost. Gegenwärtig noch Ruinen.

J. Chr. A. Grohmann: Ueber deutsche Gärten, nebst einer Beschreibung des Silitzer Berges bei Dessau, in: Taschenbuch für Garten-Freunde 1799, S. 1 ff. Büttner Pfänner zu Thal, S. 400. Weyhe, S. 486 f. Riesenfeld, S. 6, 87, Abb. S. 67, 126, 129. Dessau 1914, S. 162. Van Kempen/Dessau, S. 58. Zwischen Elbe und Fläming, Wanderführer durch den Kreis Zerbst und die angrenzenden Gebiete, hrsg. vom Kreisjugendamt Zerbst, Zerbst 1925, S. 37. Führer 1928, S. 37. Grote, S. 116, 118 f. K. Schwabe: Die ehemaligen fürstlichen Jagdhäuser in den Kreisen Zerbst, Dessau, Köthen und Bernburg, in: Askania 1930, S. 48. Heese, S. 47. Inventar/Köthen, S. 340 ff. m. Grundriß, Taf. 144 b, 145. Dehio/Nordwestdeutschl., S. 454. Kunst- und Kulturdenkmäler, S. 108. O. Lange: Wanderungen zu den 5 Bergen im Osten Dessaus, in: Zwischen Wörlitz und Mosigkau 2, 1970, S. 30 f. Kunstführer, S. 244

Wallhausen (Kreis Sangerhausen)

Pfarrkirche St. Peter und Paul Bruchsteinbau. Flachgedeckte Saalkirche mit zweijochigem, kreuzrippengewölbtem, gerade geschlossenem Chor. Westturm mit Balustrade und achteckigem Aufsatz. Zwischen Schiff und Chor spitzbogiger, auf Kämpfern ruhender Triumphbogen. An der Südseite des Chores Strebepfeiler und zwei Maßwerkfenster, an der Ostseite Sakristeianbau. An der Nordseite des Schiffes zwei gekuppelte Fenster. – 1408 geweiht, Langhaus 1582 nach Süden erweitert, die 1612 durch Sturm zerstörte Kirchturmspitze 1613 durch eine welsche Haube ersetzt, 1732 Emporeneinbau. 1876 Renovierung, dabei Fenster- und Türgewände auf der Südseite des Schiffes gotisch erneuert.
Beim Luftangriff am 20. Februar 1945 bis auf die Umfassungsmauern zerstört. Der ruinöse Turm 1948 wegen Einsturzgefahr beseitigt. 1953–1957 Wiederherstellung des Chores, dieser durch einen kurzen Vorbau gegen das zerstörte Schiff abgeschlossen. An der Südseite des Chores Errichtung eines massiven Glockenstuhls.

Inventar/Sangerhausen, S. 107. M. Trippenbach: Bilder aus Wallhausens Vergangenheit, Sangerhausen 1907, S. 13 f., 40. Wiederaufbau der Kirchen in der DDR, S. 225. Dehio/Bezirk Halle, S. 471

Bürgerhaus »Bienenstock« (Lange Gasse 127, jetzt Hauptstraße). Um 1550 errichtetes niedersächsisches Fachwerkhaus mit massivem Erdgeschoß (verblendete Lehmmauern), Obergeschoß Fachwerk mit Palmetten. Ab 1670 Knabenschule, später Lehrerwohnung.
Beim Luftangriff am 20. Februar 1945 beschädigt. 1946 abgetragen.

Inventar/Sangerhausen, S. 107. M. Trippenbach: Bilder aus Wallhausens Vergangenheit, Sangerhausen 1907, S. 28, 40

Weißandt-Gölzau (Kreis Köthen)

Schloß Groß-Weißandt Rundburg mit Wassergraben und Wall in der Fuhneniederung, die ausgedehnte Vorburg der spätere Gutshof. 1259 erstmals urkundlich erwähnt. Der Neubau von 1579 für die Herren v. Plotho zugänglich von dem 1680 erneuerten Turm aus verputztem Backstein mit welscher Haube und hölzerner Wendeltreppe. Nach 1751 Errichtung des zweigeschossigen Wohngebäudes mit Mansarddach und Dachfenstern mit Dreieckgiebeln östlich des alten Hauses. Linker Teil des Untergeschosses aus ge-

Links: Vockerode, Lusthaus Solitude
Mitte: Schkortleben, Herrenhaus
Rechts: Wallhausen, Pfarrkirche St. Peter und Paul, nach der Zerstörung

brochenem Porphyr, rechter Teil aus Backstein, das zweite Geschoß Fachwerk. In dem aus Bruchsteinen errichteten Teil gewölbter Saal. Die vier aus Backsteinen gemauerten Kreuzgratgewölbe, deren Grate in der Gewölbemitte nicht zusammenlaufen, durch breite Gurtbögen getrennt und auf einem quadratischen Mittelpfeiler ruhend. Der rechts anschließende, aus Backsteinen erbaute Teil mit zwei einachsigen Räumen, wovon einer das Treppenhaus beherbergt haben dürfte. Infolge kriegsbedingter Vernachlässigung seit 1945 Ruine.

Büttner Pfänner zu Thal, S. 306 f., Abb. 226. Unser Anhaltland 2, 1902, Nr. 50, Abb. S. 587. Weyhe, S. 493. W. Hartung: Zur Geschichte Großweißands, Cöthen-Anhalt 1912 (Beiträge zur Anhaltischen Geschichte 17), S. 10, 56, 58, 60 ff. R. Schulze: Die Wallburgen des Köthener Landes, in: Anhaltische Geschichtsblätter 1, 1925, S. 44, Taf. 14. K. Schwabe: Slawische Wallburgen in und um Anhalt, in: Montagsblatt 75, 1933, Nr. 44, S. 241 ff. K. Schwabe: Reste slawischer Wallburgen in und um Anhalt, in: Anhaltischer Kalender für das Jahr 1935, S. 58, 60. Inventar/Köthen, S. 63 f., Abb. 28, Taf. 10a, 23e. Grimm, S. 245, Nr. 302. H. Wäscher: Feudalburgen in den Bezirken Halle und Magdeburg, Berlin 1962, S. 79, Bild 200, 201. Hdb. Hist. Stätten, S. 162 f. Dehio/Bezirk Halle, S. 475

Weißenfels (Kreis Weißenfels)

Schloßkapelle der Augustusburg Grundsteinlegung 1663, von J. M. Richter d. Ä. begonnen, von seinem Sohn 1667 weitergeführt, 1682 eingeweiht. Im Nordflügel des Schlosses, quer zu dessen Längsachse gelegen, der Chor mit einer Achse über die Mauerfläche hinausragend. Saalkirche, bestehend aus langem rechteckigem Chor und quergelagertem Schiff. Dem Chor schmale Nebenräume zugeordnet, die sich als Emporenlauben zu ihm öffnen und über seitlich angeordnete Wendeltreppen von den Wohnräumen des Schlosses aus zugänglich sind. Das Schiff an drei Seiten von zweistöckigen Emporen mit Pfeilerarkaden umzogen, diese an den Schmalseiten des Raumes so angeordnet, daß sie mit den Pilastern der Emporenlauben in einer Flucht stehen. Die Pilaster der Emporenlauben verkleiden die vier als Substruktionen für den Turm dienenden Pfeiler. Chor und Schiff gemeinsam überwölbt von stuckierter Tonne, Emporen und Emporenlauben abgesondert. Stuck von G. Caroveri 1677/78. Die Grisaillen, typologische und emblematische Darstellungen auf den Brüstungsfeldern und in den Arkadenzwickeln der Empore, von J. O. Harms.
Kriegsschäden am Dach führten zu raschem Verfall der Holzkonstruktion der großen Stucktonne, Stuckteile stürzten ab. 1952/53 Auswechslung der verfaulten Konstruktionshölzer, Stuck gesichert und ergänzt. Wiederherstellung der von einer Restaurierung des 19. Jh. stammenden Farbgebung, die sich an diejenige der Eisenberger Schloßkapelle anlehnt.

Inventar/Weißenfels, S. 82 f. F. Gerhardt: Schloß und Schloß-Kirche zu Weißenfels, Weißenfels a. S. 1898. Dehio/Mitteldeutschl., S. 385. H. Tintelnot: Johann Oswald Harms, ein norddeutscher Maler des Barock, in: Zeitschrift des deutschen Vereins für Kunstwissenschaft 8, 1941, S. 251 ff. G. Krebs: Die Schloßkapelle in Weißenfels, in: Land der Burgen an Saale, Unstrut, Elster 4, 1942, S. 5 f. m. 2 Abb. P. Kühnemann: Restaurierte Schloßkapelle, in: Natur und Heimat 4, 1955, S. 352. Zehn Jahre Denkmalpflege, S. 217, Abb. 107. H. Baier-Schröcke: Die Schloßkapellen des Barock in Thüringen, Berlin 1962 (Das christliche Denkmal 58), S. 3 ff. Kunst- und Kulturdenkmäler, S. 100, 352, Abb. 168. H. Baier-Schröcke: Der Stuckdekor in Thüringen vom 16. bis zum 18. Jahrhundert, Berlin 1968, S. 39 ff., 127, Abb. 86, 89, 91. Kunstdenkmäler, S. 392, Abb. 325. Kunstführer, S. 284. Dehio/Bezirk Halle, S. 477 f.

Ehemaliges herzogliches Reithaus Putzbau von 16 : 7 Achsen mit gewalmtem Mansarddach, die Längsseiten durch je achtzehn Pfeiler gegliedert. Der Bau unter Herzog Johann Adolf (gestorben 1697) beschlossen. Pläne von Chr. Pitzler entworfen. 1706 Vertrag mit Zimmermeister D. Christoph wegen Fertigstellung des Gebäudes, Einweihung 1708. Mit 400 Fuß Länge und 60 Fuß Breite noch das Dresdener Reithaus an Ausdehnung übertreffend. Im Inneren ehemals in Rängen angeordnete Logen, später zum Militärmagazin umgebaut.
1945 durch Brand vernichtet. Ruine abgetragen.

C. A. G. Sturm: Chronik der Stadt Weißenfels 1846, S. 326 f. Illustrierter Führer durch Weißenfels a. Saale und seine Umgebung, Weißenfels 1903, S. 22. W. B. Niemann: Der Herzoglich Sächsische Baumeister Christoph Pitzler, in: Zeitschrift für Bauwesen 77, 1927, S. 43 ff., Abb. 7. P. Thieme: Weißenfels in Wort und Bild mit Führer durch Stadt und Umgebung, Weißenfels 1930–35, S. 57, 193. K. Beuthan: Der 8. Mai 1945 und das Ende des faschistischen Terrors, in: Weißenfelser Heimatbote 1, 1955, S. 113. Kunst- und Kulturdenkmäler, S. 100

Sterbehaus der Dichterin Louise von François (Große Deichstraße 2). Zweigeschossiger, sechsachsiger Putzbau. Die beiden risalitartig vorgezogenen Mittelachsen mit Zwerchhaus. Gegen 1890 an der westlichen Schmalseite Treppenhaus und zwei Turmzimmer angefügt. Bei Renovierung der Fassade 1927 Figur der Flora entfernt. Am Hause Gedenktafel für die Dichterin, die hier von 1874 bis zu ihrem Tode 1893 gelebt hat.
Im April 1945 bei dem Beschuß von Weißenfels in Brand geraten. Ruine abgetragen.

P. Thieme: Weißenfels in Wort und Bild mit Führer durch Stadt und Umgebung, Weißenfels 1930–35, S. 116, Nr. 19. Hdb. Hist. Stätten, S. 489

Wittenberg (Kreis Wittenberg)

Stadtkirche St. Marien Vierjochige, kreuzrippengewölbte Halle mit zweischiffigem, dreijochigem gerade geschlossenem, kreuzrippengewölbtem Chor und Doppelturmfassade mit Westeingang. Auf der Nordseite des Chores Sakristei, darüber Ordinandenstube. Im Winkel zwischen Sakristei und Schiff ein Wendelstein. Auf der Südseite des Langhauses in der Breite des zweiten Joches Vorhalle mit Doppelportal, in der gleichen Achse auf der Nordseite weiteres Portal. Putzbau unter Verwendung von Feldstein, Backstein und Haustein. – Ende des 13. Jh. Erweiterung der ursprünglichen feldsteinernen Saalkirche aus der Kolonisationszeit zu einer zweischiffigen, kreuzrippengewölbten Halle mit backsteinernem Staffelgiebel. Anfang des 14. Jh. mit der Ostwand fluchtende zweijochige Sakristei auf der Nordseite angefügt, wodurch die Kirche im Osten dieselbe Breite wie die wohl gleichzeitig begonnene

Rechts oben: Weißandt-Gölzau, Schloß Groß-Weißandt
Mitte und rechts Mitte: Weißenfels, Schloßkapelle der Augustusburg, Blick in das Gewölbe und Inneres nach Süden
Rechts unten: Wittenberg, Stadtkirche St. Marien von Nordosten

Doppelturmfassade erhielt. Ab 1412 Bau des Langhauses und Nutzung der alten Anlage als Chor, ab 1432 Erhöhung der Türme. 1556–1558 die achteckigen Turmaufbauten anstelle der im Schmalkaldischen Krieg entfernten gotischen Spitzhelme von L. Binder aufgesetzt und durch welsche Hauben mit Laternen bekrönt. 1569–1571 Erhöhung der Mauern des Chores, Errichtung der Ordinandenstube und des Wendelsteins sowie Herstellung eines Chor und Anbauten überdeckenden Satteldaches. 1655/56 Bau der Turmbrücke. 1810/11 Innenraum von C. I. Pozzi neu gestaltet. 1864, 1893/94 und 1928–1931 restauriert.
Ostgiebel und Dach durch Granatwerferbeschuß 1945 beschädigt, dadurch das Gewölbe in Mitleidenschaft gezogen. Ab 1945 Instandsetzungsarbeiten, 1966 abschließende Restaurierung.

A. Schmidt u. W. Winkler: Die Stadtkirche zu St. Marien in Wittenberg, Abriß der Geschichte und Beschreibung ihrer Bau- und Kunstdenkmäler, Wittenberg 1917. Dehio/Mitteldeutschl., S. 395. E. Blunck: Wiederherstellung der Stadtkirche zu Wittenberg, in: Jahrbuch der Denkmalpflege in der Provinz Sachsen und in Anhalt 1931, S. 38 ff. m. 1 Abb. und 6 Taf. W. Lange: Stadt- und Schloßkirche zu Wittenberg, Berlin 1954 (Das christliche Denkmal 10), S. 6 ff. I. Schulze: Die Stadtkirche zu Wittenberg, Berlin 1966 (Das christliche Denkmal 70). Kunst- und Kulturdenkmäler, S. 86, 88 f., 354, Abb. 100, 101, 154. Kunstdenkmäler, S. 393 f., Abb. 337, 338, 341. Kunstführer, S. 251. Dehio/Bezirk Halle, S. 502 ff.

Wörlitz (Kreis Gräfenhainichen)

Synagoge (im Ostteil des Schloßgartens auf einem kleinen Hügel). 1789/90 im Auftrage von Fürst Franz durch F. W. v. Erdmannsdorff erbaut als Ersatz für die durch den Neubau des Rathauses zum Abbruch bestimmte alte Synagoge. Der Neubau in Anlehnung an den Vestatempel zu Rom ein von zwölf Pilastern gegliederter Rundbau mit Kegeldach und Laterne. Zwischen den Pilastern unterhalb des Kranzgesimses zehn runde Fenster. Zu den beiden von Dreieckblendgiebeln bekrönten Portalen führt eine zweiarmige geschwungene Treppe, deren Brüstung Zyklopenmauerwerk bildet. In der Mitte der Treppenanlage Eingang zum Frauenbad im Keller der Synagoge.
In der »Kristallnacht« 1938 Inneneinrichtung zertrümmert, danach die Treppenaufgänge mit dem Zyklopenmauerwerk beseitigt und das Bauwerk durch Pflanzungen dem Blick von der Stadt entzogen. 1948 Wiederherstellung des Äußeren und des umgebenden Gartens nach Archivunterlagen. Das Innere museal genutzt (Ausstellung von Gartenplänen).

Büttner Pfänner zu Thal, S. 410. Van Kempen/Dessau, S. 92. Grote: Führer durch den Wörlitzer Park, Dessau 1927, S. 35. Keyser, S. 740. Dehio/Nordwestdeutschl., S. 517. E. Hirsch: Die Geschichte des Wörlitzer Gartens und seine Bauten, in: Der Dessau-Wörlitzer Kulturkreis, Wörlitz 1965, S. 107, Abb. 26. Kunst- und Kulturdenkmäler, S. 107. K. Lein: Führer durch den Landschaftspark Wörlitz, Geschichte und Beschreibung, Hrsg. Staatliche Schlösser und Gärten Wörlitz, Oranienbaum und Luisium, (1968), S. 26 f., Abb. 6. Kunstführer, S. 247. M.-L. Harksen: Erdmannsdorff und seine Bauten in Wörlitz, Hrsg. Staatliche Schlösser und Gärten Wörlitz, Oranienbaum und Luisium, 1973, S. 53 f. Dehio/Bezirk Halle, S. 518 f.

Zeitz (Kreis Zeitz)

Klosterkirche St. Franciscus, Antonius und Clara Einschiffiger, sechsjochiger, kreuzrippengewölbter Bruchsteinbau von 61 m Länge und 11 m Breite mit nach innen gezogenen Strebepfeilern und vierjochigem, durch einen Triumphbogen abgesetzten Chor mit 5/10-Schluß. An der Südseite des Schiffes sechsjochige, kreuzrippengewölbte Empore über dem Kreuzgang. – Kirche des 1238 gegründeten Franziskanerklosters, eine Weihe 1279 bezeugt. Aus dieser Zeit Schiff, Triumphbogen und westlicher Teil des Chores mit dem Zelebrantensitz an der Südseite. Der Chor zwei Stufen über dem Schiff gelegen, im 14. Jh. um die beiden östlichen Joche mit außenstehenden Strebepfeilern verlängert, der neue Chorteil um 1 m höher gelegen als der alte. Um 1447 Einwölbung der Kirche, dabei das hohe Westfenster verbaut. Im späten 15. Jh. Einrichtung der Südempore über dem Kreuzgang. 1541 Kloster aufgelöst, Klostergebäude als Lateinschule (1544) genutzt, Kirche dem Domstift unterstellt. 1689–1692 Kircheninneres barock ausgestattet, 1789 restauriert, 1870–1874 abermalige Erneuerung, dabei Errichtung der Sakristei.
Am 30. November 1944 Dachstuhl durch Bomben vernichtet, Gewölbe beschädigt und Inneneinrichtung zerstört. 1951–1953 Wiederaufbau unter Verzicht auf Orgel und Orgelempore.

Inventar/Zeitz, S. 52 ff., Grundriß S. 40, Fig. 34, 42. Dehio/Mitteldeutschl., S. 416. K. Braun: Das Franziskanerkloster, in: Zeitz, Berlin-Halensee 1929 (Deutschlands Städtebau), S. 24 f. m. 6 Abb. Der Kreis Zeitz, Berlin 1930 (Monographien deutscher Landkreise 5), S. 175. Keyser, S. 747. Zeitzer Heimat 2,1955, Nr. 12, S. 383 m. Abb. Wiederaufbau der Kirchen in der DDR, S. 227. Kunst- und Kulturdenkmäler, S. 87. Kunstführer, S. 286. Hdb. Hist. Stätten, S. 520. Dehio/Bezirk Halle, S. 534 ff.

Bürgerhäuser Altmarkt 11–13 (auf der Ostseite; jetzt Platz des Friedens). Nr. 13 ein dreigeschossiger Putzbau von neun Achsen mit Zwerchhaus über den fünf mittleren Achsen und Mansarddach. Links breite rundbogige Hofeinfahrt. Im Inneren gotischer Kamin.
Beim Luftangriff am 30. November 1944 durch Bomben zerstört. Ruinen abgebrochen, an ihrer Stelle dreiteiliger, dreigeschossiger Neubau, der in seinen Proportionen auf die historische Bebauung des Platzes Rücksicht nimmt: linker Teil zehnachsig mit fünf Dachausbauten und Durchfahrt, Mittelteil dreiachsig mit Stufengiebel, rechter Teil fünfachsig.

K. Braun: Aus der Geschichte der Stadt Zeitz, in: Zeitz, Berlin-Halensee 1929 (Deutschlands Städtebau), S. 10, Abb. S. 8

Zöbigker (Kreis Merseburg)

Dorfkirche Romanische Saalkirche mit Breitturm, im 18. Jh. verändert; auf der Nordseite des Schiffes 1705 eingesetzter Puttenkopf.
Bei einem Luftangriff 1944 schwer beschädigt. Im Zusammenhang mit dem Braunkohlentagebau zugleich mit dem ganzen Ort beseitigt.

Inventar/Querfurt, S. 310

Links oben: Wittenberg, Stadtkirche St. Marien, Inneres nach Westen
Links Mitte: Zeitz, Klosterkirche, Inneres nach Westen
Unten: Wörlitz, Synagoge, Äußeres und Inneres

Bezirk Leipzig

Döben (Kreis Grimma)

Schloß Auf der Stelle der 1177 genannten urbs Dewin seit dem 14. Jh. neu errichtet. Die älteren Teile der Talspornburg über dem Steilhang der Mulde wurden Ende des 16. und im frühen 17. Jh. ausgebaut; 1857 von K. M. Haenel renoviert. Die um einen Hof in Dreieckform angeordnete Schloßanlage gab im Landschaftsbild des Muldentals einen vorzüglichen Blickpunkt ab. Im einzelnen verbanden sich mit dem spätmittelalterlichen Baugefüge Formen der Spätrenaissance und stilgerechter Erneuerung.
1945 beschädigt. Die gesamte Anlage später beseitigt.
Inventar/Grimma, S. 57 ff. Dehio 1966, S. 57

Eilenburg (Kreis Eilenburg)

Stadtkirche St. Andreas und St. Nikolai Nach Brand der Kirche von 1435 Neubau seit 1444, vollendet 1545. Der Turm 1496 begonnen. Dreischiffige Backsteinhalle von vier Jochen mit zweijochigem, dreiseitig geschlossenem Chor. Über achteckigen Pfeilern die Schiffe durch spitzbogige Arkaden voneinander geschieden. In der Halle Sterngewölbe, im Chor Kreuzrippengewölbe. Quadratischer eingezogener Westturm. Im Norden kreuzrippengewölbte Sakristei sowie Portalvorhalle. Von der Ausstattung waren bemerkenswert der 1684 wohl von J. J. Löbelt aus Leipzig geschaffene Altar und die Kanzel, auch der Taufstein von G. Schröter aus Torgau, 1570.
1945 bei der Bombardierung der Stadt mitsamt der Ausstattung völlig ausgebrannt, erhalten blieben die Umfassungsmauern, Pfeiler und Arkadenbögen. Der Wiederaufbau begann mit Sicherung der Scheidbögen durch Stahlbetonbalken, Wiederaufbau des Turmes und Aufbau des Dachstuhls. 1958 Einwölbung des Chores, der im folgenden Jahr neue Sandsteingewände und Maßwerke erhielt. Nach dem Einziehen einer Zwischenwand zur Halle konnte der Chor für den Gottesdienst genutzt werden. Die Einwölbung der Halle ist vorgesehen.
Inventar/Delitzsch, S. 77 ff. Dehio 1966, S. 89 f. W. Schadendorf: Dome, Kirchen und Klöster in der Provinz Sachsen und in Anhalt, Frankfurt/M. 1966, S. 203 f.

Rathaus 1404 wird ein Kaufhaus genannt, das vielleicht mit dem Neubau von 1521 verbunden wurde. Nach einem Brand im Jahre 1535 Umbau des Rathauses 1544/45 zu einem zweigeschossigen Bau mit drei Zwerchhäusern zum Markt. Als Bekrönung der Mitte des Firstes ein Dachreiter mit welscher Haube. Nach den zweigeschossigen Rathäusern, die ihre zwerchhausbesetzte Langfront dem Markt zuwenden (Meißen, Zeitz, Naumburg), leitet das Eilenburger Rathaus zur weiteren Entwicklung dieses Typus mit (mehr als zwei) Volutengiebeln an der Front (Leipzig, Torgau, Wittenberg) über. Im 18. und 19. Jh. wurde das Innere verbaut und die Außenarchitektur stellenweise verändert.
1945 durch Brand stark in Mitleidenschaft gezogen. Beim Wiederaufbau auf Zwerchhäuser und Dachreiter verzichtet.
Dehio 1966, S. 90

Kornhaus (Rinckartstraße). 1550 am Neuen Kuhtor errichtet. Nach Blitzeinschlag von 1712 in vereinfachten Formen bis 1717 wiederhergestellt. Großer zweigeschossiger, rechteckiger Backsteinbau mit Satteldach und stattlichen Giebeln. Das Torgewände aus Porphyrtuff im Westgiebel noch mit spätgotischer Profilierung.
1945 ausgebrannt. Ruine 1965 beseitigt.
Inventar/Delitzsch, S. 94

Grimma (Kreis Grimma)

Muldenbrücke Eine Brücke an dieser Stelle des Muldenübergangs seit dem frühen 14. Jh. nachgewiesen. Der Neubau einer steinernen (?) Brücke für die Mitte des 16. Jh. belegt, 1637 zerstört. 1716–1719 nach Entwurf M. D. Pöppelmanns Neubau einer Steinbrücke auf sieben Pfeilern; das sächsisch-polnische Wappen über dem Mittelpfeiler 1724 aufgerichtet. Das hölzerne Hängewerk des mittleren Joches 1894 durch Eisenkonstruktion ersetzt.
1945 ein Joch der Brücke gesprengt. Bald darauf durch eine provisorische Stahlkonstruktion mit Holzauflage ersetzt.
C. Ch. Schramm: Historischer Schauplatz (der) Merkwürdigsten Brücken ..., Leipzig 1735. Inventar/Grimma, S. 119. H. Heckmann Matthäus Pöppelmann, München–Berlin 1973, S. 275 f.

Oben und Mitte: Eilenburg, Rathaus, vor der Zerstörung und nach der Wiederherstellung
Unten: Stadtkirche St. Andreas und St. Nikolai von Südwesten, während des Wiederaufbaus

Leipzig (Stadtkreis Leipzig)

Abgesehen von kleineren dörflichen Niederlassungen in den Flußniederungen nordwestlich des Leipziger Stadtkerns liegen die ersten Besiedlungspunkte innerhalb der heutigen Innenstadt. Sie entstanden im 12. Jh. in der Umgebung des Burgberges (Matthäikirchhof), der nördlich davon gelegenen Senke (Richard-Wagner-Platz), entlang des von hier aus in östlicher Richtung verlaufenden Straßenzugs »Brühl«, dem Gebiet um den heutigen Markt und die Thomaskirche. Diese Wohnkerne wuchsen im 12. Jh. zur »Altmarktsiedlung« zusammen, die zwischen 1156 und 1170 von Markgraf Otto von Meißen das Stadtrecht erhielt. Gegen 1220 war der noch heute vorhandene gitterartige Grundriß der Straßen in der von Wall und Graben geschützten Innenstadt festgelegt. Markgraf Dietrich von Meißen legte nach Empörung der Stadt gegen die markgräfliche Gewalt einen doppelten Mauerring mit drei Zwingburgen an, von denen die südliche als Pleißenburg bis Ende des 19. Jh. erhalten blieb (heute Neues Rathaus). Im 13. Jh. zogen die

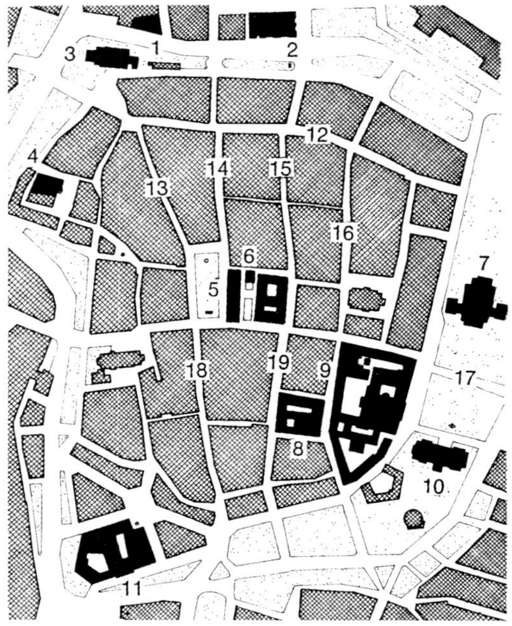

geistlichen Orden (Dominikaner, Augustiner und Franziskaner) zu, es entstanden Klosteranlagen und die Vorgängerbauten der spätgotischen Kirchen. In der Mitte der Stadt (Kreuzung Grimmaische Straße und Reichsstraße) lag der Schnittpunkt der mittelalterlichen Fernverkehrsstraßen von Süden nach Norden und von Westen nach Osten, ein Grund für die Entwicklung Leipzigs zum bedeutenden mitteleuropäischen Handelsplatz. Der Umschlaghandel konzentrierte sich auf die beiden Messen des Jahres (1487 und 1507 von Kaiser Maximilian privilegiert). Diese erste Blütezeit der Leipziger Wirtschaft erhielt durch den 1409 erfolgten Umzug der Prager Universität nach Leipzig noch weiteren Aufschwung. Beide Faktoren belebten das Bauwesen im 15. und 16. Jh.: Altes Rathaus, Handelsbörse, Gewandhaus, Rotes Kolleg, Bursen und Fakultäten entstanden. Vorstädte wuchsen vor den Toren (Grimmaisches, Hallisches, Rannisches Tor und Peterstor), dazwischen Gartenanlagen im französischen Stil. Mit der Belebung des Handels nach dem Dreißigjährigen und dem Siebenjährigen Krieg entwickelte sich erneut eine rege Bautätigkeit: Innerhalb des Mauerringes wurden auf alten Grundmauern Barockhäuser errichtet, zumeist vier- bis fünfgeschossige Bauten mit Innenhöfen, Durchgängen und Fassaden nach zwei Straßen (u. a. Barthels Hof, Kochs Hof, Amtmanns Hof, Hohmanns Hof). Das 19. Jh. umgab die Innenstadt mit einer Reihe von klassizistischen Bauten, nachdem zuvor nach Schleifung der Befestigungswerke seit 1780 ein ringförmiger Straßenzug mit Grünanlagen um die Innenstadt gelegt worden war. Die Industrialisierung und die Eröffnung der ersten Eisenbahnstrecken förderten das Wachstum der Vorstädte und die Eingemeindung der Dörfer bis zur Ausbildung der modernen Großstadt. Die Innenstadt erfuhr weitere Veränderungen durch den Abriß alter Bausubstanz und den Neubau von Messehäusern. Der äußere Rand des sogenannten Ringes wurde mit historisierenden Bauten im Stil der Renaissance besetzt (Neue Handelsbörse, Umbau der Post und der Universität).
Leipzig wurde im Kriege mehrere Male mit Spreng- und Brandbomben angegriffen. Der schwerste Luftüberfall fand in den frühen Morgenstunden des 4. Dezember 1943 statt. In dieser Nacht wurden hauptsächlich die Innenstadt und die im Osten, Südosten und Norden anschließenden Stadtviertel betroffen. Viele Gebäude erlitten entweder durch Sprengbomben Total-

Leipzig
Links oben: Luftaufnahme mit Augustusplatz und Umgebung von Südwesten
Links unten: Luftaufnahme des Stadtzentrums zwischen Markt und Tröndlinring von Süden
Rechts: Stadtgrundriß, 1 Reformierte Kirche, 2 Neue Handelsbörse, 3 Altes Theater, 4 Matthäikirchhof mit Matthäikirche, 5 Markt mit Altem Rathaus, 6 Alte Handelsbörse, 7 Neues Theater, 8 Städtisches Kaufhaus, 9 Universitätskomplex, 10 Museum der bildenden Künste, 11 Neues Rathaus, 12 Brühl, 13 Hainstraße, 14 Katharinenstraße, 15 Reichsstraße, 16 Nikolaistraße, 17 Augustusplatz, 18 Petersstraße, 19 Neumarkt

schaden oder wurden durch die um sich greifenden Brände bis auf die Umfassungsmauern vernichtet, sofern nicht durch Löschmaßnahmen das Feuer auf die Dach- und Obergeschosse beschränkt werden konnte. Auch die Angriffe vom 20. Februar und 30. November 1944 sowie am 27. Februar, 7. März, 6. und 10. April 1945 und Panzerartillerie am Kriegsende verursachten weitere Gebäudeschäden, doch kam keiner dieser Angriffe an verheerender Wirkung dem vom 4. Dezember 1943 gleich. Die größten Verluste an architektonisch wertvoller Bausubstanz erlitt die Innenstadt mit den umgebenden Ringstraßen und Plätzen. Von rund 50 000 Gebäuden wurden 9700 vollständig zerstört, 1400 schwer und 14 900 mittelschwer beschädigt. – Gleich nach Kriegsende begann die Beseitigung der Ruinen und die Sicherung der für Leipzig einmaligen Bauwerke, deren Instandsetzung und Restaurierung in der Folgezeit durchgeführt wurde; genannt seien das Alte Rathaus, Alte Handelsbörse, Alte Waage und die drei Kirchen der inneren Stadt sowie das Neue Rathaus. Der Abbruch der Ruinen schuf freien Raum für zahlreiche Neubauten: Neues Opernhaus, Neue Hauptpost, Hochhaus Interpelz, mehrere Hotels im oder am Rande des Stadtkerns, ferner 1968–1976 die Karl-Marx-Universität mit ihrem 28stöckigen Hochhaus an der Stelle der kriegszerstörten Universität.

G. Wustmann: Aus Leipzigs Vergangenheit, Gesammelte Aufsätze, 3 Bde., Leipzig 1885, 1898, 1909. G. Wustmann: Leipzig durch drei Jahrhunderte, Ein Atlas zur Geschichte des Leipziger Stadtbildes im 16., 17. und 18. Jh., Leipzig 1891. Leipzig und seine Bauten. Inventar/Stadt Leipzig 17, 18. G. Wustmann: Bilderbuch aus der Geschichte der Stadt Leipzig, Leipzig 1897. W. Dietrich: Beiträge zur Entwicklung des bürgerlichen Wohnhauses in Sachsen, Leipzig 1904. Kurzwelly 1904. P. Benndorf: Hundert Bilder zur Geschichte Leipzigs, Leipzig 1908. Wustmann 1913. E. Müller: Die Häusernamen von Alt-Leipzig vom 15.–20. Jahrhundert, Leipzig 1921. Kuhn 1923. Dehio/Mitteldeutschl., S. 213 ff. F. Schulze: Alt-Leipzig, Ein Führer zu den baugeschichtlichen Resten der Stadt, Leipzig 1927. Pevsner 1928. F. Schulze: Erhaltenswerte Bauten im Leipziger Großstadtgebiet, in: Mitteilungen des Landesvereins Sächsischer Heimatschutz XIX, 1930, H. 7/8, S. 352. Bennemann 1940. Leipziger Bautradition, in: Leipziger Stadtgeschichtliche Forschungen, hrsg. von H. Füßler, H. 4, Leipzig 1955. Leipziger Universitätsbauten, in: Leipziger Stadtgeschichtliche Forschungen, hrsg. von H. Füßler, H. 6, Leipzig 1961. H. Füßler: Leipzig, Leipzig (1964). Dehio 1966, S. 223 ff.

Kirchen

Johanniskirche (Johannisplatz). Der Turm 1746 bis 1748 von G. Werner errichtet. Schlanker Barockbau von drei Geschossen mit abwechslungsreicher Dekoration. An der Westseite rundbogiges Eingangsportal, gerahmt von zwei Pfeilern mit geschweiftem Architrav. Darüber Figur des hl. Johannes in einer Mittelnische, flankiert von Voluten und Vasen. Zweites Geschoß mit Doppelpilastern an den Ecken, am abgerundeten dritten Geschoß ionische Pilaster, als Abschluß Haube mit Ochsenaugen und Laterne. Das 1582–1585 errichtete einschiffige Langhaus 1894–1897 durch neobarocken Neubau von H. Licht ersetzt. Die dem barocken Turm angebaute, wesentlich verbreiterte Anlage mit vier kurzen Ecktürmen, zwei Seitenfassaden und 5/8-Chor. Im Inneren hallenartiges Mittelschiff, gestützt auf vier mächtige Marmorsäulen. Zwei schmale niedrigere Seitenschiffe mit hölzernen Emporeneinbauten, an der Westwand Orgelempore.
Am 4. Dezember 1943 ausgebrannt, die Ausstattungsgegenstände bis auf geringe Reste vernichtet. Nach anfänglicher Restaurierung des Turmes 1963 Beseitigung der gesamten Ruine.

Leipzig und seine Bauten, S. 127. Inventar/Stadt Leipzig 17, S. 154, Fig. 108–111. Wustmann 1913, S. 227. Dehio/Mitteldeutschl., S. 215. Pevsner 1928, S. 145, 175 (R. 130–131). Dehio 1966, S. 231

Matthäikirche (Matthäikirchhof). Kirchengründung 1239, vollständiger Umbau 1488–1504 in eine spätgotische zweischiffige Hallenkirche. Nach der Reformation als Lagerraum genutzt, 1689–1699 durch J. Ch. Schmidt und J. Ch. Senkeisen wiederhergestellt. Aus barocker Zeit eine Eingangshalle sowie ein Dachreiter mit welscher Haube und Laterne nach Plänen von G. Winkler und J. G. Fuchs 1700–1703. 1879/80 durch O. Mothes Umbau der Kirche, anstelle der Eingangshalle neogotischer Ostchor; der Treppenturm und Dachreiter auf dem hohen Satteldach des kurzen Langhauses ebenfalls neogotisch umgestaltet.
Am 4. Dezember 1943 mit der barocken Ausstattung ausgebrannt. Ruine später beseitigt.

Inventar/Stadt Leipzig 17, S. 140, Fig. 99, 102. Pevsner 1928, S. 135, 176 (R. 154–155), Abb. 92. Dehio 1966, S. 231

Katholische Kirche zur Heiligen Dreifaltigkeit (Rudolfstraße). 1845–1847 nach Entwurf von C. Heideloff errichtet. Neogotischer Bau aus gelben Ziegeln mit Sandstein-Schmuckformen. Dreischiffiges Langhaus mit 5/8-Ostchor und seitlich angesetzten Querarmen. An den Langhausseiten Eingangsportale. Vor dem Westgiebel quadratischer Turm, nach oben als Achteck weitergeführt und mit durchbrochener Spitzhaube bekrönt. Ostportal im Turmuntergeschoß. Treppentürme beiderseits des Giebels. Strebepfeiler an den Langseiten des Schiffes, am Chor und an der Giebelwand. Im Inneren Holzpfeiler als Träger der verputzten Deckengewölbe aus Holz.
Am 4. Dezember 1943 durch Spreng- und Brandbomben zerstört. Ruine später beseitigt.

Beschreibung, Grundriß und Abbildung der neuen Katholischen Kirche zu Leipzig, Leipzig 1846. Leipzig und seine Bauten, S. 361 f. m. Abb. und Grundriß. C. Alippi: Die der allerheiligsten Dreieinigkeit gewidmete neuerbaute Katholische Kirche in Leipzig, Leipzig 1847, m. 5 Stahlstichen

Leipzig
Oben: Johanniskirche von Westen
Links unten: Katholische Kirche zur Heiligen Dreifaltigkeit von Osten
Rechts unten: Matthäikirche von Südosten

Hoffnungskirche Knauthain (Seumestraße 129). 1845/46 von E. Zocher in romanischen Formen errichtet. Oktogonaler, ziegelverputzter Zentralbau mit rechteckigem Chor und quadratischem Turm an der Eingangsseite. Lisenengliederung der Wände und Rundbogenfriese unter dem Dachansatz. Eingefügt sind Bauteile eines romanischen Vorgängerbaus: Portal an der nördlichen Chorseite, Gewände aus Säulen mit abgefasten Ecken, Kapitell mit Drudenfuß, Kapitell mit pflanzlicher Ornamentik.
Am 20. Februar 1944 vollständig ausgebrannt. Seit 1951 Instandsetzungsarbeiten, 1955 Namensgebung. 1965 Turm auf Höhe von 22 m abgetragen und abgedeckt. 1971 Außenputz und Zeltdach des Turmes mit Schiefer gedeckt. 1972/73 Kircheninneres abgeputzt, Einhängen einer Zwischendecke. Entwurf der Innenausgestaltung von G. Pasch.

Inventar/Leipzig-Land 16, S. 60, Fig. 35, 36. Dehio 1966, S. 236. H. Mai: Studien zum Kirchenbau des 19. Jahrhunderts, Theol. Habilitationsschrift der Karl-Marx-Universität, Leipzig 1970, S. 98

Andreaskirche (Südstraße, Ecke Hardenbergplatz). 1891–1893 von G. Weidenbach in neogotischen Formen errichtet. Einschiffiges Langhaus mit kurzen Querarmen und 5/8-Chor mit anschließenden Sechseckräumen an drei Seiten. Turm an der Eingangsfront, vier Treppentürmchen.
Am 4. Dezember 1943 durch Sprengbomben beschädigt, am 20. Februar 1944 ausgebrannt. 1958 abgebrochen.

Leipzig und seine Bauten, S. 358 m. Abb.

Reformierte Kirche (Tröndlinring, Ecke Löhrstraße). 1896–1899 von G. Weidenbach nach den Plänen des neuen Wiesbadener Programms errichtet. Sandstein-Verblendbau. Baukomplex von Kirche und Predigerhaus als Eckhaus gestaltet, Betonung der Ecke durch Turm. Neogotische, neobarocke und Jugendstilformen an beiden Fassaden. Im Inneren Dreikonchenraum.
Am 4. Dezember 1943 Dachstuhl ausgebrannt und Wasserschäden. 1949 Wiederaufbau vollendet.

H. Mai: Leipziger Kirchenbauten des 19. und 20. Jahrhunderts, in: Glaube und Gewissen, 11. Jg. Oktober 1965, S. 216. H. Mai: Studien zum Kirchenbau des 19. Jahrhunderts, Theol. Habilitationsschrift der Karl-Marx-Universität, Leipzig 1970, S. 106, 211

Synagoge (Gottschedstraße, Ecke Zentralstraße). 1856 von dem Semperschüler O. Simonson in romanischen Formen errichtet. Quadratische Anlage, das die Umfassungsmauern überragende quergestellte Schiff mit flacher Abschlußwölbung. An der Nordostecke halbrunde Apsis. Fassadengliederung durch überhöhte Rundbogen auf flachen Wandpilastern. Das Langhausinnere mit Arkaden im Erdgeschoß und hohen Emporenöffnungen darüber, im Obergaden dreiteilige Fensteröffnungen. Hinter der im Halbrund geschlossenen Apsis im Altarraum Rosette und über dem Rundbogen fünfteilige Fensteröffnung. Flacher Deckenabschluß.
1938 in der »Kristallnacht« zerstört.

Leipzig
Links oben: Hoffnungskirche Knauthain, nach der Wiederherstellung
Links Mitte und unten: Andreaskirche, Äußeres von Südwesten und Inneres nach Osten
Mitte: Reformierte Kirche, Äußeres und Inneres
Rechts: Synagoge, Inneres und Äußeres

Schlösser, Palais und öffentliche Gebäude

Schloß Dölitz (Helenenstraße). Ehemaliges Wasserschloß. Um 1550 Renaissanceneubau, möglicherweise errichtet von S. Pfretzschner und S. Junghans (beide waren Baumeister bei H. Lotter). Aus dieser Zeit drei Hauptgiebel (ähnlich dem der Alten Waage) sowie die Vorhalle mit Rundbogentor und drei Halbrundfenstern darüber, zum Hof geöffnet in drei Bogenstellungen auf zwei toskanischen Säulen. An den Seitengebäuden im Hof Holzgalerien auf je einem quadratischen Pfeiler. Balkon nach der Parkseite (Form der Erkerlaube von Barthels Hof). Um 1640/50 nach Besitzerwechsel Umbau der Seitenflügel mit sechs Porphyrgiebeln (ähnlich denen von Deutrichs Hof), Turmaufbau mit welscher Haube und Laterne. Auf der Vorhalle Walmdach mit geschweifter Firstlinie. Errichtung des Torhauses an der Pleiße. 1780 das Dach der Vorhalle in klassizistischer Form durch Dreieckgiebel mit quergelegtem Satteldach verändert, über dem Eingang das Wincklersche Wappen und beiderseits des Portals zwei Plastiken in Nischen. Bei der Restaurierung 1890 durch A. Roßbach das Rundbogentor mit toskanischen Säulen versehen, die barocke Dachform der Vorhalle wiederhergestellt und der Balkon nach der Parkseite im Renaissancestil erneuert. Im Inneren bemerkenswert im Erdgeschoß zwei kleine alte Räume mit Holzbalkendecken, im oberen Geschoß zwei große Räume mit Kassettendecken und zwei kleinere mit Stuckdekor.
Am 4. Dezember 1943 völlig ausgebrannt. Ruine später beseitigt. Das Torhaus an der Pleiße erhalten.

F. Heise und G. A. Pönicke: Album der Rittergüter und Schlösser des Königreiches Sachsen, II. Sektion Leipziger Kreis, 1856, S. 11. Inventar/Leipzig-Land 16, S. 10 ff., Fig. 4–8, Beil. I. C. Wetzsch-Reichenbach: Die interessantesten alten Schlösser und Burgen Sachsens, Dresden 1910, S. 89. Pevsner 1928, S. 11 f., 150

Schloß Großzschocher (Huttenstraße). Alte Anlage vom Ende des 14. Jh. Ende des 16. Jh. bei Besitzerwechsel Errichtung des rechteckigen, dreigeschossigen Baues mit Satteldächern und je zwei Zwerchhäusern an den Langseiten sowie hohen Giebeln an den Schmalseiten. 1720 Umbau durch J. E. Kregel: breite Mittelgiebel an den Langseiten mit barocken Konturen, Ecktürmchen mit welschen Hauben, Portal aus der Mitte nach links gerückt mit barocker Umrahmung. Um 1850 restauriert.
Am 4. Dezember 1943 ausgebrannt. Später bis auf einige Wirtschaftsgebäude abgetragen.

F. Heise und G. A. Pönicke: Album der Rittergüter und Schlösser des Königreiches Sachsen, II. Sektion Leipziger Kreis, 1856, S. 81. Inventar/Leipzig-Land 16, S. 43

Alte Waage (Markt 4). Auf alter Anlage 1555 Neubau von H. Lotter und P. Wiedemann. Eines der wenigen Renaissancehäuser der Innenstadt, die ihre Form behalten hatten, allerdings gemindert durch Abbruch des Treppenturms 1861 und moderne Veränderungen im Erdgeschoß. Beachtlicher dreigeschossiger Bau mit fassadenbreitem Giebel auf der Marktseite; dieser mit zwei ausgebauten Geschossen, abgetreppt in drei Stufen und durch einfache Gesimse und Lisenen gegliedert.
Am 4. Dezember 1943 zerstört. Beim Wiederaufbau 1960–1964 die Giebelfront vereinfacht wiederhergestellt, die Front zur Katharinenstraße dagegen modern gestaltet, lediglich die Fenstergewände wieder aus Rochlitzer Porphyr gebildet.

Wustmann 1875, S. 28. Leipzig und seine Bauten, S. 99. Inventar/Stadt Leipzig 18, S. 377, Fig. 249, 250. Bennemann 1940, S. 30. H. Wichmann: Leipziger Bauten der Renaissance, in: Leipziger Bautradition (Leipziger Stadtgeschichtl. Forschungen H. 4), Leipzig 1955, S. 82

Leipzig
Oben: Schloß Dölitz, Kupferstich von 1856 und Zustand um 1935
Unten: Alte Waage, vor der Zerstörung und nach dem Wiederaufbau

Altes Rathaus (Markt). Errichtet ab 1556 von H. Lotter unter Mitwirkung von P. Wiedemann auf der Anlage dreier älterer Häuser, von denen das südliche bereits als Rathaus diente. An den Langseiten des breit gelagerten Baues mit Satteldach sechs bzw. sieben Zwerchhäuser, an den Schmalseiten mehrgeschossige Giebel und Erker. Der vorstehende Turm asymmetrisch an der Marktseite; der quadratische Unterbau mit Portal und einem darüberliegenden hölzernen Balkon von 1564, der achteckige Oberbau mit geschweifter Haube und Laterne 1744 von Ch. Döring aufgesetzt. Im Erdgeschoß Kaufgewölbe; die an der Marktseite vorgelegten hölzernen Ladenvorbauten bei der umfassenden Instandsetzung des Gebäudes 1906–1909 durch Arkadengänge aus Rochlitzer Porphyr ersetzt. Die unter dem Dachgesims umlaufende Inschrift von der ersten Renovierung 1672. Im Inneren der große Festsaal mit dem Pfeiferstuhl von P. Wiedemann an der Nordwand und 24 Fürsten- und 59 Stadtrichterbildnissen. Auch in der alten Ratsstube noch Ausstattungsstücke an Möbeln und Gemälden aus den ersten Jahrhunderten seit der Erbauung.

Leipzig, Altes Rathaus
Oben und links unten: Hauptfront zum Markt, nach der Wiederherstellung und nach der Zerstörung
Rechts unten: Nördliche Giebelfront, nach der Wiederherstellung

Am 4. Dezember 1943 das Dachgeschoß ausgebrannt. Obgleich die 1906/07 erneuerte Betondecke über dem ersten Obergeschoß ein Übergreifen des Brandes auf das ganze Gebäude verhinderte, traten durch Brand und Wasser schwere Schäden auf; die Giebel in der Dachgeschoßzone sowie die Eisenkonstruktion des Dachstuhls blieben erhalten. Bis 1948 Wiederaufbau, der Ausbau des Inneren 1950/51, Fassadenreinigung mit neuem Verputz und Anstrich bis 1956 vollendet. Nutzung der Innenräume durch das Stadtgeschichtliche Museum.

C. C. C. Gretschel: Die ehemalige Rathauskapelle ..., in: Berichte an die Mitglieder der Deutschen Gesellschaft in Leipzig 1838, S. 22 ff. T. Distel: Der Rathausbau zu Leipzig 1556, in: Neues Archiv für Sächsische Geschichte 6, 1885, S. 311 f. Leipzig und seine Bauten, S. 82 f., 92, 96, 99 ff., 117, 126 f. Inventar/Stadt Leipzig 18, S. 308. K(auf)m(ann): Das alte Rathaus in Leipzig, in: Die Denkmalpflege 6, 1904, S. 93 ff. H. Lange: Der Umbau des alten Rathauses, in: Leipziger Kalender 5, 1908, S. 251 ff. Bericht des Hochbauamtes über den Umbau des alten Rathauses und der Börse in den Jahren 1906–1909, in: Verwaltungsberichte des Rates der Stadt, Leipzig 1909. M. Bischof: Aus der Baugeschichte des Alten Rathauses in Leipzig, in: Deutsche Bauzeitung 56, 1922, S. 393 f., 401 f., 465 ff., 481 f., 485 f. M. Bischof: Der Umbau des Alten Rathauses und der Alten Börse in Leipzig, in: Deutsche Bauzeitung 56, 1922, S. 489 ff.. 509 ff. Dehio/Mitteldeutschl., S. 216. H. Ermisch: Das alte Leipziger Rathaus, in: Mitteilungen des Landesvereins Sächsischer Heimatschutz XIV, 1925, S. 242 ff. H. Füßler: Das Alte Rathaus zu Leipzig, in: Heimatkundliche Blätter 4, 1958, S. 182 ff. H. Füßler und H. Wichmann: Das Alte Rathaus zu Leipzig, Berlin 1958. Dehio 1966, S. 232

Alte Handelsbörse (Naschmarkt). 1678–1687 nach Plänen von J. G. Starcke durch Ch. Richter ausgeführt. Bemerkenswerter Bau aus der Übergangszeit von der Renaissance zum Barock: noch der Renaissance verpflichtet der hohe Sockel des Unterbaus sowie der blockartige Baukörper und der gerade obere Abschluß, barock dagegen die Dekorationen der Wände, hochbarock das Portal mit seinem gebrochenen Giebel und den schwellenden dekorativen Formen. Das Hauptgeschoß durch ionisierende Pilaster gegliedert, die abschließende Balustrade mit Vasen und Figuren an den Ecken. Die Treppenanlage an der südlichen Schmalseite 1816 von J. J. F. Weinbrenner unter Verwendung eines Planes von J. F. C. Dauthe durch eine klassizistische Treppe ersetzt, die in zwei Viertelbögen zu der verbreiterten Plattform vor dem Portal führte. Bei der Renovierung von 1906/07 das Souterraingeschoß verändert und der Bau an der Nordseite mit einer offenen Arkade unterfangen. Gleichzeitig wurde die klassizistische Treppe entfernt und der ursprüngliche Zustand mit rechteckig verlaufenden Aufgängen wiederhergestellt. Im 1682–1687 ausgeführten Inneren die Stuckierung von G. Simonetti, die Deckengemälde von J. H. Am Ende: Üppige Stuckrahmen aus pflanzlichen und figürlichen Motiven umrahmen das Mittelbild (Rat der olympischen Götter) und die sechs kleineren Ovalbilder; an den Langseiten allegorische Darstellungen der vier Erdteile, an den Schmalseiten Sieg der Tugend und Niederlage des Lasters.

Am 4. Dezember 1943 durch Brand- und Sprengbomben bis auf das Souterrain und die Umfassungsmauern zerstört. 1956–1962 das Äußere nach alten Plänen wiederaufgebaut. Der Innenraum, dessen Stuckdecken und Gemälde nicht wiederhergestellt werden konnten, erhielt eine einfache Ausstattung entsprechend der Nutzung als Vortrags- und Konzertsaal.

J. J. Vogel: Leipzigische Chronicke oder Annales ..., Leipzig 1714 und 1756, S. 153 ff., 772. J. D. Zschoche: Die Börse zu Leipzig, Leipzig 1792. Ch. C. E. Am Ende: Der Leipziger Maler J. H. Am Ende ..., in: Mitteilungen des Königl. Sächsischen Altertumsvereins 24, 1874, S. 68 ff. Inventar/Stadt Leipzig 18, S. 372 ff. m. Deckenplan und Details der Decke. Plaul 1920, S. 12, Abb. 12. F. Becker: Ein neuaufgefundener Originalplan für die Alte Börse am Naschmarkt, in: Leipziger Kalender 1925, S. 93. Pevsner 1928, S. 14 ff., Abb. 5. S. Moltke: Geschichte der Leipziger Börse, Leipzig 1936. H. Bethe: Leipziger Barockbauten, in: Leipziger Bautradition (Leipziger Stadtgeschichtliche Forschungen H. 4), Leipzig 1955, S. 128. H. Nadler: Die Alte Handelsbörse in Leipzig und ihr Wiederaufbau, in: Jahrbuch zur Pflege der Künste 5, 1957, S. 185. W. Hentschel: Die Alte Börse und ihr Architekt, in: Abhandlungen der Sächsischen Akademie der Wissenschaften zu Leipzig, Phil. Hist. Klasse, Bd. 57, H. 4, Leipzig 1964. Dehio 1966, S. 232. G. Winkler: Leipzig – Alte Börse (Baudenkmale 18), Leipzig 1967

Städtisches Gewandhaus mit Bibliotheksflügel der Stadtbibliothek (Universitätsstraße 16). Von Universitätsstraße, Kupfergäßchen, Neumarkt und Gewandgäßchen begrenzter Gebäudekomplex. Der 1740–1744 von F. Seltendorff errichtete Bibliotheksflügel nimmt den Platz am Gewandgäßchen zwischen Neumarkt und Universitätsstraße ein (der Trakt des Städtischen Kaufhauses von H. Licht 1896–1901 in neobarocken Formen neu erbaut). Der schmale, langgestreckte Bibliotheksflügel ein dreigeschossiger Bau von 21 Achsen. In der Mittelachse der Eingang in schwach vorgezogenem Risalit, der von einem Giebelfeld im Mansarddach bekrönt wird, im Giebelfeld Kartusche mit Stadtwappen, umgeben von Ornamenten. Im Inneren der durch die doppelte Fensterreihe von Licht durchflutete große Bibliothekssaal, der das Haupt- und Mezzaningeschoß in seiner ganzen Ausdehnung einnimmt. Die in drei

Längsreihen angeordneten, mattgrün gestrichenen Bücherregale noch aus der Mitte des 18. Jh. In der Querrichtung Unterteilung des Raumes durch ein hohes, dreiteiliges Gitter aus Schmiedeeisen von G. Böttger, 1748. Der Aufgang von der Universitätsstraße zur Bibliothek mit dem schönsten Treppenhaus Leipzigs: Um vier Pfeiler, die den Treppenschacht umgeben, ist die Treppe in vier Absätzen mit sehr breiten, flachen und tiefen Stufen geführt; das Geländer aus Schmiedeeisen.

Am 4. Dezember 1943 der Bibliotheksflügel ausgebrannt. Ruine blieb erhalten, der Giebel wurde 1952 wegen Baufälligkeit abgetragen. Das schmiedeeiserne Gitter des Bibliothekssaales jetzt im Museum für Kunstgewerbe. Das Städtische Kaufhaus in den Obergeschossen wiederhergestellt.

Inventar/Stadt Leipzig 17, S. 346 ff., Fig. 226–228. Pevsner 1928, S. 144. W. G. Fischer: Gewandhaus und Stadtbibliothek und der Maurermeister Seltendorff, in: Leipziger Jahrbuch 1939, S. 57

Leipzig
Oben: Städtisches Gewandhaus, Bibliotheksflügel (Prospekt von 1749)
Unten: Alte Handelsbörse

Städtische Bürgerschule (Schillerstraße 9). Erste städtische Schule, später Frauenberufsschule. Einer der besten Bauten des Klassizismus in Leipzig. Östlicher Flügel und Mittelbau 1796–1803 von J. F. C. Dauthe, westlicher Flügel 1825–1834 von A. W. Kanne errichtet. Fundamente der Moritzbastei verwendet, daher der Grundriß als offenes Fünfeck gestaltet, Zugang zum Hof über Treppenaufgang von der Schillerstraße. Dreigeschossiger, in den Flügeln neunachsiger Bau von einfacher Gliederung, im Erdgeschoß gequadert, im Obergeschoß glatt verputzt. Nach dem Park zu, in der Spitze der Basteianlage, dreiseitiger Mittelbau mit hohen, rundbogig geschlossenen Fenstern und einem Kuppeldach. Flache Walmdächer über den Seitentrakten.
Am 4. Dezember 1943 ausgebrannt. Ruine später beseitigt.

Kuhn 1923, S. 50 ff., 71. H. Kuhn: Die Frauenberufsschule in Leipzig, ein klassizistischer Bau, in: Mitteilungen des Landesverbandes Sächsischer Heimatschutz XIV, 1925, H. 7/8, S. 269, Abb. 7–10

Altes Theater (Richard-Wagner-Platz). Ursprünglicher Bau auf den Resten der Befestigungsanlage (Ranstädter Bastei) 1766 von Ing. Major Fäsch errichtet. 1817 Umbau nach Plänen von J. J. F. Weinbrenner durch K. A. Siegel. An der klassizistischen Hauptfront im Untergeschoß fünf Bogenstellungen als Eingänge, darüber im Obergeschoß fünf Säulenstellungen, abgeschlossen von einem Architrav mit großem Dreieckgiebel, darin Lunettenfeld mit Reliefdarstellungen. Im Inneren großzügig angelegter mehrrangiger Zuschauerraum, bei dem Weinbrenner seine Erfahrungen vom Darmstädter Theaterbau verwerten konnte.
Am 4. Dezember 1943 vollständig ausgebrannt. Ruine später beseitigt.

Wustmann 1913, S. 90. F. Schütze: 100 Jahre Leipziger Stadttheater, Leipzig 1917. Kuhn 1923, S. 84 ff. m. Abb. Bennemann 1940, S. 189. F. Schulze: Aus der Frühzeit des Alten Theaters, in: Leipziger Jahrbuch 1941, S. 69

Universitätskomplex (zwischen Augustusplatz, Grimmaischer Straße, Universitätsstraße und Schillerstraße). Das Hauptgebäude, das **Augusteum,** 1831–1836 von A. Geutebrück unter Zugrundelegung von Fassadenplänen K. F. Schinkels errichtet. Dreigeschossiger Bau von 25 Ach-

Leipzig
Oben: Städtische Bürgerschule, Ansicht der Parkseite (Stich von 1830) und Blick in den Hof
Links Mitte: Städtische Bürgerschule, Aula
Rechts Mitte: Altes Theater
Unten: Universitätskomplex am Augustusplatz (Kupferstich von 1840)

sen an der zum Augustusplatz gelegenen Hauptfront, über dem neunachsigen Mittelrisalit flacher Dreieckgiebel, darin Relief von E. Rietschel mit Darstellung der vier Fakultäten. Das klassizistische Gebäude wurde 1895–1897 von A. Roßbach im Stil der italienischen Hochrenaissance umgestaltet: die beiden Obergeschosse durch Kolossalpilaster zusammengefaßt, Verbreiterung des Mittelrisalits, anstelle des »Schinkeltores« ein von Karyatiden flankierter dreiteiliger Mitteleingang, der Dreieckgiebel verbreitert und die Giebelfiguren vergrößert und vergröbert. In der Aula zwölf Reliefs von E. Rietschel und H. Knaur (Kulturgeschichte der Menschheit) und ein großes Wandgemälde (Die Kultur der Griechen) von M. Klinger, 1909 angebracht.

Gleichzeitig errichtete A. Roßbach 1895–1897 an der Südseite des Universitätshofes das **Johanneum** und das **Albertinum** an dessen Ostseite. In der Wandelhalle zwischen Augusteum und Albertinum in den Lunetten der Schmalseiten zwei Fresken von F. Preller (Prometheus mit dem himmlischen Feuer und die Burg Wettin). Den Hof abschließend der Westtrakt: **das Paulinum** (Universitätsstraße 3–5), ein viergeschossiger Bau von neunzehn Achsen mit dreiteiliger Durchfahrt zum Hof, im Erdgeschoß Ladeneinbauten, in den Obergeschossen Universitätsinstitute.

In der Universitätsstraße ferner seit 1866 zum Universitätskomplex gehörend u. a. das Wohn- und Geschäftshaus **»Goldener Bär«** (Nr. 11), 1735–1737 von G. Werner für den Verleger Bernhard Christoph Breitkopf errichtet, ab 1906 Karl-Lamprecht-Institut für Kultur und Universalgeschichte. Breitgelagertes dreigeschossiges Reihenhaus von 17 Achsen mit dreiachsigem Mittelrisalit, Dachausbau und Dreieckgiebel ohne Füllung. Gebrochenes Satteldach mit achsengerechten Dachfenstern zu beiden Seiten des Giebels.

In der Schillerstraße zum Universitätskomplex gehörend das Schwarzesche Haus (Nr. 12), seit 1871 **Universitätsrentamt,** ein freistehendes viergeschossiges, siebenachsiges Gebäude mit spätklassizistischer Fassade, sowie das **Friderizianum** (Nr. 10). Letzteres zugleich mit dem anschließenden Eckhaus in der Universitätsstraße errichtet 1842 nach Entwurf von A. Geutebrück durch K. A. Siegel. Spätklassizistischer Bau von drei Ge-

Leipzig, Universitätskomplex
Oben: Schinkeltor; Augusteum, Front zum Augustusplatz
Mitte: Universitätshof mit Paulinum, Bornerianum und Augusteum
Unten: Aula von 1831–1836 und Wandelhalle im Augusteum

schossen über Souterraingeschoß. Die 21-Achsen-Front mit schwach vortretenden, pilastergegliederten Risaliten an den Seiten und in der Mitte. Portal in der Mittelachse sowie die Fenster des ersten Hauptgeschosses rundbogig geschlossen, die der übrigen Geschosse rechteckig. Das Eck-

Leipzig, Universitätskomplex
Oben: Wandelhalle im Augusteum, Schmalseite und Wandfeld mit Fresko von Preller
Links Mitte: Friderizianum
Rechts Mitte: Wandgemälde von Klinger in der Aula des Augusteums
Links unten: »Goldener Bär«
Rechts unten: Treppenaufgang im Augusteum

haus mit gleicher Fassadengliederung, dieses dem Friderizianum, dem Straßenverlauf entsprechend, im stumpfen Winkel angeschlossen.
In der Grimmaischen Staße außer dem Fürstenhaus (s. d.) zum Universitätskomplex gehörig das **Mauricianum** (Nr. 32), erbaut 1849 von A. Geutebrück als Abschluß des Universitätsgebietes nach Norden anstelle der Kolonnaden zwischen Kaffeehaus Felsche und dem Fürstenhaus. Errichtet als Institutsgebäude sowie Geschäfts- und Wohnhaus. Der langgestreckte, fünfgeschossige Bau mit einfacher klassizistischer Fassade und Durchfahrt zum hinteren Hof der Universität.
Im Haupthof des Universitätsgeländes als nördlicher Abschluß das **Bornerianum,** errichtet 1870/71 von J. Zeißig in gotisierenden Formen, in Anlehnung an den damals noch bestehenden spätgotischen Bau des »Mittelpaulinum«; der dreigeschossige, elfachsige Bau mit Fialentürmchen und gestaffeltem Abschluß.
Der gesamte Gebäudekomplex brannte am 4. Dezember 1943 aus. Die Gebäude an der Schillerstraße und an der Grimmaischen Straße wurden alsbald abgetragen. Nach notdürftiger Sicherung wurden Teile des Albertinums und des Johanneums wieder in Benutzung genommen, jedoch diese Restgebäude mit der Universitätskirche später abgetragen. An dieser Stelle wurde die Karl-Marx-Universität in Form eines rechteckigen Langbaus und eines 28stöckigen Hochhauses begonnen und Mitte der siebziger Jahre vollendet. Der am südlchen Ende des Karl-Marx-Platzes geplante Rundbau als Mehrzweckgebäude ist noch im Werden. Das 1963 abgetragene Schinkeltor befindet sich in Teilen hinter dem Grassimuseum auf dem Boden des alten Johannisfriedhofs.

F. Ch. A. Hasse: Das Augusteum und dessen Übergabe an die Universität, Leipzig 1836. Bruck 1904, S. 66 ff., Taf. III, VII, Abb. 2–10. J. Zeitler: Die Leipziger Universitätsbauten, in: Leipziger Kalender 1909, S. 209. P. Schumann: Max Klingers Wandgemälde für die Aula der Universität Leipzig, Leipzig 1909. E. von Sydow: Schinkels Anteil am Hauptportal des alten Augusteums in Leipzig, in: Kunstchronik und Kunstmarkt N. F., 1920/21, S. 170 ff. G. Schilde: Leipziger Bauten aus der Schinkelzeit, in: Landesverein Sächsischer Heimatschutz XIV, H. 7/8, Dresden 1925, S. 278 m. 7 Abb. Leipziger Stadtgeschichtliche Forschungen, hrsg. von H. Füßler, H. 6 Leipziger Universitätsbauten, Leipzig 1961; S. 167 ff.: E. Franke, Die Universitätsgebäude von 1409 bis ins 17. Jh.; S. 181 ff.: R. Drucker, Die Universitätsbauten 1650 bis 1945; S. 31 ff.: H. Füßler, Die Neubauten der Karl-Marx-Universität seit 1945 und die Geschichte der Universitätsgebäude

Krystallpalast (Wintergartenstraße 17–19). Ehemaliges Schützenhaus. 1833/34 von A. Geutebrück nach Plan von K. F. Schinkel errichtet. Dreigeschossiger Bau von 15 Achsen, der breite, schwach vortretende Mittelrisalit mit Dreieckgiebel und Eingang. Im Obergeschoß in Breite des Mittelrisalits der Festsaal (Blauer Saal). – In dem zum Komplex des Krystallpalastes gehörenden Garten die 1886/87 von A. Roßbach errichtete Alberthalle, ein Rundbau aus Eisen und Zement mit antikisierendem Eingangsportal, gedeckt mit flacher Kuppel und Laterne.
Am 4. Dezember 1943 zerstört.

Leipzig und seine Bauten, S. 488. P. Daehne: Der Leipziger Krystallpalast, Festschrift, Leipzig 1909. P. Benndorf: Hundert Bilder zur Geschichte Leipzigs, Leipzig 1909, S. 57. Bennemann 1940, S. 204 f.

Alte Buchhändlerbörse (Ritterstraße 12). Zeitweilig Universitätskonvikt, später Mensa Academica. 1834–1836 von A. Geutebrück errichtet. Zweigeschossiger, siebenachsiger Bau mit flachem Satteldach. Gequadertes Erdgeschoß, rundbogiger Mitteleingang zwischen Pilastern mit Architrav. Alle Fenster rundbogig geschlossen, die des ersten Obergeschosses über Gurtgesims auf stuckierten Brüstungsfeldern und mit geraden Verdachungen, die Zwickel stuckiert. Unter dem Kranzgesims des Daches kleine rechteckige Fenster über schmalem Gesims.
Am 4. Dezember 1943 ausgebrannt. Ruine später abgebrochen.

G. Schilde: Bauten aus der Schinkelzeit, in: Mitteilungen des Landesverbandes Sächsischer Heimatschutz XIV, 1925, H. 7/8, S. 278, 284, Abb. 6

Hauptpostamt (Augustusplatz, jetzt Karl-Marx-Platz). 1836–1838 von A. Geutebrück errichtet, 1881–1884 durch A. Kind und Bettcher im Stil der Hochrenaissance umgestaltet. Die klassizistische Fassade noch erkennbar an der Fensterreihung, den Fensterformen und dem Konsolgesims unter dem Dach. Vom Umbau: Dreieckgiebel über dem Mittelrisalit mit Attika und Vasenschmuck, Seitenrisalite, flaches Dach mit Balustradeneinfassung anstelle des ehemaligen Walmdaches sowie Figuren auf dem Dach.
Am 4. Dezember 1943 ausgebrannt. Ruine später beseitigt.

Leipzig und seine Bauten, S. 142 m. Abb.

Leipzig
Rechts oben: Krystallpalast
Links oben: Alte Buchhändlerbörse
Unten: Hauptpostamt, Zustand nach und vor dem Umbau von 1881

Große Tuchhalle (Hainstraße 31). Erbaut 1837 im spätklassizistischen Stil, möglicherweise von A. Geutebrück. An drei Seiten freistehendes Eckhaus (Hainstraße, Brühl, Große Fleischergasse) mit Haupteingang vom Brühl. Flaches Walmdach über kräftigem Konsolgesims.
Am 4. Dezember 1943 ausgebrannt. Ruine später beseitigt.
Bennemann 1940, S. 127

Lurgensteins Gartenpalais (Dittrichring 3). 1837 bis 1840 von J. H. Walther errichtet. Dreigeschossiges, siebenachsiges Hauptgebäude mit sechs kannelierten korinthischen Kolossalsäulen auf hohem Sockel vor den beiden Obergeschossen, ferner Reliefschmuck im flachen Giebelfeld. Die beiden in den Garten vortretenden Flügel mit halbkreisförmigen Stuckreliefs über den drei Mittelfenstern des Hauptgeschosses. Hölzernes Gartenhaus in Form eines dorischen Tempels.
Am 4. Dezember 1943 ausgebrannt. Ruine später beseitigt.
Bennemann 1940, S. 17, 128

Bayrischer Bahnhof (Bayrischer Platz). Einer der ältesten Bahnhöfe, errichtet 1841/42 von E. Pötzsch. Die rechteckige Anlage, die die Bahnsteige umschließt, bestehend aus Vordergebäude und dem in Richtung der Einfahrt gelegenen Hintergebäude, verbunden durch zwei Lang- und vier Eckbauten. Der zum Bayrischen Platz gerichtete Mittelteil des Hauptgebäudes mit vier Bogenöffnungen, darüber Gurtgesims und eine Reihe kleiner Fenster; an den Ecken quadratische Turmbauten. Beiderseits eingeschossige Hallen mit je drei Bögen und Balustradenabschluß als Überleitung zu den die Anlage begrenzenden zweigeschossigen Rechteckbauten.
Am 4. Dezember 1943 erlitt der ganze Komplex schwere Zerstörungen. Nur die Eingangshalle und das westliche Seitengebäude blieben erhalten. Wiederaufbau des gesamten Bahnhofs geplant.
Leipzig und seine Bauten, S. 625 m. Abb. und Aufriß

Leipzig
Links oben: Große Tuchhalle
Links unten: Bayrischer Bahnhof (Ansicht aus der Erbauungszeit)
Rechts oben: Lurgensteins Gartenpalais (Lithographie um 1850)
Rechts Mitte und unten: Museum der bildenden Künste, vor und nach der Zerstörung

Zentralhalle (Thomasring, Ecke Gottschedstraße). 1845 von E. Pötzsch errichtet, Innenausstattung von O. Jummel. Fassaden nach zwei Straßenseiten, jeweils im Mittelrisalit dreiachsiger Portikus mit darüberliegendem Balkon, die Ecke als Runderker gestaltet. Balusterabschluß an der Ecke und über den Risaliten.
Am 4. Dezember 1943 ausgebrannt. Ruine später beseitigt.
Leipzig und seine Bauten, S. 495 m. Abb.

Versicherungsgesellschaft Teutonia (Gabelung) Tauchaer- und Karlstraße). 1846 nach Plänen von A. Geutebrück errichtet. Viergeschossiger Bau, die zwei Seitenflügel entsprechend der Straßengabelung schräg verlaufend. Erkerartige Türmchen an den abgestumpften Ecken. Dreiachsiger Portikus im Mittelrisalit der Hauptfassade, im ersten Obergeschoß als dreiachsiger Erker markiert. Rotunde als Dachabschluß.
Am 4. Dezember 1943 durch Brand zerstört. Ruine beseitigt.
Leipzig und seine Bauten, S. 478 m. Abb.

Museum der bildenden Künste (Augustusplatz, jetzt Karl-Marx-Platz). 1856–1858 von L. Lange in den Formen der Frührenaissance errichtet, 1883 bis 1886 durch H. Licht im Hochrenaissancestil erweitert. Vom ursprünglichen Bau noch der zweigeschossige, neunachsige Mitteltrakt mit Pilastergliederung im Obergeschoß. Vor dem säulenflankierten, rundbogigen Mitteleingang breitgelagerte Freitreppe. Flaches Dach mit Balusterabschluß und achteckigem Aufbau zur Beleuchtung des Treppenhauses. In den Loggien der Ostseite Fresken von T. Große, 1864–1872. Vom Umbau die an Vorder- und Rückfront als Risalite kräftig hervortretenden Seitenflügel mit dreiachsigen Mittelrisaliten an den Schmalseiten. Reiche Gliederung der neuen Trakte mit Säulen, Friesen und statuengeschmückten Nischen; das flache Dach mit umlaufender Balustrade, darauf u. a. Statuen, Obelisken.
Am 4. Dezember 1943 ausgebrannt. Ruine 1963 beseitigt.
Leipzig und seine Bauten, S. 242 ff. J. Vogel: Das Städtische Museum zu Leipzig, Leipzig 1892, S. 41. Wustmann 1913, S. 195

Neues Theater (Augustusplatz, jetzt Karl-Marx-Platz). 1864–1868 nach Entwurf von K. G. Langhans durch O. Brückwald errichtet; die Bildhauerarbeiten von H. Hagen. Dreigeschossiger Hauptbau mit erhöhtem Bühnenhaus, seitlich anschließend zweigeschossige Flügel. Am Hauptbau vorspringender Mittelteil mit rundbogigen Eingängen, darauf sechs freistehende Säulen vor den beiden Obergeschossen; über dem Architrav flacher Dreieckgiebel mit Figurenschmuck. An den Flügelbauten eingestellte Säulen im Obergeschoß sowie Dreieckgiebel mit figürlichem Schmuck. An der Rückseite von der Schwanenteichanlage aufsteigendes Rustikamauerwerk mit Terrasse und seitlichen Pergolabauten. Über diesem Unterbau der Block des Bühnenhauses auf zweigeschossigem Unterbau mit fünfachsigem Mittelrisalit gegen die Parkanlagen. Der architektonische Aufbau der Rückseite an Wirkung die Vorderseite übertreffend.
Am 4. Dezember 1943 ausgebrannt. Ruine später beseitigt.
E. Förster: Denkmale deutscher Baukunst, Bd. 12, Leipzig 1869. O. Brückwald: Das Stadt-Theater in Leipzig, Berlin 1870 m. 9 Abb. Leipzig und seine Bauten, S. 238 m. Abb. Inventar/Stadt Leipzig 18, S. 448. Wustmann 1913, S. 200 f. Pevsner 1928, S. 23. A. Rietdorf: Der Baumeister des Neuen Theaters, in: Leipziger Bühnenblätter 1938/39, H. 1 m. Abb.

Allgemeine Deutsche Kreditanstalt (Goethestraße, Ecke Brühl). 1871–1875 von Ch. Aeckerlein und E. Zeissig in den Formen der italienischen Renaissance errichtet, späterer Umbau von M. Pommer. Eckhaus mit zwei Fronten von je vier Geschossen und zwölf Achsen. Ein nach beiden Straßen gerichteter Eckrisalit. Flaches Zeltdach mit Balustern auf dem Eckabschluß.
Am 4. Dezember 1943 ausgebrannt. Ruine später beseitigt.
Leipzig und seine Bauten, S. 171 m. Abb.

Leipzig, Neues Theater
Rechts: Front zum Augustusplatz (Ansicht aus der Erbauungszeit) und Mittelbau der Hauptfront
Links: Detail aus dem Figurengiebel von Hagen

Neues Gewandhaus (Grassistraße 5). 1881–1884 von M. Gropius und H. Schmieden errichtet; plastischer Schmuck von J. Schilling. Eingangsfront mit drei rechteckigen Portalen im Mittelrisalit. Darüber korinthische Säulenstellung mit Balustraden vor dem Balkon. Architrav mit Aufschrift »Res Severa Verum Gaudium«. Giebelfeld in flacher Dreieckform mit Relief: Apollo unter den Hirten. Auf dem Dach drei Akrotere: Apollo, die weltliche und die geistliche Musik. Die übrigen Fassaden des freistehenden Gebäudes im Aufbau gleichartig, jedoch einfacher gestaltet. Im Inneren der große und der kleine Konzertsaal nach den Maßverhältnissen des berühmten Konzertsaales im Städtischen Gewandhaus (Universitätsstraße 16), den C. F. Dauthe 1880/81 dort eingebaut hatte; die holzgetäfelten Säle mit hervorragender Akustik.
Am 4. Dezember 1943 ausgebrannt. Ruine 1968 beseitigt.

Leipzig und seine Bauten, S. 481 m. 4 Abb. und 3 Grundrissen. Wustmann 1913, S. 206 f. W. G. Fischer: Vom alten Gewandhaussaal und seinem Fortleben im kleinen Saal des Konzerthauses, in: Leipziger Jahrbuch 1941, S. 105

»Panorama« (Roßplatz 4–5). 1883/84 von V. Hermann errichtet. Sechzehneckiges, als Rundbau wirkendes Gebäude mit Pilastergliederung. Abschluß durch Fries, Gesims und rundumlaufende Balustrade, auf der flachen Kuppel eine Rotunde. Im Inneren ursprünglich ein Panorama der Schlacht bei Leipzig 1813, später Umwandlung in eine Gaststätte.
Am 4. Dezember 1943 ausgebrannt. Ruine abgetragen.

Leipzig und seine Bauten, S. 513 m. Abb.

Neue Handelsbörse (Tröndlinring 2). 1884–1886 von H. Enger und K. Weichert im Palaststil der italienischen Hochrenaissance errichtet; 1911 aufgestockt. Vortretender Mittelbau und Risalite an den vier freistehenden Gebäudeecken, tonnengewölbtes Dach hinter Balustradenabschluß. Reicher plastischer Fassadendekor von M. Zurstraßen und W. Stein. Im Inneren durch zwei Geschosse reichender Hauptsaal, ferner Nebensäle und Geschäftsräume, im Kellergeschoß »Börsenrestaurant«.
Am 4. Dezember 1943 mit Ausnahme des Kellergeschosses ausgebrannt. Ruine 1948 abgebrochen.

Leipzig und seine Bauten, S. 467 m. Abb. Wustmann 1913, S. 212

Leipzig, Neues Gewandhaus
Oben: Eingangsfront
Unten: Großer Konzertsaal

Gesellschaftshaus Harmonie (Roßplatz). 1885 von A. Roßbach im Renaissancestil errichtet. Dreigeschossiger, siebenachsiger Bau mit Eingang im Mittelrisalit, darüber Dreieckgiebel. Konsolgesims mit Balustradenabschluß, darauf freiplastischer Figurenschmuck.
Am 4. Dezember 1943 ausgebrannt. Ruine später beseitigt.

Leipzig und seine Bauten, S. 505 m. Abb. Bruck 1904, S. 63, Abb. 72

Buchhändlerhaus (Hospitalstraße, Ecke Platostraße). 1886–1888 von H. Kayser und K. v. Großheim errichtet. Zweigeschossiger Rohziegelbau im Stil niederdeutscher Zunft- und Rathäuser des 16. Jh. Risalite mit Zwerchgiebelabschluß, vor die Fassade gestellte Treppenhäuser, auf dem steilen Walmdach Erker und Dachreiter. Seitenfassaden in gleicher Art gestaltet. Im Inneren des Mittelbaues durch zwei Geschosse gehender großer Börsensaal mit Stuckdecke und Deckengemälden von M. Koch sowie Glasfenstern von H. Schaper.
Am 4. Dezember 1943 ausgebrannt. Ruine später abgebrochen.

Leipzig und seine Bauten, S. 461 m. Abb. A. Woernlein: Das Deutsche Buchgewerbehaus, in: Leipziger Kalender 1904, S. 221

Leipzig
Rechts oben: »Panorama« mit Gesellschaftshaus Harmonie
Links: Buchhändlerhaus, Saal und Treppenhaus
Rechts Mitte: Neue Handelsbörse
Rechts unten: Buchhändlerhaus

Universitätsbibliothek (Beethovenstraße 6). 1888 bis 1891 von A. Roßbach im Stile der Hochrenaissance errichtet. Viergeschossiger Bau, die beiden Untergeschosse rustiziert. Die Hauptfront von 25 Achsen mit fünfachsigem erhöhtem Mittelrisalit sowie dreiachsigen Seitenrisaliten, in der Mitte dreibogiges Portal. Obergeschosse durch Säulen bzw. Halbsäulen und Pilaster gegliedert. Breites Gebälk mit flachem Dachabschluß. Die Seitenflügel einfacher gestaltet.
Am 6. April 1945 schwer beschädigt. Die östliche Ecke des Hauptgebäudes und ein Teil des Seitengebäudes noch Ruine. Das große Treppenhaus und der halbrunde Lesesaal wurden noch nicht aufgebaut, die restlichen Räume wieder in Benutzung.

Leipzig und seine Bauten, S. 207 ff. G. Wustmann: Bilderbuch aus der Geschichte der Stadt Leipzig, Leipzig 1897, S. 218 m. Abb. Bruck 1904, S. 29 ff., 73. R. Drucker: Die Universitätsbauten 1650–1945, in: Leipziger Universitätsbauten (Leipziger Stadtgeschichtliche Forschungen H. 6), Leipzig 1961, S. 189 m. 2 Abb.

Hotel Kaiserhof (Ringpromenade, Ecke Schützenstraße, jetzt Georgiring). 1889 von J. Zeißig errichtet. Viergeschossiger Bau im Renaissancestil mit barocken Elementen. Im Vestibül weiträumiges Treppenhaus aus carrarischem Marmor und Metallgußgeländern.
Am 4. Dezember 1943 ausgebrannt. Ruine abgetragen.

Leipzig und seine Bauten, S. 516

Hotel Fürstenhof (Tröndlinring 8). Ehemaliges Stadtpalais der Familie Löhr, errichtet 1770/71 von J. F. C. Dauthe mit parkartigem Garten. 1889 durch F. Hannemann zum Hotel umgestaltet und ein drittes Geschoß aufgesetzt. Die neunachsige Fassade sowie die Seitenfronten bewahrten ihre klare Gliederung, erhielten jedoch zusätzlichen Renaissancedekor. Das imposante Vestibül mit dreiarmiger Haupttreppe von B. Grimm neu gestaltet.
Am 4. Dezember 1943 durch Brand stark beschädigt. Wiederhergestellt und 1976 restauriert.

Inventar/Stadt Leipzig 18, S. 500. Leipzig und seine Bauten, S. 133, 531

Neues Rathaus (Martin-Luther-Ring). 1898–1907 von H. Licht errichtet, Bauplastik von G. Wrba, J. Hartmann, A. Lehnert, J. Magr, F. Pfeiffer, C. Seffner, A. Trebs und H. Zeissig. Außenbau und Turmverkleidung aus grauem Würzburger Muschelkalk, im Hof Gewände aus Rochlitzer Porphyr, Treppen grauer Granit. Erbaut als unregelmäßiges Fünfeck um den alten Turm der Pleißenburg und drei Innenhöfe. Die Hauptfassade (Südfront) durch einen mittleren Giebelbau mit Portal und fünf hohen Fenstern sowie einen zweigeschossigen Giebel und eine links anschließende, schräggestellte Südwestecke gegliedert. Die der Gestaltung der Innenräume angepaßte Ostfront aus zwei Fassadenteilen zusammengesetzt. Die westliche und die von zwei achteckigen Türmen begrenzte Nordfassade einfacher gestaltet. Das in der Mitte der Höhe stehengebliebene Rumpfstück des alten Pleißenburgturmes von 45 m wurde in seiner Grundfläche durch einen Mauerring verstärkt und auf eine Höhe von über 100 m gebracht. Die Turm-

Leipzig
Oben: Universitätsbibliothek, Hauptfront und Treppenhaus
Rechts unten: Hotel Kaiserhof
Links unten: Neues Rathaus

haube, die Bekrönung der ganzen Anlage, wie auch alle Fassaden und Dachausbauten im Stile der deutschen Renaissance ausgeführt. Die Einzelformen der untergeordneten Fassadenglieder zeigen jedoch Stilformen vom vorderen Orient bis zum Barock, vereinzelt auch Ornamentformen des Jugendstils. Im Inneren verblieben die Reste der Kelleranlagen der Pleißenburg. Noch zugänglich ein 114 m langer unterirdischer Gang und eine Granittreppe von 18 Stufen. Im Hauptgeschoß der große Festsaal und der Plenarsaal, beide mit reicher Deckengestaltung; auch die Festtreppe mit Jugendstildekoration.
Am 4. Dezember 1943 durch Spreng- und Brandbomben schwer getroffen, bei erneuten Luftangriffen sowie vor allem beim Einmarsch der amerikanischen Truppen durch Beschuß weitere schwere Schäden, so daß nur ein geringer Teil der Räume noch benutzbar war. Nach Aufräumungs- und Bergungsarbeiten provisorische Eindeckung. Anfang März 1947 wurde ein Teil der größeren Innenräume, so der Ratsplenarsaal, wiederhergestellt. Bis Sommer 1948 die Dachhaube des Turmes rekonstruiert und originalgetreu wiederhergestellt. 1949 wurde der Stadtverordnetensaal eingeweiht. 1968 waren sämtliche drei Säle, jedoch ohne ihre originale Deckengestaltung, wiederhergestellt.

Die Rathausbaufrage zu Leipzig im Jahre 1890, Denkschrift des Vereins der Architekten, Leipzig 1890. Wettbewerb um den Entwurf eines neuen Rathauses für Leipzig, in: Deutsche Bauzeitung 31, 1897, S. 329, 341, 349, 357. F. Schulze: Zur 25-Jahrfeier des Neuen Rathauses am 7. Oktober 1930, in: Leipzig, eine Monatsschrift 7, 1930/31, S. 130. W. Starke: 50 Jahre Neues Rathaus, in: Kulturspiegel der Messestadt Leipzig 1955, H. 10, S. 24. Dehio 1966, S. 232. P. Beyer, W. Müller und M. Unger: Zur Baugeschichte des Neuen Rathauses, Arbeitsberichte zur Geschichte der Stadt Leipzig, hrsg. vom Stadtarchiv Leipzig 18, 1970, H. 1

Plätze und Straßen

(sofern nicht anders vermerkt, wurden die zerstörten Gebäude beseitigt)

Augustusplatz (jetzt Karl-Marx-Platz). Name seit 1837. Im 18. Jh. ein unebenes Terrain, durch das in ost-westlicher Richtung die Landstraße (Grimmaischer Steinweg) auf das Grimmaische Tor zulief. Das Gebiet gehörte zu den vor den inneren Befestigungsanlagen der heutigen Innenstadt angelegten Glacies und wurde erst bei deren Abtragung 1784 eingeebnet, später mit den übrigen beseitigten Wall- und Grabenanlagen in den Grüngürtel um die innere Stadt einbezogen.

Leipzig
Links oben: Neues Rathaus, nach der Zerstörung
Rechts oben: Neues Rathaus, Plenarsaal, nach der Wiederherstellung
Links unten: Neues Rathaus, Treppenhaus
Rechts unten: Augustusplatz nach Norden

Die Festlegung der West- und Ostfront des Platzes auf Planung A. Geutebrücks zurückgehend, der mehrere der Gebäude in der ersten Fassung konzipierte (Augusteum der Universität, Hauptpost und wohl auch Kaffeehaus Felsche); diese spätklassizistischen Gebäude wurden Ende des 19. Jh. im Stil der italienischen Hochrenaissance umgestaltet (vgl. auch Angaben zum Universitätskomplex). Die einheitliche Höhe sämtlicher Gebäude im 20. Jh. durch die Errichtung zweier Hochhäuser an der Südost- und Nordwestecke des Platzes aufgegeben.
Die Bebauung erlitt am 4. Dezember 1943 umfangreiche Schäden, die der Süd-, Ost- und Nordseite fast völlig vernichtet. Nach Abtragung der Ruinen wurden an der Ostseite bis zum erhalten gebliebenen Hochhaus Nr. 7 die Neue Hauptpost und das Hotel Deutschland errichtet, an der Nordseite entstanden das Neue Opernhaus und auf dem südlichen Teil der Westseite sowie auf der Südseite der dreiteilige Komplex der Karl-Marx-Universität, so daß der Platz nahezu gänzlich neu umbaut ist.

Nr. 1: Geschäfts- und Wohnhaus der Gebrüder Becker. 1884–1887 von B. Grimm errichteter Bau, der sich den öffentlichen Gebäuden des Augustusplatzes in Höhe und Fassadenordnung harmonisch einfügte. Über Rustikasockel drei Geschosse von vierzehn Achsen an der Hauptfront, Abschluß der Fassade mit Konsolgesims und Balustrade.
Leipzig und seine Bauten, S. 431, 433

Nr. 4 (Ecke Grimmaische Straße): Kaffeehaus Felsche. 1835 möglicherweise von A. Geutebrück errichtet. Das viergeschossige, siebenachsige Gebäude 1885 im Renaissancestil umgestaltet. Im Inneren Deckengemälde von H. W. Cellarius, 1845.
Festschrift »Zur 50jährigen Jubelfeier des Café français (Felsche) zu Leipzig 1835–1885«. 100 Jahre Kaffeehaus Felsche, in: Leipziger Beobachter 12, 1935/36, S. 355. R. Junghans: Festschrift zum 100jährigen Bestehen des Kaffeehauses Felsche, Leipzig 1935

Nr. 8 (Ecke Johannisgasse): Niederländisches Haus. Um 1900 von H. P. Berlage aus Amsterdam errichteter Backsteinbau in Anlehnung an die nordischen Backsteinformen der Renaissance mit Zutaten des Jugendstils.
J. Zeitler: Einheimische Bauweise und Stilcharakter, in: Leipziger Kalender 1906, S. 113

Brühl Eine der beiden in ost-westlicher Richtung verlaufenden Hauptstraßen der Leipziger Innenstadt. Von ihr abzweigend nach Süden: Große Fleischergasse, Hainstraße, Katharinenstraße, Reichsstraße, Nikolaistraße und Ritterstraße, nach Norden: Plauensche Straße, Am Halleschen Tor und Nikolaistraße. Am Brühl befanden sich viele Gast- und Ausspannhöfe, von denen sich ein Teil bis zur Gegenwart erhalten hatte, ferner hier das Zentrum des Pelzhandels.
Am 4. Dezember 1943 wurde die nördliche Straßenseite bis auf einige neuere Gebäude völlig zerstört, von der Südseite blieben außer dem Romanushaus nur geringe Teile der Bebauung erhalten. Anstelle der beseitigten Ruinen in der Folgezeit Wohnbauten sowie Hotel »Leipzig« und das Zentralgebäude des Pelzhandels »Interpelz« aufgeführt.

Nr. 22: Dreigeschossiges, fünfachsiges Wohnhaus von 1720. In der Mittelachse dreigeschossiger, konkaver Holzerker mit Rokokoornamentik von 1765.
Inventar/Stadt Leipzig 18, S. 496. Pevsner 1928, S. 131, 163 (R. 6–7). Bennemann 1940, S. 50

Nr. 24: 1735/36 von Ch. Döring errichtetes Wohnhaus von vier Geschossen. Fassade mit Lisenenarchitektur und zweigeschossigem, rechteckigem Erker mit Schmuckgiebel.
Inventar/Stadt Leipzig 18, S. 492. Pevsner 1928, S. 82, 163 (R. 8–9). Bennemann 1940, S. 50

Nr. 35: »Zum Helleborn«. 1705–1708 von N. Rempe und A. Weißmantel errichtetes Wohnhaus von vier Geschossen mit dreiachsiger Vorlage. Im Hof zwei toskanische Holzsäulen und Fenster mit Porphyrwandungen.
Inventar/Stadt Leipzig 18, S. 470. Pevsner 1928, S. 55 f., 163 f. (R. 13–15). Bennemann 1940, S. 50

Nr. 42: 1867 von A. F. Viehweger errichtetes Geschäfts- und Reihenhaus. Fassade im gotischen Stil des späten Klassizismus gestaltet. Die großen Fenster der viergeschossigen Front, das Mittelportal und der Mittelerker mit Spitzbogen und anderen gotischen Elementen. In der Dachzone Fialen und Krabben an den Fenstern.
Leipzig und seine Bauten, S. 445

Nr. 70: Alter Ausspannhof. Errichtet 1804, später umgebaut. Im Hof drei ionische Steinsäulen als Träger des Obergeschosses vom klassizistischen Bau.
Inventar/Stadt Leipzig 18, S. 496

Burgstraße Alter Straßenzug der Innenstadt von der Thomaskirche zum Burgplatz (ehemaliger Eingang zur Festung Pleißenburg).
Beide Straßenzeilen durch den Luftangriff am 4. Dezember 1943 fast vollständig zerstört. Erhalten blieben auf der Westseite nur das Haus Thomaskirchhof, Ecke Burgstraße und auf der Ostseite die Häuser zwischen Thomaskirchhof und Sporergäßchen.

Nr. 10: Wohnhaus »Goldene Fahne«. Errichtet im 17. Jh., später mehrfach verändert.
Der erhaltene Treppenturm restauriert und dem nach 1945 errichteten Neubau angefügt, ein Porphyrportal im Hof des Neubaus aufgestellt.
Inventar/Stadt Leipzig 18, S. 455. F. Schulze: Erhaltenswerte Bauten im Leipziger Großstadtgebiet, in: Mitteilungen des Landesverbandes Sächsischer Heimatschutz XIX, 1930, H. 7/8, S. 354, Abb. 2

Nr. 19/21: Zum Gasthof »Thüringer Hof« vereinigte Gebäude. Nr. 19 ein ehemaliger Freihof, Nr. 21 ein ehemaliger Landhof, beides mehrfach umgebaute mittelalterliche Häuser.
Nr. 19 bis auf das Erdgeschoß zerstört. Von Nr. 21 war nur der kreuzgewölbte zweijochige Eingang nebst seiner Verlängerung aus dem 19. Jh. erhalten geblieben. Zerstört wurde der wertvollste Teil, ein rechteckiger, kreuzgewölbter zweijochiger Raum (»Hauskapelle des Landhofs«) mit Birnstabprofilen der Rippen. Der Rest einer zur Kapelle gehörigen Konsole noch an der südlichen Außenwand eines Wirtschaftsgebäudes zu sehen. Beide Häuser zweigeschossig wiederaufgebaut als historische Gaststätte. Am heutigen Außenbau Profile der alten Fenstergewände und Türbögen in Resten erhalten.
Inventar/Stadt Leipzig 18, S. 446, Fig. 279. E. Müller: Die Häusernamen von Alt-Leipzig vom 15.–20. Jh., Leipzig 1931, S. 13. E. Franke: Die Universitätsgebäude von 1409 bis ins 17. Jh., in: Leipziger Universitätsbauten (Leipziger Stadtgeschichtliche Forschungen H. 6), Leipzig 1961, S. 132

Nr. 20: 1709/10 von Dobritzsch und A. Weißmantel errichtetes Wohnhaus von sieben Achsen. Fassade mit Holzerker und Oberlichtgitter in der Tür, Inschrift: JHS 1710.
Inventar/Stadt Leipzig 18, S. 480. Pevsner 1928, S. 56, 164 (R. 16–17)

Grimmaische Straße Hauptgeschäftsstraße der Innenstadt, ausgehend vom Augustusplatz (jetzt Karl-Marx-Platz) und in Ost-West-Richtung zur Südseite des Marktes führend.
Am 4. Dezember 1943 zahlreiche Gebäude zerstört (s. auch »Universitätskomplex«).

Leipzig
Oben: Augustusplatz 1
Unten: Augustusplatz, Eckhäuser an der Grimmaischen Straße

Nr. 17: Salomonis-Apotheke. Im Kern ein Bau des 16. Jh., der zweigeschossige, zweiachsige geschnitzte Holzerker von 1692.

Inventar/Stadt Leipzig 18, S. 466. Pevsner 1928, S. 20, 164 (R. 22), Abb. 7

Nr. 20: 1717/18 von Ch. Döring errichtetes Wohnhaus von vier Geschossen. Siebenachsige Fassade mit zweigeschossigem Erker vor dreiachsigem Mittelrisalit und Dachausbau. Stuckdekor am Erker und an den Verdachungen der Mittelrisalitfenster.

Pevsner 1928, S. 77, 164 (R. 22 a), Abb. 46

Nr. 22: Löwenapotheke. Erbauungszeit unbekannt, Umbau von 1706 mit Geschoßerhöhung. Viergeschossiges, fünfachsiges Wohnhaus mit Mittelerker auf Muschelkonsole und waagerechtem Abschluß. Spärliche Dekoration der Fensterrahmungen.

G. Wustmann: Leipzig durch drei Jahrhunderte, Leipzig 1891, Abb. S. 44. Pevsner 1928, S. 58 f., 165 (R. 23)

Nr. 24: 1705/06 von J. G. Fuchs und J. G. Rühl errichtetes Wohnhaus. Viergeschossiger, dreiachsiger Bau mit dreigeschossigem Erker und Dekoration an Verdachungen und Brüstungen.

G. Wustmann: Leipzig durch drei Jahrhunderte, Leipzig 1891, Abb. S. 44. Pevsner 1928, S. 56, 165 (R. 24–25)

Nr. 30: Fürstenhaus. 1558 wahrscheinlich von P. Wiedemann errichtet. Name seit 1612, seit 1648 im Besitz der Universität, später Wollwarenhaus Eulitz. Bedeutendstes Renaissancehaus der Stadt. Über durch Läden verändertem Erdgeschoß zweigeschossige Fassade mit rechteckigen Fenstern und durchlaufenden Sohlbankgesimsen. Über starkem Dachgesims Satteldächer mit drei Ziergiebeln zur Grimmaischen Straße und einem Ziergiebel zur Universitätsstraße. Der dreiachsige, in zwei Stufen abgetreppte Hauptgiebel an der Ostseite. Von hoher Qualität zwei doppelgeschossige Erker in Dreiviertelrundungen aus Rochlitzer Porphyr, daran u. a. Initialen und Gesellenzeichen sowie das Meisterzeichen des Steinmetzen P. Wiedemann. An den Erkern zwei Pilasterordnungen übereinander, unter den Fenstern Brüstungsfelder mit Reliefs, darüber Fensterstürze mit Reliefs sowie zwei Friese, im unteren geometrisch gemustert, im oberen mit pflanzlicher Ornamentik. Auf beiden Erkern und über dem Tor Inschriften. Im Hof ein Treppenturm.
Beim Abriß des zerstörten Gebäudes die Reste der Erker geborgen und in den Kellern der Moritzbastei deponiert.

Leipzig und seine Bauten, S. 108. Inventar/Stadt Leipzig 17, S. 252, Fig. 186–190. J. Zeitler: Die Leipziger Universitätsbauten, in: Leipziger Kalender 1909, S. 209. Dehio/Mitteldeutschl., S. 216. Bennemann 1940, S. 88. E. Franke: Die Universitätsgebäude von 1409 bis ins 17. Jh., in: Leipziger Universitätsbauten (Leipziger Stadtgeschichtliche Forschungen H. 6), Leipzig 1961, S. 162

Große Fleischergasse Alte Verbindungsstraße zwischen Brühl und Barfußgäßchen, die den Matthäikirchhof im Osten tangiert. Vornehmlich mit älteren Häusern bebaut.
Am 4. Dezember 1943 bis auf einige Geschäftshäuser auf der Ostseite ausgebrannt.

Leipzig
Links oben: Burgstraße mit Blick auf die Thomaskirche
Links Mitte: Burgstraße 10, Hof
Links unten: Burgstraße 19/21, »Hauskapelle«

Rechts oben: Grimmaische Straße mit Mauricianum und Fürstenhaus
Mitte und rechts unten: Grimmaische Straße 30 (Fürstenhaus)

Nr. 6: Wohnhaus mit Gasthof »Zum kleinen Blumenberg«. 1714/15 von G. Clauß und J. G. Rühl errichtet. Einfache Fassade mit dreigeschossigem, geschnitztem Holzerker.
Pevsner 1928, S. 85, 164 (R. 18). Bennemann 1940, S. 130

Nr. 12: Wohnhaus mit Gasthof »Goldenes Schiff«. Einfacher Bau des 18. Jh. mit älterer kreuzgratgewölbter Durchfahrt. Das zuletzt im Hof angebrachte Hauszeichen, das Steinrelief eines Dreimasters, vom Anfang des 18. Jh.
Inventar/Stadt Leipzig 18, S. 466. Bennemann 1940, S. 129

Hainstraße Wichtige, vom Markt bis zum Brühl führende Geschäftsstraße der Innenstadt mit mehreren Barockhäusern.
Am 4. Dezember 1943 wurde die westliche Straßenseite in ihrem nördlichen Ende zerstört, darunter Nr. 23.

Nr. 23: Wohn- und Geschäftshaus »Baermanns Hof«. In der Anlage 17. Jh., Anfang des 18. Jh. von N. Rempe und A. Weißmantel umgebaut. Viergeschossiges, siebenachsiges Haus mit gebrochenem Satteldach. Der dreigeschossige Erker in der Mittelachse.
Inventar/Stadt Leipzig 18, S. 454. Pevsner 1928, S. 59 f., Abb. 34

Johannisgasse 5 Wendlers Gartenpavillon. Erbaut 1750 als Lusthäuschen im ehemaligen Garten des Buchhändlers Wendler. Eingeschossiger, querrechteckiger Bau mit der Rückseite an der Gartenmauer. Flache Pilasterordnungen beiderseits der durch Wellenlinie geschlossenen Türöffnung. Darüber Rocaillenkartusche, die erste in Leipzig. Hohe Attika mit Vasen an den Ecken, in der Mitte durch kreisförmige Nische hochgetrieben, darin Büste des Merkur.
Am 4. Dezember 1943 bei Zerstörung des Gartens und der Umgebung beschädigt. 1963 abgebrochen.
Leipziger Kalender 1906, S. 255 m. Abb. Pevsner 1928, S. 116, Abb. 79. Dehio 1966, S. 234. M. Boehme: Der Wendlersche Pavillon in Leipzig, Johannisgasse, Seminararbeit der Technischen Hochschule Dresden

Johannisgasse 6 Zwischen 1740 und 1750 errichtetes Doppelwohnhaus mit drei Geschossen und zwölf Achsen. Zwei dreiachsige Mittelrisalite mit einem vierten Geschoß in der Dachzone. Über diesen zwei Giebelabschlüsse mit gequetschten Konturen und Stuckdekoration im Giebelfeld, eine runde Öffnung umschließend. Eingangsportale in den Mittelachsen, darüber Fenster mit

Stuckdekor. Gebrochene Satteldächer mit zwei Reihen stehender Dachfenster.
Am 4. Dezember 1943 zerstört.
Inventar/Stadt Leipzig 18, S. 499. Pevsner 1928, S. 114 f., Abb. 78

Katharinenstraße Vom Brühl in südlicher Richtung zum Markt führend. Einheitliche Bebauung mit barocken Wohnhäusern.
Am 4. Dezember 1943 brannte die östliche Straßenfront bis auf ein Haus am südlichen Ende aus; sämtliche Gebäude wurden in der Folgezeit beseitigt. Die auf der Westseite im Dachstuhl beschädigten Häuser Nr. 3, 19, 21 und 23 wurden wiederhergestellt, so daß sich die Westseite heute fast unverändert dem Blick von dem gegenüber entstandenen Sachsenplatz aus darbietet.

Nr. 2: Viergeschossiger, fünfachsiger Bau von 1506 mit Treppenspindel und Kreuzgewölben im Erdgeschoß sowie in den Erdgeschoßräumen der Hofbauten. Vom Umbau des späten 17. Jh. der rechteckige Holzerker mit einfacher pflanzlicher Dekoration. Spätere Aufstockung.
Inventar/Stadt Leipzig 18, S. 428, 462, 465. Pevsner 1928, S. 23 f., Abb. 9

Nr. 3: Oertelsches Haus. 1708–1710 von J. Ch. Schmidt und J. G. Fuchs errichtet. Viergeschossiger, fünfachsiger Bau mit sehr reich dekorierter Fassade, in der Mittelachse Erker.
Vereinfachte Wiederherstellung ohne die Stuckdekoration und mit verändertem Erker.
Pevsner 1928, S. 59, 165 (R. 34–36 a)

Nr. 4: Viergeschossiger Bau mit dreistöckigem Erker von 1680. Kreuzrippengewölbe im Erdgeschoß, im Hof Holzgalerien.
Inventar/Stadt Leipzig 18, S. 448, 462, Fig. 309. Pevsner 1928, S. 18, 23

Nr. 5: 1730/31 von Ch. Büttner und F. Knoff errichtet. Viergeschossiger, sechsachsiger Bau mit zweiachsiger Mittelvorlage sowie einem dekorierten Giebel.
Inventar/Stadt Leipzig 18, S. 492. Pevsner 1928, S. 109, 165 f. (R. 37–38), Abb. 73

Leipzig
Links oben: Große Fleischergasse
Links Mitte und unten: Johannisgasse 6, Haupt- und Rückfront
Mitte unten: Johannisgasse 5 (Wendlers Gartenpavillon)
Rechts oben: Eingang zur Katharinenstraße vom Markt

Nr. 7: 1709/10 von N. Rempe und J. Müller errichtet. Viergeschossiger Bau mit dekoriertem dreigeschossigem Holzerker und Dachausbau, Zierformen auch unter den Fenstern.

Pevsner 1928, S. 54 f., 166 (R. 39–40)

Nr. 9: Im 19. Jh. umgebaute Anlage von 1550, von dieser an der Hoffront noch einige Rundstabgewände an den Fenstern des ersten und zweiten Geschosses.

Dehio/Mitteldeutschl., S. 216

Nr. 10: »Zum goldenen Engel«. Im Hof eine 30 m lange, offene Holzgalerie, wie sie in vielen Höfen Leipzigs üblich war.

Nr. 12 (Ecke Böttchergäßchen): »Schachers Haus«. 1714–1717 von Ch. Döring errichtet, zusammen mit Nr. 14 und 16 ein Ensemble bildend. Mehrere Male umgebaut, dabei um ein Geschoß erhöht und weitgehend seiner Dekoration entblößt. Erhalten blieben der über Eck gestellte Erker bis zum dritten Geschoß und einige Schmuckplatten zwischen den Geschossen mit Reliefdarstellungen von Putten sowie Festons, ferner einige Büsten in runden Nischen.

Inventar/Stadt Leipzig 18, S. 482. Kurzwelly 1904, S. 164, Abb. 5. Pevsner 1928, S. 71 f., 166 (R. 43–45 a), Abb. 41

Nr. 14 (Ecke Böttchergäßchen): »Schellhaffersches Haus«. 1718 von Ch. Döring errichtet. Viergeschossiger, fünfachsiger Bau mit Erker in der Mittelachse. Reich dekoriert in den Verdachungen und Brüstungen. Gebrochenes Satteldach mit drei Reihen Dachfenstern, der Mansardenausbau später.

Inventar/Stadt Leipzig 18, S. 482. Kurzwelly 1904, S. 164, Abb. 5. Pevsner 1928, S. 76, 166 (R. 46–47), Abb. 42, 44

Nr. 16: »Zweites Hohmannsches Haus«. 1715 bis 1717 von Ch. Döring errichtet, größtes und reichstes Gebäude der drei zu einem Ensemble gehörenden Barockhäuser. Viergeschossiger, elfachsiger Bau mit Mittelrisalit und Erker sowie zwei Seitenrisaliten. Hohes gebrochenes Satteldach mit Dachausbau und drei Reihen stehender Dachfenster. Sämtliche Dekorationen über und unter den Fenstern in reicher, phantasievoll gestalteter Stuckornamentik. Bemerkenswertes Mittelportal mit über Eck gestellten Pilastern, darüber gerades Gesims mit liegenden Figuren von Merkur und Minerva. Fassaden der Hofanlagen ebenfalls dekorativ gestaltet. Turmartiger Aufbau zum Dachspeicher mit Kranluke im Hof.

Inventar/Stadt Leipzig 18, S. 482, Taf. XXXIX. Plaul 1920, S. 21. Pevsner 1928, S. 71 ff., 166 f. (R. 48–49), Abb. 42, 43, Grundriß S. 73

Nr. 18: 1709 von N. Rempe und A. Weißmantel errichtet. Viergeschossiger, neunachsiger Bau mit dreigeschossigem Holzerker in der dritten Achse, darüber Dachausbau im dreigeschossigen, gebrochenen Satteldach. Im Erdgeschoß kreuzgewölbte Räume von einer älteren Anlage.

Inventar/Stadt Leipzig 18, S. 488. Pevsner 1928, S. 54, 167 (R. 50–51), Abb. 31

Leipzig
Links: Katharinenstraße 2, Erker an der Straßenfront und Hof
Rechts oben: Katharinenstraße 16, 14 und 12 (Stich um 1720)
Rechts unten: Katharinenstraße 14

Leipzig, Katharinenstraße 16

Nr. 20: 1697 von G. Rotzsch und J. Ch. Schmidt errichtet. Viergeschossiger, sechsachsiger Bau mit zweigeschossigem, rechteckigem Holzerker von 1697. Flacher Dekor an Erkerflächen und Gurtstreifen zwischen zweite und dritte Geschoß. Kreuzgratgewölbte Räume im Erdgeschoß.
Inventar/Stadt Leipzig 18, S. 464. Dehio/Mitteldeutschl., S. 216. Pevsner 1928, S. 21 f., 167 (R. 55–58), Abb. 8

Nr. 22: Viergeschossiger, siebenachsiger Bau. Von der Anlage des 17. Jh. der Treppenturm und der Krangiebel im Dach des Hofes sowie verputzte Holzgalerien. Fassadenveränderung um 1715 mit dreiachsigem Mittelrisalit und einachsigem Erker, ferner das vierte Geschoß aufgesetzt und Dachausbau mit Stuckdekoration über und unter den Fenstern.
Inventar/Stadt Leipzig 18, S. 488, Fig. 339. Dehio/Mitteldeutschl., S. 217. Pevsner 1928, S. 86

Nr. 26 (Ecke Brühl): Viergeschossige Anlage von 1549 mit zweigeschossigem Erker an der Ecke zum Brühl. Hof mit Holzgalerien. Im Erdgeschoß kreuzgewölbte Räume und große Halle nach der Katharinenstraße.
Leipzig und seine Bauten, S. 107. Inventar/Stadt Leipzig 18, S. 456, Fig. 294–296. Dehio/Mitteldeutschl., S. 216

Klostergasse Hinter der Westseite des Marktes verlaufende alte Gasse, die die Barfußgasse mit der Thomasgasse verbindet. An ihr lagen die (meist zerstörten) Hinterhäuser der Barockbauten der westlichen Marktseite, mehrere Durchgänge verbanden sie mit dem Markt.
Die aufgeführten Gebäude wurden 1943 zerstört.

Nr. 6: Rückfront von Markt 13. 1733 von G. Werner und J. G. Schmiedlein errichtet. Bemerkenswertes Tor mit Oberlicht aus Schmiedeeisen. Das Vorderhaus schon 1928 nicht mehr vorhanden.

Nr. 9: »Hotel de Saxe«. 1811 wohnte Marschall Ney hier, 1813 Gneisenau und Blücher, 1848 Treffpunkt revolutionärer Volksbildner, später weiterhin Tagungsort der Arbeiterbewegung, bekannt als »Herberge der Gerechtigkeit«. Erbaut 1717 von unbekanntem Baumeister. Ursprünglich dreigeschossiges, siebenachsiges Barockhaus

Leipzig
Links: Katharinenstraße 16, Hof; Katharinenstraße 26
Mitte: Klostergasse 9 (»Hotel de Saxe«), Front nach teilweiser Wiederherstellung; Portal; Stuckdecke im Mittelraum des zweiten Obergeschosses
Rechts oben: Katharinenstraße 22 und 20
Rechts unten: Katharinenstraße 18

mit Fensterbekrönungen in mehreren Varianten aus Bandelwerk, Kartuschen und Akanthus. Fensterbrüstungen als gequaderte Platten. Bemerkenswert das sehr breite, von zwei Pilastern flankierte Portal mit Korbbogenabschluß und kräftigem Schlußstein mit Volutenkartusche, darauf die Inschrift »Hotel de Saxe«. Reliefdekoration der Pilaster: zwei Vasen mit Bandelwerk und Quasten. Im Erdgeschoß kreuzgewölbter Durchgang zum Hof und kreuzgratgewölbte Räume. Einläufiges, rechteckiges Treppenhaus mit verschliffenen Kreuzgewölben und zwei großen Stuckkonsolen. Wände bis zur Hälfte dekoriert mit türkischen Fliesen des 19. Jh. In den Obergeschossen Stuckdecken und Kaminumrandungen aus der Erbauungszeit. Im Hof zwei Seiten- und ein Hintergebäude.
Die Hofgebäude wurden völlig zerstört, das Vordergebäude durch Brand und Wasser schwer beschädigt und später notdürftig wiederausgebaut. Das Haus 1968 wegen Baufälligkeit abgebrochen.
Pevsner 1928, S. 102 f., 168 (R. 70–71), Abb. 70. Dehio 1966, S. 233

Nr. 12: Rückfront von Markt 11, dem ersten der drei »Hohmannschen Häuser«. 1708–1714 von J. G. Fuchs und J. Ch. Schmidt errichtet. Fassade mit dreigeschossigem Erker und Toreinfahrt. Im Schlußstein des flachen Portalbogens das Relief eines Chronoskopfes.

Markt Das Geviert umbaut mit Gebäuden aus der Renaissance- und Barockzeit. Seine Ausgänge: Hain- und Katharinenstraße im Norden, Salzgäßchen und Grimmaische Straße im Osten, Petersstraße im Süden und die Thomas- und Barfußgasse im Westen. Die alten Straßenzüge verliefen in leichten Krümmungen, so daß der Betrachter vom Markt aus in keine offene Straßenzeile bis zum Ende hineinschauen konnte. Der Marktplatz besaß daher eine einmalige Geschlossenheit, die den Eindruck erweckte, man befände sich in einem Innenraum.

Die Zerstörungen vom 4. Dezember 1943 betrafen am schwersten die Westseite und das südliche Ende der Ostseite, doch wurden sämtliche Gebäude um den Markt herum bis in ihre oberen Stockwerke durch Brand und Wasser schwer beschädigt. Völlig abgebrochen wurden die Häuser Nr. 2 und 3 auf der Ostseite und das Haus Nr. 11 auf der Westseite. Wiederaufgebaut wurden das Alte Rathaus, die Alte Waage und das sogenannte Königshaus (Nr. 1, 4, 17). Die durch die abgebrochenen Ruinen entstandenen Lücken wurden teilweise durch Neubauten ersetzt. Das Alte Rathaus gehört zu den ersten wiederhergestellten Gebäuden Leipzigs.

Nr. 2: Wohn- und Geschäftshaus »Jöchersches Haus«. 1695 errichtet, 1707 umgebaut von J. G. Fuchs und J. Ch. Schmidt. Sehr hohes fünfgeschossiges, achtachsiges Reihenhaus mit einem charakteristischen kastenartigen, zweistöckigen Ausbau in der Dachzone. Gebrochenes Satteldach mit drei Reihen stehender Dachfenster. Einfache, durch Ecklisenen gegliederte Fassade mit bescheidenen Verdachungen der Mittelfenster. Das 1738 von Ch. Döring hinzugefügte Mittelportal mit zwei schräggestellten Pilastern und nach vorn gewölbtem Balkon mit Balustrade, darauf beiderseits je eine stehende weibliche Figur, Schlußstein mit Gesichtsmaske.
Inventar/Stadt Leipzig 18, S. 477. Dehio/Mitteldeutschl., S. 216. Pevsner 1928, S. 30, 82, 168 (R. 73 bis 75), Abb. 20, 51

Nr. 3: Wohn- und Geschäftshaus »Kochs Hof«. 1738/39 von G. Werner und J. G. Schmiedlein errichtet als großes Durchgangshaus mit zwei Höfen und einem rückwärtigen Haus an der Reichsstraße 15. Bedeutender später Barockbau von vier Geschossen. Die siebenachsige Fassade mit Mittelrisalit und eingeschossigem Dachausbau mit reichdekoriertem Dreieckgiebel. Abwechslungsreicher Fassadenschmuck im Stuck. Mittelportal von zwei Pilastern flankiert, darüber Balkon mit Balustrade. Gebrochenes Satteldach mit drei Reihen stehender Dachfenster. In den zwei langgestreckten Höfen ebenfalls dekorierte Fassaden. Bemerkenswert besonders die Baldachin-Verdachungen der Mittelfenster der östlichen und westlichen Hofgebäude.

Leipzig
Links oben: Markt, Gebäude an der Ostseite mit Altem Rathaus
Rechts oben: Markt 2
Unten: Markt 3, Straßenfront und Hof

Inventar/Stadt Leipzig 18, S. 487, Fig. 333–336. Kurzwelly 1904, S. 153, Abb. 1. Plaul 1920, S. 22, Abb. 33. Pevsner 1928, S. 110 ff., 169 (R. 76–78), Abb. 74–76 und S. 111

Nr. 11: Hohmannsches Haus, genannt »Aeckerleins Hof«. 1708–1714 von J. G. Fuchs und J. Ch. Schmidt errichtet. Der fünfgeschossige, siebenachsige Bau mit Mansarddach und Balustrade. Dreiachsiger Mittelrisalit über einem reichen Portal, bestehend aus drei über Eck gestellten Säulen auf jeder Seite und geschweiftem Balkon darüber. Im Schlußstein des Torbogens ein Saturnkopf in Relief. Die ganze Fassade gleichmäßig von Stuckdekoration überzogen. Zwischen dem Haus und dem rückwärtigen Gebäude Klostergasse 12 ein schmaler, langer Hof mit gegliederten Fassaden; der erste ausgebildete Durchgangshof Leipzigs.

Inventar/Stadt Leipzig 18, S. 481 f., Fig. 329, 330. Kurzwelly 1904, S. 161, Abb. 4. Plaul 1920, S. 21, Abb. 29. Dehio/Mitteldeutschl., S. 217. Pevsner 1928, S. 60 ff., 169 f. (R. 83–86 a), Abb. 36–39 und S. 61

Nr. 17: Wohn- und Geschäftshaus, genannt »Königshaus«; im 18. und 19. Jh. Quartier der sächsischen Könige und ihrer Gäste. 1706/07 von J. G. Fuchs und J. Ch. Schmidt errichtet. Fünfgeschossiger, elfachsiger Bau mit Mittelerker auf konkavem Grundriß. Der Fassadenschmuck in späterer Zeit reduziert. Vom Vorgängerbau des 17. Jh. der Treppenturm im Inneren mit profilierter Spindel aus Rochlitzer Porphyr sowie Ornamentik aus Rauten und Zungen am unteren Ende. Auch die Zugänge zu den Stockwerken mit Gewänden aus Rochlitzer Porphyr. Im ersten Obergeschoß Stuckdecken des 18. Jh.
Durch die Wiederinstandsetzung nach den schwe-

Leipzig
Links: Markt 11 (»Aeckerleins Hof«), Straßenfront, Hof und Portal
Rechts oben: Markt, Gebäude an der Nordseite mit Alter Waage
Rechts unten: Markt, Gebäude an der Südseite und Altes Rathaus

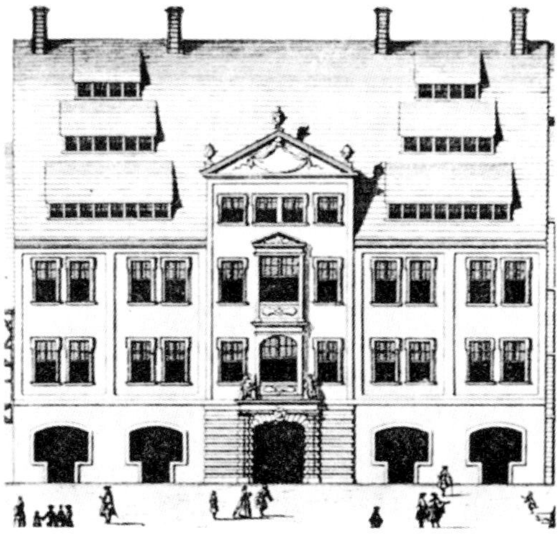

ren Kriegsschäden wurden zwar weitere Vereinfachungen der Fassade durchgeführt und die Fenster durch moderne Fensterrahmen und Verglasungen im ersten und zweiten Obergeschoß verändert, jedoch gibt das Haus der Südfront des Marktes heute wieder einen wichtigen Akzent, zumal der Eckhausneubau an der Petersstraße ihm in Dachhöhe und -abschrägung angeglichen wurde.

Inventar/Stadt Leipzig 18, S. 448, 458, 477, Fig. 301. Plaul 1920, S. 21. Pevsner 1928, S. 57f., 170f. (R. 94 bis 96 a), Abb. 32

Matthäikirchhof Das Gebiet des Matthäikirchhofs mit den angrenzenden Gebäuden liegt, vom Dittrichring aus gesehen, auf einer Bodenerhebung. Hier fanden sich die ersten Spuren der Besiedlung innerhalb der Innenstadt. An dieser Stelle hatte auch das mittelalterliche Leipzig eines seiner Zentren mit dem Kloster des Franziskaner Bettelordens nebst Kirche und Kirchhof. Nach dem Verfall des Klosters und durch Einebnung des Friedhofs entstand im 17. Jh. ein freier Platz. Auf den Grundmauern der an der Kirche gelegenen Klostergebäude und der sie umgebenden älteren Häuser wurden im 18. und 19. Jh. Gebäude mit sehr einfachen Formen des Barock und Empire errichtet.
Am 4. Dezember 1943 wurde der malerische Platz mit der Matthäikirche in der Mitte restlos zerstört.

Nr. 20 und 21: Auf den überwölbten Kellern des Franziskanerklosters errichtete Gebäude. Die alte Küsterei (Nr. 21) mit Sitznischenportal aus Porphyr von 1610 und Treppenturm von 1702.

Nr. 32: Wohnhaus mit Treppenturm von 1687 und Holzgalerie im Hof.

Nr. 34: Einfacher Barockbau. Wohn- und Sterbehaus des Liederkomponisten C. Zöllner.

Neumarkt In Verlängerung der Reichsstraße nach Süden verlaufend. Da die alten Häuser der Innenstadt in der ersten Hälfte des 20. Jh. zunehmend durch Messepaläste ersetzt worden waren, be-

Leipzig
Oben: Neumarkt 3, Hof (Ansicht aus der Mitte des 19. Jh.) und Straßenfront (Kupferstich von 1722)
Links Mitte: Markt 17 (Ansicht um 1720)
Rechts oben: Petersstraße 2
Links unten: Matthäikirchhof mit Matthäikirche
Rechts unten: Matthäikirchhof 20

saß auch der Neumarkt nur noch wenige Bauten des 18. Jh.
Am 4. Dezember 1943 wurden die letzten noch vorhandenen Barockhäuser zerstört.

Nr. 3: Wohnhaus mit Gasthof »Zur Großen Feuerkugel«. Das 1695–1697 errichtete Haus 1701 durch L. Ch. Sturm umgebaut. Eines der ältesten Durchgangshäuser zum alten Neumarkt, der späteren Universitätsstraße. Dreigeschossiger, elfachsiger Bau mit zweigeschossigem Erker sowie rustiziertem, von Figuren bekröntem Portal. Im Hofgebäude wohnte Goethe als Student in den Jahren 1765–1768.
Inventar/Stadt Leipzig 18, S. 476. Pevsner 1928, S. 29 f., 171 (R. 98–98 b), Abb. 18, 19

Nr. 8: Um 1700 wohl von Ch. Döring errichtetes einfaches Wohnhaus. Viergeschossiger, fünfachsiger Bau mit einachsigem Erker und Mittelgiebel.
Pevsner 1928, S. 76 f., Abb. 45

Nr. 12: Kurz vor 1720 von Ch. Döring errichtetes Wohnhaus von vier Geschossen und fünf Achsen. Reich dekorierte dreiteilige Fassade mit dreigeschossigem, konkavem Erker. Dachausbau und drei Reihen Dachfenster.
Inventar/Stadt Leipzig 18, S. 488, Fig. 338. Pevsner 1928, S. 78 f., 171 (R. 98 c, d), Abb. 48

Nr. 16: Rückwärtiges Gebäude vom Durchgangshaus »Hohmanns Hof« in der Petersstraße 15. Bau des 17. Jh. mit Rundbogentor und Oberlichtgitter.
Inventar/Stadt Leipzig 18, S. 455

Nr. 28: Wohnhaus mit ehemaligem Gasthof »Zur hohen Lilie«; Geburtshaus von Klara Schumann. Fünfgeschossiger, neunachsiger Bau, das fünfte Geschoß 1748 von Ch. Döring aufgesetzt. Korbbogentor mit Hauszeichen einer Lilie. Die dreigeschossige Holzarchitektur im Hof datiert 1695.
Inventar/Stadt Leipzig 18, S. 463. Pevsner 1928, S. 31, 171 (R. 102–102 a)

Petersstraße In Verlängerung der Hainstraße vom Markt in südlicher Richtung verlaufend. Bebauung mit Wohn- und Geschäftshäusern des 19./20. Jh. sowie wenigen älteren Gebäuden.
Am 4. Dezember 1943 wurden einige Häuser zerstört, darunter die folgend genannten.

Nr. 2 (Ecke Thomaskirchhof, früher Thomasgasse): Wohn- und Geschäftshaus »Gustav Steckner«. 1750 wahrscheinlich von G. Werner errichtet, im Erdgeschoß später verändert. Viergeschossiger Eckbau mit elf Achsen zur Petersstraße und fünf Achsen zum Thomaskirchhof. Im Mansarddach jeweils ein dreiachsiger Giebel und eine Reihe stehender Dachfenster.

Nr. 15: Wohn- und Geschäftshaus »Hohmanns Hof«. 1728–1731 von G. Werner errichtetes großes Durchgangshaus mit zwei Höfen, Seiten- und Quergebäuden. Das rückwärtige Haus Neumarkt 16 ist älter. Die viergeschossige, elfachsige Fassade zur Petersstraße mit einachsigem, rechteckigem Erker in der Mittelachse. Flachbogig geschlossenes Portal mit über Eck gestellten Pfeilern, darüber Gesims mit zwei liegenden Figuren. Gebrochenes Satteldach mit drei Reihen stehender Dachfenster. Üppige spätbarocke Fassadendekoration über die ganze Fläche verteilt unter Betonung des Erkers und der seitlichen Mittelfenster.
Inventar/Stadt Leipzig 18, S. 485, Taf. XXXX, Fig. 331, 332. Dehio/Mitteldeutschl., S. 217. Pevsner 1928, S. 105 ff., 172 (R. 105–107 a), Abb. 71, 72 und S. 34, 106

Leipzig, Neumarkt 12

Nr. 21 »Heydenreichsches Haus«. 1719 von Ch. Döring errichtetes fünfgeschossiges, siebenachsiges Wohnhaus. Fassade mit vorgelegter dekorierter Mittelachse und Mittelportal. Im Erdgeschoßinneren kreuzgratgewölbte Räume, im ersten Obergeschoß Stuckdecken. Im Hof zwei Balkone auf Konsolen.

Inventar/Stadt Leipzig 18, S. 490, Fig. 341. Pevsner 1928, S. 77, 172 (R. 108–108 a), Abb. 47

Reichsstraße An der vom Brühl in südlicher Richtung bis zur Grimmaischen Straße verlaufenden Reichsstraße standen nur noch einige ältere Häuser, von denen »Deutrichs Hof« hervorzuheben ist.

Am 4. Dezember 1943 die Bebauung fast gänzlich zerstört. Wesentlich veränderte Neubebauung, indem zwischen der Westseite der Katharinenstraße und der Ostseite der Reichsstraße ein freier Platz mit einigen niedrigen kioskartigen Gebäuden geschaffen wurde.

Nr. 8: »Deutrichs Hof«. Erbaut 1653–1655 als vergrößerter Handelshof mit zwei Haupthäusern (das rückwärtige Haus Nikolaistraße 15 vor 1928 abgebrochen) und langgestrecktem Hof mit Seitengebäuden; vom Vorgängerbau des 15./16. Jh.: Wendelstein, tonnengewölbte Keller und südliches Seitengebäude im Hof. Zur Reichsstraße dreigeschossiger, sechsachsiger Bau mit hohem Satteldach und einem großen, für Leipzig einmaligen Schmuckgiebel. Der durch kräftiges Gesims in zwei Geschosse unterteilte Giebel mit Halbsäulen auf Brüstungen, das vierachsige untere Geschoß gerade abgeschlossen, das zweiachsige obere geschweift und mit Voluten

geziert, als Bekrönung gesprengter Dreieckgiebel. Vor der Mittelachse der Fassade ein zweigeschossiger Erker mit flachem, geschweiftem Dachabschluß über einer Muschelkonsole mit Knorpelwerk. Darunter Sitznischenportal aus Porphyr und zwei Bogenstellungen, das zweiflügelige Eingangstor mit rundbogigem Ober-

Leipzig
Oben: Petersstraße 15 und 21
Unten: Reichsstraße 8, Straßenfront und Portal mit Erker, nach teilweiser Wiederherstellung; Stuckdecke im Vestibül des zweiten Obergeschosses

licht. Im Hof nach Süden zweigeschossiges Gebäude mit Zwerchgiebel, das nördliche dreigeschossig. An letzterem und an der Rückseite des Haupthauses zugesetzte Holzgalerien mit Schnitzereien und Inschriften. Am Ende der Toreinfahrt eine Spindeltreppe vom Vorgängerbau mit Handführung aus Rochlitzer Porphyr, darunter die Wandfläche mit Delfter Fliesen belegt. Im Erdgeschoßinneren sämtliche Räume gewölbt. Im ersten Obergeschoß ein Vorraum mit der 1669 datierten ältesten Stuckdecke Leipzigs.
Am 4. Dezember 1943 schwer beschädigt, ein Hofgebäude gänzlich zerstört. Nach anfänglichen Sicherungsarbeiten die Gesamtanlage 1968 beseitigt.
Inventar/Stadt Leipzig 18, S. 462, 467 ff., Fig. 307, 315, 317. W. Dietrich: Beiträge zur Entwicklung des bürgerlichen Wohnhauses in Sachsen, Leipzig 1904, S. 120, Abb. 23. Plaul 1920, S. 20, Abb. 11. Dehio/Mitteldeutschl., S. 216. Pevsner 1928, S. 10 ff., Abb. 2

Nr. 10: Wohn- und Geschäftshaus »Amtmanns Hof«. Erneuertes Durchgangshaus. An der Innenseite des Vordergebäudes Renaissanceportal mit Rollwerk, Löwenköpfen und Wappenschilden sowie Jahreszahl 1605.
Inventar/Stadt Leipzig 18, S. 454, Fig. 291. Dehio/Mitteldeutschl., S. 216

Nr. 15: 1735–1739 von G. Werner als rückwärtiges Haus von Kochs Hof (Markt 3) errichtet. Viergeschossiger, siebenachsiger Bau, die dreiteilige Fassade mit betonten Mittelachsen. Giebelkartusche mit Rankenwerk. Achsenbetonte Hoffassaden mit schmiedeeisernen Fenster- und Oberlichtgittern.
Inventar/Stadt Leipzig 18, S. 487, Fig. 333–336. Pevsner 1928, S. 112, Abb. 75, 76

Nr. 17: 1709 von N. Rempe und A. Weißmantel errichtet. Viergeschossiges, dreiachsiges Wohnhaus mit Mansarddach. Dreigeschossiger Erker mit geschweiften Seitenwänden und Inschrift von 1709.
Inventar/Stadt Leipzig 18, S. 477. Pevsner 1928, S. 56, 172 (R. 111)

Nr. 23: Dreigeschossiges, sechsachsiges Wohnhaus, der Erker mit Inschrift und Jahreszahl 1674. Im Inneren hölzerne Spindeltreppe.
Inventar/Stadt Leipzig 18, S. 464. Pevsner 1928, S. 18 f., 172 (R. 11)

Nr. 27: »Der Alte Hof«. Im 17. Jh. errichtetes Wohnhaus, die Fassade später verändert. Dreigeschossiges Eckhaus von fünf Achsen und zweifenstrigem Dachausbau sowie drei Reihen stehender Dachfenster. In der Mittelachse zweigeschossiger Erker über einem rundgeschlossenen Sitznischenportal aus Sandstein. Im Hof an drei Seiten zweigeschossige Holzgalerien mit Balustergeländer auf Holzsäulen.
M. Reimann: Um das Leipziger Stadtbild, in: Mitteilungen des Landesvereins Sächsischer Heimatschutz XIX, 1930, H. 7/8, S. 331

Nr. 37: 1728 von Ch. Döring errichtet. Viergeschossiges, siebenachsiges Wohnhaus. Dreigeschossiger, einachsiger Erker von dreiachsiger Mittelvorlage mit Stuckdekor.
Dehio/Mitteldeutschl., S. 217. Pevsner 1928, S. 81, Abb. 50

Schillerstraße Die Innenstadt im Süden und Südosten begrenzende Straße, die auf den Augustusplatz (jetzt Karl-Marx-Platz) mündet. Sie war in ihrer ganzen Ausdehnung nur einseitig bebaut, auf der gegenüberliegenden Seite erstreckten sich die Parkanlagen des Grüngürtels.
Am 4. Dezember 1943 wurde der östliche Teil der Straße mit den Universitätsgebäuden und dem Eckhaus Universitätsstraße zerstört (s. Universitätskomplex). Die Gebäude des westlichen Straßenabschnittes erlitten zwar Beschädigungen, wurden aber in den letzten Jahren restauriert, so daß diese bemerkenswerten Häuser der Gründerjahre wieder das Bild der Innenstadt von Süden her bestimmen.

Schuhmachergäßchen 4 Um 1780/90 erbautes viergeschossiges Wohnhaus. Im Mansarddach barocke Verdachung des Mittelgiebels und der Dachfenster. Die Schmuckornamente der Fassade in jüngerer Zeit beseitigt, im Erdgeschoß Ladeneinbauten der Zeit um 1900.
Am 4. Dezember 1943 schwer beschädigt. 1968 abgebrochen.

Thomasgasse 5 1756 von Ch. Döring errichtetes dreigeschossiges Wohnhaus mit Erker.
Am 4. Dezember 1943 zerstört.
Dehio/Mitteldeutschl., S. 217. Pevsner 1928, S. 131, 173 (R. 116)

Universitätsstraße Verlängerung der Nikolaistraße nach Süden, auf die Schillerstraße mündend. An der Ostseite die zum Universitätskomplex gehörenden Gebäude.
Am 4. Dezember 1943 brannten die Universitätsgebäude aus, deren Ruinen später abgebrochen wurden (s. Universitätskomplex). Auf der westlichen Seite brannte teilweise das Städtische Kaufhaus aus, das Eckhaus Grimmaische Straße blieb erhalten.
Nr. 8: Zum Durchgangshaus Neumarkt 3, dem Wohnhaus und Gasthof »Zur Großen Feuerkugel«, gehörig. Erbaut 1711 von P. Valentin und Maltern. Fassade mit zweigeschossigem Erker.
Inventar/Stadt Leipzig 18, S. 476, Fig. 321. Pevsner 1928, S. 55

Weststraße 3 (jetzt Friedrich-Ebert-Straße). Vor 1860 von E. Pötzsch in den Formen des Spätklassizismus errichtet. Zweigeschossige, dreiachsige palaisartige Villa mit Mitteleingang. Die Seitenfronten ebenfalls dreiachsig mit gekoppelten Mittelfenstern. Flaches Dach mit Architravabschluß.
Am 4. Dezember 1943 ausgebrannt. Ruine später beseitigt.
Leipzig und seine Bauten, S. 369

Weststraße 15 1886/87 von A. Roßbach im Stil der italienischen Renaissance errichtete Villa. Zweigeschossiger rustizierter Bau mit Konsolgesims und Balustradenabschluß, die Straßenfront dreiachsig, zum Garten Freitreppe und Terrasse. Links an die Straßenfassade anschließend große Portalanlage mit Mitteldurchfahrt und zwei Seitendurchgängen.
Am 4. Dezember 1943 ausgebrannt. Ruine später beseitigt.
Leipzig und seine Bauten, S. 386. Bruck 1904, S. 63, Abb. 63

Leipzig, Reichsstraße 27
Straßenfront und Holzgalerien im Hof

Meuselwitz (Kreis Altenburg)

Schloß und Orangerie Als Baudatum der älteren Anlage ist 1677 bekannt. Der interessante Umbau zu einer Vierflügelanlage mit den ausgerückten Mittelrisaliten zur Stadt und zum Park hin wird 1724–1727 für den Reichsgrafen C. L. v. Seckendorff von dem Leipziger Baumeister D. Schatz ausgeführt worden sein. Kennzeichnend und ungewöhnlich die drei- bzw. zweiachsigen Eckrisalite über bastionenähnlichem Grundriß, die offenbar die Gestalt einer Festung nahelegen sollen. Der Festsaal im ersten Obergeschoß der Parkseite durch reiche gemalte und plastische Dekoration ausgezeichnet. Das am Ziel der vom Markt zum Schloß führenden Straße gelegene Schloßtor hatte schon mit dorischer Ordnung und üppiger Trophäe im Frontispiz den kriegerischen Grundton dieses Landschlosses angestimmt; links und rechts des Tores zweigeschossige Wirtschaftsbauten der gleichen Zeit. Die Formensprache des Tores, die sich auch beim Seckendorffschen Haus in Altenburg und bald darauf in dem nach 1724 von D. Schatz errichteten Schloß Burgscheidungen wiederfindet, tritt in der am Ende des Schloßparkes gelegenen Orangerie entgegen. Im flachbogigen Grundriß und dem Torpavillon mit geschweifter Haube, den Ovalnischen mit Büsten und den schweren Scheitelsteinköpfen ist das Vorbild Pöppelmanns, besonders des Zwingers, deutlich. Statt der bisherigen Zuschreibung an J. G. Hellbrunn sollte, wie es für das genannte Altenburger Palais nachweisbar ist, dessen Tätigkeit als auf die Bauausführung beschränkt erkannt werden. Ein 1719 datierter erster Entwurf für die Orangerie von der Hand D. Schatz' zeigt einen für diesen selbst ungewöhnlich verhaltenen Ausdruck.

Am 20. März 1945 wurde das Schloß durch Bombenangriffe beschädigt und bald danach abgetragen. Auch die Wirtschaftsbauten seitlich des Schloßtores, schließlich dieses selbst, fielen mit den Aufräumungsarbeiten, als der in seiner Barockanlage noch erkennbare Schloßgarten und die ausgebrannte Orangerie instand gesetzt wurden. Ihre Kuppel war 1954 zusammengebrochen. Sicherung und Wiederaufbau begannen 1955, seit 1963 Ausbau der Innenräume nach Entwurf des Lehrstuhls Prof. Mühler, Technische Universität Dresden. Am Außenbau wurden Ergänzungen der Bau- und Gartenplastik ausgeführt, freilich ohne die Metopenfüllungen wiederherstellen zu können. Zwei Torhäuser des 18. Jh. wurden wieder instand gesetzt. 1969 Eröffnung der Orangerie als Museum, u. a. mit Gemälden aus Schloß Rötha (Kreis Borna). Ein Teil des Bauwerks wird als Konzertsaal genutzt.

Inventar/Altenburg, S. 213. W. Thomae: Thüringische Kunstgeschichte, Jena 1924, S. 124. H. Meyer: Meuselwitzer Barock, in: Sachsen-Altenburgischer Geschichts- und Hauskalender 103, 1936, S. 115 ff. H. Meyer: Zur Erneuerung des Meuselwitzer Schloßtores, in: Sachsen-Altenburgischer Geschichts- und Hauskalender 108, 1941, S. 118 f. W. Gruner: Orangerie Meuselwitz, Zeitz 1959. P. Findeisen: Der Baumeister und sein Werk, in: Schloß Burgscheidungen an der Unstrut, hrsg. von H. Berger, Berlin 1975

Schkeuditz (Kreis Leipzig)

Flughafengebäude Für den Flughafen Halle–Leipzig 1927 nach Plänen von P. Thiersch errichteter Komplex mit dem Empfangsgebäude als Mittelpunkt.

1945 durch einen Luftangriff völlig zerstört. An seiner Stelle entstanden 1966–1968 Neubauten, die zugleich als Autobahnraststätte dienen.

Torgau (Kreis Torgau)

Wohnhaus Leipziger Straße 40 »Schwarzer Adler«. 1569 errichtet, im Siebenjährigen Krieg schwer beschädigt und 1769 vollständig erneuert, weiterer Umbau 1884. Das Haus durch seine qualitätvolle Portalbildung innerhalb der zahlreichen Torgauer Bürgerhäuser des 16. Jh. hervorgehoben. Das Sitznischenportal mit muschelförmigen Nischenabschlüssen, rollwerkumrahmtem Scheitelstein in den Archivolten und rahmenden dorischen Pilastern.

In den letzten Kriegstagen durch Brand schwer beschädigt. Später abgetragen.

E. Henze: Geschichte der Stadt Torgau, Torgau 1925, S. 107. P. Mannewitz: Das Wittenberger und Torgauer Bürgerhaus vor dem Dreißigjährigen Kriege, Borna–Leipzig 1914, S. 84. P. Findeisen und H. Magirius: Die Denkmale der Stadt Torgau, Leipzig 1976, S. 409

Meuselwitz
Oben und links Mitte: Orangerie, nach dem Wiederaufbau
Rechts Mitte: Schloßtor
Unten: Schloß

Bezirk Dresden

Altenberg (Kreis Dippoldiswalde)

St. Nikolauskirche Im wesentlichen spätgotischer Bau mit unregelmäßig verzogenen Umfassungsmauern, an der Südseite der Turm. Die Baugeschichte nur hypothetisch rekonstruierbar: Ein einschiffiger mittelalterlicher Chor ist im Norden um einen Kapellenraum erweitert. Wahrscheinlich nach Brand 1525 Planung eines asymmetrisch zweischiffigen Langhauses im Anschluß an die älteren Chorteile. Aus dieser Zeit Wölbung des Chores und der Kapelle mit Schleifensternen und Schlingrippen sowie Bau des Turmes mit herzoglichem Frührenaissancewappen und Gewölbenetz im Inneren. Nach Bränden 1576, 1675 und 1876 Umformungen. Von 1878 Umgestaltung des Chores als Polygon, Satteldach und Turmumbau mit spitzem Helm. Im Inneren neogotische Ausstattung.
Im Mai 1945 durch Bombeneinwirkung und Brand gleichzeitig mit dem Zentrum des Ortes zerstört. Ruine 1953 abgebrochen. Wappen und Grabsteine geborgen.

Sachsens Kirchengalerie 4, S. 32 ff. Inventar Sachsen 2/Dippoldiswalde, S. 3 ff. Um Altenberg, Geising und Lauenstein (Werte der Deutschen Heimat 7), Berlin 1964, S. 91 ff.

Unter den im Mai 1945 zerstörten **Bürgerhäusern** waren zahlreiche charakteristische Beispiele des 17. und 18. Jh. Als vornehmstes Gebäude galt das aus dem 17. Jh. stammende Gewerkenhaus am Breiten Markt: über dem Erdgeschoß aus Bruchstein Fachwerkobergeschoß, steiles Walmdach.

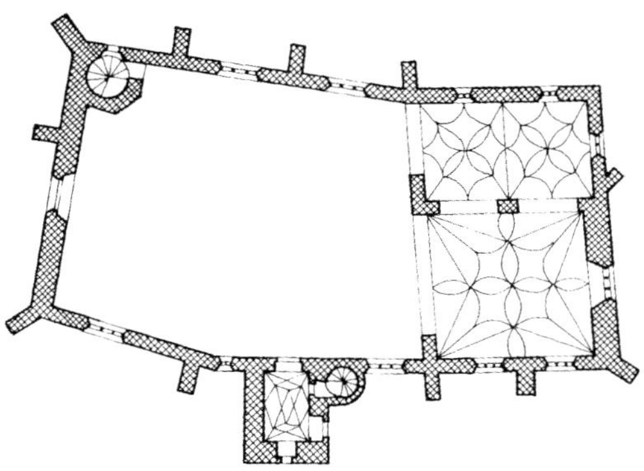

Bautzen (Kreis Bautzen)

Auf einem Bergsporn über der Spree entstand an einem Kreuzungspunkt wichtiger Handelsstraßen um das Jahr 1000 Burg und Marktsiedlung, die auf der Hochfläche nach Süden und Norden im Laufe des Mittelalters in mehreren Etappen erweitert wurde. Obwohl die schon im Mittelalter bedeutende Stadt häufig durch Brände und Kriegszerstörungen heimgesucht wurde, war sie entsprechend ihrer Bedeutung als Hauptstadt der Oberlausitz auch im 17. und 18. Jh. in der Lage, das Stadtbild barock umzuformen. Dank ihrer isolierten Lage blieb die Altstadt im 19. Jh. vor Eingriffen weitgehend bewahrt und gehörte zu den markantesten in Sachsen.
Der reiche Denkmalbestand wurde im April 1945 während der Kämpfe zwischen der Roten Armee und den Widerstand leistenden deutschen Truppen in Mitleidenschaft gezogen, teilweise vernichtet. Besonders stark beschädigt wurde die zur Spree gerichtete Seite der Stadt. An Wohnbauten wurden insbesondere am Fleischmarkt, An der Petrikirche, An den Fleischbänken und in der Fleischergasse große Lücken gerissen und damit der städtebauliche Wert der Altstadt in diesem Bereich stark gemindert. Bereits im ersten Jahrzehnt nach dem Krieg konnten die Turmabschlüsse der wichtigsten Baudenkmale wiederhergestellt werden. Die planmäßige Rekonstruktion der Bautzener Altstadt wurde 1972–1975 mit dem Geviert zwischen Hauptmarkt, Fleischmarkt, An den Fleischbänken und Korngasse begonnen.
Reichel 1961. Dehio 1966, S. 24 f.

Kirchen

Dom St. Peter Von den Bauten des 11. und 12. Jh. keine nachweisbaren Reste erhalten. Aus dem 13. Jh. quadratischer Westturm, später Übergang zu einem zweitürmigen Projekt; im 14. und 15. Jh. nur der Südturm ausgebaut; sein barocker Helm 1664 von M. Pötzsch. Langhaus und Chor bilden eine dreischiffige Hallenkirche von acht Jochen, vom vierten Joch an stark nach Süden abgeknickt; Hallenumgangschor des 15. Jh. unter Benutzung von Mauerteilen aus der Zeit um 1300; Wölbung Ende des 15. Jh. 1456–1463 Anfügung

Links unten: Altenberg, St. Nikolauskirche, Grundriß
Rechts unten: Altenberg, Stadt mit St. Nikolauskirche von Südwesten
Rechts oben: Bautzen, Dom St. Peter und Fleischergasse vom Turm des Schülertores
Rechts Mitte: Bautzen, Dom St. Peter, Nikolaitor und Schülertor vom Wendischen Turm

eines vierten Schiffes an der Südseite. Der in einen katholischen östlichen und evangelischen westlichen Teil getrennte Raum mit teilweise hervorragenden Ausstattungsstücken, hauptsächlich des 17. und 18. Jh.
Im April 1945 durch Beschuß Schäden am Dach, vor allem im Chorbereich und am Turm. Zwischen 1946 und 1948 Ausbesserung der Turmhaube samt Spitze und des Kirchendaches, Neuverglasung. Anschließend bis 1955 Innenerneuerung: Ausmalung und Restaurierung der Ausstattung.
Neue Kirchengalerie, Diöcese Bautzen, Sp. 1 ff., Abb. Sp. 13/14, 17/18, 23/24. Inventar Sachsen 33/Bautzen, S. 1 ff., Fig. 1–28, Beil. I und II. Dehio/Mitteldeutschl., S. 38 f. W. Biehl: Der Dom St. Peter zu Bautzen (Christliches Denkmal 1), 1953 m. Abb. Zehn Jahre Denkmalpflege in der DDR, Leipzig 1959. Taf. 80. Reichel 1961, S. 66 f., Abb. 34, 36–38. Dehio 1966, S. 25 f.

Michaeliskirche Anlage nach 1429: fast quadratisches Langhaus (vielleicht als Einstützenraum geplant) und gestreckter Chor. Der Turm in der Südostecke zwischen Langhaus und Chor; Turmabschluß von 1685. Ende des 15. Jh. Netzgewölbe im Chor und im Langhaus, hier über zwei Stützen, die eine Dreischiffigkeit desselben andeuten. Altar von 1693, Taufe 1597.
In den letzten Kriegstagen 1945 stürzte der durch eine Bombe getroffene Turmhelm herab und beschädigte das Dach; Turm ausgebrannt. 1945 provisorische Abdeckung des Turmes und Kirchendaches. 1951 Neudeckung mit Ziegeln; 1954 Wiederherstellung des Turmhelmes. Seit 1965 Restaurierungsarbeiten am Außenbau und im Inneren, 1976 abgeschlossen.
Inventar Sachsen 33/Bautzen, S. 69 ff., Fig. 69–75, 251, 253, 254. Dehio/Mitteldeutschl., S. 39. Zehn Jahre Denkmalpflege in der DDR, Leipzig 1959, Taf. 103. Reichel 1961, S. 87 ff., Abb. 46. Dehio 1966, S. 26 f.

Franziskanerkloster Anlage des 13. und 14. Jh., abgerissen seit 1620, überbaut im 17.–19. Jh. Ruinenteile der mittelalterlichen Anlage erhalten.
Die Zerstörung eines bauhistorisch unbedeutenden Hauses Große Brüderstraße, Ecke Hohengasse 1945 macht die Untersuchung der Chorpartie der Kirche möglich.
Inventar Sachsen 33/Bautzen, S. 79 ff., Fig. 81–105

Portal des Domstiftes St. Petri Nördlich des Domes der 1683 errichtete Neubau des Domstiftes mit Portal von 1753–1755. Die toskanische Pilasterarchitektur flankiert eine große Durchfahrtsöffnung in der Mitte und zwei kleine seitliche Öffnungen. Im gesprengten Giebel Wappen, darüber die Heilige Dreifaltigkeit in einer Gloriole, seitlich Figuren Petri und Pauli.
1945 beschädigt, seit 1958 in Etappen wiederhergestellt, Arbeiten noch nicht abgeschlossen.
Inventar Sachsen 33/Bautzen, S. 193 ff., Fig. 187. Dehio/Mitteldeutschl., S. 39. Reichel 1961, S. 83, Abb. 45. Dehio 1966, S. 26

Öffentliche Bauten

Rathaus Unter Verwendung von Teilen des 13. bis 17. Jh. neu errichtet 1729–1732 von J. Ch. Naumann. Stattlicher rechteckiger Bau von drei Geschossen mit vorgelegtem Turm: untere Teile 15. Jh., Helm 1705. An der Nordseite Treppenvorbau von Naumann.
1945 Turmhelm beschädigt. 1947 Schäden ausgebessert.
Inventar Sachsen 33/Bautzen, S. 206 ff., Fig. 193–196. Dehio/Mitteldeutschl., S. 40. Dehio 1966, S. 28 f.

Ortenburg Auf dem Bergsporn über der Spree um 1000 gegründet. Unregelmäßige Anlage mit zahlreichen Gebäuden, errichtet in zwei Hauptbauzeiten: 1483–1486 unter König Matthias Corvinus sowie nach Schäden im Dreißigjährigen Krieg in der zweiten Hälfte des 17. Jh. Der Hauptbau des 15. Jh. ein dreigeschossiges Gebäude, das mit drei Flügeln den inneren Hof umschließt, der Giebelschmuck 1698; im Inneren Audienzsaal mit Stuckdecke von 1662. Anschließend der Torturm von 1486. An der äußersten Spitze wohl die ältesten Burgteile: Fronfeste mit dem runden Turm der Schloßwasserkunst. An der Nordseite der Anlage Hofrichterbau von 1649. Ende des 18. Jh. Errichtung zweier Speicher, des Getreidespeichers an der Südmauer und des Salzmagazins an der Nordmauer.
1945 Schäden am Hauptgebäude, insbesondere an den Giebeln, und am Torturm. Ein Viertel des Mittelteils der Stuckdecke im Audienzsaal vernichtet. Das Kornhaus, die Fronfeste und die Schloßwasserkunst ausgebrannt. 1946 Wiederherstellung der Stuckdecke im Audienzsaal und Beseitigung der Schäden am Hauptbau. 1946 bis 1948 Wiederherstellung der Steinarchitektur und der Dachdeckung am Torturm, Neuverglasung. 1951 Planung für Aufbau des Kornhauses, aus gestalterischen Gründen abgelehnt. Wiederaufbau von Schloßwasserkunst und Fronfeste vorgesehen.
Inventar Sachsen 33/Bautzen, S. 170 ff., Fig. 145–182, Beil. VIII. Dehio/Mitteldeutschl., S. 39. Reichel 1961, S. 25 ff., Abb. 5–11. Dehio 1966, S. 27 f.

Stadtbefestigung Wie in keiner zweiten sächsischen Stadt bestimmt die Stadtbefestigung des 14. und 15. Jh. mit ihren Toren und Türmen noch heute das Stadtbild.
Die im folgenden angeführten Türme wurden im April 1945 durch Kriegshandlungen in Mitleidenschaft gezogen.
Inventar Sachsen 33/Bautzen, S. 248 ff., Fig. 221–232, 252, 253. Dehio/Mitteldeutschl., S. 40. Dehio 1966, S. 30 f.

Lauenturm Hoher quadratischer Turm neben der Tordurchfahrt, errichtet Anfang des 15. Jh., der Abschluß mit Laterne von 1739.
1945 Turmhelm zerstört. 1956–1959 als verkupferte Stahlkonstruktion rekonstruiert.

Reichenturm Runder Turm neben der Tordurchfahrt, errichtet 1490–1493, der barocke Oberteil 1715–1718 nach Entwurf von J. Ch. Naumann. Seit Anfang des 19. Jh. Durchfahrt von Häusern umbaut.

Bautzen
Links oben: Alte Wasserkunst und Michaeliskirche
Links unten: Alte Wasserkunst, Michaeliskirche und Ortenburg, Zustand 1954
Rechts oben: Innere Lauenstraße mit Lauenturm
Rechts unten: Lauenturm, im Hintergrund Rathaus und Dom St. Peter

1945 Schäden an der Turmarchitektur. Zerstörung der angrenzenden Häuser, dadurch Schäden am Baugrund verstärkt. 1947/48 Schäden ausgebessert; 1953/54 statische Sicherungen am einsturzgefährdeten Turm.

Wendischer Turm Viereckiger Unterbau von 1400, der runde Oberbau 1478–1492 aufgesetzt.
1945 Turmspitze schwer beschädigt. 1946 wiederhergestellt.

Mühlbastei Rundturm und Eselstor, quadratisch, wohl im 15. Jh. errichtet.
1945 ausgebrannt. Ruine erhalten.

Alte Wasserkunst Anstelle einer Wasserkunst des 15. Jh. errichtet nach 1558. Pumpwerk mit Befestigungsturm, zusammen mit der Michaeliskirche das Wahrzeichen der Stadt.
1945 beschädigt. Bis 1953 wiederhergestellt.
Inventar Sachsen 33/Bautzen, S. 268 ff., Fig. 253–258. Dehio/Mitteldeutschl., S. 40. Reichel 1961, S. 37 ff., Abb. 19. Dehio 1966, S. 31

Wohnbauten

An den Fleischbänken 1 Ältester erhaltener Profanbau Bautzens, errichtet um 1400. Dreijochiger gewölbter Raum mit Birnstab-Rippenprofilen auf Konsolen; später durch Einbau eines kreuzgratgewölbten Flures und einer Treppe verändert. Seitlich ein kleiner, ebenfalls gewölbter Raum aus der Erbauungszeit. Rückwärtig seitlich gelegen ein tonnengewölbter Keller. Die in verschiedenen Zeiten entstandene Hofanlage sehr malerisch. Die Straßenfassade 17. Jh. und später.

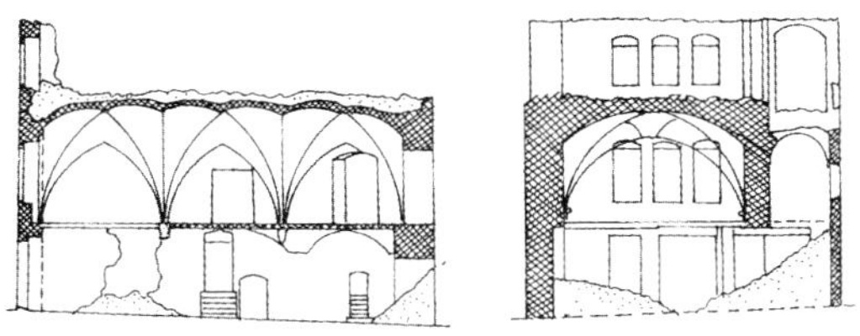

1945 ausgebrannt und teilweise Mauerwerk zerstört; Gewölbe erhalten. 1948 Ruine abgetragen.
Inventar Sachsen 33/Bautzen, S. 277 ff., Fig. 266–269. Reichel 1961, S. 56, Abb. 23

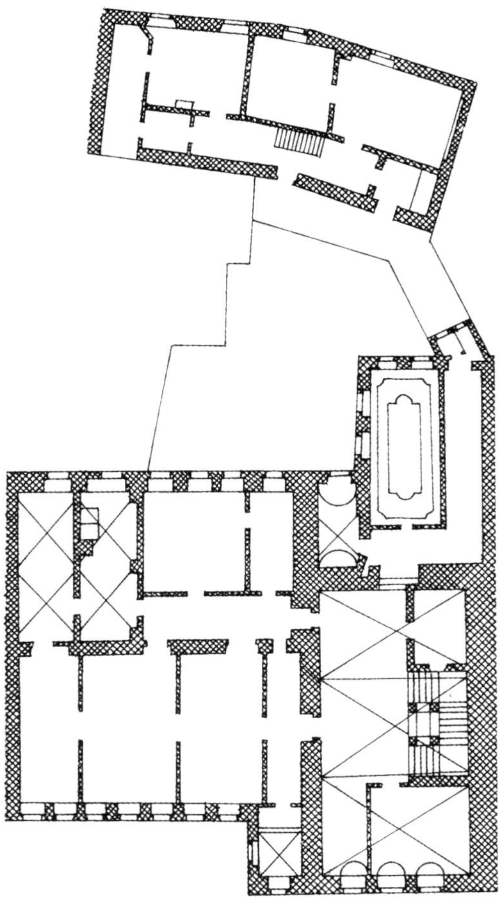

An der Petrikirche 1 (Ecke Große Brüdergasse). Um 1710 errichtetes dreigeschossiges Eckhaus von sieben Achsen, die drei Fenster des Mittelrisalits mit Spitz- oder Korbbogenverdachungen. Im zweiten Obergeschoß über den Schlußsteinen der Mittelfenster Muscheln, in der Mitte eine Kartusche. Seitlich Lisenen mit Muschelkapitellen, auf dem Friesstück Akanthus.
1945 zerstört. Reste später abgetragen.
Inventar Sachsen 33/Bautzen, S. 294 f.

Fleischergasse 25 Zweigeschossig, vier Fenster in der Front. Bemerkenswert durch die Renaissancefenster mit abgeschrägten Gewänden und tellerartigen Scheiben auf diesen (um 1550) sowie durch das mit Eierstab in Putz verzierte Hauptgesims in der Art des M. Pötzsch (um 1650).
1945 zerstört. Reste abgetragen.
Inventar Sachsen 33/Bautzen, S. 285, Fig. 286

Fleischmarkt 20 (Ecke Breitengasse). Barocke Haustür mit korinthischem Pilaster als Schlagleiste und Füllungen. Schauseite nach dem Fleischmarkt umgestaltet, nach Breitengasse Ecklisenen, Geschosse durch Streifen gegliedert, Fenster mit Ohren. Im Hof dreigeschossiger Arkadengang um 1720.
1945 zerstört.
Inventar Sachsen 33/Bautzen, S. 307

Kleine Brüdergasse 4 Schlichtes Dreifensterhaus. Gewölbter Mittelflur, typische Raumgliederung des kleinen Handwerkerhauses des 17. Jh.
1945 zerstört. Reste abgetragen.
Inventar Sachsen 33/Bautzen, S. 290, Fig. 291

Korngasse 9 (Ecke An den Fleischbänken). Um 1720/30 errichteter dreigeschossiger Bau von sieben Achsen zur Korngasse. In der Fassade nach den Fleischbänken Toreinfahrt. Im Mittelrisalit zwei Fenster mit sperriger Verdachung im Obergeschoß, in den Seitenrisaliten Putzverzierungen in Lisenenwerk.
1945 zerstört. Reste abgetragen.
Inventar Sachsen 33/Bautzen, S. 321

Korngasse 14 (Ecke An den Fleischbänken). Um 1710/20 errichtetes dreigeschossiges Eckhaus von drei und sechs Fensterachsen. Schlichte Gliederung der Wandflächen durch rechteckige Putzplatten.
1945 zerstört. Reste abgetragen.
Inventar Sachsen 33/Bautzen, S. 327 f., Fig. 339

Bischheim (Kreis Kamenz)

Schloß Errichtet um 1800. Gestreckter zweigeschossiger Bau mit Walmdach, nach der Parkseite über den vier mittleren Fensterachsen Dachausbau mit Dreieckgiebel. Über der Haustür das Wappen derer von Pflugk und von Carlowitz, Besitzer in der Erbauungszeit. Im Inneren Kamin älterer Zeit, was auf Verwendung älterer Bauteile schließen läßt. Im Erdgeschoß besaß der Speisesaal grüne Wandmalerei mit gelben Pilastern und symmetrisch angeordneten Greifen oben in den Zwischenfeldern; der Tür gegenüber ein verglaster Geschirrschrank. Im Obergeschoß ein Korridor, der die an der Parkseite gelegenen Wohnräume erschließt. Gute Ausstattung mit Möbeln und Gemälden, u. a. ein Relief mit Bildnisbüste eines Herrn von Bünau, um 1550.
Im April 1945 zerstört. Ruine später abgetragen.
Inventar Sachsen 35/Kamenz, S. 6 ff., Fig. 5. Dehio/Mitteldeutschl., S. 49

Diehsa (Kreis Niesky)

Kirche Saal mit eingezogenem, platt geschlossenem Chor; der Chor sterngewölbt, im Schiff Netzgewölbe auf eingezogenen Strebepfeilern, wohl 15. oder Anfang des 16. Jh. Der westlich vorgelegte Turm mit Haube und Laterne von 1802 bis 1809.
Im April 1945 ausgebrannt, das Gewölbe eingestürzt; Ausstattung vernichtet. 1946–1950 Wiederaufbau, Rekonstruktion des äußeren Bildes. Im Inneren Verzicht auf Rekonstruktion des Gewölbes; neue Innenausstattung.
Inventar Schlesien III, S. 765. Dehio 1966, S. 51

Pfarrhaus Stattlicher zweigeschossiger Barockbau von etwa 1730/50 mit neun Achsen in der Front und Walmdach. In der Mittelachse reiches Portal.
1945 beschädigt. Bis 1954 Dachgeschoß einschließlich der Dachkonstruktion wiederhergestellt.

Hölzerne Marktbuden 1945 beschädigt. Um 1950 wiederhergestellt.

Links und Mitte: Bautzen, An den Fleischbänken 1, Schnitte, Grundriß und gotischer Raum nach der Zerstörung
Rechts unten: Bischheim, Schloß

Dresden (Stadtkreis)

Von den an einer Furt am Elbübergang im Gau Nisan gelegenen beiderseitigen Siedlungen Dresden ist die linkselbische Siedlung die ältere, obwohl die rechtselbische bis zu ihrem Neuaufbau im 18. Jh. Altendresden hieß. Das Alter der ersten Kirche in der linkselbischen Siedlung, der Frauenkirche, und ihre Eigenschaft als Urpfarrei sind ebenso umstritten wie die Bedeutung der diese umgebenden Siedlung. Die Errichtung der westlich der Frauenkirche gelegenen ältesten Burg auf dem hochwasserfreien Taschenberghügel dürfte Mitte des 12. Jh. erfolgt sein. Erste Erwähnung Dresdens in einer Urkunde vom 31. März 1206; die zu diesem Anlaß hier versammelte

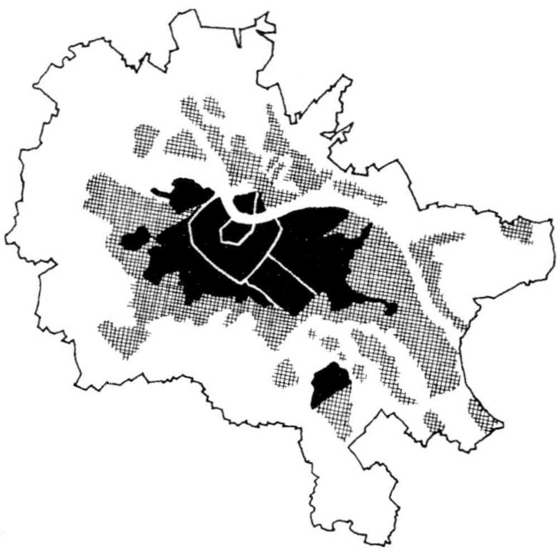

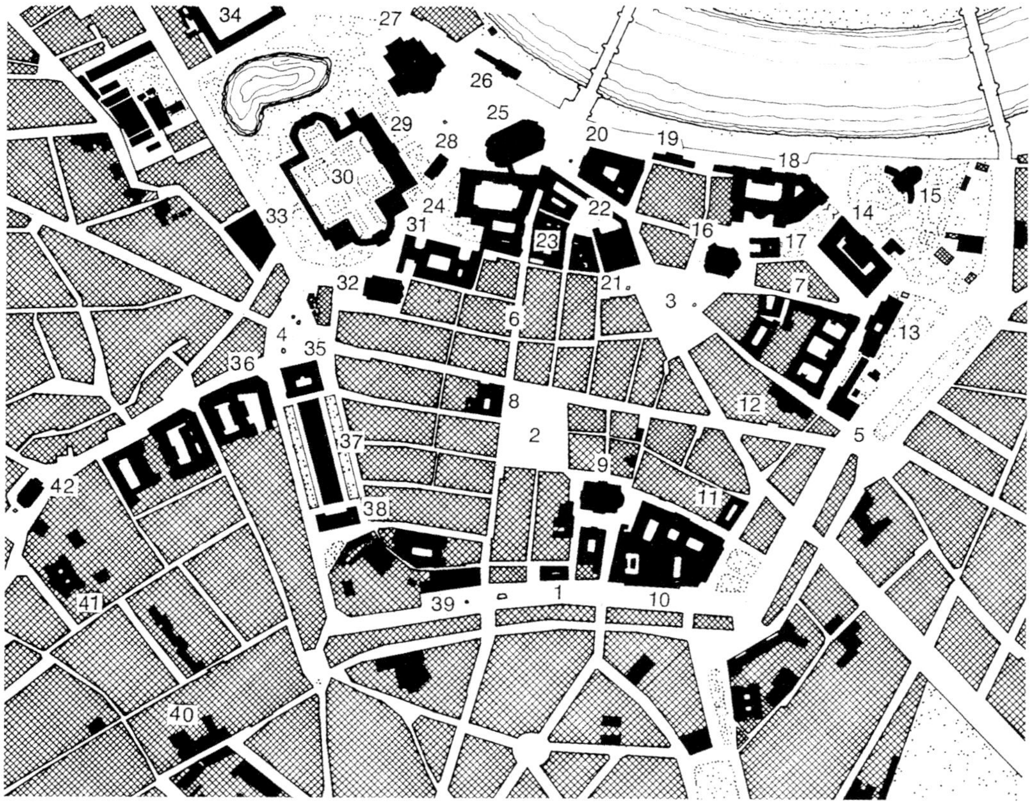

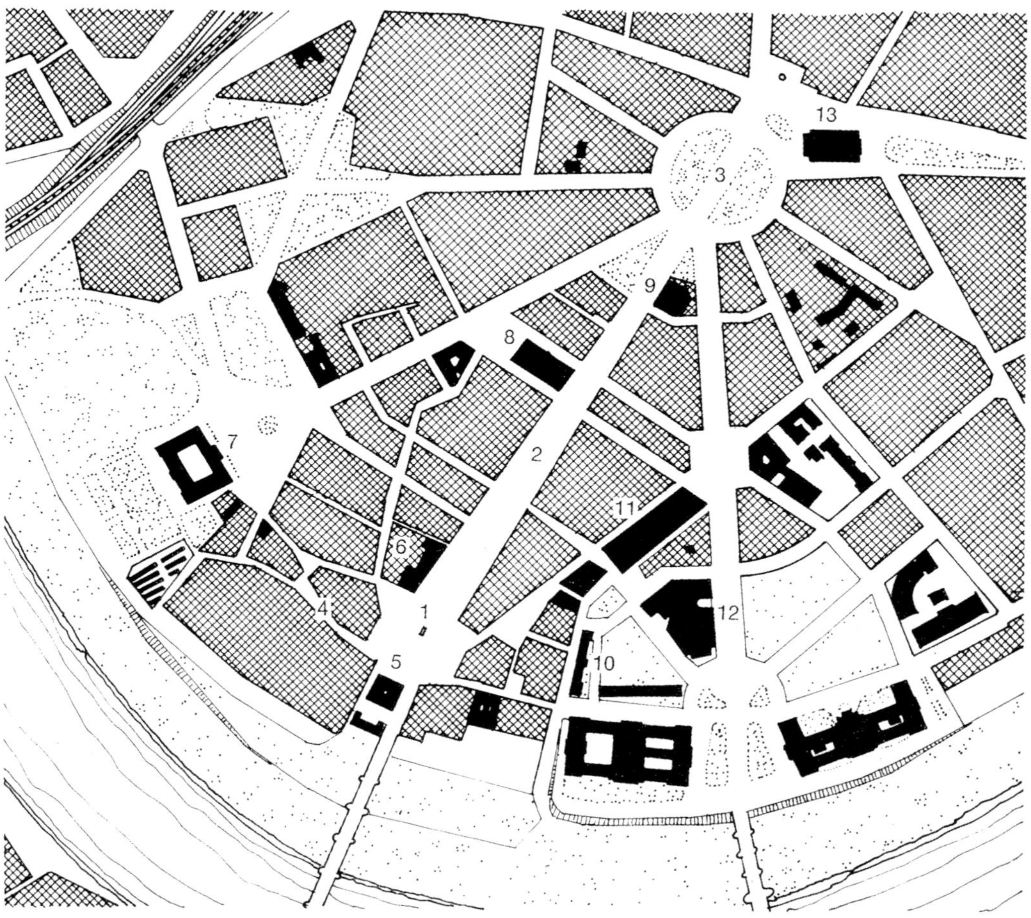

große Personenzahl setzt bereits ein markgräfliches festes Haus voraus. 1216 erste Nennung als civitas, zu ihr wird bereits eine Marktsiedlung – wohl wenigstens mit Wallumfassung, Wehranlagen und Toren – gehört haben, während Stadtmauern erst 1299 bezeugt sind. Die östliche Siedlung um die Frauenkirche blieb bis 1525, der ersten Erweiterung der Stadt, außerhalb. Zu ihr führte das 1297 erstmals genannte Frauentor. Den Elbübergang sicherte der auf dem Hügel des Taschenbergs gelegene Schloßbau, den wohl Ende des 12. Jh. Markgraf Dietrich errichtete. Das quadratische Untergeschoß des Hausmannsturms ist das älteste steinerne Baudenkmal der Stadt; dagegen war die Burganlage selbst gleich den bürgerlichen Siedlungen nur ein Fachwerkbau. Die älteste Brücke über den Fluß wird Mitte des 13. Jh. geschlagen worden sein. Neben Brücke und Schloß kam dem Stadtmarkt, seit Kurfürst Moritz Altmarkt genannt, die größte Bedeutung zu; nachdem der wohl bereits ursprünglich besiedelte Ostteil eine Verengung erfahren hatte, umfaßte der Platz ein Rechteck von 120 × 100 m. Die Straßen der westlichen Hälfte zeigten eine regelmäßige Anlage mit ost-westlich orientierten Baublöcken. Die wichtigste Straße führte als Achse vom südlichen Seetor durch die Seestraße über den Altmarkt zur Schloßstraße und zum Elbtor, dann weiter über die Brücke nach Altendresden. Die zweite wichtige Straße, die Wilsche Gasse, führte vom Markt im rechten Winkel nach dem Wilschen Tor. Auf dem Nordteil des Altmarktes entstand 1380 das erste Rathaus mit einer Kapelle (1707 abgebrochen). Hinter der Südostecke des Marktes errichteten Fernhandelskaufleute um 1170 eine Nikolaikirche als romanische Basilika. Nachdem sich in der an der Kirche errichteten Kreuzkapelle ein Wallfahrtsort entwickelte, vollzog sich der Patrozinienwechsel zugunsten der Kreuzkapelle. Nach Verleihung des Stadtrechts 1403 auch an die rechtselbische Siedlung begann der Bau der ersten gotischen Dreikönigskirche (beim Stadtbrand 1685 zerstört). Eine entscheidende Zäsur brachte der Stadtbrand von 1491, der fast die ganze linkselbische Stadt zerstörte, aber zu der ersten umfassenden Bauordnung führte. Diese forderte den Steinbau für alle Eckhäuser und die Fronten bis zum ersten Stock sowie die Deckung der Dächer mit Ziegeln. Der künstlerische Aufschwung setzte ein, als Dresden nach der Teilung der sächsischen Lande 1485 dauernde Residenz der Wettiner wurde. Ihre außerordentliche Bedeutung erlangte die Stadt, als Kurfürst Moritz 1547 die sächsische Kurwürde erwarb und mit der Gewinnung des Kurkreises auch den Namen Sachsen für sein Land übernahm. Seit dem letzten Jahrzehnt der Regierung Herzog Georgs, von etwa 1530 an, kann mit dem Einzug der Renaissance in die Stadt von einer eigenständigen Dresdner Kunst gesprochen wer-

Dresden
Links oben: Grundriß der Altstadt, 1 Ring (ehemalige Festungsmauern), 2 Altmarkt, 3 Neumarkt mit Jüdenhof, 4 Postplatz, 5 Pirnaischer Platz, 6 Schloßstraße, 7 Rampische Straße, 8 Altstädter Rathaus, 9 Kreuzkirche, 10 Neues Rathaus, 11 Gewandhaus, 12 Landhaus, 13 Kurländer Palais, 14 Albertinum, 15 Belvedere, 16 Frauenkirche, 17 Palais Cosel, 18 Kunstakademie, 19 Sekundogenitur, 20 Landtag, 21 Stallgebäude (Johanneum), 22 Der Lange Gang, 23 Kanzleihaus, 24 Residenzschloß, 25 Katholische Hofkirche St. Trinitatis, 26 Italienisches Dörfchen, 27 Opernhaus, 28 Altstädter Wache, 29 Gemäldegalerie, 30 Zwinger, 31 Taschenbergpalais, 32 Sophienkirche, 33 Schauspielhaus, 34 Marstall, 35 Telegraphenamt, 36 Postamt 1, 37 Markthalle Antonsplatz, 38 Technische Bildungsanstalt, 39 Ministerhotel, 40 Josephinenstift, 41 Annen-Realschule, 42 Annenkirche
Links unten: Grundriß der Neustadt, 1 Neustädter Markt, 2 Hauptstraße (Straße der Befreiung), 3 Albertplatz (Platz der Einheit), 4 Große Meißner Straße, 5 Blockhaus, 6 Neu-

den. Sie führte die erste große Blütezeit herbei, die noch den Manierismus einbezog und ungefähr mit dem Dreißigjährigen Krieg endete. Von 1550 an fanden für die folgenden 250 Jahre ausländische Künstler eine dauernde Wirkungsstätte in Dresden. Unter Herzog Georg wurde das Schloß durch den Georgenbau nach Osten erweitert und das Elbtor in den Gesamtkomplex einbezogen. Unter Kurfürst Moritz erhielt das Schloß zwischen 1547 und 1556 durch einen neuen Westflügel und die Anlage des großen Schloßhofes im wesentlichen seine endgültige Gestalt. Ferner erfolgte die erste Stadterweiterung durch die Einbeziehung der Siedlung um die Frauenkirche mit der Anlage des Neumarktes 1552 sowie die Wiedervereinigung von Alt- mit Neudresden mit Verwaltungssitz in Neudresden. Nach 1546 wurden die Festungswerke nach niederländisch-italienischen Vorbildern ausgebaut und neue Tore errichtet. In der dreißigjährigen Regierungszeit von Kurfürst August seit 1553 erfolgte der weitere Ausbau der Stadt in den Formen der Renaissance. Dem Schloß wurde ein weiterer Trakt mit dem kleinen Schloßhof und einem zweigeschossigen Umgang sowie den reichen Portalarchitekturen hinzugefügt; es entstanden ferner das Zeughaus (heutiges Albertinum), der »Kurfürstliche Reißigenstall«, der Stallhof mit dem Langen Gang, das Kanzleigebäude und das berühmte Lusthaus auf der Nordostbastion der Festung an der Elbe. Unter den Architekten der zweiten Hälfte des 16. und des beginnenden 17. Jh. ragten C. Voigt v. Wierandt, R. v. Lynar, H. Irmisch, M. Trost, H. C. Russwurm, P. Buchner und seit 1575 G. M. Nosseni hervor. Alle diese Architekten waren über Dresden hinaus an den kurfürstlichen Bauten beteiligt. – Nachdem seit der Bauordnung von 1545 das Vieh aus der Stadt verwiesen war, entstanden vor allem auf dem Altmarkt schmale, aber tief gegliederte vierstöckige Bürgerhäuser, die erst noch spätgotischen, später Renaissancecharakter zeigten. Immer reicher werdende Giebel sorgten – neben den mit teilweise reichem plastischem, dekorativem Schmuck versehenen Sandsteinportalen und Erkervorbauten in den oberen Stockwerken unter niederländischem Einfluß – für ein charakteristisches wie individuelles Aussehen von Markt und Straßenzügen. Dieser Typus des bürgerlichen Wohnhauses erhielt sich bis weit nach dem Dreißigjährigen Krieg, den die Stadt unbeschädigt überstand, bis die barocke Fassadenarchitektur ihn nach 1680 verdrängte. Charakteristisch für diese Bauten waren auch die Wölbung der Zimmer im Erdgeschoß sowie die aufsteigenden Wendeltreppen, die »Schnecken«, nach den Obergeschossen mit ihren profilierten Balkendecken zwischen meist bemalten Einschubbrettern. Von W. C. v. Klengel, dem ersten der großen Dresdner Architekten und Oberlandbaumeister, blieb nur die Erhöhung des Schloßturms mit der welschen Haube bis 1945 erhalten. An dem 1678 begonnenen Palais im Großen Garten wirkte vor allem sein Nachfolger im Amt J. G. Starcke. Das Palais bedeutet eine Zäsur im deutschen Bauschaffen als Übergang zum Barock und als Verbindung des Lusthaus-Typus der Renaissance mit den neuen Formen des französischen Schloßbaus.

Der volle Durchbruch zum Barock in Dresden vollzog sich erst in der Regierungszeit von August dem Starken (1694–1733, seit 1697 König von Polen) und seinem Nachfolger als König von Polen August III.; ihren Abschluß fand die barocke Bautätigkeit mit dem Siebenjährigen Krieg. Repräsentative königliche Bauten, Paläste des erst jetzt mächtig werdenden Adels sowie die Baukunst eines wohlhabenden Bürgertums, gefördert und geleitet durch die den Stadtbau bis in Einzelheiten regulierenden Bauordnungen und durch das das bauliche Geschehen überwachende Oberlandbauamt, verwandelten Dresden innerhalb von sechs Jahrzehnten von einer Stadt der Renaissance in eine Stadt des Barock. Diese Zeitspanne bedeutete den Höhepunkt ihrer Entwicklung, und in ihr erwarb sie sich als Kunststadt Weltruf. Mit dem Mitteltrakt des Taschenbergpalais setzte seit 1706 M. D. Pöppelmann, der Hauptmeister des Dresdner Hochbarock, die Architektur des Palais im Großen Garten fort. Es folgte seit 1711 der in drei Bauabschnitten zunächst lediglich als Orangerie zu einem neuen Schloßbau konzipierte Festplatz des Zwingers, an dem Pöppelmann wie dem Bildhauer B. Permoser mit seinen Gehilfen der gleiche Anteil zukommt. Z. Longuelune, seit 1715 in sächsischen Diensten, war ein ausgesprochener Vertreter des klassischen Barock der französischen Akademie, der den deutschen Hochbarock Pöppelmanns ergänzte und später ablöste. Sein und Pöppelmanns bedeutendster Schüler J. Ch. Knöffel realisierte zunächst als Hauptvertreter die strenge Lisenenarchitektur Longuelunes und entwickelte später aus dem deutschen Hochbarock und dem klassischen Barock der französischen Akademie das typisch sächsische Rokoko. Als sein Nachfolger im Amt wirkte J. H. Schwarze, und als dritter Vertreter des Rokoko folgte 1766 als Oberlandbaumeister Ch. F. Exner, dessen letzte Bauten jedoch bereits die Formen des Klassizismus zeigen. Neben den im Oberlandbauamt beschäftigten Architekten wirkten die in den Zünften vertretenen Bauschaffenden. Hatten die im Hofdienst Beschäftigten meist eine internationale Ausbildung erhalten, so waren die Baumeister der Stadt aus den verschiedensten Handwerken, meist als Maurer und Zimmermeister, herausgewachsen. Ihr bedeutendster Vertreter zu Anfang des 18. Jh. war der als Ratszimmermeister tätige G. Bähr, seit 1726 Miterbauer der neuen Frauenkirche. J. Fehre d. Ä. und J. G. Fehre, letzterer Erbauer des Altstädtischen Rathauses, waren Ratsmaurermeister. Das bürgerliche Wohnhaus zeichnete sich fast bis zum Ende des 18. Jh. durch die nunmehr vollzogene Komposition der Fassaden aus. Der beengte Raum in der Festung erforderte auch weiter die Verlagerung des Fas-

städter Rathaus, 7 Japanisches Palais, 8 Dreikönigskirche, 9 Katholische Pfarrkirche Franciscus Xaverius, 10 Jägerhof, 11 Ritterakademie mit Reithalle, 12 Zirkus Sarrasani, 13 Alberttheater
Linke Seite oben: Zerstörungsplan: totale Zerstörungen (schwarz), schwere Beschädigungen (schraffiert)
Unten: Dresden, Altstadt vom Neustädter Elbufer

sadenumfanges oft um ein Vielfaches in die Tiefe. Bei meist ungerader Achsenzahl werden die Mittel- oder die Seitenachsen durch Risalite oder wenigstens durch mehr oder weniger reichen dekorativen Fensterschmuck mit Giebelbekrönungen betont. Die Zwischenräume wurden mit aufgesetzten oder eingelegten Spiegeln versehen. Der seitliche Abschluß, aber auch die Achsengliederung erfolgten durch kapitellbekrönte Pilaster oder später durch Lisenen. Über dem durch einen Sims begrenzten Sockelgeschoß erhoben sich zwei bis vier Obergeschosse und ein Mezzaningeschoß unter einem Mansarddach mit ausgebauter, oft zweistöckig gestaffelter Mansarde. Bis in die beiden ersten Jahrzehnte blieb der aus Antragarbeit gefertigte Mittelerker ein beliebter Schmuck, während der Eckerker auch weiter als für den Städtebau geschätzter Akzent verwendet wurde. Neben Altmarkt und Neumarkt sowie dem Neustädter Markt erhielt sich der einheitliche barocke Charakter bis 1945 vor allem in der Rampischen Straße mit ihren Bauten von etwa 1690 bis 1730 und in der Großen Meißner Straße mit ihren Bauten von etwa 1730–1750. Die architektonische Gestaltung der Palaisfassaden erfolgte nach den gleichen Prinzipien. Neu erscheinen im Inneren die weiten, repräsentativen Treppenhäuser mit ihren meist doppelläufigen Treppen, die in den zwei Stockwerke umfassenden Festsaal führen. Der Kirchenbau des 18. Jh. kulminierte in zwei Großbauten, der 1726 von G. Bähr begonnenen Städtischen Evangelischen Frauenkirche und der Königlichen Katholischen Hofkirche. Die Hofkirche entstand erst unter August III. durch G. Chiaveri seit 1737 als letzter Bau in den Formen des römischen Spätbarock überhaupt; an den Ufern der Elbe zwischen Brücke und Schloß als reiner Sandsteinbau errichtet, führte er gleichzeitig auch zur Schaffung des Schloßplatzes.

Eine entscheidende Zäsur in der Stadtgeschichte brachte der Siebenjährige Krieg mit der Zerstörung vor allem der östlichen Teile der Stadt und dem Verlust von 367 Häusern zwischen 1758 und 1760 sowie der sich daraus ergebenden Verarmung, die auch zur Folge hatte, daß viele der internationalen Künstler Dresden verließen. Beim Wiederaufbau der Häuser in den alten Straßenfluchten verzichtete man auf jeden kostbaren Schmuck und ersetzte die ehemalige Sandstein- und Antragarbeit durch Farbanstriche, die bald wieder verlorengingen. So zeigten die Bauten eine Nüchternheit, die das reicher gewordene 19. Jh. als »Hungerstil« bezeichnete. Die Zeit nach 1764 beschränkte sich auf wenige neue Großbauten wie das 1764 begonnene Sekundogeniturpalais vor der Stadt von F. A. Krubsacius und sein Landhaus für die Sächsischen Landstände.

Das Neue kam erst mit G. F. Thormeyers 1807 unter dem Einfluß der französischen Revolutionsarchitektur entstandenen beiden Torhäusern im Großen Garten und dem Abbruch der Festungsmauern. Thormeyer, Schöpfer der berühmten Treppe zur Brühlschen Terrasse, war auch verantwortlich für die städtebauliche Projektierung der neuen Viertel der Neustadt und vor allem für ihre neuen Wohnbauten. Diese klassizistischen Häuser zeigen einfache kubische Formen mit einem Obergeschoß, das von einem Walm- oder Satteldach abgeschlossen wird. Oft sind sie belebt durch Putzquaderung im Untergeschoß und abschließenden Mäanderfries. Die charakteristischsten Bauten des Dresdner Klassizismus schufen Thormeyer mit den beiden Akzisebauten am Weißen Tor von 1827, J. Thürmer mit dem Palais Lüttichau um 1830 und K. F. Schinkel mit seiner geplanten und von Thürmer errichteten Altstädter Wache. Mit der Berufung G. Sempers 1837 als Professor der Kunstakademie gewann Dresden noch einmal seine Bedeutung als schöp-

Dresden
Oben: Luftaufnahme der inneren Altstadt von Süden
Mitte: Luftaufnahme über den Altmarkt nach Westen
Unten: Luftaufnahme über den Neumarkt nach Westen

ferische Stadt der Baukunst zurück. Von ihm stammt die geniale Forumplanung von 1836 für den Raum hinter der Katholischen Hofkirche, die zur Anlage des Theaterplatzes führte. Seinen ersten Opernbau seit 1838 (abgebrannt 1869) löste er in einer strukturellen Herausstellung der einzelnen Bühnenräume und umkleidete diese in der heiteren Formensprache der Frührenaissance. Den zweiten Opernhausbau gestaltete er dagegen seit 1871 in den reicheren Formen der Hochrenaissance ebenso wie den Bau der Gemäldegalerie an der vierten, unvollendet gebliebenen Seite des Zwingerhofes. Aus Palladios Villa rotonda entwickelte Semper in der Neustadt die Villa Rosa, mit der er den Typus der Renaissancevilla schuf, der sich in den folgenden Jahrzehnten über ganz Mitteleuropa ausbreitete. Für den gleichen Bauherrn errichtete er noch einmal ein Stadtpalais an der Bürgerwiese, für das er seine Anregungen nicht von den Dresdner Bauten seiner Vorgänger des 18. Jh., sondern vom Palazzo Pandolfini in Florenz nahm. Die von Semper begründete Dresdner Architekturschule entwickelte sich auch nach dessen Fortgang durch seine zahlreichen Schüler, vor allem G. H. Nicolai, weiter und bestimmte durch zwei Generationen mit einer disziplinierten Grundrißlösung das Gesicht der Stadt. Nicht nur die noblen Villen in den aufblühenden Vorstädten, auch die geschlossenen Häuserfronten mit ihren vornehmen Fassadengliederungen in den Formen der italienischen Neorenaissance bezeugen die Leistungen dieser letzten Dresdner Schule.

Schon mit der Niederlegung der Festungswerke nach 1815 erweiterte sich die Stadt durch Erschließung neuer Vorstädte und durch die Eingemeindung sowie den Ausbau der anliegenden Dörfer. Im Mittelpunkt dieser Neugründungen entstanden meist im Quadrat oder Rechteck angelegte Plätze. Für diese war baulich die besondere Akzentuierung der Eckbauten durch gebrochene Ecken, Erkeranlagen und Türme charakteristisch, und ihre Mitte wurde durch Grünflächen, Brunnen oder Denkmale hervorgehoben. In den achtziger Jahren begann die deutsche Renaissance vor allem für den Villenstil die italienische abzulösen. Hinzu kam Anfang der neunziger Jahre ein prunkvoller Barock, unter anderem für die große Bauaufgabe, die der Durchbruch der König-Johann-Straße vom Altmarkt zum Pirnaischen Platz erforderlich machte, aber auch für Teile des Rings wie der an ihn anschließenden Vorstädte. Trotz der übermäßigen Details gliederten sich diese Gebäude doch befriedigend in die Straßenzüge ein, und namentlich die Eckbauten bildeten oft ein festliches Entrée. Gegen diese Prunkarchitektur wandte sich als erster W. Rettig zusammen mit dem jungen Th. Fischer seit 1890 mit dem Bau der Antonsmarkthalle am Postplatz und der nachfolgenden Schule an der Silbermannstraße. In ihnen griff er auf die schlichten profanen Barockformen des heimatlichen 18. Jh. zurück. Der Jugendstil fand in der Architektur Dresdens nur wenige Vertreter. Erst mit der Berufung von H. Erlwein 1905 setzte sich der neue Geist durch. Erlwein entwickelte einen an das 18. Jh. anknüpfenden Dresdner Barock mit süddeutschem Einschlag; seine Schule blieb bis in die dreißiger Jahre wirksam. Erlweins Nachfolger H. Pölzig kam in der Inflationszeit zwischen 1920 und 1922 nicht zur Realisierung seiner Bauten. Das Wirken von H. Tessenow und W. Kreis als Professoren an der Kunstakademie blieb auf Einzelprojekte beschränkt. Bis 1945 stand das städtische Hochbauamt unter Leitung von P. Wolf. Ungeachtet aller Veränderungen im 19. und 20. Jh. vermochte Dresden doch den Charakter als Barockstadt bis 1945 zu bewahren.

Dresden, Luftaufnahme nach Osten mit Neumarkt und Frauenkirche

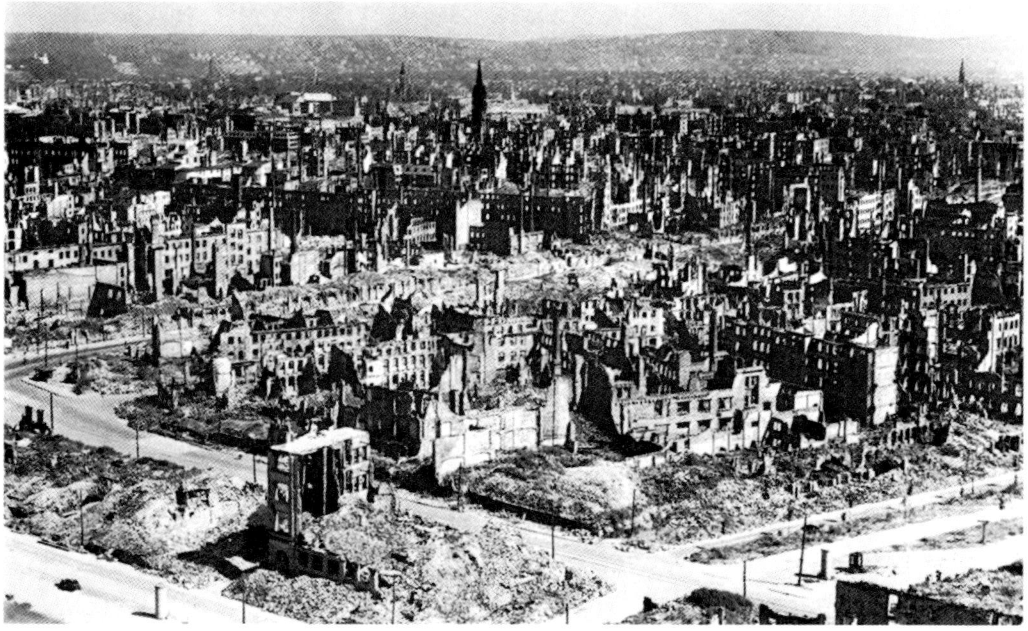

Nachdem Dresden von allen Bombenangriffen bis auf einen unbedeutenden von 1943, der das Altstädter Logenhaus einäscherte, verschont geblieben war, griffen in der Nacht vom 13. zum 14. Februar 1945 englische, am folgenden Tage amerikanische Bombergeschwader vor allem das Zentrum der linkselbischen Stadt an und zerstörten es weitgehend. Ein zweiter Angriff im März richtete sich besonders gegen die innere Neustadt. Bei dem Angriff blieb kein Gebäude der Altstadt vom Ausbrennen verschont. Doch betraf diese Zerstörung nicht nur den alten Stadtkern innerhalb der ehemaligen Festung, der durch die Ringstraße begrenzt wird, sondern umfaßte auch den weiteren Ring der alten Vorstädte innerhalb des Geländes zwischen Wettiner Bahnhof (jetzt Bahnhof Mitte), Hauptbahnhof bis Wiener Straße – Großer Garten – Lennéplatz (jetzt Fučikplatz) – Sachsenplatz. Außerdem wurden die Vororte hinter dem Hauptbahnhof bis in die Flur von Plauen sowie die Vorstädte Johannstadt und Striesen mit Teilen der Flur Blasewitz fast total eingeäschert. Die Neustadt wurde an diesem Tag weniger schwer heimgesucht. Mit den Luftangriffen Anfang März fielen die Straßenzüge um den Neustädter Markt mit der Großen und Kleinen Meißner Straße, Teilen der östlichen Seite und die gesamte westliche Seite der Hauptstraße (jetzt Straße der Befreiung) bis zum Albertplatz (jetzt Platz der Einheit) mit den Vierteln zwischen Obergraben und Klostergasse. Neben diesen Flächenzerstörungen wurden einzelne Straßenblöcke und Einzelbauten wie die Villa Rosa von Semper auf der Holzhofgasse und die Kirche in Loschwitz, aber auch das so entfernt liegende Palais im Großen Garten mit seinen Pavillons Opfer der Angriffe. – 1939 hatte Dresden 630 000 Einwohner, 1944 567 000, nach dem Angriff Ende Februar 1945 sank die Zahl auf 369 000. Vor dem Kriege gab es 220 000 Wohnungen, von denen 75 000 total, 11 000 mittelschwer und 80 000 leicht beschädigt wurden. Die zerstörten und ausgebrannten Wohnbauten in der inneren Altstadt bis über den zweiten Ring hinaus wurden im folgenden Jahrzehnt abgerissen, so daß keiner der klassischen bürgerlichen Wohnbauten hier erhalten blieb. Auch die Straßen und Plätze der Innenstadt wurden beim Wiederaufbau neu programmiert und ihre Namen geändert. Sämtliche Ausmalungen und Stukkaturen und der größte Teil der Bauplastik gingen mit verloren. Von den ebenfalls ausgebrannten repräsentativen Bauten blieben erhalten und wurden wiederhergestellt: Kreuzkirche, Katholische Hofkirche, Annenkirche, Zwinger, Albertinum, Johanneum mit dem Langen Gang, die seitlichen Bauten des Palais Cosel, Gewandhaus, Gemäldegalerie, Landhaus, hinteres Stallgebäude, Altstädter Wache, Sekundogenitur auf der Brühlschen Terrasse und das Italienische Dörfchen. Vorgesehen für den Wiederaufbau und teils begonnen wurden die Residenz mit dem Georgenbau, das Taschenbergpalais, das Kurländer Palais und das Opernhaus. In der Neustadt wurden die zerstörten Straßenzüge ebenfalls abgerissen. Der Jägerhof und eines der Akzisehäuser wurden wiederhergestellt, der Wiederaufbau des Japanischen Palais ist bis auf das Innere vollendet, der Wiederaufbau des Blockhauses ist geplant, der der Dreikönigskirche begonnen. Außerhalb der Stadt konnte das Äußere des Palais im Großen Garten sowie einige der umgebenden Kavalierhäuser fertiggestellt werden. Der Wiederaufbau der Kirche in Loschwitz ist geplant.

B. G. Weinart: Topographische Geschichte der Stadt Dresden, Dresden 1778. J. Ch. Hasche: Umständliche Beschreibung Dresdens, 2 Bde., Leipzig 1781 und 1783. P. G. Hilscher und G. Klemm: Chronik der K. S. Residenzstadt Dresden, 2 Bde., Dresden 1837. Steche.

Dresden, die zerstörte Stadt 1949 in Ansichten vom Rathausturm
Oben: Blick nach den östlichen Vorstädten
Mitte: Blick nach Norden über Frauenkirche und Kunstakademie zur Neustadt
Unten: Blick elbabwärts mit Stallgebäude (Johanneum), Landtagsgebäude, Residenzschloß und Katholischer Hofkirche

M. B. Lindau: Geschichte der Königlichen Haupt- und Residenzstadt Dresden, 2. Aufl. Dresden 1884. Mitteilungen des Vereins für Geschichte Dresdens, H. 1 ff., Dresden 1892–1937. Dresdner Geschichtsblätter, hrsg. vom Verein für Geschichte Dresdens, Dresden 1892 bis 1944. O. Richter: Abriß der geschichtlichen Ortskunde von Dresden, Dresden 1898. Schumann II. Inventar/Dresden. Inventar/Dresden-Land. Richter II. Flade. O. Richter: Dresdner Bilderchronik, 2 Mappen, Dresden 1906 und 1910. W. Doenges: Dresden, Leipzig 1908. Dresdner Kalender, 1909–1932. Döring. W. von Seidlitz: Die Kunst in Dresden, Dresden 1921/22. Schumann. Dehio/Mitteldeutschl., S. 69 ff. O. Trautmann: Altendresden, in: Neues Archiv für Sächsische Geschichte, Bd. 46, Dresden 1925. P. Wolf: Neue Stadtbaukunst Dresdens, Berlin–Leipzig–Wien 1927. O. E. Schmidt: Kursächsische Streifzüge, Bd. 6 Dresden, Dresden 1928. O. Kramer: Die Baukunst, in: 100 Jahre Sächsischer Kunstverein 1828–1928, Dresden 1928. W. Müller: Die Bildhauerei, in: 100 Jahre Sächsischer Kunstverein 1828–1928, Dresden 1928. F. Rötschke: Die Festung Dresden wird offene Stadt, Diss. der TH Dresden, Dresden 1931. Dresdner Jahrbuch, Dresden 1933–1940. E. Haenel und E. Kalkschmidt: Das alte Dresden, 2. Aufl. Leipzig 1934. Haenel. G. H. Müller-Benedikt: Die Chronik der Stadt Dresden, Dresden 1937. R. Wilhelm: Die Fassadenbildung des Dresdner Barockwohnhauses, Diss. der Universität Leipzig, Leipzig 1939. K. Schaarschuch: Bilddokument Dresden 1933 bis 1945, Dresden 1946 (Kriegszerstörungen). H. Conert: Gedanken über den Wiederaufbau Dresdens, Dresden 1947. D. Westphal: I Monumenti di Dresda e la Guerra, in: La vie del mondo XIII, Milano 1951, S. 1293 ff. m. 21 Abb. W. Hentschel: Zum Wiederaufbau Dresdens, Aufgaben und Leistungen der Denkmalpflege, in: Österreichische Zeitschr. für Denkmalpflege 5, Wien 1951, S. 89 ff. R. Peter: Dresdner Notturno, Leipzig 1964. K. Blaschke: Dresden, in: Handbuch der historischen Stätten Deutschlands, 8. Bd., Stuttgart 1965, S. 66 ff. Löffler I. Dehio 1966, S. 60 ff. Volk. G. Schmidt: Die Kirchen in Dresden, Berlin 1976. Helas

Dresden, Blick vom Rathausturm nach Westen über die Ruinen der Innenstadt bis zur Annenkirche

In der zweiten Hälfte des 19. Jh. wurden zahlreiche alte Gassen in Straßen umbenannt (z. B. Schloßgasse in Schloßstraße); im folgenden werden diese Straßen, ebenso wie die später umbenannten Plätze, unter der bis Kriegsende gebräuchlichen Bezeichnung aufgeführt.

Kirchen

Sophienkirche ehemalige Franziskanerkirche (Postplatz). Seit 1265 errichtet. Ursprünglich langgestreckter Saal. Seit 1351 Neubau als zweischiffige Hallenkirche mit Chordoppelpolygon unter Beibehaltung der Nordwand. Um 1400 Anbau der Busmann-Kapelle im Südosten, 1421 Errichtung des Bandnischengiebels, Wölbung zweite Hälfte des 15. Jh. 1539 säkularisiert. 1599–1602 Wiedereinrichtung als protestantische Kirche (Sophienkirche), Altar von G. M. Nosseni 1606/07, Grabmal Nossenis von S. Walther und Z. Hegewald, zahlreiche Epitaphien vor allem des 17. Jh., Orgel von G. Silbermann mit Prospekt von G. Bähr 1718–1720. 1737 Evangelische Hofkirche. 1864 bis 1868 neogotische Doppelturmfront, 1875 neogotischer Umbau des Inneren durch Ch. F. Arnold. 1945 ausgebrannt. Ruine 1962/63 abgebrochen, einzelne Inventarstücke gerettet.

Steche, S. 135 f. m. 2 Abb. Richter, Taf. 31, 32. Inventar/Dresden, S. 80 ff., Abb. 51–80. Flade, Sp. 439 ff. m. 9 Abb. R. Bruck: Die Sophienkirche in Dresden, Dresden 1912 m. 64 Abb. Schumann, S. 11 ff., 74 ff., 265, 328 f., Abb. 7–12, 34–37. Haenel, Abb. 28, 29. R. Zießler: Archäologische Untersuchungen während des Abbruchs mit Umgebung des ehemaligen Klosters und des Friedhofs, unveröffentl. Manuskript im Institut für Denkmalpflege, Arbeitsstelle Dresden. Hentschel, S. 83 f., 138 ff., 145 ff., Abb. 70–76, 81, 87–89, 91, 94, 96–98, 100, 101, 143–147. Löffler I, S. 13, 20, 24, 74, 127, 343, 352, 358, 376, 378, Abb. 6, 18, 19, Taf. 25–27, 32, 33, 105, 320, 346. F. Löffler: Konsolfiguren in der Busmann-Kapelle der ehemaligen Franziskaner-Kirche Dresden, in: Zeitschr. des Vereins für Kunstwiss., Berlin 1968, S. 139 ff. m. 7 Abb. Hentschel II, Kat. Nr. 6, 7, 178–188, 231, 240, 433, Abb. 34–41, 267–273, 277, 285, 288, 294, 300, 559. Löffler II, Abb. 6–9, 16, 59, 63. Helas, S. 258 ff.

Frauenkirche Erster Entwurf von G. Bähr 1722, 1725 Gegenentwurf von J. Ch. Knöffel, 1726 zwei-

Dresden, Sophienkirche
Links: Ansicht von Nordwesten und Neue Fürstengruft
Rechts oben: Inneres nach Osten
Rechts unten: Ansicht von Südwesten, nach der Zerstörung

Dresden, Frauenkirche vom Neumarkt

ter Entwurf von Bähr und Baubeginn. Maurerarbeiten von J. Fehre. Quadratische Anlage mit vier Treppentürmen und Chorraum, aber ohne Fassade, im Mittelraum acht radial gestellte Pfeiler mit vier hölzernen Emporenringen. 1729 bis zum Hauptgesims vollendet, 1734 Weihe.

Neue Planung Bährs, die Kuppel in Stein auszuführen; nach seinem Tode durch J. G. Schmid 1743 mit Laterne vollendet. Ausstattung mit Altar, Orgelprospekt und Kanzel von J. Ch. Feige d. Ä. 1733–1739, Orgelwerk von G. Silbermann 1736, Kuppelausmalung durch J. B. Groni 1734/35.

1945 nach Brand in sich zusammengestürzt, das gesamte Inventar vernichtet. Ruine mit Chorrest als Mahnmal des 13./14. Februar 1945 erhalten.

J. L. Sponsel: Die Entstehungsgeschichte der Frauenkirche, Dresden 1893. Inventar/Dresden, S. 51 ff. m. 8 Abb. Flade, Sp. 408 ff. m. 8 Abb. Schumann,

Dresden, Frauenkirche
Oben: Vertikalschnitt und Blick auf die rechten Emporen
Unten: Blick von der Empore zum Altarraum; Kuppel; Treppe zum Lektorium und Kanzelaltar

S. 130 ff., Abb. 63–66. W. Möllering: George Bähr, ein protestantischer Kirchenbaumeister des Barock, Diss. der Universität Leipzig, 1933. P. Wolf: Die Dresdner Frauenkirche, ihre Entstehung und Erneuerung, in: Sächsische Bau- und Kunstdenkmäler, Zum 25jährigen Bestehen des Landesvereins Sächsischer Heimatschutz, Dresden 1933. Haenel, Abb. 58–62. W. Lange: Die Frauenkirche zu Dresden, Berlin 1953, m. 17 Abb. Löffler I, S. 9, 45, 68 ff., 73, 83, 101, 145, 343, 347, 351, Abb. 1, 70, 95, Taf. 1 ff., 18 ff., 172, 174–184, 211, 220, 339, 347, 348. Löffler II, Abb. 1, 35, 36, 44, 52, 64, 65, 215. Hentschel II, Kat. Nr. 176, 177, 236, 376, 418, 434, Abb. 226, 246, 347, 495, 540–542, 562–564. Hentschel-May, S. 85, Abb. 12–14. W. Krönert: Die Kuppel der Frauenkirche in Dresden, in: Sächsische Heimat, H. 2, 1974, S. 49 ff. m. 4 Abb. Löffler III, S. 58, 207 f., Taf. 169–171

Kreuzkirche Als vierter Bau 1764–1792 errichtet. Erste Pläne von J. G. Schmid in der Tradition Bährs. Kritik durch den Akademiker F. A. Krubsacius. Das Innere im wesentlichen von Schmid mit rechteckigem Grundriß und halbkreisförmigem Ostabschluß sowie einbezogenem Westturm. Im Inneren je drei Pfeiler und dreigeschossige steinerne elliptische Emporenringe. Die Gliederung erfolgte nach Plänen von Ch. F. Exner mit zwei Fensterreihen zwischen Kolossalpilastern. Den Turm erbaute bis 1788 G. A. Hölzer in vereinfachenden Formen des Turmes der Hofkirche. Nach dem Brand von 1897 neobarocke Ausstattung von R. Schilling und J. Gräbner.
Das Innere 1945 zerstört. Seit 1950 interimistisch wiederhergestellt durch F. Steudtner. Stellung bis 1945 hinter der Südostecke des Altmarktes, nach Erweiterung des Altmarktes in dessen Ostfront eingegliedert.
Inventar/Dresden, S. 29 ff., Abb. 18–25. Flade, Sp. 358 ff. m. 4 Abb. A. Barth: Zur Baugeschichte der Dresdner Kreuzkirche, Dresden 1907, m. 120 Abb. Schumann, S. 214 ff., Abb. 140, 146, 147. Haenel, Abb. 66, 67. Löffler I, S. 44, 59, 74 ff., 101, 267, 269, 347 f., 351, 371, 378, Abb. 72, Taf. 9, 23, 24. Löffler II, Abb. 71, 130. G. Wendelin: Die Kreuzkirche zu Dresden, 3. Aufl. Berlin 1973, m. 36 Abb. Löffler III, S. 58 f., 207 f., Abb. 187. Volk, Abb. S. 90, 91, F. Löffler und H. Böhm: Die Kreuzkirche zu Dresden, Berlin 1976

Dreikönigskirche (Neustadt). Dritter Bau 1732 bis 1739 nach ersten Plänen von M. D. Pöppelmann und Gegenentwürfen des Rates der Stadt durch G. Bähr. Entwurf des Inneren und Ausbau durch Bähr. Bauausführung Bähr und J. G. Fehre, der nach dem Tode Bährs den Bau beendete. Rechteckbau mit einbezogenem Westturm, Haupteingang mit Vorhalle im Osten. Im Inneren zehn ins Oval gestellte Pfeiler. Steinerner Altar in Nische, Hauptwerk von B. Thomae. Im Äußeren hohe Fenster zwischen Lisenenarchitektur. Turm über altem Sockel von K. M. Haenel und F. M. Marx 1854–1857.
1945 Inneres ausgebrannt, Inventar samt Orgel von Z. und J. G. Hildebrandt (1754) zerstört, ausgenommen der Altar. Sicherungsarbeiten und Wiederaufbau haben begonnen.

Steche, S. 136 ff. m. 1 Abb. Inventar/Dresden, S. 133 ff. m. 4 Abb. Flade, Sp. 465 ff. m. 7 Abb. Döring, S. 67 ff. Schumann, S. 159 f. Haenel, Abb. 64, 65. Löffler I, S. 71 ff., 78, 127, 346, 350, 368, 370, Abb. 53, 68, Taf. 241, 262. 263. Löffler II, Abb. 38. Hentschel II, Kat. Nr. 233, 436, Abb. 302, 561. Löffler III, S. 58 f., 208 f., Abb. 174, 175. Helas, S. 258

Dresden
Links oben: Frauenkirche, nach der Zerstörung
Links Mitte und unten: Kreuzkirche, Blick von der Empore zum Altar und
Blick von der zweiten Empore zur Orgel
Rechts: Dreikönigskirche, Inneres nach Westen;
Blick zum Hauptaltar;
Inneres und Äußeres nach der Zerstörung

Matthäuskirche (Friedrichstadt). 1728–1732 nach Plänen von M. D. Pöppelmann errichtet. Rechteckbau mit einbezogenem Westturm und ursprünglich doppelten Emporen an den Längsseiten. Gruft M. D. Pöppelmanns.
1945 bis auf die Umfassungsmauern zerstört. Wiederaufbau 1978 abgeschlossen.

Inventar/Dresden, S. 266 ff. m. 5 Abb. Flade, Sp. 525 ff. m. 4 Abb. Schumann, S. 160. Löffler I, S. 71 f., 370, Taf. 264, 265. Hentschel II, Kat. Nr. 234, 235, 378, Abb. 355, 356, 494. Löffler III, S. 209

Kirche in Loschwitz 1705–1708 von J. Fehre d. Ä. und G. Bähr als flachgedeckter Saal im länglichen Achteck errichtet.
1945 bis auf die Umfassungsmauern zerstört. Sicherungsarbeiten vorgenommen.

Inventar/Dresden-Land, S. 83 ff. m. 6 Abb. Löffler I, S. 68, 346 f., Abb. 66–69

Katholische Hofkirche St. Trinitatis Konkathedrale des Bistums Meißen. 1739 begonnen, Pläne und Bauausführung durch G. Chiaveri bis 1748, Fertigstellung nach den Plänen Chiaveris durch S. Wetzel bis 1750, J. Ch. Knöffel bis 1752, J. H. Schwarze, der den Turm erhöhte, bis 1755. Ausstattung des Inneren erst nach dem Weggang Chiaveris ausgeführt. Hauptschiff und ein 28 m zurückspringendes Hochschiff, rundbogig geschlossene Fenster mit reichen Fensterstürzen zwischen den durch Pilaster gegliederten Schauseiten und Turm im Nordosten. Ein Statuenkranz von 78 über 3 m hohen Heiligen von L. Mattielli umsäumt die Attiken. Im Inneren dreischiffige, sechsjochige Anlage mit halbkreisförmigem Schluß, dazwischen Prozessionsgang mit Umgang im Obergeschoß, in den vier Ecken je eine abgeschrägte ovale Kapelle.
1945 ausgebrannt, Verlust der Plafondmalereien von zwei Eckkapellen, des Orgelgehäuses von J. J. Hackl und neun Attikafiguren. Architektur wiederhergestellt, ebenso der Orgelprospekt und die Malereien der Kapellen. Die Gewölbe durch eine Rabitzdecke ersetzt.

Dresden
Links oben: Matthäuskirche, Blick zum Altar, Zustand vor 1882
Oben Mitte und rechts: Kirche in Loschwitz, Blick zum Kanzelaltar und Ruine

Links unten: Katholische Hofkirche St. Trinitatis, Ostansicht vom Theaterplatz
Rechts Mitte und unten: Katholische Hofkirche St. Trinitatis, Blick in das zerstörte Innere nach Osten und Blick vom Schloßturm auf die Ruine

lienkapelle durch J. H. Schwarze seit 1756 errichtet. Bedeutendste Dresdner Rokokodekoration, Stukkaturen in Hellgrün und Silber, gefaßt von Mitgliedern der Familie Bossi. Staffierung von J. A. Pöppelmann. Seitenaltäre im Stile von A. R. Mengs und Ch. W. E. Dietrich.
1945 zerstört. Reste beseitigt.
Inventar/Dresden, S. 399 m. Abb. Löffler I, S. 55, 91, 369, Taf. 252. Hentschel II, Kat. Nr. 422, Abb. 543. Löffler II, Abb. 39

Inventar/Dresden, S. 208 ff. m. 33 Abb. Richter II, Taf. 2, 3, 29. Schumann, S. 190 ff., Abb. 96–101. Haenel, S. 2, 15, 19, 21, 52 ff. Löffler IV, S. 19 ff. m. 1 Abb. E. Hempel: Gaëtano Chiaveri, Dresden 1955 (mit ausführlichem Literaturverzeichnis). K. Garas: J. A. Maulbertsch, Budapest 1960, Nr. 242. Löffler I, S. 19, 27, 43, 59, 74, 76 ff., 108, 145, 343, 347, 350, 377, Abb. 1, 71, 73, 75 ff., 124, 135, Taf. 4, 6, 19 ff., 53, 184 ff., 339, 346, 348. F. Löffler: Die farbige Ausgestaltung des Inneren der Katholischen Hofkirche in Dresden, in: Unum in veritate et laetitia, Bischof Otto Spülbeck zum Gedächtnis, Leipzig 1970, S. 345 ff., Abb. S. 72–96 (weitere Fotos der wissenschaftl. Untersuchungen und Dokumentation im Institut für Denkmalpflege, Arbeitsstelle Dresden). Hentschel II, Kat. Nr. 237, 377, 419–421, 435, Abb. 353, 354, 492, 544–546, 560. Löffler II, Abb. 34, 37, 64, 79, 131, 214. E. Hempel und F. Löffler: Die katholische Hofkirche zu Dresden, 5. Aufl. Berlin 1974 m. 17 Abb.

Katholische Stiftskapelle des Josephinenstiftes (Große Plauensche Straße 16). Nach Brand 1760 durch Ch. F. Exner im ersten Geschoß neu errichtet und 1765 geweiht. Einfacher Rechtecksaal mit Orgelempore und einer weiteren Empore. Reiches Freskogemälde der Decke von J. B. Müller, Scheinarchitektur mit Vermählung Josephs mit Maria. Hauptaltar mit Gemälde des zwölfjährigen Jesus im Tempel von Ch. W. E. Dietrich. Rokokodekoration in der Art J. Deibels.
1945 zerstört. Reste beseitigt.
Inventar/Dresden, S. 288 ff. m. 1 Abb. Löffler IV, S. 19. Löffler I, S. 44, 92. Hentschel II, Kat. Nr. 423, Abb. 547

Kapelle Sta. Constantia im Taschenbergpalais
An der Front gegen die Kleine Brüdergasse durch zwei Geschosse im Taschenbergpalais als Fami-

Dresden
Links: Katholische Hofkirche St. Trinitatis, Blick vom Hochaltar nach Westen
Rechts oben: Katholische Hofkirche St. Trinitatis, Deckengemälde von Maulbertsch in der Benno-Kapelle

Rechts Mitte: Katholische Stiftskapelle des Josephinenstiftes, Inneres
Rechts unten: Kapelle Sta. Constantia im Taschenbergpalais, Blick zum Altar

Katholische Pfarrkirche Franciscus Xaverius (Hauptstraße). 1852–1855 nach Entwurf von H. H. Bothen unter Leitung von Th. Choulant errichtet. Einschiffiger Putzbau mit Doppelturmfront in neoromanischem Stil unter Verwendung lombardischer Formen. Reiche dekorative Ausstattung des Inneren u. a. mit Gemälden von K. G. Schönherr und nach Entwürfen von J. Schnorr v. Carolsfeld.
1945 ausgebrannt. Ruine abgebrochen.

C. B. Alippi: Die neuerbaute katholische Kirche in Neustadt Dresden, Dresden 1856. Steche, S. 143 f., Abb. 50, 51. Inventar/Dresden, S. 265 f. Richter II, Taf. 46. Helas, S. 256 f.

Synagoge (am Gondelhafen). 1838–1840 von G. Semper errichtet. Zentralbau von kubischer Geschlossenheit, romanische Grundformen und orientalische Kuppel. Über dem quadratischen Grundriß des Mittelraums ein achteckiger Tambour auf Trompen, durchbrochen von je vier Rundbogenfenstern und mit Zeltdach bedeckt. Vor der Westseite eine Vorhalle mit zwei Türmen. Die maurische Innenausstattung nach Zeichnungen Sempers.
1938 in der »Kristallnacht« in Brand gesteckt. Ruine später abgebrochen.

Steche, S. 148 ff., Abb. 55–57. Inventar/Dresden, S. 296 ff. Schumann, S. 244. K. Zoege von Manteuffel: Gottfried Semper, Diss. der Universität Freiburg i. Br., 1952. Löffler I, S. 136, 377, Taf. 334. Löffler II, Abb. 56. Helas, S. 255

Anglikanische Kirche All Saints Church (Wiener Straße, Ecke Beuststraße). Nach Plänen von St. Aubyn in London von A. Pieper 1869 in den Formen der englischen Gotik errichtet. Die dreischiffige Anlage mit Querschiff und abschließender polygonaler Apsis im Mittelschiff, offenem hölzernem Dachstuhl und freistehendem Südturm. Reiche Ausstattung.
1945 zerstört. Ruine später abgebrochen.

Steche, S. 140 f. m. Grundriß. Schumann II, Abb. S. 30. Helas, S. 260

Johanniskirche (Pillnitzer Straße). Bedeutendster neogotischer Kirchenbau Dresdens. 1874 bis 1878 von G. L. Möckel errichtet. Einschiffiger Bau

Dresden
Links oben: Anglikanische Kirche All Saints Church
Links Mitte: Synagoge

Links unten: Katholische Pfarrkirche Franciscus Xaverius
Oben Mitte: Amerikanische Kirche St. John
Rechts: Johanniskirche, Äußeres und Inneres nach Osten sowie Inneres nach der Zerstörung

mit Querschiff, polygonalem Chor und Turm am Südquerschiff, in Nachbildung französischer Formen. Reiche Innenausstattung.
1945 ausgebrannt. Ruine 1953 beseitigt.
Steche, S. 131 ff. m. 2 Abb. Flade, Sp. 542 ff. m. 9 Abb. Schumann II, Abb. S. 47. G. L. Möckel: Die Johanniskirche in Dresden, Leipzig o. J. Löffler I, S. 350, Abb. 116. Löffler III, S. 66. Helas, S. 261

Amerikanische Kirche St. John (Reichsplatz). 1883 von F. Dögel in neogotischen Formen errichtet.
1945 ausgebrannt. Ruine später abgebrochen.

Trinitatiskirche (Johannstadt). 1894 von K. Barth in Renaissanceformen errichtet. Dreischiffige Anlage in Sandstein mit Westturm.
1945 ausgebrannt. Wiederherstellung vorgesehen.
Flade, Sp. 615 ff. m. 3 Abb. Helas, S. 266

Jakobikirche (Wettiner Straße). 1898–1901 von J. Kröger in neoromanischen Formen errichtet. Zentralbau in Sandstein mit Turm über der Mitte. Reiche Innenausstattung.
1945 ausgebrannt. Ruine später abgebrochen.
Flade, Sp. 598 ff. m. 5 Abb. Helas, S. 268

Erlöserkirche (Striesen, Paul-Gerhardt-Straße). 1880 von G. L. Möckel in neogotischen Formen errichtet. Dreischiffiger Bau mit Westturm.
1945 ausgebrannt. Ruine später abgebrochen.
Schumann II, Abb. S. 39. Flade, Sp. 664 ff. m. 4 Abb. Helas, S. 265

Lukaskirche (Lukasstraße). 1903 von G. Weidenbach in Formen der deutschen Frührenaissance errichtet. Dreischiffiges Langhaus mit quadratischer Vierung und Querschiffen, bedeutende Ausmalung von P. Rößler und O. Gußmann.
1945 ausgebrannt. Innenräume vereinfacht wiederhergestellt.
Flade, Sp. 634 ff. m. 6 Abb. Helas, S. 269

Zionskirche (Hohe Straße). 1912 als modernster Kirchenbau der Stadt von R. Schilling und J. Gräbner errichtet. Sandsteinfassung des Äußeren mit auf eisernem Binderbecken sitzendem zentralem Turm. Das Innere im Viertelkreis, Bänke amphitheatralisch auf Achse, Altar, Kanzel und Orgel zugeordnet.
1945 ausgebrannt.
Die neue Zionskirche in Dresden, in: Deutsche Bauzeitung, Berlin 1917, S. 21 ff., 25 ff. m. Abb. Schumann, S. 287 f., Abb. 164, 165

Dresden
Links oben und Mitte: Trinitatiskirche, Äußeres und Inneres nach Osten
Links unten: Zionskirche

Oben Mitte: Erlöserkirche
Rechts oben: Jakobikirche
Rechts Mitte und unten: Lukaskirche, Inneres nach Westen und Gewölbe

Öffentliche Bauten bis Ende des 18. Jahrhunderts

Residenzschloß Komplizierte Baugeschichte vom 13. bis 17. Jh., erste Erwähnung 1285. Ältester Teil der Unterbau des Hausmannsturms in der Nordwestecke, neuer Westflügel seit 1471 durch Arnold von Westfalen, Abbruch 1549. Seit 1548 Anlage des Großen Schloßhofes mit neuem Westflügel, des Altans in der Mitte des Nordflügels und drei der Wendelsteine mit plastischem Schmuck von H. Walther II unter Kurfürst Moritz durch C. Voigt von Wierandt und H. Dehn. 1592/93 Erweiterung des Schlosses nach Süden durch Anlage des Kleinen Schloßhofes durch P. Buchner und H. Irmisch mit dem Portal nach der Schloßstraße von A. Walther III. 1682 Anlage der beiden Portale zwischen den beiden Höfen durch J. G. Starcke mit plastischem Schmuck von C. M. Süßner. 1674 Erhöhung des Hausmannsturms und Abschluß durch welsche Haube und Laterne durch W. C. v. Klengel, 1692 Durchbruch des Turmes und Anlage des Grünen Tores durch C. M. Dietze. Barocke Innenausgestaltung von Festräumen und des Grünen Gewölbes im Untergeschoß der Nordwestecke. Umgestaltungen im Inneren

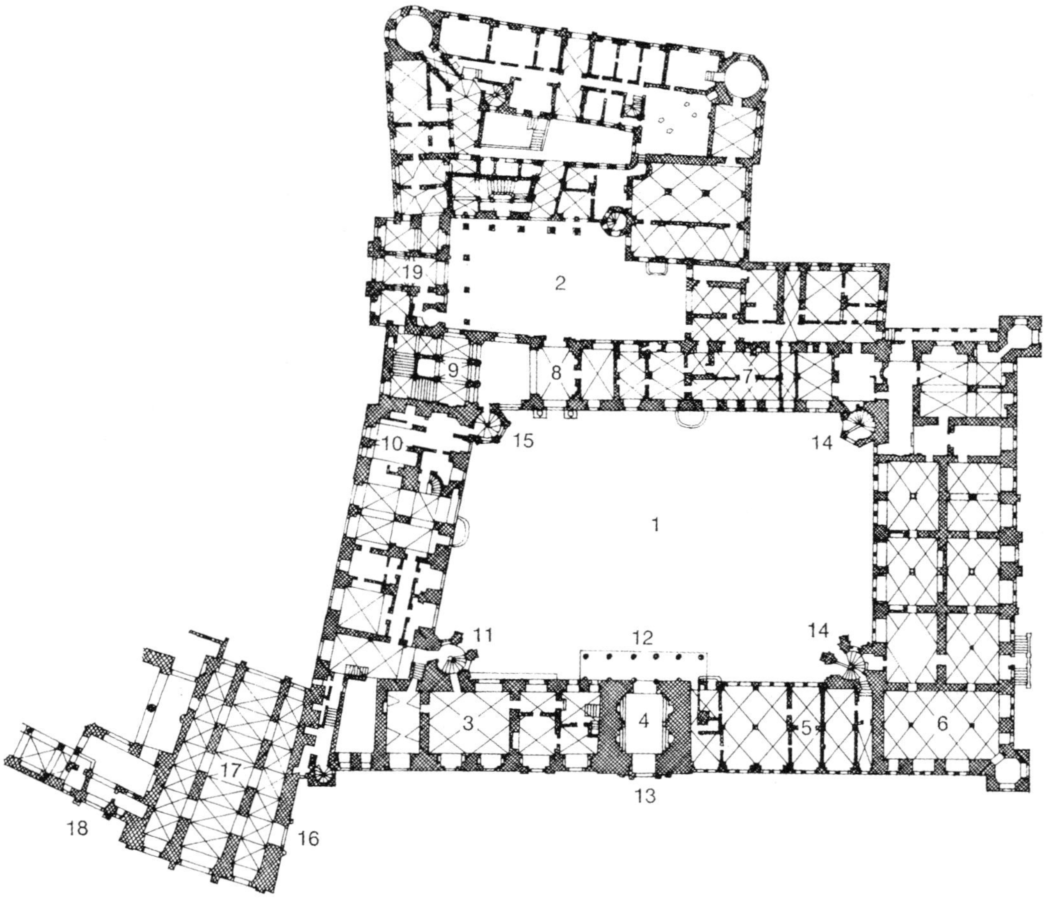

Dresden, Residenzschloß
Links oben: Großer Schloßhof nach Nordosten
Rechts oben: Altan des Moritzbaus im Großen Schloßhof
Rechts Mitte: Kleiner Schloßhof
Rechts unten: Blick durch die Kolonnaden des Moritzbaus im Großen Schloßhof

Links unten: Grundriß des Erdgeschosses nach dem Umbau 1889–1901, 1 Großer Schloßhof, 2 Kleiner Schloßhof 1592/93, 3 Altes Haus, 4 Hausmannsturm, 5 ehemalige Kapelle 1555, 6 Großes Haus 1550 ff. (Pretiosensaal des Grünen Gewölbes), 7 Langes Schmales Haus, 8 Tor 1682, 9 Englische Treppe 1678, 10 Bau des 15. Jh., 11 Schnecke 1549, 12 Altan 1550 ff., 13 Grünes Tor 1692, 14 Schnecken 1550, 15 Schnecke 1683, 16 Georgentor 1534, 17 Georgenbau (Nachfolge), 18 Langer Gang mit Jagdtor 1588, 19 Neues Tor 1589

Dresden, Residenzschloß
Links oben: Kleiner Schloßhof nach Osten
Rechts oben: Portal von 1682
Rechts Mitte: Großer Schloßhof, nach der Zerstörung

Links unten: Westflügel mit Wettin-Obelisk von J. Schilling
Rechts unten: Blick vom Schloßturm auf Teile des zerstörten Baues

Dresden, Residenzschloß
Links: Thronsaal (1698) und Großer Ballsaal (1846)
Rechts oben: Deckengemälde von L. de Silvestre im Thronsaal
Rechts Mitte und unten: Porzellan- und Juwelenzimmer im Grünen Gewölbe (1718 und 1723)

durch W. O. v. Wolframsdorf 1840–1846 und B. Krüger 1865–1868; anläßlich des Wettin-Jubiläums 1889–1901 komplexer verändernder Umbau des Äußeren in den Formen der deutschen Renaissance durch G. Dunger und G. Frölich.
1945 bis auf die Grundmauern ausgebrannt. Erhalten blieb ein Teil der Räume des Grünen Gewölbes, von denen einige instand gesetzt werden konnten. Der gesamte Komplex ist nach seiner Wiederherstellung als Museumsbau für die Staatlichen Kunstsammlungen Dresden vorgesehen.

Steche, S. 353 ff. C. Gurlitt: Das königliche Schloß zu Dresden, Dresden 1896, m. 33 Taf. Inventar/Dresden, S. 336 ff. m. 35 Abb. Schumann II, Abb. S. 6–8, 10, 11. Schumann, S. 16 ff., 35 ff., 58 ff., 137 ff., Abb. 28, 29, 43, 44, 67–70, 138. Haenel, Abb. 22–26, 49, 50. Löffler IV, S. 14, 16. Asche I, S. 106 m. 1 Abb. Löffler I, passim, Abb. 4, 16, 21, 26, 42, 90, 124, 130, Taf. 6, 8, 13, 14, 16, 36, 37, 41–44, 63, 64, 68, 69, 122–124, 127. Hentschel, Taf. 17 a. B. Werner: Das kurfürstliche Schloß in Dresden im 16. Jahrhundert, Diss. der Universität Leipzig, 1970. Löffler II, Abb. 10–13, 27, 28, 30, 165, 216. Hentschel II, Kat. Nr. 192, 242, 243, 342, 343, 389, 411, 412, Abb. 228, 299, 305, 485, 490, 503, 528–531. Volk, Abb. S. 149. B. Werner: Gewölbestukkaturen des 16. Jahrhunderts im Dresdener Schloß, in: Sächsische Heimatblätter, Dresden 1976, H. 1, S. 15 ff. m. 19 Abb. F. G. Koch: Studien zum Schloßbau des 16. Jahrhunderts in Mitteldeutschland, in: Festgabe für H. H. Rosemann, 1960, S. 155 ff., Abb. 13–15. Helas, S. 173 ff.

Dresden, Residenzschloß
Links: Schlafzimmer Augusts des Starken (um 1698), Speisesaal und Neuer Thronsaal
Rechts: Gobelinsaal und Treppenhaus von 1895

Georgenbau Um 1530 von B. Kramer am Elbtor errichtet. 1717 nach Brand von 1701 durch J. G. M. v. Fürstenhoff vereinfacht erneuert. Beim Schloßumbau 1900 durch G. Dunger und G. Frölich weitgehend neu erbaut und mit Fassade in den Formen der deutschen Renaissance versehen. 1945 ausgebrannt. 1965–1968 wiederhergestellt.

Inventar/Dresden, S. 343 ff. Richter II, Taf. 4. Schumann, Abb. 153. Löffler II, Abb. 36. Helas, S. 175 f.

Stallgebäude mit Stallhof späteres Johanneum. Nach der Stadterweiterung auf dem ehemaligen Festungsgelände an der alten Stadtmauer von P. Buchner und H. Irmisch mit der Fassade nach dem Jüdenhof errichtet. Erster Umbau 1722–1725 durch J. G. M. v. Fürstenhoff, der ein zweites Obergeschoß hinzufügte und die doppelläufige Treppe 1729/30 vorlegte. Zweiter Umbau durch J. Ch. Knöffel 1744–1746 zum Galeriegebäude, dritter Umbau zum Johanneum (Historisches Museum) durch K. M. Haenel 1872–1876, der die ursprüngliche Außenarchitektur wesentlich veränderte. 1945 ausgebrannt. 1955 wiederhergestellt, seit 1960 Verkehrsmuseum.

Steche, S. 180 ff., Abb. 70. Inventar/Dresden, S. 405 ff., 413 ff. m. 5 Abb. Schumann, S. 54 ff. m. 2 Abb. Haenel, Abb. 32, 34, 35. E. Haenel: Der alte Stallhof, Dresden 1937, m. 19 Abb. Löffler I, S. 9, 20, 22 ff., 87 f., 102, 134, 347 f., 354, 363, 372, 378, Abb. 87, Taf. 50 ff., 58, 172, 175, 177, 283. Löffler II, Abb. 14, 96. Hentschel-May, S. 147, Abb. 72. Helas, S. 240 f.

Der Lange Gang Front nach der Augustusstraße, Verbindung zwischen Georgenbau und Stallhof von P. Buchner und G. M. Nosseni 1588/89 errichtet. Oberes Geschoß mit Gewehrgalerie und Ahnengalerie des Hauses Wettin seit 1731. 1945 ausgebrannt. Architektur seit 1955 wiederhergestellt.

Inventar/Dresden, S. 409 ff. m. 2 Abb. Schumann, S. 68 ff. Haenel, Abb. 31, 33. Löffler I, S. 23, 354 f., 363, Taf. 46, 50, 52–54, 56, 57, 177. Hentschel II, Kat. Nr. 390–406, Abb. 502, 504–522. Löffler II, Abb. 167

Kanzleihaus 1567 nach Plänen von H. Irmisch in Renaissanceformen errichtet; 1731 und 1737 umgebaut. Hauptschauseite nach der Schloßstraße (seit 1857 mit Hofapotheke), drei Flügel um einen Hof mit zwei Wendelsteinen, die vierte Seite die alte Stadtmauer am Stallhof abschließend. 1945 ausgebrannt. 1961 abgebrochen.

Inventar/Dresden, S. 399 ff. m. 2 Grundrissen. Haenel, Abb. 30. Löffler I, S. 24, 354 f., 363, Taf. 50, 52, 53, 55, 177. Löffler II, Abb. 14

Dresden
Links oben: Der Lange Gang, links Rennbahn und Georgenbau
Links Mitte: Ruinen von Kanzleihaus, Rennbahn und Georgenbau sowie Der Lange Gang
Links unten: Der Lange Gang, Gewehrgalerie im Obergeschoß
Mitte oben: Georgenbau und Schloßturm von der Brühlschen Terrasse
Mitte unten: Georgenbau von der Schloßstraße, nach der Zerstörung
Rechts oben: Stallhof (Johanneum), nach der Zerstörung
Rechts unten: Fürstliches Haus, Schmuckerker

Fürstliches Haus (Schloßstraße 30). Anfang des 16. Jh. mit spätgotischen Fenstergewänden, 1609 Umbau von M. Brenner. Schmuckerker in Sandstein mit Bildnissen Christians II. und seiner Gemahlin Hedwig über Kragstein mit Reichsadlern sowie Pilaster mit Flachrelieffries von H. Steyer 1610.
1945 zerstört.

Inventar/Dresden, S. 416 f. m. 1 Abb. Schumann, Abb. 41. Hentschel, S. 136 f., Taf. 67. Löffler I, S. 354, Taf. 48

Palais Großer Garten Der erste Barockbau in Dresden, 1678–1683 durch J. G. Starcke für den späteren Kurfürsten Johann Georg III. vor der Stadt errichtet. Das Palais vereinigt den Typus des Lusthauses mit den neuen, in Frankreich entstandenen Formen des Schloßbaus in selbständiger Formgebung. H-förmige Anlage mit zweigeschossigem Saal im Obergeschoß des Mittelbaus, im Erdgeschoß ein durch Stützen unterteiltes Vestibül, doppelläufige Freitreppen zum Obergeschoß in beiden dreiflügeligen Höfen. Be-

Links oben: Stallhof und Kanzleihaus
Rechts oben: Blick vom Georgenbau über Kanzleihaus zum Stallgebäude (Johanneum), Stallhof und Langem Gang, nach der Zerstörung

Rechts Mitte: Palais Großer Garten von Norden, nach der Zerstörung
Unten: Palais Großer Garten, Saal im Obergeschoß

deutender plastischer Schmuck von J. und C. M. Süßner, A. C. Buchau, C. M. Dietze, G. Heermann. Deckengemälde von S. Bottschildt mit Apotheose Johann Georgs III. und reichem Stukkaturschmuck. Das Palais beherbergte das Museum des Sächsischen Altertums-Vereins. – Im Park acht Kavalierhäuser, die ersten in Dresden mit Mansarddach, eingeschossige Saalbauten mit später aufgesetzten Halbgeschossen.

Palais samt Inneneinrichtung und den Beständen des Museums ausgebrannt, desgleichen die Kavalierhäuser. Wiederaufbau des Palais seit 1954, sechs Kavalierhäuser bereits instand gesetzt.

Inventar/Dresden, S. 463 ff. m. 16 Abb. Plaul, S. 13 f., Abb. 13, 14. Schumann, S. 92 ff., Abb. 45–50. Haenel, Abb. 36, 37. Löffler IV, S. 10, 12. H. G. Franz: Das Palais im Großen Garten, in: Zeitschr. für Kunstwiss. 3, 1949, S. 75 ff. S. Asche: Drei Bildhauerfamilien an der Elbe, Wien 1961, passim. Löffler I, S. 10, 28, 32 ff., 47, 54 f., 110, 117, 122, 345, 357, Abb. 24, 25, 29, 41, Taf. 89–101. Hentschel II, Kat. Nr. 244–247, 408 bis 410, Abb. 304, 318–322, 524–527. Löffler II, Abb. 21, 22

Taschenbergpalais Der Mittelteil des Palais 1707–1711 im Auftrage Augusts des Starken von M. D. Pöppelmann, möglicherweise unter Beteiligung von J. F. Karcher, mit Erdgeschoß, drei Obergeschossen und 19-Fenster-Front errichtet. Die Oberfläche des siebenfenstrigen Mittelrisalits zeigt dem Palais im Großen Garten verwandten reichen Schmuck von Blattgehängen und nimmt das ornamentale Leben von Pöppelmanns Zwinger-Pavillons voraus. Die zuletzt vorhandene Dachform mit Fronton und sächsischem Wappen

Dresden
Oben links: Palais Großer Garten, Saal im Obergeschoß mit Wandgliederung
Oben rechts: Palais Großer Garten, Deckendekoration im Seitenflügel; Seitensaal im Obergeschoß; Mittelsaal nach der Zerstörung
Unten: Taschenbergpalais vom Schloßturm; Vorderfront des Mittelbaus, nach der Zerstörung

sowie die Figuren G. Knöfflers von 1756 sind Zutaten des letzten Umbaus nach 1825. Den westlichen Seitenflügel und die Bauten um den hinteren Hof fügte J. H. Schwarze 1756, den östlichen Ch. F. Exner 1763 hinzu.

1945 bis auf die Grundmauern ausgebrannt und teilweise zerstört, Mitteltrakt gesichert, Aufbau als Hotel geplant.

Inventar/Dresden, S. 394 ff. m. 5 Abb. Haenel, Abb. 83, 84. H. G. Franz: Dresdner Barockpalais, in: Zeitschr. für Kunstgeschichte, Leipzig 1949, H. 2, S. 76 ff. m. Abb. Löffler I, S. 29, 34, 43, 47 f., 91, 95, 358, 369 f., Taf. 104–106, 252, 255, 345. W. Görtz: Das Taschenbergpalais in Dresden, eine baugeschichtliche Untersuchung, Diss. der TU Dresden, 1969. Hentschel II, Kat. Nr. 422, Abb. 543. Löffler II, Abb. 23

Dresden, Taschenbergpalais
Oben links: Vorhof des östlichen Seitenflügels
Oben rechts: Brunnen G. Knöfflers im westlichen Hof
Unten: Mittelbau

Zwinger Beginn der Planung 1709, Baubeginn 1710, Baustopp 1719, langsamer Weiterbau bis 1728. Drei Bauperioden: 1. als Orangerie mit Wallpavillon, Mathematisch-Physikalischem Salon, Französischem Pavillon und Bogengalerie seit 1711; 2. Kronentor mit Langgalerien und weitere Planung bis zur Elbe seit 1714; 3. Wiederholung der Wallseite anläßlich der Vermählung des Kurprinzen Friedrich August mit der Erzherzogin Maria Josepha 1718/19, nunmehr Festplatz. Seit 1728 museal genutzt. Bauherr August der Starke, Architekt M. D. Pöppelmann, bildhauerische Arbeiten unter Leitung von B. Permoser und Mitarbeitern. Mehrfache Restaurierungen im 18. und 19. Jh.; vierte umfassende Zwingererneuerung 1924–1936 mit Rekonstruktion des Nymphenbades durch H. Ermisch.
1945 ausgebrannt und weitgehend zerstört, Deckenmalereien von H. Ch. Fehling, L. de Silvestre und G. A. Pellegrini vernichtet. 1946–1963 Wiederherstellung unter Leitung von H. Ermisch und M. Zimmermann, Leitung der Bildhauerwerkstatt A. Braun; die hölzernen Dachstühle durch eiserne Dachbinder ersetzt. Eine Bereicherung der städtebaulichen Situation brachte die Erweiterung des Zwingergrabens, mit der die ursprüngliche Stellung des Kronentores und der Langgalerien auf der Festungsmauer wiederhergestellt wurde. Die museal genutzten Innenräume erhielten nach Zerstörung der Plafonds und Stukkaturen einen interimistischen Anstrich. Das Hauptproblem lag in der Behandlung der für den Bau entscheidenden Plastik; die originalen Plastiken wurden gesichert, und wo sie entfernt werden mußten, durch Kopien ersetzt, die Figuren aus der Mitte des 19. Jh. wurden entfernt.

Dresden, Zwinger
Links oben: Luftaufnahme der Gesamtanlage mit Theaterplatz, Schloß und Taschenbergpalais
Rechts oben und links unten: Glockenspielpavillon vom Zwingerhof, vor und nach der Zerstörung
Rechts unten: Mathematisch-Physikalischer Salon, nach der Zerstörung

M. D. Pöppelmann: Vorstellung und Beschreibung des . . . sogenannten Zwingergarten-Gebäudes oder der Königlichen Orangerie zu Dresden, Dresden 1729 (mit Kupferstichen). Inventar/Dresden, S. 422 ff. m. 32 Abb. Schumann II, S. 10 ff. m. 16 Abb. Schumann, S. 114 ff. m. 4 Abb. J. L. Sponsel: Der Zwinger, die Hoffeste und die Schloßbaupläne zu Dresden, Text- und Tafelband, Dresden 1909 und 1924. Haenel, Abb. 38–48. H. Ermisch und F. Löffler: Der Zwinger, Dresden 1952 (mit neuerer Literatur). H. Ermisch: Der Dresdner Zwinger, Dresden 1953. H. Heckmann: M. D. Pöppelmann als Zeichner, Dresden 1954, passim. Löffler IV, S. 12 ff. m. 3 Abb. S. Asche: B. Permoser und die Barockskulptur des Dresdner Zwingers, Frankfurt/M. 1960. E. Hempel: Der Zwinger zu Dresden, Berlin 1961. Löffler I, S. 9 f., 19, 23, 28 f., 34 f., 48 ff., 78, 96, 106, 129, 134 f., 145, 345, 358 ff., 376, 378, Abb. 32, 42–46, Taf. 107–121, 328, 346. Dehio 1966, S. 73 f. H. Heckmann: M. D. Pöppelmann, Leben und Werk, München und Berlin 1972, passim. Hentschel II, Kat. Nr. 248, 413, 414, Abb. 332, 532–535. Löffler II, Abb. 31, 32, 62, 218, 219. Volk, Abb. S. 147–159. F. Löffler: Der Zwinger zu Dresden, Leipzig und Warschau 1976. S. Asche: Balthasar Permoser, München und Berlin 1977, passim. (Archivalien zur vierten und fünften Restaurierung sowie fotografische Dokumentation zur vierten Zwingerrestaurierung im Institut für Denkmalpflege, Arbeitsstelle Dresden)

Dresden, Zwinger
Links oben: Langgalerien mit Kronentor und Mathematisch-Physikalischer Salon, nach der Zerstörung
Rechts oben: Langgalerien mit Kronentor

Links unten und rechts unten: Mathematisch-Physikalischer Salon, Blick ins Innere und Deckenbild des Mittelsaales von L. de Silvestre
Rechts Mitte: Mathematisch-Physikalischer Salon, Wallseite, nach der Zerstörung

Dresden, Zwinger
Oben: Wallpavillon mit Mathematisch-Physikalischem Salon und Französischem Pavillon
Mitte: Wallpavillon, Beginn der Wiederherstellungsarbeiten 1946; Wallpavillon, Eingangsbogen; Französischer Pavillon (Marmorsaal)
Unten: Nördliche Bogengalerie und Französischer Pavillon, nach der Zerstörung

Regimentshaus am Jüdenhof Für den Grafen Flemming 1710 durch J. Ch. Naumann (?) entweder neu errichtet oder völlig umgebaut. Umfangreicher Komplex mit drei Höfen. Untergeschoß mit zwei Obergeschossen, Halbgeschoß und vierfenstrigem Dachhaus mit Dreieckgiebel. Die zweiten und dritten Fenster von rechts und links über je einem Säulenportal zusammengefaßt und risalitartig vorgezogen.
1945 zerstört. Ruine später abgebrochen.

Inventar/Dresden, S. 538 ff. m. 3 Abb. und Grundriß. Haenel, Abb. 80, 81, 110. Löffler I, S. 95, 365, Taf. 200

Blockhaus (Neustädter Markt). Als Pyramidengebäude für die Aufstellung des Denkmals Augusts des Starken von Z. Longuelune 1730 begonnen, später Wache. Mezzanin und Dach wohl von J. G. M. v. Fürstenhoff nach 1749 vollendet. Aufstockung nach 1892 durch K. R. Weissbach. Quadratischer Bau von fünf Achsen, Lisenenarchitektur mit gequaderten Pfeilern, Untergeschoß und Mezzaningeschoß, offene Halle mit drei Mittelöffnungen und plastischem Trophäenschmuck.
1945 ausgebrannt. Wiederaufbau 1977 begonnen.

Inventar/Dresden, S. 604 f. m. 2 Abb. Richter II, Taf. 37, 40–42. Schumann, S. 180 f., Abb. 55, 88. Haenel, Abb. 74. H. G. Franz: Zacharias Longuelune, Berlin 1953, S. 32 ff., Abb. 55–66. Löffler I, S. 65 f., 362, Taf. 160, 165, 166. G. Kavacs: Die Baugeschichte des Blockhauses, Seminararbeit der TU Dresden 1968. Löffler II, Abb. 84

Ritterakademie (Niedergraben 5). Palais Wackerbarth. Kopfbau im Auftrag des Grafen Wackerbarth 1723–1728 von J. Ch. Knöffel errichtet. Fassade nach dem Niedergraben mit durch Lisenen zusammengefaßter Front von neun Achsen und dreiachsigem Mittelrisalit. Erstlingswerk des neuen Stils nach Longuelune. Erdgeschoß mit zwei Obergeschossen, über dem Mittelfenster des ersten Geschosses Relief Augusts des Starken von B. Thomae; doppelläufige Treppe durch die Geschosse. Anschließend große Reithalle und weiterer viergeschossiger nüchterner Bau für die Kadetten, wohl nach Entwurf von J. G. M. v. Fürstenhoff von Festungsmaurermeister Findeisen errichtet.
1945 ausgebrannt. 1962 abgebrochen.

Inventar/Dresden, S. 605 ff. m. 1 Abb. und 1 Taf. Döring, Abb. 22, 23. Schumann, Abb. 89. K. A. Lehmann: Zur Geschichte der Dresdener Ritterakademie, Seminararbeit der TU Dresden 1951. Löffler I, S. 80, 347, 366 f., Abb. 80–82, Taf. 221, 222. Hentschel II, Kat. Nr. 249, Abb. 338. Löffler II, Abb. 16, 24. Hentschel-May, S. 83 ff., Abb. 8–11, 85

Kurländer Palais (Zeughausplatz). Hinter dem Zeughaus seit 1718 als neues Gouvernementshaus wohl nach Plänen von Graf Ch. v. Wackerbarth vielleicht schon durch J. Ch. Knöffel errichtet. 1728 ausgebrannt und bereits 1729 von Knöffel wiederhergestellt. Weitläufige Anlage, das Innere im 18. Jh. wiederholt, u. a. durch F. A. Krubsacius, umgestaltet und ausgestattet. Neunfenstrige Fassade mit dreiachsigem Mittelrisalit, Balkon, reichem Trophäenschmuck über den Fenstern und abschließendem Dreieckgiebel.
1945 ausgebrannt. Wiederaufbau vorgesehen.

Inventar/Dresden, S. 493 ff. m. 6 Abb. und Grundriß. Richter II, Taf. 11. A. Fiedler: Zur Geschichte des Kurländischen Palais und des Marcolinischen Palais, Dresden 1904. Plaul, S. 16. Schumann, Abb. 94. Haenel, Abb. 82. H.-E. Kleine-Natrop: Das heilkundige Dresden, Dresden 1963, S. 106 ff., 154 ff., Abb. 74, 75, 97, 114 a und b, 115. Löffler I, S. 83, 347, 367, 369, Abb. 85, 86, Taf. 223, 224, 248, 249. Hentschel II, Kat. Nr. 416, 417, Abb. 537, 539. Hentschel-May, S. 12 ff., Abb. 18, 86

Dresden
Links oben: Ritterakademie, Hauptfront und Treppenaufgang
Rechts oben: Kurländer Palais, Hauptfront nach der Zerstörung und Gartensaal
Unten: Regimentshaus am Jüdenhof und Blockhaus

Japanisches Palais (Neustadt). Als Holländisches Palais mit Mitteltrakt und zwei Wirtschaftsflügeln 1715 durch J. R. Fäsch errichtet. 1717 erster Umbau durch M. D. Pöppelmann, völliger Umbau 1728–1736 zur Vierflügelanlage mit Mittelhof durch J. D. Pöppelmann, Z. Longuelune und J. Ch. Knöffel, die Vorhalle im Norden als Mittelrisalit nach dem Platze von J. de Bodt. Name seit 1732. Umgestaltung zu Bibliothek und Antikensammlung durch G. A. Hölzer 1782. Neue Innenausstattung des Erdgeschosses nach Plänen von G. Semper 1834, Wiederherstellung der Räume zum Buchmuseum durch H. Ermisch 1928.
1945 ausgebrannt, seit 1952 als Museumsgebäude in Wiederherstellung.

Inventar/Dresden, S. 593 ff. m. 7 Abb. und 3 Grundrissen. Richter II, Taf. 43, 44. Döring, Abb. 10–15. Schumann, S. 179 f., Abb. 87. H. Ermisch: Das Japanische Palais, Dresden 1935. T. Däubler: Sempers Fresken im Japanischen Palais zu Dresden, in: Jahrbuch zur Pflege der Künste, 5. Folge, Dresden 1957, S. 89 ff. m. 4 farb. Abb. Löffler I, S. 57 f., 63 ff., 128 f., 350, 361 f., 372, Abb. 48, 103, 122, Taf. 149–159, 284, 285. Hentschel II, Kat. Nr. 251, Abb. 336. Löffler II, Abb. 25

Amtshaus (Kleine Brüdergasse 19). Um 1740 errichteter Nachfolgebau des alten Amtshauses. Charakteristischer Bau in der Nachfolge von Z. Longuelune mit ausgezeichneter Grundrißlösung. Erdgeschoß, vier Obergeschosse und Mansarddach bei sieben Achsen Front, Mittelachse betont. Einfache Lisenenarchitektur mit Spiegeln zwischen den Geschossen.
1945 ausgebrannt. Später abgebrochen.

Inventar/Dresden, S. 706 ff. m. Abb. und 2 Grundrissen. Löffler I, S. 98, 365, Taf. 207

Josephinenstift (Große Plauensche Straße 16). Der 1746 errichtete Bau bei der Beschießung 1760 weitgehend zerstört, 1765 von Ch. F. Exner wiederaufgebaut und erweitert. Einfacher Dreiflügel-

Dresden
Links: Japanisches Palais, Säle mit Malereien nach Entwurf Sempers
Rechts oben und Mitte: Japanisches Palais, Nordfront und Treppenhaus
Rechts unten: Josephinenstift

bau mit 35achsiger Front nach der Großen Plauenschen Straße. Untergeschoß mit zwei Obergeschossen, Mansarddach mit Dachreiter auf Kapellenflügel. Portal mit Rokokodekoration und umziehendem Gurtgesims. (Zur Katholischen Stiftskapelle des Josephinenstiftes s. S. 383.)
1945 ausgebrannt. Ruine später abgebrochen.
Inventar/Dresden, S. 288 f., Abb. 606, 607. Löffler I, S. 44, 92

Katholisches Krankenstift (Friedrichstadt, Friedrichstraße 50). 1738 für Hofzahlmeister Essenius durch unbekannten Architekten errichtet. Die zweigeschossige, neunachsige Front mit Ausbau des dritten Geschosses und dreifenstrigem Mittelrisalit, darüber Giebel. Über Mitteltor und torartig ausgebildeten äußersten Fenstern des Erdgeschosses schwere Kartuschen mit Inschrift. Reich ausgestattete Hauskapelle im ersten Geschoß mit Altargemälde nach P. Rotari, seit 1823 Pfarrkirche St. Michaelis.
1945 ausgebrannt. Ruine später abgebrochen.
J. Luft: Das Katholische Krankenstift Dresden-Friedrichstadt 1747–1897, Dresden 1897. Inventar/Dresden, S. 283 ff. H.-E. Kleine-Natrop: Das heilkundige Dresden, Dresden 1963, Abb. 134

Landhaus (Landhausstraße). An Stelle des 1760 abgebrannten Flemmingschen Palais 1770–1776 von F. A. Krubsacius in frühklassizistischen Formen errichtet. Hauptfront nach der Landhausstraße mit 24 Achsen, zwei Untergeschossen und zwei durch Gurtgesims getrennten Obergeschossen; fünfachsiger Mittelrisalit mit einem von sechs Säulen getragenen Portikus mit darüberliegendem Balkon und abschließendem Dreieckgiebel; Mansarddach. Nach der Hofseite gesondert siebenachsiges Treppenhaus, das letzte große zweiläufige Treppenhaus der Stadt.
1945 ausgebrannt. Bau samt Treppenhaus 1963 bis 1965 als Stadtmuseum wiederhergestellt. Brunnenwerk mit Portal vom Eingang des Gartens nach Großsedlitz versetzt.
Inventar/Dresden, S. 535 ff. m. 5 Abb. Schumann, S. 218 ff., Abb. 110. Löffler I, S. 109 f., 372, Taf. 280–282. Volk, Abb. S. 114, 115

Stallgebäude (Stallstraße 2). Ursprüngliche Anlage der Flügelgebäude mit Mittelportal nach der Stallstraße 1744–1748 von L. A. Herrlin. Neugestaltung mit um einen Stock erhöhten dreifenstrigen Eckbauten durch J. Thürmer 1832. Reithalle im Hof von Ch. T. Weinlig 1794/95, langgestrecktes Rechteck, eingeschossig, über Sockel mit Gesims Neun-Fenster-Front mit dreifenstrigem Mittelrisalit und bekrönendem Dreieckgiebel. Plastischer Giebelschmuck von F. Pettrich.
1945 ausgebrannt. Reithalle 1952 für Theatermaler wiederhergestellt, Flügelbauten später teilweise abgebrochen.
Steche, S. 356 f. Inventar/Dresden, S. 589 ff. P. Klopfer: Weinlig und seine Zeit, Berlin 1906, S. 62 f., Abb. 32, 33. Löffler I, S. 111, 120, 350, 374, Abb. 115, Taf. 303

Altes Rathaus (Altmarkt). 1741–1745 als zweites Rathaus nach Plänen von J. Ch. Knöffel und J. G. Fehre errichtet. Aus drei Häusern durch die Fassade zusammengefügt. Über putzgequadertem Untergeschoß zwei durch Lisenen zusammengefaßte Obergeschosse von 13 Achsen und ein durch Gesims getrenntes Halbgeschoß. Zwei seitliche dreifenstrige Risalite mit Bekrönung und dekorativem Schmuck, zwischen erstem und zweitem Obergeschoß Medaillons Augusts III. und seiner Gemahlin. Walmdach mit Dachreiter und Uhr. Zweite Front nach der Scheffelstraße.
1945 ausgebrannt. Ruine später abgebrochen.
Inventar/Dresden, S. 618 ff. m. 1 Abb. und 2 Grundrissen. Richter II, Taf. 34. R. Bruck: Dresdens alte Rathäuser, Dresden 1910. N. Pevsner: Die Baugeschichte des Altstädter Rathauses zu Dresden, in: Dresdner Geschichtsblätter, Dresden 1928, S. 1 ff. m. Abb. Haenel, Abb. 70. Löffler I, S. 45, 74, 95, 99, 348, 366, 368, Abb. 99, Taf. 214, 216, 239. Löffler II, Abb. 90. Hentschel-May, S. 19, Abb. 97. Volk, Abb. S. 73, 76, 77

Dresden
Links oben: Katholisches Krankenstift
Rechts oben: Landhaus mit Treppenhaus
Rechts unten: Altes Rathaus und Löwenapotheke (Neubau 1910)

Neustädter Rathaus (Neustadt, Hauptstraße). Das neue Rathaus der Neustadt nach einem von J. Ch. Knöffel überarbeiteten Entwurf von J. G. Fehre, J. Ch. Berger und G. F. Winkler 1750–1754 errichtet. Hauptfront mit 21 Achsen nach der Hauptstraße, über Untergeschoß mit zwei Portalen drei Obergeschosse und Mansarde, fünfachsiger Mittelrisalit mit Segmentgiebel, großartiger Dachreiter mit Laterne und Uhr, strenge einfache Lisenenarchitektur. Nach dem Markt neunachsige Front mit fünffenstrigem Mittelrisalit und Dreieckgiebel, verbrochene einachsige Ecke mit einem 1742 von B. Thomae angelegten Brunnen. Dritte Front nach der Schulgasse.
1945 ausgebrannt. Ruine 1950 abgebrochen, der Brunnen erhalten.

Inventar/Dresden, S. 616 f. m. Grundriß. Richter II, Taf. 40–42. R. Bruck: Dresdens alte Rathäuser, Dresden 1910. Döring, S. 90 ff. Haenel, Abb. 70. Löffler I, S. 73, 99 f., 349, 368 f., Abb. 100, Taf. 240. Löffler II, Abb. 43, 70, 90. Hentschel-May, S. 23, Abb. 111

Gewandhaus (Gewandhausstraße). Nach der Zerstörung des alten Gewandhauses an Stelle des ebenfalls 1760 zerstörten Wertherschen Palais 1768–1770 von J. F. Knöbel errichtet. Lisenenarchitektur, Untergeschoß mit zwei Obergeschossen und Mansarddach, 15-Fenster-Hauptfront mit dreiachsigem Mittelrisalit und abschließendem Dreieckgiebel, siebenfenstrige Front nach der Kreuzstraße und Neun-Fenster-Front nach der Großen Frohngasse. Wiederholt umgebaut, das Innere zuletzt 1925/26 als Stadtbank durch P. Wolf.
1945 ausgebrannt. 1964 als Hotel mit verlängertem viertem Flügel ausgebaut.

Inventar/Dresden, S. 621 f. m. 1 Abb. P. Wolf: Neue Stadtbaukunst Dresdens, Berlin–Leipzig–Wien 1927, Abb. 70–73. Löffler I, S. 56, 74, 129, 371, Taf. 271. Volk, S. 93 f. m. 4 Abb.

Palaisbauten des 18. Jahrhunderts

Palais Hoym (Landhausstraße 1). Zuletzt Harmonie. Auf dem Gelände stand bereits ein um 1720 errichtetes zweigeschossiges Gartenhaus, dessen drei Mittelfenster durch einen Dreieckgiebel gekrönt waren, als J. Ch. Knöffel 1743 den Auf-

Dresden
Links oben und Mitte: Neustädter Rathaus, vor und nach der Zerstörung
Links unten: Gewandhaus
Rechts: Palais Hoym, Hauptfront und Gartenhaus

trag erhielt, für den Oberstallmeister von Brühl kein Palais, sondern ein Bürgerhaus mit der Front nach der Landhausstraße zu errichten. Der Bau zeigte ein Untergeschoß mit 13 Achsen, zwei Obergeschosse und ein ausgebautes Mansardgeschoß; dreifenstriger Mittelrisalit mit Balkon im ersten Geschoß und abschließendem schmiedeeisernem Gitter sowie sparsamem Rokokoschmuck, ferner bedeutendes geschnitztes Portal von J. Deibel. Nach der Beschießung Dresdens 1760 stellte um 1766 F. A. Krubsacius den Bau wieder her und fügte ihm einen neuen Flügel mit 15 Achsen gegen die Rampische Straße 16 und den großen Festsaal im Obergeschoß hinzu. Im Hof Brunnen von G. Knöffler.

1945 zerstört. Ruine später abgebrochen.

Inventar/Dresden, S. 544 ff. m. 3 Abb. Löffler I, S. 87 f., 92, 367, Taf. 231. Hentschel-May, S. 19, 66, 87, Abb. 96

Palais Cosel (An der Frauenkirche 12). Knöffel-Cäsarsches Haus. Von J. Ch. Knöffel 1744–1746 für sich selbst errichtet. 1760 stark beschädigt, 1762 für den Grafen Cosel wiederaufgebaut und wohl erhöht von J. H. Schwarze, der auch die zweigeschossigen Flügelbauten um den Ehrenhof mit den Kinderfiguren G. Knöfflers hinzufügte. Rechteckbau, Untergeschoß mit drei Obergeschossen, ein Mezzaningeschoß und ausgebautes Mansarddach, Elf-Fenster-Front nach der Frauenkirche, dreifenstriger Mittelrisalit mit Fest-

saal in den beiden ersten Obergeschossen, abschließender Dreieckgiebel.
1945 Mittelbau und Flügel ausgebrannt. Mittelbau abgebrochen, Flügelbauten 1974/75 wiederhergestellt, neuer Mittelbau geplant.

Inventar/Dresden, S. 546 ff. m. 4 Abb. Schumann, S. 183 ff., Abb. 90. Haenel, Abb. 85. Löffler I, S. 89 f., 363, 369 f., Taf. 177, 242, 256, 347. Hentschel II, Kat. Nr. 253, Abb. 360. Löffler II, Abb. 26. Hentschel-May, S. 21, 32, Abb. 106

Dresden
Links oben: Palais Hoym, Wandbrunnen
Rechts oben und unten: Palais Cosel, Gesamtansicht und Hof mit Mittelbau
Links unten: Palais Cosel, Wandbrunnen im Hof und linker Flügelbau nach der Zerstörung

Ministerhotel (Seestraße 10). Saulsches Haus. Nach dem Durchbruch des Seetores auf der Bastion Merkur als letztes Werk nach Plänen J. Ch. Knöffels 1753 mit Front nach dem Wall und der Seestraße in tiefer Gliederung errichtet. Untergeschoß mit abschließendem Gurtgesims, zwei Obergeschosse und ein über einem Gesims liegendes drittes Geschoß. Nach der Seestraße Neun-Fenster-Front mit Kartuschenschmuck der mittleren fünf Fenster und abschließendem Segmentgiebel über drittem Obergeschoß. Reich geschnitztes Mittelportal von J. Deibel. Das Innere wiederholt umgebaut, Anbau und Festsaal von K. M. Haenel 1853.
1945 ausgebrannt. Ruine später abgebrochen.

Inventar/Dresden, S. 563 ff. m. 4 Abb., S. 740 m. Abb. Richter II, Taf. 21, 22. Löffler I, S. 92, 348, Abb. 89. Hentschel II, Kat. Nr. 443, Abb. 577. Hentschel-May, S. 67, 77, Abb. 80–82, 109

Palais Zinzendorfstraße Sekundogenitur. Für den Chevalier de Saxe 1764–1770 durch F. A. Krubsacius vor der Stadt erbaut, seit 1781 Besitz des Hauses Wettin. Hauptgeschoß mit Mezzanin und Mansarddach sowie Belvedere. Über dem Mittelportal doppelläufige Treppe, seitlich je ein einfenstriger Risalit mit Portal und abschließendem Segmentgiebel, Trophäenschmuck von G. Knöffler. 1855–1857 durch G. H. Nicolai umgebaut, ein zweites Geschoß aufgesetzt und Seitenflügel hinzugefügt, dabei Innenausstattung völlig erneuert. In der zuerst französischen, seit 1783 englischen Gartenanlage entstanden nach 1783 der Dohnaische Pavillon und neben dem AHA zwei weitere kleine Pavillons, teilweise mit Grotesken ausgemalt, sowie die künstliche Ruine im Stil eines versunkenen dorischen Tempels von J. A. Giesel 1788.
1945 ausgebrannt. Palais, Pavillons und Ruine später abgebrochen.

Steche, S. 123 f., 357 f., Abb. 165, 166 (Grundriß). G. Beutel: Das prinzliche Grundstück an der Zinzendorfstraße, in: Dresdner Geschichtsblätter III, Dresden 1894, S. 193 ff. Inventar/Dresden, S. 548 ff. m. 11 Abb. P. Klopfer: Weinlig und seine Zeit, Berlin 1906, S. 40 ff., Abb. 9, 11, 14, 17. Löffler I, S. 44, 109 f., 115, 371, 373, Taf. 272, 291

Palais de Saxe und **British Hotel** (Moritzstraße 2 und Landhausstraße 22). Den zwischen beiden Straßen befindlichen einheitlichen Komplex mit zwei Hauptfassaden ließ Reichsgraf W. D. v.

Dresden
Links oben: Ministerhotel, Teil der Hauptfassade nach der Seestraße
Links unten: Palais Zinzendorfstraße, Garten- und Hofseite
Mitte: Palais Zinzendorfstraße, künstliche Ruine im Garten; Pavillon und Vasen im Garten; Pavilloninneres
Rechts: Palais de Saxe und British Hotel

Beichlingen als fürstlichen Wohnsitz für sich 1712 ausbauen, verkaufte aber den später »British Hotel« genannten Teil an den Grafen von Hoym, dessen Wappen es im Segmentgiebel zeigt. Die beiden reichen hochbarocken Fassaden ohne Beispiel in Dresden, als Architekten wohl G. Bähr und G. Hase zu nennen. Das Prinzip des Aufbaus in beiden Fassaden das gleiche: über einem Sockelgeschoß zwei durch Säulen oder Pilaster verbundene Obergeschosse von sieben Achsen, darüber ein Mezzaningeschoß mit Mansarddach. Der hervorragende bildhauerische Schmuck von P. Heermann oder B. Thomae. Nach der Beschießung Dresdens 1760 Wiederherstellung beider Bauten, der Erker am Palais de Saxe von S. Adam 1764.
1945 ausgebrannt. Ruine später abgebrochen.
Steche, S. 105 f. m. 1 Abb. Inventar/Dresden, S. 540 ff. m. 2 Abb. und 2 Grundrissen. Schumann, Abb. 79. Möllering, S. 78. Löffler I, S. 42, 56, 365, Taf. 202, 203. Hentschel II, Kat. Nr. 257, 258, Abb. 339. Löffler II, Abb. 41

Dinglingerhaus (Jüdenhof 5). Vor 1716 wohl von M. D. Pöppelmann unter Einwirkung des Zwingerstils erbaut, seitdem im Besitz von G. F. Dinglinger. Sockelgeschoß mit Pilastergliederung in fünf Achsen, Mittelachse in leichter Kurvung nach vorn, im Mansarddach Dreifenstergruppe in der Achse.
1945 ausgebrannt. Später abgebrochen.
Inventar/Dresden, S. 686 f. m. 1 Abb. Schumann, Abb. 80. Haenel, Abb. 77. Löffler I, S. 58, 97, 347, 366, Abb. 87, Taf. 213. Löffler II, Abb. 42

Hotel Stadt Rom (Neumarkt 10). Kopfbau zwischen Moritzstraße und Kleiner Kirchgasse am Neumarkt, wohl zwischen 1740 und 1750 unter Einfluß von J. Ch. Knöffel errichtet und 1773 nach der Beschießung wiederhergestellt. Front nach Neumarkt, Sockelgeschoß, drei von Lisenen zusammengeschlossene Obergeschosse, über Gesims Mezzaningeschoß, abgewalmtes Dach mit zwei Reihen stehender Fenster, an beiden Straßenecken dreigeschossiger Erker mit Austritt im Mezzanin.
1945 ausgebrannt. Später abgebrochen.
Inventar/Dresden, S. 733 f. m. Abb. und Grundriß. Richter II, Taf. 16. Schumann, Abb. 111. Löffler I, S. 104, 348, Abb. 96. Hentschel-May, S. 79

Antons an der Elbe (oberhalb Dresdens). 1754 von S. G. Zug errichtet. Villenartig barocker Bau mit einem Obergeschoß und Mansarddach. 1818 mit Belvedere und Vorbau klassizistisch verändert. Im Inneren Stuckdecken aus der Erbauungszeit. Von Mauern umgebener Englischer Park.
1945 ausgebrannt. Ruine später abgebrochen.
Inventar/Dresden, S. 738. W. Bachmann: Antons an der Elbe, in: Mitteilungen des Landesvereins Sächsischer Heimatschutz, Dresden 1922, S. 173 ff. m. 6 Abb. Löffler I, S. 99, 351, Abb. 133

Palais Racknitz (Palaisplatz 10). Nach 1780 von unbekanntem Architekten für den Freiherrn v. Racknitz, den Freund Goethes, errichtet. Einfacher klassizistischer Bau von drei Geschossen und fünf Achsen. Dreifenstriger, durch Lisenen gegliederter Mittelrisalit, darüber Dreieckgiebel. Reiche Ausstattung der Zeit.
1945 zerstört. Anschließend abgebrochen.
Aquarell mit Japanischem Palais, Sächsische Landesbibliothek Dresden (Goethe-Ausstellung Dresden 1932, Nr. 3 m. Abb.). Kolorierter Stich von J. C. A. Richter, Stadtmuseum Dresden

Festsaal im Palais Brühl (Augustusstraße 1). Zuletzt Teil des Kunstgewerbemuseums. Der im zweiten Obergeschoß bis zum Dachgeschoß gelegene Festsaal durch J. Ch. Knöffel um 1740 errichtet. Großartigstes Beispiel des Dresdner Frührokoko. Aufteilung des Raumes in zwei Geschosse. An der Schmalseite Kamin, darüber Spiegel, flankiert von den Bildnissen des Kurfürsten-Königspaares und von Türen; als Wandabschluß Fries mit reich dekoriertem Gebälk in Weiß-Gold, plastischem Schmuck sowie Stukkaturen von M. Kugler und J. J. Hackl. Das Deckengemälde mit dem Sieg des Bellerophon über die Chimäre von L. de Silvestre, die Supraporten von P. Negri (?).
1945 zerstört.
Inventar/Dresden, S. 518 ff. m. 1 Abb. Schumann, Abb. 93. Haenel, Abb. 87. Löffler I, S. 85, 369, Taf. 246. Hentschel II, Kat. Nr. 415, Abb. 536. Löffler II, Abb. 29. Hentschel-May, Abb. 95

Dresden
Oben: Festsaal im Palais Brühl
Unten: Dinglingerhaus; Hotel Stadt Rom; Antons an der Elbe

Industriebauten

Edelsteinschleif- und Poliermühle (an der unteren Weißeritz). 1697 gegründet, seit 1715 Spiegelschleife, von J. G. Kuntsch und Ch. G. Reuß, ab 1782 neu errichtet, nach Brand 1820 für andere Zwecke klassizistisch erneuert. Einfacher, langgestreckter Bau mit Unter- und Obergeschoß und zwei zurückgesetzten, ausgebauten Dachgeschossen.
1945 ausgebrannt. Später abgebrochen.
Frommhold: Spiegelschleife, Pulvermühle und Kanonenbohrwerk, Drei kurfürstliche Industrieanlagen an der Weißeritz, Dresden 1929. Löffler I, S. 114, 371 f., Taf. 275

Kurfürstliche Pulvermühle (an der unteren Weißeritz). Unter Kurfürst August angelegt, durch Explosionen wiederholt zerstört, Fabrikation bis 1875. Das Verwaltungsgebäude 1777 wohl von J. G. Kuntsch errichtet; einfach geputzter zweigeschossiger Bau, Walmdach mit Dachgaupen, schwerem Dachreiter, Laterne und Haube.
1945 ausgebrannt. Später abgebrochen.
Frommhold: Spiegelschleife, Pulvermühle und Kanonenbohrwerk, Drei kurfürstliche Industrieanlagen an der Weißeritz, Dresden 1929. Löffler I, S. 114, 372. Taf. 278, 279

Öffentliche Bauten des 19. Jahrhunderts

Torhäuser am Weißen Tor (Palaisplatz, jetzt Karl-Marx-Platz). 1827–1829 von G. F. Thormeyer errichtet. Zwei kubische klassizistische Bauten mit Satteldach und niedrigen seitlichen Flügeln, die durch je vier auf breite Sockel gestellte Säulen abgeschlossen sind. Eingang durch einen von vier dorischen Säulen getragenen Portikus mit Architrav und Dreieckgiebel.
1945 ausgebrannt. Der nordöstliche Bau 1950 wiederhergestellt, der südwestliche abgetragen.
Schumann, S. 238. Löffler I, S. 119, 122, 349, 575, Abb. 111, Taf. 312

Torhäuser am Eingang zur Hauptallee des Großen Gartens (Stadtseite). 1814 von G. F. Thormeyer errichtet. Zwei eingeschossige, auf Sockel gesetzte dreiachsige, durch Walmdach abgeschlossene Bauten mit vorgelegter erhöhter Mittelachse und dreifach gestaffeltem Rundbogenportal sowie bekrönendem Dreieckgiebel.
1945 ausgebrannt. Später abgebrochen.
Löffler I, S. 374, Abb. 306. Löffler II, Abb. 54

Gemäldegalerie (Theaterplatz). Der Abschluß der vierten Zwingerwand. 1847 begonnen nach Plänen von G. Semper, unter Veränderung des ursprünglichen Planes durch Erhöhung der Seitenflügel von H. Krüger und K. M. Haenel 1849 bis 1854 vollendet.
1945 ausgebrannt, der Ostflügel durch Bomben beschädigt, die Räume des Kupferstichkabinetts sowie die Malereien von K. G. Rolle zerstört. 1955–1960 wiederhergestellt, dabei Erweiterung der Oberlichtfenster.

Dresden
Links oben: Kurfürstliche Pulvermühle
Links unten: Gemäldegalerie, Vestibül
Rechts oben: Edelsteinschleif- und Poliermühle
Rechts Mitte: Torhaus am Eingang zur Hauptallee des Großen Gartens; Torhäuser am Weißen Tor (Stich von J. C. A. Richter, um 1845)
Rechts unten: Blick von der Katholischen Hofkirche auf Gemäldegalerie und Altstädter Wache, Zustand 1951

Steche, S. 163 ff. m. 5 Abb. und Grundriß. Schumann, S. 248 ff. m. 1 Abb. Haenel, Abb. 105–107. K. Zoege von Manteuffel: Gottfried Semper, Diss. der Universität Freiburg i. Br., 1952. Löffler I, S. 49, 122, 130, 133 ff., 141, 350 f., 376 ff., Abb. 125, 128, Taf. 326–331. Löffler II, Abb. 163, 169, 200. Volk, Abb. S. 160, 161. Helas, S. 236 ff.

Opernhaus (Theaterplatz). Für den ersten abgebrannten Bau 1870–1878 nach Plänen von G. Semper unter Bauleitung von M. Semper in den Formen der Hochrenaissance errichtet, nach dem Wall zurückgesetzt.
1945 Zuschauerraum und Bühnenhaus ausgebrannt, westliche Rückwand eingestürzt. Bau seit 1953 gesichert. Wiederaufbau des Inneren als Rangtheater begonnen, Fertigstellung für 1982 geplant. Wandelgänge erhalten und 1974–1977 restauriert.

Steche, S. 327 ff., 361 m. 4 Abb. Richter II, Taf. 28. M. Mütterlein: G. Semper und dessen Monumentalbauten am Dresdener Theaterplatz, in: Beiträge zur Sächsischen Kunstgeschichte, Dresden 1913. Haenel, Abb. 104. Löffler I, S. 122, 141, 143 f., 350 f., 378, Abb. 127, 135, Taf. 342, 346. Löffler II, Abb. 108. Volk, S. 134 f., 164 f. m. 4 Abb. Helas, S. 250 ff.

Orangerie (Ostraallee). Zur Unterbringung der im Sommer im Zwingerhof aufgestellten Orangenbäume in »Der Herzogin Garten« 1841 von W. O. v. Wolframsdorf in Neorenaissanceformen errichtet. Langgestreckter Glasbau mit schmalen Pfeilern, Abschluß durch Attika mit flachem Dach, das schmale Kopfstück nach der Ostraallee als Portalkomposition mit je einer durch Figurenschmuck von J. Hähnel bereicherten Nische.
1945 ausgebrannt. Nur der Kopfbau erhalten.

Steche, S. 417 f. m. 2 Abb. Löffler I, S. 129, 138, 141, 377, Taf. 338. Helas, S. 275

Dresden
Oben: Opernhaus, linke Proszeniumsloge; Blick von der Bühne in den Zuschauerraum; Foyerumgang; südliches Vestibül im ersten Rang; Zuschauer- und Bühnenraum, nach der Zerstörung
Unten: Orangerie (Stich von J. C. A. Richter, um 1845)

Belvedere (Brühlsche Terrasse). Als vierter Bau auf der Eckbastion der Brühlschen Terrasse (Jungfernbastei) 1842 von W. O. v. Wolframsdorf errichtet. Zwei übereinander im Halbkreis angeordnete Konzert- und Festsäle, Untergeschoß mit als Arkadenbau gestaltetem Umgang, darüber Aussichtsgalerie. Grundriß auf Sempers Opernbau I fußend in Neorenaissanceformen.
1945 ausgebrannt. Ruine später abgebrochen.
Steche, S. 344 ff. m. 2 Abb. und Grundriß. Richter II, Taf. 9. Löffler I, S. 87, 138, 351 f., 377, Abb. 131, Taf. 23, 339. Helas, S. 275

Hotel Bellevue (Theaterplatz). Ursprünglich lose durch Erdgeschoßgang miteinander verbundene Dreiergruppe von Gebäuden auf der abgebrochenen Bastion Sol, 1817–1820 nach Plänen von G. F. Thormeyer durch Hofmaurermeister Hofmann als Zuckersiederei errichtet. Klassizistische Putzbauten mit Untergeschoß, Obergeschoß, Mezzanin und mehrachsigen Mittelrisaliten, der Mittelbau mit Belvedere. 1853 Umbau zum Hotel Bellevue. Maßstabbau für die Monumentalbauten des Theaterplatzes.
1945 ausgebrannt. Ruine 1950 abgebrochen.
Steche, S. 349. Richter II, Taf. 28. Löffler I, S. 21, 123, 145, 375, 378, Abb. 115, Taf. 311, 346. Löffler II, Abb. 108. Volk, S. 140

Kaufhallen (Marienstraße). Ursprünglich drei neunachsige Blöcke nach dem Antonsplatz mit fünfachsiger Tiefe, Unter- und Obergeschoß, durch zwei dazwischenliegende eingeschossige Bauten miteinander verbunden, von A. L. Blaßmann 1826 errichtet. Später zu Wohnzwecken um je ein Geschoß erhöht, die dreigeschossigen Blöcke mit abgewalmten Dächern, die zweigeschossigen mit Satteldächern abgeschlossen. Die einfache Architektur nur durch ihre noblen Proportionen wirkend. Früher den Antonsplatz abschließend, bis sich W. Rettigs und Th. Fischers Markthallenbau 1891 dazwischenschob. Dieser ein langgestreckter, rechteckiger Bau mit zweigeschossiger Fassade und abschließender hoher Attika, siebenachsige Schmalseiten mit den Eingängen, darüber figuraler Schmuck von F. Rentsch.
1945 ausgebrannt. Ruine später abgebrochen.
Löffler I, S. 124, 375, Taf. 313. Helas, S. 280 f.

Telegraphenamt (Postplatz). Auf den Festungsmauern nach Plänen von A. Geutebrück von J. Thürmer 1830–1832 errichtet. Untergeschoß mit zwei Obergeschossen und je einem Flügel nach dem Antonsplatz zwischen weitem Hof. 1893 zum Telegraphen- und Fernmeldeamt erweitert und umgebaut.
1945 ausgebrannt. Ruine 1950 beseitigt.
Steche, S. 284. Richter II, Taf. 23. Löffler I, S. 375, Taf. 313. Löffler II, Abb. 72

Altstädter Logenhaus (Ostraallee 15). 1837/38 von G. Hörnig in den Formen der florentinischen Renaissance in Sandstein errichtet. Untergeschoß und zwei Obergeschosse mit sieben Achsen, die Front nach der Straße mit dreiachsigem, erhöhtem Mittelrisalit, über den Fenstern Medaillons von E. Rietschel. Von diesem auch die Sphinx am Eingangsportal sowie der plastische Schmuck des Inneren. Dekorative Ausmalung von zwei Sälen.
1944 ausgebrannt. Später abgebrochen.
Steche, S. 303 f. Löffler I, S. 138. Helas, S. 236

Technische Bildungsanstalt (Antonsplatz 1). Später als Kunstgewerbemuseum und Verwaltungsbau genutzt, im Dachgeschoß bis 1945 Ateliers der Kunstakademie. 1844–1846 von G. Heine in Neorenaissanceformen errichtet, die Front den Antonsplatz nach Süden abschließend. Rustikauntergeschoß und zwei Obergeschosse von elf Achsen mit reich gegliederten Fenstern und Lisenen. Mitteltrakt mit repräsentativem Eingang und Treppenvorlage, je drei Achsen Front zur

Seite, die schließenden zweiachsigen Flügel mit Portal um je eine Achse vorspringend, zu denen ebenfalls Treppen führten, sowie abgeflachtem Steildach.
1945 ausgebrannt. Später abgebrochen.

Dresden
Links: Belvedere; Hotel Bellevue; Telegraphenamt; Altstädter Logenhaus
Rechts: Technische Bildungsanstalt; Altstädter Logenhaus, Arbeitssaal und Großer Saal

Steche, S. 190 ff. m. Grundriß. E. Hempel: Die Bauten der Technischen Hochschule zu Dresden einst und jetzt, in: Wissenschaftl. Zeitschr. der Technischen Hochschule Dresden 1, 1951/52, S. 1 ff. m. 17 Abb. A. Weichold: Die zerstörten historischen Gebäude der Technischen Hochschule Dresden, in: 125 Jahre Technische Hochschule Dresden, Festschrift, Berlin 1953, S. 229 ff. m. 24 Abb. Ein Jahrhundert Sächsische Technische Hochschule 1828–1928, Dresden (1929), Abb. S. 21. Helas, S. 215

Polytechnikum Technische Hochschule (Bismarckplatz). 1872–1875 von R. Heyn in Neorenaissanceformen errichtet. Hauptfassade nach dem Bismarckplatz mit 23 Achsen und fünfachsigem Mittelbau, je ein sechsachsiger Flügel und dreiachsiger Seitenrisalit. Der dreigeschossige Mittelbau mit reichem figürlichem und dekorativem Schmuck; das repräsentative Treppenhaus in Stuckmarmor, über der Eingangshalle die durch zwei Stockwerke gezogene Aula.
1945 ebenso wie die anschließenden Hochschulgebäude ausgebrannt. Später abgebrochen.

R. Heyn: Das Polytechnikum am Bismarckplatz, in: Deutsche Bauzeitung, VIII.Jg., Nr. 50/51, 1874. Steche, S. 192 ff. m. 4 Abb. Löffler II, Abb. 178. (Siehe auch Literatur zu »Technische Bildungsanstalt«)

Gewerbehaus (Ostraallee 13). Konzerthaus mit einem großen Mittel- und sechs Nebensälen in italienischen Renaissanceformen mit zeitstiliger Ausstattung von B. Schreiber. 1871–1873 errichtet, 1927 erneuert.
1945 ausgebrannt. Später abgebrochen.

Steche, S. 300 ff. m. Grundriß. Löffler II, Abb. 129

Alberttheater (Albertplatz). 1871–1873 von B. Schreiber in den Formen der Neorenaissance teils in Sandstein teils als Putzbau errichtet. Einfache, gut gegliederte Fassade nach dem Albertplatz mit zweigeschossiger, dreifenstriger Vorhalle und seitlichen figurengeschmückten Nischen im Obergeschoß sowie einem abschließenden Relieffries von R. Henze und Sgraffiti von A. Dietrich. Das Innere für 1500 Personen in drei Rängen.
1945 ausgebrannt. Später abgebrochen.

Steche, S. 339 ff. m. 2 Abb. und Grundriß. Schumann II, Abb. S. 34. Löffler II, Abb. 119. Volk, Abb. S. 42. Helas, S. 253 f.

Residenztheater (Zirkusstraße 41). 1871/72 von A. Stock, H. Schönherr und R. Weise in den Formen der Neorenaissance errichtet. Dreigeschossiger, fünfachsiger Sandsteinbau in geschlossener Häuserreihe. Hinter der Front Vestibül mit Treppenhaus, darüber Probensaal, dem sich der Zuschauerraum für 1100 Personen mit drei Rängen unter einer Kuppel anschließt.
1945 ausgebrannt. Später abgebrochen.

Steche, S. 341 ff. m. 2 Abb. und Grundriß. Volk, Abb. S. 42. Helas, S. 253

Dresden
Oben: Polytechnikum, Gesamtansicht der Aula und Deckenmitte
Links Mitte: Polytechnikum, Fassade zum Bismarckplatz
Links unten: Residenztheater
Rechts Mitte bis unten: Gewerbehaus, Großer Saal; Alberttheater, linke Proszeniumsloge und Außenansicht

Centraltheater (Waisenhausstraße). An Stelle des rokoko-klassizistischen Boxbergischen Palais mit einer Fassade in bewegtem Neobarock von W. Lossow und H. Viehweger 1897–1900 errichtet. Untergeschoß mit zwei reich gegliederten Obergeschossen von sieben Achsen und einachsigen Seitenrisaliten sowie dominierender Bekrönung vor dem dritten Obergeschoß. Im Untergeschoß Vestibül und Treppenanlage, im

ersten Obergeschoß Foyer, dahinter ein reich dekorierter Zuschauerraum.
1945 ausgebrannt. Später abgebrochen.
Schumann II, Abb. S. 80, 90. Löffler II, Abb. 126. Volk, Abb. S. 49. Helas, S. 254

Kreuzschule (Georgplatz). 1864–1866 von Ch. F. Arnold im neogotischen Stil als Sandsteinbau errichtet. Vierflügeliger Rechteckbau mit zwei Innenhöfen zwischen einem Treppenhaus und der durch zwei Stockwerke führenden Aula im Risalit des Mittelbaus. Die zweigeschossige Fassade nach dem Georgplatz mit einem giebelbekrönten, im Untergeschoß offenen Vorbau, dieser mit sieben durch die beiden Obergeschosse laufenden spitzbogig geschlossenen Fensterachsen. Seitlich davon je drei Achsen mit ebenfalls spitzbogigen Fenstern. Aulagemälde von A. Dietrich.
1945 ausgebrannt. Später abgebrochen.
Steche, S. 201 f. m. 2 Abb. Haenel, Abb. 112. Löffler I, S. 127, 376, Taf. 322. Löffler II, Abb. 58. Helas, S. 222 ff.

Annen-Realschule (Humboldtstraße 2). 1867 bis 1869 in den Formen der Neorenaissance von Th. Friedrich in der Nachfolge G. Sempers errichtet. Gequaderter vierflügeliger Putzbau. 18-Fenster-Front, Souterrain, Untergeschoß mit durch Rundbogen geschlossenen Fenstern, zwei Obergeschossen unter abgewalmtem Dach, Achse von fünf Fenstern vorgezogen und durch dekorierten Sims abgeschlossen, malerische Ausgestaltung durch A. R. Diethe.
1945 ausgebrannt. Später abgebrochen.
G. Erbkam: Die Annen-Realschule zu Dresden, in: Zeitschr. für Bauwesen, Jg. XXI, 1871. Steche, S. 203 ff. m. Abb. und Grundriß. Helas, S. 224 f.

Erste Neustädter Realschule (An der Dreikönigskirche, Ecke Königstraße, Rähnitzgasse). 1854 von K. Eberhard in Formen der Neorenaissance errichtet. Putzbau mit Neun-Fenster-Front nach An der Königsstraße, Untergeschoß in Putzquaderung mit drei Obergeschossen und aufgesetzten Spiegeln zwischen den Fenstern. Eingang mit einfachem Sandstein-Rundbogenabschluß in der Mittelachse. Später als Wohnbau verwendet.
1945 ausgebrannt. Später abgebrochen.
Steche, S. 203

Volksschule (Seidnitzer Platz). Später Konservatorium. 1876/77 von Th. Friedrich in den Formen der Neorenaissance errichtet. Dreiflügeliger Putzbau. Souterrain, Erdgeschoß und zwei Obergeschosse unter abgewalmtem Dach, fünfachsiger Mittelrisalit mit einem vierten Halbgeschoß darüber sowie einem Portal unter der ersten und fünften Risalitachse.
1945 ausgebrannt. Später abgebrochen.
Steche, S. 213 ff. m. 1 Abb. und Grundriß. Helas, S. 229

Dresden
Links oben und Mitte: Centraltheater, Eingangsfront; Blick über den zerstörten Zuschauerraum
Links unten: Annen-Realschule
Mitte oben: Erste Neustädter Realschule
Rechts: Kreuzschule, Wandgemälde in der Aula und Außenansicht

Königliches Gymnasium (Holzhofgasse). 1872 bis 1874 von A. Canzler in den Formen der Neorenaissance errichtet. Vierflügeliger Bau. Souterrain und drei Obergeschosse unter abgewalmtem Dach. 15-Achsen-Front, fünf Fenster als Risalit vorgezogen und durch dekorierten Sims abgeschlossen. Im Untergeschoß Drei-Achsen-Eingangsportal mit Rundbogenabschluß, desgleichen die fünf Achsen des zweiten Geschosses, dahinter die Aula mit Gemälden von L. Gey.
1945 ausgebrannt. Später abgebrochen.
Steche, S. 197 ff. m. 1 Abb. und Grundriß. Helas, S. 225

Landgerichtsgebäude (Pillnitzer Straße 20). 1876 bis 1879 von A. Canzler in Neorenaissanceformen mit neobarocken Elementen als Monumentalbau errichtet. Vierflügelanlage, Hauptfront nach der Pillnitzer Straße, zweite Front nach der Gerichtsstraße, Nordfront an Gefängnisbau (»Mathildenschlößchen«) anschließend. Putzgequadertes Untergeschoß mit zwei Obergeschossen, 22 Achsen, Mittelachse von drei Portalen vorgezogen und bekrönt, dahinter Eingangshalle, seitlich je drei Achsen mit Risalit. Ecke nach Gerichtsstraße gebrochen mit dekorativem Aufbau und bekrönender Justitia.
1945 ausgebrannt. Später abgebrochen.
Steche, S. 276 ff. m. 1 Abb. und 2 Grundrissen. Helas, S. 202

Carolahaus Krankenhaus des Albert-Vereins. Komplex mit Hauptfront nach Gerockstraße 1876 bis 1878 von Th. Friedrich in Neorenaissanceformen errichtet. Erdgeschoß mit drei Obergeschossen, Mittelrisalit und zwei Seitenrisaliten in Sandstein, je einem Mittel- und zwei Seitenflügeln nach der Gartenseite.
1945 ausgebrannt. Später abgebrochen.
Steche, S. 238 ff. m. Grundriß

Carolabrücke (zwischen Elbberg und Finanzministerium). 1892–1895 von H. Klette in Sandstein mit drei tragenden Pfeilern im Wasser errichtet. Plastische Gruppen am Eingang Elbberg von F. Offermann.
1945 zerstört. Reste später abgebrochen. Seit 1970 durch Rudolf-Friedrichs-Brücke ersetzt, plastische Gruppen in der Platzanlage eingebunden.
Richter II, Taf. 10. Schumann, S. 270, 272 m. Abb. Löffler I, S. 351, Taf. 2. Löffler II, Abb. 79

Oberpostdirektion (Annenstraße, Ecke Am See). Ab 1881 von C. Zopff in Neorenaissanceformen errichtet. Monumentaler dreigeschossiger Sandsteinbau mit verbrochener Ecke von drei Achsen und bekrönendem Abschluß, hier Eingangshalle mit dahinterliegendem doppelläufigem Treppenhaus. Neun Achsen nach der Annenstraße, die zweite und letzte risalitmäßig vorgezogen und architektonisch betont.
1945 ausgebrannt. Straßenfronten später abgebrochen, technisch genutzte Hintergebäude teilweise erhalten.
Steche, S. 285 ff. (noch in der Projektierung) m. 1 Abb. und Grundriß. Schumann II, Abb. S. 32. Schumann, S. 264, 275. Helas, S. 207 f.

Dresden
Oben: Königliches Gymnasium, Wandgemälde in der Aula
Rechts: Königliches Gymnasium, Hauptfront; Landgerichtsgebäude, Portikus zur Pillnitzer Straße; Oberpostdirektion
Mitte und unten: Volksschule am Seidnitzer Platz; Carolabrücke

Postamt 1 (Postplatz, Marienstraße, Ecke Annenstraße). 1903 von C. Zopff als Fortsetzung des Baues der Oberpostdirektion errichtet. Nach Postplatz verbrochene Ecke von drei Achsen mit Eingangshalle im Untergeschoß, drei Obergeschosse, Abschluß durch Attika mit plastischem Schmuck und bekrönender Kuppel. Anschließende Gebäudetrakte mit zwei Obergeschossen, sieben Achsen nach der Annenstraße, wohl ebenso viele nach der Marienstraße.
1945 ausgebrannt. Später bis auf Reste abgebrochen.
Richter II, Taf. 22. Schumann, S. 264

Bürgerschule (Silbermannstraße). 1891–1893 von W. Rettich im Anschluß an den schlichten Dresdner Profanbau des 18. Jh. errichtet. Souterrain, Erdgeschoß und zwei Obergeschosse, 23 Achsen mit dreifenstrigem Mittelrisalit, überhöhtem Dach, als Akzent Uhrturm. In der Mittelachse der seitlichen Trakte Portal mit betonter Achse.
1945 ausgebrannt. Später abgebrochen.

Ausstellungspalast (Stübelplatz). 1894–1896 von E. Bräter nach Plänen von A. Hausschild errichtet. Mittelbau mit Eingang nach der Stübelallee als langgestreckter Saalbau mit Rundbogenfenstern und Oberlichtern sowie bekrönender hoher Mittelkuppel. Jeweils angrenzender Eckbau mit niedriger Kuppel, dahinter rechteckiger Saalbau von H. A. Richter 1903. Im Vordergrund des Platzes der Stübelbrunnen, errichtet 1901 von Hausschild und H. Hartmann-MacLean.
Gebäude 1945 ausgebrannt. Später zugleich mit dem Brunnen abgebrochen.
Helas, S. 243

Börse (Waisenhausstraße 11, Durchhaus bis Friedrichsallee). 1874/75 von A. Zumpe und G. Ehrig als Neorenaissancebau errichtet. Souterrain mit Untergeschoß, Halbgeschoß und Obergeschoß. Sieben-Achsen-Front nach der Waisenhausstraße, dreiachsiger Eingang, die beiden seitlichen Anlagen als Risalit vorgezogen, reiche Dekoration, über betontem Gesims flaches abgewalmtes Dach. Hinter dem Eingang Treppenhaus, im Obergeschoß Börsensaal.
1945 ausgebrannt. Später abgebrochen.
Steche, S. 306 f. m. 1 Abb. und 2 Grundrissen. Helas, S. 277

Schützenkaserne (Alaunplatz). Von der Militärdirektion unter Zuziehung von G. H. Nicolai 1870 wohl nach dem Vorbild von G. Sempers Kaserne in Bautzen errichtet. Viergeschossiger Bau mit Mittelbau und Eckrisaliten, auf dem Hauptgesims Zinnenbekrönung.
1945 weitgehend zerstört. Später abgebrochen.
Steche, S. 262. Helas, S. 231

Jägerkaserne (Sachsenplatz). 1881 von B. Adam und O. Haenel errichtet. Rechteckbau mit Innenhof. Rustikagegliedertes Untergeschoß mit zwei Obergeschossen, einachsigen Mittelrisaliten sowie risalitmäßig hervorgehobenen, um ein Stockwerk erhöhten Ecken mit Turmhelmen.
1945 ausgebrannt. Später abgebrochen.
Helas, S. 233

Dresden
Links: Postamt 1; Bürgerschule in der Silbermannstraße
Rechts: Börse; Ausstellungspalast; Schützenkaserne; Jägerkaserne

Paläste, Villen und Einzelbauten des 19. Jahrhunderts

Wasserpalais (auf Cosel an der Prießnitz, Holzhofgasse 10–12). 1827 von W. Hermann errichtet. Klassizistischer siebenachsiger Bau mit Front nach der Prießnitz. Sockel und Obergeschoß mit Belvedere und Walmdach. Vor den drei Mittelfenstern Vorhalle mit vier Säulen und Dreieckgiebel. Klassizistische Ausmalung.
1945 ausgebrannt. Ruine 1965 abgebrochen.
G. Friedrich: Der Architekt Woldemar Hermann, Diss. der Universität Leipzig, 1959, S. 9 ff. Löffler I, S. 350, Abb. 120. Helas, S. 595 f.

Palais Lüttichau (Zinzendorfstraße 11). Um 1830 von J .Thürmer errichtet. Dreigeteilter, fünfachsiger klassizistischer Bau, Sockel mit einem Obergeschoß und Mezzanin, Mäanderfries mit Giebelbekrönung, flaches abgewalmtes Dach. Seitlich je eine flügelartige, vom Bau getrennte Eingangshalle mit Pfeilern und Säulen.
1945 ausgebrannt. Später abgebrochen.
Schumann, S. 238, Abb. 121. Löffler I, S. 120, 374, Taf. 308

Palais Kaskel-Oppenheim (Bürgerwiese 5–7). Als Stadtpalais in den Formen der Hochrenaissance nach dem Vorbild des Palazzo Pandolfini 1845–1848 von G. Semper erbaut. Über Rustikageschoß mit Triglyphengesims ein Obergeschoß von acht Achsen mit durch ionische Dreiviertelsäulen gefaßten und durch Gebälk mit Dreieckgiebeln bekrönten Fenstern. Mezzaningeschoß mit reliefiertem Felderfries zwischen den Fenstern. Portal mit Vorlage unter dem rechten Fenster und Betonung der Achse durch Rustikaeinfassung. Kostbare Innenausstattung, Gemälde von J. Gonne. Das Innere 1871–1874 von W. Hoffmann zeitstilig verändert.
1945 ausgebrannt. 1951 abgebrochen.
Steche, S. 364 ff. m. 4 Abb. Schumann, S. 247, Abb. 125. Löffler I, S. 122, 137, 351, 377, Abb. 129, Taf. 335, 337. Helas, S. 59 ff.

Venezianisches Haus (Terrassenufer 3, Ecke am Elbberg). Gutschmidt-Haus. Am Ausschiffungsplatz der Elbe um 1845 von H. Ehrhardt oder C. Boden errichtet. Nachbildung des gotischen Palazzo dei Turchi in Venedig. Untergeschoß, Halbgeschoß und zwei Obergeschosse mit elf Achsen, dreiachsiger Eingang mit aufgelöstem Mittelteil, sechs Achsen nach dem Elbberg.
1945 ausgebrannt. Später abgebrochen.
Schumann II, Abb. S. 26. Löffler I, S. 127, 376, Taf. 319. Helas, S. 181

Dresden
Oben und rechts Mitte: Palais Kaskel-Oppenheim, Treppenhaus, Außenfront, oberer Speisesaal
Links Mitte: Wasserpalais
(Stich von J. C. A. Richter, um 1845)
Links unten: Palais Lüttichau
Rechts unten: Venezianisches Haus

Villa Rosa (Holzhofgasse 20). 1838/39 für den Bankier Oppenheim von G. Semper nach dem Vorbild der Villa Rotonda Palladios in Vicenza errichtet. Semper übertrug die Formen der italienischen Renaissance vom Monumentalbau auf den privaten Wohnbau in der Villa Rosa, die den Villenstil Mitteleuropas beeinflußte, namentlich die vielen Nachfolgebauten der Semper-Nicolai-Schule in Dresden. Über gequadertem Sockel schlichter geputzter Baublock. Vor der Gartenfront weit ausladende Terrasse mit doppelter Treppe, darüber zweigeschossiger dreifenstriger Risalit, im Untergeschoß mit Rundbogen vor offener Halle, darüber Gebälk mit vier Karyatiden zwischen geschlossenen Fenstern, die das Obergeschoß tragen, abgewalmtes flaches Dach mit Terrasse. In der Mitte des Gebäudes ein achteckiger Oberlichtsaal.
1945 ausgebrannt. 1955 abgebrochen.
Steche, S. 378 ff. m. 2 Abb. und Grundriß. Haenel, Abb. 103. Löffler I, S. 136, 138, 377, Taf. 332, 333. Löffler II, Abb. 57. Helas, S. 93 ff.

Villa Struve (Wiener Straße 33). Bedeutendster Villenbau in der Nachfolge der Villa Rosa Sempers, 1851/52 von G. H. Nicolai errichtet. Rustikasockel mit Souterrain, darüber fünfachsiges Unter- und Obergeschoß mit Vorlagen der drei mittleren Fenster nach dem Garten zu. Eingang als Risalit vorgezogen mit reichen architektonischen Akzenten. Hervorragende Grundrißlösung. In der Mitte der durch zwei Geschosse reichende Empfangsraum mit Oberlicht.
1945 ausgebrannt. Später abgebrochen.
Steche, S. 382 m. Grundriß. Schumann, S. 264 m. Abb. Löffler I, S. 138, 377, Taf. 336. Volk, Abb. S. 40, 48. Helas, S. 150 f.

Palais Kapherr (Parkstraße 7). Später im Besitz des Hauses Wettin. 1872–1874 von B. Schreiber als reichster Bau des Jahrzehnts im Neorenaissancestil errichtet. Zweigeschossige Sandsteinfassade mit neun Achsen nach der Parkstraße und einer vorgelegten Auffahrt mit darüberliegender Loggia. Fassade nach der Gellertstraße mit zwei seitlichen Loggienvorbauten vor Risaliten zwischen fünf Achsen im Erdgeschoß und einer dreifenstrigen Rundbogengliederung im Obergeschoß.
1945 ausgebrannt. 1957 abgebrochen.
Steche, S. 373 ff. m. 2 Abb. und Grundriß. Schumann II, Abb. S. 31. Schumann, Abb. 135. Löffler I, S. 139. Helas, S. 145 f.

Villa Johann Meyer (Beuststraße 1). 1867–1869 von G. H. Nicolai errichtet. Reichgegliederter Eckbau in den Formen der italienischen Renaissance mit zwei Schauseiten. Souterrain, Erdgeschoß und

Dresden
Oben und rechts Mitte: Villa Rosa, Gartenfront vor und nach der Zerstörung
sowie Diele
Unten: Palais Kapherr und Villa Struve

ein Obergeschoß mit Turm über Exedra, anschließender Vestibülbau mit giebelbekrönten Eingängen, darüber Wintergarten. Kostbare Ausstattung des Inneren mit Marmor und Stuckmarmor sowie reicher Ausmalung.
1945 ausgebrannt. Später abgebrochen.
Steche, S. 376 ff. m. Abb. und Grundriß. Helas, S. 52 ff.

Villa Hausschild (Parkstraße 9). 1866–1868 von A. Hausschild in den Formen der italienischen Renaissance errichtet. Souterrain mit zwei Obergeschossen, Fünf-Fenster-Front. Die Fassade nach der Parkstraße mit dreifenstrigem Mittelrisalit in beiden Stockwerken als Loggia gestaltet, Eckzimmer mit Erkeranbauten im oberen Geschoß als Austritte.
1945 ausgebrannt. Später abgebrochen.
Steche, S. 383 f. m. Abb. und Grundriß. Helas, S. 147

Villa Grahl (Parkstraße 2, Ecke Goethestraße). 1869/70 von O. Grahl in den Formen der italienischen Renaissance errichtet. Quadratischer Bau. Vor der Hauptfassade doppelläufige Treppenanlage, Souterrain, zwei Geschosse und Fünf-Fenster-Front, dreifenstriger Risalit und Eckpilaster, weitauslaufendes abschließendes Gesims.
1945 ausgebrannt. Später abgebrochen.
Steche, S. 381 f. m. Abb. und 2 Grundrissen. Helas, S. 142 f.

Villa Opitz (Moscinskystraße 10, Ecke Beuststraße). 1873/74 von H. A. Richter in den Formen der italienischen Renaissance errichtet. Quadratischer Bau, Fassade nach der Beuststraße. Souterrain mit vorgezogenem Sockel und doppelläufiger Haupttreppe, zwei Stockwerke mit Fünf-Fenster-Front, dreifenstrigem reich gegliedertem, im Obergeschoß von Säulen getragenem Risalit mit abschließendem Gesims. Kostbare Einrichtung mit Stuckdecken und Holztäfelungen.
1945 ausgebrannt. Später abgebrochen.
Steche, S. 384 ff. m. 1 Abb. und 2 Grundrissen. Schumann II, Abb. 53. Helas, S. 136 ff.

Villa J. Meyer (Lennéstraße 2). 1873/74 von K. R. Weissbach errichtet. Reich gegliederter Bau, Souterrain mit Rustika, zwei Obergeschosse. Straßenseite: dreiachsiger Mittelrisalit, im Erdgeschoß halbrund vorgezogen, darüber Balkon, die Fenstergruppe mit reicher Dekorationsgestaltung über den Simsen; seitlich in den Ecken durch Rustika eingefaßte einachsige, vorgezogene Trakte mit turmartig erhöhtem drittem Stockwerk, abschließendes, weit ausladendes Gesims, flaches abgewalmtes Dach, über Mitteltrakt durch Gitter gefaßte Dachterrasse. Gartenseite: vorgezogener Eingang, rechts in beiden Stockwerken offene, durch Pilaster gegliederte Balkone.
1945 ausgebrannt. Später abgebrochen.
Steche, S. 398 f. m. Abb. und Grundriß. Schumann II, Abb. S. 46. Helas, S. 121

Villa Pilz (Parkstraße 4). 1868/69 von B. Schreiber in den Formen der italienischen Renaissance errichtet. Quadratischer Bau, rustikagefaßtes Untergeschoß mit zwei Obergeschossen, fünf Achsen, die drei mittleren risalitmäßig vorgezogen und zusammengefaßt, über Gesims flaches, abgewalmtes Dach.
1945 ausgebrannt. Später abgebrochen.
Steche, S. 399. Helas, S. 144

Villa Rahe (Goethestraße 1, Ecke Parkstraße). 1869/70 von K. Eberhard errichtet. Reich gegliederter Bau in Sandstein. Souterrain mit zwei Obergeschossen, Mitteltrakt mit fünf Achsen, rechte Achse in Dreiergruppe aufgelöst, risalitmäßig vorgezogen und dekorativ reich gefaßt, anschließend links vorgezogene Fensterachse mit Erker im Untergeschoß und Austritt im Obergeschoß, darüber Halbgeschoß. Rechts turmartiger Eingangsbau mit zweitem, einachsigem, durch Säulen gefaßtem, giebelbekröntem Obergeschoß. Abgewalmtes flaches Dach.
1945 ausgebrannt. Später abgebrochen.
Steche, S. 386 f. m. Abb. und Grundriß. Helas, S. 81

Villa Goethestraße 6 1869/70 von K. Eberhard in den Formen der italienischen Renaissance errichtet. Quadratischer Bau, Souterrain, Erdgeschoß und ein Obergeschoß mit fünf Achsen, die Fenster im Untergeschoß mit Dreieckgiebel, im Obergeschoß mit plastisch dekorierten Rundgiebeln abgeschlossen, dekorativer Sims unter Flachdach.
1945 ausgebrannt. Später abgebrochen.
Steche, S. 391. Helas, S. 83

Dresden
Links: Villa Hausschild; Villa Opitz; Villa Pilz; Villa Goethestraße 6
Rechts: Villa Grahl; Villa Johann Meyer; Villa J. Meyer; Villa Rahe

1945 ausgebrannt. Später abgebrochen.
Steche, S. 395 m. Abb. und Grundriß. Schumann, Abb. S. 40. Helas, S. 84

Wohnhaus Sedanstraße 4 1874 von E. Lehnert in den Formen der französischen Renaissance errichtet. Reich gegliederter Wohnhausbau in Straßenfront. Rustikagegliedertes Souterrain, Mezzanin und Erdgeschoß, darüber zwei Obergeschosse und ausgebautes Mansarddach. Sechs-Achsen-Front, unter der linken Achse sandsteingefaßtes, mit Schlußstein versehenes Portal mit reichem Gitterwerk, in der linken und rechten Achse im ersten Obergeschoß vorgekragter Balkon, darüber Altan.
1945 ausgebrannt. Später abgebrochen.
Steche, S. 413. Schumann, Abb. S. 40. Helas, S. 177

Das Weiße Schloß An der Grenze von Dresden-Blasewitz am Königsheimplatz gegenüber dem Waldpark im Waldgelände in neogotischen Formen von Spiegelthal 1860–1862 wohl als Fremdenpension errichtet. Untergeschoß mit drei Obergeschossen, sechs Achsen nach dem Park,

Villa Goethestraße 13 1869/70 von A. Pieper errichtet. Rechteckiger Bau. Zwei Geschosse mit Fünf-Fenster-Front nach der Straßenseite, die Fassade im Untergeschoß mit Rundbogenportal und je zwei vorgestellten gekuppelten Säulen, darüber Balkon, seitlich je zwei gekuppelte Fenster, im Obergeschoß mit Viertelbogen, das mittlere Fenster des Obergeschosses durch Doppelpilaster risalitmäßig eingefaßt, darüber Dreieckgiebel, abschließender dekorativer Sims. Abgewalmtes flaches Dach mit gittergefaßter Dachterrasse.

über der betonten Mittelachse ein Staffelgiebel, drei Achsen nach der Straße, an der Ostecke Turm mit weiteren zwei Geschossen. Abschluß durch dekorativen, zinnenbekrönten Sims.
1945 ausgebrannt. Später abgebrochen.
Helas, S. 111 f.

»Palais Gutenberg« (Waisenhausstraße 7 bis Johannesring). Geschäfts- und Wohnhaus, hier früher Druckerei der »Dresdner Nachrichten« (daher Name »Palais Gutenberg«), später Café König. 1873/74 von W. Päßler und E. Martin errichtet. Neunzehn Achsen nach dem Johannesring, die mittelsten drei und die seitlichen drei zusammengefaßt, Untergeschoß für Läden und Gaststätte, Mezzaningeschoß, zwei Obergeschosse und ausgebautes Mansardgeschoß.
1945 ausgebrannt. Später abgebrochen.
Steche, S. 311 ff. m. 1 Abb. und Grundriß

Mietshaus Bürgerwiese 17 (Ecke Lüttichaustraße). 1846/47 von H. Lehmann im Stil der Sempernachfolge errichtet. Untergeschoß mit vier Obergeschossen, 14-Achsen-Front nach der Bürgerwiese, anschließend zweiachsiger Eckerker, die vier mittleren Achsen und die beiden seitlichen risalitmäßig vorgezogen. Mittelrisalit in den ersten drei Obergeschossen durch Balkone mit Eisengittern hervorgehoben, über dem Dachgesims Statuenschmuck. Dreizehn Achsen nach der Front Lüttichaustraße. Architekturteile in Sandstein, Fassaden in Putzbau. Im Inneren Wendeltreppe.
1945 ausgebrannt. Später abgebrochen.
Steche, S. 406 f. m. Grundriß. Helas, S. 65

Dresden
Links: Das Weiße Schloß; Viktoriahaus; Kaiserpalast
Mitte: Mietshaus Bürgerwiese 17 (links; Lithographie, nach 1750); Wohnhaus Sedanstraße 4; »Palais Gutenberg«
Rechts: Villa Goethestraße 13

Unionhotel (Bismarckplatz, Ecke Bayrische Straße). 1871/72 von B. Hempel in der Nachfolge der Nicolaischule in geschlossener Bauweise errichtet. Gequadertes Untergeschoß mit vier Obergeschossen und Eckerker.
1945 ausgebrannt. Später abgebrochen.
Steche, S. 349. Helas, S. 276

Viktoriahaus (Ring). Geschäftshaus mit drei Fronten zwischen Ring und Waisenhausstraße als hervorragendes Beispiel nach Ablösung der »Dresdner Schule« in den Formen der deutschen Renaissance in Anlehnung an das Braunschweiger Gewandhaus von W. Lossow und H. Viehweger 1891/92 in Sandstein errichtet. Sockelgeschoß mit Schaufenstern und drei Obergeschossen. Kopfbau mit vier Geschossen und dreigeschossigem Volutengiebel. An beiden Straßenfronten ebenfalls Giebelaufbauten, darüber Dachreiter, die betonten Ecken durch Kuppeln bedeckt.
1945 ausgebrannt. Später abgebrochen.
Richter II, Taf. 19, 20. Schumann, S. 288 f. m. 1 Abb. Löffler II, Abb. 60. Volk, Abb. S. 50. Helas, S. 278 ff.

Kaiserpalast (Pirnaischer Platz). Das reichste und prunkvollste Privatgebäude, zunächst als Restaurant, später als Bankhaus von R. Schilling und J. Gräbner in gleicher Situation wie das Viktoriahaus nach drei Fronten zwischen Moritzring und Amalienstraße in Barockformen 1895 errichtet. Dominierende fünfachsige Front nach dem Pirnaischen Platz mit Untergeschoß, drei Obergeschossen und einem Halbgeschoß, abgeschlossen durch einen über drei Achsen gezogenen, mit reicher figuraler Giebelgruppe von H. Hartmann-MacLean versehenen Rundgiebel, darüber Turmsockel mit Haube und Laterne sowie seitlich abschließenden halbrunden Eckerkern.
1945 ausgebrannt. Später abgebrochen.
Schumann II, Abb. S. 59. Richter II, Taf. 13, 14. Schumann, S. 293. Löffler II, Abb. 122. Volk, Abb. S. 19. Helas, S. 281 f.

Öffentliche Bauten des 20. Jahrhunderts

Neues Rathaus (Ring). 1905–1910 von K. Roth und E. Bräter im Übergangsstil errichteter Gebäudekomplex zwischen Ringstraße, Rathausplatz, Kreuzstraße und An der Kreuzkirche mit 98 m hohem Turm und zwei Dachreitern. Bedeutende zeitstilige Ausstattung.
1945 ausgebrannt, Verluste der Dachreiter, Innenausstattung bis auf das Treppenhaus zerstört. Wiederaufbau seit 1950, dabei Fassade nach der Ringstraße vereinfacht, Festsaalflügel wiederhergestellt.
P. Schumann: Gedenkschrift zur Einweihung des Neuen Rathauses zu Dresden, Dresden 1910. Schumann, S. 232 ff., Abb. 145, 178. Haenel, Abb. 116, 117. Löffler I, S. 142, 351, 378, Taf. 348. Löffler II, Abb. 93, 95, 104, 155, 158, 159. Volk, S. 68 ff., Abb. S. 70, 92, 93. Helas, S. 209 ff.

Dresden, Neues Rathaus
Links oben: Luftaufnahme mit dem östlichen Altstadtkern von Süden
Rechts oben: Gesamtansicht von Südosten
Rechts Mitte und links unten: Silberkammer und Großer Festsaal mit Gemälden von H. Prell
Rechts unten: Fassade zur Ringstraße, nach der Zerstörung

Italienisches Dörfchen (Theaterplatz). Der den Theaterplatz nach der Elbe abschließende Gaststättenbau nach Auseinandersetzungen, die die Frage nach Offenlassung der vierten Seite des Platzes nach der Elbe stellten, durch H. Erlwein 1911–1913 errichtet. Innenausgestaltung durch die bedeutendsten Künstler Dresdens der Zeit wie O. Gußmann, P. Rößler, P. Perks und die Bildhauer K. Groß und G. Wrba.
1945 mit der einheitlichen Ausstattung ausgebrannt. 1956 Bau wiederhergestellt.
C. Gurlitt: Hans Erlwein, Das Italienische Dörfchen in Dresden, Dresden 1913, m. 43 Abb. und 6 Farbtaf., Lageplänen und Grundrissen. Schumann, S. 326 ff. m. 2 Abb. Löffler I, Taf. 346. Löffler II, Abb. 200. Volk, Abb. S. 149, 166, 167

König-Georg-Gymnasium (Johannstadt, Fiedlerplatz). Der bedeutendste der frühen Schulbauten H. Erlweins 1906/07 errichtet. Noble Gliederung der 19-Achsen-Front mit Souterrain, vier Geschossen und zu Wohnungen ausgebautem Dachgeschoß. Nach zwei Achsen fünffenstriger Eingangstrakt mit Festsaal im dritten und vierten Geschoß, darüber leicht gebrochenes Dach mit abschließendem Belvedere. Weiterer Trakt von sechs Achsen und nochmals sechsfenstriger Seitenrisalit mit überhöhtem und gebrochenem Dach. Ausstattung des Treppenhauses und der Aula von O. Gußmann.
1945 ausgebrannt. Anschließend baulich verändert, aufgestockt und als Poliklinik eingerichtet.
Schumann, Abb. 172. Löffler II, Abb. 157

Landtagsgebäude Nach Abbruch des Brühlschen Palais und der anschließenden Wohnbauten zwischen Schloßplatz, Brühlscher Terrasse und Brühlscher Gasse 1901–1907 von P. Wallot errichtet.
1945 Festräume und Sitzungssäle ausgebrannt. Seit 1948 die Büroräume teilweise wiederhergestellt.
Löffler I, Taf. 347, 348. Helas, S. 204 ff.

Landwirtschaftliche Feuerversicherung (Prager Straße, Ecke Wiener Platz). 1901/02 von K. Diestel in Sandstein errichtet. Fassade in barockisierenden Neorenaissanceformen mit reichem Dekor, breite verbrochene Ecke, hohes Walmdach.
1945 ausgebrannt. Später abgebrochen.
Helas, S. 282

Residenz-Kaufhaus (Prager Straße, Ecke Waisenhausstraße). Gegenüber dem Viktoriahaus 1912 von K. Hänsel (Leipzig) errichtet. Der erste bedeutende Kaufhausbau in Glasbeton, ausgezeichnet durch die geschickte Einbindung in die

Dresden
Links: Superintendentur der Kreuzkirche
Rechts oben: König-Georg-Gymnasium, Aula
Rechts Mitte: Residenz-Kaufhaus
Rechts unten: Neues Städtisches Kunstausstellungsgebäude

beiden Straßenfronten unter Verzicht auf historisierende Reminiszenzen. Klare Gliederung durch Betonung der Senkrechten, Abgrenzung des Schaufenstergeschosses, Schmuck durch Erkervorbauten, über Gesims unter Walmdach ein weiteres ausgebautes Geschoß.
1945 ausgebrannt. Später abgebrochen.
Schumann, S. 344. Löffler II, S. 82, Abb. 160

Zirkus Sarrasani (Neustadt, König-Albert-Straße). 1912 von J. Heilmann und M. Littmann (München) errichtet. In seinen Funktionen deutlich erkennbarer Rundbau. An die mittlere, durch eine Flachkuppel geschlossene Arena vier den Bau auflockernde viergeschossige Treppenhäuser mit gebrochenem Dach angeschlossen. Der auf Eckpfeiler und vier Säulen gestellte Eingangsbau mit einem darüberliegenden Geschoß durch einen akzentsetzenden großen Dreieckgiebel betont.
1945 ausgebrannt. Später abgebrochen.
Schumann, S. 344, Abb. 187

Neues Städtisches Kunstausstellungsgebäude (Lennéstraße). In klassizistischen Formen als letzter Bau von H. Erlwein und K. Hirschmann 1914–1916 errichtet. Weißgetünchter Putzbau mit anschließendem Verwaltungsbau. Der Mittelbau mit sechs ionischen Säulen und niedriger Freitreppe vor rückwärtiger Empfangshalle, vierachsigen Verbindungsgängen zu seitlichen Pavillons von je drei Achsen, mit Lichteinfall im oberen Halbgeschoß.
1945 ausgebrannt. Später abgebrochen.
P. Schumann: Städtische Bauten in den Kriegsjahren, in: Dresdener Kalender 1920, S. 78 f. Schumann, S. 326. Löffler II, Abb. 172

Güntzbad am Elbberg Fünfgeschossiger Jugendstilbau mit reichem Reliefschmuck von E. Bräter 1903–1906 errichtet. Einziger Jugendstilbau der Städtischen Verwaltung mit ebensolcher Innenausstattung.
1945 ausgebrannt. Später abgebrochen.
Dresden, ein Bilderbuch für die Teilnehmer an der Deutschen Lehrerversammlung, 1929, Taf. 104

Superintendentur der Kreuzkirche (An der Kreuzkirche). Verwaltungsbau von R. Schilling und J. Gräbner 1907 errichtet. Untergeschoß und drei Obergeschosse mit neun Achsen nach der Pfarrgasse und sieben Achsen nach An der Kreuzkirche sowie turmartigem Eckrisalit.
1945 ausgebrannt. Später abgebrochen.
Schumann, S. 316, Abb. 166

Landständische Bank (Ringstraße, zwischen Pfarrgasse und Schulgasse). Als einer der ersten Bauten nach Überwindung des Historismus 1906 von W. Lossow und H. Viehweger errichtet. Reich gegliederter Sandsteinbau mit Souterrain, Untergeschoß und drei Obergeschossen, neun Achsen nach dem Ring und je sechs Achsen nach Pfarrgasse und Schulgasse.
1945 ausgebrannt. Später abgebrochen.
Schumann, S. 281, Abb. 145

Artesischer Brunnen (Albertplatz). Als säulentragender Pavillonrundbau mit ionischen Kapitellen von H. Erlwein 1912 errichtet.
1945 zerstört.

Planetarium (Stübelallee). Stahlbetonbau mit Kuppel von P. Wolf 1927 errichtet.
1945 zerstört. Später abgebrochen.

Bärenschenke Durchgangsbau zwischen Webergasse und Zahnsgasse, bedeutendste populäre Gaststätte Dresdens unter Mitarbeit hervorragender Dresdner Künstler von O. Hempel 1928 neu ausgestattet.
1945 ausgebrannt. Später abgebrochen.

Dresden
Oben links: Artesischer Brunnen
Oben Mitte: Güntzbad am Elbberg
Rechts: Güntzbad am Elbberg, Damenschwimmhalle; Planetarium; Zirkus Sarrasani; Bärenschenke, Inneres
Links unten: Landständische Bank

Plätze, Straßen und Wohnbauten der Altstadt bis Ende des 18. Jahrhunderts

Die Hausnumerierung in Dresden-Altstadt erfolgte seit Mitte des 19. Jh. vom Altmarkt aus, die ungeraden Nummern auf der linken, die geraden auf der rechten Seite; dementsprechend die folgende Anordnung.
Die Aufführung der Plätze und Straßen beginnt am Altmarkt mit den von hier ausgehenden Straßen, einschließlich An der Kreuzkirche, es folgt das Gebiet um den Neumarkt und An der Frauenkirche.

Altmarkt Die vier Platzseiten waren mit Bürgerhäusern des 17. und 18. Jh. umzogen, die in ihren Gründungen zum Teil noch auf das 16. Jh. zurückgingen, wie archäologische Untersuchungen beim Abbruch aller Gebäude in den fünfziger Jahren ergaben. Es wechselten Bauten des Manierismus mit mehr oder weniger reichen Giebeln, auf holländischen Einfluß zurückgehend, mit den für Dresden charakteristischen Putzbauten des Barock von vier Obergeschossen, verschiedenen Fensterbreiten, von drei bis neun Achsen und steilem Dachaufbau oder Mansarddach, in dem nochmals teilweise zwei Geschosse untergebracht waren. Einige dieser Bauten noch mit den ursprünglichen Erkervorbauten. Bis auf die Ladeneinbauten des 19. und 20. Jh. waren die Gebäude im wesentlichen erhalten geblieben, nur wenige vom Anfang des 20. Jh. störten den Charakter des Platzes, doch überragten sie ebenso wie die Umbauten der benachbarten Straßenzüge bei den sehr strengen Bauordnungen seit dem 18. Jh. nicht die Gesimshöhe der Altbauten. Die bürgerlichen Wohnbauten wurden durch das in die Flucht der Westseite eingebundene Rathaus von drei Häuserbreiten unterbrochen, das seit 1741 an Stelle des ersten Rathauses inmitten des Marktes errichtet wurde. Bis zur Mitte des 19. Jh. führten als wichtigste Verkehrsstraßen die von der Brücke kommende Schloßstraße über den Altmarkt und die hier abbiegende Wilsdruffer Straße zum Wilschen Tore, dem späteren Postplatz. Die Seestraße gelangte erst wieder im 18. Jh., nach Anlegung des Seetores, zu Bedeutung. Erfolgte bei Stadtgründung die Anlage der Straßen nach Westen regelmäßig und parallel, so blieben die nach Osten zur Frauenvorstadt, die erst 1550 in die Stadt einbezogen wurde, unregelmäßig. Der Durchbruch nach dem Osten in Fortführung der Wilsdruffer Straße zum Pirnaischen Platz, die König-Johann-Straße, erfolgte erst 1885.
1945 sämtliche Gebäude ausgebrannt und zerstört. Seit 1953 alle Ruinen abgebrochen, der Platz unter Einbeziehung der ehemals hinter der Südostecke gelegenen Kreuzkirche von 1,3 auf 3,4 ha vergrößert und neu umbaut.

Richter II, Taf. 34. P. Schumann: Der Altmarkt zu Dresden mit seinen neugestalteten Bauten, in: Mitteilungen des Landesvereins Sächsischer Heimatschutz, 7. Jg., Dresden 1918, H. 5/8, S. 74 ff. m. 9 Abb. Schumann, Abb. 140. Haenel, Abb. 76–80. Löffler I, S. 11 f., 14, 39, 75, 101, 104, 141, 343, 348 f., 356, 366, Abb. 7, 94, 105, Taf. 5, 71, 75, 80, 214–216, 348. Löffler II, Abb. 61, 64, 71, 211. Volk, S. 60 ff., Abb. S. 73–78

Dresden
Links oben: Altmarkt, Westseite von Eckhaus Webergasse 2 bis Altstädter Rathaus, Zustand um 1885
Rechts oben: Haus Altmarkt Ecke Webergasse 2

Links Mitte: Blick vom Turm der Kreuzkirche auf die Westseite des Altmarktes mit Altstädter Rathaus und die Nordseite
Unten: Haus Altmarkt Ecke Schössergasse 1; Haus König-Johann-Straße 4 Ecke Altmarkt

Nr. 10: Marienapotheke, Name seit 1645. Ältestes Haus Dresdens von etwa 1480 mit hölzerner Marienfigur der Zeit. Ursprünglich Untergeschoß mit zwei Obergeschossen, 1722 um zwei Geschosse und Mansarddach erhöht. Weitere Umbauten im 19. Jh.

Inventar/Dresden, S. 631 ff. m. 4 Abb. und 2 Grundrissen. Schumann, S. 9 f. m. Abb. Haenel, Abb. 68, 69. Löffler I, S. 366, Taf. 214. H. Mazurek: Aus der Geschichte der Marien-Apotheke zu Dresden, in: Sächsische Heimatblätter, 15. Jg., Dresden 1969, S. 278 ff. Hentschel II, Nr. 8, Abb. 49. Löffler II, Umschlagabb. Volk, Abb. S. 67, 84

Ecke An der Kreuzkirche 1: Um 1730 errichtet. Erdgeschoß mit drei Obergeschossen, Halbgeschoß und Mansarddach, fünf Achsen, die drei mittleren reich dekoriert.

Inventar/Dresden, S. 702

Nr. 11: Um 1735 errichtet. Vier Obergeschosse mit fünf Achsen, Mittelachse mit Verdachungen und Kartuschen.

Inventar/Dresden, S. 702

Ecke Schreibergasse 1: Errichtet Ende des 16. Jh. Nach Altmarkt Front von drei Fenstern mit zweigeschossigem Giebel und diamantgequadertem, dreigeschossigem Erker auf Unterbau mit zwei toskanischen Säulen. Nach der Schreibergasse Front von 21 Fenstern.

Inventar/Dresden, S. 645 ff. m. Abb. und Grundriß. Haenel, Abb. 68, 69

Nr. 14: Creilsches Haus, zuletzt Café Kreutzkamm. Der Bau vom Ende des 16. Jh. schon viergeschossig mit fünf Achsen, im 18. Jh. im Inneren wesentlich verändert, Mitte des 19. Jh. Erdgeschoß und erstes Geschoß als Café eingerichtet.

Inventar/Dresden, S. 648 f. m. 2 Grundrissen

Ecke Webergasse: Arnoldische Buchhandlung. Zwei Obergeschosse mit sechs Achsen. Errichtet Anfang des 16. Jh., Umbauten und Aufstockung von Ch. T. Weinlig 1790, weitere Veränderungen 1830. Erker von 1659.

Inventar/Dresden, S. 636, 661. Die Arnoldische Buchhandlung in Dresden, in: Dresdner Jahrbuch 1937/38, S. 104 ff. m. 7 Abb. Löffler I, S. 348 f., Abb. 94, 105, Taf. 75. Volk, S. 74 m. 3 Abb.

Ecke Wilsdruffer Straße 1: Löwenapotheke. Nach Abriß des Vorgängerbaus von J. Fehre d. Ä. Neubau von 1911/12 in Sandstein unter Einbeziehung des Hauses neben dem Alten Rathaus, der sich in die Fluchtlinie der Platzwand einbindet und den Rathausbau fortsetzt. Städtebaulich neu der Laubengang nach der Wilsdruffer Straße, Eckerker mit plastischen Arbeiten von G. Wrba.

Schumann, S. 324. Haenel, Abb. 70. Löffler I, S. 368, Taf. 239. Volk, S. 77 m. 4 Abb.

Nr. 3: Um 1670 errichtetes dreiachsiges Haus mit Untergeschoß, ursprünglich drei Obergeschosse sowie Erker mit Puttenfries von Ch. A. Walther, 1680. Gebäude 1743 erhöht.

Inventar/Dresden, S. 665. Löffler I, S. 353, Abb. 39. Hentschel II, Kat. Nr. 255, Abb. 306

Ecke Schössergasse 1: Wohl vor 1700 errichtet, Anfang des 19. Jh. vereinfacht. Erdgeschoß mit drei Obergeschossen, Halbgeschoß und ausgebautem Dach, sieben Achsen.

Nr. 5 (Ecke König-Johann-Straße): Drogerie Roch. Ende des 17. Jh. errichteter, zuletzt um 1930 veränderter Bau von fünf Achsen.

Eingang König-Johann-Straße 4: Baulich zum Altmarkt gehöriges Haus, errichtet Anfang des 18. Jh., Anfang des 20. Jh. vereinfacht verändert. Untergeschoß mit vier Obergeschossen, sieben Achsen, Bekrönung durch Dreieckgiebel.

Dresden
Links oben: Altmarkt, Ostseite mit Bauten zwischen Großer Frohngasse und Eckhaus An der Kreuzkirche 1
Rechts oben: Haus Altmarkt Ecke an der Kreuzkirche 1

Links unten: Altmarkt, Südseite mit Nr. 11, 12, Eckhaus Schreibergasse 1, Altmarkt 13, 14 und Eckhaus Seestraße
Rechts unten: Altmarkt nach Süden mit Löschteich, nach der Zerstörung

Wilsdruffer Straße Ehemals Wilsche Gasse, seit 1396 erwähnt, führte nach Westen zum Wilschen Tore und nach Niederlegung der Festungswerke zum Postplatz. Nach der Schloßstraße die bedeutendste Straße der Stadt mit bürgerlichen Wohnbauten, vor allem des 16. und 17. Jh. Bei einigen Häusern, wie in den von dem Festungswerk eingeschlossenen Teilen der Altstadt, noch teilweise die alten Fenstergewände aus Sandstein aus der Zeit ihrer Erbauung im 16. Jh. und später, so Nr. 6, 20, 30, 36, 40, 42, 31. Weitere meist zweigeschossige, aber auch dreigeschossige Erker, die erst nach dem Dreißigjährigen Krieg bis Ende des 17. Jh. angefügt wurden, bei Nr. 12, 24, 38, 42, 7, 15, 19, 31, 35, 37. Die in der Stadt bis ins 17. Jh. üblichen Wendeltreppen (Schnecken) wurden meist im 18. Jh. durch moderne Treppenführung ersetzt. Auf der rechten Straßenseite seit Anfang des 20. Jh. einige Neubauten von Warenhäusern, linke Seite seit 1913 Abbruchbeginn zur Verbreiterung der Straße. Untergeschosse wie bei den meisten zentral gelegenen Straßen durch Ladeneinbauten verändert.
1945 alle Gebäude zerstört. Ruinen später abgebrochen. Neuaufbau als Thälmannstraße.

Richter II, Taf. 33. Löffler I, S. 366, Taf. 217. Volk, S. 119 m. 3 Abb., S. 121 m. 5 Abb., S. 123 f. m. 8 Abb.

Nr. 5: Beutlerhaus. Anstelle eines Vorgängerbaus aus dem 18. Jh. 1913/14 von H. Erlwein und K. Hirschmann errichtet. Nachbarhaus der Löwenapotheke mit gleichem Eingang, als erste um 3,60 m hinter die Bauten des 17./18. Jh. zurückgesetzt, ebenfalls mit Laubengang. Untergeschoß mit kräftiger Rustikaquaderung, zwei Obergeschosse mit fünfachsiger, die Senkrechte betonender Pfeilerarchitektur, darüber fünfachsiges Dachgeschoß mit rundbogigem wappengeschmücktem Giebel.

Schumann, S. 325. Volk, S. 109 m. Abb., S. 123

Nr. 7: Goldner Engel, bekanntes Dresdner Hotel, erste Wohnung von Friedrich Schiller. Typischer Dresdner Barockbau von unbekanntem Architekten um 1715 errichtet. Untergeschoß mit drei Obergeschossen und einem Mezzaningeschoß, Sechs-Achsen-Front, die vier Mittelfenster zu einer Vorlage zusammengezogen und durch Segmentbogen mit Ochsenauge im Dach bekrönt. Reiche Fassadendekoration, an den Erkern Pilaster mit Kapitellen. Figur des Engels über dem Eingang von G. Ch. Kühn, Anfang des 19. Jh.

Inventar/Dresden, S. 694 ff. m. Abb. Löffler I, S. 95, 365 f., Taf. 199, 217. Volk, Abb. S. 123

Nr. 19: Um 1680 wohl von J. G. Starcke errichtet. Dreigeschossiger Bau mit Front von drei Fenstern, lisenenartig gequaderte Putzgliederung, zweigeschossiger Erker mit Altan im dritten Geschoß, zwischen den Fenstern Fruchtgehänge, reiche dekorative Gliederung der Erkerbrüstung.

Inventar/Dresden, S. 666. Volk, Abb. S. 123

Nr. 14: Zimmermannsches Haus. Um 1660 für den Stadtprediger Ch. Zimmermann errichtet. Kostbarstes Bürgerhaus der Zeit unter niederländischem Einfluß. Fünfachsige Anlage mit drei Obergeschossen, zweistöckiger Holzerker vor dem zweiten Fenster rechts mit Dachabschluß, Eckabschluß mit Quaderung. Zweigeschossiger manieristischer Giebel mit verschiedenen Pilasterordnungen zwischen den Fenstern, reichem Antragschmuck sowie Roll- und Schweifwerk.

Inventar/Dresden, S. 663 f., Abb. S. 665. Schumann, S. 86, Abb. 40. Haenel, Abb. 77. Löffler I, S. 31, 357, Taf. 83. Löffler II, Abb. 17. Volk, Abb. S. 121

Nr. 20: Café Beyer. Um 1680 errichteter Bau mit drei Obergeschossen, reizvoller Erker mit Engelköpfen, Reliefschmuck, unter anderem mit Bienenkörben.

Inventar/Dresden, S. 663. Volk, Abb. S. 121

Schloßstraße Ehemals Elbgasse, Name seit 1572. Vom Altmarkt ausgehend, nach Norden führend und nach der Elbe begrenzt durch den Riegel des Georgenbaus mit dem Georgentor, an der Westseite anschließend der Komplex des Residenzschlosses, an der Ostseite ein Flügel des Kanzleihauses, seit dem 19. Jh. mit der Hofapotheke. Ehemals vornehmste Straße der Stadt. Neben dem Fürstlichen Haus Nr. 30 entstanden

Dresden
Oben: Wilsdruffer Straße, Blick vom Altmarkt auf die Nordseite mit den geraden Hausnummern (bis Nr. 18)
Unten: Wilsdruffer Straße 14 und 20

bürgerliche Wohnbauten, unter anderem mit Erkern des späten 16. und des 17. Jh., ferner einige Neubauten des 19. und 20. Jh. Die an den Häusern Nr. 6, 12, 14, 18, 26, 30, 32, 9, 15, 21 und 23 teilweise erhaltenen Fensterprofile in Sandstein weisen auf die Entstehungszeit vor oder um 1600. Die damals übliche Einwölbung des Erdgeschosses blieb in Nr. 32 erhalten.
1945 alle Gebäude ausgebrannt. Ruinen bis auf Schloß und Georgenbau abgebrochen.
Richter II, Taf. 35. Schumann, S. 289 f. m. Abb. Löffler I, S. 348, Abb. 97. Löffler II, Abb. 74. Volk, S. 106 ff. m. 3 Abb., S. 118 m. 3 Abb.

Nr. 11 (Ecke Kleine Brüdergasse): Hotel Stadt Gotha. Vor 1591 errichtetes Gebäude mit dreigeschossigem Eckerker auf zwei toskanischen Säulen, darüber auf gequadertem Tragstein das kursächsische und kurbrandenburgische Wappen mit Bezug auf Christian I. Fassade im 19. Jh. mehrfach verändert.
Inventar/Dresden, S. 649 m. Abb.

Nr. 14: Zweigeschossiger Erker mit Renaissanceornamentik, die untere Brüstungsplatte mit Muschel- und Blattgehänge in Relief, im oberen Stock Reliefbaluster mit Fratzen an den Eckpostamenten.
Inventar/Dresden, S. 663 m. Abb.

Nr. 34: Herzog-Augustus (von Weißenfels)-Haus, zuletzt eines der Geistlichen Häuser. Dreigeschossiger Schmuckgiebel mit Nische, dreigeschossiger, doppelfenstriger Mittelerker, Fenstergewände um 1620. Im ersten Stockwerk reich stuckierte Gewölbe von unbekanntem italienischem Künstler, um 1660.
Inventar/Dresden, S. 417, Taf. XXXV. Plaul, S. 9 f., Abb. 10. Löffler I, S. 356 f., Taf. 81, 82

Schössergasse Seit 1396 als Judengasse erwähnt, Name seit 1585. Führte nach Norden parallel zur Schloßstraße bis zum Kanzleihaus. Bürgerliche Wohnbauten des 16.–18. Jh., später teilweise verändert.

1945 alle Gebäude ausgebrannt. Ruinen später abgebrochen.

Nr. 11 (Ecke Rosmaringasse): Gebäude mit Fensterprofilen des 17. Jh., der dreigeschossige Eckerker mit verkröpftem Gebälk.
Inventar/Dresden, S. 680

Nr. 13: Haus von etwa 1720, vier Obergeschosse mit Ecklisenen und barocker Fensterrahmung.
Inventar/Dresden, S. 697 m. Abb.

Nr. 25 (Ecke Sporergasse): Vor 1750 von J. Ch. Knöffel errichtet. Vier Obergeschosse mit neun

Dresden
Oben: Schloßstraße, Blick auf die Ostseite mit den geraden Hausnummern bis zum Georgenbau, links Eckerker von Wilsdruffer Straße 2
Rechts Mitte: Stuckdecke im Haus Schloßstraße 34
Unten: Schloßstraße 11; Schloßstraße 30 (Fürstliches Haus); Schloßstraße 34

Achsen nach der Schössergasse, reicher Kartuschenschmuck über den Fenstern des Mittelrisalits, acht Achsen nach der Sporergasse, durch Lisenen gegliedert und mit aufgesetzten Spiegeln zwischen den Fenstern.
Inventar/Dresden, S. 718. Dresdner Jahrbuch 1937/38, S. 184 f. m. Abb.

Nr. 4 (Ecke Frauenstraße): Untergeschoß mit Portal in Sandstein, vier Obergeschosse mit acht Achsen gegen die Schössergasse, elf gegen die Frauenstraße, gleichmäßige, geradlinige Fenstergewände mit nach oben sich zuspitzendem Schlußstein.
Inventar/Dresden, S. 703

Nr. 16 (Ecke Sporergasse): Wendelstein und Fenstergewände noch Ende des 16. Jh., 1690 Umbau und Anlage eines repräsentativen Sandsteintores mit Unionswappen unter Rundgiebel, zweigeschossiger Eckerker.
Inventar/Dresden, S. 671 f. m. Abb.

Galeriestraße Name erst seit 1863, zuerst Windische Gasse, dann Große Frauengasse. Führte nach Norden parallel der Schössergasse bis zum Jüdenhof und zur ehemaligen Gemäldegalerie (Johanneum). Bürgerliche Wohnbauten des 17. und 18. Jh., Erker des 17. Jh. u. a. bei Nr. 16 und 20, Fenstergewände um und nach 1600 bei Nr. 3 und 8.
1945 Gebäude zerstört. Ruinen später abgebrochen.

Nr. 9 (Ecke Frauenstraße): Bau mit drei Obergeschossen des 17. Jh., um 1720 verändert im Stil der Zeit. Dreigeschossiger Eckerker auf Konsole mit Diamantquaderung und abschließender Schlange, Fenstergewände noch mit Renaissanceprofilen, nach 1671.
Inventar/Dresden, S. 664 f., Taf. XXXVI. Löffler I, S. 357, Taf. 85. Volk, Abb. S. 107

Nr. 17: Vier Obergeschosse mit drei Achsen und dreigeschossigem Erker mit Kapitellen und Tuchgehängen, nach 1720.
Inventar/Dresden, S. 691

Nr. 12 (Ecke Frauenstraße): Errichtet um 1740. Drei Obergeschosse mit acht Achsen nach der Galeriestraße und sieben Achsen nach der Frauenstraße, Fenster der Mittelachsen mit verdachenden Kartuschen, Ecklisenen.
Inventar/Dresden, S. 703 m. Abb.

Nr. 14 (Ecke Frauenstraße): »Schiffmühle«. 1709 von G. Hase errichtet. Hauptfront nach der Frauenstraße mit acht Achsen, drei Obergeschosse mit zwei durch Pilaster gegliederten zweigeschossigen Erkern, vier Achsen nach der Galeriestraße, mit Fensterverdachungen, reichem Kartuschenschmuck der beiden Mittelachsen und ausgebautem Mansarddach.
Inventar/Dresden, S. 679 f. m. Abb. Löffler I, S. 95, 365, Taf. 204. Volk, Abb. S. 107

Nr. 18: Drei Obergeschosse mit drei Achsen und dreigeschossigem Erker mit Pilastern in verschiedener Ordnung, um 1710.
Inventar/Dresden, S. 691, 695

Dresden
Links oben: Portal von Schössergasse 16
Rechts oben: Eckerker von Galeriestraße 9
Rechts Mitte: Ruinen der Webergasse mit Bärenschenke
Unten links: Galeriestraße 12
Unten Mitte und rechts: Galeriestraße 14

Webergasse Seit 1396 erwähnt, führte vom Altmarkt nach Westen bis zum Wall. Wohnbauten meist aus dem 17. und 18. Jh., später teilweise weitgehend verändert. Nr. 1 und 3 mit Erker von 1670, Nr. 12 von 1700.
1945 alle Häuser ausgebrannt. Ruinen später abgebrochen.
Volk, Abb. S. 79

Nr. 15: Schönfeldtsches Haus. Vier Obergeschosse mit Fünf-Achsen-Front und Mittelerker, vor 1704.
Inventar/Dresden, S. 684

Scheffelstraße 1396 als Große Webergasse erwähnt, Name seit 1502. Führte vom Altmarkt mit Rathaus nach Westen bis zum Wall. Wohnbauten des 17. und 18. Jh., später teilweise weitgehend verändert. Haus Nr. 4, 18, 22, 7, 13 mit Fensterprofilen des 17. Jh., Nr. 18 und 22 mit Erker.
1945 zerstört. Ruinen später abgebrochen.

Nr. 6: »Rennersches Brauhaus«. Um 1700 von J. Fehre d. Ä. errichtet. Drei Obergeschosse mit vierzehn Achsen, durch drei Risalite geteilt, mit gequaderten Ecklisenen.
Inventar/Dresden, S. 684 f.

Nr. 14: Haus mit Giebel vom Ende des 16. Jh. und Wendelstein.
Inventar/Dresden, S. 641, 651

Nr. 16: Um 1680 errichtet. Drei Obergeschosse mit vier Achsen und Stuckornamenten an den Fensterbrüstungen.
Inventar/Dresden, S. 666 f.

Seestraße Seit 1324 erwähnt. Nach dem vor der Stadt liegenden See und dem erst im 18. Jh. wieder geöffneten Seetor führend. Bedeutendstes Gebäude das Saulsche Haus, späteres Ministerhotel auf dem Wall. Die bürgerlichen Wohnbauten des 17. und 18. Jh. am Ende des 19. und zu Anfang des 20. Jh. wesentlich verändert.
1945 Gebäude ausgebrannt. Ruinen später abgebrochen.
Richter II, Taf. 19, 21. Löffler II, Abb. 73. Volk, S. 64, 89 m. 3 Abb.

Nr. 15: Wohl um 1600 errichtet, mit vorgesetztem zweigeschossigem Erker um 1690.
Inventar/Dresden, S. 668, 695

Nr. 6 (Ecke Zahnsgasse): Vier Obergeschosse mit Sieben-Achsen-Front nach der Seestraße und reicher barocker Dekoration der drei mittleren Fenster, um 1725 errichtet, das vierte Geschoß wohl erst später.
Inventar/Dresden, S. 695 f. m. Abb.

Schreibergasse Seit 1391 erwähnt, wohl nach den dort wohnenden Kreuzschülern benannt. Führte nach Süden parallel der Seestraße bis an die Mauer, Wohnbauten des 16. bis 18. Jh., im 19. und 20. Jh. weitgehend verändert (Nr. 1 siehe Altmarkt).
1945 Gebäude ausgebrannt. Ruinen später abgebrochen.

Nr. 9: Drei Obergeschosse mit drei Achsen und einfachen Renaissancegewänden, im Hof Reste von Holzarchitektur, deren Unterzüge nach gotischer Weise profiliert sind, die Brüstungen mit reich gedrehten Docken.
Inventar/Dresden, S. 657

Nr. 10 und 21: Ähnlich Haus Nr. 9. Nr. 21 mit Schnitzereien auf Balkenkopf von 1664.
Inventar/Dresden, S. 657 m. Abb.

An der Kreuzkirche Name seit 1840. Führte vom Altmarkt nach Osten bis zur Kreuzkirche und zur Kreuzstraße. Wohnbauten des 18. Jh.
1945 Gebäude zerstört. Ruinen später abgebrochen.

Nr. 1 (Ecke Altmarkt): Errichtet um 1730. Vier Obergeschosse mit fünf Achsen nach Altmarkt und zehn Achsen nach der Kreuzkirche. Typische Architektur der zwanziger und dreißiger Jahre des 18. Jh. mit Mittelportal, Verdachung und Kartuschen über den mittleren Fenstern. Im dritten Geschoß reiche Stuckdecke von etwa 1740.
Inventar/Dresden, S. 702 m. Abb. Löffler I, S. 98, 356, Taf. 71, 267. Löffler II, Umschlagabb.

Nr. 2 (zwischen Kleine Kirchgasse und Weiße Gasse): Zwischen 1720 und 1730 errichteter Baublock mit 15 Achsen nach An der Kreuzkirche. Untergeschoß mit drei Obergeschossen und ausgebautem Mansarddach. Je ein doppelgeschossiger Erker, Betonung der Mittelachse, Spiegel zwischen den Fenstern, Sandsteinportal.
Inventar/Dresden, S. 689

Dresden
Oben links: Scheffelstraße 18, 16 und 14
Oben rechts: An der Kreuzkirche 1
Mitte links: Scheffelstraße 6
Mitte rechts: An der Kreuzkirche 1b
Unten: An der Kreuzkirche 2

Kreuzstraße Seit 1370 erwähnt. Fortführung An der Kreuzkirche zur Kreuzpforte, später bis zum Gewandhaus. Rechte Seite 1908 Flügel des Neuen Rathauses, linke Seite Wohnbauten des 18. Jh.
1945 Wohnbauten zerstört. Ruinen später abgebrochen.
Löffler I, S. 98, 356, Taf. 71, 267

Nr. 1 und 3: Einfacher Barockbau mit vier Geschossen von Ch. G. Hahmann auf den Ruinen des abgebrannten Palais Vitzthum-Rutowski seit 1794 errichtet.

Nr. 7 und 9: Bauten von etwa 1770 mit vier Obergeschossen und fünf Achsen.
Inventar/Dresden, S. 734

Nr. 13: Drei Obergeschosse mit drei Achsen, wohl älterer Bau, bei der Beschießung 1760 beschädigt, um 1780 erneuert.
Inventar/Dresden, S. 735

Zahnsgasse Seit 1396 erwähnt. Führte von der Seestraße parallel zur Webergasse nach Westen bis zum Wall. Wohnbauten des 17. und 18. Jh., später weitgehend verändert. Bei Nr. 21 Fenstergewände um 1600, Nr. 7, 8, 10 mit eingewölbten Erdgeschossen.
1945 ausgebrannt. Ruinen später abgebrochen.
Volk, Abb. S. 80

Nr. 13: Sitzportal mit Muschelabschluß in Renaissanceformen, um 1560.
Inventar/Dresden, S. 652 m. Abb. Löffler I, S. 344, Abb. 27

Nr. 10: Kohlmannsches Haus. 1722 von J. G. Fehre oder G. Hase errichtet. Gequadertes Untergeschoß mit Mittelportal, drei Obergeschosse. Acht-Achsen-Front, reiche barocke Verdachung über den beiden zusammengefaßten Mittelfenstern und den vorletzten seitlichen Fenstern, aufgesetzte Spiegel zwischen den Geschossen, ausgebautes Mansarddach.
Inventar/Dresden, S. 698 f. m. Abb.

Breite Straße Seit 1500 erwähnt. Führte von der Seestraße parallel zur Zahnsgasse nach Westen zum Wall. Wohnbauten des 16.–18. Jh., später meist verändert.
1945 ausgebrannt. Ruinen später abgebrochen.
Löffler II, Abb. 100. Volk, Abb. 79

Nr. 3: Brauhaus. Untergeschoß mit vier Obergeschossen von fünf Achsen, in der Tiefe bis zur Festungsmauer reichend, hier Untergeschoß mit sechs Achsen, Erdgeschoß noch eingewölbt. Ursprünglicher Bau noch vom Ende des 16. Jh., Obergeschosse 1727.
Inventar/Dresden, S. 709 m. Grundriß

Große und Kleine Kirchgasse Anlage nach 1560. Führte von der Kreuzkirche zur Frauenkirche. Wohnbauten des 16.–18. Jh., später meist verändert; Große Kirchgasse 2 mit zweigeschossigem Erker von 1695, Kleine Kirchgasse 5 mit reichem Portal und Inschriftplatte über dem Architrav, nach 1580.
1945 ausgebrannt. Ruinen später abgebrochen.
Inventar/Dresden, S. 652 f. m. Abb., S. 673

Große Brüdergasse Name seit 1272. Führte von der Schloßstraße nach Westen zur Sophienkirche. Bürgerliche Wohnbauten des 16.–18. Jh., später teilweise verändert. Nr. 3, 4, 5 mit Erker um 1600; 6, 17, 18, 43 mit ein- und zweigeschossigen Erkern des 17. Jh.; bei 3, 11, 17, 19, 23, 37, 16 Fenstergewände um und nach 1600.
1945 ausgebrannt. Ruinen später abgebrochen.

Nr. 1 (Ecke Schloßstraße): Bau vom Ende des 15. Jh., der zweigeschossige Erker in Renaissanceformen um 1650, zweites Geschoß mit Barockdekorationen.
Inventar/Dresden, S. 661 m. Abb.

Nr. 9: Um 1715 wohl von J. Fehre d. Ä. errichtet. Untergeschoß mit vier Obergeschossen und dreigeschossigem reich dekoriertem Erker mit Altan, über Eck gestellten Pilastern und stichbogenartig abgeschlossenem Giebel mit Ornamentik im Zwingerstil.
Inventar/Dresden, S. 692 m. Abb. Löffler I, S. 348, Abb. 93

Nr. 13 (Ecke Am Gäßchen): Eines der ältesten Häuser der Stadt, um 1560 errichtet. Untergeschoß und drei Obergeschosse mit profilierten Fenstergewänden und zweigeschossigem Giebel.
Inventar/Dresden, S. 651

Nr. 25: Um 1780 errichteter klassizistischer Bau in den Formen von F. A. Krubsacius. Untergeschoß mit Mittelportal zwischen je zwei durch Stichbogen abgeschlossenen Fenstern. Zwei hohe Obergeschosse mit sechs Achsen, jede Achse mit durchgehenden Pilastern toskanischer Ordnung gegliedert, abschließendes Triglyphengesims, darüber zweifenstriger Dachaufbau mit Dreieckgiebel.
Inventar/Dresden, S. 728 ff. m. Abb.

Nr. 31: Um 1707 errichtet. Untergeschoß mit Mittelportal, drei durch Spiegel getrennte Obergeschosse, darüber Hauptgesims mit Mezzanin. Fünf Achsen mit dreigeschossigem Mittelerker und Altan im vierten Geschoß. Pilastereinfassung, Kartuschenschmuck, ausgebautes Mansarddach.
Inventar/Dresden, S. 681 m. Abb.

Nr. 33: Später veränderter vierachsiger Bau mit drei Obergeschossen und Halbgeschoß. Der ursprünglich nur zweigeschossige Erker mit geflügelten Engelsköpfen an den Brüstungsecken wohl erst nach 1705.
Inventar/Dresden, S. 692

Dresden
Links oben: Portal von Weiße Gasse 2 (um 1600)
Links unten: Blick durch die Zahnsgasse zum Altmarkt, nach der Zerstörung
Rechts: Blick durch die Pfarrgasse mit Seitenfront der Landständischen Bank zur Kreuzkirche, vor und nach der Zerstörung

Nr. 39: Wohnhaus Marcolini. Nach 1710 in der Art Pöppelmanns errichtet. Gequadertes Untergeschoß mit ehemals zwei Eingängen, drei durch Spiegel getrennte Obergeschosse, fünf Achsen mit Ecklisenen und Kapitellen. Reicher, achteckiger zweigeschossiger Mittelerker mit Altan im dritten Geschoß, ausgebaute Mansarde.
Inventar/Dresden, S. 676 m. 4 Abb.

Nr. 6: Stark veränderter Bau von etwa 1670. Eingeschossiger Holzerker mit gewundenen Dreiviertelsäulen und Weinranken, an der Brüstung Engelsköpfe.
Inventar/Dresden, S. 665

Nr. 8 (Ecke Am Gäßchen): Unberührtes Renaissancehaus mit Volutengiebel. Untergeschoß mit drei Obergeschossen und hölzernem Erker.
Inventar/Dresden, S. 651 f. m. Abb. Löffler I, S. 356, Taf. 76

Nr. 10: Um 1715 wohl von J. Fehre d. Ä. errichtet. Untergeschoß mit drei Obergeschossen, Drei-Achsen-Front, die Fenster mit geschwungenen Verdachungen, dreigeschossiger Mittelerker.
Inventar/Dresden, S. 691 f.

Nr. 18: Um 1620 errichtet. Dreiachsiger Bau mit drei Obergeschossen. Zweigeschossiger Erker auf reich ausgestatteten Tragsteinen, die Ecke mit geflügelten Engelsköpfen, auf der unteren Brüstungsplatte Fruchtgehänge.
Inventar/Dresden, S. 666

Kleine Brüdergasse Parallel zur Großen Brüdergasse. Bürgerliche Wohnbauten des 16.–18. Jh. sowie Amtshaus. Nr. 7, 8, 10 mit eingewölbten Erdgeschossen, Nr. 7, 9, 10, 28 mit Fenstergewänden um und nach 1600, Nr. 2 (Ecke Schloßstraße) mit zwei Giebeln.
1945 ausgebrannt. Ruinen später abgebrochen.

Nr. 21 (Ecke Sophienkirche): Bau wohl noch vom Ende des 17. Jh. Untergeschoß mit vier Obergeschossen. Sieben-Achsen-Front nach der Kleinen Brüdergasse mit Einfahrthalle und abgerundetem Eckerker, letzterer mit Rokokokartuschen erst nach 1730. Zehn-Achsen-Front nach der Sophienkirche. Der Hof mit dreiläufiger Treppe.
Inventar/Dresden, S. 701 f. m. 2 Grundrissen

Nr. 12: Um 1710 wohl von G. Hase errichtet. Untergeschoß mit drei Obergeschossen, drei Achsen mit zweigeschossigem reichem Erker.
Inventar/Dresden, S. 692

Dresden
Links: Große Brüdergasse 31 und 33; Große Brüdergasse 10
Mitte: Große Brüdergasse 8 und 6; Große Brüdergasse 18
Rechts: Große Brüdergasse 39; Kleine Brüdergasse 21

Neumarkt Anlage nach der ersten Stadterweiterung von 1546, im Nordosten des Altmarktes gelegen. Wohnbauten meist einheitlich mit vier Obergeschossen und ausgebauter Mansarde, größtenteils nach der Beschießung von 1760 verändert oder neu errichtet, einige Neubauten vom Ende des 19. Jh. In der Mitte Frauenkirche, Nr. 10 »Stadt Rom« an der Moritzstraße.
1945 ausgebrannt. Ruinen später abgebrochen.

Richter II, Taf. 15, 16. Haenel, Abb. 60. Löffler I, S. 102, 347 f., Abb. 96, Taf. 7, 9, 172–175. Löffler II, Abb. 36

Nr. 1 (in der Straßenbiegung nach der Augustusstraße): »Stadt Berlin«. 1770 von Ch. H. Eigenwillig errichtet. Untergeschoß mit Sandsteinportal, vier Obergeschosse mit elf Achsen und zwei Risaliten von drei Achsen, je zwei Obergeschosse zusammengefaßt und durch Gesims getrennt, ausgebautes Mansarddach.

Inventar/Dresden, S. 732. Richter II, Taf. 50. Löffler I, S. 104 f., 363, Taf. 7, 175

Nr. 7: Untergeschoß mit vier Obergeschossen und fünf Achsen. Der ehemalige Renaissancebau von Anfang des 17. Jh. nach 1760 erneuert und mit Kartuschen zwischen den drei Mittelfenstern in Rokokoformen versehen. Abschluß durch ausgebautes Mansarddach.

Inventar/Dresden, S. 726 f.

Nr. 8 (Ecke Landhausstraße): Salomonis-Apotheke. Um 1720 errichteter fünfachsiger Bau mit Mansarddach. Untergeschoß mit zwei Obergeschossen – Betonung der Mittelachse –, aufgesetzten Spiegeln und Liseneneinfassung.

Nr. 12: Portal von etwa 1690 mit gequaderten toskanischen Pilastern, darüber Gebälk mit Eichenblattfries, in der Mitte Schlußstein mit Porträtkopf. Das schmiedeeiserne Oberlichtgitter aus späterer Zeit.

Inventar/Dresden, S. 673 m. Abb.

An der Frauenkirche Name im 18. Jh. für alle Häuser um die Frauenkirche, seit 1840 in der einschränkenden Weise. Wohnbauten des 18. Jh. (soweit nicht zum Neumarkt gehörend) und Palais Cosel.
1945 ausgebrannt. Ruinen später abgebrochen.

Löffler I, S. 348, Abb. 95, Taf. 175, 176, 347, 348

Nr. 5: Um 1780 errichtet. Untergeschoß mit breitem Mittelportal, drei Obergeschosse mit acht

Dresden
Links oben: Luftaufnahme des Neumarktes nach Südwesten
Rechts oben: Neumarkt 8
Rechts Mitte: Portal von Neumarkt 12
Links unten: An der Frauenkirche, Westseite mit Blick durch die Münzgasse zur Brühlschen Terrasse
Rechts unten: Blick von der Frauenkirche auf die Südseite von An der Frauenkirche bis zum Eingang Rampische Straße

Achsen, die vier mittleren als Vorlage, Lisenenarchitektur mit Spiegeln zwischen den Fenstern, ausgebautes Mansarddach.
Inventar/Dresden, S. 735 m. Abb.

Nr. 17: Um 1770 wohl von Ch. F. Exner errichtet. Untergeschoß mit Rokokoportal, vier Obergeschosse mit fünf Achsen, die mittlere Achse dekoriert.
Inventar/Dresden, S. 733 m. Abb.

Nr. 6 (Ecke Münzgasse): Zur Goldenen Kugel. Drei schmucklose Obergeschosse mit sechs Achsen und ausgebautem Mansarddach. Typischer Bau auf altem Grund aus zwei Grundstücken gleich nach dem Kriege 1764 errichtet.
Inventar/Dresden, S. 727. Löffler I, Taf. 176

Dresden
Links: An der Frauenkirche 5; An der Frauenkirche 14
Oben: An der Frauenkirche 16 mit 17; Frauenstraße 9 (Mittelteil)

Nr. 8: »Stadt Petersburg«. Wohl schon um 1720 errichtet und nach 1763 wiederhergestellt. Untergeschoß mit drei Obergeschossen, Mezzanin und ausgebauter Mansarde.
Löffler I, Taf. 176

Nr. 14: Zur Glocke. Um 1710 von G. Bähr errichtet. Untergeschoß mit Portal mit eingemauerter Glocke und Inschrift unter der rechten Achse. Drei Obergeschosse mit vier Achsen, die beiden Mittelfenster mit dekorativer Bekrönung, die Seiten durch Pilaster mit Kapitellen begrenzt. Doppelt ausgebautes Mansarddach.
Inventar/Dresden, S. 699 m. 2 Abb. Löffler I, S. 348, Abb. 95

Nr. 16: Nach 1710 wohl von M. D. Pöppelmann errichtet. In die Tiefe gegliederte Dreiachsenanlage, Anlage mit Gang, Laden, Treppen und Hinterhaus noch ganz dem 16. Jh. entsprechend. Untergeschoß mit drei Obergeschossen. Durch Pilaster gegliederter, reicher dreigeschossiger Mittelerker. Ausgebautes Mansarddach mit betonten Mittelfenstern.
Inventar/Dresden, S. 687 f. m. Abb. und 2 Grundrissen. Löffler II, Abb. 49

Nr. 20: Untergeschoß mit drei Obergeschossen, sieben Achsen, mit drei Achsen Vorlage in der Mitte, noble, fast klassizistische Fensterrahmung mit Rokokokartuschen und Inschrift 1765.
Inventar/Dresden, S. 726 m. Abb.

Augustusstraße Um 1550 als Neue Elbgasse angelegt, Name nach 1700. Führt vom Neumarkt nordwestlich zum Schloßplatz, linke Seite Nordostflügel des Stallhofes und Langer Gang mit Fürstenzug, rechte Seite Landtagsgebäude.
1945 ausgebrannt. Langer Gang vollständig, Inneres des Landtagsgebäudes teilweise wiederhergestellt.

Jüdenhof Name vor 1411. Nordwestlich an den Neumarkt anschließend mit Stallhof, Regimentshaus, Dinglingerhaus und bürgerlichen Wohnbauten des 18. Jh.
1945 ausgebrannt. Ruinen (außer Stallhof) später abgebrochen.
Löffler I, S. 347, Abb. 87

Nr. 2: Typischer Dresdner Barockbau um 1730 mit Untergeschoß und vier Obergeschossen von fünf Achsen.
Inventar/Dresden, S. 702 f.

Sporergasse Name seit 1600. Führte vom Jüdenhof zur Schloßstraße. Bürgerliche Wohnbauten des 16.–18. Jh., Ende des 19. und im 20. Jh. teilweise verändert.
1945 ausgebrannt. Ruinen später abgebrochen.
Löffler I, S. 348, Abb. 87

Nr. 2 (Ecke Schössergasse): Um 1695 in der Art W. C. v. Klengels errichtet. Gequadertes Erdgeschoß mit Portal, drei Obergeschosse mit neun Achsen. Dreigeschossiger Eckerker mit Stichbogenarchitektur, Pilastern und Schmuck. Teilweise gekoppelte Fenster, doppelläufige Treppe. Innenhof. Im Obergeschoß kleinere Festsäle.
Inventar/Dresden, S. 672 m. Abb. und Grundriß

Frauenstraße Seit 1370 erwähnt. Führte von der Galeriestraße nach dem Neumarkt zur Frauenkirche. Wohnbauten des 17. und 18. Jh., im 19. und 20. Jh. teilweise verändert.
1945 ausgebrannt. Ruinen später abgebrochen.

Nr. 9 (Mittelteil): Dinglinger-Haus. Wohl um 1710 errichtet. Gequadertes Untergeschoß mit drei Obergeschossen und Mezzanin, drei Achsen mit dreigeschossigem reliefiertem Mittelerker und Altan. Im Hofe frühester Schmuckbrunnen mit Putten, die eine Perle tragen, Muschel- und Grottenwerk (jetzt an der Südseite des Gewandhauses angebracht).
Inventar/Dresden, S. 683 m. Abb., Taf. XXXIX. Haenel, Abb. S. 89. Löffler I, S. 369, Taf. 253. Volk, S. 95 m. 4 Abb.

Nr. 9 (westliches Drittel): Um 1760 errichtetes dreiachsiges Gebäude mit verzierten Fenstern in der Achse.
Inventar/Dresden, S. 691

Nr. 2 (Ecke Galeriestraße): Vier Obergeschosse mit dreigeschossigem Eckerker und Altan mit wechselnden Pilastern.
Inventar/Dresden, S. 692

Nr. 14 (Ecke Schuhmachergasse, bis zum Neumarkt reichend): Köhlersches Haus. Drei Obergeschosse und Mezzanin, nach Schuhmachergasse 15 Achsen. Älterer Bau um 1535 mit Eckerker von Ch. Walther I Ecke Neumarkt errichtet. Neuerer Bau von S. Locke 1749 mit reicher Antragarbeit in den Formen des Rokoko. Portal mit Korbbogen und Weinbergszene im Relief, dreigeschossiger Eckerker Ecke Schuhmachergasse mit Reliefdarstellungen (Herstellung eines Fasses durch Putten) sowie Rokokoornamentik, der unbekannte Bildhauer wohl aus dem Umkreis von G. Knöffler.
Der Figurenfries von Walther teilweise gerettet und an einem Neubau der Marktstraße angebracht.

Inventar/Dresden, S. 639 f., 718 f. m. 6 Abb. Schumann, S. 189 m. Abb. Haenel, Abb. S. 89. Löffler I, S. 98 f., 353, 370, Taf. 38, 258, 261. Hentschel, S. 107 f., Taf. 3. Hentschel II, Kat. Nr. 259, Abb. 357. Volk, Abb. S. 71

Moritzstraße 1548 als bedeutendste Straße der Stadt nach ihrer Erweiterung von Kurfürst Moritz angelegt. Führte vom Neumarkt südöstlich nach Durchbruch der König-Johann-Straße 1885 bis zum Ring. 29 der Wohnbauten 1760 abgebrannt und bis Ende des 18. Jh. wiederhergestellt. Ende des 19. und im 20. Jh. teilweise weitgehend verändert.
1945 ausgebrannt. Ruinen später abgebrochen.

Richter II, Taf. 16. Löffler I, S. 9, 17, 102, 164, 348, Abb. 96

Nr. 5 (Ecke Friesengasse): Ursprünglicher Bau wohl 17. Jh., nach Brand mit vier Obergeschossen und dreigeschossigem Erker von J. G. Kuntsch um 1770 erneuert.

Inventar/Dresden, S. 728

Nr. 4: Wohl noch vom Anfang des 17. Jh. das Untergeschoß mit Mittelportal, weiter Toreinfahrt, gewölbten Vorderräumen, doppelläufiger teilweise gewendelter Treppe sowie den breiten Galerien an beiden Seiten des Hofes. Um 1770 neu errichtet die vier Obergeschosse mit zehn Achsen und unverzierter Fassade von guten Proportionen.

Inventar/Dresden, S. 731 m. 2 Grundrissen

Nr. 6: Um 1770 wohl von J. G. Schmid weitgehend neu errichtet. Untergeschoß mit vier Obergeschossen, sechs Achsen, Fenster mit einfachen Sandsteingewänden, die geputzte Fassade pyramidenförmig mit Rokoko-Stuckornamentik, typischen Dekorationsformen der Zeit nach 1765; ausgebautes Mansarddach.

Inventar/Dresden, S. 728 f. m. Abb. Löffler I, S. 104, 370, Taf. 259

Nr. 10: Um 1740 von S. Locke errichtet, nach 1765 erneuert. Untergeschoß mit vier Obergeschossen, sieben Achsen, einfache Dekoration der drei Mittelachsen.

Inventar/Dresden, S. 735

Nr. 14: Wie Nr. 10 von S. Locke um 1740 errichtet, um 1780 erneuert. Im Hof Arkadengänge.

Inventar/Dresden, S. 710

Landhausstraße Seit 1388 Innere Pirnaische Gasse, Name seit 1859. Führte vom Neumarkt nach Osten zum Pirnaischen Tor, seit 1830

Dresden
Oben: Frauenstraße 14, Eckerker von etwa 1535 und von 1749
Links Mitte: Portal von Frauenstraße 14
Unten links: Moritzstraße 6
Unten Mitte und rechts: Landhausstraße 13, Straßenfront und Fassade des Hinterhauses

Pirnaischer Platz. Bürgerliche Wohnbauten und Adelspaläste.
1945 ausgebrannt. Ruinen später abgebrochen.
Richter II, Taf. 14. Löffler II, Abb. 75. Volk, Abb. S. 113

Nr. 3: Untergeschoß mit profiliertem Sandsteinportal und Schlußstein, datiert 1717. Vier Obergeschosse mit fünf Achsen, reich stuckierte Fensterumrahmungen mit profilierten Solbänken.
Inventar/Dresden, S. 690 m. Abb.

Nr. 13: Seit 1708 »Alte Post«. Vorderhaus: Erdgeschoß mit drei Obergeschossen, fünf Achsen, Fenster mit verschieden verzierten Schlußsteinen, wiederholt umgebaut. Hinterhaus, um 1683 als Wohnhaus J. G. Starckes errichtet: Erdgeschoß mit dreiportaliger offener Halle mit toskanischen Säulen im Inneren, einzigartige Form in Dresden; Fassade durch drei kräftige Pfeiler gegliedert, darauf rechts und links Vasen, in der Mitte Kaiserbüste von J. Süßner vor Stuckteppich, an der Fassade Laubgehänge.
Inventar/Dresden, S. 674 f. m. Abb. S. Asche: Drei Bildhauerfamilien an der Elbe, Wien 1961, S. 103, 163. Löffler I, S. 30 f., 357, Taf. 87. Hentschel II, Kat. Nr. 323, Abb. 256

Nr. 15: Bau des 17. Jh. mit noch unregelmäßig verteilten Fenstern, nach 1760 mit großen Rokokokartuschen über den Fenstern versehen.
Inventar/Dresden, S. 726

Nr. 4: Um 1763 von J. G. Schmid errichtet. Untergeschoß mit drei Obergeschossen, drei Achsen, über den Fenstern der ersten beiden Stockwerke reiche Rokokokartuschen in Antragarbeit, Fenstergewände in Putz, ausgebaute Mansarde.
Inventar/Dresden, S. 728 m. Abb. Löffler I, S. 104, 370, Taf. 260

Töpferstraße Seit 1546 erwähnt. Führte von der Frauenkirche nach Westen bis zur Brühlschen Gasse. Viergeschossige Wohnbauten aus dem zweiten und dritten Jahrzehnt des 18. Jh. auf älterem Unterbau, Nr. 10 und 12 mit zweigeschossigem Erker um 1720.
1945 ausgebrannt. Ruinen später abgebrochen.
Inventar/Dresden, S. 693. Haenel, Abb. 59. Löffler I, S. 363, Taf. 177

Nr. 1 (Ecke Brühlsche Gasse): Ehrlich-Haus. 1715 von J. Fehre d. Ä. errichtet. Putzgequadertes Untergeschoß mit drei Obergeschossen, Mezzanin und ausgebauter Mansarde. Die drei mittleren Fenster der beiden oberen Stockwerke mit barocken Fensterverdachungen, aufgesetzten Spiegeln zwischen den Seitenfenstern sowie seitlichem Lisenenabschluß mit dekorativem Kapitellschmuck.
Inventar/Dresden, S. 696. Löffler I, S. 348, Abb. 87. Löffler II, Abb. 45

Nr. 3: Am Untergeschoß Portal mit Pelikan, bez. 1715; vier Obergeschosse mit fünf Achsen, die seitlichen Fensterpaare unter Barockverdachung gekuppelt.
Inventar/Dresden, S. 699

Nr. 7: Pagenhaus. 1723 errichtet. Untergeschoß mit vier Obergeschossen, fünf Achsen, schlichte Fassadengliederung. Langgestrecktes Seitengebäude und umschließender Innenhof nach hinten.
Inventar/Dresden, S. 709 m. 2 Grundrissen. Löffler I, S. 97

Brühlsche Gasse Bis 1853 Kleine Fischergasse. Führt von der Augustusstraße nach Norden zur Terrassengasse und Brühlschen Terrasse, linke Seite Landtagsgebäude, rechte Seite einfache barocke Wohnbauten mit zwei und drei Geschossen.
1945 ausgebrannt. Ruinen später abgebrochen.
Löffler II, Abb. 46

Nr. 4: Gaststätte Brühlscher Hof. Um 1715 errichtet. Untergeschoß mit drei Obergeschossen, ausgebautem Mansarddach, einfacher Putzbau mit fünf Achsen und doppelgeschossigem Erker.
Löffler II, Abb. 46

Terrassengasse Bis 1853 Am Klepperstall. Führte parallel zur Brühlschen Terrasse bis Brühlsche Gasse und Münzgasse. Südseite mit einfachen dreigeschossigen Wohnbauten, zumeist aus dem 18. Jh., auf der Terrasse Sekundogenitur.
1945 ausgebrannt. Wohnbauten 6–24 später abgebrochen, Sekundogenitur zur Gaststätte ausgebaut.
Löffler I, Abb. 134, Taf. 3

Dresden
Links: Terrassengasse mit Sekundogenitur
Mitte: Töpferstraße 3; Töpferstraße 1
Rechts oben: Blick von der Frauenkirche durch die Töpferstraße (Nordseite)
Rechts unten: Brühlsche Gasse 2, 4, 6, 8 mit Eckhaus Terrassengasse 6 (links)

Münzgasse Seit 1556 Große Fischergasse, 1848 nach der neuen Münze genannt. Wohnbauten auf älterem Unterbau, meist nach 1760 in einfachen Barockformen erneuert.
1945 ausgebrannt. Ruinen später abgebrochen.
Löffler I, S. 351, Taf. 3

Nr. 3: »Das Goldene Faß«. Untergeschoß mit vier Obergeschossen, Sandsteinportal mit gebrochenem Giebel, über dem Portal Faß mit Rokokodekorationen, wohl noch vor 1760.
Inventar/Dresden, S. 738 m. Abb.

Salzgasse Anlage nach 1555 am Salzsiedehaus. Führte von der Frauenkirche zum Zeughausplatz. Nur auf der südlichen Seite einfache viergeschossige Wohnbauten des 18. Jh. mit ausgebautem Mansarddach; rechte Seite jetzt Rückfront des Albertinums.
1945 ausgebrannt. Ruinen später abgebrochen.
Löffler I, S. 348, 378, Abb. 98, Taf. 347. Löffler II, Abb. 52

Rampische Straße Seit 1370 als Gasse erwähnt. Führte von der Frauenkirche nach Osten bis zum Zeughausplatz. Bedeutendste Barockstraße der Altstadt mit drei- und viergeschossigen Wohnbauten vom Ende des 17. bis Mitte des 18. Jh.
1945 ausgebrannt. Ruinen später abgebrochen.

Haenel, Abb. 78, 79. Löffler I, S. 34, 39, 69, 94 f., 97, 102, 348 f., 357, 365 f., Abb. 95, 98, Taf. 86, 201, 211, 219, 220. Löffler II, Abb. 44, 53

Nr. 1 (Ecke An der Frauenkirche): Um 1705 errichtet. Untergeschoß mit vier Obergeschossen. Je fünf Achsen nach der Frauenkirche und nach der Rampischen Straße. Reiche barocke Fensterdekoration. Dreigeschossiger, pilastergegliederter Erker mit Altan vor verbrochener Ecke. Doppelt ausgebautes Mansarddach.

Inventar/Dresden, S. 681 f. Löffler I, S. 348, Abb. 95, 98, Taf. 220

Nr. 3: Vor 1710 errichtet. Untergeschoß mit drei Obergeschossen, vier Achsen, die beiden mittleren durch reiche barocke Fensterverdachungen reich dekoriert, zwischen den Fenstern Spiegel, Ecklisenen mit Kapitellen. Ausgebautes Mansarddach.
Inventar/Dresden, S. 696 m. Abb. Löffler I, S. 348, Abb. 98, Taf. 220

Nr. 5: Vor 1710 errichtet. Untergeschoß mit Sandsteinportal und Schlußstein. Drei Obergeschosse mit drei Achsen, zweigeschossiger Erker mit Altan im dritten Stock, aufgesetzten Spiegeln zwischen den Fenstern, Eckabschluß durch Pilaster mit Kapitellen. Ausgebautes Mansarddach.
Inventar/Dresden, S. 689 f. m. Abb. Löffler I, S. 348, Abb. 98, Taf. 220

Dresden
Oben links und Mitte: Blick von der Brühlschen Terrasse über Terrassengasse 22 und 24 durch die Münzgasse zum Neumarkt und zur Frauenkirche, vor und nach der Zerstörung
Unten links: Münzgasse 3
Unten Mitte: Rampische Straße 3, 5, 7, 9
Rechts: Rampische Straße 7; Rampische Straße 9

Nr. 7: Um 1715 von G. Hase errichtet. Putzgequadertes Untergeschoß mit einfachem Portal. Vier Obergeschosse mit fünf Achsen, dreigeschossiger Mittelerker, im vierten Geschoß Altan. Reiche barocke Fensterverdachung in Antragarbeit, Eckeinfassung durch mit Bandwerk verzierte Lisenen und Kapitelle. Ausgebautes Mansarddach.

Inventar/Dresden, S. 682 f. m. Abb. Löffler I, S. 365, Abb. 98, Taf. 201, 220

Nr. 9: Vor 1690 wohl von J. G. Starcke errichtet. Untergeschoß mit einfachem Sandsteinportal. Drei Obergeschosse mit drei Achsen, zweigeschossiger Mittelerker mit Altan. Reicher, sehr qualitätvoller dekorativer Schmuck in Antragarbeit mit Blattgirlanden, Muscheln, Tuchgehängen und Putzbändern.

Inventar/Dresden, S. 668 m. Abb. Löffler I, S. 357, Abb. 98, Taf. 86, 220. Löffler II, Abb. 50

Nr. 19: Nach 1710 errichtet. Untergeschoß mit vier Obergeschossen, drei Achsen. Die mittleren Fenster der ersten drei Stockwerke mit reichen barocken Verdachungen der Fenster sowie Spiegeln zwischen den Fenstern. Ausgebautes Mansarddach.

Inventar/Dresden, S. 691 m. Abb.

Nr. 23 und 25: Um 1720 errichtet, ähnlich Nr. 19. Untergeschoß mit je vier Obergeschossen, drei Achsen. Barocke Verdachung der mittleren Fenster.

Inventar/Dresden, S. 698. Löffler I, S. 357, Abb. 98

Nr. 27: Um 1720 errichtet. Untergeschoß mit drei Obergeschossen, drei Achsen, dreigeschossiger Mittelerker, ausgebautes Mansarddach.

Löffler I, S. 357, Abb. 98, Taf. 211. Löffler II, Abb. 44

Nr. 29 und 31: Um 1730 errichtet, ähnlich Nr. 33. Untergeschoß mit je drei Obergeschossen, vier Achsen, die mittleren beiden Fenster mit barokken Verdachungen, ausgebaute Mansarddächer.

Inventar/Dresden, S. 697. Löffler I, S. 357, Abb. 98, Taf. 211

Nr. 33 (Ecke Salzgasse): Um 1730 errichtet. Untergeschoß mit drei Obergeschossen, Mansarddach. Kopfbau von drei Achsen mit dekorativer Betonung des Mittelfensters, fünf Achsen nach der Rampischen Straße, die drei mittleren Fenster mit barocken Verdachungen sowie fünf Achsen nach der Salzgasse.

Inventar/Dresden, S. 697 m. Abb. Haenel, Abb. 79. Löffler I, S. 69, 357, 366, Abb. 98, Taf. 211. Löffler II, Abb. 44

Nr. 4 (rechte Ecke An der Frauenkirche): Nach 1760 errichtet. Untergeschoß mit vier Obergeschossen, drei Achsen, über dem zweiten Geschoß ein Gurtgesims, Rokokokartuschen über den durch Bogenabschluß betonten Mittelfenstern, ausgebautes Mansarddach.

Inventar/Dresden, S. 723 m. Abb.

Nr. 10: Untergeschoß mit drei Obergeschossen, drei Achsen, in der Tür ein schmiedeeisernes Oberlicht der Zeit um 1720.

Inventar/Dresden, S. 696 f.

Nr. 12: Nach 1760 errichtet. Untergeschoß mit drei Obergeschossen, vier Achsen, die Fenster der beiden Mittelachsen mit Rokokoverdachungen.

Inventar/Dresden, S. 734

Schießgasse Name seit 1566 nach dem »Pfingstschießen« zwischen Moritzstraße und Rampische Straße. Wohnbauten des 18. Jh.
1945 ausgebrannt. Ruinen später abgebrochen.

Nr. 24: Um 1760 errichtet. Drei Obergeschosse und Mansarddach, putzgegliedertes Untergeschoß. Sandsteinportal mit späterem Türflügel in Rokokoformen.

Dresden
Links: Rampische Straße 29; Rampische Straße 31
Mitte: Schießgasse 24
Rechts oben: Blick durch die Rampische Straße vom Kopfbau Nr. 33 bis zur Frauenkirche
Rechts unten: Blick von der Schießgasse durch Rampische Straße und Salzgasse, nach der Zerstörung

Vorstädte der Altstadt

Terrassenufer Name seit etwa 1870, bis dahin »An der Elbe« genannt. Führte vom Elbberg vor dem Stadtgraben bis zum Sachsenplatz. Am Anfang Bauten des 18. Jh., ferner das Venezianische Haus und Gruppenwohnbauten seit 1874.
1945 ausgebrannt. Ruinen später abgebrochen.

Nr. 9: »Schwarzer Bär«. Nach 1760 errichtet. Untergeschoß mit Portal von zwei Achsen, als Schlußstein schwarzer Bär mit Kanne. Zwei Obergeschosse, zehn Achsen: Mittelrisalit von vier Achsen, deren Fenster mit Barockkartuschen und -verdachungen.
Inventar/Dresden, S. 710

Pillnitzer Straße Name seit 1859, vorher Äußere Rampische Straße. Führte vom Amalienplatz (Rathenauplatz) nach Osten. Einfache Wohnbauten des 18. und 19. Jh., teilweise mit offener Bauweise, sowie Johanniskirche.
1945 ausgebrannt. Ruinen später abgebrochen.

Nr. 26: 1824 errichtet. Untergeschoß mit Tor, über diesem Holzrelief mit Fries der tanzenden neun Musen von G. Ch. Kühn 1826. Zwei Obergeschosse mit klassizistischen Emblemen.
Inventar/Dresden, S. 742 f.

Johannisstraße Am Festungsgraben vor dem Pirnaischen Tor, im 18. Jh. »An der Contrescarpe« genannt, Name seit 1815 wegen seiner Lage am Alten Johannisfriedhof.
1945 ausgebrannt. Ruinen später abgebrochen.

Nr. 23 (Ecke Pirnaischer Platz): Mohrenapotheke. Um 1830 von G. F. Thormeyer errichtet. Untergeschoß mit zwei Obergeschossen, 17 Achsen nach der Johannisstraße, neun Achsen nach dem Pirnaischen Platz, hier mit fünffenstrigem Mittelrisalit und ebensolchem Vorbau mit Balkon im Obergeschoß. Im 19. Jh. teilweise ein drittes Obergeschoß hinzugefügt. An der Schmalseite zwei Mohren als Karyatiden, wohl von F. Pettrich.
Inventar/Dresden, S. 743. Richter II, Taf. 14

Pirnaische Straße Fortsetzung der Inneren Pirnaischen Straße (Landhausstraße) vom Pirnaischen Tore, später Pirnaischer Platz, nach Südosten. Meist Wohnbauten nach 1760 und des 19. Jh.
1945 ausgebrannt. Ruinen später abgebrochen.

Nr. 1 (Ecke Pirnaischer Platz): Vor 1780 von Ch. G. Hahmann errichtet. Untergeschoß und drei Obergeschosse mit Lisenenarchitektur, sieben Achsen. Haustür mit Rokokoschnitzereien.
Inventar/Dresden, S. 734

Nr. 7 und 9: 1777 errichtet. Untergeschoß mit je zwei Obergeschossen, fünf Achsen, einfache Dekoration der Mittelfenster des Hauptgeschosses.
Inventar/Dresden, S. 734

Nr. 10: Poststall. Von J. G. Schmid errichtet. Untergeschoß mit breitem Sandsteinportal und Schlußstein von 1739, zwei Obergeschosse, elf Achsen, Mittelrisalit von drei Achsen. Fenster des ersten Geschosses mit reichen Verdachungen in Antragarbeit, über zweitem Stock Dreieckgiebel, ausgebaute Mansarde.
Inventar/Dresden, S. 704 m. Abb. Löffler I, S. 98

Nr. 50: Nach 1800 errichtet. Untergeschoß mit drei Obergeschossen, doppelachsiges Portal, acht Achsen, Mittelrisalit von vier Achsen mit Giebelschmuck über den Fenstern.
Inventar/Dresden, S. 743

Dresden
Links: Terrassenufer 2
Mitte oben: Sophienstraße 1, Ansicht nach Bernardo Bellotto und Teil der Hauptfront
Mitte unten: Polierstraße 19
Rechts oben: Trompeterstraße 2
Rechts Mitte und unten: Friedrichstraße 5, Straßenfront und Hofansicht

Polierstraße Südöstlich vom Postplatz, Name nach der am Weißeritzmühlgraben gelegenen Poliermühle.
1945 ausgebrannt. Ruinen später abgebrochen.

Nr. 19: Um 1820 wohl von G. F. Thormeyer errichtet, 1837 verändert. Untergeschoß mit Obergeschoß, sieben Achsen mit dreiachsigem Mittelrisalit, darüber Aufbau mit Fenster und abschließendem Dreieckgiebel. Vor dem Untergeschoß vier dorische Säulen mit Balkon im Obergeschoß.
Inventar/Dresden, S. 744 m. Abb. und Grundriß

Ostraallee Anlage nach 1744 auf dem Wege zum Vorwerk Ostra, später Friedrichstadt. Wohnbauten sowie Logenhaus, Orangerie und Gewerbehaus.
1945 ausgebrannt. Ruinen später abgebrochen, Straße erhalten.
Richter II, Abb. 26

Nr. 19: Um 1780 errichtet. Untergeschoß mit durch Korbbogen geschlossenem Tor, elf Achsen mit drei Risaliten und Balkon.
Inventar/Dresden, S. 735

Sophienstraße Name im 19. Jh. nach Abtragung der Festungswerke, vorher Am Klostertor.
1945 ausgebrannt. Ruinen später abgebrochen.

Nr. 1 (Ecke Postplatz): Adamsches Haus (Stadtwaldschlößchen). 1744 von A. Adam auf der Rückseite der Stadtmauer mit der Hauptschauseite nach der Sophienstraße errichtet. Das Haus überragte die Stadtsilhouette. Schauseite Sophienstraße: Untergeschoß mit drei zusammengefaßten Obergeschossen und einem Mezzaningeschoß, Fenster durch Lisenen und Rokokokartuschen gegliedert, neun Achsen mit drei Achsen in der Mitte als Vorlage; ausgebautes Mansarddach; Hausflur mit dreiläufiger Treppe. Fassade nach Postplatz: fünf Achsen, zwischen den Fenstern des ersten bis dritten Stockwerks aufgesetzte Spiegel; Ende des 19. Jh. Umbau mit Vorbauten und Verlegung des Haupteingangs.
Inventar/Dresden, S. 720 ff. m. Abb. und 2 Grundrissen. Löffler I, S. 98 f., 349 f., 358, Abb. 102, 114, Taf. 107, 109. Löffler II, Abb. 76. Volk, Abb. S. 110

Trompeterstraße Südlich vom Postplatz. Name nach dem »Trompeterschlößchen« am Dippoldiswaldaer Platz.
1945 ausgebrannt. Ruinen später abgebrochen.

Nr. 2 »Trompeterschlößchen«. Seit 1655 bekannt, nach Zerstörung von 1760 Wiederaufbau 1764, um 1930 von O. Hempel erneuert. Fassade nach dem Dippoldiswaldaer Platz. Untergeschoß mit zwei Obergeschossen, neun Achsen, ausgebautes Mansarddach. Relief mit trompeteblasendem Postreiter von unbekanntem Meister, 1764.
Inventar/Dresden, S. 741. Hentschel II, Kat. Nr. 260, Abb. 341. Löffler II, Abb. 193

Friedrichstraße Hauptstraße der Friedrichstadt, zuerst Ostraer Gasse, 1732 Brückenstraße, Name seit 1830. Katholische Pfarrkirche St. Michael und Matthäuskirche sowie bescheidene Wohnbauten des 18. Jh.
1945 am Straßenbeginn ausgebrannt. Ruinen später abgebrochen.

Nr. 5: Um 1720/30 errichteter typischer barocker Putzbau der Friedrichstadt. Untergeschoß mit einfachem Mittelportal und zwei Obergeschossen, fünf Achsen mit einfachen Fensterprofilen. Erste Wohnung Goethes in Dresden 1768.
F. Löffler: Goethe in Dresden, in: Katalog der Goethe-Ausstellung Dresden 1932, S. 17 ff.

Plätze, Straßen und Wohnbauten der Neustadt bis Ende des 18. Jahrhunderts

Name Altendresden seit 1370, seit 1732 Neue Königstadt, später Neustadt. 1549 mit Dresden links der Elbe vereinigt. 1685 durch Brand fast völlig zerstört, anschließend aufgebaut. Die Hausnumerierung in Neustadt erfolgte seit Mitte des 19. Jh. vom Neustädter Markt aus, die geraden Nummern auf der rechten, die ungeraden auf der linken Seite.
1945 Zerstörungen in geringerem Umfang als in der linkselbischen Stadt.

Richter II, Taf. 37, 40, 41. A. Döring: Die Neue Königstadt, Altendresdens Aufbau nach dem Brande von 1685. Dresden 1920. Löffler I, Abb. 3, 5, 21, 35, 102, Taf. 11, 18, 23, 310. Löffler II, Abb. 81, 84

Dresden
Oben: Luftaufnahme der Neustadt nach Südosten mit Neustädter Rathaus, Hauptstraße, Neustädter Markt und Großer Klostergasse
Unten: Luftaufnahme der Neustadt nach Nordosten mit den Wohnvierteln um die Dreikönigskirche und dem Alberttheater am Albertplatz

Neustädter Markt Früher Marktplatz, heutige Anlage seit 1730. Großartige Komposition eines Platzes, auf den sieben Straßen verschiedenster Größenordnungen und die Brücke mündeten. Monumentale Bauten Blockhaus und Rathaus sowie bürgerliche Wohnbauten. In der Platzmitte Reiterstandbild Augusts des Starken.
1945 ausgebrannt. Ruinen später bis auf Blockhaus abgebrochen.

Richter II, Taf. 40–42. Haenel, Abb. 72. Löffler I, S. 102 f., Abb. 5, 21, 35, Taf. 165, 240, 241. Löffler II, Abb. 92

Nr. 3 und 4 (Ecke Kleine Meißner Gasse): Schwanenapotheke. Untergeschoß mit drei Obergeschossen, elf Achsen mit einfacher klassizistischer Dekoration und ausgebautem Mansarddach, um 1750 erst ein Obergeschoß, Ausbau um 1800. Bedeutende Apothekeneinrichtung der Zeit.

Inventar/Dresden, S. 742. Richter II, Taf. 14. Löffler I, Taf. 240

Nr. 5 (Ecke Rähnitzgasse, neben dem Rathaus): »Goldene Sonne«. Nach 1727 von A. Adam errichtet. Drei Obergeschosse mit sieben Achsen nach dem Markt, Lisenenarchitektur mit aufgesetzten Spiegeln zwischen und Kartuschen über den Fenstern, Mansarddach.

Inventar/Dresden, S. 722. Löffler I, S. 368, Taf. 240

Blockhausgäßchen Name seit 1840, ehemals Badergasse. Führte vom Neustädter Markt zur Elbe. Rechte Seite Wohnbauten.
1945 ausgebrannt. Ruinen später abgebrochen.

Löffler II, Abb. 70

Nr. 2 (Ecke Große Meißner Straße, Auftakt zu dieser): Vor 1720 errichtet. Drei Obergeschosse mit drei Achsen und dreigeschossigem Mittelerker mit Pilaster und Gehängen nach der Großen Meißner Straße, vier Achsen nach dem Blockhausgäßchen.

Inventar/Dresden, S. 674, Taf. XXXVIII. Richter II, Taf. 41, 42. Haenel, Abb. 73. Löffler I, Taf. 165, 218

Große Meißner Straße Seit 1445 erwähnt. Führt vom Markt nach Westen bis zum jetzigen Karl-Marx-Platz. Wohnbauten des Barock mit drei Obergeschossen und ausgebauten Mansarddächern von etwa 1720 bis 1750. Neben der Rampischen Straße bedeutendste Barockstraße von völliger Einheitlichkeit.
1945 bis auf Nr. 15 (Regierung) ausgebrannt. Ruinen später bis auf Nr. 15 abgebrochen.

Inventar/Dresden, Taf. XXXVIII. Haenel, Abb. 73. Löffler I, S. 39, 103, 104, 366, Taf. 218

Nr. 1: 1724 errichtet. Untergeschoß mit drei Obergeschossen, fünf Achsen, die seitlichen zwei Fenster durch Bedachung und Kartuschen zusammengefaßt.

Inventar/Dresden, S. 692

Nr. 3: Nach 1727 errichtet. Untergeschoß mit drei Obergeschossen, vier Achsen. In den ersten beiden Obergeschossen Fenster mit Bedachungen und reichen Kartuschen, dekorierte Ecklisenen.

Inventar/Dresden, S. 703

Dresden
Links oben: Luftaufnahme über den Neustädter Markt nach Osten
Rechts oben: Neustädter Markt 5
Links unten: Blick in die Große Meißner Straße mit den ungeraden Hausnummern (rechts Nr. 2, links Blockhausgäßchen 2)
Rechts unten: Große Meißner Straße 3

Nr. 5: »Brauhaus«. 1732 wohl von M. D. Pöppelmann errichtet. Untergeschoß mit drei Obergeschossen, fünf Achsen. Die ungeraden Fenster mit Bedachung und Kartuschen, reich dekoriert, zwischen den geraden Achsen aufgesetzte Spiegel.

Inventar/Dresden, S. 703. Löffler I, S. 97

Nr. 7: Vor 1750 errichtet. Untergeschoß mit drei Obergeschossen, vier Achsen. Die mittleren Fenster mit Umrahmung, dazwischen Flachreliefs, unter anderem mit dem Armen Lazarus und dem Barmherzigen Samariter. Ecklisenen mit Kapitell.

Inventar/Dresden, S. 717

Nr. 9: Untergeschoß mit drei Obergeschossen, sieben Achsen. Betonung der Mittelachse durch Bedachung der Fenster sowie Kartuschen; aufgesetzte Spiegel zwischen den Geschossen. Portal mit Schlußstein von 1734.

Inventar/Dresden, S. 704

Nr. 11: »Blauer Stern«. 1748 von S. Locke errichtet. Untergeschoß mit breitem Sandsteinportal und Schlußstein. Drei Obergeschosse, sieben Achsen, Betonung der drei mittleren Achsen, in den beiden ersten Geschossen durch Bedachung und Kartuschen.

Inventar/Dresden, S. 704 m. Abb.

Nr. 13: Um 1750 von S. Locke errichtet. Untergeschoß mit Korbbogenfenstern und ebensolchem Tor. Drei Obergeschosse, acht Achsen, die beiden mittleren Achsen durch Lisenen gefaßt, das dritte Geschoß durch Gesims getrennt. Rokokoschmuck in den beiden mittleren Achsen.

Inventar/Dresden, S. 722. Löffler II, Abb. 47

Nr. 2 (Ecke Markt): Nach 1724 von A. Adam errichtet. Untergeschoß mit drei Obergeschossen, sieben Achsen gegen den Markt, elf gegen die Straße. Die drei Mittelachsen nach dem Markt mit Bedachung und reichem Kartuschenschmuck. Dreigeschossiger Eckerker mit Altan, Ecklisenen mit Kapitellen. Ursprünglich ausgebautes Mansarddach, Ende des 19. Jh. verändert.

Inventar/Dresden, S. 697 m. 2 Abb., Taf. XXXVIII. Richter II, Abb. 41. Löffler I, Taf. 218, 240

Nr. 16: 1694 vielleicht von M. D. Pöppelmann errichtet. Untergeschoß mit drei Obergeschossen, fünf Achsen, Kartuschen über den mittleren Fenstern, Eckpilaster.

Dresden
Oben: Große Meißner Straße 5, 7 und 9
Mitte: Große Meißner Straße 11, 13 und 2
Unten: Große Meißner Straße vom Neustädter Markt, nach der Zerstörung

Kleine Meißner Gasse Name seit dem 16. Jh., 1455 Rosengasse. Führte vom Markt westlich auf die Große Meißner Straße. Bürgerliche Wohnbauten nach 1700.
1945 teilweise ausgebrannt. Gebäude 1961 bei der Auflösung der Straße abgebrochen.

Nr. 1 (Ecke Am Grund): 1728 von G. Kretzschmer wohl nach Plänen Pöppelmanns errichtet. Zwei Obergeschosse und Mezzanin mit fünf Achsen, durch aufgesetzte Spiegel bereichert, ausgebautes Mansarddach.
Inventar/Dresden, S. 697

Nr. 3: Nach 1726 wie Nr. 1 wohl nach Plänen Pöppelmanns errichtet. Untergeschoß mit zwei Obergeschossen und Mezzanin die achtachsige Fassade durch aufgesetzte Spiegel bereichert, Barockkartuschen über den Mittelfenstern. Ausgebautes Mansarddach.
Inventar/Dresden, S. 704

Nr. 6: Um 1700 von J. G. Fuchs errichtet. Untergeschoß mit zwei Obergeschossen und Mezzanin, dekorativer Fensterschmuck. Mansarddach.
Löffler I, S. 95

Körnerstraße Name nach dem Dichter Theodor Körner seit 1863, 1460 als Kohlmarkt erwähnt. Führte von der Mitte der Großen Meißner Straße westlich bis zum Garten des Japanischen Palais. Einfache bürgerliche Wohnbauten meist aus der zweiten Hälfte des 18. Jh.
1945 weitgehend ausgebrannt. Gebäude später mit der gesamten Straße beseitigt.

Nr. 7: Geburtshaus Theodor Körners. Untergeschoß mit zwei Obergeschossen, sieben Achsen, die drei mittleren Fenster des ersten Geschosses durch Giebel zusammengefaßt. Drittes Obergeschoß im 19. Jh. hinzugefügt. Wohnung Schillers während seines ersten Aufenthaltes in Dresden bei der Familie Körner.
F. Löffler: Das Körnerhaus in Dresden, Dresden 1936

Palaisplatz Name seit 1825, seit 1871 Kaiser-Wilhelm-Platz, nach 1918 Wilhelmplatz, jetzt Karl-Marx-Platz. Japanisches Palais, Palais Racknitz, Torhäuser und bürgerliche Wohnbauten nach 1740.
1945 ausgebrannt. Südliche Bauten mit Ausnahme des Japanischen Palais später abgebrochen.

Nr. 7: Hotel »Drei Goldene Palmenzweige«, Wohnung Goethes im Juli 1790. Um 1750 errichtet, Ende des 19. Jh. teilweise verändert. Untergeschoß mit zwei Obergeschossen, sechs Achsen. Ausgebautes Mansarddach.
Löffler II, Abb. 191

Nr. 6: Nach 1710 errichtet, um 1800 verändert. Fassade mit elf Achsen nach der Großen Meiß-

Dresden
Oben links und Mitte: Kleine Meißner Gasse 1 und 3
Oben rechts: Blick in die Körnerstraße mit Haus Nr. 7
Rechts Mitte: Körnerstraße 18
Rechts unten: Körnerstraße 7, Wohnzimmer der Familie Körner
Links unten: Luftaufnahme über den Palaisplatz nach Osten mit Dreikönigskirche und Japanischem Palais

ner Straße vier Achsen nach dem Platz. Untergeschoß mit drei Obergeschossen, je vier Fenster, seitliche Rücklagen, zwei Achsen und zweigeschossiger, reich dekorierter Erker auf Tragstein in der Mitte.
Inventar/Dresden, S. 674

Rähnitzgasse Seit 1457 erwähnt. Führt vom Markt nordwestlich bis zur Dreikönigskirche. Bürgerliche Wohnbauten meist zwischen 1710 und 1750.
1945 Häuser Nr. 2, 4, 6 beschädigt und später abgebrochen.

Nr. 6 (Ecke Rathausgäßchen): »Rats-Breyhahnhaus«. 1738 errichtet. Untergeschoß mit drei Obergeschossen, acht Achsen nach der Rähnitzgasse.
Inventar/Dresden, S. 704

Hauptstraße (jetzt Straße der Befreiung). Anlage 1687 und 1732, seit 1945 Straße der Befreiung. Breiteste Straße der Stadt, führt vom Markt nach Norden zum Schwarzen Tor, später Albertplatz, jetzt Platz der Einheit. Dreikönigskirche, Katholische Pfarrkirche Franciscus Xaverius, Neustädter Rathaus und bürgerliche Wohnbauten des 18. und aus der zweiten Hälfte des 19. Jh.
1945 Gebäude bis auf die ungeraden Hausnummern 9–19 ausgebrannt. Ruinen 1961 abgebrochen.
Richter II, Taf. 40, 42, 46–48. Döring, Taf. 37. Haenel, Abb. 72. Löffler I, S. 30, 38, 72 f., 99 f., 124, 126, 345, 352, 368, Abb. 35, Taf. 18, 23, 240, 241. Löffler II, Abb. 43, 92

Nr. 7: 1746 unter Einfluß Chiaveris von A. P. Petersill errichtet. Untergeschoß mit drei Obergeschossen, fünf Achsen, Fenster mit einfachen Profilen, in der Mittelachse mit Kartuschen.
Inventar/Dresden, S. 716

Nr. 11: Um 1700 errichtet, Fassade um 1800 klassizistisch verändert. Untergeschoß mit drei Obergeschossen und sieben Achsen, Mittelachse des ersten Geschosses mit Dreieckgiebel abgeschlossen. Löwenkopf aus Kupfer über der Mittelachse des zweiten Geschosses.
Inventar/Dresden, S. 744

Dresden
Oben: Palaisplatz 7; Palaisplatz 6, Erker an der Fassade zur Großen Meißner Straße; Rähnitzgasse 6
Mitte: Luftaufnahme der Neustadt nach Norden mit Dreikönigskirche und der Hauptstraße bis zum Neustädter Markt
Unten: Blick durch die Hauptstraße vom Neustädter Markt, links Neustädter Rathaus

Nr. 6: Um 1750 von S. Locke errichtet. Untergeschoß mit vier Obergeschossen, das vierte später aufgesetzt. Die fünf mittleren der elf Achsen mit Kartuschen, die seitlichen Fenster durch ornamentale Füllungen in Rokokoform hervorgehoben.
Inventar/Dresden, S. 722 f. Richter II, Taf. 42

Nr. 14: »Gottes Segen«. Nach 1730 errichtet, Veränderungen im 19. Jh. Untergeschoß mit drei Obergeschossen, sieben Achsen, ausgebautes Mansarddach, geschnitzte Haustür.
Inventar/Dresden, S. 710

Nr. 22: 1696 von M. D. Pöppelmann errichtet, besonders noble und einfache Architektur. Untergeschoß mit Sandsteinportal, zwei Obergeschosse. Sieben Achsen mit einfacher Rahmung der Fenster, drei Achsen Mittelrisalit. Zweigeschossiger rustizierter Mittelerker, darüber Altan mit Segmentgiebel. Ausgebautes Mansarddach.
Inventar/Dresden, S. 670, Taf. XXXVII. Löffler I, S. 94, 365, Taf. 197

Nr. 24: »Goldenes Lamm«. Nach 1690 errichtet, verwandt der Bauweise M. D. Pöppelmanns. Untergeschoß mit drei Obergeschossen, acht Achsen, die beiden Fenster über dem Tor zusam-

mengefaßt und im zweiten Geschoß mit Dreieckgiebel abgeschlossen. Ehemals Innungshaus der Fleischer.
Inventar/Dresden, S. 741

Nr. 26: »Bienenkorb«. Um 1730 errichtet. Untergeschoß mit drei Obergeschossen, neun Achsen, Mittelachse architektonisch gestaltet.
Inventar/Dresden, S. 701

Nr. 28: Um 1740/50 errichtet. Untergeschoß mit zwei Obergeschossen, Halbgeschoß mit acht Achsen und ausgebautem Dach. Mittelportal mit Schlußstein, Namenszug J. M. unter einer Krone.
Inventar/Dresden, S. 693

Heinrichstraße (jetzt Rosa-Luxemburg-Straße). Bis 1840 Pfarrgasse. Führt von der Hauptstraße (jetzt Straße der Befreiung) nach Westen zum Palaisplatz (jetzt Karl-Marx-Platz).
1945 Wohnbauten an der Hauptstraße ausgebrannt. Ruinen später abgebrochen.

Nr. 1: Um 1730 errichtet. Untergeschoß mit drei Obergeschossen, fünf Achsen mit Kartuschen über den Fenstern, Ecklisenen mit Kapitellen.
Inventar/Dresden, S. 700

Nr. 2 (Ecke Hauptstraße): Um 1720 von J. G. Fehre für sich selbst errichtet. Untergeschoß mit zwei Obergeschossen, sieben Achsen mit dreifenstrigem Mittelrisalit nach der Hauptstraße, vierzehn Achsen mit vierfenstrigem Mittelrisalit nach der Heinrichstraße, ausgebautes Mansarddach. Die Risalitfenster mit reichem Kartuschenschmuck und Verdachung, Ecklisenen mit Kapitellen.
Inventar/Dresden, S. 699 f. m. Abb.

Dresden
Links oben: Neustädter Markt mit Blockhaus und seitlichen Barockhäusern
Links unten: Hauptstraße 26
Mitte: Hauptstraße 11
Rechts: Hauptstraße 6, 22 und 28

An der Dreikönigskirche Name seit 1879, früher Gäßchen an der Kirche. Bürgerliche Bauten meist nach 1740.
1945 nur einige Gebäude zerstört. Ruinen später abgebrochen.

Nr. 9: Pfarrhaus: Schlichter Barockbau nach 1740. Untergeschoß mit drei Obergeschossen, neun Achsen.
Inventar/Dresden, S. 734

Alleegäßchen Seit 1481 als Kirchgäßchen erwähnt, Name seit 1840. Führte von der Hauptstraße nach der Kasernenstraße. Wohnbauten des 18. Jh.
1945 ausgebrannt. Ruinen später abgebrochen.

Nr. 2: Vor 1720 wohl von M. D. Pöppelmann errichtet. Untergeschoß mit zwei Obergeschossen, Fenster über der Mittelachse mit Kartuschenschmuck, reich dekorierte Eckpilaster.
Inventar/Dresden, S. 691

Große Klostergasse Seit 1550 erwähnt, jetzt Köpckestraße. Führt vom Neustädter Markt nach Osten, Rückseite der Gebäude mit Gärten nach der Elbe. Barocke Wohnbauten nach 1710.
1945 ausgebrannt. Ruinen später abgebrochen.

Nr. 5 (Ecke Klosterplatz): 1734 von J. Ch. Knöffel errichtet. Untergeschoß mit zwei Obergeschossen, sieben Achsen und doppeltem Risalit, gegen die Gasse mit reichen Fensterverdachungen und Kartuschen, die Ecke verbrochen. Nach dem Platz neun schlichte Achsen.
Inventar/Dresden, S. 702

Nr. 2: Kiesewettersches Haus, später Hotel Stadt Wien. Eng verwandt der Bauweise M. D. Pöppelmanns, das Hinterhaus gegen die Elbfront 1812 beim Umbau zum Hotel Stadt Wien durch F. C. Brückner klassizistisch verziert. Untergeschoß mit Portal, zwei Obergeschosse, das dritte später hinzugefügt. Ursprünglich drei Häuser, insgesamt fünfzehn Achsen, das mittlere Haus mit sieben Achsen als Risalit mit barocken Fensterverdachungen, Risalit wie Seiten durch Lisenen mit reichen Kapitellen gegliedert, Tor mit Jahreszahl 1715.
Inventar/Dresden, S. 688

Nr. 4: Quandtsches Haus. Entstehungszeit unklar, sicher um 1718. Untergeschoß mit durch Stichbogen abgeschlossenem Sandsteinportal, zwei Obergeschosse und Mezzanin, acht Achsen. Über dem Tor je zwei Fenster unter einer Verdachung gekuppelt, über dem Mittelrisalit ein flacher Giebel. Erdgeschoß eingewölbt, doppelgeschossige Treppe, wie Nr. 2 tief gegliedert nach der Elbe.
Steche, S. 282. Inventar/Dresden, S. 723 f. m. 2 Grundrissen

Nr. 8: Um 1740 errichtet. Untergeschoß mit Portal, zwei Obergeschosse und Mezzanin, sieben Achsen, ausgebautes Mansarddach.
Inventar/Dresden, S. 696

Dresden
Links oben: Mittelachse von Alleegäßchen 2
Links unten: Große Klostergasse 5, Front zum Klosterplatz
Mitte: Große Klostergasse 5 und 2
Rechts: Heinrichstraße 2; Große Klostergasse 4; Große Klostergasse 8

Klosterplatz (zwischen der Großen und der Kleinen Klostergasse). Bescheidene bürgerliche Bauten vom Ende des 17. und des 18. Jh.
1945 ausgebrannt. Ruinen später abgebrochen.

Kasernenstraße Seit 1445 als Breite Straße erwähnt, Name seit 1830. Führte vom Markt nordöstlich zu den ehemaligen Kasernen. Bescheidene Wohnbauten meist nach 1700, Ende des 19. Jh. zum Teil verändert.
1945 ausgebrannt. Ruinen später abgebrochen.

Nr. 1: »Zur Rose«. Untergeschoß mit zwei Obergeschossen, fünf Achsen, schlichte Fassade. Tor mit Rose und Schlußstein 1695.
Inventar/Dresden, S. 669

Nr. 3: Wohl noch vor 1700 errichtet. Untergeschoß mit zwei Obergeschossen, fünf Achsen mit einfachen Fensterumrahmungen. Zweigeschossiger Erker mit dorischen und korinthischen Pilastern, der Tragstein mit Inschriften und seitlich mit Löwenköpfen.
Inventar/Dresden, S. 667 m. Abb.

Nr. 15: Vor 1700 errichtet. Untergeschoß mit zwei Obergeschossen. Großes Einfahrtstor mit Monogramm im Schlußstein.
Inventar/Dresden, S. 669

Nr. 2: Ehemalige Schmiede. Untergeschoß mit vier Obergeschossen, sieben Achsen. Großes Tor für die Schmiede mit 1767 datiertem Schlußstein.
Inventar/Dresden, S. 728

Platzanlagen und Wohnblöcke des 19. Jahrhunderts

Postplatz Nach Abbruch des Wilsdruffer Tores und der Festungswerke 1811 angelegt, zunächst Wilsdruffer Torplatz, Name seit 1865. Zentraler Platz mit Telegraphenamt, Hauptpostamt und Adamschem Haus (Stadtwaldschlößchen). Von hier ausgehend: Wilsdruffer Straße nach Osten zum Altmarkt, Wallstraße, Marienstraße nach den südlichen Vororten, Annenstraße, Wettiner Straße nach den westlichen Vororten, Ostraallee nach der Friedrichstadt, Sophienstraße nach der Sophienkirche.
1945 ausgebrannt. Ruinen später abgebrochen.
Richter II, Taf. 23. Löffler II, Abb. 76, 194. Volk, S. 110 f.

Pirnaischer Platz Nach dem Abbruch der Festung ab 1820 angelegt, Name seit 1830. Zentraler Platz vor dem Pirnaischen Tor mit Mohrenapotheke und Kaiserpalast. Von hier ausgehend: links der 1885 erfolgte Durchbruch der König-Johann-Straße nach dem Altmarkt, die Landhausstraße nach dem Neumarkt, die Ringstraßen und Straßen in die östlichen Vororte.
1945 ausgebrannt. Ruinen später abgebrochen.
Richter II, Taf. 13, 14. Löffler II, Abb. 75, 212. Volk, Abb. S. 113

Dresden
Links: Blick in die Kasernenstraße bis zur Ritterakademie; Gebäude am Klosterplatz; Klosterplatz 2; Hof von Klosterplatz 2
Rechts oben: Kasernenstraße 18
Rechts unten: Luftaufnahme über den Postplatz von Süden mit Postamt 1 und Telegraphenamt

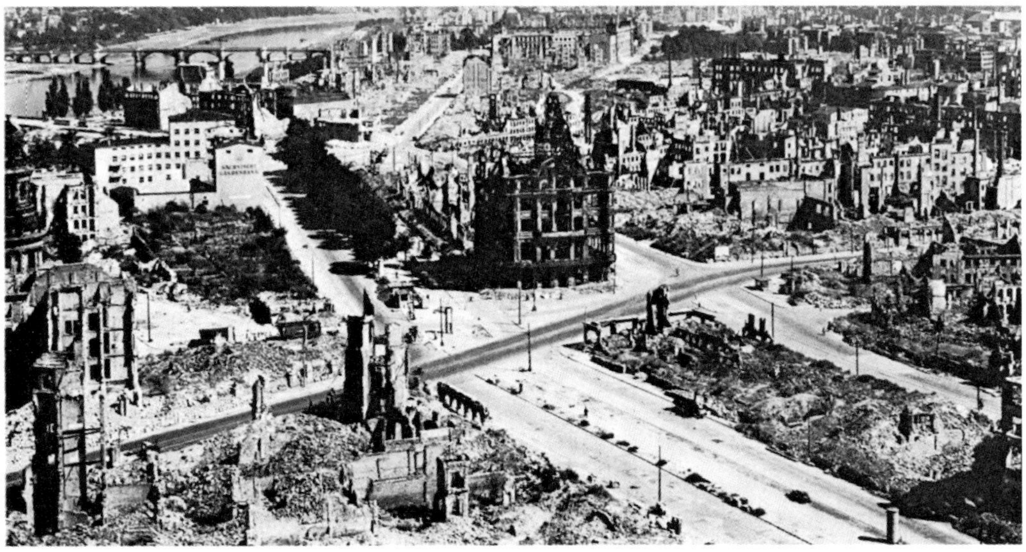

Sachsenplatz mit Sachsenallee Anlage seit 1877 mit dem Bau der Albertbrücke nach Plan von H. A. Richter mit typischen, reich dekorierten Gebäuden in deutscher Renaissance vor allem durch O. Haenel und B. Adam. Kostbarster, einheitlicher Baukomplex mit sandsteinverkleideten Fassaden im Stile der Zeit, einschließlich der Gruppenbauten am anschließenden Terrassenufer von H. Strunz sowie der Marschallstraße.
1945 ausgebrannt. Ruinen später abgebrochen.

Dresden
Links oben: Luftaufnahme von Südwesten über den Pirnaischen Platz und seine Umgebung
Links Mitte: Blick vom Rathausturm nach Nordosten auf den zerstörten Stadtteil um den Pirnaischen Platz mit Ruine des Kaiserpalastes
Links unten: Luftaufnahme des Häuserviertels östlich von Sachsenplatz und Sachsenallee mit Jägerkaserne
Rechts: Sachsenplatz Ecke Sachsenallee; Sachsenplatz 6; Eckhaus vom Mietshauskomplex Sachsenallee

Wohnblock Terrassenufer (zwischen Ziegelgasse und Rietschelstraße). Als größte Häusergruppe ihrer Zeit von H. Strunz 1873/74 errichtet. Fassade in Sandsteinverkleidung. Viergeschossige symmetrische Anlage von 25 Achsen mit Mansarddächern. Zwei mittlere Risalite und zwei Eckrisalite, anschließend dreiachsige abgerundete Ecke als Überführung in die Seitenstraßen.
1945 ausgebrannt. Ruinen später abgebrochen.
Steche, S. 402 ff. m. 2 Abb. und Grundriß

Wohnblock Gewandhausstraße Um 1885 auf dem ehemaligen Festungsgelände in neobarocken Formen errichtet.
1945 ausgebrannt. Ruinen später abgebrochen.

Wohnblock Johann-Georgen-Allee Neuanlage nach 1886, teilweise auf dem alten Johanniskirchhof, in den typischen Formen des Dresdner Neobarock mit reichen Schmuckformen.

Holbeinplatz (Johannstadt). Anlage nach 1873 mit der typischen Bebauung von Wohnhäusern in neorenaissancistischen Formen. Drei Obergeschosse und ausgebaute Mansarde. Die schmale Platzfront zwischen den beiden Straßen nicht mehr einheitlich gestaltet, doch mit gleicher Gesimshöhe. Der rechteckige Platz mit bescheidenen Grünanlagen sowie Spielplätzen und Gerechtigkeitsbrunnen in der Mitte.
1945 ausgebrannt. Ruinen später abgebrochen.

Dürerplatz (Johannstadt). Weitläufige rechteckige Platzanlage von 1898 mit typischen Wohnblocks der Zeit. Bauten mit drei Obergeschossen und Mansarddach bei gleicher Gesimshöhe. Die verbrochenen Eckbauten durch Turmbekrönungen hervorgehoben, die Einzelbauten in den seitlichsten Fenstern mit Balkonen bereichert. Die diagonal angelegten Wege der Grünanlage auf ein mittleres Blumenrondell ausgerichtet.
1945 ausgebrannt. Ruinen später abgebrochen.

Sternplatz (hinter der Annenkirche). Rechteckige Anlage nach 1873 mit teilweise neorenaissancistischen, einfachen Wohnbauten mit nur zwei Obergeschossen und teilweise ausgebauter Mansarde. Noble Brunnenanlage mit Schale zwischen einfacher Begrünung.
1945 ausgebrannt. Ruinen später abgebrochen.

König-Johann-Straße Durchbruch vom Altmarkt im Nordosten nach dem Pirnaischen Platz 1886, dabei Abbruch von 46 zum Teil siebenstöckigen Häusern, darunter bedeutenden Bauwerken wie Palais Brühl und Schönburgk. Die Neubauten im Stil des Neobarock unter Leitung von B. Adam ausgeführt.
1945 zerstört. Ruinen später abgebrochen. Beim Wiederaufbau die Straße verbreitert als östlicher Teil der Thälmannstraße.
Löffler II, Abb. 75. Volk, S. 102 f. m. 1 Abb. Helas, S. 112 ff.

Dresden
Links: Luftaufnahme über den Wohnblock Johann-Georgen-Allee; Wohnblock Gewandhausstraße, Eckhaus Rathausplatz; Holbeinplatz
Rechts oben: Wohnblock Johann-Georgen-Allee, Eckhaus Albrechtstraße
Unten: Dürerplatz

Dresden-Altstriesen

Dorf Altstriesen Östlich von Dresden gelegenes Straßenangerdorf. Seit Mitte des 14. Jh. urkundlich belegt und Ende des 19. Jh. der Stadt eingemeindet. Der in der Schlacht bei Dresden 1813 weitgehend zerstörte Ort wurde anschließend wiederaufgebaut, am Dorfplatz vorwiegend Dreieckhöfe.
1945 Dorfplatz zerstört. Reste beseitigt.

A. Fiedler: Striesen, Dorf vor der Stadt, unveröffentl. Manuskript

Förstgen (Kreis Niesky)

Kirche Errichtet wohl um 1500. Saal mit dreiseitigem, polygonalem Ostschluß, westlich vorgelegt der Turm. Im Norden Eingangshalle.
1945 bis auf die Umfassungsmauern zerstört, stärkere Zerstörungen am Turm. 1950–1954 Rekonstruktion des äußeren Architekturbildes, neue Innenausstattung.

Inventar Schlesien III, S. 766. Dehio 1966, S. 97

Gersdorf (Kreis Kamenz)

Kirche Rechteckige Saalkirche, bestehend aus einem mittelalterlichen westlichen Teil und einem östlichen mit schwächeren Mauern; dieser Teil wohl nachmittelalterlich, vielleicht 1652. Am Westteil eine profilierte Pforte von 1516; Satteldach und Dachreiter mit Haube und Laterne. Die mit biblischen Szenen bemalte Felderdecke wird von einem Unterzug auf einer hölzernen Mittelstütze getragen. An der Nord-, West- und Südseite Emporen, ebenfalls mit biblischen Bildern bemalt. An der Südseite Kanzel des 17. Jh.; Logenprospekt; wertvolle Grabdenkmäler des 17. und 18. Jh. Die wichtigsten Ausstattungsstücke sind zwei Flügel eines Altares von L. Cranach d. Ä.
Am 20. April 1945 wohl durch Artilleriebeschuß bis auf die Umfassungsmauern samt der Ausstattung zerstört. 1947–1952 unter Benutzung der alten Umfassungsmauern wiederaufgebaut. 1951 Neubau eines massiven Glockenturms südöstlich seitlich neben der Kirche. Neue Ausstattung in den folgenden Jahren.

Neue Kirchengalerie, Diözese Kamenz, Sp. 249 ff., Abb. Sp. 249/250, 251/252. Inventar Sachsen 35/Kamenz, S. 234 ff., Fig. 260–263

Görlitz (Stadtkreis Görlitz)

Peterskirche Vom Bau des 13. Jh. der untere Teil der Westturmanlage. Spätgotischer Neubau als dreischiffige Halle 1423 begonnen. Der dreichorige Abschluß über einer Unterkirche. Um die Mitte des 15. Jh. als fünfschiffige Kirche weitergebaut. Gewölbe 1490–1497 von C. Pflüger. Ausstattung nach Brand 1691. 1889–1891 Betontürme.
Durch Brückensprengung im April 1945 Dachhaut und Fenster samt Maßwerken z. T. stark beschädigt. Seit 1946 Dachdeckung ausgebessert; Öffnungen behelfsmäßig geschlossen. 1948–1959 Unterkirche restauriert. Seit 1947 Auswechslung der zerstörten Sandstein-Maßwerke; Bleiverglasung mit Rundscheiben bis 1960. 1967/68 Restaurierung der großen Sakristei südlich des Hauptschiffes. Seit 1966 Untersuchungen als Vorbereitung für die Innenraumrestaurierung. 1968/69 Restaurierung des nördlichen Seitenschiffs, 1970 des südlichen Seitenschiffs. 1966–1969 weitere Instandsetzungsarbeiten am Äußeren.

Inventar Schlesien III, S. 636 ff. E. H. Lemper: Die Peterskirche zu Görlitz (Das Christliche Denkmal 19), 1954 m. Abb. Dehio 1966, S. 132 ff.

Obermarkt 30 (jetzt Leninplatz). Um 1720 errichtet. Dreigeschossiger Putzbau von vier Achsen, Mansarddach. Die mittleren Achsen zusammengezogen, seitlich im Bereich der Obergeschosse toskanische Kolossalpilaster; Erdgeschoß verändert. Im Dach Ausbau mit Dreieckgiebel.
1945 zerstört.

Obermarkt 31 (Eckhaus zur Fleischerstraße). Löwenapotheke. Dreigeschossiger, sechsachsiger Putzbau von etwa 1720. Die Achsen drei zu drei gruppiert, dazwischen und seitlich in den Obergeschossen korinthische Kolossalpilaster. Mansarddach mit breitem massivem Dachausbau, der von einem Giebel und Vasen gekrönt ist. Erdgeschoß verändert. Vor dem Mittelrisalit Figur der Hygieia, vor den seitlichen zwei Löwen. Über den Fenstern reichgeschmückte Verdachungen; die Front zur Fleischerstraße schlichter, zwei Balkone, wohl nicht original.
Beide Häuser im April 1945 mit den angrenzenden Gebäuden Fleischerstraße 1 und 2 durch Brand zerstört. 1951 Ruinen abgetragen; Figuren von Nr. 31 geborgen; 1953/54 Neubau, der sich über beide Grundstücke erstreckt, in historisierender Formgebung.

Zehn Jahre Denkmalpflege in der DDR, Leipzig 1959, Taf. 18, 19

Herrnhut (Kreis Löbau)

Die Ansiedlung der mährischen Brüder durch den Grafen Nikolaus Ludwig von Zinzendorf ab 1722 hatte eine regelmäßige Stadtanlage von bescheidenen, aber noblen Proportionen zur Folge. Insbesondere der im Zentrum gelegene Zinzendorfplatz mit dem Gemeinhaus und dem Gemeinsaal in der Mitte und umsäumt von den Chorhäusern der ledigen Brüder, Schwestern und der Witwen

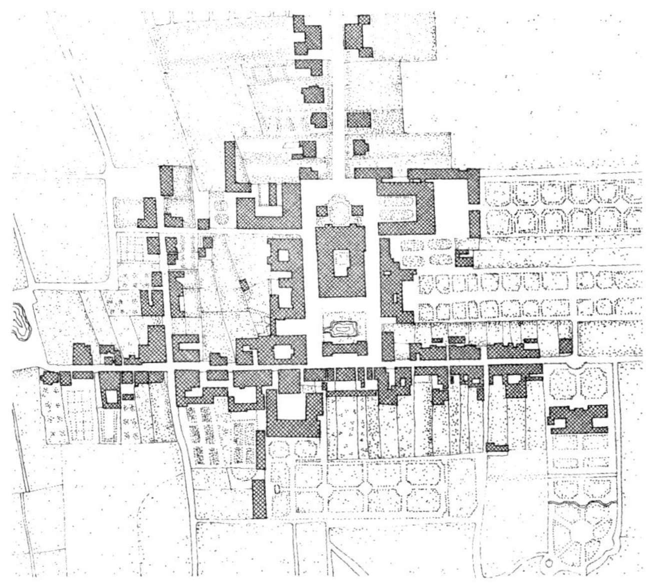

Oben: Görlitz, Obermarkt 29-31
Mitte: Görlitz, Obermarkt, nach der Zerstörung
Links unten: Dresden-Altstriesen, Prinzengäßchen mit Häuslerhaus
Rechts unten: Herrnhut, Grundriß der Stadtanlage

vermittelte einen Eindruck von dem Geist der Gemeine.
Im Mai 1945 besonders das Zentrum schwer zerstört, damit wurden in die charakteristisch schlichte barocke Wohnbebauung von Herrnhut große Lücken gerissen.

Dehio/Mitteldeutschl., S. 165. Dehio 1966, S. 165. Herrnhut, Ursprung und Auftrag, Berlin 1972

Gemeinhaus 1724/25 von Ch. David errichtet. Gestreckter zweigeschossiger Bau mit Fachwerkobergeschoß und Mansarddach. Im Inneren der schlicht gegliederte »Kleine Saal«.
Im Mai 1945 zerstört.

Inventar Sachsen 34/Löbau, S. 176 ff., Fig. 160–167. Dehio/Mitteldeutschl., S. 165

Gemeinsaal Parallel zum Gemeinhaus 1756 für die kirchlichen Versammlungen errichtet. Rechteckiger Saal, im Äußeren durch korbbogige Fenster und an den abgerundeten Ecken durch gequaderte Lisenen gegliedert. Mansarddach mit Dachreiter von 1763. Im Inneren querorientiert. An einer Schmalseite die Orgelempore mit geschwungener Brüstung, gegenüber in den Ecken zwei viertelkreisförmige Betstübchen. Eine Voute leitet zur glatten Decke über.
Im Mai 1945 bis auf die Umfassungsmauern zerstört. 1951–1953 in der äußeren Erscheinung rekonstruiert; im Inneren Vereinfachungen, Emporenanlage verändert, Betstübchen weggelassen.

Inventar Sachsen 34/Löbau, S. 179 ff., Fig. 163. Dehio 1966, S. 165

Zinzendorfpalais 1781 errichtet. Stattlicher zweigeschossiger Bau von elf Achsen in der Straßenfront und sechs Achsen in der Seitenfront, an der Gartenseite zwei Seitenflügel von zwei Achsen vorgezogen, hohes Mansarddach. An der Straßenfront drei Achsen als Mittelrisalit und je eine seitliche Achse als Seitenrisalite vorgezogen. Mittelrisalit durch einen Dreieckgiebel abgeschlossen; Putzgliederung.
Im Mai 1945 ausgebrannt, Umfassungsmauern erhalten. Seit 1974 mit dem Wiederaufbau begonnen.

Inventar Sachsen 34/Löbau, S. 193 ff., Fig. 178–183. Dehio 1966, S. 165

Links oben: Herrnhut, Blick vom Schwesternhaus zum Gemeinsaal
Rechts oben und unten: Herrnhut, Zinzendorfpalais, Straßen- und Gartenfront
Links Mitte: Herrnhut, Gemeinsaal, Inneres
Links unten: Jänkendorf, Ortsteil Ullersdorf, Kirche von Nordwesten, nach der Wiederherstellung

Jänkendorf, Ortsteil Ullersdorf
(Kreis Niesky)

Kirche 1629/30 Neubau unter Einbeziehung älterer Bauteile. Kirchenraum mit gleichbreitem, halbrund geschlossenem Chor, überwölbt mit Stichkappentonne. Westturm; an der Nordseite und Südseite Anbauten. Reiche Innenausstattung vor allem des 17. Jh.
1945 starke Schäden am Dachstuhl, an der Dachhaut und an den Fenstern, die Spitze des Turmes vernichtet. 1948–1951 Beseitigung der Schäden. Innenerneuerung 1958–1960.

Inventar Schlesien III, S. 778. Dehio 1966, S. 175 f.

Klitten (Kreis Niesky)

Kirche Saal mit eingezogenem Chor und 3/8-Schluß, in den Umfassungsmauern spätgotisch. Westlich vorgelegt der Turm mit eingezogener doppelter Laterne von 1713/14. Auch die Außen- und Innenarchitektur im 17. und 18. Jh. verändert. Reiche Barockausstattung.
1945 stark zerstört: Altar der Cranachschule von etwa 1587 und verschiedene Schnitzereien gerettet. 1947/48 Wiederaufbau in den alten Grundformen. Einbeziehung des alten Altares, die Kanzel vom Anfang des 18. Jh. aus der Frauenkirche Görlitz übernommen.

Inventar Schlesien III, S. 751, 768, 770. Dehio 1966, S. 199

Kotitz (Kreis Bautzen)

Kirche Kleiner rechteckiger Bau mit steilem Walmdach und Dachreiter. Einschiffig mit Holzbalkendecke; der Unterzug von einer Mittelsäule getragen. In dieser Gestalt von 1670; Veränderungen 1779, 1827, 1840, 1863, 1901. Klassizistischer Kanzelaltar von 1839.
Am 20. April 1945 nach Beschuß abgebrannt. 1951/52 Wiederherstellung unter Benutzung der erhalten gebliebenen Umfassungsmauern. Gestaltung des Altarraumes 1967/68; Wiederverwendung des im Bautzener Museum erhalten gebliebenen alten Altarbildes des Gekreuzigten mit Maria und Johannes von 1670; 1968 restauriert. Gleichzeitig Wiederaufstellung zweier 1936 nach Bautzen ausgeliehener Grabsteine.

Neue Kirchengalerie, Diözese Löbau, Sp. 299 ff., Abb. Sp. 303/304, 305/306, 309/310. Inventar Sachsen 34/ Löbau, S. 268 ff., Fig. 232–236

Lichtensee, Ortsteil Tiefenau
(Kreis Riesa)

Schloß Das Herrenhaus war bezogen auf einen einheitlich angelegten Wirtschaftshof einerseits und einen Park mit vier Pavillons andererseits. Tiefenau war eines der großartigsten barocken Schlösser des ersten Jahrzehnts des 18. Jh. in Sachsen, gebaut für Graf August Ferdinand Pflugk. Dreigeschossiger rechteckiger Bau mit einem in der Achse vorspringenden Treppenhaus; Mansarddach. Die Schauseiten gegliedert

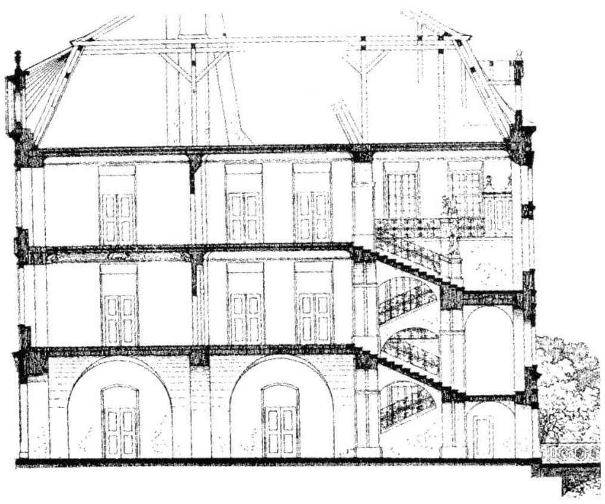

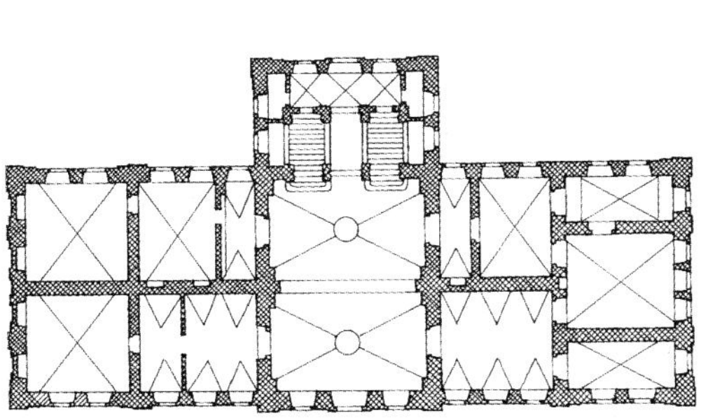

Mitte oben: Kotitz, Kirche
Rechts oben: Klitten, Kirche von Südosten
Rechts Mitte: Klitten, Kirche, Inneres nach Osten, nach der Wiederherstellung
Unten: Lichtensee, Ortsteil Tiefenau, Schloß, Querschnitt, Grundriß und Hoffront

durch komposite Kolossalpilaster, an der Hofseite vorspringender Mittelrisalit mit Dreieckgiebel. Im Inneren stuckierte Räume, teilweise mit der alten Ausstattung. Besonders reich geschmückt das Treppenhaus, hier weibliche Figuren mit Puttengruppen.
1945 in Mitleidenschaft gezogen. 1948 abgebrochen.
Inventar Sachsen 37/Großenhain, S. 437 ff., Fig. 486 bis 492. Dehio/Mitteldeutschl., S. 357. Dehio 1966, S. 242

Schloßkirche 1716/17 errichtet. Einschiffiger Saal mit Mansarddach und Dachreiter. Reiche barocke Innenausstattung mit Kanzelaltar, zwei Orgelprospekten (einer blind) und Loge.
1945 Dachreiter vermutlich durch Beschuß im oberen Drittel schwer beschädigt. Verwüstungen und Zerstörungen im Inneren, vor allem Vernichtung der Silbermannorgel. 1946 Notdach auf dem Turm und Sicherungsarbeiten. 1965 Reparaturen am Dach und Rekonstruktion des Dachreiters.
Inventar Sachsen 37/Großenhain, S. 423 ff., Fig. 479 bis 485. Dehio/Mitteldeutschl., S. 357. Dehio 1966, S. 242

Löbau (Kreis Löbau)

Heilig-Geist-Kirche Errichtet um 1500, barocke Veränderungen 1712. Einschiffiger Bau mit eingezogenem Chor und 3/8-Schluß. An der Südseite des Chores kleine zellengewölbte Sakristei. Altar 1711. Dachreiter 19. Jh.
Im Mai 1945 durch Sprengungen an Dachflächen und am Turm beschädigt, desgleichen die Fenster. Im Inneren starke Schäden am Altar. 1951/52 Wiederherstellung des Äußeren, im Anschluß daran 1953 im Inneren.
Neue Kirchengalerie, Diözese Löbau, S. 24 ff. Inventar Sachsen 34/Löbau, S. 340 ff., Fig. 314–318. Dehio 1966, S. 247

Neschwitz (Kreis Bautzen)

Kirche Einschiffiger Bau mit flacher Decke vom Anfang des 17. Jh. Der Chor platt geschlossen und kreuzgratgewölbt von 1693. Aus der gleichen Zeit der stattliche barocke Westturm mit geschweifter Haube und Laterne. Altar und Taufe von M. Schwenke.
Ende April 1945 bis auf die Umfassungsmauern durch Kriegshandlungen zerstört, der Altar beschädigt. Wiederaufbau 1947–1951, Chorraum architektonisch verändert, mit Notdach versehen; Turmhaube noch nicht wiederhergestellt. 1970 beschädigte Figuren vom Altar kopiert.
Sachsens Kirchengalerie, Oberlausitz, S. 340 ff. Neue Kirchengalerie, Diözese Bautzen, Sp. 299 ff., Abb. Sp. 311/312, 313/314. Inventar Sachsen 31/Bautzen, S. 168 ff., Fig. 160–164. Dehio/Mitteldeutschl., S. 269. Dehio 1966, S. 291

Neues Schloß Hauptwerk von F. A. Krubsacius 1766–1775 für Wolfgang Freiherr von Riesch. An einen zweigeschossigen, von einem Mansarddach abgeschlossenen Mittelbau schließen sich seitlich eingeschossige Orangerietrakte an. Am Mittelbau rückwärtig Vestibül und Treppenhaus, an den Orangerieflügeln Gärtnerwohnung und Küche. Die Architekturgliederungen in zartem Relief, typisch für den Dresdner Stil des Jahrzehnts. Die Erdgeschoß-Mittelhalle gegliedert

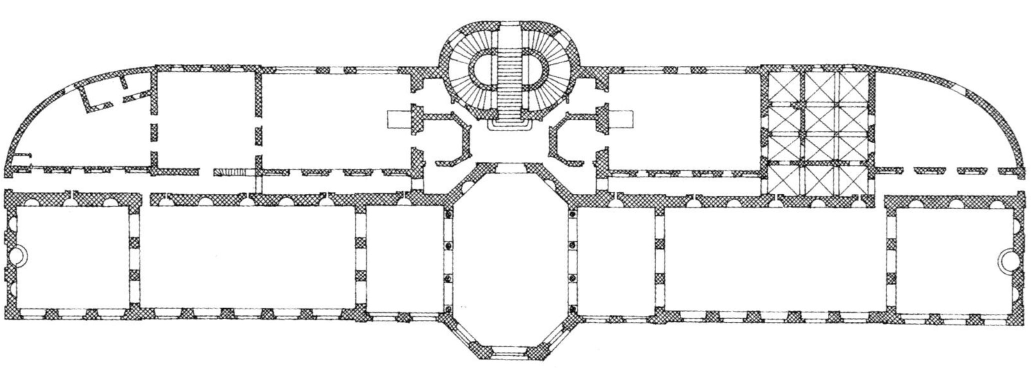

Oben: Lichtensee, Ortsteil Tiefenau, Schloß, Parkseite und Treppenhaus
Unten links: Neschwitz, Blick vom Schloßpark zur Kirche
Unten rechts: Neschwitz, Neues Schloß, Grundriß

von ionischen Säulenstellungen; in den nach dem Mittelsaal geöffneten Nebenräumen seitlich je ein Brunnen mit Puttengruppen in Sandstein in Art des G. Knöffler. Im Obergeschoß seitlich des gestreckten achteckigen Festsaales je zwei getrennte Räume. Die zarten Rokokodekorationen

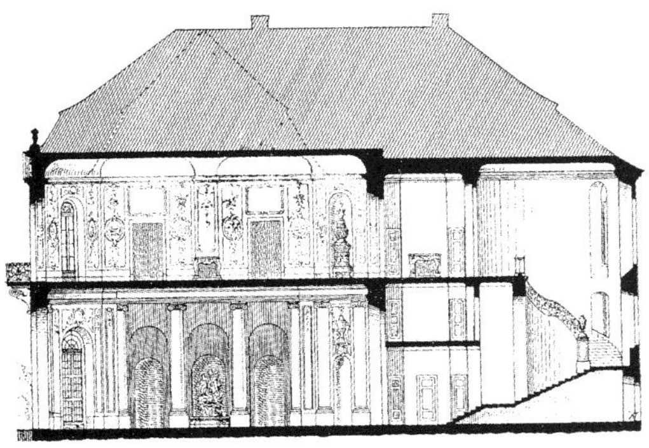

Neschwitz, Neues Schloß
Links: Treppenhaus; Sandsteinbrunnen in der Erdgeschoßhalle; Querschnitt
Rechts: Ansichten der Gartenseite

Neschwitz, Neues Schloß, Festsaal

teils in Stuck, teils gemalt. Originale Ausstattung mit Öfen, Möbeln und Bildern erhalten.
Im Mai 1945 ausgebrannt, 1948 abgetragen.

Inventar Sachsen 31, 32/Bautzen, S. 192 ff., Fig. 184 bis 191. Dehio/Mitteldeutschl., S. 269. W. Biehl: Schloß Neschwitz in der Oberlausitz, in: Mitteilungen des Landesvereins Sächs. Heimatschutz 17, 1928, S. 187 ff., Abb. 1–10. Dehio 1966, S. 292

Schloßpark Um den Mittelteil der französischen Parkanlage, in dem die beiden Hauptachsen sich kreuzen, sind vier Pavillons symmetrisch angeordnet. Die um 1725 errichteten eingeschossigen, rechteckigen Bauten mit Lisenenarchitektur, hohem Mansarddach sowie schmalem Dachausbau in der Türachse.
Ende April 1945 wurde der eine Pavillon, der sogenannte Archivpavillon, durch Kriegshandlungen beschädigt. Das Gebäude 1948 abgetragen; Wiederaufbau ist geplant. Im Park wurden weiterhin mehrere an der den mittleren Parkteil abgrenzenden Balustrade stehende Figuren und Vasen zerstört, so die von den Dresdner Bildhauern um 1725 geschaffenen Sandsteinplastiken von Diana und Mars; leichtere Beschädigungen erlitten die Figuren von Meleager und Atalante. Diese 1960 wiederhergestellt, desgleichen einige barocke Vasen. Zerstört und noch nicht wiederhergestellt wurden ferner zwei mit Puttengruppen gezierte Springbrunnen in Bowlinggreen.

Inventar Sachsen 31/Bautzen, S. 191 ff., Fig. 180–183. Dehio/Mitteldeutschl., S. 269. Dehio 1966, S. 291 f.

Neustadt (Kreis Sebnitz)

Marktplatz Die Stadtanlage des 14. Jh. mit großem quadratischem Marktplatz und einem Gitterschema der Straßen. Auf dem Markt das Rathaus von 1703, die zweigeschossige Randbebauung des 18. und frühen 19. Jh. von einheitlicher Schlichtheit.
1945 Häuser am Markt weitgehend zerstört. Bis 1970 Wiederherstellung der Bebauung in maßstäblicher Beziehung zum erhaltenen Rathaus.

Stadtanalyse Neustadt/Sachsen, Maschinenschrift im Institut für Denkmalpflege Dresden. Dehio 1966, S. 295

Ralbitz (Kreis Kamenz)

Katharinenkirche Neubau von 1752. Rechteckiger Saal mit eingezogenem Chor, der halbkreisförmig abschließt; quadratischer Westturm. Der Raum tonnengewölbt; in die Tonne einschneidende Stichkappen; zwischen den spitzbogigen Fenstern Strebepfeiler. 1894 wurde der Turm in gotischen Formen ausgebaut; 1906 die barocke Innenausstattung durch eine aufwendige neogotische ersetzt.
Am 27. April 1945 durch Kriegseinwirkung ausgebrannt. Beim Wiederaufbau 1945–1948 wesentliche Erweiterungen und Veränderungen im Äußeren und Inneren.

Inventar Sachsen 35/Kamenz, S. 290 ff., Fig. 305, 306. Dehio/Mitteldeutschl., S. 309. Dehio 1966, S. 342

Röhrsdorf (Kreis Kamenz)

Herrenhaus Bestehend aus zwei im rechten Winkel zueinander liegenden Flügeln; zweigeschossig mit hohen Walmdächern und symmetrisch verteilten Schornsteinen. Die Außenfronten schlicht mit Eichenblockzargen als Gewänden. Im breiteren Flügel wohl mittelalterliche Keller. Dieser Flügel wahrscheinlich 1720 ausgebaut, der schmalere Flügel um 1760/70. Im Erdgeschoß des Hauptflügels Küche mit Gewölbe über toskanischer Säule. Im Obergeschoß der Festsaal mit Rokoko-Stuckdekoration an der Decke; die Wände gegliedert durch gemalte Lisenen und in Grisaille gemalte Kindergruppen in den Wand- und Supraportenfeldern. Daneben das Kabinett, das wegen der Darstellung auf Papiertapete so-

Oben: Neschwitz, Schloßpark mit Kavalierhaus, Zustand 1968
Rechts Mitte: Neschwitz, Archivpavillon im Schloßpark, Zustand um 1930

Links unten: Röhrsdorf, Herrenhaus
Rechts unten: Neustadt, Rathaus, nach der Wiederherstellung

genannte Chinesische Zimmer. In mehreren Räumen Supraportenmalereien, Rokokostuck und Öfen erhalten. Gute Ausstattung mit Möbeln und Bildern des 18. Jh.
Im April 1945 abgebrannt. Ruine 1948 abgetragen; eine Eisengußplatte geborgen. Erhalten blieben das Pächterwohnhaus und ein kleines Wirtschaftsgebäude.

Inventar Sachsen 35/Kamenz, S. 302 ff., Fig. 321–327. Dehio/Mitteldeutschl., S. 319

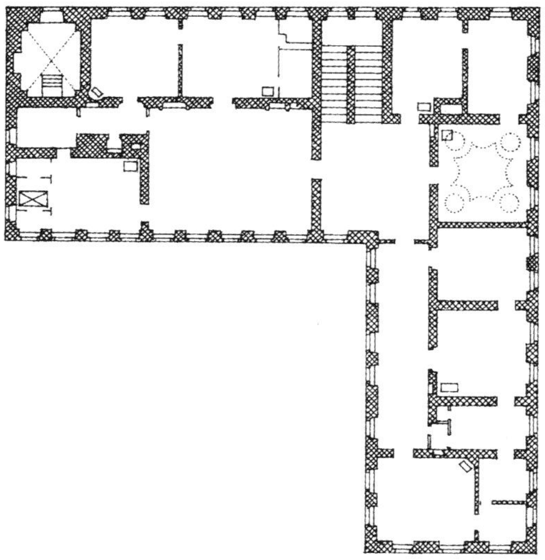

Rosenthal (Kreis Kamenz)

Wallfahrtskirche zu Unserer Lieben Frau Neubau von 1778. Dreischiffige Hallenkirche von fünf Jochen mit Halbrundapsis; westlich vorgelegt der Turm. Im östlichen Joch sind erdgeschossig in den Seitenschiffen Sakristeien eingebaut. Das Mittelschiff von einer Längstonne mit Stichkappen überwölbt, die Seitenschiffe von Quertonnen mit Stichkappen. Im Äußeren gegliedert durch flache Pilaster und rundbogige Fenster; hohes Walmdach; der Westturm mit Haube und Laterne. Die ursprüngliche Ausstattung wurde 1876 weitgehend durch eine neue ersetzt; erhalten die Kanzel in gemäßigten Rokokoformen und verschiedene Holzplastiken.

Im April 1945 bei Kampfhandlungen vollständig ausgebrannt; die Umfassungsmauern und das Gewölbe blieben erhalten. Schuttberäumung 1945. 1946–1949 Wiederaufbau. 1948 Strohdachdeckung, später wieder mit Ziegeln. Im Äußeren die alten Formen im wesentlichen gewahrt. Innenausbau bis 1952 in neobarocken und modernen Formen; das gerettete Gnadenbild, eine Madonnenfigur des späten 15. Jh., im neuen Hochaltaraufbau aufgestellt.

Inventar Sachsen 35/Kamenz, S. 308 ff., Fig. 328–335. Dehio/Mitteldeutschl., S. 320. Dehio 1966, S. 358. H. Magirius: Die Wallfahrtskirche Rosenthal, in: Kloster St. Marienstern 1248–1973, Leipzig 1974, S. 93 ff., Abb. S. 96, 97

Rothenburg (Kreis Niesky)

Pfarrkirche Langgestreckter rechteckiger Saal, Westturm mit achteckigem Obergeschoß und Helm. Das Innere flach gedeckt, zwei Emporen an den Längs- und an der Ostseite, Anfang des 19. Jh., ebenso Altar, Kanzel und Orgel.
1945 starke Beschädigungen am Dach; Turmhelm und oberstes Turmgeschoß zerstört; Schäden an der Orgelempore. 1945/46 Notdach; anschließend provisorische Wiederherstellung des Ostteiles der Kirche, der vom Westteil abgetrennt wurde. 1954–1956 Wiederherstellung des Turmes.

Inventar Schlesien III, S. 774. Dehio 1966, S. 360

Zodel (Kreis Görlitz)

Kirche Im wesentlichen im 14. Jh. errichtet. Annähernd quadratisches Schiff mit Netzgewölbe; eingezogener Rechteckchor mit zweijochigem Kreuzrippengewölbe. Der quadratische Westturm ohne Eingang von außen. Auf dem Satteldach barocker Dachreiter. Im Chor Wandmalereien der zweiten Hälfte des 14. Jh.
1945 Dachstuhl und -deckung weitgehend zerstört, desgleichen der Turm, hier auch starke Schäden am Mauerwerk. 1947 provisorische Strohdeckung, bis 1955 systematische Restaurierung des Äußeren und Inneren.

Inventar Schlesien III, S. 642, 701, 760. Dehio 1966, S. 439 f.

Folgende Bauten im Bezirk Dresden erlitten bei Kriegshandlungen leichtere Beschädigungen:

Guttau (Kreis Bautzen): Kirche
Kamenz (Kreis Kamenz): Hauptkirche, St. Justkirche, Rathaus
Klix (Kreis Bautzen): Kirche
Milkel (Kreis Bautzen): Kirche

Links unten: Röhrsdorf, Grundriß des Herrenhauses
Links oben und rechts unten: Rosenthal, Wallfahrtskirche zu Unserer Lieben Frau, Ansicht von Südwesten und Altar mit Gnadenbild
Rechts oben: Rosenthal, Wallfahrtskirche zu Unserer Lieben Frau, Inneres nach Westen, nach der Wiederherstellung

Bezirk Karl-Marx-Stadt -Chemnitz-

Annaberg-Buchholz (Kreis Annaberg)

Katharinenkirche 1504 Baubeginn als Hallenkirche mit eingezogenem Chor und 3/8-Schluß; Turm im nordöstlichen Winkel zwischen Schiff und Chor. Die Fensteranordnung im Langhaus zeigt die Absicht des Einbaus von Emporen. Bauunterbrechung 1521; Abschluß ohne Stützen mit einer Holzdecke. 1594 Aufstellung des veränderten Flügelaltars aus der Franziskanerkirche zu Annaberg. 1872–1875 nach Plänen G. L. Möckels Ausbau als gewölbte dreischiffige Hallenkirche unter Turmerhöhung und -abschluß.
In der Nacht vom 14. zum 15. Februar 1945 durch Bombeneinwirkung ausgebrannt. Gewölbe und Pfeiler im Schiff eingestürzt; später auch das Chorgewölbe heruntergebrochen, nur Umfassungsmauern erhalten. Flügelaltar in der Sakristei gerettet. Aufbau des vereinfachten Turmhelmes 1965. Wiederaufbau der Kirche begonnen, 1970 Herstellung der Stahlkonstruktionen (Stützen und Binder), 1974/75 Einschalung und Eindeckung des Daches.

Inventar/Annaberg, S. 54 ff. Dehio 1966, S. 15 f.

Burkhardtsdorf (Kreis Karl-Marx-Stadt)

Kirche Einschiffiger Saal mit 3/8-Schluß. Satteldach mit Dachreiter. Im Innenraum Holzdecke. In dieser Erscheinung im wesentlichen von einem Umbau 1693–1695. Vom Vorgängerbau nur Seitenmauern benutzt, Raum nach Westen verlängert. Daß der Bau auf mittelalterliche Zeit zurückgeht, beweist auch eine Sakramentsnische. Ausstattung mit doppelten Emporen; Kanzel hinter dem Altar, Taufstein von 1830.
Am 14. Februar 1945 bis auf die Umfassungsmauern durch Bombeneinwirkung zerstört; Ausstattung vernichtet. Wiederaufbau nicht geplant.

Sachsens Kirchengalerie 8, S. 22. Inventar/Chemnitz, S. 7 f.

Einsiedel (Kreis Karl-Marx-Stadt)

Jakobikirche 1822–1827 von Ch. F. Uhlig errichtet. Rechteckiger Putzbau mit Walmdach; der südlich vorgelegte Turm durch doppelgeschossige hölzerne Laternen mit geschweiften Hauben abgeschlossen. Die Seitenfronten durch einachsige toskanische Säulenportiken betont, die Rückfront durch einen entsprechenden dreiachsigen Portikus. Im Inneren ovaler Saalraum, von doppelgeschossigen Holzemporen umgeben. Korinthischer Portikus-Kanzelaltar, Taufe und Orgel aus der Erbauungszeit. Der um 1510 entstandene Flügelaltar mit Schnitzfiguren wohl von einem Freiberger Meister, die gemalten Teile (Predella und Flügel) von Hans von Cöln.
Beim Bombenangriff am 5. März 1945 ausgebrannt. 1949 Behelfsdach auf dem Turm; 1953–1958 Stahldachstuhl aufgestellt; Turm in vereinfachter, veränderter Form wiederaufgebaut. Bis 1966 Außenarchitektur instand gesetzt und Wiederherstellung des Inneren in modernen Formen.

Sachsens Kirchengalerie 8, S. 72 ff. Inventar/Chemnitz, S. 38 f. Neue Kirchengalerie, Ephorie Chemnitz, S. 519 ff. Jacobikirche Einsiedel, Festschrift zur Wiederweihung der St. Jacobikirche Einsiedel am 18. September 1966. Dehio 1966, S. 90

Glauchau (Kreis Glauchau)

Schloß Forderglauchau Im Mittelalter Vorburg der Burg Glauchau (Hinterglauchau), im 15. und 16. Jh. als eigene Schloßanlage ausgebaut. Unregelmäßige hufeisenförmige, zweigeschossige Anlage, verschiedenen Einzelformen zufolge Ost- und Südflügel wohl Ende des 15. Jh. erbaut. Treppenturm in der nordöstlichen Hofecke. Profilierte Holzbalkendecken an der Südostecke des Erdgeschosses und im Obergeschoß des kurzen Nordtraktes. Umbauten und Zwerchhäuser mit Giebeln mit Viertelkreisbögen vielleicht unter Leitung von A. Günther 1527–1542, am Westende des Südtraktes Volutengiebel. Im Ostflügel weitere bauliche Veränderungen und Stuckdecken im Obergeschoß aus dem 18. Jh. Verlängerung des Nordtraktes im wesentlichen wohl 18. Jh. In dieser Zeit auch Anbauten am Südtrakt. Hier bauliche Veränderungen im Erdgeschoß gegen Anfang des 20. Jh.
In den letzten Kriegstagen 1945 durch Beschuß der westliche Teil des Südtraktes ausgebrannt. Ruine mit Notdach abgedeckt. Wiederaufbau vorgesehen.

Inventar/Glauchau, S. 14. O. E. Schmidt: Die Schönburgischen Schlösser, in: Mitteilungen des Landesvereins Sächsischer Heimatschutz 8, 1919, S. 175 ff. Dehio 1966, S. 127

Hartenstein (Kreis Zwickau)

Schloß An der Stelle einer um 1170 gegründeten Burg als unregelmäßige hufeisenförmige Anlage wohl im späten 15. bzw. im 16. Jh. weitgehend neu errichtet. Das Torgebäude, anschließend an einen vorspringenden Bauteil an der

Oben und Mitte: Einsiedel, Jakobikirche, nach der Zerstörung
Unten: Hartenstein, Schloß von Süden

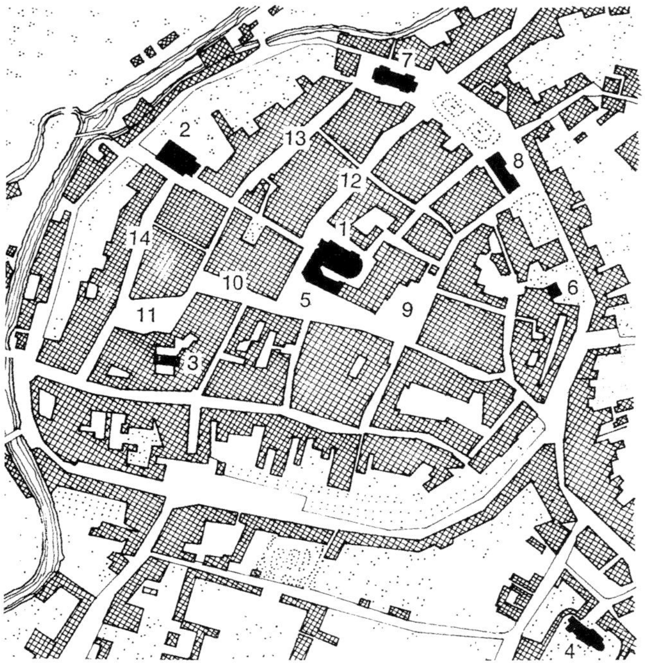

Südseite, vielleicht älter (15. Jh.?). Erdgeschoß zum großen Teil gewölbt; im Obergeschoß Holzbalkendecken. Aus der Zeit eines Umbaues um 1572 stammt angeblich die Renaissance-Doppelarkade im Erdgeschoß des Osttraktes. Der Treppenturm in der Nordostecke und das bastionartig vorgeschobene Ostende des Nordtraktes vielleicht auch aus dieser Zeit. In der ersten Hälfte des 19. Jh. Ausbau des Schlosses in romantisierender Neogotik. Zubauten westlich des Nordtraktes. Vereinfachung der Dachformen um 1930.

Am 20. April 1945 durch Artilleriebeschuß oder Tiefflieger in Brand geschossen; Umfassungsmauern erhalten. Unmittelbar nach dem Kriege auf dem Westteil des Südflügels Notdach aufgesetzt; 1948 Ruinenteile beseitigt; anschließend Nutzung als Kulisse einer Freilichtbühne. 1960 oberes Tor bautechnisch gesichert, in den sechziger Jahren Sicherungsarbeiten am Südflügel.

Inventar/Zwickau, S. 25 ff. O. E. Schmidt: Die Schönburgischen Schlösser, in: Mitteilungen des Landesvereins Sächsischer Heimatschutz 8, 1919, S. 179 ff. Dehio 1966, S. 160

Karl-Marx-Stadt ehemals Chemnitz (Stadtkreis Karl-Marx-Stadt)

Auf der Höhe über einem weiten Talkessel des Chemnitzflusses gründete Kaiser Lothar von Süpplingenburg wahrscheinlich 1136 ein Benediktinerkloster, das – 1143 als Stiftung von Konrad III. bestätigt – bis zur Reformation reichsunmittelbar blieb (vgl. Schloßkirche). Der Übergang einer Straße, die von der mittleren Saale nach Böhmen über die Chemnitz führte, bildete den Ansatz für eine Marktsiedlung. Möglicherweise entstanden die Nikolaikirche westlich und die Johanniskirche östlich der Furt im Zusammenhang mit Kaufmannssiedlungen in dieser frühen Zeit. Im Zuge der staufischen Besiedlungspolitik des Erzgebirges wurde die Stadt um 1165 mit einer Folge von Märkten und der Pfarrkirche St. Jakobi regelrecht angelegt und in den folgenden Jahrzehnten auch ummauert und mit Türmen (vgl. Roter Turm) und vier Toren versehen. In der Blütezeit der Stadt im 15. und 16. Jh. entstanden die wichtigsten erhaltenen und verschwundenen Baudenkmale: Jakobikirche, Rathaus, Gewandhaus, Franziskanerkloster, Bürgerhäuser. Im 17. und 18. Jh. zur Provinzstadt herabgesunken, nahm Chemnitz im 19. Jh. als Industriestadt eine stürmische Entwicklung, blieb aber in der Architektur und bildenden Kunst anderen Großstädten (vor allem Dresden, aber auch Berlin) verpflichtet. Der kunstgeschichtlich wertvolle Baubestand wurde bereits im 19. und im frühen 20. Jh. stark dezimiert.

Die Bombenangriffe im Februar und März 1945, insbesondere der anglo-amerikanische Großangriff am 5. März 1945, vernichteten die Innenstadt und die inneren Vorstädte fast vollständig. Im Zuge des sozialistischen Wiederaufbaus der in Karl-Marx-Stadt umbenannten Stadt Chemnitz wurden einige wertvolle Bauten rekonstruiert, auf den Grundriß der alten Stadt an der Süd- und Westseite aber kein Bezug mehr genommen.

Inventar/Chemnitz. Chemnitz 1911. Bachmann Ms. 1958. Bilderheft 1963. Hdb. Hist. Stätten 8, S. 43 ff. Dehio 1966, S. 181 f.

Karl-Marx-Stadt
Oben: Stadtplan, 1 Jakobikirche, 2 Paulikirche, 3 Johann-Nepomuk-Kirche, 4 Alte Johanniskirche, 5 Markt mit Altem Rathaus und Hohem Turm, 6 Roter Turm, 7 Schauspielhaus, 8 Bürgerschule, 9 Neumarkt, 10 Holzmarkt, 11 Roßmarkt, 12 Innere Klosterstraße, 13 Lohstraße, 14 Brüderstraße
Unten: Luftaufnahme der Innenstadt von Nordwesten

Kirchen

Schloßkirche Ehemalige Benediktiner-Klosterkirche, gegründet 1136. Vom romanischen Bau Teile der Chorpartie erhalten, Veränderung des Chores um 1400, Erhöhung 1499. Seit 1514 Umbau des Langhauses zur dreischiffigen Hallenkirche von fünf Jochen und der Vierung mit Querhausarmen; Errichtung des Unterbaues einer Westturmanlage. Einwölbung in Schleifenstern- und Schlingrippenfigurationen. Mit dem Einbau des Nordportales 1525, in wesentlichen Teilen von H. Witten, war der Umbau fertiggestellt. Nach der Reformation zahlreiche Umgestaltungen. Ausbau des Westturms 1895–1897.
1945 durch Bomben Schäden am neogotischen Turmhelm und am Dach, geringfügigere Bombenschäden an der Nordfassade neben dem Nordportal. Schadenbeseitigung und vereinfachter Turmabschluß 1946–1949; Restaurierung des Innenraums 1950–1957.

Sachsens Kirchengalerie 8, S. 176. Inventar/Chemnitz, S. 10 ff. Neue Kirchengalerie, Ephorie Chemnitz, S. 315 ff. A. Sandner: Das Benediktinerkloster und seine Kirche in Chemnitz, Bautzen 1928. Gersdorf: Die Schloßkirche zu Chemnitz 1136–1936, Chemnitz 1936. Bachmann Ms. 1958. Dehio 1966, S. 182 ff.

Karl-Marx-Stadt
Links oben: Blick auf Neumarkt und Markt mit Jakobikirche
Links unten: Blick von der Paulikirche nach der Innenstadt
Rechts: Schloßkirche, Ansicht von Süden; Turm von Südwesten; Inneres nach Osten

Jakobikirche Als Stadtkirche um 1165 gegründet. Der eingezogene Chor der romanischen Saalkirche wurde in frühgotischer Zeit verlängert und gewölbt. Neubau des Langhauses als Halle von vier Jochen und polygonalen Nebenapsiden um 1350–1365. Im westlichen Joch erdgeschossig ein gewölbter Durchgang angelegt; Kreuzrippengewölbe und reiche Bauornamentik. Neubau des Chores als Hallenumgangschor Anfang des 15. Jh., Rippennetzgewölbe. Das Äußere der Chorarchitektur im 19. Jh. weitgehend rekonstruiert; die äußeren Architekturformen der Halle in Jugendstilformen 1912 verändert.
Am 5. März 1945 durch Bombeneinwirkung ausgebrannt, die Gewölbe und Pfeiler im Langhaus im Juni 1945 eingestürzt; die neogotische Ausstattung vernichtet. Durch Aufbringung eines Notdaches 1945 konnte das Gewölbe im Chor, im Vorchorjoch und in den Nebenapsiden gerettet werden. Der abgemauerte Chor seit 1949 wieder in Nutzung. 1958 Sicherung der Mauerkronen; 1960–1962 Stahldachstuhl mit Dachreiter aufgesetzt; anschließend Schieferdeckung, Neuverputz und Verglasung des Langhauses 1965/66. 1967 Steinarbeiten an der Westfassade. 1970 mit Aufbau von Pfeilern und Arkadenbogen im Langhaus begonnen. Während der Bauarbeiten Untersuchungen und Grabungen.

Sachsens Kirchengalerie 8, S. 174 f. Inventar/Chemnitz, S. 26 ff. Neue Kirchengalerie, Ephorie Chemnitz, S. 122 ff. Festschrift zur Weihe der Jakobikirche in Chemnitz, 1912. G. Laudeley: Die Marktkirche St. Jacobi in Chemnitz, Chemnitz 1934. Heuß: Marktkirche St. Jakobi, in: Der Türmer 1936, S. 313 ff. G. Laudeley: Von drei Epitaphien, in: Der Türmer 1940, S. 167 ff. Dehio 1966, S. 185 f. Faltblatt für die Besucher der St. Jakobikirche zu Karl-Marx-Stadt, 1970

Jodokuskirche (Stadtteil Glösa). Romanischer einschiffiger Bau, wahrscheinlich später verändert, mit einspringendem quadratischem Chorturm und gotischem, polygonal geschlossenem Chor. Beim Wiederaufbau zwei romanische Kapitelle im Fundament aufgefunden. Das Sterngewölbe im Chorturm 15. Jh.
1945 durch Sprengbomben zerstört. In ungefährer Anlehnung an die alten Bauformen 1952 bis 1958 völlig neu wiederaufgebaut; 1954 Kirchenschiff geweiht. Flügelaltar um 1520 aus der Werkstatt H. Wittens wieder aufgestellt. Eins der romanischen Kapitelle in den neuen Taufstein einbezogen.

Sachsens Kirchengalerie 8, S. 113 ff. Inventar/Chemnitz, S. 40 ff. Neue Kirchengalerie, Ephorie Chemnitz, S. 119 ff. Wahner: Die Schätze der Kirche zu Glösa, in: Der Türmer 1938, S. 168 ff. Gedenkschrift zum Wiederaufbau der St. Jodokuskirche in Karl-Marx-Stadt-Glösa, Karl-Marx-Stadt 1954. Dehio 1966, S. 189

Karl-Marx-Stadt
Links oben: Jakobikirche von Nordosten, nach dem Wiederaufbau
Links Mitte und rechts oben: Jakobikirche, Blick von der nördlichen Empore zum Chor und durch das Mittelschiff nach Westen
Links unten: Jodokuskirche, Blick von der Chemnitztalaue

Paulikirche (Neue Johanniskirche). An der Stelle des mittelalterlichen Franziskanerklosters von J. G. Ohndorff 1750–1756 errichteter Neubau. Als Westwand wurde Mauerwerk der mittelalterlichen Stadtbefestigung, Pfortenturm und Mauer, einbezogen. In diesem Mauerwerk blieben eine mittelalterliche Tür und Fenstergewände erhalten. Der barocke Neubau ist rechteckig; seitlich neun Achsen; erdgeschossig seitliche Betstübchen. Im Inneren im Oval eingestellte doppelgeschossige Emporenarchitektur. In der Längsachse der Altar mit geschnitzten Figuren von J. D. Klöß, das Altarbild von Ch. W. E. Dietrich. Seitlich die ebenfalls von J. D. Klöß geschnitzte Kanzel. 1875 Erneuerung, Abbruch der seitlichen Betstübchen. 1886/87 Turmbau an der Westseite in den Formen der Neorenaissance.
1945 ausgebrannt. 1951 Ruinensicherung und Wiederherstellung des Turmhelmes. 1960/61 abgetragen, in diesem Zusammenhang Bauuntersuchungen und Grabungen.

Sachsens Kirchengalerie 8, S. 175 f. Inventar/Chemnitz, S. 34 f. Neue Kirchengalerie, Ephorie Chemnitz, S. 445 ff. Die St. Pauligemeinde in Chemnitz und ihre Kirche, Festschrift zur Feier des 175jährigen Bestehens der Kirche und des 50jährigen Bestehens der Gemeinde, Chemnitz 1925. Bachmann Ms. 1958

Christuskirche (Stadtteil Reichenhain). Unter Benutzung mittelalterlicher Bausubstanz Umbauten 1778 und 1817–1822. Einschiffiger Bau mit Dachreiter. Im Inneren Flachdecke, Emporen und Kanzelaltar. In der Südwand spätgotische Vorhangbogenfenster erhalten.
1945 durch Kriegseinwirkung leichte Zerstörungen an Dach und Decke. Seitdem wiederhergestellt.

Sachsens Kirchengalerie 8, S. 137 ff. Inventar/Chemnitz, S. 54. Neue Kirchengalerie, Ephorie Chemnitz, S. 510 ff. Dehio 1966, S. 190

Johann-Nepomuk-Kirche (Roßmarkt 10). 1827/28 wurde ein bis dahin als Theater dienender Saal im Hinterhof des Hauses Roßmarkt 10 zur Katholischen Kirche umgebaut. Saal von fünf seitlichen Achsen mit Satteldach und Dachreiter. Im Inneren barockklassizistische Ausstattung.
1945 vollständig zerstört. Ruine anschließend abgetragen.

Chemnitz Ende XIX. Jh., S. 90 f. Chemnitz 1911, S. 111 f. Bachmann Ms. 1958

Nikolaikirche (Stollberger Straße). 1885–1888 anstelle eines bis in romanische Zeit zurückgehenden Vorgängerbaues in neogotischen Formen nach Plänen von Ch. Schramm errichtet. Einzelne ältere Ausstattungsstücke wurden in den Neubau übernommen.
1945 zerstört. Ruine anschließend abgetragen.

Neue Kirchengalerie, Ephorie Chemnitz, S. 190 ff.

Synagoge (Stephansplatz). 1897–1899 nach Plänen von W. Bürger errichtet. Zentralbau in neoromanischen Formen mit repräsentativer Fassade und flankierenden Türmen; Verblender-Ziegelbau.
In der »Kristallnacht« 1938 in Brand gesteckt. Ruine später abgetragen.

Chemnitz Ende XIX. Jh., S. 92 f. Chemnitz 1911, S. 113 ff.

Karl-Marx-Stadt
Oben: Paulikirche, Blick von der zweiten Empore zur Orgel und von der Orgelempore zum Altar
Rechts Mitte: Paulikirche, Altar
Links unten: Synagoge
Rechts unten: Johann-Nepomuk-Kirche

Lukaskirche (Josephinenplatz). 1899–1901 von E. Giese und Sohn in einem Mischstil von Neoromanik und Neorenaissance errichtet. Zentralbauanlage mit zwei Seiten- und einer Altarapside in polygonaler Form; die Eingangsfront mit großer Rosette und Giebel. Seitlich der von Haube und Laterne bekrönte Turm.
1945 stark beschädigt. Ruinen in den folgenden Jahren abgetragen.

Chemnitz 1911, S. 107, Abb. S. 108

Kreuzkirche 1935/36 von O. Bartning als gestreckter Saal mit niedrigen Abseiten und seitlichem Glockenturm erbaut.
1945 Brandschäden durch Bomben; bis auf die Umfassungsmauern zerstört. Stahlskelettkonstruktion (Dach und Mauerstützen) bis zur Unbrauchbarkeit verformt. 1950–1954 mit verändertem Innenraum wiederaufgebaut.

Festschrift zur Weihe der Kreuzkirche in Chemnitz, Chemnitz 1935. Festschrift zur Wiederweihe der Kreuzkirche in Karl-Marx-Stadt, Karl-Marx-Stadt 1954. Bilderheft 1963, Abb. 130

Hospital St. Georg (Äußere Johannisstraße). Neogotischer Bau von 1863–1865 mit Kirchensaal und -turm in der Mitte, seitlich anschließend schlichte dreigeschossige Hospitaltrakte mit leicht vorgezogenen Eckrisaliten.
1945 durch Bomben zerstört. Ruinen später abgetragen.

Chemnitz 1911, S. 89. Bilderheft 1963, Abb. 131

Öffentliche Bauten und ehemalige Befestigungsanlagen

Altes Rathaus Unter Benutzung zweier älterer mittelalterlicher Bauteile – dem östlichen und dem Bauteil südlich des Hohen Turmes – 1496 bis 1498 neu erbaut. Gestreckter dreigeschossiger Bau, der westliche Teil nach Norden abgeknickt. Nach dem Markt zu quadratischer Turm, angeblich schon 1486 begonnen. Spindeltreppe westlich an den Turm angefügt. Im Erdgeschoß gewölbte Verkaufsräume und Waage. Ausbau des ersten Obergeschosses mit Frührenaissancearchitektur und Gewölben unter Meister Caspar 1556–1558. Nach Brand 1617 Wiederaufbau, Schmuck an der Rathausuhr und Turmabschluß. 1879–1883 Veränderungen an der Fassade und im Inneren. Abbruch des westlichen Bauteiles, Einbau des Lukretia-Portales des Hauses Markt 15 an der Westseite des Turmes; 1908 Vernichtung der Renaissance-Gerichtsstube.
Am 5. März 1945 durch Bomben ausgebrannt; erhalten die Gewölbe im Erd- und ersten Obergeschoß. In der Nacht vom 3. zum 4. Februar 1946 Einsturz des Hohen Turmes, dabei Zerstörung wesentlicher Bauteile. 1946–1950 Wiederaufbau in ungefährer Anlehnung an die alte Fassadengestaltung, Aufstockung um ein weiteres Geschoß, Renaissancegiebel frei erfunden. Im Inneren Rekonstruktion der gewölbten Ratsherrenstube des 16. Jh. Statische Sicherung des Rathausturmes; 1951 Rekonstruktion der Turmhaube, Versetzung des Lukretia-Portales von 1559 an die Vorderseite des Turmes; Giebel und zwei Vasen 1955 ergänzt. Restaurierung der Fassaden 1974/75.

Inventar/Chemnitz, S. 35. E. Weinhold: Zur Geschichte des alten Chemnitzer Rathauses, in: Mitteilungen des Vereins für Chemnitzer Geschichte 9, 1900–1901, S. 15 ff. G. Laudeley: Von der alten Ratsherrenstube, in: Der Türmer 1936, S. 211 ff. Bachmann Ms. 1958. Dehio 1966, S. 186 f.

Hoher Turm (anschließend an Altes Rathaus). Ursprünglich vielleicht eine Eigenbefestigung, im 14. Jh. in den Rathausbau einbezogen, Erhöhung 1333–1336; der Turm diente nun als Glockenturm der Jakobikirche; wohl noch später das Achteckgeschoß; nach Brand 1617 wiederaufgebaut. 1764 durch Brand zerstört; anschließend Wiederaufbau durch J. G. Ohndorff.
Am 5. März 1945 durch Bomben ausgebrannt. In der Nacht vom 3. zum 4. Februar 1946 Absturz der südlichen Hälfte des Turmes; daraufhin Sprengung der nördlichen Hälfte. Bis 1950 Wiederaufbau als Rekonstruktion bis unterhalb des Oktogons. Wiederaufbau des oberen Teiles geplant.

Inventar/Chemnitz, S. 28. G. Laudeley: Die Marktkirche St. Jakobi in Chemnitz, Chemnitz 1934. Bachmann Ms. 1958. Dehio 1966, S. 187

Roter Turm Ehemals in die Stadtmauer einbezogen. Ursprünglich vielleicht Wohnturm des landesherrlichen Vogtes; im unteren Teil noch 12. Jh., das leicht auskragende Backsteinobergeschoß mit Blendbogen gegliedert Ende 15. Jh.; Abschluß durch eine gedrückte Haube.
Im März 1945 ausgebrannt. 1952 mit Notdach versehen. 1957–1959 wiederaufgebaut; Rekonstruktion der Haube. Einbruch eines Zugangs im Erdgeschoß.

Inventar/Chemnitz, S. 9. G. Laudeley: Der Rote Turm und seine Geschichte, in: Der Türmer 1939, S. 161 ff. Der Rote Turm, 3. Stadtgeschichtliches Bilderheft des Schloßberg-Museums Karl-Marx-Stadt 1962. 9. Bilderheft der Städtischen Museen Karl-Marx-Stadt. Dehio 1966, S. 187

Bürgerschule Seit 1891 Stadtbücherei. 1827–1831 von J. T. Heinig errichtet. Gestrecktes dreigeschossiges Gebäude mit zwei an den Schmalseiten vortretenden Kopfbauten, flachem Walmdach und Dachreiter. Die Fenster des Erdgeschosses in einer fortlaufenden Blendbogenarchitektur.
1945 bis auf die Umfassungsmauern ausgebrannt. Ruine später abgetragen.

Bachmann Ms. 1958

Schauspielhaus Als Theater von J. T. Heinig erbaut, 1838 eingeweiht. Gestrecktes Gebäude mit zwei an den Schmalseiten leicht vortretenden Kopfbauten. Das Erdgeschoß gequadert, an den Stirnseiten die beiden Obergeschosse durch eine Pilasterordnung gegliedert; Dreieckgiebel, flaches Walmdach. 1863–1865 umgebaut, Anbauten um 1930.
1945 ausgebrannt. Ruine später abgetragen.

Chemnitz 1911, S. 131 f. Geschichte des Schauspielhauses in Chemnitz, in: Der Türmer 1938

Hauptpostgebäude (Poststraße). 1859 nach Plänen von Landbaumeister Kraeting fertiggestellt. Langgestreckter Putzbau mit zinnenbekrönten Giebeln und Fenstern im Stil der Tudor-Gotik.
1945 zerstört; Reste später abgetragen.

Chemnitz Ende XIX. Jh., S. 27 f. Chemnitz 1911, S. 145 f.

Städtisches Realgymnasium (Reitbahnstraße). 1869 nach Plänen von R. Heyn in Dresden fertiggestellt. Langgestreckter, dreigeschossiger Putzbau mit vorgezogenem Mitteltrakt; dieser durch eine Renaissancearchitektur im Stile der Schule G. H. Nicolais betont. In der Aula Wandbilder von L. Gey 1891.
1945 zerstört. Ruine in den folgenden Jahren abgetragen.

Chemnitz Ende XIX. Jh., S. 99 f. Chemnitz 1911, S. 122

Karl-Marx-Stadt
Oben: Hoher Turm, nach der Zerstörung
Links unten: Altes Rathaus, nach der Zerstörung
Rechts unten: Nordseite des Marktes mit dem Turm des Alten Rathauses und dem Hohen Turm, Zustand um 1900

Reichsbank (Kronen-, Ecke Poststraße). 1885 nach den Plänen von Landbaumeister Temper und M. Hasak als dreigeschossiger Ziegel-Verblenderbau mit Sandsteingliederungen im Stile des florentinischen Quattrocento errichtet. Das Erdgeschoß mit Rundbogenfenstern und bossierter Rustikaarchitektur; dieselbe an den Gebäudeecken; abgeschlossen durch ein weit auskragendes Gesims.
1945 beschädigt. Im Zuge des Neuaufbaus der Innenstadt abgebrochen.
Chemnitz Ende XIX. Jh., S. 32 f. Chemnitz 1911, S. 149 ff.

Casino-Gebäude (Theaterstraße). Das Gesellschaftshaus errichtet 1886–1888 nach den Plänen von G. Weidenbach und A. Käppler als Sandsteinbau in den Formen der italienischen Hochrenaissance nach dem Vorbild Dresdner Bauten G. Sempers: Die Fassade, die der Krümmung der Theaterstraße folgt, ist beiderseits durch niedrigere Achsen mit Einfahrten von der benachbarten Reihenbebauung abgesondert; hervorgehoben sind entsprechend dem Palais Oppenheim von Semper die seitlichen der fünf Achsen. Das Erdgeschoß mit Rundbogenöffnungen rustiziert, die Rundbogenfenster des Obergeschosses durch Pilaster mit bekrönenden Dreieckgiebeln betont; Abschluß durch ein Kniestock und Balustrade über dem Hauptgesims.
1945 ausgebrannt. Ruinen später abgetragen.
Chemnitz Ende XIX. Jh., S. 116. Chemnitz 1911, S. 155 f.

Rathaus (Beckerplatz). 1889–1891 von Stadtbaurat E. Hechler als »neues« Rathaus errichtet. Dreigeschossiger Sandsteinbau von 15 Achsen mit vorgezogenem Mittelrisalit, dieser von einem Giebel im Stil des niederländischen Manierismus abgeschlossen. Bekrönung der Mitte durch einen Dachreiter.
1945 zerstört. Ruine in den folgenden Jahren abgetragen.
Chemnitz Ende XIX. Jh., S. 16. Chemnitz 1911, S. 66, Abb. S. 67

Central-Theater (Zwickauer Straße). 1901/02 von W. Lossow und H. Viehweger errichtet. Die repräsentative Fassade mit vorgezogenem, reich dekoriertem Mitteltrakt in Formen des Jugendstils. Zuschauerraum, Foyer, Bier-Restaurant und Café mit gediegener Jugendstilausstattung.
1945 zerstört. Ruine in den folgenden Jahren abgetragen.
Chemnitz 1911, S. 133 ff.

Hotel Stadt Gotha (Friedrich-August-Straße, Ecke Johannisplatz). Der 1902 erbaute viergeschossige Hotelkomplex zeigt Eckbetonungen durch Türme und Kuppeln; die Fassaden durch Risalite und Erker historistisch belebt; die Einzelformen jedoch im Jugendstil, insbesondere die hervorragend ausgestatteten und möblierten Innenräume mit Café, Weinstube, Billard- und Lesezimmer.
1945 zerstört. Ruine abgetragen.
Chemnitz 1911, S. 165 ff.

Opernhaus 1906–1909 von R. Möbius erbaut. Als Vorbild diente Sempers Dresdner Opernhaus, das hier ins Liebenswürdig-Neobarocke umgesetzt wurde.
1945 das Innere beschädigt. 1947–1951 in veränderter Form wiederaufgebaut.
Dehio 1966, S. 187

Kaufhaus Tietz 1912/13 von W. Kreis errichtet. Großer mehrgeschossiger Bau mit betonter Vertikalgliederung, an der Hauptfront zwei durch flache Dreieckgiebel bekrönte Pseudorisalite, Bauformen neoklassizistisch.
1945 ausgebrannt. 1958–1963 mit verändertem Erdgeschoß und wesentlichen Änderungen im Inneren als Warenhaus Zentrum wiederhergestellt.
Dehio 1966, S. 187

Links: Städtisches Realgymnasium und Central-Theater
Rechts: Schauspielhaus und Casino-Gebäude

Industriebauten

»Speersche« Spinnmühle (Stadtteil Erfenschlag). 1808 wohl von J. T. Lohse errichtet. Rechteckiger viergeschossiger Bau mit hohem Mansarddach, an den Ecken toskanische Dreiviertelsäulen. 1945 durch Bomben ausgebrannt. 1959 abgetragen.

W. Hentschel: Aus den Anfängen des Fabrikbaues, in: Wissenschaftl. Zeitschr. der TH Dresden 3, 1953/54, S. 345 ff. H. Richter: Letzte erhaltene Spinnfabriken vom Anfang des 19. Jahrhunderts in Erfenschlag und Harthau unter Denkmalschutz, in: Volksstimme, Karl-Marx-Stadt 1955, Nr. 277

»Beckersche« Baumwoll-Spinnerei (Straßburger Straße 6). 1811 errichtet. Rechteckiger fünfgeschossiger Bau mit Mansarddach; an der Langseite der Dachzone Giebelausbauten; Dachreiter. 1924 zu Wohnungen umgebaut.
1945 durch Bomben völlig zerstört. Reste später abgetragen.

W. Hentschel: Aus den Anfängen des Fabrikbaues, in: Wissenschaftl. Zeitschr. der TH Dresden 3, 1953/54, S. 345 ff.

Wohnbauten

Der Denkmalbestand an Wohnhäusern in der Innenstadt wurde 1945 vollständig zerstört. Die Ruinen wurden später abgetragen (lediglich die Fassade von Markt 20 konnte gerettet werden). Als charakteristische Beispiele seien genannt:

Brüderstraße 5 Zweigeschossiges Haus der ersten Hälfte des 18. Jh. Der vierachsige Bau mit schlichter Putzarchitektur. Im Satteldach späterer Dachausbau. An der Hofseite bemerkenswertes Portal. 1935 in schlechtem Zustand.

Brüderstraße 7 Das Türgewände des zerstörten Hauses im Schloßbergmuseum geborgen.

Brüderstraße 13 Dreigeschossiger Putzbau von vier Achsen. Im Satteldach Ausbau mit Giebel. Die profilierten Gewände des Obergeschosses weisen auf eine Entstehung im 16. Jh. hin. Nach Brand 1705 stark verändert.

Lohstraße 8 Zweigeschossiges Haus des 18. Jh. von 17 Achsen, im Erdgeschoß drei Segmentbogenportale. In der Mittelachse Dachausbau und Schweifgiebel. Im Satteldach Geschoßausbauten in ganzer Breite.

Von zerstörten Bürgerhäusern in der **Lohstraße** wurden folgende Architekturteile im Schloßbergmuseum geborgen: von Nr. 21 Torgewände, von Nr. 28 Türgewände, von Nr. 31 Türgewände und Schlußstein.

Holzmarkt 13 und 14 Zwei Wohnhäuser der ersten Hälfte des 16. Jh. Dreigeschossige Bauten von unregelmäßigen vier Achsen mit hohen Satteldächern. Bei Nr. 13 im ersten Obergeschoß profilierte Fenstergewände erhalten, Portal des 18. oder frühen 19. Jh. Bei Nr. 14 Erd- und erstes Obergeschoß verändert, profilierte Fenstergewände im zweiten Obergeschoß.

Kirchgäßchen 1 (Ecke Innere Klosterstraße). Agricolahaus. Nüchterner dreigeschossiger Neubau der ersten Hälfte des 19. Jh. Vier Achsen nach der Inneren Klosterstraße und vierzehn Achsen nach dem Kirchgäßchen.
Nach Zerstörung 1955 durch einen Neubau ersetzt. Nach dem Kirchgäßchen zu Portal vom Gasthof »Drei Schwanen« (Langestraße) eingefügt (dieser 1890 abgebrochen, das Portal seither am Städtischen Museum): Rundbogenportal mit Beschlagwerk und Rosetten; im Scheitel Engel, eine Kartusche haltend, bezeichnet 1673.

Innere Klosterstraße 3 (Ecke Kirchgäßchen). Zweigeschossiges Eckhaus, wohl 16.–19. Jh. Im Erdgeschoß Raum mit Kreuzgewölbe über toskanischer Säule, 16. Jh.

Innere Klosterstraße 5 Zweigeschossiges Haus des 16. Jh. von neun unregelmäßigen Achsen mit hohem Satteldach. Im Erdgeschoß rundbogiges Portal mit genuteter Rahmung, angeblich von 1604. In der Dreieckverdachung Halbfigur wohl Gottvaters; sonst Erdgeschoß verändert.

Innere Klosterstraße 19 »Goldener Helm«. In dem dreigeschossigen Bau von acht unregelmäßigen Achsen, der im 19. Jh. im wesentlichen neu gestaltet wurde, blieb erhalten ein Portal mit seitlichen Nischen, die muschelartig abschließen; am Bogen abwechselnd Beschlagwerkornament und Diamantquader, am Schlußstein bezeichnet mit Jahresangabe 1603.
Das Portal des zerstörten Hauses 1950 an die Schule von Reichenhain (Genossenschaftsweg 2) übertragen.

Karl-Marx-Stadt
Links oben: »Beckersche« Baumwoll-Spinnerei
Links unten: Johannisplatz (links Hotel Stadt Gotha und Casino-Gebäude)
Rechts oben: Innere Klosterstraße 3, Erdgeschoßraum mit Kreuzgewölbe
Rechts unten: Blick aus der Vorhalle der Jakobikirche in die Innere Klosterstraße

Markt

G. Laudeley: Eine Baugruppe von erlesener Schönheit am Markt, in: Chemnitzer Tageblatt 1944, Nr. 166

Nr. 8: Viergeschossiger Bau von sechs Jochen, die mittelsten zwei als Risalit leicht vorgezogen, im Erdgeschoß Durchfahrtsportal. Im ersten Obergeschoß Fenster durch Segmentbogenverdachungen und Bauschmuck unter den Sohlbänken ausgezeichnet; im zweiten Obergeschoß seitlich segmentbogig geschlossene Fenster; im Mittelrisalit über den Fenstern Bauschmuck. Die Fassade, bezeichnet 1744, wurde um 1880 verändert. Während ursprünglich nur der Mittelrisalit in das Mansarddach hineinragte, wurden nun auch die Rücklagen um ein Geschoß erhöht; ferner wurde der Bauschmuck beseitigt.

Inventar/Chemnitz, S. 37

Nr. 9: Dreigeschossiges Haus von sechs Achsen, zwei zu zwei geordnet, hohes Satteldach. 16. Jh., Fassade wohl im 18. Jh. verändert.

Nr. 14: Dreigeschossiges Eckhaus von sechs unregelmäßigen Achsen zum Markt. Satteldach nach der Brettgasse abgewalmt. Die Gewändeprofile sprechen für eine Entstehung des Hauses in der ersten Hälfte des 16. Jh. Erdgeschoßzone verändert.

Nr. 15: »Römischer Kaiser«. Stattliches viergeschossiges Haus von acht unregelmäßigen Achsen, hohes Mansarddach. Der Bau des 16. Jh. – von dem das Lukretia-Portal am Rathaus stammt – wurde im 18. Jh. aufgestockt, die Fenstergewände verändert. An der Hofseite Portal und polygonaler Treppenturm – wohl um 1550 – erhalten.

Inventar/Chemnitz, S. 37. Beitrag zu einer Häusergeschichte der Stadt Chemnitz, Vom Römischen Kaiser Markt 15, in: Chemnitzer Tageblatt 1903, Nr. 1. Bachmann Ms. 1958

Nr. 16: Stattliches viergeschossiges Haus von sieben Achsen, das korbbogige Portal außermittig. Satteldach 18. Jh. Im Erdgeschoß links vom Flur Raum mit Kreuzrippengewölben, wohl 15. Jh. Über der Eingangstür Oberlichtgitter, Mitte 18. Jh.

Inventar/Chemnitz, S. 35

Nr. 20: Siegertsches Haus. 1737–1741 von J. Ch. Naumann errichtet, die Figuren von J. D. Klöß. Viergeschossiger Bau von fünf Achsen, abgeschlossen von einem Dreieckgiebel vor flachem Satteldach. Die Fassade mit stark plastischem Ornament reich geschmückt. Im Inneren Stuckdecken.
Nach schwieriger statischer Sicherung der Fassade 1952 Wiederaufbau des vollständig zerstörten Hauses 1953/54.

Inventar/Chemnitz, S. 37. Zehn Jahre Denkmalpflege in der DDR, Berlin 1959, Taf. 110. G. Laudeley: Ein Denkmal bürgerlicher Baukunst des Barock, in: Chemnitzer Tageblatt 1944, Nr. 132. H. E. Scholze: Das Siegertsche Haus in Karl-Marx-Stadt, in: Sächsische Heimatblätter 7, 1961, S. 337 ff. Dehio 1966, S. 187

Karl-Marx-Stadt
Oben links und Mitte: Markt 20, Portal und Fassade des Mittelbaus, nach der Zerstörung
Rechts oben und unten: Markt 20, vor der Zerstörung und nach dem Wiederaufbau
Links unten: Markt, Zustand um 1930

Neumarkt 8 Dreigeschossiges Eckhaus der zweiten Hälfte des 18. Jh. mit sechs Achsen zum Neumarkt und hohem Mansarddach.

Neumarkt 29 Stattlicher spätklassizistischer Bau aus dem dritten Viertel des 19. Jh. Acht Achsen zum Neumarkt, dreizehn Achsen zum »Plan«, die mittleren zwei zum Markt hervorgehoben. Kranzgesims und flaches Satteldach.

Roßmarkt 4 Stattlicher dreigeschossiger Bau aus dem zweiten Viertel des 19. Jh. Fassade von zwölf Achsen, die mittleren vier als Risalit hervorgehoben. Hier gerade Verdachung über den Fenstern, ein Geschoß in den Bereich des Satteldaches hinaufgeführt, mit Dreieckgiebel abgeschlossen.

J. Meier: Ein stiller Winkel, Der Roßmarkt in der Zeiten Flucht, in: Chemnitzer Tageblatt vom 31. 7. 1928

Roßmarkt 5 Schlichtes dreigeschossiges Haus der ersten Hälfte des 19. Jh. von sechs Achsen; Fenster rundbogig, Erdgeschoßzone verändert.

Roßmarkt 9 und 10 »Hermannsche Häuser«, auch »Schützes Hof« genannt. Dreigeschossige Häuser von unregelmäßiger Achsteilung über unregelmäßigem Grundriß. Eine Folge von Höfen führt zur Langen Gasse. Im 15. Jh. Terminierhaus der Grimmaer Augustiner-Eremiten. Im Keller und Erdgeschoß von Nr. 10 gewölbte Räume, besonders reich das Netzgewölbe im Mittelraum mit Mittelstütze. In der Eingangshalle von Nr. 9 eine profilierte gewundene Säule als Stütze für Bögen, die Balkendecken tragen. Hier auch profilierte gestäbte Türrahmung des 15. Jh. und steinerne Treppe erhalten. Den Formen nach entstammen die Erdgeschosse dem 15. und 16. Jh. Folgende Architekturteile der 1949 abgetragenen Ruine wurden im Schloßbergmuseum geborgen: Gewände der Kellertreppenpforte, die gewundene Säule mit Bogenstücken; zwei Reliefplatten mit ornamentalem Schmuck.

J. Meier: Chronik eines alten Hauses, Das katholische Pfarrlehn am Roßmarkt, in: Chemnitzer Neueste Nachrichten 1927, Nr. 207. Bachmann Ms. 1958

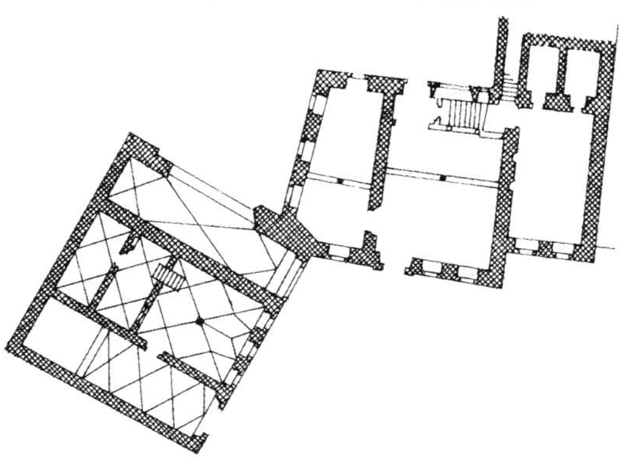

Mildenau (Kreis Annaberg)

Kirche Neubau 1834–1839 von Ch. F. Uhlig. Rechteckiger Putzbau mit vorgelegtem quadratischem Turm. Satteldach, über der Altarseite abgewalmt; der Turm mit Haube und Laterne. Seitlich sieben Achsen, die mittelste portikusartig durch toskanische Säulen hervorgehoben, die rückwärtigen drei Achsen ebenfalls durch Pilaster und Dreieckgiebel betont. Im Inneren rechteckiger Emporensaal von drei Geschossen. An einer Schmalseite korinthischer Portikus-Kanzelaltar, dahinter geschwungener Logenprospekt; gegenüber auf der zweiten Empore die Orgel.
Am 14./15. Februar 1945 durch Bombeneinwirkung bis auf die Umfassungsmauern samt dem Turm ausgebrannt; vernichtet auch die überlieferte Holzplastik. 1946–1956 Wiederaufbau auch der Inneneinrichtung und der Ausstattung im wesentlichen in den alten Formen; Turmform leicht verändert; Logenprospekt und Orgelempore ge-

Links oben: Karl-Marx-Stadt, Neumarkt 8 (links)
Rechts oben: Karl-Marx-Stadt, Roßmarkt 4 mit Saxonia-Brunnen
Links unten: Karl-Marx-Stadt, Roßmarkt 9 und 10, Grundriß der Erdgeschosse
Mitte und rechts unten: Mildenau, Kirche von Südosten und Inneres nach Osten

radlinig geführt. Ausmalung 1962. 1964 provisorische Schindel- durch Schieferdeckung ersetzt.

Sachsens Kirchengalerie 12, S. 191. Inventar/Annaberg, S. 82. Jacobikirche Einsiedel, Festschrift zur Wiederweihung der St. Jacobikirche Einsiedel am 18. September 1966

Plauen (Stadtkreis)

Der am Oberlauf der Weißen Elster an einer wichtigen Straßenkreuzung gelegene Ort wird 1122 erstmalig als offene Siedlung urkundlich genannt. Um 1220 wurde Plauen Stadt, als im Südosten der alten Ansiedlung sich der Deutsche Orden (Johanniskirche, 1122 geweiht, Komturhof) ansiedelte und jenseits des Syrabaches die Vögte ihren »Hradschin« errichteten. Nördlich der Johanniskirche ist der Markt mit dem Rathaus gelegen. Im Unterschied zu anderen sächsischen Städten bildeten das 17. und 18. Jh., dem wertvolle Baudenkmale entstammen (Lutherkirche, Häuser in der Nobelstraße, Weisbachsches Haus), keine so tiefgreifende Zäsur zwischen der Blütezeit im 16. Jh. und der Entwicklung zur Industriegroßstadt im 19. und 20. Jh.
Durch die Bombenangriffe 1944 und 1945, vor allem den am 10. April 1945, wurden weite Teile der alten Stadt völlig zerstört.

Inventar/Plauen. Bachmann 1954. Ludwig 1955. Plauen, Stadtbuch. Hdb. Hist. Stätten 8, S. 279 ff. Dehio 1966, S. 328 ff.

Kirchen und ehemals kirchliche Gebäude

St. Johanniskirche 1122 Weihe der Kirche Mariae und Johannis. Nach Übernahme durch den Deutschen Ritterorden 1224 Neubau als dreischiffige Pfeilerbasilika mit Vierung, Querhausarmen, Chor und einer westlichen Doppelturmfront. 1322 Einfügung der Grabkapelle der Vögte als siebenseitiger Zentralraum in den Winkel zwischen Chor und nördlichem Querhausarm, gleichzeitig Wölbung von Chor und wohl auch Vierung und Querhausarmen. 1430 Brand in den Hussitenkriegen. 1473 Einsturz des Nordturmes. Wiederaufbau um 1530. 1548 brannte die Kirche bis auf die Umfassungsmauern aus. Wiederaufbau bis 1556 unter Beibehaltung der Chorteile, der Westturmanlage und der Außenmauern der Querarme; Langhauswände herausgerückt. Ausbau als Hallenkirche von gedrückten Proportionen mit im Langhaus umlaufenden steinernen Emporen. 1635 Schäden durch Brand; Wiederaufbau von Dach und Türmen mit den geschweiften Hauben und Laternen. 1815 puristische Erneuerung des Innenraums. 1885 durchgreifende Restaurierung des Baues unter Löwe: Querhausarme verlängert, Herstellung einer einheitlichen Dachhöhe und Aufbau von Giebeln über dem platten Chorschluß und den Stirnseiten der Querarme. 1912/13 Innenerneuerung durch O. Gußmann.
Am 10. April 1945 durch Bomben Dach und Südturm zerstört; Schäden am Mauerwerk, vor allem am Gewölbe und an der Ausstattung. Wiederaufbau 1951–1963; 1959 Innenraum wiedergeweiht. Restaurierung der Dachformen des 16. Jh., Rekonstruktion der Turmhaube. Neuausmalung und Neuausstattung des Innenraums mit vorwiegend hierher übertragenem altem Kunstgut: figürliche Teile des Altars aus Neustädtel, Kanzel aus der Nikolaikirche in Görlitz, Taufstein aus dem Museum in Meißen; großes Kruzifix und Apostelfiguren (Anfang 17. Jh.) als Dauerleihgaben des Vogtländischen Kreismuseums aufgestellt.

Sachsens Kirchengalerie 11, S. 21 f. Inventar/Plauen, S. 52 ff. Bachmann 1954, S. 75 ff., 93 ff. Dehio 1966, S. 329 f.

Lutherkirche Bis 1883 Bartholomäuskirche, vorher Gottesackerkirche. 1693–1723 als zweitältester barocker Zentralbau in Sachsen erbaut. Rechteckiges Langhaus, im Norden und Süden 3/8-Konchen, 5/8-Chor im Osten und Dreiturmgruppe im Westen. Der Hauptturm mit achteckigem Aufsatz und Schieferhaube. Doppelgeschossige Emporen. Der vierflügelige Altar ist einer der bedeutendsten spätgotischen Altäre des mitteldeutschen Raumes und stand bis zur Einweihung der Kirche 1722 in der Thomaskirche in Leipzig. Er stammt von einem Erfurter Meister

Plauen
Oben: Blick vom Turm der St. Johanniskirche auf Altmarkt, Altes und Neues Rathaus
Links Mitte: St. Johanniskirche von Südwesten
Links unten: St. Johanniskirche von Nordwesten, während des Wiederaufbaus
Rechts unten: St. Johanniskirche, Inneres nach Osten, nach dem Wiederaufbau

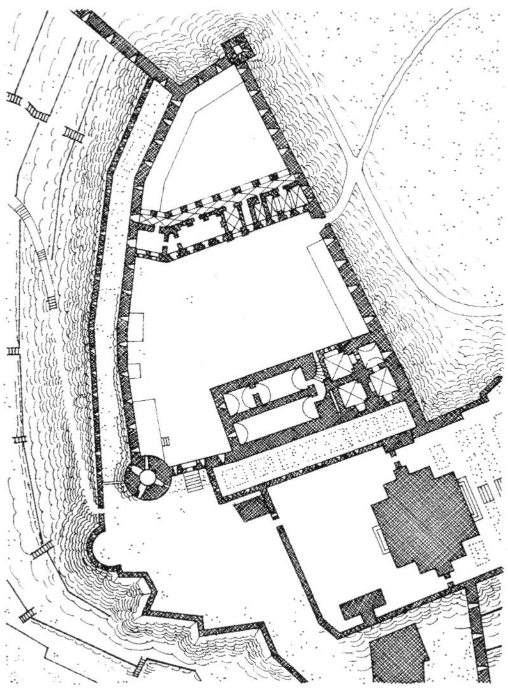

um 1500, der prunkvolle Renaissanceaufsatz von V. Silbermann. Hölzerne Taufe vom Ende des 17. Jh. (Dauerleihgabe des Vogtländischen Kreismuseums), zwei große Epitaphe aus der Mitte des 18. Jh.

1945 bei den Bombenangriffen am Dach beschädigt. Unmittelbar nach dem Krieg wieder instand gesetzt. Der Altar durch das Institut für Denkmalpflege restauriert.

Sachsens Kirchengalerie 11, S. 21, 189. Inventar/Plauen, S. 58. Bachmann 1954, S. 117 ff. Ludwig 1955, S. 14 f. Plauen, Stadtbuch, S. 79 f. Dehio 1966, S. 330 f.

Konventgebäude des Deutschen Ordens 1220 Ansiedlung des Deutschen Ordens in Plauen. Nordöstlich der Kirche liegt das langgestreckte Konventgebäude mit tonnengewölbtem Keller, Zwischengeschoß und zwei Hauptgeschossen; das Satteldach mit Zwerchhäusern. Die Architekturformen der Keller und des teilweise gewölbten Untergeschosses weisen auf das 14. bzw. den Anfang des 15. Jh. Das Obergeschoß wurde nach der Umwandlung des Baues zur Lateinschule und zur Superintendentur in der Mitte des 16. Jh. grundlegend verändert. Die Zwerchhäuser entstanden nach einem Brand 1635.

1945 bis auf einige Umfassungsmauern zerstört. 1965–1967 Enttrümmerung und Sicherungsarbeiten am Mauerwerk. 1968/69 Sicherung und Abdeckung des südlichen Teiles mit Beton.

Inventar/Plauen, S. 56 f. Bachmann 1954, S. 80 ff.

Kantorei und Kirchnerei Ehemals Haus des Komturs. Gebäudegruppe an der Stadtmauer südwestlich der Johanniskirche. Das über etwa quadratischem Grundriß zweigeschossige Kantoratsgebäude stammt von einem Umbau um 1670. Die massiven gewölbten Keller noch mittelalterlich.

1945 bis auf die Umfassungsmauern zerstört. Ruine später abgetragen, erhalten nur die Pforte und wenige anschließende Stadtmauerteile.

Bachmann 1954, S. 88 ff.

Hospital St. Elisabeth 1332 gegründet, auf dem Werder zwischen Mühlgraben und Elster an der Elsterbrücke gelegen. Zweigeschossiges, rechteckiges Gebäude mit der Schmalseite an die Brücke anschließend. Im Erdgeschoß gotische Bauformen, vielleicht von der historisch zu belegenden Kapelle. Nach Brand 1548 mit Renaissancegiebeln versehen, diese später vereinfacht.

1945 bis auf die Umfassungsmauern zerstört. Ruine 1949 abgetragen.

Bachmann 1954, S. 36 f.

Öffentliche Bauten und ehemalige Befestigungsanlagen

Schloß der Vögte Etwa dreieckige Burganlage auf einem Bergsporn über der Einmündung der Syra in die Elster. Die in der Mitte des 13. Jh. angelegte und mehrfach veränderte Burganlage wurde 1430 und 1548 durch Brand zerstört. Von der mittelalterlichen Substanz blieben »Gritzners Turm«, ein sechzehneckiger Turm, Wehrmauern und Mauern vom Kornhaus von etwa 1500 erhalten. Wiederaufbau 1670–1675 als Schloß des Herzogs Moritz von Sachsen-Zeitz; im 19. und 20. Jh. durch Umbauten entstellt. Aus dem 17. Jh. erhalten das »obere Haus« oder Fürstenhaus, ein langgestreckter dreigeschossiger Bau mit Arkadengang an der Nordseite und der Unterbau des Nordturmes.

Diese Bauteile wurden am 10. April 1945 bis auf die Umfassungsmauern zerstört. 1954/55 »Roter Turm« wieder mit einem Dachabschluß versehen, der aber von dem 1945 abgebrannten, von 1718 stammenden, abweicht.

Inventar/Plauen, S. 60. Bachmann 1954, S. 51 ff. Dehio 1966, S. 331

Dobenaugut Erste Erwähnung 1529–1540 als Meierhof der Burganlage Dobenau. Rechteckiger Bau mit Fachwerkobergeschoß und Renaissanceportal. Zur Anlage gehörten weiterhin ein Stall mit gewölbten Stallgängen aus dem 18. Jh. und eine Scheune.

1945 zerstört.

Bachmann 1954, S. 48 f.

Nonnenturm Rundturm mit spitzem Kegeldach. Einziger erhaltener Eckturm der ehemaligen Stadtbefestigung mit Eckbastion aus der ersten Hälfte des 13. Jh. Name nach dem Regelhaus der Beginen, urkundlich am Ende des 14. Jh. erstmalig erwähnt, 1536 zum erstenmal »Nonnenturm« genannt.

1945 stark beschädigt. In den fünfziger Jahren wiederaufgebaut und restauriert. Die Bastion wurde im Frühjahr 1962 wegen Baufälligkeit abgetragen (Umfang in der Straßenpflasterung markiert).

Inventar/Plauen, S. 50. Bachmann 1954, S. 27. Ludwig 1955, S. 12. Plauen, Stadtbuch, S. 79

Plauen
Schloß der Vögte, Grundriß vom Zustand um 1700 und Ansichten um 1870

Altes Rathaus Urkundlich erstmalig 1382 erwähnt; wohl schon um 1300 erbaut. Im Neubau von 1508 Reste dieses Altbaus erhalten. Die Formen der spätgotischen Vorhangbogenfenster und der Balkendecken im Anschluß an die Albrechtsburg in Meißen. Nach dem Brand von 1548 Wiederaufbau des Südgiebels (Renaissance) mit abgetreppten, übereinandergestellten Pilasteranordnungen auf dem spätgotischen Unterbau. Der Südgiebel trägt als Hauptschmuck und Mittelstück eine große Kunstuhr mit beweglichen Figuren (Löwen, nackte Männer, Mondkugel), die der Meister Puhkaw aus Hof lieferte. Der für 1830 geplante Abriß unterblieb glücklicherweise. 1912 wurde das Alte Rathaus erneuert und ein neuer Laubenvorbau mit Freitreppe angesetzt.
1945 durch Bomben am Dach schwer beschädigt, Mauerwerk teilweise aufgerissen. 1950 Restaurierung, Freilegung und Erneuerung der bemalten Balkendecken. 1970 Erneuerung des Südgiebels und der Kunstuhr.

Inventar/Plauen, S. 60 ff. Bachmann 1954, S. 129 ff. Ludwig 1955, S. 46 ff. Plauen, Stadtbuch, S. 97 ff. Dehio 1966, S. 331

Kreisschulhaus (Schulberg 4). 1797/98 als Doppelwohnhaus des Kaufmanns Landrock errichtet; 1815 als Vogtländisches Kreisschulhaus umgebaut. Dreigeschossiger Putzbau über spitzwinkligem Grundriß. Die Straßenseite als Schaufassade ausgebildet: neun Achsen, die mittleren drei durch einen Risalit hervorgehoben; flaches Satteldach. Das Erdgeschoß genutet, über den vier Türen in Rundbogenfeldern vier Reliefs mit sitzenden weiblichen Figuren, umgeben von Putten und Emblemen. Die Obergeschosse nur durch Putzfelder gegliedert. Der Mittelrisalit durch eine Attika bekrönt, darauf eine girlandengeschmückte Kartusche, seitlich davon Putten. Die Fassade stilistisch ähnlich der Fassade Nobelstraße 13.
1945 bis auf die Umfassungsmauern zerstört. 1953 Ruinen abgebrochen.

Inventar/Plauen, S. 65. Bachmann 1954, S. 100

Bürgerschule (Syrastraße). 1838–1841 möglicherweise nach Entwurf von F. E. Conrad errichtet. Dreigeschossiger Putzbau von 15 Achsen an der Vorderfront, die mittleren sieben als Risalit hervorgehoben, an den Seiten abgewalmtes Satteldach. Im genuteten Erdgeschoß Rundbogenfenster, die Obergeschosse durch Gurtgesimse in Sohlbankhöhe der Fenster voneinander getrennt. Der Mittelrisalit durch einen Dreieckgiebel abgeschlossen.
1945 schwer beschädigt. 1948 aus Verkehrsrücksichten abgetragen.

Bachmann 1954, S. 152 f.

Wohnbauten

Von den zahlreichen, meist schlichten Wohnhäusern, die 1945 zerstört oder beschädigt wurden, seien genannt:

Bleichstraße Weisbachsches Haus, 1777/78 als Wohnhaus und Kattundruckerei erbaut, 1790 erweitert. Dreigeschossiger Putzbau, bestehend aus einem langgestreckten Südtrakt und einem im rechten Winkel anschließenden Westtrakt; Mansarddach. Die Südfront von 24 Achsen, gegliedert durch zwei fünfachsige Risalite, die in die Zone des Mansarddaches reichen und von geschweiften Giebeln abgeschlossen sind. In den Risaliten Portalanlagen mit übereck gestellten Pilastern. Die durch ein Gurtgesims vom Erdgeschoß abgehobenen Obergeschosse durch Putzarchitektur gegliedert. Die elfachsige Westfront in entsprechender Weise mit nur einem Risalit ausgebildet. Das Erdgeschoß gewölbt.

1945 durch Bomben mittelstark beschädigt. Nur provisorisch wiederhergestellt.

Bachmann 1954, S. 154 ff. W. Hentschel: Aus den Anfängen des Fabrikbaues in Sachsen, in: Wissenschaftl. Zeitschr. der TH Dresden 1953/54, S. 345 ff. Dehio 1966, S. 331 f.

Kirchplatz 8 Über mittelalterlichen Kellern Ende des 18. Jh. neu erbaut. Dreigeschossiger Putzbau von sieben Achsen an der Front mit Walmdach. Die drei Mittelachsen innerhalb der schlichten, aber wirkungsvollen Putzarchitektur hervorgehoben, darüber Dachausbau, der durch einen Dreieckgiebel abgeschlossen ist.
1945 zerstört. Später Ruine abgetragen und Keller verfüllt.

Bachmann 1954, S. 175

Nobelstraße 9–13 Nr. 9 Wohn- und Geschäftshaus des Baumwollwarenhändlers Baumgärtel, 1787–1789; Nr. 11 Festsaaltrakt, nach 1790; Nr. 13 Wohn- und Geschäftshaus des Kaufmanns Kanz, 1795; Nr. 9–11 seit 1923 Vogtländisches Kreismuseum, Nr. 13 seit 1951. Die Häusergruppe ist durch die reichen stuckverzierten Fassaden im Stil des Louis-seize wie auch durch die teilweise ebenfalls stuckierten Innenräume, insbesondere den Festsaal, ausgezeichnet.
Nr. 9 dreigeschossiges Haus von sieben Achsen, die mittelsten drei als Risalit vorgezogen und mit Dreieckgiebel abgeschlossen, Mansarddach.
Nr. 11 als zweigeschossiger Festsaaltrakt mit zwei größeren Geschoßhöhen in der Fassadenausbildung von Nr. 9 abgesetzt, im Grundriß aber Einbeziehung dieses Traktes, vor allem in bezug auf die rückwärtige Hofanlage.
Nr. 13 zweigeschossiges Haus von neun Achsen, die mittelsten drei als Risalit vorgezogen, der im Bereich des Mansarddaches um ein Geschoß erhöht ist. Die äußersten Achsen als Seitenrisalite ausgebildet, mit Dreieckgiebeln abgeschlossen. Rückwärtig ein rechteckiger Hof.
1945 Bombenschäden, Dächer und Fenster weitgehend zerstört; Südwestflügel (Hofseite) zerstört. Hintergebäude in seinem südlichen Teil stark zerstört. Wiederaufbau des Hauptgebäudes 1947–1952, eines Teiles des Nebengebäudes 1961. 1970 Erneuerung der Fassaden.

Inventar/Plauen, S. 65. Bachmann 1954, S. 165 ff. Dehio 1966, S. 331

Straßberger Straße 13 (Ecke Teichgasse). Schlichter zweigeschossiger Putzbau vom Ende des 18. Jh. Front von sechs Achsen, Satteldach zur Teichgasse abgewalmt. Im Inneren Architekturelemente des Rokoko; besonders bemerkenswert die Stuckdecke in einem Raum des ersten Obergeschosses.
1945 beschädigt. Später repariert.

Inventar/Plauen, S. 65. Bachmann 1954, S. 172. Dehio 1966, S. 332

Plauen
Oben: Altes und Neues Rathaus von Südosten
Unten: Bleichstraße, Weisbachsches Haus

Schneeberg (Kreis Aue)

St. Wolfgangskirche Unter Einbeziehung der Westwand und des Turmes eines Vorgängerbaus von 1474–1478 Neubau als Hallenkirche 1515 bis etwa 1540. Die Pläne von H. Meltwitz (Hans von Torgau), 1521 Außenmauern fertiggestellt; 1526 Gewölbe geschlossen; Weiterbau durch F. Lobwasser. 1536/37 arbeitet W. Riediger an den Emporen. 1539 Altar aus der Werkstatt L. Cranachs aufgestellt. 1673–1676 und nach Brand 1719 in den Jahren 1751–1753 Turm erhöht. Im 17. und 18. Jh. mit reicher barocker Ausstattung versehen. – Dreischiffige Halle von fünf quadratischen Jochen, der Chor nicht ausgesondert; Ostschluß des Hallenraumes als flaches Polygon mit achsialem Wandpfeiler. Den Raum umläuft eine Empore über Bogen, die zwischen die Wandpfeiler eingespannt sind. Im Norden Sakristeianbau und Vorhalle. Das Gewölbe als gleichmäßiges Netz von Knickrippensternen mit Scheitelmaschen ausgebildet. Die St. Wolfgangskirche ist das hervorragende Beispiel für die Konsequenz der Entwicklungstendenz innerhalb der Gruppe der spätgotischen Hallenkirchen in Obersachsen in Richtung auf eine möglichst regularisierte räumliche Gliederung.
Am 19. April 1945 brannte die Kirche infolge eines Fliegerangriffes aus, die Gewölbe stürzten später ein. Einige Ausstattungsstücke, vor allem die Altarbilder, wurden gerettet. Seit 1945 Enttrümmerung. Bis 1952 Rekonstruktion des Turmes. 1952 Architekturwettbewerb für den Wiederaufbau in modernen Formen. 1955–1959 Aufbau der Stahlkonstruktion des Daches. Umfassungsmauern durch einen Stahlbeton-Ringanker statisch gesichert. Dadurch und durch Wiedereinbau der Emporenbogen wurde die Rekonstruktion des ursprünglichen Zustandes statisch ermöglicht. 1961/62 Sicherungsarbeiten am Gewölbe des Raumes über der Sakristei. Wiederherstellung der Wandpfeiler; 1963 Beginn der Versetzung der Emporenbrüstungen; 1965–1968 Aufbau der

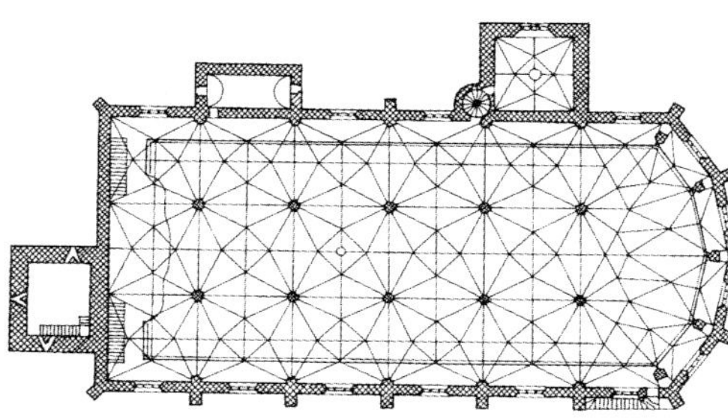

Pfeiler. Arbeit an den Gewölbeanfängern. Die Wiederherstellung findet mit der 1976 begonnenen Einwölbung in der ursprünglichen Form ihren Abschluß.

Sachsens Kirchengalerie 8, S. 163 ff. Inventar/Schwarzenberg, S. 29 ff. Neue Kirchengalerie, Ephorie Schneeberg, S. 37 ff. Dehio 1966, S. 372 f. Denkmale der Geschichte und Kultur, ihre Erhaltung und Pflege in der DDR, Berlin 1969, S. 218. R. Zießler: Die Wolfgangskirche zu Schneeberg (Christliches Denkmal 81), Berlin 1971

Schneeberg, St. Wolfgangskirche
Links: Inneres mit Blick zum Altar und nach Nordwesten
Oben und rechts: Brand der Kirche 1945; Inneres nach der Zerstörung
Mitte unten: Grundriß

Ehemaliges Fürsten- oder Bachsches Haus (Ernst-Schneller-Platz 4). 1721 errichtet. Zweigeschossiger Putzbau von neun Achsen, die mittleren drei als Risalit behandelt und mit Pilastergliederung, Stuckornament und Giebelaufsatz hervorgehoben; Mansarddach.
Am 19. April 1945 ausgebrannt. 1946 Sicherungsarbeiten. Wiederaufbau 1954–1957, dabei Abbruch und Rekonstruktion des Giebels notwendig. Das schlichte, ebenfalls zerstörte Nachbarhaus Nr. 3 in maßstabgebundenen Formen wiederaufgebaut.
Inventar/Schneeberg, S. 56. Dehio 1966, S. 374

Thum (Kreis Zschopau)

Stadtkirche St. Anna Einschiffiger Raum mit gleich breitem, wohl spätgotischem Chor mit 3/8-Schluß. Satteldach mit Dachreiter. Im Inneren flach gedeckt. Der Innenraum von der Erneuerung 1702/03 geprägt.
In der Nacht vom 14. zum 15. Februar 1945 bis auf die Umfassungsmauern zerstört, die Ausstattung vernichtet. 1946–1951 Wiederaufbau unter Verwendung der Umfassungsmauern; der Turm an der Nordseite neu errichtet. Als Ausstattungsstücke Altaraufbau aus Thierbaum (Kreis Grimma) wiederverwendet.
Sachsens Kirchengalerie 12, S. 146. Inventar/Annaberg, S. 90. Gedenkblatt zur Weihe der wiederaufgebauten Stadtpfarrkirche St. Annen in Thum, 1951. Dehio 1966, S. 399

Wechselburg (Kreis Rochlitz)

Stiftskirche Gründung des Augustiner-Chorherrenstiftes vor 1168, die Kirche erbaut um 1160 bis 1180. Einbau des Lettners um 1230; Langhauswölbung 1474. Umbau als Schloßkirche 1683/84. Restaurierung 1871–1884. Kreuzförmige Pfeilerbasilika, die Ostteile mit drei Apsiden. Im Westen Turmfront, nicht vollständig überliefert. Im Norden des Langhauses Vorhalle vor dem Doppelportal. Wegen ihrer Erhaltung und ihres ausgezeichneten Bauschmucks einer der wichtigsten Großbauten romanischer Architektur östlich der Saale. Der Lettner mit seinem Skulpturenschmuck und der ihn bekrönenden Kreuzigungsgruppe gehört zu den wesentlichsten Werken der deutschen Kunst des 13. Jh.
In den letzten Kriegstagen 1945 durch Munitionssprengungen an der Dachhaut schwer beschädigt. In der Folge Schäden an der Ausmalung des 19. Jh. 1946 notdürftige Dachdeckung. Gesamtrestaurierung seit 1953. 1962 noch nicht fertiggestellt, wieder in Nutzung genommen. 1965 Außenputz und Farbigkeit wiederhergestellt.
Inventar/Rochlitz, S. 97 ff. H. J. Krause: Die romanische Stiftskirche in Wechselburg, Phil. Diss. der Universität Leipzig 1962. Dehio 1966, S. 411 ff. E. Hütter und H. Magirius: Bericht über Putz- und Farbuntersuchungen an der Stiftskirche zu Wechselburg, als Manuskript gedruckt, 1967. H. Küas und H. J. Krause: Die Stiftskirche zu Wechselburg, 1. Teil Ergebnisse der Grabungen und Bauuntersuchungen, Corpus der Romanischen Kunst im Sächsisch-Thüringischen Gebiet A Bd. II, 1, Berlin 1968. H. J. Krause: Die Stiftskirche zu Wechselburg, 2. Teil Baugestalt und Baugeschichte, Corpus der Romanischen Kunst im Sächsisch-Thüringischen Gebiet A Bd. II, 2, Berlin 1972

Zwickau (Stadtkreis)

Aus einem 1118 genannten slawischen Dorf entwickelte sich am Übergang über die Mulde im 12. und frühen 13. Jh. stufenweise die Stadt, deren Blütezeit im 15. und 16. Jh. an den Baudenkmälern (Marienkirche, Katharinenkirche, Gewandhaus, Schloß Osterstein, Bürgerhausbauten) abzulesen ist. Nach Jahrhunderten des Stagnierens (17. und 18. Jh.) entwickelte sich Zwickau im 19. und frühen 20. Jh. zur Industriestadt vor allem auf der Grundlage des Steinkohlenbergbaus. Die Innenstadt erhielt in bestimmten Bereichen City-Charakter (Markt, Hauptstraße).
Durch den Bombenangriff vom 19. März 1945 wurde außer der Marienkirche Denkmalsubstanz nur im östlichen Teil der Innenstadt in Mitleidenschaft gezogen, deren Charakter als Bürgerstadt des 16. Jh. aber im wesentlichen erhalten blieb.
Inventar/Zwickau. Hdb. Hist. Stätten 8, S. 380 ff. Dehio 1966, S. 444 ff.

Marienkirche Nach 1206 als Pfarrkirche der Marienvorstadt gegründet. Turmuntergeschoß und seine beiden Seitenhallen nach 1380. 1453–1470 Errichtung eines Hallenumgangschores. 1476 bis 1483 Umgestaltung der Westpartie: Anfügung weiterer seitlicher Kapellen durch N. Eichhorn. Vollständiger Neubau des Langhauses durch P. Harlaß (1505–1507) und C. Teicher (1507 bis 1537); Baubeginn mit der Sakristei 1506, Nordwand 1513, Südwand 1524 vollendet; Gewölbe und Westempore 1535–1537. Änderung des Chores unter N. Hofmann 1563–1565. Der durch seine langwährende Bauzeit, die Übernahme jeweils älterer Bauteile und die Rezeption verschiedener künstlerischer Anregungen sehr unregelmäßige Bau zeichnet sich durch schmuckreiche Außenarchitektur, im Inneren durch die gelagerten Proportionen der breiten Schiffe aus. Wertvolle Innenausstattung des 15.–17. Jh.

Oben: Schneeberg, St. Wolfgangskirche, Inneres nach teilweiser Wiederherstellung
Rechts unten: Schneeberg, Ehemaliges Fürsten- oder Bachsches Haus
Links unten: Wechselburg, Stiftskirche von Osten, nach der Beschädigung

Am 19. März 1945 durch eine südlich der Kirche einschlagende Luftmine Schäden an folgenden Bauteilen: die Wendeltreppe an der Südostecke des Langhauses zerstört; im Inneren die daran anschließende Empore samt Brüstung beschädigt; wesentliche Schäden an der Außenarchitektur der Südseite; Schäden an Dachhaut und Fenstern sowie an Epitaphien im Südschiff. 1945/46 Ausbesserung des Kirchendaches und Notverglasung. Seit 1951 Rekonstruktion der spätgotischen Architektur und des Treppenhauses, 1956 im wesentlichen beendet. In den folgenden Jahren nicht kontinuierliche Instandsetzungsarbeiten an der Südfront.

Sachsens Kirchengalerie 8, S. 191 f. Inventar/Zwickau, S. 80 ff. Neue Kirchengalerie, Ephorie Zwickau, S. 71 ff. K. Weißbach: Die Marienkirche zu Zwickau, Zwickau 1922. M. Vater: Über einige Erneuerungsarbeiten im Dom, in: Pulsschlag, Kulturleben in Zwickau, März 1956. Dehio 1966, S. 445 ff.

Von den beim Bombenangriff am 19. März 1945 zerstörten Wohnhäusern, deren Ruinen später beseitigt wurden, seien genannt:

Hauptmarkt 20 (Stadthaus 3). Gut proportionierter spätklassizistischer Putzbau von drei Geschossen; Hauptschauseite zum Markt, Seitenfassaden zur Burgstraße und zum Alten Steinweg; flaches Walmdach. In der Hauptschauseite seitlich je zwei Achsen hervorgezogen, in der mittleren Rücklage sechs Fensterachsen, zwei zu zwei gekoppelt. Im Erdgeschoß stichbogige Tür, im ersten Obergeschoß in der Rücklage ein Balkon. Im Inneren Reste eines Frührenaissanceportals.

Inventar/Zwickau, S. 147

Hauptmarkt 23 In der Fassade des mehrfach veränderten, aber auf das 16. Jh. zurückgehenden Hauses mit hohem Satteldach vier Tonmedaillons von etwa 1540 angebracht; sie stellen Porträts von Luther, Melanchthon, Friedrich dem Weisen und Philipp von Hessen dar.

Medaillons in Bruchstücken im Museum geborgen. An der Stelle des Gebäudes Neubau.

Inventar/Zwickau, S. 147

Burgstraße 1 Zweigeschossiges Haus von unregelmäßiger Achsteilung; hohes Satteldach. Die sich an den Ecken überschneidenden Profile der Fenstergewände im Obergeschoß weisen auf eine Entstehung des Hauses um 1500. Im Erdgeschoß rundbogiges Portal mit Rokokotür.

Burgstraße 2 Zweigeschossiges Haus von unregelmäßiger Achsteilung; hohes Satteldach. In der stark veränderten Fassade original das rundbogige Portal des 16. Jh.

Burgstraße 8 In der Fassade des schlichten zweigeschossigen Hauses mit hohem Satteldach spätgotisches, gestäbtes Sitznischenportal.

Inventar/Zwickau, S. 147

Burgstraße 10 Im 19. Jh. umgestaltetes Haus. Das Sitznischenportal mit Frührenaissance-Ornamenten im Bogen und in den Zwickeln.

Zwickau
Oben links: Marienkirche, Südseite des Chor-Langhauses
Oben Mitte und rechts: Hauptmarkt 23 und Burgstraße 8
Mitte: Portale von Burgstraße 1 und 10
Unten: Hauptmarkt 20 und Burgstraße 1

Bezirk Erfurt

Arnstadt (Kreis Arnstadt)

Ruine Neidecksburg Vom ehemaligen Wasserschloß noch der runde Bergfried; der Renaissanceumbau als Vierflügelanlage durch den niederländischen Baumeister G. van Mere 1553 bis 1566 nur in Resten erhalten.
Beim Bombenangriff am 6. Februar 1945 der östliche Treppenhausanbau des Turmes mit Wendeltreppe schwer beschädigt.

Inventar/Sondershausen 2, S. 40 f. Dehio/Mitteldeutschl., S. 15 f. B. Kühn: Die Reste des stolzen Schlosses Neideck, in: Unsere Heimat 4, 1937, S. 34 f. G. W. Hoßfeld und H.-G. Schnitzer: Ein Arnstädter Wahrzeichen, Die Ruine Neideck, in: Unsere Heimat 4, 1937, S. 69 f.

Rathaus (Markt, Ecke Ledermarkt). 1583–1585 Neubau von Ch. Junghans. Repräsentativer dreigeschossiger Baukörper mit besonderer Giebelbetonung durch Beschlagwerkgliederung und Glockenturm. Am Uhrengiebel die Figuren eines Wilden Mannes und einer Wilden Frau, darunter in Nischen die Statuen des Bonifatius und der Maria von etwa 1370/80.
Beim Bombenangriff am 6. Februar 1945 schwer beschädigt, östlicher Giebel nach der Marktseite im Bereich über der Uhr zerstört. Instand gesetzt und das ganze Gebäude restauriert.

Inventar/Sondershausen 2, S. 41 f. Dehio/Mitteldeutschl., S. 16

Marktplatz-Ostseite mit Markt 14, 15 und Ledermarkt 1. Nach dem Brand von 1581 einheitlicher Wiederaufbau der Ostseite des Platzes mit zweigeschossigen Gebäuden. Die verschieferten Obergeschosse auf gleichgestalteten Renaissancesäulen ruhend, damit entstand die sogenannte Galerie. Die Satteldächer teilweise mit Dachausbauten.
1945 durch Beschuß die Häuser Markt 14 und Ledermarkt 1 schwer, Markt 15 total zerstört. Markt 14 instand gesetzt und mit Notdach versehen; Reste von Markt 15 beräumt, 1974 Wiederaufbau; Ledermarkt 1 ebenfalls wiederaufgebaut. Alle zerstörten Säulen als Kopien erneuert.

Inventar/Sondershausen 2, S. 44. Dehio/Mitteldeutschl., S. 16. E. Meiland: Vom Markt zum Ried, Eine Betrachtung historischer Wahrzeichen unserer Stadt, in: Kulturspiegel Arnstadt 1959, 9, S. 6 f.

Weitere in Arnstadt in Mitleidenschaft gezogene Gebäude: Liebfrauenkirche, Oberkirche (Franziskanerkirche), Gottesackerkirche, Prinzenhof.

E. Baumberg: Alt-Arnstadt, Eine Wanderung durch die Stadt vor 70 Jahren, Arnstadt 1894. Dehio/Mitteldeutschl., S. 13 ff. Das schöne Arnstadt, Führer durch die Stadt und ihre Umgebung, Arnstadt 1935. Das 1250jährige Arnstadt, Ein Führer durch die Stadt, ihre Geschichte und ihre Kultur, Arnstadt 1954. Hdb. Hist. Stätten 9, S. 18 f. Reisehandbuch »Thüringer Wald«, Berlin–Leipzig 1977, S. 197 f.

Arnstadt
Oben: Rathaus, Giebelfront, nach der Wiederherstellung
Unten links: Marktplatz-Ostseite, Galerie, vor und nach der Zerstörung
Unten rechts: Marktplatz-Ostseite, nach dem Wiederaufbau

Brüheim (Kreis Gotha)

Edelhof Winkelförmige Baugruppe. Hauptflügel als zweigeschossiger Fachwerkbau mit Satteldach. Ausstattung im Inneren mit bemalten Türen, Stuckdecken etc. aus dem Jahre 1747.
1945 östlicher Teil des Wohnflügels durch Bomben zerstört. Anschließend Sicherung des Bestandes: neuer Giebel, Krüppelwalmdach, Verputz des Erdgeschosses. 1968 der Außenbau instand gesetzt.

Inventar/Gotha-Wangenheim, S. 103. Akten im Institut für Denkmalpflege, Arbeitsstelle Erfurt

Creuzburg (Kreis Eisenach)

Der Ursprung Creuzburgs läßt sich bis in die karolingische Zeit zurückverfolgen; für das 11. Jh. ist eine Marktsiedlung mit Marienkirche um den Burghügel bezeugt (1266 »antiqua civitas«). 1170 erwarben die Thüringer Landgrafen Creuzburg und die Werrafurt als wichtiges Verbindungsglied zu ihren thüringischen und hessischen Besitzungen; Ausbau der Burg zur Nebenresidenz. Landgraf Hermann I. veranlaßte 1213 die Gründung der »neuen« Stadt als regelmäßige, ummauerte Anlage und verlieh ihr Stadtrecht, Siegel und Wappen. Seit 1215 Bau der Nicolaikirche, seit 1225 die steinerne Werrabrücke angelegt. Unter den Wettinern mit ihren häufigen Landesteilungen ging die Bedeutung der Stadt zurück, Creuzburg blieb jedoch Sitz eines Amtes. Zwischen 1741 und 1920, der Gründung des Landes Thüringen, gehörte die Stadt zum Großherzogtum Sachsen-Weimar-Eisenach. Trotz zahlreicher Verheerungen im 13. Jh., im Dreißigjährigen Krieg, 1765 und 1782 hatte sich ein reicher Denkmalbestand erhalten.
Am 1. April 1945 wurde Creuzburg durch Artilleriebeschuß fast vollständig vernichtet. Über 326 Häuser, 203 Ställe und 99 Scheunen wurden durch Granaten zerstört oder fielen den Flammen zum Opfer. Von vielen Gebäuden blieben nur Reste erhalten. Besonders schwer betroffen wurden die Nicolaikirche und die Gebäude um den Markt und Am Plan, die Creuzburg erlitt nur geringe Beschädigungen.

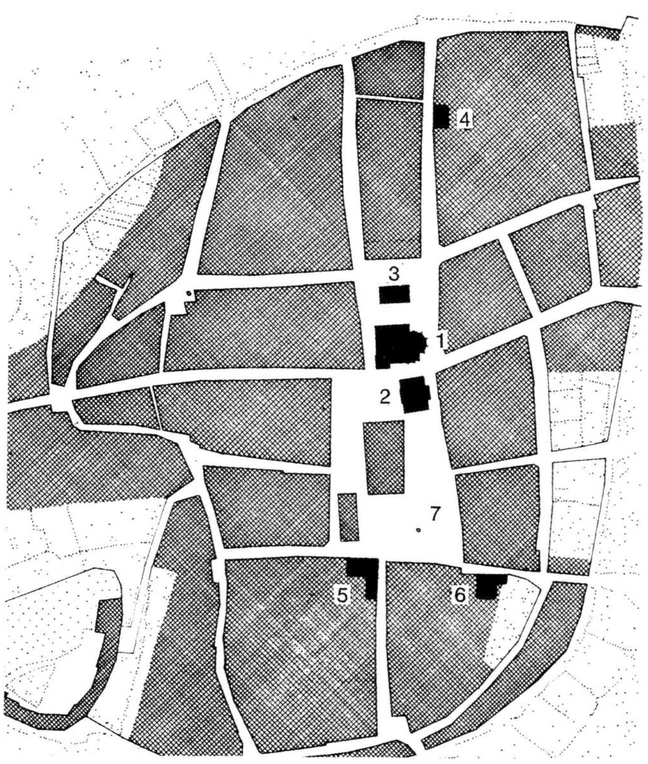

W. Rein: Bauwerke der romanischen Zeit an dem mittleren Lauf der Werra, in: Zeitschr. des Vereins für Thüringische Geschichte und Altertumskunde 2, 1857, S. 109 f. W. Rein: Archäologische Wanderungen, Die an der Werra gelegenen Ämter Creuzburg, Gerstungen, Tiefenort und Vacha, in: Zeitschr. des Vereins für Thüringische Geschichte und Altertumskunde 4, 1861, S. 397 f. Inventar/Eisenach-Landorte, S. 400 f. K. Langlotz: Die Creuzburg, Eisenach 1941. H. Schwerdt: Kreuzburg an der Werra, in: Thüringen und der Harz 8, 1945, S. 7 f. Festschrift anläßlich der 750-Jahrfeier der Stadt Creuzburg/Werra, Eisenach 1963, S. 32. Hdb. Hist. Stätten 9, S. 70 f.

St. Nicolaikirche Um 1215 Bau der romanischen Pfeilerbasilika von queroblongem Grundriß mit großem Apsidialchor (bedeutendstes Beispiel eines erhaltenen romanischen Apsidialchores in Thüringen) sowie äußerer und innerer Wandgliederung. Chorflankentürme, Sakristei an der Chorsüdwand. 1428 Turmbau im Südwesten der Kirche. Gleichzeitig gotischer Umbau durch Einbruch von größeren Fenstern an der Südwand sowie im Westgiebel, ebenso am Chor, der außerdem Strebepfeiler zwischen den Bogengliederungen erhielt. 1523 Aufsatz des hohen

Creuzburg
Oben: Luftaufnahme der Stadt
Links unten: Stadtgrundriß, 1 St. Nicolaikirche, 2 Markt mit Rathaus, 3 Alte Schule, 4 Klosterstraße mit Pfarrhaus, 5 Buttlarsches Haus, 6 Haus Steinstock, 7 Am Plan mit den Häusern Nr. 5, 6 und 9
Rechts Mitte und unten: St. Nicolaikirche, vor und nach der Zerstörung sowie nach dem Wiederaufbau; Inneres mit Blick nach dem Chor

Spitzhelmes. Nach dem Brand der Kirche 1765 der Turm 1770 mit Zeltdach versehen, das Schiff bis 1786 in spätesten barocken Formen außen und innen völlig neu gestaltet: Einbruch von Rechteckfenstern, Mansarddächer über Kirche und Chor; Innenausbau als Emporenkirche, Stuckdekorationen, einheitliche Ausstattung.
Am 1. April 1945 durch Artilleriebeschuß bis auf die Umfassungsmauern ausgebrannt. Nach Instandsetzung des Apsidialchordaches und Aufbringen eines Notdaches über dem Turm seit 1968 denkmalpflegerische Wiederherstellung der gesamten Anlage.

Inventar/Eisenach-Landorte, S. 408 f. Dehio/Mitteldeutschl., S. 204. E. Albrecht: Die Nicolaikirche zu Creuzburg a. d. Werra, in: Luginsland 1931, S. 13 f. W. Arnold: Forschungen zur Baugeschichte der Nicolaikirche zu Creuzburg, Dipl.-Arbeit, Jena 1952. R. Zießler: Nicolaikirche in Creuzburg, in: Glaube und Heimat Nr. 51, 1970. B. Benedix: Rekonstruktion der romanischen Wandgliederung im Apsidialchor der Nicolaikirche zu Creuzburg, 1974 (Manuskript im Institut für Denkmalpflege, Arbeitsstelle Erfurt). G. Kosa: Die spätromanische Choranlage von St. Nicolai in Creuzburg an der Werra unter besonderer Berücksichtigung der Bauornamentik. Dipl.-Arbeit, Halle 1975

Werrabrücke mit Liboriuskapelle Siebenbogige steinerne Brücke von 1223, zuletzt restauriert 1907. An deren Landseite, gegenüber einem Brückenkopfturm, 1499 Bau einer Brückenkapelle anstelle einer älteren Wallfahrtskirche. Zweijochiger Bau in Werksteinen mit 5/8-Chorschluß und Satteldach. Strebepfeiler mit Blendmaßwerk, Fenster mit Fischblasenmaßwerk. Straßenseite 1840–1845 restauriert, Portal mit Inschrift aus der Entstehungszeit. Im Inneren Parallelrippengewölbe, Freskenzyklus (1938 aufgedeckt), Empore wohl ursprünglich von außen zugänglich.
Am 1. April 1945 der zweite und dritte Landseitenbogen der Brücke einschließlich Pfeiler durch Explosion zerstört. Erheblich beschädigt wurde die Kapelle am Dachwerk, an den Werksteinfassaden sowie auch die Innenausstattung. Wiederherstellung der Brücke erfolgte in ursprünglicher Form gleich nach 1945. 1950–1955 Wiederherstellung der Kapelle: Erneuerung des Daches, Ausbesserung der Strebepfeiler, des Maßwerks und des Portals, Restaurierung der Fresken sowie Neugestaltung der übrigen Ausstattung.

Inventar/Eisenach-Landorte, S. 426 ff. R. Zießler: Creuzburg, Werrabrücke und Liboriuskapelle, in: Denkmale der Geschichte und Kultur, Berlin 1974, S. 188

Bürgerbauten Durch Artilleriebeschuß und Brand wurden am 1. April 1945 große Teile der Bürgerbauten Creuzburgs bis auf die Grundmauern zerstört. Diese Zerstörung traf auch den Denkmalbestand an Profanbauten empfindlich, soweit sie frühere Brandkatastrophen überstanden hatten oder in deren Folge neu entstanden. Besondere Schäden erlitt die durchweg zweigeschossige Wohnbebauung rings um den Markt und Am Plan. Zerstört wurden u. a.:
Rathaus am Markt, klassizistischer Bau von 1770 bis 1819 mit dreiachsigem Mittelrisalit.
Alte Schule, schlichter Fachwerkbau von 1738 auf massivem Erdgeschoß. Verändert wiederaufgebaut.
Haus Steinstock, mittelalterlicher Gefängnisbau, wohl ältester Profanbau der Stadt. Erdgeschoß erhalten. 1977 beseitigt.
Pfarrhaus (Klosterstraße), erbaut nach 1765, mit stuckierten Decken.
Am Plan 5 (6), Renaissancebau von etwa 1600 mit Diamantquaderportal. Portal erhalten.
Am Plan 8 (9) mit Portal von 1508.
Am Plan 9 (10), hervorgegangen aus mittelalterlichem Sakralbau, Sitznischenportal von 1572. Rückwärtige Teile im Erdgeschoß erhalten.
Buttlarsches Haus (Am Plan), 1773 erneuert, stuckierte Innenräume, klassizistische Tapeten.

Inventar/Eisenach-Landorte, S. 417 f.

Creuzburg
Links oben: Werrabrücke mit Liboriuskapelle
Rechts oben und Mitte: Liboriuskapelle, Äußeres und Inneres nach Osten, nach der Wiederherstellung
Mitte: Portale von Am Plan 9 und 5
Rechts unten: Alte Schule

Ebeleben, Schloß
Oben: Mühlhäuser Haus, Südflügel vom vorderen Hof; Eingang zur Schloßanlage
Mitte: Kanzlei, Nordflügel vom vorderen Hof; Südostecke und Südflügel des hinteren Hofes
Unten: Nordostecke des hinteren Hofes; Toreinfahrt mit Wappen; Portal

Ebeleben (Kreis Sondershausen)

Schloß Um zwei Höfe gruppierter umfangreicher Schloßkomplex. Im Osten und Norden Wallgraben. Zu der seit dem 12. Jh. nachweisbaren Uranlage gehören das Ebeleber Haus, der Ostflügel des hinteren Hofes und das Mühlhäuser Haus von 1530. Letzterer Trakt, der Nordflügel, ein dreigeschossiger Bau mit Steildach, architektonisch ausgezeichnet durch Vorhangbogenfenster und Staffelgiebel mit rundbogigen Maßwerkblenden. 1651–1666 großzügiger Ausbau zum Schloß, aus dieser Zeit der dreigeschossige Südflügel mit dem Schloßturm, der Verbindungsbau zwischen Ost- und Nordflügel, die Mauer des Schloßhofes als westlicher Abschluß mit plastisch-dekorativen Portalen sowie die Bebauung des vorderen Schloßhofes als Wirtschafts- und Verwaltungsgebäude mit Kanzlei, Marstall, Remisen usw. Im Inneren barocke Stuckdecken, ähnlich denen in Sondershausen. 1774 Umgestaltung des Schloßgartens in eine französische Parkanlage

mit Grotten, Wasserfall, Wasserbecken, Naturtheater und reichem plastischem Schmuckwerk. Des weiteren wurden an der Nordseite des Parkes Gewächshäuser sowie das Palmen- und Orangeriehaus (seit 1882 Carl-Marien-Haus) erbaut. 1772 die hölzerne Schloßbrücke durch eine steinerne ersetzt und das Tor mit Torhäusern errichtet.

1945 wurde die Anlage durch Bomben schwer zerstört. Die Ruinen um den vorderen Schloßhof bis 1949, die des hinteren Hofes 1952 beseitigt. Die Torhäuser und das Carl-Marien-Haus blieben erhalten und wurden instand gesetzt. Parkanlagen teilweise mit Abbruchschutt aufgefüllt, Rekonstruktion ist vorgesehen. Die ebenfalls in Mitleidenschaft gezogene Kirche inzwischen wieder instand gesetzt.

Inventar/Sondershausen 1, S. 33 ff. H. W. Rothe: Burgen und Schlösser in Thüringen, Frankfurt am Main 1960, S. 166

Eisenach (Kreis Eisenach)

Alt-Eisenach, östlich der heutigen Stadt gelegen, wird im 10. Jh. urkundlich bezeugt. Mit der sagenhaften Gründung der Wartburg 1070 und dem späteren Ausbau zu einer der bedeutendsten deutschen Feudalburgen unter den Thüringer Landgrafen waren die Ludowinger bestrebt, sich am Fuße ihrer Burg eine Stadtresidenz aufzubauen. So entstand im 12. Jh. um die Nikolaikirche eine erste Siedlung, der bis zum Ende des Jahrhunderts eine Erweiterung mit regelmäßigem Straßensystem, mit Zentrum um die Georgenkirche, folgte. Hier befand sich auch das »Steinhaus« der Landgrafen mit einer Michaelskirche (1507 abgebrochen, dafür das Residenzhaus erbaut). Von der raschen Entwicklung und Blüte der Stadt zeugen zahlreiche Klosteranlagen, von denen die der Dominikaner noch heute in wesentlichen Teilen erhalten ist, sowie Hospitäler. Aus dieser Zeit stammen auch der Hellgrevehof, der Lussenhof und der Hersfelder Hof. Die fast dreieckige Grundrißfläche der Stadt war durch eine Stadtmauer (1283 erwähnt) geschützt. Auf die Ludowinger als Stadtherren folgten 1247 die Wettiner. Eisenachs Bedeutung ging nach der Landesteilung 1485 und der damit verbundenen Verlagerung der Residenz nach Weimar zurück. Zwischen 1672 und 1741 wurde Eisenach noch einmal Residenzstadt (Herzogtum Sachsen-Eisenach). Damit verbunden war eine rege Bautätigkeit. Die Residenz wurde umgebaut und unter Einbeziehung des Kreutznacher Hauses erweitert. Das alte Rathaus nördlich der Georgenkirche wurde Kanzlei (1745 abgebrochen), die ehemalige Brotlaube als Rathaus eingerichtet. 1741 bis 1744 erfolgte der neue Schloßbau am Markt durch G. H. Krohne. Im 19. Jh. entwickelte sich Eisenach zu einer bedeutenden Industriestadt, damit verbunden war eine Ausbreitung der Stadt. Der kulturell-geistesgeschichtliche Ruf Eisenachs wurde geprägt durch Martin Luther, Johann Sebastian Bach, Georg Philipp Telemann, Carl Theodor Pachelbel, Fritz Reuter u. a. Der »Eisenacher Parteitag« führte 1869 zur Gründung der Sozialdemokratischen Arbeiterpartei.

1944 und 1945 wurde Eisenach durch Luftangriffe heimgesucht. Besonders schwer betroffen war das Zentrum um die Georgenkirche. Bis auf einige zerstörte Baudenkmale wurden die Schäden schon bald nach Kriegsende beseitigt und die Gebäude wieder in Nutzung genommen.

H. Helmbold: Die evangelischen Kirchen Eisenachs, Eisenach 1902. E. Piltz: Eisenach, die Wartburg und Umgebung, Berlin 1905. Inventar/Eisenach. Dehio/Mitteldeutschl., S. 87 ff. Beiträge zur Geschichte Eisenachs, 1–29, Eisenach 1896–1929. Die Wartburgstadt Eisenach, Berlin-Friedenau 1929. H. Helmbold, Geschichte der Stadt Eisenach, Eisenach 1936. Eisenach und die Wartburg, Bilder von G. und K. G. Beyer, Vorwort von S. Hermlin, 3. Aufl. Weimar 1963. F. Kämpfer, Eisenach und die Wartburg (Bilder von K. G. Beyer), Leipzig 1967. Eisenach und die Wartburg, ein thematisches Auswahlverzeichnis der im wissenschaftlichen Bestand Heimatgeschichte der Stadt- und Kreisbibliothek Eisenach vorhandenen Literatur, Eisenach 1967 (hektogr.). Hdb. Hist. Stätten 9, S. 88 ff. R. Zießler: Die Wartburg und die Geschichte ihrer Restaurierung, in: Neue Museumskunde 10, 1967, S. 251 f. Reisehandbuch »Thüringer Wald«, Berlin-Leipzig 1977, S. 249 ff. I. Lehmann: Kurzinventar Kreis Eisenach (Manuskript im Institut für Denkmalpflege, Arbeitsstelle Erfurt)

Alte Residenz (Markt, Ecke Lutherplatz und Esplanade). Umfangreiche Gebäudegruppe südlich der Georgenkirche im Bereich des ehemaligen Landgrafenhofes (Steinhof), später Zollhof und Schultheißenwohnung (1404). Seit 1599 Neu- bzw. Umbau des unter Friedrich dem Weisen 1507 erweiterten Zollhofes unter Einbeziehung des

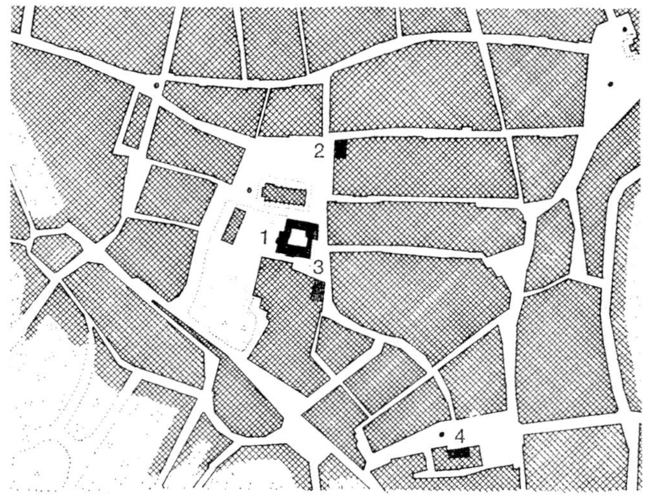

Kreutznacher Hauses (1610) zum herzoglichen Schloß und Anlage neuer Schloßflügel auf dem Gelände des ehemaligen Franziskanerklosters im Westen, die schon 1742 wieder beseitigt wurden. Mit dem Bau der Neuen Residenz 1741 bis 1745 an der Marktnordseite wurden die einzelnen Gebäudeteile für Verwaltungszwecke genutzt.

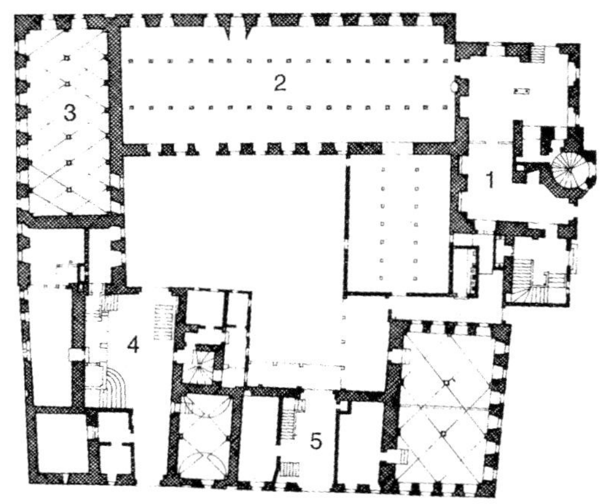

Der gesamte Komplex wurde beim Luftangriff am 23. November 1944 schwer in Mitleidenschaft gezogen:

Altes Schloß (Zollhoferweiterung). 1507 erweiterter und 1599 umgestalteter dreigeschossiger Massivbau mit vorgesetztem Treppenturm auf oktogonalem Grundriß.
Schwer beschädigt. Wiederhergestellt.

Kreutznacher Haus 1539 auf älterer Grundlage für Cunz Creutznacher erbaut, 1559 Torbogen (H. Leonhard ?); 1610 Einbeziehung des Hauses in die herzogliche Residenz. Nach Veränderungen im Inneren (Treppenanlage 18. Jh., von H. C. Bähr) 1885 Instandsetzung der Außenfassaden, dabei Veränderung der Fenster und Einfügung des Fachwerkgitters im Giebel der Nordfassade. Zweigeschossiger Fachwerkbau mit Satteldach und stehenden Dachfenstern, Erdge-

Links oben: Ebeleben, Schloß, Grundriß des Erdgeschosses
Links unten: Ebeleben, Ruine des Schlosses von Westen
Rechts oben: Eisenach, Stadtgrundriß, 1 Alte Residenz, 2 Rathaus, 3 Lutherhaus, 4 Bachhaus
Rechts Mitte: Eisenach, Alte Residenz, Grundriß, 1 Altes Schloß, 2 Marstall, 3 Archivgewölbe, 4 Kreutznacher Haus, 5 Erweiterungsbau
Rechts unten: Eisenach, Alte Residenz, Ostfront

schoß massiv. Fenster asymmetrisch verteilt; teilweise reiche Fachwerkgestaltung durch profilierte Andreaskreuzreihungen. Der Treppenturm an der Westseite über dreigeschossigem, quadratischem Grundriß als Oktogon mit welscher Haube. Anschließend an das Kreutznacher Haus der Zwischenbau mit Westflügel von 1779.
Erheblich beschädigt, besonders die nördliche Giebelseite und der Turm. Nach 1945 Instandsetzungsarbeiten am Äußeren (Ostgiebel, Dach) und im Inneren mit teilweiser Veränderung (moderner Treppenaufgang). Wiederherstellung des Turmes, drittes Obergeschoß in Fachwerk und Zeltdachabschluß.

Archivgewölbe Ostflügel der Residenz. Zweigeschossiger, neunachsiger Barockbau von 1722 mit Mansarddach und Dachausbauten. Schlichte Fensterrahmungen. Die beiden nördlichen Achsen zählen zur Erweiterung des Kreutznacher Hauses. Im Erdgeschoß Gewölbe.
Völlig zerstört. Ruine abgetragen.

Marstall Zweigeschossiger, zehnachsiger Baukörper mit Mansarddach als Südflügel der Residenz zwischen Archiv und Westflügel. An der Ostseite Brunnennische mit Muschel, ellipsenförmigem Becken und Delphinkopf als Wasserspeier. Das Innere im 19. Jh. baulich verändert.
Völlig zerstört. Ruine abgetragen. Die beschädigte Brunnendekoration geborgen.

H. Peter: Die herzogliche Residenz, Eisenach 1910. Inventar/Eisenach, S. 184 ff. U. Nicolai: Eisenachs Residenzschlösser, in: Thüringische Monatsblätter 35, 1927, S. 155 f. H. Helmbold: Zwei Eisenacher Fachwerkhäuser, in: Thüringische Monatsblätter 44, 1936, S. 172 f.

Rathaus (Markt 1). Errichtet 1564 durch H. Leonhard als Weinkeller, seit 1596 Rathaus. Nach einem Brand Wiederaufbau 1638–1644 durch C. Borngreber, dabei vermutlich Erhöhung um ein Geschoß, ferner Neubau des Turmes über dem Erker. 1834 Vereinigung mit der Ratswaage (s. d.). Über fast quadratischem Grundriß vier Geschosse, das unterste als gewölbtes Kellergeschoß ausgebildet. Satteldach. Fassadengliederung durch Eckquader und Horizontalgesimse. Zwei- und dreigekoppelte Fenster mit Leibungsprofilen. Der vorspringende Erker mit plastisch-dekorativen Reliefs nach oben sich erweiternd und abgeschlossen durch reich gegliederten Turmaufbau mit Laterne und welscher Haube.
Beim Bombenangriff am 23. November 1944 entstanden Luftdruckschäden. Der Angriff vom 9. Februar 1945 verursachte weitere schwere Schäden am Dach sowie einen Teilbrand im Inneren. Gefährdung der Standsicherheit. 1946–1949 Sicherungs- und Wiederaufbauarbeiten vor allem an der Südwand, Inneres erneuert.

Inventar/Eisenach, S. 196 ff. H. Helmbold: Vom Rathaus zu Eisenach, in: Thüringer Kalender 1916, S. 35 f. Thüringische Rathäuser und ihre Geschichte, in: Unsere Heimat 3, 1936

Eisenach, Alte Residenz
Links oben: Marstall, nach der Zerstörung
Rechts oben: Kreutznacher Haus, nach dem Wiederaufbau
Links Mitte und unten: Altes Schloß, nach der Wiederherstellung
Rechts Mitte: Kreutznacher Haus, Giebelfront

Ehemalige Ratswaage (Markt 2). Zugleich mit dem späteren Rathaus 1564 errichtet. 1834 mit diesem vereinigt und auf gleiche Dachhöhe gebracht. Architektonische Ausbildung des dreigeschossigen Baues wie das Hauptgebäude. Im Erdgeschoß mittig sitzendes Rundbogenportal. In den Obergeschossen zweigekoppelte, regelmäßig verteilte Fenster mit profilierten Leibungen.
1945 durch Bomben völlig zerstört. Ruine beseitigt.

Lutherhaus (Lutherplatz). 1636 Zusammenschluß und Aufstockung zweier älterer, teilweise bis ins 15. Jh. zurückgehender Einzelgebäude. Ältester Brauhof Eisenachs. Südlicher Teil im Besitz der Familie Cotta, die Luther als Schüler beherbergte; nördlicher Teil 1561 von Baumeister Hans Leonhard erworben. Seit 1898 Luthergedenkstätte und Gasthaus, heute Luthermuseum und Evangelisches Pfarrhausarchiv. Dreigeschossiger Fachwerkbau mit abgewalmtem Satteldach und stehenden Dachfenstern. Die unteren Geschosse lassen die beiden ehemals selbständigen Häuser noch deutlich erkennen. Einheitlich dagegen das an der Ostseite über Knaggen vorspringende zweite Obergeschoß. Brüstungsfelder mit Andreaskreuzen. Nordgiebel teilweise massiv, 1563 von H. Leonhard in Renaissanceformen gestaltet: Rundbogenportal, profilierte Fenstergewände, Reliefs.
Am 23. November 1944 durch Luftmine teilweise zerstört, vor allem der Nord- und Westgiebel betroffen. Seit 1945 Wiederaufbau: Erneuerung der Giebel und des Daches, ferner Fenster und Innenausstattung. 1966 Erdgeschoß neu verputzt. 1976 denkmalpflegerische Restaurierung des Äußeren.

Eisenacher Lutherhaus, in: Kunstchronik 17, 1905/06, S. 248. Inventar/Eisenach, S. 310 ff. Matthes und Nicolai: Das Eisenacher Lutherhaus, Eisenach 1939. W. Quandt: Martin Luther als Schüler in Eisenach und das Eisenacher Lutherhaus, Berlin 1965

Eisenach
Links: Lutherhaus, vor und nach der Zerstörung sowie nach dem Wiederaufbau
Rechts oben und Mitte: Rathaus und ehemalige Ratswaage, vor und nach der Zerstörung
Rechts unten: Rathaus, nach der Wiederherstellung

Bachhaus (Frauenplan 21). Bachgedenkstätte. 1611 als bürgerliches Wohnhaus errichtet. Zweigeschossiger verputzter Fachwerkbau auf massivem Sockel mit Satteldach und stehenden Dachfenstern mit Flachgiebeln. Gereihte Fenster mit unregelmäßiger Verteilung über die Fassade. Korbbogenportal, darüber Inschrifttafel von 1868. Westteil erkerartig vorspringend. Im Inneren weitgehend alte Raumaufteilung. Im Garten Ziehbrunnen von 1691.

Am 23. November 1944 durch Luftmine erhebliche Beschädigung des Dachverbandes, der Fenster und des Inneren (gleichzeitig wurde die gegenüberliegende Wohnbebauung, einschließlich der Alten Zeichenschule, vollständig zerstört). Sofortige Sicherung des Bachhauses und Dacherneuerung. Durch Artilleriebeschuß am 6. April 1945 erneut erheblicher Gebäudeschaden. 1946 instand gesetzt. 1973/74 umfassende Erneuerung und Umgestaltung der Sammlungen.

Inventar/Eisenach, S. 318 ff. C. Freyse: Fünfzig Jahre Bachhaus, Berlin 1958

Gebäude, die zwischen November 1944 und April 1945 leichte bis mittelschwere Beschädigungen erlitten:

Annenkirche, Georgenkirche, Kreuzkirche, Nikolaikirche.

Wartburg, Tor- und Ritterhaus: Tür- und Fenstergewände, Fußböden und Decken; Dirnitz: Dach und Fenster; Bergfried: Fenstergewände und Fenster; Neue Kemenate: Fenstergewände und Fenster, Inneres; Verbindungsbau Kemenate–Palas: Zinnenmauerwerk und Dach; Palas (Landgrafenhaus): Dach, besonders an der Nordostecke des Giebels und der Traufe, Fenster, Säulen, Kapitelle; Gadem: Dach, Wände, Fenster; Kommandantengarten: Brüstungsmauer der Westseite (die durch Artilleriebeschuß vom 1. bis 5. April 1945 an der Wartburg entstandenen Schäden wurden weitgehend bis 1946 beseitigt).

»Glockenturm«, Neue Residenz (Markt), ehemalige Dominikaner-Klosterkirche, Schlößchen Fischbach, Reuter-Wagner-Museum (Reuterweg), »Schloßkeller« (Markt 10), Georgenschule (Esplanade), ehemalige Forstakademie (Frauenberg 17). Georgenstraße 2, Goldschmiedenstraße 1, Jacobsplan 9, Karlstraße 1 und 3, Obere Predigergasse 1, Schmelzerstraße 14.

Erfurt (Stadtkreis Erfurt)

Das Stadtgebiet von Erfurt mit seiner näheren Umgebung war ein bevorzugtes Siedlungsgebiet in ur- und frühgeschichtlicher Zeit, insbesondere infolge seiner günstigen Lage im Schnittpunkt uralter Haupthandelsstraßen und eines günstigen Gera-Überganges. Sehr früh setzt die urkundliche Überlieferung ein: 706 Gründung des Petersklosters auf dem Petersberg (?), Gründung des Bistums Erfurt 741 durch Bonifatius. Nach seinem Tod fiel das Bistum an Mainz; wahrscheinlich wurde damals schon eine Marienkirche auf dem Domberg angelegt. 802 wird eine Königspfalz (auf dem Petersberg ?), 805 Erfurt als Grenz-

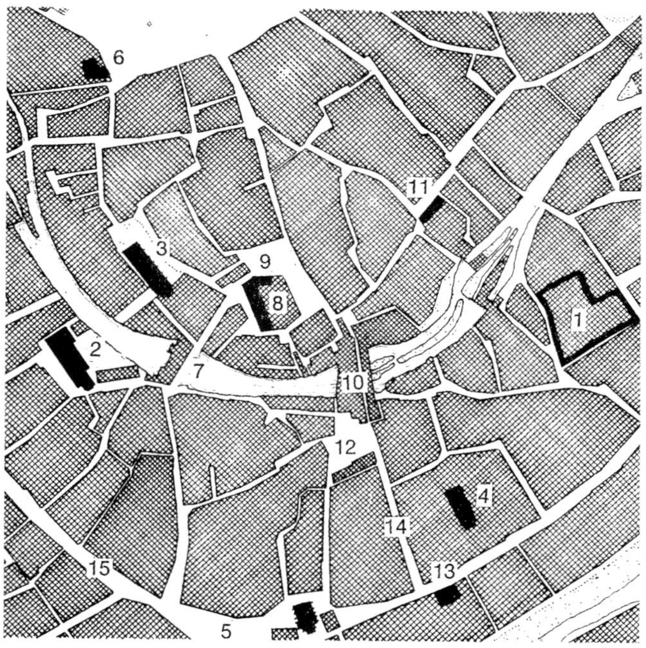

Oben: Eisenach, Bachhaus, vor und nach der Zerstörung sowie nach dem Wiederaufbau
Unten links: Erfurt, Stadtgrundriß, 1 Augustinerkloster, 2 Barfüßerkirche, 3 Predigerkirche, 4 Schottenkirche St. Jakob, 5 Ursulinen-Klosterkirche St. Maria Magdalena, 6 Domplatz mit »Hohe Lilie«, 7 Schlösserbrücke mit Schlössermühle, 8 Rathaus, 9 Fischmarkt, 10 Krämerbrücke, 11 Michaelisstraße mit Collegium Majus, 12 Wenigemarkt, 13 Johannisstraße mit Haus »Zum Stockfisch«, 14 Futterstraße, 15 Anger
Unten rechts: Erfurt, Luftaufnahme vom nordöstlichen Teil des Stadtzentrums

handelsplatz genannt. Schon zu dieser Zeit gab es in der Stadt mehrere Siedlungsbereiche, die in der Folgezeit zusammenwuchsen und 1066 (?) durch eine Umwehrung geschützt wurden. Begünstigt durch Handel und Gewerbe, vollzog sich die Entwicklung zur Stadt in schneller Folge. 1156 erste Erwähnung der Krämerbrücke, 1168 Errichtung der Stadtmauer. Es entstanden zahlreiche Klöster und Kirchen sowie kommunale Bauten. Reichstage und Synoden wurden abgehalten. 1244 erlangte die Stadt die Selbstverwaltung im Kampf gegen die Territorialgewalten (Erzbischof von Mainz, Kaiser und Landgrafen von Thüringen). 1270 wird das »novum forum« am Fischmarkt genannt mit Rathaus, Kaufhalle, Kämmerei und Hospital. Ihre Blütezeit erlebte die Stadt im 14. Jh., 1331 erhielt sie das Messeprivileg. Erfurt wurde Grundherr von über 80 Dörfern, Burgen und Vorwerken. 1392 Einrichtung der städtischen Universität, gleichzeitig entstanden bedeutende Sakralbauten, und bestehende wurden umgebaut. Bei 20 000 Einwohnern verfügte Erfurt zu dieser Zeit über 12 Klosterkirchen sowie 25 Pfarrkirchen, Kapellen und Hospitäler. 1450 wurden die Vorstädte in einen zweiten Stadtmauerring einbezogen. Rückschläge erlitt die Stadt durch einen Brand 1472, vor allem aber durch den Amorbacher Vertrag, der sie noch fester an Mainz band und der Handel und Gewerbe bedrohte. Nach nochmaliger kurzer Blütezeit im 16. Jh., in der bedeutende Bürgerhausbauten errichtet wurden, erfolgte die Reduktion an Mainz, der Petersberg wurde Zwingburg der Stadt, Erfurt kurmainzische Landstadt. Nach Vereinigung mit Preußen 1802 wurde Erfurt Sitz eines Regierungsbezirkes (bis 1945). Seit 1873 erfolgte die Entfestigung der Stadt, die Stadtmauern, die Cyriaksburg und die Zitadelle wurden bis auf Reste geschleift. Die Wirtschaft der Stadt wurde im 18. und 19. Jh. durch neu entstehende Textil- und Gartenbaubetriebe bereichert, dazu kamen im ausgehenden 19. Jh. zahlreiche Betriebe der Metall- und Leichtindustrie. Die Wirtschaftskraft der Stadt ließ im Laufe der Jahrhunderte hervorragende Baudenkmale entstehen, von denen sich ein reicher Bestand erhalten hatte, so u. a. das Peterskloster mit der Festung, Dom und Severikirche, die Klöster der Franziskaner, Dominikaner, Augustiner-Chorherren, Augustiner-Eremiten, der Schotten und Karmeliter, Neuwerk-, Michaelis-, Andreas- und Allerheiligenkirche, ferner Krämerbrücke, Packhof, die Regierung, zahlreiche Bürgerhäuser wie das »Haus zur Hohen Lilie«, »Haus zum roten Ochsen«, »Haus zum breiten Herd« und »Haus zum Stockfisch«. Erfurt zählte, besonders im Bereich des ehemaligen Innenmauerrings, zu den wertvollsten historischen Stadtzentren Deutschlands.
Durch mehrere Bombenangriffe 1944 und 1945 sowie durch Artilleriebeschuß im April 1945 wurde Erfurt empfindlich getroffen. Einzelne Altstadtquartiere wurden fast vollständig vernichtet, so um die Barfüßerkirche, am Junkersand, im Bereich des Augustinerklosters, der Hundorfgasse und in der Kreuzgasse. Beträchtliche Schäden entstanden auch in der näheren und weiteren Umgebung, vor allem an den Dachflächen und -konstruktionen. Einzelabwürfe, wie beispielsweise Am Anger, in der Michaelisstraße und Großen Arche zerstörten ferner historisch wichtigen Baubestand. Dagegen verursachte der Artilleriebeschuß, so auf der Krämerbrücke und an der Schottenkirche, nur lokal begrenzte Schäden.

B. Hartung: Die Häuser-Chronik der Stadt Erfurt, 2 Bde., Erfurt 1861 und 1878. Inventar/Erfurt 1890. L. Röll: Erfurt in Thüringen, Zürich 1892. C. Gurlitt: Erfurt, Berlin 1901. A. Overmann: Die älteren Kunstdenkmäler Erfurts, Erfurt o. J. (vor 1905). B. Hanftmann: Die neue Baukunst des 16. Jahrhunderts in Erfurt, Erfurt 1916. J. Scholle: Erfurt und Umgebung in geschichtlichen Einzelbildern, Erfurt 1925. Dehio/Mitteldeutschl., S. 92 ff. A. Overmann: Erfurt, Stadtansicht im Wandel eines Jahrtausends (Veröffentl. des Städtischen Museums Erfurt 10), Erfurt 1927. Boegl: Erfurt, 2. Aufl. Berlin-Halensee 1927. H. Kunze: Erfurt, Berlin 1928. A. Overmann: Erfurt in zwölf Jahrhunderten, Eine Stadtgeschichte in Bildern, Erfurt 1929. M. Timpel: Straßen, Gassen und Plätze von Alt-Erfurt in Vergangenheit und Gegenwart, in: Mitteilungen des Vereins für Thüringische Geschichte und Altertumskunde 45, 1929, S. 5 ff. Inventar/Erfurt 1931. J. Biereye: Erfurts besonders berühmte alte Bürgerhäuser, in: Mitteilungen des Vereins für Thüringische Geschichte und Altertumskunde 53, 1940, S. 9 f. K. Strehl: Wiederaufbau von Kulturstätten in Erfurt, in: Kulturwille 1947, S. 42 f. A. Overmann: Aus Erfurts alter Zeit, Gesammelte Aufsätze zur Erfurter Kulturgeschichte, Erfurt 1948. G. Piltz und F. Hege: Erfurt, Stadt am Kreuzweg, Dresden 1955. G. Kaiser: Erfurter Bürgerhäuser von der Spätgotik bis zum 30jährigen Krieg, Dipl.-Arbeit Jena 1958. F. Wiegand: Blick in die Geschichte der Stadt Erfurt von ihren Anfängen bis zur Gegenwart, in: Aus der Vergangenheit der Stadt Erfurt 3, 1960/63, S. 4 ff. F. Wiegand: Erfurt, Eine Monographie, Rudolstadt 1964. R. Behrends: Erfordia, magnifica atque celeberrima thuringorum urbs, Gang durch den mittelalterlichen Stadtkern, Erfurt 1965. W. Gutsche, G. Krähahn, F. Wiegand: Erfurt, Ein Führer durch die Blumenstadt und ihre 1200jährige Geschichte, Erfurt 1967. Hdb. Hist. Stätten 9, S. 100 ff. E. Trott: Die katholischen Kirchen Erfurts, Leipzig-Heiligenstadt 1973

Kirchen

Augustinerkloster Bedeutender Denkmalkomplex und zugleich als Wirkungsstätte Martin Luthers Gedenkstätte von internationaler Bedeutung. 1266 erste Niederlassung der Augustiner-Eremiten in Erfurt unter Nutzung der Pfarrkirche S. Philippi und Jacobi. Umfangreicher Klosterbau um einen Kreuzgang seit 1277 bis Mitte des 14. Jh.; die Klosterkirche eine langgestreckte dreischiffige Pfeilerbasilika (Pseudohalle) mit einschiffigem, gerade geschlossenem Chor und Glockenturm an der Nordseite (1432–1444). 1447 das Winterrefektorium mit dem alten Priorat errichtet, 1482 die Waidhäuser an der Comthurgasse (dreigeschossige Massivhäuser mit steilem Satteldach und gequaderten Eckverbänden) sowie 1502–1516 das im Inneren gewölbte Bibliotheksgebäude, ein zweigeschossiger, fünfjochi-

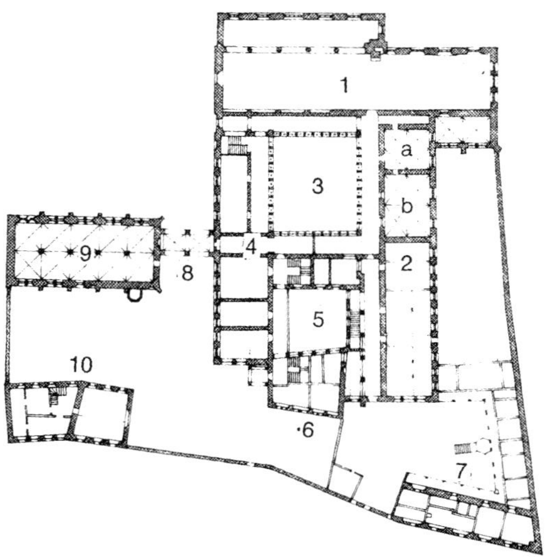

Erfurt, Augustinerkloster
Oben: Klosterkirche von Nordosten, nach der Wiederherstellung
Unten: Grundriß, 1 Kirche (Klosterkirche), 2 Ostflügel des Klosters mit Sakristei (a), Kapitelsaal (b) und Dormitorium im Obergeschoß, 3 Kreuzgang, 4 Westflügel des Klosters (Martinsstift), 5 Innenhof, 6 Winterrefektorium mit altem Priorat, 7 Gästehaus (Waisenhaus), 8 Verbindungsgang, 9 Bibliothek, 10 Waidhäuser

Erfurt, Augustinerkloster
Links oben: Klosterkirche, Inneres nach Osten, nach der Wiederherstellung
Links Mitte: Klosteranlage von Nordwesten, nach der Zerstörung
Links unten: Arkadenhof des Gästehauses, nach der Wiederherstellung

Rechts oben: Bibliothek von Nordosten
Mitte (von oben nach unten): Bibliothek von Südosten; Ruinen des Westflügels der Klausur und des Priorates; Arkadenhof des Gästehauses, nach der Zerstörung
Rechts Mitte und unten: Waidhäuser; Gästehaus, nach der Zerstörung

ger Bau mit hohem Satteldach und gegliederter Fassade durch jeweils gekoppelte Spitzbogenfenster mit Maßwerk zwischen Strebepfeilern und umlaufendem Gesims zwischen den Geschossen. Nach teilweisem Verfall im 17./18. Jh. 1840–1846 Umbau des Winterrefektoriums sowie Neubau der Vorhalle des Refektoriums, des Klausur-Westflügels und des Verbindungsganges zur Bibliothek. 1844 und 1849 Sicherungs- und Umbauarbeiten in der Kirche. Bei der letzten Erneuerung 1936 Wiedereinbau der Spitztonne in die Kirche und Neuordnung der Ausstattung. Wiederherstellung des Kreuzganges.
Am 25. Februar 1945 wurde der gesamte Klosterbereich durch Bomben beträchtlich in Mitleidenschaft gezogen. Völlig zerstört das Bibliotheksgebäude und die Waidhäuser, deren Reste in der Folgezeit bis auf die Grundmauern abgetragen wurden, einzelne Architekturteile sind geborgen. Schwer beschädigt die Klausur, insbesondere das Winterrefektorium mit dem alten Priorat sowie der südliche Teil des Westflügels (Martinsstift) und der Verbindungsbau zur Bibliothek, nur wenig leichter die übrigen Klostergebäude (Waisenhaus, Gästehaus, Kreuzgang) und die Kirche. Die in Mitleidenschaft gezogenen Gebäudeteile wurden seit 1945 weitgehend wiederhergestellt, Rekonstruktion der Bibliothek und der Waidhäuser geplant.

Inventar/Erfurt 1890, S. 185 ff. J. Biereye: Die Erfurter Lutherstätten nach ihrer geschichtlichen Beglaubigung, in: Jahrbücher der Akademie gemeinnütziger Wissenschaften zu Erfurt 43, 1917, S. 147 f. Dehio/ Mitteldeutschl. S. 95. Inventar/Erfurt 1931, II/1, S. 63 ff. E. Wiemann: Augustinerkloster und Augustinerkirche in Erfurt, Erfurt 1951. S. Asche: Luther in Erfurt (Das christliche Denkmal 31), Berlin 1957. W. Gutsche: Die Wiederherstellung des Augustinerklosters, in: Kulturspiegel Erfurt 1958, S. 30 f. M. Jaeckel: Die Zerstörung der Lutherstätten 1944/45, in: Kulturspiegel Erfurt 1959, S. 47 f. Ch. Schmidt: Die Augustinerkirche in Erfurt (Das christliche Denkmal 91), Berlin 1974

Barfüßerkirche 1224 gründeten Franziskanermönche eine Niederlassung in Erfurt, 1231 wurde mit dem ersten Kirchenbau begonnen. Von diesem Bau Reste der Schiffspfeiler mit glasierter Backsteinverkleidung erhalten. Nach einem Brand 1291 Baubeginn der dreischiffigen, sechsjochigen Pfeilerbasilika mit vierjochigem, polygonal geschlossenem Chor, Turm und Kapellenbauten als eine der monumentalsten Bettelordenskirchen Deutschlands. Das einheitliche Satteldach über Chor und Mittelschiff führt zu einer Steigerung des architektonischen Gesamtein-

Erfurt
Links: Augustinerkloster, Kreuzgang der Kirche und Kapitelsaal im Klausur-Ostflügel
Rechts: Barfüßerkirche von Süden und Südseite des Chores

drucks. Der Chor 1316 vollendet, anschließend mit dem Langhausbau begonnen, dessen Fertigstellung sich bis zum Anfang des 15. Jh. hinzog; Einwölbung seit der zweiten Hälfte des 14. Jh. 1641–1648 Abbruch der Klostergebäude. 1827 Abbruch des Lettners vom Anfang des 15. Jh.; 1833 Einsturz der drei östlichen Joche des Obergadens sowie der Mittel- und nördlichen Seitenschiffsgewölbe. 1842–1852 Wiederherstellungsarbeiten mit architektonischen Veränderungen (u. a. Pfeilervereinfachung und Abbruch der Westempore).
1944 erhebliche Bombenzerstörung am Dach und Mittelschiffsgewölbe sowie am südlichen Obergaden bis auf das Ostjoch; nördliches Seitenschiff stark beschädigt. Aufräumungsarbeiten seit 1946 und Bergung von Architekturteilen (Schlußsteine). 1950–1957 Wiederherstellung des Chores als Kirchenraum. Statisch-konstruktive Sicherung der Langhausruine. Sicherung des Westgiebels, des nördlichen Obergadens, notwendige Herausnahme der nördlichen Seitenschiffsgewölbe, Abbruch des Ostjoches des südlichen Obergadens und provisorische Sicherung des Chorwestgiebels. Restaurierung des beweglichen Kunstgutes (Hochaltar 1445), Wiedereinbringung der sichergestellten Farbverglasung von 1230/40. Weitere Sicherungsarbeiten zum Bestand geplant.

Inventar/Erfurt 1890, S. 163 ff. Dehio/Mitteldeutschl. S. 95 f. Inventar/Erfurt 1931, II/1, S. 143 ff. W. Verwiebe: Zur Erneuerung der Barfüßer- und Michaeliskirche in Erfurt, in: Kunst und Kirche 26, 1963, S. 33 f.

Erfurt, Barfüßerkirche
Links oben: Äußeres von Nordwesten
Links Mitte und unten: Inneres nach Osten und Westen
Mitte (von oben nach unten): Blick auf die Südseite des Chores sowie Anlage von Norden und Südosten, nach der Zerstörung

Rechts oben: Blick nach dem Chor, nach der Zerstörung
Rechts Mitte: Sicherungsarbeiten am nördlichen Seitenschiff
Rechts unten: Äußeres von Südwesten, nach der Zerstörung

Bartholomäusturm (Anger). Turm der 1182 erstmals genannten Bartholomäuskirche. Baubeginn des Turmes 1412. Viergeschossiger Bruchsteinbau auf quadratischer Grundfläche mit Werksteineckquadern, abgeschlossen durch spitzen Helm. Im Obergeschoß spitzbogige Schallöffnungen, Maßwerkbalustrade. Nach Abbruch der Kirche 1667/68 in bürgerliche Wohn- und Geschäftsbauten eingebunden.
1945 der hölzerne Spitzhelm zerstört, ebenfalls die Maßwerkbalustrade. In der Folgezeit Notdach, Balustrade in vereinfachter Form erneuert.
Inventar/Erfurt 1890, S. 304 f. Inventar/Erfurt 1931, II/2, S. 245 ff.

Schottenkirche St. Jakob Tochtergründung von St. Jakob in Regensburg angeblich 1036, wohl besser 1136; 1803 aufgehoben. Bis 1200 Kirchenbau als kreuzförmige Basilika mit Stützenwechsel, Querschiff, Choranlage und Zweiturmfront in architektonischer Anlehnung an die Peterskirche auf dem Petersberg. 1472 durch Brand zerstört, vereinfachter Wiederaufbau Ende 15., Anfang 16. Jh.: gotischer Chorneubau anstelle der alten Chor- und Querschiffsanlage, Neuaufführung und Erhöhung der Seitenschiffswände, Beseitigung der Zwischenstützen, Neueinzug der Arkaden. Wiederherstellung des Südwestturmes bis 1512 (barocke Haube 1718). Nach Vernachlässigung 1727 durchgreifende Erneuerung der Kirche: verputzte Holzgewölbe, Portale, Fenstererweiterung in den Seitenschiffen und Obergaden, Fußbodenerhöhung; neue Westfassade (M. von Welsch?) mit reicher plastischer Gliederung: Mittelportal mit flankierenden Volutenpilastern, die zusammen mit dem Schlußstein einen Segmentbogengiebel mit Inschriftkartusche tragen, darüber Fenster mit profiliertem Gewände. Seitlich angeordnete ionische Doppelpilaster, starkes Gebälk und gegliederter Giebelaufsatz mit Nischenplastik. Größere Erneuerungsarbeiten an der Kirche 1869, 1879 und 1885, letzte Ausmalung 1924.
1945 durch Beschuß größere Schäden an der Westfassade, am Dachwerk und im Inneren (Orgelempore). Erste Sicherungs- und Wiederherstellungsarbeiten bis 1950, 1956–1966 umfassend mit statisch-konstruktiver Sicherung, vor allem der Westseite; neue Orgelempore und Tieferlegung des Fußbodens.

Inventar/Erfurt 1890, S. 134 ff. Dehio/Mitteldeutschl., S. 99 f. J. Scholle: Das Erfurter Schottenkloster, Düsseldorf 1932. W. Zahn: Die Schottenkirche St. Jacob in Erfurt, Dipl.-Arbeit, Jena 1957. G. Kaiser: Archäologische Untersuchungen in der Erfurter Schottenkirche, in: Denkmale in Thüringen, Weimar 1973, S. 185 f. Denkmale der Geschichte und Kultur, Berlin 1974, S. 204 f.

Thomaskirche (Schillerstraße 50). Als Ersatz für die in der Löberstraße befindliche mittelalterliche Thomaskirche 1899–1902 in parkähnlicher Umgebung nach Entwurf von E. Hillebrand in neogotischen Formen errichtet. Vielgestaltige Baugruppe, Chor im Norden, Turm im Süden. Bemerkenswerter Flügelaltar von 1440/50 aus der alten Kirche übernommen.
Beim Angriff 1944 empfindlich beschädigt. Wiederherstellung des Äußeren in alter Gestalt, das Innere 1945–1950 teilweise verändert.

Erfurt
Oben: Schottenkirche St. Jakob, Inneres nach Osten und Westfront, nach der Wiederherstellung
Unten: Thomaskirche, Äußeres von Südwesten und Blick in den nördlichen Chor; Äußeres von Osten, nach der Zerstörung

Ursulinen-Klosterkirche St. Maria Magdalena Das um 1235 gegründete Weißfrauenkloster 1664 aufgehoben und 1667 mit Ursulinen besetzt (das Kloster noch heute bestehend). Die Saalkirche des späten 13. Jh. mit plattgeschlossenem Chor und Dreifenstergruppe erhielt in der ersten Hälfte des 14. Jh. ein niedriges nördliches Seitenschiff. Beide Schiffe durch Arkaden miteinander verbunden sowie im Westteil des Hauptschiffes eine Nonnenempore über Kreuzgratgewölben und Säulen eingebracht, diese in der ersten Hälfte des 15. Jh. über die Tordurchfahrt verlängert. Schlichter Baukörper, teilweise aus Bruchsteinen, an den Ecken Werksteinverband. Ostfenster mit Maßwerk. Die ursprüngliche hölzerne Spitztonne im Hauptschiff 1789 durch eine Voutendecke mit qualitätvoller Rokoko-Stuckdekoration ersetzt: stark profilierte Gesimse, teilweise überschnitten von Rocaille-Kartuschen, verziert mit Engeln, Blumen, Früchten und anderem dekorativem Beiwerk; in der Mitte Medaillon mit der hl. Ursula, Engeln und Assistenzfiguren. Stuckdekorationen auch an den Fenstern des Obergadens und an der Decke des Seitenschiffs.

Erfurt, Ursulinen-Klosterkirche St. Maria Magdalena
Links oben: Blick von Nordosten
Links Mitte und unten: Inneres mit Blick nach dem Chor und zur Nonnenempore

Mitte: Gesamtansicht der Decke und Detail am Chor
Rechts oben: Obergaden mit Ostgiebel, nach der Zerstörung
Rechts unten: Inneres nach Westen, während der Wiederherstellung

Qualitätvolle Ausstattung mit Altären und Einzelplastiken. Letzte Restaurierung 1895/96, dabei Beseitigung der barocken Ausstattung. Aus dieser Zeit auch die Orgelempore im Seitenschiff. Im Süden Klosterbauten (kunstgeschichtlich außerordentlich bedeutende lebensgroße Pietà von 1320/30).
1944/45 Kirche erheblich beschädigt, Dachwerk und Stuckdecken zerstört. Wiederaufbau 1950 begonnen, 1958 fortgeführt mit hölzerner Spitztonne bei Weglassen aller Stuckdekorationen. Neufassung des Raumes, Neuordnung der Ausstattung.

Inventar/Erfurt 1890, S. 197 ff. Dehio/Mitteldeutschl., S. 100. G. Bäseler: Geschichte des Erfurter Ursulinenklosters von 1667–1871, Berlin 1931

Kirchenbauten mit geringeren, bald nach Kriegsende beseitigten Beschädigungen:
Ägidienkirche, Andreaskirche, Bartholomäusturm, Dom, Georgenturm, Kartause, Kaufmannskirche, Lorenzkirche, Michaeliskirche, Neuwerkskirche, Predigerkirche und -kloster, Reglerkirche, Severikirche, Wigpertikirche.

Profanbauten

Bebauung um das Augustinerkloster Der Bombenangriff vom 25. Februar 1945 mit seinem Zerstörungszentrum Augustinerkloster hat die gesamte Umgebungsbebauung schwer in Mitleidenschaft gezogen. Besonders hart betroffen wurden u. a. die angrenzenden schlichten Wohnhäuser der Comthurgasse. Ein Teil der Häuser, so in der Taubengasse, der vorderen Comthurgasse einschließlich Comthurhof und der hinteren Augustinerstraße konnten weitgehend wiederhergestellt werden, große Bereiche wurden jedoch völlig vernichtet und beräumt (Comthurgasse entlang der Klostermauer, vorderer Teil der Augustinerstraße). Aus der Vielzahl der betroffenen Gebäude seien genannt:

Augustinerstraße 26 Ehemalige Georgenburse der Universität, zeitweilig Wohnstätte Martin Luthers. Bau des 15. Jh., 1779 spätbarock umgestaltet in ein zweigeschossiges, dreizehnachsiges Wohnhaus mit Satteldach. Fassadengliederung durch gequaderte Lisenen. Über den drei Mittelachsen Dreieckgiebel mit bischöflichem Wappen und Stuckverzierung. Einfache Fenstergewände, Horizontalgesimse zwischen Erd- und Obergeschoß.
1945 die westlichen fünf Gebäudeachsen zerstört. Nachfolgend Beräumung und Instandsetzung des erhaltenen Gebäudeteils.

Inventar/Erfurt 1890, S. 322

Bebauung im Bereich Hintergebäude »Hohe Lilie«, Hundorfgasse, Stunzengasse Die schlichte, durchweg zwei- bis dreigeschossige Wohnbebauung des 15.–19. Jh., die als Abschluß des Domplatzes von besonderer städtebaulicher Bedeutung und Wirkung war, wurde 1945 weitgehend zerstört. Der überwiegende Teil der Ruinen beseitigt, einige Häuser wiederhergestellt, so die »Grüne Apotheke« und die »Hohe Lilie«:

»Hohe Lilie« (Domplatz 31). Hervorgegangen aus einem Klosterhof. Seit dem 14. Jh. Gästehaus der Stadt (u. a. logierte hier König Gustav Adolf von Schweden), seit dem 19. Jh. Gaststätte. Massives Giebelhaus mit Querbau (»Kemenate«) und tiefem Wirtschaftshof aus der Zeit um 1300, nach Stadtbrand von 1492 erneuert. Fassade Domplatz 1538 in Frührenaissanceformen. In seinen Gliederungselementen (Portal und Fenster) einer der bedeutendsten Erfurter Bürgerbauten dieser Zeit. Von der reichen Innenausstattung Reste erhalten. Mehrfach umgebaut bis ins 19. Jh.
1945 durch Luftmineneinwirkung die rückwärtigen Wirtschaftsgebäude zusammen mit der Bebauung an der Hundorfgasse zerstört, der Querbau stark beschädigt, auch das vordere Giebelhaus in Mitleidenschaft gezogen. Seit 1964 statisch-konstruktive Sicherung des Vorderhauses und Ausbau als Institutsgebäude, später zur Gaststätte. Der im Erdgeschoß erhaltene Querbau im Zuge des Gaststättenbaues beseitigt (mit Gustav-Adolf-Saal). Rekonstruktion der Renaissancefarbfassung an der Giebelfassade.

Inventar/Erfurt 1890, S. 337 f. E. Schmidt: Haus zur »Hohen Lilie« in Erfurt, Domplatz, in: Wiss. Zeitschr. der Hochschule für Architektur und Bauwesen Weimar, III. Jg. 1955/56, H. 1. G. Kaiser: »Hohe Lilie«, Manuskript (1963) im Institut für Denkmalpflege, Arbeitsstelle Erfurt. Denkmale der Geschichte und Kultur, Berlin 1969, S. 180 f.

Bebauung im Bereich Barfüßerkirche und Predigerkloster Zusammen mit der Bombenzerstörung der Barfüßerkirche erlitt auch die benachbarte Bebauung erhebliche Schäden. Der Straßenzug »An der Barfüßerkirche« mit seinen durchweg zwei- bis dreigeschossigen schlichten Wohnhäusern des 17.–19. Jh., die hinsichtlich der Maßstabbildung für die Barfüßerkirche außerordentlich wichtig waren, wurde total vernichtet, und die Reste wurden beseitigt.

W. Gutsche: Zwischen Predigerkirche und Regierung, Aus der Geschichte eines Erfurter Stadtviertels, in: Kulturspiegel Erfurt 1956, 9, S. 8 f.

Erfurt
Links: Augustinerstraße 26
Mitte: »Hohe Lilie«, vor der Beschädigung und nach der Instandsetzung
Rechts oben: Barfüßerstraße 9–13
Rechts Mitte und unten: Barfüßerstraße, nach der Zerstörung

Erfurt
Links: Schlösserstraße, nach teilweiser Zerstörung; Ruinen von Schlösserstraße 23 und 21; Schlösserbrücke mit Neuer Mühle, vor und nach der Zerstörung

Rechts oben: Rathausgasse (nördliches Geraufer), vor und nach der Zerstörung
Rechts Mitte: Eingang Barfüßerstraße mit Schlössermühle; Portal von Pilse 13
Rechts unten: Schlösserbrücke mit Neuer Mühle, nach dem Wiederaufbau

Bebauung im Bereich Schlösserstraße (jetzt Hermann-Jahn-Straße), Schlösserbrücke, Junkersand, Pilse, Hinter dem Rathaus Zwei- bis dreigeschossige Bebauung des 15.–19. Jh. von teilweise erheblichem städtebaulichem Wert und besonderer malerischer Wirkung im Blick auf die Uferbebauung, zur Krämerbrücke bzw. von der Rathausbrücke zur Barfüßerkirche und zum Predigerkloster. 1944/45 die Bebauung durch Bomben weitgehend zerstört. Herausragend die beiden gotischen Häuser Hermann-Jahn-Straße 21 mit Stufengiebel (nur noch die Giebel erhalten) und 23 »Güldenes Schiffchen«, teilweise wiederaufgebaut mit hohem Satteldach, im Obergeschoß Renaissancefenster. Erwähnenswert ferner die zerstörte Schlössermühle und die wiederaufgebaute Neue Mühle (Nr. 25, ehemalige St. Martinmühle), die zerstörte Alte Münze (Milchgasse), Bellermanns Sternwarte (Rathausgasse 4) und das 1553 erbaute Haus »Zum schwarzen Bär« (Pilse 12), das zugleich mit dem Nachbarhaus (Nr. 13) von 1584 völlig ausbrannte und deren Ruinen abgetragen wurden. Die Trümmerflächen beräumt, teilweise Neubauten in veränderten Formen. Das Rathaus erlitt im April 1945 Schäden an der Fassade und im Inneren.

Inventar/Erfurt 1890, S. 339, 342. Hd.: Vom »Junkerhofe« in Erfurt, in: Denkmalpflege 1, 1899, S. 34. J. Biereye: Das Haus »Zum schwarzen Bären« auf der Pilse in Erfurt, in: Thüringer Monatsblätter 34, 1926, S. 131 f. G. Meinhold: Die Häuser »Zum Paradies« und »Zum Esel«, in: Aus der Vergangenheit der Stadt Erfurt 2, 1956, S. 61 f. F. Wiegand: Das Rathaus und der Fischmarkt in Erfurt (Beiträge zur Geschichte der Stadt Erfurt, 6), Erfurt 1961

Bebauung im Bereich Futterstraße, Wenigemarkt, Meienbergstraße und Johannisstraße Im Bereich der Futterstraße, einer der bedeutendsten und traditionsreichsten mittelalterlichen Straßen Erfurts, entstanden auf der Südseite durch Bombeneinwirkung 1945 erhebliche Schäden am Baubestand. Teilweise wurden auch Gebäude in der Meienbergstraße vernichtet oder stark in Mitleidenschaft gezogen. Betroffen wurden zumeist zwei- bis dreigeschossige schlichte Bürgerhäuser, deren städtebauliche Bedeutung vorwiegend auf der geschlossenen Straßenabwicklung beruhte. Neben den beiden völlig zerstörten Gebäuden, dem Haus »Zum Kronprinz« (Futterstraße 1) aus dem 16./17. Jh. und dem Hotel »König von Preußen« (Futterstraße 8) in Neorenaissanceformen, sowie dem leicht beschädigten und wiederhergestellten Haus »Zum Stockfisch« (Johannisstraße, jetzt Leninstraße 169) ist besonders zu erwähnen:

»Zum Rebenstock« (Futterstraße 2). Nach einer Hausinschrift 1451 für Otto von Ziegler errichtet. Spätgotisches Patrizierhaus von neun Achsen in Traufstellung mit großer spitzbogiger Tordurchfahrt in seitlicher Anordnung. Einfache Fenstergewände. Traufe mit hohem Zinnenkranz. In der Dachzone Zwerchgiebel mit Segmentbogenabschluß und plastischer Verzierung. Darunter zwei allegorische Figuren in Nischen. Am Hause das Zieglersche Wappen (Hirschkopf).
1945 durch Bomben Dach und Zinnenkranz beschädigt. Wiederherstellung unter Verzicht auf den Zinnenkranz und den Zwerchgiebel.

Inventar/Erfurt 1890, S. 338. W. Ramann: Das Haus zum Rebenstock, Futterstraße 2, Erfurt 1928. Die Futterstraße in Erfurt, Bautechnische Untersuchungen, in: Wiss. Zeitschr. der Hochschule für Architektur und Bauwesen 4, 1956/57, S. 383 f.

Bebauung im Bereich Kreuzgasse Durchweg schlichte Wohnbebauung des 15.–19. Jh. ohne besonderen Einzelwert, jedoch städtebaulich bedeutend durch ihre Nachbarschaft zur Krämerbrücke bzw. zum Breitstrom.
1945 durch Bomben erhebliche Schäden. Ruinenreste abgetragen. Teilweiser Wiederaufbau.

Krämerbrücke Wichtiges Verbindungsglied der uralten West-Ost-Handelsstraße. Anstelle einer älteren Holzbrücke um 1325 als Steinbogenbrücke von sechs Bogen mit der Ägidienkirche (Wenigemarkt) und Benediktikirche als Brückenköpfe neu erbaut. Auf der Brücke Krambuden, die nach dem Brand von 1472 durch etwa 62 Fachwerkhäuser ersetzt wurden, teilweise mittels auskragenden Sprengwerken auf erweitertem Grundriß. Brände und Grundstückszusammen-

Erfurt
Links: »Zum Rebenstock« (Futterstraße 2); Futterstraße 1–7
Rechts oben: Blick durch die Kreuzgasse zum Dämmchen
Rechts unten: Krämerbrücke, nach der Zerstörung und nach dem Wiederaufbau

legungen hatten den Hausbestand, später meist Niederlassungen von Handwerkern, auf 32 Häuser vermindert. Durchweg zwei- bis dreigeschossige Traufenhäuser mit verputztem Fachwerk, nach der Wasserseite teilweise freiliegend, und Galerien.
Am 11. April 1945 durch Artilleriebeschuß u. a. die beiden schmalen, dreigeschossigen Gebäude Nr. 12 und 13 erheblich beschädigt. 1950 Instandsetzung, 1953–1955 mit dem Haus Nr. 14 zur Krämerbrücke 12/14 vereinigt. Seit 1963 umfassende Gesamtinstandsetzung der Krämerbrücke.

K. Beyer: Die Krämerbrücke und ihre Bewohner, in: Mitteilungen des Vereins für die Geschichte und Altertumskunde von Erfurt 17, 1895, S. 23 f. A. Kortüm: Beschreibung der baulichen Anlage der Krämerbrücke, in: Mitteilungen des Vereins für die Geschichte und Altertumskunde von Erfurt 17, 1895, S. 61 f. G. Kaiser und R.-G. Lucke: Die Krämerbrücke in Erfurt (Baudenkmale 28), Leipzig 1970

Collegium Majus (Michaelisstraße). Alte Universität. Nach Gründung der Universität 1392 Ansiedlung in der Michaelisstraße gegenüber der Michaeliskirche. Allmähliche Erweiterung durch Erwerb einzelner Grundstücke. Nach 1510 großzügiger Neubau anstelle der Einzelgebäude als bedeutendster spätgotischer Profanbau Erfurts. Das Obergeschoß Michaelisstraße 1548–1550 fertiggestellt. Zweigeschossiger, siebenachsiger Bau mit Sattel-, später Krüppelwalmdach. Bruchsteinmauerwerk mit Werksteinverband. Fassade Michaelisstraße, entsprechend dem Straßenverlauf ab fünfter Achse abgeknickt, gegliedert durch gekoppelte Fenster, im Erdgeschoß profilierte Vorhangbogenfenster und Rechteckfenster

Erfurt
Oben: Krämerbrücke, nach der Instandsetzung
Unten: Collegium Majus

im Wechsel. Die profilierten Obergeschoßfenster leicht versetzt. Aufwendige Mittelportalanlage mit Kielbogen, Krabben und Kreuzblume in profilierter Rahmung mit Inschriftplatten. Seitlich ehemals Plastiken mit Baldachinen. Nordgiebel im Obergeschoß mit rechteckigen Maßwerkfenstern. Im Obergeschoß großes Auditorium mit gotischer Wandgliederung (Nordseite) und Renaissance-Wandgliederung mit Katheder.
1945 bis auf die Erdgeschoßmauern zerstört. Ruine beräumt und gesichert, zahlreiche Architekturteile geborgen.

Inventar/Erfurt 1890, S. 316 ff. G. Oergel: Das Collegium maius zu Erfurt, Erfurt 1894. P. Peters: Das Collegium majus in Erfurt, in: Mitteilungen des Vereins für die Geschichte und Altertumskunde von Erfurt 24, 1903, S. 109 f. Dehio/Mitteldeutschl., S. 100. W. Schnellenkamp: Baugeschichte des Collegiums Majus der Erfurter Universität, Erfurt 1936. F. Wiegand: Zur Baugeschichte der Universität Erfurt in der 2. Hälfte des 17. Jahrhunderts, in: Beiträge zur Geschichte der Universität Erfurt 12, 1965/66, S. 51 f. S. Hopf: Gedanken über den Wiederaufbau der Alten Universität in Erfurt, Dipl.-Arbeit der Hochschule für Architektur und Bauwesen Weimar 1968

Regierung (Regierungsstraße 73). Ehemalige Kurmainzische Statthalterei, jetzt Rat des Kreises. Dreigeschossiger Gebäudekomplex, errichtet 1711–1740 nach Plänen von M. v. Welsch unter Einbeziehung des Hauses »Zum stolzen Knecht« mit Erker von 1540. Mittelrisalit mit figürlichem Schmuck von P. Gröninger. Im Obergeschoß Festsaal von J. P. Castelli. Vor dem Gebäude zwei symmetrisch angeordnete Wachhäuser.
Kriegsbeschädigungen vor allem an der Balustrade und an den Wachhäusern. Instand gesetzt, 1977 originale Fassadenfarbigkeit.

Inventar/Erfurt 1890, S. 312 f. Dehio/Mitteldeutschl., S. 101

Erfurt, Collegium Majus
Oben: Festsaal
Links: Front zur Michaelisstraße
Rechts Mitte: Portal
Rechts unten: Nach der Zerstörung

Anger 37/38 »Zum goldenen Hecht«. 1557 erbautes Bürgerhaus.
Kriegsbeschädigungen am Dach, an Fassaden und Fenstern. Wiederhergestellt, letzte Instandsetzung 1976.

Anger 65 (Ecke Schlösserstraße, jetzt Hermann-Jahn-Straße). Haus »Zum Helm«. 1792 errichtetes dreigeschossiges Bürgerhaus mit Mansarddach. Fassade zum Anger asymmetrisch gegliedert durch zweiachsigen, viergeschossigen Mittelrisalit mit flachem Dreieckgiebelabschluß. Fenster mit profilierten Gewänden und Schlußsteinen. Von besonderer Bedeutung die Gestaltung der Erdgeschoßzone durch die Aufnahme von Architekturteilen und bildkünstlerischem Schmuck des 1612 von D. Friedemann erbauten und dem Bildhauer H. Friedemann plastisch verzierten, 1660 abgebrannten »Stotternheimschen Palais«, dem aufwendigsten Profanbau Erfurts. Großes Buckelquaderportal, daneben rundbogige Fensterreihung, darüber Steinreliefs mit Kriegsszenen. Eckquader. Die achtachsige Fassade Schlösserstraße zeigt die gleiche schlichte Gliederung wie die Obergeschosse am Anger, ausgenommen das Quaderportal an der Ecke. Nach 1863 bauliche Veränderung vor allem im Erdgeschoß durch Ladeneinbauten, Verdachungen usw.
1945 mit den architektonisch unbedeutenden Nachbargebäuden Anger 64 und 63 durch Bomben zerstört. Ruinen abgetragen, heute Platzerweiterung bzw. Einmündung der Hermann-Jahn-Straße. Portal und Reliefs geborgen, wiederaufgestellt 1976 im Volkskundemuseum Erfurt. Das gegenüberliegende Angermuseum, ehemals Kurmainzischer Packhof, erlitt am Dach und an der Fassade Beschädigungen, schwerer betroffen dagegen ein unbedeutender rückwärtiger Anbau im Museumshof.
Inventar/Erfurt 1890, S. 332 f.

Fischmarkt 4 »Halbe eiserne Tür«. Bürgerhaus des 15./16. Jh.
Durch Bomben beschädigt. Wieder instand gesetzt.

Große Arche 14 Dreigeschossiger, neunachsiger Renaissancebau mit großem, reich gegliedertem Portal von 1578 und profilierten Fenstergewänden.
1945 durch Bomben zerstört. Ruine bis auf die Erdgeschoßwand der Straßenseite abgetragen.
Inventar/Erfurt 1890, S. 335

Neuwerkstraße 19 »Zum güldenen Kranich«. Ehemaliges Schankhaus der Kartäuser, erbaut 1425.
1945 durch Bomben zerstört. Reste abgetragen.

Gotha (Kreis Gotha)

Das schon in ur- und frühgeschichtlicher Zeit besiedelte Stadtgebiet von Gotha wird 775 »villa Gothaha« genannt. Spätestens seit dem 12. Jh. residierten hier die Thüringer Landgrafen, vermutlich in der 1217 bezeugten Burg (1316 Burg Grimmenstein). Im Brühl befand sich die älteste Kaufmannssiedlung, die Ausgangspunkt für die spätere Stadterweiterung war. In den achtziger Jahren des 12. Jh. wird Gotha als »civitas« bezeichnet. Nacheinander entstanden mit regelmäßigem Grundriß das Gebiet um den Hauptmarkt mit Rathaus und Kaufhaus und die sogenannte Neustadt mit Neumarkt und Margarethenkirche. Die umgebende Stadtmauer mit vier Toren ausgestattet. An die Stelle des 1251 gegründeten Zisterzienserinnenklosters trat 1258 das der Augustiner-Eremiten. 1530–1541 Ausbau des Grimmensteins zur Festung (daher die alte Marien-

Links oben: Erfurt, Anger 65
Mitte und links unten: Gotha, Schloß Friedenstein, Portal und Gesamtansicht
Rechts: Gotha, Margarethenkirche, während und nach Wiederaufbau

kirche abgebrochen), jedoch schon 1567 in den Grumbacher Händeln geschleift. 1632 verheerte ein Brand die Stadt, anschließend wieder aufgebaut als Residenzstadt und Sitz vieler Landesbehörden. 1640 wurde Gotha unter Herzog Ernst dem Frommen selbständiges Reichsfürstentum. Auf den Fundamenten des Grimmensteins entstand 1643–1648 Schloß Friedenstein als erster barocker Großbau in Deutschland. Schloßberg und Stadt wurden 1657–1676 erneut befestigt. Erst nach 1772 erfolgte die Entfestigung und damit die Anbindung des Schlosses an die Stadt, östlich entstanden Anlagen mit dem Teeschlößchen, südlich ein großangelegter romantischer Landschaftspark. Zahlreiche bedeutende Bauwerke bestimmen das Antlitz der Stadt, in der zahlreiche hervorragende Architekten und Künstler wirkten. Mit der zunehmenden Industrialisierung im 19. Jh. nahm Gotha einen bedeutenden Aufschwung und dehnte sich nach allen Seiten hin aus, ohne jedoch die Altbausubstanz wesentlich zu beeinträchtigen. Gesellschaftspolitische Höhepunkte der jüngeren Geschichte sind der »Gothaer Vereinigungsparteitag« 1875, der zur Gründung der Sozialistischen Arbeiterpartei Deutschlands führte, sowie die Gründung der Unabhängigen Sozialdemokratischen Partei Deutschlands 1917 in Gotha.
Die Luftangriffe am 10., 11., 15. und 30. November 1944 sowie am 10. März und 3. April 1945 fügten der Stadt erheblichen Schaden zu. Außer den nachfolgend aufgeführten Gebäuden wurde auch die 1848 in schlichten Formen errichtete Bahnhofshalle zerstört (in vereinfachter Form wieder nutzbar gemacht). Leichtere Schäden, die in den Nachkriegsjahren behoben wurden, erlitten u. a.: Augustinerkirche, Friedrichskirche, Schloß Friedenstein (nur das Hauptportal schwer beschädigt), Schloß Friedrichsthal, Orangerie, Parktempel, Haus Königsaal (Brühl) sowie die Häuser Schloßberg 2 und 12.

A. Beck: Geschichte des Gothaischen Landes, Bd. II, Gotha 1870. Inventar/Gotha. Ch. Rauch: Von Gothaer alten Häusern, in: Aus den coburg-gothaischen Landen 6, 1908, S. 61 f. H. Heß und W. Schmidt-Ewald: Gotha im Mittelalter, Gotha 1927. Volkland 1929. K. Kohlstock: Gassen und Gäßchen im alten Gotha, in: Rund um den Friedenstein, 1931, S. 8 f. K. Schmidt (Hrsg.): Gotha, Das Buch einer deutschen Stadt, 2 Bde., Gotha 1927–1938. A. Langlotz: Zur Wiederherstellung des Südteils der Gothaer Orangerie, in: Der Friedenstein 1955, S. 6 f. W. Volkland: Das Gothaer Bürgerhaus, in: Der Friedenstein 1956, S. 116 f. Hdb. Hist. Stätten 9, S. 151 f. Reisehandbuch »Thüringer Wald«, Berlin–Leipzig 1977, S. 327 f.

Margarethenkirche Anstelle eines romanischen Vorgängerbaus errichtet 1494–1543. Dreischiffige Hallenkirche mit abgewalmtem Satteldach, gestrecktem, polygonal geschlossenem Chor und westlichem, in die Halle einbezogenem Turm mit Hauptportal. Infolge von Kirchenbränden 1632 (Erneuerung 1636–1640) und 1646 (Erneuerung bis 1652) wurden sowohl das Innere durch die Einrichtung einer Emporenkirche als auch das Äußere durch den Einbruch neuer Fenster sowie der Turmaufbau durchgreifend verändert. Der Chor als herzogliche Begräbnisstätte eingerichtet. 1725–1727 das Innere erneut umgestaltet: aus dieser Zeit die plastisch-dekorativ reich verzierte Stuckdecke mit den illusionistischen Deckenmalereien im Schiff (Christi Himmelfahrt) und im Chor sowie die wesentliche Ausstattung.
Am 10. November 1944 durch Bombeneinwirkung stark betroffen, besonders die Dächer von Turm und »Halle« und die Umfassungsmauern. Bis 1952 Wiederaufbau des Äußeren nach statisch-konstruktiver Sicherung in den alten Formen. Völlig verändert dagegen das Innere durch um-

Gotha, Margarethenkirche
Rechts oben: Inneres nach Osten und Westen
Rechts unten: Inneres nach Westen, nach der Zerstörung und nach der Wiederherstellung
Links: Deckengemälde

fassende Entbarockisierung und Wiederherstellung der gotischen Halle in freier Nachempfindung: Beseitigung der Emporen und Pfeilerverkleidungen sowie der barocken Decken, dafür Kassettendecke, Stahlbetonummantelung der deformierten gotischen Stützen, neuer Fußboden, neue Verglasung, Ausmalung sowie Einbeziehung der erhaltenen Ausstattung: Kanzel, Taufe, Orgel, Grabmal Ernsts des Frommen.

Inventar/Gotha, S. 42 ff. H. Heß: Der Bau der Margarethenkirche in Gotha in den Jahren 1494–1543, in: Mitteilungen des Vereins für gothaische Geschichts- und Altertumsforschung 1904, S. 105 f. Dehio/Mitteldeutschl., S. 138. Volkland 1929, S. 25 ff.

Landestheater 1837–1840 nach Entwürfen K. F. Schinkels durch G. Eberhard im römisch-dorischen Klassizismus errichtet. 1861/62 umgebaut und erweitert. Um das von flachen Giebeln bekrönte Zuschauer- und Bühnenhaus gruppieren sich zweigeschossige Umbauten, im Süden mit halbkreisförmiger Erweiterung als Vorhalle und Foyer. Rangtheater. Das gesamte Erdgeschoß mit Putzrustikagliederung überzogen, am oberen Geschoß zwischen den Fensterachsen dorische Pilaster. Rundbogenfenster mit rechteckiger Rahmung und Horizontalgesimsen auf Konsolen. Ostfassade mit Säulengang. Gußeiserne Gitter.
Am 3. April 1945 durch übergreifenden Brand (Munitionsbrand) zerstört, erhalten blieben nur die Umfassungsmauern. 1958 die Ruine abgetragen.

A. Beck: Geschichte des Gothaischen Landes, Bd. II, Gotha 1870, S. 463. Inventar/Gotha, S. 102. Volkland 1929, S. 73 f.

Friedrich-Jacobs-Straße 2 Fachwerkwohnhaus des ausgehenden 18. Jh. Dachgaupen mit Rundfenstern.
Am 3. April 1945 durch Bomben zerstört. Reste beseitigt.

Volkland 1929, S. 65

Friedrich-Jacobs-Straße 3 Wohnhaus des Sprachforschers Friedrich Jacobs. Verputzter Fachwerkbau. Das barocke Rundbogenportal mit Konsolnischen und Schlußstein, darüber Jahreszahl 1647 (das Portal ist der Überrest eines steinernen Hauses, das A. Rudolphi für den Kanzler Frantzke erbaute). Im Inneren Stuckdecke.
Am 3. April 1945 durch Bomben zerstört. Reste beseitigt.

Volkland 1929, S. 65

Neumarkt 5 Klassizistisches Wohnhaus mit breitem Mäanderband und gußeisernen Fensterbrüstungen im Obergeschoß.
Am 3. April 1945 durch Bomben zerstört. Reste beseitigt.

Volkland 1929, S. 70

Neumarkt 6 »Zum Schrapfen«. 1666 errichteter Neubau auf der Grundlage eines Vorgängerhauses von 1474; Fassade 1928 umgestaltet. Dreigeschossiger, achtachsiger verputzter Bruchsteinbau mit Eckbossenquadern und Steingewänden. Barockes Portal mit flankierenden Pilastern, Giebelaufbau und Schriftkartusche. Im Inneren Stuckdecke.
Am 3. April 1945 durch Bomben schwer beschädigt. Wiederaufgebaut.

Volkland 1929, S. 69

Nordhausen (Kreis Nordhausen)

Ausgangspunkt für die Entwicklung Nordhausens ist das aus altthüringischer Zeit stammende und nördlich des späteren Zentrums liegende Altendorf. Daneben entstanden in karolingischer Zeit zwei Siedlungen, die eine um den fränkischen Reichshof (Königshof, Dombereich), die andere um einen karolingischen Hof am Frauenberg (Altnordhausen). 874 wird Nordhausen urkundlich erwähnt. Im Schutze der Burg Heinrichs I. (910 bis 1277 erwiesen) entwickelte sich eine Stadt, besonders gefördert unter seinen Nachfolgern Kaiser Otto I. und Otto II. Mathilde, Königinnenwitwe und Äbtissin von Quedlinburg, gründete 961 ein Damenstift (1220 Domherrenstift, die Nonnen nach dem Frauenkloster verlegt). In unmittelbarer Nähe entstand ein Markt. Schon sehr bald wurde die Stadt planmäßig erweitert, neues Zentrum wird der Markt mit Rathaus und Nikolaikirche. 1158 übergab Kaiser Friedrich Barbarossa im Gütertausch den Reichsbesitz an das Stift Quedlinburg, das damit Stadtherr von Nordhausen wurde. Erst Kaiser Friedrich II. beendete diese Herrschaft durch die Umwandlung des Damenstifts in ein Domherrenstift und vollzog damit eine Trennung. Nordhausen erhielt die Reichsunmittelbarkeit und wurde Reichsstadt. Zwischen 1290 und 1330 wurde die Altstadt durch eine Stadtmauer mit 77 Mauer- und Tortürmen geschützt. Im Verlaufe des 14. Jh. wurden auch die außerhalb liegenden Stadtgebiete (Altendorf, Neustadt und Frauenberg) in das Befestigungssystem einbezogen. Handel und Gewerbe machten Nordhausen zur bedeutendsten Stadt am Vorharz. 1715 wurde sie Freie Reichsstadt, 1802 preußische Landstadt. Mit dem industriellen Aufschwung im 19. Jh. breitete sich die Bebauung weit über die ehemalige Ummauerung aus.
Am 3. und 4. April 1945 wurde Nordhausen durch anglo-amerikanische Bombenangriffe schwer heimgesucht und zu über 80 Prozent vernichtet. Fast 9000 Menschen fanden den Tod, über 10 000 Wohnungen wurden zerstört und zahlreiche Denkmale von hervorragender Bedeutung dem Erdboden gleichgemacht oder erheblich beschädigt, darunter zahlreiche der für Nordhausen charakteristischen Fachwerkbauten des 13.–19. Jh. Zerstört wurden Dreiviertel der umwehrten Altstadt, die Neustadt und das Gebiet um die Frauenbergkirche. Erhalten blieb lediglich ein Stadtviertel, begrenzt etwa durch die westliche und nördliche Stadtmauer, Barfüßerstraße, Kalte

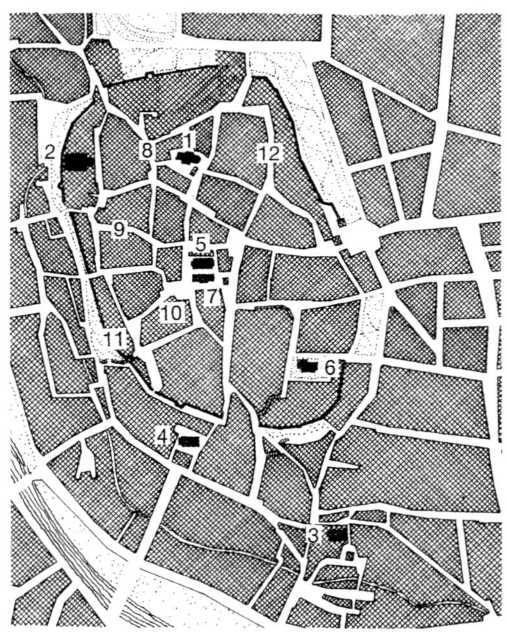

Links: Gotha, Landestheater, Entwurf von Schinkel; Ansichten der Ruine
Rechts: Nordhausen, Stadtgrundriß, 1 St. Blasiikirche, 2 Dom Hl. Kreuz, 3 Frauenbergkloster, 4 Neustädtische Pfarrkirche St. Jakobi, 5 Marktkirche St. Nikolai, 6 St. Petrikirche, 7 Rathaus, 8 Blasiistraße, 9 Bäckerstraße, 10 Holzmarkt, 11 Königshof, 12 Hagenstraße

Gasse, Königshof, sowie der Stadtteil Altendorf (die Kirche in Altendorf sowie die im Ortsteil Salza erlitten nur leichte Beschädigungen).

E. G. Förstemann: Chronik der Stadt Nordhausen, Nordhausen 1860. Perschmann: Die mittelalterlichen Kunstdenkmäler Nordhausens, in: Zeitschr. des Harz-Vereins 8, 1875, S. 372 f. Inventar/Nordhausen. O. Döring: Alte Fachwerkbauten der Provinz Sachsen, Magdeburg 1903. H. Heine: Heimatbuch für Nordhausen und die Grafschaft Hohenstein, Nordhausen 1908. F. Rahlves: Die Entwicklung des städtischen Wohnhauses in Nordhausen, Sangerhausen und Eisleben, Weimar 1915. Dehio/Mitteldeutschl., S. 277 ff. Das tausendjährige Nordhausen. Döring 1929. H. Weidhaas, Fachwerkbauten in Nordhausen, Berlin 1955. Hdb. Hist. Stätten 9, S. 305 f.

Kirchen

St. Blasiikirche Neben dem Dom bedeutendste kirchliche Anlage Nordhausens. Von der ersten Anlage aus dem ersten Viertel des 13. Jh. die Doppelturmfront erhalten. Gotischer Neubau mit kreuzförmigem Grundriß: Hallenkirche von vier Stützen mit Querschiff und zweijochigem, polygonal geschlossenem Chor. Südlicher Sakristeian-

bau. Satteldächer. Äußere Gliederung durch Strebepfeiler. Im Inneren ungleiche Jochbreiten. Rippenkreuzgewölbe, die der Halle getragen von vier, an den Ecken abgefasten quadratischen Pfeilern. Figurierte Schlußsteine (1489). Die gesamte Kirche geprägt von zahlreichen Veränderungen und Erneuerungen (kurzer nördlicher Turmhelm). Reiche Ausstattung, u. a. Barockaltar von J. K. Unger und J. Ch. Mäter, Kirchenstuhl 1735, Kanzel 1592, Bibliothek des Klosters Himmelgarten (seit 1552), Gemälde der Familie Meyenberg von L. Cranach d. Ä. und L. Cranach d. J.
Am 4. April 1945 durch Bomben erhebliche Schäden an den Dächern und dem Mauerwerk, besonders der Ostteile. Cranachgemälde im Auslagerungskeller (Brauerei) verbrannt. Bis 1949 Wiederherstellung der Dächer, Ausbesserung des Mauerwerks und Erneuerung des Inneren.

Inventar/Nordhausen, S. 138 ff. A. Zeller: Die Wiederherstellung der St. Blasiuskirche in Nordhausen, in: Die Denkmalpflege 13, 1911, S. 123 f. Dehio/Mitteldeutschl. S. 278 f. Das tausendjährige Nordhausen, II, S. 544 ff. Döring 1929, S. 30 ff. F. Trautmann: Zur Einweihung der St. Blasii-Kirche in Nordhausen am 31. 10. 1949. H. Kappler: Die St. Blasii-Kirche in Nordhausen, in: Nordhäuser Roland 11, 1953, S. 163

Dom Hl. Kreuz Älteste Kirchenanlage Nordhausens, von Mathilde 961 als Frauenkloster im Burgbezirk gegründet. 1220 Umwandlung in ein Chorherrenstift. Von der Uranlage nichts erhalten. Romanische Bauteile: die dreischiffige Krypta und die Untergeschosse der Osttürme mit den zweigeschossigen Apsiden aus dem 12. Jh. (nach 1180?). Bis 1267 frühgotischer langgestreckter Chor mit Dreifenstergruppe im Osten in typischen Zisterzienserformen (Maulbronn, Walkenried); gegen 1300 Wölbarbeiten, Chorplastiken. Mitte des 14. Jh. Bau der spätgotischen dreischiffigen, fünfjochigen Hallenkirche mit zunächst flacher Decke und hohem Steildach; seit Anfang des 16. Jh. Einwölbung in Stern- und Parallelrippenformen, in den drei Ostjochen und im nördlichen Seitenschiff erst im 19. Jh. vollendet. Mehrere Erneuerungen und Restaurierungen, zuletzt 1927–1931. Kunstgeschichtlich bedeutende Ausstattung.
Beim Bombenangriff am 4. April 1945 erhebliche Schäden durch Brandzerstörung des Steildaches über der Halle und Vernichtung der Fenster. Sofort nach 1945 Notdach und Beseitigung von Folgeschäden. Seit 1965 Wiederherstellung des Steildaches in alter Form.

Inventar/Nordhausen, S. 40 ff. Dehio/Mitteldeutschl. S. 277 ff. Das tausendjährige Nordhausen, II, S. 515 ff. Döring 1929, S. 13 f. K. Otto: Die Wiederherstellungsarbeiten am Dom in Nordhausen in den Jahren 1927–30, in: Die Denkmalpflege 33, 1931, S. 75 f. G. Rüth: Technische Sicherungsmaßnahmen am Dom zu Nordhausen, in: Die Denkmalpflege 33, 1931, S. 77 f. B. Hellwig: Der Dom zu Nordhausen, sein Stift und seine Gemeinde, ergänzt und neu hrsg. von W. Hunstinger, Nordhausen 1937

Nordhausen
Links: Dom Hl. Kreuz, Ansicht von Nordosten (Stich um 1850) und Inneres nach Westen
Mitte und rechts: St. Blasiikirche, Äußeres von Nordwesten während der Wiederherstellung und von Südosten nach der Wiederherstellung; Inneres nach Osten, nach der Wiederherstellung und vor der Zerstörung

Frauenbergkirche (St. Mariae novi operis). Zisterzienserinnen-Klosterkirche, erste Erwähnung 1203. Einzige vollständig erhaltene romanische Kirche Nordhausens. Noch vor 1200 Baubeginn der Kirche als dreischiffige, kreuzförmige Pfeilerbasilika mit drei Apsiden im gebundenen System, Satteldach und polygonalem Glockenturm über der Vierung. Die Apsiden des Querschiffs 1480 durch rechteckige Nebenchöre ersetzt und durch Arkaden zum Hauptchor geöffnet. Äußeres schlicht und bis auf den Rundbogenfries an Chor und Querschiff ohne Bauornamentik. Westfassade mit Stufenportal. Im Inneren Kreuzgratgewölbe über kräftigen Gurten, im Mittelschiff spitzbogig. Mehrere Umbauten und Erneuerungen, besonders 1713, haben das Innere und

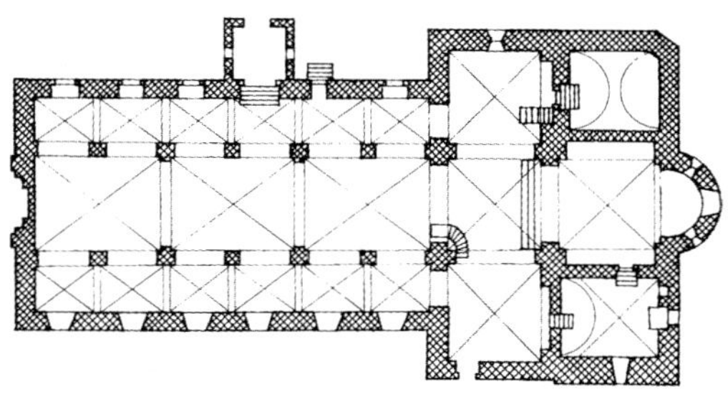

Nordhausen, Frauenbergkirche
Links: Ansicht von Osten und Nordwesten
Rechts oben: Ansicht von Westen
Rechts Mitte: Westportal
Rechts unten: Grundriß

Äußere entstellt. 1909–1911 durchgreifende Entrestaurierung durch A. Zeller: Umbau und Herabzonung des nördlichen Nebenchores, Rekonstruktion der Fensterrose, Beseitigung des Anbaus am nördlichen Seitenschiff, Rückführung aller barock erweiterten Fenster auf originale Größe, Neuordnung des Inneren u. a. durch Beseitigung von Logenbauten. Von der Ausstattung besonders zu nennen der Schnitzaltar mit Kreuzigung und Passionsszenen von 1459 und die Kanzel von J. Ch. Otto 1769.

Am 4. April 1945 durch Bomben schwer zerstört. Erhalten blieben in den Umfassungsmauern der Chor mit Apside, die Nebenchöre und das Querschiff, vom Langhaus nur Reste des ersten Joches sowie das Westportal. 1953–1955 Enttrümmerung und nachfolgend statisch-konstruktive Sicherung des erhaltenen Mauerwerks, Aufbringen der Dächer und Einziehen der Gewölbe, provisorischer Westabschluß im Vierungsbogen. 1968 mit dem Innenausbau begonnen.

Inventar/Nordhausen, S. 107 ff. A. Zeller: Die Wiederherstellung der Frauenberger Kirche in Nordhausen am Harz, in: Die Denkmalpflege 14, 1912, S. 37 f. Dehio/Mitteldeutschl. S. 278. Das tausendjährige Nordhausen, II, S. 532 f. Döring 1929, S. 10

Frauenbergkloster Innenflügel: einer der ältesten deutschen Fachwerkbauten aus der Zeit vor 1250; zweigeschossiger Ständerbau mit durchgehenden Stielen, Querriegelverband, Gefache verputzt, Satteldach. Straßenflügel: um 1450 errichtet als zweigeschossiger Fachwerkbau über massivem Erdgeschoß mit abgewalmtem Satteldach und Zwerchhäusern. Vorkragendes Obergeschoß. Ständerbau mit Brustriegeln. Gefache verputzt (Endstufe des gotischen Fachwerks). Im Inneren originale Raumausstattung in den »Kommunstuben« erhalten: senkrecht stehende profilierte Bohlen mit glatten Füllbrettern an den Wänden; in gleicher Weise die Decke ausgebildet.

Am 4. April 1945 Gebäudekomplex durch Bomben total zerstört. Reste beseitigt. An dieser Stelle Neubau eines Pfarr- und Gemeindezentrums geplant.

s. bei Frauenbergkirche

Nordhausen
Oben links und Mitte: Frauenbergkirche, Inneres nach Osten und Westen
Oben rechts: Frauenbergkirche, Ruine von Südwesten
Unten: Frauenbergkloster, Hauptgebäude, Klosterhof und Innenraum

Neustädtische Pfarrkirche St. Jakobi 1744 bis 1749 Neubau von J. A. Voigt als protestantische Saalkirche anstelle einer älteren Anlage des 13. Jh., von der lediglich der Turm (1310) übernommen wurde (Steinmaterial aus dem Kloster Walkenried). Putzbau mit schlichter Werksteingliederung in den Eckpilastern und Fenstergewänden bei Betonung der Portalachsen an den Langseiten. Rundbogenfenster, je zwei übereinander angeordnet (Empore). Satteldach, nach Osten abgewalmt. Turm mit polygonaler Spitzpyramide und vier Nebenhelmen; im Erdgeschoß barockes Westportal. Das Innere gleicht dem Charakter einer ausgesprochenen Predigtkirche: umlaufende Empore, im Osten unterbrochen durch Kanzelaltaranlage, im Westen Orgel. Betstübchen 1905 bei der Erneuerung beseitigt, gleichzeitig Stukkaturen der Voutendecke erneuert.
Am 3. April 1945 durch Bomben zerstört. Reste des Schiffes abgetragen, Turmruine später beseitigt.

Inventar/Nordhausen, S. 169 ff. Dehio/Mitteldeutschl., S. 279. Das tausendjährige Nordhausen, II, S. 559 f. Döring 1929, S. 42 f.

Marktkirche St. Nikolai Anstelle einer spätromanischen Kirchenanlage Ende des 15. Jh. Neubau der dreischiffigen, dreijochigen Hallenkirche mit dreijochigem, polygonal geschlossenem Chor in Verlängerung des Mittelschiffs. Chornebenbauten: im Süden Sakristei, im Norden Nikolauskapelle, ebenfalls dreijochig mit polygonalem Ostschluß (u. a. Schlußstein mit Jahreszahl 1490 und Name des Erbauers Heinrich Wilde von Lüneburg). Abgewalmtes Satteldach. Im Westen Zweiturmfront des Vorgängerbaus, durch Brände 1612, 1710 und 1712 reduziert; neogotisches Glockengeschoß 1823–1829. Langseiten mit Strebepfeilern. Fenstermaßwerke 1776 sämtlichst entfernt, später durch neogotisches ersetzt. Im Inneren Rippenkreuzgewölbe mit künstlerisch ausgebildetem Schlußstein über abgefasten quadratischen Pfeilern. 1909–1911 durchgreifende Erneuerung, u. a. Beseitigung der Schiffsemporen, farbige Neuausmalung. Bedeutende Ausstattung des 16.–18. Jh.: Altar um 1600 von Ch. Kapup in Alabaster, 1646 durch J. Duck zusammengesetzt; Kanzel um 1589, Taufe 1588, Orgel Anfang des 18. Jh., Betstübchen 1726 sowie spätgotische Bildwerke: Mondsichelmadonna Ende des 15. Jh., Kruzifix frühes 16. Jh.
Am 3. April 1945 durch Bomben weitgehend zerstört. Ruinenreste abgetragen.

Inventar/Nordhausen, S. 125 ff. Dehio/Mitteldeutschl., S. 278. Das tausendjährige Nordhausen, II, S. 539 f. Döring 1929, S. 47 f.

St. Petrikirche Von der erstmals 1220 genannten Pfarrkirche auf dem Petersberg nichts überkommen. Noch im 13. Jh. Chorneubau mit geradem Ostschluß, Fachwerkgiebel und Kreuzgratgewölben auf säulenartigen Wanddiensten. Ende des 14. Jh. Errichtung der dreischiffigen Halle mit hölzernem Tonnengewölbe im Mittelschiff, Seitenschiffe flach gedeckt. Westportal. Der Turmbau an der Nordwestecke mit steilem Spitzhelm und Eckhelmen von großer städtebaulicher Wirksamkeit errichtet 1362 bis Anfang des 15. Jh. Nördlich Sakristeianbau 1447. Unregelmäßige Baugruppe ohne besondere architektonische Ausbildung, durch zahlreiche Umbauten und Erneuerungen entstellt: Emporen und Betstübcheneinbauten, Beseitigung der Seitenschiffswölbung, Fenstervergrößerung. Von der wertvollen Ausstattung besonders erwähnenswert: Altar 1751, Kanzel 1612, bronzener Taufkessel 1429.
Beim Bombenangriff am 3. April 1945 bis auf Turm und Chor größtenteils zerstört. Der Turm erhielt nach 1954 ein Notdach, die übrigen Ruinenteile weitgehend beseitigt.

Inventar/Nordhausen, S. 150 ff. O. Trillhase: Herstellung der Kanzel der St. Petrikirche in Nordhausen, in: Jahrbuch der Denkmalpflege in der Provinz Sachsen 1902, S. 67 f. Dehio/Mitteldeutschl., S. 279. Das tausendjährige Nordhausen, II, S. 552 f. Döring 1929, S. 37 f.

Öffentliche Bauten

Stadtbefestigung Seit dem 13. Jh. bis um 1500 Errichtung der umfangreichen Stadtbefestigung um die eigentliche Altstadt. Der geschlossene Mauerring, teilweise Doppel- oder Dreifachmauer mit Zwingeranlagen, hatte acht Stadttore, sieben Haupt- und 24 Schalentürme (Wiechhäuser). In den Befestigungsgürtel einbezogen, mitunter nur durch Palisadengräben oder natürliche Hindernisse wie Sümpfe, Gräben und Teiche geschützt, waren die Stadtteile Altendorf, die Neustadt und der Frauenberg. Mit der Entfestigung seit der zweiten Hälfte des 18. Jh. Beseitigung der Stadttore, teilweise Einebnung der Gräben und Anlage von Gärten und Promenaden. Soweit die

Nordhausen
Oben: Neustädtische Pfarrkirche St. Jakobi, Inneres mit Blick zum Kanzelaltar
Unten: Marktkirche St. Nikolai, Äußeres von Südwesten, Inneres nach Osten und Westen

Türme nicht beseitigt wurden oder verfielen, wurden sie als Gartenhäuser, für Wohnzwecke oder andere Einrichtungen genutzt. Der Mauerzug zwischen Petrikirchturm und Theater wurde entfernt. Bis zum zweiten Weltkrieg waren noch 20 Türme und 1600 m Stadtmauer vorhanden.
Im April 1945 entstanden Schäden an der Stadtmauer, wobei besonders die teilweise genutzten Türme und Wiechhäuser betroffen wurden. Abgänge durch Neugestaltung der Stadt und Nachfolgeschäden. Schrittweise Sicherung des noch erhaltenen Mauer- und Turmbestandes im Gange.

Inventar/Nordhausen, S. 1 ff. Das tausendjährige Nordhausen, II, S. 594 f. Döring 1929, S. 54 f. K. Riemann: Um die Stadtmauer zu Nordhausen, in: Nordhäuser Roland 1954, S. 55 f.

Nordhausen
Links oben: Am Petersberg mit St. Petrikirche
Rechts oben und links Mitte: St. Petrikirche, Inneres nach Osten und Kanzel
Rechts Mitte: St. Petrikirche, Ruine von Südosten
Unten: Judenturm der Stadtbefestigung, vor der Zerstörung und nach der Sicherung

Rathaus Auf älterer Grundlage errichtet 1360 mit Ratskapelle, Kaufgewölben und darunterliegenden Cavaden. Anfang des 16. Jh. spätgotische Umbauten. 1608–1610 Rathausneubau in überkommener Gestalt unter Einbeziehung vorhandener Bauteile (u. a. Turm, Cavaden, Kaufgewölbe). Nach baulichen Veränderungen im Inneren während des 18. Jh. 1883 Umbau, dabei u. a. die Arkaden durch Fenstereinbauten geschlossen und die Freitreppe am Westgiebel beseitigt. Langgestreckter, rechteckiger, dreigeschossiger Baukörper mit abgewalmtem Satteldach und Giebelausbauten. An der Südseite asymmetrischer Treppenturm mit welscher Haube und doppelter Laterne. Fassadengliederung durch umlaufende Gesimse, profilierte Arkaden im unteren Geschoß und gekoppelte Rechteckfenster mit profilierten Renaissancegewänden in den Obergeschossen. Innenausstattung in Renaissanceformen; in der Diele hölzerne Balkendecke über einem von einer Säule getragenen Unterzug sowie bemalte Tür- und Fensterleibungen. An der Südwestecke des Gebäudes Roland von 1717 anstelle eines älteren.

Am 4. April 1945 durch Bomben bis auf die Umfassungsmauern zerstört, in den Ostteilen auch die Erdgeschoßgewölbe, der Turm ausgebrannt. 1951 Enttrümmerung und anschließender Wiederaufbau bis 1952, dabei die Erdgeschoßarkaden in neuen Formen geschlossen und das Innere völlig neu geordnet: Treppenanlage im Ostteil. Neubau eines Verbindungsganges zum Stadthaus (ebenfalls wiederaufgebaut) von 1910. Roland restauriert.

Inventar/Nordhausen, S. 173 ff. Dehio/Mitteldeutschl., S. 279. Das tausendjährige Nordhausen, II, S. 569 f. Döring, S. 55 f.

Bürgerliche Fachwerkbauten Für den Nordhäuser Fachwerkbau von etwa 1225–1500 charakteristisch der Ständerbau mit Riegelverbindung, Auskragung über geschwungenen Knaggen, dabei Fuß- und Kopfstreben weniger ausgebildet. Das unter niederdeutschem Einfluß stehende Renaissancefachwerk von etwa 1500–1680 mit profilierten Balkenköpfen, gekehlten Schwellen und Füllhölzern sowie Steinausfachung. Das barocke Fachwerk von etwa 1680–1750 unter hessisch-fränkischem (oberdeutschem) Einfluß mit konstruktiven Elementen des Halben oder Ganzen Mannes (überkreuzte Streben). Beim Rokokofachwerk von etwa 1750–1800 das Fachwerk sichtbar, verputzt oder verschiefert, Schmuckelemente des Rokoko oder Frühklassizismus in Holzausbildung (Fenster- und Türverkleidung etc.).

Inventar/Nordhausen, S. 200 ff. Das tausendjährige Nordhausen, S. 573 ff. Döring 1929, S. 53 ff.

Von den in großer Zahl zerstörten Fachwerkhäusern seien genannt:

Bäckerstraße 22 Um 1750 errichteter dreigeschossiger, neunachsiger, verputzter Fachwerkbau mit massivem Erdgeschoß, Satteldach und Zwerchhaus. Stichbogenfenster mit einfacher profilierter Rahmung in Dreiergruppen. Betonung der Mittelachse durch ein von Pilastern flankiertes Portal mit gesprengtem Giebel, darauf ruhende Frauen und Wappen, sowie durch einen auf Konsolen sitzenden Balkon mit schmiedeeisernem Gitter über dem ersten Obergeschoß.

Blasiistraße 15 Alte Schule. Errichtet um 1700 als dreigeschossiger stattlicher Fachwerkbau mit hohem Satteldach. Unregelmäßige Fenstergruppierung (im ersten Obergeschoß dreizehn Achsen). Fachwerk mit Halben Männern. Obergeschoß vorkragend mit Balkenköpfen und gekehlten Füllhölzern.

Blasiistraße 21 Bedeutendstes Renaissance-Fachwerkhaus Nordhausens von etwa 1550. Dreigeschossig mit zehn Fensterachsen in unregelmäßiger Gruppierung, Geschosse stark vorkragend. Reich ausgebildetes Schmuckfachwerk mit Balkenköpfen, Knaggen, Füllhölzern und Schiffskehlen. Haupteingang mit kräftigen Gewändepfosten und halben Sonnen um 1700.

Hagenstraße 4 Um 1800 errichtet als zweigeschossiger, verschieferter Fachwerkbau mit zehn Fensterachsen. Eckpilaster, ebensolche toskanische Holzpilaster flankieren die vier Mittelachsen und nehmen einen verschieferten Dreieckgiebel auf. Stichbogenfenster mit einfacher Rahmung und Schlußsteinbetonung.

Hagenstraße (Ecke Pferdemarkt). Ilfelder Hof, ehemals Klosterhof, seit dem ersten Viertel des 18. Jh. kurhannoversche Postverwaltung, seit 1853 in Privatbesitz. 1277 angelegt, später erweitert, im 17. Jh. Neubau auf erweitertem Grundriß mit massivem Erdgeschoß und zwei Fachwerkobergeschossen, verschiefert. Im Erdgeschoß Holzbalkendecke über gedrehten Säulen, Fenster mit Renaissancegewänden und vorgesetzten Korbgittern.

Holzmarkt (Lutherplatz). »Riesenhaus«. 1375 erstmals erwähntes Patrizierhaus mit massivem Erdgeschoß, zwei Fachwerkobergeschossen und Satteldach. Nach Brand von 1710 im Fachwerk erneuert. Fassade gegliedert durch zwölf Fensterachsen, jeweils in Dreiergruppen angeordnet. Fachwerkkonstruktion mit Wilden Männern. Mittelgiebel mit einem Mann in Ritterrüstung, der eine Lanze hält (Roland des Rathauses von 1610, der 1717 nach hier versetzt wurde). 1805 Einrichtung einer Gaststätte, Verputz des Fachwerks und klassizistische Fassadengestaltung. 1927 Entrestaurierung und Wiederherstellung des Fachwerks.

Jakobikirchplatz 4 Lateinschule. Zweigeschossiger Fachwerkbau von 1493 mit Satteldach. Ständer- und Riegelbau. Vorkragendes Obergeschoß über geschwungenen Knaggen. Durchlaufender Fensterbrustriegel.

Jakobikirchplatz Pfarrhaus. 1687 errichteter zweigeschossiger Fachwerkbau mit Krüppelwalmdach. Fenstergruppierung unregelmäßig. Stiele und Brustriegel durch Wilde Männer verstärkt. Geringe Auskragung, Balkenköpfe und Schwelle mit einfacheren Profilen. Gefache mit Ziegeln in Mustern ausgemauert. Oberdeutsch beeinflußtes Fachwerk.

Königshof 14 Dreigeschossiger Fachwerkbau mit oberdeutschen Stilelementen, Ganze und Halbe Männer. Um 1780 Verkleidung der Fenster mit Rokokogirlanden.

Krämerstraße 11 Verschieferter, zweigeschossiger, fünfachsiger Fachwerkbau mit spätbarockem Volutengiebel. Stichbogenfenster mit Rahmenverkleidung. Erdgeschoß durch Ladeneinbauten verändert.

Krämerstraße 15 Um 1700 errichteter schmaler dreigeschossiger Fachwerkbau in oberdeutschem Stil mit Halben Männern an den Ecken. Balkenköpfe und Füllhölzer mit einheitlichem Profil. Satteldach mit Zwerchhaus.

Lohmarkt 2, 4, 20, 21 Nach 1686 errichtete Gerberhäuser. Zwei- bzw. dreigeschossige Fachwerkgebäude im gleichen oberdeutschen Baustil wie Pfarrhaus Jakobikirchplatz. Besonders reich ausgebildet der Türstock mit Renaissanceformen und Inschrift. Satteldächer mit Zwerchhäusern (Ladeluken).

Neustadtstraße 27 Zweigeschossiger, elfachsiger Fachwerkbau aus der zweiten Hälfte des 18. Jh. mit Satteldach. An den Fenstern Rokokoverkleidungen.

Neustadtstraße 35 Zweigeschossiger, achtachsiger Fachwerkbau aus der Mitte des 18. Jh. auf Sandsteinsockel. Türen und Fenster in Stichbogen mit geschnitzten Rokokoverkleidungen.

Neustadtstraße 47 Dreigeschossiger Fachwerkbau der zweiten Hälfte des 18. Jh. mit Krüppelwalmdach. Rokokofensterverkleidungen handwerklich vereinfacht.

Pferdemarkt 17 Dreigeschossiger Fachwerkbau von etwa 1550, niederdeutsch beeinflußt. Auskragung des Obergeschosses mit Balkenköpfen, Knaggen und Füllhölzern. Erdgeschoß baulich verändert.

Sandstraße 3, 21, 23, 28 Diese Häuser hinsichtlich der Entstehungszeit und der architektonischen Ausbildung denen der Neustadtstraße entsprechend, herausragend Nr. 21.

Nordhausen, Rathaus
Äußeres und Diele

Nordhausen
Links: Bäckerstraße 22; Blasiistraße 21; Hagenstraße 4
Mitte (von oben nach unten): »Riesenhaus« am Holzmarkt; Sandstraße 21; Jakobikirchplatz 4
Rechts: Neustädter Pfarrhaus (Jakobikirchplatz); Blasiistraße 15; Lohmarkt 20–21

Ohrdruf (Kreis Gotha)

Stadtkirche St. Michael Anstelle einer durch Brand zerstörten spätgotischen Kirche 1753 bis 1760 stattlicher Neubau durch den gothaischen Baumeister D. Weidner. Querhauskirche mit Zentralbaucharakter durch segmentbogenförmige

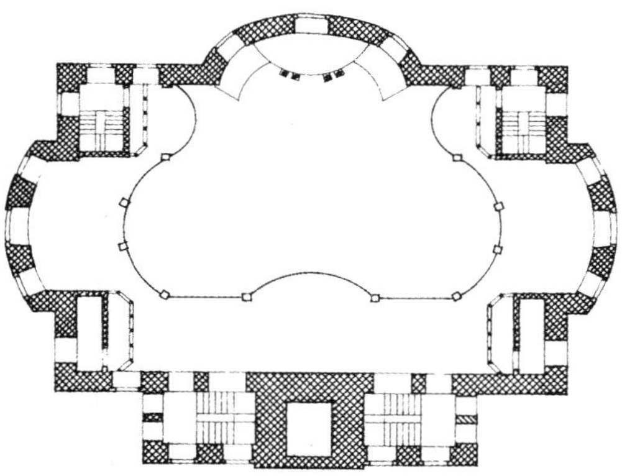

Exedren an der Nord-, Ost- und Südseite. Im Westen Einbeziehung des mittelalterlichen Turmes zwischen Treppenanlagen, Erhöhung durch ein Oktogon mit barocker Haube. Rustikagliederung und Horizontalgesims über dem Erdgeschoß. Zweigeteilte Fenster. Portale mit reich verkröpften Gesimsen und Rokokokartuschen über den Schlußsteinen, darüber Pilastergliederung. Abgewalmtes Satteldach. Nach Brand von 1808 Inneres 1818 (sicher in vereinfachten Formen) erneuert.

Am 6. Februar 1945 durch Bomben bis auf den Turm zerstört (gleichzeitig leichtere Schäden an der Trinitatiskirche und am Schloß Ehrenstein). Seit 1949 Beräumung der Ruinenreste. Bis 1951 Sicherung des Turmes und Aufbringen eines flachen Zeltdaches.

Inventar/Ohrdruf–Liebenstein–Zella, S. 60 ff. Führer durch Ohrdruf, Ohrdruf 1916. Monatsblätter der Lenziggesellschaft, Jena November 1924. Dehio/Mitteldeutschl., S. 287. H. Werner: Das Problem des protestantischen Kirchenbaues und seiner Lösungen in Thüringen, Gotha 1933

Sondershausen (Kreis Sondershausen)

Sondershausen, in einem uralten Siedlungsgebiet gelegen, wurde nach 531 als fränkische Gründung angelegt. 1125 erstmals urkundlich genannt, 1304 als »oppidum« bezeichnet. Zunächst unter der Lehnshoheit von Mainz stehend, gelangte Sondershausen im frühen 13. Jh. in den Besitz der Thüringer Landgrafen, später an die Grafen von Hohnstein und nach deren Aussterben 1356 an das Haus Schwarzburg-Blankenburg. 1571–1909 Residenz der neuen Linie Schwarzburg-Sondershausen, 1909–1918 mit der Hauptlinie Schwarzburg-Rudolstadt vereinigt. Die regelmäßige Stadtanlage wurde schon Mitte des 14. Jh. nach Westen hin erweitert, im Osten eine Neustadt angelegt. Das damit geschaffene, von einer Mauer umgebene Areal wurde bis ins 19. Jh. nicht wesentlich überschritten. Erst mit dem seit 1892 betriebenen Kaliabbau sowie der Ansiedlung neuer Industrien wuchs die Stadt über ihre Mauern hinaus. Bestimmend für das architektonische Erscheinungsbild der Stadt ist die seit 1533 errichtete Schloßanlage auf dem Burgberg. Die Bürgerhäuser, meist schlichte zwei- bis dreigeschossige traufseitige Gebäude mit Satteldach, stammen vorwiegend aus dem 18. und 19. Jh., nachdem Brände von 1621 und 1657 den älteren Bestand größtenteils vernichtet hatten.

Links: Ohrdruf, Stadtkirche St. Michael, Äußeres von Süden; Grundriß; Inneres nach Westen
Mitte oben: Ohrdruf, Stadtkirche St. Michael, nach der Zerstörung
Rechts: Siemerode, Pfarrkirche St. Nikolai von Südwesten und Blick in die Ruine

1945 erlitt die Stadt durch Bombeneinwirkung schwere Schäden, zu Totalverlusten kam es vor allem bei den Bürgerhäusern im Bereich der Loh-, Leopold-, Günther- und Hauptstraße. Der Schloßkomplex wurde nur leicht beschädigt (besonders der Westflügel), ebenso der Karussellbau, lediglich die Orangerie wurde vernichtet.

C. F. Böttger: Beschreibung der Hochfürstl. Residenzstadt Sondershausen und einiger Orte derselben Gegend, Sondershausen 1798. Inventar/Sondershausen 1, S. 79 f. G. Lutze: Aus Sondershausens Vergangenheit, 2 Bde., Sondershausen 1905 und 1909. E. Döring: Das Stadtbild Sondershausens im Wandel der letzten zwei Jahrhunderte, in: Mitteilungen des Vereins für die Geschichte und Altertumskunde von Sondershausen 10, 1940, S. 77 f. Hdb. Hist. Stätten 9, S. 402 f. I. Lehmann: Sondershausen, städtebauliches Gutachten (Manuskript im Institut für Denkmalspflege, Arbeitsstelle Erfurt)

Orangerie Errichtet 1709 westlich des Schlosses am Südrand der Parkanlage. Zweigeschossiger Bau von 39 × 22 m mit abgewalmtem Satteldach, das Äußere durch Lisenengliederung aufgelokkert. Das Gewächshaus wurde zugleich für gesellige Zwecke und Hoffeste genutzt.

G. Lutze: Aus Sondershausens Vergangenheit, Bd. 2, Sondershausen 1909, S. 44

Siemerode (Kreis Heiligenstadt)

Pfarrkirche St. Nikolai Schlichter Saalbau aus Haustein mit 3/6-Chorschluß, nach Bauinschrift 1732 errichtet. Im Westen vorgelagert romanischer Breitturm. Im Inneren aus der Erbauungszeit hölzerne Flachtonne mit reicher ornamentaler Bemalung und figuralen Darstellungen sowie einheitlicher Ausstattung mit Hoch- und Seitenaltären, Kanzel und Gestühl.
Am 7. April 1945 durch Bomben der Turm und die westliche Hälfte des Schiffes zerstört. Bis 1948 Abbruch der erhaltenen Ostteile und Neubau der Kirche auf erweitertem Grundriß in Backstein (1950 Weihe), Doppelturmfassade 1954–1956. In den Neubau einbezogen die Reste der bemalten Holztonne zusammen mit Teilen einer Kassettendecke aus Anrode sowie die noch erhaltene, teilweise veränderte Ausstattung (Hochaltar, Kanzel etc.).

A. Bardenhewer: Bericht über die Ausbesserung und Wiederherstellung der Malereien in der Pfarrkirche zu Siemerode, Kreis Heiligenstadt, in: Jahrbuch der Denkmalpflege in der Provinz Sachsen 1912, S. 65 f.

Weimar (Stadtkreis Weimar)

Die Ilmaue um Weimar war seit altersher ein bevorzugter Siedlungsplatz. 975 tritt Weimar in die geschichtliche Überlieferung ein, zugleich wird die Burg der Grafen von Weimar nachgewiesen. Die älteste Siedlung befand sich auf einer leichten Anhöhe nordwestlich der Burg um die heutige Jakobskirche (1168 Eigenkirche). 1254 wird Weimar als »civitas« bezeichnet. Diese neuangelegte Stadt lag südlich der »Altstadt«, d. h. der ältesten Siedlung, und hatte ihr Zentrum um die Stadtkirche. Bis zum 14. Jh. erweiterte sich die Stadt nach Süden bis etwa zum Verlauf der heutigen Schillerstraße mit dem Hauptmarkt. Um 1373 gelangte Weimar von den Orlamündern (Nachfahren der Grafen von Weimar) in den Besitz der Wettiner, seit 1382 Residenzstadt. Nach der Landesteilung von 1485 fiel die Stadt den Ernestinern zu, die sie nach der Schlacht vom Mühlberg zur ständigen Residenz erhoben. Das Herzogtum seit 1815 Großherzogtum. Nach Abschaffung der Monarchie wurden 1920 alle thüringischen Landesteile (mit Ausnahme der preußischen) zum Land Thüringen vereinigt und Weimar als Landeshauptstadt bestimmt. 1919 trat in ihr die »Deutsche Nationalversammlung« zusammen (Weimarer Republik). – Zwischen 1435 und der Mitte des 16. Jh. wurde die Stadtmauer mit ihren vier Toren und zehn Türmen erbaut. In spätgotischer Zeit entstanden Rathaus, Kaufhaus (Stadthaus) und Stadtkirche, ferner Ausbau der Burg zum Schloß Hornstein. Mit der Erhebung Weimars zur ständigen Residenz wurden zahlreiche Bürger- und Verwaltungsbauten errichtet: Cranachhaus, Grünes und Rotes Schloß, Deutschritterhaus, Geleithaus, Lützelburgisches Haus, Hofapotheke u. a. Im 17. und frühen 18. Jh. ging die Bautätigkeit zurück, dennoch entstanden wichtige Gebäude: 1618–1664 Neubau des Schlosses als »Wilhelmsburg«, der Schloßturm mit neuem Abschluß versehen; ferner Gelbes Schloß, Jakobikirche, Reithaus, das spätere Goethehaus, Gymnasium und die Schloßanlage Belvedere; ältere Bauwerke wurden umgestaltet und der jeweils neuen Nutzung angepaßt. Nach der Entfestigung 1757 konnte sich die Stadt nach außen entwickeln. Gebaut wurden u. a. Wittumspalais, Schillerhaus, Fürstenhaus, Bertuchhaus und Poseckssches Haus; das Schloß nach dem Brand 1774 erneuert, das Komödienhaus errichtet und der Park an der Ilm angelegt. Schon seit dem späten 17. Jh. kulturell-geistiges Zentrum, wurde die Stadt Weimar im ausgehenden 18. Jh. Mittelpunkt der klassischen deutschen Literatur (Wieland, Herder, Goethe, Schiller) und errang den bis heute lebendigen Ruf als europäische Kulturstadt. Mit der weiteren Ausdehnung der Stadt entstanden für Weimar bestimmende neue Bauten wie die neue Bürgerschule, Fürstengruft, Marstall, Staatsarchiv, Museum, Goethe-Schiller-Archiv, neues Hoftheater (späteres Nationaltheater) sowie die Kunstschule.
Bei den Bombenangriffen am 9. und 27. Februar sowie am 10. März 1945 wurde die Stadt schwer in Mitleidenschaft gezogen. Insgesamt wurden 325 Gebäude zerstört, weitere 210 schwer und 758 leicht beschädigt. Flächenschäden mit totaler Vernichtung des Denkmalbestandes traten vornehmlich am Markt, in der Marktstraße, Windischenstraße, Rittergasse, am Frauenplan sowie am Theaterplatz auf. Andere Architekturdenkmale und Erinnerungsstätten, die teilweise empfindliche Schäden erlitten hatten, wurden bald nach Kriegsende instand gesetzt, desgleichen die weniger schwer betroffenen (hier darum nicht weiter behandelten) Gebäude wie u. a. Residenzschloß, Goethes Gartenhaus, Kirms-Krakow-Haus, Sächsischer Hof und Deutschritterhaus.

Inventar/Weimar. P. Kühn: Weimar, Leipzig 1908. E. Kriesche: Die Stadt Weimar, ihre Sehenswürdigkeiten und nächsten Umgebungen, Weimar 1914. L. Schrickel: Führer durch Weimar, Weimar 1924. F. Pischel: Aus Weimars Geschichte, Flarchheim in Thüringen 1926. Dehio/Mitteldeutschl., S. 382 ff. K. Bechstein: Schlösser und Gärten in Altweimar. Weimar 1936. Das Goethejahr 1949, hrsg. vom Goetheausschuß des Landes Thüringen, Weimar o. J. Hdb. Hist. Stätten 9, S. 473. Jericke/Dolgner 1975. Geschichte der Stadt Weimar, hrsg. von G. Günther und L. Wallraf, Weimar 1975

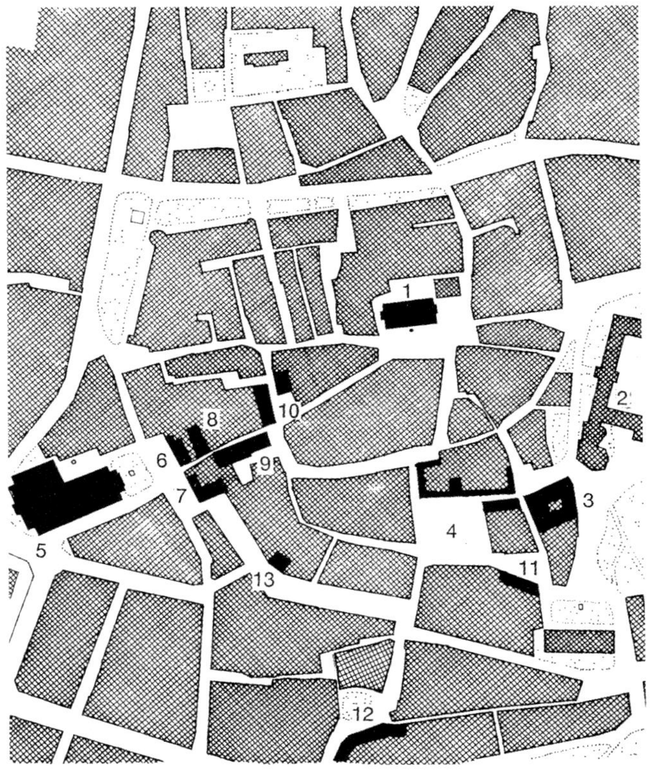

Weimar
Oben: Stadtgrundriß, 1 Stadtkirche St. Peter und Paul, 2 Residenzschloß, 3 Gelbes Schloß, 4 Markt mit Hofapotheke und Stadthaus, 5 Nationaltheater, 6 Kulissenhaus, 7 Wittumspalais, 8 Zeughaus, 9 Musikschule (Franziskaner-Klosterkirche), 10 Geleitstraße, 11 Gasthof zum Erbprinz und Weinstuben Fürstenkeller, 12 Frauenplan mit Goethehaus, Goethe-Nationalmuseum, Vulpiushäuser, 13 Schillerhaus
Unten: Luftaufnahme der Innenstadt von Südwesten

Stadtkirche St. Peter und Paul (Herderkirche). Die 1257 erwähnte erste Kirchenanlage 1299 durch Brand zerstört. Zweiter Bau beim Stadtbrand 1424 schwer betroffen. Wiederweihe 1429. 1498–1500 Neubau als dreischiffige, fünfjochige gewölbte Hallenkirche mit abgewalmtem Satteldach und einjochigem, polygonal geschlossenem Chor, der später um ein zweites Joch nach innen verlängert wurde. Teilweise Einbeziehung des Vorgängerbaus, so des 1493 instand gesetzten Turmes. 1583 Sakristeianbau. 1726 größere Bauschäden, die Steingewölbe bis auf den Chor und das erste Ostjoch abgetragen. 1735–1745 unter Landbaumeister Richter durchgreifender barocker Umbau: verputzte Holzgewölbe, Einbruch neuer Fenster, Doppelemporen, Beseitigung des gewölbten Haupteinganges an der Südfassade. Der Chor diente seit 1547 als Grabstätte der Wettiner (ernestinische Linie): bedeutende Grabmäler und Epitaphien sowie der Cranach-Altar. Am 9. Februar 1945 durch Bomben schwer beschädigt: das 19 m hohe Steildach weitgehend zerstört, die Holzgewölbe und auch die noch verbliebenen steinernen Gewölbe in den Ostteilen eingestürzt, das gesamte Innere in Mitleidenschaft gezogen. Seit 1945 Beräumungsarbeiten und technische Vorbereitung der Wiederaufbau-

Weimar, Stadtkirche St. Peter und Paul
Links: Ansicht von Süden, nach der Zerstörung, beim Wiederaufbau und nach der Fertigstellung
Rechts: Inneres nach Osten, vor der Zerstörung; Inneres nach Westen, Zustand vor 1974; Blick zum Chor, Zustand 1975

arbeiten, die 1948–1953 erfolgten: statisch-konstruktive Sicherung der Außenwände, Aufrichten des Daches und Dachreiters, Instandsetzung des Westturmes, Ausbesserung der Fassaden und Aufbringen von Abdeckungen auf die Strebepfeiler, Einzug und Verputz neuer Holzgewölbe (auch in den Ostteilen), Wiederherstellung des Chorbogens, Reduzierung der Emporen und Errichtung von Gemeinderäumen in den Ostjochen der Seitenschiffe, Neuausmalung, neuer Fußboden, Instandsetzung und Restaurierung der Ausstattung bis 1977.

Inventar/Weimar, S. 333 ff. Aus Weimars kirchlicher Vergangenheit, Festschrift zum 400jährigen Jubiläum der Stadtkirche in Weimar, Weimar 1900. Dehio/Mitteldeutschl., S. 382 f. W. Möller: Die Stadtkirche zu Weimar und ihre Kunstdenkmäler, Weimar 1932. Die Stadtkirche St. Peter und Paul zu Weimar, bearb. von E. Schmidt, Festschrift zu ihrer Wiedereinweihung am 14. 6. 1953, Jena 1953. E. Schmidt: Die Stadtkirche St. Peter und Paul in Weimar, Berlin 1955. H. Gerstenhauer: Die Stadtkirche St. Peter und Paul, gen. Herderkirche in Weimar, in: Deutsche Kunst und Denkmalpflege 23, 1955, S. 70 f. F. Fink: Der Herderplatz und seine Geschichte (Beiträge zur Geschichte der Stadt Weimar 2), Weimar 1931

Öffentliche Bauten

Gelbes Schloß (Kollegiengasse 1, Ecke Grüner Markt). Hufeisenförmige Anlage im Anschluß an das Rote Schloß. Der 1703/04 von J. Mützel errichtete zweigeschossige Bau mit Mansarddach und stehenden Dachfenstern. Fassaden mit schlichter Gestaltung durch einfache Fenstergewände. Besondere Betonung der neunachsigen Straßenfront zum Grünen Markt durch ein breites Fenster mit Rustikaeinfassung, ionischen Pilastern und Giebel mit Monogrammkartusche und Herzogshut, die von zwei Löwen gehalten wird. In der Brüstung Baluster. An der Fassade Kollegiengasse Rundbogenportal mit doppelter Pilasterfassung, Gebälk, Giebel und Doppelwappenkartusche, Vasen und liegende Figuren. Im Inneren trotz mehrfacher Umbauten einige Stuckdekken mit Malereien erhalten.

Am 9. Februar 1945 bis auf die Umfassungsmauern zerstört. Wiederaufbau mit Rekonstruktion des Äußeren, im Inneren neu geordnet.

Inventar/Weimar, S. 380 f.

Jägerhaus (Marienstraße 5–7). Erbaut 1717 bis 1720 als herzogliches Jägerhaus, nach 1748 als Forsthaus genutzt; der Saal diente seit 1774 für katholische Gottesdienste, 1817 als Johanniskirche eingerichtet; weiterhin waren zeitweilig dort untergebracht: Kunstanstalt, Freie Zeichenschule und Ateliers, zuletzt Wirtschaftsministerium. Langgestreckter, zweigeschossiger, fünfzehnachsiger Bau mit Mansarddach. Fassadengliederung durch Betonung der fünf mittleren Achsen mittels Lisenen, Rundbogenfenster (Saal) und einem dreiachsigen Giebelaufbau mit Rundfenstern. Die übrige Fassade glatt verputzt, Fenster rechteckig mit profilierten Gewänden. Horizontalgesimse. In der Erdgeschoßzone stichbogig abgeschlossene Fenster und Türen mit Schlußsteinen. Anschließend an den Hauptbau jeweils ein pavillonartiger, dreigeschossiger Eckbau von fünf Achsen mit Mansarddach; die äußeren Achsen ebenfalls durch Lisenen eingefaßt.

Am 9. Februar 1945 der Mittelteil zerstört, erhalten blieben die Eckbauten. 1968 Wiederaufbau in modernen Formen. Nutzung als Hochschulgebäude.

Inventar/Weimar, S. 415. K. Bechstein: Die Jägerhäuser in Weimar und ihre Bewohner, in: Thüringer Heimatkunde. Bll. 1927, 1–3. Jericke/Dolgner 1975, S. 23 f.

Weimar
Links: Jägerhaus
Rechts: Gelbes Schloß, Portal; Fenster zum Grünen Markt, vor und nach der Beschädigung

Zeughaus (Durchgang Am Palais). Zweigeschossiger, neunachsiger Bau von 1753 mit Mansarddach. Am Obergeschoß Pilaster. Der dreiachsige Mittelrisalit mit drei Geschossen und Giebelabschluß. Barocke Portalarchitektur, flankiert von je zwei Pilastern und von Kartusche bekrönt. Über den Seitenportalen Ochsenaugenfenster. Das Innere durch wechselnde Nutzung mehrfach geändert.
Am 9. Februar 1945 durch Bomben schwer getroffen. Ruine bis auf Erdgeschoßhöhe abgetragen.
Inventar/Weimar, S. 401

Wittumspalais (Am Palais 3). Zweigeschossiger, zur Straße ursprünglich dreigeschossiger Hauptbau von 1767 mit Mansarddach und stehenden Dachfenstern. Achtachsige Schauseite gegliedert durch Lisenen- und Spiegelarchitektur. Die beiden Mittelachsen durch drei Pilaster risalitartig vorgezogen, darüber Gebälk und Attika mit Vasen- und Puttenschmuck. Fenstergewände profiliert, Schlußsteine. An die dreiachsige Giebelseite zum Theaterplatz schließt sich ein fünfachsiger, durch Aufschüttung jetzt eingeschossiger Baukörper mit Mansarddach an. Giebelseite des Hauptbaus und Anbau ebenfalls mit profilierten Fenstergewänden. Ähnlich der dreiachsige östliche Anbau. 1774 wurde das Gebäude von Herzogin Anna Amalia in Besitz genommen, 1870 als Erinnerungsmuseum an Anna Amalia und das klassische Weimar eingerichtet. Im Inneren wertvolle Ausstattung, darunter Deckengemälde von A. F. Oeser.
Am 9. Februar 1945 durch Bomben beschädigt. Wiederherstellung bis 1946, seit 1965 durchgreifende Erneuerung.
Inventar/Weimar, S. 399 f. H. Wahl: Das Wittumspalais der Herzogin Anna Amalia, Leipzig 1927. S. Anger: Das Wittumspalais zu Weimar, Weimar 1954. G. Ranft: Das Wittumspalais in Weimar, Weimar 1964

Tempelherrenhaus im Goethepark Der 1786/87 erbaute neogotische »Salon« mit Tempelherrenstatuen von M. Klauer wurde 1811 abgebrochen und an seiner Stelle, ebenfalls in neogotischen Formen, ein Gewächshaus errichtet. Diesem 1816 ein Turm angebaut, vermutlich nach Vorlagen Goethes. Übernahme der Klauerschen Statuen, seit 1820 »Tempelherrenhaus«. 1821–1823 Umbau zur Nutzung als Sommerhaus. Für Thüringen kunstgeschichtlich bedeutende neogotische Anlage.
1945 durch Bomben zerstört. Bis auf geringe Reste des Hauses abgetragen, der Turm erhalten.
W. Huschke: Das Tempelherrenhaus im Weimarer Park, in: Zeitschr. des Vereins für Thüringische Geschichte und Altertumskunde, Neue Folge 34, 1940, S. 278 f. Jericke/Dolgner 1975, S. 81

Kulissenhaus (Theaterplatz). 1823 als Wagenremise von C. W. Coudray erbaut und später als Theatermagazin oder Kulissenhaus genutzt. Hauptschauseite nach dem Theaterplatz. Eingeschossiger Baukörper, bestehend aus einem dreiachsigen Mitteltrakt mit Satteldach und zwei zweiachsigen Seitenflügeln mit Flachdächern. Gleichförmige große Rundbogenöffnungen mit Kämpfern und Oberlichtgittern.
Am 9. Februar 1945 durch Bombeneinwirkung vor allem am Dach und den rückwärtigen Teilen beschädigt. 1946 erste Instandsetzung, 1955 als Kunsthalle ausgebaut.
Jericke/Dolgner 1975, S. 246

Weimar
Links und rechts oben: Wittumspalais, nach der Zerstörung und dem Wiederaufbau

Links Mitte: Zeughaus, vor und nach der Zerstörung
Links unten: Tempelherrenhaus im Goethepark
Rechts unten: Kulissenhaus, nach der Wiederherstellung

Landesmuseum (am jetzigen Karl-Marx-Platz). Die museumsgeschichtlich und künstlerisch bedeutsame Anlage 1863–1868 als einer der frühesten deutschen Museumsbauten nach Berlin, München und Dresden von dem tschechischen Architekten J. Zitek in den Formen der italienischen Renaissance als Kunstmuseum errichtet. Repräsentatives zweigeschossiges Bauwerk von klarer Linienführung und durchdachtem Grundriß mit vier turmartigen, von Pilastern gegliederten Eckbauten. Die dazwischenliegenden Fassaden galerieartig aufgelöst durch Reihungen von Rundbogenfenstern, jeweils getrennt durch Pilasterordnungen, im Obergeschoß durchbrochene Brüstungsfelder. Freitreppe. Im Inneren als ortsfeste Ausstattung die Odyssee-Wandbilder von F. Preller d. Ä. und C. J. Steinhäusers Marmorgruppe »Goethe und Psyche« von 1855 (nach Entwurf der Bettina von Arnim).
Im März 1945 durch Luftminen vor allem am Dach beschädigt. 1945 so weit instand gesetzt, daß die 1. Thüringer Kunstausstellung 1946 durchgeführt werden konnte. Seit 1948 zunehmender Verfall durch Ausbau aller verwertbaren Materialien. Jetzt Ruine. Gesamtwiederherstellung vorgesehen.

Inventar/Weimar, S. 403 ff. H. Weidhaas: Gutachten über das Gebäude des ehemaligen Landesmuseums am Karl-Marx-Platz in Weimar, in: Wiss. Zeitschr. der Hochschule für Architektur und Bauwesen Weimar 1, 1953/54, S. 89 f.

Nationaltheater (Theaterplatz). An der Stelle zweier Vorgängerbauten (1779, 1825) Neubau 1906–1908 durch J. Heilmann und M. Littmann in neoklassizistischen Architekturformen. Der Zuschauerraum als Rang- und Logentheater mit reicher, teils ornamentaler Gliederung an den Wänden, den Brüstungen der Ränge und der Kassettendecke. Foyers mit Wandgemälden von L. von Hofmann und S. Schneider. 1940 Veränderung des Zuschauerraums durch Anlage einer neuen Mittelloge und Vereinfachung der Dekorationen (beschränkt auf Brüstungen der Ränge und Stützen). 1919 Umbenennung des ehemaligen Hoftheaters in Deutsches Nationaltheater.
Am 9. Februar 1945 weitgehend ausgebrannt, die Wandgemälde blieben erhalten. 1946–1948 Wiederaufbau, dabei das Äußere des Zuschauerhauses weitgehend in seinem unbeschädigten Zustand belassen, im Inneren jedoch völlig neu nach modernen Gesichtspunkten durch W. Hartung gestaltet, der Zuschauerraum als Rangtheater ohne Logen und die Foyers (mit Ausnahme des erhaltenen Hauptfoyers); Bühnenneubau als Verbindung von Rampen- und Raumbühne durch K. Hemmerling. 1973–1975 umfassende Neugestaltung einschließlich der technischen Ausrüstung.

Inventar/Weimar, S. 415. Das neue großherzogliche Hoftheater zu Weimar, in: Deutsche Bauzeitung 42, 1908, S. 101 f., 109, 117 f., 137 ff.

Platzanlagen und Bürgerhäuser

Markt Die Bebauung der Ost- und Nordseite des Platzes, einschließlich entlang der Kauf- und Marktstraße, wurde beim Bombenangriff am 9. Februar 1945 schwer in Mitleidenschaft gezogen. Von den bemerkenswerten Gebäuden erlitt nur das Cranachhaus geringere Schäden, zerstört wurde außer den aufgeführten Objekten das 1905 errichtete Kaufhaus Tietz.

F. Fink: Der Markt (Beiträge zur Geschichte der Stadt Weimar, 5), Weimar 1931. R. Buchholz: Geschichte des Marktplatzes, in: Deutsche Architektur 15, 1966, S. 712

Weimar
Oben: Landesmuseum
Mitte: Nationaltheater, nach der Instandsetzung
Unten: Markt, Nordseite mit Kaufhaus Tietz

Hofapotheke (Markt 6). Dreigeschossiger, fünfachsiger Bau des 17. Jh. mit Satteldach. Fassadengliederung durch gekoppelte Renaissancefenster mit profilierten Gewänden sowie Horizontalgesimse. Im Erdgeschoß ein rundbogiges Mittelfenster mit reicher plastisch-dekorativer Gliederung, darüber Gebälk und Erkeraufbau mit Ecksäulen. Brüstungsfelder mit plastischem Figurenwerk und Inschriftkartusche.
Nach Zerstörung abgetragen, Erker für Wiederaufbau geborgen.

Markt 8 Dreigeschossiger, vierachsiger Putzbau des 16. Jh. mit hohem Mansarddach. Zwischen den Geschossen durchlaufende Gesimse. Profilierte Fenster.
Nach Zerstörung Reste abgetragen.

Stadthaus (Markt 9). 1526–1547 errichteter zweigeschossiger Bau mit durchgehendem Grundriß bis zur Kollegienstraße. Satteldach. Fassade der Marktseite bedeutsam durch Staffelgiebel und reiche Blendmaßwerk-Verzierung, Fenster profiliert. Asymmetrie durch Geschoßerhöhung am Cranachhaus. Mehrfache Nutzungsänderung (Fleischbänke, Tuchhaus). 1800–1802 Umbau zum Gesellschaftshaus, dabei Veränderung des Erdgeschosses. 1812 Uhrturm beseitigt. Letzte Erneuerung in den dreißiger Jahren unseres Jahrhunderts.
Zerstört bis auf Teile der Umfassungswände, Teile des Giebels erhalten. Ruine abgetragen. Seit 1969 Wiederaufbau mit Rekonstruktion der Marktfassade.

C. Madlung: Das Stadthaus zu Weimar, in: Thüringische heimatkundliche Blätter 1927 (8)

Weinstuben Fürstenkeller (Markt 15, Ecke Fürstenplatz, jetzt Platz der Demokratie). Dreigeschossiges, dreiachsiges Fachwerkgebäude von 1636 mit Satteldach, nach dem Fürstenplatz Fachwerkgiebel mit Krüppelwalm. Profilierte Fenstergewände. Eckerker über Konsole, Abschluß mit welscher Haube. Ursprünglich Apotheke, 1901 Einrichtung als Weingaststätte, dabei historisierend umgestaltet.
Am 9. Februar 1945 durch Bomben zerstört, Reste beseitigt.

F. Fink: Der Fürstenplatz und seine Geschichte (Beiträge zur Geschichte der Stadt Weimar, 22), Weimar 1933

Weimar
Links oben und Mitte: Markt, Nordostecke mit Hofapotheke und Stadthaus, vor und nach der Zerstörung
Links unten: Stadthaus

Rechts oben: Weinstuben Fürstenkeller
Rechts Mitte: Erker der Hofapotheke, nach der Beschädigung
Rechts unten: Markt, Häuser an der Ostseite während der Enttrümmerung

Gasthof zum Erbprinz (Markt 16). Ursprünglich Gasthof und Posthalterei, 1749 eingerichtet. 1803 um das Wohnhaus von J. F. Hufeland erweitert. Dreigeschossiger, achtachsiger Bau mit Lisenen und Gesimsen. Erdgeschoß in Rustikagliederung. Mansarddach mit Giebelaufbauten. Portalschlußstein mit Krone und Posthorn 1754. Historisch ausgestaltete Innenräume zur Erinnerung an Johann Sebastian Bach, der hier gewohnt hat.
Am 9. Februar 1945 die drei östlichen Achsen durch Bomben beschädigt. Bis zum Erdgeschoß abgetragen, die dortigen historischen Räume erhalten, neuer Giebel. Jetzt Parkhotel.

Inventar/Weimar, S. 426

Frauenplan Die Bebauung an der Nordseite des Platzes sowie an der Frauentorstraße und Brauhausgasse mit schlichten Häusern des 18. und 19. Jh. wurde am 9. Februar 1945 durch Bomben zerstört, Reste abgetragen, jetzt Grünfläche. In Mitleidenschaft gezogen wurden das Goethehaus und die Vulpiushäuser.

F. Fink: Der Frauenplan (Beiträge zur Geschichte der Stadt Weimar, 3), Weimar 1931

Weimar
Oben: Stadthaus, nach dem Wiederaufbau
Unten: Frauenplan, Nordseite mit Brauhausgasse, nach der Zerstörung

Goethehaus am Frauenplan 1709 von J. Mützel errichteter zweigeschossiger Bau mit Mansarddach und achtachsigem Mittelrisalit, Seitenrisalite mit Toreinfahrten. Schlichte Fassadengliederung durch gequaderte Lisenen und einfache Rechteckgewände. Mittelportal mit Giebelüberdachung und Volutengehängen auf den Gewänden. Seit 1782 Wohnhaus Goethes als Mieter, seit 1794 als Eigentümer. In dieser Zeit bauliche Veränderungen, teilweise nach eigenen Entwürfen Goethes, und Neugestaltung der Innenräume. 1886 Einrichtung als Goethe-Nationalmuseum unter Wahrung der Originalausstattung Goethes.

Am 9. Februar 1945 durch Bombeneinwirkung schwere Schäden am Mansarddach des Mittelrisalits, rechter Seitenrisalit vollständig zerstört; Beschädigung des Inneren, u. a. Goethes Arbeitszimmer und Urbinozimmer. Bis 1949 originalgetreuer Wiederaufbau, seit 1954 weitere Restaurierungs- und Rekonstruktionsmaßnahmen. Auch der schwer betroffene Erweiterungsbau des Goethe-Nationalmuseums von 1933/34 wurde wiederhergestellt.

A. Weichberger: Das Goethehaus am Frauenplan, Die Geschichte des Hauses von der Erbauung bis zu Goethes Zeit, Weimar 1932. Das Goethehaus in Weimar und seine Umgebung, Bautechnische Untersuchungen, in: Wiss. Zeitschr. der Hochschule für Architektur und Bauwesen Weimar 5, 1957/58, S. 133 ff. A. Jericke: Goethe und sein Haus am Frauenplan, Weimar 1959. A. Jericke: Goethes Wohnhaus, Weimar 1965. H. Büttner: Das Goethehaus, in: Deutsche Architektur 15, 1966, S. 726 f.

Weimar
Oben und Mitte: Goethehaus am Frauenplan, nach der Zerstörung und nach dem Wiederaufbau
Unten: Schillerhaus, nach der Zerstörung und nach dem Wiederaufbau

Vulpiushäuser (Frauenplan 3 u. 4). Zweigeschossiger barocker Bürgerbau mit Mansarddach und schlichter Fassadengestaltung.
Nach schweren Bombenschäden, vor allem am Dach, zusammen mit dem Goethehaus instand gesetzt. 1957 durchgehend erneuert.

W. Vulpius: Frauenplan 3–4, Eine Plauderei um die Vulpius-Häuser, in: Weimar, ein Kulturspiegel 1, 1957 (4), S. 12 f.

Schillerhaus (An der Esplanade, jetzt Schillerstraße 12). 1771 errichtetes Wohnhaus von sechs Achsen mit ausgebautem Mansarddach. Quaderliseneneinfassung auch an dem dreigeschossigen, zweiachsigen Mittelrisalit mit Dreieckgiebel. Fenster mit einfachen Profilen. Seitlicher Portaleingang mit Gewände, Schlußstein und geschwungener Verdachung. 1802 von Schiller als Wohnhaus erworben, seit 1847 Schiller-Gedenkstätte.
Am 9. Februar 1945 durch Bomben beschädigt. 1946 Wiederherstellung in alter Form.

Inventar/Weimar, S. 418. E. Scheidemantel: Das Schillerhaus in Weimar, Ein Führer durch seine Sammlungen und seine Geschichte, neubearb. von H. Malberg, Weimar 1949. G. Hendel: Das Schillerhaus in Weimar, Weimar 1963

Geleitstraße Am 9. Februar und 10. März 1945 wurde die Bebauung zwischen Musikschule (Kornhaus) und Böttchergasse durch Bomben schwer getroffen und später weitgehend abgetragen.
Nr. 1: Wohnhaus von Nicol Gromann, später Staatsanwaltschaft. Dreigeschossiges Giebelhaus von 1568 mit vier Achsen zur Geleitstraße. Fassadengliederung durch Eckquader, Horizontalgesimse und kräftig profilierte Fenstergewände. An der Fassade zum Kornhaus Doppelwappenkartusche mit Jahreszahl 1568. Im Inneren Renaissancestuckdecke. Dem Hauptgebäude zugeordnet ein dreigeschossiger, vierachsiger Bau aus jüngerer Zeit.
Reste der Renaissancestuckdecke im September 1945 geborgen.
Nr. 3: Langgestrecktes, in die Böttchergasse hineinreichendes Gebäude aus dem zweiten Viertel des 18. Jh. Die dreigeschossige, siebenachsige Hauptfassade nach der Geleitstraße mit mittlerem Giebelhaus. Die beiden Obergeschosse durch Lisenengliederung zusammengezogen. Spätere Nutzung als Landgericht.
Nr. 4 (Ecke Rittergasse): Haus Hebestreit. Um 1760 errichtet. Zweigeschossiges, sechsachsiges Eckgebäude mit Mansarddach. Das vierachsige Giebelhaus von Dreieckgiebel abgeschlossen. Lisenengliederung der Obergeschosse und des Giebels mit Rokokoornamentik geziert. Das zweigeschossige, dreiachsige Nebengebäude mit asymmetrischem Giebelhaus. In vereinfachter Form wiederhergestellt.
Am Palais 4: 1453 als Franziskaner-Klosterkirche errichtet und 1533 aufgelassen. Vom mittelalterlichen Kirchenbau im wesentlichen nur die Umfassungsmauern erhalten, auch diese durch Fenster- und Türeinbrüche stark verändert. Noch vor der Mitte des 16. Jh. Nutzung als Kornhaus, im östlichen Teil später Rechnungsamt. Seit 1880 Umbau als Musikschule. Nach schweren Kriegsbeschädigungen wiederhergestellt und genutzt als Konservatorium der Hochschule für Musik »Franz Liszt«.

K. Bechstein: Das Franziskanerkloster in Weimar, in: Thüringische heimatkundliche Blätter 1930 (5)

Weimar
Links oben: Am Palais 4 (Musikschule)
Rechts oben: Geleitstraße 1 und 3
Links unten: Geleitstraße 4
Rechts unten: Geleitstraße nach der Zerstörung

Leichtere bis mittelschwere Kriegsschäden an Baudenkmalen im Bezirk Erfurt:

Alach (Kreis Erfurt): Kirche
Alach, Ortsteil Salomonsborn (Kreis Erfurt): Kirche
Andisleben (Kreis Erfurt): Kirche
Bad Langensalza (Kreis Langensalza): St. Stephaniskirche, Rundturm der Stadtmauer (Nähe Mühlhäuser Straße)
Bad Tennstedt (Kreis Langensalza): Trinitatiskirche
Bechstedtstraß (Kreis Weimar): Kirche
Bernterode (Kreis Worbis): Kirche
Bickenriede (Kreis Mühlhausen): Kirche
Blankenburg (Kreis Langensalza): Kirche
Bleicherode (Kreis Nordhausen): Zinzturm (Stadtmauerrest)
Bösleben-Wüllersleben (Kreis Arnstadt), Ortsteil Wüllersleben: Kirche
Buchholz (Kreis Nordhausen): Kirche
Crawinkel (Kreis Arnstadt): Kirche
Dienstedt (Kreis Arnstadt): Kirche, Glockenhaus
Dippach (Kreis Eisenach): Fachwerkgebäude
Eischleben (Kreis Arnstadt): Kirche
Elxleben (Kreis Erfurt): Kirche
Epschenrode (Kreis Worbis): Kirche
Erfurt, Ortsteil Gispersleben: Kilianikirche; Ortsteil Marbach: Kirche; Ortsteil Schmira: Kirche; Ortsteil Stedten: Kirche, Schloß
Ettenhausen a. d. Nesse (Kreis Eisenach): Kirche
Ettersburg (Kreis Weimar): Schloß
Frankendorf (Kreis Weimar): Kirche
Gaberndorf (Kreis Weimar): Kirche
Gangloffsömmern (Kreis Sömmerda): Kirche
Gebesee (Kreis Erfurt): Kirche
Göringen (Kreis Eisenach): Kirche
Grabe, Ortsteil Kleingrabe (Kreis Mühlhausen): Kirche
Gräfenhain (Kreis Gotha): Kirche
Greußen (Kreis Sondershausen): Martinikirche
Großfurra (Kreis Sondershausen): Kirche, Schloß
Henschleben, Ortsteil Vehra (Kreis Sömmerda): Kirche
Herreden, Ortsteil Hochstadt (Kreis Nordhausen): Kirche
Hochdorf (Kreis Weimar): Kirche
Hörschel (Kreis Eisenach): Kirche, Fachwerkgebäude
Hohenkirchen (Kreis Gotha): Kirche
Hopfgarten (Kreis Weimar): Kirche
Ichtershausen (Kreis Arnstadt): Ehemalige Klosterkirche
Ingersleben (Kreis Erfurt): Kirche
Isseroda (Kreis Weimar): Kirche
Kaisershagen (Kreis Mühlhausen): Kirche
Kapellendorf (Kreis Apolda): Wasserburg
Kleinmölsen (Kreis Erfurt): Kirche
Kleinrettbach (Kreis Erfurt): Kirche
Kleinwechsungen (Kreis Nordhausen): Kirche
Krauthausen (Kreis Eisenach): Kirche, Schloß
Lengefeld (Kreis Weimar): Kirche
Liebenstein (Kreis Arnstadt): Kirche
Limlingerode (Kreis Nordhausen): Kirche
Marksuhl (Kreis Eisenach): Schloß
Marolterode (Kreis Mühlhausen): Kirche
Molsdorf (Kreis Erfurt): Kirche, Schloß
Mühlberg (Kreis Gotha): Mühlburgruine
Neuenhof (Kreis Eisenach): Schloß
Niederroßla (Kreis Apolda): Schloß
Niederzimmern (Kreis Weimar): St. Wigbertikirche
Oberdorla (Kreis Mühlhausen): Kirche
Pferdsdorf-Spichra (Kreis Eisenach), Ortsteil Pferdsdorf: Kirche; Ortsteil Spichra: Kirche, Fachwerkgebäude
Riethnordhausen (Kreis Erfurt): Kirche
Ringleben (Kreis Erfurt): Kirche
Rittersdorf (Kreis Weimar): Kirche
Rockstedt (Kreis Sondershausen): Kirche
Rohda (Kreis Erfurt): Kirche
Ruhla (Kreis Eisenach): Friedhofskirche
Sallmannshausen (Kreis Eisenach): Kirche, Fachwerkgebäude
Sömmerda (Kreis Sömmerda): Bonifatiuskirche, Petrikirche, Erfurter Tor
Schellroda (Kreis Erfurt): Kirche
Schiedungen (Kreis Nordhausen): Kirche
Schierschwende (Kreis Mühlhausen): Herrenhaus Gut Schönberg
Schillingsstedt, Ortsteil Großmehlra (Kreis Sömmerda): Kirche
Stadtilm (Kreis Arnstadt): Kirche
Stedtfeld (Kreis Eisenach): Kirche
Steigerthal (Kreis Nordhausen): Kirche, Schule, Wohnhäuser
Stotternheim (Kreis Erfurt): Kirche
Struth (Kreis Mühlhausen): Kirche, Alte Schule
Taubach (Kreis Weimar): Kirche
Thamsbrück (Kreis Langensalza): Kirche, Rathaus
Trebra (Kreis Sondershausen): Kirche
Tröchtelborn (Kreis Gotha): Kirche
Tunzenhausen (Kreis Sömmerda): Kirche
Uetteroda (Kreis Eisenach): Kirche
Utenbach (Kreis Apolda): Kirche
Utzberg (Kreis Weimar): Kirche
Walschleben (Kreis Erfurt): Kirche
Werningshausen (Kreis Sömmerda): Kirche
Wiegendorf (Kreis Weimar): Kirche
Wundersleben (Kreis Sömmerda): Kirche

Bezirk Gera

Gera
Oben: Luftaufnahme der Altstadt mit Markt und Rathaus
Unten: Der Luftangriff 1945

Gera (Stadtkreis Gera)

Das heutige Stadtgebiet von Gera war schon in ur- und frühgeschichtlicher Zeit besiedelt. In die historische Überlieferung trat Gera jedoch erst 995 bzw. 999 in einer Schenkungsurkunde, in der Kaiser Otto III. die »provincia Gera« seiner Schwester Adelheid, Äbtissin in Quedlinburg, überließ. Im ausgehenden 12. Jh. traten wohl die Herren von Weida als »advocatos« erstmals in Erscheinung. Die Vögte verdrängten die ehemaligen Herren von Gera und festigten durch ausgedehnten Landerwerb ihre Herrschaft; nach ihrem Aussterben ging der Besitz an die Fürsten Reuß jüngere Linie über. Residenz war seit Zerstörung der Stadtburg 1450 Schloß Osterstein hoch über der Elster. Im Verlaufe des 13. Jh. entwickelte sich die Stadt als regelmäßige Anlage neben einer älteren Siedlung, die auch später nicht in die Stadtummauerung einbezogen wurde. Im Südwesten lag die Stadtburg (letzte Reste 1780 beseitigt), während der Quedlinburger Hof sich vermutlich auf der Anhöhe, wo heute die Salvatorkirche steht, befand. Wie bei den meisten regelmäßigen Stadtgründungen dieser Zeit wurde an zentraler Stelle ein großer Markt angelegt, geteilt durch einen Rathausbau (der jetzige von 1573–1576) in Haupt- und Kornmarkt. Südlich davon lag die Hauptkirche St. Johannis (um 1200 genannt, 1780 abgebrannt, die Reste im 19. Jh. beseitigt). Die Stadtmauer mit ihren fünf Toren wurde im 19. Jh. bis auf geringe Reste abgetragen. Größere Zerstörungen der Stadt, die nur wenige alte Bauwerke verschonten, sind für die Jahre 1450 und vor allem 1780 überliefert. Der Wiederaufbau erfolgte jedoch bei weitgehender Beibehaltung des Stadtgrundrisses. Im späten 19. und 20. Jh. entwickelte sich Gera zur Industrie- und Großstadt. In dieser Zeit entstanden Neubauten von teilweise beachtlicher Qualität. Beim Bombenangriff am 6. April 1945 wurde Gera erheblich betroffen, doch blieb die Altstadt im wesentlichen erhalten. Zerstört wurde vor allem der Bereich um den Johannisplatz und am Brühl. Außer den aufgeführten Totalverlusten erlitten zahlreiche Einzelgebäude leichtere Schäden, so u. a. die Trinitatiskirche und das Rathaus.

F. Hahn: Geschichte von Gera, Gera 1855. Inventar/Gera-Hohenleuben, S. 19 ff. A. Bogenhard: Unsere Kunstdenkmäler, in: M. Zeuner, Unsere Heimat, Gera 1914, S. 166 ff. W. Luthardt: Gera, 2. Aufl. Berlin 1926. Beiträge zur Geschichte der Stadt Gera, Festgabe zur 700-Jahrfeier, Gera 1937. Aus vergangenen Tagen der Stadt Gera, hrsg. vom Kulturbund der Stadt Gera, Gera-Langenberg 1946. Degen 1949. W. Lonitz: Die Geraer Bau- und Kulturdenkmale, in: Die Bau- und Kulturdenkmale in Gera, Gera 1954. C. Toepel: Gera, das ostthüringische Wirtschaftszentrum, Gera 1956. Hdb. Hist. Stätten 9, S. 134 ff.

Schloß Osterstein (Gera-Untermhaus). Bis 1918 Residenz des Fürstenhauses Reuß jüngere Linie. Hervorgegangen aus einer frühmittelalterlichen Burganlage. Die umfangreiche Baugruppe verschiedener Entstehungszeiten um zwei Schloßhöfe gruppiert: der höhere, südlich gelegene mit den Wohngebäuden, der untere, nördliche mit den Verwaltungs- und Wirtschaftsgebäuden. Von der romanischen Burganlage noch der Bergfried (4 m Mauerstärke) im Süden des oberen Hofes, der 1607 mit einem Fachwerkgeschoß und der mächtig geschwungenen Haube versehen wurde. Im 15. und 16. Jh. Erweiterung der Burg. Unter Heinrich Posthumus (1592–1635) Umbau zur Schloßanlage durch Errichtung eines neuen Wohnflügels nach Norden. 1595 Umgestaltung der ebenfalls frei stehenden Schloßkapelle durch den Naumburger Baumeister C. Steiner. 1702 bis 1721 Nordflügel mit dem Frontispiz über der Durchfahrt. Nach der Mitte des 19. Jh. umfang-

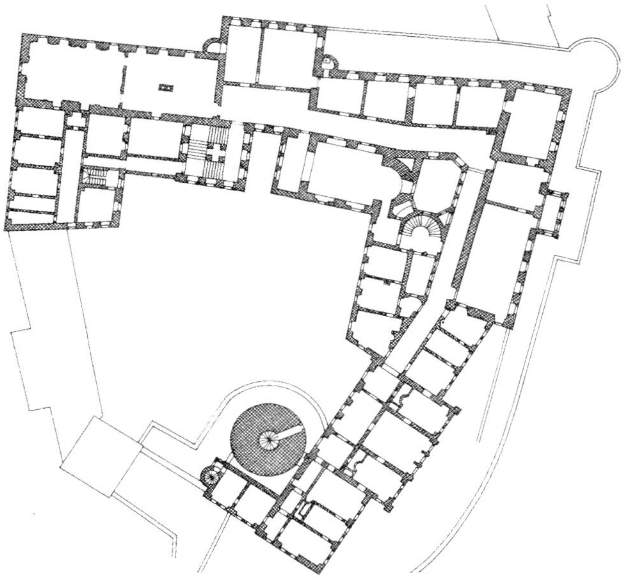

reiche Neubauten und Veränderungen im englisch-neogotischen Stil: nach Abbruch der »Alten Bastei« 1857/58 der Südostflügel errichtet, 1862 der Erker dem 1666 fertiggestellten Ostflügel angefügt. 1911–1913 anstelle des alten Holzschuppens der Nordwestflügel zur Aufnahme der Kunstsammlungen aufgeführt, des weiteren Verwaltungsbauten im unteren Schloßhof. Im Inneren wertvolle Ausstattung: Stuckdecken von C.-A. Castelli im Nordflügel mit Rankenfriesen, Kartuschen, Girlanden mit Putten und Malereien; stuckierte Ofennischen. Neugestaltung der Schloßkapelle 1702–1721 unter Mitwirkung von J. S. Nahl (1752 und 1842 verändert: Flachdecke). Bis 1852 der Marmorsaal und der Ahnensaal neu gestaltet. Wertvolle Ausstattung mit Möbeln, Gobelins, Gemälden und Kunstgewerbe.

Am 6. April 1945 mitsamt der Ausstattung durch Bomben zerstört. Außer dem Bergfried blieb nur die untere Hofbebauung weitgehend erhalten. Auch die verlagerten Ausstattungsstücke wurden am Auslagerungsort vernichtet, so die Gobelins im Schleizer Schloß. Der beschädigte Bergfried gesichert und mit einem neuen kegelförmigen Helm mit Luken versehen. Auf einem beräumten Teil der Ruine Neubau einer Schloßgaststätte.

Inventar/Gera-Hohenleuben, S. 126 ff. B. Schmidt: Das Schloß Osterstein bei Gera, in: Burgwart 11, 1909/10, S. 87 f. Dehio/Mitteldeutschl. S. 366 (Untermhaus). E. P. Kretschmer: Beiträge zur Baugeschichte des Schlosses Osterstein, in: HBG 12, 1925 (11/12), S. 49 ff.; 13, 1926, S. 1 ff.

Gera, Schloß Osterstein
Oben: Grundriß; Marmorsaal
Mitte: Luftaufnahme; Bergfried mit Torgebäude zur Wolfsbrücke; nordöstliches Eckzimmer im dritten Geschoß
Unten: Luftaufnahme; Innenraumdetail

Gera, Schloß Osterstein
Oben: Gobelinsaal
Unten: Marmorsaal; Stuckdecke im Schlafzimmer des dritten Geschosses; Vorraum

Ehemaliges Zucht- und Waisenhaus Anstelle des Hospitals Beatae Mariae Virginis und der Dreikönigskapelle 1732–1738 von J. Chr. Palm errichtet, Steinmetzarbeiten von G. Schneider. Der qualitätvolle Barockbau als frei stehendes Gebäude mit der Hauptschauseite nach der Heinrichstraße (jetzt Straße der Republik) von besonderer städtebaulicher Wirkung. Viergeschossiger Bau von 9:6 Achsen, Erdgeschoß und drittes Obergeschoß als Mezzanin behandelt. Mansarddach mit stehenden Dachfenstern und polygonalem Dachreiter mit Zwiebelkuppel. Reiche Fassadengliederung durch Lisenen über Rustikasokkel, gekoppelte Fenster mit profilierten Gewänden und Brüstungsspiegeln. In der Mittelachse der Südfront ehemals große Freitreppe mit Portal, darüber Segmentbogengiebel; nach Beseitigung Tür in Fenster umgeändert und neuer Haupteingang an der ähnlich gestalteten Fassade am früheren Waisenhausplatz. 1911–1913 als städtisches Museum eingerichtet.
Am 6. April 1945 ausgebrannt. Wiederaufbau 1951–1953, Nutzung als Kulturhistorisches Museum. 1969 außen farbig neu gefaßt.

Inventar/Gera-Hohenleuben, S. 51. Degen 1949, S. 22. M. Hubricht: Zwei Bauten des Geraer Barock – Zwei Museen, in: Die Bau- und Kulturdenkmale in Gera, Gera 1954, S. 28 f.

Orangerie Der im französischen Gartenstil angelegte »Küchengarten« entstand 1729–1732 für das Haus Reuß. Die den Garten seitlich begrenzende Orangerie wurde wohl nach Plänen J. H. Krohnes errichtet. Ursprünglich bestand die Anlage nur aus den beiden eingeschossigen, segmentbogig angeordneten Orangenhäusern, denen sich jeweils ein zweigeschossiger quadratischer Pavillon anschließt. 1746–1748 wurden die beiden Orangenhäuser durch den zweigeschossigen Mittelbau mit dreifacher Tordurchfahrt und darüberliegendem Saal zu einer fast halbkreisförmigen Anlage miteinander verbunden. Am Gesamtbau reiche plastisch-dekorative Fassadendurchbildung mit aufgelegter Pilaster- und Gesimsarchitektur.
Am 6. April 1945 wurde der südliche Orangenhausflügel durch Bomben stark beschädigt, auch die übrigen Bauteile erlitten Beschädigungen. Die bauliche Wiederherstellung in alter Form begann bald nach Kriegsende. Gesamtausstattung und Nutzung einzelner Teile als Museum ab 1947.

R. Büttner: Vom fürstlichen Küchengarten, in: HBG 3, 1911 (2), S. 5 f.; (3), S. 9 f. H. Rosenthal: Der Küchengartenbau bei Gera in Reuß, in: Die Denkmalpflege 22, 1920, S. 49 f. Degen 1949, S. 30 ff. E. Stengel: Gärten in und um Gera (Geraer Reihe, H. 3), Gera 1950, S. 10 ff.

Gera
Oben links: Orangerie, Teil der Gartenfront mit Pavillon, nach teilweiser und vollständiger Wiederherstellung
Oben rechts: Orangerie, Gesamtanlage vom Küchengarten, nach der Wiederherstellung
Unten: Ehemaliges Zucht- und Waisenhaus, Zustand um 1900 und 1971

Alte Post (Heinrichstraße 9, jetzt Straße der Republik). Beherbergte die »Kurfürstliche bzw. Sächsische Post«, die ältere »Fürstlich Reußische Post- und Landkutsche«, dann die »Thurn- und Taxissche Post«. 1748 umgebaut und erweitert. Dreigeschossiges, zehnachsiges Gebäude. Der vierachsige Mittelrisalit von flachem Dreieckgiebel abgeschlossen, das Figurenportal mit den Sinnbildern der »Hoffnung« und »Schiffahrt«. Im Erdgeschoß kreuzgratgewölbte Räume.
Am 6. April 1945 mit Ausnahme der Straßenfront durch Bomben zerstört, Figurenportal beschädigt. Wiederaufgebaut, dann im Zuge der Innenstadtneubebauung um 1950 abgetragen. Das geborgene Portal nicht mehr vorhanden.
Inventar/Gera-Hohenleuben, S. 56 f. Degen 1949, S. 45

Burgstraße 6 »Näglersches Haus«. Altes Freihaus bzw. Burggut. Spätbarockes Gebäude mit stattlichem Portal um 1735 von G. Schneider: profiliertes rechteckiges Portalgewände, darüber Segmentbogengiebel mit Inschriftkartusche, Putten und Vasenbekrönung.
Am 6. April 1945 durch Bomben zerstört. Ruine 1946 abgetragen, beschädigtes Portal geborgen.
Inventar/Gera-Hohenleuben, S. 58 (unter Johannisplatz 6). Degen 1949, S. 23

Johannisplatz 3 »Kutschenbachsches Haus«. Als Doppelhaus errichteter, mit Markt 6 verbundener viergeschossiger, siebenachsiger Barockbau von 1729 mit Satteldach; nach dem Brand von 1780 erneuert. Betonung der Fassade durch dreiachsigen Mittelrisalit mit qualitätvoller Portalanlage; das Stichbogenportal flankiert von Pilastern, die ein Gebälk mit gebrochenem Giebel tragen, darauf zwei lebensgroße liegende Frauengestalten (Sinnbilder der Hoffnung und Gerechtigkeit), in der Mitte große Inschriftkartusche. Über dem Erdgeschoßgesims kräftige Pilasterordnung zwischen den Fensterachsen. Einfache Fenstergewände.
Beim Bombenangriff am 6. April 1945 ausgebrannt. Ruinen nach 1954 beseitigt. 1968/69 Wohnungsneubau unter Einbeziehung der barocken Portalanlage.
Inventar/Gera-Hohenleuben, S. 55. Degen 1949, S. 19 f. W. Lonitz: Historisches Figurenportal an einem Wohnungsneubau in Gera, in: Deutsche Architektur 17, 1968, S. 753

Markt 6 mit Johannisplatz 3 verbundener viergeschossiger Barockbau von 1729 mit Satteldach, erneuert nach 1780. Über der Rustikagliederung des Erdgeschosses kräftige Pilasterordnung zwischen den beiden Außenachsen, die inneren tragen einen über drei Achsen reichenden Dreieckgiebel. Die Fenster des zweiten Obergeschosses mit dekorativen Brüstungsspiegeln und geschweiften Überdachungen. Einfache Fenstergewände. Im Mittelteil der Balkon mit eisernem Gitter über dorischen Halbsäulen aus jüngerer Zeit.

Beim Bombenangriff am 6. April 1945 ausgebrannt. Nach 1954 in vereinfachter Form Wiederaufbau bei Wahrung der architektonischen Grundelemente. Jetzt Standesamt.
Der farbige Marktplatz in Gera, in: HBG 16, 1929, S. 35. W. Lonitz: Marktplatz Gera, in: Deutsche Architektur 15, 1966, S. 744 f.

Gera
Oben links: Markt mit Rathaus und Haus Markt 6
Oben rechts: Johannisplatz 3 (links) mit Durchblick zu Burgstraße 6
Mitte links: Markt 6, nach dem Wiederaufbau
Mitte rechts: Portal von Johannisplatz 3, nach der Instandsetzung
Unten links: Portal von Burgstraße 6
Unten rechts: Heinrichstraße mit Alter Post, nach der Zerstörung

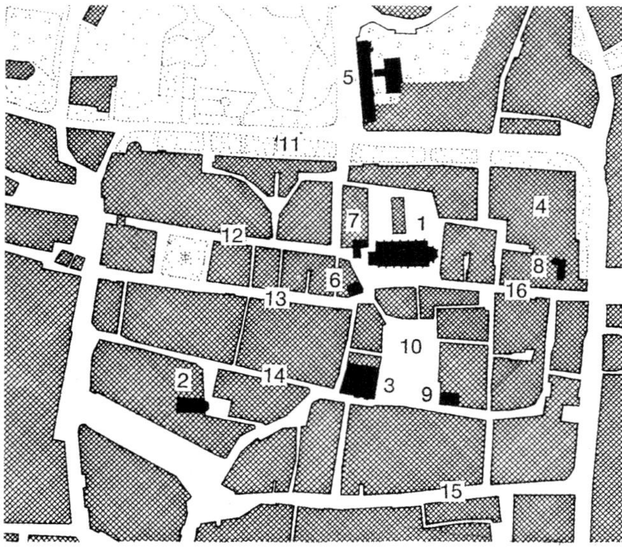

Jena (Stadtkreis Jena)

Das an einem wichtigen Saaleübergang gelegene Straßendorf wird noch vor der Mitte des 9. Jh. in einem Hersfelder Zinsregister urkundlich erwähnt. Unter den Herren von Lobdeburg, die offensichtlich das den Mittelpunkt des Ortes bildende »steinerne Haus« Am Kreuz besaßen, entwickelte sich Jena seit dem ausgehenden 12. Jh. bis etwa 1230 zur Stadt mit dem Markt als neuem Kommunikationszentrum. Die für das frühe 14. Jh. bezeugte Stadtmauer mit vier Ecktürmen und drei Toren umschloß ein regelmäßig gegliedertes Stadtareal. Wichtigste Straßenzüge waren Johannisstraße, Saalstraße und Löbderstraße. Die Stadtburg, das nachmalige Schloß, wurde in der Nordostecke errichtet (heute dort das Hauptgebäude der Universität). Bald danach dehnte sich die Stadt nach Osten bis zur Saale hin aus, später auch in den übrigen Richtungen. 1268 ließ sich der Dominikanerorden in Jena nieder und legte in der Collegiengasse ein Kloster an (später Collegium Jenense), 1301 richteten die Zisterzienser an der Michaeliskirche ein Nonnenkloster ein. 1368 wird das Rathaus genannt, 1418 entstand das Karmeliterkloster. Zu dieser Zeit war Jena vorwiegend Ackerbürger- und Weinbauernstadt. Diese Wirtschaftsstruktur prägte nachhaltig das architektonische Antlitz der Stadt. Die Höfe der Weinbauern besaßen im Gegensatz zu den engen Fluren der Handwerkerhäuser geräumige Hallen, Höfe mit Galerien und einen Wendelstein (Siedelhof). Eine grundlegende Wandlung und damit eine allmähliche Verdrängung dieser Höfe vollzog sich mit Gründung der Universität 1557 (hervorgegangen aus dem 1548 gegründeten akademischen Gymnasium) und dem damit verbundenen Ausbau zur Universitätsstadt. Zwischen 1560 und 1620 wurden zahlreiche Bürger-»Professorenhäuser« errichtet, die sich durch kunstvolle Rundbogenportale, Hausmarken und Wappen, teilweise auch durch Hofumgänge auszeichneten: u. a. Ratsapotheke Am Kreuz, Löbderstraße 7, Collegiengasse 1, Jenergasse 12, Unterm Markt 1 und Saalstraße 8. Auch in der weiteren Entwicklung prägte die Universität das architektonische Erscheinungsbild. Es wurden meist schlichte Bauten im Stil der Zeit mit Hörsälen für die Studenten, aber auch künstlerisch reich durchgebildete Wohn- und Geschäftshäuser wie das Bachsteinsche Haus in der Rathausgasse, die Häuser Leutrastraße 10 und 28, Saalgasse 5 und Wagnerstraße 24 errichtet. Gleichzeitig entstanden Institutsgebäude sowie kommunale und gesellschaftliche Einrichtungen. An der Universität studierten oder wirkten hervorragende Persönlichkeiten, wie Goethe, Schiller, Fichte, Hegel, Hufeland, Feuerbach, Tieck, Brentano und Marx. Seit der zweiten Hälfte des 19. Jh. wandelte sich die Sozialstruktur abermals: Jena wurde zugleich Industriestadt, die vor allem durch optische Erzeugnisse Weltruf erlangte. Damit verbunden war die sprunghafte Ausweitung der Stadt. Neben umfangreichen Industrieanlagen entstanden neue Stadtteile, hinzu kamen zahlreiche Eingemeindungen. Bis in die dreißiger Jahre unseres Jahrhunderts wurden Industrie-, Wohn- und Gesellschaftsbauten errichtet, die als Denkmale der Architektur gelten können, so u. a. Universitätsbibliothek (1856), Universitätshauptgebäude (1908), Volkshaus (1901–1904) mit Lesehalle, Planetarium (1924) und Abbeanum (1930). Das Altstadtgefüge blieb fast unangetastet, obgleich die Stadtmauer teilweise niedergelegt und Straßendurchbrüche oder Passagen geschaffen wurden sowie ferner manche neuen Gebäude ältere verdrängten. Jenas Altstadt, einschließlich der Randbebauung, kam die Bedeutung eines städtebaulichen und geschichtlichen Denkmals zu, da nahezu jedes Haus als Wohnstätte eines Gelehrten in irgendeiner Weise mit der Geschichte der Universität verbunden war.

Zahlreiche Bombenangriffe, vor allem von Februar bis April 1945, verursachten schwere Schäden und Totalzerstörungen. Der Angriff am 9. Februar traf das Gebiet Collegiengasse–Löbderstraße–Rathausgasse, der am 23. Februar das Nordviertel, der am 10. März die Stadtmitte und Südstadt, der am 17. März den Saalbahnhof sowie die östliche Vorstadt mit Steinweg, Anger, Frauengasse, Lutherplatz und Platz vor dem Kupferhütchen. Die verheerendsten Folgen hatte jedoch der Großangriff vom 19. März, bei dem innerhalb einer Viertelstunde 800 Bomben auf die Stadt fielen. Dieser Angriff forderte 140 Todesopfer, 12 000 Menschen waren obdachlos. 1347 Gebäudeschäden wurden registriert, davon 224 als Totalschäden, 261 als schwer, 199 als mittelschwer und 663 als leicht. Ein großes Areal

Jena
Links: Stadtgrundriß, 1 Stadtkirche St. Michael, 2 Collegienkirche, 3 Rathaus, 4 Universitätshauptgebäude, 5 Universitätsbibliothek, 6 Steinhaus, 7 Burgkeller, 8 Griesbachsches Haus, 9 Haus Kirsten, 10 Markt, 11 Fürstengraben, 12 Johannisstraße, 13 Leutrastraße, 14 Collegiengasse, 15 Löbdergraben, 16 Saalstraße
Rechts oben: Luftaufnahme der Altstadt von Süden
Rechts unten: Bebauung westlich des Marktes mit Stadtkirche St. Michael, nach der Zerstörung

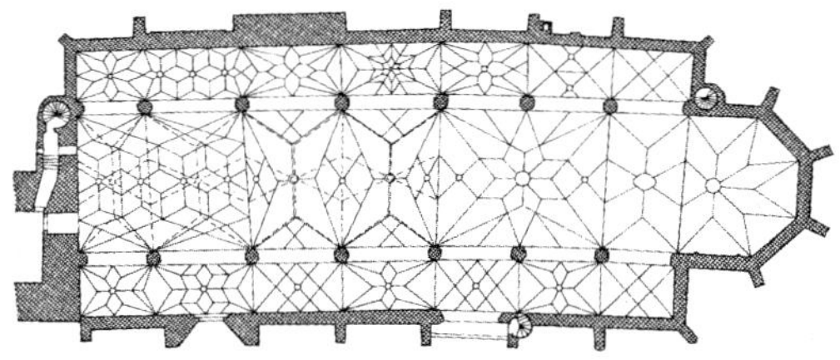

Am 9. Februar und 19. März 1945 durch Bomben stark beschädigt: Mansarddach zerstört, desgleichen die vier westlichen Mittelschiffsjoche, die Westempore, Verglasung und Renaissanceturmhaube. Wiederaufbau 1949–1956. Anstelle des Mansarddaches ein Satteldach, der Turm durch flaches Zeltdach abgeschlossen. Die zerstörten Gewölbe in vereinfachter Form (wie das zweite Ostjoch) als Parallelrippengewölbe erneuert.

des Zentrums wurde total vernichtet, und im gesamten Altstadtbereich, einschließlich der weiteren Umgebung, gab es fast kein Gebäude, das nicht in Mitleidenschaft gezogen war. Die Trümmerbeseitigung auf den Straßen erfolgte umgehend die Flächenberäumung seit 1947.

Inventar/Jena. E. Piltz: Führer durch Jena, Jena 1912. H. Stirnemann: Alte Jenaer Bürgerhäuser, Jena 1931. F. Thieme: Jenas Gedenktafeln, in: Altes und Neues aus der Heimat, Beilage zum »Jenaer Volksblatt 1931 bis 1933«, Anhang I, S. 1 ff., Jena 1934. O. Stölten: Jena, ein Heimatbuch und Führer, Jena 1939. H. Koch: Die Entwicklung des Stadtplans vom Mittelalter zur Neuzeit (Beiträge zur Jenaer Stadtgeschichte, 6. Folge; Sonderdruck aus dem Adreßbuch von Jena, 44. Folge 1941/42), Jena 1942. H. Koch: Jena, das liebe närrische Nest, Jena o. J. Jena in Wort und Bild, Das alte Jena, Hrsg. Frommansche Buchhandlung, Jena o. J. J. H. Schultze: Jena, Werden, Wachstum und Entwicklungsmöglichkeiten der Universitäts- und Industriestadt, Jena 1955. O. Schmolitzky: Schiller in Jena 1789 bis 1799 (Schriften des Stadtmuseums Jena), Jena 1955. O. Mühlmann: Jena als mittelalterliche Stadt (Bilder zur Geschichte Jenas, Bd. 2), 2. Aufl. Jena 1959. O. Mühlmann: Die Universitätsstadt Jena (Bilder zur Geschichte Jenas, Bd. 3), 2. Aufl. Jena 1959. Hdb. Hist. Stätten 9, S. 215 ff. Henschel und Möller: Saalestadt Jena, Leipzig 1964. D. Grumt: Kurzinventar der Stadt Jena, Manuskript im Institut für Denkmalpflege, Arbeitsstelle Erfurt. G. Steiger: »Ich würde doch nach Jena gehn« (Schriften des Stadtmuseums Jena, 10), Jena 1970

Stadtkirche St. Michael Anstelle eines romanischen Vorgängerbaus (um 1220/30), dem 1301 an der Nordseite ein Zisterzienserinnenkloster zugeordnet wurde, errichtet seit etwa 1390 als eine der größten thüringischen Kirchen. Dreischiffige, siebenjochige gewölbte spätgotische Hallenkirche mit Polygonalchor mit 5/8-Schluß und asymmetrisch vorgelegtem Westturm. Ostteile 1421/22 mit Kryptenräumen (Heiliges Grab) genutzt, Einwölbung bis 1442. Fortsetzung des Baues mit den vier Westjochen der Südseite um 1440/50, der Nordseite um 1470/80. Fortsetzung der Langhauswölbung 1481, Abschluß 1506. Turmbau seit 1474 bis nach 1530, Renaissancehaube 1556. 1684 barocker Umbau, 1768–1771 Mansarddach. 1871–1875 durchgreifende Restaurierung unter Baurat Spittel. Gliederung der Außenfassaden durch Strebepfeiler, reiches Maßwerk der Fenster und Bauplastik. Besondere Portalausbildung an der Südseite (Fensterportal und »Brautportal« mit Sängerchor), an der Nordseite »Kleeblattbogenportal« und Beichthaus. Chordurchgang. Im Inneren Achteckstützen, die reich figurierte Stern-, Netz- und Parallelrippengewölbe tragen. West- und Nordempore bis 1535, Brüstungen 19. Jh. 1678 Einbau der Fürstengruft in die Heilige Grabanlage. Bedeutende Ausstattungsstücke, u. a. Erzengel Michael aus dem ersten Drittel des 13. Jh., Grabplatte Martin Luthers.

Jena, Stadtkirche St. Michael
Links: Inneres nach Osten
Rechts oben: Aufriß der Südseite
Rechts Mitte: Grundriß
Rechts unten: Ansicht von Norden

Baulich verändert auch die Westempore, deren Pfeiler auf Kosten der eleganten gotischen Bogenführung verstärkt wurden. Gesamterneuerung des Inneren mit Neuordnung des Inventars, Ausmalung, Emporenbrüstung und Orgel (1963).

Inventar/Jena, S. 79 ff. Dehio/Mitteldeutschl., S. 178. F. Möbius: Die Stadtkirche St. Michael zu Jena, Gestalt und Bedeutung einer spätgotischen Stadtpfarrkirche (Schriften des Stadtmuseums Jena 12), Jena 1970

Collegienkirche auch Dominikaner-, Pauliner- und Universitätskirche. 1286 Gründung des Dominikanerklosters St. Paulus. Nachfolgend Bau der einschiffigen, sechsjochigen Saalkirche mit gewölbtem, zweijochigem Polygonalchor mit 5/8-Schluß. Nachträgliche Wölbung des Saalraumes und Anbau des Seitenschiffs. 1548 wurde der gesamte Klosterkomplex »Hohe Schule«, 1558 Universität. In diesem Zusammenhang bis ins 20. Jh. zahlreiche Instandsetzungs- und Umbauarbeiten, u. a. 1557–1559 unter N. Gromann (Anbau des polygonalen Westturmes mit großer Wappentafel) und 1592–1595 sowie 1756 (Turmveränderung). Nutzung als Universitäts- und Begräbniskirche; zahlreiche bemerkenswerte Grabsteine und Epitaphien.
Am 9. Februar 1945 das Dach durch Volltreffer zerstört, Gewölbe eingestürzt, Ausstattung

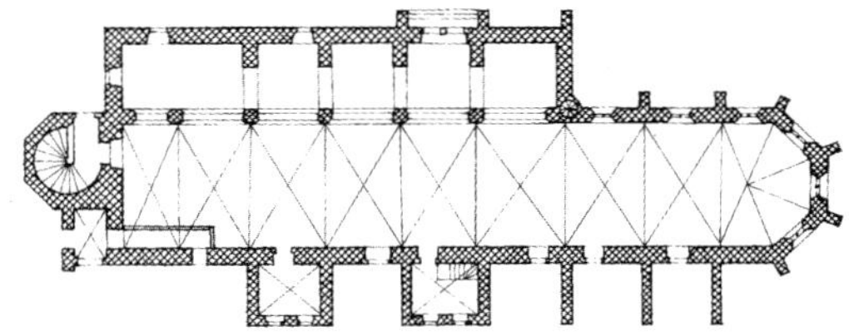

schwer beschädigt. Totale Vernichtung am 19. März, Turm beschädigt, desgleichen die übrigen Collegiengebäude. Im Zuge des Universitätsneubaus die Kirchenruine 1956 abgebrochen, der Turm und Teile des Collegiums in den Neubaukomplex einbezogen. In einer neuerrichteten Halle über den Westteilen der ehemaligen Kirche wurden zahlreiche erhaltene Grabsteine aufgestellt. Der ehemalige Nonnenplan überbaut.

Inventar/Jena, S. 103 ff. Dehio/Mitteldeutschl., S. 178. H. Koch: Die Kollegienkirche von einst und jetzt, in: Jenaer Volksblatt vom 8. 4. 1937. W. Wennig: Der Professorenfriedhof der Kollegienkirche, in: Jenaische Zeitung vom 3. 3. 1937

Jena
Oben links und Mitte: Stadtkirche St. Michael, nach der Zerstörung
Mitte links: Stadtkirche St. Michael, Inneres nach Westen, nach dem Wiederaufbau

Oben rechts: Collegienkirche, Grundriß
Mitte rechts: Collegienkirche, Hofansicht
Unten links: Collegienkirche von Südosten, nach der Zerstörung
Unten rechts: Collegienkirche, Inneres nach Osten

Rathaus (Markt). Rathausneubau vor 1378 unter Einbeziehung von Bauteilen des 13. Jh. mit Markthallen im Erdgeschoß, großer Ratsdiele, Ratsstube und Kapelle im Obergeschoß. Zweigeschossiges Doppelhaus mit Walmdächern, dazwischen an der Marktseite dreigeschossiger Uhrturm von 1755 mit welscher Haube (Übernahme der gotischen Kunstuhr mit dem »Schnapphahn«;

zugleich Beseitigung des gotischen Zinnenkranzes). Fassaden ohne besondere Gliederungselemente: im Erdgeschoß Arkaden, teilweise zugesetzt oder ganz verändert, im Obergeschoß kehlprofilierte Rechteckfenster, die Kapelle mit Spitzbogenfenstern. Im Inneren das Erdgeschoß vierschiffig mit jeweils sieben Jochen in Kreuzgratwölbung, durch den späteren Gaststätteneinbau teilweise verändert. Im Obergeschoß die ebenfalls vierschiffige Ratsdiele mit Holzbalkendecke auf Stützen. Verschiedene Veränderungen durch Abtrennung von einzelnen »Stuben« für den Rat entlang der Außenwände (um 1480, erste Hälfte des 16. Jh., 17. Jh. und später). Bemerkenswert noch heute die Ratsdiele und die Bürgermeisterstube (Trauzimmer) mit ihren getäfelten Wänden und Stukkaturen. Letzte Erneuerung des Bauwerks 1926.
Am 9. Februar und 19. März 1945 erhebliche Beschädigungen, vor allem am Dachwerk. Bis 1948 Wiederherstellung bzw. Instandsetzung. 1966 Erneuerung des Ratssaals (Kapelle), 1967 Restaurierung des Trauzimmers.

Inventar/Jena, S. 127 ff. D. Grumbt: Das Jenaer Rathaus, Gestalt und Geschichte (Schriften des Stadtmuseums Jena 14), Jena 1973

Universitätshauptgebäude (Fürstengraben, jetzt Goetheallee). Anstelle des ehemaligen Schlosses 1908 nach Entwurf von Th. Fischer errichtet. Mehrgeschossige, schloßähnliche Baugruppe in neobarocken Formen. Der Hauptflügel von 85 m Länge am Fürstengraben. Im Westflügel entlang der Schloßgasse Verwaltungsräume, im Süd- und Ostflügel Kunstsammlungen. 42 m hoher Turm.
Bei Bombenangriffen 1945 mehrfach empfindlich getroffen. Alle Schäden bald nach 1945 behoben.
M. Osborn: Die neue Universität zu Jena, erbaut von Theodor Fischer, Jena 1908. G. Keyssner: Das Gebäude der Universität in Jena, Leipzig 1911. K. Dittmar: Das Universitätsgebäude in Jena, Ein Rückblick, in: Deutsche Architektur 8, 1959, S. 449 ff.

Universitätsbibliothek (Bibliotheksplatz). 1858 Umbau des sogenannten Kornhauses durch F. Streichhahn in Neorenaissanceformen. Darunter die »Fürstenkeller« von 1532–1543, zwei parallel angeordnete, tonnengewölbte Keller (der größere 55 : 12 m).
Am 9. Februar 1945 zerstört. Reste bis auf Sokkelhöhe abgetragen, Keller erhalten.
Inventar/Jena, S. 139

Abbeanum (Helmholtzweg 1). 1929/30 nach Entwurf von E. Neufert am Südhang des Landgraf als Instituts- und Hörsaalgebäude der Mathematisch-naturwissenschaftlichen Fakultät errichtet. Komplex in Eisenbeton mit gelber Klinkerverkleidung und Flachdächern. Viergeschossiger, zehnachsiger Institutsbau (für angewandte Optik), daneben viergeschossiger Hörsaaltrakt. Angrenzend erdgeschossiger Eingang und großer Hörsaal.
1945 Institutsflügel durch Bomben stark beschädigt. Wiederaufbau in den alten Formen bis 1951.
E. Neufert: Abbeanum der Universität Jena, in: Zentralblatt der Bauverwaltung vereinigt mit Zeitschrift für Bauwesen, 51. Jg. (1931), Nr. 17, 18

Prinzessinnenschlößchen auch Griesbachsches Haus (im Prinzessinnengarten). Schlichter zweigeschossiger, fünfachsiger Barockbau mit Pilastergliederung, Giebel und Mansarddach.
Am 9. Februar 1945 mittelschwer beschädigt. Instand gesetzt.

Jena
Oben links: Rathaus
Oben Mitte und rechts: Universitätshauptgebäude, nach der Zerstörung und beim Wiederaufbau
Rechts Mitte: Prinzessinnenschlößchen

Unten links: Universitätsbibliothek, nach der Zerstörung
Unten Mitte und rechts: Abbeanum, nach der Zerstörung und nach dem Wiederaufbau

Wohn- und Geschäftsbauten

Am Kreuz Steinhaus. Ältestes Gebäude Jenas, vermutlich »festes Haus« der Lobdeburger, errichtet Ende des 12., Anfang des 13. Jh. Dreigeschossiger Bau mit Treppengiebeln, Grundfläche 10,7:6,3 m. Nord- und Westfassade ohne Fenster, Südfassade mit Fensterschlitzen, ebenso Ostfassade, hier im Obergeschoß rundbogige Pforte; in gotischer Zeit erdgeschossiger Eingang. Im Inneren Keller und drei gewölbte Geschosse.
Am 19. März 1945 durch Bomben beschädigt (erst danach die Bedeutung des Hauses erkannt). 1947 bei der Flächenberäumung beseitigt.

O. Mühlmann: Jena als mittelalterliche Stadt, in: Bilder zur Geschichte Jenas, Bd. 2, 2. Aufl., Jena 1959, S. 6

Hof- und Ratsapotheke (Am Kreuz Nr. 4). Haus mit typischem Jenaer Rundbogenportal der Renaissance.
Am 19. März 1945 total zerstört.

Weitere Am Kreuz zerstörte Bürgerhäuser: Haus Merkur, Fassade mit Bandelwerkdekor; Haus Kramer, im Inneren Deckenstuck mit Bandelwerkdekor; Haus Dummel, im Inneren Stuckdekor mit Rocaillen und Blumen.

Collegiengasse Die Häuser Nr. 1 bis Ecke Nonnenplan sowie Nr. 24 bis Ecke Löbderstraße am 9. Februar 1945 schwer, am 19. März völlig zerstört, darunter Nr. 1 (um 1600, mit Renaissanceportal), Nr. 5 (18. Jh.), Nr. 6 (1570, mit Renaissanceportal).
Inventar/Jena, S. 150 f. (Nr. 1)

Eichplatz Chemnitiushaus. 1811–1816 von Hofbaumeister Timler errichtet. Dreigeschossiger, sechzehnachsiger Bau mit Walmdach. Fassadengliederung durch vierachsigen Mittelrisalit mit Ecklisenen und Stichbogenfenstern mit Giebelverdachung im Obergeschoß sowie durchlaufen-

Jena
Oben links und Mitte: Steinhaus (Am Kreuz), nach der Zerstörung
Oben rechts: Hof- und Ratsapotheke Am Kreuz (links) mit Burgkeller (rechts)
Links Mitte: Collegiengasse mit Rathaus, nach der Zerstörung
Links unten: Collegiengasse 23 vom Nonnenplan
Rechts unten: Blick vom Turm der Stadtkirche St. Michael auf die Bebauung um die Collegienstraße und Leutrastraße

dem Gesims über dem Erdgeschoß (Balkon um 1900). 1842 Anbau des mehrachsigen Nordflügels in der Johannisstraße mit Ladeneinbauten im Erdgeschoß.
Am 19. März 1945 Nordflügel zerstört. Im Erdgeschoß wiederhergestellt.

Hinter der Kirche Siedelhof. Einem im Erdgeschoß erhaltenen Ackerbürgergehöft der Zeit um 1220 wurde Mitte des 15. Jh. ein zweigeschossiger gotischer Ständerbau aufgesetzt. Vorderhaus mit vorkragendem Erker und Sitznischenportal aus der Mitte des 16. Jh. 1925/26 instand gesetzt und als Weinbauernhof 1927 mit wertvoller Ausstattung museal eingerichtet.
Am 9. Februar 1945 starke Luftdruckschäden, am 19. März ausgebrannt und restlos zerstört. Ruine beseitigt, Torbogen erhalten.

P. Weber: Der Siedelhof in Jena, in: Kreuz und quer durch Thüringen 3/11, 1927, S. 219 ff. H. Stirnemann: Führer durch den Siedelhof, Jena o. J.

Jenergasse Die westliche Straßenseite teilweise, die östliche völlig zerstört.

Gasthaus »Kleine Zeise« (Nr. 4). Dreigeschossiger Bau des 16. Jh. mit qualitätvollem Renaissanceportal, darüber Gesims. In den Obergeschossen gekoppelte Fenster mit profilierten Gewänden. Treppenturm auf der Rückseite. Nebenbau mit zwei verputzten Fachwerkobergeschossen. Im Hausflur Steintafel mit Inschrift »Zum halben Mond« 1575.
Am 19. März 1945 zerstört. Trümmerfläche beräumt.

Inventar/Jena, S. 146

»Schrammei« (Nr. 26 bzw. 19). Dreigeschossiges, zwölfachsiges Wohnhaus mit vierachsigem Mittelgiebel und Portalanlage. Schillers erste Wohnung in Jena.
Am 19. März 1945 zerstört. Trümmerfläche beräumt.

Jena
Oben: Siedelhof (Hinter der Kirche), Äußeres und Küche
Mitte: Portal von Collegiengasse 1
Unten: »Kleine Zeise« (Jenergasse 4); »Schrammei« (Jenergasse 26 bzw. 19)

Johannisstraße Am 19. März 1945 die Häuser Nr. 1–4 und 23–27 zerstört.

Haus Roßmann oder Weimarsches Haus, ehemals Regierung. Errichtet 1618, verbunden mit Haus Leutrastraße (1666). Breitgelagerter dreigeschossiger Baukörper. Fassadengliederung durch Rundbogenportal mit plastisch-dekorativem Dreieckgiebel mit Beschlagwerk und Wappen. Rechteckiger Erker über karnisförmiger Konsole. Im Inneren bemerkenswerter Deckenstuck mit Akanthuswerk, Lorbeer, Figuren und Blumen.
Am 19. März 1945 total zerstört. Reste beseitigt.
Inventar/Jena, S. 148 ff.

Superintendentur (Nr. 4). Dreigeschossiger Wohnbau des 16. Jh. mit Rundbogenportal, Mansarde mit Giebel. Obergeschoß mit Mittelerker, im 18. Jh. mit Rokokoornamenten stuckiert, ebenso die übrigen Fenster.
Am 19. März 1945 zerstört. Trümmerfläche beräumt.
Inventar/Jena, S. 146 ff.

Burgkeller (Nr. 27). 1546/47 von N. Gromann als Ratskeller errichtet. Dreigeschossiges, zweiachsiges Giebelhaus. Fassadengliederung durch kräftige Fenstergewände mit Sohlbänken und Giebelbekrönung, Ecklisenen. An der Westseite Portal mit Diamantquadern.
Am 9. Februar 1945 rückwärtiger Anbau zerstört, am 19. März bis auf geringe Reste des Erdgeschosses zerstört. Trümmerfläche beräumt.
Inventar/Jena, S. 146

Leutrastraße Am 19. März die Häuser Ecke Rathausgasse bis Nr. 7 (Nr. 4 mit Renaissanceportal) sowie Nr. 30 bis Am Kreuz zerstört.

Haus Neuenhahn (Nr. 5), Universitätsdruckerei. Dreigeschossiger, achtachsiger Bürgerhausbau von 1691. Fassadengliederung durch Lisenen, einfache Fenstergewände um 1750 verändert. Das Erdgeschoß 1938 umgebaut.

Löbdergraben Griesbachsches Haus. Stattliches dreigeschossiges Bürgerhaus mit vier Fensterachsen zum Löbdergraben, schlichte Fassadengestaltung durch Ecklisenen. Abgewalmtes Satteldach mit Giebelausbauten. Niedriger Anbau als Hörsaal. Schillers dritte Wohnung in Jena.
Am 9. Februar 1945 Hauptgebäude zerstört. Ruine beseitigt, Hörsaalbau erhalten.

Jena
Links oben: Leutrastraße 5
Links unten: Haus Roßmann (Johannisstraße), Stuckdecke im Saal
Mitte: Blick durch die Johannisstraße zur Stadtkirche St. Michael; Portal von Haus Roßmann (Johannisstraße)
Rechts: Griesbachsches Haus (Löbdergraben); Burgkeller (Johannisstraße), vor und nach der Zerstörung

Löbderstraße Am 9. Februar und 19. März 1945 alle Gebäude zerstört, darunter Nr. 1, 4 und 6 mit Renaissanceportalen.

Markt Am 9. Februar und 19. März entstanden im Baubestand empfindliche Lücken, so wurden zerstört die gesamte Westseite mit Ausnahme des Rathauses, Teile der Nordseite mit dem Germanenhaus sowie das Haus Kirsten an der Südostecke des Platzes.
Hofapotheke (Nr. 3, Markt-Westseite). Dreigeschossiges, neunachsiges Gebäude. Im ersten Obergeschoß vierachsiger Erker mit profilierten Rechteckfenstern. Malerischer Hof mit Galerien und Wendelstein. Im Inneren des zweiten Obergeschosses künstlerisch wertvolles, reich gestaltetes Renaissanceportal aus weißem Marmor um 1570.
Am 9. Februar 1945 ausgebrannt, am 19. März weitere Schäden. Trümmerfläche beräumt.

Haus Kirsten (Ecke Unterm Markt 1). Viergeschossiger Baukörper. Fassade »Unterm Markt« zweigeteilt durch einen Treppenturm mit Rundbogenportal des 16. Jh. und schrägliegenden Fenstern. Rechter Hausteil mit gruppenweise angeordneten und durch Simse verbundenen Fenstern (16. Jh.), linker Teil barock verändert. Die zwischen 1880 und 1887 umgestaltete sechsachsige, von dreigeschossigem Giebel abgeschlossene Fassade zum Markt mit reicher Stuckverkleidung in Renaissanceformen. Im Inneren einfache Stuckdecken. Schillers zweite Wohnung in Jena mit Hörsaal, Arbeitszimmer und Wohnräumen.
Am 9. Februar 1945 zerstört. Ruinenreste beseitigt, Portal geborgen.

Inventar/Jena, S. 150 f. B. Litzmann: Schiller in Jena, Jena 1890, S. 107 ff. W. Wennig: Baubeschreibung Haus Kirsten, Manuskript im Institut für Denkmalpflege, Arbeitsstelle Erfurt

Jena
Links oben: Markt-Nordseite
Links unten: Markt-Westseite mit Rathaus
Rechts oben und Mitte: Haus Kirsten (Markt), Front zum Markt und Portal am Unterm Markt
Rechts unten: Markt-Westseite von Am Kreuz, nach der Zerstörung

Rathausgasse Am 9. Februar und 19. März 1945 alle Gebäude zerstört, darunter Nr. 3 mit Renaissanceportal.

Bachsteinsches Haus (Nr. 1, Ecke Löbderstraße). Viergeschossiger Wohnbau des frühen 18. Jh. unter Einbeziehung gotischer Bauteile. Die Obergeschosse in verputztem Fachwerk mit reicher Stuckdekoration. Die einzelnen Geschosse durch Horizontalgesimse getrennt. Vertikalgliederung durch kannelierte Pilaster, jeweils eine oder drei Achsen zusammenfassend. Zwischen den Fenstern dekoratives Stuckwerk mit Laub- und Bandelwerkornamenten, ähnlich die »Brüstungsspiegel«. Im Inneren barocke Treppenanlage und der kunstgeschichtlich bemerkenswerte Rokokosaal mit seinen Stuckdekorationen.

Am 9. Februar 1945 schwer beschädigt, am 19. März restlos zerstört. Trümmerfläche beräumt.

Inventar/Jena, S. 151 f.

Saalstraße 8 Haus Hoffmann. Dreigeschossiger verputzter Fachwerkbau des späten 17. Jh. Im Hof zweigeschossige Holzgalerie mit Balustersäulen. Zentrales Treppenhaus mit barocker Haube. Einmalige Raumanordnung im Inneren, u. a. durchgehender Flur mit Schrankverkleidung. Umbau und Ausstattung mit Stuckwerk 1716.
Am 19. März 1945 zerstört, Hof noch erhalten. Zwischenzeitlich abgetragen.

W. Wennig: Gutachten zum Haus Saalstraße 8, Manuskript im Institut für Denkmalpflege, Arbeitsstelle Erfurt

Wagnergasse 24 Langgestreckter, zweigeschossiger Baukörper mit Fassadenstuck des 18. Jh. Am 27. Mai 1943 rückwärtiger Hausteil abgerissen, Fassadenstuck beschädigt. Bei Instandsetzung nach 1945 Beseitigung des Fassadenstucks.

Jena
Oben links und Mitte: Blick durch die Rathausgasse mit Rathaus (rechts) zum Turm der Stadtkirche St. Michael, vor und nach der Zerstörung
Oben rechts: Saalstraße 8, Hofseite
Unten: Bachsteinsches Haus (Rathausgasse), Straßenfront, Rokokosaal, Fassadendetail und Treppenhaus

Jena, Ortsteil Burgau (Stadtkreis Jena)

Saalebrücke Erwähnt 1491, 1534–1538 Erweiterung um drei Bogen. Im Dreißigjährigen Krieg zerstört, Wiederherstellung 1706. Letzte Gestalt mit neun Steinbogen von 1744.
1945 drei Wasserbogen zerstört. 1946 provisorischer Übergang geschaffen, noch nicht wieder in alter Form aufgebaut.

E. Blüme: Zwei Brücken und ihr schwesterliches Nebeneinander in Burgau, in: Jenaische Zeitung 24. 11. 1937

Kraftsdorf, Ortsteil Harpersdorf (Kreis Gera)

Kirche Anstelle eines mittelalterlichen Vorgängerbaus errichtet 1817 als Chorturmkirche. Fassadengliederung durch flachbogige Fenster mit Gewänden, Türgewände mit Überdachung. Turmoberteil als Oktogon, abgeschlossen durch Schweifkuppel. Das Langhausinnere mit Doppelemporen und Flachdecke. Kanzelaltar aus der Bauzeit, die 1707 von Donati geschaffene Orgel 1822 von Zeitz nach hier verbracht.
Im Krieg total zerstört. Auf den Grundmauern neu aufgebaut.

Inventar/Gera-Hohenleuben, S. 72 f.

Kunitz (Kreis Jena)

Holzbrücke über die Saale 1832 errichtete Brücke von 35 m Länge und 5 m Breite. Holzkonstruktion, Seiten verbrettert, Dach mit Schieferdeckung.
1945 durch Sprengung zerstört, Reste beseitigt.

F. Böse: Die gedeckten Holzbrücken des Thüringer Landes, in: Thüringer Land 5, 1928, S. 275 f. G. Paul: Hundert Jahre Kunitzer Holzbrücke, in: Altes und Neues aus der Heimat, Jena 1934, S. 51 f.

Remda (Kreis Rudolstadt)

Rathaus 1744 als zweigeschossiger Baukörper über winkelförmigem Grundriß errichtet. Satteldach mit Krüppelwalm. An der Westseite oktogonaler Turmaufbau mit Laterne und Haube. Das schmucklose Äußere durch regelmäßige Fensteranordnung gegliedert.
1945 durch Beschußeinwirkung ausgebrannt. Ruine abgetragen.

Inventar/Blankenhain-Ilmenau, S. 163. Hdb. Hist. Stätten 9, S. 351

Rudolstadt, Ortsteil Volkstedt (Kreis Rudolstadt)

Kirche Chorturmkirche von schlichten Bauformen. Über dem kreuzgratgewölbten spätgotischen Chor der Turm mit barocker Haube. Langhaus von 1739 mit Holztonne, Fenster und Türen flachbogig. Kanzelaltar, Altarwerk aus der Saalfelder Schule.
1945 durch Kriegseinwirkung Zerstörung der Dächer. Wiederaufbau und Erneuerung des Inneren.

Inventar/Rudolstadt-Stadtilm, S. 85. Thüringer Wald, S. 473

Kantorenhaus Schlichter zweigeschossiger Bau von 7:3 Achsen mit Krüppelwalmdach. 1788 Aufenthaltsort Schillers.
1945 durch Bomben zerstört. Wiederaufbau 1956.

B. Rein: Schiller in Rudolstadt, Rudolstadt 1925. Thüringer Wald, S. 473

Links oben: Kraftsdorf, Ortsteil Harpersdorf, Kirche von Süden
Rechts oben: Jena, Ortsteil Burgau, Saalebrücke, nach der provisorischen Wiederherstellung
Mitte unten: Rudolstadt, Ortsteil Volkstedt, Kantorenhaus und Kirche von Südwesten
Rechts Mitte: Kunitz, Holzbrücke über die Saale
Rechts unten: Remda, Rathaus mit Marktbrunnen

Saalfeld (Kreis Saalfeld)

Der Bombenangriff am 9. April 1945 auf Saalfeld verursachte vor allem im Industriegelände am Bahnhof schwere Zerstörungen, doch wurden auch zahlreiche Baudenkmale der Altstadt in Mitleidenschaft gezogen, so Johanniskirche, Franziskanerkloster (Museum), Schloß, Schloß Kitzerstein, Saaltor, Rathaus, Höhnsches Haus.

L. Grobe: Wagners Chronik der Stadt Saalfeld, nach des Begründers Tod fortgesetzt, Saalfeld 1867. Inventar/Saalfeld, S. 47 ff. Dehio/Mitteldeutschl., S. 325 f. E. H. Krauß: Die städtebauliche Entwicklung der Stadt Saalfeld an der Saale, Diss. der TH. Braunschweig 1933, Zeulenroda 1934. Hdb. Hist. Stätten 9, S. 369 f. Thüringer Wald, S. 479 f.

Schleiz (Kreis Schleiz)

1232 erste urkundliche Nennung von Schleiz. Unter den Herren von Lobdeburg wurde die slawische Siedlung um die sogenannte Neustadt erweitert und Ende des 13. Jh. mit Stadtrecht ausgestattet. Alt- und Neustadt blieben bis zu ihrem Zusammenschluß 1482 selbständige politische Gemeinwesen (1359 Stadtmauer für die Neustadt belegt). Vom frühen 18. bis zum 19. Jh. entstand die sogenannte Heinrichstadt. Anfang des 14. Jh. gelangte Schleiz in den Besitz der Vögte von Gera, nach verschiedenen Wechseln 1616 an das Haus Reuß jüngere Linie. Zwischen 1666 und 1848 war Reuß-Schleiz eine selbständige Herrschaft, danach gehörte es mit Gera, Lobenstein und Ebersdorf zum Fürstentum Reuß jüngere Linie. Die Bergkirche war Urpfarrei. Das Schloß wird 1367 als »Haus zu Schleiz« bezeichnet.

Ein Bombenangriff am 8. April 1945 zerstörte vor allem das Schloß, doch wurden auch Teile der Stadt schwer betroffen, wobei außer den aufgeführten Bauwerken noch das durch Goethes Aufenthalt bekannte »Hotel Sonne« vernichtet worden ist. Die Bergkirche erlitt am 15. April 1945 durch Beschuß Beschädigungen.

Inventar/Schleiz-Lobenstein-Hirschberg, S. 43 B. Schmidt: Geschichte der Stadt Schleiz, 3 Bde., Schleiz 1908, 1909, 1916. Die Stadt Schleiz, eine kurze Monographie, Festschrift 700 Jahre Stadt Schleiz, hrsg. von R. Hänsel, Schleiz 1932. Hdb. Hist. Stätten 9, S. 380 f.

Oben links: Saalfeld, Blick vom rechten Saaleufer über die Saalebrücke mit Saaltor
Oben rechts: Saalfeld, Blick durch Oberes Tor auf Obere Straße mit Johanniskirche
Mitte: Schleiz, Gesamtansicht von Nordwesten
Unten: Schleiz, Neumarkt mit »Bürgererholung« und Alter Münze sowie Blick zum Schloß

Stadtkirche St. Georg Als Gründung des Deutschen Ordens 1341 erstmals genannt. Durch die Brände von 1417, 1689 und teilweise auch 1837 schwer betroffen, aber immer wieder aufgebaut. Der zweijochige, in fünf Seiten des Achtecks geschlossene Chor mit seinem Sterngewölbe und der Westturm zeigen schlichte gotische Bauformen, desgleichen das 1587 errichtete dreischiffige Langhaus, im Inneren jedoch als Emporenkirche mit weiter Arkadenstellung. Kreuzgratgewölbe über Schiffs- und Wandpfeilern (Wappenschlußstein 1694). Mehrere Erneuerungen, u. a. 1689–1694, 1822 auch am Turmoberbau. Von den Ausstattungsstücken besonders hervorhebenswert der kunstgeschichtlich bedeutende Altaraufbau mit dem Abendmahl von J. S. Nahl 1721 bis 1723, zuletzt restauriert 1936–1938.
Am 8. April 1945 schwere Zerstörung durch Bomben, u. a. vernichtet das Schiffs- und Emporengewölbe sowie die Ausstattung (Kanzel von 1822) und das Altarwerk. Bis 1952 Wiederaufbau in alter Form und farbige Neufassung im wesentlichen abgeschlossen. Restaurierung des Altarwerks durch K. Thümmler 1954–1959.

Inventar/Schleiz–Lobenstein–Hirschberg, S. 45 ff. J. Alberti: Zur Geschichte der Stadtkirche in Schleiz, in: Festschrift des gesch. und altertumsforschenden Vereins zu Schleiz . . ., Schleiz 1902, S. 117 f. G. Voß: Ein Meisterwerk des Barockstils in Schleiz, in: Thüringer

Kalender 1905. H. Meyer: Der Bau der Stadtkirche St. Georgen in Schleiz 1690–94, Schleiz 1912. A. F. Völkel: Zwei Kirchen des Deutschen Ritterordens im westlichen Vogtlande, St. Marien und St. Georgen in Schleiz, Schleiz o. J. Degen 1949, S. 26 f.

Schloß Die mittelalterliche Burganlage um 1500 von Heinrich dem Mittleren von Reuß durch einen zweiflügeligen Schloßneubau ersetzt. 1689 Zerstörung durch Brand, Abtragung des Hausmannsturmes (Bergfried). Wiederaufbau, 1753 bis 1755 Bau des dritten Schloßflügels und der beiden Rundtürme. Damit entstand die regelmäßige hufeisenförmige, nach der Stadtseite geöffnete Schloßanlage von drei bis vier Geschossen. Nach dem Brand von 1837 im Jahre 1840 architektonisch einheitlich zusammengefaßt: durchweg vier Geschosse mit abgewalmten Satteldächern, fensterreiche Fassaden ohne besondere Gliederung, Spitzkegelhelme der Türme. Von der barocken Gliederung geringe Reste einbezogen: Barockportal, Balkon mit Gitterwerk von 1755. Umfangreiche Wirtschaftsgebäude.
Am 8. April 1945 durch Bombenangriff nahezu völlig zerstört und ausgebrannt. Bestände des Fürstlichen Reußischen Hausarchivs, der Bibliothek und das Heimatmuseum bis auf geringe Reste vernichtet, u. a. auch die nach hier ausgelagerten Gobelins von Schloß Osterstein in Gera. Schloßruine bis auf die beiden ausgebrannten Rundtürme abgetragen, desgleichen der Marstall.

Inventar/Schleiz–Lobenstein–Hirschberg, S. 81 ff.

Schleiz
Links: Stadtkirche St. Georg, Äußeres von Süden, Inneres nach Nordwesten und Blick zum Chor
Mitte: Stadtkirche St. Georg, Inneres nach Westen, nach der Zerstörung
Rechts: Schloß, vor und nach der Zerstörung

Im April 1945 der Chorraum zerstört und das Dach des Kirchenschiffs beschädigt. Nach 1951 Wiederaufbau des Chores und Neugestaltung des Inneren.

Inventar/Saalfeld, S. 164 ff. Dehio/Mitteldeutschl. S. 361

Leichtere Kriegsschäden an Baudenkmalen im Bezirk Gera:

Bibra (Kreis Jena): Kirche
Dornburg (Kreis Jena): Rokokoschloß
Freienorla (Kreis Jena): Kirche
Greiz (Kreis Greiz): Oberschloß, Unterschloß, Sommerpalais
Kahla (Kreis Jena): Friedhofskirche
Langenschade (Kreis Saalfeld): Kirche
Lausnitz bei Neustadt (Kreis Pößneck): Schloß
Lemnitz (Kreis Pößneck): Schloß
Leutra (Kreis Jena): Kirche
Lunzig (Kreis Greiz): Herrenhaus
Münchenbernsdorf (Kreis Gera): Kirche
Neckeroda (Kreis Rudolstadt): Kirche
Neustadt/Orla (Kreis Pößneck): Spitalkirche, Amtsgericht
Pößneck (Kreis Pößneck): Glockenturm, Gerberstraße
Rudolstadt (Kreis Rudolstadt): Stadtkirche, Bauernhausmuseum an der Saale
Rudolstadt, Ortsteil Cumbach: Dorfkirche, Orangerie
Seitenroda (Kreis Jena): Leuchtenburg
Thierbach (Kreis Schleiz): Kirche
Weida (Kreis Gera): Osterburg
Weira (Kreis Pößneck): Krobitzkapelle

Oben: Schleiz, Alte Münze
Unten: Treppendorf, Kirche, nach dem Wiederaufbau

Alte Münze (Neumarkt). 1678–1681 reußische Münzstätte. Mehrfach umgestalteter schlichter Renaissancebau von zwei Geschossen mit zwei Treppentürmen an den Giebelseiten. Satteldach, die Türme mit Schweifkuppeln des 18. Jh.
Am 8. April 1945 erhebliche Zerstörung der rückwärtigen Teile durch Bombeneinwirkung. Bereits 1946 wiederhergestellt.

Inventar/Schleiz–Lobenstein–Hirschberg, S. 81

»Die Bürgererholung« (Ausgang der Brunnenstraße zum Neumarkt). Stattlicher zweieinhalbgeschossiger Bau des späten 18. Jh. Die zwölfachsige Fassade mit sechsachsigem, von Dreieckgiebel abgeschlossenem Mittelrisalit.

Treppendorf (Kreis Rudolstadt)

St.-Mariakirche Rechteckiger Chorbau mit eingezogenem Westturm noch aus dem 13. Jh., Langhaus um 1500. Das Äußere mit seinen früh- und spätgotischen Fenstern und auch das Innere durch häufige Umbauten, so 1756 (u. a. Holztonne, Emporen) und 1830 (Fenster) verändert. Satteldächer. Im Inneren bemerkenswerte Ausstattung, z. T. infolge ihrer Stellung als berühmte Wallfahrtskirche: Sakramentshaus, Altarwerk um 1480, Saalfelder Schule.

Bezirk Suhl

Bachfeld (Kreis Sonneberg)

Kirche Gotische Saalkirche mit gewölbtem Chorturm, im Norden älterer Sakristeianbau. Mehrmals erneuert, zuletzt umfassend 1845, dabei Erhöhung der Kirche. Turm mit flacher barocker Haube. Äußeres ohne besondere Architekturformen. Im Inneren Doppelempore und Flachdecke. Kanzel 17. Jh., Taufstein vom Ende des 16. Jh.
Durch Kriegseinwirkung zerstört. Reste abgetragen. Neubau an anderer Stelle.

Inventar/Sachsen-Meiningen III, H. 27, S. 51 f.

Bad Salzungen (Kreis Bad Salzungen)

Husenkirche St. Georg (im ehemaligen Dorf Husen). Älteste Kirchengründung der Salzunger Mark durch das Kloster Hersfeld um 775. Teile des ersten steinernen Kirchenbaus von 1161 (Chorturmkirche mit Apside) sind noch in der spätgotischen Überbauung aus der Zeit um 1500 erhalten. Schlichte Saalkirche mit Strebepfeilern. Der höhere rechteckige Chor mit großem Spitzbogenfenster und Fischblasenmaßwerk. Kielbogenfenster und -portale am Saalbau. Satteldächer, das des Chores abgewalmt. Im Inneren flachbogiger Chorbogen, Flachdecke, Chor- und Westempore; Sakramentsnische (um 1600), Kanzel und Grabsteine.
Am 31. März 1945 durch mittelbare Explosionseinwirkung der Dachstuhl zerstört. Beräumt, als Ruine erhalten.

L. Bechstein: Die beiden Gottesackerkirchen Husen und St. Wendel bei Salzungen, in: Thüringer Merkwürdigkeiten 3, 1829, S. 90 ff. Inventar/Sachsen-Meiningen I, H. 35, S. 19 ff. Dehio/Mitteldeutschl., S. 328. Hdb. Hist. Stätten 9, S. 36 ff. Thüringer Wald, S. 215 ff.

Eisfeld (Kreis Hildburghausen)

Stadtkirche (Dreifaltigkeitskirche). Spätgotische dreischiffige Hallenkirche, in Fortsetzung des Mittelschiffes dreijochiger, polygonal geschlossener Chor, an seiner Nordseite Turm. Satteldächer. Baubeginn des Turmes 1488, des Chores 1505. Werksteinbau: Strebepfeiler, Fenster mit profilierten Gewänden und Maßwerk, künstlerisch reich ausgebildete Portale an der Süd-, West- und Nordseite. Im Inneren der Chor mit Netzgewölbe, die Halle nach den Bränden 1601 und 1632 wiederhergestellt, 1651 Einbau der Kassettendecke und Doppelemporen. Weitere Erneuerungen 1684 und 1889.
1945 durch Beschuß Schäden am Westgiebel und Kirchendach sowie am Turm, durch Luftmineneinwirkung Zerstörungen im Chor und in der Sakristei. Wiederherstellung des Westgiebels und des Kirchendaches. 1951 oberes Turmgeschoß abgetragen und neu aufgeführt, dabei Wiederherstellung des steinernen Umganges. Anschließend Restaurierung des Inneren bei Beseitigung der zweiten Empore. 1960–1963 Ausmalung nach Freilegung der originalen Farbfassung an Arkaden, Stützen und Fenstereinfassungen sowie im Chor.

Inventar/Sachsen-Meiningen II, H. 30, S. 123 ff. Dehio/Mitteldeutschl., S. 88. E. Dahinten: Geschichte der Heimat, Stadt und Amt Eisfeld, 4 Tl., Eisfeld 1932, 1934, 1936. Kirchen der Heimat, S. 18 ff. Hdb. Hist. Stätten 9, S. 98 f.

Oben: Bad Salzungen, Husenkirche St. Georg von Südosten, vor und nach der Zerstörung
Unten links: Bachfeld, Kirche von Nordwesten
Unten rechts: Eisfeld, Stadtkirche von Süden, nach der Wiederherstellung

Hildburghausen (Kreis Hildburghausen)

Auf einem Plateau zwischen zwei Quertälern am rechten Ufer der Werra angelegt, zählt Hildburghausen zu den jüngeren Stadtgründungen im südlichen Thüringen, die im Zuge des Landausbaus entstanden. Der Ort selbst reicht noch in die Zeit der fränkischen Staatskolonisation des Grabfeldes zurück. 1234 wird »Hilteburgehusin« urkundlich erstmals erwähnt. Die Entwicklung zur Stadt vollzog sich mit Beginn des 14. Jh. und wurde abgeschlossen mit der Verleihung der Stadtrechte und dem Recht der Ummauerung (1324). Das die gesamte Hochfläche einnehmende Stadtgebiet erstreckte sich in Ost-West-Richtung vom heutigen Goetheplatz bis zum Puschkinplatz und bestand im wesentlichen aus der unteren und oberen Marktstraße (jetzt Karl-Marx-Straße) sowie den beiden Parallelstraßen, von untergeordneter Bedeutung waren die Querverbindungsstraßen. Das Rastersystem der Stadt läßt den Schluß zu, daß die alte Siedlung außerhalb dieses Bereichs in der östlichen Talsenke lag. Die ehemalige Burg wurde 1288 der Stadt überlassen, die sie 1395 zum Rathaus umbaute. Mehrfach wechselten Hildburghausen und sein Umland den Besitzer, bis die Stadt schließlich 1680 Sitz eines selbständigen Herzogtums (bis 1826, danach zu Sachsen-Meiningen) wurde. Mit der Errichtung des Herzogtums entwickelte sich die Stadt der Handwerker und Ackerbürger zur Residenz. Im Norden der Stadt, parallel zur Schleusinger Straße, entstand nach 1711 die Neustadt als geschlossene Hugenottensiedlung nach einheitlichen städtebaulichen Grundsätzen (1774 Weihe der Neustädter Pfarrkirche). Neben dem ortsansässigen Tuchmachergewerbe entwickelte sich die von den Hugenotten eingeführte Woll- und Strumpfwirkerei. Für den Aufschwung des Bauwesens im 18. Jh. zeugen neben Neustadt und Schloß: Regierungsgebäude (jetzt Rat des Kreises) um 1760, Stadtkirche 1781, Theater 1750 sowie zahlreiche Bürgerbauten, vornehmlich im Bereich der Hauptstraße und am Markt, 1780. Mit der Entwicklung der Industrie im 19. Jh. breitete sich die Stadt weiter aus.

Am 7. April 1945 wurden durch Artilleriebeschuß zahlreiche Gebäude betroffen, so die Apostelkirche, die Christuskirche, das Rathaus und das Amtshaus am Markt. Besonders schwere Schäden erlitt das Schloß.

Hildburghausen
Oben links: Rathaus, nach der Wiederherstellung
Oben rechts: Stadtkirche
Unten: Schloß

R. A. Human: Chronik der Stadt Hildburghausen, Hildburghausen 1886. Hildburghausen 1324–1924, Festschrift zur 600-Jahrfeier der Stadt, Hildburghausen 1924. Das Rathaus in Hildburghausen, in: Thüringer Land 4, 1927, S. 490 f. M. Fischer: Die Christuskirche in Hildburghausen 1785–1935, Hildburghausen 1935. Thüringische Rathäuser und ihre Geschichte, in: Unsere Heimat 3, 1936. Kirchen der Heimat, S. 7 ff. Hdb. Hist. Stätten 9, S. 198 ff. Thüringer Wald, S. 359 ff.

Schloß Als hufeisenförmige, dreigeschossige Schloßanlage mit Ehrenhof anstelle eines Amtshauses erbaut 1685–1695 unter Herzog Ernst I. durch E. Gedeler, der neunachsige Westflügel mit Hofmarschallamt und Marstall sowie die Schloßkapelle erst 1705–1707 errichtet. Seit 1867 Kaserne. Verputzter Massivbau mit einfachen Steingewänden, Rustikagliederung an den Ecken und abgewalmtem Satteldach. Besonders gegliedert die Hofseite des Mittelflügels: beide Portalachsen von mächtigen dorischen Pilastern flankiert, die über Triglyphen und Gebälk jeweils einen Dreieckgiebel mit figürlicher Plastik tragen; das westliche Portal mit dorischen Pilastern und Triglyphengebälk, das östliche mit dorischen Rustikasäulen vor Pilastern, Triglyphengebälk, gebrochenem Giebel mit Wappen und Figuren. Die Gartenseite mit ihren 22 Achsen ist asymmetrisch ausgebildet. Die drei Portalachsen (entsprechend dem östlichen Hofportal) durch doppelte Pilaster gerahmt, aber ohne Giebel. Im Inneren zahlreiche bedeutende plastisch-dekorativ stuckierte, teilweise auch mit Malereien ausgeschmückte Räume, so das Treppenhaus, von B. und C. D. Lucchese und jüngeren Künstlern. Am 7. April 1945 Brandschäden durch Beschuß. Erhaltene Reste bis 1950 beseitigt. 1969 in den Schloßkellern eine Gaststätte eingerichtet.

Inventar/Sachsen-Meiningen II, H. 29, S. 55 ff. Dehio/Mitteldeutschl., S. 168. H. Baier-Schröcke: Der Stuckdekor in Thüringen vom 16. bis zum 18. Jh. (Schriften zur Kunstgeschichte H. 10), Berlin 1968, S. 33 ff.

Meiningen (Kreis Meiningen)

Am rechten Ufer der Werra an einer günstigen Furt angelegt, bildete Meiningen die nordwestliche Begrenzung des Grabfeldes, das durch die fränkische Staatskolonisation spätestens seit dem 8. Jh. erschlossen wurde. 1008 gelangte Meiningen an Würzburg, das auf Jahrhunderte das Schicksal des Gemeinwesens bestimmte. Die älteste Siedlung im südöstlichen Bereich der heutigen Altstadt, der jetzt noch durch eine unregelmäßige Straßenführung gekennzeichnet ist. Im ausgehenden 12. und frühen 13. Jh. entstand die regelmäßig gegliederte, von einer Stadtmauer umgebene Stadt. Der ehemalige Königsgutsbezirk befand sich außerhalb der Ummauerung (Südostteil des heutigen Goetheparkes), desgleichen die Burg der Würzburger (Schloß Elisabethenburg). 1542 ging die Herrschaft auf

Oben: Hildburghausen, Schloß, Treppenhaus und Stuckdecke
Unten links: Hildburghausen, Schloß, Fassadendetail mit Portal
Unten rechts: Meiningen, Luftaufnahme des Marktplatzes von Südwesten

die Henneberger über, die 1544 die Reformation durchführten. Meiningen wurde Sitz einer Hennebergischen Landesregierung mit Statthalter und Kanzler. Durch den Erbverbrüderungsvertrag gelangte Meiningen 1583 an das Haus Wettin, 1660 fiel die Stadt an Sachsen-Altenburg, 1672 an Gotha, von 1680–1918 selbständiges Herzogtum. In dieser Zeit wurde Meiningen durch den Baumeister A. Rudolphi stark befestigt, u. a. durch eine doppelte Ringmauer. 1682–1692 Erbauung des Schlosses Elisabethenburg. Relativer Wohlstand im 18. Jh. führte zur Förderung von Kultur und Bildung. Nach der Entfestigung 1782 weitete sich die Stadt aus. Das architektonische Gesicht der Altstadt wandelte sich weitgehend nach dem Stadtbrand von 1874.
Am 23. Februar 1945 entstanden durch Bombenangriff größere Schäden im Altstadtbereich, wobei besonders die nach dem Stadtbrand von 1874 entstandenen Bauten betroffen worden sind, ferner wurden in Mitleidenschaft gezogen: Stadtkirche, Stadtmauerturm sowie am Markt das Rathaus, Kronenapotheke und Landgericht.

L. Bechstein: Chronik der Stadt Meiningen von 1676 bis 1834, 2 Bde., Meiningen 1834, 1835. Dehio/Mitteldeutschl., S. 238 f. E. Fritze: Die Stadtkirche in Meiningen, Meiningen 1924. H. Pusch: Meiningen – Aufsätze zur Stadtgeschichte, Meiningen 1937. A. Schaubach: Das alte und das neue Meiningen, in: Jahrbuch des hennebergisch-fränkischen Geschichts-Vereins 1940, S. 69 ff. W. Schwalm: Die Stadtkirche zu Meiningen und ihre Geschichte, Berlin 1956. Hdb. Hist. Stätten 9, S. 269 ff. Thüringer Wald, S. 406 ff.

Gruftkapelle im Englischen Garten (Goethepark). Anlage des Gartens 1782 mit künstlichen Ruinen (1793/94) von Bauinspektor J. A. Schaubach, einer Fischerhütte, der Meierei (1895 abgebrochen), dem »Tempel der Harmonie« (1887 abgebrochen) und zahlreichen Einzeldenkmälern. Im Bereich des alten Gottesackers (benutzt bis 1841) mit der ehemaligen St. Martinskirche (1827 abgebrochen) entstand 1839 die von A. W. Doebner errichtete Fürstenkapelle des Herzogshauses. Der dreijochige, polygonal geschlossene neogotische Kapellenbau mit dekorativer Giebelausbildung (großes Portal, Fialen und Giebelreiter). Gliederung der Längswände durch Strebepfeiler und Maßwerkfenster.
Am 23. Februar 1945 durch Bombenangriff beschädigt. Bisher Teilinstandsetzung, die Wiederherstellungsarbeiten noch nicht abgeschlossen.

Inventar/Sachsen-Meiningen I, H. 34, S. 237 ff. H. Pusch: Die Martinskirche und der Alte Friedhof in Meiningen, in: Meiningen – Aufsätze zur Stadtgeschichte, Meiningen 1937, S. 97 ff. A. Preuß: Der Goethe-Park in Meiningen, in: Meininger Kulturspiegel 1957, S. 297 ff.

Schmalkalden (Kreis Schmalkalden)

Seine Entstehung schon zu fränkischer Zeit verdankte Schmalkalden der verkehrsgünstigen Lage an der Straße von Franken nach Thüringen am Zusammenfluß von Schmalkalde und Stille, offenbar aber auch den Eisenerzvorkommen. In einer Urkunde von 874 wird von »villa Smalacalta« gesprochen. Die älteste Siedlung ist westlich der Hofstadt im Bereich von Markt und Haindorfgasse anzusetzen. Ob zu dieser Zeit schon am Ausläufer der Queste eine Burg bestand, wofür die lokale Bezeichnung »Pfalz« spricht, ist ungewiß. Vor 1057 gelangte Schmalkalden unter die Bischöfe von Würzburg (kirchlich bis zur Einführung der Reformation), jedoch schon Ende des Jh. bemächtigten sich die Ludowinger dieses Gebietes und dehnten ihre Hausmacht südlich des Thüringer Waldes aus. Nach der Zerstörung Schmalkaldens im Kampf zwischen Kaiser und Territorialfürsten 1078 erfolgte seit der zweiten Hälfte des 12. Jh. der Wiederaufbau mit dem neuen Zentrum um die heutige Georgenkirche. Gegen Ende des 12. Jh. entstand die erste Stadtbefestigung, die das neue Zentrum mit Hofstadt und Burg umschloß. Nach erneuter Verwüstung 1203 weiterer Ausbau der Stadt mit Neumarkt, dem Sitz des thüringischen Landvogts (Hessenhof), der offenbar als Eigenbefestigung (Wasserburg) angelegt war. Einen weiteren Aufschwung nahm die Stadt unter den Hennebergern 1247–1583, die seit 1360 gemeinsam mit den Landgrafen von Hessen Besitzrechte ausübten. So entstanden die Eigenhöfe der Henneberger im Pfaffendorf sowie auch westlich der Burg, anstelle des heutigen Marstalls. 1315 die jetzt noch sichtbare Stadtmauer unter Einbeziehung aller Erweiterungen erbaut, 1320 Gründung eines Stiftes westlich der Burg. Handwerk und Gewerbefleiß (Eisenverhüttung und -verarbeitung) brachten der Stadt im 15. und 16. Jh. Blüte und Wohlstand, der sich auch architektonisch niederschlug: u.a. wurde der äußere Mauerring errichtet, die Stadtkirche durch einen gotischen Neubau ersetzt, es entstanden zahlreiche Herrenhäuser, die sogenannten Kemenaten mit den typischen Treppengiebeln, sowie zahlreiche Bürgerhäuser, 1585–1590 Schloß Wilhelmsburg und in dessen Folge die Kanzlei, die »Pfalz« und der Marstall. Politisch trat Schmalkalden durch die Gründung des Schmalkaldener Bundes in Erscheinung. 1866 gelangte die Stadt als Bestandteil des Regierungsbezirkes Kassel an Preußen und wurde Verwaltungszentrum der gleichnamigen Herrschaft Schmalkalden. Die industrielle Entwicklung ging mit der weiteren Ausbreitung der Stadt entlang der Flußtäler einher.
Am 16. Februar 1945 wurde der Denkmalbestand der Altstadt durch Bombenabwürfe empfindlich betroffen. Besonders in Mitleidenschaft gezogen wurden die Gebäude in der Haindorfgasse, vorwiegend zwei- und dreigeschossige, meist verputzte Fachwerkhäuser des 16.–18. Jh. sowie Teile der Marktplatzbebauung.

Inventar/Schmalkalden. Dehio/Mitteldeutschl., S. 332 ff. H. Lohse: Schmalkalden, schöne alte Stadt am Thüringer Wald, Schmalkalden 1957. Hdb. Hist. Stätten 9, S. 387 ff. Beiträge zur Geschichte Schmalkaldens, hrsg. vom Museum Schloß Wilhelmsburg Schmalkalden, Schmalkalden 1974. Thüringer Wald, S. 499 ff.

Oben und Mitte: Meiningen, Gruftkapelle im Englischen Garten von Südosten und Westen
Unten: Schmalkalden, Haindorfgasse, nach der Zerstörung

Postamt (Marktplatz). Zweigeschossiger Bau des ausgehenden 19. Jh. auf winkelförmigem Grundriß mit Turm im Knickpunkt. Vorzügliche Naturstein-Fassadengestaltung mit Gewänden, Giebeln, eingestellten Säulchen und gotisierendem, plastisch-dekorativem Beiwerk.
Am 16. Februar 1945 zugleich mit dem westlichen Nachbargebäude, einem schlichten dreigeschossigen Wohn- und Geschäftshaus, zerstört. Ruinen später beseitigt und durch Neubauten ersetzt.

Lutherplatz 5 Dreigeschossiger Fachwerkbau des 17. Jh. in fränkischer Art. Das achtachsige Gebäude mit weit vorkragenden Obergeschossen und »Wilder Mann«- und Leitermotiv.
Am 16. Februar 1945 zerstört. Reste beseitigt.

W. Möller: Sächsischer Fachwerkbau an Bürgerhäusern der Stadt Schmalkalden, in: Heimatkalender für den Kreis Herrschaft Schmalkalden 8, 1921, S. 41 f. H. Lohse: Schmalkalder Bürgerhäuser, in: Heimatkalender für den Kreis Herrschaft Schmalkalden 19, 1932, S. 50 f.

Themar (Kreis Hildburghausen)

Stadtmauerturm (gegenüber dem ehemaligen Hotel Thüringer Hof). Die Stadtbefestigung mit sieben Türmen 1457 anstelle einer hölzernen Befestigung errichtet.
1945 Turm im Oberteil zerstört. Die übrigen Teile der Stadtbefestigung weitgehend erhalten.

Inventar/Sachsen-Meiningen II, H. 30, S. 242 ff.

Ummerstadt (Kreis Hildburghausen)

Andreaskirche auch Berg- oder Friedhofskirche. Romanische Saalkirche mit östlichem Chorturm von etwa 1200 inmitten einer befestigten Friedhofsanlage des 17. Jh. Ursprünglich Stadtkirche von Ummerstadt und eine der ältesten Kirchengründungen in diesem Gebiet. Quaderbau, Satteldach. Der 40 m hohe Turm mit achteckigem Spitzhelm und vier Ecktürmchen. Trotz mehrerer Erneuerungen und Umbauten 1586, 1620, 1633, 1835, 1850 und 1935, die sich vor allem auf Fenstererweiterungen, den Innenausbau und die Ausmalung erstreckten, blieben der romanische Chorbogen und das Südportal erhalten.
Im April 1945 durch Artilleriebeschuß in Brand geraten und bis auf die Umfassungsmauern zerstört. 1950–1960 Wiederaufbau. Sicherung des Mauerwerks, Aufbringen des Satteldaches und des Zeltdaches über dem Turm. Einzug einer Flachdecke. Neuverputz und Ausmalung, neuer Fußboden, Neuausstattung.

Inventar/Sachsen-Meiningen II, H. 31, S. 355 f. Kirchen der Heimat, S. 59 f.

Leichtere Kriegsschäden an Baudenkmalen im Bezirk Suhl:

Adelhausen (Kreis Hildburghausen): Kirche
Aschenhausen (Kreis Meiningen): Kirche
Brünn (Kreis Hildburghausen): Kirche
Ebenhards (Kreis Hildburghausen): Kirche
Eishausen (Kreis Hildburghausen): Kirche
Elgersburg (Kreis Ilmenau): Schloß
Friedelshausen (Kreis Meiningen): Kirche
Geraberg (Kreis Ilmenau): Kirche
Gleichamberg (Kreis Hildburghausen): Kirche
Käßlitz (Kreis Hildburghausen): Kirche
Kaltensundheim (Kreis Meiningen): Kirche
Kieselbach (Kreis Bad Salzungen): Krayenburg
Neuhaus am Rennweg (Kreis Neuhaus am Rennweg): Kirche; das Stadtzentrum mit seiner schlichten Bebauung weitgehend zerstört
Nordheim (Kreis Meiningen): Kirche, Torhaus
Suhl (Kreis Suhl-Stadt): Hauptkirche St. Marien, Kreuzkirche, Malzhaus
Schleusingen (Kreis Suhl): Bertholdsburg

Oben: Schmalkalden, Postamt
Mitte: Schmalkalden, Lutherplatz
Unten: Ummerstadt, Andreaskirche von Westen, Ruine und nach dem Wiederaufbau.

Verzeichnis der abgekürzt zitierten Literatur

Bezirk Halle

Boettger G. Boettger: Zur Baugeschichte von Dessau. In: Geschichte der Stadt Dessau. Eine Festgabe zur Einweihung des neuerbauten Rathauses. Dessau 1901, S. 475–542

Brückner 1967 F. Brückner: Die Geschichte der ehemaligen Sandvorstadt des 16. Jahrhunderts. In: Dessauer Kalender 11, 1967, S. 33–73

Brückner 1972 F. Brückner: Städtebauliche Rekonstruktion vor 200 Jahren – die Anlegung der Franzstraße. In: Dessauer Kalender 16, 1972, S. 54–69

Brückner F. Brückner: Häuserbuch der Stadt Dessau. Hrsg. vom Rat der Stadt Dessau, Stadtarchiv. Dessau 1975 ff.

Büttner Pfänner zu Thal Büttner Pfänner zu Thal: Anhalts Bau- und Kunst-Denkmäler. Dessau 1894

Dehio/Bezirk Halle G. Dehio: Handbuch der deutschen Kunstdenkmäler. Der Bezirk Halle. Berlin 1976

Dehio/Mitteldeutschl. G. Dehio: Handbuch der deutschen Kunstdenkmäler. Band I Mitteldeutschland. 3. Aufl. Berlin 1924

Dehio/Nordwestdeutschland G. Dehio: Handbuch der deutschen Kunstdenkmäler. Band V Nordwestdeutschland. 3. Aufl. Berlin 1944

Denkmale der Geschichte und Kultur Denkmale der Geschichte und Kultur. Ihre Erhaltung und Pflege in der Deutschen Demokratischen Republik. Hrsg. vom Institut für Denkmalpflege. Berlin 1969

Dessau 1914 Dessau. Hrsg. von Ebeling und E. Stein. Oldenburg i. Gr. 1914 (Monographien deutscher Städte 9)

Dessau vor der Zerstörung Erinnern Sie sich noch wie Dessau vor der Zerstörung aussah? In: Dessauer Kalender 1, 1957, S. 37–46

Domstadt Merseburg Die alte Domstadt Merseburg. Vergangenheit und Gegenwart in Wort und Bild. o. O. 1954

Ehrlich K. Ehrlich: Die Dessauer Schloßbauten bis zum Ausgang des 16. Jahrhunderts. Berlin 1914 (Bauwissenschaftliche Beiträge 2)

Festschrift Festschrift zur Jahrtausendfeier der Stadt Merseburg 21. bis 27. Juni 1933. Hrsg. vom Magistrat der Stadt Merseburg. Merseburg 1933

Führer 1928 Führer durch Dessau. Hrsg. im Auftrage der Stadt. Dessau 1928

Grimm P. Grimm: Die vor- und frühgeschichtlichen Burgwälle der Bezirke Halle und Magdeburg. Berlin 1958 (Deutsche Akademie der Wissenschaften zu Berlin. Schriften der Sektion für Vor- und Frühgeschichte 6)

Grote L. Grote (Aufnahmen Staatliche Bildstelle): Das Land Anhalt. Berlin 1929 (Deutsche Lande – Deutsche Kunst)

Händler 1939 G. Händler: Erdmannnsdorff Dessaus Baumeister. In: Der goldene Reiter 2, 1939, Heft 7/8, S. 296 f.

Händler 1941 G. Händler: Carlo Ignazio Pozzi. Ein Dessauer Künstler und Baumeister und sein Werk. In: Der goldene Reiter 4, 1941, Heft 4, S. 256–258

Halle Halle an der Saale. Hrsg. vom Magistrat. Berlin-Halensee 1923 (Deutschlands Städtebau)

Hdb. Hist. Stätten Handbuch der historischen Stätten Deutschlands. Band 11 Provinz Sachsen Anhalt. Hrsg. von B. Schwineköper. Stuttgart 1975 (Kröners Taschenausgabe 314)

Harksen 1970 H. Harksen: Die Luftangriffe auf die Stadt Dessau 1940–45. In: Dessauer Kalender 14, 1970, S. 9–33

Harksen 1972 H. Harksen: Der Wiederaufbau von Dessau ab 1945, Teil I: 1945 bis 1956. In: Dessauer Kalender 16, 1972, S. 3–43

Die Haupt- und Residenzstadt Dessau E. Ebeling u. a.: Die Haupt- und Residenzstadt Dessau. 2. Aufl. Dessau 1911

Heese B. Heese: Führer durch Dessau. Dessau 1936

Heilmann Heilmann: Aufbauplanung für Kulturstätten der Stadt Halle. In: Der Bauhelfer 1, 1946, Nr. 10, S. 4–7

Heimatbuch Merseburg 1 Das Heimatbuch für den Kreis Merseburg 1. (Merseburg 1968) (Merseburger Land, Sonderheft)

Heimatbuch Merseburg 2 Das Heimatbuch für den Kreis Merseburg 2. (Merseburg 1969) (Merseburger Land, Sonderheft)

Inventar Die Kunstdenkmale des Landes Anhalt
– 1 Die Stadt *Dessau.* Bearb. von M.-L. Harksen. Burg b. M. 1937
– 2 Landkreis Dessau-Köthen, 1. Teil: Die Stadt *Köthen* und der Landkreis außer Wörlitz. Bearb. von E. Haetge und M.-L. Harksen. Burg b. M. 1943

Inventar Beschreibende Darstellung der älteren Bau- und Kunstdenkmäler der Provinz Sachsen und angrenzender Gebiete
– N. F. 1 Stadt *Halle* und der *Saalkreis.* Bearb. von G. Schönermark. Halle a. d. S. 1886
– Heft 8 Kreis *Merseburg.* Bearb. von J. Burkhardt und O. Küstermann. Halle a. d. S. 1883
– Heft 27 Kreis *Querfurt.* Bearb. von H. Bergner. Halle a. d. S. 1909
– Heft 5 Kreis *Sangerhausen.* Bearb. von J. Schmidt. Halle a. d. S. 1882
– Heft 3 Kreis *Weißenfels.* Bearb. von G. Sommer. Halle a. d. S. 1880
– Heft 1 Kreis *Zeitz.* Bearb. von G. Sommer. Halle a. d. S. 1882

Van Kempen/Dessau W. van Kempen: Dessau und Wörlitz. Leipzig 1925 (Stätten der Kultur 35)

Van Kempen 1961 W. van Kempen: Schlösser und Herrensitze in der Provinz Sachsen und in Anhalt. Frankfurt/M. 1961

Keyser Deutsches Städtebuch. Handbuch städtischer Geschichte. Band 2 Mitteldeutschland. Hrsg. von E. Keyser. Berlin–Stuttgart 1941

Kunstdenkmäler A. Dohmann: Deutsche Kunstdenkmäler. Ein Bildhandbuch, Bezirke Halle, Magdeburg. Leipzig 1968

Kunst- und Kulturdenkmäler H.-J. Mrusek u. a.: Von der ottonischen Stiftskirche zum Bauhaus. Halle/Saale 1967 (Kunst- und Kulturdenkmäler im Bezirk Halle)

Kunstführer G. Piltz: Kunstführer durch die DDR. 3. Aufl. Leipzig, Jena, Berlin 1972

Möbius F. und H. Möbius: Sakrale Baukunst, mittelalterliche Kirchen in der Deutschen Demokratischen Republik. Berlin 1963

Mrusek 1960 H.-J. Mrusek: Zur Denkmalpflege in der Deutschen Demokratischen Republik. In: Wissenschaftliche Zeitschrift der Martin-Luther-Universität Halle-Wittenberg, Ges.- und sprachwiss. R. 9, 1960, S. 59–121

Mrusek 1962 H.-J. Mrusek: Merseburg. Leipzig 1962

Mrusek 1964 H.-J. Mrusek: Halle/Saale. 2. Aufl. Leipzig 1964

Paul W. Paul: Architektur und baugebundene Kunst. Dessau 1976 (Zwischen Wörlitz und Mosigkau 17)

Piechocki 1955 W. Piechocki: Ein Streifzug durch die Stadtgeschichte. In: Halle – Stadt der Händelfestspiele. Ein Führer durch Vergangenheit und Gegenwart. (Halle 1955), S. 3–40

Pretzien G. Pretzien: Führer durch Merseburg. Merseburg 1938

Ramm 1965 P. Ramm: Ein Gang durch Merseburg. In: Merseburger Land 11, 1965, Heft 5/6, S. 173–190

Ramm 1970 P. Ramm: Das alte Merseburg. Merseburg 1970 (Merseburger Land, Sonderheft 12)

Reuschert O. Reuschert und F. Dietrich: Heimatkunde der Stadt und des Kreises Merseburg. Halle a. S. 1899

Riesenfeld E. P. Riesenfeld: Erdmannsdorff der Baumeister des Herzogs Leopold Friedrich Franz von Anhalt-Dessau. Berlin 1913

Salzmann G. Salzmann: Die Kavalierstraße zu Dessau. In: Städtebau 21, 1926, S. 194–198

Sauerlandt M. Sauerlandt: Halle a. S. 2. Aufl. Leipzig 1928 (Stätten der Kultur 30)

Schäfer W. Schäfer: Was wir verloren haben. Ein Streifzug durch das Trümmerfeld der Altstadt. In: Jahrbuch der Landeshauptstadt Halle 1948, S. 20–23

Schultze-Galléra S. Schultze-Galléra: Topographie oder Häuser- und Straßengeschichte der Stadt Halle a. d. Saale. Band 1–3. Halle 1920–1924

Schulze R. Schulze: Köthen in Anhalt. Ein Führer durch die Stadt und ihre Geschichte. Köthen 1923

Schulze-Wollgast K. Schulze-Wollgast: Das architektonische Kulturerbe in Dessau. In: Deutsche Architektur 5, 1956, Heft 1, S. 17–21

Steffen H. Steffen: Der Marktplatz zu Halle a. S. in seiner einstigen Architektur und die profanen Baudenkmäler daselbst. Berlin 1904 (Baudenkmäler deutscher Vergangenheit 1, Heft 1)

Ulrich G. Ulrich: Schlösser und Kunstschätze Anhalts. In: Salonblatt 6, 1911, Nr. 33, S. 946–957

Weiske 1930 K. Weiske: Eine Wanderung durch Alt-Halle. In: Kalender für Ortsgeschichte und Heimatkunde 1930, S. 28–36

Weyhe E. Weyhe: Landeskunde des Herzogtums Anhalt. Band 2. Dessau 1907

Wiederaufbau der Kirchen in der DDR Der Wiederaufbau der Kirchen in der Deutschen Demokratischen Republik. Berlin 1964

Zehn Jahre Denkmalpflege Zehn Jahre Denkmalpflege in der Deutschen Demokratischen Republik. Hrsg. von L. Achilles. Leipzig 1959

Bezirk Leipzig

Bennemann 1940 P. Bennemann: Geschichtliche Wanderungen durch die Reichsmessestadt Leipzig. Leipzig 1940

Bruck 1904 R. Bruck: Arwed Roßbach und seine Bauten. Berlin 1904

Dehio/Mitteldeutschl. G. Dehio: Handbuch der deutschen Kunstdenkmäler. Band I Mitteldeutschland. 3. Aufl. Berlin 1924

Dehio 1966 G. Dehio: Handbuch der deutschen Kunstdenkmäler. Die Bezirke Dresden, Karl-Marx-Stadt, Leipzig. Bearb. von der Arbeitsstelle für Kunstgeschichte. 2. Aufl. Berlin 1966

Inventar/Altenburg Bau- und Kunstdenkmäler Thüringens. Heft 21 Amtsgerichtsbezirk Altenburg. Bearb. von P. Lehfeldt. Jena 1895

Inventar/Delitzsch Beschreibende Darstellung der älteren Bau- und Kunstdenkmäler der Provinz Sachsen und angrenzender Gebiete. Heft 16 Landkreis Delitzsch. Bearb. von G. Schönermark. Halle a. d. S. 1892

Inventar Beschreibende Darstellung der älteren Bau- und Kunstdenkmäler des Königreichs Sachsen. Bearb. von C. Gurlitt (Heft 16–41)
– Heft 19 Amtshauptmannschaft *Grimma*. Dresden 1897
– Heft 16 Amtshauptmannschaft Leipzig (zitiert *Leipzig-Land*). Dresden 1894
– Heft 17/18 *Stadt Leipzig*. Dresden 1895, 1896

Kuhn 1923 H. Kuhn: Leipzigs Bauwesen in der Zeit von Dauthe bis Geutebrück. Diss. der Technischen Hochschule Dresden 1923

Kurzwelly 1904 A. Kurzwelly: Das Leipziger Bürgerhaus in der ersten Hälfte des 18. Jahrhunderts. In: Leipziger Kalender 1904

Leipzig und seine Bauten Zur X. Wanderausstellung des Verbandes Deutscher Architekten- und Ingenieurvereine. Leipzig 1892

Pevsner 1928 N. Pevsner: Leipziger Barock. Leipzig 1928

Plaul 1920 R. Plaul: Die Stuckdecken in Sachsen. Berlin 1920

Wustmann 1875 G. Wustmann: Der Leipziger Baumeister Hieronymus Lotter. Beiträge zur Geschichte Leipzigs und der deutschen Renaissance. Leipzig 1875

Wustmann 1913 G. Wustmann: Bilderbuch aus der Geschichte der Stadt Leipzig. Leipzig 1913

Bezirk Dresden

Dehio/Mitteldeutschl. G. Dehio: Handbuch der deutschen Kunstdenkmäler. Band I Mitteldeutschland. 3. Aufl. Berlin 1924

Dehio 1966 G. Dehio: Handbuch der deutschen Kunstdenkmäler. Die Bezirke Dresden, Karl-Marx-Stadt. Leipzig. Bearb. von der Arbeitsstelle für Kunstgeschichte. 2. Aufl. Berlin 1966

Döring A. Döring: Die neue Königstadt. Dresden 1920

Flade P. Flade: Neue Sächsische Kirchengalerie, die Ephorie Dresden. Leipzig 1906

Haenel E. Haenel: Dresden. Berlin 1935

Helas V. Helas: Der Historismus in der Dresdner Architektur um die zweite Hälfte des 19. Jahrhunderts. 2 Bde. Diss. der Karl-Marx-Universität Leipzig 1977

Hentschel W. Hentschel: Dresdner Bildhauer des 16. und 17. Jahrhunderts. Weimar 1966

Hentschel II W. Hentschel: Denkmale sächsischer Kunst. Die Verluste des 2. Weltkrieges. Berlin 1973

Hentschel-May W. Hentschel und W. May: Johann Christoph Knöffel, der Architekt des sächsischen Rokoko. Berlin 1973

Inventar Beschreibende Darstellung der älteren Bau- und Kunstdenkmäler des Königreichs Sachsen. Bearb. von R. Steche (Heft 1–15) und C. Gurlitt (Heft 16–41)
– *Dresden, Dresden-Land*. Heft 21–23 Amtshauptmannschaft Dresden-Stadt, Heft 24 Amtshauptmannschaft Dresden-Altstadt, Heft 26 Amtshauptmannschaft Dresden-Neustadt. Dresden 1903 bis 1904
– *Sachsen 31–33/Bautzen*. Heft 31–33 Amtshauptmannschaft Bautzen. Dresden 1908
– *Sachsen 2/Dippoldiswalde*. Heft 2 Amtshauptmannschaft Dippoldiswalde. Dresden 1883
– *Sachsen 37/Großenhain*. Heft 37 Amtshauptmannschaft Großenhain (Land). Dresden 1913
– *Sachsen 35/Kamenz*. Heft 35 Amtshauptmannschaft Kamenz (Land). Dresden 1912
– *Sachsen 34 Löbau*. Heft 34 Amtshauptmannschaft Löbau. Dresden 1910

Inventar/Schlesien III Verzeichnis der Kunstdenkmäler der Provinz Schlesien. Bearb. von H. Lutsch. Band III. Breslau 1891

Löffler I F. Löffler: Das alte Dresden. Geschichte seiner Bauten. 5. Aufl. Leipzig und Frankfurt/Main 1966

Löffler II F. Löffler: Dresden so wie es war. Ein Bildband. 2. Aufl. Düsseldorf 1973

Löffler III F. Löffler: Die sächsischen Stadtkirchen. 2. Aufl. Berlin 1974

Löffler IV F. Löffler: Die Monumentalmalerei des Barock in Dresden. In: Jahrbuch zur Pflege der Künste, 4. Folge. Dresden 1956, S. 5–23

Neue Kirchengalerie Neue Sächsische Kirchengalerie
– *Diöcese Bautzen*. Leipzig o. J. (um 1904)
– *Diöcese Kamenz*. Leipzig o. J. (um 1905)
– *Diöcese Löbau*. Leipzig o. J. (um 1908)

Plaul R. Plaul: Die Stuckdecken in Sachsen. Berlin 1920

Reichel 1961 F. Reichel: Bautzen. Leipzig 1961

Richter O. Richter: Dresdner Bilderchronik. 2 Mappen. Dresden 1906, 1910

Richter II O. Richter: Dresden sonst und jetzt. Dresden 1905

Sachsens Kirchengalerie 4 Sachsens Kirchen-Galerie, 4. Band, 5. Abth. Die Inspektionen Pirna, Altenberg und Dippoldiswalde. Dresden o. J. (um 1840)

Sachsens Kirchengalerie, Oberlausitz Die Oberlausitz als besondere Abtheilung von Sachsens Kirchen-Galerie. Dresden o. J. (um 1840)

Schumann P. Schumann: Dresden. 2. Aufl. Leipzig 1922 (Berühmte Kunststätten)

Schumann II P. Schumann: Führer durch die Architektur Dresdens. Dresden 1900

Steche R. Steche: Die Bauten, technischen und industriellen Anlagen von Dresden. Dresden 1878

Volk W. Volk: Dresden. Historische Straßen und Plätze heute. Berlin 1975

Bezirk Karl-Marx-Stadt (Chemnitz)

Bachmann 1954 W. Bachmann: Das Alte Plauen. Ein Beitrag zur Inventarisation der Bau- und Kunstdenkmale. Dresden 1954

Bachmann Ms. 1958 W. Bachmann: Das Alte Chemnitz. Ungedrucktes Maschinenmanuskript (1958) im Institut für Denkmalpflege, Arbeitsstelle Dresden

Bilderheft 1963 Unsere Heimatstadt in Bildern aus vier Jahrhunderten. 2. Teil 1880–1963. 3. Aufl. Karl-Marx-Stadt 1963 (8. Bilderheft der Städtischen Museen Karl-Marx-Stadt)

Chemnitz Ende XIX. Jh. W. Zöllner: Chemnitz am Ende des XIX. Jahrhunderts. Chemnitz 1900

Chemnitz 1911 Chemnitz in Wort und Bild. Festschrift zur Einweihung des Neuen Rathauses. Chemnitz 1911

Dehio 1966 G. Dehio: Handbuch der deutschen Kunstdenkmäler. Die Bezirke Dresden, Karl-Marx-Stadt, Leipzig. Bearb. von der Arbeitsstelle für Kunstgeschichte. 2. Aufl. Berlin 1966

Hdb. Hist. Stätten 8 Handbuch der Historischen Stätten Deutschlands. Band 8 Sachsen. Hrsg. von W. Schlesinger. Stuttgart 1965

Inventar Beschreibende Darstellung der älteren Bau- und Kunstdenkmäler des Königreichs Sachsen. Bearb. von R. Steche (Heft 1–15)
– Heft 4 Amtshauptmannschaft *Annaberg*. Dresden 1885
– Heft 7 Amtshauptmannschaft *Chemnitz*. Dresden 1886
– Heft 13 Amtshauptmannschaft *Glauchau*. Dresden 1890
– Heft 11 Amtshauptmannschaft *Plauen*. Dresden 1888
– Heft 14 Amtshauptmannschaft *Rochlitz*. Dresden 1890
– Heft 8 Amtshauptmannschaft *Schwarzenberg*. Dresden 1887
– Heft 12 Amtshauptmannschaft *Zwickau*. Dresden 1889

Ludwig 1955 W. Ludwig: Ein Gang durch Alt-Plauen. Plauen 1955 (Museumsreihe, Heft 6)

Neue Kirchengalerie, Ephorie Chemnitz Neue Sächsische Kirchen-Galerie. Ephorie Chemnitz. Leipzig o. J. (um 1902)

Plauen, Stadtbuch Plauen. Ein kleines Stadtbuch. Hrsg. vom Vogtländischen Kreismuseum. Plauen 1963 (Museumsreihe, Heft 25)

Sachsens Kirchengalerie Sachsens Kirchen-Galerie. Dresden o. J. (um 1840)

Bezirk Erfurt

Dehio/Mitteldeutschl. G. Dehio: Handbuch der deutschen Kunstdenkmäler. Band I Mitteldeutschland. 3. Aufl. Berlin 1924

Das tausendjährige Nordhausen Das tausendjährige Nordhausen. Hrsg. vom Magistrat der Stadt Nordhausen. 2 Bände. Nordhausen 1927

Döring 1929 O. Döring: Nordhausen. Augsburg 1929 (Deutscher Kunstführer 30)

Hdb. Hist. Stätten 9 Handbuch der Historischen Stätten Deutschlands. Band 9 Thüringen. Hrsg. von H. Patze. Stuttgart 1968

Inventar Bau- und Kunstdenkmäler Thüringens. Bearb. von P. Lehfeldt und G. Voß
Großherzogthum Sachsen-Weimar-Eisenach
– Band III, Heft 39 Amtsgerichtsbezirk *Eisenach*. Jena 1915
– Band III, Heft 40 Amtsgerichtsbezirk *Eisenach*. Die *Landstädte*. Jena 1915
– Band I, Heft 18 Amtsgerichtsbezirk *Weimar*. Jena 1893
Herzogthum Sachsen-Coburg-Gotha
– Band I, Heft 8 Amtsgerichtsbezirk *Gotha*. Jena 1891
– Band II, Heft 26 Amtsgerichtsbezirke *Ohrdruf*, *Liebenstein* und *Zella*. Jena 1898

Inventar Beschreibende Darstellung der älteren Bau- und Kunstdenkmäler der Provinz Sachsen und angrenzender Gebiete
– Heft 13 Stadt *Erfurt* und Erfurter Landkreis. Bearb. von W. Freih. v. Tettau. Halle a. d. S. 1890
– Heft 11 Stadt *Nordhausen*. Bearb. von J. Schmidt. Halle a. d. S. 1888

Inventar Beschreibende Darstellung der älteren Bau- und Kunstdenkmäler des Fürstenthums Schwarzburg-Sondershausen
– Heft 1 Die Unterherrschaft (zitiert: *Sondershausen 1*). Bearb. von F. Apfelstedt. Sondershausen 1886
– Heft 2 Die Oberherrschaft (zitiert: *Sondershausen 2*). Bearb. von F. Apfelstedt. Sondershausen 1887

Inventar/Erfurt 1931 Die Kunstdenkmale der Provinz Sachsen. Hrsg. von M. Ohle. Die Stadt Erfurt. Band II, Teil 1 und 2. Bearb. von E. Haetge u. a. Burg 1931–1932

Jericke/Dolgner A. Jericke und D. Dolgner: Der Klassizismus in der Baugeschichte Weimars. Weimar 1975

Volkland 1929 W. Volkland: Die Bau- und Kunstdenkmale der Stadt Gotha. In: Gotha, das Buch einer deutschen Stadt. Hrsg. von K. Schmidt. Gotha 1929

Bezirk Gera

Degen 1949 K. Degen: Geraer Bildhauer des Barock. (Gera) 1949. (Geraer Reihe 3)

Dehio/Mitteldeutschl. G. Dehio: Handbuch der deutschen Kunstdenkmäler. Band I Mitteldeutschland. 3. Aufl. Berlin 1924

HBG Heimatblätter. Vierteljahresbeilage zur Reuß-Geraer Zeitung

Hdb. Hist. Stätten 9 Handbuch der Historischen Stätten Deutschlands. Band 9 Thüringen. Hrsg. von H. Patze. Stuttgart 1968

Inventar Bau- und Kunstdenkmäler Thüringens. Bearb. von P. Lehfeldt und G. Voß
Großherzogthum Sachsen-Weimar-Eisenach
– Band I, Heft 17 Amtsgerichtsbezirke *Blankenhain* und *Ilmenau.* Jena 1893
– Band II, Heft 1 Amtsgerichtsbezirk *Jena.* Jena 1888
Herzogthum Sachsen-Meiningen
– Band IV Kreis Saalfeld, Heft 6 Amtsgerichtsbezirk *Saalfeld.* Jena 1892
Fürstenthum Schwarzburg-Rudolstadt
– Band I, Heft 19 Amtsgerichtsbezirke *Rudolstadt* und *Stadtilm.* Jena 1894
Fürstenthum Reuß jüngere Linie
– Band I, Heft 23 Amtsgerichtsbezirke *Gera* und *Hohenleuben.* Jena 1896
– Band II, Heft 12 Amtsgerichtsbezirke *Schleiz, Lobenstein* und *Hirschberg.* Jena 1891

Thüringer Wald Reisehandbuch Thüringer Wald. Berlin–Leipzig 1977

Bezirk Suhl

Dehio/Mitteldeutschl. G. Dehio: Handbuch der deutschen Kunstdenkmäler. Band I Mitteldeutschland. 3. Aufl. Berlin 1924

Hdb. Hist. Stätten 9 Handbuch der Historischen Stätten Deutschlands. Band 9 Thüringen. Hrsg. von H. Patze. Stuttgart 1968

Inventar Bau- und Kunstdenkmäler Thüringens. Bearb. von P. Lehfeldt und G. Voß
Herzogthum Sachsen-Meiningen
– Band I, Heft 34 Amtsgerichtsbezirk Meiningen. Jena 1909
– Band I, Heft 35 Amtsgerichtsbezirk Salzungen. Jena 1910
– Band II, Heft 29 Amtsgerichtsbezirk Hildburghausen. Jena 1904
– Band II, Heft 30 Amtsgerichtsbezirk Eisfeld und Themar. Jena 1904
– Band II, Heft 31 Amtsgerichtsbezirke Heldburg und Römhild. Jena 1904
– Band III, Heft 27 Amtsgerichtsbezirke Sonneberg, Steinach und Schalkau. Jena 1899

Inventar/Schmalkalden Die Bau- und Kunstdenkmäler im Regierungsbezirk Cassel. Band V Kreisherrschaft Schmalkalden. Bearb. von P. Weber. Marburg 1913

Kirchen der Heimat Kirchen der Heimat. Die Gotteshäuser der Superintendenturen Hildburghausen und Eisfeld. Jena o. J. (1964)

Thüringer Wald Reisehandbuch Thüringer Wald. Berlin–Leipzig 1977

Künstlerregister

Ortsregister

Zu dieser Ausgabe

Die Gliederung der vorliegenden Dokumentation folgt der Einteilung in Bezirke. Am Anfang steht Berlin, es folgen die vierzehn Bezirke in ihrer geographischen Abfolge von Norden nach Süden. Innerhalb eines Bezirkes sind die behandelten Orte alphabetisch geordnet, wobei hinter den Ortsnamen jeweils der betreffende Stadt- bzw. Landkreis vermerkt wird.
Ortsteile erscheinen unter dem Namen der übergeordneten politischen Gemeinde; da sie im Zweifelsfalle über das Ortsregister zu ermitteln sind, ist auf Verweisungen im Text verzichtet worden.
Bei Orten mit Flächenzerstörungen ist eine stadtgeschichtliche Einleitung vorangestellt, die zugleich über den Zeitpunkt und den allgemeinen Umfang der Kriegszerstörungen wie auch über den Wiederaufbau nach 1945 informiert. Anschließend werden die kriegszerstörten bzw. -beschädigten Denkmale im einzelnen dargestellt, wobei die Reihenfolge der Behandlung der Objekte eines Ortes in der Regel von den kirchlichen Bauten über Schlösser und Palais zu den öffentlichen Gebäuden und den Wohnbauten führt.
Für das einzelne Bauwerk sind einleitend jeweils die Entstehungszeit und andere wesentliche Daten vermerkt. Im weiteren wird der Vorkriegszustand beschrieben, werden Architekten und beteiligte Künstler genannt sowie wichtige Ausstattungsstücke aufgeführt. Bei größeren Objekten ist ein Überblick über die Baugeschichte angeschlossen. In einem neuen Absatz folgen Angaben über die Kriegsschäden bzw. die Zerstörung und über eventuelle Sanierungs- und Instandsetzungsarbeiten, ferner zur heutigen oder zukünftigen Nutzung. Den Abschluß bilden die chronologisch geordneten Literaturhinweise. Sofern nicht anders vermerkt, geben die stets dem Text zugeordneten Abbildungen den Vorkriegszustand wieder, das gleiche gilt für die Stadtpläne und Grundrisse.
Es war das Bestreben, alle zerstörten oder in Mitleidenschaft gezogenen Gebäude von internationaler, nationaler wie auch lokaler Bedeutung bis zu Objekten des späten 19. und frühen 20. Jahrhunderts aufzuführen. Trotz dieses Bemühens wird die vorliegende Dokumentation vor allem bei Objekten von lokaler Bedeutung manche Lücken aufweisen. So viele Jahre nach Beendigung der Kampfhandlungen mag manches kriegszerstörte und verschwundene Bauwerk von geringerem Rang in Vergessenheit geraten sein; insbesondere dann, wenn es in der Literatur keine Behandlung erfahren hatte, mögen die längst behobenen Kriegsschäden heute nicht mehr bewußt sein. Eine summarische Aufzählung von leichter betroffenen Gebäuden war nur für solche Bezirke möglich, bei denen die Arbeitsstellen des Instituts für Denkmalpflege über entsprechende Aufstellungen aus der Kriegs- oder unmittelbaren Nachkriegszeit verfügen.
Die ungleiche Ausführlichkeit der Texte resultiert letztlich aus der unterschiedlichen Kenntnis über die Baudenkmale und aus der teilweise fehlenden Erfassung der Kriegsschäden; mitunter standen nicht einmal Abbildungen für die Bearbeitung zur Verfügung. Vergleichsweise knappere Beschreibungen ergaben sich notgedrungen aber auch bei weitgehend zerstörten Städten wie beispielsweise der Dresdener Innenstadt mit ihrer Fülle an verlorenen Baudenkmalen von hohem Rang.
Der Dank des Verlages, des Herausgebers und der Bearbeiter gilt allen Instituten und Privatpersonen, die durch Auskünfte und Überlassung von Bildvorlagen das Unternehmen gefördert haben. Genannt seien die Arbeitsstellen des Instituts für Denkmalpflege, aus deren Beständen zahlreiche Aufnahmen stammen. Daß dabei gelegentlich auf weniger qualitätvolle Vorlagen zurückgegriffen werden mußte, vor allem, wenn der Zustand nach der Zerstörung dokumentiert werden sollte, liegt in der Natur der Sache. Auch der Deutschen Fotothek Dresden und dem Meßbildarchiv des Instituts für Denkmalpflege (ehemals Staatliche Bildstelle) ist für die unermüdliche Bereitschaft, allen Wünschen entgegenzukommen, zu danken. Ohne die ausgezeichneten alten Aufnahmen, besonders des Meßbildarchivs, die hier erstmals in solchem Umfange publiziert werden, wäre es kaum möglich gewesen, die angestrebte großzügige Bebilderung zu erreichen.

Der Herausgeber

Abbildungsnachweis

Sofern nicht anders vermerkt, geben sämtliche Stadtgrundrisse den Zustand vor 1945 wieder.

Berlin

Institut für Denkmalpflege, Abt. Meßbild, Berlin (110). Märkisches Museum, Berlin (2). Magistrat von Groß-Berlin, Denkmalpflege, Berlin (16). Archiv des Verlages (60)
Luftaufnahmen: ZLB/L 004/77 (S. 14)
Zeichnungen: Christa Heese, Berlin (4). Günter Lehmann, Potsdam (1)

Bezirk Rostock

Joachim Fritz, Basdorf (1). Institut für Denkmalpflege, Abt. Meßbild, Berlin (35). Stadtarchiv, Rostock (7). Foto Lange, Rostock (7). Institut für Denkmalpflege, Arbeitsstelle Schwerin (51). Stadtarchiv, Stralsund (1). Archiv des Verlages (5)
Zeichnungen: Christa Heese, Berlin (1). Roswitha Kipp, Potsdam (5)

Bezirk Schwerin

Rat der Stadt, Grabow (1). Pfarrarchiv, Neuhaus (1). Institut für Denkmalpflege, Arbeitsstelle Schwerin (1). Archiv des Verlages (9)
Zeichnungen: Roswitha Kipp, Potsdam (1)

Bezirk Neubrandenburg

Heimatmuseum, Anklam (4). Institut für Denkmalpflege, Abt. Meßbild, Berlin (37). Pfarramt, Dedelow (1). Heimatmuseum, Demmin (5). Karbe-Wagner-Archiv, Neustrelitz (8). Kreisheimatmuseum, Prenzlau (6). Institut für Denkmalpflege, Arbeitsstelle Schwerin (46). Fritz-Reuter-Literaturmuseum, Stavenhagen (1). Klaus G. Beyer, Weimar (5). Archiv des Verlages (11)
Luftaufnahmen: ZLB/L 0005/77 (S. 111), ZLB/L 0006/77 (S. 115), ZLB/L 0007/77 (S. 121).
Zeichnungen: Christa Heese, Berlin (1). Roswitha Kipp, Potsdam (3). Vom Institut für Denkmalpflege, Arbeitsstelle Berlin, zur Verfügung gestellt (3)

Bezirk Potsdam

Joachim Fritz, Basdorf (1). Institut für Denkmalpflege, Arbeitsstelle Berlin (13). Institut für Denkmalpflege, Abt. Meßbild, Berlin (54). Deutsche Fotothek, Dresden (1). Bezirksmuseum, Potsdam (3). Staatliche Schlösser und Gärten, Potsdam-Sanssouci (14). Archiv des Verlages (29)
Luftaufnahmen: ZLB/L 0003/77 (S. 150)
Zeichnungen: Christa Heese, Berlin (3)

Bezirk Frankfurt/Oder

Institut für Denkmalpflege, Arbeitsstelle Berlin (40). Institut für Denkmalpflege, Abt. Meßbild, Berlin (22). Märkisches Museum, Berlin (1). Staatliche Museen, Berlin (2). Margarete Kühn, Berlin-West (8). Institut für Denkmalpflege, Arbeitsstelle Dresden (1). Foto Fricke, Frankfurt/Oder (5). Hans-Herbert Möller, Hannover (1). Staatliche Schlösser und Gärten, Potsdam-Sanssouci (1). Archiv des Verlages (23)
Luftaufnahmen: ZLB/L 0009/77 (S. 173), ZLB/L 0010/77 (S. 176), ZLB/L 0011/77 (S. 195)
Zeichnungen: Christa Heese, Berlin (6)

Bezirk Cottbus

Institut für Denkmalpflege, Abt. Meßbild, Berlin (9). Deutsche Fotothek, Dresden (12). Institut für Denkmalpflege, Arbeitsstelle Dresden (14). W. Preiß, Dresden (1). Archiv des Verlages (8)
Luftaufnahmen: ZLB/L 0200/76 (S. 201), ZLB/L 0432/77 (S. 204)

Bezirk Magdeburg

Joachim Fritz, Basdorf (3). Institut für Denkmalpflege, Abt. Meßbild, Berlin (147). Deutsche Fotothek, Dresden (11). Photo-Studio Mahlke, Halberstadt (14). Institut für Denkmalpflege, Arbeitsstelle Halle (80). VEB E. A. Seemann Verlag, Leipzig (8). Stadtarchiv, Magdeburg (1). Archiv des Verlages (7)
Luftaufnahmen: ZLB/L 0198/76 (S. 261)
Zeichnungen: Christa Heese, Berlin (6)

Bezirk Halle

Institut für Denkmalpflege, Abt. Meßbild, Berlin (47). Institut für Denkmalpflege, Arbeitsstelle Halle (72). Stadtarchiv, Halle (1). O. Birnbaum, Halle (2). Foto Kittel, Quedlinburg (2). Klaus G. Beyer, Weimar (1). Archiv des Verlages (8)
Zeichnungen: Christa Heese, Berlin (3)

Bezirk Leipzig

Joachim Fritz, Basdorf (1). Dieter Möller, Berlin (2). Renate Worel, Berlin (1). Deutsche Fotothek, Dresden (37). Institut für Denkmalpflege, Arbeitsstelle Dresden (8). W. Preiß, Dresden (1). Institut für Denkmalpflege, Arbeitsstelle Halle (3). Dr. Peter Findeisen, Halle (7). Museum für Geschichte der Stadt Leipzig (9). Stadtarchiv, Leipzig (1). PGH Fotostudio, Leipzig (1). Archiv W. Starke, Leipzig (4). Archiv des Verlages (46)
Luftaufnahmen: ZLB/L 0233/74, 0539/73 (S. 340)
Zeichnungen: Christa Heese, Berlin (1)

Bezirk Dresden

Deutsche Fotothek, Dresden (334). Institut für Denkmalpflege, Arbeitsstelle Dresden (35). Rat der Stadt Dresden, Büro des Stadtarchitekten (11). W. Preiß, Dresden (1). J. Buchhold, Freital (1). Archiv des Verlages (16)
Luftaufnahmen: ZLB/L 0020/72, 0395/73, 0352/72 (S. 374), ZLB/L 0262/74 (S. 375), ZLB/L 0242/74 (S. 394), ZLB/L 1155/73 (S. 406), ZLB/L 0430/71 (S. 415), ZLB/L 0425/71 (S. 426), ZLB/L 0007/74, 0006/74 (S. 433), ZLB/L 0396/73 (S. 434), ZLB/L 0073/74 (S. 436), ZLB/L 0004/74 (S. 437), ZLB/L 0365/72 (S. 440), ZLB/L 0854/72, 0057/74 (S. 441), ZLB/L 0013/75 (S. 442)
Zeichnungen Christa Heese, Berlin (10)

Bezirk Karl-Marx-Stadt (Chemnitz)

Deutsche Fotothek, Dresden (17). Institut für Denkmalpflege, Arbeitsstelle Dresden (37). Rat der Stadt, Karl-Marx-Stadt (4). Archiv des Verlages (3)
Luftaufnahmen: ZLB/L 0340/72 (S. 452)
Zeichnungen: Christa Heese, Berlin (4)

Bezirk Erfurt

Institut für Denkmalpflege, Abt. Meßbild (Joachim Fritz), Berlin (3). Deutsche Fotothek, Dresden (22). W. Preiß, Dresden (2). Landeskirchenamt, Eisenach (3). Foto Trunk, Eisenach (4). Institut für Denkmalpflege, Arbeitsstelle Erfurt (116). Stadtarchiv, Erfurt (17). Dr. Ing. Riemann, Nordhausen (2). Klaus G. Beyer, Weimar (5). Archiv des Verlages (15)
Luftaufnahmen: ZLB/L 0025/78 (S. 468), ZLB/L 1047/74 (S. 474), ZLB/L 0024/78 (S. 497)
Zeichnungen: Christa Heese, Berlin (10)

Bezirk Gera

Institut für Denkmalpflege, Abt. Meßbild (Joachim Fritz), Berlin (1). Landeskirchenamt, Eisenach (6). Institut für Denkmalpflege, Arbeitsstelle Erfurt (48). Archiv C. Toepel, Gera (6). Kustodie der Friedrich-Schiller-Universität, Jena (3). F. W. Richter, Jena (9). Stadtmuseum, Jena (9). R. Schilling, Schleiz (1). Archiv des Verlages (4)
Luftaufnahmen: ZLB/L 0027/78 (S. 507), ZLB/L 0029/78, 0028/78 (S. 508)
Zeichnungen: Christa Heese, Berlin (4)

Bezirk Suhl

Institut für Denkmalpflege, Arbeitsstelle Erfurt (17). Museum Schloß Wilhelmsburg, Schmalkalden (3)
Luftaufnahmen: ZLB/L 0031/78 (S. 527)

Abbildungsnachweis

Sofern nicht anders vermerkt, geben sämtliche Stadtgrundrisse den Zustand vor 1945 wieder.

Berlin

Institut für Denkmalpflege, Abt. Meßbild, Berlin (110). Märkisches Museum, Berlin (2). Magistrat von Groß-Berlin, Denkmalpflege, Berlin (16). Archiv des Verlages (60)
Luftaufnahmen: ZLB/L 004/77 (S. 14)
Zeichnungen: Christa Heese, Berlin (4). Günter Lehmann, Potsdam (1)

Bezirk Rostock

Joachim Fritz, Basdorf (1). Institut für Denkmalpflege, Abt. Meßbild, Berlin (35). Stadtarchiv, Rostock (7). Foto Lange, Rostock (7). Institut für Denkmalpflege, Arbeitsstelle Schwerin (51). Stadtarchiv, Stralsund (1). Archiv des Verlages (5)
Zeichnungen: Christa Heese, Berlin (1). Roswitha Kipp, Potsdam (5)

Bezirk Schwerin

Rat der Stadt, Grabow (1). Pfarrarchiv, Neuhaus (1). Institut für Denkmalpflege, Arbeitsstelle Schwerin (1). Archiv des Verlages (9)
Zeichnungen: Roswitha Kipp, Potsdam (1)

Bezirk Neubrandenburg

Heimatmuseum, Anklam (4). Institut für Denkmalpflege, Abt. Meßbild, Berlin (37). Pfarramt, Dedelow (1). Heimatmuseum, Demmin (5). Karbe-Wagner-Archiv, Neustrelitz (8). Kreisheimatmuseum, Prenzlau (6). Institut für Denkmalpflege, Arbeitsstelle Schwerin (46). Fritz-Reuter-Literaturmuseum, Stavenhagen (1). Klaus G. Beyer, Weimar (5). Archiv des Verlages (11)
Luftaufnahmen: ZLB/L 0005/77 (S. 111), ZLB/L 0006/77 (S. 115), ZLB/L 0007/77 (S. 121).
Zeichnungen: Christa Heese, Berlin (1). Roswitha Kipp, Potsdam (3). Vom Institut für Denkmalpflege, Arbeitsstelle Berlin, zur Verfügung gestellt (3)

Bezirk Potsdam

Joachim Fritz, Basdorf (1). Institut für Denkmalpflege, Arbeitsstelle Berlin (13). Institut für Denkmalpflege, Abt. Meßbild, Berlin (54). Deutsche Fotothek, Dresden (1). Bezirksmuseum, Potsdam (3). Staatliche Schlösser und Gärten, Potsdam-Sanssouci (14). Archiv des Verlages (29)
Luftaufnahmen: ZLB/L 0003/77 (S. 150)
Zeichnungen: Christa Heese, Berlin (3)

Bezirk Frankfurt/Oder

Institut für Denkmalpflege, Arbeitsstelle Berlin (40). Institut für Denkmalpflege, Abt. Meßbild, Berlin (22). Märkisches Museum, Berlin (1). Staatliche Museen, Berlin (2). Margarete Kühn, Berlin-West (8). Institut für Denkmalpflege, Arbeitsstelle Dresden (1). Foto Fricke, Frankfurt/Oder (5). Hans-Herbert Möller, Hannover (1). Staatliche Schlösser und Gärten, Potsdam-Sanssouci (1). Archiv des Verlages (23)
Luftaufnahmen: ZLB/L 0009/77 (S. 173), ZLB/L 0010/77 (S. 176), ZLB/L 0011/77 (S. 195)
Zeichnungen: Christa Heese, Berlin (6)

Bezirk Cottbus

Institut für Denkmalpflege, Abt. Meßbild, Berlin (9). Deutsche Fotothek, Dresden (12). Institut für Denkmalpflege, Arbeitsstelle Dresden (14). W. Preiß, Dresden (1). Archiv des Verlages (8)
Luftaufnahmen: ZLB/L 0200/76 (S. 201), ZLB/L 0432/77 (S. 204)

Bezirk Magdeburg

Joachim Fritz, Basdorf (3). Institut für Denkmalpflege, Abt. Meßbild, Berlin (147). Deutsche Fotothek, Dresden (11). Photo-Studio Mahlke, Halberstadt (14). Institut für Denkmalpflege, Arbeitsstelle Halle (80). VEB E. A. Seemann Verlag, Leipzig (8). Stadtarchiv, Magdeburg (1). Archiv des Verlages (7)
Luftaufnahmen: ZLB/L 0198/76 (S. 261)
Zeichnungen: Christa Heese, Berlin (6)

Bezirk Halle

Institut für Denkmalpflege, Abt. Meßbild, Berlin (47). Institut für Denkmalpflege, Arbeitsstelle Halle (72). Stadtarchiv, Halle (1). O. Birnbaum, Halle (2). Foto Kittel, Quedlinburg (2). Klaus G. Beyer, Weimar (1). Archiv des Verlages (8)
Zeichnungen: Christa Heese, Berlin (3)

Bezirk Leipzig

Joachim Fritz, Basdorf (1). Dieter Möller, Berlin (2). Renate Worel, Berlin (1). Deutsche Fotothek, Dresden (37). Institut für Denkmalpflege, Arbeitsstelle Dresden (8). W. Preiß, Dresden (1). Institut für Denkmalpflege, Arbeitsstelle Halle (3). Dr. Peter Findeisen, Halle (7). Museum für Geschichte der Stadt Leipzig (9). Stadtarchiv, Leipzig (1). PGH Fotostudio, Leipzig (1). Archiv W. Starke, Leipzig (4). Archiv des Verlages (46)
Luftaufnahmen: ZLB/L 0233/74, 0539/73 (S. 340)
Zeichnungen: Christa Heese, Berlin (1)

Bezirk Dresden

Deutsche Fotothek, Dresden (334). Institut für Denkmalpflege, Arbeitsstelle Dresden (35). Rat der Stadt Dresden, Büro des Stadtarchitekten (11). W. Preiß, Dresden (1). J. Buchhold, Freital (1). Archiv des Verlages (16)
Luftaufnahmen: ZLB/L 0020/72, 0395/73, 0352/72 (S. 374), ZLB/L 0262/74 (S. 375), ZLB/L 0242/74 (S. 394), ZLB/L 1155/73 (S. 406), ZLB/L 0430/71 (S. 415), ZLB/L 0425/71 (S. 426), ZLB/L 0007/74, 0006/74 (S. 433), ZLB/L 0396/73 (S. 434), ZLB/L 0073/74 (S. 436), ZLB/L 0004/74 (S. 437), ZLB/L 0365/72 (S. 440), ZLB/L 0854/72, 0057/74 (S. 441), ZLB/L 0013/75 (S. 442)
Zeichnungen Christa Heese, Berlin (10)

Bezirk Karl-Marx-Stadt (Chemnitz)

Deutsche Fotothek, Dresden (17). Institut für Denkmalpflege, Arbeitsstelle Dresden (37). Rat der Stadt, Karl-Marx-Stadt (4). Archiv des Verlages (3)
Luftaufnahmen: ZLB/L 0340/72 (S. 452)
Zeichnungen: Christa Heese, Berlin (4)

Bezirk Erfurt

Institut für Denkmalpflege, Abt. Meßbild (Joachim Fritz), Berlin (3). Deutsche Fotothek, Dresden (22). W. Preiß, Dresden (2). Landeskirchenamt, Eisenach (3). Foto Trunk, Eisenach (4). Institut für Denkmalpflege, Arbeitsstelle Erfurt (116). Stadtarchiv, Erfurt (17). Dr. Ing. Riemann, Nordhausen (2). Klaus G. Beyer, Weimar (5). Archiv des Verlages (15)
Luftaufnahmen: ZLB/L 0025/78 (S. 468), ZLB/L 1047/74 (S. 474), ZLB/L 0024/78 (S. 497)
Zeichnungen: Christa Heese, Berlin (10)

Bezirk Gera

Institut für Denkmalpflege, Abt. Meßbild (Joachim Fritz), Berlin (1). Landeskirchenamt, Eisenach (6). Institut für Denkmalpflege, Arbeitsstelle Erfurt (48). Archiv C. Toepel, Gera (6). Kustodie der Friedrich-Schiller-Universität, Jena (3). F. W. Richter, Jena (9). Stadtmuseum, Jena (9). R. Schilling, Schleiz (1). Archiv des Verlages (4)
Luftaufnahmen: ZLB/L 0027/78 (S. 507), ZLB/L 0029/78, 0028/78 (S. 508)
Zeichnungen: Christa Heese, Berlin (4)

Bezirk Suhl

Institut für Denkmalpflege, Arbeitsstelle Erfurt (17). Museum Schloß Wilhelmsburg, Schmalkalden (3)
Luftaufnahmen: ZLB/L 0031/78 (S. 527)